全國高等院校古籍整理研究工作委員會直接資助項目
四川省社會科學“十二五”規劃2014年度一般項目
（項目批準號：SC14B040）

周必大全集

王蓉貴（日）白井順◎點校

（三）

四川大學出版社

廬陵周益國文忠公集卷一二六

歷官表奏卷五

淳熙八年

東宮賀年牋

周重端辰，誕布始和之吉；漢尊獻歲，具嚴元會之儀。緊我儲明，受茲帝祉。某中賀。恭惟皇太子殿下重光映日，濬曜拱辰。玉佩朝春，稽首未央之殿；輪班扈蹕，稱觴德壽之宮。惟慶賀之交修，殆古今之鮮儷。自協天人之祐，永同家國之休。某叨預政機，夙蒙恩遇。府開天策，常夢想於英游；苑立思賢，尚阻陪於班謁。其爲頌詠，曷罄敷陳！

辭免轉官劄子

臣準尚書省劄子，《四朝史志》成書，以臣經修，奉聖旨特轉一官者。非常之恩，承命惴恐。臣竊以翰墨策勳，固書生之榮遇，必當其功，乃或無愧。而臣積緣幸會，早被獎擢。二十年間四叨史職，含毫閣筆，玩愒歲時，曾不能鋪張列聖之德業，參定信書之凡例。移官累月，方上奏篇。向非閫臺英彥悉心論纂，則汗青之日未可期也。臣得免疇昔瘝曠之戾，爲幸已多，而何賞慶之敢望？豈謂皇帝陛下覆幬之仁，有生者溥及；雨露之澤，近天者先濡。特令增秩，以示眷寵。雖功疑惟重，賞寧過僭，乃聖主厚下之意，然因人成事，無功受禄，槩之古誼，臣何敢安？已嘗面控忱辭，茲用薦陳危懇。伏望睿慈俯賜矜察，明詔攸司，收還誤寵，免至再三之瀆。重干淵聽，臣無任感激惶懼俟命之至。取進止。

不允詔

勑某：省所奏劄子，辭免以《四朝史志》成書，曾經修，特轉一官恩命事具悉〔一〕。朕緬惟神祖，遹駿先猷，維時史臣，咸極妙選。然方修而曾鞏遽釋其任，既成而蘇頌弗預於恩，乃知名儒宗工，宣勞載筆，任而久，久而成茲亦古昔之所難也。卿高文大册，博識洽聞，追迹二臣，固已有光。向者四入承明，咸典斯事，網羅囊括，用力最多。今釋簡册、登廟堂，曾不淹久，成書來上，不其榮虖？答翰墨之成勞，侈儒術之亨遇，一階例進，予猶歉然，遜避之章，所毋庸至。所辭宜不允。

〔一〕「省所奏」至「事具悉」，原作「云云」，據日本藏宋刻本、明澹生堂鈔本、四庫本改補。

再辭表

臣某言：伏蒙聖慈以臣辭免經修《四朝史志》轉一官恩命，特降詔書不允者。奏牘上聞，謂汗青之無補[一]；詔函中錫，愧情素之未伸。敢憚牢辭，冀回誤賞。臣某中謝[二]。竊以參聯近弼[三]，特異庶工。職在彌縫，既無日成月要之可考；恩隆體貌，又豈年除歲遷之是圖？間因典策之修，或陟階勳之峻。蓋酧久次，且表殊知。如臣者豫政非才[四]，閱時尚淺。論新功則未效，紀舊績則尤疏。雖嘗執簡以摇毫，其實濫巾而竊吹。馬融三入東觀，漫誇漢代之至榮；知幾屢爲史臣，莫就唐朝之大典。值成書之進御，沿故事以伸恩。反覆思之，叨踰甚矣。伏望皇帝陛下舜明察物，湯智懋功。諒臣品秩浸高，難復假名器之寵；念臣官曹既易，豈應分鉛槧之勤？渙發俞音，趣收前令。使朝廷之上無貪榮徼倖之譏，則海寓之間有識分興廉之俗。庶共扶於公道，寧專遂於私心？臣無任祈天俟命激切屏營之至，謹奉表陳免以聞。

不允批答

省表具之，朕鑑於往昔，咸重史臣，觀厥成功，率惟久任。張華尚誇於再至，蔣乂嘗越於十年，當時推榮，後世稱美。卿懿文華國，雅望表民，自窺典籍之藏，逮聽星辰之履。咸專載筆，遂究長才，力倍羣英，功先衆作。爰優頒於恩典，奚固執於謙規！俾下多興廉識分之風，雖可嘉於卿志；將國有吝賞廢勞之舉，亦殊失於予人心。當即欽承，毋庸重請。所辭宜不允，仍斷來章。

謝轉官表

臣某言：伏奉告命特轉一官，加食邑食實封[五]，尋具辭免，伏蒙聖慈特降中使，賜臣不允批答，仍斷來章者。述四朝之史志，夙愧瘝官；陞三品之文階，今慚誤寵。祇若絲綸之下，凜如淵谷之臨。臣某中謝。伏以爵秩之遷[六]，朝家所重。或赴功趨事，内殫夙夜之勞[七]；或禦侮折衝，外竭封疆之力。於焉錫命，斯謂陟明。豈容尸素之人，越晉高華之序。如臣者奮由詞藝，久綴班聯。既微汗馬之勞，又匪屠龍之筆。承明三入，忝冒爲多；甘茂十官，貪饕已甚。逮茲拜賜，殊以靦顔。此蓋伏遇皇帝陛下天覆羣臣，日新庶政。功疑則厚，弗矜虞舜之聰明；賞信爲先，兼總漢宣之名實。寧使匹夫之僥倖，不令一善之遺忘。臣於斯時，遂玷殊渥。官崇禄厚，未知稱塞之方；恩重命輕，惟誓捐糜之報。臣無任云云。

[一] 謂：原缺，據日本藏宋刻本補。四庫本作「恐」。
[二] 臣某中謝：原無，據日本藏宋刻本、明澹生堂鈔本、四庫本補。
[三] 「竊」上，日本藏宋刻本有「臣」字。
[四] 政：原缺，據日本藏宋刻本補。
[五] 下「食」字原無，據日本藏宋刻本補。
[六] 「伏」上，日本藏宋刻本、明澹生堂鈔本、四庫本有「臣」字。
[七] 勞：明澹生堂鈔本、四庫本作「勤」。

謝太上皇帝表

臣某言：伏奉告命，以臣經修《四朝史志》特轉一官者。充位疑丞，未宜乃力；策勳翰墨，又進厥官。懇避無從，叨踰有靦。臣某中謝。伏以六十載詒謀之志〔一〕，億萬年傳信之書，屢易星霜，甫成卷帙。而臣昨在紹興之際，嘗蒙上聖之知。以書林是正之官，兼史氏編摩之職。逮今二紀，被遇兩朝。幸嘗秉筆以周旋，敢覬終篇而尊奉。晚陪機政，獲預榮觀。賴儒先筆削之功，在賞慶褒崇之數。惟茲忝竊，良以震驚。此蓋伏遇光堯壽聖憲天體道性仁誠德經武緯文太上皇帝陛下盛德備躬，至仁及物。道包衆有，雖蕩蕩以無偏；天覆羣倫，每恢恢而不失。凡在含生之類，孰非受賜之人？顧方高蹈於希夷，何以仰酧於造化？臣敢不勉殫忠藎，圖稱恩榮？居慚班范之才，何裨潤色；幸際勳華之主，請祝壽祺。臣無任云云。

謝東宮牋

某言：伏奉告命，以某經脩《四朝史志》特轉一官者。政塗竊位，何補於大猷；史局奏篇，誤隆於崇秩〔二〕。凌兢拜命，俯仰包羞。某中謝。某惟四朝仁聖之相承，有五紀設施之可考。禮樂政刑之畢舉，堪輿夷夏之兼該。分職設官，在更張而不一；整軍經武，於制度以尤詳。必能發揮既往之規模，乃可昭示方來之準則。允資鴻筆，庸訖鉅編。既閱歲以滋深，宜成書之來上。而某曩繇推擇，嘗預討論。貞觀修書，愧德棻之爲首；知幾司籍〔三〕，慚唐史之未成。逮錫賞於公朝，例叨榮於寵數。茲蓋伏遇皇太子殿下學探聖域，性廣仁端。入奉慈顏，方問安於有永；出臨講肆，每進德於無疆。俯念孤蹤，久陪木屬。借以庇存之賜，致滋優渥之恩。青地深嚴，雖阻瞻於輝潤；丹心激烈，尚圖報於知憐。謹奉牋陳謝以聞。

同趙相以下以霖雨待罪劄子

臣等仰惟陛下仁民愛物，動合天心；宜獲休徵，以符聖治。乃連月以來罕遇晴霽，致傷蠶麥；今復霖雨過多，秧種將損。是皆臣等調燮無術〔四〕，有干和氣。苟或自恕，人言謂何？伏見仁宗朝慶曆春旱，宰相陳執中、參知政事宋庠、丁度各降一官。臣等恐勤宣押，不敢家居待罪。欲望聖慈，稽用故事，將臣等先賜貶秩，然後罷黜。庶幾天意回而咎徵消，少寬宵旰之慮。臣等無任惶懼俟命之至，取進止。

不允詔

敕某：省所奏劄子，以霖雨過多，乞先賜貶秩事具悉。

〔一〕「伏」上，日本藏宋刻本、四庫本有「臣」字。
〔二〕隆：日本藏宋刻本、明澹生堂鈔本、四庫本、傅校本作「陞」。
〔三〕籍：原缺，據日本藏宋刻本補。
〔四〕調燮：日本藏宋刻本作「燮調」。

屬者沴雨過常，煥氣弗效，惟政教之多闕，致陰陽之干和。所賴邇臣交修庶治，遽形咎謝，未體朕心，勉燮序之令圖，導善祥於不日。副予厚望，茂迺懿猷。所乞宜不允。

再乞罷黜劄子

臣等昨以積雨未霽，害於麥禾，輒援本朝故事，乞先次貶秩[一]，然後罷黜。伏蒙聖慈矜存備至，詔諭恩勤。臣等荷戴隆施，恨未有捐軀之路可報萬一。惟是賞罰二柄，理難偏廢。臣等誤叨簡擢，服在近司。平居則安享異數，間遇典禮又皆首被慶賞。今者輔政無狀，陰陽不調，聖心焦勞，民庶咨怨。瘝官之責，將以委誰？容其自劾，已是寬典。罰又不加[二]，失刑甚矣。何以弭災沴？何以塞人言？何以勵庶工？何以安厥位？此臣等所以連章瀝懇，不敢憚煩瀆而遂已也。伏望陛下赫然剛斷，賜以黜幽。既舉合於大公，自感召於和氣。應天之實，莫大於斯。干犯威尊，臣無任激切俟命之至，取進止[三]。

不允詔

敕某：省所奏劄子「以積雨未霽，乞先次貶秩」事具悉。朕惟水旱之來，厥有咎證。其爲天人交感之際，則在懼與不懼爾。今農事維時，霖雨不止，夙夜兢惕，未知其由。卿位居政路，職貳國鈞，相與憂之，庶幾濟此。欲潔身辭寵可乎？所乞宜不允，不得再有陳請。

中使賜生日詔書

敕某：昭隆賢業，參穆政均。方天漢之指隅，嘉熊羆之協夢。載頒牢品，式侑燕私。今賜卿云云。

謝表

臣某言：伏奉詔書，以臣生日，特降中使，賜臣羊酒米麪者。劬勞念切，末由岵屺之瞻；賚予恩深，厥有麋庖之繼。鈞承飫賜，加震危衷。臣某中謝。臣竊以醪醴餼牽，聖主優賢而錫寵；來牟嘉穀，良農享上以樂輸。自非有德以尊朝，寧使無功而受禄。如臣者，生而孤露，晚乃叨踰。顔巷一瓢，常恐侈驕而易節；羲爻二篋，惟知質實以效忠。雖竭駑材，何裨聖政！豈

[一] 先：四庫本無。次：原作「賜」，據日本藏宋刻本改。

[二] 不：明澹生堂鈔本、四庫本作「弗」。

[三] 原書文末校云：「案目録，此下應附《不允詔》一首，《附賜生日詔》一首，《謝賜生日表》一首、《東宫賀冬牋》一首，今俱缺佚。知聖道齋本此處有第三《乞宫祠劄子》、第四《乞宫祠劄子》，乃重出。卷三之文，又誤移《乞序位劄子》於《乞罷政表》之後。且有第二、第三兩劄。其前半皆重出。第三劄子之後半乃第二劄，第三劄之後半乃《乞罷政劄子》。脱誤踳駁，幾不可讀。今據翰院别本校正，而《乞罷政劄子》各本俱佚其前半記，俟善本補之。」今據日本藏宋刻本補《不允詔》、《中使賜生日詔》、《謝表》、《東宫賀冬牋》四首。

謂弧之旦，亦分庭實之珍。此蓋伏遇皇帝陛下儉法禹謨，仁高周雅。好善言，惡旨酒，恩靡廢於投醪；將厚意，燕嘉賓，誠不忘於推食。既脩六府之治，更盡群臣之心。臣謹當深戒素餐，益輸丹慊。食焉怠事，敢自速於咎殊殃殃；仕則慕君，誓力圖於報塞。臣無任。

東宮賀冬牋

推七日於羲爻庶，見天心之復占。五雲於魯觀，莫先歲事之豐。繄國元儲，以時介祉。中賀。恭惟皇太子殿下溫恭異稟，仁孝安行。察動靜於陰陽，此心常定；考吉祥於視履，何福不臻！對丈二之景長，知八千之歲永。某謬忝機務，夙荷恩憐。密侍昕朝，雖承顏接辭之尚陰；瞻言冬讀，想進德脩業之又新。欣頌積中，縑毫莫狀。

淳熙九年

乞罷政劄子 五月二十六日〔一〕

臣輒控愚衷，仰祈聖造，臣迂踈闒懦，無所取材。誠不自意，遭遇明主，首蒙簡拔，周歷踐華要〔三〕，越二十年，昨由翰苑洊歷八座，深惟踰分，屢丐退閑。陛下眷留再三，德意隆厚，未知稱塞，彌劇兢危。旋冒選除，進陪二府。恩施之重，何啻丘山？所願殫竭疲駑，少效萬一，而才分所局，鞭策不前。邦國大猷，固非所任；簿書事故〔三〕，亦復何裨？晝度夜思，憂慚罔措。徒以叨聯四近，稍係觀瞻。出處之間〔四〕，不容率爾。素餐尸祿，遂踰二年；竊位妨賢，罪則多矣。加以年衰氣索，百病交攻，頭眩目昏，腰足酸楚，半月前又因飲冷暴下，一伏時方止。緣此愈覺疲憊，不能支梧，福過災生，理應如此。當陛下勵精之日，豈臣子懷安之時？其如疾恙侵凌，於心實不遑處。躊躇累日，冒昧以言。伏望聖度優容，皇明委照。念其奉侍之最久，矜其膂力之驟愆。許解政機，俾歸田里。重任既釋，憂心自寬。庶以餘生，永陶聖化。捐軀徇國，期在異時。冒瀆威尊，臣無任云云。奉御寶批，降詔不允〔五〕。

不允詔

敕某：云云具悉。廊廟近臣，朕所與朝夕圖回以儀天下之政者也，豈可以歲月久近議進退哉！卿涵德淵虛，蹈道時敏，登朝應務，細鉅必爲。宣翼之勤，克厭朕志，底書求去，覽觀慊然。古者大臣皆務其方以敦其節，則羣臣莫敢不正身修行，以稱大體。朕所嘉賴，人具爾瞻。往宅厥常，益

〔一〕五月二十六日：原無，據日本藏宋刻本補。
〔二〕「臣輒」至「周」三十一字原無，原刻云：「前半文佚」，據日本藏宋刻本補。
〔三〕事：四庫本作「細」。
〔四〕出：原缺，據日本藏宋刻本補，四庫本作「退」。
〔五〕「云云」至「不允」原無，據日本藏宋刻本補。

顯無窮之聞。所請宜不允。

乞罷政表 二十七日〔一〕

臣某言：伏蒙聖慈以臣乞解罷機政，特降詔書不允者。晉叨三接，久冒處於高華；退止一辭，合亟投於閒散。恭承温詔，尚閟俞音。感已極於肺肝，情洊殫於悃愊。臣某中謝〔二〕。伏念臣奮由孤遠，親際聖明。以鉛槧腐儒而居侍從之聯，以斗筲小器而備疑丞之列。心固知其冒昧，人共指其僥踰。矧睿德之日新，舉臣工而風動。凡服采班行之内，競赴事功；豈參華廊廟之間，乃令尸素？頻年惴惴，竊位容容。上負九重之知，下貽多士之誚。積兹愧靦，成此病衰。晝眩瞀以廢飧，夜怔忡而忘寢。足弱弗良於趨走，腰頑殆困於屈伸。雖欲强顔，難爲陳力。用仰干於旒扆，祈退返於田廬〔三〕。而天語鼎來，篤眷留之意；王人狎至，隆禮貌之恩〔四〕。夫何極陋之姿，有此殊常之寵？苟能加勉，安敢執迷？顧念所居之官，誠非自恕之地。若坐滿西曹之讁，恐難逃東市之誅。今雖似爲於身謀，實亦稍存於國體。伏望皇帝陛下廣乾坤之量，推父母之慈。念臣遭遇於初元，許臣保全其晚節。及公言之未至，諒素志之無他。聽解政機，俾安愚分。循名責實，已慚無補於聖時；觀過知仁，猶冀不妨於賢路。輸誠深切，從欲是期。臣無任云云。

不允詔

敕某：云云具悉。卿精誠造微，懿文合雅。久服淵雲之侍從，進揚魏邴之謀謨。正資儒者之在朝，難託謙文而避位。其承素倚，宜弭來封。所請宜不允，不得再有陳請。

乞通進司收接文字劄子

右，臣近緣陳解罷機政，蒙聖恩指揮通進司不得收接文字。今來仰體聖意，已供職訖，合有謝劄，緣未奉聖旨，有司未敢通進。欲望聖慈特賜處分，便令進入。謹録奏聞，伏候敕旨。

賜生日詔書〔五〕

敕某：秋物澄暉，陰躔對望。惟鈞途之俊哲，降神嶽之粹靈。特腆牢頒，俾延家祉。今賜卿云云。

〔一〕二十七日：原無，據日本藏宋刻本、明澹生堂鈔本、四庫本補。
〔二〕臣某中謝：原無，據日本藏宋刻本、明澹生堂鈔本、四庫本補。
〔三〕廬：明澹生堂鈔本、四庫本作「閭」。
〔四〕隆：明澹生堂鈔本、四庫本作「全」。
〔五〕書：原無，據日本藏宋刻本補。

謝表

臣某言：伏奉詔書，以臣生日特降中使，賜臣羊酒米麪者。獻名州史，永慨餘生；拜賜家庭，增光末路。屬饜雖幸，浮食知慚。臣某中謝。伏念臣拔起窮簷〔一〕，過尸榮禄。糟醨是醉，敢妄意於天漿；藜莧充腸，猥參和於鼎餗。矧年饑用不足之際，豈食飽居求安之時？乃因載育之辰，更冒分甘之寵。茲蓋伏遇皇帝陛下仁均覆幬，恩厚臣鄰。每因儀物以示誠，豈爲庸駑而廢禮？申以光華之使，賁之温厚之言。式示隆施，寧專故實？貪於飲食，懼饕餮之干誅；俾爾壽臧，愧蔵庖之均福。誓殫忠藎，圖報眷憐。臣無任云云。

乞序位李彥穎下劄子　七月〔二〕

臣嘗考國朝故事，侍從而上或遇舊人再入，其序位多在見任人之上，非徒重朝廷之體〔三〕，亦以興廉遜之風。伏見參知政事李彥穎數年前已位二府，今者再入，臣合在下，理無可疑。伏望睿慈特降處分，以憑遵守。今取進止。

第二劄子　八月〔四〕

臣適具奏，乞序位在李彥穎之下。緣欲降付三省，未敢盡述底蘊。伏見熙寧二年文彥博以舊相爲樞密使，陳升之初拜宰司，神宗用天聖故事，特令升之仍位彥博之下。雖王安石力沮彥博，收回成命，然詔書具在，聖意高遠，非安石所能知也。夫宰相、樞密使位序有差，國朝尚且迭爲先後，況同是參貳，班列一等？謂如元豐以後，同知樞密院、尚書左右丞或互有除改，則位次不易，其來久矣。臣之末至，自應在彥穎前進之下，尚復何疑？至於侍從之類，其例尤多。慶曆五年，楊察再知制誥，同僚張方平等上言：「察係再入，請班居上。」有旨從之。紹興以來，猶有用此例者。若是偶未思索，或不暇檢閱典故，猶可襲常蹈故。臣既心知其然，倘不自列，則欺罔之罪大矣。臣竊恐來日立班相妨，本欲權免朝參一日，又慮外議不知此意，妄有傳說，遂復不敢。欲望聖慈宣諭閤門，許臣班彥穎之下，庶幾於義稍安。臣素蒙陛下恩憐，乃敢殫竭悃愊。伏取進止。

辭免知樞密院事劄子　八月〔五〕

臣伏蒙聖慈除臣知樞密院事，特降中使宣押赴院治事者。臣

〔一〕簷：日本藏宋刻本、四庫本作「閻」，明澹生堂鈔本誤作「間」。
〔二〕七月：原無，據日本藏宋刻本、四庫本補。
〔三〕徒：日本藏宋刻本作「獨」。
〔四〕八月：原無，據日本藏宋刻本、明澹生堂鈔本、四庫本補。
〔五〕八月：原無，據日本藏宋刻本、明澹生堂鈔本、四庫本補。

聞命震懼〔一〕，罔知所措。竊以西樞分職〔二〕，兵柄在焉〔三〕。本朝雖委用儒臣，亦須有文武才略，識諳戎事〔四〕，且望實素爲中外所信服者〔五〕，然後舉而用之，乃能仰副注倚，俯協公議。如臣不肖，論迂而性拙，徒以章句之學久被簡知。服在論思，已爲忝冒；驟參機政，彌愧超踰。敢意誤恩，進籌帷幄！雖陛下聖謨獨運，神武布昭，執事之臣不過稟訓飭於上，行文書於下，縱殫薄技，難企清光。而官匪其人，國家奚賴？才不稱位，有衆何觀？祇竭忱誠，仰祈鴻造。冀回渙渥，改授英才，俾仍舊班，免貽非據之誚。其爲榮幸，殆與進擢均矣。干冒宸扆，臣無任云云。

不允詔〔六〕

勅某：省所奏劄子，辭免除知樞密院事恩命事具悉〔七〕。朕惟以儒臣本兵權，以毅將庀武守。惟國家之長御，若臂指之相維。卿學洞本元，察含冰鑑。躬公綽之不欲，邁壺遂之深衷。清德藹聞，遠猷彌劭。擢歸政席，晉長機庭。資沈心善照之謀，濟厭難折衝之效。是惟次陟，毋事沖辭。所辭宜不允。

辭免知樞密院事表

臣某言：伏蒙聖慈以臣辭免新除知樞密院事恩命，特降詔書不允者。左轄瘝官，宜首加於幽黜；右樞分職，敢遽冒於顯除？雖尺一之頒，理不可違；然再三之瀆，誠亦難已。臣某中謝〔八〕。竊以本兵地要，率屬選高。觀累朝之求賢，曁明主之簡俊。或取其久更帥閫，遂圖任而弗疑；或謂其嘗貳機庭，越進遷而示寵。故望以回翔而加重，智因練歷而愈明。試可若斯，僉諧必矣。惟臣之戇，無一而宜，而所窺者率皆古昔之陳篇，所供者不過簿書之常守。心豈識軍戎之要，足未趨宥密之嚴。方二柄之臚分，乃一朝而躐進。聖神在上，若爲參前箸之籌；哲艾滿朝〔九〕，徒使愧後薪之積。苟不力求於避免，殆將立抵於譴訶。伏望皇帝陛下以稽古之聰明，鑑用人之得失，收還誤渥，改授實能。天佑高皇，必有子房之決勝；人歸宣后，寧無吉甫之憲邦？罔俾愚臣，或妨賢路。臣無任云云。奉御寶批降，批答不允，仍

〔一〕懼：日本藏宋刻本作「惶」。
〔二〕「竊」上，日本藏宋刻本有「臣」字。
〔三〕柄：原作「權」，據明澹生堂鈔本、四庫本及《古今事文類聚》遺集卷一改。
〔四〕識諳戎事：明澹生堂鈔本、四庫本及《古今事文類聚》遺集卷一作「識華戎事體」，意亦通。
〔五〕素：原無，據明澹生堂鈔本、四庫本及《古今事文類聚》遺集卷一補。
〔六〕「詔」下，日本藏宋刻本有小字云「趙彥中撰」，明澹生堂鈔本作「趙彥中選」。「選」當爲「撰」之誤。
〔七〕「省所奏」至「恩命事」，原作「云云」，據日本藏宋刻本、明澹生堂鈔本、四庫本改補。
〔八〕某中謝：原無，據日本藏宋刻本、明澹生堂鈔本、四庫本、《古今事文類聚》遺集卷一補。
〔九〕艾：原作「乂」，據日本藏宋刻本改。

斷來章〔一〕。

不允批答　熊克撰〔二〕

省表具之。朕獨總萬機，分斡二柄。冢司不兼武事，有慶曆續定之規；宥府不帯使名，有元豐肇正之典。參舉故事，序升弼臣。卿寬裕而有容，開明而無滯。道能方古，在皐陶稷契之間；文可作經，出太史莊騷之上。早徧儀於華要，久預賛於幾微。晋典事樞，蓋協時論。何謙詞之確守，乃需奏之上聞〔三〕。其亟祇承，毋庸抗避。所辭宜不允，仍斷來章。

口宣

有敕：卿久陪天府〔四〕，進典神機。顧渙號之已孚，況師虞之允穆。亟其祇命，勿尚固辭。今差某人賜卿，不允斷來章批答，想宜知悉。

謝表

臣某言：伏奉告命，授臣知樞密院事，尋具辭免，伏蒙聖慈特降中使，賜臣不允批答，仍斷來章者。獨化陶鈞之上，天啓聖謨；折衝樽俎之間，人需賢德。孰云庸懦，堪此選除〔五〕。望帷幄以彷徨，拜絲綸而懷慄。臣某中謝。臣聞兵布於外，是爲爪牙；權歸於中，實寄心腹。上下有相維之勢，古今存不易之規〔六〕。廟勝所關，才難爲甚。如臣者駑駘步窘，培塿形卑。初非致遠之材，敢起升高之念？而遭逢華旦，忝竊殊知。廿載神畿〔七〕，徧歷清華之地；十年禁橐，遂參輔弼之聯。戴恩奚啻於丘山，論報未施於涓滴。所期汰免，何意褒遷！越由黄闥之嚴，陞踐紫樞之峻。惟乃聖乃神之真主，方高出於百王；豈不文不武之具臣，可迭居於二府？懇辭弗獲，祇受爲慚。玆蓋伏遇皇帝陛下政急内脩，策先自治。宅中圖大，既隆道德之威；詰禁制軍〔八〕，不廢甲兵之問。姑緣人乏，猥用臣愚。臣敢不激勵壯心，賛襄先務？外攘夷狄，願覩復古之勳；載戢干戈，尚覩垂衣之化。臣無任云云。

〔一〕「奉御寶」至「來章」，原無，據日本藏宋刻本、明澹生堂鈔本、四庫本補。
〔二〕熊克撰：原無，據日本藏宋刻本、明澹生堂鈔本、四庫本補。
〔三〕上聞：日本藏宋刻本作「尚陳」，明澹生堂鈔本、四庫本作「上陳」。
〔四〕府：日本藏宋刻本、明澹生堂鈔本、四庫本作「綷」。
〔五〕選除：原作「宣隆」，據明澹生堂鈔本、四庫本及《古今事文類聚》遺集卷一改。
〔六〕存：原作「成」，據明澹生堂鈔本、四庫本、《古今事文類聚》遺集卷一改。
〔七〕廿：日本藏宋刻本作「卅」。
〔八〕之威詰禁制軍：原作「之□威詰禁軍」，據日本藏宋刻本、《古今事文類聚》遺集卷一改補。

謝太上皇帝表

臣某言：伏奉告命，授臣知樞密院事者。東西置府，對分軍國之權；左右惟人，協贊鈞樞之運。猥容迭處，良愧超遷。臣某中謝。竊惟宥密之司，安危所寄。議論近陪於帷幄，機緘遞解於疆陲。以充國之老臣，尚難踰度〔一〕；如魯人之肉食，何有遠謀？自非求儒術之真，安得制廟謨之勝？如臣者起家一第，隨牒四方。疏慵微稽古之勤，昏鈍乏過人之略。荷兩朝之見器，偕多士以在廷。金馬玉堂，既久司於文翰；鸞臺鳳閣，遂參穆於政機。豈才名烜赫之當然，由歲月推移而至此。曠職方期於簿責，本兵更誤於詔除。借箸而籌，何以仰符於上意？假人以器，居然恐累於宸思。傴僂拜嘉，忸怩就列。茲蓋伏遇光堯壽聖憲天體道性仁誠德經武緯文太上皇帝陛下，冠冕百王而弗居其聖，堪輿萬物而不有其功。無疆惟休，坐銷金鏑之氣；必得其壽，永享玉巵之歡。謂時清非假於弼諧，故質朽亦容於承攝。臣敢不兢兢夙夜，勉勉幾微？遠至邇安，何取良、平之策；天長地久，但祈堯、舜之年。臣無任云云。

謝東宮牋

某言：伏奉告命，授某知樞密院事者。三年預政，難逃指目之譏；再命本兵，益峻股肱之列。已伏龍墀而叙感，重瞻鶴禁以知歸。臣某中謝〔二〕。伏念某才不逮人，性尤忤物。適有天倖，獨蒙上知。靡更州縣簿書之勞，即居省臺文字之職。昨仰親於三善，嘗坐閱於六期。始終奬予之殊，前後遷除之數。蓽門圭竇，方襆被以丐歸；黃閣紫樞，乃牽絲而偏歷。深惟負乘，如履淵冰。茲蓋伏遇皇太子殿下天縱聰明，日新德業。取士斂才之切〔三〕，蓋根本於誠心；問安侍膳之餘，每推揚於善類。故茲新渥，及乃舊人。某敢不思勵壯圖，期酬夙眷？信而好古，雖莫陪東序之英游；從曰撫軍，尚獲贊北征之盛舉。謹奉牋稱謝以聞。

謝明堂加恩表

臣某言：伏奉告命，以明堂大禮加臣食邑五百户，食實封二百户者。宗祀告成，一人能事；湛恩敷錫，四表歡心。曾是具臣，亦叨徽數。臣某中謝。恭惟皇帝陛下事親以孝，撫民以仁。無一念不存於誠〔四〕，無一事不協於極。宵衣旰食，允矣克勤；公聽並觀，濟之好問。凡舜禹之德業，固皆優爲；如漢唐之規模，殆不足道。水旱既弭，陰陽自調。躋民壽域之中，偃革邊亭之外。方且聖不居聖〔五〕，新而又新。思歸功於兩儀，用嚴配乎二后。乃稽三歲之制，乃盛九筵之儀。內殫一純，外備庶物。謁款道祖，祼將太宮。齊明極其精專，拜跪忘其勞勩。熙事咸備，諸

〔一〕難：日本藏宋刻本作「艱」。
〔二〕臣：原無，據明澹生堂鈔本、四庫本補。
〔三〕斂：原作「欽」，據日本藏宋刻本改。
〔四〕於：日本藏宋刻本作「乎」。
〔五〕不：日本藏宋刻本、明澹生堂鈔本、四庫本作「弗」。

祥畢臻。上焉歸胙於庭闈，下以均釐於普率。善無大小〔二〕，賚予則同；罪無舊新，滌除則徧。可謂古今之壯觀，聖哲之成能。而臣初乏禮官司存之勞，又匪方伯職來之助。猥預右樞之數，僅參前導之聯。而乃拜器幣於尚方，耗金繒於外府。僥踰已甚，愧汗靡任。兹仍徹於多田，益增光於在列。曾微千一之慮，獨冒再三之榮。歎太史之滯留，彼奚不遇；錫康侯之蕃庶，臣則何庸？惟誓捐軀，少圖報國。臣無任云云。

乞與王嘉賓換闕劄子

伏念臣妻之兄從政郎王嘉賓，昨於淳熙五年内授封樁庫監門，待闕已及五年，今夏當赴。緣臣任參知政事，慮有妨嫌，即曾奏知，乞令迴避。伏蒙聖慈宣諭左丞相，準擇闕對換，繼與一般軍器所監門、保義郎李俣兩易訖〔三〕。尋蒙恩備數西府，其軍器所雖屬御前，却是樞密院使闕。緣此本人奉親挈眷，徘徊累月，以臣之故，又復不敢交割。在臣合與陳述，伏乞降付三省施行。輕瀆宸嚴，臣無任戰汗之至。取進止。

〔二〕大小：日本藏宋刻本作「小大」。
〔三〕門：原無，據日本藏宋刻本補。

廬陵周益國文忠公集卷一二七

歷官表奏卷六

淳熙十年

同施樞密以旱災乞罷黜劄子 七月〔一〕

臣等仰惟陛下勵精庶政，惠愛元元，其於歲之豐歉，無一日不軫宸慮，此固中外所共聞，臣等所親見也。今者夏秋之際，時雨偶愆，聖躬焦勞，天語惻怛，修己之誠靡不盡，恤下之政靡不舉，祈禳之典靡不行。宜格天休，上副德意。而屯膏未溥，衆情嗸嗸。臣等並典樞機，號爲執政，軍國庶務，參裁其間。既無以協贊修禳，又不能交舉職業，積此謬戾，遂干至和，雖欲逃刑，何以文過？願加顯黜，丕警曠瘝，庶銷旱祥，可必豐歲。臣等謹已出郊待罪，伏乞睿斷即賜施行。臣等無任慚懼俟命之至，取進止。七月十三日奉御寶批〔二〕，降詔不允。

不允詔

勅周某等：省所奏劄子，爲夏秋之際，時雨偶愆，乞加顯黜事具悉〔三〕。蓋聞天人惟精祲之交，災異緣政教而起，朕德不類，亢陽錯度，省躬思咎，寤寐增嘆〔四〕。卿等擁樞贊微〔五〕，惟以共御厥罰，消弭未形者，宜雅知之。方務交脩，圖應天之實，引咎避位，豈朕所期？祇竭大忠，孚臻休應。所辭宜不允。

同二府乞罷黜劄子

臣等茲以燮調無狀〔六〕，時雨不應，上章自劾，待命津亭。伏蒙聖恩各遣中使宣押歸第。臣等迫於威命〔七〕，不敢固違，屏息家居，恭候嚴譴，豈容偃然復入都堂治事？欲望睿慈速降處分，大正典刑。既協輿言，必符天意。臣等無任震懼懇切之至，取進止。

〔一〕七月：原無，據明澹生堂鈔本、四庫本補。

〔二〕「十三日」原作「十二日」，「寶」原脱，據明澹生堂鈔本、四庫本改補。

〔三〕「等省所奏」至「顯黜事」，原無，據明澹生堂鈔本、四庫本補。

〔四〕寤寐增嘆：原作「□寤寐嘆」，據四庫本改補。

〔五〕擁樞贊微：原作「擁贊樞微」，據明澹生堂鈔本、四庫本乙。

〔六〕明澹生堂鈔本、四庫本正文前有：「特進、左丞相、冀國公臣王淮，宣奉大夫、右丞相、儀國公臣梁克家，通奉大夫、知樞密院事臣周某，端明殿學士、朝請大夫、簽書樞密院事、兼權參知政事臣施師點劄子奏。」

〔七〕臣等：原無，據四庫本補。

不允詔

勑王某等：省所再上奏劄子，以燮理無狀，時雨不應，乞大正典刑，事具悉〔一〕。昔成湯《桑林》之禱，以六事而責躬；宣王《雲漢》之災，矜百姓而修行。蓋君人克己而上注，則天道棐忱而聽卑，固難飾應變之文，始欲歸有司之責。卿等選於羣獻，式是百僚，靡勤不宣，何以致常暘之咎。繇朕不德，無以厭上帝之心，所以避正宁而損□，訪羣言而緝政，庶勵精而致改用，因災異而邁休。苟推過於弼臣，是忘祇於天戒。其思交儆，贊翼翼之機猷；尚格至和，達亹亹之歡樂。勉圖嘉績，宜弭來封。所請宜不允，不得再有陳請。

旱災乞罷黜表

臣某等言：近以雨澤愆期，兩具奏乞賜罷黜，伏蒙聖慈疊頒詔諭〔二〕，所請宜不允，不得再有陳請者。伏以亢暘爲沴，上軫宸心；豫政非才，下喧物論。既積難安之愧，敢稽自劾之章？仰溫詔之曲留，俯危衷而載惕。臣某等中謝〔三〕。臣聞《雲漢》之歌宣后，撥亂所以去災；《春秋》之紀衛侯，興師因而致雨〔四〕。足驗歲年之豐歉，寔關兵政之否臧。今臣等猥以斗筲，參於帷幄。圖事經遠，有愧良、平之腹心；憺威折衝，未還文、武之境土。以此鬱中外之望，宜其干陰陽之和。雲上於天，致輟九重之宴樂；月離於畢，尚遲四野之滂沱。僉歸咎於具臣，合自拘於司寇。伏望皇帝陛下賞誅順帝，視聽從民。察樸樕之叵堪〔五〕，本難近用；念蘊隆之爲虐，當責爾僚。或稍貸於斧斤，姑斥還於田里。雷霆之怒，既震耀以弗私；霖雨其滋，尚昭蘇之可必。臣等無任云云。

再乞罷黜劄子

臣等竊惟聖心閔雨甚至，農夫望歲至切，而常暘爲沴，天意未回。臣等雖蒙聖恩，少緩誅斥，再勤敕使，疊下詔函，而震灼憂慚，實難安職。除已再上表陳乞外，所有十六日以後立班奏事，臣等不敢趨赴。伏乞睿斷早賜罷黜施行，取進止。

御批不允〔六〕

比以亢暘爲沴，時雨弗滋，咎應之來，其必有自。乃貶食，退次求言，念愆思有以答天之戒。所賴二府輔弼之良交

〔一〕「敕王某等」至「事具悉」，原作「敕某云云具悉」，據明澹生堂鈔本、四庫本改補。
〔二〕慈：明澹生堂鈔本、四庫本作「恩」。
〔三〕臣某等中謝：原無，據明澹生堂鈔本、四庫本補。
〔四〕因：明澹生堂鈔本、四庫本作「從」。
〔五〕叵：明澹生堂鈔本、四庫本作「亡」。
〔六〕批：明澹生堂鈔本、四庫本作「劄」。

儆不逮，以導迎善氣，而列章求去，却而復上，至於再三，朕何望焉？其安厥位，益陳乃謀，銷弭災變，以副仰成之意。故兹詔示，想宜知悉。

奏謝劄子

臣等伏爲雨澤愆期，再上表乞賜罷免。特蒙聖恩寵錫宸翰，粲然盈幅，莫非禹湯罪己之言，臣等相與歡踴，震懼無地。昔漢世每有災異，必切責丞相、御史，本朝故事，亦以是降黜大臣。今陛下則不然，貶食退次，詢求直言，凡可責躬答天戒者，無一不用其至，獨於臣等則百方覆護，屈撓常憲。雖父母愛憐不孝之子，亦恐未能寬恕如此。臣等自當碎首捐軀，圖報萬一。惟是才術駑下，謀謨淺拙，終虞無所施設〔一〕，以少副陛下仰成之意。尚容來日俯伏軒陛，控叙危悰，謹先具劄子奏謝。伏乞睿照。

預辭生日牲餼奏

臣伏見陛下以雨澤尚愆，避殿減膳，形於詔旨。臣備位西府，方自劾失職，席藁俟命。竊慮有司以臣生日在近，例降中使匪頒牲餼，臣實不敢祇受。欲望聖慈預令寢免，少安危懼。臣無任虔祈之至，取進止。

御批：還政引災，已難徇請。續齡錫慶，何必預辭！

賜生日詔

敕某：任隆樞載，望映時宗。屬金德之乘秋，儲崧靈而協吉。時頒康錫〔二〕，庸示注懷。今賜卿云云〔三〕。

謝表

臣某言：伏奉詔書，以臣生日特命中使賜臣羊酒米麪者。門設之弧，日切劬勞之念；庭瞻爾特，時豐燕飲之頒。嘆親養之無從，拜君恩而有靦。臣某中謝。伏念臣丁年孤露，晚歲遭逢。揆初度以興憐，羨久生而奚益？一自叨陪二府，坐閲四期。淺識寡聞，詎堪於設醴；素餐尸禄，徒負於加籩。矧當貶食之辰，彌愧養賢之誼。需章預控，敬伸體國之誠；宸翰隨頒，榮奉續齡之訓。孰云異數，猥及微臣。兹蓋伏遇皇帝陛下盛德矜愚，深仁厚下。謂昔選掄之已誤，豈今禮遇之或忘？紫渙敷言，異其嗟之路食；黄封列缶，灩可挹之天漿。竊自省循，若爲報塞？臣敢不仰銜鴻施，俯勵孤衷？愛之欲其生，固難酧天地之造；食焉怠其事，寧不畏鬼神之誅？惟誓糜捐，少逃訶譴。臣無任云云。

〔一〕虞：明澹生堂鈔本、四庫本作「慮」。
〔二〕時：明澹生堂鈔本、四庫本作「特」。
〔三〕今賜卿云云：原無，據明澹生堂鈔本、四庫本補。

爲二兄乞再任宮祠劄子

臣輒有私誠，上干宸聽。臣有堂兄奉議郎必端，見係第二任知縣資序，昨受宮祠，今年三月任滿，欲赴部注擬間，偶値長兄朝請郎必達事故，孤幼無人照管，緣此不能前來，坐食已八九月，未免仰禄。欲望聖慈特降睿旨，再差宮觀一任。冒瀆天威，臣無任戰汗之至。取進止。

東宮賀冬牋

子爲天統，占書先十二之辰；日軌巽維，化國測丈三之景。既兩宮之受祉，宜二極之同休。某中賀。恭惟皇太子殿下仁孝中涵，英明外著。進德遠超於啓誦，承顔並事於勛華。當令序之漸長〔一〕，知壽祺之增永。某叨塵右府，密企東儲。阻造跡於賓階，第竭誠於慶牘。某無任云云。

太上皇后慶壽賀東宮劄子

某等仰惟主上恢崇聖治，祇奉親歡。昨以郊年，嘗舉光堯之慶禮；今逢春日，併陳文母之盛儀。萬壽無疆，四方來賀。殿下以天孫之愛，儲極之賢，適趨金殿之朝，遂助玉卮之奉。邦家攸賴，簡册增光。某等不獲躬詣宮庭，謹具劄子申賀。伏乞令照。

淳熙十一年

辭免樞密使劄子 六月〔二〕

臣伏蒙聖慈除臣樞密使，仍降中使宣押赴院治事者。恩渥殊常，震惶失措。臣竊觀本朝故事，機廷置長，或使或知。蓋因人才之優劣，别資望之重輕。元豐肇新官制，始刊使名。雖有聖論〔三〕，寔惜之也。自是四十餘年，莫之或改。建炎、紹興間，二揆嘗司兵柄，不過曰兼知院事而已。尋因舊相召還，復令充使，以示優禮。其後或勳舊官至公孤，或忠賢名重帷幄，間有除授，而非積歲月之勞所能至也。如臣疲輭不任職，庸瑣非遠器。五年政路，毫釐無補。見朝士則顔面外靦，聽輿議則心神内悸。豈獨臣自知之，固亦難逃衆目。今乃以至劣之才而當至優之禮，以至輕之望而尸至重之任。此而弗懼，可謂愚人。伏惟皇帝陛下照臨有赫，必能察臣之悃愊；覆載無私，不可假臣以名器〔四〕。姑仍舊次，亟格新綸。天祐聖君，自生豪傑，隆名異數，願少須之。冒昧陳詞〔五〕，期於得請。臣無任云云。

〔一〕漸：明澹生堂鈔本、四庫本作「踐」。
〔二〕六月：原無，據明澹生堂鈔本、四庫本補。
〔三〕論：四庫本作「諭」。
〔四〕可：原缺，據明澹生堂鈔本、四庫本補。
〔五〕昧陳：明澹生堂鈔本、四庫本作「貢忱」。

不允詔

敕某：云云具悉。東西二府，分掌政枋；宥密之地，體均輔廷。朕儀圖真儒，進筦丕務，疇其美績，俾正使名，所以崇本兵、隆國勢也。卿以淵源宏奧之學，濟魁壘高明之資，折衝制勝，謀於未形，德威隱然，允契羣望，朕嘉賴焉。乃申明陟，特峻事權，帷幄之籌，實用增重，兹惟天下之公典，朝廷所倚以尊安者，卿烏得而辭乎？往其欽承以若予采所辭宜不允。

辭免樞密使表

臣伏蒙聖慈以臣辭免樞密使恩命，特降詔書不允者。掌武升華，具言不稱；摛文有爛，申戒弗俞。既分義之難安，在瀆煩而敢避？臣某中謝(一)。竊以百僚序進，俱俟有功；四輔驟遷，寧容無説？雖位不可虛者，尚當弄印；則官不必備者，焉用空餐？矧今機宥之權，自昔腹心之地。陛下有武王之德，而臣非閎、散之才；陛下有高祖之明，而臣乏良、平之畫。不過疲精於簿書之內，安能陳力於廊廟之中？徒以允被厚恩，未伸薄技。身已病而不敢言去，智已殫而靡容自休。白首摧頹，懷壯圖而惕若；丹心激烈，思來效以茫然。幸顯黜之偶寬，何明揚之輒冀？俶聞殊渥，良震危衷。借欲冒居，將如公議？伏望皇帝陛下睿照委鑑，聖慮周思。念其所居者何官？而其所付者何事，既已誤加於甄録，詎宜復假以使名？收孚號於夬揚，免煩言之嘖有。爲臣不易，方當俯念於興邦；惟帝其難，毋或上虧於能哲。臣無任云云。

不允批答

省表具之。五兵之運，總於機庭；七德之經，本於儒術。若時宥密之任，實倚畯賢之圖。卿名世瓌才，經邦茂業。踐脩端直，識詣高閎，超自疑丞，進司樞要。夙宵匪懈，中外以寧。朕方攬髦傑，以建治功，敕時幾而集休命，疇咨俊望，顯有成勞。爰陟使端之崇，益觀廟算之勝。所資翼亮，懋建於殊勳；奚務沖撝，更伸於遜牘？亟祇渙渥，庸體眷懷。所辭宜不允。

辭免樞密使第二表

臣伏蒙聖慈以臣再上表辭免新除樞密使恩命，特降中使賜臣批答不允者。囊封上達，懇還右府之隆名；綈詔中頒，敕遣左璫之信使。耳方傾於報可，心乃愧於往諧。敢蹐厚以終辭，期聽卑而遂允。竊以朝分二柄，任屬四鄰。雖文武並用，常欲適平；然軍國異容，固難代匱。苟其人之未稱，寧厥位之或虛。如臣者資本腐儒，生逢昭代。誤簡優隆之眷，久叨清切之除。以討論古

(一) 某中謝：原無，據明澹生堂鈔本、四庫本補。

今爲官常，以綴緝詞章爲事業。自惟淺陋，豈嘗軍旅之聞？何意選掄，亦預甲兵之問？一陪籌幄，再易歲陰。駕御英雄，仰淵謨之莫測；經營宇宙，知獨斷之有餘。姑令省閱於文書，且俾奉行於詔旨。叨踰已甚，獎擢何居？不量才力之難堪，直冒寵光而弗避。是惟既患於得失，豈復能爲於有無？况今爵秩已崇，事權已重。若可致秋毫之補，自當殫辰告之猷。奚以進遷，速其顛沛？伏望皇帝陛下灼知情僞？熟察智愚。謂將將得於天資，儲精既久；念賢賢繫乎國體，注意尤先。勿使具臣，更汙茂典。令惟行而弗反，固干方命之誅；民所欲而必從，迄賴曲成之造。臣無任云云。

不允批答

省表具之。國家建右府以總戎，昭命儒臣而崇使領，蓋自太平興國以來，成憲具在，迄於今兹，必以閎才碩學見聞殫洽者任之，豈非兼文武之用、明政事之體乎？卿博通古今，德茂先覺。發爲謀謨，足以斷國論；措諸事業，足以恢政經。夙被簡知，延登樞近，遠猷碩畫，宏益居多。乃疇已試之庸，申峻久虚之號。蓋將資精神之運，懋勛烈之隆。使四夷咸賓，萬邦底乂。兹爲美報，安用固辭？其止謙勞，亟從俞往。所辭宜不允，仍斷來章。

謝表

臣某言：伏奉制命授臣樞密使，加食邑一千户，食實封四百户，累具辭免，伏蒙聖慈特降中使，賜臣批答不允，仍斷來章者。職參兵柄，久愧罔功；恩陟使權，益慚非據。大矣雲天之施，懔乎淵谷之臨。臣某中謝。臣審觀聖朝之規模，備知軍制之嚴密。宿勁師於諸衛，内有本彊之威；列戍卒於三垂，外無尾大之患。以致棋分州鎮，星布將兵。衆寡得以相維，邇遐期於克乂。雖韜略倚之虎士，而機權歸之柄臣。故擇真才，使當重任。粤從南渡，居念北征。扈行闕之衆，不減於承平；屯諸鎮之師，又增於往昔。間有和戎之利，實非偃伯之時。費益加多，用常不足。歲殆更於五紀，人咸傒於中興。然而宿將消磨，每艱於選授；後生雜遝，罕歷於戰攻。勤勤盱昃之咨，切切規恢之志。允資廟算，協暢天聲。臣於斯時，猥備近列。乏尋常之績效，幸千一之遭逢。以股肱而康，未殫忠力；用腹心之傑，敢冒寵榮？當明制之誕頒，疊遜函而丐免。莫回成涣，祗奉鴻恩。兹蓋伏遇皇帝陛下德紹祖宗，量包夷夏。臣其莫及，自廣運於聖神；人不備求，務兼容於巧拙。遂令孱瑣，頻玷超除。臣敢不勉勵衰殘，少圖稱塞？舞干來遠，素知文德之敷；歸馬告功，尚見武成之作。臣無任云云。

謝太上皇帝表

臣某言：伏奉制命授臣樞密使，加食邑一千户，食實封四百户者。與聞兵政，無補萬分；褒進使名，有慚再命。循墻莫避，履薄是虞。臣某中謝。伏念臣起自諸生，叨蒙異眷。儒宮藏室，許簉跡於英躔；史觀霜臺，浸問津於要路。恩施丘山之重，事功銖兩之輕。荏苒華年，侵尋皓首。父堯子舜，幸逢千載之期；左皋右夔，馴點四鄰之列。屬在戢兵之旦[一]，莫施借箸之謀。碌碌汗朝，容容備位。免大呵而已幸，正近用以奚功？非望所期，滋榮實懼。茲蓋伏遇太上皇帝陛下德隆上聖[二]，運啓中興。凡今經武以整軍，皆昔定功而保大。聰明不殺，人懷有截之威；安樂延年，天畀無疆之壽。致令尸素，不失高華。臣敢不展四體以勤勞，報兩朝之恩遇？目瞻太極，豈容品物之謝生；身在康衢，徒助歌謡而歸美。臣無任感恩荷聖激切屏營之至。

賜生日詔

敕某：卿材宏廟棟，任重天樞。啟素商既望之辰，舉嘉誕匪頒之式。庸昭寵遇，益俾壽臧。今賜卿云云[三]。

謝表

臣某言：伏奉聖慈以臣生日特降中使，賜臣羊酒米麪者。祿養無從，感蓬弧於私室；恩頒有典，分牢醴於大官。藐是孤生，愧茲異數。臣某中謝。伏念臣奮身寒苦，息念肥甘。貧若顏回，但慕簞瓢之樂；道非伊尹，敢思鼎俎之干？叨蒙神聖之知，濫綴弼諧之列。曾微一善，可稱千鍾。逮逢初度之臨，更冒多儀之錫。詔音温厚，敕使光華。嘗羹悲遺母之言，負米動爲親之念。隆施所被，朽質奚堪？此蓋伏遇皇帝陛下眷厚近司，禮嚴故實。饔飧而治，慮心力之俱勞；宴樂於需，推正中而及下。是豐賚予，丕勸臣鄰。臣敢不祗拜君嘉，勉圖忠報？食天祿也，富一醉而則那；由己饑之，飽三軍而殆庶。臣無任云云。

賀東宮生辰劄子

某茲者恭遇皇太子殿下誕序甫臨，萬有千歲，中外同祝，而況兩宮敕使，交馳慶禮，邦家盛事，今古所稀。某夙蒙恩遇，密瞻鶴禁，不獲與僚寀展拜庭下，野芹寓誠，蓋循定例。仰干威重，罪何可逃？伏乞令慈俯賜裁赦，某下情無任頌禱兢懼之至。

東宮賀冬牋

統得於天，亶謂三正之首；陽生於地，俶覩一氣之升。喜

[一] 兵：明澹生堂鈔本、四庫本作「戈」。
[二] 「太上」前，明澹生堂鈔本、四庫本有「尊號」二字。
[三] 今賜卿云云：原無，據明澹生堂鈔本、四庫本補。

溢宫庭，歡均海縣。某中賀。恭惟皇太子殿下温文内蘊，英敏外彰。日奉重親，修寢門之常度；教行長子，嚴邸第之新儀。受福孔多，與時偕永。某密瞻玉彩，阻奉瑶巵。欣逢有道之長，倍切無疆之祝。某無任激切頌詠之至。

淳熙十二年

東宫賀年牋

天運無窮，方衍萬年之曆；聖圖有大，載頒四海之春。仰淑問之峨峨，知休祥之簡簡。某中賀。恭惟皇太子殿下道該周誦，識邁漢莊。贊育物之仁，允資蒼震；動麗天之照，丕赫少陽。德已懋於日新，福自臻於時萬。某猥參丞弼，久荷恩施。雖龍墀密望於儲暉，而鶴禁阻修於慶禮。瞻依徒切，頌詠奚殫！

天申節滿散功德疏

奉萬歲之玉巵，將修慶典；獻千秋之金鑑，適際誕期。凡在臣工，敢稽美報？假薰修於西竺，致頌禱於南山。太上皇帝陛下德被含生〔一〕，位尊太極。夙享寅威之福，今延安樂之年。炎運方興，永對舒長之景；薰風不斷，常依長養之仁。

乞令宰臣兼樞密使劄子

臣伏見仁宗皇帝慶曆二年秋，晏殊爲樞密使，王貽永副之。會西邊出師，用諫官富弼之言，詔宰相呂夷簡、章得象並兼樞密使。今北方情僞罔測，正陛下經武整軍之時，比之西邊事體尤重，兼中興以後自有近例〔二〕，欲望聖明參稽故實〔三〕，命王淮、梁克家兼總樞務〔四〕。既合公論，亦協權宜。臣累月來屢與施師點商量，方敢奏禀。如蒙許允，臣自當悉心竭力協贊萬一，決不敢懷安避事，仰辜任使。取進止。六月三十日批出，續聽處分〔五〕。

賜生日詔

敕某：卿器資宏廓，識慮淵通，天生名世之英，時賴保邦之策。方協期於西顥〔六〕，適告望於素舒。載臨嘉誕之

〔一〕「太上」前，明澹生堂鈔本、四庫本有「尊號」二字。陛下：明澹生堂鈔本、四庫本無。
〔二〕近：原作「定」，據明澹生堂鈔本、四庫本、《古今事文類聚》遺集卷一改。
〔三〕參稽：明澹生堂鈔本、四庫本、《古今事文類聚》遺集卷一作「稽參」。
〔四〕務：原作「密」，據明澹生堂鈔本、四庫本、《古今事文類聚》遺集卷一改。
〔五〕六月三十日批出續聽處分：原無，據明澹生堂鈔本、四庫本補。
〔六〕顥：原作「頭」，據明澹生堂鈔本、四庫本改。

辰，宜舉匪頒之式。今賜卿云云[一]。

謝表

臣某言：伏蒙聖慈以臣生日特降中使，賜臣羊酒米麪者。蓼莪怙恃之勞，俯臨載育；伐木豆籩之踐，深愧養賢。拜賜周章，捫心感歎。臣某中謝。臣竊以初度者常情之共記，惟親安足以爲榮；多儀者明主之異恩，惟德稱乃其無忝。如臣孤露，竊位高華。旨甘不洎於平時，尸素更羞於暮齒。逮膺蕃錫，彌震危衷。蓬矢桑弧，久負四方之志；彘肩卮酒，曾何參乘之功？茲蓋伏遇皇帝陛下恕以取人，惠於接物。既爵禄不嫌於誤與，在餼牽奚吝於匪頒！有來外帑之珍，俾作私庭之寵。罷朝爲壽，悵無張酺之歡；上馬披堅，徒勉廉頗之飯。捐軀以報，永世爲期。臣無任云云。

問聖體劄子

臣等累阻侍清[二]光，不勝犬馬之情。雖聞聖體安和，但雨後天氣驟凉，莫可更展一二日然後視朝否？臣等欲二十四日午後略就内殿起居，伏取進止。

東宮賀冬牋

冬禀因陳，雲告屢豐之兆；歲祥習吉，天臨大報之期。已鍾慶於嚴宸，宜集禧於儲禁。某中賀。恭惟皇太子殿下五□德備[三]，三善名彰。奉亞獻於太宮，聿嚴主鬯[四]；登貳觴於卯陛，助格穹祇。茂對一陽之來，坐膺諸福之至。某久陪經席，方侍籌帷。雖莫預於進趨，顧敢忘於祈向？

郊祀禮成謝加食邑表

臣某言：伏奉制命，以郊祀大禮慶成，加臣食邑一千户，食實封四百户者。賚封於廟，方予善人；澤上於天，亦揚孚號。顧何功於與祭，乃冒寵以加田！不敢獨辭，惟慚虚受。臣某中謝。伏念臣積緣幸會，屢侍親祠。歸點崇班，兩陪於齊輅；擢登樞筦，再導於宸旒。儒生之願已踰，聖主之恩曷報？何期霈渥，更忝徽章。茲蓋伏遇皇帝陛下事天寅恭，待下仁恕。嚴牲玉於大祀，從周之文；責酎金於諸侯，黜漢之陋。故茲餕惠，不必食功。遂容尸素之臣，例被褒庸之典。益之邸殿，空慚書社之多；歸我汶陽，尚贊版圖之復。臣無任云云。

[一] 今賜卿云云：原無，據明澹生堂鈔本、四庫本補。
[二] 累：原無，據明澹生堂鈔本、四庫本補。
[三] 缺字明澹生堂鈔本作「善」，四庫本、傅校本并缺。
[四] 主：四庫本作「匕」，疑是。

謝太上皇帝表

臣某言云云〔一〕。拜貺於郊，甫畢祀天之禮；施恩自近，亟叨加地之榮。承命以還，省躬而懼。臣某中謝。竊以宗祈盛舉，登配上儀。本一人精享之誠，來百執交修之助。如臣無狀，竊位有年。徒能陪羽衛以往回，且復導冕旒而陟降。粗逭不恭之譴，初微可紀之勞。何意宸綸，益荒采邑。此蓋伏遇太上皇帝陛下乾坤協德〔二〕，華夏歸仁。勤勞昔致於中興，典則今貽於嗣聖。上千萬歲之壽，方歸胙於慈庭；同三千臣之心，更均釐於黎獻。致茲徽數，畀爾具臣。曲逆更封，愧及陳平之户；泰元增策，願祈漢帝之年。臣無任云云。

謝東宮牋

某言云云〔三〕。三歲習祥，訖泰壇之大祀；兆民賴慶，均寰宇之多懽。曾何補於運籌，乃猥叨於加地。臣某中謝〔四〕。伏念某夙蒙恩奬，久預政機。駿奔郊廟之間，騎導軍旅之内〔五〕。仰睿主親祠之盡禮，暨元良亞獻之竭誠。知列聖之來歆，致三靈之錫羨。已深榮遇，更冒徽章。茲蓋伏遇皇太子殿下主鬯凝猷，重暉宣耀。贊寬仁於君父，厚體貌於臣鄰。遂使空餐，例增采邑。漢儀既就，初無待於蕞綿；吴地益封，竊有慚於澼絖。某無任云云。

免赴正旦入賀劄子 十二月三十日〔六〕

臣所患腰疾連月日數醫調理〔七〕，尚未痊安。來日元正啓祚，且復慶壽大典，誼當勉强入賀，正慮失儀，謹具控陳。欲望聖慈預賜矜恕，其餘謹俟面奏。伏乞睿照。

〔一〕云云：原無，據明澹生堂鈔本、四庫本補。
〔二〕「太上」前，明澹生堂鈔本、四庫本有「尊號」二字。
〔三〕云云：原無，據明澹生堂鈔本、四庫本補。
〔四〕臣：原無，據明澹生堂鈔本補。
〔五〕軍旅：明澹生堂鈔本、四庫本作「車旗」。
〔六〕十二月三十日：原無，據明澹生堂鈔本、四庫本補。
〔七〕連月日：原無，據明澹生堂鈔本補，四庫本作「連日用」。

廬陵周益國文忠公集卷一二八

歷官表奏卷七

淳熙十三年

賀正旦表

臣伏以三陽交泰〔一〕，萬宇俱春。臣某中賀。恭惟皇帝陛下德並照臨，仁參化育。受四海之籍，將混一於丕圖；慶八帙之年，益恢隆於至養。新又新而弗息，朔復朔以無窮。臣忝綴鵷諧，偶緣假告，阻趨北闕，但祝南山。臣無任〔二〕。

德壽宮慶壽趨赴不及劄子

臣伏值陛下講希世之闊典，慶慈庭之萬壽，凡一命而上，皆獲隨班入賀。獨臣無狀，驟感腰膂之疾，不能起止，阻同百獸率舞彤墀之下，其爲悵恨，深自憐憫。謹具奏知，伏乞睿照。

東宮賀正牋

舜曆誕頒，方洽同文之化；堯年益永，載行慶壽之儀。布大喜於皇家，集殊休於儲極。某中賀。恭惟皇太子殿下中和性禀，英粹日躋。我澤如春，密致重離之助；王明受福，適符交泰之辰。對有俶之新祺，協無疆之善頌。某贊襄何補，暉潤焉依？宮庭莫遂於膝行，毫穎徒勤於心禱。無任激切歸依之至。

請假十日劄子 正月三日〔三〕

臣不善衛生，腰痛日甚，百藥俱試，殊未有效。欲望聖慈給假十日，庶幾一意將理，獲遂痊平。伏取進止。

謝宣醫劄子

臣積爲寒氣所薄，有妨拜跪。初誤信醫先投剛劑，轉覺腰背疼重，不能轉側。仰蒙聖慈宣遣王懋診視，宣通熨烙，遂獲安愈，再生之恩，實踰天地。臣昨日已曾奏謝，伏緣王懋連日至臣私第，取效甚速，已依例薄送藥材之費。欲望特降睿旨，令懋收受。臣無任感恩荷聖激切惶懼之至。

〔一〕臣：原無，據明澹生堂鈔本、四庫本補。
〔二〕臣無任：原無，據明澹生堂鈔本、四庫本補。
〔三〕正月三日：原無，據明澹生堂鈔本補。

謝賜藥方劄子

臣早來伏蒙聖恩矜臣衰病[一]，教以服餌之要。茲復恭承聖旨賜到藥方二道，便當修製服食。仰惟天地之至仁，曲憐草芥之微命。顧雖粉骨，曷報鴻施？臣無任云云。

辭免慶壽轉官加恩劄子

臣準尚書省劄子節文，二月八日，三省同奉聖旨，書册文官周某轉行一官，依例加恩。臣恭承明命，震懼無地。臣聞國家爵賞之行蓋有二説：非禄以詔功，則予以馭幸。過是而加焉，斯無名矣。邇者陛下極事親之誠心，增太上之顯號。制度裁於宸憲，陟降勤於聖躬。其在羣臣，固亦何預！若曰國有大慶，恩繇近始。實惟馭幸，不必昵功。其如宿衛之日已叨錫賚，禮成之後叠拜金繒，茲爲予也多矣，更加爵秩，何以爲名？夫無名受賞，雖疏遠之臣猶畏譏議，況乃參陪四近，係中外之觀聽者乎？伏望陛下照知忱誠，愛惜名器，及制命未下間許賜寢免，是固國體所係，非獨安臣私誼而已。干冒天威，臣無任戰懼懇切之至。伏取進止。

不允詔

敕某云云具悉。朕嘗歷觀前載，博考舊聞，求其寧親介壽、祉福兼修如今日之隆，自三代以還，未之有焉。蓋惟皇天右序我家，太上克昭天德，用申命於無疆。而二三執政之臣同寅協恭，輔朕不逮，兢兢翼翼，仰承閎休。屬者皇算增衍，鴻名益崇，寶册揚輝，昭登億載。卿以西樞之長，毗乎大政，琬琰之刻，藻翰是資。乃體法端偉，焜燿彌文，朕甚嘉之。進秩陪封，庶酧美績。顧惟丕慶，誼不可辭。所辭宜不允。

辭轉官加恩表

臣周某言：伏蒙聖慈以臣書册文轉行一官，依例加恩，尋具辭免，伏奉詔書不允者。慶賞驟加，難於冒受；温言誕布，諭以欽承。心苟未安，理宜自列。臣某中謝[二]。臣竊窺國史，深慕祥符，詞章如陳堯叟之華，問學如王欽若之懿，冠班聯於西府，製壇頌於東封，俱服恩徽，越升階秩。既厚政塗之禮，抑增儒術之光。顧臣菲才，適爾充位。方上聖慶慈皇之壽，即大庭陳玉册之儀。亘古罕聞，崇朝創見。獲班朝而已幸，叨錫命以何居？況無昔人屬思之勞，敢用前日遷官之例？是忘再瀆，仰慁四聰。伏望皇帝陛下有赫照臨，不私覆載。上稽乾道，念臣非撰述之官；近比淳熙，許臣遂懇辭之志。蓋公聽並觀之在此，亦小廉曲謹之當然。倘明取予之方，寧被黷煩之譴。臣無任云云。

[一] 衰病：明澹生堂鈔本作「病衰」。
[二] 臣某中謝：原無，據明澹生堂鈔本、四庫本補。

不允批答

省表具之。皇極之福有五，蓋兼壽德之全、天下之樂者三，實備父母之養。永惟國慶，丕奉親歡，申開綿遠之期，並舉雍容之典。粤增光於寶册，實允賴於法書〔一〕。不惟筆精墨妙，而究勤於簡策之間；抑亦武偃文修，而效美於謀謨之素。宜頒寵數，式懋賢庸。閎休既軼於前聞，沖懇曷拘於近比？無勞謙執，亟服恩榮。所辭宜不允。

辭轉官加恩第二表

臣周某言：伏蒙聖慈以臣再辭免書册文轉行一官依例加恩〔二〕，特降中使賜臣批答不允者。萬年受祜，溥推有位之恩〔三〕；三命循墻，虔致益恭之懇。涣雷風而洊至，凛冰炭以交懷。臣某中謝。臣竊以褒陟文階，增封書社。厥惟異數，以奬茂勳。如臣者初乏事勞，偶逢孝治。當玉卮之稱壽，暨寶册之垂鴻。既不能潤色討論，上議郎之奏；又無以鋪張揚厲，賡儒館之歌。徒因朝野之歡，例備股肱之喜。方將戒得，敢復傷廉？伏望皇帝陛下原省功疑，勵精賞慶。重馭臣之大柄，輕遷令之小嫌。倘容必預於邦榮，姑願稍陪於租食。如是則邑辭多而受少，尚希子雅之賢；印趣刻而令銷，彌顯高皇之聖。陳情已至，得請爲期。臣無任云云。

不允批答

省表具之。朕惟子愛其親，必務顯揚之美；名賓於實，更資袚飾之文。維時寶册之書，緊我鴻儒之筆。簪紳頌嘆，牒簡光華。矧妙運於元樞，實共圖於大政。克遂寧親之養，尤加輔德之勤。既舉上儀，盍頒茂賞？諭言已至，懇避猶堅。且將姑拜於爰租，而復上還於文秩。雖禮遜固能於爲國難廢，至公若官邑均所以庇身，豈宜偏授。其停奏牘，毋閼寵章。所辭宜不允，仍斷來章。

謝表

臣周某言：伏奉制命，授臣正議大夫，加食邑一千户，食實封四百户者。得壽與名，敷錫寧親之祉；進官及邑，增褒共政之臣。雖竊幸於逢辰，顧何庸而受寵！臣某中謝。臣聞一人有慶，賴及兆民；萬壽無疆，德加百姓。蓋當宁懋隆於愛敬，則敷天咸被於榮懷。臣夙冒殊知，久聯邇列。獲值堯年之永，益睹舜孝之新。日轂身依，照臨首暨；霄垠勢近，潤澤先霑。已超寄禄之階，更衍爰田之賦。周章拜命，俯仰懷慚。茲蓋伏遇皇帝

〔一〕允：原作「永」，據明澹生堂鈔本、四庫本改。
〔二〕蒙：原作「奉」，據明澹生堂鈔本、四庫本改。
〔三〕位：明澹生堂鈔本作「佐」。

陛下聖治通天，仁心冠古。俾爾戩穀，尚不問於羣黎；猶吾股肱，宜加憐於一體。肆假濡毫之技，茂揚出綍之言。臣敢不深念僥踰，力圖報塞！德洋恩普，難異衆以獨辭；意廣才疏，終悉心而自竭。臣無任云云。

謝太上皇帝表

臣周某言：伏奉制命，授臣正議大夫，加食邑一千户，食實封四百户者。睿算穹窿，播鴻名於有永；皇恩浹洽，彰盛事於無窮。何取駑才，例叨僭賞。臣某中謝。臣竊觀自昔知名之士，常恨罕逢極治之朝。縱遭遇於休明，或咨嗟於留滯。而臣生當昭代，仕歷要津。紹興内禪之初[一]，綴官聯於烏府；乾道推尊之日，視草詔於鑾坡。暨淳熙載舉於慶儀，以禁直獲周於赦令[二]。茲忝樞機之職，復容琬琰之書。凡大典罔不與焉，在微生亦云幸矣。賀唐南内，每慚韓愈之冠簪；保魯東方，更愧僖公之土宇。寵光若此，幸食何多！茲蓋伏遇光堯壽聖憲天體道性仁誠德經武緯文紹業興統明謨盛烈太上皇帝陛下，道備勳華，性宗黄老。民以寧壹，嘗一視於華夷；身其康强，將齊休於天地。是推惠澤，以及臣鄰。臣謹當深念僥踰，力圖報塞。四方來賀，已先武士之班；萬壽無疆，敢後封人之祝！臣無任云云。

謝東宮牋

周某言：伏奉制命，授某正議大夫，加食邑一千户，食實封四百户者。堯仁得壽，載衍於徽稱；漢爵酧功，猥加於蕞品。雖切逢辰之喜，實深浮食之慚。某中謝。竊以萬乘而奉庭闈，十年而陳册寶。繇聖主力崇於孝治，肆皇天丕佑於我家。粲盛典之常行，眇修齡之未艾。而某積緣幸會，獲際休明。參華帷幄之間，染翰瓊瑤之上。已爲榮遇，更冒恩章。陪升一等之崇，户斥四封之廣。内循駑鈍，難副鴻施。茲蓋伏遇皇太子殿下性篤愛欽，學該禮樂。推事親之誠恪，儼稱慶之威儀。俯眷舊僚，胥霑沛澤。某敢不益恭乃職，思稱所蒙！朝野多娱，正洽三宫之樂；子孫逢吉，永期五福之徵。某無任云云。

生日詔

敕周某：卿禀天間氣，總國元樞。方璧月之臨秋，緊寶賢之降嶽。稽循賜式，往介壽祺。今賜卿云云。

謝表

臣周某言：伏蒙聖慈以臣生日特降中使[三]，賜臣羊酒米麪者。勞瘁初辰，仰關睿聽。肥甘飫賜，俯逮私庭；恩重不貲，感深無斁。臣某中謝。伏念臣禀生孤露，逢運休明。禄以榮親，

[一] 初：明澹生堂鈔本、四庫本作「時」。
[二] 周：明澹生堂鈔本、四庫本作「聞」。
[三] 蒙：原作「奉」，據明澹生堂鈔本、四庫本改。

乃莫諧於終養；凜惟稱事，顧常愧於空餐。久汙近司，適因載育。温厚綸言之賜，光華詔使之臨。醪醴孔多，餼牽有踐。雖荷彌隆之眷，實增弗洎之思。茲蓋伏遇皇帝陛下恩結人心，禮優士類。飲食每歌於周雅，割烹殊異於湯臣。施及庸才，例頒寵數。斯民仁壽，幸未泯於餘生；既醉太平，疇敢忘於美報！臣無任云云。

求祠第一劄子 九月〔一〕

臣庸愚不肖，誤膺簡拔。久司宥密，宜在黜幽。特以大恩未報，不敢輕易言去。比聞有人揭榜平陽〔二〕，疏歐陽雋私鑄沙毛錢，則云侍臣鄉人；言郭棣過失，則云臣嘗狥其私請。臣以匿名法不當問，而所指之事於臣別無迹狀，遂置而不問。但臣身備四近，望實素輕，爲人指名，辱國多矣。今聞郭棣繳上件榜文申尚書省，乞下有司究治。事既公行，理難自默。欲望聖慈許臣解罷密院職事，處以外祠。庶幾他日根獲寫榜之人，不至觀望鍜鍊，各得其平，以示公朝不私之意。伏取進止。

第二劄子

臣充員政塗，閱歲滋久，事功何有，罪戾則多。雖陛下天覆海涵，未寘譴訶之域；而臣內循非據，常履淵冰。適已具述懇誠，乞一在外宮祠差遣。欲望聖慈即賜處分。冒瀆天威，臣無任戰懼俟命之至。取進止。

不允詔 洪邁撰〔三〕

敕某云云具悉。樞機重任，理實係於安危；輔佐大臣，義難輕於進退。卿周旋二府，荏苒七年。有庇民之大德，而持之以謙；有事君之小心，而濟之以正。雅望宏度，已穆在庭之瞻；忠言嘉謨，尤高謀國之體。方究觀於績用，何忽冀於燕閒。匪我攸聞，亟其反室。所請宜不允。

第三劄子

臣昨日疊具奏劄，乞奉外祠，伏蒙聖慈遣使宣押，未許其去。仰銜恩命，糜頂莫酧。心既難安，理須固請。伏念臣受才駑下，百不如人。而逢辰遇主，徧歷華要。承明三入，又踰一紀。向居侍從，分量已盈，求閑之章，頻達睿聽。曁參大政，滋不皇寧。但以去就係人之觀瞻，不敢如前之煩瀆。洊更歲律，見嘗陳情。未奉俞音，空慚尸素。旋陪籌幄，益愧超遷。方俟再期，力申前志，忽蒙簡擢，升正使名。弗獲牢辭，黽勉就職，今復三年有半矣。爵位已極，才力已殫，在臣爲當去；邊鄙不聳，盜賊

〔一〕九月：原無，據明澹生堂鈔本、四庫本補。
〔二〕陽：明澹生堂鈔本、四庫本作「江」。
〔三〕洪邁撰：原無，據明澹生堂鈔本、四庫本補。

不作，在臣爲無嫌。尚或不知引避〔一〕，乃是前後故爲背戾。陛下縱加涵貸，公論豈肯恕臣？瀝懇籲天，蓋亦晚矣。伏望聖慈矜其悃欵，惠以初終，推父母博愛之仁，佚犬馬既窮之力，速頒成命，安此危衷。取進止。

不允詔 洪邁撰〔二〕

敕周某云云具悉。朕禮遇元臣，義均同體。樞機周密，監其夙夜之勤；輔贊彌縫，遲以久長之報。正爾有功之可績，詎容無故以言歸？卿忠力一心，將明兩地，太尉之尊，等相物望。既隆三公之任，承君官儀允恊。方此巖廊之恭，已是資帷幄之運籌。薦騰引去之章，殊咈仰承之意。邊鄙不聳，計見效以甚明；膂力方剛，在懷安而未可。體予申告，毋或嗣陳。所請宜不允，不得再有陳請。

東宮賀冬至牋

雲兆三登，瞻慶霄之紛郁；日行道上〔三〕，符化國之舒長。叢瑞應於宮庭，浹懽謡於海宇。某中賀。恭惟皇太子殿下英明毓質，仁孝根心。象著重輪，助照臨於兩曜；地居蒼震，贊簡易於二儀。茂對陽剛，備膺天祉。某密瞻玉色，阻奉金觥。敬逢七日之來，虔致億年之祝。

辭免進書減磨勘劄子 十二月五日　同施師點、黃洽、留正。

臣等仰惟陛下愛惜名器，以勸事功。近因臣僚乞裁進書賞，特軫聖慮，斟酌區處，内外大小，咸得其當。臣等蒙恩各減四年磨勘，許令回授。天地之施，草木知榮。但臣等昔雖備數掌故，未嘗施鉛槧之勞，兹忝二府，又非經進，自不應叨被賞典。况提舉官既許辭避〔四〕，則臣等更無冒受之理。今來更不敢循例控免，仰勤詔諭，輒同具奏劄懇請，欲望聖慈特依所乞，庶申體國之誼，抑逃僥倖之譏。干瀆宸扆，伏深戰汗。取進止。

淳熙十四年

辭免右丞相劄子 二月〔五〕

臣伏睹今月十五日制書，授臣光禄大夫、右丞相、加食邑實封，特降中使宣押赴都堂治事者。輔弼之任，古今所難，猥加庸愚，良以震駭。臣聞棟以隆而吉，鼎以中爲實。本末或撓，安能

〔一〕引避：明澹生堂鈔本、四庫本作「退」。
〔二〕洪邁撰：原無，據明澹生堂鈔本、四庫本補。
〔三〕道上：原作「上道」，據明澹生堂鈔本、四庫本乙。
〔四〕避：原作「達」，據明澹生堂鈔本、四庫本改。
〔五〕二月：原無，據明澹生堂鈔本、四庫本補。

任重？剛柔中節，乃可參和。况陛下天縱聰明〔二〕，日親政治〔三〕。洞照羣臣之能否，恢宏萬世之規模。宜得真賢，助調元化。顧如臣者，夫豈其人？徒以早侍軒墀，久陪帷幄，奉承教令，苟逭譴訶。揆席偶虚，敢期冒進？今雖聖神獨運，總攬權綱，並置疑丞，間容充位。然而政省寔具瞻之地，宰司非次補之官。必欲僉諧，固當選衆。倘謂綸言之已播，輒沿故事而懇辭。若昔仁皇，登庸次輔，旋因物論，改使樞庭，當時貼麻，人以爲允。伏望陛下遠稽祖武，博採公言，毋以揚庭而難反汗，俾仍舊次，適協前規，免累聖主知人之明，亦伸微臣量力之誼。干犯旒扆，臣無任惶懼俟命之至。取進止。

不允詔

勑周某：云云具悉。若昔帝王，興起治功，皆疇咨相臣，協謀同道。故股肱良哉，著於《虞典》；左右惟人，陳於商書。今並建輔弼，共圖政績，次相之任，顧豈虚授？卿職典元樞，迄兹累歲，經綸周密，備宣賢勞。爰正鼎司，益恢遠業。宜體眷意，務先同寅。總理萬幾，登於至治，庶幾乎皇皇之佐〔三〕。撝章來上，未諭朕懷。亟其祇承，勿用謙執。所辭宜不允。

辭免右丞相劄子

臣性質駑下，一無所長。誤簡睿知，冒居政府〔四〕。缺然補報，常負兢憂。苟逭譴訶，已爲大幸，敢圖選擢，進貳宰司？以樗櫟之材，參棟梁之任，將何以仰裨聖化，振起治功？聞命以還，震惶失措。除已具奏辭免外，適緣連值節假，未獲拜伏黼扆之側，懇祈涣汗之回。謹重以手劄，控敘危衷。伏乞聖慈，俯賜鑑照。

東宫劄子

周某庸駑不肖，久塵政地。毫髮無補，日俟戾及。敢謂聖慈驟有襃陟〔五〕，俾聯揆席！自非皇太子殿下眷念舊人，曲加薦進，其何以臻此？然力小任重，實非所安。已具奏懇免，欲望令慈因侍膳之間，賜半言之助，冀收涣汗，安此危衷。冒瀆威尊，某下情無任戰慄虔祈之至。

辭右丞相表

臣周某言：伏蒙聖慈以臣辭免新授右丞相恩命，特降詔書不允者。小才積累，久陪廊肆之崇；大號涣揚，驟寘鈞衡之次。

〔一〕况：四庫本作「伏遇」。明澹生堂鈔本誤作「伏况」。

〔二〕親：四庫本作「新」，疑是。

〔三〕皇皇：原刻校云：「一本作『帝王』」，四庫本同。明澹生堂鈔本作「帝皇」。

〔四〕府：明澹生堂鈔本、四庫本作「治」。

〔五〕慈：明澹生堂鈔本、四庫本作「恩」。

恩踰始望，理合終辭。竊窺賜詔之温，彌覺危衷之惕。臣聞國以弼亮爲重，古以疇咨爲艱。立賢無方，選衆而舉。若伊暨傅，遠求耕築之中；惟召與周，近取弟兄之内。自是厥後，誰見可觀？率因望實以推揚，罕係班聯之高下。洪維聖世，迥掩前聞。肇分佐貳之官，並置東西之府。既熟觀其器識，復詳試以事爲。或揆席之偶虚，緊宸旒之獨斷。多由德進，間以次升。上允合於天心，下亦孚於士論。方之歷代，最曰良規。臣以迂愚，幸於際遇。出入承明者踰二紀，周旋兩社者幾八年。以陛下聽德惟聰，豈不察臣乏尊主庇民之學；以陛下知人則哲，豈不鑑臣非助天理物之才？特緣備使於機庭，故俾序遷於宰路。寵雖至矣，臣實懼焉。伏望皇帝陛下深軫睿思，恪遵家法。不輕命相，惟務掄才。况元輔處中，足副仰成之意；而舊人在外，適當圖任之時。徐觀奮庸，亟許遷令。如此則計資顯授，已彰偏愛之仁；引分聽辭，又狥知難之義。茲爲兩得，必契群情。臣無任云云。奉御寶批降批答不允。

批答

李巘撰

省表具之。樞極之任，統斡萬兵，鈞衡之司，揔揆庶事。夙均列於政地，茲進登於宰庭。所以疇具成勞，昭我隆眷。矧文武萬邦之憲，允謂全才；而夙夜宥命之基，迄臻美業。爰擢升於右弼，用誕告於外朝。所宜即副巖瞻，共熙庶績。何巽章之叠上，乃涣號之久留！且機務至繁，要使一日二日而無曠；今謙辭已過，豈勞再命三命而益恭！其若予言，亟祇乃服。所辭宜不允。

第二辭表

臣某言：伏奉聖慈以臣上表再辭免新授右丞相恩命，特降中使，賜臣批答不允者。麻卷初宣，敬上懇還之奏；詔函疊下，欽聆趣拜之言。審未副於僉諧，顧敢忘於頻巽？臣竊以宰庭當否，國勢重輕。四海皇皇，旦居中而枕奠；萬幾業業，皋在右而績凝。後暨漢唐之朝，雖慚帝王之輔，然猶蕭、曹同心而鴻業定，房、杜相濟而泰階平。矧逢大有爲之時，難用小有才之佐。臣之不肖，衆所共知。榱桷豈棟梁之材，缾罍非鼎鼐之器。叨蒙睿獎，久綴近司。趨事赴功，已愆於筋力；立經陳紀〔一〕，有乏於智謀。固嘗面乞於守邊，何敢自期於當軸？倏膺選任，殊駭聽聞。諸大夫皆曰賢，尚當採國人之論；一男子即得相，寧不貽使者之羞？倘昧牢辭，將干大戾。伏望皇帝陛下如堯之咨四岳，如舜之命九官。與其因績用弗成始從易置，孰若及賢和相遜即賜允命？下可遂於身謀，上亦全於國體。瀆尊之譴，伏地以須。臣無任云云。奉御寶批降批答不允，仍斷來章〔二〕。

〔一〕經：傅校本作「綱」。
〔二〕「奉御寶」至「仍斷來章」，原無，據明澹生堂鈔本、四庫本補。

不允批答　李巘撰〔一〕

省表具之。卿以高明醇正之資，貫通今古，懷誠秉節，表勵庶工。自長西樞，宣勞滋久，乃進登鼎席，弼予一人。朕志已定，人望已孚，而抗章三至，懇辭彌確。且在漢制，太尉相尊等耳。今宥密領使，蓋太尉之任，則揆路之進，抑何辭焉？卿其協圖政理，同緝化機，迄有殊功，是爲美報。謙遜之節，固所嘉嘆，而非所期望於卿也。其止奏封，勿復來上。所辭宜不允，仍斷來章。

謝表

臣周某言：伏奉制命，授臣光禄大夫、右丞相、加食邑一千户、食實封四百户，累具辭免，伏蒙聖慈特降中使，賜臣批答不允，仍斷來章者。聖主選賢，久兹弄印；愚臣該輔，忽爾揚庭。懇避無從，欽承有靦。臣某中謝。臣伏以《虞書》二典，若都若俞；《説命》三篇，或啓或沃。惟言聽計從而罔間，則道同志合而愈光。若乃元首既明而股肱非其良，巨川將濟而舟楫違於用，是謂君唱而臣莫應，上行而下弗隨。此舜帝所以博詢於惠疇，而商宗所以遠求於審象。伊昔攸重，厥今敢輕！恭惟皇帝陛下躬上聖之資，纂中興之緒。有推維萬世之志，有奄甸八荒之心。當得異才，共陪休運。而臣性迂識暗，意廣術疏。使之抱槧懷鉛，尚容彊勉；試以處中當軸，豈所堪任？簡擢誤加，見聞交駭。雖播告已難於反汗，而兢危殆甚於臨淵。將何以仰副延登，下酧責望？臣敢不圖維薄效，跂慕前脩！庶績咸熙，深念允釐之義；一夫不獲，常懷愧恥之思。冀竭涓埃，少禆海嶽。臣無任云云。

謝太上皇帝表

臣周某言：伏奉制命，授臣光禄大夫、右丞相、加食邑一千户、食實封四百户者。有常立武，久陪帷幄之中；應變守文，躐晉廟堂之上。顧籌前之曠職，恐歇後之貽譏。臣某中謝。臣竊考中興以來，號爲多士之際。作成有道，任使無遺。宏材既顯於當時，後覺復貽於今日。如臣不肖，被遇有初。自忝綴於下科，即召居於左學。旋紆麟省，分察烏臺。蒙拔擢之殊恩，勵公忠之素守。逮受知於聖主，滋竊位於要津。敭歷禁塗，周旋政地。龍韜豹略，已叨兵柄之持；鳳閣鸞臺，更冒國均之秉。莫容遜避，徒劇凌兢。兹蓋伏遇太上皇帝陛下德冠百王，仁涵萬國。巍巍蕩蕩，雖勳業之弗居；濟濟蹌蹌，猶賢能之在念。是容蹇淺，亦玷弼諧。臣敢不勉殫千慮之愚，圖報兩宫之造？舉十六相，舜功知廣於堯心；爲八千秋，椿壽願符於莊頌。臣無任云云。

〔一〕李巘撰：原無，據四庫本補。明澹生堂鈔本「巘」誤作「獻」。

辭免兼職劄子

臣準省劄，二月二十二日奉聖旨，差臣提舉國史院，提舉編脩國朝會要所，提舉敕令所。寵靈參集，恐懼交深。臣竊以筆削二書，該古今之德業；討論三尺，垂中外之章程。苟非其人，疇與斯事？而臣最爲冗陋，積幸遭逢。早並英遊，蓋屢窺於石室；晚陪政路，嘗同典於金科。兹甫踐於中台，乃兼分於衆職。自知忝冒，人且譏訶。仰冀聖明，俯垂鑑照。加大名而脩史，特容李泌之辭；定成法以寧民，專倚蕭何之講。毋使提綱之任，重爲竊位之羞。干冒宸嚴〔一〕，臣無任云云。取進止。

不允詔 倪思撰〔二〕

敕周某：云云具悉。朕登崇弼臣，總領庶寀。謀謨德業，分疇左右之賢；典策章程，兼攬古今之誼。卿學該倫類，識貫本原。兹奮庸於宰庭，爰率屬於史觀。載統皇綱之纂述，仍提邦憲之刊脩。職並萃於真儒，望益孚於衆儁。自肦有命，實振斯文。觀故事而條便宜，更酌方今之要務；先遠業而奏寬大，尚恢一定之良規。其略謙辭，以抒賢藴。所辭宜不允。

因陳賈論王謙待罪劄子 五月〔三〕

臣叨被恩擢之初，輒循舊例薦引王謙，豈謂弗協公議，致有論列。在臣不能旁招俊乂，仰誤召命，無所逃刑。昔元祐宰臣因薦館職失當，具奏自劾。輒援斯誼，仰瀆聖明，亦不敢居家待罪以動觀聽。伏望出自睿斷，特賜貶降，少懲謬舉，尚圖後效，以贖前愆。伏取進止。奉御寶批，降詔不允〔四〕。

不允詔 李巘撰

敕周某：云云具悉。卿懋閫賢猷，進持國秉。甄收衆善，總理庶工，比於輔相之初，嘗有薦揚之奏。志本期於得士，誼實見於首公。雖由嘖室之言，宜停促召；然在宰庭之任，要務廣求。固無可引之愆，難狥所陳之懇。即承予意，益奮厥庸。所請宜不允〔五〕。

〔一〕干：四庫本作「瀆」。
〔二〕倪思撰：原無，據明澹生堂鈔本、四庫本補。
〔三〕五月：原無，據明澹生堂鈔本、四庫本補。
〔四〕奉御寶批降詔不允：原無，據明澹生堂鈔本、四庫本補。
〔五〕請：明澹生堂鈔本、四庫本作「乞」。

夏旱乞罷政劄子 六月(一)

臣仰惟陛下日勤政治，昭格天心。累載以來，時和歲稔。自臣備位東府，即致旱祥。傅説之霖，德裕之雨，臣實有愧，公言謂何？況臣才輶望輕(二)，素乏相業。雖微災眚，自合黜幽。伏望聖慈即賜罷免，庶寬宸慮，復見豐年。取進止。奉御寶批，降詔不允(三)。

不允詔

敕周某云云具悉。彌月以來，常暘爲沴。並走羣望，未格山川之靈；敬共明神，莫回天地之意。朕側身思咎，拊已興嗟，皆由庶政之失中，敢以眚災而移下。卿等望崇丞弼，忠輔國家。方資益講於闕遺，詎可輕圖於去就？六事自責，已愧成湯之謩；三公免歸，難循衰漢之典。亟安厥位，以畧遠猶。所請宜不允。

第二劄子不曾付出(四)

臣一介庸愚，蒙陛下簡擢最早，其於補報，乃獨缺然。自儀政塗，閱日滋久。容容備位，既無以仰裨聖圖，又不能修明政刑，究宣職業，少副中外之望。積爲謬戾，上干陰陽之和；致茲旱災，見於登用之始。天意明甚，人情可知。兼臣近者自劾謬舉，蓋嘗面奏，未敢因此決然引去，只俟一兩月間別伸懇請。今緣閔雨，歲事可虞，上下嗸嗸，咎將誰執？事既參會，豈容復留？伏望聖慈斷以不疑，即賜黜免，應天以實，□專在此。干瀆宸扆，臣無任戰灼俟命之至。伏取進止。

乞罷政表

臣某言：近以雨澤愆期，乞賜罷免，復蒙聖慈特降詔書不允者(五)。君德方隆，宜多樂歲；相才弗肅，乃苦常暘。抗章恭候於嚴誅，賜報尚循於彝典。敢避瀆尊之譴，洊陳引咎之辭。臣聞古有三公，今爲四輔。寔任燮調之責，匪資期會之勞。若登庸皆得其人，則嘉瑞必爲之應。惟時盛夏，久渴甘霖。寧丁我躬，上聖屢勤於精禱；焉用彼相，微臣難逭於常刑。伏望皇帝陛下仰測天心，俯稽朝論。勿以前日詔除之誤，而忘異時策免之規。別求英賢(六)，協贊邦治。三時不害，銷旱災於頃刻之間；九叙惟歌，洽和氣於堪輿之內。臣無任云云。

(一) 六：原無，據明澹生堂鈔本、四庫本補。
(二) 輶：原缺，據明澹生堂鈔本、四庫本補。
(三) 奉御寶批降詔不允：原無，據明澹生堂鈔本、四庫本補。
(四) 不曾付出：原無，據明澹生堂鈔本、四庫本補。
(五) 復：明澹生堂鈔本、四庫本作「伏」。
(六) 賢：四庫本作「猷」。

不允詔

敕某：云云具悉。朕臨御以來，惟民是念。顧九夏亢陽之沴，歷日彌長；撫一時咎徵之深，遇災而懼。天地弗臨於請禱，神明莫監於精誠，維歲事以堪憂，當夜分而屢嘆。卿夙由公望，服在臺庭，覩茲膏澤之愆，薦控免章之懇。一人有過，豈宜移置於大臣？九叙惟歌，所冀力行於善政。亟其反室，毋或贅言。所請宜不允，不得再有陳請。

再同王丞相黄參政乞貶降劄子

臣等輔政無狀，致茲旱災。上無以寬九重之焦勞，下無以弭百姓之咨怨。連章請罪，恭俟汰斥。豈謂陛下海涵天覆，曲示眷留。慚懼兢惶，進退維谷。伏見仁宗皇帝慶曆七年，嘗因久旱，特從宰執陳執中、宋庠、丁度降官之請。載在國史，爲後世法。今陛下縱未許臣等同時遽去，欲乞稽用舊章，並加貶降。不惟默當天意，抑可少塞人言。伏取進止。

御批〔一〕：旱魃爲虐〔二〕，晨夕是憂。弭災方賴於嘉謨，貶降難遵於故事。毋勤爾請，用副朕懷。

再乞罷政劄子

臣伏見夏秋以來旱勢日甚，陛下齋心祈禱，靡神不宗。凡可以施惠恤刑，求言損己，無所不用其至，宜乎順氣協應，濡爲膏澤〔三〕。然雲方合而復散，雨欲下而還止。禾稼就槁，井泉將竭。變異如此，殆必有由。非臣輔政無狀，陰陽弗和之明驗與？前月二十一日，嘗具奏旱災見於微臣登用之始，天意明甚，蓋爲是也。今既再旬人情，愈覺煎熬，咎寔在臣，何所逃罪？伏望陛下特賜威斷，亟賜罷斥。庶幾人心悦而時雨降，不至專勞聖慮，抑可少塞公言。干犯威尊，臣無任戰栗俟命之至。取進止。

辭免生日牲餼劄子

臣伏見連日以來雨未時若，苗稼就槁，群情嗷嗷。陛下禹湯罪己，致損内饔之常膳。臣輔政無狀，方俟嚴誅，竊恐有司以臣日近初生，例頒牲餼。夫常袞辭賜饌於無事之際，而微臣拜臺饋於貶食之時。於義難安，豈容饕餮？伏望聖慈特蠲常禮，俾逭空餐，仍加絀削，以塞災咎。干瀆宸嚴，無任戰汗之至。取進止。

奉御筆批，依所乞。

同王丞相黄參政乞減俸劄子

臣等伏見皇帝陛下以時雨愆期，憂勤備至，減膳徹樂，聖心

〔一〕「御」上，明澹生堂鈔本、四庫本有「奉」字。
〔二〕魃：明澹生堂鈔本、四庫本作「暵」。
〔三〕濡：明澹生堂鈔本、四庫本作「沛」，義長。

焦勞。臣等燮調無術，致此災沴，陛下縱未欲並行罷免，猶當貶秩以懲失職。前既控情，未蒙賜允，今復再旬，旱勢轉甚，夙夜震懼，益不皇寧。倘陛下尚俾自詭後圖，且乞將臣等月俸餐錢並從減半支給，庶幾薄示警戒，以弭天災。迄用有年，未必不繇於此。伏取進止。七月十四日，奉御筆批：依所乞。

辭免復俸劄子

臣猥以菲才，過尸榮禄。《伐檀》之刺，每愧於中。比緣旱災，乞減半俸。今方踰月，未贖前愆。詎意洪施，亟令仍舊，戴恩深重，省己兢皇。方與攸司，協圖荒政，民無艱食，乃敢復常。願俟來春，欽承聖意。臣無任皇懼俟命之至，取進止。

不允詔 李巘撰〔一〕

敕周某：云云具悉。時會亢陽，憂形巖廟，嘗覽勞謙之請，姑從減俸之誠。曾靡踰期，遽能銷咎，緊彌縫之宣力，竟燮理之召和。且咸亨天心，久復膳羞之御；而散無友紀，幸寬饘賜之調。乃洎於兹，俾還其舊。何勤列奏，更俟來年。若旱歲之作霖，要共圖於潤澤。馭羣臣而曰禄，顧敢後於弼諧。其體深衷〔二〕，無煩多遜。所辭宜不允。

賀東宫生辰劄子

周某兹者恭值皇太子殿下誕序載臨，仰惟福壽兼隆，與天同永，而況兩宫交致慶禮，是誠前代所稀。某夙被恩憐，今復密依重潤。雖不獲與僚寀展拜於庭，顧野芹致敬，安敢虚拘？輒忘進越，僭具别紙。伏乞令慈，俯賜矜恕。某下情無任頌禱慚懼之至。

〔一〕李巘撰：原無，據明澹生堂鈔本、四庫本補。

〔二〕衷：原作「哀」，據明澹生堂鈔本、四庫本改。

廬陵周益國文忠公集卷一二九

歷官表奏卷八

淳熙十五年

辭免謚册寶行禮支賜銀絹劄 三月某日　同諸廳

臣等準奉上謚册寶行禮都大主管所傳，奉聖旨以臣等告廟奉上兩節次各賜銀絹。臣等恭惟先皇厭世，支費不貲。陛下聖孝通神，務隆追遠。臣等忝備近列，誼當體國，縱未能少捐俸入，仰助職金，豈容冒膺厚賜？況茲恤典，異乎慶禮，臣等決不敢祗受，伏望聖慈亟行寢免。臣等無任祈天俟命激切屏營之至，伏取進止。

攝太傅持節前導太上梓宮量帶激賞庫官會犒設劄子

臣被旨前導太上梓宮過江，止關借奉使印一面，并帶禮房五人，使令五十餘人。既不曾有所申請，即無借請批支恩賞之類。恐到攢宮犒設人匠等，於事體或不容免，已令激賞庫使臣量帶官會前去。謹具奏知，伏乞睿照。

光堯梓宮發引慰皇帝表〔一〕 已下攝太傅從梓宮同諸使

臣周某等言：今月十八日恭導聖神武文憲孝皇帝靈駕發引者。賓天浸久，遠日俄臨。儼縞服以前陳〔二〕，指濤江而利涉。臣等誠哀誠痛，頓首頓首。伏惟皇帝陛下邁周達孝，如舜慕親。已遄執翣之驅，未弭割繩之痛。尚祈寬釋，以幸邇遐。臣等無任瞻天望聖激切屏營之至，謹奉表陳慰以聞。

慰皇太后牋

臣周某等言：今月十八日恭導聖神武文憲孝皇帝靈駕發引者。厥儀夙設，法仗載嚴。背宮苑以徂征，隔烟波而少駐。臣某等中慰。伏惟皇太后殿下至哉坤載，痛此天傾。念五紀之順承，思一朝之變故。願寬聖性，永著母儀。臣等無任激切屏營之至，謹奉牋陳慰以聞。

慰皇后牋

臣周某等言：今月十八日恭導聖神武文憲孝皇帝靈駕發引

〔一〕堯：原作「華」，據目録及明澹生堂鈔本、四庫本改。
〔二〕服：明澹生堂鈔本、四庫本作「伏」。

者。龍胡滋遠，悲莫返於慈宮；鳳綍啓行，悵暫留於近岸。臣某等中慰。伏維皇后殿下道隆周姒，德協虞嬪。久宣盥饋之勞，方助聖明之孝。願循至理，少抑哀悰。臣等無任〔一〕。

光堯梓宮到思陵攢宮安寧奏狀

臣等恭導聖神武文憲孝皇帝靈駕〔二〕，今月二十二日已達永思陵攢宮安寧者。八翣徐行，百神祇護。奉輴車而戾止，瞻陵阜之巋然。欽惟慈皇，獨享至養。富貴尊榮之樂，歲月彌長；康寧壽考之祥，古今鮮儷。茲值乘雲之御〔三〕，將臨甫竁之期。出城闉則景霽而月升，渡浙水則風和而潮應。亶非人力，實契天心。此蓋皇帝陛下躬舜禹之資，邁參騫之行。宅恤雖居於宮闕，懷思每寘於川途。繄次舍之無虞，皆孝誠之有感。臣等猥叨官使，何補思存？想聖慮之少寬，與羣情而胥幸。瞻望宸扆，臣等無任激切屏營之至，謹具狀奏聞。謹奏。

慰皇太后牋

臣周某等言：恭導聖神武文憲孝皇帝靈駕，今月二十二日已達永思陵攢宮安寧者。羽衛煌煌，共隨仙仗；佳城鬱鬱，甫達初陵。臣某等中慰。伏維皇太后殿下輔佐功高，慈仁道備。位方隆於儷極，痛乃隔於終天。願抑哀思，獨膺至養。臣等無任激切屏營之至，謹奉牋陳慰以聞。

慰皇后牋

臣周某等言：恭導聖神武文憲孝皇帝靈駕，今月二十二日已達永思陵攢宮安寧者。殿虛德壽，莫返於容車；陵揭永思，初停於晝翣。臣某等中慰〔四〕。伏維皇后殿下柔明蘊質，愛敬存心。久佐餕以歡然，茲過宮而戚若。尚期寬釋〔五〕，庸輔皇明。臣等云云〔六〕。

三月二十四日奏

臣等到永思陵已三日，陰雨連綿，乃春夏之常。前者在途，特然晴霽，聖孝昭格，蓋可見矣。即日恭維聖躬萬福，臣等謹此申候起居。伏乞睿照。

三月二十七日奏

臣等不侍天顏已經浹旬，恭維聖躬萬福，謹上問起居。謹奏。

〔一〕臣等無任：原無，據明澹生堂鈔本、四庫本補。
〔二〕臣等：明澹生堂鈔本作「右。臣等」，四庫本作「臣某等」。
〔三〕值：明澹生堂鈔本、四庫本作「陟」。
〔四〕中慰：明澹生堂鈔本、四庫本作「云云」。
〔五〕期：明澹生堂鈔本、四庫本作「祈」。
〔六〕臣等云云：原無，據明澹生堂鈔本、四庫本補。

永思陵掩攢慰皇帝表

臣周某等言：今月三十日，聖神武文憲孝皇帝攢宮掩皇堂禮畢者。稽陰地勝，陵邑天成。丘繞四蛇，居切帝鴻之畏；勢如萬馬，允符郭璞之占。大事克襄，淵衷永慕。臣某等誠哀誠痛，頓首頓首。伏維皇帝陛下誠深繼志，禮厚崇終。三載衰麻，正百王之墜典；五詩挽餞，感萬姓之悲心。茲甫畢於因山，諒興哀於陟岵。願副含生之望，少寬罔極之懷。臣等無任瞻天望聖激切屏營之至，謹奉表陳慰以聞。

慰皇太后牋

臣周某等言：今月三十日，聖神武文憲孝皇帝攢宮掩皇堂禮畢者。六綍引輼，甫諧襄事；九虞發軔，初導靈威。念永閟於梓宮，諒增悲於椒殿。臣某等中慰。伏惟皇太后殿下夙推厚德，久播徽音。西宴瑤池，莫返穆王之駕；東朝長樂，方隆漢后之儀。願紓慈壼之過哀，永受聖君之至養。臣等無任激切懇祈之至，謹奉牋陳慰以聞。

慰皇后牋

臣周某等言：今月三十日，聖神武文憲孝皇帝攢宮掩皇堂禮畢者。地鄰禹穴，土復堯陵。緊聖孝之加隆，諒柔衷之胥惻。臣某等中慰。伏維皇后殿下協宣陰教，夙著婦儀。當九鍤之告成，偕兩宮而永慨。方勤内助，願抑至情。臣等無任云云。

乞導從虞主還行在奏同總護禮儀仗鹵簿橋道頓遞使奏〔一〕

臣等準尚書省劄子，備坐禮部太常寺狀，三月十三日聖神武文憲孝皇帝梓宮掩攢畢，所有攝太傅、總護使以下行事官即便回程。三月十六日奉聖旨依。臣等檢照本朝故事，山陵等五使係隨虞主還京。紹興十二年，徽宗掩攢之時，緣紹興七年先已立虞祔廟，總護使以下所以徑赴行在。至紹興一十九年，顯仁皇后掩攢，誤用紹興十二年變禮。今來聖神武文憲孝皇帝虞主在途，事體不輕，臣等欲參酌典故，導從渡江，比之徑回止争三日，餘行事官自遵已降指揮先回，於義爲允。伏取進止。奉聖旨依。

謝傳宣撫問并賜銀合茶藥狀 四月〔二〕

右，臣伏蒙聖慈特降中使傳宣撫問，并賜臣銀合茶藥者。堯陵送往，魏闕勞還。寵之慰藉之言，貳以珍良之賜。拜恩深厚，揣分兢慚。伏念臣祗率故常，暫從行役。緊懋隆於聖孝，致昭格

〔一〕同總護禮儀仗鹵簿橋道頓遞使奏：原無，據明澹生堂鈔本、四庫本補。

〔二〕四月：原無，據明澹生堂鈔本、四庫本補。

於天心。況親賢宣總護之勞，且羣邑勵恪誠之志。禮無違者，臣何力焉？伏遇皇帝陛下至德奉先，深仁待下。既克襄於鉅典，庸加惠於庶工。不遺尸素之臣，亦溥寵光之施。莫知報塞，惟誓糜捐。臣無任感天荷聖激切屏營之至，謹録奏謝以聞。謹奏。

未敢乞對劄子

臣等訖事歸闕，今早已放朝見，竊恐親行三虞，聖心惻楚，未敢乞對。恭俟奏事日分，俯伏榻前控叙慺慺之情。仰乞睿照。

辭免德壽宮銀絹劄子

臣昨於三月十七日準主管支費所送到德壽宮遺奠奉辭發引三節次銀絹六百疋兩，目子一道。緣臣未得俯伏控辭，是以不敢支請。今早登對，亟露危懇。蓋緣昨來奉上聖神武文憲孝皇帝憲節皇后册寶已叨錫賚，自不應重叠冒受厚賜。曲蒙聖慈諒其誠請，許以辭免。所有目子謹用繳進，乞降付支費所照會毁抹。取進止。

求去劄子 四月〔一〕

臣輒披悃愊，仰瀆聖聰。臣以非才，久塵二府，適虚次輔，遂預政機。望實素輕，衆所不與。涖職伊始，即因薦士被沮。臣忝備近弼，惟當助成臺諫敢言之氣，不敢有所分辯，蓋嘗奏知，少俟數月即謀引去。偶緣去年閔雨，繼以高宗變故，逡巡苟且，忽爾踰年。方欲力伸前請，又值首相丐外，臣驟以疏率，猥尸大任，曉夕憂懼，自知必致人言。昨日果有臺官文字，覺察大理、司農除授非宜。夫相業惟在進退百官，而臣進擬之初便致論列，若復頑然不顧廉恥，包羞竊位，繼此別有彈擊，必將倍費保全。又況旬日以來，雨意慳甚，由臣凉薄，再召旱祲。衆情嗷嗷，誰執其咎？夫人主之職，專在論相。欲知相之賢否，惟視人心天意如何。今臣自蒙擢任，每爲公論所非。連歲之間，雨暘罕曾協序，天人之際亦可推矣。伏望陛下收還印綬，許奉外祠，仰成真才，庸贊聖治，自然衆志孚而時雨降，非獨微臣獲免大戾，抑天下幸甚。干犯威尊，臣無任戰栗俟命之至。取進止。

辭免提舉編修玉牒劄子

臣準尚書省劄子，五月二十二日奉聖旨，差臣提舉編修玉牒。臣欽承恩渥，增震孤衷。伏以紀謨烈以示後人，繫本支而綿百世。鏤牒本繇於唐代，成書獨備於聖朝。粤自中興，尤嚴故實。雖承乏或容於次輔，而提綱當俟於元台。豈伊具臣，堪此衆職？矧百僚之不廢，在虚次以何嫌。仰冀皇明，俯昭愚悃。免與聞於大典，姑曲狥於小廉。冒瀆天威，臣無任戰栗俟命之至。伏取進止。

〔一〕 四月：原無，據明澹生堂鈔本、四庫本補。

不允詔

敕某云云具悉[一]。朕承祖宗之休，尊典則之懿。睠寶牒之所勒，與史册而並驅。業盛功崇，必謹儒紳之載筆；事宏體重，要勤揆席之提綱。乃咨弼亮之英，俾總纂修之緒。惟□文而作一藝[二]，勉率乃僚；則錫羨而符三皇，永垂厥後。方兹倚屬，奚用懇辭？所辭宜不允。

再辭免劄子

臣近蒙聖恩差兼提舉編修玉牒，嘗具辭免，伏奉詔書不允。臣以曾懷、葉衡、史浩、趙雄、王淮任右相日皆兼此職，又參知政事留正見同提舉詳定敕令，蕭燧權監修日曆，事體適均，臣所以不敢固辭，然亦未敢祇受敕命。今睹已降指揮，用紹興三十一年故事，省罷敕令所，則是留正別無兼領[三]，而臣已自提舉國史院會要所，若猶兼領，理有未安。欲望聖慈改差留正權提舉編修玉牒，庶得允當。伏取進止。奉御筆批，依。

明堂禮成同宮僚賀東宮劄子

周某等兹者伏睹大禮告成，聖君受祉。恭惟皇太子殿下竭誠清廟，致敬貳觴，協備上儀，均惠四海。某等未獲躬詣宮庭，下情無任瞻仰頌詠之至。

謝封濟國公表

臣周某言：伏奉制命，封臣濟國公，加食邑一千户，食實封四百户者。配天其澤，溥均汶上之釐；裂地而封，首賜濟陽之履。逢辰有幸，揣分無堪。臣某中謝。臣竊以偏秩羣神，莫嚴宗祀；肇分五等，實重公圭。當聖君不憚於親祈，宜百辟咸思於職助。而臣學慚九筵之制，位叨兩社之問。猥備相儀，其慚該輔。拜恩綸而徼福，啓封國以知榮。兹蓋伏遇皇帝陛下誠格顯幽，仁周品物。謂天地祖宗之並貺，已敷錫於臣民；則股肱心腹之同休，宜申加於爵邑。是推洪施，罔間素餐。臣敢不仰服龍光，俯殫駑鈍！感鬼神而問，通今雖愧於博聞；披輿地之圖，復古尚期於親見。臣無任云云。

謝東宮牋

周某言：伏奉制命，封某濟國公，加食邑一千户，食實封四百户者。相禮親祠，幸免周南之歎；敷綸禁苑，榮加濟北之封。恩厚不貲，感深無藝。某中謝。某竊以蕆儀三歲，今古之彌文；均福萬方，國家之盛德。凡預駿奔之列，率先賚予之豐。

[一] 敕某云云具悉：原無，據明澹生堂鈔本、四庫本補。
[二] 闕字，明澹生堂鈔本作「板」。
[三] 領：明澹生堂鈔本、四庫本作「局」。

如某者獲際昌辰，叨塵近弼。初乏分毫之補，俶開百里之邦。雖潤澤之溥施，在孱庸而獨愧。茲蓋伏遇皇太子殿下聰明仁孝，恭敬温文。重屋貳觴，儼進陪於陟降〔一〕；繁機參决，居密助於勵精。眷乃舊僚，被之新渥。某敢不深思遇合，勉竭贊襄！受宣室之釐，此日固慚於前席；賜齊侯之胙，他時猶冀於歸疆。某無任云云。

辭免加恩正謝日擡賜劄子 同執政〔二〕

臣等恭遇大禮告成，蒙恩各加封邑。無功受寵，慚懼罔措。虔遵近詔，不敢陳免。今欲來日祇受告命，二十八日入謝。所有例賜衣帶、鞍馬，非惟已霑賚予，不應重爲厩庫之費，兼臣等帶佩鞍韉既未仍舊，亦難拜賜於庭。伏望聖慈權許寢免一次，庶安愚分，稍協於禮〔三〕。伏取進止。奉御筆批，依。

乞去劄子 十一月初四日，上宣論内禪事，不許去〔四〕。

臣敬攄愚悃，仰瀆睿聰。伏念臣本緣涉獵藝文，僥覬禄位，不自意蒙聖主非常之知，致身華要。年除歲遷，遂玷宰司。物望不孚，心常自歉。蓋以性資淺陋，非大受之器；舉措輕率，非任重之才。比日以來，憂懼成疾。外猶勉强，中實衰疲。雖荷陛下待遇優隆，信任專一，偶未寘於訶譴。然趾顛餗覆，人多爲臣危之。引退曲折，夙嘗具奏。幸今國家閒暇，可以陳情。况臣自還從班，於今十有四載，叨塵二府，又涉九年。歷考在廷，鮮有如是之久者。每見士大夫更迭補外，未嘗不省躬而愧也。且漢文帝時，周勃甫爲相，會遣列侯就國，辭不行，即免勃以率之。概諸古誼，臣今有請亦晚矣。伏望聖慈洞鑑衷誠，保全終始。許解機政，畀之外祠。微生苟未隕越，他日誓死圖報。干犯天威，臣無任震灼俟命之至。取進止。

淳熙十六年〔五〕

辭免左丞相劄子 正月八日〔六〕

臣伏蒙聖恩授臣左丞相，仍降中使宣押赴都堂治事。臣驟聞成命，凜無所措。竊以左右置輔，均爲股肱；顓面正朝，尤謹厥典。是宜博謀於縉紳，參攷以夢卜。惟賢是用，鈞築何嫌？不當如庶府百司，許以序遷而倖進也。如臣庸鄙，加之懦弱。初無才能，學術可備官使，特由幸會，誤被簡知。周旋政塗，殆且十載。凡陛下試臣者不爲不久，用臣者不爲不盡。而年齡衰晚，鼠技易窮，竊位素餐，愧見班列。比嘗求退，未奉俞旨，仲春再請

〔一〕降：明澹生堂鈔本、四庫本作「恪」。
〔二〕同執政：原無，據明澹生堂鈔本、四庫本補。
〔三〕禮：原作「理」，據明澹生堂鈔本、四庫本改。
〔四〕十一月初四日上宣論内禪事不許去：原無，據四庫本補。「論」當作「諭」。明澹生堂鈔本「十一月」誤「十一日」，「事」上衍「寺」字。
〔五〕淳熙十六年：原無，據明澹生堂鈔本、四庫本補。
〔六〕正月八日：原無，據明澹生堂鈔本、四庫本補。

之言，已關睿聽。敢期恩獎，更冒超遷？譬如疲馬，伏在厩櫪，縱復益之芻秣，嚴其鞭策，非特難於致遠，抑將顛踣是虞。此臣所以跼蹐戰兢，辭避不容於備禮也。伏望陛下推父母愛憐之德，廓日月照臨之明。與其用之過而納之罪戾之中，孰若察其情而措之安全之地？收還涣渥，少息危悰。引分歸耕，嗣輸誠懇。冒犯天威，臣無任虔祈俟命之至。取進止。

不允詔

敕某：云云具悉。上相之任，總領百官，惟德望足以尊朝廷，才量足以經天下，乃膺倚屬，以起治功。卿命世鴻儒，高明特達，自持國秉，績用爲多。曩居次輔，夙夜究勤，而庶政日新，百度具舉。既深契於朕心，就陞端揆，蓋示褒崇。牘章鼎來，謙辭太過，非朕所聞也。即宜祗命，益底殊功。所請宜不允。

第二劄子

臣一介無取，蒙陛下待遇殊常，致身輔相。初無毫髮之善可報萬一，坐是兢畏過甚，流於委靡。徒以貪戀聖恩，未忍決然引去。忽聞宣制，躐進左席。宜黜而遷，方此惶惑。暨讀訓詞，有患失容身之戒。臣心魂飛越，無地措躬。蓋以孔子所謂鄙夫，乃無所不至之人；田千秋之容身，班固以「彼哉」誚之。今乃使冒居元輔，朝夕左右，將何以倡率百僚[一]，風示四方？且中外臣庶明知兩相制書抑揚不同，在於人情，寧免觀望？往者洪适固有此語，隨即被劾，蓋龜鑑也。臣來日更不敢入局，候十一日榻前控陳懇款。謹先具奏稟。伏乞聖慈念其奉事之久，閔其自處之難，特賜矜體，稍全進退。臣不勝萬幸。干犯宸嚴，臣無任戰栗俟罪之至。

東宮劄子 同日納[二]

周某伏睹今月八日制書，除臣左丞相[三]。某庸愚無取，已試罔功。誤被恩遷，實踰分量。已具奏控免，欲望令慈因視膳問安之際賜以一言，庶幾收還成命，安此危衷。某下情無任虔懇之至。

乞去第一劄子 正月十一日[四]

臣輒傾肝膽，仰瀆睿聰。臣器資庸陋，謀謨淺拙。徒緣翰墨，遭際盛明[五]。歲月推移，馴玷丞輔。毫分莫效，慚負在中。爰自去冬，力求罷免。聖恩天大，未賜允俞。即嘗面奏，俟正二月間再伸懇悃，必冀矜從。今方欲陳述間，忽被遷陞之寵。周章失措，如蹈淵谷。若不亟投君父，期遂夙心，則祗受新命之後，

[一] 僚：明澹生堂鈔本、四庫本作「辟」。
[二] 同日納：原無，據明澹生堂鈔本、四庫本補。
[三] 臣：原作「某」，據明澹生堂鈔本改。
[四] 正月十一日：原無，據明澹生堂鈔本、四庫本補。
[五] 盛：四庫本作「聖」。

又須年歲，乃敢斷請。非獨智力殫竭，決無能爲，而有言不踐，實鄰欺誕。爲臣如此，罪豈容誅？伏望聖慈俯加憐察，許臣解罷機政，授一在外宮觀差遣。餘生倘或未泯，誓圖報於異日。干犯威尊，臣無任戰栗俟命之至。取進止。奉御筆批：「朕登庸元輔，委任尤深。遽上祠章，實難從允。可降詔不允。」

不允詔

敕周某云云具悉。君臣之道，相須而成，廟朝之賢，益重其選。矧若鼎司之舊，方加魁柄之崇。期體此以欽承，曷翩然而引避？朕登庸元輔，委任尤深，遽上祠章，實難從允。宜即承於親詔，乃克副於眷懷。所請宜不允。

第二劄子 十三日，御前遣人有所批問，附奏。

臣昨日陳乞罷政，恭聆玉音，謙諭過甚。臣驚懼感激，未能畢其説，而對班將引，遂忽忽而退。尋聞貼麻批詔，兩日之間，三勤敕使宣押。凡可以假借微臣者，無所不用其至。在聖君優禮近列，務存體貌可謂重矣。臣之進退，所宜自審。蓋以性資凡下，本無輔相之才，非獨聖鑑難逃，詢之輿論，莫不謂其當去。是以自冬涉春，每因留身必面奏此意。忽叨除授，義難安處，乃敢決然有請。豈謂眷寵殊常，未賜聽允。已上表陳乞，而通進司得旨不許收接，恭俟十五日俯伏軒墀，別伸情悃〔二〕，謹此附奏。臣無任戰栗之至，伏乞睿照。

第三劄子 十四日，御前復遣人有所批問，再此附奏。

臣近累具劄子陳乞解罷機政，授一在外宮觀差遣，特蒙聖恩三遣中使宣押，仍傳旨令趣朝參奏事。在於恩禮，可謂詳盡。臣尚有曲折，須至奏稟。蓋縉紳間只知臣因八日制詞播告，懷不自安。然十一日初至榻前〔三〕，陛下即宣宰執並前，聖語諄諄，備彰謙抑。臣兢惶失措，感極涕零。旋聞宣召詞臣改製謨訓，且復親批四句載之答詔。昔熙寧中，王安石因詔書有「士大夫沸騰，黎元騷動」之語，數乞退。神宗皇帝止諭爲文督迫之過。今者訓飭乃與蔣芾所草洪适制並同，恐是一時遣詞循用前例，而陛下聖語恩勤，不止於爲文督迫而已。臣豈敢以此過疑，固執愚見？但臣自去冬至歲除及今年正月、五月四留身，具言臣本非輔相之才，願備祠官，少逭尸素，此則陛下所知而中外所未知也。臣若未有遷除，尚可少緩，今乃就陞元宰，安得無嫌？故官既不可居，新命又難祗受，在臣進退之誼，自宜力請，即與前説不相干涉，仰惟聖明必賜矜察。臣緣表章無由投進，又有旨不許出門，欲俟來早面奏，深恐駕出難以詳述，謹先此附奏，伏望聖慈即賜處分。疊犯天威，臣無任戰懼俟命之至。取進止。

〔二〕情：原作「請」，據四庫本改。
〔三〕日：原作「月」，據明澹生堂鈔本、四庫本改。

第四劄子

臣昨日再具手劄，乞罷機政，授一在外宮觀差遣，見今蹴踖俟命。緣臣既難復居舊職，又不敢祗受新命。進退無據，心不皇寧。欲望聖慈速降處分。臣無任戰栗祈懇之至。取進止。後因臺官及翰林學士李巘上殿，上云：「朕何嘗令如此措詞？」遂降旨與郡。明日將上，乞除職名，上不許。

辭免左丞相表

臣周某言：伏蒙聖慈以臣辭免新授特進、左丞相、進封許國公、加食邑、食實封恩命，特降詔書不允者。登備宰司〔一〕，久當策免；晉持魁柄，倏奉庭揚。籲天陳不稱之辭，伏地拜弗俞之詔。鴻施溥博，孤踪凌兢。中謝。臣聞受才有洪纖，賦質有良窳。扶明堂者資梁棟，安用條枚；薦清廟者須鼎彝，寧參瓦礫？力不勝任，人將汝瑕。伏念臣根闃材微，斗筲器小。際會光華之旦，追陪寅亮之聯。罪功宜詔賞誅，漫無可否；賢鄙當明黜陟，殊懵抑揚。覩已事之如斯，豈後圖之足責？敢謂羣賢之進，遽叨左席之除〔二〕！有次輔雖不備官，職焉何曠；無成勞亦合賜位，臣也何顏？爲國計以牢辭，非身謀之獨審。伏望皇帝陛下謹於圖任，監乃知難。外求巖穴之英，內選朝廷之儁。俾居三事，庸長百僚。遜於殳斨、伯與，敢忘稽首；有若虢叔、閎夭，尚助迪威。從欲之仁，鞠躬以俟。臣無任云云。

不允批答 倪思撰〔三〕

省表具之。魁柄之重，疇咨惟難。未得其人，擇之貴乎審；已當其選，任之不復疑。卿以大道格君心，以至公宰天下，已試之效，昭然甚明，非常之才，用而未盡。爰升元輔，式究遠猷。乃於登庸之初，遽欲引避而去。開諭已至，懇祈尚堅。在朕心則注意方深，在物論則僉言惟允。殳斨伯與固可遜，未聞虞舜之必從；虢叔閎夭雖曰賢，視周公而弗及。以是爲說，毋乃太謙。亟其祗承，副此隆委。所辭宜不允。

第二辭表

臣周某言：伏蒙聖慈以臣上表辭免特進、左丞相、進封許國公、加食邑、食實封恩命，特降中使賜臣批答不允者。銀臺入奏，力辭端揆之崇；鑾駕批章〔四〕，特垂王人之重〔五〕。雖貪承命，抑懼瘝官。敬陳確至之言，叠冒穹窿之聽。臣聞位高者智愚難揜，任久者賞罰易行。九載之績不成，當從鯀殛；三考之明弗

〔一〕宰：四庫本、傅校本、《五百家播芳大全文粹》卷三作「鼎」。
〔二〕左席：傅校本、《五百家播芳大全文粹》卷三作「上宰」。
〔三〕倪思撰：原無，據明澹生堂鈔本、四庫本補。
〔四〕駕：原作「禁」，據傅校本改。
〔五〕垂：原作「屈」，據傅校本、《五百家播芳大全文粹》卷三改。

陟，孰底舜功？如臣無堪，被遇最早。越自嚴徐之列，進陪夔契之遊。碌碌政途，殆彌七載[一]；容容宰路，仍涉再期[二]。論其時則已多，責其效則何有。未能引去，姑俟汰歸[三]。今乃位充元輔之久虛，秩序文階之一品。既殊試可，又異黜幽。況故官不許復居，而新命又爲非據。進退交違於小誤，勸懲將累於大公。伏望皇帝陛下旁燭忱悃，敷求俊傑。貸妨賢之往咎，審佐聖之良圖。謂如髮之引千鈞，其誰云可？因循墻而走三命，亟報曰俞。情辭已竭於肺肝[四]，察允尚收於綸綍[五]。臣無任云云。奉御批降批答不允，仍斷來章[六]。

不允批答

省表具之。朕念天下萬幾之繁，宵旰臨朝，未嘗敢一日怠也。惟卿處輔弼之任，實孜孜奉國，夙夜勤強，總領衆職，以副朕意。是用進之上宰，益究所施。而乃懇避再三，逡巡未就，累日於此，豈不少淹庶務乎？往其勵翼，毋復有陳。所辭宜不允，仍斷來章。

謝表

臣周某言：伏奉制命，授臣特進、左丞相、許國公，加食邑、食實封，累具辭免，伏蒙聖慈特降中使，賜臣批答不允，仍斷來章者。次輔躐居，久知非稱；冢卿序進，彌愧罔功。賜漢位以陞階，假許田而胙土。恩高峙嶽，懼甚履冰。臣某中謝。臣聞天以不言行四時，賴回旋於六子；君以無爲成萬物，資勵翼於四鄰。繄上下之相須，乃事功之克濟。諒非帝賚，疇允民瞻！如臣者學昧通方，才疏應務。僥倖夙膺於簡擢，選除徧歷於高華[七]。粤自登庸，每虞曠職。土疆尚隔，曾何闢國之謀；人力未蘇，安得富民之策？清不足革貪奢之俗，直不足移委靡之風[八]。而況燮調陰陽，制作禮樂，遠繼三謨之盛，俯諧四岳之咨。退省其愚，固慚斯道。方懇祈於罷免，乃誤被於超遷。嘗抗疏以屢辭，迄靦顏而祇拜。兹蓋伏遇皇帝陛下聖神廣運，功德兼隆。有臣三千，已得同心之助；舉相十六，聿觀熙載之能。何取妄庸，首陪弼亮。臣敢不深思忝冒，力勉惰媮！惟尹暨湯，雖乏格天之效；安劉必勃，尚存念祖之心。臣無任云云。

〔一〕七載：傅校本、《五百家播芳大全文粹》卷三作「數歲」。
〔二〕涉：原作「陟」，據明澹生堂鈔本、四庫本及《五百家播芳大全文粹》卷三改。
〔三〕姑：傅校本、《五百家播芳大全文粹》卷三作「亟」。
〔四〕情：傅校本、《五百家播芳大全文粹》卷三作「忱」。
〔五〕察：原作「發」，據明澹生堂鈔本、四庫本、傅校本及《五百家播芳大全文粹》卷三改。
〔六〕「奉御批」句原無，據明澹生堂鈔本、四庫本補。
〔七〕歷：原作「列」，據明澹生堂鈔本、四庫本改。
〔八〕以上兩句「不足」下，四庫本有「以」字，明澹生堂鈔本下句「不足」下有「以」字。

謝東宮牋

周某言：伏奉制命，授某特進、左丞相、許國公、加食邑、食實封者。選備宮端，久戴密庸之造；擢持魁柄，更叨序進之恩。俶拜賜於龍墀，即叙言於鶴禁。某中謝。伏念某居慚骫骳，素昧經綸。偶逢亨嘉，浸竊顯美。自親附於三善，殆推遷於六年。知憐既殊，奬勵尤至。賴褒揚於黼扆，俄參斡於鈞樞。猥以小人之儒，遂爲天子之宰。衆譏弗稱，心識所從。蓋魏相鍾繇，賜釜本東宮之眷；而唐登從愿，覆甌資儲極之言。昔也耳聞，今而身見。兹蓋伏遇皇太子殿下功高監撫，譽著參裁。作新無間於羣言，念舊不遺於一介。肆頒邦涣，交秉國成。某敢不叙飭九功，總提衆職！仰稽象緯，顧顓面以非宜；俯振朝綱，尚同心而夾輔。臣無任云云。

辭免兼職劄子

臣伏睹今月二十八日已降指揮，差臣兼提舉編修玉牒、監修國史日曆者。任非所據，愧不自勝。臣聞：百世本支，方慶源之有衍；萬年壽考，正鴻業之無窮。雖筆削屬在羣英，而總提付之上宰。倘其人之未稱，寧厥位之或虚。如臣闒然，何以堪此？伏望陛下念聖世當嚴二典，察腐儒素乏三長。毋專故事之循，徐俟真才而授。丹衷斯罄，淵聽必孚。所有前件兼職，欲乞聖慈特賜寢免。臣無任戰懼俟命之至。伏取進止。奉御寶批，降詔不允。

不允詔 倪思撰〔二〕

敕某云云具悉〔三〕。朕嚴鏤牒以揚列聖之休，謹汗簡以紀當世之實。纂修之職，分命於諸儒；綱領之權，必歸於上宰。卿以造微之學，貫道之文，既擢冠於羣工，宜并提於二史。益攄賢蘊，增焕皇猷。條祖宗典則之宜，進而施於政；舉朝廷事爲之要，退而筆諸書。豈不休哉，無足辭者。所辭宜不允。

〔二〕倪思撰：原無，據明澹生堂鈔本、四庫本補。
〔三〕敕某云云具悉：原無，據明澹生堂鈔本、四庫本補。

廬陵周益國文忠公集卷一三〇

歷官表奏卷九

淳熙十六年

辭免少保劄子

臣伏睹制書，特授臣少保、進封益國公、加食邑、食實封者。殊私曲被，駭汗交流。臣聞賞當其功謂之慶，授非其人謂之僭。邇者壽皇聖帝親以大寶傳授聖明，當行慶施惠之初，夷夏傾耳以聽號令。臣於斯時，誤尸宰事，所宜協贊陛下，愛惜名器，修明紀綱。豈容身自僥踰，或愆於義！況孤保之任，專待勳德，前後輔臣，得此者鮮，而乃首揚大庭之號，加臣非分之寵。本欲行慶，反近僭賞，其爲初政之累也大矣。臣今未敢奉行制命，蓋將必冀寢免。若謂溥博之恩徧及臣庶，不使微臣獨未霑被，則臣固嘗面奏，乞許回授。私心公論，庶皆合宜。伏望聖慈，特賜矜允。干犯天威，臣無任兢惶懇切之至。取進止。奉御寶批降，詔不允〔一〕。

不允詔 倪思撰〔二〕

敕某云云具悉〔三〕。昔舜以天下禪禹，精一執中之旨，既心傳而面命之矣；又擇益稷之賢，置諸左右，以輔相其治。授受之美，於是爲至。惟我壽皇實用此道，將以神器畀於沖人，故首擢卿居上相之位。卿親逢盛時，密贊大計，肆朕纘紹，凡厥政事，悉所仰成。茂勛如此，晉位亞保，疏封大國，其於寵褒，未爲過也。往其祇命，毋事固辭。所辭宜不允〔四〕。

辭免表

臣某言〔五〕：伏蒙聖慈以臣辭免特授少保、益國公、加食邑、食實封，特降詔書不允者。該輔無功，際九五御天之始；疏榮有命，居二三執政之先。方備控於忱詞，已隨頒於温詔。明知踰分，敢避瀆尊？臣某中謝〔六〕。竊惟左棘之聯，時乃面槐之貳。周

〔一〕取進止奉御寶批降詔不允：原無，據四庫本補。明澹生堂鈔本「御寶」誤作「實」。
〔二〕倪思撰：原無，據四庫本補。明澹生堂鈔本脱「倪」字。
〔三〕敕某云云具悉：原無，據明澹生堂鈔本、四庫本補。
〔四〕所辭宜不允：原無，據明澹生堂鈔本、四庫本補。
〔五〕某言：原無，據四庫本補。明澹生堂鈔本脱「某」字。
〔六〕臣某中謝：原無，據明澹生堂鈔本、四庫本補。

官立訓，資兩儀寅亮之功；漢志垂謨，任萬乘燕私之責。歷代久忘於古誼，政和初定於宏規。必酌勳德之隆，或待親賢之茂。上匪虛授，下難冒居。如臣者稟資迂愚，遭世休顯。大言則望大利，每愧事君；小才不離小官，自甘累日。詎期頻歲，連陟崇階。會逢離照之明，更下巽申之命。式是百辟，久不稱於儀圖；茲惟三孤，顧豈用於官備。伏望皇帝陛下道無私覆，明以公生。謹旌褒者，當在政初；抑僥倖者，必由貴始。特回誤寵，姑許貤恩。既免累於清朝，亦獲安於素守。臣無任云云。奉御寶批降批答不允〔一〕。

不允批答

省表具之。壽皇不以朕菲德，使承大統。既擢卿上臺，屬以輔朕，在廷翊戴之勳，未有先於卿者矣。進班孤棘，實按著令，而卿執志堅確〔二〕，引義固辭，使朕崇報之意慊然不安於中。在卿則爲高，在朕則爲薄。矧當初政，令出惟行，既已告廷，豈容反汗？卿宜爲國惜之，其即欽承，毋廢休命。所辭宜不允〔三〕。

再辭免表

臣某言〔四〕：伏蒙聖慈以臣上表辭免特授少保、益國公、加食邑、食實封恩命，特降中使，賜臣批答不允者。悃愊之言，踵詔音而上瀆；丁寧之訓，勤敕使以來宣〔五〕。凜危慮之未安，控堅辭而弗已。竊以龍飛之慶，溥及華夷；蠢動之微，咸霑雨露。幸叨居於輔佐，例覃被於光榮。倘大義之罔愆，在小廉而可略。惟今亞保，乃昔司空。有德者不必真除，況臣無弼諧之德；有勞者未嘗序進，況臣無翊戴之勞。直緣會遇於一時，遂假寵靈於三少。自猶知其弗稱，人豈謂之當然？蓋取非其分則災身，而與過其宜則累國。是敢懇懇前旒之側，且將忉忉累牘之中。朞道滿盈，少逃譴責。何上紆於宸眷，復申戒於汝諧。施重丘山，懼深淵谷。伏望皇帝陛下持爵馭其臣之要，稽賞延於世之文。許以貴名，貤之賤息。如是則恩從隗始，已無廢於舊章；民具尹瞻，亦免於於新政。臣之幸也，天必從之。臣無任云云。奉御寶批降批答不允，仍斷來章〔六〕。

不允批答

省表具之。孤棘之任，專待勳德，而不可序進，卿言是矣。夫以命世之賢，贊親傳之策，厥今勳德，孰有如卿者

〔一〕奉御寶批降批答不允：原無，據明澹生堂鈔本、四庫本補。
〔二〕執志堅確：原作「執深確」，據四庫本改補。明澹生堂鈔本作「執謙深確」。
〔三〕所辭宜不允：原無，據明澹生堂鈔本、四庫本補。
〔四〕某言：原無，據明澹生堂鈔本、四庫本補。
〔五〕使：原作「賜」，據明澹生堂鈔本、四庫本、《古今事文類聚》遺集卷一改。
〔六〕「奉御寶」二句原無，據明澹生堂鈔本、四庫本補。

乎？況輔弼之臣〔一〕，遭逢内禪，稽諸舊典，例進兩秩。今自文階之冠，升亞保之聯，纔一等耳。朕方以未足酧卿爲歉，而卿懇辭不已，顧欲貤恩，毋乃執謙之過乎？宜體至意，勿復有請。所辭宜不允，仍斷來章〔二〕。

再辭免劄子

臣猥以凡才，久事陛下於東宮。今值君臨萬邦，又得備位宰輔。其爲榮幸〔三〕，殆非衆比。覃霈所加，臣何敢固辭？惟是三孤重任，與尋常遷轉不同，非親、非賢、非有大功，未始輕畀。臣寔何人，乃敢當此？若謂恩由近始，理難獨遺，臣固已屢奏，乞許回授。倘蒙陛下曲從所請，則是國之大慶，非不霑被。而況制命告廷，人皆知陛下待臣禮意甚寵。今者自緣揣分量才，再三控避，陛下不得已而聽之，在臣居之則安，於國又免僭賞，其爲大賜，奚啻一官而已？臣已再上表辭免，謹具劄子申叙懇款〔四〕，必冀天慈即賜俞允。臣無任惶懼俟命之至，伏取進止。

不允詔　倪思撰〔五〕

敕某：　云云具悉〔六〕。朕於即政之始，凡厥命令，未嘗不謹而後出。矧登進孤保，褎寵台輔，兹事體大，顧豈輕易而發哉？命出惟行，誠難反汗。而卿執謙不已，是未諭朕意也。至若貤恩子姓，必無官可進，然後用此。卿爵秩雖崇，未云極品，援以爲説，則又非宜。其亟欽承，毋稽成命。所請宜不允。

第三辭劄子

臣比蒙聖慈以覃恩特授少保。雖名一官，然與其他文階不同〔七〕，屢嘗面奏及於辭免奏表劄中具言只乞許臣回授〔八〕。兩奉詔書，疊勤批答，且宣諭再三，未賜俞允。臣感激兢懼，無地措躬。以理揆之，終非所據。況留正元轉兩官，力辭其一，臣若冒受，公議謂何？仰冀聖明允臣所乞，至於進封、加食邑更不敢固辭。乞令學士院貼麻施行。伏取進止。

不允詔

敕某云云具悉〔九〕。朕於股肱大臣，無所不致其厚。矧國

〔一〕況：明澹生堂鈔本、四庫本作「矧」。
〔二〕「所辭」二句原無，據明澹生堂鈔本、四庫本補。
〔三〕幸：原作「華」，據明澹生堂鈔本、四庫本及《古今事文類聚》遺集卷一改。
〔四〕謹：原作「進」，據明澹生堂鈔本、四庫本、《古今事文類聚》遺集卷一改。
〔五〕倪思撰：原無，據明澹生堂鈔本、四庫本補。
〔六〕敕某云云具悉：原無，據明澹生堂鈔本、四庫本補。
〔七〕其：原無，據明澹生堂鈔本、四庫本補。
〔八〕奏表：明澹生堂鈔本、四庫本作「表奏」。
〔九〕敕某云云具悉：原無，據明澹生堂鈔本、四庫本補。

朝以來，位特進而爵亞保者，止是次遷，初非躐等。況卿羽翼朕於東宮，弼諧朕之初政，功德之茂，誰復如卿？參稽典章，稍陟位序，未盡褒崇之禮，寧虞冒受之嫌？遜辭沓來，殊咈朕意。亟宜祗受，毋使人議朕於報功而薄也。所辭宜不允。

第四辭劄子

臣此月九日面奏，乞以轉少保一官許令回授。恭聆宣諭，謂成命已行，不必多辭。臣繼具劄子陳述，又蒙降詔不允。仰惟聖恩隆厚，度越常格，非臣縻捐所能報稱，自當祗承德意，豈敢固執不移？但臣正月間轉廳日已自增秩三等，僅及月餘，復此峻遷，非獨在臣私義難安，實恐名器輕假，仰累初政。此臣所以寧用煩瀆獲譴，不敢自恕而但已也。伏望天慈特賜矜許，止加封邑，貼麻行下。臣意迫辭窮，無任戰栗俟命之至。取進止。

辭免册命劄子

臣比值覃恩，進陞孤保，懇辭六七，面命再三。雖已欽承，實深祗懼。惟是册拜未嘗舉行，仰祈聖明許賜寢免。冒瀆宸極，臣無任惶懼俟命之至。取進止。

允詔 倪思撰〔一〕

敕某云云具悉〔二〕。朕始嗣寶歷，褒崇輔臣，考圖按爵，秩卿亞保。方詔有司，卜良日，序搢紳於位，列金石於庭，備物典册，親臨軒而授之，所以明貴貴也。而卿處榮弗矜，援比丐免，顧忱誠之有素，在謙德以彌光。茲用勉從，益深嘉尚。所辭宜允。

乞序位在嘉王之下劄子 三月〔三〕

臣等伏見漢制諸侯王在丞相之上，本朝太平興國八年十一月，雖詔改定位序，當時宰相宋琪等固辭，其後治平元年六月，韓琦等亦嘗表請立班潁王之下，蓋欲復古制也。今者皇子嘉王封拜云初，而臣等資望既非宋琪之比，視韓琦輩又無能爲役，倘仍舊貫，實不皇寧，欲乞序班在皇子之下，庶幾稍協古誼。如蒙聖慈俯從所請，即乞批付閤門施行〔四〕。取進止。

御批：皇子嘉王某官品自有定制，班位當在宰輔之下。所請宜不允。

〔一〕倪思撰：原無，據明澹生堂鈔本、四庫本補。
〔二〕敕某云云具悉：原無，據明澹生堂鈔本、四庫本補。
〔三〕三月：原無，據明澹生堂鈔本、四庫本補。
〔四〕即乞批付：原作「即批附」，據明澹生堂鈔本、四庫本改補。

謝除少保表

臣周某言：伏奉制命，授臣少保、益國公、加食邑、食實封，累具辭免，伏蒙聖慈特降中使，賜臣批答不允，仍斷來章者。天開禹績，親承曆數之傳；德愧尹躬，叨被保衡之拜。控辭弗獲，祗受爲慚。臣某中謝。竊維祖宗之盛時〔一〕，多卿相之舊德。勳業光於簡册，聲名重於朝廷。正惟爵位之高，允謂事功之稱。如臣不肖，敢企前修？曾微一善之稱，偶際三朝之盛。麟臺憲府，蚤蒙高廟之親除；螭陛綸闈，嘗侍壽皇之初政。晚被中台之數，再逢内禪之期。首告大廷，超加異渥。念覃霈自近司而始，稽舊章無回授之文。跼蹐拜嘉，忸怩就列。茲蓋伏遇皇帝陛下乾飛有作，離照無疆。憐臣昔備宮僚，久承恩獎；謂臣今居宰席，密佐聖明。特厚寵華，式昭榮遇。統百官而均四海，已知任職之難；曰三孤而弼一人，常究名官之義。未知報塞，徒誓糜捐。臣無任云云。

謝重華宮表

臣周某言：伏奉制命，授臣少保、益國公、加食邑、食實封者。執舜、禹之中，洊敷大慶；申皋、夔之命，首沐鴻私。拜賜兢營，省躬戰栗。臣某中謝。伏念臣猥由孤賤，獲際盛明。辭州縣之徒勞，備師儒之遴選。當紹興末綴臺諫之清班，暨内禪初預禁嚴之密侍。夤緣簡擢，驟歷高華。戴恩憐則山岳爲輕，課

績效則絲毫奚有！旋叨大任，遂陟冢司。惟三聖相承，曠萬年而幾見；顧老臣何幸，閲一世而再逢。數貞元朝士之無多，念魯國靈光之獨在。是容躐等，有愧踰涯。茲蓋伏遇至尊壽皇聖帝陛下盛德難名，成功不處。父有天下，得神聖以親傳；王居域中，與乾坤而同大。眷茲駑鈍，被以龍光。况臣輔政十年，受知最厚；名官三少，在列所稀。既未能退避於賢才，又不獲日親於閒燕。惟勉殫於臣節，期力贊於君仁。罔罔之思，諄諄於是。臣無任云云。

辭免講堂轉官回授劄子 四月十九日〔二〕

臣伏蒙聖慈以臣曾任東宮講堂官，依三月十七日指揮轉兩官許回授者。伏念臣頃聯禁從，獲侍承華。恩遇最隆，略無補報。今值陛下龍飛九五，潤澤萬方。興念舊僚，許以延賞。是謂非常之幸會，不世之異恩。但臣備位宰司，叨塵已厚，可以無取，豈容傷廉？欲望聖慈，特寢成命，庶於分義，或可少安。干犯天威，臣無任戰栗俟命之至。取進止。奉御寶批，降詔不允〔三〕。

〔一〕竊：明澹生堂鈔本、四庫本作「臣」。

〔二〕四月十九日：原無，據明澹生堂鈔本、四庫本補。

〔三〕「取進止」至「詔不允」原無，據明澹生堂鈔本、四庫本補。

不允詔 倪思撰〔一〕

敕某：云云具悉〔二〕。卿昔以淵源之學，導朕於承華；今以經濟之才，佐朕之初政。功既各異，賞宜屢加。特俾貤恩〔三〕，曾非過寵。尚茲固遜，殊咈至懷。亟膺延世之休，益盡教忠之義。所辭宜不允。

辭免轉官公據劄子

臣今準省劄〔四〕，緣吏部以臣曾兼太子詹事，具在東宮講堂官項目内，例轉兩官，許回授，臣即隨衆具奏辭免。伏蒙聖慈降詔不允，方欲再陳乞〔五〕，聞今日吏部已給到公據一道。臣竊思講堂官專爲曾講經讀史之人，臣昨來止是備員詹事，其於講讀未嘗宣勞，難以一體祇受〔六〕，此理甚明。欲望特降睿旨，許臣繳納上件公據，庶協於理。伏取進止。奉御寶批，降詔不允，不得再有陳請〔七〕。

不允詔

敕某云云具悉〔八〕。朕念羽翼之舊勛，厚股肱之殊眷。勉徇辭官之請，故加貤子之恩。已抑朕懷，曲成卿美。雖謙言之再至〔九〕，顧大義以難從。宜即欽承，勿庸屢遜。所辭宜不允，不得再有陳請。

辭免親饗禮儀使支賜劄子

臣昨者伏睹親饗太廟都大主管所奏，審支賜銀絹數内禮儀使三節次各支七十疋兩。臣嘗面奏無功受賜，乞行請免〔一〇〕，已荷天恩曲從所請，即已貼去。今準結絶所傳，奉聖旨依舊齎到賜目，寔不皇安。欲望聖慈依已得指揮，許免祇受。干犯宸嚴，臣無任戰懼之至。取進止。奉御批：不須多辭，可特收受。

乞去劄子 五月六日留身〔一一〕

臣輒傾丹悃，上瀆宸嚴。臣以至愚極陋之資，遭時遇主，致位二府。月征日邁，遂閲十年。方爲疑丞，循默隨衆，已負素餐之罪，暨升次輔，彌覺技窮。爰自去冬，懇祈罷免。恭值壽皇聖

〔一〕倪思撰：原無，據明澹生堂鈔本、四庫本補。
〔二〕敕某云云具悉：原無，據明澹生堂鈔本、四庫本補。
〔三〕特：四庫本作「姑」。
〔四〕今：明澹生堂鈔本、四庫本作「近」。
〔五〕方：原無，據四庫本補。
〔六〕體：明澹生堂鈔本、四庫本作「例」。
〔七〕「奉御寶」至「有陳請」，原無，據明澹生堂鈔本、四庫本補。
〔八〕敕某云云具悉：原無，據明澹生堂鈔本、四庫本補。
〔九〕再：四庫本作「洊」。
〔一〇〕請：明澹生堂鈔本、四庫本作「寢」。
〔一一〕五月六日留身：原無，據明澹生堂鈔本、四庫本補。

帝將舉內禪，未容遽去，亦嘗奏知祇俟三數月間覆申前請。粵自陛下乘乾出震，睿智日躋，正藉宰司，奉承教令，俾羣臣宿道向方於內，萬民一新耳目於外，然後治功可致，聖德有光。今臣乃以衰疲庸謬之人，玩歲愒月[一]，妨礙賢路，仰辜陛下大有爲之志。公議藉藉久矣，臣雖欲自恕，其可得乎？今幸親饗訖事，使命成禮，量能引分，允也其時。伏望陛下念邦棟之非輕，察凡才之無用，因其自列，許奉外祠。庶於去留之間明示意旨，自然人心奮勵，立懦廉頑，初政急務，孰大於此？觸冒天威，臣無任戰灼俟命之至。取進止。

乞去奏狀 五月六日晚附中使[二]

右，臣今早於榻前控叙危懇，乞解機政，願就外祠。非敢卒然有言，遂欲輕去軒陛，實緣揣分量才，既難任重，又當陛下政令維新，久妨賢路，恐誤國事，所以决爲退休之計。伏蒙聖諭諄諄，未賜矜許。一日之間三勤宣押，前無此例。臣惶懼感激，自當仰承威命，黽勉就職。但以輔臣舉措，寔繫國體。倏去忽留，近於要君。一致人言，萬死莫贖。欲望聖慈特回宸慮，早賜俞允。臣以表章不得通，輒附中使恭述謝悃，且致再三之瀆。臣來日亦未敢赴朝參，不免家居俟命。臣無任虔祈激切之至，謹録奏聞，伏候敕旨。

御批：卿久輔慈皇，茂紓賢業，茲求新政之益，實賴舊弼之臣。遽上謙章，曷副眷意！

再乞去劄子 五月七日[三]

臣昨具奏陳乞解罷機政，伏蒙聖慈四遣中使宣押，仍賜親札[四]，備形嘉獎眷留之意者。伏以迫切之辭，願還相印；丁寧之誥，特錫宸章。隆禮貌以有加，遏囊封而莫達。恭趨法座，洊布危衷。臣聞立政之初，用人爲本。以明而陟，當隆赫赫之瞻；有過則黜，敢作容容之計？矧在官僚之首，合知進退之方。伏念臣本乏才能，可膺任使？徒緣際會，遂忝弼諧[五]。逡巡歲月之多，積累愆尤之衆。應酧庶務，豈能事事以協宜？甄叙羣才，安得人人而盡善？動常招於指目，居每畏於譏評。抱此兢慚，凛於朝夕。憶壽皇之初政，倚康伯之舊臣。曾未幾時，猶辭大任。矧微臣之無似，豈前此之可忘？雖復少留，迄將何補？懼妨賢而誤國，非避事以謀身。伏望皇帝陛下奮勵剛明，照知情實。既顯周邦之新命，更憐秦府之舊人。如公器之傍牛，與天閑之駑馬，久經服御，今已衰疲。姑全刀匕之餘生，任適山林之野性。茲惟大惠，敬徯俞音。干犯天威，臣無任激切俟命之至。取進止。

[一] 月：明澹生堂鈔本、四庫本作「日」。
[二] 五月六日晚附中使：原無，據明澹生堂鈔本、四庫本補。
[三] 五月七日：原無，據明澹生堂鈔本、四庫本補。
[四] 札：原作「批」，據四庫本改。明澹生堂鈔本誤作「礼」。
[五] 弼諧：四庫本作「輔弼」。

再乞去奏狀

臣屢披丹悃，求解政機。聖恩隆厚，眷留備至。臣固應仰體殊遇，不當堅執愚見。緣臣自計甚審，宜去非一，奏陳之際，拙吶未能盡宣，須至浼瀆天聽。臣聞祖宗時，輔相二三年間必須補外。蓋權重則嫌謗易生，位高則責望尤衆。今臣執政首尾八載，宅揆已踰二年。績效無聞，罪戾日積。臣宜去一也。酧酢機務，全在精力。臣六十之年又過其四，平時多病，近者尤甚，日所食米纔二三合，時當盛夏猶服冬裘。衰疾如此，臣宜去二也。資性懦弱，無經濟之才；語言輕易，非廊廟之具。自叨大任，衆論弗與，街談巷議，雜然譏之，縉紳公言，亦可想見。臣宜去三也。聖明御極，日新庶政，易置輔臣，古今常理。壽皇初載，陳康伯尚不敢久留，而況臣乎？蚤蒙聖諭，謂康伯求去月日不如是之速，蓋是時康伯獨相，又有人望，所以稍緩。今右揆賢德，中外具瞻，而臣望實不孚，每招議論。幸親饗訖事，使命成禮，正當策免，已備列於初奏。臣宜去四也。今春蒙壽皇曲留，嘗奏知勉强數月，輔陛下之初政，即避賢路。今當踐言，難復故位。臣宜去五也。凡此五者，並非飾詞，何待臣言，難逃聖鑑。惟有二事，亦合詳奏。臣備數東宮，閱歲滋久。既陛下諄諄以爲諭，在臣豈無戀主之心？然而當軸處中，非恃恩之地；尸禄素餐，或致彈劾。陛下雖欲不加譴斥，如公議何？孰若因其有請，保全終始，以重國體。此一事也。其一事則自右遷左，賜位特進，實爲僥倖，但以條例當然，不敢獨辭。未幾陛下登極，首叨覃轉，遂冒孤棘。又緣累朝故事，此恩無終辭之理，不免汗顏祗受。今若奉身而退，則名器豈容虛假？倘蒙聖恩幸許其去，只乞以元官奉祠，猶可少弭人言，粗安分義。臣之肝膽盡於此矣，伏望天慈早賜處分施行。謹録奏聞，伏候敕旨。

辭免除職判潭州劄子 五月八日[一]

臣近疊具奏乞罷政奉祠，今聞已降制命，除臣觀文殿大學士，判潭州。臣誠惶誠恐，罔知所措。竊惟秘殿隆名，長沙鉅鎮，兼舉以授，必惟其人。如臣者任職居官，碌碌無補，迫於衰病，仍懼滿盈，引分丐閑，良非獲已。敢謂陛下曲全體貌，眷撫有加！纔兩日間，宣押再四，惟兹異數，近古所稀。今又加職典藩，寵榮其去。在聖主禮意則厚矣，恩德則深矣。愚臣自揣，其何敢當！所慮招致煩言，仰辜鴻造。伏望聖慈收還成命，止授外祠，庶令進退之間，不失辭受之義。干犯宸扆，臣無任戰慄俟命之至。伏取進止。

不允詔 倪思撰

敕某云云具悉[二]。朕過待股肱，優隆體貌。既懇辭於重任，必寵賁以徽章。匪惟答其輔贊之勞，亦以光其進退之

[一] 五月八日：原無，據明澹生堂鈔本、四庫本補。
[二] 敕某云云具悉：原無，據明澹生堂鈔本、四庫本補。

節。卿，朕之舊學，國之元臣。四近周旋，宣勤踰於十載；兩朝授受，策勛茂於一時。茲解繁機，爰加異數。峻延恩之秘職，專帥閫於上游。庸便乃私，且榮其去。亟膺渙渥，宜略謙撝。所辭宜不允。

再辭表

臣某言：近具奏辭免新除觀文殿大學士、判潭州恩命，伏蒙聖慈特降詔書不允者。保全其去，已銜莫大之恩；寵賁其行，敢望甚優之禮？雖温言之俯曁，終危慮之難安。伏念臣本乏寸長，叨聯近弼。當聖主初承於丕緒，審愚臣絶企於清光。懼干誤國之誅，亟上乞身之請。陛下厚黄閾之深眷，記青宮之舊僚。留臣非不堅，待臣非不至。其如内徇私義，外畏公言，縱欲强顔，抑將何補？茲用數塵於淵聽，庶幾俯鑑於精誠。方當覆餗之凶，詎意觸藩之吉！伏蒙皇帝陛下仁心恤隱，聖度包荒。拔之險陷之途，置之安寧之地。其爲感德，固已淪肌。至於通籍殿中，分麾閫外，極輔臣之異數，須元老之壯猷。猥被妄庸，定貽顛沛。願敕還於前詔，幸姑畀以外祠。身在江湖，縱復去天之遠；忠存畎畝，猶有報上之心〔一〕。重此陳辭，期於必遂。臣無任云云。

同日奏劄

臣今年正月壽皇聖帝欲移御重華宮，委臣討論典禮，面許錫賚。昨日蒙差使臣齎賜酒器二百兩，并清馥薫衣香共五十貼，新茶兩種。臣不敢辭免，即已祗受。本應朝辭日敷奏，今既聞言官論列，恐未必得望清光，合具奏知，仰乞睿照。

重華宮奏劄　五月八日〔二〕

臣迂疏駑下，積緣幸會，一自壽皇聖帝陛下初臨大寶，即蒙擢侍螭坳，由是封值任使，徧歷華近，以至二府。天地之恩，莫可量度，正使碎首捐軀，安能圖報萬一？近者陛下決策内禪，凡百典禮，盡出睿謨。臣偶備宰司，預聞意旨，初無一語可助討論。今緣輔政非才，乞解政機〔三〕。兩朝大恩，未酹毫髮，非敢潔身而去，實緣衆論不容，恐涜至煩言，有傷國體，姑欲自爲去就。豈謂聖慈記向來欲加錫賚之語，親御翰墨，申畀異數。尚方金器，御府香茶，皆非微臣之所當得，君賜之重〔四〕，不敢輒辭。惟當退夸里閭，以侈榮遇；傳之子孫，世世報德。臣見今辭免新命，俟三數日間朝辭面奏皇帝，乞詣宮謝辭，尚望矜念犬馬舊臣，許賜宣引。臣無任瞻天荷聖感激惶懼之至。

〔一〕上：四庫本作「國」。
〔二〕五月八日：原無，據明澹生堂鈔本、四庫本補。
〔三〕政機：明澹生堂鈔本、四庫本作「機要」。
〔四〕之：明澹生堂鈔本、四庫本作「至」。

乞以元官奉祠并免謝辭劄子 五月九日〔一〕

臣已具奏辭免加職典藩，見在城外恭候威命，尚有誠悃，須至奏陳。臣乃者備位輔臣，適緣幸會，值陛下俶臨大寶，叨冒覃轉，進位亞保。臣固嘗懇辭六七，曲蒙聖訓丁寧，必令祇受。臣亦檢照累朝典故，惟此非常異恩，宰司無回授之例。雖已承命，每不自安。今既得請罷政，乞還此官，於理無歉，欲望聖慈祇令以舊秩奉祠，庶安愚分。所有謝辭一節，緣臣罪戾至多，深恐言者攻擊未已，必疑臣朝辭之日妄有陳述，仰惑聖聽，臣將無以自明，愈重其罪，伏乞并賜處分施行。取進止。奉御批：免朝辭，在外宫觀任便居住。

謝除醴泉觀使表

臣某言：伏奉敕命，差臣充醴泉觀使，在外任便居住，臣已望闕遥謝訖者〔二〕。用踰其分，宜咈民瞻。詔許之歸〔三〕，尚均祠秩。恩與天而同大，感無地以寄言。臣某中謝。伏念臣猥以妄人〔四〕，生逢昭代，不自量其才力，乃過竊於寵榮。久合投閒，夙嘗控請。屬飛龍之聖作，疇不歸心；雖老馬之力疲，詎忘戀主。少需三月，方敢一言。悮蒙英睿之知，優假弼諧之禮。王人疊至，親札下頒。凡可示於留行，已畢全於故實。逮清議弗容之際，猶隆私未替於初〔五〕。所愧冥頑，仰辜化育。茲蓋伏遇皇帝陛下待人以恕，馭下惟公。念臣早侍元良，深致保全之意；知臣自貽衆怒〔六〕，難專予奪之私。聽辭湘水之麾，俾領祥源之使。擢髪不足以數愚臣之罪，捐軀不足以酧聖主之仁。惟憑香火之緣，上祝乾坤之算。臣無任。

重明節開啓疏

天祐聖神，方啓萬年之祚；人輪頌禱，敬歸兩足之尊。矧誕節之肇臨，宜勝因之多祐。皇帝陛下，伏願功高文命，養備重華。中國有至仁〔七〕，舉梯航而畢集；西方無量壽，極算數以難名。臣無任。

重明節進功德疏右語

天開昌運，時誕聖君〔八〕。嘉節俶逢，輿情胥忭。披三句之釋

〔一〕五月九日：原無，據明澹生堂鈔本、四庫本補。
〔二〕「遥謝」上，明澹生堂鈔本、四庫本有「祇受」二字。
〔三〕之：明澹生堂鈔本、四庫本作「其」。
〔四〕猥：原無，據明澹生堂鈔本、四庫本補。
〔五〕私：原作「施」，據明澹生堂鈔本、四庫本、《五百家播芳大全文粹》卷六下改。
〔六〕貽：原作「遺」，據明澹生堂鈔本、四庫本、《五百家播芳大全文粹》卷六下改。
〔七〕仁：原作「人」，據明澹生堂鈔本、四庫本改。
〔八〕聖：明澹生堂鈔本、四庫本作「明」。

典，祝萬壽之堯年〔一〕。皇帝陛下，伏願道冠百王，功成一統。河沙可數，大福無窮；曆象易推，修齡難測。施及華夷之衆，同躋仁壽之期。臣無任。

重明節賀表

臣某言：伏以嵩呼萬歲，俶臨萬宇之朝；日近重陽，肇立重明之節。邦家大慶，夷夏同歡。臣某中賀。恭惟皇帝陛下德冠古初，仁周品彙。將旦而羣陰伏，寖以明昌；得秋而萬寶成，俾茲熾大。自今伊始，有億斯年。臣久沐洪恩，驟違丹陛。夢尋園、綺，猶進旅以陳篇；目斷夔、龍，阻隨班而上壽。第堅請祝，實倍常均。臣無任。

重華宮會慶節功德疏右語

右〔二〕，伏以積二十七祀之仁恩，民誰不被；享億萬斯年之鴻算，理有必然。茲因誕節之臨，更效封人之祝。至尊壽聖皇帝陛下〔三〕，伏願與天無極，如日常中。金母長生，永對慈闈之養；玉巵稱壽，坐觀聖主之朝。臣無任。

重華宮會慶節賀表

臣某言：恭遇十月二十二日會慶節者〔四〕。伏以褰裳高蹈，仰黃屋之非心；繞電載臨，效華封而祝聖。雖曰雲天之遠，居然葵藿之依。臣某中賀。恭維至尊壽皇聖帝陛下御下以仁〔五〕，事親惟孝。委成功而弗處，玩至道以自怡。九重備養而儉德愈彰，太極彌尊而謙光滋著。昔君一或得此，尚爲有道之長；今我兼而行之，宜享無疆之壽。臣屏居外郡，欣際昌辰。望東内以馳情，指南山而申頌。臣無任。

冬至節賀表

臣某言：伏以七日之來，禮方隆於亞歲；萬年之祝，時正紀於初元。居然有截之區，同此無疆之頌。臣某中賀。恭維皇帝陛下得天之統，如日之常。治格豐年，何待占雲之逸；人安化國，自應測景之長。陽德方亨，聖圖益廣。臣奉祠迹遠，望闕心勞。雖獸舞之無階，在葵傾而敢怠？臣無任云云。

〔一〕壽：明澹生堂鈔本、四庫本作「載」。
〔二〕右：原無，據明澹生堂鈔本補。
〔三〕「至尊」句：原無，據明澹生堂鈔本、四庫本補。
〔四〕「臣某言」至「會慶節者」，原無，據明澹生堂鈔本、四庫本補。
〔五〕下：四庫本作「衆」。

廬陵周益國文忠公集卷一三一

歷官表奏卷一〇

紹熙元年

年節賀表

臣某言：伏以陽遇三而成泰，時謂人正；聖以一而爲元，肇新歲紀。羣方來賀，庶物皆春。臣某中賀。恭惟皇帝陛下以德施仁，順時布治。始初之政[一]，應天地之發生；寬大之書，協祖宗之温厚。明繼明而方永，朔復朔以奚窮？臣驟遠獸樽，俶更鳳曆。夢想臚傳之禮，阻陪特揖之班。徒竭寸誠，仰祈萬壽。臣無任。

重明節祥符寺開啓疏

電繞紫樞，啓真人之震夙；經繙紺宇，集妙果之莊嚴。是資彌月之勤，庸效後天之祝。皇帝陛下，伏願壽隆無量，福極難名。轉聖王之四輪，咸依天覆；歷賢劫之千佛，永保君臨。

重明節天慶觀開啓疏

帝圖有永，逢上聖之膺期；道力無邊，紓下情而致禱。集琳宮之浄侶，慶甲觀之昌辰。皇帝陛下，伏願如日照臨，體天覆燾。壽考越萬年之久，子孫開千億之繁。夏清冬温，永奉北宮之養；丁躔丙度，常占南極之祥。

重明節進功德疏右語

祝聖人者三，華封尚爾；俾眉壽之萬，魯史猶然。矧嘗密侍於清光，茲幸親逢於誕節。罄丹衷之切至，蘄鴻算之延長。皇帝陛下，伏願如佛獨尊，與天同大。三千爾衆，咸歸有道之邦；億兆斯民，共洽無爲之化。丕隆親養，彌永皇圖。

重明節賀表

臣某言：恭遇九月四日重明節者。伏以卿雲彌館，夙開三日之祥；瑞露承囊，載紀千秋之節。兩宮胥慶，羣辟交欣。臣某中賀。恭惟皇帝陛下保合太和，綏寧中夏。修文偃武，運天地之仁心[二]；薄斂省刑，傳祖宗之家法。積此無窮之澤，儲爲有

[一] 初：原作「和」，據明澹生堂鈔本、四庫本改。
[二] 仁：日本藏宋刻本、明澹生堂鈔本作「神」。

羡之休。齊久照於羲舒，邁永年於箕翼。臣早塵附鳳，今際流虹。屏迹江湖，第遥瞻於太紫；精心香火，竊自比於緇黄。

重華宫會慶節進功德疏右語

天錫慈皇之壽，以莫不增；民懷聖父之仁，其何能已！虔敷秘典，仰贊昌辰。至尊壽皇聖帝陛下伏願以無爲之化，丕冒羣生；以不宰之功，常居太極。列真千佛，共儲有羨之齡〔一〕；諸夏百蠻，永效無疆之頌。

重華宫會慶節賀表

紫禁高居，受寧親之至養；赤光下照，標誕聖之初期。凡在含生，舉深善頌。臣某中賀。恭惟至尊壽皇聖帝陛下仁明毓德，揖遜成功。瑞芝符壽母之祥〔二〕，賓婺肇曾孫之慶。載臨令節，丕洽宸歡。冕旒初奉於瑤卮，方蔵萬年之盛；郡國俶均於鎬宴，益彰二紀之謙。臣身也奉祠，心焉存闕。徒因彌月之旦，申詠後天之詞。臣無任。

冬至節賀表

臣某言：伏以剛爲天德，既反則亨；陽主歲功，其來爲復。適觀道長，胥慶君臨。臣某中賀。恭惟皇帝陛下圖大宅中，順時布政。仰占乾度，會七曜於太初；俯應人和，合八能於前殿。無疆之祝，有截所同。臣名玷内祠，身縻寒谷。企望堯雲之遠，欣逢舜日之長。臣無任。

辭免判隆興府劄子

臣今月二十日準尚書省劄子，十月二十七日，三省同奉聖旨，周某可判隆興府，免奏事，疾速之任。臣聞命震恐，無地措躬。伏念臣庸愚不肖〔三〕，本非可用之才，而冒恩最久，受任至重〔四〕，不能悉心竭力，徒知竊位素餐。日往月來，臯戾山積。向非陛下念其簪履之舊，力賜全存，則臣螻蟻微生，當膏鈇質，豈容尚尸厚禄，安處故里？日夜慚懼，無以仰副天地父母之隆施。今者特蒙枚拭，畀以藩方。恩旨一臨，如蹈淵谷。深惟上流重地，選用匪輕。如臣負罪嬰譴，加之素有心氣之疾，年齡遲暮，浸以昏忘，驟臨民社，必速顛隮。量力自言，非敢備禮。伏望睿慈俯矜誠悃，亟收前詔。上以全聖主始終之賜，下以免微臣冒昧之誅。未泯餘生，別圖報效。臣無任虔祈激切戰栗俟命之至，取進止。

〔貼黄〕臣重念豫章督府難久闕守，緣臣聞命辭免已越累旬，決無冒受之理。欲乞便賜俞允，免致再瀆威尊，有妨謀帥。

〔一〕儲有羨：傅校本作「申元永」。
〔二〕芝：四庫本作「虹」。
〔三〕庸：傅校本作「至」。
〔四〕冒恩最久受任至重：傅校本作「冒恩最深，叨榮最重」。

臣不勝幸願。十二月十一日御批，降詔不允。

不允詔 倪思撰

敕某云云具悉。遠稽周室之用賢，有若召公之爲保。明南國之教，所以宣德澤而旁流；分西陝之權，所以强形勢而内輔。乃今謀帥，視昔同符。求諸九棘之班，付以十連之寄。謂宜即日以之鎮，尚且抗章而力辭。惟時价藩，難久闕守。其稟已行之命，亟慰來暮之思。所辭宜不允。

紹熙二年

年節賀表

臣某言：伏以七政旋觀，爰接龍杓之宿；二儀交泰，重頒象魏之春。閶闔天開，紳綏星拱。臣某中賀。恭惟皇帝陛下懋昭聖治，推廣仁心。百姓羣黎，均被發生之德；五戎六狄，咸依覆冒之恩。受福無疆，降年有永。臣久玆伏陝，邈矣造庭。但同皞皞之民，共樂熙熙之化。臣無任。

再辭免判隆興府第二劄子

臣近具奏辭免判隆興府恩命，正月二日恭奉十二月十二日詔書，所辭宜不允者。臣稽首祇拜以還，感極至於流涕。自當欽承威命，即日啓塗，庶因蕃宣，圖報萬一。實緣臣衰年抱疾，力不能勝。是敢罄竭腹心，洊干淵聽。伏念臣奮身鉛槧，本無才略[一]。受爵不避[二]，遂至超踰。粤自投閒以來，追思平昔[三]，叨竊過分，毫髪無補，常疑天刑人禍，難乎幸免[四]。迨聞起鎮，將恐將懼，心氣宿疾，自此轉甚[五]，而又寒入腰膂，步履艱窘，飲食減少，日就羸瘠。稽留詔書[六]，無地措躬。假令扶憊赴官，以兢憂之心，彊疲懦之質，凡所施設，決至差謬。上流重鎮，豈容養痾？何待旬月，定干大戾。在臣既乖不能者止之誼，又使一邦徒費將迎，其罪愈不勝誅矣。臣亦仰揆聖意，或以臣嘗侍左右，誤被簡知，不欲使之久閒，特畀鄉部，以示光寵。是陛下施惠於臣者至深至厚。苟非心勦形瘵如前所陳，則臣何敢固爲辭避，抵冒嚴譴？伏望聖慈深賜矜察，即降處分，許臣仍舊奉祠。脱之進退惶迫之中，置之保全安佚之地[七]。此爲恩德，胡可勝陳？碎首捐軀[八]，尚期異日。黷犯天威，臣無任戰栗俟命之至。取進止。

[一] 略：傅校本作「能」。
[二] 受爵：傅校本作「濫冒」。
[三] 昔：傅校本作「生」。
[四] 難乎：傅校本作「不可」。
[五] 自：明澹生堂鈔本、四庫本作「因」。
[六] 書：日本藏宋刻本、傅校本作「旨」。
[七] 置之：傅校本作「予以」。
[八] 碎首捐軀：傅校本作「容臣報訓」。

允詔

倪思撰

敕某云云具悉。入居輔弼，出任藩宣，大臣之職也。卿上相印而奉祠館，再更歲籥。朕念其久閑，起鎮鄉部〔一〕，恩遇之渥，謂即欽承。抗章控陳，却而復至。情辭懇切，弗從得乎。勉徇雅懷，不忘眷注。所辭宜允。

繳敕書銀合臘藥狀

右，某昨準進奏院遞到敕書一道，賜銀合臘藥，係是前宰執判隆興府、江西安撫使恩數。緣當時辭免恩命，未敢祗受，已權寄吉州軍資庫。今來已奉詔書，所辭宜允。謹具狀申尚書省，乞賜敷奏，將上件敕書、銀合臘藥赴所屬繳納，伏候指揮。

重明節進功德疏右語

右，伏以天錫明君，不享萬齡之算；人歸聖德，咸輸三祝之誠。假梵釋之薰修，助海山之深峻。皇帝陛下，伏願自彊法乾之健〔二〕，久照如離之明〔三〕。重譯效於貢珍，兩宮隆於榮養〔四〕。域中而王居一，執道紀以長生；天下而我獨尊，等佛身之無量。臣無任〔五〕。

重明節賀表

大火德炎〔六〕，是生真主；重陽節邇，載紀誕辰。罄夷夏以來同，與乾坤而等久。臣某中賀。恭惟皇帝陛下道齊堯舜，功邁禹湯。發於言者，罔匪仁言；施於政者〔七〕，無非仁政。是以兵寢刑措，編氓舉安，時和歲豐，生齒日衆。積億兆人之就望，宜萬千歲以熾昌。臣攀附有初，禱祈滋切。容光日照，雖悵於戴盆；所欲天從，竊同於窺管。臣無任。

重華宮會慶節進功德疏右語

右，伏以燃無盡之燈，允符久照；按長生之籙，敬卜後天。凡戴德之斯民，舉竭誠於是日。至尊壽皇聖帝陛下，伏願鴻基益固，睿算彌增。三面網開，何取唐宮之獻；大元筴授，永觀漢殿之卮。臣無任〔八〕。

〔一〕部：四庫本作「郡」。

〔二〕「伏」、「法」，日本藏宋刻本、明澹生堂鈔本、四庫本作「恭」、「如」。

〔三〕久：傅校本作「普」。

〔四〕榮：傅校本作「安」。

〔五〕臣無任：原無，據日本藏宋刻本補。

〔六〕德：傅校本作「邁」。

〔七〕於：明澹生堂鈔本、傅校本作「諸」。

〔八〕臣無任：原無，據日本藏宋刻本、明澹生堂鈔本、四庫本補。

重華宮會慶節賀表

日會析津，夙推良月；星流華渚，兹應昌期。凡居有截之區，同罄無疆之祝(一)。臣某中賀。恭惟至尊壽皇聖帝陛下功成弗處，道大難名。不獨親其親，孝與慈而並廣；爲衆父之父，理暨性以兼融。巍然太極之尊，永矣溥天之養。聖謨可頌，睿算難窮。臣竊伏江城，欣逢誕節。望重華之殿，旅百何從；想萬歲之山，呼三罔怠。臣無任。

辭免除觀文殿學士判潭州劄子

臣九月六日準省劄，八月十一日，三省同奉聖旨，周某可除觀文殿學士、判潭州。龍光狎至，榮懼交深。臣仰惟秘殿之職有三，紫宸居首；大藩之名不一，南楚爲雄。惟譽望素高者許綴其班，惟恩威兼著者始堪其任。如臣抱虛竊寵，浮實起羞。進無可施之能，退有未補之過。獨荷聖心之簡記，每紆皇眷以慈憐。方辭鄉部之麾，又畀鄰封之帥。更聯禁直，加賁頹齡。顧私心猶不自安，在公論必難衆允。伏望陛下垂矜舊物，深鑑危衷。曲全終始之恩，特寢便蕃之命。閒官厚禄，願樂於聖時；異數名邦，免妨於賢路。所有除命，臣未敢祗受。冒瀆天聽，臣無任云云。取進止。奉御筆批，降詔不允。

不允詔 李巘撰

敕某云云具悉。朕崇咨舊輔，寵遇碩儒。秘殿隆名，所以增華於賢望；南邦雄鎮，所以倚重於英猷。卿夙秉機衡，久安館閫，兹藩垣之申命，尚函牘之懇辭。夫臣嘗作於股肱，何靳四方之宣力；且治已均於邦國，奚難九牧之阜民？矧如洪化之訏謨，式稱延恩之優禮。誼無可避，今在必行。往亟體於淵懷，庸勉圖於美績。所辭宜不允。

再辭免劄子

臣近具奏辭免新除觀文殿學士、判潭州恩命，伏奉九月二十日詔書，所辭宜不允者。聖恩天大，負荷已難；詔旨春温，兢榮滋劇。伏念臣以百無所堪之才，而久竊甚高之位；以萬分未報之德，而更受非常之知。苟可效勤，殺身奚憚？今者畀之美職，付以名藩。任使優隆，豈應辭避？緣臣去冬特膺宸眷，起鎮豫章。自度無方面之才，有心氣之疾，物情未與，顛沛是虞，疊控忱誠，願安閒散。迄蒙從欲，賜以保全。僅歷三時，復頒異數。隆恩加厚，衆或無他，然臣揣分量才，自當知止。况始終忝竊，既殊先迷後得之義；而衰病侵陵，又非昔疾今愈之時。倘冒寵光，必貽罪戾。伏望陛下察臣行能之無取，憐臣筋力之既

〔一〕罄：四庫本作「慶」。

慾。不以名器，假非其人；不以藩翰，授非其任。收還誤渥，改命實才。未隕餘生，必期稱塞。臣無任云云。取進止。奉御筆批，降詔不允。

不允詔 倪思撰

敕某云云具悉。卿上相印之初，朕固嘗寵以紫宸峻職，畀之南楚帥權矣。維今之除，蓋申前命，既本朕之始意，無復人之間言。比覽遜章，已詳諭旨。謂開藩之云久，何引道之尚淹？且卿昔力辭，猶爲有説，玆焉固避，是乃過謙。勉煩寅亮之賢，往重方維之望，亟其之鎮，宜止控陳。所辭宜不允，不得再有陳請。

三辭免劄子

臣近兩具奏辭免觀文殿學士、判潭州恩命，疊蒙聖慈降詔不允，不得再有陳請者。臣自惟犬馬餘生，何以當天地曲成之造如此？蓋陛下記臣頃因罷政，嘗有是除，俯眷舊人，迄申前詔。臣既合仰體德意，又長沙闕守已涉累月，今來更不敢辭避，見一面起發之任。惟是殿帷列職，近臣高選。方玆起廢，異乎勸功。況臣禄秩已優，足假寵以臨民吏，豈應更冒殊渥，自招滿溢之災〔一〕。欲望聖明照臣悃愊〔二〕，特頒睿旨，姑寢除職之命，俟他時治郡不至瘝曠，然後賜以褒陟，則公朝予之爲有名，微臣受之爲有説。免令非據，或致疾顛。屢瀆天威，臣無任震懼祈懇之至。伏取進止。十一月十四日，三省同奉聖旨，依已降詔不允，不得更有陳請。

冬至節賀表

敬奉天時，順周正而發政；躬修郊報，即漢時以陳儀。喜浹華夷，恩漸動植。臣某中賀。恭惟皇帝陛下懋昭仁孝，獨運聖神。百姓德教之加，灼知聖治；萬邦豐年之屢，永底農功。履陽復之昌辰，介天齊之曼壽。臣久違班列，屬剖藩符。第同富庶之民，共樂舒長之景。

郊祀禮成賀表

臣某言：恭聞郊祀大禮慶成者〔三〕。三歲親祠，雖存彝制；一純自薦，尤在初郊。猗大典之告成，紛羣方之來賀。臣某中賀。臣聞中和立極，然後禮樂可以格神；德政養民，然後粢盛可以事帝。是爲中外之相應，豈特儀容之可觀？恭惟皇帝陛下躬堯舜之仁，懋禹湯之儉。省刑以彰王化，薄斂而裕民生。肆迎景至之長，丕闡國南之祀。歸功高廟，預殫尊祖之誠；獻胙慈庭，亟展事親之孝。情文交舉，古昔空聞。臣祗赴侯藩，欣逢邦慶。端

〔一〕招：日本藏宋刻本、明澹生堂鈔本、傅校本作「擬」。
〔二〕聖：日本藏宋刻本、明澹生堂鈔本、四庫本、傅校本作「皇」。
〔三〕聞：原作「惟」，據日本藏宋刻本、明澹生堂鈔本、四庫本、傅校本改。

闡肆眚，班莫綴於朝紳；宣室受釐，夢徒遊於帝座。臣無任。

潭州謝上表

臣某言：先準告命除臣觀文殿學士、判潭州，已於十一月二十日到任交割職事訖者。除音中出，兼内朝外閫之榮；詔旨下頒，趣新組舊封之拜。戴洪私之浩蕩，即便道以馳驅。俶見吏民，敬宣德意。臣某中謝。伏念臣初微一善，獲事三朝。高廟疑其有小才，儲之臺閣；壽皇察其無大過，試以鈞衡。會宸極之天臨，念宮僚之歲久，弼予新政，咨汝舊人。而力不逮於初心，望不孚於衆聽。懇辭鼎軸，隨困風波。蒙全度之深憐，竊優閒之厚祿。桑榆景逼，惟甘嬰疾於清漳；葵藿心傾，未忍掛冠於神虎。詎期軫記，頻下恩章。姓名復齒於殿帷，委寄仍還於湘部。謂昔之銷印，重違白筆之公言；故今者剖符，明示清衷之本意。踦類雁門之復，夢成鹿野之真。載揆衰殘，若爲稱塞。茲蓋伏遇皇帝陛下用人由己，篤舊惟仁。吉庚巽命之申，晝日康侯之錫。缾罌雖溢，猶施挹注之功；牛馬已疲，尚備服乘之數。臣敢不思酧睿獎，勉布寬條！豈能待三年而有成，或庶幾一日之必葺。在前智略，悵往謬之難追；治郡功名，期後圖之允懋。臣無任。

郊祀謝赦表

臣某言：準都進奏院遞到赦書一道，爲郊祀禮畢大赦天下，臣即時集本州官吏軍民望闕謝恩宣示施行訖者。肇禋三歲，丕昭莫大之儀；肆眚萬方，誕布惟新之澤。若民與吏，式舞且歌。臣某中謝。臣聞好生者上之所先，多辟者下或不免。堯、舜衣冠之晝，教猶弼以五刑；成、康囹圄之空，法亦施於三宥。於皇昭代，尤廣惠心。率於大祀之竣，隨以龐恩之施。恭惟皇帝陛下精誠内罄，法度外彰。欽崇郊廟之文，丕冒華夷之衆。福其錫汝，敷皇極於箕疇；過曰在予，富善人於周賚。惟道以德，故有恥可格；惟協於中，故無刑可期。臣久侍威顔，灼知聖意。甫效駑才於方岳，適逢鴻霈於圜丘。誓殫宣布之勤，仰副緝熙之美。臣無任。

郊祀禮成謝加食邑表

臣某言：伏奉制命，以郊祀禮成，加臣食邑一千户，食實封四百户者[一]。分土武安，阻侍壇垓之饗；宣麻文德，首叨井地之加。省己無勞，拜恩有靦。臣某中謝。伏念臣奮由羈賤，積冒寵榮。叨受一廛，本爲於織席；侯封萬户，乃極於布衣[二]。茲逢祭澤之行，更衍封租之入。此蓋伏遇皇帝陛下事天寅畏，馭下寬仁。覃誠意於初郊，均神休於率土。雖在江湖之遠，亦頒綸綍之新。承惠長沙，敬想孝文之問；稱忠甲令，敢睎吳芮之賢。臣無任。

[一] 者：原缺，據日本藏宋刻本、明澹生堂鈔本、四庫本補。
[二] 乃：四庫本作「方」。明澹生堂鈔本作「万」，蓋亦「方」之誤字。

高宗加上謚號賀重華宫表

臣某言：伏睹都進奏院報，十一月二十四日，加上高宗受命中興全功至德聖神武文昭仁憲孝皇帝徽號册寶禮成者。肇講郊禋，追崇祖德。垂鴻億世，底豫三宫。凡在照臨，惟胥鼓舞。臣某中賀。臣嘗博稽盛帝，疇若高宗。異時德壽之宫，屢增榮號；今日顧成之廟，益薦徽名。恭惟至尊壽皇聖帝陛下揖遜功高，顯揚志切。曆數命禹，坐觀子述之明；羹牆見堯，居致時思之孝。兹邦儀之告備，宜聖意之允諧。臣分土攸拘〔一〕，班庭莫遂。逖傳盛典，馳騖寸心。臣無任。

賀皇帝表

臣某言：伏睹都進奏院報，十一月二十四日，加上高宗受命中興全功至德聖神武文昭仁憲孝皇帝徽號册寶禮成者。我祖萬邦之君，名已昭於太室；先庚三日之吉，號復衍於初郊。縟禮時成，含生風動。臣某中賀。高宗皇帝受天明命，享國永年。解三萬言，難盡放勳之稽古；加十六字，將同藝祖之開基。恭惟皇帝陛下寅紹邦圖，顯揚世烈。合華夷之公願，闡古今之彌文。涓休假廟之前，具嚴典册；展慶受釐之後，底豫神人。臣祇役蕃宣，逢辰昌盛。莫預鋪張之列，惟思希曠之儀。臣無任。

賜銀合臘藥敕書 倪思撰

敕某：卿國均舊秉，帥閫新臨。當凝凛之届期，宜沖和之加衛。俾頒珍劑，庸示眷懷。今賜卿銀合臘藥，至可領也。故兹示諭，想宜知悉。冬寒，卿比好否？遣書指不多及。

謝表

臣某言：準都進奏院遞到敕書一道，賜臣銀合臘藥，臣已望闕遥謝祇受訖者。雲章封璽，寶劑實奩。適屬凝嚴，頓蘇疲瘵。臣某中謝。伏念臣甫從閒散，起備蕃宣。雖恪守於官箴，曾未除於民瘼。豈圖宸渥，爰舉邦彝。詔塗芝檢之黄，光於下澤；藥按桐君之籙，滋以上池。手披出紵之温，心矢折綿之凛。此蓋伏遇皇帝陛下慈憐臣庶，軫念藩維。已施起廢之功，更廣蠲痾之賜。恩勤至矣，報稱謂何？臣謹當因六尚之珍良，察一方之疾苦。乃身無恙，敢獨享於君仁；所部有瘳，期咸霑於聖惠。臣無任。

賜紹熙三年曆日宣

太史局進納到紹熙三年曆日，今賜潭州守臣。

〔一〕拘：四庫本作「居」。

右宣，令潭州守臣準此。紹熙二年十一月二十四日。

謝表

臣某言：準都進奏院遞到宣一道〔二〕，賜臣紹熙三年曆日一卷，已望闕謝恩祗受訖者。閏月定四時，爰及三年之閏；春秋大一統，是頒萬國之春。稽首竊文，悉心布治。臣某中謝。恭惟皇帝陛下璣衡齊政，曆數在躬。歲更始以專農，明昭先務；王求端而得正，誕著新書。將令志慮之孚，豈獨典常之舉？若時宣化，屬在守封。臣敢不仰體聖心，俯勤民事。天監厥德，方屢格於天心〔三〕；職思其憂，當益加於勸課。臣無任。

紹熙三年

年節賀表

臣某言：伏以元會蕆儀，仗入龍樓之曉；孟陬占象，曆新鳳紀之編。夷夏來同，堪輿協慶。臣某中賀。恭惟皇帝陛下乘乾之健，出震而亨。孝備愛欽，浹三宮之和氣；書頒寬大，轉四海之仁風。於萬斯年，自今以始。臣久違班著，俶布藩條。春見曰朝，徒想北辰之拱；閏餘成歲，敢稽東作之平。臣無任。

問聖體劄子

臣恭聞去臘之初，皇帝陛下暫親藥餌，隨喜康和。既獲助於天人，宜駢臻於祉福。臣身縻符竹，夢想闕庭。望天日之光，莫陪朝列；見羽旄之美，更想都人。謹具手劄起居以聞。伏乞睿照。

賀御殿劄子

臣比者恭聞皇帝陛下膚理之間，節宣微爽，神明所相，今已痊平。日御延和，裁決萬務。無疆之慶，有截同歡。臣伏限守郡在遠，不獲蹈舞闕庭。臣無任。

辭免復觀文殿大學士劄子

臣竊睹進奏院報，已降制命，復臣觀文殿大學士者。恩光滋厚，愧恐兼深。伏念臣頃去周行，嘗叨峻職。審僉諧之弗契，因懇避以獲從。逮起鎮於藩方，併通班於殿陛。超踰已甚，褒陟則那！載惟有道之朝，詎假無名之寵。謂臣偶經郊霈，則已疏千户

〔二〕宣：四庫本作「敕書」。
〔三〕天心：原刻校云：「張本作『豐登』。」按日本藏宋刻本、明澹生堂鈔本亦作「豐登」。

之封；謂臣忝佩郡章，則未奉三年之計。反復敢當於大號，初終盍守於小廉？伏望皇帝陛下重爵秩以勸功，謹器名而馭下。念昔者本非宜得，在今兹何以復還？鑑多懼之危衷，收再頒之涣渥。身聯禁籍，尚奚假於升華；名洗刑書，難更膺於進律〔一〕。所有復職恩命，臣未敢祇受。干冒旒扆，臣無任兢惶俟命之至。取進止。

不允詔 李巘撰

敕某：省所奏劄子，辭免復觀文殿大學士恩命事具悉。朕睠懷元老，寵遇鴻儒。任重帥藩，方懋股肱之力；班崇書殿，益昭體貌之恩。卿學奥器宏，望瓌實茂。因釋秉鈞之勩，洊膺宅牧之求。惟紫宸肇創於隆名，在皇祐本優於舊相。矧貳公夙建，蓋華職之兼崇；而明旨久頒，偶遜章之曲狥。兹申成涣，亶恊僉言。當祇服於顯徵，尚奚煩於撝挹。所辭宜不允。故兹詔示，想宜知悉。夏熱，卿比平安好否，遣書指不多及。

辭免復觀文殿大學士表

臣某言：近蒙聖恩復臣觀文殿大學士，尋具奏辭免，準奏院遞到詔書一道，所辭宜不允者。恩隆申命，加一字之衮褒；禮重馭臣，下十行之璽札。將力回於誤寵，敢遽止於牢辭！臣某中謝〔二〕。臣竊以文殿大名，儒紳異數。他學士皆爲隔品，今朝廷方且虚員〔三〕。孰謂畸人，獨叨睿奬？伏念臣積塵美仕，久負殊知。尸禄素餐，在宿愆而莫蓋；牧民御衆，曾來效之未伸。寵靈驟降於叢霄，震懼實深於丹臆。雖君制命而臣承命，當即拜於絲綸；然天虧盈而神害盈，合洊殫於悃愊。伏望陛下力持公道，參考私情。收涣渥於已行，免疾顛於非據。倘異日曠瘝之或逭，則盛時勉勵之有名。恭布忱言，伏須允報。臣無任云云。奉御筆批，降詔不允，不得再有陳請。

不允詔 李巘撰

敕某云云具悉。冠榮秘幄，蓋乎中外之瞻；優寵舊鈞，尤繫重輕之體。卿以真儒之學，濟上賢之才。藩閫雖分，心固存於廊廟；謨猷益著，眷宜厚於臣工。兹繇華職之陞，屢覽沖章之至。謙德之柄，在雅志以甚高；名實之賓，豈公朝之敢廢？其承深詔，勿復牢辭。所辭宜不允。

謝表

臣某言：伏奉制命，復臣觀文殿大學士，尋疊具辭免，特蒙聖慈再降詔書不允，不得再有陳請，臣已望闕謝恩祇受訖者。

〔一〕更膺：傅校本作「涸沾」。
〔二〕臣某中謝：原無，據日本藏宋刻本、明澹生堂鈔本、傅校本補。
〔三〕今：傅校本作「在」。

紫蓋分麾，甘後循良之吏；青規進直，猥先侍從之官。既假寵於藩維，亦增華於儒緩。臣某中謝。伏念臣始塵科級，即簉英躔。舟每至於蓬瀛，光仍依於日月。晚逢新政，深眷舊僚。寬策免之常刑，畀詔除之異數。雖自弛僅二年之久，而簡知蒙兩命之加。假征鎮之中權，還殿庭之右職。進乏犬雞之效，顏方劇於汗赬；司存雨露之邊，地彌高於清切。紛盛世賢猷之衆，獨微臣榮遇之多。遜避弗俞，兢慚罔措。茲蓋伏遇皇帝陛下天臨萬寓，子視羣工。我澤如春，思湛恩之汪濊；爾身在外，憐復玷之艱難。命靡憚於重申，賞無嫌於寧僭。臣敢不欽承鴻渥，益厲素心。三省昨非，當力圖於今是；再叨大受，滋有愧於小知。誓殫宣布之勞，仰報初終之賜。臣無任。

賜銀合夏藥敕書

敕某：卿望重舊鈞，任隆巨屏。茲屆炎歊之盛，方宜勞勩之多。其賜珍良，以昭眷顧。今賜卿銀合夏藥，至可領也。故茲示諭，想宜知悉。夏熱，卿比好否，遣書指不多及。

謝表

臣某言：準都進奏院遞到敕書一道，賜臣銀合夏藥，臣已望闕遥謝祗受訖者。日長星火，軫侯國之炎曦；言出絲綸，頒方丞之珍劑。仁深扇暍，恩釋負茲。臣某中謝。伏念臣自遠雲龍之庭，常憂狗馬之疾。比承詔獎，來布藩條。風雨晦明，第謹天時之順；參苓桂苳，實慚藥籠之須。窺緑字以欣榮，啓寶匳而兢懼。茲蓋伏遇皇帝陛下哲臻燠若，惄息暑咨。方申命羲叔之時，眷南巡衡山之境。靡忘加惠，庸賁守封。臣敢不推廣上心，勤求民隱！與魏君之五色，允有光輝；稽周典之十全，庶無疾兆〔一〕。臣無任。

降郡公謝表

臣某言：伏奉制命，以臣舉常良孫改官犯入己贓，降滎陽郡開國公，臣已望闕謝恩祗受訖者。舉廉而濁如泥，分甘嚴譴；擇士而削以地，恩畀寬科。目垣制以兢慚，手桓圭而戰栗。臣某中謝。伏念臣幸緣復職，例許薦員。知公朝改秩之嚴，乃忘體國；知聖主去貪之切，乃昧表民。況嘗尸南曹典選之官，且久預東府掄材之數。衆方責備，理合求全。用門閥以取人，孰云盜璧；近闕庭而試吏，何至攫金？厥既伏辜，自應連坐。雖國除而郡，降居二品之中；然爵賜其鄉，猶在諸侯之上。戴包荒之大德，懷撻市之深羞。茲蓋伏遇皇帝陛下提挈四維，抑揚百辟。賞受上者，每丕勸於進賢；刑無小焉，宜必懲於故犯。聊從薄責，將使厚顏。臣敢不循省眚尤，圖惟報效？贓由獄吏，已示貶於延年；命錫郤卿，尚睎功於臼季。臣無任。

〔一〕兆：原作「札」，據四庫本改。明澹生堂鈔本作「疵」。

重明節進功德疏右語

右，伏以誕彌厥月，昭電繞以虹流；於萬斯年，頌天長而地久。載繙玉笈之字，有衍赤精之符。皇帝陛下，伏願順慶垂基，惟皇作極。永錫難老，爲上古之大椿；申命用休，增泰元之神筴。臣無任。

會慶節進功德疏右語

右，伏以宜君皇皇，高脱屣於萬乘；爲衆父父，垂録鑑於千秋。大集殊因，丕延多歷。至尊壽皇聖帝陛下，伏願文齡有永，舜壽無疆。驗太史之書，老人常見於南極；誦宣尼之語，衆星辰拱於北辰。臣無任。

會慶節進銀奏狀

伏以萬年億載之歡，載臨誕節；四海九州之養，咸備慈庭。叨預守封，敢稽報上？前件物坤珍所效，邦賦攸資。瑞溢商山，知利源之不竭；貢輸衡嶽，符壽祉之彌堅。所有銀一千兩，謹隨狀上進。冒瀆宸嚴。臣無任。

冬至節賀表

臣某言：伏以雷居復地，日在巽維。應周統以得天，葳魏儀而亞歲。臣某中賀。恭惟皇帝陛下剛明顯著，仁愛敷施。七日閉關，心法乾坤之施；八荒開域，壽同夷夏之躋。茂履昌期，駢臻純嘏。臣身縻方郡，迹遠嚴宸。徒瞻迎送之雲，共樂舒長之景。臣無任。

丐祠劄子

臣輒瀝愚誠，仰干睿聽。伏念臣猥以凡才，荷陛下簡知特異，固非一日。乃者輔政無狀，引分丐閒，衆言交擊，罪在不測。獨賴天地覆載，委曲保全，寘諸安閒之地。閲時未幾，紀録有加，美職名藩，舉以授之。臣感激恩遇，所以圖報，謂當如何！捐軀委命，且非所愛；承流宣化，固宜自勉。而臣性資懦弱，不習吏事，規模淺陋，短於御衆，加以素有悸眩之疾，發作無時，年垂七十，精力衰耗，曠戾日增。深惟長沙地控湖廣，統縣十二，自昔户口爲諸路之冠，中興以來生聚涵養，已及承平四十餘萬之數。使臣不病不老，尚非守帥之才，矧衰疾如上所陳者乎〔二〕！然臣前日不敢固辭，冒昧一來者，正以陛下親加擢用，恩意隆厚，臣子之誼所當欽承也。適有天幸，憑藉聖化，竊禄彌

〔二〕如上所陳：傅校本作「而尤甚劇」。

歲，偶未底於司敗〔一〕。今年至病侵，技窮力竭，宜去不去，私心固難自安，其在公論，將不容恕。伏望聖慈俯矜危悃，賜以祠禄，特護其所短，免於大戾，重貽晚節之羞，亦冀捨劇就閒，專事醫藥，或少延於暮齒。矢心報塞，没世乃已。臣無任虔祈瀝懇之至。取進止。奉御筆批，降詔不允。

不允詔 倪思撰

勑某：云云具悉。長沙地控湖廣，户口爲諸路冠，信如卿之言，帥守之任，必藉重臣。卿開藩彌年，教明南國，朕寔嘉賴之。引疾丐祠，良所未喻。且卿每上章奏，詞翰精確，年少者所弗及，足以驗神觀之不衰矣。其體眷懷，勉留鎮撫。所請宜不允。

賜銀合臘藥勑書

勑某：卿爲時元老，作鎮重湖。履冬序之嚴寒，賜珍奩之良劑。其承眷顧〔二〕，益衛沖和。今賜卿銀合臘藥，至可領也。故兹示諭，想宜知悉。冬寒，卿比好否？遣書指不多及。

謝表

良藥分珍，申錫堯言之煖〔三〕；衰年被寵，頓忘楚塞之寒。恩厚莫量，感深曷報？臣某中謝。伏念臣一叨屏翰，再值嘉平。乏宣布之小勤，積曠瘝之大懼。屬當移病，未許投閒。封泥璽於玉堂，以時而授；乞刀圭於金鼎，何恙弗除？豈曰彝章，亶爲異數。兹蓋伏遇皇帝陛下博施仁政，優待藩方。頒綸綍之光華，融雪霜之凛冽。慈憐若此，稱塞謂何？時無札瘥，幸同仁壽之域；職在綏撫，願奏和安之書。臣無任。

謝賜紹熙四年曆日表

歲運無窮，裁成密度；王春有俶，誕告庶邦。吏拜賜以承流，民知時而趨事。臣某中謝。恭惟皇帝陛下道參覆載，職備羲和。天畏棐忱，式九圍而順帝；星隆晷德，齊七政以授人。凡叨守土之官，咸起競辰之志。臣敢不宣頒詔璽，勸勉農疇！在曆數於舜躬，孰能推步；暨朔南之禹教，尚覲混同。臣無任。

〔一〕司敗：傅校本作「放逐」。
〔二〕其：原作「具」，據日本藏宋刻本、明澹生堂鈔本、四庫本改。
〔三〕言：傅校本作「宮」，當是。

廬陵周益國文忠公集卷一三一

歷官表奏卷一

紹熙四年

年節賀表

伏以歲華有俶，天德又新。凡依覆冒之仁，均被發生之澤。臣某中賀。恭惟皇帝陛下至明御極，大度包荒。啓祚延長，衍萬年之曆數；推恩溥博，轉四海之春風。一聆狥鐸之音，舉遂登臺之樂。臣奉藩職厘，存闕心勞。誓恪布於寬書，期共陶於聖化。臣無任。

誕皇孫賀重華宮表

有天下而傳之子，初微黄屋之心；受帝祉而施於孫，俶誕青宮之胄。慶均五殿，喜浹萬邦。臣某中賀。臣聞瓊幹分暉，率由於本固；銀潢演潤，蓋自於源深。繄今日之蕃昌，乃異時之積累。世世修德，則儲有羨之休；親親仁民，則享無窮之樂。盛哉豐報，備此燕居。恭惟至尊壽皇聖帝陛下道極際蟠，心遊沖淡。綿本支於百世，延壽考於萬年。仙李盤根，笑唐基之未大；猗蘭奕葉，掩漢事而有光。臣幸值邦榮，屬分閫寄。南宮北内，想胥洽於宸歡；左城右平，悵莫陪於班賀。臣無任。

賀皇帝表

天佑下民，君萬年而錫祚；地居上嗣，震一索而得男。宗社靈長，華夷呼舞。臣某中賀。臣歷觀在昔，孰擬斯今？守一道以親傳，冠百王而聖作。當内外泰亨之日。且春秋鼎盛之時。仰奉重親，四海九州之養；俯臨甲觀，三宮五殿之歡。洽此榮懷。光於簡册。恭惟皇帝陛下仁心溥博，德教敷施。赫赫炎炎，克篤無疆之烈；繩繩揖揖，遹符有道之長。是開千億之祥，奚止衆多之慶。臣夙叨睿獎，彌極懽悰。天占人而人占天，已驗同和之理[二]；子有孫而孫有子，載賡蕃衍之章。臣無任。

乞宫祠奏 三月上

臣輒披肝膽，上瀆冕旒[三]。臣去年十月嘗具奏乞宫觀差遣，伏蒙聖旨特降詔書不允。臣仰戴天地大恩，未知稱塞，深欲勉扶衰憊，究心民事，圖報萬一，今又半載矣。身既益老，病亦隨加，素苦痰眩，發作無時。内則心神恍惚，觸事廢忘；外則目力昏痛，不能省閲。其於職業，曠弛已甚。蓋臣犬馬之年，指日

[二] 同和：日本藏宋刻本、明澹生堂鈔本、四庫本作「和同」。
[三] 冕：四庫本作「宸」。

七十。平時精力已自弗强，矧當暮景固應如此。特以貪戀君恩，不敢便乞休致。若抱痾治郡，遷延不去，豈惟羞對民吏，定須招致人言。負聖主保全之恩，乖微臣進退之義，此則臣所大懼也。欲望聖慈特降睿旨，許臣亟奉外祠，歸安田里，休養身心，少待年歲，乃伸掛冠之請，庶粗合於禮經。瀝懇籲天，必期矜允。臣無任。

第二劄子

臣比於三月間緣年近七十，久苦痰眩，心神恍惚，觸事廢忘，兼之目力昏耗，有妨省閱簿書，嘗具奏陳乞祠禄，迄今未奉俞旨。爰自四月下旬以來，復得欬嗽之疾。百藥俱試，未見其效。目今飲食日減，委實不能支吾。深惟郡事浩繁，非尸禄養痾之地。欲望聖慈檢會前奏，特降睿旨，授臣在外宫觀差遣，使得一意醫藥，保全餘生。覆載之恩，朝夕以冀。干冒天威，臣無任。

賜銀合夏藥敕書 倪思撰

敕某：卿望隆孤棘，任重帥藩。屬炎暑之維時，宜珍調之有助。錫之靈劑，寔以寶奩。尚體眷懷，深加攝養。今賜卿銀合夏藥，至可領也。故兹示諭，想宜知悉。夏熱，卿比好否？遣書指不多及。

謝表

殿閣生涼，念遐方之炎熱；置郵傳命，將厚賜以流行。施重丘山，光生民吏。臣某中謝。伏念臣猥叨殊遇，久典名邦。愠解南薰，值虞琴之德洽；病多東海，慚黯閤之治稱。有來中詔之頒，申畀尚方之錫。蠲痾攸賴，馭幸何功？兹蓋伏遇皇帝陛下道合乾坤，禮優藩翰。深處九重之禁，每懷萬國之臣。穆如清風，幸竊窺於宸指；慰彼黎庶，願益廣於君仁。臣無任。

謝復益國公表 八月

華陽黑水，裂地而封；舊物青氈，從天而下。磨坫之勤未著，執珪之寵彌加。臣某中謝。臣聞冬而次之以春，爰兆好生之意；剥而受之以復，可稽序卦之文。蓋天心貴德而緩刑，宜聖主推仁而發政。臣之竊位，衆所共譏。取三百廛之禾，封租已厚；連四千石之重，職業殊隳。自干舉枉之誅，方抱臨深之懼。乃容期叙，不待赦原。兹蓋伏遇皇帝陛下御衆以寬，忘人之過。俾爾四海識包涵之度，豈於一夫遺甄復之恩？逢辰則然，思報曷已？而臣迫於告老，何自圖新？獲一吉人，莫助舜功之大；用三有俊，但歌湯聖之躋。臣無任。

重明節進功德疏右語

右，伏以乾元用九，節瀕重九之期；萬歲呼三，時契登三之治。雖歌詠辭之贄矣，在禱祈理亦宜之。皇帝陛下，伏願舜日常明〔一〕，堯天廣覆〔二〕。西佛之壽無量，豈惟千劫之多；北辰之居不移，宜爾衆星之拱。臣無任。

乞宮祠奏狀 九月二十七日

右，臣輒瀝悃悰，仰干睿聽。伏念臣夙蒙奬擢，度越常倫。起鎮名藩，首尾三涉冬序，常願竭犬馬之力，以圖報於萬一。而臣稟賦素弱，病不離身，年垂七十，衰悴彌甚〔三〕。春夏間恭控祠請〔四〕，尚閟俞音。尋得痰嗽之疾，療治未愈，腹病繼作〔五〕，藥石雜進，如水投石。外雖勉强涖事，而精神昏憒，職業曠弛。隱之方寸，揆之筋力，若非亟投閒散，悉意保調，豈特招致人言，必將自速斃踣。投誠君父，一語敢欺？伏望陛下恢廣鴻私，眷憐舊物，特與宮觀差遣，使之養痾田里，涵泳聖澤。餘生未泯，尚期酬天地之恩。臣無任。十月十三日上，十六日奉御批，降詔不允。

不允詔 十月十七日

敕某：省所奏乞特與宮觀差遣事具悉。卿以相臣宿望，作牧湘楚，郡政巨細，靡不究心，於茲三年，教明南國。夫勞於前者逸於後，優游坐嘯，務舉大體，今其時矣。膚腠小疾，尋當痊愈，丐祠之章，胡爲屢却而復至乎？其存精神，止念慮親，藥餌以輔和，庸副眷注之意。所請宜不允。故茲詔示，想宜知悉。冬寒，卿比平安好否，遣書指不多及。

辭免隆興府奏狀 十二月十七日〔六〕

右，臣伏睹進奏院報，十一月二十五日，三省同奉聖旨，周某可判隆興府，疾速之任。恩意有加，由遠而近，非臣朽邁，所克欽承。敢控忱辭，仰干睿聽〔七〕。伏念臣幸逢明聖，誤被簡知。典領藩維，更歷三臘。才駑力弱，政拙心勞，不勝狗馬之疾，願投閒散。屢勤詔諭，未賜曲從。方且叩閽，再有祈請。忽叨易鎮，滋不皇寧。蓋地以潛藩爲重，仕以鄉部爲寵。陛下之眷臣，可謂厚矣。年至則理當告老，病侵則難於陳力。臣之自處，謂宜如何？若復不自揣量，猶將冒昧，既愆於義，實畏人言。伏望聖慈深閔衰殘，洞照悃愊。收還符竹，改畀宮祠，使之養痾里閭，粗適分願，少需旬月，遂乞歸休。天施地生，孰大於此？緣臣已

〔一〕舜：日本藏宋刻本、傅校本作「聖」。
〔二〕堯：日本藏宋刻本、傅校本作「仁」。
〔三〕悴：原作「瘁」，據日本藏宋刻本改。
〔四〕祠：原作「辭」，據日本藏宋刻本改。
〔五〕病：明澹生堂鈔本、四庫本作「疾」。
〔六〕十二月十七日：原無，據日本藏宋刻本、明澹生堂鈔本、四庫本補。
〔七〕睿聽：日本藏宋刻本作「聽睿」。

聞移命，難留舊治，候省劄到即歸本貫吉州，恭聽俞旨，伏乞早賜處分。冒犯宸嚴，臣無任。

不允詔 倪思撰

敕某：省所奏辭免判隆興府，疾速之任恩命事具悉。卿，國之元老，外領帥藩，重湖以南，蒙福多矣。乃頒綸旨，易鎮洪都，地望益雄，道里爲近，第室所寓，殆同鄉部，有晝繡之輝焉。坐嘯卧護，忱所優爲。懇辭忽來，何沖挹之過？亟其勉哉，庸體朕意。所辭宜不允。故兹詔示，想宜知悉。春寒，卿比平安好〔一〕？遣書指不多及。

慈福慶壽賀表

慶鍾文母，豈惟八十年聖女之興；禮蕆湯孫，更祝萬億載天休之敬。三宫和氣，四海歡聲。臣某中賀。臣聞奉親者家國至榮，况重親之在上；慶壽者古今罕睹，矧高壽之未央。天丕佑於皇朝，時兼崇於盛典。恭惟皇帝陛下仁心廣博，聖治昭彰。以厥庶民，久矣達大家而教孝；於其王母，兹焉受介福以及人。愜聖父之慈懷，副寰區之公願。臣自欣晚節，獲值昌辰。莫陪特揖之班，但幸殊常之遇。其爲抃蹈，實倍等倫。

賜銀合臘藥敕書 倪思撰

敕某：卿寅亮元臣，久宣勞於鎮撫；嘉平令序，届屬候於嚴凝。靈劑式珍，頒調攸助。諒朕心之是體，俾民瘼之有瘳。今賜卿銀合臘藥，至可領也。故兹示諭，想宜知悉。冬寒，卿比好否？遣書指不多及。

謝表

天無私覆，外懷五玉之臣；帝有恩言，中錫萬金之劑。凛乎歲晚，倏爾春回。臣某中謝。伏念臣昨被綸書，起司符竹。考湘纍之九辯，閲楚户之三霜。多病所須，常求藥物；十全爲上，未造醫師。兹逢漢宫臘飲之時，乃冒唐殿銀罌之澤。兹蓋伏遇皇帝陛下道遵皇極，治格泰和。惟疾之憂，每推父母之愛；曰生之德，更廣乾坤之仁。故當凝冱之辰，時有珍良之賜。臣敢不勤於服食，稱是榮恩！候屬祁寒，深察小民之怨；居防美疢，載思惡石之生。

〔一〕「好」下原有「否」字，據日本藏宋刻本删。

紹熙五年

再辭判隆興府奏狀　正月二十五日

臣昨奉聖旨判隆興府，尋具辭免，伏蒙聖恩特降詔書不允。仰銜隆眷，俯震危衷。尚念公私之間，利害非一，須至再殫情悃，上瀆聰聽。臣竊惟江湖都會，事繁地重。歲在庚戌，嘗叨除授。揆才控免，曲荷矜從。今齒髮益衰，疾患未愈，甚非前日之比。苟或養疴竊食，何以上寬憂顧，此有害於公者也。屬聞境内頗罹水旱，幸賴漕臣兼領府事，多方措置，得以少蘇。一旦改易帥守，縱欲恪遵前矩，其如才力弗逮，首尾未必相應，此有害於民者也。兼臣來年七十，春月之後自合告老，迎新送舊，徒費邦財，倏來忽去，亦害私義。至於田廬姻戚，隸其所部，雖朝廷有所委任，或不以此爲嫌，在於人情，終是窒礙。臣所以寧觸煩瀆之罪，重爲遜避之請，蓋權事體輕重有不能自已者爾。伏望聖明委照[一]，天造垂憐，回此誤恩[二]，賦之祠禄。况監司既已試可，何惜就加陟明，非特有利公家，抑亦諧臣私志。竭誠瀝懇，天監必昭。干冒宸嚴，臣無任。二月十一日，三省同奉聖旨，依所乞差醴泉觀使。

謝醴泉觀使表　二月

臣某言：伏奉敕書差臣醴泉觀使，臣已望闕祇受遥謝訖者。分竹無功，懇辭鄉部。負兹有疾[三]，願備祠官。賜報曰俞，銜恩以泣。臣某中謝。伏念臣早持弱植，浸涉榮塗。念異時嚴近之班，適同甲賢能之衆。今考貞元之朝士，僅存下國之靈光。藉令齒宿而意新，尚當止足；况復老至而耄及，自合歸休。苟從欲之隆私，狥祝鼇之固請。此蓋伏遇皇帝陛下恢洪聖度，軫惻仁心。飽碩鼠於大倉，彰吾廣大；秣病駒於中厩，待物初終。乃眷衰殘，不忘惠顧。臣遭逢若此，報塞謂何？家請官供，愧甚千鍾之享；天長地久，勉旃萬壽之祈。臣無任。

重華上仙慰皇帝表

臣某言：伏睹大行至尊壽皇聖帝六月九日遺詔者[四]。竊以重華厭世，率土傷心。臣某誠哀誠痛，頓首頓首。恭惟皇帝陛下天性所鍾，聖情難處。仰祈節抑，俯幸臣民。臣限以奉祠在遠，不獲奔赴宫庭。臣無任屏營摧迫之至。

[一] 聖：日本藏宋刻本作「皇」。
[二] 回：原作「恩」，據明澹生堂鈔本、四庫本改。
[三] 「負兹」下，日本藏宋刻本、明澹生堂鈔本、四庫本注云：「諸侯有疾曰負兹。事出《公羊》威公十六年。」
[四] 詔：日本藏宋刻本作「誥」。

重華上仙慰太皇太后表 皇太后、皇后同〔一〕

伏以昊穹不弔，大行至尊壽皇聖帝奄棄天下之養。臣某中慰。恭惟太皇太后殿下遭此變故，聖情難居。臣限以奉祠在遠，不獲奔赴宫庭。臣無任屏營摧迫之至。

重華宫功德疏右語

右。伏以别宫移御，久遺赤水之珠；仙馭遐升，俄墜橋山之劍。假勝緣之溥博，資覺路之逍遥。大行至尊壽皇聖帝，伏願威神在天，德澤垂後。西方世界，已自樂於真遊；南瞻部洲，尚密依於陰隲。臣無任。

移御壽康宫起居表

臣某言：恭惟太上皇帝陛下擇日移御壽康宫者〔三〕。春秋鼎盛，思延安樂之年；宵旰倦勤，自適清閒之燕。凡居覆載，咸仰聖明。臣某中賀。恭惟太上皇帝陛下德洽民心，仁根天性。謂中興幾於六紀，而内禪備於兩朝。欲慕高風，遂頒明詔。成、康並處而頌聲作，慶越宗周；禹、啓親傳而謳歌歸，事踰有夏。臣受恩久矣，報德茫然。逖瞻桂殿之華，虔祝椿齡之永。

皇帝登寶位賀表

臣某言：伏睹七月五日詔書，皇帝陛下登寶位者。上承三宫，下撫萬國。天地開泰，華夷歡呼。臣某中賀。恭惟皇帝陛下性禀英明，生知仁孝。方居朱邸，心已繫於兆民；請正青宫，奏殆踰於千牘。兹臨大寶，必底丕平。臣久冒國恩，坐縻祠廪。幸值龍飛之慶，阻陪獸舞之班。徒與生靈，共深欣戴。

重明節開啓疏

伏以春秋鼎盛，思延有永之年；宵旰倦勤，自享無窮之樂。載臨誕月，申祝壽期。太上皇帝陛下，伏願安静修身，沖虚適性。千祥百福，備集於聖躬；億載萬年，永膺於榮養。

重明節功德疏右語

右伏以越帝王之高致，道固難名；亘今古以常存，壽何有極？載伸善頌，仰贊誕期。太上皇帝陛下，伏願積聖神不宰之功，享清浄無爲之報。後天而老，益曼羡於修齡；率土之濱，永涵濡於盛德。

〔一〕皇后：原作「太后」，據日本藏宋刻本改。
〔三〕惟：日本藏宋刻本作「聞」。

重明節賀表

臣某言：恭遇九月四日重明節者。伏以褰裳高蹈，仰黃屋之非心；繞電載臨，效華封而祝聖。雖曰雲天之遠，居然葵藿之傾。臣某中賀。恭惟太上皇帝陛下道大難名，功成弗處。永矣溥天之養，巍然太極之尊。有道之長，方綿延於周曆；無疆之壽，自跨越於莊椿。臣身也奉祠〔二〕，心焉存闕〔三〕。徒因彌月之旦，申詠後天之詞。

瑞慶節開啓疏

伏以十月爲陽，古稱良月；萬年受祜，今紀初年。恭即凈坊，敬繙秘典。皇帝陛下，伏願修齡歲衍，厚福日增。以台正於四方，罔有弗服；惟天祐於一德，罄無不宜。

瑞慶節滿散疏

鳳紀編年，肇履崇高之位；龍宮浴聖，旋逢震夙之期。集彌月之善緣，祝萬齡之睿算。皇帝陛下，伏願明齊日月，道冒華夷。將治我家，肆復高祖之德；維新厥命，永底烝民之生。

瑞慶節功德疏右語

右伏以星隱夜明，周紀佛生之瑞；天長地久，唐標聖誕之期。茲際昌辰，是伸善頌。皇帝陛下，伏願明齊日月，道冒華夷。隆榮養於宮庭，洽歡聲於海宇。威儀而由羣匹，既符假樂之詩；壽富而使多男，更協封人之祝。

瑞慶節賀表

臣某言：伏遇十月十九日瑞慶節者。鳳曆編年，肇履崇高之位；龍宮浴聖，旋逢震夙之期。紀節有初，呼嵩無斁。臣某中賀。恭惟皇帝陛下道繩祖武，仁契天心。將治我家，肆復高祖之德；維新厥命，永底烝民之生。與國咸休，自今以始。臣久叨榮祿，晚際盛時。阻稱萬壽之觴，願獻千秋之鑑。

冬至節賀表

臣某言：伏以七日之來，禮方隆於亞歲；萬年之祝，時正紀於初元。居然有截之區，同此無疆之頌。臣某中賀。恭惟皇帝陛下得天之統，如日之常。歲儉而豐，何待占雲之邈；人安以

〔二〕身也奉祠：傅校本作「久備宮僚」。
〔三〕心焉存闕：傅校本作「今歸農畝」。

樂，自應測景之長。陽德加亨，聖圖益廣。臣奉祠迹遠，存闕心勞。雖獸舞之無階，在葵傾而敢怠？臣無任。

明堂禮成賀表

臣某言：恭聞明堂大禮慶成者。涓休中辛，祇見上帝。情文交舉，幽顯來歆。臣某中賀。臣聞禮莫重於肇禋，孝尤嚴於尊祖。其在周室，成王祀文王於洛中；至於漢朝，武帝祠高帝於汶上。適成熙事，允屬昌時。恭惟皇帝陛下執道御今，憲天稽古。言念九筵之制，適當三歲之秋。謂壽皇垂後世之規，宜參而用；況太上下先期之詔，當述而行。果儲有羨之祥，永錫無疆之祚。臣頃嘗議禮，今阻陪祠。嘉與含生，共綏霈澤。

辭免覃恩轉官奏狀

右，臣據本府進奏官姚彥珪報，八月二十六日宣制，以臣該遇覃恩，特轉少傅。臣聞命震惶，罔知所措。義難冒受，須至懇辭。臣竊惟登極霈恩，凡文武臣皆許增秩，此乃溥天之幸會，不繫臣子之功伐。列聖已成故實，宰執例是轉行。往者壽皇聖帝傳位太上皇帝，實爲國家大慶，又非累朝繼世之比。臣於斯時，適在政地，恩遷一官，遂尾三少。控免至於八九，批詔亦如其數。仍蒙兩宮宣諭典故如此，非礙止法〔二〕，不當固辭，兼陳俊卿帥金陵垂滿二年，亦自特進而遷少保，臣是以不揣才分，既稽舊制，又循近比，迫於威命，覥顔祗受。罷政之後，言者弗思幸會，猶曰無功。今陛下受禪云初，愛惜名器，而臣衰老殘疾，待盡田間。飛龍御天之日，不獲陪百執事率舞庭下，即與頃年當軸目睹大慶事體殊異。倘或冒昧苟貪榮寵，人將有詞，臣亦無説。是敢直披心腹，控告君父，不復文飾，仰瀆聰聽。伏望聖慈即賜寢免，以安孤迹，以全暮景。臣無任。

不允詔

直學士院樓鑰撰

敕某：省所奏辭免特轉少傅恩命事具悉。卿三朝元老〔三〕，身佩安危，退處東山，直欲棄置人間事，顧豈以爵秩爲心哉！朕初臨御，注想不忘，下詔乞言，疏恩進律，亦可以見朕意矣。覃霈之頒，無遠弗屆，安有達尊如卿而可但已？保傅一間，不必固辭。遜章甚力，非朕所望。所辭宜不允。故茲詔示，想宜知悉。秋冷，卿比平安好否？遣書指不多及。

覃恩辭免轉少傅表

臣某言：近具奏辭免覃恩除臣少傅恩命，伏蒙聖慈特降詔書不允者。作君師而相上帝，幸際龍飛；亮天地而弼一人，敢叨鴻霈！曲煩温詔，增震危衷。臣某中謝。臣聞氣回春而萬物生，

〔二〕止：原作「正」，據日本藏宋刻本、四庫本改。

〔三〕「卿」下，日本藏宋刻本、明澹生堂鈔本、四庫本有「以」字。

邦有慶而兆民賴。惠澤固周於溥率，等差宜別於重輕。若輔佐居中，捧東日於天衢之上；或親賢在列，拱北辰於霄極之間。以此疇庸，是云馭貴。如臣者身藏畎畝，景薄崦嵫。掛神武之冠，方將有請；揚王庭之號，豈所當然？夫何特揖之官，亦在序升之數？懼貽清議，祇控丹誠。伏望皇帝陛下勉勵人材，操持公器。雖推恩不可以不廣，而詔爵不可以不嚴。已彰均一之仁，盍寢優隆之命？大辭如慢，非晞難退之風；小智自私，姑逭貪夫之誚。臣無任。

不允詔　樓鑰撰

勑某：省所上表再辭免除少傅恩命事具悉。朕勉紹丕圖，方修初政，首推霈澤，溥及羣工。惟予元老之賢，宜陟孤卿之秩。偃息而藩魏室，何必在廷？寅亮而命周官，是爲進律。載披來奏，殊咈眷懷。卑於公，尊於卿，亦惟均耳；一而俯〔一〕，再而傴，何以多爲？兹繫具瞻，毋庸固避。所辭宜不允，不得再有陳請。故兹詔示，想宜知悉。冬寒，卿比平安好否？遣書指不多及。

謝差官賜告奏狀

右，臣伏蒙聖慈差閤門官趙嗣祖等賜臣少傅告身者。明兩作離，初升杲杲之日；王三錫命，加賁皇皇之華。驚寵數之便蕃，聳榮觀而歆艷。雖祈反汗，當識謝生。伏念臣早冒龍光，晚叨燕佚。心猶馳於魏闕，夢自隔於鈞天。絺冕篆車，詎意班聯之進；篳門圭竇，猥勤暬御之臨。固難祗奉於綸章，豈易仰當於宸渥？此蓋伏遇皇帝陛下仁先念舊，政務作新。博致名駒，弗遺於老馬；兼收羣植，不棄於朽株。飭遣軺車，寵綏末路。孔伋之拜使者，已欽君命之將；蔡謨之辭司徒，敢怠人臣之禮？永言報塞，惟誓糜捐。臣除已將告命寄吉州軍資庫伺候回降指揮繳納外，臣無任。

又手劄

臣妄庸老疾，跧伏寒鄉。恭值皇帝陛下正位九五，不獲進陪多士，瞻望清光，幸與庶民均被維新之澤。豈謂聖慈曲推異數，序進孤班。千里而遙，遣使賜告。臣雖揣分辭避，期於寢免；然恩施隆重〔二〕，實踰丘山。已別狀奏謝，謹復具手劄，叙感戴兢懼之萬一，附使者以聞。伏乞睿照。

再辭免覃轉表

臣某言：伏蒙聖慈以臣上表辭免少傅恩命，疊降詔書不允，不得再有陳請者。乾用九以御天，爰下博施之澤；巽以重而申

〔一〕俯：原作「僂」，據日本藏宋刻本、明澹生堂鈔本、四庫本及《攻媿集》卷四二改。
〔二〕然：原無，據明澹生堂鈔本、四庫本補。

命，未俞懇免之章。愚固守於不移，令必期於惟反。臣某誠惶誠恐，頓首頓首。伏念臣賦才至薄，竊禄已多。當内禪之時成，以外臣而幽屏。孤執皮帛，阻篚於近班；言如絲綸，誤叨於殊渥。既難安於私誼，諒疇允於公言。敬殫迫切之誠，甘觸瀆煩之譴。伏望皇帝陛下大明燭隱，洪覆包荒。察臣兢惶畏避之情，恕臣逋慢拒違之罪。惟笑嚬之有爲，則廉惠之無傷。免以陳人，累於新政。舜命官而敷教，知弗稱於往諧；漢受爵以流貤，願曲從於回授。臣無任。

不允詔

樓鑰撰

敕某：省所上表再辭免覃恩除少傅恩命事具悉。朕嗣膺洪祚，注想宗工。比升孤棘之班，實霈《蓼蕭》之澤。雖云恩厚，非曰予私。凡卿之言，近已行於一二；顧朕所與，辭何至於再三？若夫貤爵之科，尤匪尊賢之意。尚承眷渥，毋事勞謙。所辭宜不允，不得再有陳請。故兹詔示，想宜知悉。冬寒，卿比平安好〔二〕？遣書指不多及。

乞將覃轉回授奏狀

右，臣近三具奏辭免覃恩轉少傅恩命，乞許回授，伏奉詔書不允，不得再有陳請。臣竊以三孤班在一品，惟親惟賢惟有功，乃許序進，臣咸無焉。徒因非常之慶而得之，中外皆謂其不當受，豈獨臣不敢受也。而辭章三上，優詔三下。兹乃明主初政，遇臣以禮，不欲失朝廷之故事。又緣臣遠在江西，往復經涉時序，致勤王人賜告，以示光寵。廬陵士民，共驚創見。臣兢營跼蹐，雖嘗望闕稽首拜使者之辱，附表陳謝，而敬以制書寓諸有司，屏息傾耳，恭聽回授之命。豈謂聖恩過厚，久未報可。夫受爵不避，詩人有斯亡之戒，臣豈應以垂盡之年自貽伊戚？是敢殫竭悃愊，終冀矜允。蓋瀆尊有罪，君父或不汝疵；叨榮非據，公論必難情恕。臣於二者知所擇矣，伏望聖慈即賜處分施行。臣無任。

申尚書省狀

右，某昨三具奏辭免覃恩轉少傅恩命，三奉詔書不允，除别具奏乞回授外，今録本在前，欲望朝廷特賜敷奏，即從所乞，以安愚分。謹具狀申尚書省〔三〕，伏候指揮。

謝明堂禮成加恩表

臣某言：伏奉制命，以明堂大禮慶成加臣食邑一千户、食實封四百户者。奉繭栗以祠，肇稱宗祀；開蠶叢之國，申衍户租。汪洋上聖之恩，滿溢下臣之分。臣某中謝。伏念臣自還里閈，浸遠闕廷。屬當三歲之期，大講九筵之禮。阻同列辟，儼綪佩以

〔二〕「好」下原有「否」字，據日本藏宋刻本删。
〔三〕狀：原無，據四庫本補。明澹生堂鈔本「狀」字錯置「省」字下。

趨班；殊異通侯，輸酎金而獻廟。孰謂制函之下，復叨書社之增。稽首拜嘉，捫心積愧。兹蓋伏遇皇帝陛下事天寅畏，保國寬仁。七戒三齋，諱勞何有；四海九州〔二〕，錫福無遺。是均曼羨之祥〔三〕，亦及疲癃之老。三五六經之載籍，初莫預於討論；萬八千户而冠軍，第深慚於勳伐。言念逢辰之幸，誓肩報上之心。臣無任。

〔二〕四海九州：日本藏宋刻本、明澹生堂鈔本、四庫本作「九州四海」。

〔三〕均：原作「鈞」，據日本藏宋刻本、明澹生堂鈔本、四庫本、傅校本改。

廬陵周益國文忠公集卷一三三

歷官表奏卷一二

慶元元年

乞致仕表 正月一日

臣某言：伏以三千同臣心，甫際興王之運；七十致君事，適臨告老之年。在聖時雖曰難逢，顧經訓則當易退。仰祈從欲，俯遂乞身。臣誠惶誠懼，頓首頓首。伏念臣以一介之荒遺〔一〕，竊四朝之榮遇。讎書分察於羣英之後，修注代言於强仕之前。投閒中避於要權，起廢晚膺於簡擢。從班政地，俱閱十春；孤棘公圭，咸躋一品。叨塵過矣，報效茫然。迫於遲暮之時，加以衰羸之疾。内循涯分，允合歸休。惟貪戀於盛明〔二〕，乃遷延於歲月。今而年至，可以情聞。已愧歐修踰六旬而得謝，尚睎杜衍纔一請而獲從。伏望皇帝陛下軫念孤蹤，保全末路。收内祠之禄秩，返初服之耕桑。庶佚餘生，永陶至化。江淮海島，任鳧雁之少多；桃野華山，縱馬牛之歸放。懇誠惟切，察允是期。臣今乞守本官致仕〔三〕。臣無任。

不允詔

敕某：省所上表乞守本官致仕事具悉。宿艾之臣，國家所寶，故尊事黄耇，乃成福禄之盛，雖無老成，尚以典刑爲賢。朕閲中外之良，每歎壽俊之少。如卿舊德，爲時宗工。久位公孤，正資弼亮於四世；借令期耄，猶當就見於百年。克壯爾猷，胡乃謝事〔四〕？雖不渝東山之志，寧詎忘本朝之心。尚體眷懷，毋拘常節。所請宜不允。故兹詔示，想宜知悉。春寒，卿比平安好否，遣書指不多及。

第二表

臣某言：近臣以年近七十上表乞致仕〔五〕，伏蒙聖恩特降詔書不允者。一辭而退，荷宸眷之曲留；三思而行，審愚衷之素定。延望雲天之施，仰干鈇鉞之誅。臣某中謝。伏念臣才不如人〔六〕，生而多病。幸會蚤塵於顯仕，平居常懼於疾顛。雖深止足之思，未效涓埃之報。固不敢先期而引去，又豈容亟歲以忘歸？

〔一〕遺：日本藏宋刻本、明澹生堂鈔本、四庫本作「踈」。
〔二〕明：四庫本作「朝」。
〔三〕臣今：原作「今臣」，據明澹生堂鈔本、四庫本、傅校本乙。
〔四〕乃謝：原作「謝乃」，據明澹生堂鈔本、四庫本乙。
〔五〕近：明澹生堂鈔本、四庫本作「及」。
〔六〕伏念：原無，據日本藏宋刻本補。

頃在湘中，常屢形於表奏；逮移江右，即力避於旌麾。既尋香火之盟，實便丘園之計。臣之此意，衆所共和。今者血氣益衰，筋骸難强。人皆憐其憔悴，自亦畏於滿盈。乃昧禮經，猶饕廪稍。辭榮壯歲，居慚烈士之風；戒得暮年，尚佩聖人之訓。伏望皇帝陛下深仁恤物，大德矜愚。念其持筆橐於累朝，許以掛衣冠於盛世。轅駒局趣，本無老驥之心；蓬鷃翱翔，非有冥鴻之志。陳情已竭，得請爲期。臣無任。

不允詔　樓鑰撰

敕某：省所再上表乞致仕事具悉。七十致仕，雖著於《禮經》；二三大臣，難拘於古制。矧惟元老，嘗冠中臺，周旋兩朝，負荷重事。既於蕃於南國，終退處於東山。神明未衰，德望彌劭。奉真祠之香火，自樂隱居；挂神武之衣冠，胡爲早計？抗章再至，陳義愈高。顧難徇夫沖懷，尚少安於素履。所請依已降指揮不允。故兹詔示，想宜知悉。春暄，卿比平安好〔一〕，遣書指不多及。

第三表

臣某言：近再上表陳乞引年致仕，伏蒙聖慈再降詔書，所請宜不允者。仕而無補，每負愧於初心；老則告歸，盍求全於末路？敢期温詔，尚閟俞音。庸祇竭於血誠，庶必諧於素願。臣某中謝。臣聞休退者人臣之常事，眷留者明主之異恩。或才德出羣，可備國家之用；或精神尚壯，未容田畝之安。縱復少需，固將有説。如臣者最爲闒茸，仍迫衰殘。少日邅迴，不謂躐躋於膴仕；半生羸瘵，何嘗敢望於高年？而乃攀聯執帛之班，荏苒從心之歲。僥踰既極，災疾宜侵。自去夏以迄今，蓋無時而不病。形容枯槁，志氣蕭條。雖家事以當傳，豈官榮之可冒？遲回不去，觀聽謂何？非力謝於軒裳，殆兩督於禮法。深虞隕越，難避黷煩。伏望皇帝陛下俯監危悰，曲加鴻施。無功有過，恕既往之愆尤；善始以終，賜不貲之造化。假餘齡之燕佚，觀盛世之隆昌。乞骸彊健之時，莫追明哲；擊壤寬閒之野，尚答生成。臣無任。

謝致仕表

臣某言：伏奉制命授臣少傅，依前觀文殿大學士、益國公致仕，加食邑一千户，食實封四百户，臣已望闕祇受遥謝訖者。告老叩閽，屢瀆前旒之聽；疏榮就第，特陞左棘之聯。遂止足之私情〔二〕，彰優崇之異數。雖故事無控辭之禮，在愚臣重僥倖之慚。臣某中謝。臣竊考中興以來，旋觀故相之籍。釋位廟堂之上〔三〕，殆三十人；引年祠館之中，纔一二數。蓋進用多由於壯歲〔四〕，故退休

〔一〕「好」下原有「否」字，據日本藏宋刻本删。
〔二〕足：原作「尼」，據日本藏宋刻本、明澹生堂鈔本、四庫本改。
〔三〕位：原作「禍」，據日本藏宋刻本、傅校本改。
〔四〕歲：傅校本作「齒」。

罕及於暮年〔一〕。如臣者素乏才能〔二〕，晚叨任使〔三〕。坐竊無功之禄〔四〕，免羞有道之貧。不自意其久生，乃及時而得謝。仍紆皇眷，申錫鴻恩。昔疏受漢之名儒，居易唐之遺直，皆歷儲宫之傅，用爲晚節之榮。臣愧非二子之賢，忝正三孤之秩。職崇祕殿，爵極諸公。初終盡出於遭逢，高厚莫勝於戴履。茲蓋伏遇皇帝陛下德隆堯舜，仁法祖宗。愛人每急於親賢，興孝尤先於貴老。誕布絲綸之渥，惠綏簪履之遺。臣祗服寵光，退誇族黨。逐桑榆之暖，餘生幸適於丘園；傾葵藿之心，未死常依於天日。臣無任。

辭免册命奏狀

右。臣伏準制命除臣少傅致仕。寵光過厚，榮感倍深。稽諸故事，不敢輒具辭免，已上表稱謝外，惟是册命之禮，雖見任三公無敢當者〔五〕，况在休致之臣？伏望聖慈即賜寢免。臣無任。

孝宗小祥起居表

臣某言：六月九日，恭值孝宗哲文神武成孝皇帝小祥者。重華仙御，永矣賓天；别殿几筵，茲焉周歲。臣某中慰。恭惟皇帝陛下懋隆孝治，允篤時思。願寬念祖之懷，俯答含生之望。臣無任。

賀重明節表〔六〕

臣某言：恭遇九月四日重明節者。伏以褰裳高蹈，仰黄屋之非心；繞電載臨，效華封而祝聖。雖曰雲天之遠，居然葵藿之傾。臣某中賀。恭惟聖安壽仁太上皇帝陛下道大難名，功成弗處。永矣溥天之養，巍然太極之尊。有道之長，方綿延於周曆；無疆之壽，自跨越於莊椿。臣久備宫僚，今歸農畝，徒因彌月之旦，申詠後天之詞。臣無任。

慶元二年

賀生皇子表

臣某言：伏睹降誕皇子，特頒降德音者〔七〕。泰元眷佑〔八〕，

〔一〕「故」、「罕」，傅校本作「而」、「皆」。
〔二〕才能：傅校本作「文名」。
〔三〕晚叨任使：傅校本作「謬膺翰秩」。
〔四〕坐：傅校本作「久」。
〔五〕公：明澹生堂鈔本、四庫本作「孤」。
〔六〕按此文與卷一三二《重明節賀表》文句多同，惟末句有異。
〔七〕特頒降：原無「降」字，據日本藏宋刻本、明澹生堂鈔本、四庫本、傅校本補。日本藏宋刻本、明澹生堂鈔本、四庫本作「頒降」，無「特」字。
〔八〕眷：原缺，據日本藏宋刻本、明澹生堂鈔本補。四庫本作「垂」。

嫡長挺生。列聖憑依，三宮悅豫。臣某中賀。臣伏以功行積累，既存不已之誠；子孫衆多，斯錫無疆之祉。天人合契，今昔同符。恭惟皇帝陛下道法祖宗，化行宮壼。夏家仁遂，適神禹之三年；周室宗彊，肇文王之十子。誕布龐鴻之澤，丕昭蕃衍之祥。臣身已歸田，義當擊壤。嘉與含生之衆，共深賴慶之情。臣無任。

賀三宮册寶禮成表

臣某言：恭聞十月三日奉上壽聖隆慈備福光佑太皇太后、壽成惠慈皇太后、聖安壽仁太上皇帝、壽仁太上皇后册寶禮成者。九重之上，逮事三宮；一日之間，虔敷四册。情文並舉，夷夏交欣。臣某中賀。恭惟皇帝陛下誠心格於上穹，榮養隆於華旦。奉父母而及於王母，連萬壽之徽稱；自殿庭而達於内庭，聳兆民之壯觀。繇堯舜禹相傳而後獲，邁周漢唐既往之前聞。臣幸以餘生，逢茲闊典。嘉與農疇之衆，永依孝治之仁。臣無任。

賀韓皇后册禮成表〔一〕

臣某言：恭聞十月六日皇后受册禮成者〔二〕。彰内治之功，久宣陰教；發外廷之册，今講縟儀。月遡日以增明，臣暨民而胥悅。臣某中賀。恭惟皇帝陛下孝隆親養，政急家齊。歷選勳賢，蓋自重親之命；榮加璽綬，適同三殿之歡。振古未聞，在今創見。臣已還官政，莫綴朝班。仰繄覆載之功，實預榮懷之慶。臣無任。

慰慈福上仙表

臣某言：伏睹大行太皇太后十一月六日遺誥者。變生慈福，悲動綿區。臣某誠哀誠咽，頓首頓首。恭以大行太皇太后年開九帙之三，坤載四朝之久。極北宮之榮養，侍高廟之宸遊。皇帝陛下以萬乘之尊，崇曾孫之孝，特從期制，昭示聖心。願寬朝夕之思，垂副華夷之望。臣限以退居田里，不獲奔赴宮庭〔三〕。臣無任。

慶元三年

重明節功德疏右語〔四〕

右。伏以天錫慈皇之壽，以莫不增；民懷聖父之仁，其何能已！虔敷秘典，仰贊昌辰。聖安壽仁太上皇帝陛下伏望以無爲之化〔五〕，丕冒羣生；以不宰之功，常居太極。列真千佛，共儲

〔一〕成：明澹生堂鈔本、四庫本無。
〔二〕恭：原作「伏」，據日本藏宋刻本、明澹生堂鈔本、四庫本改。
〔三〕獲：原作「復」，據日本藏宋刻本、明澹生堂鈔本、四庫本、傅校本改。
〔四〕按此文原無，日本藏宋刻本、明澹生堂鈔本、四庫本載之，兹據四庫本補。此文内容與卷一三一《重華宮會慶節進功德疏右語》文句基本相同，可參考。
〔五〕望：日本藏宋刻本作「願」。

有羨之齡；諸夏百蠻，永效無疆之頌。臣無任。

賀瑞慶節表

臣某言：伏遇十月十九日瑞慶節者。誕聖啓期〔一〕，適上冬之愛景；肇禋蒇禮，前半月之昌辰。天開有永之年，人獻無疆之頌。臣某中賀。恭惟皇帝陛下仁周夷夏，德合祖宗。萬邦奠枕之時，治功已著；三世稱觴之慶，歷代所無。永居北極之尊，高媲南山之壽。臣身焉歸里，心則望雲。莫陪漢殿之班，徒效堯封之祝。臣無任。

謝郊祀禮成加恩表

臣某言：伏奉制命，以郊祀大禮慶成，加臣食邑一千户，食實封四百户，臣已望闕謝恩祗受訖者。聖人饗帝，阻陪左右之璋；退老明農，尚益南東之畝。窺絲綸之温厚，顧襏襫以光華。臣某中謝。欽惟熙朝，最重禋祀。廣配天之澤，曾不遐遺；眷居里之官，每同邇列。如臣無狀，被寵有年。泯受一廛，上方行於仁政；侯封萬户，位乃極於布衣。逮逢慶賚之頒，彌覺面顏之覥。茲蓋伏遇皇帝陛下誠通穹壤，道法祖宗。順迎日至之陽，肇講國南之祀。網去三而施惠，德及飛潛；爵惟五以馭臣，恩覃中外。肆推餘餕，加賁朽株。臣久矣伏藏，缺然報稱。受釐宣室，想帝席之夜前；賜胙齊侯，凛天威而下拜。臣無任。

慶元五年

謝慶禮成支賜奏狀〔二〕

右。臣承吉州遵奉今年八月二十六日慶禮詔書：致仕文武官七十以上依格支賜羊酒粟帛，曾任大中大夫以上仍與倍賜，長吏致禮，差官就賜。臣已望闕祗受訖。臣無任。

賀生皇子表

臣某言：伏睹降誕皇子，特頒德音者。高禖錫羨，長嫡挺生。列聖儲休，三宮交賀。臣某中賀。臣聞德如堯帝，祝多子於封人；聖若文王，詠百男於詩雅。厥今盛事，與昔同符。恭惟皇帝陛下纂國丕基，受天明命。當藝祖肇邦之歲，暨統元更曆之春。是開蒼震之祥，於赫炎圖之永。臣屏居農畝，遥睇闕庭。胥同四表之歡，仰賴一人之慶。臣無任。

慰太上皇后上仙表

臣某言：恭聞六月四日大行壽仁太上皇后上仙者。災纏長

〔一〕聖啓：原缺，據四庫本補。
〔二〕成：明澹生堂鈔本、四庫本無。

欒，悲動嚴宸。臣某誠哀誠咽，頓首頓首。伏以壽仁太上皇后沙麓儲祥，河洲協詠。勤宣婦道，誕育聖躬。皇帝陛下欽念母慈，備彰誠孝。宮中自行三載之制，天下咸識一人之心。願寬罔極之哀，永御無疆之曆〔一〕。臣限以退伏田里，不獲奔赴宮闈。臣無任。

慰太上皇帝上仙表

臣某言：伏睹大行聖安壽仁太上皇帝遺詔者〔二〕。天心難測，邦禍薦臻〔三〕。甫涉夏秋，兩喪考妣。臣某誠哀誠痛，頓首頓首。臣竊以慈懿寢園之奉，翣馭將歸〔四〕；聖安丹鼎之成〔五〕，龍胡以斷。黎庶攀號而不釋，聖神悲痛以何堪！恭惟皇帝陛下孝通神明，德侔天地〔六〕。躬大舜終身之慕，每竭誠心〔七〕；□有唐二聖之歡〔八〕，方隆榮養。迭逢變故〔九〕，諒極哀悰〔一〇〕。願寬銜恤之情，毋爽宅憂之禮。臣退休田里，瞻望宮庭〔一一〕。臣無任。

壽康宮追薦疏右語

右，伏以六年端尹，久叨雨露之私；三月宰庭，未效涓塵之報。雖下機於一篋，旋爲帥於十連。逮聞脱屣以自怡〔一二〕，亦復掛冠而歸老。玆焉奉諱，久矣孤恩〔一三〕。欲申豺獺之微誠，是假龍天之仙馭〔一四〕。大行聖安壽仁太上皇帝，伏願逍遥覺路〔一五〕，佐佑皇圖。從祖考在天之靈，篤子孫下地之慶。

謝明堂禮成加恩表

臣某言：伏奉制命，加臣食邑一千户，食實封四百户，臣已望闕祇受訖者。越紼事天〔一六〕，甫竣宗祀，出綸加地〔一七〕，爰暨老臣。異數寵臨，餘生何幸！臣某中謝。臣竊以大封於廟，叶「訪予」之詩〔一八〕；孚號於庭，法「夬揚」之象。必

〔一〕曆：傅校本作「福」。
〔二〕詔：日本藏宋刻本作「誥」。
〔三〕邦禍薦：原作「□□洊」，據日本藏宋刻本改。傅校本作「神壽洊」。
〔四〕翣馭將歸：原作「驄馭將歸」，據日本藏宋刻本改，傅校本作「日中將隅」。
〔五〕成：傅校本作「調」。
〔六〕德侔天地：原缺，據傅校本補。
〔七〕每竭誠心：原缺，原刻校云：「張本作『每竭誠心』。」按日本藏宋刻本、傅校本同，據補。
〔八〕歡：原作「觀」，原刻校云：「張本作『歡』。」按日本藏宋刻本、四庫本、傅校本同，據改。
〔九〕迭逢：日本藏宋刻本作「驟羅」。
〔一〇〕悰：日本藏宋刻本作「恫」。
〔一一〕瞻望：原作「阻造」，據傅校本改。
〔一二〕脱屣：原缺，據日本藏宋刻本補，傅校本作「端冕」。
〔一三〕久：日本藏宋刻本作「永」。
〔一四〕仙馭：日本藏宋刻本作「妙果」。
〔一五〕覺：原缺，據日本藏宋刻本補，傅校本作「脩」。
〔一六〕越紼事：原作「郊」，據日本藏宋刻本改補。
〔一七〕出綸：原無，據日本藏宋刻本補。
〔一八〕叶訪：日本藏宋刻本作「形賚」。

喜人而允稱〔一〕，豈不澤之徒施〔二〕。如臣者初乏才猷〔三〕，濫叨爵秩。跡羈畎畝〔四〕，不能躬黍稷以奉盛〔五〕；已掛衣冠〔六〕，猶復齒簪紳而賜胙〔七〕。茲焉〔八〕。與邑甚愧食功〔九〕。此蓋伏遇皇帝陛下寅紹丕基，欽崇鉅典。內極念親之孝，外嚴錫類之仁〔一〇〕。推餘餕以馭臣，示隆私而篤舊。則其土壤，厥惟上上之田；賁乃丘園，奚止戔戔之帛。莫展既愆之力，空懷欲報之心。臣無任。

慰韓皇后上仙表

臣某言：伏睹進奏院報，大行皇后上仙者。桂輪隱耀，椒掖廞儀〔一一〕。厚載既傾，淵衷斯惻。臣某誠哀誠咽，頓首頓首。伏以大行皇后天資恭儉，地望高華。久殫婦順之勞，正倚坤寧之助。奄從先后，莫返中闈。恭惟皇帝陛下孝切亮陰，恩隆儷極。雖聖情之易感，顧天數之難移。願寬當宁之思，垂副含生之望。臣退居田里，阻造宮庭。臣無任。

謝降官表

臣某言：伏奉告命降授少保，依前觀文殿大學士致仕，臣已望闕遙謝祗受訖者。告老七年，宿愆故在；貶官一列，洪造難名。所慚垂盡之時，自抵怙終之罪。臣某中謝。伏念臣疏慵一介，際遇四朝。逮事高皇，早塵臺省；受知孝廟，久玷機衡。不思勉效於同寅，乃敢與聞於異論。既肺肝衆所共見，豈口舌獨能自文。惟光宗興念於元僚，疊分閫寄；肆陛下曲憐其末路，許遂里居。首將正於狐丘，巢忽危於燕幕。狂夫妄發，姓名輒及於樵蘇；公論大喧，黜罰盍輸於薪粲。止削司徒之秩，猶存平土之官。茲蓋伏遇皇帝陛下洽德好生，馭民敬故。國皆曰殺，雖微可恕之情；毫不加刑，姑用惟輕之典。非特匹夫之受賜，是令四海之歸仁。臣有愧積中，無階報上。省嘗田野，視桑蔭以幾何；託命乾坤，比櫟材而知免。臣無任。

嘉泰二年

賀太皇太后加上尊號表 十二月

臣某言：恭聞加上壽成惠聖慈祐太皇太后尊號册寶禮成者。

〔一〕喜人而：原作「喜□□」，據日本藏宋刻本改。喜：四庫本作「善」。
〔二〕徒施：原缺，據日本藏宋刻本補。
〔三〕才：四庫本作「謨」。
〔四〕跡羈：原缺，據傅校本補。
〔五〕奉盛：原作「未□」，據日本藏宋刻本改，傅校本作「未羞」。
〔六〕已：原缺，據日本藏宋刻本補，傅校本作「躬」。
〔七〕齒簪紳：原缺，據日本藏宋刻本補，傅校本作「列鴛鸞」。
〔八〕原注：「此下各本俱脱佚二十二字。」
〔九〕與邑：原脱，據日本藏宋刻本補。愧：原缺，據日木藏宋刻本、傅校本補。
〔一〇〕錫類：日本藏宋刻本作「類帝」。
〔一一〕廞：原作「闕」，據日本藏宋刻本改。

三朝母道，丕彰行地之功〔二〕；六字號榮，益顯補天之德。化行宮壼，風動華夷。臣某中賀。恭惟皇帝陛下遹駿孫謀，懋隆孝治。從行慶壽，續盛事於熙寧；奉獻義安，掩前聞於咸泰。有衍玉卮之禮，無疆金母之年。臣久返農疇，幸逢邦慶。昔長秋儷極，叨視草於制麻；今廣内蒇儀，阻綴班於孤棘。永言抃蹈，實倍常均。臣無任。

辭免復少傅狀

少保、觀文殿大學士致仕、益國公周某狀：十二月十八日巳時，準尚書省遞到劄子：十二月九日奉聖旨，周某、留正並特與復元官致仕。伏念某叨踰滋久，罪戾實深。比致人言，祇從輕典。仰銜天施，方省前愆。雖歷歲時，未經赦宥。敢圖洪造，驟洗丹書！俯伏以思，兢惶併集。謹附元遞筒回申尚書省，乞賜敷奏，且令依見存官致仕。庶安孤迹，以保餘生。伏候指揮。閏十二月二日，三省同奉聖旨不允，令學士院降詔。

不允詔

敕某：省三省進呈卿狀，辭免特復元官致仕恩命事具悉。卿早司鈞軸，峻躋朝棘之班；已掛衣冠，久遂家山之佚。比褰華秩，姑塞嘖言。全節高明，卿久著四方耆碩之望；茂恩優禮，朕思崇三朝魁舊之賢。亟復故官，爰頒新渥。宜祇成渙，胡事謙辭？所辭宜不允。故茲詔示，想宜知悉。冬寒，卿比平安好〔三〕，遣書不多及。

賀立楊皇后表 閏十二月

臣某言：恭睹進奏院報，降制立皇后者。二儀奠位，協成覆載之功；兩曜宣精，丕顯照臨之象。盛典朝敷於宮掖，歡聲夕徧於海隅。臣某中賀。恭惟皇帝陛下德本身修，化刑内治。正中宮之御，禮可已乎；承大母之顔，養之至者。粲是星妃之首，儷於天極之尊。既表正於婦儀，亦述宣於陰教。臣里居歲久，邦慶時逢。言如絲綸，竦聽郵傳之命；孤執皮帛，阻隨仗入之班。徒與黔黎，胥同鼓舞。臣無任。

嘉泰三年

謝復少傅表

臣某言：近蒙聖恩復臣少傅致仕，尋具辭免，伏準詔書不允，已於正月六日祇受制命、望闕謝恩訖者。閱呂刑之實，周典素輕；還疏傅之官，漢恩彌重。丹書洗滌，皓首兢榮。臣某中謝。伏念臣坎壈孤蹤，摧頹暮景。冒寵光而最久，積罪戾以殊深。比致煩言，分甘嚴譴。獨賴聖神之眷，許存孤保之官。僅閱再

〔二〕彰：日本藏宋刻本、明澹生堂鈔本、四庫本作「昭」。
〔三〕「好」下原有「否」字，據日本藏宋刻本刪。

期，未經三宥。駭新綸之驟下，恍舊秩之鼎來〔一〕。兹蓋伏遇皇帝陛下徧覆無殊，容光必照。刑非樂用，汝自速辜；恩弗遐遺，予無作好。誕布發生之德，俯加老退之臣。大誡薄懲，昔忝小人之福；初迷後順，今晞君子之行。惟誓糜捐，以圖報稱。臣無任。

賀瑞慶節表

伏以迎上元之甲子，寶曆方昌；占南極之丙丁，壽星有爛。標十月爲陽之節，肇一人有慶之期。臣某中賀。恭惟皇帝陛下誕聖繼天，施仁發政。十年生聚，俯同越國之時；百世本支，遠邁周王之壽。凡居有截，共祝無疆。臣身處山林，歡均朝野。雖弗及羽毛之衆，羣舞百於虞廷；豈不如土石之頑，助呼三於漢嶽。臣無任。

嘉泰四年

謝郊祀禮成加恩表

臣某言：伏奉制命，以郊祀大禮慶成，加臣食邑一千户，食實封四百户，臣已望闕遥謝祇受訖者。祀以一純，二精格三靈之景貺；德徧羣黎，百姓洽四表之歡心。霈然滲漉之恩，惠此疲癃之老。臣某中謝。伏念臣蚤持薄技，久覿盛儀。玉輅安行，嘗預執綏之選；金鑾儤直，屢裁肆眚之書。歷二府之弼諧，導一人之陟恪。晚安新政，歸老故鄉。舜樂九成，已斷鈞天之夢；漢封萬户，猶披輿地之圖。榮幸則多，事勞何有？兹蓋伏遇皇帝陛下功繩祖武，德契天心。清廟祖郊〔二〕，浮霽光於曉日；紫壇奠幣，翔協氣於層霄。斂福孔多，均釐滋廣。臣猥叨邦賚，增耀里居。錫之山川土田，敢虚霑於帝澤；與爾鄰里鄉黨，期共戴於君仁。臣無任。

賀瑞慶節表

伏以冬候曣温〔三〕，儲祥甲觀；天光絢爛，載誕聖君。薄海春回，歡聲雷動。中賀。恭惟皇帝陛下齊休天地，冠德帝王。共北辰之星，常居其所；如南山之壽，無不或承。念昔二五之時，野多八十之老。臣今何幸，年適與同。播擊壤之謠，豈知帝力；陋守封之請，但罄祝詞。臣無任。

〔一〕鼎：原缺，據四庫本補。日本藏宋刻本、明澹生堂鈔本作「員」。
〔二〕祖：原缺，據日本藏宋刻本、四庫本補。
〔三〕曣：原作「燕」，據明澹生堂鈔本、四庫本改。

廬陵周益國文忠公集卷一三四

奏議卷一

正字輪對劄子二首

論荆襄兩淮利害劄子 紹興三十年十月二十五日

臣聞事有大疑，謀及卿士，著之《洪範》，爲世元龜。我仁宗皇帝之在位也，或御資政殿，召兩府侍從而詢天下之事；或御迎陽門，集兩制近臣而賜直言之目；或開天章閣，内出筆札而使條時政之當行者。蓋欲採在廷之善，決當世之疑，盛德成功，至今蓋巍巍也。陛下自臨萬寓，備歷百爲，凡曰事機，難逃聖鑑。近者奮剛斷，起治功，更易將臣，舉直錯枉，治内之道已無可言。惟是荆襄兩淮地方數千里，田畝未盡闢，民兵未甚精。將置而弗恤與，則或非固圉之策；將屯田以寔塞與，則必有生事之嫌。此議者所以日夜爲言，陛下所以宵旰軫慮，而廟謨籌箸所以尤汲汲也。夫心術有限，必因衆人之智明；臆度難精，不若親見之謀審。臣願陛下監《洪範》之訓，法仁祖之規，以此二疑，條爲清問。内詢臺諫侍從，以殫衆人之智；外詢沿邊帥守，以盡親見之謀。俾之深思，各以寔對，必使疆埸按堵，盟約無虧。在我者備禦既修，而在彼者觀聽不惑。然後陛下與二三執政總其説之善者，折衷而行之，不過片言，議論定矣。與夫日上螭頭之奏，時瀆黈纊之聽，徒爲危言而卒無可行〔一〕，名知大體而實則迂闊，較其利害，蓋相萬也。譬猶治疾，當集良方。苟無良方，但言疾狀，雖云明脉，豈曰善醫？淹歷歲時，初亦何補？思患豫備，恐不其然。伏望聖明特垂睿斷。取進止。

論州縣置行直廳

臣仰惟陛下約己裕人〔二〕，務極其至。自頃置免行錢以救時估之弊，猶以爲未也，則併免行錢罷之。今都城之中，上自宫禁，下逮黎庶，日用之物初無二價，豈容外路乃敢不然？臣姑以江東諸郡觀之。監司守將則有公庫之例，屬官僚吏則有直廳之行，凡百供需，比之市價，大率十虧四五，亦有不止此者。蓋縣市令司剥下媚上〔三〕，恣爲低昂。居臺府者承例取足而已，僚屬從風，復何憚乎？至於酬直之不時，漁取之無藝〔四〕，繫人賢否，尚未論也。夫營生之艱，莫若小民，終日市廛，僅餬其口。在官者常有以利之猶懼不給，況可瘠之以自肥乎？違制傷廉，理宜痛革。今

〔一〕徒：原刻校云：「張本作『泛』。」按明澹生堂鈔本、四庫本、《歷代名臣奏議》卷二〇〇亦作「泛」。

〔二〕裕：原作「治」，據明澹生堂鈔本、四庫本、傅校本改。

〔三〕「司」上原有「須」字，據明澹生堂鈔本、四庫本、傅校本删。

〔四〕無：原作「不」，據明澹生堂鈔本、四庫本、傅校本改。

若止令户部檢坐條法申嚴行下〔一〕，則彼且以常事視之〔二〕，不過揭榜於門，抑鋪户供文書而已，未遽止也。臣愚欲望聖慈明飭監司郡守，自今公庫私家凡金繒器用食飲之所需，一切以市價爲準，毋循舊弊置行直廳。必以身先，乃可率下，倘不如律，以贓坐之。庶幾百物之價平，小民之惠徧。取進止。十月二十五日，三省同奉聖旨依奏。

監察御史二首

太上尊號議 紹興三十二年

臣聞舉曠古所無之事者，不可泥歷代已陳之迹。昔堯之禪舜固美矣，然猶在既老之後，未有春秋鼎盛，視聽方彊，中外無事，而能脱屣萬乘，親授嗣聖爲萬世法如太上皇帝者也。陛下欲加上尊號，致推崇之誼，誠未爲過。然德之盛者，言雖多而不能盡，况區區數字乎？今天下之所傳誦者，太上難名之德也；天下之所願欲者，太上無疆之壽也。日者既合二美而名宫矣，因而用之，其説蓋有三焉。不失熙寧却尊號之詔，又有以稱陛下尊太上之心〔三〕，一也。語簡而所該者備，誠至而請祝者大，二也。即所居而播鴻名，自我作古，三也。一舉而三美從，豈不增光太上巍巍之德，而盡陛下事親之孝乎？太上皇帝伏請上尊號曰太上德壽皇帝，太上皇后伏請上尊號曰太上德壽皇后。仍俟來秋奉上册寶，庶幾聲容文物得以備焉。謹議。

再同臺諫申尚書省狀

震等各準尚書省劄子，備奉聖旨，以二十二日所定太上皇帝、太上皇后尊號數字中有未盡善，更令商量疾速來上。震等竊恐議論淺陋，不足以稱塞明詔，欲乞再集侍從、臺諫、禮官就太常寺公共商議，庶幾各陳所見，考據精詳，免致同異。伏候指揮。六月二十七日，三省樞密院同奉聖旨，不須别議，願於都堂元集議狀内簽書姓名者聽。

起居郎兼權中書舍人五首

舉官狀 紹興三十二年十月二十八日

準尚書省劄子節文，十月三日，三省同奉聖旨，令舉可任監司郡守之人，於見任閑居待闕官中選取，以資叙分爲二等。一見今可任，一將來可任，限一月内具名聞奏。今具下項，須至奏聞者：

一員：左朝請大夫、知嚴州吴槩，律己甚廉，稟資尤粹。嘗爲淮南江東運判，嚴於束吏，寬以待下，加之老成儒雅，動

〔一〕令：明澹生堂鈔本、四庫本作「命」。
〔二〕則：原無，據明澹生堂鈔本、四庫本補。
〔三〕又：明澹生堂鈔本作「令」，四庫本誤作「令」。

無過舉。

一員：左承議郎、新通判泰州趙公説，文學政事，議論智略在宗室中未易多得。常爲建昌軍之屬邑，及攝治贛之寧都，所去見思，有循吏之風。今同姓被任用者甚少，尤宜拔擢，以示激勸。

一員：左奉議郎、主管台州崇道觀李浩，剛毅木訥，孜孜爲國。嘗爲太常寺主簿，持論勁正，議者偉之，使之臨民，必不偷懦，以辜任使。

一員：左朝請郎、新通判平江府趙善養，詳練疏通，不爲表襮。久丞大理，甚修職業，試之以事，必有可觀。

以上見今可任之人。

一員：右奉議郎、新通判潮州宋敷，名臣之後，廉謹練達。頃宰蕭山，人以爲能。

一員：右通直郎、新知岳州巴陵縣鄭坰，頗勤儒術，深達吏方。嘗任贛州察推，鄂州江夏縣令，廉平明敏，所至辦治。

一員：右從政郎孫升，安貧守道，勵節奉公。嘗任贛州録參，既不諂附，亦不矯激，勇於爲義，勤於恤民，未嘗枉己，輒求聞達，陸沉選調殆四十年，表而出之，必爲有用之才。

一員：左從政郎、監潭州南嶽廟黄文昌，才氣少雙，志趣不苟。嘗爲贛縣主簿，不畏强禦，不憚繁劇。雖爲邑佐，已能使民懷之，可謂難矣。宜加拔擢，以振士氣。

以上將來可任之人。

右，臣所舉吴槩等並係保任終身，或不如所舉，甘坐謬舉之罰。謹録奏聞，伏候勅旨。

條具弊事 紹興三十二年十二月九日

準十二月六日尚書省劄子，奉聖旨，令臣條具方今時務，須至奏聞者：

一、臣竊惟名器輕假，無甚於此時。陛下試命有司取畢仲衍《中書備對》，以熙寧官吏之數，校今日之籍，逐項比類，修寫成圖，謂如朝奉大夫今有幾員，附於當時諸行郎中之下；武功大夫幾員，附於當時皇城使之下之類。則多寡蓋可見矣。縱未能大有更革，安得不詳議而稍加裁制乎？

一、比來内外官司安於苟且，視詔令爲具文。雖丁寧告戒，終莫之聽者，無他，公勤未必見知，偷惰可以序進故也。今若按祖宗設官分職之由，各以所掌之事大書揭於其局，内則御史，外則監司，時按其目而加攷察焉。每季必取舉職者一人，或遷秩，或賜金以示勸；又取曠職者一人，或貶秩，或罰俸以示沮。夫以爲官之衆〔二〕，三月之久，豈無勤惰宜黜陟者？若臣言可采，乞命有司斟酌條具而施行之，庶幾稍革因循之弊。若夫徒法不能以自行，擇御史，擇監司以振起頹靡，則在陛下與二三大臣矣。

一、臣伏見祖宗朝甚重諸路總管、鈐轄、將副、都監等差遣，或待有功之士，或儲將帥之才。比來乃不問能否，不顧資

〔二〕爲：原刻校云：「張本作『萬』。」按明澹生堂鈔本、四庫本亦作「萬」。

格，有武功大夫爲一路總管者，有小使臣爲一路將副者，權要之人利其俸厚，百方干求，敗壞成法。臺諫給舍既不見得前後條令合與不合除授，往往置而不問。今乞下樞密院，自今進擬上件窠闕，須先令吏房取具本人脚色，檢照祖宗舊法，毋使背戾。如係内降，亦須依此取索粘連於敕黄之前，然後過闕。庶幾不應資格之人自然息心，免有倖求，以妨賢材之路。

一、文武臣堂除差遣，本以選用賢能。近歲吏職承信郎敢承例干乞，下至副尉爲號簿官者，亦係堂差。於是不問高卑，皆懷僥覬。一人得之，十人攀援；十人得之，百人攀援。欲望士風安恬，不亦難乎？向者臣僚請限堂除資格，而吏輩覬望，乃惟許宰執侍從有恩例者陳乞。夫立法本以抑貴勢，伸孤遠，今乃如此〔一〕，人誰退聽？今乞下有司别議資格，以示百執事，候見得别無未盡事件，即付三省遵守。仍於敕黄前連粘新格，如一事不應，許吏部申審。却將内外贍軍酒庫及屬官監當窠闕並選吏部，庶幾廟堂之上專意圖回軍國重事，而士大夫亦知親疏一律，雖得遠闕〔二〕，必無怨者。

一、比來入流太泛，入仕甚難。受命者至有十餘年不成一任，賢愚並滯，殊無甄别。弊至於此，可謂極摯。欲乞今後初出官人並不得用恩例，文臣須要銓試，武臣須要呈試，候其中格，即注差遣。呈試亦倣銓試以分數取人〔三〕。若有恩例，聽次任收使，雖兩府貴戚子弟，亦不許破此條例。如此則抱負才器者稍申，不親文墨、不習弓馬者何怨？行之盡公，乃可示勸沮而縮遠次〔四〕。

一、赦令者非常之恩也，既告之大廷，又頒之天下，豈容數改？昨自六月十三日以後已屢有增益，近者又聞有欲援前朝舊例以爲言者。夫恩自上出，或因或革，豈有定説？若取今赦不及前赦者盡要給還，則前赦所無如免文解之類者，却當追還矣。欲乞明降指揮，赦書已踰半年，毋得輒有陳乞。

一、貴游近習固有廉於進取、不以私心撓公道者，但以積習既久，遞相祖述。甲既得之，乙則告之〔五〕，雖欲自已，爲衆所迫，於是躁妄之徒、豪富之家，得以投其隙、售其説矣〔六〕。此風不革，何以爲治？今欲乞明坐臣僚所請，特降詔書，牓之朝堂。應今後内降不應格法者〔七〕，所屬非惟不得施行，仍令具請求人姓名取旨。謂如近日寧壽觀乞披戴道童，禮部執奏而有旨免執奏，遂使法令盡爲文具。如此之類，若非開具本觀主，首治其宛轉結托之罪，則法行而人不信，不若不問也。

一、臣竊見朝廷知外虞之當先，而忘諸道之無備。向者廣西凌

〔一〕乃：原作「反」，據明澹生堂鈔本、四庫本改。
〔二〕得：原刻校云：「張本作『待』。」按明澹生堂鈔本、四庫本亦作「待」。
〔三〕倣：明澹生堂鈔本、四庫本作「效」。
〔四〕「縮」上原有「伸」字，據明澹生堂鈔本、四庫本删。
〔五〕乙則告之：原刻校云：「張本作『人則告乙』。」按明澹生堂鈔本、四庫本、傅校本亦作「人則告乙」。
〔六〕説：四庫本「詐」。
〔七〕應：原無，據明澹生堂鈔本、四庫本補。

鐵作過〔一〕，近者全州執辱守臣，其不至猖獗幸耳。萬一淮北用兵，此曹乘勢倡亂，然後興師，所損多矣。故臣願於湖南、二廣、福建量屯軍馬數百，控扼要害。仍詔有司遴諸州都監之選而稍重其權，使本州禁軍漸知階級，時與閱習。此事若緩而甚切，惟陛下與大臣速圖之。臣非不知今方調兵戍邊，豈容虛外以實內，但朝廷能保諸路無他警否？脱有之，能坐視否？今於數萬軍馬中摘那數百，可以弭未形之患，是曲突徙薪之計也。如必欲俟焦頭爛額而後賞，則非臣所敢知矣。

一、臣竊見紹興二十八年十二月十六日，聖旨〔二〕：州縣官貪殘不法，監司守臣庇姦徇情，不即按發，臣僚論列，乃始待罪，以覬幸免，甚失責實之意。可自今量其重輕，必行責罰，不許待罪。自降此指揮未幾，而興化軍守臣有因言章以贓敗者，本路監司未嘗按發，朝廷未嘗行罰，監司亦更不待罪，則是因此指揮愈無忌憚矣。今若申嚴前詔，必行一二人，則監司自然舉職，吏部自然知畏。

一、臣竊惟陛下以詢訪朝臣爲未能盡知天下之利害，故許中外士庶上封言事。然臣以謂當行其言而不當加以賞。蓋不行其言則非求言之意〔三〕，遽加以賞則啓僥倖之心，且假手冒名之弊無所不有。臣向者嘗面奏此事，似合聖意。今若取某人所言某事可施行者施行之，報之四方，足以來忠臣之正論，廣陛下之聽言，何必賞焉然後知勸？

右，臣誤被聖知，擢侍左右，當陛下闢四門、詢芻蕘之際，乃喑無一語少裨國論，已在可誅之域。逮蒙給札賜問，若又不盡底蘊，則雖萬死安能塞責？輒條十事，上瀆天聽，惟睿主裁擇。

謹録奏聞謹奏〔四〕。

同翰苑給舍議北事狀

翰林承旨洪遵、給事中金安節、中書舍人唐文若四人同狀。

翰林學士承旨、左朝散大夫、知制誥、兼侍讀臣洪遵等，準紹興三十二年九月七日尚書省劄子節文，九月七日，三省、樞密院同奉聖旨，敵人來索舊禮及中原歸正之人源源不絶，宜各以己見指陳定論者。右，臣等竊度今日之勢非惟中國利在速和，而虜意亦未嘗不欲和也。前日使者先至，近者書詞雖嫚，而卒章實致志焉，情狀略可見矣。然又懼我測其實而有輕彼之心也〔五〕，故倡爲大言，邀索舊禮。吾若直情徑行而不示以開納之意，則邊備未固，國用方匱，亟與之戰，能無殆乎？若因其咫尺之書遽爲之屈，安知不乘我之怯繼以難從之請？不與是廢前功也，與之尚何以爲國？故臣等以謂莫若折衷斯二者，而婉辭以應之，使彼有以藉口，而吾可以紓難，其庶幾乎。昔慶曆中，契丹挾西夏之擾，無故而請地請婚。其求非不大也，仁宗一再遣使，稍增歲幣遂

〔一〕過：原作「禍」，據明澹生堂鈔本、四庫本、傅校本改。
〔二〕「聖旨」上，原有「奉」字，據明澹生堂鈔本、四庫本删。
〔三〕求言：明澹生堂鈔本、四庫本作「求之」。
〔四〕謹奏：原無，據明澹生堂鈔本、四庫本補。
〔五〕輕彼：明澹生堂鈔本、四庫本、傅校本作「輕之」。

已。爲今之計，謂宜傚此。遣使若有定論〔二〕，則書詞未當遽屈，而使指可以密授，或許歲遺金繒如前日之數，或許稍歸侵地如海、泗之類。使彼無意於和，則雖用舊禮何益？或有意也，得此亦可以藉口而來議矣。使介往復，動涉數月，吾於其間汲汲然以内脩外攘爲事。他日以戰則克，以和則固，此上策也。若夫歸正之人，招之非計也，拒之不能也，惟申諭邊帥，繼自今勿以賞格誘之斯可矣。迂闊之言，未敢以爲至當也，惟陛下擇焉。謹録奏聞，伏候敕旨。

論北事劄子 不曾用此

臣竊度今日之勢，中國固欲和，而虜亦欲和也。何以知之？虜未嘗先遣使也，而今春來，寔我之使既入其境矣。而陝右之攻，海州之戰自若也，彼曾不以是歸曲於我，而徒屑屑然惟禮之議，則其情略可見矣。是故明逆使者而陰困之，寔受書幣而陽却之。蓋以爲不如是，則我且測其實而有輕之之心。故見於報書者，率皆恫疑虚喝〔三〕，而卒以善意結之。近者對境之符猶是物也。今若直情徑行迭爲夸大，而不示以開納之意，則彼將激怒其衆，爲瘠牛僨豚之計。吾之邊備未固，民力方屈，安危未可知也。若乃遂以舊禮與之，則臣謂非惟未有其説，抑亦未見其利。何也？太上皇帝向以祐陵未卜，慈寧未返，雖居南面之位而不知南面之樂。一旦以講好之故，寧親寧神，兩遂所欲，禮屈而志則伸矣。今固不然，臣故以爲未有其説也。夫争訟於庭，直者示弱，則曲者愈肆。酬物之價過則未必售，而不及者或可得也。今虜以數寸之檄邀我厚禮而遽畀之，安知其不謂我爲怯而繼以難從之事，肆其谿壑之欲乎？盡與則不勝其求，不與則前功隳廢。使朝廷他日果如句踐之報吴，唐太宗之謀突厥，從一時之宜可也。不然，何以待之？臣故以爲未見其利也。今信使之行有定論矣，臣願再以敵國之禮嘗之。彼納吾使，吾又何求？如必候舊禮而後受，則告之曰：「太上皇帝前日之屈爲親也。今通好於用兵之後，主上欲以何名而屈？北朝欲以何名而受？願以爲請。」彼雖貪利無厭，亦將思所處矣。或曰：「虜納我之使而後責禮如前日之爲，則奈何？」曰：「大夫出疆，聖人嘗許其專矣。强則下之，弱則抗之，朝廷勿與知可也。」幸今歲晚，羽檄不至，汲汲然修邊備，寬民力，以達於春，庶乎可以有爲矣。若夫歸正之人，招之無益也，拒之不能也，惟密諭邊帥，自今勿下徠之之令，而前日賞格無出諸境斯可矣。迂闊之言，未敢以爲全當也，惟陛下擇焉。

論選人關陞後致仕日劄子〔三〕

隆興元年春，臣僚劄子：竊見紹興令，無出身選人曾經關陞，歷任六考，與改通直郎，許封贈一次。按選人自從政郎以上皆可謂之關陞，其間或用舉主，或因常調。若乞致仕，即可升

〔二〕若：明澹生堂鈔本、四庫本作「亦」。
〔三〕恫：原作「詷」，據明澹生堂鈔本、四庫本改。
〔三〕致仕：原作「到任」，據明澹生堂鈔本、四庫本、傅校本改。

朝。惟因勞績酬賞循至從政郎以上者，吏部獨不與作徑關陞人。故雖儒林、文林郎滿六考，只得京官致仕。間有旋行申請，方取旨貼轉，如馬仲諶等是也。萬一孤遠無力，往往莫能自伸。立法之意，恐不如是。且用賞循資，借曰不及有舉主之人，豈不過於五考常調者乎？常調五考尚許升朝，而有勞績六考反出其下。止緣當時立文之時該載未盡，故有司得以拘執，不肯一例放行。欲望朝廷令吏部看詳，於「曾經關陞歷任滿六考」之下注入「舉主、勞績、常調並同」八字，於見行條法別無衝改，非特可以勸知止，興廉遜，亦庶幾上廣孝治，非小補也。後有旨依。

直前奏事劄子三首

論名實賞罰 隆興元年二月十八日

臣聞天下之事狥其名也易，求其實也難。漢宣帝功光祖宗，德侔商周，本出於信賞必罰，綜核名實。然王成以僞增户口賞，楊惲以晻昧之語廢，蓋寬饒、韓延壽以盡力之吏誅，而黄龍詔書亦曰：「上計簿具文而已，務爲欺謾以避其課。」則宣帝所以見稱於史氏者，亦何可盡信也？豈不難哉！陛下嗣位，於今期月，未明求衣，日旰坐朝，夜分決事，可謂勤矣，而未能變一時之媮惰。舊德名臣收召殆徧，片言小善擢用無遺，可謂公矣，而未能化一時之阿私。意者綜核之政或有所未至歟？臣試以賞罰近事明之。邵宏淵能還軍中冒濫之恩，併録戰功而除正任觀察使，此信賞也。而郭振僅一對内殿，既無舊勞，又無新功，亦以觀察使與之則重矣。陸廉以貪贓配流，此必罰也。至於張耘賊殺士卒，乾没軍資，有司當以殊死，而亦以與廉同罪則輕矣。故臣願陛下大明賞罰以照臨百官。賞罰明則名實辨，名實辨則政事可以内修，夷狄可以外攘。夫何求不獲，而何治不成哉？取進止。

乞六參官依常制

臣竊惟羣臣六參，自有定制。紹興初庶事未備，然且行之，况陛下自臨宸極，未嘗以風雨寒暑暫闕垂拱之朝，而卿監郎官多親被簡擢，服在班著，豈可使累月不一造廷望穆穆之光？此則有司循習近例之過也。願頒明詔，遵用常彝，除朔望車駕詣德壽宮相妨外，餘值六參日勿改常朝。如此則既不廢朝廷之儀，亦少伸臣子之敬。取進止。

同侍從臺諫議權罷舉主改官 張燾起請，奉聖旨令侍從臺諫詳議，同洪遵、金安節、劉珙、張震、陳之淵上。

臣等聞法弊則變法，法不弊而人自弊之，則亦責人而已矣。本朝自太祖以來，患幕職州縣判司簿尉之官謬濫者多矣[二]，故内自翰林學士，外至監司長吏皆許薦舉[三]。中間雖歲月久近、員數多寡時有損益，而薦舉之制則未嘗廢。今若患其奔競，遂盡除

[二] 矣：原無，據明澹生堂鈔本、四庫本補。
[三] 吏：原作「史」，據明澹生堂鈔本、四庫本改。

之，何異因噎而廢食，大不可也。臣等謂欲救斯弊，莫如必行連坐之法。昔景德中，兵部員外郎邵曄坐舉李隨不當，審刑院以會赦當免，宰相王旦曰：「朝臣舉官甚衆，若遇赦悉免，則是更無連坐法矣。」真宗以曄近使嶺表，止命停任。又治平三年，樞密直學士、知泰州李參所舉人坐贜，故事當責知小州，英宗方倚參守邊，但命奪官。夫以二臣有勞於國，方被倚任，然猶不廢謬舉之罰。今令甲明有同罪之文，紹興初又有減二等指揮，然犯人事發，舉主臨時陳首，故法雖嚴而實未嘗行，此致弊之大者。誠能遵用舊制，不許自首，量罪輕重，削秩停任，彼監司郡守借有簡賢附勢、殉貨營私之人，亦且計其得失而知所擇矣。此法既行，又慮常情爲己太重，或至一切不舉。按大中祥符三年詔書，常參官舉外任幕職、州縣官各一人。如年終無舉官狀，即具奏聞，當行責罰。乞倣此制，遇歲終令逐司逐州具當年分監司郡守所舉官姓名聞奏及申吏部照會。如或員闕，亦行責罰。庶幾併革不舉之弊而無變古之譏，竊以爲便。

廬陵周益國文忠公集卷一三五

奏議卷二

閩憲奏事後殿對劄子四首

論諸路帥臣將副 乾道六年七月十七日〔一〕

臣伏見陛下選將練兵，大修邊備，深謀遠略固非外庭所能窺測。然臣私憂過計，以爲諸路帥臣有其名而無其實，將副有其官而非其人，萬一用師於外，而寇攘乘間掣肘於内，安得不爲之慮也哉？願詔三省樞密院稽考諸路帥府，除本路禁軍外，安撫司實有兵馬幾何，隨其閑劇遠近立爲定數。已足者令精加訓練，不足者令疾速招填。既只在本路駐泊，計亦不難辦集，仍於見今副總管、鈐轄、路分都監中選有勇略、經行陣之人就兼統制。戎容既壯，姦謀自折。至於擇帥加詳，諭以久任，其在今日尤爲急務。如此則稍有帥臣之實矣。昔神宗皇帝初置將副，其選甚重。比年小使臣不經邊任者往往得之，軍情兵法，懵然不曉，但知諂辭媚色以奉守帥。勇夫壯士，專充工匠雜役之用。本路一有調發，豈徒無益？願遵舊制，參以宏謨，詳於擇人，革此積弊。如此則稍復將副之舊矣。二者一定，他日朝廷專意外禦，必無掣肘之患。取進止。

論人才

臣聞立政圖事，人才爲急。然而平居選擇則易，緩急求之實難。又況一官易效，通才難得。優趙、魏者不可爲滕、薛，有文事者未必有武備。自非儲蓄素廣，品目素定，一旦任違所長，用過其量，譬之以驥捕鼠，使蚊負山，小大雖殊，其失一也。仰惟陛下内修政事，外攘夷狄，今日先務，孰有大於此者？臣願深詔執事，雜舉中外文武之才，不限員數，不拘資序，區分所能，總爲一籍。若馭軍，若臨邊，若經理財賦，若行視利害，若監司，若郡守，推類以往，詳議格目，仍於其間各紀所長。假令某人可馭軍也，又須别列其孰智孰勇，孰當爲偏裨，孰當爲統帥。某人可治郡也，又須辨其孰中和，孰健決，或使之撫雅俗，或使之治繁劇。人爲一格，格儲數人，繼此有得，接續來上。藏之禁中，副在二府。無事之日，預加審覈〔三〕；遇有任使，按圖而取。比之既寒索裘，已渴浚井，其爲利害蓋相遠矣。取進止。

論知縣俸

臣觀漢詔有言：吏所以治民也，能盡其治則民賴之。故重

〔一〕六年：原作「四年」，據周必大《年譜》改。明澹生堂鈔本、四庫本作「七年」。

〔三〕覈：原作「覆」，據明澹生堂鈔本、四庫本、傅校本、《歷代名臣奏議》卷一四四改。

其禄，所以爲民也。今治民之吏莫切於縣令，而禄至薄，往往墮中人於貪吏之域，非古誼也。按紹興令，外縣知縣供給不得過十五貫，仰事俯育，何以餬口？於是撰造名色，並緣增加，前後相承，其數反多。自非慕拔葵掛魚之廉，安飯疏飲水之儉，則或懼違衆，或樂用例，鮮有能自立者。一旦偶因他事爲猾胥姦吏所持，方且低首下心，冀幸苟免，望其抑豪强，戢吏姦，革蠹弊，斯亦難矣。臣伏見近制，堂除知縣許支供給錢四十千。夫邑有大小，任責則均。且以郡守言之，有堂除，有部闕，有大藩，有小郡，供給之數皆爲一等，豈於令宰而獨不然？臣愚欲望聖慈送重修敕令所，將天下知縣、縣令供給斟酌近制增其所當得，而禁其所不當得。既有以養其廉，斯可以責其清。庶幾人盡其治，少副陛下爲民之意。取進止。

論縣尉獲賊賞

臣竊見在法選人曾歷一任方注縣丞，有舉主關陞改官方得爲邑，重民事也。今初官爲尉，偶獲强盜七人，不待滿考便可改秩。其間未經任者，雖注監當亦理親民資序，又有徑爲邑者，則是擇令輕於擇丞，臣竊以爲過矣。異時山東、河北之盜類皆桀黠驍果，其徒不繁而能横行於州縣，賞格之重或以示勸。今江湖、閩廣山長谷荒無知之民，春夏歸農，秋冬散剽，所在有之。藉令爲尉者勇能執俘，藝可奪矟，猶於邑政未遽習也。况弓兵格鬭而獲，司獄傅會而奏，其弊尚多。若不稍加釐正，臣懼子産有傷割學製之譏也。願詔有司具爲令甲〔二〕，應縣尉獲賊當改官者，吏部先給公據，候歷任及六考以上方許收使。彼既無營求舉將之勞，而考第稍多，免初等細轉之迂。名緩其期，實厚其賞。所貴稍更民事，不至政學傷割〔三〕。取進止。

秘書少監碧琳堂對一首

論漢儒　乾道六年九月十三日

臣愚不肖，蒙陛下過聽，擢在班列，又取漢宣帝之言，親製贊書，明示好惡，使知所趨嚮。在臣榮遇可謂至矣，敢因訓詞所及，推廣聖意，冒陳一二，惟陛下察焉。臣聞儒有君子，有小人。孔子嘗以是告子夏，不可以不辨。二帝三王之時，稷、契、伊、周道德隆備，功業光明，此君子儒也。春秋戰國之際，以詐謀相高，以功利相傾，此小人儒也。雖然，二者是非白黑猶易辨也。至西漢則不然，所謂社稷臣者乃在乎周勃之鄙樸，汲黯之少文，霍光之不學，至於服儒衣冠，持禄保位，則公孫宏、蔡義、韋賢輩寔爲之。是非白黑貿易如此，宣帝察而嫉之，故曰：俗儒不達時宜，好是古非今，使人眩於名實，不知所守，何足委任！蓋有激而云爾。雖然，漢儒多僞，高帝固有以啓之也。當創

〔二〕甲：明澹生堂鈔本、四庫本、《古今事文類聚》外集卷一五、《歷代名臣奏議》卷一六九無。
〔三〕傷割：明澹生堂鈔本、四庫本、《古今事文類聚》外集卷一五、《歷代名臣奏議》卷一六九無。

業之初，叔孫通以儒服降彭城，知帝憎之，乃變服服短衣〔一〕，所守如此，是託儒以希進耳。帝遽信之，毋怪乎魯兩生之不至也。臣故曰漢儒多僞，高帝啓之也。使宣帝而知此，且將求真儒用之，何至雜霸哉？我藝祖皇帝則不然，創業於初者一趙書記也，混一於後者亦趙書記也。規模不易，凜凜乎帝王之佐，豈嘗如叔孫通輩希世用事以爲進取之資乎？累聖以來，卿相多名儒者，太祖任人之效也。臣願陛下以漢爲監，以太祖爲法，則名實决不能眩，而士大夫趨嚮一歸於正矣。取進止。

垂拱殿輪對劄子一首

論聽言責實 乾道六年九月十五日

臣三日之間再望清光，敢陳瞽言，致惓惓之誼。臣聞政莫衰於隋而功莫隆於唐文皇，亂莫極於五代而治莫速於我藝祖。一言以蔽之，文皇善於聽言，藝祖善於責實故也。仰惟陛下厲精政事，無聲色之娛，無畋游之好，無便嬖之私。好問聽言，惟治道是求；綜核名實〔二〕，惟祖烈是繼〔三〕。然而中外之臣鮮有助陛下大有爲者。謇諤之節無聞而諂諛之習故在〔四〕，激厲之風未著而闒茸之俗彌勝。平居尚爾，緩急何賴？夫文皇所以革隋季之政而身致太平，藝祖所以變五代之俗而坐臻上治，其施設次第具載史冊。臣願陛下詔經筵官擇當時聽言責實之要，條上其目，以今準古，勉而行之。庶幾風俗一變，不負陛下孜孜爲政之意，則功何患於不隆，而治何患於不速哉〔五〕？取進止。

内引劄子一首

論四事 乾道七年四月六日

臣伏蒙聖恩賜對便坐，不敢泛爲無益之論，上瀆天聽，謹列四事，惟陛下擇焉。一曰重侍從以儲將相。臣不復遠引祖宗故事，且以紹興初言之。當時近臣往往極天下之選，故議論設施皆有可觀，中興之功不爲無助。只自秦檜專政，以收集闒茸庸俗之士充員備位，人才衰弱，職此之由。陛下憂勤十年，作成甚切。凡侍左右，無非親擢，其能否賢不肖豈逃睿鑑？臣願陛下更賜留神，每進一人，不徒取一時之長，須可備他日之用，則人才見矣。二曰增臺諫以廣耳目。臣聞人主深居九重，所賴以周知中外之利害、別白臣下之邪正者，臺諫也。然好名者失於激訐〔六〕，泥

〔一〕服服：原脱一「服」字，據明澹生堂鈔本、四庫本、《歷代名臣奏議》卷一五七補。
〔二〕綜：明澹生堂鈔本、四庫本作「總」。
〔三〕祖烈：原作「烈祖」，原刻校云：「張本作『祖烈』。」按明澹生堂鈔本、四庫本、《歷代名臣奏議》卷二〇六亦作「祖烈」，據乙。
〔四〕故：原作「固」，據明澹生堂鈔本、四庫本、《歷代名臣奏議》卷二〇六改。
〔五〕於：明澹生堂鈔本、四庫本、《歷代名臣奏議》卷二〇六無。
〔六〕激：原作「徼」，據明澹生堂鈔本、四庫本、傅校本、《歷代名臣奏議》卷四九改。

古者失於迂闊。聽之未見其益，違之寧免其非〔一〕！必欲得人，固亦難矣。臣願陛下勿以其難遂虚其官，或博問詳試而用之，或命忠信之臣而舉之，必得端士，增廣聰明，誠助治之大端也。三曰擇曾任監司郡守人補郎員之缺。今之郎官分職中臺，奉行政令，視漢蓋加重矣。而六曹二十四司，惟户、刑二部稍有正官，餘多兼攝。以天下之大，曾任監司郡守者固多。願詔二府擇應格而才者授之，非獨可振職業，亦足爲異時侍從之儲，此又當今之先務也〔二〕。四曰久任監司郡守，責事功之成。夫數易之弊深矣，且以二年爲任者論之。到官半年始知風俗，去替半年已懷歸志，其間留心政事僅有一歲。若又不待滿而遷易，則弊何由不生乎？簿書緣絶，將迎勞費，特其小節耳。臣願陛下堅持久任之説，深監數易之害。有治理效〔三〕，且增秩賜金以須其成。庶幾革苟簡之風，塞僥倖之望，而循吏稍見於世矣。臣志在不欺，忘其狂瞽，無任昧死。取進止。

〔一〕其：原刻校云：「張本作『歸』。」按明澹生堂鈔本、四庫本、傅校本、《歷代名臣奏議》卷四九亦作「歸」。

〔二〕今：原作「時」，據明澹生堂鈔本、四庫本、《歷代名臣奏議》卷四九改。

〔三〕有：原作「果」，據明澹生堂鈔本、四庫本、傅校本、《歷代名臣奏議》卷四九改。

廬陵周益國文忠公集卷一三六

奏議卷三

權禮部侍郎後殿對劄子四首

論治效 乾道七年八月六日

臣聞政如農功，春而耕，夏而耘，秋而收，冬而享其成，本末先後不可易也。故一日則有一日之效，一時則有一時之功。雖勤勞於前而享富貴於後，理之必至，無可疑者。昔勾踐謀吳，可謂難矣。然范蠡不過三言：持盈者與天，定傾者與人，節事者與地。自初即位至於七年，深思力行不出乎此。一旦天應至矣，人事盡矣，蠡奮然曰：「得時無怠，時不再來。天與不取，反爲之災。贏縮轉化，後將悔之。天節固然，惟謀不遷。」此豈常試而謾言〔一〕，驟爲而屢改也哉？陛下天縱神聖，鋭意圖治。日往月來，今既十年，焦勞益甚而大欲未得。夫去速者辰也，易失者時也。臣願陛下以農功爲準，以越語爲念，立一定之規，要必致之期。若曰一年撫民，則自春以及冬，視撫民之效何如。二年富國，則自春以及冬，視富國之效何如。三年彊兵，則自春以及冬，視彊兵之效何如。推是以往，凡復古之圖，致治之方，皆可以次第求，以歲月俟，而陛下十年之勤勞亦爲無負矣〔二〕。孟子曰：「諸侯有行文王之政者，七年之内必爲政於天下。」況陛下居天子之位乎！區區勾踐固不足道也。惟明主留神財幸。取進止。

論人才

臣聞帝王用人之道二：不次而任者大才也，循次而升者常才也。誠使鷹揚如太公，先覺如伊尹，一旦拔於耕釣之間，寘諸輔佐之列，人亦孰以爲過？若乃佞而托於忠，僞而托於誠，私而托於公，苟不察焉，其害深矣。孔子曰：「始吾於人也，聽其言而信其行。今吾於人也，聽其言而觀其行。」古猶如此，況後世乎？仰惟陛下知人則哲如帝堯，立賢無方如成湯，人才大小固不逃於聖鑑。然乃者常遣使理財矣，又嘗遣使按軍矣。方被命之初，截截皤皤似若可聽，及責成效蔑如也。此無他，用之過其量，賞之不待功。彼既冒受寵榮，則懼誕謾獲罪，於是多方以掩其過，妄作以蓋厥愆。雖以陛下之明隨加譴斥，然而兵民已被其侵擾，財用已爲其蠹耗，噬臍之悔可勝計乎？臣願陛下於用人之際，因言以考實，試可而後遷。彼知爵禄不可僥倖取也，必將趨事赴功，少副陛下綜核之政，而真才寔能見矣。取進止。

〔一〕此豈：原作「豈比」，據明澹生堂鈔本、四庫本、傅校本、《歷代名臣奏議》卷四九改。

〔二〕無：原作「不」，據明澹生堂鈔本、四庫本、傅校本、《歷代名臣奏議》卷四九改。

論科舉代筆

臣聞科舉之害莫切於代筆。大約州郡數十人方解一名，亦有至一二百人者。其間富民乃或捐厚利以假手，主司但知據文考校，往往叨預薦送，遂使實學之士反遭黜落。前後條令雖曰詳備，然棘闈既闢，旅進動以千計，爲巡捕者縱欲禁止，勢不能也。臣願詔諸州就鹿鳴宴之前，委教官或有出身官二員，集得解舉人就州廳試論一首〔一〕，如太學兼引南省覆試之法。知通躬親監視〔二〕，嚴爲防閑，須文理不至紕繆，用字不至顛錯，方給解牒，令赴省試。或有不能動筆，及大段錯繆者，即行駁放，仍推究代筆人，依條施行，却將駁放之數次舉補還。其轉運司發解者準此。蓋治之於科場之中，則人衆而勢或難行；覈之於既定之後，則人寡而真僞易辨。此法既立，代筆之風不禁而自熄矣。取進止。

答選德殿聖問奏 乾道七年八月六日

貞觀十六年，太宗問魏徵曰：「朕克己爲政，仰止前烈。至如積德、累仁、豐功、厚利四者，常以爲稱首，朕皆庶幾自勉。人苦不能自見，不知朕之所行何等優劣？」徵曰：「德、仁、功、利，陛下兼而行之。然則内平禍亂，外除戎狄，是陛下之功。安諸黎元，各有生業，是陛下之利。由此言之，功利居多。德與仁，願陛下自强不息，必可致也。」朕即位以來於今十年，功則未能有成。至於安養黎元，俾遂生業，正今日之急務，朕未嘗不以爲自治之良策，然所行優劣亦苦不自知〔三〕，卿各極陳其當否。凡有未至，悉情毋隱。若夫仁德，帝王之高致，朕亦不敢自居，方以魏徵之言爲龜鑑耳。

臣仰惟陛下萬幾餘暇，無所嗜好，惟書史是觀，惟前言往行是監。乃者閲《貞觀政要》，見太宗與魏徵論積德、累仁、豐功、厚利四者之優劣，親御翰墨，宣示臣等，且自謂「即位十年，功則未能有成。至於安養黎元，俾遂生業，正今日之急務，未嘗不以爲自治之良策」，俾臣等「極陳其當否，凡有未至，悉情毋隱」。顧臣智識淺陋，何足以知此？然清問俯及，敢不竭其拳拳！臣觀自古人君或溺於宴安，或樂於盤遊，或喜讒邪而惡忠直，或始勤政事而終怠惰〔四〕。陛下則不然，清心寡慾，進賢退佞出於天性，臨政願治，愈久而愈勤，此固中外所共悉也。然治效未及貞觀者，殆時不同歟！昔隋末盜賊蜂起，天下大亂，民無定居，國無定主。高祖義師一起，有摧枯破竹之易。至太宗受禪，則中外已廓然無事〔五〕，於是一意撫民，自致太平。今陛下雖乘中興之後，然北虜地大人衆〔六〕，非隋末四方分裂之比。虜酋雖曰不

〔一〕廳：原作「縣」，據明澹生堂鈔本、四庫本、傅校本改。

〔二〕通：原作「道」，據四庫本改。

〔三〕苦：原無，據明澹生堂鈔本、四庫本、傅校本、《建炎雜記》乙集卷三補。

〔四〕而終：明澹生堂鈔本、四庫本、傅校本作「久乃」。

〔五〕然：四庫本、《歷代名臣奏議》卷四九作「清」。

〔六〕虜：原作「方」，據明澹生堂鈔本、傅校本改。

德〔一〕，然亦未至虐用其民，又非如隋之失人心也。彼所據者中原，我所有者東南耳。以今準古，圖治固難。然而練兵以圖恢復，而用將之道或未盡；擇人以守郡國，而責實之方或未至。今之急務，無乃在此乎！臣不敢泛引古事，姑以近事言之。夫若內若外屯兵百萬，其卒伍之勇怯〔二〕，器甲之利鈍，教習之精粗，人主安得盡知？不過責成大將而已。所謂大將又不過數人，其擇之也當審，其任之也當久。今頗不然，進或失之太簡，退或失之太遽。彼既未嘗爲煖席計，則其下視之亦將如轉石矣，號令何由而可信，紀律何由而可明乎？且如江州一軍，自陛下即位始付苗定，其後戚方繼之，甫一年而定復至，又數年而王明繼之，纔半年而皇甫倜又繼之。池州一軍，始付時俊，其後王琪繼之，甫半年而用秦琪，纔十月而吳總繼之，又十月而郭剛繼之。數易如此，平居自守，臣猶慮其乏事，何暇議進取哉？陛下謂功則未能有成，而臣所以疑用將之未盡者此也。陛下深居九重，所賴以宣布惠澤者莫切於郡守。奈何循良者十無二三，貪殘昏繆者常居六七。是以仁心德意無由下達，良法善政無由奉行。其間號稱能吏者，知巧爲名色，趁辦財賦而已。民之失業，彼何恤焉。遐方僻郡，姑置勿言。臨安者，陛下之行都也，耳目易接，虛實易考，觀於增酒課一事略可見矣〔三〕。夫酒者，國家之利源。令得其人則課增，令非其人則課虧，亦理之常，以此爲殿最議賞罰可也。奈何頃年爲守者乃以增羨之數加諸歲入之額，歲額之外復求增羨。既得增羨，又添歲額，展轉不已，殆且倍蓰於初。不幸令又非人，則多方漁取以充其數。夫民非昔貧而今富也，飲者非昔寡而今多也，顧取之如此，安得不困？近畿尚爾，謂遠方何如〔四〕？又諸州長吏倏來忽去，迎送靡定，且以二浙言之。婺州四年之間易守者五，平江四年之間易守者四，又其甚則秀州一年而四易守矣。用度何爲而不窘？吏姦何爲而不滋？民瘼何由而可蘇？陛下欲安養黎元，俾遂生業，臣所以疑責實之方未至者此也。繼今以往，願陛下擇將擇守，審於其初而久於其後。其命之也，必使條具如之何而治軍，如之何而治民，幾年而某效可著，某弊可革，幾年而某事可成，某害可除。要之以必致之期，示之以勸沮之方，兵庶幾可强，民庶幾可富。自治之策，孰急於此〔五〕？未有能自治而不能治人者也。凡此二者，陛下因《政要》而問臣，臣亦因陛下俯詢而獻言，他固未敢及也。抑臣觀《政要》凡十卷四十篇，既以魏徵論爲君之道爲首，又以魏徵論克終之道爲終。蓋太宗時，惟徵爲善諫。上有所問，必指近事以爲據，而不爲泛濫迂闊徼訐之言。是以太宗樂聞而喜從之，治幾成、康，徵功爲多。吳兢所取，厥有旨哉！臣願陛下思太宗廣諫諍之德，擇忠實而無他顧〔六〕。通明而知大體者引以自近，使嘉言日聞，治道日興，何患其不貞觀如也？若夫仁德，帝王之高致，陛下既以徵言爲龜鑑

〔一〕虜：原作「敵」，據明澹生堂鈔本、傅校本改。

〔二〕其：原無，據明澹生堂鈔本、四庫本、傅校本、《歷代名臣奏議》卷四九補。

〔三〕增：原無，據四庫本、《歷代名臣奏議》卷四九補。

〔四〕謂：原無，據明澹生堂鈔本、四庫本、傅校本、《歷代名臣奏議》卷四九補。如：明澹生堂鈔本、四庫本、《歷代名臣奏議》卷四九作「加」。

〔五〕於：明澹生堂鈔本、四庫本作「如」。

〔六〕顧：原刻校云：「張本作『賜』。」

而自强不息矣，臣復何云。狂愚冒昧，惟明主擇焉。取進止。八月六日，上召吏部侍郎王之奇、太子詹事陳良翰及某三人同對選德殿，袖出御筆一通，即前所問也。後數日實封進入。

垂拱殿對劄子二首

論薦舉 乾道七年十一月二十二日

臣聞知人則哲，帝猶難之。然所以能官人者，舉得其要故也。舜問：「疇若予工？」滿朝專以垂對。又問：「疇作朕虞？」滿朝皆曰益可。上不泛問，下不泛應，是故所取必合衆論，所用必稱厥職，不亦簡而易行，敏而有功也歟！本朝太平興國六年，特命翰林學士承旨李昉等十一人，於常參官内各舉堪任三司判官及轉運使者一人。淳化三年，又命宰執、翰林學士、御史中丞、尚書丞郎、兩省給諫以上各舉一人。是亦唐虞之遺法也。仰惟陛下急於圖治，勞於求賢，乃者嘗詔監司臧否守令矣，略計諸路所薦無慮數百；繼命侍從臺諫設四條薦士矣，合在廷所舉又百餘人。既不可以悉褒而盡用，不過召見一二，隨才獎擢，其餘則籍記姓名於中書而已[一]。後有任使，又將他求，烏足以副陛下爲官擇人之意哉？臣愚欲望聖慈遠稽前代，近法祖宗，遇内外要劇官闕，復行雜舉之制。假令辦某事須某才，則詔公卿各舉資任相當堪此委寄者一人，然後取衆所共稱者而用之。其利將有四焉：合廷臣之言，不患於不公，一也。採衆人之論，不患於不精，二也。遇闕而亟求，則囑託之私絶，三也。既舉而必用，則虚文之弊革，四也。惟陛下留神則幸甚[二]。取進止。

論發解考校之弊

臣聞政有似緩而寔急者，科舉是也。夫以士子一日之長而欲驗其終身之事業，疑若迂闊矣。然昔人賦「有物混成」及「金在鎔」，而識者遂以公輔期之。蓋有學有文，形於筆端，決非闒茸之士，而骫骳剽竊者，必常才也。本朝取人雖曰數路，然大要以進士爲先。陛下篤意人才，士之求試於有司者日益衆。惟是三歲發解，凡州縣官，苟有出身，不問才否，例差考試。其間富於學識固不乏人，亦有工聲律者未必通經，習經術者未必能賦，或學殖不豐，懵於文體，或久去場屋，忘其舊業，命題發策，往往顛倒事實，背違義理。故當校藝之際，則平凡者收[三]，優異者斥，至使真才實能抑鬱而不伸[四]，庸人假儒僥倖而濫中，非所以崇雅黜浮，勸勤抑惰，羅英俊，育人材也。兹事體大，臣心知其弊而未敢輕爲之説，願下此章於學官，俾之博詢諸生，條上利害，然後命廷臣雜議而詳處，其當斷自後舉行之，非特於學者甚惠，抑

[一] 姓名：原作「名姓」，據明澹生堂鈔本、四庫本、《歷代名臣奏議》卷一六九乙。

[二] 則幸甚：明澹生堂鈔本、《歷代名臣奏議》卷一六九作「財幸」，四庫本作「裁擇」。

[三] 凡：原作「熟」，原刻校云：「張本作『凡』。」按明澹生堂鈔本、四庫本、《歷代名臣奏議》卷一六九亦作「凡」，據改。

[四] 抑：明澹生堂鈔本、四庫本、《歷代名臣奏議》卷一六九作「壹」。

庶幾名臣輩出如祖宗盛時，於以助陛下之大有爲，不亦善乎！取進止。三省同奉聖旨，令周某先次條具，將上取旨。

後殿對一首

論時令不正 乾道七年十二月二十二日

臣伏見自冬以來寒氣弗效，無大雨雪，雖時作蒸溽爲滂沱之候，然亦不過汎灑而止。天意若曰陛下仁民愛物切於聖心，而有司不能推廣德澤致之斯民，是以雲同而雪遽止，礎潤而雨不應。《易》曰：「屯其膏，施未光也。」可不念哉！臣愚伏望聖慈深詔中外之臣，體主上之誠，勤恤民隱，馴致休徵，以必來歲之豐。不勝幸甚。取進止。

垂拱殿對一首

乞優恤二浙 乾道八年二月三日

臣竊見陛下以幣券太輕，日夜憂之，一旦內出積鏹以百萬計，爲權之之術。旬日來軍民既被實惠，懽呼之聲徧於行都。推是心也，豈止以羊易牛而已！臣請因聖德所及而推廣之。臣聞愛民仁也，理財義也。二者相須，初無二説，而中外之臣不能深體上心，用意或有未善。且如中興以來，駐蹕二浙踰四十年，蓋今日根本之地也。平時當愛養其力，緩急乃深得其心，而賦稅供億反重於他路。蓋四方州縣近則畏監司之刺舉，遠則懼上臺之詰責，審於舉措，莫敢輕發。惟近甸官吏則不然，或陳其利而掩其害，或徇其名而蔽其實。凡有獻明，率稱奉旨行之。吏民以其出於朝廷，莫敢違者。如近日越、婺諸郡以隱漏爲名，增無實之稅是也。竊料陛下特未詳知，知則必有以處之矣。臣雖書生，豈不思邦計未裕而徒爲空談？然而日侍清光，竊歎陛下有養民之德，而有司無體國之風也，敢冒昧言之。願陛下深詔執事，愛惜民力。譬如子弟富貴，他日父兄有不時之須，雖竭其囊橐以濟用度，夫復何怨？不必平居無事〔二〕，驟增科調，使懷戚戚也。《詩》曰：「惠此京師，以綏四國。」惟陛下念焉。取進止。

〔二〕「愛惜民力」至「平居無事」：原正文無，今據原刻注引張本及明澹生堂鈔本、四庫本、《歷代名臣奏議》卷一〇八補。

廬陵周益國文忠公集卷一三七

奏議卷四

右文殿修撰召赴行在隱岫對二首

論久任 淳熙二年三月二十一日

臣伏觀自昔人君大抵始於憂勤，久則豫怠，非固欲其如此，馴致焉耳。陛下則不然，臨御大寶十四年於兹，自强不息，新而又新，可謂度越百王，光於載籍，是宜功成治定，坐臻無爲之效。然而大欲未得，彌軫宵旰者何也？人主有急治之心，羣臣無任事之實故也。臣試舉當今要務一二而言之。陛下既擇内外將帥之官矣，而士卒勇怯，甲兵堅窳，未免悉關於淵聽。既擇内外主計之臣矣，而調度盈虚，水旱備豫，往往猶煩於聖慮。以至興一利除一害，小大之臣舉未有獨當其責者，不過遵守成法〔一〕，奉行文書而已。事成則例遷爵秩〔三〕，兼受賜予，不成則猥曰：「委任不專，非我罪也。」縱加之罪〔三〕，率用輕典。是以初爲苟且之計，終懷幸免之心，使陛下之善政良法舉爲虚文。翫歲愒日，殊未有以少副憂勤者非以此歟！臣願陛下勞於用人，逸於仰成。凡任以是職，必責以是事。久其歲月，盡其才力。底績而賞使之勸，瘝官而罰使之懼。一人雍容於上，百職交修於下。如此而功弗成效弗著者，臣不信也。揚雄曰：「於事則逸，於道則勞。」惟陛下念焉。取進止。

論歸正人就食諸道

臣竊見向來朝廷分遣北軍歸正人就食諸道，俸給居處務從優厚。蓋陛下矜其慕義，慮其不能自存，故加意撫存，使爲悠久之計。然郡有小大則人有衆寡，多者或至二三百人，少亦不下數十輩。目今雖未至於失所，而歲月浸久，男婚女嫁漸有不足之患，其間懷觖望者有之，思遁逃者有之。臣居吉州，每見官吏以此爲憂，且謂州郡禁軍常常在營尚可相制，一遇調發，其事有當慮者。洎至經歷豫章、衢、信等處，其説亦皆如此。以臣觀之，若是山東、河北之人忠義尚或可保，緣内有燕山女真、契丹渤海遺種，狼子野心根於天性。前世江統勸武帝不可居戎落於近郡，魏徵諫太宗不當處突厥於中國，蓋爲是也。今區處既定，理難頓改。臣願陛下密諭大臣，别爲曲突徙薪之計，以善其後，毋致滋蔓難圖，於他日乃爲上策。臣來自遠方，既有所聞，不敢輒隱。取進止。

〔一〕法：傅校本作「筭」。

〔三〕秩：原無，原刻校云：「張本有『秩』字。」今據此及明澹生堂鈔本、四庫本補。

〔三〕罪：原刻校云：「張本作『罰』。」按明澹生堂鈔本、四庫本亦作「罰」。

敷文閣待制隱岫宣對二首

論章服等差

淳熙二年四月十三日

臣聞爵禄以馭富貴，在乎虚實之相參；服飾以定尊卑，在乎輕重之相權。三代兩漢遠矣，近而可稽者莫若有唐。按唐之命秩有四：曰職事官，曰散官，曰勳官，曰爵號。惟職事官居其位，食其禄，餘則別資蔭、辨章綬而已，是謂虚實之相參。又按《車服志》，緋爲四品之服，五品則淺緋；緑爲六品之服，七品則淺緑；深青爲八品之服，九品則淺青；流外及庶人又以黄別之，其帶銙名數皆有等差，是謂輕重之相權。雖然，慕實而棄虚，取重而捨輕，天下之常情也。有道於此〔一〕，使其出無窮其用不偏，則繫乎上之人所以處之何如爾。觀德宗嘗欲以散試官賞獻瓜果者，陸贄力言不若賜以錢帛，則人不失利，國不失權，故當時皆以空名爲貴。宣宗時，有司常具緋紫衣數襲從行，以備賞賜，或半歲不用其一，故當時皆以緋紫爲榮。然則守此以爲公器，操此以爲大柄，固有天下國家者之急先務也。本朝自元豐間盡罷文武散官，政和以來又罷文武勳官，惟爵號僅存，而與否多出吏手，是以人不之貴〔二〕。所謂賞格唯寄禄官及貼職遥郡而已，一有微效，例加遷授，徒損實利〔三〕，悉廢虚名。往往勤勞之士未勸，而僥倖之心先啓，非所以馭富貴也。文臣中大夫與通直郎之有年勞者班秩固遠矣，而同服一色之緋；朝請郎任大卿監與諸州助教百司胥長流品固殊矣〔四〕，而同服一色之緑；武臣正使帶遥郡而爲諸州鈐轄路分者，其視修武郎監當固有間矣，而佩服無別；從義郎而下，或爲將領兵官，或任場務城寨，視州縣胥吏固異轍矣，而等威無辨。蓋由三代冠冕不可施於常服，兩漢印綬又難一旦復行，歷代以來日趨簡便，因循混淆，乃至於此，非所以定尊卑也。臣願陛下深詔有司，博加討論，縱未能盡如古法，猶當略用唐制，虚實相參，輕重相權，使官秩不冗而善者勸〔五〕，命服有章而能者勉，其於總核之政不爲無補。取進止。

乞依舊存留部闕知州軍

臣竊見近制，堂闕多下吏部，公正之路既開，奔競之風浸息，甚盛舉也。惟是知州軍數處舊係吏部用闕，今並歸堂除〔六〕，蓋緣陛下注意守臣，凡有除授，必延見訪問，察其能否，而吏部所注之人往往久次羸老，間煩睿旨汰遣，故令堂除，示不輕畀。然臣謂孔子重去告朔之餼羊，閔損欲仍長府之舊貫。吏部注知州軍，其來久矣。今兹頓廢，理或未安。願下明詔，將閩、廣、

〔一〕「於」上，原有「在」字，據明澹生堂鈔本、四庫本、《歷代名臣奏議》卷一九八删。

〔二〕之：明澹生堂鈔本、四庫本作「知」，疑是。

〔三〕損：明澹生堂鈔本、四庫本、《歷代名臣奏議》卷一九八作「捐」。

〔四〕監：原無，原刻校云：「張本有『監』字。」又明澹生堂鈔本、四庫本、《歷代名臣奏議》卷一九八亦同，據補。

〔五〕勸：明澹生堂鈔本、四庫本、《歷代名臣奏議》卷一九八作「勵」。

〔六〕除：原無，據四庫本補。

江、湖間小郡元係吏部使闕去處依舊差注〔一〕，審察陛對，自遵成憲，疲癃謬懦固無所容，庶幾不廢久行之法，亦足稍勸平進之士。取進止。

講筵留身劄子一首

論久任邊帥 淳熙二年四月二十五日

臣聞懷遠圖者不可要近效，立大功者不可守常格。竊見陛下自臨御以來，宸心之所經度，謀臣之所計慮，常以兩淮爲急。然歲月浸久，欲固壘則壘未固，欲屯田則田未闢，版曹有饋邊之費，邊民無定居之心。其故非他，特在於要近效、守常格太過耳。蓋要近效則悠久之計有不暇爲，守常格則遠大之謀有不容施。今陛下以郭棣守淮揚，郭剛守歷陽，殆將專付閫外之事，稍革二者之弊也。臣謂若只如尋常所用守臣〔二〕，而不假以事權，示以久任，則不過年歲間又將更易，望其懷遠圖立大功難矣。昔李牧爲趙將居邊，軍市之租皆自用饗士，賞賜不從中覆。牧乃盡其知能，選車千三百乘，騎萬三千疋，百金之士十萬，逐單于，抑強秦，支韓、魏，趙幾以霸。晉羊祜鎮襄陽，綏懷遠近，降者欲去聽之，減戍邏之卒墾田八百餘頃。其始軍無百日糧，季年乃有十年之積。本朝太祖、太宗以李漢超守關南，郭進巡檢西山，賀惟忠守易州，李謙溥守隰州，姚內斌守慶州，董遵誨守通遠軍，遠者二十年，近者猶十餘年。是以屯兵甚少，用度自足，內平僭僞而外無邊塵之警。布在方策，可覆視矣。臣願陛下遠稽前代，近守家法。如棣、剛輩既審知其可用，莫若盡以二州之事畀之，使其條境內之利害，具施設之先後〔三〕，明示久任之指，責以必成之效，毋掣其肘，毋代其斲，有治績則且增秩賜金，勿遽移改。彼知朝廷委寄既專，異時無可推避，必將悉其知略，不敢苟簡之心，而陛下之憂顧寬矣。取進止。

後殿對劄子二首

論軍政 淳熙二年六月十三日

臣旬日來聞湖南茶賊轉剽吉州界，其徒僅數百人，乃敢覆軍殺將，盜據縣邑，略無忌憚，至勤睿旨遠調江鄂之師。計期雖已殄滅，然所在兵將巽懦不足恃略可見矣。臣又聞去年江東西諸郡多以十二月地震，是殆盜賊擾民之象，欲望聖慈因此小警，詔逐路帥守監司銓擇兵將官修舉軍政，嚴飭巡尉等謹察所部，凡姦宄稍有萌芽，早爲之所，毋使嘯聚，玆備禦之先務也。又湖廣地接溪洞，四方不逞之人、亡命之卒往往逋逃其中，不可不過爲隄防。諸處茶園户既利私商所得之厚，導使爲姦，復爲之資給停藏養成後患，不可不嚴行覺察。至於諸州禁軍多作占破及違法接送

〔一〕「處」下，原刻校云：「張本有『許』字。」按明澹生堂鈔本、四庫本亦有「許」字。

〔二〕只：傅校本作「即」。

〔三〕設施之先後：原作「設施之前後」，據明澹生堂鈔本、四庫本、《歷代名臣奏議》卷二三九、《古今事文類聚》遺集卷一三改。

而未嘗教閲，外縣弓兵拖下請給動是數月而致其失所，是皆弊之大者。雖國家具存成憲，大抵廢而不舉，縱或舉行，亦止於文具而已。惟陛下留神裁幸。取進止。

乞改正宣諭聖語誤字

臣仰惟陛下聖學高明，洞照今古，凡老生宿儒皆不足以企望清光。近五月中，伏見都堂宣諭聖語：「欲執兩端，用其中於民。」而執政官一時聽聞不審，退書於簡，誤以「杜密」爲「杜喬」。按喬與李固爲漢三公，抗情伊稷，不幸爲跋扈臣梁冀所陷，繫死獄中，與杜密黨錮事歲月全不相涉。以臣愚見，恐合改正。又竊窺聖意專欲主張公議，力戒清談。蓋公議者實事也，清談者虛文也。粵自三代直道而行，是謂是，非謂非，至當歸一，未嘗分別，此務實之效也。至西晉時乃有王衍、樂廣輩皆善清談，宅心事外，名重當世，朝野爭慕效之。衍又與弟澄好題品人物，舉世以爲儀準。自其少時，山濤已謂誤天下蒼生者未必非此人，其後果然，此虛言之弊也。今陛下公是公非，專以虞舜三代爲法，黨錮之害固無自而起，清談浮議則當在所戒〔二〕。蓋慮久而不已，或蹈西晉之弊故也。若引唐末清流、濁流之説，則爲不類矣。臣職專講勸，苟有所見，義當效萬分之補。然初只謂頒示在廷，未敢冒進其説。至今竊聞欲報行四方〔三〕，審爾豈容稍誤？欲望聖慈將三省所進本更賜詳覽，如臣言或可採，即乞從中删改行出。取進止。尋删改報行。

輪對前一日封入奏狀一首

論任官理財訓兵三事　淳熙二年八月一日

準御史臺牒，勘會今年八月一日視朝，輪當轉對。臣伏觀今日之要務莫先於任官而患其甚冗，莫急於理財而患其未裕，莫重於訓兵而患其不精，故臣妄獻芻言，少裨聖慮。若夫泥古而不切於今，空言而不究其實，則非臣之所敢也。伏惟聖主略賜採擇，臣不勝冒昧震懼之至。

一、臣謂官冗久矣，而今爲甚。蓋上有名器寖輕之弊，則下有淹滯失職之嗟。惟其寖輕，故勸沮之法壞；惟其失職，故苟且之心生。何謂勸沮之法壞？古之設官，專待賢能。故賢者得之則勸，而不賢者以不得爲沮；能者得之則勸，而不能者以不得爲沮。今也不然。進士以藝，任子以世，雜流以歲月，固未嘗考其賢與不賢，能與不能也，應格斯與之耳。然則勸沮之法安得不壞？何謂苟且之心生？今分職有限而入流無窮，一官闕則十數人守之。其在吏部者，大率十餘年僅成一任。凡往來之費，待闕之資，皆仰給於三年之俸。故貪者益貪，懦者益懦，低首下心，便文自營，以冀官滿而去，

〔二〕浮議：原無，原刻校云：「張本有『浮議』二字。」又明澹生堂鈔本、四庫本亦同，據補。

〔三〕至：明澹生堂鈔本、四庫本無。

尚何敢與上官抗論是非，爲下民辨白枉直哉！且不特吏部注授爲然也。所謂堂除，乃拔擢人才之地。今郡守皆除三政，倅貳闕至八年，凡卓然才智之士自爲朝廷所知者固所不問，姑以人才論之〔二〕。三十而仕，七十告老，若十年而爲一官，則平生不過四任而已，然則苟且之心安得不生？臣願陛下明詔二府，力裁入流之數以清其源，毋艱既仕之路以遏其流。庶幾數年之後，其弊稍革而人材見矣。

一、臣竊觀近世理財之術殆無餘蘊，加之陛下天性節儉，絲毫不以輕用，蓋嘗損己以裕民，未嘗瘠民以供己。然中外稟稟尚以闕乏爲憂，安得不爲之制？且如兩浙所部，舊皆富州，故轉運司最號財賦之淵藪。比聞儲蓄頗罄，不免遣官假貸於諸郡，僅有應副一二千緡者。漕臣近在轂下，非敢妄費，直以用度浸廣無所從出耳。兩浙尚爾，外路可知。陛下方戒有司務寬民力，所謂茶鹽之法，酒稅之利，又已數倍於承平之日，不復可增加矣。惟有一策，臣試妄言之。謹按仁宗寶元二年，因天章閣侍講賈昌朝上書乞罷省不急之用，詔樞密直學士張若谷、諫議大夫任中師、右司諫韓琦與三司詳所奏定奪減省。慶曆二年，再命御史中丞賈昌朝、直集賢院田況〔三〕、知諫院張方平、入内内侍省都知張永和同三司議減浮費。四歲之間兩降詔旨，於是上自内庭，下逮百司，不急之用悉加裁減。臣願陛下舉此成憲，委官力行之。然後徧諭諸道帥守監司，體上德之恭儉，思邦用之未裕。苟可約己便民，悉意奉行。下逮將迎之侈費，饋送之違制，毋得復遵舊例，曲徇私情。又擇廉清公正之人身爲之帥，而擿其不如詔者顯黜之，斯救弊之要術也。

一、臣竊謂安邊闢國固在乎兵，然兵貴乎精而不貴乎多。今雖日下招填之令，而諸軍未嘗以爲足也。昔尋邑百萬而敗於光武之千騎，符堅百萬而敗於謝玄之數千，兵果在多乎？臣不敢泛引古事，姑以近日茶寇言之。四百輩無紀律之夫，非有堅甲利兵也，又非有奇謀秘畫也，不過陸梁山谷間轉剽求生耳。自湖北入湖南，自湖南入江西，今又睥睨二廣，經涉累月，出入數路。使帥守、監司、路分將官稍有方略，用其所部之卒自可殄滅。顧乃上煩朝廷，遠調江鄂之師，益以贛吉將兵，又會合諸邑土軍弓手幾至萬人，猶未有勝之之策。但聞總管失律，帥臣拱手，提點刑獄連易三人，其他將副巡尉奔北夷傷之不暇。小寇尚爾，儻臨大敵則將若何？臣聞去年冬，江東西諸郡同月地震，今年廬州大水壞城中古橋，於占皆爲兵象。萬一醜虜不譓，輒窺邊鄙。雖以陛下神武睿算，破之無難，所慮和好歲久，宿將無幾，後來者於應敵之方非其素習，必至仰勞指授。伏望聖慈擇飭諸將密修邊備，且令偏察所部統制官等孰善謀，孰善戰，孰以廉平得士心，各以名聞，簡在聖懷，備他日之用。但令將得其人，自然人百其勇，兵之多寡非所問也。抑臣又有私憂過計者。昨有自鄂州

〔二〕人：原作「才」，據明澹生堂鈔本、四庫本、傅校本、《歷代名臣奏議》卷一四改。

〔三〕「院」上原有「殿」字，據明澹生堂鈔本、四庫本、《歷代名臣奏議》卷二七一刪。

來者，云在彼見彗星出於西南，今者孛星亦在西南。天事常象，應之在德，陛下固當有以處此。然西南爲坤維，坤維蜀也，消弭備禦尤不可緩。比雖委范成大權充制置，然成都距軍前甚遠，深恐緩急之際事機有不相應，願陛下速擇文武信臣，或別以撫諭爲名，或專委節制之重，往分憂顧，庶免後艱，寔爲大幸。

右件如前，謹録奏聞，伏候敕旨。

選德殿對劄子一首

論馬政劄子 淳熙二年八月六日

臣伏見朝廷歲買西馬五千餘疋，川馬三千六百疋，廣馬三千疋。西馬惟留二分應付蜀中，餘七十一綱每年盡付三衙，而以川、廣馬分給江上諸軍，行之已久，蓋有深意。自今年四月間，詔興州都統吴挺歲收西馬七百疋〔一〕，仍依舊提舉買馬。緣此榷茶馬官趙公碩、李繁相繼申請，以爲昨因吴璘差兵將於界首等截攙買，遂虧歲額。至乾道三年，虞允文方革此弊。今若復令軍中自買，一則不止七百之數，必因攙買虧額如初；二則事勢相形，争添價值，倍費財用。所以茶馬司自願認買此數，不令欠闕，却從軍中差人自行揀取。不然則舉茶司合買馬數全付挺軍，而本司應副合用錢物。其言雖切，固難盡從。以臣觀之，吴挺既當一面，自宜計軍中之利害。然三衙用馬多，挺軍用馬少，使歲額稍有不敷，在朝廷利害亦豈小哉？況今春鎮江都統郭棣言川、廣馬不堪披帶，乞撥西馬三十綱，有旨與半。茶馬司見來申明，勢須於三衙馬內分撥。萬一江鄂等軍繼皆有請，則三衙西馬愈少，其於歲額豈容更虧？臣愚欲望聖慈特留宸慮，裁處其當，寔今日之先務。取進止。降付樞密院。

〔一〕詔：原作「紹」，據明澹生堂鈔本、四庫本改。

廬陵周益國文忠公集卷一三八

奏議卷五

敷文閣待制内殿對劄子二首

論平茶賊利害 淳熙二年九月五日

臣自聞茶寇陸梁，每遇來自江西之人，必詢訪利害，參以己見，今具如後：

一、臣於前月二十七日因進故事，具言賊徒常逸故多勝，官軍常勞故多敗，而又姦氓利賊所得，反以官軍動靜告賊，故彼設伏而我不知，我設伏則彼引避。今驅迫甲兵馳逐山谷，且使運糧之夫顛踣道路，最可慮之大者。欲乞指揮皇甫倜將諸處官軍只分布在江西〔一〕、湖南控扼去處，使賊不敢睥睨州縣，一則免兵卒暴露，二則省運糧之害。或有偏裨知賊所向，願帶所部人掩襲者聽，却專令辛棄疾擇巡尉下弓兵土豪壯健者，隨賊所在，與之角逐。庶幾事力相稱，易於成功。

一、臣觀自古用兵，鬬智不鬬力〔二〕。以曹操之謀略，然用青州三十萬之衆則爲呂布所敗，及退而歸許，乃以二萬人破袁紹十五萬，大概亦可見矣。今聞辛棄疾所起民兵數目太多，不惟揀擇難精，兼亦倍費糧食〔三〕。今乞令精選可用之士，毋貪人數之衆。至於方略，則難遥授，但觀其爲人頗似輕鋭，亦須戒以持重。

一、臣聞賊魁數輩自知罪惡貫盈，不可幸免，往往劫制脅從之人爲必死之計，悉力以抗官軍，使彼雖欲自拔，勢有不敢。向來朝廷雖有殺併之賞，而未聞開其悔禍之路〔四〕。欲望聖慈因數州之勞疲，特降指揮，令監司守臣先次條具恤民事件，其間帶説賊中脅從之人本非得已，如能翻然悔悟，殺戮賊首，不惟可以贖罪，自當格外補官，重行賞賜。庶幾轉相告報，離散黨與，指日平殄。

右具如前，今取進止。

論選人舉狀

臣竊見薦舉選人之弊莫甚於今日。蓋緣闕少員多，十年僅成一任。幸而得一二，薦章比至，後任歲月已久，舉主往往事故，不復可用。是以巧於經營者千歧百轍，安於平進者終身陸沉；有位則苦人於求，居官則務相傾奪，其弊殆有不可勝言者。臣愚欲望聖慈許今後選人將任内所得改官狀遇任滿到部日豫旋放散，俟將來考第、舉主及格，依條引見。若慮因此改秩之人稍多，即

〔一〕在：原無，據明澹生堂鈔本、四庫本補。
〔二〕力：明澹生堂鈔本、四庫本作「多」。
〔三〕亦：原無，據明澹生堂鈔本、四庫本補。
〔四〕「其」下，明澹生堂鈔本、四庫本有「徒」字。

乞檢照乾道以前舊法，每歲限定員數。如在數外，即令等候次年改轉。如此則朝廷無官冗之患，寒士有寸進之期，稍厚士風，漸革積弊。如合聖意，乞付有司詳議施行。取進止。

同王内翰薦李塾試賢良劄子

臣等竊見朝廷復制舉以收海内方聞之士，歷年滋久，未有特起應詔者，陛下臨御，始得李垕一人。蓋是科之設不徒取其文學，且復採其行藝，然後策以當世之務，詳觀有用之才。其選既艱，宜應書者鮮矣。臣等伏見布衣李塾博聞强記，經史百氏之學無所不通，議論英發，有補治體，而敏識特操，蜀士所推。蓋塾，眉山人也，與其兄垕素師慕蘇軾、蘇轍之遺風，是以俱有志於此。求之流輩，未易多得。臣等叨直翰苑，稽諸故實，所宜薦聞，以備採擇，今保舉堪應賢良方正直言極諫科。伏望聖慈特降指揮，令有司檢會累次詔旨施行，庶幾異材繼出，彰中興得人之盛。取進止。閏九月十八日，三省同奉聖旨依，令禮部檢會施行。

兵部侍郎選德殿對劄子二首

乞儲人才　淳熙二年閏九月二十八日

臣聞富人之造居室也，率種木於數十年之初，故未嘗有求而無之之患，况夫興事造業，貽謀萬世，其可不儲材於閒暇而欲取具於斯須乎？前事布在方策，臣不敢泛論，且以本朝觀之。太祖、太宗蒐攬豪傑，恢張四維，凡作成之方無所不用其至。及真宗、仁宗之世，名卿才大夫磊落相望，是其效也。仁宗丁時太平，增光前烈，尤以涵養士類爲急，自治平至元祐悉獲其用。厥後章惇、蔡京相繼秉政，專爲身謀，靡思國計，方且沮士氣以壞風俗，奬讒諂以植黨與，卒令裔夷謀夏，所從來遠矣。太上中興，一洗前弊，紹興初將相卿士得人爲多。既而秦檜以患失之心濟忌嫉之性，同己者用，異己者逐，人才衰落，貽患至今。使陛下欲復古則將相未能仰副隆指，欲養民則守令未能布宣寬詔。當饋而歎蕭、曹，撫髀而思頗、牧，抑有由也。臣愚欲望聖慈明諭二府，爲國長慮，博求文武之英，布列中外。近而言之，可使收功於當世；遠而言之，又將爲利於無窮。厥今要務，孰大於此？昔西漢蘇令發欲遣大夫使逐問狀，時大夫無可使者，召盩厔令尹逢拜諫大夫遣之。王嘉因言今諸大夫有才能者甚少，宜預蓄養可成就者，則士赴難不愛其死，臨事倉卒乃求，非所以明朝廷也。嘉言可取，惟陛下念焉。取進止。

論架閣庫文字

臣聞先收圖籍者賢相之規模，緣絶簿書者姦吏之常態。今天下之事其來無窮，故六曹文書鱗次山積。紹興十五年五月初，復主管架閣官，逐部置庫，凡文案皆謹藏之，置都籍焉。二十七年九月，又詔文書已結絶過二年者，以歲月先後分類字號編次架閣，仍月輪逐曹郎官點檢〔二〕，具有無遺失申尚書省〔三〕。法意非不善也，其如歲月滋久，浸不加省，屋宇疏漏，風雨弗蔽，至其甚則吏惡害己而去其籍。臣每見四方之人經部陳理身事者，稍涉歲月，吏必以無案牘爲解。是豈可不申嚴舊法而爲之制哉！臣愚欲望聖慈委逐部主管官將所置都籍逐一點勘，每月赴部書押，令郎官至期躬親檢察，如紹興之制。仍置一般簿籍，匱藏於長貳廳，以備參考。間遇取索案稿，須郎官押帖子下主管官方許封送〔三〕，合干人毋得擅啓，庶幾積弊稍革，不失有司之職。其庫屋疏漏者，亦乞降指揮早行修葺，免致摧毀。取進止。有旨依，下臨安修葺〔四〕。

隱岫對劄子二首

論添駐贛州軍馬 淳熙二年十二月二十三日

臣竊見贛之爲州，南限嶺表，東接閩境，西連湖湘，其北則自廬陵至於豫章皆在下流，自昔最爲控扼之地。其人勁悍習武，特異他郡。祖宗時置雄略、武雄、澄海、威果、全捷、威勝及兩忠節凡八指揮，額管將兵四千人，是爲東南第六將。中興以來，常差殿前司統制官一員，量帶部曲，或於諸處抽差大軍，在彼駐劄，謂之提舉將兵；又擇方略過人、望寔素著者爲之守，許帶管內安撫使。大概欲使守臣節制提舉官，提舉官節制第六將，故能上下相維，一方晏然。間遇傍郡及鄰路有盜賊蠻傜之患，皆賴其力，指期平殄。自講和以後，既罷管內安撫使之權，而守將用人浸輕，往往措置乖方，紀綱不立，馴致紹興二十二年齊述之叛。當時議者不深維致寇之由，乃專欲爲銷兵之計，於是廢併六營，止存兩營，却別招刺吐渾一千五百人、雄威五百人，替回駐劄大軍。其後又將吐渾、雄威起發往荆南等處，而贛州專置雄略、武雄、澄海、威勝四指揮，凡二千人。既無他兵可以相制，故平居偃蹇不遜，臨事桀驁自如，非惟不獲其用，常恐反爲一路之害。如比年遣戍九江，稍緩歸期則不辭大將而去；近日收捕茶寇，進退失律，迄無成功。議者患之，欲於吉州添置一軍，密爲之備，誠得先事預防之意。然吉州至贛凡四百里，川陸俱險，自彼而下則有建瓴之易，由吉而上乃有登天之難，竊揆事宜，恐未足銷未形之患也。臣愚欲望明詔二府討尋紹興二十二年以前舊制，移駐軍馬於贛州，庶幾逆折姦萌，使一路得以奠安。萬一湖南、閩、廣小有盜賊，亦可就近調發，不必遠勞大軍如茶寇之擾。臣竊以爲便。取進止。

〔一〕月：原作「命」，據明澹生堂鈔本、四庫本、傅校本、《古今事文類聚》遺集卷五改。

〔三〕具：原無，據明澹生堂鈔本、四庫本、傅校本、《古今事文類聚》遺集卷五補。

〔三〕主管官：「官」字原無，原刻校云：「張本有『官』字。」又明澹生堂鈔本、四庫本、傅校本、《古今事文類聚》遺集卷五亦有「官」字，據補。

〔四〕有旨依下臨安修葺：原無，據明澹生堂鈔本、四庫本補。

論軍士紀律

臣仰惟陛下選將練兵十四年於兹，軍政日修，固非愚臣所當妄議，然千慮所及，則不敢默。臣舊聞鄂州一軍最號精鋭有紀律者，今夏統制解彦詳、統領梁嘉謀、張興嗣將三千人收捕茶寇，其間一勝一負所不能免。但聞師行無法，甚至有十百爲羣逃竄而歸者〔一〕。臣嘗博詢其故，皆謂近歲多揀汰舊人，招收新軍。舊人曾歷行陣，備諳理法〔二〕。新軍往往是游手及有過犯之人，尺籍伍符，彼豈能知？前此新舊相參尚猶可用，今舊人日少，遂致如此。李川不欲明言其事，只劾彦詳等調發乖謬，致軍兵亡歿者一百四十四人〔三〕。陛下特降睿旨，將彦詳等遞追官資，勒停自效，而又嘉川能舉其職，特與遷轉。信賞必罰，孰不勸懲？然而弊源未革，安得不爲之所？臣愚欲望聖慈徧下諸軍，除大段癃老疾病之人，毋得輒行揀汰，其新軍不特教之事藝，須令朝夕示以紀律，庶幾緩急之際不致誤事。若乃久任將帥，使之揀擇偏裨，整齊部曲，此在今日尤爲先務，惟聖明留神裁幸。取進止。

〔一〕甚：明澹生堂鈔本、四庫本、《歷代名奏議》卷二二三無，義長。
〔二〕理：明澹生堂鈔本、四庫本、《歷代名臣奏議》卷二二三作「李」，「李」通「理」。傅校本作「律」，當係臆改。
〔三〕四十四：明澹生堂鈔本、四庫本、《歷代名臣奏議》卷二二三作「一十四」。

廬陵周益國文忠公集卷一三九

奏議卷六

兵部侍郎選德殿對劄子四首

論用人二弊　淳熙三年三月二十一日

臣嘗觀司馬光《歷年圖序》，以謂人君之道一，用人是也。自三代兩漢以迄於唐，用得其人罔不興，用匪其人罔不亂。布在方策，昭然可考。陛下聖學高明，深燭此理。故自即位以來，内度於聖心，外採諸衆論，求人惟恐不及，用才惟恐不盡，下至占一善名一藝者咸表而出之。固嘗上嘉虞舜，製論而刊諸石矣。然屢省乃成，尚未能仰副聖心者何也？深維其原，殆有二弊：一曰上下之分未嚴，二曰義利之説未明。何謂上下之分未嚴？夫任賢使能，人主之柄也；助人主進賢退不肖，大臣之任也。近世則不然，一官或闕，自衒者紛至。始則不度能否，悉力以求之；求而不得，則設計以取之。示之好惡而莫肯退聽，限之資格而取必不已，未聞朝廷有所懲戒也。如此而望其宿道鄉方，胡可得哉？何謂義利之説未明？居是官思是職者義也，背公而營私者利也。今中外求官者不知其幾人[一]，未得之則計職務之煩簡，廩稍之厚薄；既得之則指日而望遷，援比而欲速。所謂公家之事，姑應簿書期會而已，初未嘗爲旬歲計也。如此而望其趨事赴功，斯亦難矣。夫十室之邑必有忠信，況以天下之大，豈謂無人！臣所以爲是言者，誠以風俗之薄厚繫士夫之向背。若二弊不去，則風俗日壞，國家何賴焉？臣願陛下明詔執政大臣，深思向來致弊之由，共圖今日革弊之術，使士風稍振，百官舉職，庶幾不失陛下用人之本意。《羔羊》之詩曰：「召南之國化文王之政，在位皆節儉正直。」斯致治之樞要也。取進止。奉聖旨依奏[二]。

乞詔御藥院關報閤門陛對班次

臣竊見陛下大昕退朝，延見文武臣僚殆無虚日，而起居注未嘗一書，進奏院未嘗報行，抑盛德而弗宣，墜故事而弗傳，臣寔懼焉。願詔御藥院，自今後凡閤門關到陛對班次，候内殿引訖，當日移文閤門，閤門即報所屬，庶使四方萬里之遠皆知陛下好問如虞舜，無逸如商宗[三]，史官不失厥職[四]。取進止。白二十五日趙雄乞上殿，遂皆報行。

[一] 人：原無，據明澹生堂鈔本、四庫本、傅校本、《歷代名臣奏議》卷一四四補。
[二] 奉聖旨依奏：原無，據明澹生堂鈔本、四庫本補。
[三] 商：四庫本作「中」。
[四] 「史官」上，明澹生堂鈔本、四庫本有「亦令」二字。

選擇監司郡守議〔一〕

淳熙三年三月二十二日，嘗因奏事及之，明日御筆付經筵官趙雄等，遂同雄、范仲芑、程叔達、程大昌上此議。

伏準御筆：「凡監司郡守欲盡加精選，但恐才能應選者少，而資格合入者多，如此則又有淹滯之歎〔二〕，二者當如何哉？卿等可議來上。」須至奏聞者。

右，臣等聞古者爲民設官，爲官擇人，故凡監司郡守皆當選才能而任之，不當專以資格爲限也。然知人之難，今昔通患，非親非舊，遺佚者多，於是設爲資格，將以杜私門而開公道。若在上者推而行之，不膠於迹，則可以得更練民事、習知政體之人布在諸道，而僥求躁進、資淺望輕者，不可得而至矣。及其弊也，中下之才積日累月歷階而進，至於姦利暴著，不可掩覆，乃遭按治，其他庸鄙貪沓之人往往幸免。是以朝廷而行銓部之法，且取蠹賊布之郡國也，其可乎！觀本朝舊法〔三〕，改官後兩任關陞通判，通判兩任關陞知州，知州兩任即理提刑，此資序一定之格也〔四〕。及除授之際，則有以知縣資序人隔兩等而作州者，所謂權發遣者是也。有以通判資序人隔一等爲之者，所謂權知是也。上而提轉，亦皆如此。蓋隔等而授，是擇才能也；結銜有差，是參用資格也。今誠得才能資格俱應者而用之，固無以加。其次則擇第二任知縣以上有課績者許其作郡，又擇初任通判以上許其作監司，第二任通判以上許其作職司，於資格則稍寬，於才能則加詳，庶幾人法並用，民被實惠。其或資任雖高才能無取者，自依近制或畀以祠録，或處以參議、通判，尚何淹滯之嘆哉〔五〕！雖然，人主深居九重，輔相助理萬幾，耳目所及，或未能周知天下之才。故姚崇謂擇十道按察使猶未盡得人，況三百餘州，安得刺史皆稱其職？此薦舉之法所以自古不可廢，而陸贄所以有臺省長官各舉其屬著名詔書，異日考其殿最，并以升黜舉者之論也。今侍從、臺諫、兩省皆天子之所識，擢以自助者也，不助人主求才，安所事乎？若令於知縣資序以上歲薦堪充郡守者若干人，於通判資序以上歲薦堪充監司者若干人，仍用漢朝雜舉之制〔六〕，明言有何政績，有何才術，或共爲一奏，或各爲之，三省詳加察焉。除朝廷自用人外，所舉果才也，果能也，有闕則以次除援，否則置之，縱未盡善，蓋亦十得六七矣。或曰：「今薦舉之法弊矣，有請託，有奔競，烏在其得才能乎？」曰：「天子之於侍從、臺諫、兩省不薄矣，使其不自愛至於容私，何所逃罪？」故

〔一〕選擇：原作「擇選」，據明澹生堂鈔本、四庫本乙。

〔二〕如：原無，據明澹生堂鈔本、四庫本、《建炎雜記》乙集卷七、《歷代名臣奏議》卷一六九補。

〔三〕乎觀：原作「觀乎」，據明澹生堂鈔本、四庫本、傅校本、《歷代名臣奏議》卷一六九乙。

〔四〕此資序：明澹生堂鈔本、四庫本、傅校本、《歷代名臣奏議》卷一六九作「資序此」，則「資序」屬上讀。

〔五〕嘆：原作「患」，據明澹生堂鈔本、四庫本、傅校本、《歷代名臣奏議》卷一六九改。

〔六〕制：原作「職」，據明澹生堂鈔本、四庫本、《歷代名臣奏議》卷一六九改。

臣等復欲檢照前後薦舉條令，嚴爲之法，惟陛下留神采擇。謹録奏聞，伏候敕旨。四月三日，三省同奉聖旨依奏。令侍從、臺諫、兩省官參照資序差格，不以内外，雜舉監司郡守，歲各五人。保舉官及五員以上列銜共奏，明言所舉人有何政績、才術，堪任何等監司、帥府、大小州郡差遣，聽上下半年奏舉，中書省置籍，三省更加考察，取旨除授。

明堂議 淳熙三年月日[一]

孟子曰：「明堂者，王者之堂也。王欲行王政，則勿毀之矣。」《禮記·明堂位》一篇，「天子負斧依南鄉而立」，内之公侯伯子男，外之夷蠻戎狄之國，以序而立，故曰「明堂也者，明諸侯之尊卑也」。然則斯堂之設，本以朝諸侯，布王政，初非祭祀之所明矣。《周禮·大司樂》有冬至圜丘所奏之樂，有夏至方丘所奏之樂，有宗廟所奏之樂，此三者皆大祭祀也。宗祀明堂，乃無半言及之。《大宗伯》云：「春見曰朝，夏見曰宗。」意者成王時，常因夏見諸侯於明堂而祀文王歟！《孝經》特舉一時之權，而非後世常行之禮也。漢唐以來，既於明堂祀帝，配以祖宗，所謂自有制度者。至於本朝仁宗，特創宏規。神宗常垂聖訓，司馬光、呂誨等力辨諸儒講説《孝經》之誤。紹興元年、四年、七年，太上皇帝又有已行故事，其於三代明堂之制本不相沿。則所謂宗祀者，安可獨泥一説而致疑哉？伏請如李燾所奏施行。

選德殿對劄子七首

乞立下班祇應遷轉法 淳熙三年五月二十日

臣竊見三衙從軍下班祇應經十年改轉進武校尉，外路諸軍則增至十五年，此效用八資法也。歸正下班祇應任諸州軍指使五年轉進武副尉，又五年轉進義校尉，又五年轉進武校尉，雖名三轉，其寔亦是十五年，此效用十資法也。惟歸正從軍人若至下班，更不遷轉。臣嘗反覆思之，均是從軍，内外諸軍下班皆許磨勘，而歸正獨不然者，以北來之人或先有名目，而内外諸軍非立功則無名目故也。均是歸正，爲指使則許轉校尉，而從軍獨不然者，以指使皆因老疾揀汰，其數不多，又待闕之日不理磨勘，而從軍則往往少壯，又且日理磨勘故也。然歸正、從軍之人自紹興、隆興間至今已十四五年，當時年三十餘歲，今近五十矣，況未必皆三十餘歲乎[二]！況轉至下班者無多乎！自此更用十五年磨勘，則是六十餘歲方得進武校尉，亦可以爲難矣。臣愚欲望出自聖裁特降睿旨，將内外諸軍歸正轉至下班祇應人等第量立遷轉之法，或比歸正指使，更展年限，庶幾人有升進之望，足彰均一之政。取進止。

[一] 淳熙三年月日：原無，據明澹生堂鈔本、四庫本補。
[二] 三：明澹生堂鈔本、傅校本作「二」。

乞申嚴謀入溪洞人法

臣竊考靖之爲州起於崇寧，民居僅數百家，城外皆是蠻洞。朝廷意在羈縻，止令量納丁米，每歲却令廣西漕司應副三萬緡，支遣官吏軍兵俸給。比歲不以時至，州郡固已窘迫，猶幸蠻人安帖，别無事宜。近聞有武岡軍客人郭三逃入洞中，誘引小夷姚明教〔一〕，據有一洞田産，不遵王度。正月末，聚衆燒燬來威、零溪兩寨，殺戮人民，官司説諭，尚未聽服。臣少嘗至辰州，凡辰、沅、靖三州之蠻，粗知曲折，大抵散居諸洞，莫相統攝。初無背叛之意，只緣沿邊州縣作過之吏與夫奸猾小人因事逃入洞中，多方扇誘，遂致侵擾省地。臣愚欲望聖慈下有司檢照條制，凡捉獲及首告謀入溪洞之人與不能防閑而致越逸者〔二〕，比常法外厚立賞罰，但使此輩不往教誘，則蠻人決不敢妄有侵犯。仍須常擇邊郡守倅，彈壓惠養，及行下廣西，將合應副靖州錢物毋或稽滯，斯防微消患之上策也。取進止。六月二日，奉聖旨依奏。

乞取唐仲友尤袤書目劄子 淳熙三年〔三〕

臣聞周以外史達書名於四方，漢命劉歆總羣書爲《七略》，使其部居指意晦而不章，則後世何觀焉？本朝仁宗時嘗命儒臣考訂中秘書，區分類别，本原終始，爲《崇文總目》。今篇帙雖不盡見，而學士大夫尚知其名數者，此書力也。自紹興以來，復藏書之策，置校讎之官，闕書脱簡，浸充秘府，而未嘗編次，散無

統紀。臣昨任秘書少監日，嘗屬正字唐仲友、丞尤袤將四庫典籍倣《崇文》舊目而爲一書，後來聞已就緒。今二人皆守近郡，不難繕寫，欲望聖慈下臣此章，許以其書來上，然後付之館閣官，重加考定，錫以嘉名，斯中興之盛典也。取進止〔四〕。已携至經筵，會有旨權住講，不曾上。

論先廟後郊劄子 淳熙三年九月七日〔五〕

臣昨蒙聖問先廟後郊，雖嘗面奏，然臣學問荒疏，所記不能詳備。今按蘇軾元祐八年奏議，其略云：「太祖皇帝受天眷命，肇造宋室。建隆初郊，先享宗廟，並祀天地。自真宗以來，三歲一郊，必先有事景靈宮、太廟，乃祀天地，此固國朝之禮也。」又《帖黄》：「唐制，將有事於南郊，則先朝獻太清宮，朝享太廟亦如今禮，先二日告原廟，先一日享太廟。」然議者或以爲非三代之禮。臣謹按武王克商，丁未祀周廟，庚戌柴望，相去三日，則先廟後郊亦三代之禮也。軾所論頗詳，伏乞睿照。

〔一〕教：傅校本作「敎」。
〔二〕首告：明澹生堂鈔本、四庫本作「告首」。
〔三〕「三年」下，明澹生堂鈔本、四庫本有「月日」二字。
〔四〕原注：「已携至經筵，會有旨權住講，不曾上。」
〔五〕淳熙三年九月七日：原無，據明澹生堂鈔本、四庫本、傅校本補。

論開講劄子 淳熙三年九月七日〔一〕

臣仰惟陛下以天縱之聖，輔日新之德。六籍奥義、歷代史編，凡儒生學士窮年没世所不能究者，一經睿覽皆洞見底藴。所謂講讀之臣，安能窺聖學之萬一，然且不矜不伐，勤於訪問，此甚盛德，臣何敢贊？惟是今歲適當郊祀，兼之册后，竊計秋講不過此月下旬三四次而已，其間又有開啓并習儀日分，止是二十日可御經筵〔二〕。欲望聖慈預留宸念，或百司臨時別有相妨事節，即乞宣諭令且候講畢施行，庶幾少副陛下孜孜古訓、不忘舊章之意。取進止。二十日有旨，令添講筵日分至十一月五日止。

乞因久雨親札同赦卹民劄子 淳熙三年十月日

臣竊見月初陛下以霖雨過多，親發德音，分遣御史提點刑獄，疏理囚繫，將諸路杖罪以下與夫干繫之人並從釋放。命令一頒，旋即晴霽，天高聽卑，應若影響。此固陛下躬行而親致者，不必遠引古事以爲證也。然自秋冬以來，陛下每有寬恤之詔，則亦隨有感格。暨數日之後，復爾陰雨。今則稻不可穫，農夫皆以爲憂；麥不可種，嗣歲在所當念。臣嘗深思其故，得非羣臣將順聖德有所未至？不然，四方民隱有所未達。天雖不言，示人以事。仁愛拳拳，或在兹乎！今郊禋密邇，將來所下赦書多是循用定式。雖嘗令六部前期條具，亦不過常事末節，往往州縣亦以空文應之，甚不稱陛下斂福敷錫之意。臣愚欲望聖慈因霽色之未效，察天意之有由，特運宸心，益思民間之利病。凡可以罷行者默而識之，俟有司赦條既定，特降親札，與赦俱下，使四方萬里鼓舞盛德，上動天監，必獲無疆之休，下得人心，自成中興之績。蓋念慮彌廣則報應彌大，又豈特晴霽而已！取進止。

薦監司郡守狀 淳熙三年十二月

先準省劄子節文，四月三日，三省同奉聖旨，令侍從、臺諫、兩省官參照資序差格，不以内外，雜舉監司郡守，歲各五人。保舉官及五員以上列銜共奏，明言所舉人有何政績才術。續奉八月七日聖旨，保舉限五員以上列銜共奏，切恐各有所知，難以同共論薦，可依元議，亦聽獨銜歲舉監司若郡守共二人者。

右，臣伏睹朝奉郎、權知台州尤袤，豈弟廉勤，處事精審。到任以來，境内連經災傷，悉意撫摩，人以按堵。初至財賦窘乏，袤知所取與，加之節儉，未嘗一毫妄用。既補舊欠，郡計亦裕。督察屬吏，各舉其職。使備監司之選，必能澄清所部，上副臨遣。又承議郎、充福建路安撫司幹辦公事石墊〔三〕，篤實通明，甚有所守，安於常調，未嘗干進。曾知南劍州尤溪縣，戢吏安

〔一〕 七日：明澹生堂鈔本、四庫本、傅校本作「十八日」。
〔二〕 二十日：明澹生堂鈔本、四庫本作「二十一日」。
〔三〕 石墊：明澹生堂鈔本、四庫本、傅校本作「石墪」。

民〔二〕，推誠化俗，有古循吏之風，至今人思其政，以爲數年無此令矣〔三〕。使爲郡守，必能宣布德意，綏靖一方。兩人如蒙擢用，後犯入己贓，臣甘當連坐。謹録奏聞，伏候敕旨。

吏部侍郎隱岫對劄子三首

論任怨 淳熙四年正月二十一日

臣聞朝廷守大公之道，有司持一定之法，行以無私，誰不心服？而近世以來，稍欲施爲輒有任怨之説，甚無謂也。古書所載，臣不敢舉，姑以本朝觀之。始也每歲取士，每歲任子，其後定爲三年，而人未嘗怨。熙寧以後，宗室蕃衍，始因服屬之親疏，定爵禄之厚薄，而人未嘗怨。近歲尹穡最爲衆所不與，然文武臣磨勘用減年寔歷對使之法，亦未嘗敢有怨者。此無他，行之均平故也。若乃恩典所加厚於私而薄於公，朘削所及略於上而詳於下，當行者抑之，不當行者與之，由是恩怨興而人有所向背矣。臣願陛下主公道於上，進退百官而圖其大者；使臣輩守成法於下，檢柅吏奸而效其小者。上下相濟，何患人心之不服哉？取進止。

論軍士磨甲

臣竊見三衙帶甲、不帶甲人請受略等，而帶甲之人往往有磨甲之費。若只是隨身者，猶或庶幾。昨聞部司每人給以兩副，其一披帶，其一封樁。膏潤穿聯，多是軍人自備。既入庫中，不過一兩月又復生澁，積以歲月，其費轉多。謂宜量支潤甲之直，使免賠備。況諸軍間有積財爲羨餘者，儻令移彼濟此，自然士心悦服，緩急可用。取進止。

乞逐旋引見改官人

臣竊見考功令，諸磨勘應改官者闕會出榜，以四人爲一甲，五日以次引見。未及四人，即展至十日，雖不及亦聽引見。酬獎人附由。應奏請及功過別該升黜者並奏稟。比來往往積至二三十人然後引見，不惟久勞聖躬，兼亦留滯選人。今縱未能遵五日之令，猶當逐月一引，庶幾功過升黜可以逐旋奏稟。伏取進止。

隱岫對劄子四首

論荆南江陵府號差互 淳熙四年二月十七日

臣竊見選人有兩使職官，如節度推、判官合從軍額，察推及支使則從州府名是也。姑以行朝言之。寧海是軍名，凡簽判及節推則以寧海軍入銜。臨安是府名，凡察推、支使則以臨安府入銜，此定制也。近有從事郎李敏用歸正恩例添差荆南節度推官，

〔二〕安：明澹生堂鈔本、四庫本、傅校本作「愛」。
〔三〕數年：明澹生堂鈔本、四庫本作「數十年」。

既是節推，合從軍額，其奏鈔内却帶「荆南府」三字。因詰前例，則淳熙二年差過從政郎郭世華已是如此。臣徐考其由，蓋緣前後除本府守倅，或作江陵府，或作荆南府，而不知荆南是節鎮之名，江陵却是府號，逐時差互，失於釐正。至淳熙元年，有司又不照兩使職官自有分別，誤作勘會，稱江陵府幕職州縣官窠闕内有節推一員，係作荆南節度推官銜，其餘曹縣官計二十四處，並係江陵府，遂謂荆南原無軍額，亦無指揮分別，欲作一體稱呼。殊不知荆南不稱軍，猶太原府謂之河東，揚州謂之淮南，襄陽府謂之山南東道，成都潼川府謂之劍南東西川，何獨於此而疑之？當時事下湖北安撫司，本司不以圖經《九域志》爲證，却稱目今士民及公移皆以荆南爲稱，是又不知節鎮行移自來多用軍額，遂乞依倣建康等三處體例，就以荆南府爲名。有司既是其説，朝廷遂從勘當，乃是因幕職官稱呼併改府號，亦太容易矣。今來偶因擬官，合行申明。若謂府名差互，歲月滋久，兼已曾降旨重於改易，所有節度推官自來專從軍額，即難冠以府字，合行改正。取進止。是日御批將上，至二十三日奉聖旨，荆南府依舊爲江陵府，其簽判節度推官自合以荆南繫銜。

論縣尉捕盗賞格

臣竊見《國朝會要》天聖七年五月，大理寺申請，凡縣尉躬親鬬敵捉殺賊全火十人以上，合入令録人並授京官，仍賜緋章服。至天聖八年，又詔未合入令録人止令循資，乃知選人初官難用賊賞改秩。今見行條法非軍功捕盗只得循資，蓋本天聖之遺意。其後奸弊日生，凡縣尉因弓手捉到强盗七人，其奏狀必云馬前三步親自捉獲，以此爲軍功捕盗，例得改次等官。人皆知是傳會，而習熟不以爲怪。臣頃於乾道六年七月嘗陳其弊，未蒙施行。自後略計改官人數，乾道七年、八年各五人，九年八人，則是三年之間僅有十八人。逮淳熙元年一歲已有十八人，二年十六人，三年亦十三人，而取會未圓者尚不在數。蓋緣舉主磨勘，其制既嚴，故捕盗改官，其數浸廣。向使縣尉果有才勇，手格强盗，雖更加擢用，初未爲過。其如假借弓級，牽合人數，外則州郡提刑司胥吏坐受計囑〔一〕，綴緝文欵，内則棘寺省部審覆之際多以賄成，使朝廷坐受欺罔，輕畀爵秩，甚無謂也。臣愚欲望聖慈詔敕令所參考新舊賞格，分別輕重，稍爲限制。仍申飭外路，遇縣尉陳乞賊賞，更切體問是與不是躬親鬬敵，然後保奏，庶幾革去僞冒，有功者勸。取進止。是日御筆依。

乞申飭監司精選所部官

臣聞舉爾所知，仲尼明訓；以其爲主，孟子格言。夫以監司郡守五人而薦一士，則其可信固亦無疑。其如閲時浸久，流弊非一，賢愚同滯，取舍不公，方當總核之朝，所宜留意於此。故比者載嚴實迹之令，期革虚文之弊。然非在上位者以體國爲念，以引類爲心，則杞梓良材或淪澗壑，駑駘下駟反備服乘。豈惟無

〔一〕計：原作「託」，據明澹生堂鈔本、四庫本、《古今事文類聚》外集卷一五改。

益，爲害大矣。臣愚欲望聖慈申飭監司郡守，凡舉所部官必精加選擇，得其人則被以上賞，非其人則坐以謬舉，使濟濟多士列於王官，備異時之器使，不亦善乎！取進止。此劄未行。

繳進李塾詞業狀 淳熙四年三月

右，臣昨任敷文閣待制侍講日，曾同翰林學士王淮保舉李塾堪應賢良方正直言極諫科。後來王淮除簽書樞密院事，禮部檢會李塾詞業，欲令周某取索繳進。準尚書省劄子，備奉聖旨，依禮部所申。今來取到李塾詞業五十篇，計一十册，謹隨狀繳進以聞。伏候敕旨。

廬陵周益國文忠公集卷一四〇

奏議卷七

吏部侍郎選德殿對劄子四首

論四維 淳熙四年五月二十七日

臣聞古者治天下有要道，所以陶成風俗者，禮義廉恥也；所以維持紀綱者，法令賞罰也。二者相須，闕一不可，固未有風俗不正而能立紀綱者也。及至後世，謂禮義廉恥爲迂而難行，謂法令賞罰爲切而易見，是徒採其名耳，未究其實也。《六經》所載不敢詳引，姑以管仲言之。仲固霸者之佐，知富國强兵而已。然著書八十六篇，首以禮義廉恥爲國四維。彼豈迂而不切者哉？蓋上有賞則思苟就，上有罰則思苟免，上有法令則相與破壞而莫之守。此皆禮義廉恥不立之所致，而賈誼所爲長太息於漢文之時者也〔一〕。仰惟陛下宵旰圖治，日勤一日，凡可以陶成風俗，維持紀綱，無所不用其至。然而算計見效，尚未能仰副聖意者，非以士風未能丕變故耶？益張四維，固宜汲汲也。今夫君臣上下各有差等，尊卑貴賤不相踰節。是之謂禮，如此則在上之位安矣。觀近臣以其所爲主，觀遠臣以其所主，進退取舍直道而行。是之謂義，如此則民心無巧詐矣。純潔有所守，則臨事必端諒；過失無所蔽，則事上必忠實。是之謂廉，如此則其行自全矣。平正其心，詭隨不容售也；委蛇其行，枉道不容伸也。是之謂恥，如此則邪事不生矣。凡此四者，其是非可得而考，其次序可得而見，非若繫風捕影之無形，畫餅説河之無實。由是而之焉，二帝三王之治且不難致，於富國强兵乎何有？顧朝廷力行何如爾。取進止。奉聖旨依奏。

論州縣官有公罪乞隨事責罰

臣聞職位有崇卑，則責任有輕重；責任有輕重，則賞罰有厚薄。此自然之理也。竊見外路州郡因事推賞，必以守臣爲先，倅貳次之，其他幕職曹掾官宣勞雖多，例弗及賞〔二〕。然彼無辭者，序當爾也。至於一時公過，積年舊事，或因臺諫論列，或爲監司按劾，或爲士民論訴，既付所司鞫見情犯，大則奏案，小則申省，自當隨事責罰以示懲戒。而刑寺從來多用小帖子泛言行下本處依條施行，往往經隔年歲不見結絶。蓋緣守倅多被升擢，散而之他，元勘官司無由取其伏辯，縱使移文，彼亦不報。獨當職官預簽書者類皆選人，一絓姓名，即作未有結絶，不許注授差遣，反不如贜私罪犯之人却許引赦遷叙。是則守倅常得佚罰，僚吏常被禁錮，何輕重厚薄之不侔也！此類難以偏舉，姑摘一二言

〔一〕太：原作「大」，據明澹生堂鈔本、四庫本、《歷代名臣奏議》卷一一七改。傅校本作「嘆」。
〔二〕「例」上，原有「一」字，據四庫本、傅校本删。

之。南安軍自乾道元年至淳熙二年節次借過常平錢米，因提舉司送吉州取勘，見得逐時並已撥還。前後十餘年間，不知更歷守倅幾人，所謂幕職官不過隨例簽書，豈能一一爭執？若坐以違制，自有成法，乃必下提舉司依條施行，是欲取十餘年累政官吏之伏辯一案推結，雖没世窮年決不可得。近有前本軍判官任仲甞到部，緣此既礙升改，又礙注授，而所謂守倅者，遷除固自若也。又乾道二年十二月復州司理院誤勘行者張惠榜身死不明公事〔一〕，據案欵乃推司楊昶依隨知州留觀德指揮，其獄官毛策以司法暫權，不爲無罪，然未曾結案，丁憂離任，法寺斷公罪徒一年，遇赦原免去官。物論情節如此〔二〕，便可施行，乃復下元勘州軍取責伏辯。其知州留觀德旋改撫州，又除岳州，兩任宮觀，略無所妨，而毛策者十年之後尚不得注授差遣。立法之意，必不其然。臣愚欲望聖慈申詔刑寺，凡外路勘到官吏罪犯，除贓私之人慮有翻異未可遽行外，其公罪徒以下據勘到案狀即便申省依條斷遣，不須更下本處。如此則官尊者有罪，不至幸免；官卑者有罪，早得結絶。人情法意，寔爲兩得。所有京官選人、大小使臣，凡遇到部截會得曾有公罪未結絶者，令四選將本人就牒刑寺取責伏辯，具事因申尚書省依條施行，不惟減省文移，亦可杜絶姦弊，其爲利害灼然易見。取進止。奉旨令吏、刑部看詳，明年吏、刑部、敕令所看詳，方依。

乞蠲會稽攢宮舊額苗税

臣舊聞紹興間初卜昭慈聖獻皇后及徽宗皇帝攢宮於會稽，其地本是民産，應除苗税之類。當時失於申請，並均在側近民户及寺院等處，人頗患之。臣不曾在彼守官，雖未知其詳，然多見土人以此爲言。欲望聖慈密下浙東體問，若果如所聞，即乞出自聖意，特與盡數除放，斯亦奉先卹隱之一端也。取進止。尋下兩浙轉運司，差幹辦公事趙公高前去。

申審放行前宰執舉改官員數　淳熙四年五月

臣伏見五月一日聖旨，前宰相、執政官歲舉改官人，止舉有才行者，仍各著色目，其與帥守監司所舉實跡同者不用〔三〕，如治狀傑然顯著亦聽舉，餘依現行條法，仍令敕令所立法申尚書省。自承上件指揮，遇有宰執舉送到選人，所載實跡與監司郡守一體者並已退回外，其間却有前宰執任一路安撫使，或知一州，依條舉到僚屬，不係前宰執舉官員數之人，並未有新制以前舉到人數，未審合與不合放行。取進止。勘會已降指揮，周某除翰林學士，五月二十九日三省同奉聖旨，前宰執任安撫使或知州，舉到僚屬並依近制舉實跡並在指揮以前，其餘人可與放行。

〔一〕榜：明澹生堂鈔本、四庫本、傅校本作「滂」。
〔二〕物：原作「勿」，據明澹生堂鈔本、四庫本改。
〔三〕與：原無，據明澹生堂鈔本、四庫本、傅校本補。

翰林學士選德殿對劄子三首

自叙 淳熙四年六月二十七日

臣竊觀自唐至本朝，優待詞臣異乎他官，非專取其翰墨之工也，謂其居近侍之職，無簿書之冗，可以朝夕論思，日月獻納，或有補於治道也。數百年來，得人固多，其最可慕者陸贄、歐陽脩而已。贄之忠實，蘇軾蓋嘗發明之，以謂才本王佐，學爲帝師，論深切於事情，言不離於道德。當時奏議，具在方策。惜乎不遇貞觀之世，乃生德宗之時，此臣所以雖慕其人而不願爲之也。至脩則不然，有贄之學術議論，而又生逢其時，事我仁宗皇帝。凡儲貳之建立，水旱之災祥，大臣之賢否，將帥之是非，知無不言，言無不盡，太平之功實有助焉。身荷美名，君都顯號，此臣所以既慕其人又願學之也。仰惟陛下納諫如貞觀，求治如仁宗。顧臣何人，獲侍清燕，可謂無贄之不遇而有脩之逢時者矣。所慚庸妄，瘝曠厥職，尚當殫竭智慮，勉希昔賢之萬一，無負於任使。若乃進則有隱，退則不密，擠人而利己，揚己以取名，豈惟義所不敢，亦安能逃陛下日月之照哉！冒輸情實，惟聖神裁擇[一]。取進止。

乞裁節土木之費

臣聞歐陽修在翰林日曾上言：京師土木興作處多，乞行減罷。尋差修與三司同共相度減定。修因言：神御殿不住修換，昨開先殿只因兩柱損，遂換一十三柱，用材植物料共一萬七千有零，且崇奉祖宗貴於清淨，頻有遷徙，輕瀆威靈。其言甚爲詳備，仁宗嘉納。臣竊見近歲營造往往委臨安府及轉運司，例皆苟簡趨辦，閱時未幾，即復繕修。祗如景靈宮歲歲換柱，每次所費不下數千緡。蓋抽換之時，率用濕木塗以丹漆，夾以墻壁，纔及數月，又已損爛。近修兩學，亦復如此。官吏只欲速成，冀目前之賞，豈暇計慮久遠，且以邦財民力爲念哉！臣愚欲望聖慈嚴賜戒飭，凡遇修宗廟等處須用乾壯材植。若年歲間依前損壞，即推究原修官吏，重行責罰。其他土木之工，有可節者節之。謂如封樁錢物雖少屋宇，而左藏東西庫大段有空閑去處，若就用盛貯，別差專庫看守，却令提領官掌其扃鑰，遇有支收，躬親啓閉，户部何由敢有移用？自不必令漕司踏逐地步，枉費十餘萬緡，造屋五百間，拆移太府寺，其爲利害若白黑之易見。仰惟陛下躬儉出於天性，此事偶有未知，知則必爲裁制，此臣所以不避妄言之罪，期效涓埃之補也。取進止。「重行責罰」而下三省貼去進呈，七月日奉聖旨依。

乞申嚴薦舉連坐之法

臣聞：法本無弊，推而行之非其人，弊則隨之。自堯舜以來，蓋莫難於知人。既非聲音笑貌所能求，又非閥閱課試所能

[一] 擇：傅校本作「幸」。

盡，其可常行者，不過薦舉而已。今夫選人改秩之後，外可以馴致守倅監司，內可以躐登臺省寺監，此本朝之所遴擇，陛下之所留意者也。今每歲雖有定員，而賢否未免雜進；舉詞雖用實跡，而是非亦或難辨。其間營求囑託，巧奪力取，固亦有之。比歲事爲之制，曲爲之防，非不詳矣，而法出奸生、令下詐起者，衆人之所趨，勢不能遏也。上下通知其弊，顧未有以易之。臣謂法令中明有連坐之文，而其奏牘亦云甘當同罪，然曠歲踰時未嘗有所懲治也。今莫若申嚴此制，務在必行。其制既嚴，其選必慎〔一〕。縱未能盡得俊傑之士，比之泛然而取則有間矣。昔治平間〔二〕，英宗方倚樞密直學士李參知秦州〔三〕，會所舉人坐贓，特命奪官。夫以守邊之臣宣勞於國，猶且不廢嚴罰〔四〕，況餘人乎？此亦救弊之要道也。取進止。

隱岫對劄子五首

論官吏躐等數易之弊　淳熙四年九月三日

臣聞舜之時稷播百穀，契敷五教，皋陶作士，后夔典樂，終身守其官，未之或易。所謂三載攷績，三考陟明，不過遷爵秩、加服章而已。是以任久而責專，志定而功成。後世人才既不如古，仕於朝者又遷擢靡常。今歲爲某職，來歲任某事，一或不然，輒興滯留之嘆。往往用過其量，處非所據，職業多曠，績用弗成。爲臣者既以被譴，而國家亦不能收用人之效，兹今昔之通患也。臣愚欲望聖慈於任使百官之際，益留宸念。始也審度才力，隨其大小付之以事，而勿使躐等；終也考核功效〔五〕，或增秩或賜服，而勿使數易。蓋不躐等，則僥倖之望息而速進之念絕；不數易，則營職之心勉而厭倦之意消。自然下安其分，上獲其利，豈曰小補哉！取進止。奉聖旨令報行。

乞蠲減月椿經總制錢一半

臣竊見中興以來，養兵費廣，常賦不足供億，故有月椿經總制之名。大抵應副朝廷者少，科撥赴諸路總領司者多。故雖有水旱及赦放之類，鮮曾蠲免。前後積累，有一州而欠總司錢至十五萬貫者，名存實亡，倍費催督，州縣匱乏，職此之由。臣身不任錢穀之責，言此似若迂而難信。然採之衆論，咸謂陛下約己裕人本乎天性。只如夏稅折帛錢，乃上供不可闕者，頃歲出自聖意，特與蠲減一半，黎庶呼舞，至今未息。而況月椿經總制錢皆後來所創名色，本非得已，而月月增數，歲歲添額，必欲裕民，其可不爲之計乎？臣愚欲望聖慈令户部略具紹興初立額時其數幾何，目今其數幾何，將中間逐州增添之數斟酌蠲減一半，內有指定支

〔一〕慎：四庫本、傅校本、《歷代名臣奏議》卷一六九作「遴」。
〔二〕昔：原作「若」，據四庫本、《歷代名臣奏議》卷一六九改。
〔三〕李參知秦州：原作「李彥知泰州」，據《歷代名臣奏議》卷一六九改。參《宋史·李參傳》、本書卷一三四《同侍從臺諫議權罷舉主改官狀》。
〔四〕嚴：原作「絀」，據四庫本改。
〔五〕效：原作「勞」，據明澹生堂鈔本、四庫本、《歷代名臣奏議》卷一四四改。

遣去處，計數給降度牒，庶幾聖澤益深，民心益固，規恢之功，寔在於此。取進止。

乞收恤揀汰軍人家屬

臣竊見臨安府城内外，時有軍中揀汰廢疾之人并身後家屬之貧困者，多將平時所受付身敕劄之類，乞丐錢物於市。此固自來有所不免，然而見今軍士見之，往往惻然動念。臣愚欲望聖慈密諭守臣措置收恤，計其人數亦自不多，稍令免於凍餒，足使來者知勸。

論陰雨劄子　淳熙四年十月十七日

臣竊見陰雨已踰兩旬〔二〕，甚妨收刈。陛下焦心勞思，德音屢下，決遣囚繫，蠲免房緡，申詔有司精加祈禱，而雨意未止，愈勤宸念。臣職在論思，恨無愚者之慮少裨萬一，輒以三事冒昧陳獻。伏聞太祖朝以久雨謂左右曰：「後宮止三百餘人，當更放數十人。」今禁中給使雖少，不知可用太祖故事否？此一事也。近歲員多闕少，到堂及到部官發洩艱滯，不知可詔三省及吏部刷具人數隨宜措置撥遣否？此二事也。陛下裕民之心甚切，而州縣奉行多有不至，聞浙中諸郡見催積欠頗急，不知可降指揮少寬期限否？其餘更有寬恤事件，望令三省及户部日下條具取旨施行。此三事也。臣誠迂陋，然懷不自已，親書奏聞，或有可採，乞賜裁擇，庶幾人心懽悦，指期晴霽。伏取進止。

乞詔有司祈雪劄子　淳熙四年十二月十一日

臣竊見今冬天氣過煖，時雪未降，臘候既半，理不可緩。欲望聖慈特詔有司精加祈禱，非特來牟之望於民甚切〔三〕，而致和氣消癘疫於是乎在。取進止。

〔二〕已：原無，據明澹生堂鈔本、四庫本、《歷代名臣奏議》卷三〇七補。
〔三〕牟：四庫本作「年」。

廬陵周益國文忠公集卷一四一

奏議卷八

翰林學士隱岫對劄子一首

乞州縣選勳賢之後上之國學 淳熙五年正月二十三日

臣聞舜命后夔專教胄子，周置大司樂，其教國子尤致詳焉。本朝設監置長貳，皆以國子爲名，蓋本諸此。雖然，其名是也，其實則不過科舉之歲，許朝士牒試子弟數人而已，平居蓋未嘗教養也。及其父兄去位，則亦委之而去，果何補耶？洪惟國朝文武名臣道德勳業著在簡策，代不乏人，是宜與國咸休，永世無窮[一]，而一再傳之後，蔭補不及，往往淪於編户。雖彼不能克紹，亦由法制未備故也。往者陛下初政，嘗録勳臣之後而禄之，恩禮既厚，故可暫行而不可以爲常，有司又難其路，應詔者纔一二人而止。幸今遴補試以革冗雜之弊，當有以充其闕。願下三省定前世文武勳賢之後自幾品而上許所在州縣次第上之國學，逐歲聽其就補别號考校，候中選隨所習文武之業分隸兩學，然後參定升補之制，歲釋褐三二人。庶幾賢者之世功臣之類皆自勉爲善，振揚其家聲，亦使當今趨事赴功者歆羨跂慕，思燕及來裔，以共圖報塞，其爲益也大矣。取進止。

乞翰苑御書 淳熙五年五月四日[二]

臣竊惟列聖眷顧翰苑，多因詞臣有請，賜之扁榜。在太宗時，則飛白玉堂等四字賜蘇易簡。暨太上中興，亦因周麟之之奏，賜玉堂二字，見今刻石院中。陛下天縱多能，筆法高妙，臣僚私室多拜宸翰之賜，北門地在禁嚴，顧可獨闕？臣幸以菲才，叨塵内直，若不援淳化、紹興故事仰干鴻造，是爲自棄。惟陛下萬幾餘暇，特出聖意，肆筆大書，寵賁下臣，使得揭之直廬之中，非特增光本朝盛典，抑臣姓名可附不朽，實萬世之遇也。取進止。

乞展限修史

臣竊見編修《四朝正史》置局雖久，而中間緣併手重修《徽宗實録》，未暇撰次，只自去春進書之後，前史官李燾方始具奏乞寬展期限。尋奉四月三日聖旨，展至今年春季。適會累月以來官屬多從外補，是以未能就緒。欲望聖慈特降睿旨，更展期限，庶獲成書。臣謬列史官，合具奏稟。取進止。五月日，奉旨展至

[一] 永：四庫本作「奕」。
[二] 淳熙五年五月四日：原無，據明澹生堂鈔本、四庫本、傅校本補。

冬季〔一〕。

又奏翰苑名稱劄子

臣近者忘其冒昧，輒引故事，恭乞宸翰刻寘玉堂，嘗蒙宣諭何字可代英廟嫌名。伏緣直廬之類皆未穩當，倉猝未知所對，連日思索，敢爲二説，仰瀆睿聰。臣竊見唐有集賢書院，蓋集賢殿之書院也。其後置學士院，往往因所御宫殿而寓直焉。若駕在大內，即置院於明福門，駕在興慶宫，則置院於金明門。德宗嘗召學士對浴堂，則又移院於金鑾殿。此正如漢有玉堂而許臣下待詔於其側〔二〕，唐置書院於集賢殿以處文學之士也。今擬作玉堂之院，未審聖意以爲然否？臣又聞漢因避諱改禁中爲省中，自是相承，凡官舍在禁庭者通謂之省，除三省不可比擬外，如後省、散騎省、秘書省、殿中省，其名不一。杜甫詩曰：「上君白玉堂，倚君金華省。」殆此義也。若作玉堂之省，亦頗近古。或二者皆不可用，即乞出自聖裁。臣妄陳管見，罪當萬死，無任戰懼之至。取進止。

薦林永叔　淳熙五年五月二十八日〔三〕

臣昨因修《四朝正史》，聞有忠州文學林永叔頗通曆書，曾委官屬與之推算曆志。近據本人稱，今年九月合是小盡，見行淳熙曆却作大盡，又聞虜中曆亦作小盡，其説疏密固未可知，要是留意於曆者。今以其供到大略，別紙録進，乞禮部試加考核〔四〕。兼本人曾於乾道九年被旨同李繼宗等參詳乙未正月疑朔，雖星官曆翁互執己説，是非難據，然千慮或有一得，不可廢也。取進止。後有旨，令臨安府破五人衙官券，於府學安泊，聽候指揮。

薦察官劄子　淳熙五年閏六月初四日〔五〕

準尚書省劄子，六月二十一日三省同奉聖旨，可令翰林學士、諫議大夫、給事中、中書舍人各舉堪任監察御史二人以備擢用，遵用祖宗故事施行。臣恭依聖旨，舉官下項。

一員，奉議郎、幹辦行在諸司吴焕〔六〕，性質静重，才術疏通，更歷州縣，人皆言其廉正。

一員，朝請郎、權廣南西路轉運判官詹儀之，清心寡慾，居官可紀。資歷雖曰稍深，然故事郎官宰掾多遷六察，所以重臺綱也。儀之曾自知縣爲臺簿，實應資格。

右件二人得之公論，敢以應詔。或不如所言，甘坐謬舉之罰。謹録奏聞，伏候敕旨。

〔一〕五月日奉旨展至冬季：原無，據明澹生堂鈔本、四庫本補。

〔二〕「玉堂」下，明澹生堂鈔本、四庫本、《古今事文類聚》新集卷二〇有「殿」字，疑是。

〔三〕淳熙五年五月二十八日：原無，據明澹生堂鈔本、四庫本、傅校本補。

〔四〕「乞」下，明澹生堂鈔本、四庫本有「付」字。

〔五〕淳熙五年閏六月初四日：原無，據明澹生堂鈔本、四庫本、傅校本補。

〔六〕焕：明澹生堂鈔本、四庫本、傅校本作「煥」。

欏木堂對劄子一首

論優恤軍士守臣便民五事 閏六月十四日〔一〕

臣聞國家所重者莫大乎得軍民之心，此固陛下與大臣夙夜以爲念者。臣妄有管見，仰裨末議。竊見近降敕榜，慮諸軍有累重而月給不能贍者，特令借支見錢，內委兩浙轉運司，外委總領所，營運利息，補其不足。昔楚師多寒，上有温言則皆若挾纊；越人未飲，一聞投醪則莫不心醉。至誠動物，其效甚速。今陛下以境土未復，虜性難測，預推德意，以感軍心，甚大惠也。然臣過計諸軍貧乏，固非一日。彼初謂朝廷不能盡知，未敢有所希覬，亦既知之，則必指日以俟存恤。若使待所得於一歲之後，不惟人稍失望，亦恐頗虧事體。臣願陛下因已行之命，不惜封樁錢數十萬緡，於今年防秋前，將累重貧乏之人特給一次，日後自依元措置事理接續支遣。如此則三軍之士銜戴上恩，緩急調發，誰不用命，此得軍心之説也。至於民事，全在監司郡守以其休戚告之於上。昨紹興二年二月〔二〕，嘗詔守臣到任及半年以上，先具民間利病五事奏聞。至紹興二十六年閏十月，又降指揮不拘五條，或多或寡，惟務的實。今雖遵用此制，然其人不無賢否，則所論容有是非，朝廷一例視爲常程，皆付逐部勘當，鮮或施行。且以靖州邊壘言之。昨守臣邢遷在任日，上司以蠻徭作過，凡百寬假，故可效力。及事定之後，即不能措手，請祠而去。問其所以，不過一二事。如經總制錢額收一千五百餘貫，而每歲多敷二千三百餘貫，往往科罰徭人，樁辦其數。又寄招陝西軍兵人數，亦是昔罷而今復，聞守臣陳乂已於便民事件中具言底蘊。臣謂此等在國計至爲微末，於邊城所繫甚大，推而至於他州，其數必多，姑借一端，可槩見矣。臣愚伏望聖慈明諭三省，今後諸州守臣具到便民事件，摘其實有利害如靖州二事者速與施行〔三〕，或必須勘當，亦望嚴立日限，毋使稽滯。仍詔諸路監司於到任半年之後〔四〕，條具本路民間利病事件如守臣之制，庶幾陛下不出户庭可以明見萬里，此得民心之説也。取進止。

後殿對劄子三首

論監司帥守接送傔費 淳熙五年七月二十五日〔五〕

臣竊惟久任守帥，古今不易之理，其或非時改移，蓋非獲已。惟是將迎之費、吏卒之數，具存格令，當官者自應體國愛民，於其中更加撙節。近乃不然，務爲觀美，支用益夥，往往格外巧作名目，列郡動至三四百人，其借請公用皆有增而無損。稍不如意則督過交承，遷怒僚吏，無所不至。守帥如此，望其禁戢

〔一〕閏六月十四日：原無，據明澹生堂鈔本、四庫本補。
〔二〕二年：明澹生堂鈔本、四庫本作「三年」。
〔三〕者：原無，據明澹生堂鈔本、四庫本補。
〔四〕詔：原作「照」，據明澹生堂鈔本、四庫本改。
〔五〕二十五日：四庫本作「二十九日」。

屬部難矣。聞之衆論，謂十數年前接帥臣約費萬緡〔一〕，當時已駭其多，今蓋增至四五萬緡矣。設遇歲中一再更易，則當費一二十萬緡，民力安得不困？臣願陛下嚴賜戒飭，自今接送監司帥守一依舊格，毋得多破人數。人數既減，借請自少，其從物公用之類皆令節省，庶幾帑廩稍寬，少副裕民之政。至於精選任，戒數易，此所謂揣其本者，惟陛下更留聖念。取進止。

論犒軍

臣近嘗妄論朝廷已知諸軍有累重貧乏不能自給之人，欲及防秋前特推恩意，天語似以爲然。臣竊惟陛下愛惜邦財，未嘗妄費，緣此行在封樁約及二千餘萬，而逐處總領所亦各有封樁錢物。今若出自睿斷，於内早與特支一次，以寔敕榜之大惠，則費雖不多，而可以得百萬士卒之歡心，其利害昭昭矣。兼臣頗聞議者謂降本回易一事，將來未免稍有窒礙去處，故節目亦未甚定。今既先有以與之，則諸軍知號令之必信也，緩急益當用命。臣以此事所繫頗重，故敢中言，惟聖明裁擇。取進止。

論監司奏陳所部利害

臣聞：人主前旒蔽明，黈纊塞聰，其所以能明見萬里者，内寄耳目於臺諫，外寄耳目於監司也〔二〕。今臺諫既以所聞告於上矣，則爲監司者自當數以所部利病獻焉。今除每歲剌舉一二官吏外，鮮聞以某郡縣之利當興，某郡縣之害當除，徹於陛下之前者。豈真無利害可言哉？蓋未嘗周爰諏詢之過也。臣願明詔部刺史，或月或季，各以部内所當罷行之事，倣成周小行人所謂萬民之利害，政事教治刑政之逆順，與夫作慝犯令、豐凶和樂之書，條具以聞，毋得用薄物細故塞責。如此則不惟陛下坐而周知天下之故，亦可於是稽其人之才否而昭黜陟矣。取進止。

倚桂對劄子二首

論兩淮民兵　淳熙五年九月二日

臣聞兵農之分久矣，本朝慶曆中揀保捷，治平中刺義勇，熙寧間行保甲，皆欲稍復古制。而議者參差不齊，或謂公家無所費而坐獲其用，有利無害；或疑緩急退怯牽動正軍，有害無利。是不然，用得其道，雖狙詐猶可使，況人乎！南渡以來，兩淮團結民社，前後條法固備。臣嘗詢訪曲折，有從政郎張巖者，其説頗似中理。大概言人之常情樂以趨事則雖弱亦强，若督責勉强則雖强必弱。今淮民固有材勇好攻戰者，亦有懶惰畏行陣者〔三〕，奈何泛取而不爲之別乎？今莫若擇膂力剛、騎射精、志氣果者自爲一等，歲時程其技藝，部以節制。平居無事，特與蠲免徭税以勸

〔一〕約：原作「納」，據明澹生堂鈔本、四庫本改。
〔二〕也：原無，據明澹生堂鈔本、四庫本、傅校本補。
〔三〕懶：明澹生堂鈔本、四庫本作「慵」。

之，設遇調發，可以責其用命，比之泛泛糾集殆不可同日而語也。此外則將疲懦不堪戰鬬者，依舊結集保伍，使衛護鄉井，備禦他盜，亦不至全爲無用。如此則人數雖似稍少，而能否兩適其宜，乃所以爲多也。臣願陛下特紓睿覽〔一〕，如或可採，乞更與大臣籌度行之。取進止。

論孟享拜跪

臣仰惟陛下嚴奉祖宗，務極誠意。今歲偶因拜跪稍妨，間令宰執分詣景靈，蓋非獲已，而外廷不達事體，頗疑闕典。今孟享在即，臣偶有管見，不勝愛君之心，輒妄言之。神宗初置景靈宮，以及徽廟，往往逐殿行禮，未常連并拜跪，然猶分作三日。今既聚在一殿，事當從權，謂宜於是日陛下初再拜如常儀，次詣神御前逐一上香奠茶酒，亦權宜免跪，天步姑且徐行，而令謁者贊群臣次第於庭下，候聖躬行禮已徧復還褥位，又再拜而退，則是前後共有四拜，不至甚勞。萬一仰合聖心，即乞臨時傳旨太常寺權暫行之，勿以爲例，非特於禮無爽，亦可少副都人跂望屬車之情。來春以後不妨，却從舊制。設或值雨，則聖駕自不須出。今取進止。十月四日，駕詣景靈拜跪如常，明日乃詔分詣。

隱岫對劄子五首

乞令敕令所修諸路諸州未盡賞格 淳熙五年十月十八日

臣竊見正月一日頒降淳熙一路一州酬賞新書〔二〕，輕重曉然，吏不容欺，中外幸甚。然臣尚有管見，敢效其愚。臣昨任兵部，見四川成都府利州路經制買馬司舊賞，如本務馬每年起上京、陝西綱及三千五百匹，任滿與轉一官之類者，元豐七年敕也。又如梓州路戎州立定每年買駁騾馬四尺以上，每及五百匹減一年磨勘，次第而轉一官者，崇寧四年指揮也。招安將買馬一年及千匹轉一資者，五年指揮也。成都轉運司官應副黎州買馬銀帛無闕誤各減二年磨勘者，宣和元年指揮也。臣今者備數銓曹，因户部行移間又見劍州知州任内般茶敷額比附興州大觀榷茶司條格減一年磨勘者〔三〕，政和元年敕也。知通分受者，四年敕也。並是見行賞典，新書偶未該載。每遇推行，吏部止憑關會給據上鈔，未稱總核之意。竊恐如此之類尚多有之，欲望聖慈令敕令所立限行下諸路，并移文六部及所經由庫務等處盡行取索，隨一路一州附之到任任滿賞格之後，庶幾坦然可守，盡革吏奸。取進止。

〔一〕紓：四庫本作「行」。

〔二〕降：原作「分」，據明澹生堂鈔本、傅校本改。

〔三〕一年：明澹生堂鈔本、四庫本作「二年」。

論選人改官立額

臣觀本朝嘉祐間號爲全盛，王安石猶謂選人歲改京官不翅百人，當時患其多焉。今日改官之數乃反過於嘉祐，安得不爲權時救弊之術也。竊聞紹興二十四年奏舉引見改官凡八十八人，二十五年六十八人，三十年七十四人，三十一年五十人，其就任改官，獲盜改官，并在京職事官皆不在數，三十二年遂至一百一十三人。於是隆興元年四月，因臣僚有言，降旨歲以百員爲額。乾道三年十月，又通四川以百二十人爲額。遇有溢額員數，即候次年施行，仍理爲次年之數。行之累歲，似爲允當。至乾道七年十月，有司不能遵守，遽然申請今後更不限員。邇者陛下念官冗之弊，稍嚴升改，去歲引見改官不及七十員，而捕盜在焉。今若明降指揮，歲以此數爲限，遇有溢額，即如向來措置留待次年，又慮所積額多〔一〕，即乞三年一次會計。如溢額及三四十人，即令內外官司權免上半年舉官一次。又加溢額及六七十人，即令內外官司權免全年舉官一次。俟至明年，却令依舊。若三年間別無溢額，固無可言。如此則不動聲色，不改法令，而七十員之制遂定。倘或可採，乞付議者條具施行。取進止。其後歲以七十員爲額。

論文臣轉官書年甲

臣竊見近歲武臣磨勘轉官，並於告身明載年甲，以防欺僞。其文臣京官而上，每陳乞轉官，年甲亦多差誤。臣欲乞今後除特旨轉官及命詞給告外，餘人遇磨勘並令有司子細參照，書其年甲，庶革日後增損之弊〔二〕。取進止。

論史事劄子 淳熙五年

臣以菲才，被命纂修《四朝正史》，賴同僚協力裒類事寔，粗見功緒。今當下筆之際，事體尤難。竊觀前朝國史，雖是衆人分撰，然當時案牘可以稽據，是非可以詢問，責成一手，不至訛舛。粤自南渡以來，文籍殘闕，往往搜求散軼，考證同異，若非參合衆智，深慮不相照應，抵牾者多。臣嘗與衆議分手撰述，每遇一志一傳成篇，並令在院官互相修潤，庶幾首尾貫穿，體制歸一，無思慮不周之患也〔三〕。如合聖意，即乞特降指揮，以憑遵守。取進止。十月二十四日，三省同奉聖旨依奏。

論軍民相毆劄子 淳熙五年十月二十八日

臣伏見近降指揮，以王友直病中馭軍失紀律，亟從貶降。乾剛赫然，孰不畏仰！然臣謂官軍本不敢擅提平民〔四〕，皆由友直素

〔一〕額：原作「頗」，據明澹生堂鈔本、四庫本改。
〔二〕「庶」下，明澹生堂鈔本、四庫本有「幾」字。
〔三〕周：原作「同」，據明澹生堂鈔本、四庫本、《歷代名臣奏議》卷二七七改。也：上引無。
〔四〕提：原刻校云：「張本作『捉』。」按明澹生堂鈔本、四庫本亦作「捉」。

來貪橫刻剥，不能戢下。中間長明寺争競及等子相打二事，失於公心究治，積習至此。今既行遣友直，則其餘軍士往往惕息不安。以臣愚見，謂宜將見收到爲首作鬧之人疾速施行，其餘一切不問。設若用有司常法追呼枝蔓，則恐諸軍疑慮，激成忿怒不平之氣，却費行遣，非所以鎮壓群情也。伏取進止。

禮部尚書兼翰林學士後殿對劄子三首

論杜太后家子孫

淳熙五年十二月二十三日

臣竊見本朝崇德報功，凡勳臣之後多命以官，使續世禄，此忠厚之至也。仰惟昭憲皇后誕生太祖皇帝、太宗皇帝，聖子神孫，垂裕萬世，功德之大，古無倫擬。爰自大觀元年十一月，因杜氏孫女陳乞兩世失禄，特詔逐月計口支給錢米，五歲錢一貫文、米一石，十歲以上錢二貫文、米一石[二]，至今遵而行之，非其他外戚可比。在於恩意固極隆厚，然而禄仕不繼[三]，闕孰大焉。按政和五年十一月八日内出手詔，其略云：「杜氏之後，門閥微替，求其子孫，無在仕版，第宅圮壞，貧不自給。可令有司訪其後裔，命之以官。」由是觀之，當時固不止給錢米而已。臣愚欲望睿慈特命有司參照上件典故，令杜氏整比家譜，擇其子孫愿恪有才能者一二人，加之一命之寵，畀以祠廟之禄，世世勿絶。仍就行在賜官屋三二十間，使聚族以居，與國無窮。庶幾慰在天之靈，報垂裕之德。況近降十二月十一日指揮，杜氏請錢米者不過臨安、常德府一兩處，計其人數，必不甚衆，及今施行，良易爲力。如合聖意，乞作聖旨行出。取進止。十二月二十四日，三省同奉聖旨，令臨安、常德府取會故昭憲皇后宅杜氏子孫見支破請給人，開具年甲、才行，并宗枝圖保明聞奏。

論解試試官

臣竊惟當今仕進之塗固多，而以進士、任子爲重。二者之中，進士又加重焉。其所以取之之路，不過解試、省試、殿試而已。省試初有點檢試卷官，次有參詳官，最後乃至知舉官。殿試有初考，有覆考，有詳定，有編排，其詳如此。惟解試聚一州一路舉人，動以千萬計，方能否未辨、真贋雜進之時，考校可謂至難，事體可謂至重，而去取之際專在一夫，何其略也。且以一州言之，三千人就試，共解三十人，而所差試官止於六人，則是每員合考校試卷五百副，取合格者五名。當監試分卷子之時，初無差等。假令甲房程文偶然優異，而所取不過五人；乙房程文偶然平凡，亦必足五人之數。幸與不幸，繫乎臨時。又況所差之官間有昏耄廢學、挾私自用者，則其鹵莽又可知矣。臣愚欲望聖慈念解試爲取士之原，理宜精審，特詔監學詳議可行之法，稍革舊弊，庶使計偕得人，國享籲俊之福，實學與選士無遺才之嘆。取進止。十二月二十四日，三省同奉聖旨，依奏。

[二] 一石：四庫本作「二石」。
[三] 而：明澹生堂鈔本、四庫本無，疑是。

論臨安府牲牢價錢

臣聞牲牢不可不備，而尤當致其潔焉。昨乾道三年躬郊之歲，曾於八月降旨，戒飭臨安收買牲牢禮料毋得過數科擾，及令即支價錢，御史察其違戾。自是以來，積習浸久，奉行往往不虔。既多賒取於民，故價雖高而牲常瘠。近據鋪户經太常陳訴，今歲未支價錢至及六千貫〔二〕，是豈足以仰副陛下欽崇邦祀之意哉？又如新正朔祭近在數日，而牲猶未備，取具臨時，何暇在滌，此非所謂潔也。今郊見天地期復不遠，臣願明詔有司取見未支錢數〔三〕，令於左藏庫先次撥運，然後申嚴乾道三年所降聖旨，務在必行，以革舊弊。取進止。尋下臨安支還。

〔二〕至及：原作「及至」，據明澹生堂鈔本、四庫本乙。
〔三〕「錢」下，明澹生堂鈔本、四庫本有「糧」字。

廬陵周益國文忠公集卷一四二

奏議卷九

禮部尚書兼翰林學士羅木堂對劄子三首

論宗官 淳熙六年二月二十七日

臣近聞判大宗正事士輵以年老改充宫觀使，至今尚闕宗官，蓋難之也。夫糾齊董正，任責甚重，所謂丞者不過簽書而已，事之與決，何敢干預？以臣愚見，謂宜於正任中擇屬近行尊者亟補其闕，却依南外西外體例，擇文臣老成通練者一員爲同知大宗正事，庶幾協心共濟，不致過舉。況並置二員，自存舊制，非是創添。如合聖意，乞詔三省選其人而用之，以助成聖朝信厚之化。取進止。

論明堂 淳熙六年三月 不曾上

臣伏觀明詔，令禮官詳議明堂典禮，見條具奏聞外，臣竊惟祀帝如祀天，皆以祖宗配食，此仁宗已行之制，深合於禮。況明堂不專嚴父，具存神宗聖訓、司馬光等正論。但世俗不能偏知典

故，只誦《孝經》之文〔二〕，未嘗深考其義，致以今日爲疑。故前郊李燾申請，雖經群臣集議，尋爲異説所奪。今既明降指揮，即與臣下起請不同，若復中輟，理或未安。臣愚欲望聖慈旦夕作一宛轉達知太上皇帝，仍候將來降御劄日詳載古誼，庶幾杜絶不知者之説，實爲允當。臣先事妄言，伏候罪譴。取進止。

禮部太常寺議明堂大禮狀 淳熙六年三月初九日

臣等竊觀傳載黄帝郊祀上帝於明堂，唐虞祀五帝於五府。歷時既久，其詳莫得而聞。至《禮記》始載《明堂位》一篇，言天子負斧依南鄉而立，内之公侯伯子男，外之蠻夷戎狄，以序而立，故曰明堂也者，明諸侯之尊卑也。孟子亦曰：「明堂者，王者之堂也。」《周禮·大司樂》有冬至圜丘之樂，夏至方澤之樂，宗廟九變之樂。三者皆大祭祀，惟不及明堂。豈非明堂者，布政會朝之地，周成王時嘗於此歌《我將》之頌，宗祀其祖文王乎！後暨漢唐，雖有沿革，至於祀帝而配以祖宗，多由義起，未始執一。本朝仁宗皇祐中破諸儒異同之論，即大慶殿行親享之禮，並侑祖宗，從以百神。前期朝獻景靈宫、享太廟，一如郊祀之制。太上皇帝中興，斟酌家法，舉行於紹興之初，亦在殿庭，蓋得聖經之遺意。且國家大祀有四：春祈穀，夏雩祀，秋明堂，冬郊祀是也。陛下即位以來，固嘗一講祈穀，四郊冬祀，惟合宫雩壇之禮猶未親行。今若特舉秋享，於義爲允。臣等謹據已行典禮，

〔二〕文：明澹生堂鈔本、四庫本作「語」。

及將仁宗時名儒李泰伯《明堂嚴祖説》，并治平中呂誨、司馬光等集議、近歲李燾奏劄具録在前。謹録奏聞，伏候敕旨。三月十七日，三省樞密院同奉聖旨[一]，依禮部太常寺詳議到事理施行。

講筵留身劄子三首

論安定郡王襲封 淳熙六年四月三日

臣竊見安定郡王闕封已久，近據從義郎子遜經禮部陳狀云[二]：令字號今別無人，當用子字。子遜見年七十八歲，合行承襲，有司抑遏不爲施行。臣竊謂子遜年齒已高，又投牒自訴，則其人諒亦無取，欲望聖慈[三]

論湖南利害劄子[四]

上缺之理。今朝廷調兵遣將於鄂[五]，又命潭帥王佐節制本路將兵，其勢蓋不難於殄滅。然臣愚者之慮，敢陳二説。官軍列陣而戰是其所長，土軍深入險阻是其所習。竊慮兩項人馬爭欲立功，或捨所長用所短，則鼠輩將跳梁以乘其後。一也。潭、鄂將帥若能公心協力，善不可加；萬一議論異同，必將謀己之勝而幸人之不勝，利害尤大。二也。伏望聖慈嚴降旨揮叮嚀戒約，勿使蹈二者之弊。取進止。

已見上殿劄子一首

論黜陟郡守 淳熙六年五月二日

臣聞立國必有制度。如三代之時，夏尚忠，商尚質，周尚文，子孫守之，皆歷數百年。雖舉偏補弊，有所不免，而規模一定，未嘗易也。恭惟本朝聖聖相授，至於陛下厚德加乎民，至治高於古，其間政事設施雖時有損益，至於立國之要則專在乎仁。故兵未嘗不用也，而以禁暴安人爲本；刑未嘗輕貸也，而以遷善遠罪爲意。此所以上天佑之，下民歸之，億萬斯年，方興而未艾也。臣久侍左右，竊仰陛下發於言者無非仁言，施於政者無非仁政。苟有利於人，事雖難而必爲[六]；苟未便於物，今縱下而

〔一〕院：原無，據明澹生堂鈔本、四庫本補。
〔二〕義：原作「議」，據明澹生堂鈔本、四庫本改。
〔三〕「聖慈」下，原注云：「下闕。案此下各本俱脱佚。一本每頁二十行，每行二十字者。慈字下缺二字爲一行，下缺十八行。其第十八行存『今朝廷調兵』五字，下接後半篇而佚其前，亦不知其所論何事。標目云《講筵留身劄子》，凡三首，則自論安定襲封之後及佚缺半篇之前，全佚一首矣。二十行本當是依原式空缺。故併記之。」
〔四〕此篇爲殘文，據明澹生堂鈔本、四庫本、傅校本補。標題據明澹生堂鈔本《奏議》目録補，此前還有《論大史局生補挈壺正劄子》一篇，已全佚。
〔五〕明澹生堂鈔本「今朝」上還有「之理」二字。又將此殘文徑接《論安定郡王襲封人劄子》「欲望聖慈」後，蓋誤。
〔六〕雖：明澹生堂鈔本、四庫本、《歷代名臣奏議》卷一七二作「至」。

必改。推是以往，增光祖宗，混一夷夏，蓋可指期以俟矣。雖然，人主至尊，萬民至卑；九重至深，四海至遠。陛下有是言也，非賢守令則無以宣之於外；陛下有是政也〔一〕，非賢守令則無以達之於民。縣令衆矣，勢難偏擇，盍亦注意於郡守乎？自陛下即位以來，凡除守臣必延見訪問，間有疲癃病疾鄙拙庸謬者〔二〕，往往改授他官，不可謂不注意矣〔三〕。然臣尚以爲言者，蓋諸道以簿書期會爲能者多，知有教化者少；便文自營欺謾爲課者多，實惠及民者少。是以聖心焦勞於上，而黎庶未康於下，抑有由也。臣願陛下法虞舜三載考績，三考黜陟幽明之遺意，詢事考言，取郡守治效著聞者，峻擢三二人以風曉四方，又取治狀不進者，顯黜三二人以策勵其餘，自然愷弟之詠可繼於成周，循良之盛不減於西漢。此似迂而實切，似緩而實急，惟聖明裁擇。取進止。

後殿對劄子五首

論詳議明堂赦書　淳熙六年五月十八日

臣仰惟仁宗皇帝在御之二十八年，肇行宗祀之禮。當時所降赦書恩意特厚，又別爲手詔闢至公之路，杜私謁之蹊，以新庶政，載在史册，垂之無窮。今陛下臨政願治十有八載，德日新而又新，治既進而加進，其視祖武無間然者。是以發德音，下明詔，卜以季秋宗祀上帝，蓋盛舉也。惟是自來赦令多因諸部條具而去取之，文詞雖繁，卓然可行者少，故州縣亦視爲常程，未免徒掛墻壁。臣愚欲望今茲出自聖意，密諭三省樞密院，就此三兩月間詳議政事施設之大者，用仁宗故實，敷爲詔旨，與赦俱下。至如諸路刑獄有觀望淹延累歲不能决者，州縣賦税有輕重不均若登帶積欠名存實亡者，版曹憲部皆可稽考〔四〕，並作訪聞〔五〕，或貸或蠲，一新斯民之耳目，此實人主殊常之恩，而非有司所能及也，故願陛下與大臣預圖之。又諸州太守到任便民五事，其間亦有言一方大利大害，尋常例付曹部勘當鮮聞施行〔六〕。臣亦乞命大臣表而出之，取旨行下，使四方萬里之遠知陛下上承天心，下恤人隱，歡欣感戴，溢爲和氣，自然華夷來同〔七〕，福禄無疆，不其韙歟！取進止。

〔一〕陛下：原無，據明澹生堂鈔本、四庫本、傅校本、《歷代名臣奏議》卷一七二補。
〔二〕病疾：明澹生堂鈔本、四庫本、《歷代名臣奏議》卷一七二作「疾病」。
〔三〕不可謂不：明澹生堂鈔本、四庫本、《歷代名臣奏議》卷一七二作「不可不謂」。
〔四〕可：原作「有」，據明澹生堂鈔本、四庫本、《歷代名臣奏議》卷二一八改。
〔五〕「並」下原有「非」字，據明澹生堂鈔本、四庫本、《歷代名臣奏議》卷二一八改。
〔六〕鮮聞：原作「宣問」，據明澹生堂鈔本、四庫本、《歷代名臣奏議》卷二一八改。
〔七〕自然：原無，據明澹生堂鈔本、四庫本、《歷代名臣奏議》卷二一八補。

論郊賚

臣伏見陛下約於奉己，豐於馭下，中外臣民具知之，不待贅也。南渡以來，郊賚比舊格例裁三之二。陛下其仁如天，自乾道中特令全支，蓋三郊於此矣。今季秋宗祀，群臣既免蒙犯風霜，又無郊野駿奔之勞。若使復受全給，殆非體國之義矣。臣願預詔攸司〔一〕，除諸軍賞給一切依前郊支散外，其群臣賜予姑仍舊制支三之一，不特使執事之臣受之也安，其於足國裕民之政不爲無補。昔司馬光、王安石在翰苑嘗議此事〔二〕，人皆以光論爲當，臣之僭言蓋本於此。取進止。

論宗室同名

臣竊謂事有所該者廣，而涉於簿書期會，則雖良法美意未免以吏奸而生弊，如措置宗室同名是也。蓋吏志於利而已，乘文書浩繁，取會不一，必爲害於其間，以去歲正月臺劾大宗正司人吏劉景及進奏官高忠信乞覓善滔錢物觀之，概可見矣。大抵祖宗時宗室既少，又皆聚居宮院，自然立名各殊。神宗熙寧以來日益蕃衍，於是稍許其補外。至哲宗始因宗正寺丞宋景年之請，凡別祖無服親，若非連名許用本字，勢使之然，非固略也。至於今又八十餘年矣，宗支愈盛，往往散居四方，必欲驟改，宜戛戛乎其難也。故淳熙元年，初令川廣限一年，餘路半之，限滿無立名公據，有官人不許參選，無官人住支請給。至二年八月則展一年矣，三年六月又展半年，四年四月又展半年，且有更不再展之文矣，其勢終不能行。五年正月，遂降更不立限指揮，而所謂不許參部者轉而爲先次參部，不許支給者轉而爲未放請給。今又歲餘，遷延如故。祇如臨安，近在輦轂，爲通判者善仁也，爲轉運司幹官者亦善仁也，而未嘗改焉，況遠外者乎！臣謂宗室之有官者，告敕印紙一一可驗，名雖偶同，三代未嘗同也。今捨其平生付身，而憑宗正吏一紙之公據，輕重蓋相遠矣。臣又見外路保明乞改名之人例具三二十字，大宗正司或以爲可用，而宗正寺則以爲不可〔三〕，其說但云依舊重疊，而不肯明言與某王宮何人位何人同名〔四〕，然則雖不重疊而謂之重疊，豈易察耶！臣愚欲望聖慈特降睿旨，應宗室參部及赴任之人，不候立名公據，且依舊法，却一面行移取會其諸路定到所改未當之字，須令大宗正司、宗正寺丞分明檢照聲説與三祖下某王宮某人位某人同名〔五〕，即不得泛言重疊，庶幾稍梶吏奸，仰副陛下睦族之本意。取進止。

〔一〕攸：四庫本作「有」。

〔二〕此：明澹生堂鈔本、四庫本、傅校本作「斯」。

〔三〕「寺」下原有「丞」字，據明澹生堂鈔本、四庫本、《歷代名臣奏議》卷七七刪。

〔四〕宮：原作「官」，據明澹生堂鈔本、四庫本、《歷代名臣奏議》卷七七改。

〔五〕大宗正司宗正寺：原作「大宗正寺」，據明澹生堂鈔本、四庫本、《歷代名臣奏議》卷七七改補。宮：原作「官」，據上引改。

乞廣西二事入赦劄子

臣八月十六日嘗奏陳廣西二事，乞於明堂赦文内備宣德意，後來未知李接已遂平殄否。今大禮在近，須至奏陳者：

一、臣久聞廣西官吏奉行鹽法未善，致李接扇惑愚民起爲盜賊。今欲乞於赦文内一項云：勘會廣西賣鹽專以裕民，訪聞官司奉行不虔，或抑勒民户過數請買，或拖欠鹽丁本錢不支，除已節次行下本路措置施行外，如州縣尚敢違戾，即仰監司案劾。監司失於覺察，御史臺糾劾以聞。

一、臣昨見今年五月九日聖旨，郴州宜章、桂陽軍臨武、道州江華縣并其他盜賊經由去處，今年夏秋二税並未得催科，聽候指揮蠲放。近聞湖南漕臣陳孺已體訪到二千五百九十八户，總計夏秋税錢四千三百四十五貫，銀二百三十六兩，米三千三百石有零。八月十八日降旨並特與蠲放，聖澤如春，孰不感歎！今來廣西被擾州縣似稍闊遠，欲乞於赦文内一項云〔一〕：勘會廣西州縣有曾經盜賊蹂踐及經由去處，仰帥臣監司疾速取見指實開具以聞，當議蠲放税賦。

右，臣伏料聖明已有處分，若得付之赦遞，風動海隅，自然破草竊之心，解愚民之惑。臣妄陳已見，未必中節，或是朝廷見已施行，伏望聖明特賜寬宥。伏取進止〔二〕。

論明堂太廟拜跪劄子

臣近者纔睹宗祀展日指揮，旋聞一切如舊，仰見陛下誠心感格，天步輕安，臣子之情不勝忭蹈。惟是十五日太廟逐室行禮，奠幣酌獻，升降至再，拜跪頗多。按《樂記》云：「大樂必易，大禮必簡。」鄭氏注云：「若於清廟大饗然。」又《禮器》載季氏逮闇而祭，日不足繼之以燭。他日子路預焉，質明行事，晏朝而退，孔子許其知禮。夫君臣之制雖殊，祭祀之恭一也。臣願陛下密諭大臣前期節文斯禮，使有定論，協於簡易之言，免令有司臨祭疑懼。若陛下奉先思孝寧過乎禮，自不以此爲勞，則固無可議者。臣不勝螻蟻拳拳之誠，謹具手劄奏聞。伏乞睿照。

後殿對劄子一首

乞因明堂晴霽誓戒 淳熙六年九月二十八日

臣竊見宗祀將受誓戒，陛下初慮拜跪稍妨，欲令改用季辛。既而聖慮默與天通，玉趾勿藥而愈。暨景靈宫朝獻，陛下又不以冒雨爲憚，成禮而返。纔至太廟，詔徹儀衛，却車輅，用示貶損之意。曾未旋踵，遂即晴霽。明堂行禮之夕，氣象清肅，星月燦

〔一〕内：原無，據明澹生堂鈔本、四庫本補。
〔二〕伏取進止：明澹生堂鈔本、四庫本無。

爛，謂天難諶乃爾易見，謂天蓋高乃爾易回，不待執珪幣陳犧牲，而景貺固已駢臻矣。臣聞益贊於禹曰：「惟德動天，無遠勿届。」又曰：「至誠感神，矧兹有苗。」陛下前之一念，實有得乎此。臣願益充是心，見諸日用，自然國家日益安寧，福祚日益綿永。蠢彼夷狄，亦將因干羽而來格。此舜禹已試之效，非臣之私言也。取進止。

常朝請對劄子一首

論依字 淳熙六年十月十一日〔二〕

臣竊見臣下凡有奏請〔三〕，或自内批降，或三省批旨，其可從者皆謂之依。是以唐穆宗爲太子，每書依字輒去人，曰：「上以此可，天下事烏得全書？」憲宗聞而嘉之。夫全書猶在所避，則有司臨文與決之際不可一律用此字明矣。臣竊見六部文案凡所施行，逐曹郎官隨事欲筆於前，長貳例皆判依於後，相承已久，無敢改易，揆之事理，深爲未安。臣愚欲乞明降指揮，日後六部所判文案並以行字代依字，庶幾稍嚴上下之制。取進止。奉聖旨依。

〔二〕十月：明澹生堂鈔本、四庫本作「十一月」。
〔三〕請：原作「議」，據明澹生堂鈔本、四庫本改。

廬陵周益國文忠公集卷一四三

奏議卷一〇

吏部尚書兼翰林學士承旨隱岫對劄子四首

論差宗室作教官試官 淳熙六年十一月二十七日

臣竊見熙寧二年始詔祖宗袒免親將軍已下願出官者聽，願換文官者與，試銜知縣願鏁廳應舉者依外官選。今歲月已久，往往爭自淬勵，才華議論殆與寒士齊驅，則其任用之際不宜薄也。昨紹興三十二年七月十二日曾降指揮，宗室及第人今後不許乞教授官差遣，吏部亦不許注授。至乾道八年五月七日，因第一甲及第人師烜自陳，方許集註教官，其第二甲以下依舊不許。又外路差解試官之際亦多不及宗室。且鏁應既依外官(一)，則注授考試何可獨爲限隔？得非以其取之之易，故疑其學術之未至耶！竊見近降十一月初七日指揮，宗室有官鏁應，無官應舉，省試每十人取一人，比之諸路得解進士分數已不相遠。今若一用省額取放，却將考試注授及朝廷擢用之類並令與庶姓登科人一同，則取之既精，待之益厚，俊才如歆、向，將復見於今日。如合聖意，乞付有司施行。取進止。

論戰功王照誤超轉兩資(二)

臣竊見向有條令，自武翼郎至武經大夫，凡磨勘及賞典並超一資。謂如武翼郎超過武義郎直轉武經郎之類。惟有戰功人即超兩資。謂如武翼郎超過武義郎、武經郎直轉武略郎之類。至武略大夫以上，其秩序已高，故在法凡磨勘及非次轉官止合超過一資。今有武義大夫王照曾立戰功，本部用例擬超兩資，遂跨武經、武略大夫，直轉武節大夫。臣謂武略既是止超一資之官，不應猶驀二級，只當超武經一資而轉武略大夫，事理明甚。只緣自乾道、淳熙以來，武義大夫劉興、劉儀、杜平(三)、焦擴等皆承例誤超兩資，若不奏陳，恐王照却疑有司今日之誤。臣愚欲望聖慈特賜詳酌，自今並令改正。取進止。

乞修架閣庫

臣先於淳熙二年十月內曾奏陳六部架閣庫文書浩繁，屋宇損漱，乞照紹興十五年置庫指揮，使嚴加整比，及令有司早行修葺。當時曾奉聖旨依奏，其庫屋令臨安府檢計修葺。經今又已四年，近日輪郎官點檢，則所謂屋者，仰視乃與天通，傍觀殆無壁

(一) 且鏁應：四庫本作「鏁廳試」。
(二) 資：原作「官」，據明澹生堂鈔本、四庫本改。
(三) 杜平：明澹生堂鈔本、四庫本作「杜千」。

落。兩月前曾有人艤舟於岸，偷竊吏部案卷、敕黃之類，欲載往外州作故紙出賣。既覺察擒捕，即投棄水中。慢藏誨盜，必至於此。臣愚欲望聖慈詔有司日下計料修整〔二〕，毋若往歲視爲閑慢官司，虛降指揮。兼六部架閣主管官共四員，自來臨安府應副居止，若就庫側兑換廨舍，使其朝夕便於檢校，免致疏失，亦關防之要術也。所有臣元劄子併録在前，今取進止。

論刑寺截會奏薦人用片紙回報

臣竊見文武臣陳乞蔭補，合就刑寺截會平生有無贓私罪犯，候到即憑以上抄。自來例是本寺當行人用片紙節略元文批報，更不經由官吏簽書，深慮漏落差舛，無以稽考。欲望特降指揮，凡遇截會蔭補之人，並令吏部專一符下刑寺，刑寺以公狀録所犯全文，簽書寺官用印回申，庶可憑信，革絶奸弊。取進止。

倚桂殿對劄子二首

論劉洪道贈官

淳熙七年正月二十三日

臣近見靜江府申，奉議郎劉良弼乞依明堂赦封贈父母。臣契勘本人父劉洪道在建炎間身履軍鋒，保全青社，指麾將帥，期復舊疆。厥後四明斷橋雖未盡善，然倉猝排難，有勞可書，累經太上擢用，遂至寶文閣學士、左通奉大夫。紹興十一年，秦檜欲誅岳飛，以洪道嘗與共事，諷言者彈擊，累數百言，皆指飛也。身没之後，子孫流落不振，未經牽復。今若止同士庶贈承事郎，不惟人情有所未安，兼在法父曾任待制以上職應贈官者，官雖卑並贈大中大夫。本人係曾任待制以上，止緣帶責降官，有司未敢引用上條。又法諸曾任宰執責降而因子贈官者，準執政官法。以此推之，侍從責降恐亦可以比擬。欲望聖慈以臣所陳降付三省，或令敕令所詳議施行。取進止。

乞指定親民官職

臣伏見淳熙吏部尚書左右選、侍郎左右選通用令，諸曾除名公罪，或元犯枉法及監主自盜贓罪者，永不得入親民。又有因臣僚論列，特降指揮永不得與親民差遣之文〔三〕，前後甚多。及到部差注之際，除右選立定知縣、軍使、縣尉、知城堡寨主係是親民外，自來左選例以知州、知縣爲親民，其餘通判、簽判之類並無明文可以依據。侍郎左選，雖於紹興十一年五月二十一日因申明破格，檢法官帶幕職官、録參、判司丞簿尉皆是親民，亦不曾明降指揮。注擬之際，往往疑誤不一，利害非輕。今來欲望聖慈降付三省，下敕令所參照條法，將通判、簽判職官下至曹掾、丞簿等逐一指定某職係親民，某職不係親民，庶幾銓部有以執守，免致差注異同，別生奸弊。其考功令所載監當親民，自謂資任立

〔二〕詔：原作「諭」，據明澹生堂鈔本、四庫本、傅校本、《古今事文類聚》遺集卷五改。

〔三〕文：明澹生堂鈔本、四庫本作「人」。

文，即與差注不同。伏取進止。

講筵留身劄子一首

乞考初元之政　淳熙七年四月二十七日

臣伏見玉牒所修仁宗皇帝寶元、慶曆十年事迹成書，前期告於祖宗，至日陛下御前殿而受之，事體加重如此，臣知陛下非專以纂述寶藏爲恭也，正欲考前規而允蹈之也。當是時，仁宗在位已二十年，西夏再盟，中國無事，方且幸龍圖、天章閣，手詔輔臣歷言時政，其大略謂公私匱乏，仕進多門，牧宰罕聞奏最，將帥艱於稱職，制度未立，簡擢靡臻，虜態難常，獻言少實，各俾條畫，用備不虞。又詔翰林學士、三司使、御史中丞、知開封府陳上躬之闕失，左右之朋邪，中外險詐，郡縣暴虐，以至法令之未便，朝廷之幾事，皆附於篇，以備採擇。又御迎陽門，召知制誥、待制、臺諫官等詢朝政得失，兵農要務，邊防備豫，將帥能否，財賦利害，錢法是非，與夫讒人害政，奸盜亂俗，及防微杜漸之策，悉對於篇。夫以光明盛大之朝，而凛凛然常若危亂在朝夕者何也？蓋以自古人主在位既久則怠惰或生，天下已安則侈驕易至。故以唐太宗身履百戰肇基王業，馬周猶告之曰：「陛下必欲爲久長之謀，不必遠求上古，但如貞觀初則天下幸甚。」而太宗亦自問魏徵曰：「朕政事何如往年？」徵旋有「十漸」之疏。夫太宗既聖矣，猶待臣下隨事正救乃克無悔，豈若吾仁宗德盛而愈謙，世治而愈畏〔一〕，枚舉政要，偏詢近臣，此慶曆之盛所以遠邁貞觀而垂裕萬年，所以遠過有唐也歟！臣仰惟陛下聰明文武本乎天縱〔二〕，克勤於邦則分陰在所惜，克儉於家則一毫無妄費，獎拔賢能不問幽遠，聽用規諫每容疏直，上畏天命，下恤民隱。凡帝王有一於此，足以致治，況陛下兼而有之乎？雖然，行健不已者，天之道也；不息則久者，人之誠也。陛下日謹一日將二十年，仁宗慶曆維其時矣。臣願因玉牒之書以遠繩祖武，考初元之政以益新盛德，使馬周、魏徵無以伸其喙，而貞觀事業不足進於今，則四海何患不一統，太平何患不立致？陛下留神而已，臣不勝拳拳。取進止。

參知政事劄子六首

論措置營運　淳熙七年六月二十四日

臣竊見今早三省樞密院同進呈兩浙轉運司諸路總領所往營運已及一年〔三〕，合依元降指揮再行措置。聖意深以擾民爲慮，且謂金陵蘆荻之價頓增兩倍，其餘可知，他日須別得一項指擬之錢，庶免營運。臣有以見陛下既念諸軍之累重，又思民力之寬裕，盛德蓋與天通矣。惟是歲給有常，豈容中輟？臣退而密計淳熙七年

〔一〕畏：原作「勗」，據明澹生堂鈔本、四庫本、傅校本、《歷代名臣奏議》卷六九改。

〔二〕「歟臣」二字原無，據明澹生堂鈔本、四庫本、《歷代名臣奏議》卷六九補。

〔三〕往：原作「任」，據明澹生堂鈔本、四庫本改。

已支之數，每半歲共合用錢十六萬三千有餘貫。兩浙運司應付殿前司水軍三萬八千五百六十一貫六百文，淮西總領所應副馬軍行司、建康池州都統司三萬三千貫文，淮東總領所應副鎮江都統司二萬五千貫文，湖廣總領所應副鄂州、江陵府、江州都統司四萬三千貫文，四川總領所應副興州、興元府、金州都統司二萬四千貫文。今日據江西提刑司申，拘籍到撫州停賊人黄藏器等家金銀田産共計一十四萬五千餘貫。只此一項自可充淳熙八年上半年貼支之數。若令總領、轉運措置，將朝廷所降本錢依常平法隨置司及屯軍處各開抵當庫一兩所，專收息錢應副諸軍，則不惟明年下半年便有指準，兼事體正當，久遠可行，又免侵州郡税額，奪商賈之利。其間不樂者不過富民有質庫之家耳，然不足恤也。臣以衆中不敢開陳，輒具劄子奏稟。如或可採，乞作聖意宣諭三省、密院措置施行，或且令再將上取旨。蓋目今方是六月，少緩數日似未爲晚。臣受恩深厚，苟有所見，不敢不言。若無可採，即乞恕臣謬妄之罪，伏取進止。臣早來又聞聖諭廣德軍雨水事，偶得本軍廣德縣丞周梓書内有小帖子，謹同進呈，伏乞睿照。未後進入，次早批出：措置營運，來日再將上〔一〕。

論選擇東南人才爲蜀中監司 淳熙七年七月一日

臣昨見折知常奏知黎州李福謙疾病不才〔二〕，且謂制置司辟置未免應副人情，乞早差官，其言似亦有理。臣謂守邊若得公明廉潔之吏，則平居處事有方，緩急隨機應變，不在别假事權，添屯軍馬，自可仰寛憂顧。一或用匪其人，適足資其妄作〔三〕，摇動邊情，耗蠹民力，此不可不察也。且蜀去朝廷甚遠，全在監司爲陛下之耳目。土人以鄉曲之故，未免有所牽制。其間雖有自東南而往者，或以家貧年老，或緣罪廢之餘，往往迫不得已然後請行，豈暇爲國家建久長之策，刺舉所部之賢不肖哉！臣願因知常之言，出自聖意，明諭三省公共選擇東南人才操心公正、識慮閎遠者三數人，依近日崔淵例，漸與蜀中監司兩易，按祖宗舊制量與推恩，庶忘遠適之勞。蓋監司得人自能公心刺舉郡守，郡守得人自然銷未形之患，成久長之利，與夫更張法令，遥度事宜，其利害蓋相萬也。昨蒙聖諭有所見密具奏聞，輒冒昧及此。伏乞睿照。

論延璽奏薦 淳熙七年十月十二日〔四〕

臣蒙恩拔擢非常，苟可以裨補朝廷，少圖報稱，自當竭盡，無所顧避。惟延璽奏蔭一事，緣臣頃在吏部執此甚堅，近日亦曾言立法大意，今恐涉遂非好勝之嫌，不敢强辯，然心有未安，須合奏知。竊見文臣任提點刑獄以上奏薦法，其立文首云「應蔭補者」，此四字乃本條要切之語。蓋以官未至正郎，却係提刑資序，則其履歷甚深，故許奏薦，非謂凡任提刑、釐務及一年者，不問是何資序皆許奏薦也。只如趙燁任江西，馬大同任湖北日，經明堂大禮，釐務皆及一年，止緣未是提刑資序，銜内帶權發遣，以

〔一〕將：四庫本作「繳」。
〔二〕「昨」下，明澹生堂鈔本、四庫本有「日」字。
〔三〕資：原作「滋」，據明澹生堂鈔本、四庫本、傅校本改。
〔四〕十二日：明澹生堂鈔本、四庫本、傅校本作「十三日」。

故不敢陳乞，况此條專爲文臣而設，二人乃未嘗引用。今延璽係武臣提刑帶權發遣，豈可却援引放行蔭補乎？臣欲乞出自聖意，令吏部刷具數十年來文臣提刑奏薦年限未及者，官未至正郎或帶職員郎，曾與不曾用上件條法放行恩澤，則與奪可立判矣。伏取進止。

論步軍司多差撥將佐往潭州飛虎軍 淳熙七年十月十二日申時(一)

臣竊見湖南帥臣辛棄疾以本路地接蠻徭，時有盗賊，創置飛虎一軍，免致緩急調發大兵。截自七月，已有步軍一千餘人，馬軍一百六十八人，起蓋營寨，製造軍器，約至來秋可辦。預先撥屬三衙，專聽帥臣節制，庶免他時潭州占破差使。八月十八日，已奉聖旨撥屬步軍司。至九月十九日，岳建壽奏審合與不合差官，又奉聖旨差統領官一員，事體已爲允當。已而建壽却欲依步司諸軍格式，分置隊伍，差撥諸色合干人，於是統領之外共差將官四員、撥發官一員、訓練官一十五員，内馬軍將五員，步軍將十五員。合干人八十九人。部隊將二十五員，並馬軍。押擁隊四十員，并步軍。諸色教頭十七人，醫人、獸醫二人，統領將司五人。見今申尚書省下糧料院分擘請受前去。臣雖書生，不嫻軍事，偶有三疑，不敢輒隱。若其不中於理，望陛下憐而恕之。臣聞蠻徭僻在溪洞，惟土人習其地利可與角逐，所用鎗牌器械專務便捷，與節制之師全然不同，此則辛棄疾創軍伍之本意。今若一切教以三衙戰陣之法，深慮所招新軍用違所長。一也。馬軍未及二百人，而差將官一員，部隊將二十五員，必須量破使令，則是部曲少而主者多，或有十羊九牧之患。二也。凡三衙偏裨日赴教閲，紀律甚嚴，不容少息。聞有外路優輕去處，必是計會請行，在步軍先減見成之人，於飛虎未見其益。三也。今若只依已降指揮，且差總領官韓世顯，或更差正將一兩人前去，令與辛棄疾相度，只就飛虎千五百人中推擇事藝高强、爲衆所服者，爲教頭、押隊之屬，既免虚占衛兵，亦使上下相習，似爲兩得。况棄疾止欲先得軍額，未曾陳乞將佐(二)。欲望聖慈更賜詳酌施行。取進止。

論著庭不必備官 淳熙七年十月十三日

臣竊見著作郎、佐郎各二人，雖有定員，紹興以來未嘗官備，蓋以職任清高，實爲左右史之儲(三)，惟真才實能乃可處之。近來館職多未歷監司郡守，既不可爲郎，往往直遷卿監。其用既驟，尤不當泛泛而進。玆者著作郎宇文子震帶本職出爲淮東總領，見今郎佐已有三員，自不爲少，正宜虚位以待奇士。緣近歲士風奔競，遇有一缺，即干求騰那，失涵養之本指。况今在館之人並非久次，姑令安職，少厚士風，有何不可？先事而言，少裨聖主作成人才、愛惜爵秩之意，臣之職也。冒昧密陳，仰乞睿照。

(一) 十二日：明澹生堂鈔本、四庫本、傅校本作「十三日」。
(二) 曾：原作「嘗」，據明澹生堂鈔本、四庫本、傅校本改。
(三) 「史」下，原刻校云：「一作『司』，誤。」

合舊制。臣以政體所係，密具奏知，更乞聖裁。

論宗室省額及臨安奏命官公事批付三省

臣有管見二事，奏稟如後：

一、臣伏見陛下於宗室解試、省試立額事，曲軫宸慮，至於再三，蓋欲悠久可行，固難輕易出令。臣適思之，解試雖是取士之源，而入仕多寡全在省試。今解試已自終場，放榜之日甚近。臣欲乞來日宣諭三省，將解額隨宜降旨，所有省額續聽指揮。蓋其間節目頗多，近日有司緣日子迫促〔二〕，不暇子細分別。今去省試尚有半年，熟議而行，似未爲晚。

一、臣伏見臨安府承例，凡内降或本府小可公事，往往徑取旨斷遣。若止是軍民徒流笞杖，他時別無關會，固可一面施行。今月十一日，有前承信郎郭宗厚因違約束特編管三百里；十四日，忠翊郎吴公佐不合教唆謝遷妄狀〔三〕，特追一官勒停；次日，承信郎謝革不合鼓扇物價，特送鄰州編管懲治，皆已允當。只是三人偶係命官，既未除名，將來遇赦，必乞依條叙理或移放之類。今臨安止申三省照會，並不曾畫旨下吏刑部及大理寺。縱使經曾申部，逐部亦難奉行。深恐有司別無憑據，他日或啓弊端。兼數日之間三次如此，例已成熟，萬一事有大於此者，防微謹始，不可不慮。臣欲望聖慈密諭吴淵，令將此三人行遣，徑由朝廷翻黄行下。況目今内中諸司取索一物，行遣一吏，逐處無不申審取旨。今臨安非是，全然不申，但只申照會，於理實爲未安。臣欲乞日後臨安所奏公事遇有事涉命官等，並批降付三省行下，庶

〔二〕近日：明澹生堂鈔本、四庫本作「近者」。
〔三〕遷：原刻校云：「張本作『僊』」。

廬陵周益國文忠公集卷一四四

奏議卷一一

參知政事劄子十首

乞免閩浙收買軍器所牛皮 淳熙七年

臣仰惟陛下以浙東禱雨未應，內批禁止屠宰甚嚴。夫雞、猪、鵝、鴨本以養人，聖意尚且曲推不忍之心，况牛者稼穡所資，固不欲其觳觫而就烹剥。但器甲所需，誠有不容已者。臣前日見密院關因軍器所陳乞拋買牛皮一萬張，行下浙東、福建兩路，限一季收買。臣初謂急闕要用，不敢有言。連日詢訪，却知近日歲額諸路取解黄牛皮二萬五千張，而第十三料又收買三萬八千餘張，數目浩瀚，緣實到者常不及半，然而已能足用，故本所申出剩牛皮六千一百張，此則其未至缺用明矣。臣今欲乞出自聖意，念浙東歲事既未可必，來年耕牛不可多殺，令軍器所且將出剩牛皮對減兩路拋買之數，或寬展期限，免致州縣貪緣科擾。臣每觀陛下仁民愛物無所不用其至，常懼無以少效其愚，偶有所見，冒昧以言。伏望聖明特賜矜恕。

同趙相王樞因四朝史志成書乞與李燾推恩 淳熙八年二月

臣等仰惟陛下崇爵禄以馭富貴，公賞罰以核名實，蓋凛凛乎周漢之上矣。臣等退相告語，常欲推廣德意見於奉行之際，庶幾昭明功效，激勸多士。近者《四朝史志》成書，臣雄備位宰司，適叨典領，臣淮、臣某並以曾經修纂，各蒙增秩加恩，隆天厚地之施，祇服震恐。其有留心斯文，功用顯著，偶緣去朝，未被醲賞，隱而弗言，心則有愧。臣等伏見大中大夫、充敷文閣待制、新知遂寧府李燾，博考舊聞，網羅逸事，修成《續資治通鑑長編》一千卷。其自熙寧至靖康六十年中，朝廷之所施設，羣臣之所議論，推原審訂，登載甚詳。今之史志，摭取實多。又其間《地理》一志，全出燾手。昨燾外補，臣淮、臣某移文取索，乃上送官。臣雄檢照紹興二十八年初進《徽宗皇帝實録》，提舉官右僕射湯思退言：「翰林學士汪藻修元符以來詔旨八百餘卷，《實録》多所取正，望加褒録，以勸忠勤。」有旨加藻端明殿學士，諸子悉與堂除差遣。燾之《長編》助成史志正與藻類。藻猶褒於身後，燾況值於書成，若止令與曾任史官在外之人例減二年磨勘，似未爲允。欲望聖慈稍賜甄别，特與轉官。既彰聖朝念功之實，亦使臣等免蔽善之譏，其於總核，不爲無補。冒瀆宸聰，伏深戰懼。取進止。二月四日，三省同奉聖旨李燾依已降指揮減二年磨勘外，更與轉一官。

論殿試宗室換官恩科推恩劄子 淳熙八年閏三月十五日〔一〕

臣伏見殿試來日唱名，偶有管見二事，密以奏聞如後：

一、宗子試有兩等：其一元是武官試換文資，謂之鏁應。舊格先轉兩官，然後換授。今次共有八人。其一元是白身直來就試，謂之應舉。舊格特循一資，然後注授。今次共有九人。臣謂鏁應人先轉兩官，恩數委是太優。新制寢罷，已得允當。但應舉人依舊循資，却似不均。今契勘得鏁應八人，除忠訓郎善冞合換京官外，其成忠郎汝僚、師粟、師愚、師程四人並合換從事郎，保義郎伯友、希𡌴二人並合換修職郎，承節郎汝寯一名止合換迪功郎，別無恩數，反不若無官應舉人却循一資之爲優也。欲望聖慈臨時當殿降旨，有官鏁應宗子如所換官只是選人，即候參部日特與依無官應舉人例各循一資。或循兩資亦未爲過，蓋須用考第、舉主方改京官耳〔二〕。京官則否，比之逐舉先換兩官，盡改京秩，其利害大段不侔，而又可以示均，一昭恩意。況善冞等陳詞未已〔三〕，將來豈免量加循轉，不若出自聖意，先與施行之爲善也。

一、臣近者恭聆聖諭，以謂今次恩科雖曰三分之二，入第五等〔四〕，然既許納敕，則後舉赴特奏名者益衆，三人取一，其數仍在。臣退而再三思慮，欲乞出自聖意，候第五等人給敕謝恩之際，特傳恩旨。如不願納敕，並令吏部特給綾紙，與補待闕。既無所得，又非品官，而使日暮途遠者有以藉手而歸，竊計欣然願就者不少，可以坐銷後舉再試之人，實清將來入仕之路。

論吳飛英赴官遷延 淳熙八年十二月二十九日

臣伏見浙西監司與外路不同，帥漕專應辦輦轂，不暇賑恤所部，惟藉提舉常平專任其責。昨自趙伯渙去官〔五〕，即乞催新官吳飛英奏事，繼復取旨催促。聞其人近在處州，今數十日猶未到闕，臨事遲緩，於此可見。雖暫令韓彥質兼權，終是守土，有妨巡歷。緣近例不許攙闕，臣不敢越次奏乞改移。然念數州斂散之權所係甚重，難徇一夫而忽一路。欲望聖慈來日特賜宣問商量，或嚴行督促，或速議換易。取進止。

論檢舉諸軍磨勘 淳熙九年五月二十九日

臣竊見樞密院録到二十八日葛邲劄子，乞將諸軍置籍預先一季檢舉磨勘。此事將來必至更改，但恐指揮既下，收之實難，事涉軍旅，尤宜審重。況見今文臣惟行在供職侍從，方許一季前檢舉磨勘，然亦須批問取索，若在外侍從則必等候自投文字，其餘

〔一〕十五日：明澹生堂鈔本、四庫本作「十一日」。
〔二〕耳：明澹生堂鈔本、四庫本無。
〔三〕等：原無，據明澹生堂鈔本、四庫本補。
〔四〕入：原作「人」，據明澹生堂鈔本、四庫本改。
〔五〕自：原作「日」，據明澹生堂鈔本、四庫本改。

庶官又可知矣。夫無功磨勘，前人每議其非。但行之已久，勢難改易，故凡不來者不强也。今從軍之人動以萬數，無故創檢舉之制，何以待有功之人？况此曹不熟條令，少習文墨，此命一出，軍吏及部胥得以相爲表裏，或增損年甲，或竄易歲月。失於計會則不爲入籍，稍得賄賂則亟與施行，名器輕濫[二]，弊倖百出。初欲爲惠，後將有不均之怨，其爲利害非止尋常。臣所謂將來必至更改者此也。若文字進畫，乞聖慈更與密院商量，仍略詢有司，除在内侍從官一季前檢舉磨勘外，其餘内外百官有無似此體例，則輕重是非可槩見矣。取進止。

乞且令黔州開具思州人所買内地田土

淳熙九年七月十四日

臣蚤來面奏張繽所乞令思州、黔州守臣説諭諸田，將所買田土盡行獻納事，緣干涉邊面，欲且子細商量，蓋有三説，今具下項：

一、臣之伯父利見紹興初曾爲黔州通判，臣幼年間聞説思州與黔州切鄰，本是夷境。軍興之際，田氏將帶州兵北扞金虜，朝廷嘉其忠義，待遇甚至。緣此二州之人通婚姻，置産業，習以爲常，即與田汝弼隔驀來施州置産召鬧事體不同。今一旦因田祖周一族獻納隔州所争之田，遂盡令獻納積年所置鄰郡之産，而又明言永不得與夷人交易，示以拒絶之意，竊恐有所未安。

一、契勘此事本緣張繽與林栗互有異同，繽恐栗擅説諭之功，必欲有以相勝，故因高震之言輕議及此。况思州權州今乃是田祖行，與祖周自不相能，必不肯使其所部之人盡獻祖産，利害頗多，不可不慮。

一、所降指揮雖曰説諭，毋得抑勒，然聖旨既下，遠方敢不遵從！又張繽見爲漕臣，自應力主其説，觀望抑勒，勢所不免。他日或致紛紛，彼必謂得旨如此，可以藉口。况田祖周一族耳，尚能越黔入施與譚汝翼讎殺不已。若諸田合力，其勢必盛。雖小夷初無足畏，然消患未形，亦當早爲之慮。

右，伏望聖慈更賜詳酌，或且令黔州開具思州人所置内地田土凡幾族幾畝，各係甚年分置到，不過數月便得詳細；或且作朝旨委帥漕先次相度，候見曲折，旋降指揮，似未爲晚，未審聖意以爲然否？臣備位近列，自當以承命爲恭。若利害稍大，又不敢有隱於君父，亦嘗以此稟丞相淮，緣已得旨施行，難於中輟，不免密具此奏，仰乞睿旨。

論和糴

臣昨見商量和糴，行在約三十萬石。既是地近，不妨臨時降旨。今偶聞米價日減，恐目下便合施行。但近緣印會子稍多，止可作七百七十一文行用。若更損一二分見錢[三]，則所費不過一二

[二] 輕：四庫本作「滋」。
[三] 分：原作「文」，據明澹生堂鈔本、四庫本及《歷代名臣奏議》卷二四七改。

十萬貫，而輕重相權，其利極溥。此事臣思之甚審，蓋將來有所調發，不患見錢不出故也。又臣每聞陛下預念年歲之豐歉，雖陰陽家説亦行採訪。臣未嘗不歎仰聖德孜孜民事，頃刻不置，非如羣臣止苟目前而忘遠慮也。臣數日前因五更視月，見歲星粲然於其傍，考之占書，亦主歲饑。嘗問太史局官〔二〕，或云是犯，或云近爾。以臣觀之，有德可禳，聖主固已優爲；有備無患，人事自當預計。但令儲米稍廣〔三〕，則所謂錢物自可力致。謹密具奏聞。伏取進止。

論川廣守臣奏事

臣近日屢見議者乞令四川郡守奏事，已有旨依奏。臣嘗求其故，蓋由舊制闕到半年前方許奏事，川廣遼邈，必至愆期。緣此遂有指揮，許本貫結罪保明，與免奏事。人既樂於便道之官，自然憚於萬里入對。今有新知彭州宇文僎正用此制，見進入文字。如經睿覽，更乞聖裁，或日後因擬郡之際特賜宣諭，自今川、廣守臣不必以闕到半年爲限纔有除命，雖是三二年闕，便許赴闕奏事。既免臨時妨其赴上，彼亦無詞可以自解，似爲允當。若其才力顯著，或急欲任使，固可旋降指揮，此特爲平常者設耳。謹密具奏聞，伏取進止。

論四川通判闕歸堂

臣備員政路，凡有所見，只合榻前陳述，或恐辯説再三，有失事體，又念每蒙聖訓，不敢雷同泯默。臣前日面奏臣寮既論遠方郡守須令入對，不若隨除授時早賜處分。蓋緣見今有乞郡者，將來必援舊制，只據所居州軍保明例入文字與免奏事，則所降指揮復成虛文矣。臣又曾面奏，緣四川無堂除通判闕，凡簽判、知縣往往得郡，今見有乞廣安軍者。與其超躐如此，殆不若以通判數闕歸堂之爲愈也。二事更乞聖慈〔三〕，特賜詳酌。取進止。

乞差侍從充社稷九宫壇初獻官

臣竊惟社稷之重次於宗廟，至如九宫貴神則主風雨雪霜雷電疾疫之事，唐明皇蓋嘗親祠東郊〔四〕，真宗亦差前執政行禮。是以凡遇郊禮宗祀，不欲旅祭於百神之列，專命臣僚即壇蔵事，蓋重之也。近歲偶失討論，指爲優輕去處，多差近下有故臣僚，甚非國家敬恭大祀之意。臣雖欲略正其失，而有司襲常蹈故，率不見聽。欲望聖慈因朝殿特賜宣諭，今後各差侍從官一員充社稷、九宫壇兩處初獻官，庶幾情文稍稱，可以祈豐年，報靈貺。兼自來遇本處奏告，猶命大臣或禮部長貳行禮，而况大享之時乎！取進止。

〔二〕問：原作「聞」，據明澹生堂鈔本、四庫本、傅校本、《歷代名臣奏議》卷二四七改。
〔三〕令：原作「今」，據明澹生堂鈔本、四庫本、傅校本、《歷代名臣奏議》卷二四七改。
〔三〕慈：原作「裁」，據明澹生堂鈔本、四庫本、傅校本改。
〔四〕「皇」下，明澹生堂鈔本、四庫本、傅校本有「帝」字。

樞密使三首

論舒濠守臣奏 淳熙十二年二月二十五日

臣昨見王希呂奏守北峽關利害，得旨下池州張詔、江州趙永寧議定。近據二人奏，所部兵數不多，池州已認巢縣，江州又照管陽羅，俱無力可及北峽。臣再三思之，兵力誠有不及。按北峽在舒州境内，相去不遠，今雍希稷偶已致仕，若舒州守臣得人，可使揀選民兵付之防守，免至別調大軍。又濠州趙不違與運判不流是緦麻親〔一〕，見乞迴避。兩郡雖曾除代，能否尚未可知，欲望來日宣諭各別舉可用之人使填此闕，實爲要務。謹密具奏知，伏乞睿照。

論屯田事合同進呈

臣伏見郭剛初條具到屯田奏狀，御封降付三省樞密院。後來三省止是博詢衆論，未有定說，臣所以不敢干預。今者錢良臣、郭剛、劉光祖同狀申到條具次第，内有差撥六軍戰士一千五百人，兼有修蓋營房一節。依祖宗成憲及乾道樞密院工房格，慮合通知，謂如差撥軍士，即合要見入隊不入隊之類。若不先事奏陳，深恐臨時或有抵牾。兼檢照乾道元年委郭振理會淮東屯田節次，條具行遣，並是同共進呈，宗案沓見在樞密院。近來數有文武官問臣屯田次第，臣以不知爲對，聞者往往譏臣避事失職，臣實無以自解。況本朝河防不屬密院，而趙贍、劉奉世輩在西府日自乞干預，當時人以爲是。蓋大臣與國同體，不應苟避形迹。今臣止是欲舉本職以逃官謗，非敢欲預三省之事。伏取進止。

乞令四川制置司通知馬政 淳熙十三年

臣聞蜀有邊防，有馬政。前後議者多云二者必須相關，然後事體歸一，朝廷亦嘗屢行申飭矣。其如制置司專任邊防，市馬多寡在所不問；都大司專主茶馬，支費浩瀚有所不恤。若非兩司通知其利害，則雖欲使之協力，何可得也？且陛下以全蜀兵民之寄付之制帥，雖御前諸軍猶許節制〔二〕，總所錢物猶得商確，而馬政獨不預聞，可乎？臣愚欲望特降睿旨〔三〕，今後凡每歲市馬若干，價值增損若干，收支茶綵銀兩若干〔四〕，並令制置司通知。如此則議論歸一，邊防馬政不致相妨，實爲悠久之計。取進止。

〔一〕運：原作「通」，按原刻校云：「張本作『運』。」又明澹生堂鈔本、四庫本亦然，據改。
〔二〕諸：原缺，據明澹生堂鈔本、四庫本、傅校本補。
〔三〕「欲望」下，四庫本有「陛下」二字。
〔四〕綵：原作「經」，據明澹生堂鈔本、四庫本、傅校本改。

廬陵周益國文忠公集卷一四五

奏議卷一二

右丞相劄子五首

催薦士降旨 淳熙十四年四月七日

臣輒瀝愚誠，仰塵睿聽。臣自蒙簡擢，備位侍從，更歷二府，一意孤立，未嘗薦引人才，每爲中外誚責，此固衆所共知，不敢欺罔。兹因除拜，朝士皆援例迫臣，謂難但已，躊躇久之，方敢以四人姓名薦聞，又恐駕坐稍久，一時失於詳奏。既同列及侍立官皆知留身之由，斯須轉相告語。今既累日未奉處分，往往私相指議，在臣委實汗顔。蓋以受任之初，觀聽甚有所損。欲望聖慈，曲賜矜念。如程大昌、王謙曾在班列，聖意或有所疑，只乞將劉荀、陳士楚兩人特降收召指揮。臣却自作意度，諭令辭免，庶幾稍全事體，不至別有議論。干犯天威，臣無任戰悚俟罪之至。伏取進止。

論密白鎮江大教指揮未穩 淳熙十四年十月二日，密院指揮鎮江諸軍，令今冬大教一次，其老弱殘疾不堪入隊人就行揀退，却選少壯人補填，無則暫闕，候教閲畢開具聞奏。所有合用錢令總領所支撥應副。

臣適睹密白鎮江大教指揮，有以見陛下欲蒐簡精鋭，汰去冗濫，實治軍之要務。但事既涉衆，當使由而不知。若直云就行揀退，則恐衆謂本非教閲，乃是揀軍，其揀退之人未審何以處之，惟復便令離軍，或且撥充隊外，一有疑惑，難於户曉。況劉超起自鎮江軍中，方此試用，同時等輩必有存者，去取之間須令合於人情。欲乞且降指揮云：其老弱殘疾願允隊外人，候教閲畢開具奏聞。却密諭超及吴琚逐旋措置，甚不爲難，所貴衆心帖然，別無疑慮。又楚州出戍及揚州武鋒軍馬事體既同，恐合一就處分。儻臣言可採，即乞候奏入留中，來日再與密院商量。或指揮已自先行，即金字牌足可追返。臣竊惟陛下復祖宗密白之制，使三省官復奏而後行，乃是令酌量可否，上下相維，非止奉行文書，自當因事獻替，是忘僭越，密具以聞。萬一愚慮弗協於理，伏望聖慈特賜矜恕，臣無任惶懼之至。明日，上諭密院只降指揮云：鎮江諸軍令今冬大教一次，合用錢令總領所支撥應副。

論蕭燧吳回轉官 淳熙十五年五月二十九日〔一〕

臣竊見近降指揮，諸司賞典並用紹興二十九年例，緣當時正差按行一使乃葉義問、衛茂實，並不曾轉官。蓋義問以執政而辭，茂實自用都大監領轉行兩官，係就一處推賞。今來葉翥依紹興十二年例差充覆按使，復官推賞已用鄭億年例。臣昨來内殿所以併及蕭燧者，蓋十二年按行使副万俟卨等皆轉兩官故也。指揮若行，燧必自奏。至如吳回止該一賞，即與衛茂實不同，自合轉官。臣今預奏曲折，庶得聖心先賜審度。數日間面奏之時便可處分。伏乞睿照。

論密院徑除文臣帥 淳熙十五年八月二十日

臣昨晚伏見密院得旨移易沿邊三路帥臣共一指揮〔二〕，仍各令不俟受旨疾速之任〔三〕。内高夔係是文臣，祖宗以來至於今日，無此故事。臣備位宰司，若遽奉行，是爲失職。況廬州、揚州別無監司，而三處皆聚兵築城，高夔、熊飛豈能便到？亦須指揮以帥事付之何人方可起發。伏望聖慈預軫宸慮，庶幾來早得以面受處分。伏乞睿照。

論密院徑支四川經總制錢

臣頃在密院，因吳挺乞均諸軍請給，與之往復兩年，然後詳備。又恐金州、興元軍則例差殊，就令總所取會，方知合貼十萬緡之數。當時未曾降指揮者，蓋審之重之，恐三省惜費耳。近來密院徑就四川經總制改科錢内撥十萬緡貼助，既非本院錢物，豈應三省全不預聞〔四〕，徑自取撥？臣是時泯默奉行，已失其職，便當自劾引去。繼蒙聖諭，恐虜人來賀聖節，或争禮儀，令臣等任責，緣此未敢控訴，只俟將來人使出門，臣即露章有請，免妨賢路。伏乞聖慈併賜憐察。

判潭州二首

乞錢米修潭州外城 紹熙五年

臣伏見潭州控扼湖廣，號爲重地。外城周圍二十二里〔五〕，紹興初李綱、折彦質皆議葺治、會替移而止。自後六十年間，日就堙圮〔六〕，東南一帶基址僅存，則又木生其間，雜以荆棘，根株牽引，榛翳折裂。臣自到任，委官差人逐漸芟薙，始見損壞去處。若不及今修築，必將蕩然無復藩籬之限。緣州郡事力不足，未敢

〔一〕二十九日：明澹生堂鈔本、四庫本作「二十六日」。
〔二〕昨晚：原作「晚」，原刻校云：「一本作『昨晚』。」按明澹生堂鈔本、四庫本亦同，據改。
〔三〕俟：明澹生堂鈔本、四庫本作「候」。
〔四〕豈：明澹生堂鈔本、四庫本作「不」。
〔五〕圍：明澹生堂鈔本、四庫本作「回」，義長。
〔六〕堙：原作「塌」，據明澹生堂鈔本、四庫本、傅校本改。

輕易措置，又慮遷延歲月，他時費用愈大，除已開具丈尺物料細數申三省樞密院乞賜敷奏外，欲望聖慈特降度牒并官會共十萬貫，就撥樁管米三千石，付漕臣豐誼提督其事，仍總收支，本州不敢稍有移用。專令飛虎軍統制韓世顯同兵將官各以所部士卒分頭工役，委通判魏熊夢、蘇森計置物料，協力應副，並不許一毫科擾民户。旬歲間可以畢工，庶幾隱然金湯，壯湘楚之形勢〔一〕，實爲永久之利。伏取進止。

同諸司列薦陳自修蘇森奏狀 紹熙三年

伏觀紹熙三年三月十九日敕，臣僚上言，監司列薦不得獨銜，所薦每章不得過三人，奉聖旨依，須至奏聞者。右〔二〕。臣等竊見承議郎、荆湖南路安撫司幹辦公事陳自修性資端亮，識慮通敏，所居之官，公爾忘私。自來選人京官最憚作邑，自修歷郢之京山，衡之耒陽，湖之安吉，實滿三任。後兩邑素號難治，自修治效卓然〔三〕。造朝之日，不事干謁，徑赴部注闕而歸，恬於進取如此，士大夫莫不推之。又宣義郎、通判潭州蘇森，文定公轍四世孫，開爽練達，恪守家法，作邑佐州，吏事甚長。昨本路提刑盧彦德兼權帥漕，首以名聞，籍在中書，未蒙甄録。近者柳州闕守，諸司方議薦此兩人，會朝廷差官而止。今皆去替不遠，欲望聖慈特加擢用，隨所任使，必有可觀。他日或不如章，臣等甘坐謬舉之罪。謹録奏聞，伏候敕旨。

醴泉觀使準詔言事一首

求言詔 紹熙五年

敕某：朕以菲質，嗣承丕圖。臨政之初〔四〕，懼未明于治理；求言是急，冀咸盡于忠規。深惟舊輔之賢，方遂殊庭之佚。好觀故事，雅推聞見之該；入告嘉謨，夙倚贊襄之久。固幾微之洞識，亦幽隱之必通。民間之利病無不周詢，朝廷之得失無不素講，固宜披肝膽以露奏，排閶闔而上聞。矧於播告之修，示以咨詢之意〔五〕。卿其稔思予指，明聽斯猷，竭愷切以備陳，審安危而歷述。庶裨善治，敢怠虚懷？故茲詔示，想宜知悉。秋熱，卿比平安好，遣書指不多及〔六〕。

回奏

臣伏準七月二十一日求言詔書一道。臣恭惟皇帝陛下臨御大

〔一〕湘：原作「荆」，據明澹生堂鈔本、四庫本、傅校本改。
〔二〕右：原無，據明澹生堂鈔本、四庫本補。
〔三〕「自修」上，明澹生堂鈔本、四庫本有「惟」字。
〔四〕之：四庫本作云。明澹生堂鈔本誤作「去」。
〔五〕詢：明澹生堂鈔本、四庫本作「諏」。
〔六〕「秋熱」至「指不多及」原無，據明澹生堂鈔本、四庫本、傅校本補。

寶，聖德日新，博詢讜言，圖回盛治，不遺老臣，特下璽書之寵。臣伏讀懼凜〔一〕，無所容身，自當披肝瀝膽，上裨初政之萬一。但臣連年抱病，今夏絶而復蘇，心勦形瘵，氣息僅屬。平昔既無嘉謀遠慮可補大猷，況衰殘垂盡之時，安能有所獻納？謹陳四事，仰塞明詔。言無倫理，冒瀆宸聰，臣無任戰汗俟罪之至。

一曰聖孝。臣聞自天子至於庶人，無不以孝爲本。漢以火德而興〔二〕，本朝亦用火德王天下。按五行火主孝，故兩漢帝號自孝惠而降皆冠以此字，至本朝亦然。今陛下受天眷命，光宅中夏。太上皇帝、皇后春秋鼎盛而得陛下之聖子，就天下之至養，無疆之慶，自今以始。又有慈福太皇太后爲曾祖母，重華皇后爲祖母，宮闈鼎立，自古簡册所載，人主奉三世之親如今日之盛者鮮矣。凡定省之誠，奉養之勤，充陛下天性之孝，光於祖宗，使火德蕃昌，照臨萬方，在聖德固優爲之，何待贊也！臣偶有愚見，輒冒言之。漢《百官公卿表》皇后有詹事，而皇太后亦有長信詹事，景帝中六年更名大長秋，或用中人，或用士人。夫以椒殿深嚴猶參用士人典領宮掖，況太上皇帝居東宮者踰二十年，即帝位者已三十六載〔三〕，用人多矣，其間豈無久被簡知可備顧問者？今娛侍左右不過中貴數人，誠能若稽古昔，乘間奏請〔四〕，稍沿漢事，於太上舊臣中遴擇一二人，入則侍清問〔五〕，出則從遊幸，談論賡歌，以樂聖懷，斯亦養志之大端也。若謂古誼不可遽行，臣請引近事爲證。靖康初，徽宗內禪之後，首命中書舍人譚世勣等以顯謨閣待制主管龍德宮，甚被顧遇，至今以爲美談。高宗內禪，壽皇亦嘗命錢端禮使德壽宮。惟重華移御日淺，未暇及此，況累朝止奉母后，比近世事體不同，惟陛下與大臣熟議，酌古今之制而行之。

二曰敬天。臣聞人君所踐者天位，所保者天禄。故愛民則欲如天之仁，勤政則欲如天之健。博愛無私以法天，存心養性以事天。然後可以奉若其道，顧諟其命，億萬斯年，受天之祐矣〔六〕。列聖相傳，以爲家法，至於壽皇，尤篤意焉。嘗御製《敬天圖》，疏經傳法語於其下，朝夕省覽。此圖必在禁中，願陛下訪求而觀之，則古今成説不待儒生學士鋪張議論固已畢陳於前矣。抑臣尚有管見，敢併言之。揚雄曰：「史以天占人，聖人以人占天也。」如上所奏，蓋欲陛下以人占天。苟德修而化行，自然三光宣精，百川循理，雖無太史之占可也。然以堯之聖猶命羲和歷象日月星辰，以舜之聖猶在璿璣玉衡以齊七政，況後世乎？今太史局雖有其官，皆以技進，名隸秘書省〔七〕，不過歲時檢點鐘鼓而已。政事或闕於下，災祥或見於上，彼何預焉？堯、舜遠矣，羲和固難復置，以本朝論之，凡提舉司天監皆委忠直近臣，如神宗初年首用司馬

〔一〕懼：原作「感」，據明澹生堂鈔本、四庫本改。
〔二〕德：原無，據明澹生堂鈔本、四庫本、傅校本、《歷代名臣奏議》卷一二一補。
〔三〕三十六：原作「五六」，據四庫本改。
〔四〕奏請：原作「請奏」，據明澹生堂鈔本、四庫本、《歷代名臣奏議》卷一二二乙。
〔五〕問：原作「間」，據四庫本改。
〔六〕祐：明澹生堂鈔本、傅校本作「佑」。
〔七〕省：明澹生堂鈔本、四庫本無。

光，元豐間復用王安禮。設或躔度稍異，必能入告，圖消弭之方。自然災害不生，禍亂不作，所謂風雷弗迷，熒惑退舍，可拱而俟，其助治也大矣。臣願陛下酌本朝故事，擇侍從臺諫之忠直者提舉太史局，此亦復古格天之一端也。

三曰崇儉。臣聞《論語》首篇載孔子之言曰：「節用而愛人。」《易》云：「節以制度，不傷財，不害民。」《詩》頌魯僖公能修伯禽之法，先及儉以足用，次之寬以愛民。夫聖人方論愛民，乃首言節儉者，蓋不儉則用度不足，用度不足則必重斂於民，雖有仁心仁言無所施矣。臣恭聞陛下儉約出於天性，今發政之初必將如漢文帝示惇樸爲天下先，而臣尚以爲言者，蓋自南渡以來，疆土未及承平之半。悉中外之貢輸，奉三宮之榮養，自當有增而無損。至於既養州郡之兵，又聚屯戍之兵，又厚添差不釐務之禄，視祖宗時所入彌寡，所用彌多，東南民力安得不困？往者京官選人憚於作邑，止爲財賦難辦爾。邇來州郡亦以不辦爲憂，嚴於催科，巧於措畫，僅乃有濟。陛下雖懷愛民之意，何自而行？臣願因聖性之節儉，凡賜予支費損之又損，如召南之國，化文王之政。在位皆節儉，然後上行下傚，其效可睹。至於民力之盈虚，州里之貧富，殆不可一槩而舉，惟監司守令乃能詳知。欲望申詔諸路，各陳所部凡可省費而裕民者，指事申明，限以半年上之朝省，隨宜斟酌，特降處分，庶使實惠徧及於天下，不爲虚文。捨是則雖詔旨諄諄，不過宣讀之後徒掛墻壁而已。

四曰久任。臣聞堯舜而下，設官分職未嘗不以久任爲先。鯀堙洪水，汨陳五行，堯猶待其九年然後易置，暨舜亦以三載考績〔二〕，九年然後黜陟幽明，後世何獨不然？粤自漢唐以迄於今，論者孰不以是爲急務，固無待於縷進。只如本朝文彦博，年過九十，更事最多。當元祐二年輔哲宗初政，累上言謂中外任官移替頻速，在任不久，有如驛舍，無由集事，何以致治？今聖主臨御詢事考言，竊計講之已熟，次第施行。抑臣偶有管見，輒妄言之。今外路迎送守倅監司借請不貲，凋耗郡計，最爲大弊。其尤可慮者，川廣小郡，厢禁軍人數至少，每遇迎新送舊，往往別作名色盡數差撥，遠者一年，近或半歲，奔走道路，廢其閱習。平時既已傷財，緩急又將誤事。若皆任滿，猶且庶幾。其間偶有事故，則歲中一再如此，何以堪之？臣意欲朝廷將川廣小郡迎送在千里之外者別爲區處，或就所過州郡隨其川陸應付舟車，逐節交替，所費度不甚多。其本處迎送止以鄰境爲斷，一則大省借請，二則不妨備禦。然須所過州郡體國奉公，乃無阻滯。其餘大郡事力可辦，又當別作措置。願付議臣詳審利害，使之悠久可行，免至輕於出令〔三〕。若乃選擇得人，深戒數易，或令因任，舉增秩賜金之典，則不勞更張，善無以加矣。

右，謹録奏聞。謹奏。

〔二〕亦：原無，據明澹生堂鈔本、四庫本、《歷代名臣奏議》卷一四七補。

〔三〕令：原作「命」，據明澹生堂鈔本、四庫本、《歷代名臣奏議》卷一四七改。

申省狀劄十一首 附

看定羅源縣寺觀爭田回申 乾道六年三月除閩憲日

今月五日準尚書省劄子，付下福州羅源縣仙茆院住持僧智權與本縣天慶觀爭競田土一宗文案契書文簿，令某看定。尋施照得除户部前後定奪申都省及行下本路，並將上件田土給還仙茆院外，今却緣尚書祠部檢準建炎二年正月九日指揮，應崇寧後來寺院改爲宫觀者，除天慶觀外並改正給還。既有「除天慶觀外」之文，竊恐官司未免疑惑。又緣羅源縣舊自有天慶觀，政和八年御筆指揮止係將仙茆院併入，即非創改仙茆作天慶觀，其仙茆院若引用宣和七年十二月二十二日御筆手詔罷道官及撥賜宫觀等房錢田土指揮，及建炎二年改正給還指揮，亦不爲無理。但仙茆院除繳到紹興十三年閏四月初四日羅源縣給還公據外〔一〕，經今近三十年，其間知府莫尚書分撥一半田土，及日近福州知録定奪事由，並無文案可以照證，合要見羅源縣天慶觀前後所陳事理及官司所給文據一就看定，免憑偏詞，却致引惹爭訟。緣某未到本路，無緣取索，須至回申者。右件僧智權一宗文案契書文簿等護具收繳連申尚書省。伏候指揮。

乞正上尊號禮儀劄子 乾道六年

某伏睹已降指揮，加上光堯壽聖太上皇帝、太上皇后尊號〔二〕。緣上件典禮事關大體，參酌援據貴於得宜。謹按唐太宗詔令，凡上太上皇尊號，係人主率百官上表陳請。謂宜參用唐制，以稱主上事親盡敬之意。候指揮。十一月十四日，三省同奉聖旨恭依。

乞放歸正并從軍下班祗應年七十人添差狀

乾道七年六月兼兵部侍郎日

契勘本部不準放歸正并曾經從軍下班祗應年七十以上人陳乞添差參部，緣有宣和舊法，東西班不堪披帶殿侍逐班祗應年七十聞奏放停，內有戰功人取旨要安排，是致一例不曾放行。切詳宣和以前未有歸正及揀汰離軍之人，止謂在班年及七十不堪祗應，故有放停之法，即與今日優恤歸正及從軍人事體不同。況大小使臣、校副尉年七十以上，目今並許添差參部，若不許下班祗應注授差遣〔三〕，委實不堪。欲望特賜指揮，將歸正并曾經從軍揀汰下班祗應年七十以上人，依大小使臣及副尉見行條法放行，注授合入添差差遣，其東西班見今應奉并吏職不曾從軍之人自依舊法施行，庶幾有以激勸忠義，不至失所。奉聖旨依。

〔一〕十三年：原作「十二年」，據明澹生堂鈔本、四庫本改。
〔二〕「太上皇后」上，明澹生堂鈔本、傅校本有「壽聖」二字。
〔三〕若：原無，據明澹生堂鈔本、傅校本補。

申明試賢良日百官常起居狀 乾道七年十月

契勘本部昨條具册試賢良方正内一項〔一〕，合侍立官從，閤門檢點殿試進士儀注斟酌施行。緣閤門數十年來未曾行過上件儀注，無憑斟酌，止檢會到殿試進士見行令式。御試舉人日，諫議大夫、待制以上并侍御史、秘書省正字以上，并貼職省試發解官，並殿門外祗候，宣召即入。宣和舉官、點檢試卷官已下同入，前五日内告報，仍關秘書省。唱名日入殿起居祗候官閤報準此。今來初復制舉，事體至重。當皇上正殿臨軒之際〔二〕，而羣臣略不朝謁，止許立於殿門之外，於事體實爲未安。今欲斟酌是日駕坐文臣常參官以上，及考試六論官并貼職秘書省官，並令常起居訖，依舊就殿門外祗候，宣召即入。乞下閤門照應施行，候指揮。十月二十九日，奉聖旨依。

乞給札就李丙抄丁未録狀 乾道七年

契勘國史院見修《四朝國史》，緣歲月深遠，文字散逸，首尾衡決，考證甚艱。今聞右修職郎、監臨安府都鹽倉李丙樂於收書，勤於考古，嘗纂《丁未録》，卷帙浩瀚，起治平之末，訖靖康之元。其間議論更革，往往編年該載，殆將備史氏之闕。欲望朝廷特降指揮，許給札就丙抄録。如見得其書果可以稽考四朝未盡事迹，即乞從本院保明，量加施擢，不惟有助大典，亦足爲學者之勸。候指揮。十一月二十二日，三省同奉聖旨依，其合用紙札，臨安府應副〔三〕。

禮部看詳舉人狀〔四〕 乾道八年二月

準都省批下白劄子，赴省試前場人照對賦題，官韻限字内走字係是上聲子口切一音，却點作則候切，入在去聲。今來場中士子多用杜牧《注孫子序》「猶盤中走圜」之走，押走字韻，其出處實無音釋，委合如字，於上聲韻内押。兼西漢《蒯通傳》載「猶如阪上走圜」，亦無音釋。凡經傳無音釋者並如字，顯見合遵上聲如字押用分明〔五〕。伏乞特賜牒送貢院詳酌考核施行，伏候指揮。

後批：送部看詳，申尚書省。檢照《禮部韻略》，上聲走字不訓其義，去聲走字注云：「疾趨也。」緣《禮部韻》往往本於《廣韻》，按《廣韻》上聲走字注云「趨也」，去聲走字注云「疾趨也」，既皆訓趨，則義亦相通。今見行《禮部韻》如防、探字之類平側異音，被、視之類上去異音，元祐間看詳，許隨韻通押，若有獨音，方從本音〔六〕。今來舉人所用「盤中走圜」之走，「坂上走圜」之走，既《廣韻》皆訓趨，如出處無獨音，自當依

〔一〕昨：原無，據明澹生堂鈔本補。
〔二〕上：明澹生堂鈔本、傅校本作「帝」。
〔三〕臨安：明澹生堂鈔本作「照内」。
〔四〕「人」下，明澹生堂鈔本、傅校本有「押走字韻爲上聲」七字。
〔五〕遵：明澹生堂鈔本、傅校本作「從」。
〔六〕方從本音：原缺，據明澹生堂鈔本、傅校本補。

見今《禮部韻》所載元祐已行條制隨韻通押。今看詳如得允當，乞下貢院照應施行。候指揮。乾道八年二月一日劄下禮部貢院，依禮部看詳到事理施行，仍榜試院門曉諭。

與廟堂乞追録芮燁行誼仍官其一子 乙未衆從官議定，既簽書，會有異議者，遂不曾上。

某等竊惟褒廉遜，抑躁競，國家方以是風曉在位，士大夫稍知勸矣。其有行誼雅爲衆推，不幸位未稱德，齎志以没，又能表而出之以示不忘，則於垂勸不既大矣乎！伏見故國子祭酒芮燁德配前修，文高當世，恂恂自守，初未嘗與物競，及當官而行，則秉誼據正，有不可奪之志。故相秦檜時，嘗因賦詩爲胥人所誣，捕逮繫獄，流竄遠地，怡然累歲，略不自明。太上嘉之，召爲學官館職，旋擢臺察。已而出使東廣，節操彌勵，凡舊例供饋積至數千緡，潛輸公帑。歸過曲江，班犒郡縣吏之乏月給者。和不違衆，清不近名，太率類此。聖上簡知，自司業升祭酒，經明行修，多士敬服。玉音嘗諭宰臣，令寘侍從，會燁移疾，優進書殿，奉祠而去。兩學生員祖道者千計，觀瞻莫不太息。按祭酒從四品，序位在太常、宗正、秘書少列之上，使燁稍爲子孫計，未必引去。去財累日，止用本官休致得恩澤一名，今其三子二爲白丁，深可矜憫。況燁初除司業在乾道五年八月，家於湖州，一夕可至。是時官已朝奉郎，供職滿歲則六年冬祀，法當任子，燁固欲避免，踰數月乃起，比遇郊禋不及者兩旬。澹於榮利〔一〕，近世罕見其比。欲望朝廷特與敷奏，追録衆美，還官一子，使天下知聖朝尊賢勵俗、獎善律貪不問存没，書之史册，不亦美乎！

兵部申明交趾襲封事狀 淳熙六年

檢照本朝待交趾李公蘊、李德政故事，初封郡王，次封南平王，逮其身故，即贈侍中、追封南越王。昨淳熙元年朝廷嘉李天祚守藩歲久，貢職時修，建國安南，以示褒寵。然安南在唐止是一府，而南越在漢所統不一。今若追贈侍中、南越國王，既不失祖宗舊典，又可增大近歲封國之命。所有李龍翰襲封一節，按建炎元年十二月二十六日，南平王李乾德薨，其子陽煥嗣立，建炎二年有司討論，請候本國乞降封拜表奏到日，即依自來條例以真命，十一月十五日奉聖旨依。直至紹興二年三月，方降制授陽煥静海軍節度觀察處置等使、特進、檢校太尉、兼御史大夫、安南都護、上柱國，特封交趾郡王、食邑四千户、食實封一千四百户，仍賜推誠順化功臣。其制詞具述其父服除封拜之意。至紹興七年九月二十六日陽煥薨，其子天祚嗣立。八年三月亦降制授静海軍節度觀察處置等使、特進、檢校太尉、兼御史大夫、安南都護、上柱國，特封交趾郡王〔二〕、食邑四千户、食實封一千四百户〔三〕，仍賜推誠順化功臣，其制詞有云：「睠言嗣子，初襲提封，遠勤就望之誠，請繼蕃宣之舊。」又云：「王靈已被，戎事

〔一〕澹：明澹生堂鈔本、傅校本作「恬」。
〔二〕特：原作「贈」，據明澹生堂鈔本、傅校本改。
〔三〕食：原無，據明澹生堂鈔本、傅校本補。

毋忘。緣金革以奪情，宜墨縗而涖政。」今來李天祚既於淳熙二年二十六日薨，其子李龍翰有請命於朝，即將來合依陽焕、天祚例授以封爵。謹具申都省，伏候指揮。

禮部申明李浚追服事狀 淳熙六年

本部近據從政郎、新高郵軍司理龐師求狀稱：自小過房在親叔位下，除本生父及所生母身亡已解官持服外，今來本生嫡母身亡，未審合與不合解官持服，乞檢坐條法告示。本部檢準乾道重修《服制令》，爲人後者爲其父母，若庶子爲後者爲其母，亦解官申其心喪。《紹興令》同。今來龐師求嫡母身亡，正是爲人後者爲其父母，合行解官分明。尋下太常寺取索前後體例。據本寺檢到隆興二年刑部符，備坐右奉議郎李浚狀：緣李若樸庶子過房在伯若水位下，今來嫡母徐氏身亡，合與不合解官？當時下大理寺指定。大理寺稱：「爲人後者爲其父母，□亦解官申其心喪。」註稱「皆謂生己者」。李浚既不係徐氏所生，不合解官。本部竊詳《服制》，今既載前項解官申其心喪，又「母出及嫁，爲父後者雖不服，亦申心喪」，然後注「皆謂生己者」五字。蓋謂所生母或爲父所出，或父死而改嫁，義雖斷絶，然生育之恩不絶，故令申心喪，與上文爲其父母解官自是兩項，不相干涉。兼在法嫡繼慈養，改嫁或歸宗，尚須經三年以上斷絶然後不解官。豈有嫡母在堂，偶因爲人之後遂不解官之理？今李浚本生嫡母初未嘗爲父所出，又未嘗改嫁，而大理寺却節去，「母出及嫁」以下十五字，而移注文「皆謂生己者」五字於「爲人後者爲其父母，解官申心喪」之下，則是嫡母之在堂與夫被出，改嫁更無差別，背違法意，何以示訓？欲望朝廷批送敕令所更切看詳，其徐氏元係李浚嫡母，不曾被出及改嫁，浚合與不合解官。如合解官，乞下吏部勒問本人，徐氏身亡之後如未曾解官申其心喪，即合日下改正，依條施行，免致將來有司一向引用誤行之例，有害名教。所有龐師求事體與浚正同，自合解官。本部見欲具條告示外，謹具申都省，伏候指揮。

乞令敕令所釐正勳封條法狀 淳熙七年三月

某竊見本朝舊制，文武臣有勳有封：自上柱國至武騎尉十二等，勳也；王公侯伯子男、食邑、實封，封也。政和二年春，加勳並罷，而見今司封却依舊將勳封滾同立法，謂如諸衛大將軍勳一轉食邑二百户，諸衛將軍至率府副率勳二轉、已至護軍一轉食邑二百户之類，吏輩多不通曉，奉行之際或與或否，往往失當。近準都省批下大宗正司申，備坐右千牛衛將軍不謂、率府率大逵等十人狀，該遇淳熙六年明堂大禮，乞依赦加恩，而司封疑執勳一轉二轉及已至護軍之文，未敢放行。謹按《三朝國史志》職官第七，載文臣少卿監以上、武臣副率以上有封，又《兩朝國史志》職官第六，宗室副率以上初該加恩二百户。今來不謂等十人正應封格，又曾陪祠，兼録到建炎二年三月太子右監門率府率〔一〕、天水縣開國男、食邑三百户士赫特授右千牛衛將軍，進封

〔一〕右監門：原作「大監門」，據明澹生堂鈔本改。

開國子，加食邑三百户制書，乃知中興初未嘗廢，特近歲失行耳。今乞朝廷特賜施行，仍送敕令所分别勳封，釐而正之。伏候指揮[一]。

劾方季隨改官 淳熙七年參知政事日

吏部奏鈔，迪功郎方季隨用前任廣州番禺縣尉日獲賊賞改承務郎。照得本人任縣尉日曾權廣州新會縣事，半年之間，因禁決撻百姓過當，因而致斃者十有五人，數内官十一名，三日内兩次科斷，其餘或因綳吊，或因拷訊，並皆責出身死。又有孕婦阿黄，因追其夫不出，一併決大小杖四十下[二]，緣此墮胎。并縱容親知交通關節，營私牟利，科罰民户錢物，私置文歷，差防縣禁軍幹當私事，不公不法甚多，具載本路提刑詹儀之按章及勘官林士美奏案之中。雖經赦宥，朝廷以其情理重[三]，於淳熙六年八月初五日奉聖旨特勒停，仍展三期叙。纔及一月，偶值明堂赦恩便得叙復，今又用本任賊賞改令入官，不惟大段僥倖，兼自來官員因公事決撻人解后致死，或刑責稍過，往往坐以用刑慘酷，永不注授親民。據方季隨慘酷如此，考功格法，終身不合升改，爲係酬賞，有司一切不問。今若放令改官，便當正注知縣，馴至守倅，其爲民害何可勝計？緣本人係已引見改官之人，未敢退鈔下部。七月日，三省同奉聖旨，方季隨改官指揮更不施行[四]。

[一] 伏：原無，據傅校本補。
[二] 下：原無，據明澹生堂鈔本、傅校本補。
[三] 「重」下，原刻校云：「張本有『害』字。」按明澹生堂鈔本同。
[四] 原刻卷末云：「案自《乞正上尊號儀禮劄子》以下凡七篇，别本全佚，知聖道齋本亦有錯誤。此條『以其情理重』之下，誤接入『刑部取責伏辨其罪』云云，乃卷七《論州縣官有公罪乞隨事責罰劄子》内之文，後又重出《申審放行前宰執舉改官員》一篇，《自敘》一篇，而此篇自於淳熙六年以下脱缺前半，錯出其後，今如此校正。然『以其情理重』之下，尚有缺文。」

廬陵周益國文忠公集卷一四六

奉詔録卷一

參知政事

開元録回奏 淳熙八年三月

臣昨蒙聖慈遣中使下詢唐孫樵讀《開元録雜報》數事，内有宣政門宰相與百僚廷諍十刻罷一項，偏檢新、舊《唐史》及諸書，並不該載。仰惟陛下勤勞萬幾，靡皇暇食，然猶留神編簡如此之勤，此自古帝王所難能也。臣伏料聖意以謂宰相與百僚争辨至於移時，必是事體甚重，故欲知其實，以古爲鑑。但恨臣淺見陋聞，不能稱塞明詔。尋閲《太平御覽》總目内果有《開元録》一書，則是祖宗朝此本尚存，近世偶不傳耳。再容臣博加詢訪〔二〕，萬一得之，別具奏聞。伏乞睿鑑。

奏知王濱 淳熙八年十月十四日

臣早來恭聞聖諭，新利路運判王濱是曾屢經言章者否？繼宣諭，所問乃曾爲編脩官，不連點水，臣竊恐是王質，未敢進言。退而契勘得本人昨知吉州，兩爲察官劉藩覺察，一經臣僚言罷，今録全文進呈。昨見丞相雄，云濱已經宮觀一任，錢佃言其無辜，王希呂薦其有才，且地遠人所憚往，所以除授其人。見今在此，將來引對，更在聖鑑。臣曾蒙顧問，合具奏知。

張氏論孟傳御筆 淳熙九年正月二十七日

近見張氏《論孟傳》，不知是誰作，論議如何？

回奏

此是張九成撰，議論明白，而以洛中程氏爲主。九成仕至禮部侍郎，秦檜以其是趙鼎上客，久貶南安軍。檜死後嘗起知溫州。失明，奉祠卒。

提舉常平御筆 三月十二日

司馬光與王安石書内追還常平廣惠倉使者，當時法意與今之提舉常平官事體異同，卿奏來。

回奏

臣伏準御筆詢問司馬光與王安石書内追還常平廣惠倉使者，

〔二〕再：明澹生堂鈔本、四庫本無。

當時法意與今之提舉常平官事體異同。臣謹按常平起於漢宣帝，義倉起於隋開皇。本朝太祖皇帝建隆二年首詔州縣各置義倉，凡收二税，每石别輸一斗。太宗皇帝淳化中置常平倉於京師，歲豐增價以糴，歲歉減價以糶。真宗皇帝咸平中推其法於諸路。其後廢置不一，大略如此。神宗皇帝即位，深以務農重穀、足國裕民爲意，而大臣王安石用心太過，又不能博詢衆謀。熙寧二年十二月，乃乞差官提舉諸路常平廣惠倉，兼幹農田水利差役事。每路各二員，以朝官爲之，又差同管幹一員，以京官爲之，或置二員，開封府界一員，凡四十一人，各付以條目，大要主於散青苗錢。十户以上爲一保，三等以上人爲甲頭，坊郭有物業抵當願請錢者五家爲一保，依青苗例支借，各計數收息。而所遣之人多欺誕躁進，所至逼迫守令，惟恐散錢之不多，水利之不速，差役之不成也。良法美意，繇此背馳。十二月，蘇軾即上書論其事。中外之臣如韓琦、張方平、范鎮等亦皆以爲言。三年正月，神宗皇帝詔曰：「諸路常平廣惠倉給散青苗錢，本爲惠卹貧乏，並取民情願。今慮官吏不體此意，追呼均配抑勒，翻成騷擾。其令諸路提點刑獄覺察，違者禁止，立以名聞。敢沮遏願請者，案罰亦如之。」當是時，司馬光爲翰林學士，論辨尤力。三月，詔除光副樞密，以未罷青苗不肯受命。乃移書安石，至再三，乞追還使者，此其事之本末也。常平設官實起於此。法非不善，所以紛紛者，正坐强以青苗錢與民，小人得之〔一〕，隨以妄用，况官吏侵尅，其弊不一，既無償納，必至破家。又農田水利差役雖然紛更，失在欲速。光乞追回，蓋知民不便故也。今提舉職事與當時並同，緣不散青苗錢，又水利差役等行之有序，未嘗强民，且所用之人不敢邀功妄作，每路又止一員，上下相安，有利無害。所患鮮能職思其憂，爲國長慮，仰副聖主孜孜爲民之意。若更精擇而臨遣之，善不可加。臣備位政塗，每以不能仰助選掄爲愧，謹因聖問，輒併陳述。伏乞睿照。

知樞密院事

押潘璋往本軍御筆 九月二十九日

押西兵潘璋既責除之後，只在都下遊蕩。可令臨安府差使臣一名、兵級二十人押往本軍收管，擬指揮來却繳入。

回奏

臣伏準御筆擬指揮，令臨安府差人押潘璋回軍收管，容臣只今就密院取見本人元因，大理寺勘到情犯責降指揮，即便擬進，今先繳回御筆。伏乞睿照。

改配羅允蹈回奏 十月日

臣伏準御筆批下王渥奏，斷配黎州羅允蹈等，擬指揮改配江東西州軍。仰見聖慮宏遠，曲盡事宜。一面擬定，續具繳進。蓋

〔一〕 民小：原作「小民」，據明澹生堂鈔本乙。

恐諸人見已在路，恐與今來指揮相失須〔一〕，當徧諭經由路分。伏乞睿照。

繳招兵指揮 淳熙九年十月十日

臣昨日進呈李昌圖舊劄子論招兵事，緣聖駕欲興，未敢詳奏。今節其要切之語〔二〕，作檢會施行，仍擬指揮於後。所有初六日榻前納下吳挺、彭杲文字，俟他日行出未晚。今且乞依此處分，仍札與總領所照會，庶幾出自朝廷之意，於體頗順。或有未當，更取進止。

三衙江上諸軍，係招子弟作守闕效用，支破雄威請給〔三〕。其四川自來只招刺軍兵〔四〕，月糧一石二斗之外，聞每月支錢引三道，而無衣賜之數。今若坐此間人數行下，却恐互有攀援〔五〕，謂宜且從舊例，併取聖裁。

四川軍額文字回奏 十月十三日

臣準御前付下初十日擬四川都統司招填闕額軍士文字三件，奉御筆批並依。臣已遵稟施行，伏乞睿照。

奏通經術之士 十二月十二日宣諭奏〔六〕

臣近者恭聆玉音，令擇通經之士密具姓名來上。臣竊惟聖學高明，群臣莫望，特欲清閒之燕，使備諮詢而已。今侍從臺諫既皆親擢〔七〕，無待薦進。臣謹於朝列中擬到二人，仰塞明詔，開具如後。

一員，左司郎中陳居仁，孝友温恭，詳練粹雅。從政之暇，孜孜於學，有日新之益。

一員，大理司直趙焯，通明精審，練達世務，刻意問學，有志事功，非碌碌之才。

右，取進止。

鎮江等處軍額回奏 淳熙十年正月九日

臣伏準御筆契勘鎮江、建康、荆、鄂、四處軍額，即今比去年正月間人數多少，十一日將上。臣謹遵稟，伏乞睿照。

奏翟安道步帥指揮 正月十四日

翟安道與落環衛官，特轉修武郎，除步軍都虞候。

奉御筆批依。

〔一〕失：原無，據明澹生堂鈔本、傅校本補。
〔二〕其：原作「具」，據明澹生堂鈔本、傅校本改。
〔三〕支：原無，據傅校本補。
〔四〕自：原作「省」，據明澹生堂鈔本、四庫本改。
〔五〕攀：原作「舉」，據明澹生堂鈔本、傅校本改。
〔六〕諭奏：原作「奏諭」，據明澹生堂鈔本、傅校本乙。
〔七〕皆：原作「加」，據明澹生堂鈔本、傅校本改。

吴珪等轉官回奏

臣準内侍陳污封下聖旨文字，爲係吴珪、韓侂胄堆垜子轉官指揮，令來日將上。臣已知禀，伏乞睿照。

王惟孝添差回奏 四月二十八日

臣準内侍甘宗茂封下御批，令臣契勘承節郎王惟孝合與不合添差事〔一〕。臣謹遵聖訓，候朝殿日面奏，伏乞睿照。

移飛虎軍御筆 五月七日

飛虎軍若以屯田爲名，令漸出戍荆南如何。更與杲議之。

回奏

臣伏準御筆詢問飛虎軍出戍荆南事。昨翟安道屢以此軍分未正、衣糧不及大軍爲言。臣緣曾聞玉音欲移此軍，所以未敢領略，思爲後圖。適亦曾與郭杲商量，方欲來早面奏，今蒙宸翰，仰服聖明。惟是以屯田爲名，恐軍士疑其薄己。若只令杲具奏，以謂潭州去三衛太遠，密邇荆南，乞改隸御前駐劄諸軍，就正軍額，支破請給，俟三數月間，杲自措置起發，庶幾樂從。度杲任此有餘，未審聖意以爲然否？所有前月翟安道劄子謹具繳進，其飛虎軍人馬數目曲折皆可見。伏乞睿照。

飛虎軍軍額回奏 五月八日

臣準内侍鄭邦憲封下聖旨宣諭，付還翟安道飛虎軍剌填軍額文字一件。臣已恭領訖，伏乞睿照。

斷配强盗人數回奏 同施樞密 五月二十日

臣等伏準御筆：可試檢討紹興間數年并近數年來斷配强盗等人若干。臣等謹已遵禀，續具進呈，伏乞睿照。

奏池州副都統郝政施爲未善 六月一日

臣竊聞池州副統制郝政營繕勞人，妨廢教閲，初猶疑信相半，今乃知其端的。謂如教場在西門外，前後數十年，凡經幾帥，未嘗以狹小爲言，忽自去年拆去舊亭，於北隅鑿山二十餘丈，面南別創亭子，并挾屋數十楹〔二〕，極其壯麗。自八月至十二月，督促五軍用火把夜作，不勝其勞。又於宅堂西造旱船，衙門前置直武堂、過街棚、統制客館房廊屋數百間，果何所用？又蓮花池舊有屋數十間，足以牧養病馬。今春以來悉行撤去，自湖中

〔一〕臣：原無，據明澹生堂鈔本、四庫本補。
〔二〕楹：明澹生堂鈔本、四庫本作「間」。

至後軍寨，創築堤堰五六十丈，廣七丈，高三丈。每一兵要瓦礫三十擔，竹篠五擔，日役數千人。初欲造屋三百間，知衆論籍籍，却乃揭榜通衢，云已曾奏知，今且造二百間〔一〕，明春更造一百間，專欲養馬，文飾欺罔有如此者。池西既起大亭，池東又起大館，創造回易殆六十餘所。下至油鹽醬醋，皆令軍人坐鋪出賣。專事土木，務爲美觀，經營貨財，甚於商賈。其下不勝其苦，至有自縊而死，委是妨廢教閲，隳損軍政。欲望聖慈更加詢訪，嚴賜戒飭施行。取進止。

有旨：令政具析，并委江東運副趙師夔體究。

宋亮等差除御筆 淳熙十年七月七日

宋亮極熟淮東利害，可陞總管〔二〕，辛堅之可除環衛，司公度却改差淮西總管〔三〕。可擬指揮來。

回奏

臣伏準御筆，令擬宋亮、辛堅之、司公度除目。謹已遵稟，一面擬進。但宋亮正是成忠郎，其官大小今既有諸司薦，又蒙恩聖召對〔四〕，若與除一閤門祗候充總管，庶可比大使臣，似未爲過。如合聖意，即乞批降，一就擬入。其司公度待辛堅之闕本二本〔五〕，今改淮西，莫須替李彦孚否？彦孚已到任，比堅之闕亦自減了兩月，并取聖裁。

奉御批：卿所奏甚好，但恐小使臣初除，須看班祗候，有此少疑，却奏來。

同日回奏

天聖二年上封者言：「真宗時置諸路提點刑獄，以閤門祗候同充。近年多有陳乞走馬承受，亦以三年爲例，不問有無才幹，並特轉閤門祗候。欲望自今供奉官在京及外任自來差閤門祗候幹當去處，令樞密院相度，選差侍禁以上使臣充填。」從之。供奉并侍禁並是今之小使臣。嘉祐八年，李端愨奏：「近歲閤門祗候以上須在京差遣，不理資任，是以各圖外任。請自今一任在京，一任在外。」從之。熙寧四年，閤門言：「通事舍人、閤門祗候全少慣熟之人，乞擇内外仕族子弟自内殿承制以下至右班殿直六人，令逐日前後殿依閤門祗候諸般祗應，以看班祗候爲名，候及五年，與正除，並在閤門祗候班後，不得帶出外任差遣。」

臣再蒙御批詢問小使臣初除須看班祗候。臣已檢照祖宗典故，具在別幅。臣契勘武臣外任帶閤門祗候，猶文臣直秘閣耳，不拘大小使臣也。熙寧中設看班員額，專令供職閤門，不許帶出外任。雖乾道曾有近制，亦恐止謂上殿陞應之人。臣適恐稽滯除目，先已擬進宋亮等差遣，今取聖裁。

〔一〕且：原作「宜」，據明澹生堂鈔本、傅校本改。
〔二〕陞：原作「勝」，據明澹生堂鈔本、傅校本改。
〔三〕總管：傅校本作「都總管」。
〔四〕恩：原無，據四庫本補。
〔五〕本二本：疑爲「本二年」之誤。

宣示袁樞奏劄回奏 七月十一日

臣伏蒙聖慈宣示袁樞奏劄，既事迹如此，誠如聖諭難爲不作施行〔一〕。欲俟來早稟聽睿斷，其奏先以繳進，伏乞睿照。

獎諭御筆 七月十三日

卿臨事明敏而有決，朕每嘉之。

回奏

臣庸愚不肖，誤被陛下特達之知，臨事不敢有所避就，任意直前，庶幾事君無隱之誼。常恐輕脱寡謀〔二〕，重干大戾，日夜震慄，不謂反蒙睿獎，臣實無以當之。下情不勝感激惶懼之至，謹具劄子奏謝，伏乞睿照。

付下郝政文字回奏 七月二十三日

臣伏準聖旨，付下郝政文字一件，臣已詳覽訖。聞政與岳甫近因祈雨頗相戲侮〔三〕，甫遂有狀申三省樞密院，説政招軍騷擾。臣謂偏詞未可盡信，兼政既被召，自不須更爲已甚，所以未敢進呈。政必探得甫有文字，故來奏辨。臣並已封起，候二十五日將上稟聽聖訓，伏乞睿照。

陳昱差遣回奏 七月二十五日

臣伏準御筆，爲陳昱乞幹辦御輦院替霍漢臣，令臣契勘正闕將上。臣謹遵聖訓，來早進呈，伏乞睿照。

宣示吴挺御札回奏 同日 同樞密院〔四〕

臣等準内侍鄭邦憲傳奉聖旨，伏蒙聖慈宣示賜吴挺御札副本。臣等竊觀漢之光武再興炎祚，手迹賜方國，一札十行，璽書至河西，明見萬里，著在方册，以爲美談。今陛下宸翰昭回，盈於簡牘。駕御將帥之術，奬勵並施；周知士卒之情，威愛兼濟。聖謨炳焕，與漢同符。臣等伏讀再三，無任嘆仰榮幸之至，謹具劄子奏謝，伏乞睿照。

報行看班祇候御筆 七月二十九日

改正閤門看班祇候指揮，可録黄，仍報行。

〔一〕不作：原作「□不」，據明澹生堂鈔本補。四庫本作「不可」。
〔二〕脱：傅校本作「佻」，疑是。明澹生堂鈔本作「俛」。
〔三〕政：原無，據明澹生堂鈔本、傅校本補。
〔四〕樞密院：明澹生堂鈔本、傅校本作「施樞密」。

回奏

臣伏準御筆，仰見陛下至公無私，足垂法於萬世。臣謹當遵稟聖訓，録黄報行，伏乞睿照。

審張詔差除〔一〕 八月七日

臣等伏睹御筆，共審聖躬康和，旦夕御殿，臣等下情無任欣躍。密院别無緊急文字，止是張詔到已累日，未審聖意決令往池州否。若或無疑，欲乞早賜批降指揮，却續引對，庶令軍中知除統帥，免致疑惑。更取聖裁。

午時封入，未時奉御筆批：張詔可差充池州都統制。

爲奏事未得令疾速發遣。

宣示吴挺奏狀回奏 八月二十六日

臣等伏蒙聖恩宣示吴挺回奏一件。臣等仰惟陛下堯言行遠，舜智燭幽，坐令萬里之將臣，祗稟九重之英斷。既寬西顧，亦免後圖。臣等無任歎仰之至。

乞與江州副都統趙永寧轉官 十月七日〔二〕

臣伏準御批，趙永寧差充江州副都統制，已日下施行訖。昨晚偶檢永寧脚色，見其方是秉義郎。既爲主帥，階官不宜太卑〔三〕。臣妄有二説，不敢對衆敷奏。蓋因欲永寧陛辭，聖慈特賜宣諭，使之愈更感勵，以圖報塞。今具如後：

一、據脚色，永寧初年隨母再嫁左武大夫盧廣。紹興二十五年，廣作親男奏補秉義郎〔四〕，節次轉至從義郎。至淳熙五年，永寧受官已二十餘年，偶因其母臨終方説與永寧元係拱衛大夫趙立之子。永寧遂情願歸宗，只受父致仕恩澤，就減五官，作保義郎〔五〕。所以從軍雖久，官品尚卑。今若出自聖意，明言從軍已久，曾經戰陣，於就減五官中還與兩官，即是修武郎，庶幾事體稍重。

一、昨來翟安道初爲步帥，以其官是秉義，故除郎將以寵之。今江上諸軍皆屬御前，若令永寧帶環衛官兼副都統〔六〕，俟年歲間職事脩舉，然後依安道例落環衛而增其秩，亦足增重事權，於賞不僭。

右，臣偶有管見，不敢不奏，可行與否〔七〕，恭俟聖裁。

午時封入，申時内批：趙永寧從軍已久，曾經戰陣，今除副帥，可於就減五官内特還兩官。

〔一〕詔：原作「紹」，據明澹生堂鈔本、四庫本、傅校本改。下同。
〔二〕十月七日：原無，據明澹生堂鈔本、傅校本補。
〔三〕階：原作「陛」，據明澹生堂鈔本、傅校本改。
〔四〕秉：原作「保」，據四庫本改。
〔五〕義：原作「寧」，據明澹生堂鈔本、四庫本改。
〔六〕兼：原無，據明澹生堂鈔本、傅校本補。
〔七〕可行與否：原作「可否與行」，據明澹生堂鈔本、傅校本乙。

殿步帥推恩回奏 十一月二十一日

臣伏準御筆：「近日閲武軍陣整嚴〔一〕，殿步帥可量加推恩否，密奏來。」臣契勘淳熙四年十二月茅灘大閲，次年二月初，殿前副都指揮使王友直用此陞都指揮使。蓋友直官至節鉞，別無可遷，所以特陞差遣。今郭棣方是右武大夫、遥郡團練使，往者經除副都指揮使已是超擢，今無緣更加都字。若陛下以閲武整嚴，特於陞官遥郡上量加推恩，無不可者。兼棣自淳熙五年十一月除殿帥〔二〕，至今實歷五年，首尾六年，仍用此爲説，自無議論。乃如翟安道方於今年正月除都虞候帶轉兩官，既非久次，又前日入陣分合專用殿司人騎，其步司軍馬止於擺列，別無施設〔三〕，或聖意不欲獨遺〔四〕，謂宜量加錫賜之類。臣仰蒙聖問，妄述愚慮，伏俟聖裁。

擇代雷世方回奏 閏十一月四日

臣伏準御筆付下吴琚奏狀，令議擇人代雷世方。謹已遵禀，來日將上取旨，伏乞睿照。

擇鎮江帥御筆 閏十一月五日

今擇鎮江帥，詳知其爲人者無如翟安道，但步帥未見其人。卿亦與郭棣議之，其人不謬舉，先密具奏來。

回奏

臣伏準御筆問及步帥及潤帥事。知人則哲，難逃聖鑑。在臣敢不竭千一之愚，仰裨宸慮！方要奏禀招郭棣至私第詳議曲折，蓋其間有一二事合當審細，又不欲請來都堂，恐動觀聽。已遣人約棣，候商量定，今晚或來早以聞。伏乞睿照。

同日回奏

臣適與郭棣商量，謂鎮江統帥兼領武鋒，事體極不輕。若聖諭輟翟安道以往，別藉三衙之重，服兩軍之情，甚爲允當。所有步司却欲召用郭鈞。蓋鈞之所長能以公心撫士卒，而其所短乃是待僚佐簡傲。且素來憎疾文臣謗罵紛然〔五〕，蓋起於此。使在外鎮，無人彈壓，作事或有過當，若處之宿衛，則傲無所施，而訓齊可必。郭棣所言與臣所聞偶爾相同，更當决於聖訓。謹先此密啓，餘候來日面奏。伏乞睿照。

〔一〕軍：原作「庫」，據明澹生堂鈔本、傅校本改。
〔二〕兼：原作「並」，據明澹生堂鈔本、傅校本改。
〔三〕別：原無，據明澹生堂鈔本、四庫本、傅校本補。
〔四〕遺：原作「遣」，據明澹生堂鈔本、傅校本改。
〔五〕文：原作「之」，據明澹生堂鈔本、傅校本改。

乞與鎮江都統翟安道轉官 閏十一月九日

臣契勘鎮江統帥事體至重，翟安道見係敦武郎，若以輟自三衙，出專方面，與轉一官，即是副使，比之尋常文臣自內除守帥特畀職名不爲無説。兼昨來岳建壽自此往鄂州，尋亦加恩。伏想聖意已有所處，臣適聞聖諭安道今日朝辭，所以冒陳愚慮，欲得面授恩旨。伏俟聖裁。

奉御批：「翟安道新除步帥已曾轉官，今來未須推恩。唯有韓寶，韓世忠舊部曲，人頗信服，作副帥累年，今因缺主帥，可量與推恩。卿以爲何如？却奏來。」

同日回奏

臣伏準御筆，翟安道新除步帥已曾推恩，誠如聖諭。韓寶宿將[一]，自淳熙四年爲副帥，人頗信服，陛下欲與推恩，此非愚臣思慮所及，唯知仰歎聖明。寶今官是右武大夫帶高州刺史，若量與推恩，極爲允當。伏聽處分。

奉御批：「與遥郡上或轉一官，或轉兩官，卿斟酌擬指揮來。」

擬韓寶轉遥團指揮

韓寶衆推舊人，久任副帥，可特轉遥郡團練使，依舊鎮江府駐劄御前諸軍副都統制。

同日回奏

臣恭準御筆，令斟酌韓寶推恩。臣且欲遷遥郡一官，擬到指揮在前。聖意或轉遥防亦無不可。如得允當，乞批降付樞密院施行。伏聽處分。

郭鈞差除御筆 閏十一月十六日

郭鈞除環衛兼權侍衛步軍司職事，有無「主管」二字，卿照例擬指揮進入。

回奏

臣恭準聖訓[二]，照得翟安道近例係御前秉義郎[三]、右領軍衛郎將、兼權馬步軍司職事。今郭鈞官是正使，仍帶遥郡，合除某衛將軍兼權侍衛馬步軍司職事[四]，不須主管二字，乞就來日吉辰批出。伏取聖裁。

[一] 寶：原無，據明澹生堂鈔本、傅校本補。
[二] 準：明澹生堂鈔本、四庫本作「依」。
[三] 係御前：明澹生堂鈔本、傅校本作「繫銜云」。
[四] 除某：原作「陳其」，據明澹生堂鈔本、四庫本改。

劉允中添差回奏 閏十一月二十四日

臣伏準御批，付下劉允中乞添差浙西路鈐文字一件〔一〕，令臣契勘得將上。臣謹遵稟聖訓，來日進呈，伏乞睿照。

張薦叙官回奏 十二月二十六日

臣伏領御批，付下張薦叙官文字一件，朝殿日恭稟聖訓將上，伏乞睿照。

奏知館伴傳旨事 淳熙十一年正月十五日

臣等昨蒙宣諭館伴副使蔡鎬在館不肯過位傳旨事。今日施溫舒同蔡鎬來相見，臣等面詰其由，果是初八日掌儀王舜臣請過北使位，諭以初九日朝辭。蔡鎬云：「前日過位，乃提舉官兩員同傳聖旨方敢去。今日未曾得旨，若便過彼，恐體面未是，以此未敢前去。」溫舒知掌儀，無緣敢出己意，必須承受官已曾稟旨，遂相約過位。今鎬自知山野，極爲恐懼，欲待罪又不敢，謹具奏知。

徐賀差遣回奏 正月十六日〔二〕

臣伏準御批，付下忠訓郎徐賀特改差監行在榷貨務都茶場，替江梓將來到任成資闕〔三〕，令臣契勘差得差不得奏來。臣契勘上件果闕，三省於文武臣中通差。若文臣係京朝官，即差知縣資序人，亦或差選人令録職官資序者；若武臣即合差關升親民資序人。今來徐賀方係監當序資，格未應入，所以乞特差者，蓋前後間有此例耳。仰乞睿照。

鎮江衣絹御筆 正月十九日

鎮江府軍額比去年不增，而今年衣絹多，何也。別日面奏。

回奏

臣伏準御批，鎮江今年春衣數，令臣別日面奏。臣謹遵稟，伏乞睿照。

〔一〕鈐：原作「錢」，據明澹生堂鈔本、傅校本改。

〔二〕正月十六日：原作「循」，據明澹生堂鈔本、傅校本改。

〔三〕江：明澹生堂鈔本、傅校本作「汪」。

劉國瑞文字回奏 二月七日

臣伏準內侍關禮得旨封下劉國瑞文字一件。臣一面遵稟聖訓，來早具檢進呈，其文字隨奏繳進，伏乞睿照。

議鄂州軍帥御筆 二月九日

今欲還郭杲鄂州都統制副帥，目下未有人，且令杲兼江陵都統制。卿以爲如何，却奏來。

回奏

臣連日奏知武昌曲折〔一〕，欲宸衷及早謀帥。今準御批欲還郭杲都統制，仰服聖明。惟是副帥目下雖未有人，但襄陽去歲極旱，江陵老小驟移過彼，適值物貴，其間亦有未甚安居者〔二〕。正藉帥臣彈壓撫摩，年歲間方能定疊。又措置水渠及新舊屯田之初，事緒頗多，亦恐難就鄂州遙度。見今荊鄂統制官，臣於暇時頗嘗密行詢訪。昨岳建壽薦到閻世雄，陛下欲留在此，臣奏不若且令歸彼，準備緩急，蓋兵將官稱之者多。然却未曾詢問郭杲，恐其未相諳悉。有牛僎者是臯之子，王宣之壻。臣雖不識其面，甚知之細。其人久在襄陽〔三〕，曾隨王宣立戰功於汝州確山，解圍蔡州。隆興二年，拒虜人於陂子河，過橋破敵，尤爲雋偉。郭杲薦章云：「寬嚴得體，廉約自將。恪於奉公，長於禦衆。」因此召審察，留之殿司。若用爲副，令就戍襄陽，蓋有三利：一則在彼立功，軍中信服；二則乘勢置副，將來免至創差；三是郭杲所薦，杲必欣然無疑，僎亦不敢更張其規模。未審聖意以爲然否〔四〕？或未欲徑付一面，且令帶殿司統制兼權，看其施設，徐議除授，亦未爲晚。臣既蒙聖問，輒罄竭愚慮，更取聖裁。

奉御批：「牛僎爲副帥甚當，卿擬指揮。」

同日回奏

臣恭稟聖訓擬到荊鄂帥指揮，具在別幅。帥雖戍襄陽，例帶江陵駐劄。所有二人限幾日起發，或令郭杲候牛僎到日起發一節，乞就賜處分。

奉旨：「郭杲可差充鄂州江陵府駐劄御前諸軍都統制、鄂州駐劄。牛僎差充鄂州江陵府駐劄御前諸軍副都統制、江陵府駐劄。」

〔一〕曲：原無，據明澹生堂鈔本、傅校本補。
〔二〕未：原無，據明澹生堂鈔本、傅校本補。四庫本作「不」。
〔三〕其人：原無，據明澹生堂鈔本補。陽：明澹生堂鈔本、四庫本作「漢」。
〔四〕意：原作「訓」，據明澹生堂鈔本、四庫本、傅校本改。

與蔡戡咨目 二月十八日

二月八日奏事得旨〔一〕，訪聞劉光祖在九江，繼皇甫倜廢壞紀律之後，一時雖能尚嚴，然略無恩義拊存士卒，已不相安。未期月間，貪心既生，惟利是務，自此威令頓弛，甚於前人。專任將官雷侁爲腹心，公肆掊克。如諸軍回易及馬草等錢，日納月納皆有定數。妄興修造，大破物料價值，擅役官兵於興國軍管下買山伐木，多至千餘人，少不下五百人，造成簰栰，率多入己。作院日役匠軍二千餘人，光祖家時時點茶與之，洎至月頭收掠茶錢。貪猥之狀，不可悉數。九江巡尉司嘗獲販私茶人，乃是本軍出戍官兵。守臣韓康卿親自引問，各稱差出日本軍借錢五千，回日却要一十五千送納，别無營運，只得販茶，須往回三五次方得錢足。其人怨怒號訴，靡所不言。康卿憐而釋之。此類皆有實迹。逮被命改除，用七百人搬擔行李，三晝夜不絕。黑光窗槅至七百餘片，他物稱是，帑藏爲之一空。節次開落官馬，私自帶行者七十餘匹。故臨行所至，貼匿名書疏其過惡，未審果如何。聖上專委總領密切體究，請一面具奏。

宣示蜀帥親札御筆 三月初四日 録白親札附

録白付蜀中三帥親札宣示，卿等看訖却繳進來。

録白親札

將來虜人或有侵犯之釁〔二〕，國家或爲進取之策，先于何路出師，合取是何要地。昨者興師，主帥愚謬，舉措無謀，宜爲深戒。卿今次可體趙充國圖上方略之意條其利害，親書奏來，毋得輕泄。賜吴挺、郭鈞、彭杲。

回奏

臣等伏蒙聖慈宣示札付蜀中三帥副本。臣等仰見陛下睿謀經遠，聖略沉幾，非徒示興王之規模，亦欲知諸將之能否。臣等齋心展誦，如窺河洛圖書之秘，下情不勝榮幸。謹遵聖訓，却具繳進。伏乞睿照。

繳進廣西文字御筆 三月八日

初六日早，廣西事宜文字却繳進來〔三〕。

〔一〕二月八日：原無，據明澹生堂鈔本、四庫本、傅校本補。
〔二〕之：原闕，據明澹生堂鈔本補。
〔三〕却：明澹生堂鈔本、傅校本作「卿」。

回奏

臣伏準御筆下詢初六日早廣西事宜文字，謹具繳進，欲乞聖覽訖却賜降下。蓋土丁一項，遞年教閲，只自去年方令逐鄉按習，恐是州郡闕乏，故欲省費。又自淳熙五年諸州申見管人數之後，至今累年，一向不曾契勘有無增減，皆合稟旨行下。伏乞睿照。

同日回奏

臣伏準内侍鄭邦憲傳奉聖旨，付下廣西利害文字一宗，臣已恭領，來早將上稟旨。伏乞睿照。

廬陵周益國文忠公集卷一四七

奉詔録卷二

知樞密院事

付下蔡戡文字回奏　淳熙十一年四月一日

臣準内侍鄭邦憲傳奉聖旨，封下蔡戡文字一件，臣已祗領，來早進呈。伏乞睿照。

移義勝軍御筆　四月三日

兩月前，聞虜主廵幸，欲移義勝軍赴襄陽府駐札。唐、鄧一帶，用騎之地，兼郭杲能駕馭之。金、商山險，非所長也。今聞遺火，屋宇幾盡，適當此時恐或天啟之乎？卿可因此擬指揮來。

回奏

臣伏準御筆，以金商山險，非用騎之地，欲因義勝軍遺火，令擬指揮遷來襄陽。仰見聖慮閎遠，因天意以修人事，不勝嘆仰。緣此軍今在興元路，經洋州〔一〕、金州方至襄陽，恐須先計人馬數目，令郭杲、牛僎預料屋宇之數，庶幾至者如歸。蓋臣聞得因去年移荆南人馬及家累之後，寨屋殊無空隙。臣今欲擬兩項指揮：其一與彭杲，明言義勝軍火後雖再起寨屋〔二〕，終慮草創，襄陽營舍見成，欲令本將移屯前來，仰先次開具人馬及家累數目，襄陽當議優支盤費及犒設。其一諭郭杲、牛僎以移義勝軍之意，令其具見有空閒營舍若干可與安泊〔三〕。如合聖意，容臣續便擬進，免至忽迫。更取聖裁。

奉御批：卿謀慮深遠，良用嘉賞，試先擬兩指揮付彭杲、郭杲等，先行計料，未宜忽遽起發。

繳義勝軍指揮奏　四月四日

臣恭禀聖訓，擬到義勝軍指揮兩項。總領所既已支錢，今來又欲移屯。即前日優恤文字，竊慮未須行出；其免尅還借請，却是一件恩意，輒欲添入。目今已是四月，文移往復便當盛暑，所以用秋涼之語。或未允當，恭候改定，或初六日面聽處分，併取聖裁。

奉御批：並依劄子，金字牌發。

〔一〕洋州：原脱「州」字，據明澹生堂鈔本、傅校本補。

〔二〕雖：原作「難」，據明澹生堂鈔本、傅校本改。

〔三〕具見有：原作「其具」，據明澹生堂鈔本、傅校本補改。

興元指揮

興元駐札御前諸軍都統制彭杲申：義勝軍將第二隊於二月一日夜遺火〔一〕，延燒過本將營舍草屋三百餘間，已將被火之家等第特支過錢引二千九百六道〔二〕，及支撥官錢收買合用茅草竹木，差撥軍兵併工修蓋屋舍，應副被火之家居住。又據四川總領所申：本所已將被火人每家支給錢引五道，并借支請受一月，分作五箇月尅還，併利東路安撫司亦已支犒訖。

右，某月日奉聖旨：義勝軍係忠義來歸之人，仰彭杲更切多方存恤，其總領所借請一月，可特免尅還。尚慮新蓋屋宇草創，已令襄陽府踏逐見成營舍，候至秋凉，當議優支犒設路費，許同家屬移戍，仍先次開具本將見管將佐人馬及各家老小數目聞奏。

荆鄂都統司指揮

奉聖旨：興元義勝軍皆係歸正之人，忠勇可用。其馬步軍共約五七百家，近於二月一日本將遺火，屋宇被焚。雖别行蓋造，終是草創。今欲令改隸荆鄂軍，仰郭杲同牛僎於襄陽府踏逐空閒寨屋，同候今秋移戍〔三〕，仍先次條具合行事件以聞。

郭棣劄子回奏 四月五日

臣昨蒙付下郭棣奏劄，準御批恐有可照應事宜施行，今具下項：

一、興元府屯駐義勝軍已得處分外，金州有肖斡里剌等四十餘人〔四〕，未審候將來義勝軍起發過金州日，令一就同來襄陽，惟復各項津發，今合先降指揮。

一、郭棣乞權免起發西兵一年，庶幾四川總領所不至重疊應副錢糧，今取進止。

奉御批：金州義勝軍一就起發，西兵免起一年。

問金陵統制相争御筆 四月十六日

忘記令汝誼體究建康兩統制相争事指揮，卿奏來。

回奏

臣伏準御筆，汝誼體究建康統制相争事指揮〔五〕，令臣奏來。

〔一〕「火」下，傅校本有「軍前」二字。
〔二〕等：原缺，據明澹生堂鈔本、四庫本、傅校本補。
〔三〕同：明澹生堂鈔本、傅校本作「伺」，疑是。
〔四〕有：原作「者」，據明澹生堂鈔本、傅校本改。
〔五〕事：原無，據明澹生堂鈔本、傅校本補。

臣恭稟聖訓，録在別幅，伏乞睿照。

録白指揮

訪聞建康府駐札御前左軍統制李浩、遊奕軍統領闞再興輒對副都統制語言紛爭，全無忌憚，可令趙汝誼究實聞奏。其劉光祖略不彈壓，仰具析以聞。

繳彭杲書草奏 五月十七日(一)

臣等今擬到興元彭杲書草進呈，乞賜詳覽(二)。未有穩處，恭俟聖訓，或十九日別取進止。

奉御筆：書本甚詳備。

與彭杲書草

五月十六日後殿奏事，聖上令諭旨都統：得來奏，謂義勝軍安居已久，遽然移屯，恐動人心，未敢彰露行遣；或必欲施行，即乞令朝廷使喚自大安軍登舟，免陟沿邊山險，候到荆南續指揮屯駐出處。足見思慮詳審，甚副閫寄。聖意本謂此軍並係契丹、渤海、漢兒，昨者憤疾金虜，慕向本朝，相率來歸，委實忠義，所以倍加存恤，專待他日之用。近報虜主遠還上京，深慮向去別有事宜。知此軍每以報國爲心(三)，恐緩急地遠，難於調發，兼蜀塞險阻，不便馳驅，故移荆鄂，庶展長技。今秋涼尚遠，猶

可商量。都統宜明以此意詢察衆情，若欣然願遷，當依來奏改行近裏水路上，令就荆鄂間屯駐。或衆人只欲留彼，即更審度奏聞。其制置總領及金州都統司，亦可就近達此曲折。恐發遞遲滯，須具回奏，遣人星夜前來，別俟處分。

付下彭杲書草回奏 五月十八日(四)

臣伏準御批，付下與彭杲書草，即便修寫遣行。仰乞睿照。

繳趙汝誼咨目奏 五月十九日

臣適奉聖訓體究蘇謣事。今欲作咨目付趙汝誼，謹先具草進呈。未審當否，伏乞處分。

奉御筆批依。

與趙汝誼咨目

五月十九日得旨聞蘇謣酒席間曾批雷世賢頰，委總領密切體究，請徑自聞奏。

(一) 五月十七日：原無，據明澹生堂鈔本、傅校本補。
(二) 乞：原作「伏」，據明澹生堂鈔本、四庫本、傅校本改。
(三) 知：原作「如」，據明澹生堂鈔本、四庫本、傅校本改。
(四) 五月十八日：原無，據明澹生堂鈔本、傅校本補。

張國珍轉官回奏 五月二十二日

臣伏準御筆，付下張國珍轉官指揮，極爲允當。已遵聖訓一面施行，其葛邲文字謹具繳進。伏乞睿照。

問陳侃御筆 五月二十五日

聞淮東水寨人陳侃爲章沖所窘，令送安撫司根勘。此係邊面，人心如何，可以與免根治，給付本人船隻，却奏來。

回奏

臣伏準御筆詢問淮東水寨人陳侃爲章沖所窘，令送安撫司根勘事。臣記得今年正月，知楚州章沖窮治鹽城民户陳本打造海船軍器下海興販，一面結案，合斷徒罪，又乞重賜施行。三省降付刑寺，擬斷問，因本家經密院下狀，乞移他處別勘。臣以本人既是民兵首領，事關邊防，難與尋常打船下海、私置軍器一例行遣，遂於今月初八日將上奏陳，謂太守治部民固難沮抑，而邊防所係亦當闊略，欲移鄰郡揚州根勘，仍具情犯申樞密院，乃是從其所請，可作出場。當時蒙聖諭以爲允當，即已行下。聞鄭良嗣具曉此意，勢必兩平其事，只候申到便奏知可以恕免，仍給船隻。今聖意若欲早了，即來早面奏再降指揮，催促揚州申來，於本人決無所損。伏乞睿照。

黎州馬政奏 同日〔一〕

臣適見宇文价傳聖諭商量黎州馬政〔二〕。臣屢曾奏知虛恨蠻自來只就嘉州賣馬，淳熙七年，因黎州權守李福謙創許其就本州入中，緣此引惹，至今中馬不絶。今來留正所奏，乃蠻王自欲入城規圖犒勞，非是不許其買馬。宇文价云初不知此曲折，將謂元未曾許賣馬，故欲量許以示羈縻。臣亦告以札下諸司措置事理，价甚以爲然。臣又再三思之，蠻王知教閲土丁，未成倫理，而黎州四月開場發回西兵，所以未敢來嘗試〔三〕。今既詰問諸司，將來未必不乞開場月分依舊存留西兵，以示彈壓。或恐別有長策，勢須俟其回奏，稟旨施行，合具奏知。

移書王卿月等奏 五月二十五日

臣昨聞聖諭襄陽王卿月，臣亦曾詢其人〔四〕，雖無甚執守，然元應武舉〔五〕，又通文藝，比之常人粗可驅使。只有一事，素好下棋，適運副江溥性亦嗜此，往往聚會過多，妨廢職業。尋常又難

〔一〕同日：明澹生堂鈔本、四庫本作「五月日」。
〔二〕价：原作「玠」，據明澹生堂鈔本及《攻媿集》卷三五、二六，《南宋館閣續録》卷八及下文「价甚以爲然」改。下一「价」字同。
〔三〕未：原缺，據傳校本補。
〔四〕「詢」下，明澹生堂鈔本、傳校本有「訪」字。
〔五〕應：原作「龍」，據明澹生堂鈔本改。四庫本作「就」。

獨遺都統，以此未免相陪。頃牛僎赴任，臣曾告以少赴筵會，恐軍士生心，蓋謂是也。若聖意別擇人代卿月則固無説，或未有人，臣欲密以私書與卿月、溥，云：時節宴會欲通人情，况在邊藩，尤不可闕。至於非時棋飲[一]，必妨職事，且費錢物。唐人賦詩偶云「長日惟銷一局棋」，朝廷尚不肯付之郡寄，况因此數宴飲乎？得旨密令戒諭，請一面具回奏。如合聖意，即徑移書。衆中不敢及此，更取聖裁。

奉御批：卿宜作書戒之，此非投壺雅歌之時也。仍令條具邊防合有措置事宜。

又欲作書與牛僎王希呂奏 五月二十七日

一、臣伏準御批，令臣作書戒王卿月、江溥，以今日非投壺雅歌之時，謹遵聖訓。所有令條具邊防合有措置事宜，尤爲急務。臣更欲作一書與牛僎，亦諭此意。如或可行，別具檢進呈。

一、臣昨稟淮西地分未有成説，固知聖明臨時自有區處。但今之將帥鮮能素定規模如古之名將，若不預加警策，緩急恐費指縱。臣意欲作書，或自御前降旨與王希呂、郭鈞、雷世賢等，問以將來或有守禦攻討，其方略如何，使之相度地勢，精思熟講，以備應變。雖未必皆能盡善，亦須留心措畫，不敢忽略。未審聖意以爲然否？如或可行，容臣別具檢進呈。

右二事並取聖裁。

奉御批：並依卿作書與之。

回奏 六月一日

臣伏準御批令作書與王希呂、郭鈞、雷世賢、牛僎等，問以邊防事宜，容臣來日具檢進呈[二]，然後遣發。伏乞睿照。

繳王卿月等書草 六月二日

臣已嘗奏知擬到與王卿月、王希呂等書草，謹具進呈，乞賜睿覽，改定付出。或大意有未當，容朝殿日稟旨。伏乞聖裁。

奉御批：並允當。

王卿月江溥書草

襄漢密邇宛洛，屏蔽荆州，在今日最爲重地。虜酋既遷都，將來或爲傳授之計，内則兄弟紛争，外則豪傑競起。在我既不可不思備禦，又不可不圖進取。惟能自定規模，乃可臨機應變。所以邊防事宜切須精思熟講，條具以聞。又有一事，帥藩宴集，蓋存事體，通人情，理不可廢。至於棋飲[三]，平時尚妨職業，况今

〔一〕至：原無，據明澹生堂鈔本、四庫本、傅校本補。
〔二〕容：原作「欲」，據明澹生堂鈔本、四庫本、傅校本改。
〔三〕於：原無，據明澹生堂鈔本、四庫本、傅校本補。

日非雅歌投壺之時乎？皆得旨宣諭，請一面自具目奏〔一〕。

牛僎同前不用棋飲却添此段

修葺義勝軍寨〔二〕，緣興元彭杲奏謂此軍親舊婚姻〔三〕，久安於彼。更須詢察其情，若是樂遷〔四〕，固亦未晚。所以降旨別聽指揮，并希知悉〔五〕。

王希呂郭鈞雷世賢

淮西屏蔽江表，密邇中原，在今日最爲重地。虜酋既遷都，將來或爲傳授之計，內則兄弟紛争，外則豪傑競起。在我既不可不思禦備，又不可不圖進取。惟能自定規模，乃可臨機應變。將來守禦攻討之策，皆當精思熟講〔六〕。如韓信一登將壇，便謂三秦易併；趙充國請先至金城，圖上方略，其後無言不酬者。苟非先有區處，安得成此雋功？得旨以此宣諭，請一面仔細回奏合措置事件。郭鈞書中仍令諭意梁師雄。

回奏 六月三日

臣伏準御批付下元進王卿月等書草，臣一面條寫遣去，伏乞睿照。

御批付下王藺奏劄 六月

禮部侍郎王藺奏武臣落階官人節，臣檢照隆興元年措置諸軍立功激勸內一項，因戰功落階官，武功大夫、右武大夫以上見帶遙郡人，合量功力除授遙郡承宣使〔七〕。若落階官却合自正任刺史以上除授，此陛下所自定也。今以作戰功之人帶遙郡而落階官者，承宣即得承宣，防禦即得防禦，無乃大超越，而與前日措置大相背戾乎！若隨其所帶，稍鐫等級而授之，亦不失爲聖恩。

奉御批：卿密檢隆興初指揮奏來。

回奏

臣伏準御批，密檢隆興初指揮奏來，謹具録在別幅，同元批繳進。伏乞睿照。

〔一〕目：明澹生堂鈔本、傅校本作「回」。
〔二〕修：原作「講」，據明澹生堂鈔本、四庫本、傅校本改。
〔三〕親：四庫本、傅校本作「新」。
〔四〕若是：原無，據明澹生堂鈔本、傅校本補。
〔五〕原刻校云：「元奏作『亦恐欲知』。」
〔六〕講：原刻校云：「元奏作『慮』。」
〔七〕量：原作「重」，據明澹生堂鈔本、四庫本改。

樞密使

李彥穎文字回奏 六月十六日

臣伏準內侍鄭邦憲傳奉聖旨，李彥穎文字一件付臣，謹已知稟，十八日將上。伏乞睿照。

雷世賢劄子回奏 六月十六日〔一〕

臣伏準內侍鄭邦憲傳奉聖旨，付下雷世賢奏劄。臣謹當類聚，候諸處奏劄文字，續具奏稟。伏乞睿照。

王希呂劄子回奏 二十七日

臣伏準內侍楊舜卿傳奉聖旨，付下王希呂奏劄。臣已祗領，更候郭鈞、梁師雄條具到，謹當逐一奏稟。伏乞睿照。

審權步帥 七月五日

臣等契勘步司闕官，昨日曾蒙聖諭，今早未及稟旨。若召梁師雄，即欲札下張國珍，且權暫掌管印記〔二〕，聽候指揮。其中軍統制閻世雄偶以昨晚到軍，聖意或令暫權，即候處分，別擬指揮進入。蓋印記未有人收，不容少緩。伏取進止。

奉御批：可召梁師雄，令張國珍暫權。

論除鎮江都統

臣近者恭聆聖訓，謂翟安道在鎮江勢已難安〔三〕，此實衆論之所同〔四〕，無可疑者。但此軍與金陵、武昌皆爲重任，非池、江、襄陽之比。一則財賦積弊〔五〕，久費料理；二則歸正雜居，不易安存；三則地分闊遠，並是衝要；近日朱振又復身故〔六〕，武鋒一軍尚未有人。凡此數端，若付新進〔七〕，竊恐未孚衆論。欲望聖慈深軫淵衷，少緩旬日，審而後行，庶得允當。臣以事體重大，密具奏知，伏乞睿照。

諸軍衙兵御筆 七月九日

諸軍衙兵指揮內，毋得輒充私役。緣衙兵固合當直帥其間，至於看馬、荷轎，未免謂之私役，故此有少疑，却具奏來。

〔一〕六月：原無，據明澹生堂鈔本、四庫本補。
〔二〕記：原脱，據明澹生堂鈔本、傅校本補。
〔三〕謂：原無，據明澹生堂鈔本、傅校本補。
〔四〕實：原無，據明澹生堂鈔本、四庫本、傅校本補。
〔五〕積：傅校本作「彫」。
〔六〕近日：原作「且」，據明澹生堂鈔本、傅校本改。四庫本脱「近」字。
〔七〕進：原作「建」，據明澹生堂鈔本、傅校本改。

回奏

臣伏準御筆「諸軍衙兵指揮内疑毋得輒充私役」之句，仰見聖慮通明，非凡愚所及。臣本謂看馬荷轎及虞候六局人之類〔一〕，皆是公家合用之人，惟差出幹置私事〔二〕，或主管莊舍之類乃爲私役。然既付以腹心爪牙之任，本自不必及此。止緣向來指揮迫切，一旦改革〔三〕，恐或者議其過於矯枉，未免大爲之防。但恐既委御史及總領覺察，却恐臨事不達此理，拘牽文意，反成捃拾，非陛下倚成兵將之本指。熟復聖諭，此乃高祖宏遠之規模，臣惟知歎仰而已。今欲乞付元擬文字商量改定，十一日早稟旨行出。伏取聖裁。

夏俊弩樣回奏 七月二十三日

臣伏準内侍鄭邦憲傳奉聖旨，付下弩一張，極不快便，即容交還夏俊之子，伏乞睿照。

李棣別具到闕回奏 七月二十六日

臣伏準御批，秉義郎李棣令別踏逐差遣，謹遵聖訓，即告示本人，候別具到闕將上稟旨。伏乞睿照。

郭鈞彭杲文字回奏 七月二十八日

臣伏準内侍楊舜卿傳奉聖旨，付下郭鈞、彭杲文字各一件，謹已祗領，續具進呈。伏乞睿照。

具王卿月所奏及探虜中事宜御筆 八月五日

王卿月奏到利害如何，卿寫其大略來〔四〕。可寫與時佐，令探河南統軍烏林答天賜軍情如何，并問天賜終日所爲何事。更問虜主令宗室將近旅一房往上京，此事果有否？

回奏

臣昨蒙聖問，王卿月奏到利害大要，謂襄陽可以守，可以進取，而專言兵少。緣是時牛僎無恙，故其説與今又是不合。臣方籌度欲奏稟問，偶值易帥，既改除閻世雄，則卿月所論復難膠柱。臣兩日再三諭世雄，以荆、鄂本是一家，須到鄂州日凡百先

〔一〕臣：原無，據明澹生堂鈔本、傅校本補。明澹生堂鈔本「臣」下還有「愚」字。
〔二〕惟：原無，據明澹生堂鈔本、四庫本、傅校本補。
〔三〕改革：原作「幸改」，據明澹生堂鈔本、四庫本、傅校本改。
〔四〕大：原無，據明澹生堂鈔本、四庫本補。

與都帥子細商量〔二〕，仍曲盡事長之禮，務要同心爲國，緩急首尾相應，必無不濟。更俟數日參酌卿月文字，續具奏稟，次烏林答天賜軍情并其所爲，與夫虜主令宗室將近族一房往上京等事，容臣一面作書與時佐探問。伏乞睿照。

察劉瑞仁御筆 八月七日

御史劉瑞仁觀其無驕氣，與應對語言磊落否，續奏來。

回奏

臣適遵聖訓，喚劉瑞仁相見，全無驕氣，應對語言雖無風采〔三〕，却不山野，頗磊落〔三〕，聞曾隨盍經入國作上節〔四〕。伏乞睿照。

時佐探報回奏 八月二十二日

臣伏準内侍關禮傳奉聖旨，付下時佐探報虜主支散上京年七十以上人奏禮札一件〔五〕，臣已祗領訖，伏乞睿照。

奏金星已過躔度〔六〕 九月九日

臣連日與三省言〔七〕：陛下聖德冠於百王，星文必不示異。既而昏度皆陰，略無所睹。昨日仰蒙聖諭，臣未敢拜賀者，蓋初

七夜雖約已過，然金行遲緩〔八〕，相去猶近，夜來又復陰雨，今晚已在一度之外矣。臣通夕欣慶，幾於忘寐，謹附此叙爵躍之情。伏乞睿照。

權收刺殿前司子弟御筆 九月二十日

問殿前司子弟，欲要收刺緣未得指揮遂結集欲攔宰相下狀今來與權收刺一次同指揮付卿比却，繳進入。

回奏

臣伏準御寶批，招刺殿前司子弟，即已施行，所有御筆謹具繳進。伏乞睿照。

〔一〕到：原缺，據明澹生堂鈔本、四庫本補。
〔二〕無風采：明澹生堂鈔本作「無甚文采」。
〔三〕「頗」上，傅校本有「亦」字。
〔四〕聞：原作「問」，據明澹生堂鈔本及傅校本改。
〔五〕札：原作「禮」，據明澹生堂鈔本、四庫本改。
〔六〕度：原無，據明澹生堂鈔本、四庫本、傅校本補。
〔七〕與：原缺，據明澹生堂鈔本、四庫本補。
〔八〕緩：原作「後」，據四庫本改。

張子習差遣回奏 九月二十六日〔一〕

臣伏準御批，付下張子習乞差遣文字，臣謹遵聖訓，來早契勘將上。伏乞睿照。

蕭鷓巴陳乞回奏 九月二十六日

臣伏準内侍鄭邦憲傳奉聖旨，付下蕭鷓巴陳乞趙善蘊添差文字一件，謹已祗領，來日將上。伏乞睿照。

興州吴挺具奏〔二〕 三月三日，發當月十八日遞到興州〔三〕

一、合取要地，無踰長安、鳳翔、德順。若取鳳翔，則出師鳳州散關。若取秦州、德順，則出成州阜郊。又金州之師可出上津，進取商、虢，以窺長安。但敵之虛實，今未可預定，以臣管見，雖將來一路當先出，亦須三路俱進，以爲之援〔四〕。

一、虜自用兵以來，前後犯蜀，皆由鳳翔、秦州兩路。鳳翔之兵經寶雞和尚原，隴右之兵經秦州。若破寶雞和尚原，便可進援鳳翔，因糧進取長安。若破秦州，即可直據德順，則涇原、熙河、秦鳳三路皆爲我有。

一、虜或爲恃五路糧食深溝高壘，以不戰屈我。當此時，止可固守原堡，然後設方畧，攻其所必救以致虜。

一、虜中平日無事，兵皆屯長安、鳳翔一帶，秦鳳、熙河、涇原三路屯兵極少。今我兵出戍，彼已不疑，若以更戍爲名，合關外所屯之衆，自阜郊直趨秦州止三十里，一日可得。既得秦州，至德順才二百五十里，五日可復。彼鳳翔雖覺，事已濟矣。其餘熙、鞏、蘭、會，全無守禦，量遣人兵，即可撫定。若鳳翔來援，可逆擊破之。

録白付吴挺御筆

比覽卿來上關陝地圖，奏陳敵兵平昔皆屯長安、鳳翔一帶，秦鳳、涇原、熙河三路屯兵極少，緩急欲合關外所屯之衆，自阜郊直趨秦州，次攻德順，其餘熙、鞏、蘭、會等州全無金人守禦，量遣人馬，即可撫定。若敵兵來援，當逆擊破之。若以卿言，恐異日未爲得計。尋檢會吴璘、王之望所奏前後累章，備見辛巳出師，秦州、德順舍重取輕，首尾失據，援遼遠幾失川口〔五〕，費我全力，竟致無功，致令王彦、吴拱捨荆襄控扼，會兵河池。是皆前事之危道也，故轍可復蹈哉？今蜀門重兵已隸於卿，次則興元，次則金州，異時卿等當謀會三路之師，以奇以正，進則攻取敵兵要害之地，守

〔一〕九月二十六日：明澹生堂鈔本、四庫本作「十一月十六日」。
〔二〕吴挺：原無，據明澹生堂鈔本補。明澹生堂鈔本無「具」字。
〔三〕興州：原無，據明澹生堂鈔本、四庫本、傅校本補。
〔四〕援：原闕，據傅校本補。
〔五〕幾：傅校本作「遂」。

則以固我襟帶之衝。卿更宜審取良謀，勉思成績，勿以向時一時之誤，不爲後事之戒。

興元彭杲奏

臣三月十六日未時準三月三日元字號御筆〔二〕，將來虜人云云。

一、臣所管關隘，自洋至鳳向北一帶諸谷，多有小路通彼界上，須輕兵把截。惟大散關是出師正路，宜以重兵守之，以張聲勢。其大散之前，最緊無如和尚原，若攻之，恐費兵力。臣欲揚聲取原，實以奇兵西出蕎關，取大蟲嶺；東出隔芽關，取五丈原。下瞰鳳翔，出兵夾擊其糧道，則和尚原兵必解，然後占據，次圖進取。

一、鳳翔虜人重地，乃五路腹心，和尚原之兵既解，臣當徑取鳳翔，會兩路兵取秦隴，金州兵取商虢。又須令金州軍馬以重兵取大慶橋及潼關，中斷虜之來路，以使其聲援隔絶，可取關中。

一、攻守糧食爲先計辦，以新易陳。

録白付彭杲御筆

比覽卿奏，欲以輕兵守南山諸谷，以重兵駐大散關，張聲勢，取和尚原。奇兵就興元地分，出武休關、隔芽關，趨斜谷，取五丈原，瞰鳳翔，出兵夾擊。今照得卿之屯所，正係南山一帶形勢，與吴挺協謀熟議，迭分奇正，兩軍犄角，以戰以守，無失機變，務收全勝〔三〕。無如辛巳之舉，互挾私嫌，不爲國計，勞師無功，竟貽後悔。卿更宜無惰忠勤，益修戎備，勉圖異日之效。

金州傅鈞奏

三月十四日未時，收三月三日金字牌〔三〕。三路之兵，虜常以興州爲重，若伺其兵糧未集，先出大散關，奪彼之氣，必須駭懼。臣謂興州兵可於鳳州先出，據和尚原，取寶雞，下瞰鳳翔。彼必以重兵與興州兵相綴，然後以興元之師直出駱谷、子午谷。金州軍馬由商於出七盤，與興元之兵合勢，伺隙長安。中原必有豪傑爲應，當以重賞高爵悦其心，分彼之勢。間遣奇兵據潼關，取陝州，燒大慶橋，絶東西往來之路，然三路亦須首尾相援。

録白傅鈞御筆

比覽卿奏，虜之巢穴不過鳳翔、長安，此爲合取要地，虜人必以重兵與興州之兵相綴，然後興元之師直出駱

〔一〕臣三月十：原無，據明澹生堂鈔本、四庫本、傅校本補。
〔二〕收：傅校本作「取」。
〔三〕字：原無，據明澹生堂鈔本、四庫本、傅校本補。

谷、子午谷，金州軍馬由商於出七盤，與興元之兵兩軍合勢，伺隙進取。卿今所隸邊面，連亘南山諸谷，出奇應變，皆得便利。異時有警，正欲首取商於之地，分據要害，徑圖關中，固宜與興元之兵連營合勢，審處事機〔二〕，併力攻取。卿與彭杲義，先恊和同心，比議益思長策，共濟公家。

付下蜀中三帥劄子并録白御筆回奏 十一月二十日

臣伏準内侍鄭邦憲傳奉聖旨，付下吳挺、彭杲、傅鈞三奏，并謄録御筆各一件。臣伏讀再三，仰見睿謨經遠，策勵將帥，明見萬里之外，不勝懽忭歎仰之至。其前件文字六通并復繳進〔三〕。臣昨嘗面奏乞諭三帥〔三〕，令時以探報事及區處之方奏聞〔四〕，不惟使之常常留意，亦可觀其隨事經畫。如合聖意，更乞繼此戒飭之。伏乞睿照。

郭鈞等文字回奏 十一月二十五日

臣伏蒙付下郭鈞、雷世賢、蔡戡文字三件，謹已祗領，續具進呈，伏乞睿照。

折價文字回奏 十二月七日

臣等伏準聖旨，付下吳挺奏諸軍折價文字，謹已祗領，候將來挺具到細帳，即稟聽處分。伏乞睿照。

鎮江多槳船回奏 十二月十三日〔五〕

臣伏準聖旨，付下錢良臣奏鎮江修多槳戰船錢文字一件，臣已祗領，續具奏稟。

與王希呂咨目

所奏合肥不可不守五説甚詳。昨來郭鈞亦欲移所部兵專任此責，非忠誠慷慨，不擇險易，安能體國如此？聖上極深嘉嘆，但有曲折，尚當詳議。合肥地當四衝，別無險阻可恃，須宿重兵，乃能堅壁。倘虜以一軍綴我城守，而縱輕騎深入，則和州孤城，何以自立？而雷世賢在定山獨受大敵，亦豈萬全之策？前書所以

〔二〕處：原作「取」，據明澹生堂鈔本、四庫本、傅校本改。
〔三〕通：原作「道」，據明澹生堂鈔本、傅校本改。
〔三〕昨：原無，據明澹生堂鈔本、傅校本補。
〔四〕令：原作「合」，據明澹生堂鈔本、四庫本改。
〔五〕十三日：明澹生堂鈔本、四庫本作「十二日」。

詢及民兵、萬弩手、山水寨等，正欲帥司糾合諸頭項人兵獨當一面〔一〕，爲兩淮之藩籬〔二〕，却令郭鈞駐和州，雷世雄駐定山，互爲聲援，乃無疏虞。今所乞正軍二萬人，兩司必難盡輟。若共遣若干人馬爲根本，而帥司參以民兵、弩手、本州效用軍兵及沿淮忠義人等，分地而守，似爲上策。但不知今年所教民兵已置籍否？其決可用者幾人？一路弩手千七百人，緩急便可點集否？預行收集，又恐張皇。其他效用并所招軍兵共有幾人？沿淮忠義臨時約可得幾何？宜疾速詳具以聞〔三〕，續當奏稟行下。

〔一〕司：原作「師」，據明澹生堂鈔本、傅校本改。
〔二〕之：原無，據明澹生堂鈔本、四庫本、傅校本補。
〔三〕疾速：原作「速疾」，據明澹生堂鈔本乙。

廬陵周益國文忠公集卷一四八

奉詔録卷三

樞密使

薛直緻進文字回奏　淳熙十二年正月二十八日

臣伏準內侍鄭大亨傳奉聖旨，付下步軍統領薛直緻進馬政及京東海陸形勝預備等七事，容臣子細詳看，續具奏禀。伏乞睿照。

延璽殺降御筆　二月初八日[一]

朱安國論延璽，卿來早詳奏殺降一節事。

回奏

臣伏準御筆，令臣詳奏延璽殺降事。臣適準再付下朱安國文字，已取索延璽元奏誅賊細數，來早進呈。伏乞睿照。

批付朱安國御筆　二月十二日

覽所上二章具悉。但延璽初約姜太老等盡數出降，擒獲者死，投降者生，其餘黨不即出降，雖搜捕稍速，然非已降之人，延璽不過欲絶後患耳。况湖廣頻有盗賊，若不以功揜過，則將何以懲勸？故兹札示，宜體至懷[二]。欲以此批付朱安國，卿更詳看，或有不當，密具奏來。

回奏

臣伏準御筆，付下朱安國文字，并聖訓諄諄，形於親札，既欲開釋言者之惑，又將保全立功之人。不鄙下臣，復令詳看。大公至正，毋固毋我，甚盛之德，孰不嘆服？但安國察章諄諄，專指言延璽殺降而已[三]，臣竊聽衆論，或以其説爲過，或以其説爲然。蓋由在朝之士無由盡見本末，安國所以謂璽有過無功。今若遽頒以功揜過之詔，則恐安國未喻深指，彈文繼上，却難區處。臣意欲以其二章下璽具析，璽必能鋪陳本末以解衆疑。如此則既彰陛下聽言之公，亦不失好生之意。璽之被賞，亦可安矣。或此説未當，則節假以前陳賈合對，望以札示曲折，與賈商量，令宜

[一] 初八：明澹生堂鈔本、傅校本作「初三」。
[二] 至：原作「此」，據明澹生堂鈔本、傅校本改。
[三] 殺：原作「投」，據明澹生堂鈔本、四庫本改。

諭安國，庶幾泯然無迹，事體甚順。臣既蒙聖問，輒貢愚衷。倘或不然，更俟進止。所有御批不敢輒留〔一〕，謹同繳進。伏乞睿照。

乞與金陵副都統閻仲賜帶并初除諸路都副統制未陞朝者陞朝武臣郡守未陞朝許繫紅鞓 二月十九日

臣昨日妄奏閻仲階官方是保義郎，蓋欲於稱謂之間稍加別異。方陛下愛惜爵賞，專待有功，無故加轉，誠爲僥倖，臣故不敢復言。退而思之，尚有愚慮，今具下項：

一、閻仲向來必經宣引，未審曾賜帶否？今建康軍中統制官如李簡輩比已經賜，其他則往往是大使臣，例服紅鞓。萬一仲未經賜，則黑鞓角帶，反在諸統制之下。若聖意因其陛辭〔二〕，特加賜予，則於遷轉無損而佩服有光，未審聖意以爲然否？

一、臣竊見文臣官小而除侍從，例轉通直郎，蓋欲其陞朝也。今諸路都、副統制人數不多〔三〕，陛下寵遇之禮實均侍從。若他日出自聖意，批降指揮，今後除授而官未至上陞朝者即與陞朝〔四〕，竊計被此恩數必無甚多，而仍略寓均一文武之意。此乃後圖，今固未可。敢因密啓，就瀆宸聽。

右，謹具奏聞，伏乞睿照。

〔貼黃〕今文臣小京官纔爲通判便借緋魚，而武臣小使臣雖爲郡守亦止黑鞓角帶。今若未欲遽賜閻仲金帶，不審可降指揮，武臣未升朝任知州軍〔五〕、副都統者許服紅鞓否？更乞聖慈付有司討論施行。

御批：卿奏甚當，都副統制便帶升朝官，可便自閻仲始，可擬指揮來。知州借紅鞓帶亦可，擬指揮來。閻仲俟朝辭日賜金帶。

擬都副統制陞朝武臣紅鞓指揮

應除授在外駐札御前諸軍都統制、副都統制，如階官未至升朝者，與帶陞朝官。

應武臣知州軍官未陞朝者，可依文臣守倅借服色例許權繫紅鞓角帶，候回日依舊。

回奏

臣恭準御批，令擬兩項指揮，謹具別紙。所以不言自閻仲始者，蓋既無「今後」兩字，則仲便當應格所屬，自合施行矣。今內外諸軍人數極不爲少，止緣冗占太多，其弊非一，俟將上詳稟

〔一〕批：明澹生堂鈔本、四庫本作「筆」。
〔二〕意：明澹生堂鈔本、傅校本作「慈」。
〔三〕人數：原作「殺人」，據明澹生堂鈔本、四庫本改。
〔四〕至上：疑有誤，傅校本作「至至」。
〔五〕朝：原作「殿」，據明澹生堂鈔本、四庫本、傅校本改。

聖訓，伏乞睿照。

鄭興裔揚帥御筆 二月二十七日

揚州闕帥，鄭興裔似堪其任。密具奏來。

回奏

臣伏準御批，鄭興裔堪任揚帥。臣觀其人累歷監司，於職事不爲苟且，誠如聖諭。伏乞睿照。

繳進蜀中指揮御筆 三月十一日

四川總領傅鈞、彭杲指揮忘記留中，却繳進入。

回奏 淳熙十二年三月

臣早來伏睹再降下彭杲等書藁，既別無處分，并吴挺者並未敢脩寫，欲俟十三日禀旨。今準御筆，謹用繳進，并有鎮江以酒庫分在諸軍一事，聞逐軍極費支吾，其詳具在別奏。乞紓聖慮，別聽進止。

與吴挺

得旨，都統所奏：欲將舊請折米價九引、八引之人添作十引，每歲計增錢引八萬四千三十餘道，却將倍給七十六人、添支九十三人、使司例三百五十八人三項，每歲多請八萬五千餘道對補其數，既使軍中請給均平，又免總所驟添財賦。自非仰念國計，下恤軍士，誰能及此？便可降旨施行，緣興元、金州諸軍折估亦用十三四州軍則例，已密令馮憲、傅鈞、彭杲日下取見兩處數目，候到即一體行下，免致再有奏請。恐都統欲知曲折，特令宣諭。

與馮憲傅鈞彭杲

得旨，聞蜀中諸軍折估糧米一項，見用十餘州軍則例勘請，其少者折價九引、八引，而多者却至十二引，參差不齊，深以爲念。見今多者更不裁減外，欲將少者一例添十引，今後所招軍兵並以此爲率，庶幾恩及將士，無不均之患。只恐總領所財賦有限，先當約度所添錢數，就降處分。除興州軍已曾取見數目外，其金州、興元兩處可密切細算月糧一項，見用幾州軍折估則例，内八引、九引者幾人，十引者幾人，十一引、十二引者幾人，疾速開具聞奏。

論鎮江財賦 三月十一日

臣久聞鎮江軍中財用匱乏甚於他處，翟安道屢曾援例乞借鹽本，不敢將上。又詢訪得本軍有十酒庫，向來都統司自行措置，用其利息爲統制官以下共給之費。後來主帥均與諸軍，使自措置，却將應干支費並令管認。既闕本柄，不免於舖户及都統司總領所借鈔起債。每月固已尅除利息，及至發賣，又多虧折，緣此本利俱少。將佐既乏供給，或至夤緣刻剥士卒。嘗詢問葉翥爲總領及郭棣爲鎮江帥時未曾如此，軍中大不以爲便。臣又問得金陵諸軍酒庫皆是總司抱認，所以軍中無此一項弊事。夫統制官專以訓練爲職，豈能人人理財？其間巧作名色，多占破人，亦起於此。臣欲乞批付吴琚、翟安道，令同共相度，檢照數年來因何改革，今當如何措置，候有成説，然後施行。更乞聖慈詳酌可否。既繫軍政，不敢不奏。

奉御批：可依卿所奏〔一〕，疾速批問。

付下吴挺書草回奏 同日〔二〕

臣伏準御批，付下與吴挺咨目本，即便脩寫，先付其來人。所有批問鎮江酒庫事，容臣十三日具稿進呈。伏乞睿照。

批問御筆

因見鎮江府諸軍隊牌奏〔三〕，窠占六千餘人，已令翟安道具細數，適已付樞密院將上。卿須痛加裁減，庶幾不虚占軍籍。如一項兵官下白直五百餘人，自合差入隊人充，今來却作占破。此最爲不當。

付下翟安道文字回奏 三月二十五日

臣伏準聖旨，付下翟安道繳進應管人數文字一件，謹已祗領。其前日多差白直等人數，昨因閻世雄初赴襄陽，曾恭稟睿訓，令裁減冗占。後來世雄奏到減下一二千人，今欲候奏事日別具進呈。乞明指不虚破之數，徧諭主帥，使之自行裁減聞奏，庶幾曲盡事理。伏乞睿照。

論秦嵩田世雄兩易交割 同日〔四〕

臣適睹御封付下留正、王渥奏，令秦嵩、田世雄兩易其任，

〔一〕卿：原無，據明澹生堂鈔本、傅校本補。
〔二〕同日：明澹生堂鈔本、四庫本作「三月十一日」。
〔三〕府：原作「軍」，據四庫本、傅校本改。
〔四〕同日：明澹生堂鈔本、四庫本作「三月二十五日」

甚爲允當，已奉御筆依。除一面施行外，緣有二事合奏審，今具下項：

一、兩處皆是邊要，兩人皆是郡守，依條合候交割起發。今來未審令各人一面牒州事與通判，惟復別差人時暫往權。

一、金州極邊，屯駐軍馬，偶然都統制傅鈞抱病，軍中止有統制官三人。内右軍張良臣去年十二月奉御筆點赴審察，今正在路。本軍惟存兩人，前軍樊照見年七十一歲，中軍盧協節去年五月曾到行在，人材亦平平，升權統制爲日尚淺，皆恐未可倚仗。而李思孝自鄂赴召[一]，復自此往，計須數月方能到彼。萬一傅鈞或有事故，即此數月間帥守全闕，不可不慮。

右。欲乞聖慈先紓宸慮，庶幾來早朝殿可以恭聽處分。伏乞睿照。

奏留正欲與田世雄轉官 三月二十六日

臣已得旨擬催促田世雄赴黎州，并委監司暫權金州，只候來早進呈。偶得留正劄子，説欲與田世雄轉官之類，未審聖意以爲然否，併候來早恭聽處分，合先具奏知。其留正劄子却乞付出。

宣示田世卿等御筆 四月一日

今有誡諭田世卿并問郭鈞教閲人數不同親札録白宣示，卿等却繳進來。

録白親札付郭鈞

建康府駐劄諸軍，今年三月二十二日教閲人隊、披帶官軍一萬一千四百五十八人，戰馬二千匹。按本司兵帳見管兵四萬六千二百九十六人，馬六千三百七十四匹，數目大段不同，可從實開具因依聞奏。

録白親札付田世卿

朕念卿材畧嘗任爪牙[二]，備見宣力。再付總戎之寄於要衝之地，委寄之重，卿當體朕至懷。凡選任施爲之間，務從公道，毋狥人情，副朕親擢之意。

回奏

臣等伏蒙聖慈宣示戒諭田世卿并問郭鈞教閲人數不同親札。仰惟陛下垂意方面，明於知人，用其所長，警其所短。漢高祖御將，又何加焉？至於軍旅奏報，一經聖覽，率皆推見同異，究其端由。漢宣總覈，何以過此？臣等捧讀再三，無任歎仰欣幸之至。謹具奏謝，伏乞睿照。

[一] 召：原作「台」，據明澹生堂鈔本、傅校本改。
[二] 念：明澹生堂鈔本、傅校本作「見」。

付閻仲御札 四月十六日

朕惟將帥之弊，每在蔽功而忌能，尊己而自用，故下有沉抑之歎，而上無勝算之助。殊不知兼收衆善，不揜其勞，使智者獻其謀，勇者盡其力，迨夫成效，則皆主帥之功也。昔趙奢解闕與之圍，始令軍中有諫者死，及許歷進北山之策，而奢許諾，卒敗秦師。奢爲封君，與廉頗同位，何害焉？卿當以奢爲法〔二〕，毋蹈前弊，用副注委。已嘗面諭此意。故茲親札，宜體至懷。

大石契丹興兵御筆 四月二十一日

覘盱眙報，大石契丹欲興兵事。若無則已，或果有之，在我安得坐視？他日我若徑舉兵，則違誓約；若因釁，則將何以爲辭？卿須深謀遠圖，俟數日奏來。卿以此密示郭棣同議之。候回奏，同繳進來。

回奏

臣伏準御筆，盱眙報大石契丹事，容臣二十三日約郭棣商議，同御筆繳進。伏乞睿照。

繳二十一日御筆奏 四月二十三日

臣昨蒙御筆，連日伏而思之，若彼果有釁，臨時不患無説，所急者在於間探精審。適約郭棣相見，問其所遣之人，云約五月回盱眙。昨遣黄政，亦恐早晚有耗。楚州羊家寨探報，比他處似或可信，若諸處參合，自當別具奏稟。其付下宸翰，謹先具繳進，伏乞睿照。

宣示付吴挺御筆 同日〔三〕

近得邊報，大石契丹假道夏國，侵犯金人，未知然否？卿可分遣間探明斥堠，以詗其實。若所傳虚誕，切不可妄動。果或有之，機會似不可失，宜遣文武兼備之人與之會議，毋使常材，庶使一見信服，事可有濟。然此皆傳聞，卿更審察事宜，貴於詳密，以副朕懷。故茲親劄，想宜知悉。

付留正御筆

近得邊報，大石契丹假道夏國，侵犯金人，未知然否？已親劄付挺，使之分遣間探，明斥堠，以詗其實。若所傳虚

〔二〕當：原無，據傅校本補。
〔三〕同日：明澹生堂鈔本、四庫本作「四月二十三日」。

誕，以下同前事可有濟。卿可與挺密議詳處，以副朕懷。故茲劄示，想宜知悉。

回奏

臣等蒙宣示御筆二紙，仰見聖明欲乘機會爲恢復之計。此《易》所謂「見機而作，不俟終日」者也。然臣等尚有千一之慮，欲俟來早面取進止，所有庚牌望少留一日。伏乞睿照。

付下趙汝誼劄子 四月二十七日

臣伏見金陵都統司中軍統制官李簡見爲公事，都統司已差保義郎、右軍統領權左軍統制劉忠管幹上件職事。竊緣劉忠者才藝無聞，資歷又淺，徒以巧於讒譖，叨躐陞進，今又移差中軍，事權益重。欲望睿斷於三衙官兵内，差撥一員前來管幹中軍統制官職事，庶幾少安士卒之心。

回奏

臣伏準聖旨，付下趙汝誼奏劄。往者固嘗奏知郭鈞爲性剛簡，多與文臣情意不通。自梁師雄被召，即曾奏乞早差副貳。自聖明選差閤仲，中外皆謂允當。近者趙汝誼到闕，因相見，大抵語意力主雷世賢而不喜郭鈞，衆所共知，亦有朝士勸其平心者。然克己毋我，自是聖賢事業，汝誼豈能如此(二)？昨日臣所以乞與李簡降官離軍差遣，正爲汝誼此舉失當，欲稍調護之耳。陛下令降官放罷，此大公至正之理也。今汝誼密奏劉忠不可用，乞睿斷差統制官前去。如此奏陳，初無形迹，却爲得體。其劉忠爲人，臣不及知，或是郭鈞偏信，亦或有之。今若自此移一員去，既出聖旨，郭鈞等安敢以爲疑？但恐由内而外頗似左遷，若於統領官升遷遣去，則彼一軍之人必謂我軍豈無可用之將，何至煩三衙差人前來，在常情或以爲耻，此非爲鈞等計也。臣有愚見，輒就奏禀。去夏建康左軍統制官李浩因郭剛身故，在客位與統領闞再興喧争，得旨降兩官充統領。今若作念舊及期與牽復中軍統制，填李簡闕，則上下自然無詞。而汝誼所奏亦已施行，足彰馳信之公，似爲兩得。況李浩頗有聲於行伍，當時所坐不緣贓私，而又兩官未復，猶足示懲。未審聖意以爲然否？汝誼元奏謹同繳進，伏乞睿照。

奉御批依奏。

或未欲牽復李浩，即且令權統制，以責後效。並乞聖裁。

許浦海船置柁師回奏 同日

臣伏準御批，付下錢良臣奏鎮江許浦海船合置舵師事，令臣條具將上。臣向來嘗奏鎮江船多而人少，恐緩急闕誤。今須專責本軍別揀水軍一項，如統制將佐皆選諳識海道之人乃可爲用。前日所以起福建人船來許浦者，正以其船及舵師皆牢壯諳熟。所有

(二) 如：明澹生堂鈔本、四庫本作「行」。

官中舟船久在岸下，雖逐旋補葺，終是少得堅壯，止有橫江耳。尚容逐旋條具稟旨，伏乞睿照。

盱眙傳聞御筆 六月七日

昨日見盱眙傳聞金國以八千勦絶契丹。此事甚爲可駭。

回奏

臣伏準御筆，盱眙傳聞金國以八千勦絶契丹。大抵虜人多詐，恐是特揚此聲以安人心(一)。旦夕吴挺處金字牌回，可知端的。伏乞睿照。

付下榮茂宗進狀回奏 四月二十八日

臣伏準聖旨，付下榮茂宗進狀一件，謹已祗領，續稟進止。伏乞睿照。

王德探事御筆 五月四日

近日將玉爵來者王德，卿可令往北界探事，許以補官。續次令赴東華門祗候，欲賜錢帛，仍令疾速往回。

回奏

臣伏準御筆，欲令王德往北界探事，容臣一面呼來，諭以聖意。但携玉爵而歸乃乾道年間，恐歲月已久，未必有脚引之類可以使用，俟問得子細，即續具奏。伏乞睿照。

審問王德奏 五月六日

臣適呼王德，略諭聖意，果云元是乾道九年到北方。今彼界增置擺鋪，仍添合同，須就盱眙經營，□月十日乃可得之。以此往回，恐不能速。其人今年六十，頗似誠實，但耳微覺重聽。不知幾日令就東華門祗候，伏取聖裁。

于斌間探奏 六月六日

臣伏蒙聖慈差人傳旨押孫應相見，已面以昨日安豐軍咨目分付訖(二)。其年稍高，恐未必能深入。近有一士人薦鎮江前軍第二將訓練官于斌，年五十二，潞州人，知書有膽略，可充間探。臣亦未敢輕信，欲作書與吴琚、翟安道，先令物色。如果有可取，即令略赴密院稟議。伏取進止。

(一) 恐：原無，據明澹生堂鈔本、傅校本補。
(二) 以：原無，據明澹生堂鈔本補。四庫本作「向」。

付下吴挺劄子回奏 六月九日

臣伏準内侍關禮傳，奉聖旨付下吴挺回奏，正緣前日御筆訓諭曲盡事宜，在挺安敢鹵莽回報？況挺世將深沉，非如他人輕信道路之言者，臣所以屢奏須俟挺處消息，想繼此續有奏牘。伏乞睿照。

黄政告身回奏 六月二十一日

臣伏準内侍張思温傳，奉聖旨黄政權差往盱眙軍幹事，本人轉官告命候回程日給付。臣謹已遵禀一面收下，候本人回禀旨給付。伏乞睿照。

習右射御筆 七月六日

諸軍見習左射人，今後住教止習右射，將見用軟弓日下拘收，別給散合格斗力弓。依此札下江西、四川諸軍。

回奏

臣伏準御筆：「諸軍見習左射人，今後住教止習右射，將見用軟弓日下拘收，別給散合格斗力弓。」即已遵禀，札下江西、四川諸軍。伏乞睿照。

繳留正書回奏 七月七日

臣早蒙聖諭奴兒結事，今節到始末，具在別紙，并臣昨以所降指揮有曲折不可明言者，遂以私書諭留正，使之過爲隄備。所得回書本不敢進呈，既蒙宣問，恐宸衷欲知其詳，輒同繳準，庶幾清閒之燕可以詳覽。恭候降下，別擬指揮，或以咨目再三丁寧留正。伏取聖裁。

付下留正書回奏 七月九日

臣伏準内侍關禮傳，奉聖旨付下留正回書等二件，並已恭領。臣昨蒙聖諭再以書丁寧留正〔二〕，見今具草，俟十一日進呈畢，條寫發行。伏乞睿照。

付趙汝愚御筆 汝愚奏劄在後 同日

覽卿奏劄，言向者地震之異，而福建尤甚。詞意懇切，足見愛君之心。卿於本路，凡守令贓汙而法外誅求，兵官庸謬而非理掊刻，皆當早聞達而更易之。至於盜賊結連，亦當防其牙孽〔三〕，預捕獲之。若此數事，更宜廣布耳目，微則易

〔二〕聖：明澹生堂鈔本、四庫本作「宣」。

〔三〕牙：原作「邪」，據明澹生堂鈔本、四庫本改。

治，蔓則難除，卿所知也。卿既任一道之寄，而聞見如此，尤宜加意[一]，以寬顧憂。故茲劄示，當體至懷。

汝愚奏劄 節文

臣所治福州五月初九日丑時地震，良久方定，浙江、閩、廣數路皆然，而本路漳州獨甚。綿亘數千里同時俱震，此爲變異非小。伏見景佑、熙寧及太上皇帝紹興中，皆嘗以地震下詔，許羣臣言事。若聖意勿欲張皇，顯言其故，則乞遵用祖宗故事，祇以手詔詢問闕失。

同兩參回奏

臣等伏蒙聖慈宣示汝愚奏劄并所賜御筆，臣等並已伏讀訖。汝愚身備侍從，職在典藩，因事告獻，仰動天聽，重煩宸翰，告戒諄諄，慮遠聽言，益昭聖德。臣等無任歎仰之至，謹此奏謝。伏乞睿照。

統制推恩等御筆 七月十一日

已引對統制數人欲與推恩，可擬指揮，來日將上。内侍封贈等内降指揮，可繳進入。

回奏

臣伏準御筆，已引對統制官數人，令擬指揮推恩。臣謹已遵禀，來日將上。所有内降内侍封贈等指揮，恭依聖訓繳進。伏乞睿照。

延璽叙官張德元轉官御筆 七月十三日

洪邁奏二件，以盜賊爲慮。今又用親劄戒諭汝愚、延璽，專以寇盜爲備。但恐延璽懲近日之事，緩急不甚用力。若或以捕賊有勞，與叙復元官，如何？

歸正統領張德元已七十餘歲，磨勘不行，止欠一官，身後致仕，可蔭其子，作甚道理可與轉得此一官？

回奏

臣等伏準御筆下詢延璽叙復及張德元轉官事，已一面商量作一道理，來早禀旨。伏乞睿照。

[一] 宜：原作「甚」，據明澹生堂鈔本、四庫本改。

擇人替盛雄飛御筆 七月十五日

盛雄飛見勘，不可久闕兵官，令郭棣疾速選人前去。

回奏

臣伏準御筆：盛雄飛見勘，不可久闕兵官，令郭棣疾速選人前去。臣昨日已傳聖旨諭郭棣，連日又曾催促。郭棣云選得一名，見在平江牧放，已令呼喚，旦夕便到。容臣更促棣即便發遣，伏乞睿照。

張元政左翼軍統領奏 同日

臣等據殿前司申，乞差張元政充左翼統領，元申并擬到指揮謹具繳連進入〔一〕，恭候批降，即令來日起發。伏取進止。

奉御批：「卿等可當面戒諭，管衆務在寬猛合宜，毋得掊刻士卒。如有違戾，重作施行。令具知悉聞奏訖遣行〔三〕。」

問虞允恭御筆 七月十八日

未有官司關報，如何據承局説輒舉哀素服？

回奏

臣伏準聖旨付下高震奏允恭事，乃與前日不同。既止因承局口説，豈有不俟朝省公文便如此大作禮數？竊恐其父子間别有曲折，數日後想接續報來。伏乞睿照。

〔一〕連進：原作「進連」，據明澹生堂鈔本、四庫本乙。

〔三〕悉：原作「委」，據傅校本改。

廬陵周益國文忠公集卷一四九

奉詔録卷四

樞密使

銜官請給御筆 淳熙十二年八月五日(一) 系批太常少卿朱時敏輪對奏劄之後

此事可以措置否？或用拍試便破銜官請給，則每人合添支若干錢物，密具奏來。

回奏

臣伏準聖旨付下朱時敏奏劄(二)，理會諸軍蔭補有官子弟從軍拍試弓馬支破銜官請給，令臣密具添支錢物及可以措置否。臣近嘗密奏，乞嚴立拍試事藝之格，專待勁勇之士。蓋欲收拾人才，作成士氣。既備緩急，亦儲將材，所謂有官效用固已在其中矣。今若專放有官之人，利害甚多，所以自淳熙元年正月二十八日指揮放支參部。臣今略開具下項：

一、紹興間諸軍多因行陣立功，故有左武隊、武功隊，若一一放行請給，何以支吾？所以不問高下，止支券食錢。

一、有官子弟而充效用，必是父祖見爲將佐，稍有勢力。今若拍試放行銜官請給，則主帥未必一一盡公，定有請囑之弊。未能示勸(三)，先啓僥倖。

一、均是戰士，有官而事藝高者，許其拍試坐享厚俸；無官而事藝高者，雖有勇力獨無榮望。臣恐悦者寡而不悦者衆矣。

右三事姑陳大概，容臣以數日工夫逐旋因事密尋前後更改指揮，詳究得失，續具奏禀，免致張皇。天下豈有不可措置之事，但恐思慮有所未到爾。至如添支錢物若干，則又係其官資。官高則銜官多，官卑則銜官少，似難一概計算，併乞睿照。

時敏云殿步司止有百七十人，其間事藝出衆可以應格者未必及半，臣故云悦者寡，而欲廣拍試之法以及諸軍。

楊應龍差遣回奏 八月十四日

臣伏準聖旨，付下楊應龍差遣文字，恭候十六日將上禀旨。伏乞睿照。

胡斌居住回奏 八月二十九日

臣伏準御札(四)，付下錢良臣文字二件，令擬胡斌居住指揮。

(一) 五日：四庫本作「三日」。
(二) 準：明澹生堂鈔本、四庫本、傅校本作「蒙」。
(三) 「未」上，明澹生堂鈔本、四庫本有「恐」字。
(四) 札：明澹生堂鈔本、傅校本作「批」。

臣欲就今早降出錢良臣按章，作「勘會胡斌已降指揮降兩官放罷，八月二十九日奉聖旨，胡斌令隆興府居住。」蓋處以二浙州軍，則恐良臣疑其太近江東州軍，又本路惟隆興帥府得遠近之中。如合聖意，即便擬入。其文字二件，謹具繳進，伏乞睿照。

蔡必勝接送伴御筆 九月四日

蔡必勝人材舉止堪充接送伴等職事，却緣赴上在十二月間，有此相妨，當作如何那融？奏來。

回奏

臣伏蒙聖問：「蔡必勝人材舉止堪充接送伴等，却緣赴上在十二月間，有此相妨，當作如何那融？」臣契勘必勝闕雖在十二月，若用使令[一]，不過遲赴數月，自來固有闕到踰半年而赴者。既見任自有太守，似亦無害。不然如蘄州闕止一年餘，必勝若蒙親擢，足爲終身之榮，豈應計此年歲間闕？二者更在聖裁。

繳鄂州文字奏 九月八日

臣等適蒙聖問鄂州文字，緣字畫太草，又多塗抹，兼恐或有愛憎語言過當，未敢繳進。既蒙宣諭，謹以封入。大概只是賈偉之說，但稍詳備。臣等所以奏乞採擇戒諭者，正欲稍存事體爾。若陛下先令郭杲於家書中密傳聖諭[二]，亦無不可，然須將賈偉奏劄一就付下。併取進止。

施行鄂軍御筆 九月九日

鄂軍之政，必須先作一施行，或令具析，或令總領並趙雄體究。可擬指揮來，然後節略二三事宣示其兄。隨州信陽事亦宜體問。

回奏

臣伏準御筆：鄂軍必須先作施行，或令具析體究，可擬指揮來。臣昨日已嘗面奏，馭將恐難一律，如鎮江庸駑無恥，雖日加詰問，不以爲辱。郭杲蓋非其比，必須審而後行。如總領近方叙述其能，臣前日進呈劄子是也。趙雄又倚重杲，見在荊南築城，兼去鄂稍遠，不過差官前去，徒成形迹。容臣將賈偉劄子大概擬定指揮，十一日進呈，徑令具析，似爲合宜，計不争此三兩日事。未審聖意以爲然否？節録示其兄者當同將上，其隨州信陽事續擬體問指揮，併俟聖裁。

[一] 用：明澹生堂鈔本、四庫本作「欲」。
[二] 諭：明澹生堂鈔本、四庫本作「訓」。

繳進郊祀差官回奏 九月二十日

臣恭稟聖訓，繳進前日已點郊祀差官文字，伏乞睿照。

宣示郭杲御筆 九月二十二日

朕惟將帥之道，要當愛拊士卒，與同甘苦，故可得其死力。今所聞不然，貪污掊尅，勞役不恤。如大羅少支，勒令沽酒，以至請給稍厚者，使掠僦賃，守門回易，用脩陪償，甚或輕人命以事遊觀。若此之類，不一而足。致其饑餓愁嘆，爲國斂怨，豈朕所以推轂分閫之意哉？卿往在襄沔，人多稱道之，邇來言者謂卿心迹殊異，朕未欲即以爲責，然全宥之恩，理不可再，卿宜悉革前弊，終始如一，思委寄之重，服訓飭之辭，以副朕懷。故茲親劄，想宜知悉。

回奏

臣等伏蒙聖慈宣示戒諭郭杲御札，仰惟淵謨獨運，睿訓光昭。既警其心迹之頓殊，復告以全宥之難再。恩威並用，駕御合宜。臣等稽首諦觀，無任欣幸之至。謹此奏謝，伏乞睿照。

宣示郭杲劄子回奏 十月十六日

臣伏蒙聖慈宣示郭杲回奏，其間如統制、統領兼管酒庫及循例用軍樂水教鞦韆之類，今悉住罷，且多引咎之詞。蓋緣陛下聖訓深切著明，震懼無措，自此必能悔過改圖，仰副恩宥。其後所指三人，即臣九月間所謂或有愛憎語言過當者是也。臣記得向來曾有指揮，諸軍帥不許接見過往官員士人，庶幾杜絕干擾，似可檢舉施行。其郭杲奏劄謹復繳進，伏乞睿照。

軍中賣酒利害御筆 十月十七日

淮西総領自併酒庫之後，于建康軍中有無利害？郭杲近日賣酒，比之前官利害如何？朕皆未知子細，可奏來。

回奏

臣伏蒙聖問建康、鄂州軍酒庫利害，今具下項：

一、淮西總領所昨有酒庫，軍中亦有之，利害相形，多寡相傾，所以總領所情願抱認軍中所得利息爲供軍之費，却將酒庫併入總領所，自爲一家，本是良策。但每庫全藉監官得人，方可趕辦，其如吏部差注，未必稱職，遂晝降指揮選辟。後來多緣親舊干求，權要囑託，所用或非其才，往往有所挾持，致令職業曠弛，今則虧欠甚多，屢聞陳乞蠲閣，此在建康軍中却全無利害。

一、鄂州雖有酒庫，利息絶少。軍中七庫，所入頗多。然而私酒攙奪課利，惟州府乃可以禁戢，軍中則不能號令。所以前政利息不登，消折本柄，郭杲首乞禁止，蓋欲易於沽賣。然每庫既委各軍兵將官督責辦集，則上下觀望，競欲利多。其間或有才力不逮之人，日負欠數，寧免科抑？此所以前官利入微而怨謗不興，今日用度足而却致紛紛也。

右件如前。臣觀所在酒庫利息最厚，況軍中所差監官及應干使令多是軍兵，不費請給，又無諸司分隸錢物，故其所得尤厚於州郡。而妨廢教閲，士心不服，亦起於此。蓋披堅執鋭雖曰不易，然彼不怨者，知其所當爲也。庫中役使未必甚勞，然人反云云者，使之非其道也。近日吴琚至此，臣略問鎮江酒庫若付總領所甚便，只恐不容選擇監官，却致敗壞。琚深以爲然，不肯承當。敢因聖問併叙大略，其他尚須面奏。

韓侂胄文字回奏

臣伏準聖旨，付下韓侂胄文字一件，恭俟後月初三日將上。

伏乞睿照。

彥逾奏賈偉事御筆 十二月三日

彥逾奏賈偉事不容但已，當如何施行爲適當，具奏來。

彥逾劄子却進入。

回奏

臣伏準御筆：「彥逾奏賈偉事不容但已，當如何施行爲適當，具奏來。」臣之愚見欲以彥逾所奏明諭三省樞密院，選官一員略加體究，未審當否？其元奏謹具繳進，伏乞睿照。

乞與雷世賢轉官 十二月二十六日

臣兹聞雷世賢已遂朝辭，輒有愚慮，謹具奏知。世賢自淳熙五年十一月除馬軍都虞候，今跨涉六年，兩來宿衛大禮，比之江上諸帥日月最久，未曾推恩。若遷副指揮使則太峻，不知可與遥刺或轉一官之類以示寵數否？臣偶思及此，欲因假日出自聖意批出，故敢冒昧密啓。或陛下留俟他日立功，固無不可。伏聽聖裁。

論權止賀正人使

一、臣等竊見北牒云，大宋依禮例差定使副，緣此間相去地遠，天寒氣冷，一行人使往回行役艱難，據來歲賀正旦生辰權止一年，而不明言「彼此」二字。竊慮先辭我使以示委曲，而未欲自言彼不遣使，似有所待。臣等採之衆論，謂當令館伴就驛諭北使云：彼既念使人勤勞，權止往賀之禮，則彼賀正旦及生辰之使亦當權止一年〔一〕。如合聖意，即續擬傳諭意旨取裁。

一、臣等所蒙宣諭，欲依例遣賀正接伴，此則聖明懷遠以德，非臣等所及。但一行官吏頗繁事體，萬一及境而彼使不來，於觀聽不無疑惑。臣等商量，欲就淮南監司及兵官中選定接伴使副，計期量遣國信所合干人三兩名往彼伺候，餘人皆可充代。設或彼來，固已有備。若其不至，亦無所損。如合聖意，即續具合行事件取裁。

繳内外軍馬分屯更戍等籍

臣等昨嘗奏知，欲以見今内外軍馬分屯更戍去處，並諸軍所管戰船數目編類成籍，以便乙覽。今各爲一册〔二〕，謹具繳進，乞賜留中，仍今後每半年一次修換進入。伏取聖裁。

密院使臣御筆 十二月二十九日

記得密院有一使臣，隆興初曾差去軍前下文字，不曾霑少賞，卿奏來。

回奏

臣以積冒寒氣，腰膂痛楚，不能起止，昨日弗獲仰望清光，犬馬之情方劇瞻戀。伏奉御筆：記得密院有一使臣，隆興初曾去軍前下文字，不曾霑少賞，卿奏來。偶緣歲月稍深，容臣續行契勘具奏〔三〕，伏乞睿照。

隆興二年冬，曾差密院使臣、秉義郎李彪、呂清賫國書等前去盱眙軍奉使處投下，恐未必是。

隆興初軍前幹事人奏 十二月三十日

臣連日不望清光，下情無任瞻仰之至。昨蒙聖問隆興初遣往軍前使臣，披閱案牘，除盧仲賢等外，又有潘師爽曾往奉使魏杞處，其餘止是差往沿邊劄探〔四〕，別不見得軍前下文字之人。謹具奏知，伏乞睿照。

射射文字回奏 正月十三日〔五〕

臣伏準聖旨，付下射射文字一件，候奏事日將上稟旨施行，伏乞睿照。

〔一〕旦：明澹生堂鈔本、四庫本、傅校本無。
〔二〕各：傅校本作「合」。
〔三〕臣：原無，據明澹生堂鈔本、傅校本補。
〔四〕劄：四庫本作「刺」，疑是。
〔五〕十三日：四庫本作「十二日」，明澹生堂鈔本作「十五日」。

雷興祖文字回奏 二月十三日

臣伏準聖旨，付下雷興祖文字一件，候朝殿日面奏。臣謹已遵稟(一)，伏乞睿照。

總管堦墀御筆 二月二十三日

諸路武臣總管初到帥府見都總管，合與不合堦墀？奏來。

回奏

臣伏準御筆：「諸路武臣總管初到帥府見都總管，合與不合堦墀？」臣契勘祖宗時極嚴軍法，故有「一階一級全歸伏侍之儀」之語，大略可見。然當時只是沿邊帥臣帶安撫使，而兵官乃有副總管之類。如范純粹爲陝西運判暫攝帥事，在教場中，總管以其非正帥，不肯堦墀。純粹欲行軍法，蓋恐平時不相下，則緩急誤使令耳。近來所在不同，若帥臣不較禮數，亦有不堦墀者。往年沈介以侍從爲湖南帥，亦嘗因此欲治總管。其餘諸路，臣偶不曾一一詢問。蓋舊制除沿邊外，近裹諸路帥臣只帶都鈐轄，並無總管。中興以來，帥臣方一例帶安撫使，所以各置總管。更容討論，續具奏稟。伏乞睿照。二十四日御批：若入教閱，固有階級之法，前日問卿者，爲初到府相見之儀，續具奏來。

回奏

臣再蒙聖問：副總管除教閱外，初到府見帥臣之儀，續具奏來。臣細思之，別無明文。按韓愈《送鄭權序》，言嶺南分五帥，而以廣州節度爲大府。或過四府，府帥戎服，左右帶刀，帕首，郊迎大府帥入據館，府帥將趨拜於庭，大府帥遜避至再，乃敢改服，以賓主見。彼均是守帥，於大府猶講此禮，則副總管施之帥臣似未爲過。但近時除帥少用大僚，而副總管却多高官。間遇前宰執爲帥，初到定用此禮。侍從則自宣和以後如蔡薿爲浙西帥，翟汝文爲浙東帥，嘗令總管楊應誠等入揖於庭(三)，當時人以爲過。若止初見用此禮，既欲重節制之權，則與教閱似難分別。臣前奏沈介在湖南欲治總管，蓋本於此。若是庶官，定不行矣。然今之堦墀自有兩等，一則參於庭下，其次止是徑趨於階之上。帥遣人傳語請循廊，然後用賓主之禮相見，與唐制頗同，似亦適中，未審聖意以爲然否？謹此具奏，伏乞睿照。

御前批奏 同日

訪聞近日武臣總管初見都總管有令堦墀者，卿但契勘於條令見行有無該載。

(一) 謹：原無，據明澹生堂鈔本、四庫本補。
(三) 入：明澹生堂鈔本、四庫本作「日」。

回奏

臣昨蒙聖問總管堦墀事，正以不見得條令有無該載，又不敢輒行取索，故以所聞回奏。今未審可令敕令所檢照供具否？其御批謹復繳入，伏乞睿照。

堦墀條法御筆 二月二十六日

密院有無見行條法，卿可討論奏來併進入。

回奏

臣恭稟聖訓，令密院吏檢尋别無見行條法，謹同御批進入。伏乞睿照。

體究鄂軍過當御筆 二月二十九日

聞張抑差屬官姓宋人體究彥逾劄子内事宜，今此人在彼驅磨文歷，追人根勘却如此過當，如何止絕？

回奏

臣伏準御筆：張抑體究鄂軍事，想是所遣官聞曾有臺諫論

列，故驅磨文歷，追人過當。然舊例止合取索供責，不容擅自根勘，計期必已畢事回到潭州。其張抑奏狀今正在路，倘欲止絕，則慮後時無益於事。若候奏到先次付下，足可奏稟商量。更取聖裁。

賈偉行遣當否回奏 三月二十五日

臣伏蒙聖諭：「賈偉行遣得當否？」仰惟陛下無私如天，凡所賞罰，隨其功罪。若賈偉無賣布一節，則奏劄或過當，亦不必治。既張抑所奏如此，陛下安得不行？採之衆論，率以爲當。御批謹復繳入，伏乞睿照。

宣示郭杲御札回奏 四月二日

臣伏蒙聖慈宣示再付郭杲御札録白，有以見聖明待下無私，一聽公論，御將有道，常操至權，抑揚之間，曲盡其當。臣無任歎仰之至。

結約夏國御筆 四月六日　其外封題云「付周樞使」

欲親書事人付吴挺，使人結約夏國。若肯放大石契丹過彼界至陜西，許他時策爲夏帝，彼此用敵國禮。卿思之，密奏來，亦須先卜之上天。

回奏

臣伏準御筆，欲令吳挺結約夏國，放大石契丹過界，他時用敵國禮，亦須先卜之上天事。臣仰惟陛下念世仇之未報，思境土之未復，規模宏遠，夙夜不忘。臣輩備位於茲，無以少副任使，每切慚負，無地措躬。但以夏人戎狄之性，自來翻覆。乾道中，王炎嘗因任令公用帛書通好〔一〕，隨即密送金虜。范成大奉使日，雍遂出以示之。其難保如此，結約似未可輕。若雍易世，親離衆叛，天相聖明，決有機會。頃歲聞平江異人説「賀新郎鬧啾啾」之讖，陛下固當省記，度其應亦非遠矣。不審聖意如何？近又蒙宣諭宋通元寶本非年號，臣契勘得是太祖皇帝開寶年所鑄之錢，其詳載歐陽修《歸田録》中。併乞睿照。

鎮江海船置深水舵回奏 四月六日

臣準御批付下鎮江海船增置深水柁文字，謹遵聖訓，後日將上稟旨。復乞睿照。

簽出陞差籍回奏 四月十五日

臣伏準聖旨，諸軍將佐陞差籍已將點過者用黃牌簽出，臣謹遵稟聖訓簽訖却進入。伏乞睿照。

殿步帥推恩御筆 四月二十二日

殿步帥推恩指揮，可擬來。

回奏

臣恭稟聖訓〔二〕，擬到殿步帥推恩指揮，伏取聖裁。

擬批旨

射射鐵簾，令下未久，殿前諸軍，應格者多，已令等第推賞。郭棣、梁師雄訓齊有素，可特與轉行 官。

韓俁等差遣御筆 五月二十日

韓俁可與一是何差遣〔三〕。緣有葛郯文字，可以再除知閤否？江州副都統趙永寧遣其子大昌奏陳利害，頗可采，欲轉一官，擬指揮來。

〔一〕公：傅校本作「以」。
〔二〕稟：明澹生堂鈔本作「依」，四庫本作「候」。
〔三〕一：原闕，據明澹生堂鈔本、四庫本補。傅校本作「官」。

回奏

一、臣伏蒙聖諭韓俣差遣，今福建提刑見闕，俣屢嘗持節，姑以此處之，即合便來奏事。若稱旨，則再除閤門舊物，繫在聖裁。

一、臣伏蒙聖諭，江州副都統趙永寧遣其子大昌來奏陳利害，頗可采，欲與轉一官，命擬指揮。臣未審聖意是與趙永寧轉官，或復與大昌轉官〔一〕？若與永寧，則近日脩白沙關柵，人以爲當，欲以脩創關柵有勞特轉一官，蓋主將不必以陳利害爲功也。或與大昌，則欲云趙大昌陳獻利害可采，特轉一官。蓋不曾降旨引對，難云奏陳。併取聖裁。

黄保躬轉官回奏　六月二十五日

臣伏準御批，契勘黄保躬該慶壽赦年八十轉行一官事，容臣來日將上稟旨。伏乞睿照。

諸軍馬軍教閲牧放御筆　七月二日

令自鎮江至興州，各具諸軍馬軍春冬教閲、夏月牧放騎習日分遭數奏來。

回奏

臣伏準御筆，令自鎮江至興州，各具諸軍馬軍春冬教閲、夏月牧放騎習日分遭數奏來，臣已遵禀作聖旨札與諸軍。伏乞睿照。

論臨安乞與巡檢推賞　七月二十五日

臣數日前恭聞聖諭，謂臨安巡檢捉獲軍中作鬧子弟有勞，欲與推賞。臣以事未結絶，且天暑，不敢詳奏。適見張杓，云得旨催促保明，已行具奏，不知其説云何。此事本是三、四十無能爲之人，偶慕臨安招人利物稍厚，又與爪行争閒氣，一時持梃作鬧。若果勇健，則巡檢司十數羸兵安能擒捕？臨安守臣只欲張大其功，以示激勸，却恐其中語言過當，指爲盜賊之比。文字一出，軍中以爲憤恥，將來却致紛争。兼聞三衙欲禁止子弟，不許出營買賣，亦似忽遽。蓋處事貴於安重，乃無後患。臣昨曾面奏，止緣去年因子弟欲下狀遂得收刺，所以今日輒生覬望。今或與巡檢推賞，後必紛紛。欲望聖慈更候一兩日商量，未審可否？此意臣亦不曾敢與杓説，伏乞睿照〔三〕。

當日御批：「卿深謀遠圖，朕思慮所不及也。子弟不許

〔一〕或：原作「惟」，據四庫本改。

〔三〕原注：「當日御批：『卿深謀遠圖，朕思慮所不及也。子弟不許出營無此事，正要買賣，自此則軍人無説矣。』」

出營無此事，正要買賣，自此則軍人無説矣。」

奏謝奬諭 七月二十六日

臣昨日妄及巡檢推賞事，方懼失當，伏蒙聖奬，震越無措。禁止買賣，决知無此，偶見或者有此言，恐欲如是，故因奏劄及之。仰勤宣諭，祇益戰栗，謹此奏謝，伏乞睿照。

問虜孫年月回奏 閏七月二十日

臣昨日已奉聖旨寫與盱眙，問虜孫生年月日。今早偶有使臣彭彬納到文字，該載甚詳，謹具繳進，伏乞睿照。

李邦玉請給回奏 八月十三日

臣恭準聖旨，付下李邦玉奏乞支請給文字一件，臣謹已祇稟，來日將上，伏乞睿照。

淮南北結集人御筆 九月八日

近日聞淮南北有結集人謀作過，令郭棣差人物色之。今已人回，説恐果有之。卿等可問郭棣并所差人。

回奏

臣等伏準御批淮南北結集事，容臣等恭稟聖訓，詢問郭棣及所遣人，續具奏聞，伏乞睿照。

王處久復統領御筆 九月十五日

王權諸子惟處久筋力壯健，弓馬便捷，兼被責之後，頗能修飭，爲此與復統領。卿等可以朕意宣諭王信，不欲批繳章之後，可書行。

金國事勢御筆 同日

虜雛允中捕賊或致敗北〔二〕，金國與賊兩分其地，其勢相當，此時我當如何。卿等爲朕畫計策來。

回奏

臣等伏準御筆，付下王信駁王處久復統領奏章，臣等即當恭傳聖訓，信必書讀行下。適又得盱眙探報，方俟朝殿進呈。虜雛若敗北，與賊兩分其地，是天相陛下之時。仰惟沉幾先物，經畫

〔二〕雛：四庫本作「孫」。

必已素定，然且下詢臣等以計策，此虞舜好問之德也。臣等幸陪帷幄，自當竭一得之愚，仰裨聖略。然事大體重，若輕易而言，恐或少效，謹當精思熟慮，別具條奏。伏乞睿照。

繳進虜中事宜等奏 九月日

臣等適據錢之望申到虜中事宜并前日蒙聖問郭鈞申弩牙文字，本俟進呈，恭聞聖駕過德壽宮，竊恐怱怱敷奏未盡，謹具繳進，庶經睿覽，其脚引并筆墨無足觀者，或賜宣取，別聽處分。

張世興節鉞回奏 十月十六日

臣伏蒙聖問張世興節鉞事。按紹興二十六年二月，保康軍承宣使韓公裔授華容之節，正是其比。若陛下愛惜名器，未欲輕授，則欲因其休致而與之；或聖慈念舊，則有公裔已行之例。二者更在聖裁。元奏謹復繳進，伏乞睿照。

解帶事體頗輕〔一〕，若別有名，則用公裔之例可也。或肯致仕，却給全俸無害。

王晟添差回奏 十月二十九日

臣伏準聖旨，付下王晟添差文字，一面契勘，候朝殿日將上。伏乞睿照。

〔一〕解：原作「辭」，據明澹生堂鈔本、四庫本改。

廬陵周益國文忠公集卷一五〇

奉詔録卷五

樞密使

致仕禄格御筆 淳熙十四年正月四日

致仕官禄格支破多少？密奏來。

回奏

臣伏奉御批：「致仕官禄格支破多少？」緣臣在醮所，不敢取索，但記得比見任人僅支得數分之一，又有借減、折支大段微細。若專用隨龍，見今則有史浩體例全支。伏乞睿照。

奉御批：卿擬全支指揮來。

同日回奏

臣伏準御批擬張世興全支指揮，臣已具載别紙，未審聖意以爲然否？尋常正任官至節度使，若非特旨，多是借減，謂如禄格每月錢二百貫，今支一百貫，米一百五十石，今支一百石之類。若止説全支，只是於借減中更不減耳。恐陛下以世興係隨龍舊人，見今已請真俸，即須於指揮中重别該載，所以具出兩項指揮，伏取聖裁。

張世興隨龍舊人，今少其比，宜因告老，寵以優恩，可特給全俸。

張世興隨龍舊人，在者無幾，因其告老，宜示優恩，可特與全支本色真俸。

審劉超除目 正月二十二日

臣等適來面奉聖訓，劉超除帶御器械。緣劉光祖曾任副都統，止除環衛，今未審劉超且與環衛，惟復徑除御帶？雖二者自可序官，若欲寵超，固無不可。然不敢不具奏稟，伏取聖裁。

〔貼黄〕御帶雜壓在左右司之上，超見係修武郎，若除環衛，即係郎將，在大理正之上。

奉御批：可除御帶。

論户部借絹 二月一日

臣近竊聞户部以諸軍衣賜未辦，欲展十日。緣未知其詳，不敢輒有奏陳。昨日却聞衆頗云，户部初議借内庫絹數萬疋，却慮等色不齊，難於啓例，遂成中輟。此於國體軍情頗有所繫，須至密具奏稟下項：

一、請衣日分既著之甲令，今忽展日，不惟彰有司失於措置，亦恐他時遂成遷延之例。

一、户部謂綱運旬日可至，臣密聞止是得太平、金陵消息，既未入閘，則江行風色實難預計。萬一復有愆期，必須再展，其失體愈大矣。

一、臣頃爲東宫僚屬，曾因時節支到拆洗絹，乃是内帑所賜，比之左帑色額互有高下。今外議却疑内庫絹好，不可兑借。此聲一出，將來雖欲應付，人情已是不滿。欲望更入聖慮，早與足以示恩。

一、臣恐聖意不欲兑借，免他時爲例，輒有一説，未審可否。每年諸軍得衣，隨手賣了，户部亦自置場收買。今若就支衣日，令户部計欠數出給關子，如願賣赴買絹場請價錢，則令三衙唤名給與，徑支見錢、會子之類。在軍人免入牙儈之手，彼必欣然，官中亦無毫髮所損，豈非兩便？庶幾免開展限之例，示優恤之意。若可如此，甚易措置。

右，借絹事臣雖不曾預聞，然既繫國體，涉軍情，合殫愚慮。冒瀆威聽，伏俟誅譴，無任震懼之至。

奉御批：依卿第四項所奏擬指揮來，以付三省。

回奏

臣早來僭越有言，方俟誅譴，伏蒙矜宥，實深榮懼。除恭禀聖訓擬指揮外，臣再思之，若來早令三省宣諭户部，只依條限支散，却自用此意條具奏請，然後批依，尤爲得體，別無痕跡。洊瀆宸扆，愈深戰汗。

擬春衣支價錢指揮

今歲春衣仰户部依條限支散。如有綱運未足之數，仰就左藏庫先次給關子，許賣，赴户部買絹場，依年例立便支還實價，不得分文除剋。其不願入中者，候綱到繳關子赴庫請領。已而借支内庫絹。

荆南脩城犒設御筆 淳熙十四年二月五日

脩築荆南城了畢，入役官兵不知有犒設否？

回奏

臣伏準御筆：「脩築荆南城了畢，入役官兵不知有犒設否？」臣記得第一次是郭杲帶領鄂州軍數千人，第二次閻世雄就用荆南數千人，而趙雄則分番用民兵義勇數千人，又有採木燒甎之類，當時逐日各破食錢，而本府及各軍逐旋薄有支犒，不曾降指揮特支。今若特有軫恤，尤見聖恩。第恐軍民相雜，人數頗多，又須等第分別，容臣來日契勘數目取裁。伏乞睿照。

總所犒設錢數奏 同日

臣嘗具奏荆南築城，本府及兩軍須逐旋薄有支犒。今觀總領所收支帳内果有一項二萬七千五百六十餘貫作犒設錢支破。既是近二萬人[二]，想見錢亦不多，子細具在別項。伏乞睿照。

右丞相

劉漢臣事節御筆 三月二十四日

密令契勘劉漢臣事節，却與蔣繼周章疏不同。卿密奏來。

回奏

臣恭準御筆：「密令契勘劉漢臣事節，却與蔣繼周章疏不同。」臣看得阿揚是效用張嗣妻，阿吳是效用杜亮妻。既嫁效用，即是軍婦，今蔣繼周直以阿揚、阿吳爲百姓，委是差悞。然臺諫許風聞言事，而劉漢臣決責阿吳亦似失當，前日章疏既批依奏，又難因此致詰。不知大理寺所勘案款見在甚處，未審容臣契勘子細，參以今來御前所付下文字續行斟酌別聽處分否？謹先此回奏，伏候聖裁。

取見劉漢臣案奏 三月二十六日

臣前蒙聖問劉漢臣事。昨日取案略看，皆緣手分續俊只據虛詞決打杜亮之妻阿吳，致令後數日損孕。其劉漢臣武人，不甚曉事，有失覺察。大理寺所約刑名亦輕。比因臣僚論列放罷，已是稍重，今刑部又擬降兩官，并其他軍將一例貶降，却似偏徇。欲乞候數日密院將上取旨時，明賜宣諭，止可斷遣續俊，其餘軍將既是奉行軍律次第問，當時不知情，難以收坐。用此意令刑部改斷，庶幾得中。伏乞睿照。

太乙宮燒香御筆 六月十四日

朕欲十四日往太乙宮等處燒香祈雨，至日早先于後殿下設香案，先焚天香，次陞殿，然後百官起居畢登輦。若如此，於禮儀允當否？卿等奏來。

避殿減膳内批 六月二十四日

可以避殿減膳未？卿等奏來。如可，便擬指揮來。

回奏

臣等伏準御批：「可以避殿減膳未？卿等奏來。如可，便擬指揮來。」臣仰惟陛下因時亢旱，焦心勞思，不憚隆暑，親駕祈禱，事神恤民，無所不用其至，宜有霈澤以符精誠。正緣臣等燮調無狀，致未能寬宵旰之慮，方俟來日朝殿具奏乞行罷黜。今乃先蒙聖諭，無任震懼兢惕之至。臣等檢照淳熙十年七月，曾奉御

[二] 人：四庫本作「餘」。

批，令擬指揮來日面奏，後來直降詔書而止。今來臣等亦欲翌日擬指揮面奏，更俟聖裁。

雩祀御筆 七月十日

卿等更具雩祀并奏告望告合用幣帛禮料之數奏來。

監司各具州縣弊事等御筆 同日

可令諸路監司各州縣弊事、民間疾苦，如或允當，擬指揮來。

蜀中遺火御筆 七月十四日

言蜀中遺火及萬家，事出不測，于政何傷。不知是誰所上封事，可繳進卷子來。

罷樞密院御筆 九月二日

朕以爲樞密院非古制，乃唐叔世之政，不可法也。今欲罷之，密院人吏併歸三省。惟右選與兵房事多爲有軍班換授等事，須中書、門下省兩處量添人數，只用密院見當行文人換充之。朕五六年來，思之久矣，卿等以爲如何？早來已嘗密諭兩樞密。密院人吏直候出職遷補盡絶日，更不作闕此却進入。

五日回奏 王季海草後有御批

大槩言諸軍習熟號令，一旦小有更張，恐非所以作士氣，奪戎心，不審可更俟功成治定而後行之否？

六日御批：貞觀、開元，兵强天下，唐末之後，不能威振夷狄。以其事較之，則可知矣，密院豈係其輕重哉！夫復何疑。今既欲施行，當降指揮，或降詔。卿等奏來。

回奏 王季海草，七日後有御批於後

臣等恭奉御批密院曲折，聖意固已堅定，何敢僭陳愚管之見。祖宗二百餘年規模，行之既久，似難輕改。或須更令有司詳議，庶免驟駭觀聽。伏望睿慈曲賜裁酌，不勝至幸。

七日御批：可擬指揮來。

初擬指揮 同日 王相草

九月日三省同奉聖旨：樞密院非古制，乃唐叔世之政，不可法也，今欲罷之，軍政併歸三省。可令有司詳議以聞。

再擬指揮

樞密院專掌兵政，起於五季，今欲併歸三省，可令所司詳議以聞。

指定所司回奏　九月三日　王季海草，後有御批

臣等恭奉御批：「所司係何處，當指定。」臣等照得三省、吏、兵部、給舍皆係所司。不然，指言侍從、臺諫亦可。所有先擬指揮，謹伏繳進，伏乞睿照。

御批：若使詳議，或所論不一，以爲祖宗未嘗廢此。又密院人吏將爲盡行廢罷，妄生紛紜，卿等何以處之？既行之於外，可中輟乎？此於兵將〔二〕，別無利害，似無可疑，只須降指揮。

所有後殿坐三衙於宰執閤子外唱喏，宜將來作卿等意免之，舊制本爲樞密有階級故也，却進來。

回奏　王季海草

臣等恭奉御批云云。臣等伏讀再三，仰見陛下於軍國之務審重如此，敢不罄竭愚慮，圖報萬一。但吏輩紛紜，利害尚小，若廷臣議論不一，以爲祖宗未嘗廢此，便自難處。蓋唐盛時兵柄在外，藩鎮權重，不無疑貳，故置監軍從中覆。後患其難制，又建本兵之地，謂之内樞，天子臨朝，親加裁決，實收天下兵柄以制外重，於兵將豈得別無利害？既慮中輟，孰若小忍，以待大業之定？此指揮所以未宜輕降也。伏望聖慈留神，垂聽階級之故，著於典籍，續得奏稟文字，謹復繳進。

陳賈母亡賻贈御筆　十月一日

王藺母亡時，賜銀絹三百疋兩，今來陳賈母亡，若依前所賜，恐爲永例；若三分減一，却恐有厚薄。如何合宜，可密奏來。

回奏

臣伏蒙聖問，仰悉聖意。但丘崇丁憂，似聞陛下曾有所賜。若是三百疋兩，則似難減，況諫大夫與疋侍郎不甚相遠，更乞聖裁。其御筆謹同繳進，伏乞睿照。

〔貼黄〕此特以諫大夫之故特示優異，若他人，自不必用例。

高宗服藥乞御後殿　十月六日

臣等嘗觀《唐書·太宗紀》載貞觀四年七月甲戌，高祖不豫，廢朝。辛卯疾愈。唐盛時賢人衆多，必曾熟議始講廢朝之禮。自甲戌至辛卯凡十有八日乃愈，來日常朝，不知可舉此禮否？若改御後殿或内殿，亦可以見不遑安之意。又緣會慶節在近，更望聖慈曲賜裁酌。如或可行，却乞批出，別擬指揮繳進。

〔二〕於：明澹生堂鈔本、四庫本作「爲」。

御批：朕心朝夕實不遑安，所有御内殿與後殿，卿等更斟酌其宜，擬指揮來。

同日御筆

太上皇帝未御常膳，可依唐貞觀四年禮例，自來日權不視朝，宰執依時赴内殿奏事。候太上皇康復日依舊。

七日御筆

上殿班當如何，同此奏來。

回奏

臣等恭奉御批云云。臣等竊謂陛下若御後殿，自不妨引上殿班。如御内殿，向來蓋嘗引上殿班，閤門必有儀制。今欲御内殿或後殿，更在聖慈斟酌。元奏謹復繳進，内「禮例」字欲改作「典禮」，「康復」字欲改作「康愈」，伏乞睿照。

「康復」字古今用之，似不可易。若只除去「日」字，文勢甚健，更乞斟酌。「康愈」太輕，又無出處，或用「康寧」字如何？

奏孫紹遠差除賑糶減價三事 十月十日[一]

一、昨日已議定除孫紹遠作湖北運判替周頡，恐離任則廣西都無監司，欲降指揮候葉大廉到日離任。

一、比韓彥質再乞米往諸縣賑糶，初俟月半後取旨，今欲準備應副五萬石，依例拘收價錢。

一、昨令平價糶米，緣未曾定錢數，恐增損不定。今欲令比市價四分減一，高下隨時，旬日一申，比之豐儲倉元糶之價決可及數。

奉御筆批依。

十月七日晚，太上腹疾過度，勢益殆。八日五更，帶御器械鄧從訓來兩廳傳旨云：駕今即過德壽宮供侍湯藥，更不還内。可一面降指揮召草澤。所有大内及行宮合差官，并差三衙兵將巡警彈壓之類，宜子細理會。因附奏：禮部太常寺申，乞置複道頻數往來。若許之，則欲令臨安府同修内司措置。此外別有三事：昨日已除葉大廉廣西漕填見闕[二]；趙伯逷雖除提刑，尚在泉州。孫紹遠正與詹儀之交爭，忽聞衝罷，必以爲疑。又此間諸縣賑糶米恐或不繼，且未曾定價。皆目前急務，恐太上彌留中無由稟旨，乃秉燭怱遽具奏，令從訓進呈。暨至待漏院，從訓復來傳旨云：三事甚好，并已批依。丞相思慮無不當。複道事不可行。又云：上令宣諭，凡百官更賴子細理會，恐官家憂惱中多有顛錯。臣某謹記。

[一] 十月十日：明澹生堂鈔本、四庫本作「十月八日並跋」。

[二] 填：四庫本作「運」。

三省乞改懿節皇后謚

檢會祖宗故事，帝、后謚號其間一字相連。昨紹興七年初，上徽宗皇帝謚號，惠恭皇后即改從顯字。今來大行太上皇帝將欲議謚，所有懿節皇后謚號合依典故改謚以從。乞下禮部太常寺討論，條具以聞。伏取進止。

十月二十日有旨恭依〔一〕。

宣諭王信書行甘昺職事御筆　十月二十四日

卿等更宣諭王信，皇太后止爲本人頗曉事，人亦推許，要兼本宮職事，凡事齊整。將來修蓋慈寧宮，亦要本人逐日取皇太后聖旨，務要凡百愜皇太后聖意。可書行。

昨日批付李瓛繳章同此，並却進入〔二〕。

二十三日批李瓛繳章

不敢重違皇太后聖旨，難以依奏，可日下書行。

展日詣宮燒香御筆　十月二十五日

適來洪邁奏事，因説及二十八日乙未係皇太后本命日，欲就二十七日詣宮燒香，如何。

發回虜使牒本并咨目奏劄　十月二十六日

送伴所牒上大金生日國信所：準三省樞密院傳，奉聖旨移文國信使副，候到闕附奏：叔大金尊號皇帝遠勤使介，寵貺壽儀。屬值大喪，難當盛禮。雖在哀疚，實深感藏。須至公文牒伴如前，候到請照會，仍示公文回示。謹牒。送伴使副列銜。

與送伴咨目

十月二十五日得旨宣諭送伴使副：今有牒本一道，可依式脩寫，候到盱眙，具述宰執傳奉聖訓，有公文與國信使副，備見回謝之意，諭令收接。又慮臨時推辭，宜更寫下一本，令盱眙軍寫公文差人先賫往泗州當官投下，依常例取批回軍。如國信所已收接，即不須牒泗州，先具稟聞奏。

與盱眙咨目

十月二十五日得旨宣諭盱眙知軍：如送伴賀生辰使副到軍，有牒北界國信所文字，可依常式用本軍牒繳與對境泗州，令候國信田尚書及副使一行到彼，當官投下，仍具知稟聞奏。

〔一〕二十日：四庫本作「二十二日」。
〔二〕却：明澹生堂鈔本作「繳」。

乞改送伴牒盛字

臣等昨擬送伴所牒有「難當盛禮」之句，續契勘得「盛」字與「晟」字同音，雖已有小帖令一面照顧名諱，又恐趙善悉等不敢改易，今欲換作「厚禮」，乞批此奏，用金字牌發行。伏取聖裁。

分付告哀使事目 十月二十七日

一、告哀使副三節人從，已據太常寺國信所檢照到嘉祐八年、元豐八年遣留使副禫除後吉服過界體例等，自合遵守。或恐彼界引紹興二十九年例，即須再三說諭，以向來顯仁皇后元自上國還本朝，兼當時國書等禮數並各不同，所以稱哀謝使，蓋不止告哀，兼是致謝。今來專以告哀爲名，兼主上見服三年之喪，所遣使人豈敢便從吉制？須是顏色慘戚，語言諄切，彼必聽從。萬一堅執舊例，再三不得已，即諭以沿路未敢易，候至上國闕庭，當隨宜入見。

一、所賫禮物，萬一彼間問及數目減半，亦當諭以今來止是告哀使，與當來顯仁皇后上僊哀謝事體不同，其詳已載前項。

内批付下告哀使意度 同日

卿等過淮日，先傳語北界接伴云：「某等拘禮制，當繫黑帶，不敢不先上聞。」彼界欲換金帶〔二〕，當回傳語云：「不敢違台命，乞服紅鞓角帶。」彼界或又不肯，可即盡依隨之。卿等到彼闕下，亦當先傳語彼館伴云：「來日朝見，所有腰帶更取台命。」如初過界換金帶，更不須理會。鞍韉亦然。

中使傳旨縗服素幄引班 同日〔三〕

將來禫除行禮合易服，繼而百官三上表請御殿。方以大行太上皇帝升遐纔逾月，易服御殿，情實未安。上欲縗服素幄，引輔臣及班次，俟過百日，勉從所請。

回奏 王相草。予告以此奏未安，初不從，再折簡論之，乃密問諸執政，衆人皆未以爲然，乃回奏云：「俟來日別具奏稟。」

臣等恭承中使傳旨云云。臣等仰惟陛下聖孝純至，稽古禮文，靡不該貫。惟是天子之孝與諸侯卿大夫士庶人不同，故禮有從宜，因人情而爲之節文。今來所奉聖旨，見付禮官參考歷代典故，續具奏稟。伏乞睿照。

〔貼黃〕昨有旨欲縗經三年，禮官討論以爲難行。未蒙頒降，

〔二〕換：原無，據明澹生堂鈔本、四庫本補。
〔三〕同日：原無，據明澹生堂鈔本補。

又復得旨。玆迫祥禫，若用禮官前奏，以今來聖意批出，再議有以見陛下於易服御殿有所不忍，其重如此。更取聖裁。

乞付出禮官討論服制 十月二十九日　并記〔二〕

臣等伏見陛下執喪過禮，臣庶感歎。昨來禮官具祖宗典故及紹興七年並遵易月之制，至小祥日合去冠，改服布四脚直領布襴衫。而陛下聖孝冠古，特降睿旨，欲縗絰三年，令有司討論合行儀制。後來禮官明言衰苴三年難行於外，陛下留其奏於中，久而未下。今月二十四日太上皇帝小祥，陛下杖絰如初。臣等以國朝定制爲言，陛下流涕，謂臣等曰：「大恩難報，情所未忍，他日別議。」臣等惶懼而退。今來太上皇帝祥禫在即，陛下御服自有定制，若猶未改，羣下實有難安。乞以禮官討論到制儀付外施行，伏取進止。

御批：覽卿等奏，朕以大行太上皇帝升遐，今方踰月，將來卿等表請易服御殿，情未遑處。朕欲縗絰素幄，俟祔廟畢，然後行祥禫之禮。以日易月，乃近代從權，朕所不忍。卿等可與禮官折衷以聞。

是月八日未後，光堯既晏駕，上在德壽宮喪次，二府留漏舍。十四日，上令甘昺傳旨〔三〕，欲用晉孝武、魏孝文故事實行三年服，自不妨聽政，可商量所降詔旨。是日未時始就素幄得對，上嗚咽流涕，因奏喪服事。上曰：「司馬光《通鑑》載此甚詳。」奏云：「晉武雖有此意，後來止是宮中深衣練冠。」上曰：「當時群臣不能將順其美，光所以譏之，後來武帝竟行。蓋謂王太后之喪，上不欲言「太后」二字，其謹如此。奏云：「記得亦不能行。」上曰：「自我作古，何害？」奏云：「御殿時人主縗絰，臣下吉服，可乎？」上曰：「自有等降。」奏云：「臣從君者也。若可行，祖宗行之矣。乞且令有司討論，使中外知聖意，自不必降詔。」上曰：「指揮可也。」是日有旨：「大行太上皇帝奄棄至養，朕當縗絰三年，羣臣自遵易月之令。其合行儀制，可令有司討論以聞。」已而禮官皆謂難行，止乞如紹興七年太上服徽宗之喪，從易月之制，御殿服淡黃袍、黑帶，終二十五月。上留之弗下。至二十七日，遣御藥張安仁徧諭五府云：「逾月易服，情所未安，且欲縗服引輔臣及班次，俟過卒哭別議。」二十八日，以大祥日迫，乃與二府同入此奏，未報。二十九日奏事，面乞行禮官之言。上曰：「朕自有所見。」少間批出，奏云：「陛下聖孝通天，知漢文短喪之失，而陋晉臣不能成其主之美，銳意復古，非聖學高明，豈能及此？」上曰：「朕正欲稍救千餘年之弊。」既退，遂有御批如右。於是禮官折衷，乞大祥改服小祥之服，素紗軟脚折上巾、淡黃袍、黑銀帶；至祔廟畢，改服皂幞頭、淡黃袍、黑鞓帶。遇過宮則縗絰行禮，二十五月而除。十一月十日，御批依，淡黃袍改服白袍。自是每御延和并用大祥之服，而袍以白，禁中則白巾布衫腰絰，過宮縗絰而杖云。臣某謹記。

〔二〕并記：明澹生堂鈔本、四庫本作「并跋」。
〔三〕昺：明澹生堂鈔本、四庫本作「昇」。

審察守臣御筆 十一月十一日

前歲朕少有違和時，卿等權審察守臣當時如何相見之禮，如何展讀札子。卿等奏來，却進入。

資善堂稱呼御筆 十一月十四日

皇太子參决庶務去處，祥曦殿南閤子太淺隘，今别有一所，欲作資善堂，令太子與卿等議事于此。不知資善之稱呼允當事體否？卿等奏來，却進入。

回奏 王季海草

臣等恭奉宸翰云云。臣等檢照得典故，録在别幅，更取聖裁。不然，且權宜稱爲議事堂，如何？或不必立名亦可。臣等未有據依，不敢更有陳述，容别日面奏。所有御筆，復用緻進。

過宫燒香皇太子參决等 十一月十九日

自此以後，遇旦望詣梓宫前燒香，恐日數稍稀濶，欲五日一詣宫燒香，如何？

皇太子議事指揮，先宣示卿等，如有未允當處，却具奏來。

皇太子可隔日就議事堂參决，與宰執並公裳繫鞓相見議事。如有差擢，在内自寺監丞、在外自守臣已下，悉委皇太子與宰執同議除授訖以聞。所有守臣權免上殿參辭，並於議事堂納札子，擇其可施行者，皇太子同宰執將上取旨。

沈清臣被責因依御筆 十一月二十五日

沈清臣當時上書被責，忘記所言何事，卿畧奏大概來，更不須檢討真本。

回奏

臣伏蒙聖問，記得是投匭上書論王希吕本歸正人，不合用爲諫官。諫院以希吕乃所隸，不敢受，清臣即録本呈宰執。臺諫虞允文怒奏其事，兼疑沈介教之奏，送大理寺鞫勘。鍛鍊久之，元非沈介教唆，遂坐書未進御而謄本示人，編管封州。伏乞睿照。

皇太子議事御筆 十二月五日

皇太子議事之後，于進呈文字前，宜用貼黄稱説。卿等已與皇太子參决訖。

皇太子議事次日，須當于内殿侍立，不進呈文字，止要聽聞。朕與卿等商議政事，兼朕時親問太子某人其才如何，某人議政事如何。不如此，亦無補於聰明，却繳來。

正旦北使朝見御筆 十二月二十三日

正旦北使朝見，已議定縞冠素服素幄引見。設或虜使不肯，朕欲權易幞頭淡黄袍，御崇政殿或垂拱殿，受書畢，却换素服于素幄引見使人。卿等以爲如何？可早議定，此非禮官所能議，却進入。左相回奏，以爲聖諭曲盡其當，予却之云：「且回奏，來日面議。既而榻前力陳不可易服，此自繫我家事，彼必不敢争。上從之，虜果心服。

皇太子初開議事堂乞特御殿 十二月二十九日

臣恭睹已降指揮，皇太子就正月二日開議事堂。雖是節假，乞陛下特御延和，引宰執奏事。既退，方赴議事堂，庶幾新元發政協先後之序。臣今輒陳所見，伏乞睿照。

廬陵周益國文忠公集卷一五一

奉詔録卷六

右丞相

屯田御筆 淳熙十五年正月十一日

屯田事宜，皆可依奏。所乞鐵錢，舒、蘄州或有見在，可兼會子先次支降，續令措置，自行鼓鑄。合用軍人，行下馬軍行司、建康都統司差撥，不可泛差充數，須令兩司先具年甲擬指揮來。屯田宜令方有開專管。

便殿引對衣服御筆 正月二十日

大行太上皇帝百日後，所有朕在便殿引卿等衣服，當如何，可奏來。

禁小報御筆 同日

近聞不逞之徒撰造無根之語，名曰小報，傳播中外，駭惑聽聞。今後除進奏院合行關報已施行事外，如有似此之人，當重行決配。其所受小報，官員取旨施行。令臨安府常切覺察，御史臺彈劾，仍出榜曉諭。欲依此降指揮，如何？

衣制用布御筆 正月二十一日

朕今縞冠素衣，惜乎不用布爲之，今可以易之否？以此終制，則尤爲近古，更與卿等議之，可審思，來日詳具奏來。

乞宣諭接伴商量虜使弔祭稱呼 正月二十二日 同密院

臣等昨嘗面奏太上皇帝升遐，虜人若照祖宗舊例則合遣弔慰、祭奠兩使。止緣紹興間顯仁皇后上仙禮數與舊不同，故彼以弔祭爲名而添讀祝文官。今日據盱眙軍繳到泗州關報，乃專用顯仁皇后故事。採之衆論，頗以爲疑。蓋自來弔祭之名難以施之敵國，未審聖意謂當如何。竊恐少頃内引宋之瑞、趙嗣祖略合宣諭大概，使於未取接間往復商量。謹先具奏稟，餘俟來早臣等躬聽處分。伏取進止。

〔貼黃〕所有副使犯御舊名，雖是不曾關報，謂須令彼權行改易，併俟取裁。

薛叔似等差除當否御筆　二月七日〔一〕

拾遺補闕，欲除薛叔似、許及之，二人資序才望相當否？密具奏來，却進入。

回奏

臣等竊惟陛下方脩廢官，遴選在廷，難逃聖鑑。雖非臣等所敢預知，然二人資序才望實與官稱相當，補闕又居拾遺之上，伏乞睿照。

薄黜妄奏汝愚者御筆　二月二十八日

既降親札付汝愚，以慰其意。前日妄爲奏者，亦當薄黜之與郡，正所以革風俗、明是非也。卿等以爲如何？奏來此，却進入。

回奏　王相草

臣等恭奉御筆，既降親札付汝愚以慰其意，前日妄爲奏者亦當薄黜之。臣等仰見聖心在於革風俗，明是非，俾分閫於外者獲以展布四體〔二〕，以從王事，不虞横議之及，誠非小補。臣等省記得去夏一二臣僚乃是因旱求言，應詔書中及之，與無故上書不實者頗異。今汝愚既已安職，應詔者倘蒙優容，是一舉而兩得之。伏望聖慈更賜裁處，所頒宸翰，謹復進入。

宣諭陳居仁御筆　四月六日　《回奏》王季海草，不曾録。

卿等以此宣諭陳居仁，令書行，並繳章却進入。

御批陳居仁繳耿延年別與監司指揮

丰誼既已降指揮別與郡，耿延年別與監司，正爲曲直未辨，安得不處之兩平乎？延年之才，不當他日而言，不宜因此而論也。可書行。

楊萬里宜去御筆　四月八日

楊萬里奏内云「今日侍從數人之附其議」，不亦過乎？又云「張浚之功，不言其敗」，亦近於不公。如早來宣諭兩去之，如何。奏來。

〔一〕七日：明澹生堂鈔本作「初七日」。
〔二〕以：明澹生堂鈔本、四庫本無。

未欲易服御殿御筆 四月十二日

朕念居憂，當布素以終制。今高宗方茲陞祔，易服御殿，心所未安，羣臣其勿有請。

將來欲如此降指揮，恐或未盡，卿等別具奏來。

回奏 王季海草

臣等竊惟三年之喪，自天子達於庶人，雖古有明訓，魏、晉而下，多用易月之制。國朝以來小有損益，至於易服御殿，則具存典故。群臣之請，恐難預止。陛下聖孝，遠邁隆古。若將來且降指揮，使中外曉然知聖意所在，自是孝治美事。至若臣子惓惓之忠，請而不已，則君臣之義兩盡。謂宜稍仿近古之制〔二〕，令禮官別定儀注，務從其厚，亦足以見舜之爲大孝也。臣等固陋，惟陛下裁幸。

〔貼黄〕臣等去歲仲冬恭睹宸翰，有俟祔廟畢然後行祥禫之禮。今來亦須參照此說。更俟來早，面取聖裁。

布素終制御筆 四月十八日

朕向以羣臣屢請易服御殿，難抑衆情，姑權以近制，俟祔廟，勉從所請。今高宗方茲陞祔，稽之古典，尚當布素以終制。退省前詔，於理未安，卿等宜體至懷，勿復有請。

欲如此降指揮。如有未盡善，卿等潤色進來。

回奏

臣等恭奉宸翰頒下詔稿，令潤色進來。臣等仰惟聖孝自天，稽之古典，欲得終制，預却羣臣之請，首賜宣示，務在盡善。臣等謹遵聖訓，輒以管見具在別紙，同元稿繳進。顧區區爝火，何足以上助日月之光？伏乞睿慈更賜裁酌，臣等幸甚。

改進稿

朕昨降指揮，欲纔經三年。緣羣臣屢請易服御殿，姑以布素視事延和，俟祔廟畢別議。載稽典禮〔三〕，心實未安。服之終制，乃爲近古。宜體至意，勿復有請。

同日御筆

記昨降指揮，俟祔廟畢，勉從所請。即無別議之文，恐有異同。卿等可契勘，別具奏來。

檢去年十月二十七日中使傳旨。此項元不曾降指揮。

又去年十月二十九日指揮。此項却明降指揮，既曰行祥禫之

〔二〕謂：四庫本作「矣」，則屬上讀。
〔三〕典禮：明澹生堂鈔本、四庫本作「禮典」。

禮，則猶是未有定說，故云別議。當時禮官乞祔廟畢改服皁幞頭淡黃袍，十一月一日〔一〕，雖奉旨依淡黃袍改服白袍，今來所得聖諭正欲終制近古，不以禮官前議爲是。

回奏

臣等恭奉御批：「所擬指揮，卿等何不詳細？」臣等伏讀慚懼，無所逃刑，然尚有曲折，不敢有隱，合具奏稟。臣等實見陛下本意欲掃漢唐之陋〔二〕，復三代之制，但以百官有司拘於近制，未能將順盛德。一昨去年十月二十日高宗小祥，陛下猶未改服，臣等奏：「陛下聖孝過哀，猶未御初祥之服，臣等不勝憂懼〔三〕，乞俯從禮制。」陛下流涕曰：「大恩難報，情所未忍，他日別議。」至十一月七日，羣臣拜第二表，請御正殿。其時批答自内出，云：「可自十八日内殿引輔臣及上殿班，俟過祔廟，勉從所請。」臣等竊謂此乃陛下一時勉酬衆請，實非本志。後來陛下既用布素御内殿，已是暗銜此項指揮。今若遽復指言，則祔廟後不須拜表便合御殿。臣等所以推本聖心，輒用玉音「別議」二字，庶幾包含稍廣，不能識知。陛下明白洞達，纖悉無遺，必欲堯言首尾相應，此則臣等鹵莽，失於周思之過，無任俯伏俟罪之至。伏望聖慈曲賜矜體，臣等千萬厚幸。所有前藁謹用進入，拱聽處分。

改進藁

朕昨降指揮，欲縗絰三年。緣羣臣屢請易服御殿，如以布素視事延和，雖有俟過祔廟、勉從所請之詔，然稽諸禮典，心實未安，行之終制，乃爲近古。宜體至意，勿復有請。

二十日批出，改「易服御殿」爲「御殿易服」，「姑以」爲「故以」，「延和」爲「内殿」。

乞禮官議内殿侍從以下朝見奏　四月二十八日

三省樞密院奏，臣等伏睹四月二十日聖旨：「朕昨降指揮，欲縗絰三年。緣羣臣屢請御殿易服，故以布素視事内殿。雖有俟過祔廟勉從所請之詔，然稽諸禮典，心實未安。行之終制，乃爲近古。宜體此意，勿復有請。」臣等恭惟陛下躬行要道，復古之制。詔音一頒，臣民頌歎。臣等仰體聖孝，不敢具表陳請。惟是侍從、史官、管軍、御帶、環列、禁衛等皆合星拱宸極，豈容曠日弗朝？倘陛下未欲臨正衙，坐垂拱，自可間御後殿，示存彝儀。臣等不勝惓惓，乞下禮官，同閤門、御史臺參酌取旨施行。伏候進止。

繳奏

臣等所奏在前，本俟五月一日進呈，恐其間詞義未達，欲得

〔一〕「日」下，四庫本有「頒」字。
〔二〕實：四庫本作「窺」。
〔三〕懼：明澹生堂鈔本、四庫本作「惶」。

先經睿覽。如合聖意，即乞批降付外施行。

奉御筆批依。

王相判郡御筆 五月四日

王相乞宮祠，今欲除大觀文，可以判甚郡，可擬進來。

回奏

臣伏蒙聖問，仰見陛下優禮大臣之意。地望稍高，無如四明；去鄉尤近，則有衢州。緣淮親年八十有四，若稍遠，想於迎侍非便。伏候聖裁。

王淮鏁院奏 同日

臣伏睹御筆，王淮除觀文殿大學士、判衢州，未審今晚便鏁院，或就來日。除已一面進熟狀，乞賜斟酌施行。

德壽殿私名推恩御筆 五月九日

德壽殿推恩人，内有一項請本宮請給人。此皆是私名，恐難一例推恩，可別理會。

回奏

臣伏蒙聖諭，既云本殿應奉人當有分別，所以未敢將上者，只爲向來推慶典時不合一體，今當別作理會，密行取旨，然後施行。伏乞睿照。

宣示遺補内批 同日

官以遺補爲名，不任糾劾之職。今覽卿等奏，乃類彈擊，甚非設官命名之意，宜思自警。越職踰守，未欲示懲〔一〕。

欲如此批示，未審允當否？可密具奏來，同此進入。

回奏

臣伏睹御批，固已曲盡事理，不勝歎服。臣欲乞於「意」字之下添「故茲戒諭」，然後徑用「宜思自警」之句，則意深辭婉，尤得王言之體。臣既蒙聖問，不容有隱。伏乞睿照。

〔貼黄〕臣再三思之，批語若稍峻，則二人或因事求罷，未免略費區處。或只批還其疏，似亦深切著明。更乞特入聖慮。

〔一〕示：明澹生堂鈔本作「自」。

宇文价知紹興御筆 五月十五日

欲除宇文价職名，差知紹興府。張杓歸從班。如何？

回奏

臣伏蒙聖問，極爲允當。所有宸翰復以繳入，伏乞睿照。

檢會罷敕令所回奏 五月二十七日

臣伏奉聖訓，檢會紹興三十一年省罷敕令所指揮。臣契勘得當年因臣僚上言，乞省罷局務官吏之類，有旨令後省看詳。於是詳定官黄祖舜等先次條具，内一項，敕令所欲歸併刑部，限半月結局，曾留公吏三人隸刑部。六月二日奉旨依。伏乞睿照。

職事官理任格法御筆 五月二十九日

行在職事官理任格法，卿密進來。

回奏

臣恭禀聖訓，録職事官理任格法繳進。伏乞睿照。

椿積米數文字回奏 六月八日

臣恭奉宸旨，付下行在豐儲倉、鎮江諸倉等處舊椿積米數文字四件，今已揭貼開具訖。所有内外諸處申到今年見在米數二件，總計六百七十九萬餘石，同元文字繳進。伏乞睿照。

〔貼黄〕在内計八十七萬一千二百餘石，在外計五百九十二萬六千五百餘石，通計六百七十九萬餘石。

改服細布文武金帶趙善悉差除鄂州兵帳御筆 六月十六日

朕見今御後殿衣服，以盛暑，欲服細布，無害丁喪制否？欲因高宗服制中降指揮，今後管軍知閤御帶、環衛諸軍都副統制，並許服繫金帶，其餘文武臣並要依官制服繫，如何？

趙善悉可以除司農少卿否？如或可，便擬指揮來。

契勘鄂州兵帳，淳熙七年内，指揮以四萬六千人爲額，即今見管三萬七千人，比原額少九千人，合有寬剩錢九十萬緡。卿等更契勘當時與近歲拋降并支費數目奏來。

回奏

臣等伏準御筆下詢四事，今具下項：

一、御殿改服細布，於喪制甚無害。

一、蒙聖諭：今後管軍、知閤、御帶、環衛、諸軍都副統制，並許服繫金帶，其餘文武臣並要依官制服繫，若降指揮，甚爲允當。

一、司農少卿前已得旨除韋璞，却有太府少卿見係劉立義兼權，若欲除善悉，恭俟聖旨，即擬指揮進入。

一、鄂州科撥錢數須子細契勘，容別日同軍帳進呈。

右件如前，伏乞睿照。

管軍等許繫金帶御筆 七月一日

將來文武臣服繫金帶，並要依官制外，其經任管軍知閤御帶環衛諸軍副都統制，並許服繫。卿等更修改奏來。

回奏

臣等伏準御筆，臣等切謂管軍以下經任人既許服繫，則是不止爲見任之人。所有文臣經任侍從，若因責降而去，固不當繫，却有以理去官而不帶職，或尚書正侍郎止得待制職名之類，若依官制亦不合服繫，恐須略與該載，未審聖意如何？不知可俟初三日面取聖裁否？不然恭候聖訓，即再擬進。伏取進止。

曹官差除御筆〔一〕 七月四日

曹官可除職事官否？奏來。

回奏

臣伏蒙聖諭：「曹官可除職事官否？」臣仰見聖慈念其老於文學，欲加拔拭，示不終棄。但恐臺諫給舍或有語言，却費區處。蓋向來如鼇務官之類尚且云云，今猶昔也，伏料聖明亦以爲疑，所以密賜清問。謹具回奏，伏乞睿照。

熟議北使執禮御筆 七月二十四日

將來十月已依典故免上壽，或使人堅執禮，當如何，此大臣合熟議任責，卿等詳度定論預期奏聞。

回奏

臣等伏準御批：「將來十月已依典故免上壽，或使人堅執，禮當何如？」令臣等任責，詳度定論，預期奏聞。臣等竊謂虜人遣使，蓋遵常儀，既許入見受書，彼必別無爭執。上壽一節，事

〔一〕 原刻校云：「『官』張本作『冠』。」

繫本朝。自來使者不過隨百官班拜舞於庭，其奉觴致詞初無所預。臣等已嘗面奏，萬一堅執，自可以理責之，臣等敢不任責？伏乞睿照。

御批：以理責之不從，當復如何？卿等未可易之，宜指定奏來，須詳議數日。

回奏 同日

臣等洊蒙聖訓，將來會慶節人使到闕事，令詳議數日，指定奏來。臣等仰見宸慮深遠，凡百欲預爲之備。臣等謹當遵稟，續得具奏。伏乞睿照。

催具詳度北使執禮御筆 八月六日

已令卿等預期詳度，指定使人堅執禮數。尚未見，具奏以聞。

回奏

臣等伏準御筆，令預期詳度指定使人堅執禮數事。臣等已嘗面奏，若彼依每年聖節例必欲上壽，臣等當諭以金國遣使來賀生辰，既已引見受書，便是成禮。其上壽一節，尋常不過隨本朝百官拜舞於庭，所有奉觴致詞並無所預。今來皇帝以高廟服制特降指揮權免上壽，百官既不入殿，使人無緣自行趍赴。縱彼桀黠，亦將何辭？只論此事，臣等保無争執，敢不任責？其他或别較禮數，却難預度。譬如對弈，當視着數而應之。臣等愚見如此，伏乞聖明特賜矜照。

不應差遣回奏 八月七日

臣伏準御批契勘不應所乞差遣。前日本人欲権貨務監官，緣在法須要闕升親民人，所以難行。今此闕已無可疑，俟朝殿日將上稟旨。伏乞睿照。

進擬金陵守回奏 同日

臣等伏準御筆，令於内外臣僚中擇建康守進擬，容臣等來日入局子細商議，後日具姓名稟旨。伏乞睿照。

雇主殺所雇人回奏 八月十四日

臣等伏蒙聖訓：「雇主打殺所雇之人，合入甚罪？契勘奏來。」臣等今令法司檢到條法，謹具繳進。伏乞睿照。

金帶指揮御筆 八月二十九日

其武臣除正任管軍，知閤御帶環衛諸軍都副統制外，餘並不許服。

今降指揮已前曾經賜人，且令依舊。卿等候奏事日面奏。

回奏

臣等伏準付下文武臣金帶指揮，恭俟九月二日脩寫面奏，然後施行。伏乞睿照。

趙汝應放罷内批 九月四日

榷貨務監官趙汝應自今年六月後，並不赴務直日止宿，可放罷。散齋内，可與不可降指揮奏來。

回奏

臣恭承聖諭趙汝應事，其爲人極不靖。昨因嗣王奏請，内批與此差遣。自謂曾上書説張杓，今是所隸屬官，力求迴避，其實以此爲名，意望稍遷。臣峻拒之，遂進狀陳述。蒙降付三省，即告示，令踏逐一般窠闕陳乞。汝應辭窮，且自謂已乞避嫌，所以不赴務直日止宿。若聖意疑在散齋内，未欲降指揮放罷，只送吏部亦可。不然，候初九日行遣，似未爲遲，但恐謂其經赦爾。更取聖裁。

支封樁銀回奏 九月十九日

臣伏準中使傳，奉聖旨令封樁庫支銀三萬兩，赴内藏庫交納，充奉皇太后，已恭禀施行，伏乞睿照。

張澈應孟明御筆 皇太子封來 九月二十四日〔一〕

湖州輔郡之重，治劇抑强，全賴風力，卿其勉之。付張澈。

朕聞廣西鹽鈔利害相半，卿到任日，可詳究事實奏聞。付應孟明。如或允當，却繳進入。

回東宮劄子

某伏蒙令慈封示御筆戒諭張澈、應孟明，極爲允當，謹復封納，乞便賜繳進，仰乞令照。

乞作書與趙師睪與劉超商量楚州城壁

臣等昨日進呈薛叔似論武鋒軍及楚州城壁事，已得旨令作書與劉超等商量，將來更不更戍。緣超不甚識字，恐往復未盡事

〔一〕二十四日：明澹生堂鈔本作「二十九日」。

宜，今欲以此曲折寫與趙師睪，令就鎮江與超熟議。俟有定説，却令師睪到楚州與錢之望逐一相度，并點檢寨屋之類，謂如城壁亦須先將使人經過去處併工脩整，其他則次第爲之，庶得詳審，不至滅裂。如合聖意，方敢具稿來日稟旨。伏聽處分。

高宗小祥乞展日視事 九月二十六日

天聖元年真宗小祥，不視事前後各五日。

治平元年仁宗小祥，不視事前後各五日。

熙寧元年英宗小祥，不視事前後各五日。

臣伏見陛下聖孝冠古，必行三年之制，歷代帝王所未有也。而有司多拘近例，往往未副聖意。緣國初典禮從簡，而紹興八年徽宗小祥時，方用兵難廢機務，故不視朝前後各止三日。今具天聖、治平、熙寧典禮進呈，伏乞聖慈特賜御批，將來高宗小祥，前後各不視事五日。庶協三朝舊典，仰符聖孝。臣昨來奉行禮官文字，失於詳考，不爲無罪，伏乞矜恕。臣無任惶懼戰汗之至。

奉御批：欲只作禮官別討論得再申請如何？

回奏 同日

臣伏準御筆，欲作禮官別討論得再申請視朝之日，尤見聖心廣大，非凡愚所及。未審俟聖訓乃令有司討論，惟復容一面諭令申請？恭聽處分。

奉御批：一面理會。

回奏

臣恭稟聖訓，一面理會，伏乞睿照。

乞羅點正除太常少卿 十月六日

臣等據羅點引祖諱辭免起居舍人，此乃在法當避，然既有除命，似難便已。本人見兼權太常少卿，若就與正除，亦是一等差遣。恭俟聖裁。

奉御筆批依。

乞六部長貳堂白劄子 十月十八日，不曾上，直降指揮。

臣等伏見陛下既躬至德要道以風天下，又命皇太子參決庶務，以裨總覽。惟是一日萬幾，其來無窮，百司庶府，各贍其事，臣等自當總領衆職，期副聖意。欲望聖明更賜訓飭，自今六部而下凡被受朝廷之文書、四方之陳請，皆當究極本末，隨事區處。其間有疑不能決者，長貳以時堂白。若所見尚或不同，小者具奏，大則請對，自有故事存焉。如此則壅滯可通，猥并可清，萬化之源，實基於此。

廬陵周益國文忠公集卷一五二

奉詔録卷七

右丞相

陸游除郎并朝士薦人御筆 淳熙十五年十月二十六日

陸游除郎，不致煩言否？恐或有議論，且除少監，如何？近日臣僚多説有朝士薦三十餘人在廟堂，如果有之，可繳進來。

回奏

臣伏蒙聖問：「陸游可除少監(一)，如何？」臣昨來與二參熟議，只是奏本人任滿多日，未審欲與何差遣。陛下愛憐其才，便欲除郎，臣曾奏知莫若且令奏事。近詢衆論，謂處以閒曹如駕部之類亦足示陛下不棄才之意。至如後來煩言有無，非臣所知，只與外任，亦無不可。又蒙聖諭朝士薦三十餘人在廟堂，此乃數月前事，當時並已峻拒，元不曾進擬一名。元本見今搜尋未見，當時留正、蕭燧各得此本，乞陛下徑問留正，恐尚收得。臣一面繙

尋故書，但慮今晚未能繳進。此事本是謾作人情，朝廷何嘗聽信？自王淮去國，凡所遷除多是婺人，其間如范嗣蠡兩爲黄謙攻擊，臣不免竭力救解，正欲消彌争端耳。其餘在外人才，臣並不曾敢薦進一名。所有五月以後差除，臣續當一一開具來歷。蓋緣去春爲陳賈迎頭論列王謙，意在逐臣，所以未敢力求去者，正以授任之初，勢不兩立。既難因臣而易言路，又不應命相一月遽令罷免。已嘗奏知，忍恥少待。適會旱歉，繼以高宗服藥，遂至因循累月。暨至春末自攢宫回，已辦丐外文字，偶爲王淮所先。方俟秋間有請，緣陛下慮及虜使生事，戒臣任責，又復遷延至今。屢與留正説，只俟十一月間即便力請，蓋非獨臣才力有限，難尸重任，兼具瞻之地，衆口難調。只如何澹，自爲省元，未嘗一歷外任，司業纔滿，本要遷檢正以試其才，而澹薄其官，力懇兩參，必要太常秘書，爲侍從之捷徑。兼陳賈是澹姑夫，向來預其議論，常恐爲人所攻，又疑臣因賈之故滯其進取，每每相嫉。臣不免與二參商量，峻遷祭酒，在奉常秘書之上。如此委曲，尚不相恕。憂讒畏譏，曉夕不寧，安能展布四體，爲國謀事？況堂除一小小監當，若留正以爲未可，即更不敢施行。每日將上文字，留正或稍未通徹，即便揀退。伏料奏對之間，陛下必已洞見。臣若彌縫上下，苟度歲月，固可安身。若遇緩急，不知澹輩肯任責否？臣屢欲請閒披露情素，又恐衆不相察，疑臣別有陳述。幸因回奏，略布愚衷。臣久被獎知，必蒙睿照，餘俟後月控陳丹悃。次薦士劄子多方搜檢，續具繳進。未審容臣徑問留正、蕭燧取本

(一) 可：據前御筆，當作「且」。

否，更俟聖裁。聖意若留陸游作少監，偶李祥見乞外，自可令填此闕。

繳薦士奏 十月二十七日

臣昨晚既具回奏，連夜繙閱舊書，方見元薦士劄子乃是七月初衆人面納，明知朝廷未必聽用，不過各欲藉口塞故舊之責。此亦古今常事，無足多怪。當時臣與二參説了，各自收起，直至八九月間，好事者方知，以告葛邲，因而轉相傳説，敬達睿聽，其於用意，自有曲折。幸因聖問，方表不曾進擬一名，少杜讒者之口。內范仲黼、王叔簡並川人，係是近日聖選，無待臣言。其徐元德、黄艾、袁燮各有貼説，伏乞睿照。

〔貼黄〕只如張杓頃露章力薦沈焕，或者慮其收用，即爲飛語以中之，風波可畏如此。近日王希呂又有奏劄薦焕，至今不敢將上，足見臣之畏縮，旦夕不免進呈，取旨批訖。

〔再貼黄〕袁樞久被聖知，偶與陳賈有仇，近復因冷世光事，所以不樂者多。羅點蒙親擢右史，未免人之忌嫉。張體仁乃梁克家所薦，葉適是王淮用爲學官，馮震武則留正幕屬。五人皆主張朱熹，遂致議論，似未必專爲薦士。伏乞睿照。

付下元進薦士回奏〔一〕 十月二十九日

臣伏蒙聖慈付下元進薦士文字一件，謹已祇領，伏乞睿照。

留用光合出敕回奏 十一月四日

臣伏準聖諭，留用光管轄既帶主管教門公事，合批付三省出敕。伏乞睿照。

臣僚奏札御筆 十一月七日

近年臣僚奏對札子，須至四五，率皆細微常事，徒困人精神。今欲作臣僚札子，依奏行出，不爲今日設，爲他時之計也。可否奏來。

付下臣僚奏札草本

臣聞古者人主垂拱，仰成於上；人臣服勞，任事於下。是以君道尊安，臣職修舉而天下治，故人主猶元首也，臣下猶心腹耳目股肱也。一人之身，有心腹以謀慮於內，又有耳目股肱以明辨、震掉、奔趨於外，然後元首無爲而自尊者，勞逸之勢殊也。夫心腹則譬之大臣，耳目則譬之臺諫也，股肱則譬之百執事之臣也。以一身之勢而觀天下之勢，其勞逸之相去幾何哉！虞廷叢脞之歌，荀卿好要之論，亦可覆矣。今者百執事之中，各供乃職、任乃事者，豈無其人？然近聞

〔一〕「士」下，明澹生堂鈔本有「文字」二字。

輪對之間〔二〕，辭見之際，連章累札，猥及細微。如納苗催科，征商捕盜，教廂軍，榷茶酒貨之事〔三〕自有成憲，不克奏行。又有職分之所當然，勢位之所當爲者，且亦飾辭以爲忠，獻説以爲能。類不止此，悉關聖慮，是豈知元首叢脞之戒，居官任事之意哉！臣愚欲望明降睿旨，自今凡有奏對，辭見札子，並止用三幅。若軍國利害事大體重者，不拘此限。如是則人思盡職，不事空言，庶幾有以勸勉臣下任事之能，上副聖主仰成之意。伏取進止。

回奏

臣伏蒙聖訓，仰見陛下深思遠慮，無所不用其至。臣再三籌度，若直批依奏，却恐其間或有窒礙，悠久難行。欲且將此奏劄批降指揮，令給舍或侍從逐一詳看，立爲格目，將上取旨，庶幾區處詳備，立爲永法，且使四方知啓請施行一歸至當，未審聖意以爲然否？

支椿管象牙回奏 十一月二十一日

臣恭奉聖訓，令於左藏庫椿管象牙内支取充造官告軸頭，已一面施行，伏乞睿照。

韓同卿別與差遣御筆 十一月二十九日

常州繁劇，韓同卿才不堪任，別與是何差遣，卿等別擬進來。

回奏

臣等恭準御批，令別擬韓同卿差遣。今日同卿有狀，申明妻家有田産在常州管下，乞行回避。若就此降旨改添差釐務、參議官，却俟其納闕即與之，似爲兩得。恭俟聖裁，即擬指揮進入。

〔貼黄〕聖意或欲示優恩，則閑慢寺監丞亦可，但俸給不及參議，并乞睿照。

奉御批：可與參議官，如無恩例，亦難添差。

韓同卿添差參議回奏 十一月三十日

臣等伏準聖旨，令擬韓同卿參議差遣，即容別狀封進。所有淳熙二年添差指揮今同進入，恭聽處分。

〔貼黄〕元降指揮若是初除，改差即與正闕。今來同卿數年前曾得濠州，今又因闕到奏事，所以欲與添差。三年前，新

〔二〕輪對：原刻校云：「元作『奏對』。」
〔三〕原刻校云：「改作『率皆常事』。」

知興化軍徐存待闕并資序正與同卿一般，當時添差福建參議。伏乞睿照。

商議稱呼及吴環落階官御筆 十二月十日

前日密商議稱呼事，卿詳思之當便，有定論，恐費日月，直候元日假内留身奏之。

吴環甚能于職事，皇太后之意，欲與落階官，未審給舍如何耳？卿見給舍，可密宣諭此意，續奏來。

回奏

今具回奏下項：

一、所議見思索，容元日假内留身奏禀。

一、吴瓌事不敢直説〔一〕，容旦夕宛轉詢問，續具奏聞。

一、虜使田彦皐乃向來范成大泛使時接伴，其文采議論大段過人，且知嚮慕中國。昨日侍從多來説館伴使副中須擇得一知書者準備應酬，雖趙不流亦如此説，不敢不奏。

詳議林植懇託内批 十二月二十六日

今則臺臣與袁樞曲直已見，尚有林植借錢懇託一節，恐難爲不問。卿等詳議奏來。

回奏

臣等恭準聖訓，令詳議林植借錢懇託一節。容臣等就來早漏舍商量，續當具奏。伏乞睿照。

增印會子内批 淳熙十六年正月四日

修蓋慈福宫，先支過内藏庫錢二十萬貫。將來皇太后還新宫，又奉錢十萬貫〔二〕，以爲封樁庫會子不多，可以增印會子三十萬否〔三〕。

回奏

臣恭準聖諭，增印會子三十萬道。若只如此數，未至過多，但近者支過鎮江樁管五六十萬修楚州城，初議以度牒、會子兩色補填，今莫若且印充慈福宫支用，將來徐以度牒補還鎮江樁管。伏乞睿照。

〔一〕瓌：似當作「瓌」，孝宗吴太后姪，見《宋史》卷四六五《吴益傳》附。明澹生堂鈔本作「環」。

〔二〕「十」上，原有「一」字，據明澹生堂鈔本、四庫本删。

〔三〕「萬」下，明澹生堂鈔本有「貫」字。

學士添員御筆　正月七日

學士院更添一員，具姓名來。

回奏

王藺詞采雋拔，曾掌外制。

葛邲文詞穩審，曾兼權直。

右二人但恐資歷已高。

尤袤學問該洽，文字敏贍。雖見今獨掌外制，然鄭僑早晚言還〔二〕，既行上三房，則下房文字甚少，曾有旨兼直。袤自謙避，衆謂宜在此選。

倪思見任著作郎，曾中詞科，文詞穩當，可備翰林權直之選。

莫叔光見任著作佐郎，亦中詞科，性甚循謹。

此外惟有陸游大段該博，尤知本朝典故，詞章實爲獨步。併乞睿照。

左丞相

擬袁樞指揮回奏　正月十一日

臣等恭稟聖訓，檢會初擬袁樞指揮進入。前作「挾私」，今御筆用「挾忿」，尤中其失。伏乞睿照。

付下袁樞狀回奏　淳熙十六年正月十二日

臣等伏準付下昨日所進袁樞二狀，謹已領訖，伏乞睿照。

依條行謝修見勘公事回奏　正月十三日

臣等恭準聖訓，謝修見勘公事，令依條施行，庶得結絶。臣等一面擬指揮繳進，先此回奏。伏乞睿照。

郭師禹建節回奏　正月十四日

臣等承内侍霍正夫傳奉聖旨：欲與郭師禹建節，如何？仰惟陛下興懷故劍，將厚風化，固已斷自淵衷，猶且下詢臣輩。甚盛之德，冠絶古初。臣無任歎仰兢懼之至，謹此回奏。伏乞睿照。

催印會子回奏　同日

臣恭承聖問印造會子三十萬貫事，適契勘得二十四日方一切圓備，進入内庫。若欲速用，即來日亦可於西上庫那兑，更俟來早面奏。伏乞睿照。

〔二〕早：明澹生堂鈔本、四庫本作「非」。

虜中機會趙思侍從御筆 正月二十日

虜主身故，將來機會當復如何。

趙思欲除侍從，卿頗有疑，别無説否？

回奏

臣伏蒙宸翰下詢：虜中將來機會當復如何？臣之淺陋，豈足以知此？然竊料原王既立，叔姪之間必須紛紜，更半月以後，鄭僑歸，可見大略。其他容來早面奏。次趙思除授，臣早間止謂左史却闕人，恭聆聖諭已有侍立官。臣知不至闕事，遂退，别無所疑。伏乞睿照。

封椿庫支銀回奏 正月二十二日

臣等恭遵聖訓，令封椿庫支銀三萬兩，赴内藏庫交納，充皇太后用。已一面遵稟施行外，先此回奏。伏乞睿照。

不流依例除職内批 正月二十三日

趙蟠老張杓皆是帶職名除侍從兼知臨安府，今來不流可以依此例否。

回奏

臣伏蒙聖問，仰見宸慮精審，不勝嘆仰。臣前日止疑不流尹京日淺，所以欲作兩遷，偶忘計二人體例，兼去秋曾作大禮事務官，亦是侍從之階，自可除授。伏乞睿照。

〔貼黄〕臣早蒙下詢機會，未盡愚慮，欲一二日間就内殿同衆人奏稟三數事，恭俟處分。

印造會子付内藏庫回奏 正月二十六日

臣伏準聖旨，令將印造新會子三十萬道付内藏庫，緣二十四日晚方辦，二十五日赴封椿庫點檢。今已依稟聖訓訖，伏乞睿照。

光宗即位論赦條賞給期限奏 二月三日

臣等已進呈赦條，内諸軍賞給外路已限半月，所有在内不曾立日限。見户部長貳説，恐品搭錢、銀、會子須費三兩日，已於赦文添入在内限三日。謹具奏知，乞降付中書門下省。

支封椿庫會子回奏 二月十九日

臣等恭準御筆，於封椿庫支會子丨五萬貫，充奉重華宮使用。已一面施行，伏乞睿照。

支封椿庫銀回奏 二月二十三日

臣等恭準御筆，於封椿庫支銀四萬兩，赴内藏庫交納，充恭請奉壽皇聖帝、壽成皇后。臣等一面施行，伏乞睿照。

乞付下趙不慢改名劄子奏 同日

臣等早來奏知所遣諸葛廷瑞、趙不慢充北界使副，欲候不慢改名文字定繳省劄，用金字牌發往盱眙。緣二十一日先曾繳進不慢未改名劄子，今乞便賜付下，却換寫改名不愓劄子繳進。伏取進止。

御批：「别换改名劄子，只今進入。」

回奏 同日

臣等伏準批旨，别换改名劄子[一]，只今進入。謹遵稟聖訓。然不慢之名無甚利害，或恐前劄已發行，即亦不必再遣，却恐交互疑似。更乞聖裁。

乞差中使賜金國人使御筵 三月七日

臣等據盱眙軍申，金國第一番使人欲此月十五日過界，早來已奏稟，得旨就差何澹、戴勳充接伴，足可及事。只是合有中使一員就彼賜御筵，欲乞下内侍省差委，星夜前去。亦須一面報接伴，令候中使至方行取接。所有鎮江等處地里稍近，却可續差。伏取進止。

奏北牒遺留字 同日

臣等據國信所申，得旨令劄下盱眙，密切差人過淮，計會虜中所遣使名。臣等數日來亦聞外間妄有傳播，尋取泗州真牒細看，「遺留」二字甚明，初無他説，不知此語何從而起？若遽令往彼計會，却成引惹。今謹將元牒繳進，容臣等初九日早子細面奏。蓋國家行事務要安重，若爲風傳所揺，利害甚大。又慮今早曾有臣僚敷奏，乞即密賜宣示，庶可究見虚實。其泗州元牒如經聖覽，却乞付下。伏取進止。

回奏 同日

臣伏奉聖旨，劄下接伴楊經等文字，更不施行。謹已遵稟。其付下泗州牒一紙，亦已恭領。伏乞睿照。

奏館伴武臣姓名

臣等據盱眙申，金國第三次使人初一日已過界，合差館伴。

[一]「换」下，原有「寫」字，據明澹生堂鈔本、四庫本删。

昨來御筆點定文臣兩名，除張濤見充接伴外，其點定郭應麟今欲差充館伴使。所有武臣雖蒙御筆點差關良臣，緣本人已往鄂州，今再具到兩名：郭端己是郭鈞之子，見充環衛官；霍漢臣見在閤門供職。二人皆可充副使，伏乞御筆點差一名。謹具繳進，伏聽處分。

乞點定皇子封王國號奏 同日

臣等已遵聖訓，擬定封皇子爲揚王。退而熟議，隋廣、虜亮皆因在揚州而名曰煬。竊慮揚、煬聲音相近，未甚穩當。早來玉音宣諭，國名不繫大小，今將三等開具進呈，欲乞點定一國，即賜降下，來日午間却進熟狀鎖院。伏取進止。尋點定嘉王。

祭金國文添年號回奏 三月九日

臣等適準付下薛叔似奏，乞追改祭金國文，添入年號。緣臣等已曾招直學士院尤袤商量，袤云：「既是國書，自來止用月日，其祭文即合一體。」兼袤已將泗州遺留牒徧示臺諫侍從，亦說及祭文不寫年號，蓋與國書一同，衆遂無說。今未知聖意如何，更取進止。

奉御寶批依。

取賀正國書回奏 三月十三日

臣伏準聖旨，取前次賀正國書，不知是鄭僑帶回之書，惟復是虜中來賀正國書？今且於學士院取到鄭僑帶回者進入，或是虜中賀正之書，即係樞密院收掌。伏乞睿照。

付下國書回奏 同日

臣等伏準聖旨付下國書一封，謹已收領。伏乞睿照。

擬浙漕除目奏 三月二十五日

臣等早蒙宣諭浙漕，退而思之，就近別未有人。其潘景珪任浙西提刑日既曾暫權，似無以易，今欲與除直顯謨閣、兩浙轉運副使，同耿秉指揮行出。取進止。

奉御筆批依。

翊善典故御筆 四月一日

旦日面奉壽皇玉音：王府翊善，檢照典故將上。

回奏

熙寧元年，岐王府始置翊善，以直史館王異爲之。

政和初，諸王府置講讀、翊善、記室等官，以卿監郎官兼禮部郎中耿南仲兼講讀，光禄少卿李詩兼翊善。

宣和以後，諸王府翊善、直講、贊讀多以侍從兼。當時以爲誤。

紹興雜壓親王府翊善、贊讀、直講在承議郎之下〔二〕。

淳熙職制今同。

臣等恭準御筆，檢照王府翊善典故將上，謹具進入，伏乞

睿照。

擬薛叔似許及之批旨 四月□日

朕欲以薛叔似、許及之獻疏切直，陳詞典美，置之卿監，以

顯褒陞，可並令日下供職。

奏劄

臣等見衆侍從皆來説，陛下昨日御批嘉獎薛叔似、許及之，有此除命。緣付鄭僑書讀行下，則二人未知此意，所以不敢入城供職。今衆議欲全坐聖語札與二人，令日下供職，庶全事體。如合聖意，乞批依付下施行。取進止。

臺諫員數回奏 四月十六日

御史臺

中丞一人　侍御史一人

殿中侍御史二人

以上並係言事官，近例有侍御史則不除中丞。

監察御史六人

舊亦曾許言事，後來止察事而已。

諫院

左右諫議大夫各一人　左右司諫各一人

左右正言各一人

右皆神宗皇帝初定官制所置員數，至今以爲定式。

臣伏蒙聖慈遣中使下詢臺諫員數，謹具録進呈。元祐間用人最多，臺中言事官常差三人，諫院常差四人。紹興初，御史臺、諫院言事官亦各三兩人，隆興初各差兩人。號天子之耳目，辨人才之邪正，最宜遴選。祖宗故事，明降指揮，令翰林學士、給舍，或侍從之賢，及臺諫之長，各薦數人，然後就其中選擇用之。壽皇時亦然，謂如鄭丙薦張大經、劉國瑞，及王希呂薦京鏜，并蕭燧薦余端禮之類是也。然須先審擇端亮之人，方可委以薦舉。其人不賢，所薦決不合於公議。此乃本朝家法，惟陛下深留聖意，幸甚。

〔二〕講：原作「讀」，據明澹生堂鈔本、四庫本改。

換國書一句回奏 四月二十六日

臣伏準中使傳旨，令換國書一句。已一面請學士院官理會，緣其間有曲折，須俟來日巳時奏事子細奏禀，方敢進入。伏乞睿照。

廬陵周益國文忠公集卷一五三

承明集卷一

起居注

乞修今上起居注劄子 紹興三十二年

左奉議郎、試起居郎〔一〕、兼編類聖政所詳定官、兼權中書舍人臣周某劄子奏：臣以駑材，當陛下甫承聖緒，起居罔不欽、號令罔不臧之時，乃得簪筆便殿，侍立經幄，耳目所及，當徑書之。惟是往歲左右史不常置，故記注之未備者尚多。若必俟追補成書，始紀新政，則雖累歲猶恐未能竟也。夫他時之傳聞與今日之親見，其詳略固有間矣。臣愚欲望聖慈許本省檢照紹興十年十一月起居郎李易申請指揮，斷自今年六月十一日以後，先次修纂，每月投進，其積壓之未備者依舊疾速帶修。庶幾陛下始初進明，言動必書，而小臣或得少逭疏略曠瘝之罪，不勝萬幸。取進止。九月二十九日，三省同奉聖旨依。

起居注稿 二首〔二〕

六月丙寅朔，十一日丙子，紫宸殿設仗，閤門、御史臺集文武百僚班於殿門內，降詔書云云：「皇太子可即皇帝位，朕稱太上皇帝，退處德壽宮。」文武百僚聽詔拜舞訖，赴殿庭立班〔三〕。皇帝自内出，至御榻側拱手立，應奉官以次稱賀。内侍固請皇帝就坐，皇帝固辭。内侍扶掖至於七八，皇帝略就坐，復興次。宰臣率百僚稱賀，皇帝側立如初。禮畢，三省樞密院官升殿奏事，皇帝亦立聽之。班退，太上皇帝車駕如德壽宮。十二日丁丑，皇帝不視事，車駕詣德壽宮起居。先是皇帝欲以是日率百官朝太上皇帝於德壽宮〔四〕，以大雨免。百官入見皇帝，就宮中行禮。

又〔五〕

八月十四日戊寅，奉上光堯壽聖太上皇帝、壽聖太上皇后尊號册寶儀。昧爽，文武百僚集於大慶殿門外幕次，各服朝服。儀仗鼓吹列於殿門外，禁衛等列於殿庭。樂正帥工人以次入。樂備而不作。皇帝自内服履袍入御幄，易通天冠、絳紗袍。出御幄，執大圭，詣殿上册寶幄前褥位，西向立。有司引舉册官跪舉太上皇帝册，中書令奉册，吏部侍郎押册案〔六〕；舉寶官跪舉寶，侍

〔一〕郎：原作「注」，據日本藏宋刻本、明澹生堂鈔本、四庫本改。
〔二〕二首：原無，據日本藏宋刻本補。
〔三〕「退處」至「立班」原脱，據日本藏宋刻本、明澹生堂鈔本、四庫本補。
〔四〕宮：原無，據明澹生堂鈔本、四庫本補。
〔五〕又：原無，據日本藏宋刻本、明澹生堂鈔本、四庫本補。
〔六〕「舉册」至「册案」：原脱，據日本藏宋刻本、明澹生堂鈔本、四庫本補。

中奉寶，禮部侍郎押寶案次〔一〕。次引舉册官舉太上皇后册〔二〕，吏部侍郎押册案，舉寶官舉寶，禮部侍郎押寶案。册寶進行，皇帝步從。册寶降自西階，至殿下褥位，東向置定。皇帝至殿下，面册褥位立。舉册官、舉寶官跪舉册寶，興，至殿下當中褥位，南向置定。禮儀使奏請拜，皇帝拜。典儀曰再拜，贊者承傳，在位官皆再拜。舉册官舉太上皇帝册興，中書令奉册進行，詣皇帝褥位前〔三〕，置册於案。舉册官跪舉册，皇帝搢大圭〔四〕，跪捧册授太傅，太傅受册。皇帝執大圭俛伏，興，太傅奉册於殿東階下。次舉寶，略如舉册之儀。次舉太上皇后册寶，亦如之。皇帝詣殿下當中南向褥位，少立。册寶進行，出大慶殿正門。皇帝升自東階。釋大圭，入御幄，服履袍還內。先是陰雨連日，有旨降香祈晴，至是雨稍止，發册寶於殿上，故不盡如初禮。册寶既出，皇帝自祥曦殿服履袍，乘輦出和寧門，至德壽宮大次。皇帝降輦入次。儀仗、鼓吹、儀衛等分列於德壽宮門之西外。樂正帥工人以次入。樂備而不作。文武百僚就次，各服朝服以待。册寶至殿西階下褥位置定。册北寶南。侍中已下各就位次，引太傅詣本班西向立。皇帝服通天冠、絳紗袍，出大次，執大圭。將至小次，釋大圭，入小次。禮儀使請皇帝躬行奉上太上皇帝、太上皇后尊號册寶之禮。皇帝出小次，執大圭，升自東階，至殿上褥位，西向立。太上皇帝自宮服履袍出，即御座。皇帝詣褥位，北向再拜，躬身奏聖躬萬福。又再拜，訖，詣太上皇帝御座之東褥位，西向立。在位官皆再拜。册升，中書令跪讀訖，進於太上皇帝御座之東褥位，置册匣於案；寶升，侍中跪讀訖，進於太上皇帝御座之東褥位，置寶匣於案。次太上皇后册寶升，詣太上皇帝御座之東褥位，置於案。皇帝詣光堯壽聖太上皇帝御座前褥位，北向再拜，俛伏，跪，稱「嗣皇帝臣某稽首言」〔五〕。致詞稱賀訖，俛伏，興，再拜躬身。侍中詣光堯壽聖太上皇帝御座前，躬承旨宣答。皇帝再拜訖，詣光堯壽聖太上皇帝御座之東褥位，西向立。太傅等稱賀禮畢，光堯壽聖太上皇帝降座還宮，內侍捧册寶入宮。次捧壽聖太上皇后册寶進行。皇帝後從入宮，詣壽聖太上皇后座前，行禮略如上儀。太傅率在位官移班稍西，拜賀壽聖太上皇后，如拜表之儀，訖，退。先是六月丁亥，集侍從、臺諫、禮官議尊號於都堂。時禮官已與執政定用「光堯壽聖」之號矣。既即席，左僕射陳康伯援筆書云云，吏持白預議者。或謂尊號始自開元，罷於元豐，今不當復。況太上視天下如棄敝屣，顧豈愛此數字哉？權吏部侍郎汪應辰主之尤力。或謂此主上奉親也，不得援元豐自却不受爲比。於是簽書者半，不書者半。時議文已成，明日進呈，奉旨恭依。而給事中金安節，中書舍人唐文若、劉珙，權吏部侍郎凌景夏、徐度，權户部侍郎汪應辰，殿中侍御史張震〔六〕，右正言袁孚，監察御史周操、周某〔七〕、芮燁、陳良翰，各以狀陳所見，且謂光堯近乎神堯，壽聖乃英宗誕節，嘗以名寺，

〔一〕日本藏宋刻本、明澹生堂鈔本無「次」字。
〔二〕后：原作「帝」，據日本藏宋刻本、明澹生堂鈔本、四庫本改。
〔三〕前：原無，據日本藏宋刻本、明澹生堂鈔本、四庫本補。
〔四〕皇帝：原作「皇上」，據日本藏宋刻本改。
〔五〕嗣：原脱，據日本藏宋刻本、明澹生堂鈔本補。
〔六〕中：原脱，據日本藏宋刻本、明澹生堂鈔本補。
〔七〕某：原作「謀」，據日本藏宋刻本、明澹生堂鈔本改。

不可用。庚寅降旨云：「前日議狀已令施行，載覽金安節、張震等別議各執所見，今欲從『光堯壽聖』尊號之議奉上太上皇帝，以『壽聖』尊號奉上太上皇后，盡所以欽崇之意。已嘗奏知，不容但已。第恐數字中有未盡善，更令金安節、張震等商量，疾速來上。」辛卯，安節等請再集官詳議。壬辰，有旨不須別議，願於都堂元集議狀内簽書姓名者聽。安節等遂奉詔。既而有欲俟欽宗服除奉上册寶者。禮官援唐順宗故事，謂行禮無害，第備樂而不作可也。禮部員外郎劉儀鳳獨上議曰：「謹按上尊號册寶典故，御正殿用樂，事屬嘉禮，累朝必俟郊祀慶成然後舉行。治平以來，上太皇太后、皇太后尊號亦用此禮。降詔於即位之初，檢舉於公除之後，時雖不同，事則無異。此皆搢紳先生熟復講究，盡善盡美[一]，可以依倣施用而無嫌疑者也。太上皇帝爲社稷大計，以天下畀付聖子，魏之明元、獻文，唐之一祖三宗，皆不足道。是以堯舜而下初無專門典故可以稽考，及受授之際，偶餘服制，亦無舉行尊號可否之文。然而治平以來記録甚詳，情文兩盡，今日依倣斟酌，寔合《禮經》。如或畏嫌疑，失援據，於三綱五常之道有所牴牾[三]，不獨有司失職爲議者所非，亦祖宗家法所不許也。太上皇帝爲欽宗備禮終制，見於詔書，外則用漢、魏權時之文，内則行祖宗遂服之禮。燕享不舉樂，策試不御殿，皆其事也，何獨於尊號册寶而疑之？議者曰：『永貞禪位於元和，憲宗故事可以引用。』考之新舊《唐史》、《會要》，自武德以來皆用易月之制，既葬之後謂之無服。羣臣所上尊號亦多在即位之年，與本朝事體大相遠也。就使可據，則即位而未改元，觀俳優於丹鳳門，觀競渡於魚藻宮，擊鞠於神策軍，觀樂於麟德殿之類，前代亦有引用者乎？議者又曰：『喪三年不祭，惟祭天地社稷，爲越紼而行事。祖宗雖用唐虞三代之制，而升祔之後祠事畢行，不止天地社稷而已。尊號之禮何獨有嫌？備樂而不作可也。』是又不然。祭祀之典難於久曠，漢魏以來行之於易月之外。葬而祔廟，雖用樂可也。本朝通用古禮，謂之美事。未終制而上徽號，祖宗以爲難行。使其設而不作在禮無害，則治平之後上太皇太后、皇太后尊號，何爲不於即位降詔之初遽上册寶，而必待三年之後乎？慈聖光獻之於治平，宣仁聖烈之於熙、豐，母也。當熙寧、元祐之初，猶以所尊爲之厭降。主上以鴻名徽號盛禮備樂，極人子報稱之初心，不容少有闕文以貽他日之悔也。司士賁問禮於子游，子游諾之。子瑣曰：『汰哉！叔氏專以禮許人。』夫子游所以諾之者，以其合於禮也。不以合於禮者告人，而以意之所安者許之猶曰不可，而況一時大典，無所依據，輕議而遽行之，恐非臣子所以愛君父惜國體之意。竊詳六月二十九日詔書，已依祖宗故事，所有條具典禮，乞俟將來欽宗終制檢舉以行，則國家盛德美事超冠前古，而主上事親之禮與情實相稱矣。」議者雖是其言，然謂事親當權宜而致厚，故不復改。

[一] 盡善：原脱，據日本藏宋刻本、明澹生堂鈔本、四庫本補。
[三] 綱：原作「經」，據日本藏宋刻本、明澹生堂鈔本、四庫本改。

廬陵周益國文忠公集卷一五四

承明集卷二

經筵講義

周禮　乾道七年九月二十五日

庖人掌共六畜六獸六禽，辨其名物。

臣聞馬、牛、羊、豕、鷄、犬，是謂六畜，以其可畜而養也；麋、鹿、狼、麕、兔、野豕，是謂六獸，以其可狩而獲也；羔、豚、犢、麛、雉、鴈，是謂六禽，以其可擒而制也。或謂《爾雅》以四足而毛曰獸，兩足而羽曰禽，今乃列羔、豚、犢、麛於六禽者，何也？臣按《易》稱「即鹿無虞，以從禽也」，《大宗伯》「以禽作六摯」而曰「卿執羔」，《大司馬》亦云「大獸公之，小禽私之」，是四足之小者亦可謂之禽矣。辨其名則六獸六畜六禽之名固不一也，辨其物則六畜六獸六禽之色固有異也。又況《禮記·內則》所謂「狼去腸」，「豚去腦」，「魚去乙」，與夫雛尾不盈握弗食之類[二]，若不辨焉[三]，非所以致謹也。雖然，禹菲飲食，孟軻遠庖厨，而《周官》獨詳於此，何也？蓋節儉者帝王之德，備物者國家之體。夫惟聖人力行王道，使鷄豚狗彘之畜無失其時，七十者可以食肉，然後坐享天下之奉而人不以爲泰，《書》所謂「惟辟玉食」是也。

凡其死生鱻薨之物，共王之膳，與其薦羞之物，及后世子之膳羞。

臣聞聖人未嘗暴殄天物，各因其所宜而已。死謂不可以生致者，生謂不可以死致者，鱻謂不可以餒薦者，薨謂不可以鱻致者。四者既辨，乃可以共王之膳。膳者，總言食之正也。薦則備其品物，羞則致其滋味，二者又言禮之盛也。後世之言膳羞而不及薦者，下君一等故也。古之聖人於飲食之間制爲等差如此其嚴，而況大於此者乎！

共祭祀之好羞。

臣聞君子不以天下儉其親，凡九州之美味苟可薦者莫不咸在。猶以爲未足也，則又思其平昔之所好而共焉，若文王之菖蒲，曾晳之羊棗是也。且人之嗜好不能無偏，何獨於宗廟而羞其所好歟！蓋自奉有常則無傷財害民之譏，致享加厚則有盡志盡物之孝，聖人之意深矣。雖然，人君以天下之大，萬乘之富，縱極口體之養，何所不可？顧乃事爲之制，物爲之節，祭祀之外靡共好羞，蓋所謂終食未嘗違仁，斯須未嘗去禮也。春秋之末，庖有肥肉而塗有餓莩，視成周仁民愛物之制則有間矣，可不戒哉！

共喪紀之庶羞，賓客之禽獻。

臣聞主人以禽獻於賓客，謂之禽獻。按《掌客》，上公乘禽

[二] 雛：原作「雉」，據日本藏宋刻本改。

[三] 若：原作「名」，據日本藏宋刻本改。

日九十雙，侯伯七十雙，子男五十雙，蓋隨其爵命之高下而制爲多寡之數也。或謂獻者下奉上之辭，今曰禽獻何也？蓋古者待賓如臨祭，以敬爲主，故有九獻七獻五獻之禮。且君之於士苟有饋焉猶或謂之獻，而况大賓客乎！

凡令禽獻，以法授之，其出入亦如之。

臣聞客之爵命有尊卑，則禽獻之數有多寡，所謂以法授之者如此。蓋方獸人以其數而致於庖人，則入固有法矣，庖人眡其數而歸之賓館，則出固有法矣，故曰其出入亦如之。先言出後言入，言之序也。

凡用禽獻，春行羔豚膳膏香[一]，夏行腒鱐膳膏臊，秋行犢麛膳膏腥，冬行鱻羽膳膏羶。

臣按《月令》四時之食，各有所宜，順之則可以養性命，逆之則疾癘生焉[二]。羔羊之小者，豚彘之小者，方春肥息之時，於膳爲宜，乃用牛膏煎和而獻焉，故曰「春行羔豚膳膏薌」。雉之乾者謂之腒，魚之乾者謂之鱐，天暑鮮食易敗，惟此於膳爲宜，乃用犬膏煎和而獻焉，故曰「夏行腒鱐膳膏臊」。牛之未充者謂之犢，鹿之未充者謂之麛，食秋實而壯茂，可以膳矣，乃用鷄膏煎和而獻焉，故曰「秋行犢麛膳膏腥」。鱻者魚也，至冬而性定，羽者鴈也，至冬而始來，可以膳矣，乃用羊膏煎和而獻焉，故曰「冬行鱻羽膳膏羶」。夫先王於賓客雖曰厚爲之禮，然未嘗過求異味，登之於俎亦隨時所宜，因民之日用而已。夫然，故上不違天時，中不費邦財，下不勞人力，一舉而三善寓焉，是謂成周之良法。

歲終則會，唯王及后之膳禽不會。

臣謂歲終則會，欲知多寡之數也。王及后尊矣，故不會其數。雖然，節以制度，固自有要，特有司不以常法會之耳。恭聞真宗皇帝西幸鞏洛，得生鯉不忍食而縱之，閔羔羊叫號，即詔尚食自今勿殺。當是時，民安其業，家給人足，固已追三代之盛，乃猶因庖厨而寓好生之德，所謂本末并舉，誠可爲萬世法，彼梁武帝者豈足以知此哉！不法先王之仁政，而區區於釋氏之教，宗廟之祭不用血食，太官之膳下同僧道，及信侯景之姦則視生靈肝腦塗地而弗恤，倒置如此，蓋《周官》之罪人也。

[一] 香：原作「薌」，據日本藏宋刻本改。
[二] 焉：原作「而」，據日本藏宋刻本、明澹生堂鈔本、四庫本改。

廬陵周益國文忠公集卷一五五

承明集卷三

經筵進故事十三首〔一〕

紹興三十二年十一月十三日進

天禧二年八月，仁宗爲皇太子，涕泣累日，至於減膳，謂當出宮，不得日侍帝后左右。真宗慰諭之曰：「此特加恩爾，未出宮也。」上乃悦，復膳如常。

臣恭惟本朝列聖之德雖不可以一言而蔽，然其尤大著明者孝也。仁宗皇帝之在東宮，固未遠於親側，已戚戚如此，推是以往，則所以養志者不問可知也。享國最久，躋世上治，豈無自而然哉！其後元祐講官范祖禹哀集當時政事三百一十有七，總爲《訓典》，而以此爲首篇，可謂知所先務矣。臣實慕之。抑臣幸甚，乃庚子日南至，獲與百執事序立德壽殿下，伏見陛下以天子之貴行事親之禮，自大次拱手徒步以入，既升殿則拜伏盡恭，侍立盡敬。萬目觀瞻，稱歎一詞，皆謂堯舜以來所未有也，不其盛哉！雖然，臣意陛下猶以未能朝夕太上皇帝、太上皇后之側爲歉也。故向者以日朝爲廢務，則用五日之制，既又迫於慈訓，定一月三朝之儀〔二〕，懇懇惓惓，可謂至矣。惟陛下充天性之孝，思仁祖之言，進以承顔順志爲樂，退以繼志述事爲念。人心悦而天意得，則其享於萬斯年之報也必矣。《書》曰：「今嗣王新服厥命，惟新厥德，終始惟一，時乃日新。」《易》曰：「聖人久於其道而天下化成。」此陛下之志也，亦微臣之願也。

隆興元年二月十一日進

劉向《説苑》：或謂趙簡子曰：「君何不更乎？」簡子曰：「諾。」左右曰：「君未有過，何更？」君曰：「吾謂是諾，未必有過也，吾將求以來諫者也〔三〕。今我却之，是却諫者，諫者必止〔四〕，我過無日矣」。

臣聞禹稱丹朱之傲以告舜，周公稱紂之迷亂以儆成王。言之者不疑，聞之者不怒，古之君臣相與蓋如此，豈待事至而後言，過失著而後諫也哉？春秋之末，去古未遠，故簡子以一國之大夫猶能因箴規而思未形之過，可以爲賢矣。彼唐之德宗何足以語此？段平仲一有所陳，語未脱口而逆探其意，叱責隨之，是尚可與輸忠而盡言乎？恭惟陛下檢身若不及，從諫如轉圜，言雖多而必聽，事縱誣而不却。有君如此，誰忍

〔一〕「進」「十三首」，原無，據日本藏宋刻本補。
〔二〕三：日本藏宋刻本作「四」。
〔三〕求以來諫者：原作「以爲諫者」，據明澹生堂鈔本、四庫本及《説苑》卷一改。
〔四〕諫者：原脱，據日本藏宋刻本、四庫本、《説苑》卷一補。

負之？此臣所以庶幾古人而冀陛下之有所更也。夫圖事莫如勤，然與其程書决事、擊刺騎射以勤其小，不若經天緯地、保大定功而勤其大也。富國莫如儉，然與其菲飲食、服澣濯以儉於己，未若惜邦財、裕民力而儉以天下也。正人端士不難於外敬而難於用其言，左右近習不患於無才而患於有所挾。凡是數者，知之非艱，行之惟艱。陛下毋以臣言之妄而諸之而更之，則德日新日日新又日新，而何過之有？

乾道七年五月二十五日進

《唐書·魏徵傳》：太宗問：「爲君者何道而明？何失而暗？」徵曰：「君所以明，兼聽也；所以暗，偏信也。堯、舜氏闢四門，明四目，達四聰，雖有共、鯀不能塞也，静言庸違不能惑也。故曰君能兼聽，則姦人不得壅蔽而下情通矣。」

臣觀漢、唐之主莫盛於文皇，致治之美，庶幾成康，考其大要，特在夫兼聽而已。當時《司門式》曰：「無門籍者有急奏，令監司與仗下引對，毋得關礙。」又置立仗馬二，須乘者聽。是以即位四年，國富刑清，底於丕平，非明目達聰之效歟！雖然，帝之初爲政也，魏徵以謂「聖哲之治，其應如響，期月而可，蓋不其難」。封德彝則曰：「三代之後，澆詭日滋，秦任法律，漢雜霸道，皆欲治不能，非能治不欲。」二者之論〔二〕，若水火不相入，雖欲兼聽，烏得而兼聽？惟帝察徵之言可用，信而不疑；知德彝之言不可用，拒而不受，是乃所以爲聖也。仰惟陛下勤於求治，切於聽言，日御昕朝，延見羣下，雖隆寒盛暑與夫休暇之日，召問咨訪，未嘗少怠。凡文武小大之臣、草茅一介之賤，皆得以情自通於上，其視文皇尚復何媿？若乃言有是非，治忽繫焉，聖主既已廣堯舜之聰明矣，必將辨邪正以從違，示好惡於用捨。貞觀之治，臣且見之。

八月十七日進

《貞觀政要·求諫篇》：太宗謂司空裴寂曰：「比有上書奏事，條數甚多，朕總黏之屋壁，出入觀看，所以孜孜不倦者，欲盡臣下之情。每一思致理，或三更方寢。亦望公輩用心不倦，以副朕懷。」

臣聞人主切於求言，則天下之事無不知；勤於爲政，則天下之事無不理。能行此者，其惟唐之太宗乎！觀其嘗謂侍臣曰：「朕每閒居静坐則自内省，常恐上不稱天心，下爲百姓所怨，但思正人諫争，欲令耳目外通，下無冤滯。」兹非切於求言乎？又曰：「朕每夜常思百姓間事，或至半夜不寐，録都督刺史姓名於屏風，坐卧常看，在官有善事亦具列於名下〔三〕。」兹非勤於爲政乎？古所謂「非苟知之，亦允蹈之」者，太宗是也。然則致治之美，庶幾成康，豈無自而然哉？仰惟陛下聖而不居，能而不矜，芻蕘之論必詢，狂夫之言亦

〔二〕論：原作「倫」，據日本藏宋刻本、明澹生堂鈔本、四庫本改。
〔三〕官：原作「宮」，據明澹生堂鈔本、四庫本改。

擇，可謂通下情矣。未明求衣，夜分閲奏，以監司郡守姓名列於御屏，可謂思致理矣。其視太宗，夫豈多遜？然吴兢之進《政要》也，其表有曰：「望紆天監，擇善而行，引而伸之，觸類而長之。」蓋言行之有常，思之不倦，然後巍巍之化可得而致。惟陛下因兢之説，思唐之盛，久於其道，使天下化成，則明四目，達四聰，可繼於虞舜，在位皆節儉正直，可繼於文王，又豈止法貞觀而已哉！

乾道八年正月十一日進

《書·洪範》：休徵：曰肅，時雨若；曰乂，時暘若；曰哲，時燠若；曰謀，時寒若；曰聖，時風若。

臣觀天之與人相去雖甚遠，然志慮萌於此而休應彰於彼，抑何近也！是故景公一言而熒惑退舍，成王出郊而風雨起禾。惟先格王正厥事，真若影響之捷哉！仰惟陛下躬神禹之智，傳《洪範》之學，凡修之身、達之政治、見之動静語默，惟休徵是協。屬者雨雪偶愆，寒氣弗效，陛下上畏於天，下軫乎民。知諸郡奉行和糴之未善也，增其直，損其數。聖訓丁寧，方布於外，而上天同雲，不旋踵應焉。先之以霢霂，繼之以雱霏，黎庶呼舞，咸謂嗣歲之豐庶或可望。向非陛下於貌言視聽思之間皆有以欽承天意，則雖日祈釋老，偏舉禬禜，臣知其效不如是速也。周之《頌》曰：「敬之敬之，天維顯思，命不易哉。無曰高高在上，陟降厥士，日監在兹。」惟陛下敬用五事，常有以應天，則五者來備，各以其敘，必有以相我國家。上焉三光全，寒暑平，下焉膏露降，百穀登，追帝王之盛無難矣，豈直庶草蕃廡而已哉！

淳熙二年某月某日進

《唐書·李絳傳》：絳見浴堂殿，憲宗曰：「比諫官論奏不實，皆陷謗訕，欲黜其尤者，若何？」絳曰：「人臣進言於上豈易哉？君尊如天，臣卑如地，加有雷霆之威。彼晝度夜思，始欲陳十事，俄而去其五六，及將以聞，則又憚而削其半，故上達者財十二。何哉？干不測之禍，顧身無利耳。雖開納奬勵尚恐不至，今乃欲譴呵之，使直士杜口，非社稷利也。」帝曰：「非卿言，我不知諫之益。」

臣聞古者諫諍無常員，上而公卿，下而庶人，工商矇瞍芻蕘苟有見焉，無不自達。是以下情通於上，而上德昭於下。西漢大夫掌論議有大中大夫、中大夫、諫大夫，多至數十人，殆古之遺意歟！唐興，太宗最以聽言爲急，即位之初，數引魏徵入卧内訪以得失。徵也忠誠惻怛，靖共正直，事無大小，靡不盡言，遂使朝無闕政，民被膏澤，君都顯號，身荷美名。憲宗中興，實所欣慕。時則有若李絳恥君不及太宗，恥身不及魏徵，其陳治道，論政體，反復至數千百言，帝悉嘉納，回視貞觀，似無愧矣。然絳猶以人臣進諫爲難者，蓋將堅上意、廣言路也。卒之却李錡之貲，闢光琦之議。紀成敗則屏爲之設，戒崇飾則碑爲之仆。諫行言聽，著在簡册，傳之後世，主臣俱榮焉。仰惟陛下好問如虞舜，從諫如高祖，精臺諫之選，嚴輪對之制。入直殿廬者頻加宣召，來自疏遠者即日引對。豈惟繼漢唐用人之美，固已得古者諫諍無常員之誼矣。今拾遺、補闕偶虚其位，惟聖明亟擇重厚而諒直者使充是選。蓋重厚則知大體，諒直則無邪心，自然知無不言，言無不盡。李絳之所難，臣竊以爲易矣。

淳熙二年某月某日進

《三朝寶訓》：太祖建隆三年二月詔：「自今五日内殿起居，翰林學士及文班常參官輪對，并須指陳時政得失、朝廷急務，或刑獄冤濫，百姓疾苦，咸採訪以聞。事有要切者，非時詣閤門上章，不得須候次對。」

臣聞《書》紀虞舜之治多矣，而以詢於四岳、闢四門、明四目、達四聰爲首。蓋雖上聖之資，非好問則理有未盡，是乃帝王之先務也。唐太宗嘗謂蕭瑀：「朕少好弓矢，自謂能盡其妙。近得良弓十數，以示弓工，乃曰：『木心不正則脉理多邪，弓雖剛勁，遣箭不直，非良弓也。』朕以弧矢定四方，猶失之，而况於理乎？」自是詔京官五品已上更宿中書内省，每召見皆賜坐與語，詢訪外事，務知百姓利害、政教得失焉。夫弓有形也，理無窮也。有形者尚或難知，無窮者夫豈易究？故當治忽之所關，邪正之所係，自非博問而廣詢，則其未盡者多矣。惟我太祖天縱將聖，又嘗歷試諸艱，固已周知古今之變，博通事物之理。然即位未幾，遠稽虞舜，近法太宗，以咨詢爲急，是宜創業垂統，躋於極治。列聖守之，至於今不廢，誠可爲萬世法，臣故表而出之。

淳熙二年八月十九日進[一]

《三朝寶訓》：淳化五年五月，太宗謂宰相曰：「諸州長吏所委尤重，朕今選京官三十餘人，給以印紙，親書其前曰：『公務刑政，惠愛臨民，奉法除姦，方可理爲勞績。』本官月俸并給緡錢，令知審官院錢若水分賜之。朕以所書有『奉法除姦』之語，且慮羣官不曉，因緣生事，又令若水諭以『除姦之要在乎奉法』。朕盛暑中寫此，豈不勞乎？蓋爲官擇人，以安百姓耳。」

臣聞道之以政，齊之以刑，民免而無恥；道之以德，齊之以禮，有恥且格。蓋政刑所化者淺，德禮所格者深，此聖人論爲政之要道也。漢荀悦有得乎此，故其言曰：「榮辱者，賞罰之精華也。禮教榮辱以加君子，化其情也；桎梏鞭朴以加小人，化其形也。」范曄謂悦通見政體，其以是歟！恭惟太宗皇帝當天下既定，務安元元，尤注意長民之官，有犯法者未嘗少恕。人固竦然知畏矣，又欲勵風俗於勸懲之外，臻恥格於德禮之中。故當太平興國九年謂宰相曰：「刺史之任，最爲親民，苟非其人，人則受弊[二]。」因舉後漢秦彭爲潁川守，以禮訓人，百姓懷愛，深加嘆賞。後暨淳化，乃親書印紙三十餘通，揭爲條目，命審官院分賜京朝官。當是時

[一] 十九日：日本藏宋刻本、明澹生堂鈔本、四庫本作「九日」。
[二] 人：四庫本作「民」。

凌策等寔被此賜，已而屢典藩郡，所至皆有治迹，卓然爲宋名臣。今秘閣尚存當時御書數通，而賜策者在焉，歷官課績具載卷中，貽訓方來，實爲盛典。仰惟陛下留意守臣，增光祖宗，凡有除授，必延見訪問。姦貪暴虐者既已斥去，疲癃闒茸者又無所容。儻因清閒之燕，特詔秘閣以太宗所書來上，稽用故事，親御翰墨，遴擇循吏一二十人而付之，使得者以爲榮而益知自勉，不得者以爲辱而恥躬之不逮，必有如策輩班班見於郡國[二]，承流宣化，少副陛下愛民之意，淳熙紀年當不愧於淳化矣。

淳熙二年九月二十一日進

《前漢·張敞傳》：渤海、膠東盜賊并起，敞上書請治之。天子召拜膠東相。敞辭之官，自請治劇郡非賞罰無以勸善懲惡，吏追捕有功效者，願得一切比三輔尤異。天子許之。敞到膠東，設賞開羣盜，令相捕斬除罪。吏追捕有功，上名尚書調補縣令者數十人。由是盜賊解散，轉相捕斬，吏民歙然，國中遂平。

臣聞治小盜與臨大敵異。大敵者或決機兩陣之間，或踰度千里之外，兵法可用，智略可施，將得其人，未有不取勝者。小盜則不然，合散不常，去來靡定，如鼠之晝伏夜動，猿猱之左跳右擲。我衆雖多而無所施，技雖長而無所展。勝之不足爲武，不勝爲害不已。自非方伯連帥得其人，以剪除綏輯爲己任，未見其可也。乃者江湖之盜不盈數百，而環寇之師殆且數千，自夏迄秋，耗糜金穀，坐困民力，迄未平殄，正坐郡國守相無敞輩耳。臣聞賊不被甲，不齎糧，或伐山開道，或捷徑夜行，一日之間可馳二百里。既至鄉村，安坐劫掠，饜飫酒肉。逮耆保聞於有司，有司聞於諸軍，諸軍荷戈裹甲，由官道治次舍，追集丁壯，轉輸糧草，數日乃能遇賊。賊蓋休息久矣，而我方疲於奔命，故彼常逸我常勞，彼常勝我常負。而又鄉民因役使之煩，失刈穫之業，往往懷疾視州縣之心，賊復捐餘財以餌之，由此姦甿交與爲地[三]，官軍動息多以語之，其所至輒能設伏邀擊者，爲是故也。今聞江鄂之師折傷疾病，其數煩多，曠日持久，安得不爲之慮哉？近者前帥既以選懦汰黜，後來者知所懲艾，必鋭於立功，使遂破賊固善，或不爲方略，止務襲逐，復蹈前轍，將如後患何？今兩路闕帥，願亟擇如敞者乘傳分鎮，協心戮力，耘鋤姦黨，銷患於未萌，以上寬九重之憂顧。臣謹因敞事而冒言之，惟聖明財幸。明日，吕企中知隆興府。未幾，王佐知潭州。

淳熙二年閏九月二十五日進

班固《前漢書》武帝贊：「孝武初立，卓然罷黜百家，表章六經。遂疇咨海内，舉其俊茂，與之立功。」「號令文章，焕焉可述。後嗣得遵洪業，而有三代之風。」

[二] 輩：原脱，據日本藏宋刻本、明澹生堂鈔本、四庫本補。

[三] 交：日本藏宋刻本作「反」。

臣聞六經之實行於三代，六經之名弊於兩漢。何謂實？學士大夫自致知格物而達於治國平天下，無非見於躬行者是也。何謂名？辨《詩》之草木蟲魚而不知敦厚之風，習《禮》《樂》之聲音度數而不著中和之效，誦《書》失之誣而不能疏通知遠，習《易》失之賊而不能潔凈精微。方平居無事，分章析句，自謂有得，及試之以事，則鮮不失其所守。狥名之弊如此，豈孔子正六籍、示萬世之意哉？無怪乎邪說詖行所由昌也！漢興，承秦之亂，高祖創業，文、景養民，表章此道，勢未皇暇。至於孝武，則維其時。厥初黜黄老刑名百家之言，延文學儒者以百數，似若有意矣，然均以賢良射策，董仲舒潛心大業，是有意六經之實也，則寘之江都不用；公孫宏多詐無情，是徒徇六經之名也，則爲丞相封侯。倒置如此，安在其爲表章也？史臣徒見其與嚴助、枚皋、吾丘壽王輩辯論相應，遂以爲義理之文焕焉可述，斯亦疏矣。延及後世，孔光、張禹之徒卒誤國家，而漢業衰焉，殆有以啓之也，謂後嗣得遵洪業，可乎？然則武帝非表章六經，乃罷黜六經也，茲不可以不辨。

淳熙二年十一月二十九日進

《三朝寶訓》：太祖時齊州防禦使李漢超兼關南兵馬都監，在任十七年，爲政簡易，吏民信愛。邊境有急，即馳騎赴之，故胡騎畏服，不敢窺□。太祖加漢超應州觀察使、判齊州，仍兼關南巡檢。

臣聞久任之爲利，數易之爲害，初未嘗有内外小大之别也。然在將帥，則其利害爲尤重。蓋國勢之强弱，邊事之安危，舉繫於此，豈可與百官有司、郡守縣令止於送往迎來之費[一]、緣絶簿書之患者同日而語哉？觀太祖、太宗任郭進於西山前後二十年，賀惟忠易州十餘年，董遵誨通遠軍十四年，其他如隰州之李謙溥、慶州之姚内斌，亦不下十數年。向使轂方推而遽止，席未暖而輒易，則士卒何由信其號令？夷狄何由稔其威名？九重憂顧無時而可寬矣。非但如此，一軍之中自將副而下，豈無智略可取者，膽勇絶倫者，公廉服人者，勤濟集事者？惟主將久居其任，然後能知其人，然後能舉其類，是用一名將可以得數名將也。觀真宗朝雄州團練使何承矩以老疾累表求解邊任，有旨令自擇代，承矩力薦西上閤門使、河北安撫副使李允則。真宗即命允則知雄州，兼河北安撫使，果著勳效。向使承矩不緣久在河北，則安能知允則而薦之？後世將帥鮮聞久任，亦未聞有邊臣舉自代者。臣願以祖宗之法爲監，庶幾一舉而兩得云。

淳熙三年二月二十五日進

《春秋左氏傳》：襄公二十五年，子太叔問政於子産。子産曰：「政如農功，日夜思之，思其始而成其終；朝夕而行之，行無越思，如農之有畔，其過鮮矣。」

[一] 來：原作「奉」，據日本藏宋刻本改。

臣聞農夫之於稼穡也，始則殫耕墾之勞，次則施播種之力，然後自苗而秀，自秀而實。及其久也，收茨粱之積而歲功成，固未有勤勞於初而鹵莽於後者也。國家爲政，何以異此？規模既定而施設隨之，一日則有一日之功，一歲則有一歲之效，茲必至之理也。春秋時，鄭寔小國，子産之爲相，從政一年，使都鄙有章，上下有服，田有封洫，廬井有伍。忠儉者與之，泰侈者斃之。於宿弊未免有所更，於群情未免有所拂也，故當時輿人興殺之之誦。逮夫三年而後，子弟誨矣，田疇殖矣，其功日著，其效日成，向之欲殺者今惟恐其不長存也。此無他，設施有序，始終無倦故也。彼小國之佐猶能若此，況以天下之大，爲政不難，苟日夜以思之，朝夕而行之，則何事不濟？何求不獲？亦在乎勉勵而已。

淳熙三年八月十七日進

《資治通鑑》：唐大曆十二年秋，大霖，河中鹽池多敗。户部侍郎、判度支韓滉恐鹽户減税，乃奏雨雖多不害鹽，仍有瑞鹽生。上疑其不然，遣諫議大夫蔣鎮往視之。鎮還，奏瑞鹽實如滉所言，仍上表賀，請宣付史官，并置神祠，錫以嘉名。上從之，賜號寶應靈慶池。又京兆尹黎幹奏秋霖損稼，韓滉奏幹不實。上命御史按視，還奏所損凡三萬餘頃。渭南令劉澡阿附度支，稱縣境苗獨不損，御史趙計奏與澡同。上曰：「霖雨溥博，豈得渭南獨無？」更命御史朱敖視之，損三千餘頃。上歎息久之，曰：「縣令字人之官〔一〕，不損猶應言損，乃不仁如是乎？」貶澡南浦縣尉，計澧州司户，而不問滉。

臣聞欲治之時，天心仁愛人君，往往出災異以爲警戒。至於無道之世，不可扶持，然後漠然弗顧，卒底於衰亂。是故飛雉升鼎，大風偃禾〔二〕，大異也，而高宗、成王用以興邦。彼五代王氏僭竊西蜀，驕奢淫佚，自絶於天，而龜龍麟鳳四靈之瑞前古所不能致者舉集焉。災祥不同如此，可以察天心矣。如代宗之於韓滉，不亦異乎？雨敗鹽池反以爲瑞，既疑其僞矣，所遣之使乃畏滉而實其説，亦從而神之。上下相蒙，不以爲非。是時霖雨害稼十八，京兆尹言狀，而渭南令以滉之故獨言不損。及御史按視，復不以實告。夫諫官、御史，人主所取信者也，顧豈畏一度支而誕妄如是哉？良由代宗不察鹽池之詐，有以啓群下之欺也。厥後雖貶澡等，而置滉不問，豈特失馭臣之方，蓋亦不知天心仁愛之意矣。昔楚莊王見天不見妖〔三〕，地不出孽，則禱於山川曰：「天其忘予歟？」君子謂其能求過於天，安不忘危，終成霸功，其賢於代宗遠矣。

〔一〕字：原作「治」，據日本藏宋刻本、明澹生堂鈔本、四庫本改。
〔二〕大：原作「天」，據日本藏宋刻本改。
〔三〕天不見妖：原脱「見」字，據日本藏宋刻本、明澹生堂鈔本、四庫本補。

廬陵周益國文忠公集卷一五六

承明集卷四

經筵進故事十二首[一]

淳熙四年三月十五日進

《貞觀政要》：貞觀初，太宗謂蕭瑀曰：「朕少好弓矢，自謂能盡其妙，近得良弓十數以示弓工，乃曰非良材也。朕問其故，工曰：『木心不正則脉理多斜，弓雖剛勁而遣箭不直，非良弓也。』朕始悟焉。朕以弧矢定四方，用弓矢多矣，而有天下日淺，得爲理之意故未及弓。弓猶失之，而况於理乎？」自是詔京官五品以上更宿中書內省，每召見皆賜坐與語，詢訪外事，務知百姓利害、政教得失焉。

臣觀唐太宗年甫弱冠，從高祖起義師於晉陽，擒充戮竇，化隋爲唐，大小數十戰皆躬履行陣，所當者破，所攻者滅，弧矢之威震於華夷，顧豈不能辨弓材之良窳，尚何待工師之言而後有所悟耶[二]？是説也，姑欲借以論爲治之難耳。仰惟陛下天縱神武，追跡太宗，前日宴射發必中的，羣臣左右皆呼萬歲。臣因是而推太宗之意，竊有獻焉。夫進退周旋必中於禮，此修身矯思之理也；內志正，外體直，此爲政以德之方也；持之審固，此信用忠良之法也；奠而後發，此不輕號令之意也；則燕則譽，此禮樂兼修之效也；一弛一張，此文武並用之術也。率是以往，可以威天下，可以定四夷，可以致上理[三]，而君鵠之理得矣。

淳熙四年七月二十一日進

《漢書·賈山傳》：「臣聞忠臣之事君也，言切直則不用而身危，不切直則不可以明道。切直之言明主所欲聞，忠臣之所以蒙死而竭知也。故地之美者善養禾，君之仁者善養士。雷霆之所擊，無不摧折者；萬鈞之所壓，無不糜滅者。今人主之威非特雷霆也，勢重非特萬鈞也。開道而求諫，和顏色而受之，用其言而顯其身，士猶恐懼而不敢自盡，又况震之以威，壓之以重，則雖有堯舜之智、孟賁之勇，豈有不摧折者哉？如此則人主不得聞其過失矣，弗聞則社稷危矣。古者聖王之制[四]，史在前書過失，工誦箴諫，瞽誦詩諫，公卿比諫，士傳言諫過，庶人謗於道，商旅議於市，然後君得聞其過失也。聞其過失而改之，見義而從之，所以永有天下也。」

臣聞漢之文帝最爲賢君，故一時羣臣諫諍者最多。如賈誼，

[一] 「進」「十二首」原無，據日本藏宋刻本補。
[二] 工：原作「弓」，據日本藏宋刻本改。
[三] 理：日本藏宋刻本作「治」。
[四] 制：原作「治」，據日本藏宋刻本、明澹生堂鈔本、四庫本、《漢書·賈山傳》改。

如張釋之，如馮唐，如袁盎，如晁錯，莫不因事犯顏，竭盡底蘊，正所謂地之美者善養禾，君之仁者善養士也。賈山於是時言治亂之道，借秦爲喻，尚謂雷霆所擊無不摧折，萬鈞所壓無不糜滅，欲帝開道求諫、和顏而受者，蓋以遜志則喜，逆心則怒，是乃人之常情。又況九重之尊，萬幾之繁，思慮或有未周，施設或有未至，非假諫諍則事之過舉何由知之？是以古者進諫之路，其數有七：史書過失一也，工誦箴諫二也，瞽誦詩諫三也，公卿比諫四也，士傳言諫過五也，庶人謗於道六也，商旅議於市七也。後世固已廢其六，其可諫者公卿而已。若復讒諂面諛以容悅爲事〔二〕，則嘉言何由進，過失何由改？此山所以自下劘上，而帝所以能廣諫議之路也歟！至唐則有李絳嘗告憲宗曰：「人臣死生係人主喜怒，敢發言諫者有幾？就有諫者，皆晝度夜思，朝刪暮減，比得上達，十無二三。故人主孜孜求諫猶懼不至，況罪之乎？」上善其言。嗟乎！絳之言即山之言也，臣故表而出之。

淳熙四年八月二十五日進

唐貞元二年正月詔曰：「夫致理之本必在於親人，親人之任莫切於令長。導王者之澤以被於下，求庶人之瘼以聞於朝，得失之間，所係甚大。且一夫不獲，辜實在予，況百里之安危，萬人之性命，付以長吏，豈容易哉？今甸內凋殘，亦已太甚，每一興想，衋然傷懷。非慈惠不能卹疲甿，非才術無以賑艱食。臺郎、御史，選重當時，得不分朕之憂，救人之弊？昨者詳延羣彥，親訪嘉猷，尚書司勳員外郎竇申等十人咸以器能，精心理道，究蒸黎之疾苦，知教化之宗源，輟於周行，往涖通邑。申可長安縣令，鄭珣瑜可檢校吏部員外郎兼奉天縣令，韋武可檢校禮部員外郎兼昭應縣令，賈全可咸陽縣令兼監察御史，韋正伯可藍田縣令兼監察御史，崔淙可華原縣令兼侍御史，王倉可檢校比部員外郎兼美原縣令，李曾可盩厔縣令兼監察御史，荀曾可三原縣令兼侍御史，李緄可富平縣令兼殿中侍御史。」

臣聞宣化承流，責在守令。即二者言之，縣令與民爲尤親，其任爲尤重。任既重則官不可以輕，故貞元之詔臨遣十人，或以臺郎，或以御史，蓋欲增重事權，責其成功也。前乎此則有漢氏之制，如以郎官出宰百里，縣宰入爲三公是也。後乎此則有本朝建隆四年之詔，如以大理正奚嶼知館陶，監察御史王佑之知魏縣是也。三者時雖異而理則同〔三〕，凡以爲民而已。中興以來，賦祿養兵之費日廣，故理財催科之政彌急。上司督外臺，外臺督州郡，州郡督屬縣，至於縣則不得而辭矣，故爲令者尤難稱職。所謂導王者之澤以被於下，求庶人之瘼以聞於朝者，絕無而僅有也。蓋由銓曹注授，專用關升，改秩之人，紛至沓來，能否莫辨，大率疲軟者多健決者少，貪濁者多廉介者少，此民力所以坐困，財用所以益匱也。頃歲雖嘗選擇大邑，歸之堂除，然止用格當爲令之人，

〔二〕爲：原作「於」，據明澹生堂鈔本、四庫本改。
〔三〕時雖：原作「特」，據日本藏宋刻本、明澹生堂鈔本、四庫本改。

故皆干求而得之〔一〕，非朝廷遴柬而用之也。夫求而得之，是謂爲人擇官；取而用之，是謂爲官擇人，其得失不可同日語矣。臣謂宜倣漢唐舊法，稽太祖故事，自員郎至於升朝，取其經擢用而投閒者，有差遣而待次者，緣公家微累偶爾坐廢者，且以三十人爲率，俾之分治劇邑，稍假事權，優以賞勸。彼資望既高，決無干求爲縣之理。自是朝廷選擇用之，奔競者固無由而至。奔競者不至，則真才實能見矣，此愛民之先務也。

淳熙五年二月十五日進〔二〕

《三朝寶訓》：咸平元年，張齊賢、王沔同定編敕，互陳利害。真宗問宰相孰可從者，呂端曰：「立法尚寬，忌於嚴急。《周官》『刑平國用中典』，此經制也。然利不百不變法，當改革者宜從衆議。」乃詔尚書省集官議之。

臣聞箕子告武王曰：「汝則有大疑，謀及卿士。」成王命君陳曰：「圖厥政，莫或不艱。有廢有興，出入自爾師虞，庶言同則繹。」蓋立政造事寧免乎更張，自非博詢其利害，則朝令夕改者多矣。古先哲王曲盡群情，爲是故也。及至二漢，凡有疑事亦必總公卿博士之議，蓋本諸此。今編敕乃萬世不刊之典，齊賢等既互陳利害，真宗遂命集議，蓋以事體至重，理當博詢，殆周漢之遺意歟。若乃徒爲異説，初無確論，如近日臣寮請改薦舉之制、增常平之官，類皆繳繞繁碎，有害無益。明主方且求芻蕘之言，是以付之於外，姑委吏、户部看詳可也，故使侍從、臺諫、兩省之官集御史府而議焉，傳聞之間，頗惑羣聽，臣竊以爲過矣。且今之薦舉不過一封之奏，數十字之詞〔三〕，猶患監司郡守虚文而無實；況條目錯雜，分數猥多，吏姦文具，百倍前日〔四〕。又常平舊制，已極嚴密，借兑之罪，雖赦不原，逐州以通判主之，任非不重。今乃欲於員多之際，驟增冗官數百，其事權未必及倅，徒爲紛紛。是皆利害灼然〔五〕，非待衆議而後見也。臣願繼今臣僚有所獻明，且當隨其曹部使之條具來上，須大因革乃令集議。如此則可以增重國家之體，而不失咨詢之本意矣。

淳熙五年七月某日進

開寶二年，太祖皇帝征太原，回次鎮州，幸龍興觀〔六〕，道士蘇澄隱所居。澄隱年八十餘，素有節行，通儒釋諸書，名聞京師。上至鎮州，首訪求之，謂曰：「朕於京師作建隆觀〔七〕，欲煩師主之，可乎？」辭曰：「帝鄉繁會，非山林之士所能居也。」上

〔一〕「當選擇」至「干求而」，原脱，據日本藏宋刻本、明澹生堂鈔本、四庫本補。
〔二〕十五：日本藏宋刻本作「二十五」。
〔三〕十：原作「千」，據日本藏宋刻本、明澹生堂鈔本、四庫本改。
〔四〕「百」上，日本藏宋刻本有「將」字。
〔五〕是皆：原作「皆是」，據明澹生堂鈔本、四庫本乙。
〔六〕龍：原作「隆」，據日本藏宋刻本、明澹生堂鈔本、四庫本及《宋史・蘇澄隱傳》改。
〔七〕師：原無，據明澹生堂鈔本、四庫本及《宋史・蘇澄隱傳》補。

曰：「師老而容貌不衰，其術可得聞乎？」對曰：「臣之養生，不過精思鍊氣耳。帝王養生則異於是。老子曰：『我無爲而民自樸，我無欲而民自正。』無爲無欲，凝神太和，昔黄帝、唐堯享國永年，得此道也。」上悦，賜衣一襲，銀器五百兩，絹五百疋。

臣恭惟太祖皇帝當東征西伐、混一海内〔一〕、日不暇給之際，特降清問，下及黄老，可謂不居其聖而詢於芻蕘矣。澄隱徒謂老子之言，而不知帝王應世之方，故其論黄帝、唐堯所以享國永年未盡合理。太祖止錫器幣，不加恩命，蓋亦知其説之平平也。臣試推而言之。昔黄帝修德振兵，治五氣，藝五種，撫萬民，度四方，教熊羆貔貅貙虎。既與炎帝三戰於阪泉，又與蚩尤戰於涿鹿，披山通道，未嘗寧居。東至於海，西至於空峒，南登熊湘，北逐葷粥，雖欲凝神太和，其可得乎？唐堯内則親睦九族，外則平章百姓，協和萬邦，於變黎民，命四子以治四時，釐百工而熙庶績，洪水滔天，試鯀九載，其施設蓋可考矣。然則所以享國久長者，實由勤勞獲報，非止無欲也。昔周公作《無逸》，謂商中宗、高宗、祖甲及文王皆嚴恭寅畏，勤勞不怠，故天降年有永。後世如漢之光武亦灼知此理，每旦視朝，日昃乃罷，數引公卿郎將講論經理，夜分乃寐。皇太子乘間諫曰：「陛下有禹湯之明而失黄老養性之福，願頤愛精神，優游自寧。」帝曰：「我自樂此，不爲疲也。」厥後享國久長，庶幾商、周，茲非其明效大驗歟！臣故備論之，以推廣太祖經營四方、垂裕無極之意，且辨黄帝養生之説特出於道家者流，失其本指，併爲聖主勤政之勸云。

淳熙五年九月七日進

《三朝寶訓》：太祖乾德二年七月詔曰：「官人之道，責實爲本。循塗守局，有司之常職；出淹振滯，前賢之令猷。惟彼銓衡，止憑資歷，慮有英俊，沉於下僚，言念選掄，理無滯固。自今常調赴集選人〔二〕，委吏部南曹取歷任中多課績而無闕失者，觀其人才，詢以吏術。可副升擢者，具名送中書門下引驗以聞，當與量材甄獎。」

臣聞古之銓曹任人而不任法，故蔡廓爲吏部尚書，自黄散以下悉委之自擇，而猶以爲輕己不受。唐制六品以下常參官許吏部量資注定，其材識頗高可充補遺御史者，以名送中書門下，聽敕受焉。事權如此，無怪其得人之多也。本朝大概任法而不任人，居其職者未嘗進賢退不肖〔三〕，不過察胥吏姦弊而已。今恭讀太祖乾德詔書，乃知國初自有酌中之制，近世因循，偶未舉耳。今若令尚左、尚右、侍左、侍右每遇文武官赴選之時，將歷任課績多而精力强壯者，審覈其人才，詳詢其吏術，間有可備升擢，則許長貳郎官公共考察，歲以數人申三省引驗，恭取聖裁，亦足稍收堂除不及之士，少勸赴部廉退之人。且歷任有功而無過，本部官推擇之已精，三省

〔一〕内：日本藏宋刻本、明澹生堂鈔本、四庫本作「宇」。

〔二〕赴：原作「選」，據日本藏宋刻本、明澹生堂鈔本、四庫本改。

〔三〕者：原無，據明澹生堂鈔本、四庫本補。

又從而審察之，然後仰達睿聽，以俟旌寵，其節目固不一矣。雖欲容私而謬舉，其可得乎？況此實遵行皇祖之訓，非開僥倖之門也。

淳熙六年正月二十五日進

《漢宣帝贊》曰：「孝宣之治，信賞必罰，綜核名實，政事文學法理之士咸精其能〔一〕，至於技藝工匠器械〔二〕，自元、成間鮮能及之，亦足以知吏稱其職，民安其業也。」

臣觀宣帝號漢中興之主，其施設次第備載於史，固不可一一而舉。然其大要乃在親擇刺史守相，察其言行，其有名實不相應，必知所以然，施賞罰焉，此綜核之功所由成也。臣試以黃霸、趙廣漢二人之事明之。霸與廣漢俱嘗治潁川，俱入爲京兆。霸能尋繹吏民語言以參考其陰伏，烏攫肉道傍，先事而知，凡某所之木、某庭之猪亦能默記〔三〕。廣漢則爲缿筩，使吏民相告訐，設鉤距參伍牛馬之賈，吏有銖兩之姦無不知者。故班固於二人傳中皆言其聰明，皆稱其精力。自今觀之，廣漢京兆之政尤號强明，霸似不及也。然宣帝乃用霸爲御史大夫，爲丞相，用廣漢不過京兆而已，豈非以霸外寬內明，治行終長者，而廣漢專務果敢，莫爲持難，故不可大用歟？非特此也，霸爲丞相，指鶡雀爲神雀，張敞奏之；越職薦樂陵侯史高，尚書召問之。爲相五年，非無過失，而帝殊不加責，竟終厥位。至廣漢一爲司直，蕭望之舉劾，即下廷尉要斬，雖吏民數萬人守闕泣救弗聽也。嗟乎！信賞必罰，綜核名實，其明辨如此，群臣孰得而欺之？此所以吏稱其職，民安其業也歟！

淳熙六年春進

後漢交趾刺史無清行，吏民怨叛，三府選賈琮爲刺史。琮到郡訊其反狀〔四〕，咸言京師遥遠，告冤無所，故聚爲盜賊。琮移書招撫，蠲復徭役，百姓以安，歌曰：「賈公來晚，使我先反。今見清平，吏不敢飯。」

又張霸爲會稽太守，始到，賊未解，郡界不寧。霸移書開捕，明用信賞。賊遂束手歸附，不煩士卒之力。童謡曰：「棄我戟，捐我矛。盜賊盡，吏皆休。」

臣聞太守古號郡將，謂其平居雖以治民爲職，或盜發境內，則當任將帥之責耳。觀賈琮治交趾，張霸治會稽，皆推盜所由起，自圖平定之策，豈嘗紊煩朝廷，勞師千里，騷動鄰路耶？臣竊聞郴、桂間自頃李金作過之後，餘風未殄，人喜寇擾。爲守帥者，倘及閒暇時並施恩惠，使有畏愛之心，檢察官吏，使無侵擾之怨，彼雖好亂，何由而作？縱或下愚無良，不可理曉，則結集必有端，布置必有跡，自可隨以郡兵

〔一〕法理：原作「理法」，據明澹生堂鈔本、四庫本及《漢書·宣帝紀》乙。
〔二〕藝：日本藏宋刻本作「巧」。
〔三〕能：原作「皆」，據日本藏宋刻本改。
〔四〕訊：原作「詢」，據明澹生堂鈔本、四庫本改。

誅戮之，斯爲稱職。奈何平時熟視，略不加意，迨至千百爲羣，鴟張狼顧，然後羽書交馳，陳乞調發！其於公家則勞人而費財，其於田里則蹂踐傷夷者多矣〔一〕。臣謂此雖小竊，行就俘馘，然與其賞燋頭爛額之功，孰若爲曲突徙薪之計？願詔荆湖南北兩路常切謹視溪洞，彈壓茶商，深思備豫之方〔二〕，力以苟且爲戒。營卒鄉丁則補其不足而訓其技藝，城守器甲則葺其隳壞而繕其朽鈍。凡酋豪之桀黠者，作過而亡命者，皆及時區處，毋使滋蔓。仍令帥守監司每季開具管下盜賊有無萌芽，先事措置以聞，後不如言，必底於罰。庶幾協心舉職，共銷未然之患，實上策也。

淳熙六年某月某日進

《前漢·霍去病傳》：去病爲人，少言不泄〔三〕，有氣敢往。上嘗欲教之孫吳兵法，對曰：「顧方略何如耳，不至學古兵法〔四〕。」

臣觀自漢至今言將帥者多推衛、霍，蓋武帝欲攘却四夷，諸將少能成功，惟二人者每出必捷，斬捕首虜，動以千萬計，安得不謂之名將哉？然讀二人傳，其平居初無高談闊論，臨陳亦未聞奇謀秘策也。所急者匈奴未滅，無以家爲，忠義之氣激於中，故摧陷之勇爲士卒先爾。此子夏所謂「雖曰未學，吾必謂之學矣」。若趙括者自少時學兵法，以天下莫能當。嘗與其父奢言兵事，奢不能難，然不謂善。括母問其故，奢曰：「兵，死地也，而括易言之。不用則已，用爲將必破軍。」已而果然。夫以括學兵法而敗，去病不學兵法而勝，則將不在乎紙上語也審矣。

淳熙六年十一月二十七日進

《舜典》：三載考績，三考，黜陟幽明。

臣聞古者設官分職雖或不同，至於久任則成功，數易則廢事，其理一也。在昔唐虞，用稷、契、皐、夔，終其身而不易。想夫三載考績，三考陟明之際，不過加以爵秩服章而已〔五〕。若乃鯀績弗成，便當放殛，顧亦候九載然後黜者，非特深知數易之爲害〔六〕，猶或望其有功也歟！後世乃以不待次而舉爲得才能、勸事功之術，臣竊疑焉。夫卓絶之才十無二三，大抵多中人耳。其在官也，倘不俟之以久，則將席未及煖已盻盻然揣摩捭闔〔七〕，懷向背而圖速化，其於公家之事不過便文自營，趣了目前。雖有才智之士，亦且隨風而靡，事功果何自而勸乎？故臣竊謂惟久任則可使其心安，其心安則可使展盡底藴，無復苟且之志，是乃所以勸事功也。

〔一〕其：原無，據明澹生堂鈔本、四庫本補。

〔二〕備：原作「暇」，據明澹生堂鈔本、四庫本改。

〔三〕言：原作「年」，據日本藏宋刻本、明澹生堂鈔本、四庫本及《漢書·霍去病傳》改。

〔四〕至：原作「在」，據日本藏宋刻本、明澹生堂鈔本、四庫本及《漢書·霍去病傳》改。

〔五〕以：原作「一」，據日本藏宋刻本、明澹生堂鈔本、四庫本改。

〔六〕非特：明澹生堂鈔本、四庫本作「得非」。

〔七〕盻盻：日本藏宋刻本作「眄眄」。

淳熙七年二月二十七日進

漢文帝十三年六月詔曰：「農，天下之本，務莫大焉。今廑身從事而有租税之賦，是謂本末者無以異也，其於勸農之道未備。其除田之租税，賜天下孤寡布帛絮各有數。」

臣聞農者，天下之本也。終歲勤動以養君子，其用力也勞矣。是以文帝詔書數下〔一〕，勸勉種殖，初則賜租税之半，已而盡除之，太倉之粟卒至於紅腐不可食，非敦本之效歟？臣竊觀陛下念駐蹕之地商賈輻輳，思有以阜通而寬裕之，乃斷自聖心，盡蠲征税。關譏而不征，古以爲難〔二〕。今顧若反掌之易，可謂盛德事矣。夫商末也，農本也，末猶在所恤，臣知陛下之於本也，念之尤切矣。雖然，勢有不能行者，非獨慮軍國用度之未贍也。蓋今之農與古大異矣，古之農自有其田，一蠲税租，則被實惠。今農無田矣，田，富室之田也，或蠲除焉，徒爲富者之利，彼取於農夫者自若也。故雖豐年樂歲，而勞役如初。臣頗聞去臘江東西諸郡間有地震之祥，此殆守令不能撫尾而勞之之象也。惟明主密諭帥守監司，節用度，寬力役，謹視盜賊，察孤寡貧困之甚者存恤之，廉所部官吏尤無民者繩治之，使遠方之民安生樂業，如在畿甸，仰副九重務農厚下之德意，不亦善乎！

淳熙八年□月□日進

《正觀政要》元年，太宗謂侍臣曰：「正主任，邪臣不能致理，正臣事，邪王亦不能致理。唯君臣相遇，有同魚水，則海内可安。朕雖不明，幸諸公數相正救，冀憑直言鯁議，致天下於太平〔三〕，諫議大夫王珪對曰：「臣聞：木從繩則正，君從諫則聖。古者聖王必有爭臣七人，言而不用則相繼以死。陛下開聖慮，納芻蕘，愚臣處不諱之朝，實願罄其狂瞽。」太宗稱善，詔令自是宰相入内平章國計，必使諫官隨入，預聞政事。有所開説，必虚己納之。

臣聞從諫於未然者，聖主也；納忠於先事者，良臣也。故舜造漆器，諫者已多；宣王晚朝，箴規隨至。譬如人之養生，常謹畏於康健無事之日，醫以治病，長隄防於血氣未衰之時，則美疢何由而生？毒藥何由而用？此天下至理，爲國者所宜法也。觀太宗之明，蓋有得乎此。以謂軍國之重，一日萬幾，都俞之間，固欲盡善。然而思慮容有未至，裁決容

〔一〕是：原無，據明澹生堂鈔本、四庫本補。

〔二〕「古以」下，原刻校云：「此條之末并下條之首各本俱缺，考《目録》載卷四《經筵故事》十三首，檢查只十二首，是此條後全佚一首也。別本有每行二十字者，凡空十四行，不知有所據否，俟考。」今據日本藏刻本補「爲難」至文末。

〔三〕「淳熙八年」至「致天」原無，原刻校云：「上缺。」今據日本藏刻本補。

有未周，布之朝廷，行之四方，一或非宜，其害甚廣，故許諫官預聞議論，隨事規正，小者立更〔二〕，大者徐改，可謂明致治之源，知聽言之要矣。當是時，朝廷無闕政，臣下無徼訐，致治之美，庶幾成康，其由此也夫！

〔二〕立更：原作「更立」，據日本藏宋刻本改。

廬陵周益國文忠公集卷一五七

承明集卷五

東宮故事九首[一]

淳熙二年十一月六日

唐吴兢《貞觀政要》：十八年，太宗謂侍臣曰：「古有胎教，朕則不暇。但近自建立太子，遇物必誨諭，見其臨食將飯，謂曰：『汝知飯乎？凡稼穡艱難皆出人力，不奪其時，常有此飯。』見其乘馬，又謂曰：『汝知馬乎？能代人力勞苦者也。以時消息，不盡其力，則可以常有馬也。』見其乘舟，又謂曰：『汝知舟乎？舟所以比人君，水所以比黎庶。水能載舟，亦能覆舟，可不畏懼？』見其依於曲木之下，又謂曰：『此木雖曲，得繩則正。爲人君雖無道，受諫則聖。此傅説所言，可以自鑑。』」

某聞成湯，聖人也，其《盤銘》曰：「苟日新，日日新，又日新。」周武亦聖人也，其《几銘》曰：「安無忘危，存無忘亡。」其《杖銘》曰：「輔人無苟，扶人無咎。」大哉，法度之言乎！至哉，勸戒之意乎！蓋夫指物陳謨，切而易見，循常論事，泛而難遵。今也凡吾起居湯沐之間，無非箴儆防閑之語，使目熟乎瞻視，心熟乎思惟，日知其所亡[二]，月無忘其所能，怠惰不生，兢懼日至，國家何由而不治？身名何由而不泰？商、周所以卜世卜年長久不墜者，用此道也。後世聰明睿知之主莫如唐太宗，凡古今興衰治否之由知之審矣。謂太子爲天下本，故於訓迪無所不用其至。嘗語左庶子于志寧、杜正倫曰：「卿等輔導太子，常須爲説百姓間利害事。朕年十八猶在人間，百姓艱難無不諳練。及居帝位，每商量處置時有乖疏，得人諫諍方始覺悟，况太子生長深宫，百姓艱難都不聞見乎？卿等常須以此意談説，令有所補益。」太宗此論非不丁寧切至矣，然猶自疑泛而未切也，於是或因臨飯，或因乘馬，或喻舟水，或假曲木，反覆援證，開導數四，必欲太子遇物而深思，隨事而知戒，其視湯銘盤盂，武王銘几杖，夫何遠之有？真得教子之誼哉！

十一月十四日

《真宗實録》：大中祥符三年五月三日辛巳，內出手札示王欽若等曰：「昨覽《君臣事迹》進草將帥部仁愛門，若以贖還俘略、振恤饑饉、暴骸必瘞[三]、秋毫不犯，斯數事近乎仁愛矣；如張楊爲大司馬，性仁和，無威刑，下人謀反，及發覺，對之涕泣，輒原不問，今衆官評品，謂之仁愛，斯則異矣。且將帥之體與牧

[一] 九首：原無，據日本藏宋刻本補。
[二] 「日」上，明澹生堂鈔本、四庫本有「自然」二字。
[三] 骸：原作「體」，據日本藏宋刻本改。

宰不同，以威禁暴，以刑止殺，先之以號令而下知懼，均之以甘苦而衆不携。今謀危發覺，輒原不問，而又對之涕泣，愈非將帥之事也〔一〕。朕向在藩邸，屢令邢昺講習諸書，因記《春秋》息侯伐鄭，大敗而還，君子以爲不察有罪，其喪師也宜乎。今張楊無威刑，反者不問，是不察有罪，此尤宜旌别淑慝，更商度之。」

某觀夫子之論學曰：「知之者不如好之者，好之者不如樂之者。」蓋爲學之道，必欲深造自得，則非樂之不能也。恭惟真宗皇帝天資高明，固已超冠前古，又能篤好學問，中心樂之。由咸平至於祥符，蓋即位十有三年矣，而藩邸之時與講官邢昺講論《春秋》之説尚記於胸次，非樂之不忘，能如是乎？景德澶淵之役，奮發威斷，坐制北虜，而堅百年和好之約；東封西祀，制禮作樂，馴致太平，而洗五代見聞之陋。文武兼用，爲億萬年無窮之基，皆學之效也。猶且不自滿假，命儒臣學士裒集君臣事迹以爲龜鑑，每成一門，先上其稿，乙夜披閲，訂正是否。彼前代帝王生則逸，不知稼穡之艱難，不聞小人之勞，惟耽樂之從，固我真宗之所戒也。若乃論將帥先乎威刑，牧宰貴乎撫恤，則又聖學淵懿，非當時群臣之所敢望。嗚呼，遠矣哉！

十一月二十四日

《前漢·賈誼傳》：「昔者成王幼，召公爲太保，周公爲太傅，太公爲太師。保，保其身體；傅，傅之德義；師，道之教訓。此三公職也。於是爲置三少，皆上大夫也，曰少保、少傅、少師，是與太子宴者也。三公、三少固明孝仁禮義〔二〕，以道習之，逐去邪人，不使見惡行。於是皆選天下之端士孝悌博聞有道術者以衛翼之，使與太子居處出入，故太子乃生而見正事，聞正言，行正道，左右前後皆正人也。」

某觀漢文帝時能勸太子以學者有二人焉，賈誼、晁錯是也。誼言太子自幼至於長，自長至於冠，皆以《詩》《書》《禮》《樂》爲本，保、傅教喻爲急，其與《禮記》所載文王教世子之法若合符節。當是時，初經秦火，六經不存，記禮者尚未備，而誼獨以少年，能誦《詩》《書》，力論三代有道之長，暴秦無道之短，則其淵源蓋有自矣〔三〕。劉向稱其論甚美，且謂通達國體，雖伊、管未能遠過，非虚譽也。晁錯則不然，雖有臨制臣下、聽言受事、安利萬民、忠孝事上之四説，然大要專欲太子知術數。夫謂聖人之道爲道術則可，謂之術數可乎？今不贊太子以聖道，而欲太子知術數，其背禮經多矣。蓋錯天資陗直刻深，素以刑名爲學，在景帝前以辨得幸，故有智囊之號，則其學之不正從可知矣。厥後東市之誅，無足深恤。司馬遷乃曰：「賈誼、晁錯明申、韓。」嗟乎！此言指錯可也，誼豈明申、韓者哉？竊見講官方敷繹《文王世子》之篇，是敢舉誼説以推廣禮經之旨，少裨聽

〔一〕事：原闕，據日本藏宋刻本、明澹生堂鈔本、四庫本補。
〔二〕固：原作「因」，據日本藏宋刻本、明澹生堂鈔本、四庫本及《漢書·賈誼傳》改。
〔三〕「自」上，明澹生堂鈔本、四庫本有「所」字。

覽[一]，且無使誼與錯同科云。

十二月十一日

真宗皇帝《承華要略序》：「皇太子爰自齠年，即彰敏悟。既親外傅，彌顯英聰。每視膳之有餘，則披文而忘倦。朕喜其好學，念及貽謀。昨者偶以清閒，徧觀册府，因得《青宫要記》，頗合素心。洎夫詳閱其中，亦多未備，於是精求雅誥，更廣異聞，頗歷歲時，漸成編軸。或逢暇景，乃運柔毫，各附篇章，述爲論贊。雖慚淺近，無所發明，庶俾元良，愈隆至業。聊題於此，以記其端。凡五十篇，分二十卷，名曰《承華要略》云爾。」

某聞唐太宗嘗作《帝範》十有二篇，釐爲二卷，以訓太子。上卷一曰君體，二曰建親，三曰求賢，四曰審官，五曰納諫，六曰去讒；下卷一曰誡盈，二曰崇儉，三曰賞罰，四曰務農，五曰閲武，六曰崇文。此十二條者，政治之大端，安危之明戒也。逮我真宗皇帝萬幾餘暇，親製《承華要略》，總五十篇，分二十卷，豈特增廣前志，實欲該貫今古。率皆述事於前，立論於中，而爲贊於後。凡六經之文，歷代之史，百家之説，撮其樞要，無所不備。雖聖謨淵懿，未易窺測，至於先後之序則可得而言焉。蓋儲貳正天下之本，故先之以《主器》。性質繫染習之端，故次之以《謹習》。人之行始於事父母，故次之以《述孝》。孝之至在乎敬宗族，故次之以《睦親》。行備於内必求正於外，故次之以《崇師》。崇師所以求益也，故次之以《務學》。學莫大乎六經，故次之

以《宗經》。經所以明道也，故次之以《貴道》。道然後有德，故次之以《尚德》。德然後有仁義，故次之以《仁義》。本仁祖義，不可不勤，故次之以《勤志》。志廣功崇，不可不謙，故次之以《持謙》。謙者卑以自牧之謂也，故次之以《恭謹》。恭者無所不敬之謂也，故次之以《戒謹》。戒謹其所不睹，恐懼其所不聞，故次之以《兢懼》。臨事而懼，則語不可不擇，故次之以《出言》。出言既善，則儀不可以不肅，故次之以《正容》。容正於外，又當修飭其内，故次之以《治身》。身修於内，人將取則焉，故次之以《好尚》。好尚不審，必爲物感，故次之以《聰明》。聰明太過，必失之察，故次之以《清心》。存其心則知其性矣，故次之以《養性》。性不能守者利欲汩之也，故次之以《去奢》。去奢莫先乎儉，故次之以《節用》。節用者天所相也，故次之以《致福》。自是而上，所以修身行己者至矣盡矣，又當擇左右前後之人爲己之助，故次之以《禮賢》。賢不易知也，所禮非其人，則賢者遠而不肖者進矣，故次之以《知人》。明乎知人，則賢能可得而擇，故次之以《選士》。士雖被選，不用其言亦何補哉，故次之以《從諫》。雖然，聽言亦多端矣，辨足以惑衆，智足以濟姦，伺上之好惡而轉移是非，因事之疑似而汩亂事實，則其爲害有不可勝言者矣。故雖帝堯之明，壬人猶在所難，孔子之聖，佞人猶在所遠，而況於後世乎？故以《辨佞》終焉。蓋佞者，才也。惟有才者爲難辨，

[一] 少：原作「以」，據日本藏宋刻本改。

今而能辨，是乃學之大成也已。殿下方毓德春宮〔一〕，固已日聆聖訓於侍膳問安之際，倘復遠稽唐宗之範，熟復章聖之書，則三善皆得，萬邦以正，豈曰小補之哉！

十二月二十三日

《資治通鑑》〔二〕：漢光武以太子舅陰識守執金吾，陰興爲衛尉，皆輔導太子。識性忠厚，入雖極言正議，及與賓客語，未嘗及國事。帝敬重之，常指識以敕戒貴戚，激厲左右焉。興雖禮賢好施，而門無游俠。帝賜興爵關内侯，興辭以無功。帝曰：「教訓太子及諸王侯，非大功耶？」興曰：「臣師少府丁恭。」於是復封恭，興遂固辭不受。

某聞膏澤之潤物不聞其聲，和氣之襲人不見其形。親族之在左右前後也亦然，有忠誠惻怛之實而無貌敬心疏之嫌，則其漸漬薰蒸殆若膏澤和氣，有不期然而然者矣。昔三代而上，自公卿至於大夫、士，非同姓之伯父、叔父，則異姓之伯舅、叔舅也。平居暇日，相告以善而無隱，相勉以義而無疑，懇懇惓惓，人莫得間。此在上者所以日見正事，日聞正言，日行正道，以至於少成若天性，習慣如自然也。觀周公、召公之於成王，尊則叔父，而或爲太傅，傅之德義，或爲太保，保其身體，又抗世子法於伯禽，使與成王居。蓋親親之意，實行乎中，算計見效，豈他人所能及哉？光武中興，其知此矣。故凡一時佐命之臣與夫在朝篤實之士可傅太子者固多〔三〕，然懼進見之有時，内外之有别也，於是又擇母黨之賢者爲之輔導，非以懿親近戚，相與無間，則朝夕啓處之間，談笑語默之際，如膏澤之漸漬，和氣之薰蒸，可以獲無窮之助歟！兹固三代之遺意，不可以不辨。

淳熙三年正月四日

後漢太子少傅桓榮以太子經學成，上疏謝曰：「臣幸得侍帷幄，執經連年，而智學淺短，無以補益萬分。今皇太子以聰睿之姿，通明經義，觀覽古今儲君副主，莫能專精博學若此者也。斯誠國家福佑，天下幸甚。臣師道已盡，皆在太子，謹使掾臣汜再拜歸道。」太子報書曰：「莊以童蒙學道九載，而典訓不明，無所曉識。夫五經廣大，聖言幽遠，非天下之至精豈能與於此？況以不才，敢承誨命？昔之先師謝弟子者有矣，上則通達經旨，分明章句；下則去家慕鄉，求謝師門。今蒙下列，不敢有辭，願君謹疾加餐，重愛玉體。」

某聞六經之文易見，六經之道難窮。分章摘句，考核同異，是文也易見者也。若乃由正心誠意，修身齊家，推而至於治國平天下，是之謂六經之道，夫豈一朝一夕所能究哉？觀昔之人終日孜孜，講論不倦，期於深造自得而見日用者，蓋在此而不在彼也。顯宗天資高明，年十歲已能通《春秋》。及

〔一〕方：原無，據明澹生堂鈔本、四庫本補。
〔二〕通：原作「寶」，據日本藏宋刻本、明澹生堂鈔本、四庫本改。
〔三〕故：原作「頗」，據明澹生堂鈔本、四庫本改。

爲太子，選求明經，擢桓榮弟子何湯傳授《尚書》，已而召榮入侍，榮又薦同門生彭閎。前後三人，實傳一家之學。榮常止宿太子宮，積五年，薦門下生胡憲侍講，乃聽得出，旦一入焉。夫以講學如此之專，閱時如此之久，然後至於有成，則六經之道可謂難窮矣。永平之政無愧建武，吏稱其官，民安其業，遠近肅服，户口滋殖，雖繇帝兢兢業業，下身遵道之所致，抑亦榮輩連年講勸之效歟！

二月六日

《舊唐書·劉洎傳》：太宗怒苑西守監穆裕，命斬於朝堂。皇太子遽進諫，太宗謂司徒長孫無忌曰：「夫人久相與處，自然染習。朕臨御天下，虚心正直，即有魏徵朝夕進諫。自徵云亡，劉洎、岑文本、馬周、褚遂良等繼之。皇太子幼在朕膝前，每見朕心悦諫，因染以成性，故有今日之諫耳。」

某聞五帝盛時，上多吁咈之辭，下鮮諫諍之語，此所謂神聖，其臣莫能及者也。三王之世則不然，合謀相輔乃能計安天下，此所謂臣主俱賢者也。五霸又異是矣，一則仲父，二則仲父，必屬之以國、任之以事乃能有濟，此所謂不及其臣者也。唐之太宗，上方五帝爲不足，下比五伯則過之。其除隋之亂比迹湯、武，致治之美庶幾成、康，是故有三代之遺風矣[一]。又得王、魏等夙夜盡心，彌縫左右。上無闕失則已，有則其臣未嘗不言；下無規諫則已，有則其君未嘗不聽。此德業所以日新，政事所以日舉，中國所以平治，夷狄所以率服者也。然則三代以降，臣主能俱賢者惟唐爲近之。高宗之爲太子也，耳目熟於見聞，陶染得於定省，因事獻言，斯亦賢矣。惜乎中常之性易流，骨鯁之臣難得，永淳而後，太宗之業衰焉。《書》曰：「非知之艱，行之惟艱。」可不念哉！可不懼哉！

三月十一日

《舊唐書·劉憲傳》：明皇在東宫，留意經籍，憲因上啓曰：「自古及今，皆重於學，至於光耀盛德，發揚令問[二]，安静身心，保寧家國，無以加焉。殿下居副君之位，有絶人之才，豈假尋章摘句？蓋資略知大意，用功甚少，爲利極多。伏願克成美志，無棄暇日，上以慰至尊之心，下以答庶寮之望。侍讀褚無量經明行修，耆年宿望，時賜召問，以察其言，幸甚。」明皇甚嘉納之。

某聞學之爲王者事，其已久矣。自堯、舜至於孔子，皆以生知之質，日躋之聖，猶且汲汲皇皇，不敢自暇，況後世之君，可不重於學乎？雖然，此所謂學，固非以辨析章句爲能，考核同異爲博也，蓋亦有要道焉。孝於親，使天下之人知父子之道矣；尊於君，使天下之人知君臣之義矣；敬其長，使天下之人知長幼之節矣。三者既備，則又即方册之所

[一] 故：原作「固」，據明澹生堂鈔本、四庫本改。
[二] 問：原作「聞」，據明澹生堂鈔本、四庫本及《舊唐書·劉憲傳》改。

載，覽古今之興廢。如三代有道而長者，仁也，勤也，儉也，豈不足以爲準繩乎？秦隋無道而短者，不仁也，怠荒也，奢縱也，豈不足以爲龜鑑乎？又如漢之初，其君莫不知人善任使，莫不從諫如轉圜，賞未嘗不當功，罰未嘗不當罪。向使子孫率是以行，雖自百世至於萬世，何亡國敗家之有？及其衰也，莫不昧於知人，莫不樂於自用，賞以私而不以公，罰以情而不以罪。是故或奪於外戚，或壞於强臣，前車覆而不誡，履霜至而莫辨。是皆成敗之迹，昭然可考者也。劉憲欲太子略知大意，則用功少而獲利多者〔一〕，其在茲乎！

三月二十四日

《說苑》：齊桓公問管仲曰：「王者何貴？」曰：「貴天。」桓公仰而視天〔二〕。管仲曰：「所謂天者，非謂蒼蒼莽莽之天也。君人者以百姓爲天，百姓與之則安，輔之則强，非之則危，背之則亡。《詩》曰：『民之無良〔三〕，相怨一方。』民怨其上，不危亡者未之有也。」

某觀《周禮》，司民掌登萬民之數，自生齒以上皆書於版，及三年大比，則以其數詔司寇。司寇及孟冬祀司民之日，獻其數於王，王拜受之，登於天府。夫王者至貴也，民數至賤也，今以至貴拜至賤，又且登之於天府，然則管仲謂君人以百姓爲天，豈無所據而言哉？抑嘗以典謨參之，舜之授禹曰：「可愛非君，可畏非民。」皋陶之告禹曰：「天聰明自我民聰明，天明畏自我民明畏。」《五子之歌》曰：「民可近，不可下。民惟邦本，本固邦寧。」自常情言之，可畏惟君，民何爲哉？莫高匪天，民何與哉？今聖賢之言如此，何也？蓋民者，天之所生也。其形雖殊，其氣則通。斯民歡欣和樂，則三光全，寒暑平，禍亂不作，災害不生，而邦寧矣。斯民太息愁恨，則日月虧，五行沴，年穀不登，癘疾交至，而國危矣。是猶形影之相隨，塤篪之相應也。故人君不欲得天則已，如欲得天，捨民而何以哉？嗚呼！管仲此言非伯者之言也，《周禮》之言也，典謨之言也。

〔一〕獲：明澹生堂鈔本、四庫本作「爲」。
〔二〕桓：原作「威」，據《說苑》卷三改。
〔三〕民之：原作「人而」，據四庫本及《詩·小雅·角弓》改。

廬陵周益國文忠公集卷一五八

承明集卷六

東宫故事十首[一]

淳熙三年六月四日

《春秋左氏傳》：魯昭公二十年十二月，齊侯田於沛，招虞人以弓，不進，使人執之，辭曰：「昔我先君之田也，旃以招大夫，弓以招士，皮冠以招虞人。臣不見皮冠，故不敢進。」乃舍之。仲尼曰：「守道不如守官，君子韙之。」

某聞人君量才而授任，人臣量能而受職。既授任矣，必循名而責其實；既受職矣，必竭節以守其官。夫然後上無廢事，下無充位，而國家之政修矣。昔者孔子之聖，其道固可以致主於堯、舜，措俗於成、康。然而爲委吏則會計當而已，爲乘田則牛羊茁壯長而已。蓋以爲吾之官在於是，能守其官則道行其中矣。推而上之，爲大司寇權行相事，則首誅少正卯以懲亂政，請治陳氏之罪以明王法。未三月而粥羔豚者不飾價[二]，男女行者别於塗，内焉道不拾遺，外焉齊歸侵疆，兹非守官之效歟？由漢以來，上不能量才而授任，下不能量能而受職。英俊或沉於下僚，庸夫或竊於高位。故爲有司則莫知出納之吝，爲守令則鮮著循良之稱。居當言之地，緘默而不言；當可行之時，退避而莫行。方位卑禄薄，則曰「吾未能有所爲也」，而莫之爲；及位尊禄厚，則曰「吾不敢有所專也」，而莫肯爲。嗚呼！是曾虞人之不若也，國家何賴焉？雖然，人君正己以正朝廷[三]，正朝廷以正百官，正百官以正萬民，正萬民以正四方。苟能探本反始以化天下，則雖虞人之賤猶將守其官而不失，况於士乎？况於大夫乎？

六月十六日

唐高祖以秦王世民爲天策上將，開天策府，置官屬。世民以海内寖平，乃開館於宫西，延四方文學之士出教，以王府屬杜如晦，記室房元齡、虞世南，文學褚亮、姚思廉，主簿李元通，參軍蔡允恭、薛元敬、顔相時，諮議典籤蘇勗，天策府從事中郎于志寧，軍諮祭酒蘇世長，記室薛收，倉曹李守素，國子助教陸德明、孔穎達，大學助教蓋文達，宋州總管府户曹許敬宗，并以本官兼文學館學士，分爲三番，更日值宿，供給珍膳，恩禮優厚。世民朝謁公事之暇，輒至館中引諸學士討論文籍，或夜分乃寢。又使庫直閻立本圖像，褚亮爲贊，號十八學士。士大夫得預其選者，時人謂之登瀛洲。

[一] 十首：原無，據日本藏宋刻本補。
[二] 不：日本藏宋刻本作「弗」。
[三] 己：日本藏宋刻本、明澹生堂鈔本、四庫本作「心」。

某聞穆王命伯冏爲周太僕正，而告之曰：「昔在文、武，聰明齊聖，小大之臣，咸懷忠良。其侍御僕從罔匪正人，以旦夕承弼厥辟，出入起居，罔有不欽。」夫大臣而用正人固理之常，無可疑者。彼侍御僕從之小臣亦用正人，何也？蓋大臣進見有時，議論有節，禮雖隆而情則疏，始雖敬而久則怠，非如小臣平居暇日，游宴偃息，未嘗不預。倘於此得正人而侍左右，則從容暇豫，拾遺補過，無往而非益，此所以出入起居罔不欽也歟！今太宗方在藩邸，當干戈甫定、庶事未備之時，已能集英髦而與之游，分爲三番，更日值宿。朝謁公事之暇輒討論文籍，或夜分乃寢，想其古今成敗，政事得失，人之賢否，民之情僞，上無所不問，下無所不言，志同氣合，其益多矣，是真得成周之遺意者也。厥後致治之美庶幾成、康，雖由太宗天縱之聖，亦諸賢從容暇豫拾遺補過之助也。嗚呼，盛哉！

七月三日

《後漢・光武紀》：帝每旦視朝，日昃乃罷。數引公卿郎將講論經理，夜分乃寢。皇太子見帝勤勞不怠，承間奏曰：「陛下有禹、湯之明而失黄老養性之福，願頤愛精神，優游自寧。」帝曰：「我自樂此，不爲疲也。」

某聞天以日運故健，日月以日行故明，水以日流故不竭，人之四肢以日動故無疾，器以日用故不蠹。然則自天子達於庶人，雖有貴賤尊卑之殊，其不可不勤則一也。昔周公作《無逸》，歷叙商、周之君。如中宗治民祗懼，是以享國七十有五年；高宗不敢荒寧，是以享國五十有九年；文王自朝至於日中昃，不遑暇食，厥享國亦五十年。彼立王生則逸，不知稼穡之艱難，不聞小人之勞，惟耽樂之從，則亦罔或克壽，其利害得失豈不昭然易見耶！惟光武身濟大業，兢兢如不及，每旦視朝，日昃乃罷，講論經理，夜分乃寢，故能明謹政體，總攬權綱，可謂得商、周三君勤勞之義矣，享國永年，不亦宜乎！顯宗乃勸以黄老養性，優游自寧，是豈《無逸》之指哉！

七月十二日

《漢書・帝紀》班固贊：孝文皇帝即位二十三年，宮室苑囿車騎服御無所增益。有不便，輒弛以利民。嘗欲作露臺，召匠計之，直百金。上曰：「百金，中人十家之産也，何以臺爲？」

某聞堯舜之時堂高三尺，土階三等，茅茨不剪，采椽不刮。禹亦以卑宮室爲美，峻宇雕墻爲戒。此帝王恭儉之意，歷代以爲模範者也。夫臣民之家，力苟有餘，猶能治居室，營臺榭，爲瓌偉絶特之觀[二]，豈擅四海九州之富，備千官百辟之奉，而不能捐百金作一臺乎？蓋人主措心積慮，與臣民不同，土木盛則財用殫，財用殫則賦斂重，賦斂重則民力屈，民力屈則禍亂作。是故始皇作阿房宮，東西五百步，南北五

[二] 特：原作「達」，據明澹生堂鈔本、四庫本改。

十丈，上可坐萬人，下可建五丈旂，周馳爲閣道以象天漢。既而盜賊徧天下，秦室以亡。煬帝無日不治宮室，兩京及江都苑囿亭殿雖多，久而益厭，詔於汾水之原營汾陽宮。既而義兵四起，隋祚傾焉。由是觀之，文帝所以不爲露臺者非惡之也，非吝百金也，惜民力也，欲保萬世之基也。上方堯、舜、禹之三聖，其庶矣乎！

七月二十三日

《三朝寶訓》：淳化二年，秘書監李至進新校御書。太宗因謂至曰：「嗜好不可不謹。不必遠驗前古，祗如近世符彥卿累任節鎮，以射獵馳逐爲樂，由是近習窺測其意，競以鷹犬爲獻。彥卿説而假借之，其下因恣横侵擾。故知人君當淡然無欲〔一〕，不使嗜欲形見於外，則姦佞無自入焉。朕年長，無他欲，但喜讀書，用監古今成敗爾。」至拜舞稱賀。

某聞人生而静，天之性也；感於物而動，性之欲也。聖人成天下之性，故澹然而無所欲〔二〕；衆人以情逐欲，故紛紛而有所惑〔三〕。欲知聖與愚之辨，特在嗜好之有無而已。況人君享四海之富，宅億兆之上，一嚬焉下無不懼，一笑焉下無不喜。苟不能清心寡慾，使嗜好或形於外，則其害有不可勝言者。是故鄭伯好勇而國人暴虎，陳夫人好巫而民淫祀〔四〕。今符彥卿一藩鎮耳，以射獵爲樂，初非過舉，而其弊遂至擾民，爲人上者果可不審所尚哉？歷觀前代創業垂統之君，繼體承祧之主，當天下平定，往往嗜欲紛起，不溺聲色則殖貨利，不事盤游則耽逸樂。於是讒諂面諛之人窺其私而逢其惡，使既安之業復危，已治之功復替，此古今通患也。惟我太宗則不然，手平僭僞，身致太平，功成矣，德盛矣，方且淡然無欲，惟讀書以鑑成敗。嘗謂宰相曰：「朕承累朝喪亂之後，勵精求治，祁寒暑雨，未嘗自便。若以酒樂自娱，則萬務將壅，百姓何訴？」大哉言乎！姦佞雖欲窺測聖意，何自而入？誠可爲萬世法矣。

八月八日

唐太宗貞觀十二年，皇孫生，宴五品以上於東宮。上曰：「貞觀之前從朕經營天下，玄齡之功也；貞觀以來繩愆糾繆，魏徵之功也。」皆賜之佩刀。上謂徵曰：「朕政事何如往年？」對曰：「威德所加，比貞觀之初則遠矣；人心悦服，則不逮也。」上曰：「遠方畏威慕德故來服，若其不逮，何以致之？」對曰：「陛下往以未治爲憂，故德義日新，今以既治爲安，故不逮。」上曰：「今所爲猶往年也，何以異？」對曰：「陛下貞觀之初恐人不諫，常導之使言，中間悦而從之。今則不然，雖勉從之，猶有難色，所以異也。」上曰：「某事可聞歟？」對曰：「陛下昔欲

〔一〕當：原無，據日本藏宋刻本補。
〔二〕欲：日本藏宋刻本、明澹生堂鈔本、四庫本作「嗜」。
〔三〕惑：原作「感」，據日本藏宋刻本改。
〔四〕夫人：原作「大夫」，據日本藏宋刻本、明澹生堂鈔本、四庫本改。

殺元律師，孫伏伽以爲法不當死，陛下賜以蘭陵公主園，直百萬。或云賞太厚，陛下云：『朕即位以來未有諫者，故賞之。』此導之使言也。司户柳雄妄訴隋資，陛下欲誅之，納戴胄之諫而止，是悦而從之也。今皇甫德參上書諫修洛陽宫，陛下恚之，雖以臣言而罷，勉從之也。」上曰：「非公不能及此，人苦不自知耳。」

某聞自古人君爲治，往往鋭於初，怠於中，肆於後，此歷代之通患也。試以唐論之，所可稱者三宗。如明皇始用姚崇、宋璟之言而定禍亂，繼納韓休、張九齡之説而致太平。及其久也，專信李林甫，蔽塞視聽，至謂諫官曰：「明主在上，群臣將順之不暇，烏用多言？」卒使明皇不聞其過，馴致幸蜀之役。憲宗始聽李絳、白居易之忠告，繼用崔群、裴度之至計，削平僭叛，再興唐室。及其久也，坐受皇甫鎛之欺而不疑，深惡裴潾之諫而加貶，卒至於輕信方士，服餌金丹，不得其終。獨太宗則不然，遠肅邇安不踰於期月，勝殘去殺無待於百年。功德如此，尚何假群臣之進言哉？然而尊魏徵如師友，待魏徵如骨肉，褒崇賜予，殆無虚月。既詢昔者之善否，又計後來之得失。嗚呼，若太宗者可謂善於求諫矣！徵亦能隨時指事，深切著明，不以患失爲心，不以逆耳爲懼，必欲人主思始而善終，據舊以鑑新。嗚呼，若徵者可謂善於納忠矣！君爲賢君，臣爲良臣，其由此也夫！

八月二十五日

《貞觀政要》：十年，太宗謂房玄齡曰：「朕歷觀前代撥亂創業之主，生長人間，皆識達情僞，罕至於敗亡。逮乎繼世守文之君，生而富貴，不知疾苦，動至夷滅。朕少小以來經營多難，備知天下之事，猶恐有所不逮。至於荆王諸弟生自深宫，識不及遠，能念此哉！朕每一食便念稼穡之艱難，每一衣則思紡績之辛苦，諸弟何能學朕乎？選良佐以爲藩弼，庶其習近善人，得免於愆過爾。」

某聞商之高宗，周之文王，或舊勞於外，爰暨小人，或卑服即康功田功，惠鮮鰥寡，是以享國長久，號稱賢君。在後之人，於觀於逸，於游於田，不知稼穡之艱難，而惟耽樂之從〔一〕，是以基業浸衰，貽笑後世。周公作《無逸》，表而出之，凡所以爲帝王之龜鑑也。唐太宗之心，其有得於此乎！嘗謂左庶子于志寧、杜正倫曰：「卿等輔導太子，常須爲説百姓間利害事。」又謂魏徵曰：「自古侯王能自保全者甚少，皆由生長富貴，好尚驕逸，不解親君子遠小人。」又謂荆王元昌、吴王恪、魏王泰曰：「自漢以來，帝弟、帝子覆亡非一，并由生長富貴，好尚驕逸所致〔二〕，汝宜鑑戒熟思之，簡擇賢才爲汝師友，受其諫諍，勿得自專。」其説諄諄，於再

〔一〕惟：原作「爲」，據日本藏宋刻本、明澹生堂鈔本、四庫本改。
〔二〕尚：原作「自」，據明澹生堂鈔本、四庫本改。

於三，今復以是語房玄齡，可謂深得周公《無逸》之意矣。《詩》曰：「貽厥孫謀，以燕翼子。」太宗其有焉。

九月十三日

真宗咸平五年十月，召近臣觀書龍圖閣。帝曰：「朕自幼至今讀經典，其間聽過數四。在東宮時惟以聚書爲急，其間亡逸者多方訪求，頗有所得。今已類成正本，除三館秘閣外，又於後苑、龍圖閣各存一本，但恨校對未精。如《青宮要紀》、《繼體治民論》，此一書二名，并列篇目，蓋求書之初務於數多，不嫌重複，甚無謂也。」

某聞人君潛心經典，最爲急務，蓋修身齊家治國平天下，其要皆在於此，而又有聖帝明王已行之事可以爲法，昏君亂世已往之失可以爲戒〔一〕，此所以汲汲孜孜博觀約取而不敢怠也。《書》不云乎：「王人求多聞，時惟建事，學於古訓乃有獲。事不師古，以克永世，匪説攸聞。」兹不易之理也。今未暇遠求歷代，姑以本朝觀之。太祖初得天下，外有五代僭僞之國，內有前朝跋扈之將，蓋四分五裂時也。乃於即位之月首幸國子監，次月又幸，仍詔加飾祠宇，及塑繪先聖先賢先儒之像，親制文宣王、兖公二贊，且欲盡令武臣讀書，知爲治之道。自常情觀之，豈不疑用武之時不應以此爲先？而太祖聖慮卓然，獨出百王之表，一掃唐季之弊，然則立萬世之基業，追三代之盛治，不在此舉乎？真宗以濬哲之姿，纘安平之緒，其留意斯文有自來矣。厥後破北狄於澶淵，定西戎於靈夏，武功隽偉，皆由自昔讀書之效。此我宋家法，是以表而出之。

某月某日

唐憲宗謂宰相曰：「太宗以神聖之資，群臣進諫者猶往復數四，况朕寡昧。自今事有違宜，卿當十論，無但一二而已。」

某觀唐自太宗納諫之後〔二〕，能繼之者其惟憲宗乎！知李絳數論朝政得失則擢在左右，見白居易詩篇規諷時事則召入翰林，今又宣諭宰相如此，真得太宗之用心矣。雖然，非知之艱，行之惟艱。夫策試賢良方正，本以求鯁切之論也，及牛僧孺等言直則反行斥逐，至於考官亦坐譴謫。其不能繼太宗一也。裴均違約束進銀器，絳等請却之，不惟不從，又諭進奏院自今諸道進奉無得申御史臺。其不能繼太宗二也。絳數言吐突承璀之姦〔三〕，既出爲淮南監軍矣，一旦奪絳相位而召承璀爲中尉。其不能繼太宗三也。淮西既平，浸以驕侈，皇甫鎛、程異曉其意，數進羨餘，并得同平章事。裴度力言不可，乃疑爲朋黨。其不能繼太宗四也。信方士之説，求金石之藥，起居舍人裴潾論其無益，貶爲江陵令。其不能繼太宗五也。嗟乎！憲宗號爲聽言納諫者，猶不能自克，失其初

〔一〕世：原作「臣」，據日本藏宋刻本改。
〔二〕某：日本藏宋刻本、明澹生堂鈔本、四庫本作「臣」。
〔三〕璀：原作「璀」，據日本藏宋刻本、明澹生堂鈔本改。下同。

心，又況於無意者乎！然則貞觀之治比隆成、康，元和之政不得其終，於此大可見矣。

淳熙三年十二月十四日

《資治通鑑》：唐元和七年，憲宗御延英殿，李吉甫言：「天下已太平，陛下宜爲樂。」李絳曰：「漢文帝時兵不血刃，家給人足，賈誼猶以爲厝火積薪之下，不可謂安。今法令所不能制者河南北五十餘州，犬戎腥羶近接涇隴，烽火屢驚，加之水旱時作，倉廩空虛，此正陛下宵衣旰食之時，豈得謂之太平，遽爲樂哉？」上欣然曰：「卿言正合朕意。」退謂左右曰：「吉甫專爲悦媚，如李絳真宰相也。」

某聞喜同而惡異，衆人之情也。喜同則諂諛日至，惡異則直諒日疏。諂諛至而直諒疏，國家欲不亂其可得乎？爲人上者所宜加察也。今憲宗既知李絳之賢，又知李吉甫之佞，明示黜陟可也，顧使之并居相位，是何異薰蕕同器，牛驥同皂，其不相爲謀也必矣。蓋嘗考之古今，莫不善於漢武帝，而莫善於本朝太宗也。武帝謂汲黯近古社稷之臣，不冠不見，是固知其賢矣。汲黯質責張湯文深小苛，面觸公孫弘懷詐飾智，則忽而不察，反用弘爲丞相，湯爲御史大夫，而棄黯於外郡。然則諂諛安得不至，直諒安得不疏乎？我太宗則不然，尹京之日，賈琰、竇偁同在幕，琰便佞多希旨，偁嘗疾之。太宗與諸王宴射，琰在側，屢贊德美，偁叱之曰：「賈氏子巧言令色，豈不愧於心乎？」太平興國中，太宗擢偁參知政事。中謝日，上謂曰：「卿自揣何以至此？」偁曰：「陛下以藩邸之舊，出於際會。」上曰：「非也。卿嘗面折賈琰，朕賞卿直耳。」然則諂諛何由敢進，直諒何患不聞乎？故曰莫不善於漢武帝，莫善於本朝太宗也。

廬陵周益國文忠公集卷一五九

承明集卷七

東宮故事

淳熙四年正月十一日

《説苑》：子貢問孔子曰：「今之人臣孰爲賢？」孔子曰：「吾未識也。往者齊有鮑叔，鄭有子皮，賢者也。」子貢曰：「然則齊無管仲，鄭無子産乎？」子曰：「賜，汝徒知其一，不知其二。汝聞進賢爲賢耶？用力爲賢耶？」子貢曰：「進賢爲賢。」子曰：「然。吾聞鮑叔之進管仲也，聞子皮之進子産也，未聞管仲、子産有所進也。」

某聞人臣之功有二：有用一己之力者，有用衆賢之力者。用一己之力雖曰甚勞，然利澤加乎世者爲有限。用衆賢之力雖曰甚逸，然利澤加乎世者爲無窮，此不可不辨也。昔春秋之際，齊有管仲佐桓公，九合諸侯，一匡天下，厥功大矣，及身没之後，齊遂不振。鄭有子産，愛民如母，爲國以禮，晉、楚雖强，不敢加兵，功亦大矣，及身没之後，鄭隨以弱。是二子者惟用一己之力，故功不傳於後世。若乃鮑叔知管仲之賢而進之，所以致齊國之霸；子皮知子産之賢而進之，所以致鄭國之興。是二子者能用衆賢之力，故功不止於一身。向使管仲復能求賢而進之於齊，子産復能求賢而進之於鄭，則齊之霸、鄭之强，雖百世可也。吾夫子論人臣之賢，真得其要也哉！

二月二十三日

《三朝寶訓》：真宗咸平三年，對太子太師張永德於崇政殿，自午至未，復數刻罷。

某聞唐宗之盛莫如三宗，考其致治之由，皆以親近文儒、勤詢政事爲本。如太宗之爲秦王，開天策府，置官屬十八人，分爲三番，更日宿直，朝謁之暇輒討論文籍，或至夜分乃寢，故能成貞觀之治。其後有若明皇，置麗正書院，聚文學之士，或修書，或侍講。當時有以爲無益徒費者，張説曰：「自古帝王於國家無事時，莫不崇宫室，廣聲色，今天子獨禮文儒，發揮典籍，所益者大，所損者微。」上重其言，故能臻開元之盛。又其後有若憲宗，嘗與宰相論治道於延英，日旰暑甚，汗透御服。宰相恐上體倦，求退，上留之曰：「朕入禁中，所與處者獨宫人、宦官耳。樂與卿等且共談爲理之要，殊不知倦也。」故能致元和之功。逮我真宗纂安平之運[一]，守盈成之業，方且不自滿假，勤於詢訪，引對舊臣，至移時而未已，視唐三宗可以無愧。咸平之政度越有

[一] 安平：明澹生堂鈔本、四庫本作「平安」。

唐，豈無自而然哉！

某月十二日

唐李晟收復京師，上思晟勳力，製紀功碑，俾皇太子書之，刊石於東渭橋，與天地悠久，又令太子書碑詞以賜晟。貞元五年九月，晟與馬燧見於延英殿，上嘉其勳力，詔曰：「昔我烈祖掃隋季之荒屯，則有熊羆之士，不二心之臣，昭文德，恢武功，乃圖厥容，列於斯閣。在中宗時則彦範等著翊戴之績，在明皇則幽求等申翼奉之勳，在肅宗時則子儀掃殄氛祲，今則李晟等保寧朕躬，宜叙年代先後，各圖其像於舊臣之次，仍令皇太子書朕是命，紀於壁焉。」復命皇太子書其文以賜晟，刻石於門左。

某聞高爵厚禄寵待將帥，足以富貴一時而未足榮耀後世。若乃人主既製紀功之碑，又親爲圖像之詔，又命皇太子書以賜之，此豈特一時之寵哉，殆無窮之榮也。觀唐中興，所謂將帥固不爲少，其能以功名始終、有譽無疵者，惟郭子儀與晟二人而已。窮富極貴，誠若相埒，至於當宁製褒嘉之文，儲宮垂翰墨之寵，此則晟之所有而子儀之所無也。抑嘗推原其故，晟雖起自軍中，然天資忠義，慕魏鄭公之爲人，上所顧問，必極言匪躬，盡大臣之節；而子儀多言軍政，他無聞焉，論將帥之事爲有餘，論大臣之事則不足。兩朝待遇，固自有輕重哉！

六月三日

孟光問郤正太子所習讀并其性情好尚，正答曰：「奉親虔恭，夙夜匪懈，有古世子之風。接待羣僚，舉動出於仁恕。」光曰：「如君所言，皆家户所有爾。吾今所問，欲知其權略智調何如耳。」正曰：「世子之道在於承志竭懽，既不得妄有施爲，且智調藏於胸懷，權略應時而發，此之有無，焉可豫設？」光曰：「天下未定，智意爲先。智意雖有自然，然不可不力强致也。儲君讀書，寧當效吾等竭力博識以待訪問，如博士探策講試以求爵位耶？當務其急者。」正深以光言爲然。

某聞夫子之論學曰：「生而知之者上也，學而知之者次也。」其自叙則又曰：「吾非生而知之者，好古敏以求之者也。」夫以孔子之聖猶不敢以生知自居，必處己於好學之次，而况於後之人乎？且所謂學者何事也？仁義禮智四者，其大端也。孟子論此最爲詳悉，其言曰：「惻隱之心，仁之端也；羞惡之心，義之端也；辭遜之心，禮之端也；是非之心，智之端也。」自惻隱而擴焉，則無一夫不被其澤；自羞惡而擴焉，則無一事不合乎宜；擴我辭遜之禮，則强暴紛争可得而弭；擴吾是非之智，則愚賢能否可得而辨。若火之始然，泉之始達，苟能充之，足保四海。帝王之學，如是而已。今孟光謂太子讀書不當效博士竭力博識以待講試，其言似可取矣，至論權略智調則非也。蓋三國之士以詐力相高，往往有戰國之遺風，故其所言駁而不純，竊謂當以爲監，而以孔孟之學爲法。

某月某日

《周易·繫辭》：「弦木爲弧，剡木爲矢，弧矢之利，以威天下，蓋取諸《睽》。」

《詩·小雅》：「彤弓，天子錫有功諸侯也[一]。彤弓弨兮，受言藏之。我有嘉賓，中心貺之。鐘鼓既設，一朝饗之。」

《書·盤庚》：「予告汝於難，若射之有志。」

《周禮》：鄉大夫以鄉射之禮五物詢衆庶：一曰和，二曰容，三曰主皮，四曰和容，五曰興舞。此謂使民興賢，出使長之；使民興能，入使治之。

《禮記》：射者進退周旋必中禮。內志正，外體直，然後持弓矢審固；持弓矢審固，然後可以言中。此可以觀德行矣[二]。

《論語》：「君子無所争，必也射乎。揖讓而升，下而飲，其争也君子。」

《孟子》：「羿之教人射，必志於的，學者亦必志於的。大匠誨人，必以規矩，學者亦必以規矩。」

某聞射者，男子之事也。國家世子生之三日，射人以桑弧蓬矢六射天地四方，固未知夫穿楊之巧，飲羽之勁，威儀技藝之臧也[三]，蓋欲明修身進德，建功立事，舉由乎此也。載道如六經，明道如孔、孟，其論射多矣，今各舉一端而言之。是故威天下者存乎《易》，錫有功者存乎《詩》，况行事者存乎《書》，詢賢能、觀德行者存乎《禮》，明揖遜、比規矩者存乎孔、孟，有天下國家者所宜留意也。

七月二十三日

唐太宗征高麗，發定州，指所御褐袍謂太子曰：「俟見汝乃易此袍耳。」在遼左，雖盛暑流汗弗之易。及秋穿敗，左右請易之。上曰：「軍士衣多敝[四]，吾獨御新衣，可乎？」師還，太子進新衣，乃易之。

某聞《書》戒「蠻夷猾夏」，《詩》稱「戎狄是膺」。彼其侵侮中國，攻擾邊塞，若不命將遣戍，驅而出之，必將爲斯民之害，此高宗所以伐鬼方，宣王所以伐玁狁也。唐太宗則不然，貞觀之際，宇縣既已清晏，蠻夷既已讋服，獨高麗小醜，介居海東，初未嘗爲國家之害，而帝好大喜功，以人主之尊下行將帥之職，動衆遠征，經寒涉暑[五]，至於師老糧匱，水潦大至，然後班師。剪草填道，毁車爲梁，不知自悔，方且眷眷於一袍，必欲見太子而後易，是不過欲太子知其與士卒同甘苦耳。殊不知輕萬乘而履危道，非所以訓也。

[一] 天子錫：原作「矢錫予」，據明澹生堂鈔本、四庫本及《詩·小雅·彤弓》改。

[二] 矣：原作「也」，據明澹生堂鈔本、四庫本、《禮記注疏·射義》改。

[三] 臧：原作「盛」，據明澹生堂鈔本、四庫本改。

[四] 衣多：原作「多衣」，據明澹生堂鈔本、四庫本、《資治通鑑》卷一九八乙。

[五] 經寒涉暑：明澹生堂鈔本、四庫本作「經涉寒暑」。

帝嘗謂曹操曰：「臨危制變，料敵設奇，一將之智有餘，萬乘之才不足。」所謂躬自言之，躬自蹈之者歟！

八月五日

《書·無逸》：文王卑服，即康功田功。徽柔懿恭，懷保小民，惠鮮鰥寡。自朝至於日中昃，不遑暇食，用咸和萬民。不敢盤於游田，以庶邦惟正之供。

某聞自古帝王之勤者，莫如文王。其爲世子也，朝於王季日三：鷄初鳴，衣服至於寢門外；日中又至；及暮又至。春夏則學干戈，秋冬則學羽籥，弦誦讀書，殆無暇時。爰暨即位，則自朝至於日中昃不遑暇食，不敢盤於遊田。勤勞蓋如此，故《傳》美之曰：「文王既勤止。」又曰：「文王始於憂勤，終於逸樂。」此其所以爲三王之冠，而後世鮮能及也。今聖主宵旰圖治，未嘗逸暇，中外臣民，户知之矣。昨日殿下出示所賜御製《新秋雨過書懷詩》，其斷章有云：「豈惜常憂勤，規恢須廣大。」恭讀再四，心目眩駭。回視文王之德，若合符節。彼漢高《大風》之歌，武帝《秋風》之辭，方之蔑矣。惟殿下因宸章之及，充天性之勤，侍膳問安之餘，孜孜以講道藝親輔翼爲念，於以上副聖意，使禮樂交錯於中，發形於外，其成也懌，恭敬而温文，不亦美乎！

七月二日

《史記》：周成王與弟叔虞戲，削桐葉爲珪，以與叔虞曰：「以此封若。」史佚因請擇日立叔虞。成王曰：「吾與之戲耳。」史佚曰：「天子無戲言。言則史官書之，禮成之，樂歌之。」於是遂封叔虞於唐。

某聞君子之過如日月之食焉。過也人皆見之，更也人皆仰之。夫以日月之明不能無過，其卒能照臨萬方者，以更之速也。是故改過不吝者，成湯之聖也；不貳過者，顔淵之賢也。然則人君之於言動雖有過差，初未爲害，顧改之何如耳。今成王削桐葉以戲其弟，爲史佚者告之以「天子無戲言」是也，若就其戲而成其失則非矣。幸而叔虞之賢封之可也，假令叔虞如象之傲，不足以君大國，亦將封之乎？又不幸他日成王許其臣以非常之爵賞，加其臣以非罪之刑戮，亦將實其言而行之乎？殆非所以示萬世也。其後漢惠帝時以朝太后於長樂宮[一]，數蹕煩民，築複道於武庫南。叔孫通諫曰：「此高帝月出遊衣冠之道，子孫奈何乘宗廟道上行哉？」帝懼曰：「急壞之。」此正得成湯改過不吝，顔淵不貳過之義矣。叔孫通不能將順其美，乃曰：「人主無過舉。今已作，百姓皆知之。願陛下爲原廟渭北，衣冠月出遊。」遂詔有司立原廟。嗚呼！叔孫通之告惠帝，正猶史佚之告成

[一] 宮：原無，據四庫本、《資治通鑑》卷一二補。

王，徒知教人主以遂非，而不知導人主以遷善，此司馬光作《資治通鑑》所以深譏其謬也歟！

某月某日

《三朝寶訓》：至道元年，太宗謂近臣曰：「勤政憂民，帝王常事。朕不以奢逸爲念，而以勤政爲樂，光陰迅速，不覺日月之逝。大凡理世少，亂世多；君子少，小人多。人君聽斷苟能盡識人之情僞，四方遠近巨細無不通達，方可控御天下。前代人君多爲左右所制，德宗纔發言，盧杞已知，如此天下何由得理也？」

某竊觀自唐堯至於五代凡三千三百年，其間惟三代、漢、唐享國最久。然而夏傳十六王，其可稱者啓與少康而已。湯傳二十八王，其可稱者僅六、七作而已。周傳三十六王，其可稱者成康太平、宣王中興而已。漢祀四百，則不過乎七制。唐世二十，則不過乎三君。此無他，君子常少，是以治世如此其少也；小人常多，是以亂世如此其多也。惟我太宗篤於稽古，勤於爲政，照前代之得失，察斯民之情僞，進君子而退小人，削僭僞而底混一，固已追堯舜之軌轍，陋漢唐之陵夷矣，猶且不自滿假，諄諄然以德宗爲戒，卜年萬億，豈無自而然哉？

七月十二日

《前漢書・晁錯傳》：「臣聞三王臣主俱賢，故合謀相輔，計安天下，莫不本於人情。人情莫不欲壽，三王生而不傷也；人情莫不欲富，三王厚而不困也；人情莫不欲安，三王扶而不危也；人情莫不欲逸，三王節其力而不盡也。其爲法令也，合於人情而後行之；其動衆使民也，本於人事然後爲之。取人以己，內恕及人。情之所惡，不以强人；情之所欲，不以禁民。是以天下樂其政，歸其德，望之若父母，從之若流水；百姓和親，國家安寧，名位不失，施及後世。此明於人情終始之功也。」

某聞禹之治水也，行其所無事也。疏九河，瀹濟漯而注之海，決汝漢、排淮泗而注之江，然後民得平土居之。是豈逆水性而激之哉？凡以順其流而已。夫民猶水也，順之則治，逆之則亂。故三王之治，專以本人情爲急。人情莫不欲壽，三王則老吾老以及人之老，幼吾幼以及人之幼，此其所以生而不傷也。人情莫不欲富，三王則損上益下，薄於己而裕於民，此其所以厚而不困也。人情莫不欲安，三王則保國如保身，養民如養氣，此其所以扶而不危也。人情莫不欲逸，三王則薄其稅斂，寬其征役，此其所以節而不盡也。凡是四者，皆因人之所利，不强人之所難，自然民歸之，如水之就下，國家其有不長久者乎？昨日獲侍講坐，因《禹貢》治水之説及三王治民之理，是敢申言之。

八月十一日

《春秋左氏傳》：魯莊公十年春，齊師伐我。公將戰，曹劌請見，問：「何以戰？」公曰：「衣食所安，弗敢專也，必以分人。」對曰：「小惠未徧，民弗從也。」公曰：「犧牲玉帛，弗敢加也，必以信。」對曰：「小信未孚，神弗福也。」公曰：「小大之獄，雖不能察，必以情。」對曰：「忠之屬也，可以一戰，戰則請從。」公與之乘，戰於長勺。公將鼓之，劌曰：「未可。」齊人三鼓，劌曰：「可矣」。齊師敗績。公將馳之，劌曰：「未可。」下視其轍，登軾而望之，曰：「可矣。」遂逐齊師。既克，公問其故，對曰：「夫戰，勇氣也。一鼓作氣，再而衰，三而竭。彼竭我盈，故克之。夫大國，難測也，懼有伏焉。吾視其轍亂，望其旂靡，故逐之。」

某聞戰以勝爲主，然所以致勝者蓋有二道：下得民心，上符天意，是謂必勝之理；將帥智勇，甲兵犀利，是謂必勝之具。以必勝之理濟必勝之具，不戰則已，戰則無敵於天下者，帝王是也。恃其將帥甲兵，置民心天意而不問，雖或幸勝，終亦必敗者，秦、隋是也。春秋之時固不及帝王之盛，然其遺風猶有存者。觀曹劌之問，莊公之對，始欲加民以惠，次欲事神以信，終欲察獄以情，得民得天，庶或兩盡。然後因曹劌之謀而用其將帥甲兵之力，齊師雖衆，能勿敗乎？厥後僖公遵先烈而定淮夷，魯人作《泮宮》之詩美之，其三章曰：「魯侯戾止，在泮飲酒。既飲旨酒，永錫難老。順彼長道，屈此群醜。」此言得人情而後可以成功，即莊公惠徧民從之義也。其四章曰：「允文允武，昭假烈祖。靡有不孝，自求伊祜。」此言合神聖而後可以獲祐，即莊公信孚神福之義也。其五章曰：「矯矯虎臣，在泮獻馘。淑問如臯陶，在泮獻囚。」此又言以情察大小之獄，然後能成其功也。此二公者時雖不同，而先後之序若合符節，其戰勝之良法歟！

某月某日

《説苑》：湯之時大旱七年，雒拆川竭，煎沙爛石，於是使人持三足鼎祝山川，教之祝曰：「政不節耶？使人疾耶？苞苴行耶？讒夫昌耶〔一〕？宫室營耶？女謁盛耶？何不雨之極也？」蓋言未已而天大雨，故天之應人如影之隨形、響之效聲者也〔二〕。《詩》云：「上下奠瘞，靡神不宗。」言疾旱也。

某聞湯有七年之旱，自古以爲異而記之。賈誼嘗告漢文帝曰：「世有饑穰，天之行也，禹湯被之矣。」晁錯亦曰：「湯七年旱而國無捐瘠者，以蓄積多而備先具也。」觀二子所言，殆將以水旱爲自然之數矣。今劉向謂成湯以六事禱旱於山川，已而大雨，乃專繫乎人事，何耶？竊嘗論之。二子勸文帝不可恃歲豐而忘儲蓄，欲其務農重穀，爲先事之備，是

〔一〕夫：原作「大」，據明澹生堂鈔本、四庫本、《説苑》卷一改。
〔二〕者：原無，據明澹生堂鈔本、四庫本、《説苑》卷一補。

固修人事之一端也，特其語未大耳。若劉向所記則大矣，爲政有節，使民以時，苞苴不行於下，讒夫不昌於内，宫室無所營，女謁無所施。兼是六者，自然百姓和樂，政事宣昭，膏露降，百穀登，德潤四海，澤臻草木，三光全，寒暑平，尚何凶年之足慮哉？

某月某日

後漢章帝建初八年，虎賁中郎將竇憲恃宫掖聲勢，自王、主及陰、馬諸家莫不畏憚。憲以賤直請奪沁水公主園田，主畏逼，不敢計。後帝出過園，指以問憲。憲陰喝不得對。後發覺，帝大怒，召憲切責，曰：「深思前過奪公主園時，何用愈趙高指鹿爲馬〔一〕！久念使人驚怖。昔永平中，常令陰黨、陰博、鄧疊三人更相糾察，故諸豪戚莫敢犯法者。今貴主尚見枉奪，何況小民哉？國家棄憲，如孤雛腐鼠耳！」憲大懼，太后爲毁服深謝，良久乃得解，使以田還主。

某聞古之姦臣所以能欺其君者，必挾詭譎之智，左右之助，然後上之人爲其所蔽，有不能察。此歷代之通患，不足深怪。今章帝則異乎是，既知竇憲恃勢而奪公主之園田，至引趙高指鹿爲馬以爲喻，則憲欺罔之罪昭然矣，釋而不誅，尚何懼哉？善乎司馬光之論曰：「人主之於臣下，患在不知其姦；苟或知之而復赦之，則不若不知之爲愈也。」蓋彼或爲姦而上不知，猶有所畏；既知而不能討，彼知其不足畏也，則放縱而無所顧矣〔二〕。

十二月九日

真宗皇帝判開封府日，嘗以手書詢於太子賓客李至。至答牋云：「伏奉手書，猥賜下問。夙夜尋繹，喜與憂并。何則？某常人也，識不足以經遠，學不足以待問，才不足以幹事，智不足以周身。而殿下目之爲碩儒，曰可以發蒙，號之爲端士，曰可以延譽，得不憂乎？殿下忠孝之道貫於神明，温文之德彰於天下，而猶虚懷訪問，思所以分君父之憂，以元元爲念，且曰：『一夫或致於向隅，千里將疲於觀政。』此乃聖上有浸漬生靈之澤，感動天地之德，致使殿下興言及此，實社稷之福而億兆之幸，得不喜乎？然則愚者千慮，亦有一得。若夫自古太子養德東宫，不親外事，唯問安侍膳而已，固亦宜哉。而黔庶之疾苦，稼穡之艱難，素所未睹，自非生知之異，天誘其衷，莫得而知矣。噫！事有背經而合道，時有通變而從宜，是以五帝三王不相沿襲。聖上知其然，由是以浩穰之務，猶命殿下總其綱要而躬決焉。殿下復能欽若聖訓，率由舊章，馭吏民必以誠，待參佐必以禮，謹命令必以簡，察獄訟必以情，恤鰥寡必以仁，抑豪猾必以法，杜讒佞必以正，絶邪僻必以道。有一於此，猶爲善政，況兼是數者乎？而猶曰：『奉車苟賜於司南，爲政何慚於拱北？』不亦過謙乎？然則某雖不敏，竊嘗讀《易》，見羣爻稍過，必有悔吝，唯《謙》象獨亡，

〔一〕用：原無，據明澹生堂鈔本、四庫本、《後漢書·竇憲傳》補。
〔二〕顧：原作「畏」，據明澹生堂鈔本、四庫本、《資治通鑑》卷四六改。

是知謙之時義大矣哉。願殿下守之而已，勉之而已。如此則何正言不入？何正道不行？若正言入而正道行，則生民不泰未之有也，政化不洽亦未之有也。輒因問及，輕肆狂瞽。僭易之罪，安敢逃焉？謹奉牋以聞。某以恐以懼，叩頭叩頭，謹牋。」

某聞舜大聖人也，好問而好察邇言。孔子亦大聖人也，問禮於老聃，問樂於萇宏，問官名於郯子。然則不恃其生知而孜孜乎訪問，聖學之先務也。仰惟真宗皇帝天縱將聖，濟之多能。其在東宫南衙之時，凡古今治理、天下萬事，固已周知而自得之，然且形於手書，詢問僚屬。始以發蒙延譽之語，繼以向隅觀政之慮，勤勤懇懇，如待朋友，其視虞、舜、孔子可謂異世而同符矣。李至因是陳《易》象《謙》卦之旨，所以堅聖意也。蓋六十四卦雖《乾》、《坤》猶有悔有戰，惟《謙》卦初六、六二、九三皆吉，六四、六五、上六皆利。故天道、地道、人道，莫不以謙爲貴。厥後真宗守之而勿失，勉之而勿怠，景德、祥符之際，生民康泰，政化大洽，豈無自而然哉？

廬陵周益國文忠公集卷一六〇

承明集卷八

東宮故事

淳熙五年正月九日

《資治通鑑》：唐太宗貞觀六年，長樂公主出降。上以公主皇后所生，特愛之，敕有司資送倍於永嘉長公主。魏徵諫曰：「昔漢明帝欲封皇子，曰：『我子豈得與先帝子比？』皆令半楚、淮陽。今資送公主倍於長主，得無異於明帝之意乎？」上然其言，入告皇后。后嘆曰：「妾聞陛下稱重魏徵，不知其故。今觀其引禮義以抑人主之情，乃知真社稷之臣也。妾與陛下結髮爲夫婦，曲成恩禮，每言必先候顏色，不敢輕犯威嚴，况以人臣之疏遠，乃能抗言如是，陛下不可不從也。」因請遣中使齎錢四百緡、絹四百疋以賜徵，且語之曰：「聞公正直，乃今見之，故以相賞。公宜常秉此心，勿轉移也。」

某聞愛其息女，人之常情也，况以萬乘之主，天下之富，獨不能厚一女子資送而盡其親愛之道乎？魏徵於此猶以不當倍於長主爲諫，可謂有責難之恭矣。雖然，帝用其言，迫於理也。彼皇后深居宮中，知愛而已，今能本乎禮義，抑其私情，不特稱徵之賢，又請捐金、帛以獎之，此貞觀之治所以庶幾三代也歟！《關雎》序后妃之德曰：「思賢才而無傷善之心。」《卷耳》序后妃之志曰：「輔佐君子，求賢審官，知臣下之勤勞，內有進賢之志，而無險詖私謁之心。」是則正始之道，王化之基，不在乎他，在乎后妃而已。太宗與后其知此也哉！

二月十二日

《實録·韓維傳》：神宗封淮陽郡王，出就外邸，以維爲王府記室參軍。神宗聖性謙虛，眷禮宮僚，遇維尤厚，每事諮訪。維悉心以對，至於拜起進趨之容，皆陳其節。神宗嘗與維論天下事，語及功名，維曰：「聖人功名，因事始見，不可有功名心。」神宗拱手稱善。誦《書》「有言逆於汝心，必求諸道；有言遜於汝志，必求諸非道」，以爲聽納之戒。

某聞古者太子既冠，則有記過之史，徹膳之宰，進善之旌，誹謗之木，敢諫之鼓。瞽史誦詩，工誦箴諫，大夫進謀，士傳民語。夫然後習與智長，化與心成，尚安有過舉之患哉？三代所以長久者，用此道也。逮至兩漢，浸不及古。然元帝爲太子，則蕭望之授《論語》、《禮服》，明帝、章帝爲太子，則桓榮、張酺傳授《尚書》，載在史册，當時以爲美談。孰如我神宗皇帝天資高明，聖性謙損。其初就外邸也，年纔十有六七，已能與韓維論天下之事，拱手稱善。而維亦純明亮直，練達今古，有所咨訪，悉心以對，至於拜起進趨之容皆陳其節，逆心遜志之言力進其戒，視三代輔翼太子之道庶幾無愧。彼兩漢君臣區區於傳授之間者，又何足爲聖朝道哉？

二月二十五日

漢文帝時有獻千里馬者，帝曰：「鸞旂在前，屬車在後。吉行日五十里，師行三十里。朕乘千里馬，獨先安之？」下詔不受。

某聞武王之時，西旅獻獒。召公作訓曰：「犬馬非其土性不蓄，珍禽奇獸不育於國。」又曰：「不寶遠物則遠人格，所寶惟賢則邇人安。」孔子載之於《書》，以詔萬世。今漢文帝當天下初定，躬行節儉，雖有千里之馬，却而弗受，可謂不寶遠物，協召公之訓矣。二十三年之間，海内安寧，家給人足。南則尉佗上書稱臣，北則匈奴通好保境，是固遠人來格之效也。彼武帝則不然，大宛有善馬在貳師城，至令萬里出師，傷財害民而不卹，馬雖得而中國耗矣。是故聖人賤畜而貴人，篤近而舉遠。

三月十七日

唐明皇開元二十二年夏，上自於苑中種麥，率皇太子以下躬自收穫，謂太子等曰：「此將薦宗廟，是以躬親，亦欲令汝等知稼穡之艱難也。」因分賜侍臣，謂曰：「比歲令人巡檢苗稼，所對多不實，故自種植以觀其成，且《春秋》書無麥禾，豈非古人所重也？」

某聞周公作《無逸》，其述商、周享國長久之道固非一端，而必先之以知稼穡之艱難者，蓋以人君有無倫之貴，無敵之富，雖不期於逸樂，逸樂有時而自至。惟能知稼穡之艱難，夙夜自儆，然後治民祗懼，不敢荒寧，是乃長久之道也。唐明皇生長深宮，英斷多藝，手平禍亂，身致太平，其於稼穡疑若有所不暇，今乃俯爲農夫之事，種麥苑中，至率諸子躬自收穫，非深明《無逸》之義安能若此？宋璟爲圖以獻，抑有由也。又况薦之宗廟，所以展奉先之孝；垂之子孫，所以盡貽厥之謀。大書簡册，可謂美矣。近觀本朝真宗皇帝當祥符五年之六月，嘗與諸王觀麥於金華殿，同賦歌詩，以示羣臣，回視開元，若合符節。然而真宗之治始終如一，明皇之政有始無終，茲又不可以不鑑。

五月十四日

柳芳《唐曆》載：明皇詔集賢學士徐堅等纂經史文章之要，以類相從，欲令皇太子檢事綴文，上賜名《初學記》[一]。開元十四年三月撰成以獻，賜堅絹三百疋。

某觀《大戴禮·保傅篇》論周室傳三十餘世，最爲有道之長。及考其説，乃專在乎儲君之德。夫所謂德者何也？樂以修内，禮以修外，禮樂交錯於中，發形於外，其成也懌，恭敬而温文者是也。故文王受命九年，召太子發曰：「吾語汝

[一]「名」下，明澹生堂鈔本、四庫本有「爲」字。

所保所守，守之哉〔一〕！厚德廣惠，忠信志愛。人君之行，不爲驕奢，不爲汰靡，不淫於美，栝柱茅茨，爲民愛費。」大哉言乎！是乃經史之要旨，人君之先務，又何必檢事綴文然後爲博哉？今明皇不擇三公三少以聖賢之事業、政治之本原助成儲德，而徒使章句陋儒纂集文章之要，其術蓋已疏矣。昔三國時，孫權銓簡秀士爲四友於東宮，以諸葛恪爲左輔，張休爲右弼，顧譚爲輔正，陳表爲翼正，書之史册，足爲美談。夫以區區之吴固不敢望成周之典則，其視明皇殆庶幾云。

六月三日

歐陽修《五代史・唐六臣傳贊》曰：嗚呼！始爲朋黨之論者誰歟？甚乎作俑者也，真可謂不仁之人哉！予嘗至繁城，讀魏《受禪碑》，見漢之羣臣稱魏功德，而大書深刻，自列其姓名，以夸耀於世。又讀《梁實録》，見文蔚等所爲如此，未嘗不爲之流涕也。夫以國予人而自夸耀，及遂相之〔二〕，此非小人，孰能爲也！漢、唐之末，舉其朝皆小人也，而其君子者何在哉〔三〕？當漢之亡也，先以朋黨禁錮天下賢人君子，而立其朝者皆小人也，然後漢從而亡。及唐之亡也，又先以朋黨盡殺朝廷之士，而其餘存者皆庸懦不肖傾險之人也，然後唐從而亡。夫欲空人之國而去其君子者，必進朋黨之説；欲孤人主之勢而蔽其耳目者，必進朋黨之説；欲奪國而予人者，必進朋黨之説。夫爲君子者故常寡過，小人欲加之罪，則有可誣者，有不可誣者，不能徧及也。至欲舉天下之善，求其類而盡去之，惟指以爲朋黨耳。故其親戚故舊謂之朋黨可也，交游執友謂之朋黨可也，宦學相同謂之朋黨可也，門生故吏謂之朋黨可也。是數者皆其類也，皆善人也。故曰：欲空人之國而去其君子者，惟以朋黨罪之，則無免者矣。夫善善之相樂，以其類同，此自然之理也。故聞善者必相稱譽，稱譽則謂之朋黨；得善者必相薦引，薦引則謂之朋黨。使人聞善不敢稱，則人主之耳不聞有善於下矣；見善不敢薦，則人主之目不得見善人矣。善人日遠而小人日進，則爲人主者倀倀然誰與之圖治安之計哉？故曰：欲孤人主之勢而蔽其耳目者，必用朋黨之説也。一君子存，羣小人雖衆，必有所忌而有所不敢爲。惟空國而無君子，然後小人得肆志於無所不爲，則漢、魏、唐、梁之際是也。故曰：可奪國而予人者，由其國無君子；空國而無君子，由以朋黨而去之也。嗚呼！朋黨之説，人主可不察哉！《傳》曰「一言可以喪邦」者，其是之謂歟，可不鑑哉！可不戒哉！

某恭聞主上宣諭輔臣，大略謂朋黨之名起於主聽之不明，而其原始於時君不知學。若能進賢退不肖，則黨論自消。且舉唐文宗去朋黨難之説而嗤之，可謂得堯舜禹湯文武緝熙光明之學，而同符本朝仁宗之治矣。仁宗時，呂夷簡爲宰相，范仲淹爲侍從。仲淹危言正論，多議朝廷得失，夷簡怒而逐之。士大夫往往直仲淹而罪夷簡，夷簡則指以爲黨，或坐竄

〔一〕「守」字原不重，「哉」字原缺，並據《逸周書・文傳解》補。以下所引文亦與今本《逸周書》小有不同。
〔二〕及：原作「反」，據明澹生堂鈔本、四庫本、《新五代史》卷三五改。
〔三〕者：原無，據明澹生堂鈔本、四庫本、《新五代史》卷三五補。

逐，而朋黨之論遂伸。賴仁宗聖學高明，力排羣議，擢仲淹參貳政事，於是黨論不攻而自破。當是時，歐陽修蓋嘗爲夷簡指爲黨仲淹者。故其爲諫官也，首著《朋黨論》以謂堯之時小人共工、驩兜等四人爲一朋，君子八元、八凱十六人爲一朋。舜佐堯退四凶小人之朋，而進元凱君子之朋，堯之天下大治。反復蓋數百言。猶以爲未足也，又於《五代史》贊極言「小人欲空人之國而去其君子者，必進朋黨之説；欲孤人主之勢而蔽其耳目者，必進朋黨之説；欲奪國而與人者，必進朋黨之説」。又反復數百言。嗟乎！前代人君不知羣臣邪正，故難於破朋黨。本朝仁宗聖學足以進賢退不肖，故太平之功天下至今誦而歌舞之。今主上聖學如仁宗，進賢退不肖如仁宗，兹又恭讀聖訓，所謂「一言可以興邦」者歟！故備載歐陽修之贊，以備觀覽。

六月二十二日

漢景帝爲太子時，召上左右飲，而中郎將衛綰稱病不行。景帝立歲餘，不孰何綰，綰日以謹力。景帝幸上林，詔中郎將驂乘，還而問曰：「君知所以得驂乘乎？」綰曰：「不知也。」上問曰：「吾爲太子時召君，君不肯來，何也？」對曰：「死罪。」

唐李晟之子聽爲羽林將軍，有名馬，穆宗在東宫，令近侍諷聽獻之。聽以職總親軍，不敢從。及即位，擇太原帥，宰相進擬，上皆不允，曰：「李聽不與朕馬，是必可任。」以爲河東節度使。

某聞人君之取人與人臣之取人不同。人臣取人不過曰是與我者也，是親我者也，故順己則喜，拂己則怒。人君則不然，有言逆於我心必求諸道，有言遜於我志必求諸非道，夫然後可以得不二心之臣，爲緩急之用。觀衛綰不從景帝召飲，李聽不以名馬獻穆宗，自常情觀之，二臣宜得罪於二君。今乃不然，一則使之驂乘，一則擢帥河東，自非察忠實之心、圖社稷之利者，能如是乎？昔本朝太宗在藩邸，以田重進忠勇，給以酒炙，而重進不敢受，太宗嘉焉，及即位，以爲永興軍節度使。五代周太祖時，張美掌金穀於澶州，世宗每有所求，美曲爲應副，其後世宗即位，不以公忠待之。嗚呼！我太宗之愛田重進，則有臣如衛綰者，當在所取矣；周世宗之薄張美，則有臣如李聽者，亦在所取矣。古今雖殊，其理一也。

閏六月十六日

《漢高祖紀》：項羽數侵奪漢甬道，漢軍乏食，與酈食其謀撓楚權。食其欲立六國後以植黨，漢王刻印，將遣食其立之。以問張良，良發八難。漢王輟飯吐哺，曰：「豎儒，幾敗乃公事！」令趣銷印。

某聞人君臨利害之際，莫難於聽言。甲以爲當然，聽之固善矣，及至乙又以爲不可，則將奈何？曰：聽言在廣，取於衆可也。斷之在獨，則必有智略忠信之臣，動而咨焉，然後無過舉而有成功。惟高祖天性明達，好謀能聽，故方提三尺劍定天下，凡一言可取，未嘗不用，至於取信而必行者，惟張良耳。故聞酈食其請立六國後，則欣然從之；及謀之於良，良發八難，高祖即知酈生之失計。此所以卒有天下者，信其所可信也。後世如晉武帝聽羊祜、張華、杜預之言而伐吴，一時大臣如賈充等皆以爲不可，已而卒成混一之功，其視高祖蓋庶幾焉。又苻堅大舉伐晉，朱彤謂千載一時，若可信矣，獨權翼以爲不可。堅曰：「築室道旁，無時可成，吾當内斷於心。」已而竟有淝水之敗。嗟乎！均聽言也，一成一敗，相遠如此。蓋苻堅不能知權翼之可信，又不察朱彤之不足信，是以致此。然則人君必先有知人之明，然後可以果斷而行其言。若乃智不足以知人，而信夫不可信之人，臨事乃曰「斷在必行」，其能免苻堅之失乎？

某月某日

唐高宗永徽三年，御安福門樓觀百戲，上謂侍臣曰：「昨登樓欲以觀人情及風俗奢儉，非爲聲樂。朕聞胡人善爲擊鞠之戲，當一觀之。昨初升樓，即有羣胡擊鞠，意謂朕篤好之也。帝王所爲，豈宜容易。朕已焚此鞠，冀杜胡人窺望之情，亦因以自戒。」

某聞王者履崇高之富貴，操可致之勢力，所欲苟形於外，則逢迎將順，四面而至。聖人知其然也，言動不敢輕，嗜好不敢萌。是故旨酒人所共愛也，禹則惡焉；飲食人所大欲也，禹則菲焉。夫豈樂爲是苦節而與衆獨異哉？正以上心所向，從之者衆，大則侈靡成風，小則傷財害民，塞其源所以清其流。謹於初所以杜其後也。善乎蘇軾之論曰：鶴之爲物，清遠閒放，超然於塵垢之外，《易》與《詩》以比賢人君子，隱德之士狎而玩之，宜若有益無損。及衛懿公心偶好之，寵以乘軒，其害遂至於失國。爲人上者好尚之難如此哉！今高宗方啓擊鞠之意，羣胡即獻技以投所好。幸而永徽之初能謹辨早防微之戒，卒莫能惑。不然，上有所好，下必有甚焉，窺望之情，雜然并進，不可得而察矣。

七月十一日

唐太宗貞觀十八年八月，帝謂司徒無忌等曰：「人苦不自知其過，卿可爲朕明言之。」對曰：「陛下武功文德，臣等將順之不暇，又何過之可言？」帝曰：「朕問公以己過，公等乃曲相諛説。朕欲面舉公等得失以相戒而改之，何如？」皆拜謝。帝曰：「長孫無忌善避嫌疑，應物敏速，决斷事理，而總兵攻戰非其所長。高士廉涉獵古今，心術明達，臨難不改節，當官無朋黨，所乏者骨鯁規諫耳。唐儉言詞便捷，善和解人，事朕三十年，遂無言及於獻替。楊師道性行純和，自無愆失，而情實怯懦，緩急不可得力。岑文本性資重厚，文章華贍，而持論常據經遠，自當不負於物。劉洎性最堅正，有利益，然其意尚然諾，私於朋友。馬周見事敏速，性甚公正，論量人物，直道而言，朕比任使，多能稱意。褚遂良學問稍長，性亦堅正，每寫忠誠，親附於朕，譬如飛鳥依人，人自憐之。」

某聞君臣相戒，見於唐虞之時。帝歌曰：「股肱喜哉，元首起哉，百工熙哉。」皋陶乃賡載歌曰：「元首明哉，股肱良哉，庶事康哉。」又歌曰：「元首叢脞哉，股肱惰哉，萬事墮哉。」載在典謨，實爲後世君臣之法。至於戰國，此風掃地，衛侯言計非是，而羣臣和者如出於一口。子思曰：「以吾觀衛，所謂君不君，臣不臣者也。君出言自以爲是，而卿大夫莫敢矯其非。卿大夫出言亦自以爲是，而士庶人莫敢矯其非。如此，則善安從而生？」司馬光所以備載其語於《通鑑》者〔一〕，蓋有深意存焉。其後漢高祖雖起布衣，而天性明達，合乎帝王。當置酒雒陽南宫也，令「通侯諸將毋敢隱朕，皆言其情」。高起、王陵於是盡言不諱，而帝猶謂「公知其一未知其二」，卒歸功於三傑。殆與舜之君臣異世而同符，孰謂帝不修文學而厭詩書也哉？今唐太宗欲聞過於無忌，可謂得帝王之遺風矣。而無忌等納諂以悦之，其視漢高時固已不及，况唐虞乎？賢於戰國而已。有君無臣，可勝嘆哉！

七月二十五日

《三朝太平寶訓》：太宗嘗召御史中丞王化基至便殿，侍坐甚久，屬盛暑，令搢笏揮扇，問以邊事。化基曰：「治天下猶植木焉，所患根本未固，固則枝幹不足憂。今朝廷治，則邊郡何患乎不安？」又嘗令薦士，則一奏數十人，王嗣宗、薛映、耿望、陳彭年其人也。復上《澄清略》十事，帝嘉納其言，即有意於大用。

某聞治天下有本有末。朝廷者本也，邊郡者末也。誠使朝廷之上政教修明，賞罰公平，則將帥何敢不宣力？士卒何敢不用命？夷狄何患不畏服？此固根本之效也。若乃兵衆矣猶曰不足，糧峙矣猶曰未富，以百萬之師付庸懦之將，内無以得士卒之心，外有以啓敵人之侮，此從事枝幹之弊也。化基名臣，深爲太宗所知，其對邊事可謂知要矣。雖然，太宗於淳化三年嘗謂侍臣曰：「國家若無内患必有外憂，若無外憂必有内患。外憂不過邊事，皆可預防。惟姦邪無狀，若爲内患〔二〕，深可懼也。」然則化基根本枝幹之論，其亦有所自耶！至如侍坐便殿，搢笏揮扇，情同父子，禮若僚友，此又君臣相與之至，後世所宜法也。

八月十八日

《三朝寶訓》：淳化二年，秘書監李至進新校御書。太宗因謂至曰：「嗜好不可不謹。不必遠驗前古，祇如近世符彦卿累任節鎮，以射獵馳逐爲樂，由是近習窺測其意，競以鷹犬爲獻。彦卿説而假借之，其下因恣横侵擾。故知人君當淡然無欲，不使嗜欲形見於外，則姦佞無自入焉。朕年長，無他欲，但喜讀書，用監古今成敗爾。」至拜舞稱賀。

某恭聞太宗皇帝以神武平定河東，以文德招徠錢氏，使五代破碎之天下混而爲一，其道德固已同符五帝，勳烈固已無愧三王矣，雖復書傳所載，何以加此？然且不自滿假，日以讀

〔一〕備：原作「滿」，據明澹生堂鈔本、四庫本改。
〔二〕爲：原作「無」，據明澹生堂鈔本及《楊文公談苑》改。

書爲事。凡古今成敗，皆用爲監，有會於心，宸翰輒書之册，以備觀覽，是豈喜勞而惡逸，賤今而貴古哉？正以捨是則嗜好必萌[一]，嗜好一萌則逢迎必衆，内有以害德，外有以擾人，觀符彦卿之事斯可見矣。彼彦卿者位纔節鎮，尚或如此，况爲萬乘之主乎？

十一月十一日

《説苑》：經侯往適魏太子，左帶羽玉具劍，右帶環佩，左光照右，右光照左。坐有頃，太子不視也，又不問也。經侯曰：「魏國亦有寶乎？」太子曰：「有。」經侯曰：「其寶何如？」太子曰：「主信臣忠，百姓上戴[二]，此魏之寶也。」經侯曰：「吾所問者非是之謂也，乃問其器而已。」太子曰：「有徒師詔治魏而市無預賈[三]，郄辛治陽而道不拾遺，芒卯在朝而四鄰賢士無不相因而見[四]，此三大夫乃魏國之大寶。」於是經侯默然不應，左解玉具，右解環佩，委之坐，慭然而起，默然不謝，趨而出，上車驅去。魏太子使騎操劍、佩逐與經侯，使告經侯曰：「吾無德所寶，不能爲珠玉所守，此寒不可衣，饑不可食，無爲遺我賊。」於是經侯杜門不出死。

某聞之《書》曰：「不寶遠物則遠人格，所寶惟賢則邇人安。」今魏太子不愛劍、佩之美，且云饑不可食，寒不可衣，可謂知不寶遠物之義矣。用三大夫治國，百姓從而愛戴，可謂得所寶惟賢之理矣。彼經侯者雖復巧辭求媚，終不能易太子之志，此可以爲萬世法，故表而出之。

七月二十四日

唐太宗貞觀十年十二月，治書侍御史權萬紀上言：「宣、饒二州諸山大有銀坑，採之歲可得錢百萬貫。」帝謂曰：「朕貴爲天子，事事無所少乏，唯嘉言善事有益於百姓者常患少也。且國家贖得百萬貫錢，何如得一有才行人？」乃不令立朝。

某聞國家有郊廟宫室之奉，官吏禄廩之費，水旱盜賊之備，其用度可謂繁矣。有人於此能興一時之利，少助無窮之費，是固人君所當崇奬而信任之者也。今太宗不然，拒其言，斥其人，與待姦慝無以異。然則貞觀之時，倉廩實，府庫充，公私兼足，無匱乏之患者，果何術而致然歟？以唐史考之，不過用財有節而已。迹夫踐祚未幾，出宫女至於三千，則宫禁之費節矣。欲修一殿，念秦皇奢侈而遽輟；羣臣請營閣避暑，念漢文罷露臺而不爲；將修東都乾陽殿，張元素有言而止，則土木之費省矣。納魏鄭公之諫，減長樂公主資送，則姻禮之費簡矣。定内外文武官止六百四十員，故當時無冗食之吏。畿内及諸路府兵止六十萬，又往往散之農畝，故當時無冗食之兵。五者，傷財害民之本也。太宗獨能撙節

[一] 必：原作「心」，據明澹生堂鈔本、四庫本改。
[二] 上戴：原作「戴上」，據明澹生堂鈔本、四庫本、《説苑·反質》乙。
[三] 預：原作「僞」，據明澹生堂鈔本、四庫本、《説苑·反質》改。
[四] 無：原脱，據四庫本及《説苑·反質》補。

如此，是以斥言利之虛名，收富國之實效。昔孟子著書七篇，二百六十一章，三萬四千六百八十五言，而以闢梁惠王問利國爲首，戰國之君皆疑其迂闊難信，孰知千歲之後有君如唐太宗，其言乃若符節之合乎？

十二月二十二日

宰相擇百官。宰相誠得其人，則百官自然稱職，此不易之理也。

《唐書》：憲宗嘗於延英謂宰相曰：「卿輩當爲朕惜官，勿用之私親故。」李吉甫、權德輿皆謝不敢。李絳曰：「崔祐甫有言：『非親非故，不諳其才。』諳者尚不與官，不諳者何敢復與？但問其才器與官相稱否耳。若避親故之嫌，使聖朝虧多士之美，此乃偷安之臣，非至公之道也。苟所用非其人，則朝廷自有典故，誰敢逃之？」上曰：「誠如卿言。」

某聞人主擇宰相，宰相擇百官。宰相誠得其人，則百官自然稱職，此不易之理也。歷觀自古居相位者鮮能以大公爲心，是以憲宗切切以是爲戒。李絳力引崔祐甫之言爲獻是矣，憲宗終未釋然也。故前因元義方之譖，頗疑絳私其同年。絳曰：「宰相職在量才授任，若其人果才，雖兄弟子姪猶將用之，況同年乎？避嫌而棄才，是乃便身，非徇公也。」當時咸謂絳言得宰相之體。雖然，帝嘗用裴垍爲相，器局峻整，人不敢干以私。故人求京兆判司，垍曰：「公才不稱此官，不敢以故人之私傷朝廷至公。他日有盲宰相憐公者，不妨得之，垍則必不可。」嗚呼！使爲相者人人如垍，則其不以官爵私親故也必矣，何待諄諄之誨乎？故曰：人主擇宰相，

廬陵周益國文忠公集卷一六一

承明集卷九

東宮故事 劄子附

淳熙六年正月二十七日

劉向《説苑·臣術篇》：人臣之術，順從而獲命，無所敢專。義不苟合，位不苟尊，必有益於國，必有補於君，故其身尊而子孫保之。故人臣之行有六正、六邪，行六正則榮，犯六邪則辱。夫榮辱者，禍福之門也。何謂六正、六邪？六正者：一曰萌芽未動，形兆未見，昭然獨見存亡之幾、得失之要，預禁乎不然之前，使主超然立乎顯榮之處，天下稱道焉，如此者聖臣也。二曰虚心白意，進善通道，勉主以禮義，諭主以長策，將順其美，正救其惡，功成事立，歸善於君，不敢獨伐其勞，如此者良臣也。三曰卑身賤體，夙興夜寐，進賢不解，數稱於往古之德，行事以厲主意，庶幾有益，以安國家社稷宗廟，如此者忠臣也。四曰明察幽見成敗，早防而救之，引而復之，塞其間，絶其源，轉禍以爲福，使君終以無憂，如此者智臣也。五曰守文奉法，任官職事，辭禄避賜，不受贈遺，衣服端齊，飲食節儉，如此者貞臣也。六曰國家昏亂，所爲不諫，然而敢犯主之顔面，言主之過失，不辭其誅，身死國安，不悔所行，如此者直臣也。是爲六正也。六邪者：一曰安官貪禄，營於私家，不務公事，懷其智，藏其能，主饑於論，渴於策，猶不肯盡節，容容乎與世浮沉，上下左右觀望，如此者具臣也。二曰主所言皆曰善，主所爲皆曰可，隱而求主之所好即進之，以快主之耳目，偷合苟容，與主爲樂，不顧其後害，如此者諛臣也。三曰中實頗險，外容貌小謹，巧言令色，又心嫉賢，所欲進則明其美而隱其惡，所欲退則明其過而匿其美，使主妄行，過在賞罰不當，號令不行，如此者姦臣也。四曰智足以飾非，辨足以行説，反言易辭而成文章，内離骨肉之親，外妬亂朝廷，如此者讒臣也。五曰專權擅勢，持抷國事以爲輕重[一]，於私門成黨以富其家，又復增加威勢，擅矯主命以自貴顯，如此者賊臣也。六曰諂言以邪，墜主不義，朋黨比周，以蔽主明，入則辨言好辭，出則更復異其言語，使白黑無別，是非無間，伺候可推[二]，因而默附[三]，使主惡布於境内，聞於四鄰，如此者亡國臣也。是爲六邪。賢臣處六正之道，不行六邪之術，故上安而下治，生則見樂，死則見思，此人臣之術也。

某聞正臣有六：曰聖，曰良，曰忠，曰智，曰貞，曰直是也。邪臣亦有六：曰具，曰諛，曰姦，曰讒，曰賊，曰亡是也。正臣進則治，邪臣進則亂；正臣用則安，邪臣用則

〔一〕抷：原作「壞」，據明澹生堂鈔本、四庫本改。按「抷」，掬也，「持抷」猶言把持。

〔二〕推：原作「投」，據明澹生堂鈔本、四庫本改。

〔三〕默附：明澹生堂鈔本作「附然」，四庫本作「附益」。

危。此古今不易之理，惟在人主深察之耳。攷於方册，蓋可得而數爲。何謂六正？禹戒舜以無若丹朱而舜爲盛帝，周公戒成王以無若商受而成爲顯王，此聖臣也。蕭何相漢，功存萬世，玄齡佐唐，知無不爲，此良臣也。鮑叔之推管仲，趙成子之薦狐偃、郤縠、胥臣、先軫、欒枝，此忠臣也。子房發八難，招四皓，李泌謀范陽，諭舒王，此智臣也。楚子文三爲令尹而無一日之積，魯季文子相三君無私積焉，此貞臣也。朱雲之折檻，王章之抗疏，此直臣也。何謂六邪？張禹之相西都，胡廣之輔東漢，非具臣乎？李勣云：「陛下所爲盡善，羣臣無得而諫。」李林甫云：「天子用人，有何不可？」非諛臣乎？張湯之巧詆，盧杞之忌嫉，非姦臣乎？蘇公之譖暴公，息夫躬之陷東平，非讒臣乎？田常得齊民之心終以簒齊，六卿專晉國之政終以分晉，非賊臣乎？宰嚭傾吳，趙高傾秦，非亡國之臣乎？爲人上者惟能用六正，去六邪，則垂衣拱手坐視天民之阜，而五帝三王不難至矣。

二月十三日

《三朝寶訓》：端拱元年八月，太宗幸國子監，謁文宣王畢〔二〕，升輦將出西門，觀見講坐。左右言學官李覺方聚徒講書，帝召覺，令對御講説。覺曰：「陛下六飛在御，臣何敢輒升高座？」帝爲降輦，令有司張帟幕別坐。覺講《易》之《泰》卦，從臣皆列坐。因述天地感通，君臣相應之旨。帝甚悦，特賜帛百疋。明日謂宰臣曰：「昨聽説《泰》卦，文理深奥，足以爲君臣鑑戒。朕與卿等當遵守勿怠。」

某仰惟太宗皇帝以英武成混一之功，以聖文致太平之效，親屈帝尊，臨幸國學，崇儒重道，亦云至矣。復因學官之請，降輦設次，然後命講《泰》卦。歷觀古之賢王好善忘勢，蓋未有如我太宗者也。後暨淳化五年，又詔孫奭講《書·堯典》及《説命》三篇，反覆紬繹，形於嘉歎。夫《易》之卦多矣，今獨用否泰之理垂君臣之鑑〔三〕，豈非欲上下交而其志同，内君子而外小人乎？《書》之篇衆矣，今乃專取帝王之道、致治之要，豈非欲德被四表，無愧堯帝，事必師古，同符高宗乎？固不徒慕虚名爲美觀而已，茲可爲萬世法，是宜表而出之。

三月十七日

《説苑》：河間獻王曰：「湯稱學聖王之道者譬如日焉，静居獨思譬如火焉。夫捨學聖王之道，若捨日之光，何乃獨思若火之明也？可以見小耳，未可用大，知惟學問可以廣明德慧也。」

某竊觀仲虺誥成湯曰：「能自得師者王，謂人莫己若者亡。」又曰：「好問則裕，自用則小。」大能自得師而又好問，所

〔二〕文：原脱，據明澹生堂鈔本、四庫本、《續資治通鑑長編》卷二九補。

〔三〕用：明澹生堂鈔本、四庫本、《續資治通鑑長編》卷二九作「因」。

謂學帝王之道也；謂人莫己若而又自用，即所謂靜居獨思也。成湯能學帝王之道，是以德日新，日日新，又日新，古今之理無不通，幅員之廣無不察，如日麗天，容光必照，兹其所以爲大與。不然，以區區之思慮，窮萬變之交錯，耳目所及固可知矣，耳目不及者何自而知？譬諸火焉，雖燎於原似若可畏，然百里之外光焰已熄，是故成湯之所不取也。且明於大者或晦於小，明於近者必晦於遠，斯乃自然之理。故日能照天地而不照蔀室。夫既已照天地矣，蔀室不必察也。若乃燈燭之光施諸一室之内足照毫釐，一室之外復何見哉？夫惟以日喻聖王之學，則其爲功也大矣；以火喻獨居之思，則其爲明也小矣。嗚呼！非成湯其孰能如此？

五月六日

《國語》：楚莊王使士亹傅太子箴，辭曰：「臣不材，無能益焉。」王曰：「賴子之善善之也。」對曰：「夫善在太子。太子欲善，善人將至；若不欲善，善則不用。」王卒使傅之。

某聞儲君以上智之資，居明兩之位，其稟於天者固殊絶於人矣，又得賢傅輔導之，則德隆而愈高，善積而益崇，其效豈淺哉？抑嘗考之經傳，其言傅太子之善者莫詳於《禮記》，莫備於《國語》。若曰：「三王教世子必以禮樂，樂所以修内，禮所以修外。禮樂交錯於中，發形於外，是故其成也懌，恭敬而温文。」又曰：「知爲人子然後可以爲人父，知爲人臣然後可以爲人君，知事人然後能使人。」此《禮記》之文也。「教之《春秋》，知善惡之勸戒；教之《世繫》，知昏明之廢興；教之《詩》，使窮道德之歸；教之《禮》，使知上下之則；教之《樂》，所以滌邪而鎮浮；教之《書》，所以睦族而比義。」此《國語》之文也。備此二者，太子之善著矣。雖使旦、奭保傅成王[一]，大要不出乎此，彼區區楚國之臣又何加焉。

五月二十七日

後漢明帝爲皇太子，桓榮爲少傅。榮以太子業成，上疏謝曰：「臣幸得侍帷幄，執經連年，而智學淺短，無以補益萬分。今皇太子以聰叡之姿，通明經義，觀覽古今，儲君副主莫能專精博學若此者也。斯誠國家福祐，天下幸甚。臣師道已盡，皆在太子，謹使掾臣汜再拜歸道。」太子報書曰：「莊以童蒙，學道九載，而訓典不明，無所曉識。夫五經廣大，聖言幽遠，非天下之至精，豈能與於此？況以不才，敢承誨命？昔之先師謝弟子者有矣：上則通達經旨，分明章句；下則去家慕鄉，求謝師門。今蒙下列，不敢有辭，願君謹疾加餐，重愛玉體。」

某聞三王之教世子，必以禮樂。春誦夏弦，太師詔之，所以博約道義，浸潤經術，因先王之法言，廣元良之德性。夫然後可以正天下之本，聳神民之望。去古既遠，斯道罕傳。惟明帝謙恭好學，孜孜不怠，而桓榮竭誠歸美，慶國家之福

[一] 旦：原作「且」，據明澹生堂鈔本、四庫本改。

佑。上下相資，追蹤三代，書之簡策，至今有榮焉。仰惟殿下聰明精敏，本於生知，猶且日與諸儒講明《戴禮》。其議論所及，多發揮前人之未至。逮此終篇，道固成矣。昔唐郭瑜告太子曰：「安上治人，莫大於禮，非禮無以事天地之神，非禮無以辨君臣之義。」某謂禮經雖多，而其要實在乎此，敢以爲獻。

某月某日

《三朝寶訓》：建隆元年正月，太祖幸國子監。二月又幸，因詔加修飾祠宇及塑繪先聖先賢先儒之像。帝親撰文宣王、兖國公二贊。三年六月，以右諫議大夫崔頌判監事，始聚生徒講學，帝詔中使以酒果賜之。四年四月又幸。

某恭惟太祖皇帝之有天下，適當五代干戈擾攘、四分五裂之後。劉氏據河東，李氏據江南，孟氏據全蜀，皆傳襲浸久，僭竊位號。荆南高氏、兩浙錢氏，雖名稱藩，實非純臣。其他如李筠、李重進之徒，大率强藩悍將，人懷向背。自今觀之，當時練兵擇將，夷凶翦亂，日不暇給矣，乃於即位之月兩幸國學，修飾祠宇，親製先聖之贊。雖前代太平極治持盈守成之君，未必能汲汲皇皇如此。其於先後緩急之序，似若倒置。竊嘗深求其説，然後窺聖意之萬一。蓋五代所以擾攘分裂大亂不止者，正以自唐之末君臣上下謂學校爲無益，指聖賢爲迂闊，視君如弈棋，殺人如刈草，禮義消亡，風俗大壞故也。今先示以崇儒重道之禮，則人將知有尊君親上之心。人有尊君親上之心，則忠孝根於内，暴亂弭於外，銷患冥冥，莫見其迹，積善在身，不知其長。僭僞所由削平，華夷所由畏服，而創業垂統所由億萬年無窮也。昔舜舞干羽而苗格，文王修德而崇降。太祖規模，真舜、文之規模也哉！

某月某日

《唐書·王績傳》：績兄通，隋末大儒也。聚徒河汾間，倣古作六經，又爲《中説》以擬《論語》。不爲諸儒稱道，書不顯，惟《中説》獨傳。

某按王通生於隋開皇之四年，而卒於大業之十三年。其在河汾，實能講明五帝、三王、周公、孔子之道，學者從之。然所著書每比擬六經，故爲《禮論》二十五篇、《樂論》二十篇以續《禮經》，集《書》一百五十篇以續《尚書》，採詩三百六十篇以續古詩，爲《元經》五十篇以續《春秋》，贊《易》七十篇以續《周易》，又爲《中説》摹倣《論語》。是皆以孔子自處，而謂門人董常爲顔子，何其不知量也！通之子曰福時，聚其書號「王氏六經」，然皆無傳，惟《中説》獨存，今所謂《文中子》者是也。通既有門弟子魏徵等仕唐爲宰相，嘗預修《隋書》，乃不爲通立傳。意者通嘗妄比聖人，徵既師事之，若過有推尊，必貽譏於後世；稍損益之，則是暴通之失，是以略而不載歟？且韓愈在唐號爲人儒，距通之時不遠，愈每言荀況、揚雄，乃無一字及通。至本朝，太宗皇帝遂謂通有缺行，故不得立傳。蓋述而不作，竊自比於老彭，若聖與仁，必曰則吾豈敢，孔子之謙每如此。通實何人，反僭聖作經，輒自尊大，宜乎太宗所不取、韓愈所不道也。惟五代《舊唐書》於《王績傳》末云：「通字仲淹，隋大業中名儒，號文中子，自有傳。」今既不傳，固無足據。昨日蒙殿下俯詢其由，輒具言之。

七月二十四日

《唐書·孫思邈傳》：盧照鄰問思邈養性之要，答曰：「天有盈虛，人有屯危，不自謹不能濟也，故養性必先知自謹也。謹以畏爲本，故士無畏則簡仁義，農無畏則墮稼穡，工無畏則慢規矩，商無畏則貨不殖，子無畏則忘孝，父母無畏則廢慈，臣無畏則勳不立，君無畏則亂不治。是以太上畏道，其次畏天，其次畏物，其次畏人，其次畏身。憂於身者不徇於人，畏於己者不制於彼，謹於小者不懼於大，戒於近者不悔於遠，知此則人事畢矣。」

某聞士農工商、君臣父子，貴賤流品雖殊，至於修身養性皆本於畏，則一而已。所謂畏者何也？一飲食必思有節，而嗜慾不敢縱；一起居必思中度，而怠惰不敢生。喜怒弗過也，宴安弗懷也。如此則爲士必成名，爲農必有秋，爲工必善其事，爲商必安其業。推而上之，爲君必治，爲臣必忠，爲父必慈，爲子必孝。又擴而充之，則爲聖爲賢，斯無難矣。孫思邈在隋、唐間雖名一藝，實兼於道，觀其論養生曰：「善言天者必質之於人，善言人者亦本之於天。」故以四時五行配四支五藏，極論寒暑往來消長之理，而終之以如臨深淵，如履薄冰，其義蓋深遠矣。孟子曰：「天下之本在國，國之本在家，家之本在身。」身之重如此，可不知所畏哉！

八月五日

唐明皇開元元年十二月己亥，禁乞寒胡戲，以殊中國之儀也。

某聞衣服有章，然後可以辨貴賤；禮樂有節，然後可以致中和。夫是之謂中國，安可使夷俗亂之乎？昔仲尼謂：「微管仲，吾其被髮左衽矣。」而孟子亦云：「用夏變夷。」況京師者天子之都，以風化下，尤在所先。故《小雅》咏「彼都人士」、「彼君子女」凡五章，皆取其衣服不貳，從容有常，而美其行歸於周，萬民所望，此所以爲四方之極也。明皇在開元初求治正切，乃禁乞寒胡戲，不使亂中國之儀，殆知所本矣。倘能善始善終，則祿山之亂何自而起也哉？近者恭聞詔旨禁止掉篦，謂其頗近胡裝〔一〕，蓋得《王制》五載巡狩考正禮樂制度衣服之義。而殿下識慮高明，又謂服飾音樂之近胡者皆當禁止，此孔孟之意也，《小雅》之旨也，開元故事，夫何足道？

〔一〕其：原無，據明澹生堂鈔本、四庫本補。

八月二十七日

《資治通鑑》：唐憲宗與宰相論自古帝王或勤勞庶政，或端拱無爲，互有得失，何爲而可？杜黄裳對曰：「王者上承天地宗廟，下撫百姓四夷，夙夜憂勤，固不可自暇自逸。然上下有分，紀綱有序，苟選天下賢才而委任之，有功則賞，有罪則刑，選用以公，賞刑以信，則誰不盡力，何求不獲哉？明主勞於求人而逸於任人，此虞舜所以無爲而治者也。至於簿書獄市煩細之事，各有司存，非人主所宜親也。昔秦始皇以衡石程書，魏明帝自按行尚書事，隋文帝衛士傳飧，皆無補於當時，取譏於後來。其耳目形神非不勤且勞也，所務非其道也。夫人主患不推誠，人臣患不竭忠。苟上疑其下，下欺其上，將以求理，不亦難乎？」上深然其言。

某聞漢武帝策董仲舒曰：「虞舜游於巖廊之上，垂拱無爲而天下太平，周文王日昃不暇食而宇内亦治〔一〕，得非疑二君勞逸不同而治效同耶？」今觀憲宗之論全類武帝，黄裳之對不殊仲舒。蓋以舜繼堯，復因其輔佐，故享任人之逸；文王逢商之末天下秏亂，賢者隱處，故任求賢之勞。帝王之道同條共貫，特所遇之時異耳，易地則皆然也。雖然，均是勤也，文王不遑暇食，特在乎咸和萬民、克俊有德而已，至於庶獄庶謹付之有司〔二〕，未嘗敢知。彼秦始皇、魏明帝、隋文帝不能宅心於用賢舉善，而屑屑然敝精神於簿書，故其勤雖同乎文王，治亂則霄壤矣。

十一月二十三日〔三〕

《唐書·韋綬傳》：穆宗爲太子，書「依」字輒去人，曰：「上以此可天下事，烏得全書耶？」

某聞晉元帝初踐祚，凡諸侯牋奏批之曰「諾」。蓋帝在藩國，恭於事上，謙於處己，積習成性，故當君臨天下，猶能安而行之。晉室中興，於兹見矣。唐穆宗幼年學書，已知避君王所用之字，謙恭如此，天資可謂絶人；倘又得端良諒直之士參侍左右，開廣聰明，必將增光憲宗，追述貞觀，豈特如晉元而已？惜乎韋綬才識庸鄙，不能以經義輔導太子，乃數爲俚言以取悦憲宗，斥而遠之，不亦宜乎？

十二月四日

《説苑》：齊景公出獵，上山見虎，下澤見蛇。歸，召晏子而問之曰：「今日寡人出獵，上山則見虎，下澤則見蛇，殆所謂不祥也？」晏子曰：「國有三不祥，是不與焉。夫有賢而不知，一不祥；知而不用，二不祥；用而不任，三不祥也。所謂不祥，乃若此者也。今上山見虎，虎之室也；下澤見蛇，蛇之穴也。如

〔一〕亦：四庫本作「方」。
〔二〕庶獄庶謹：疑有誤。
〔三〕二十三日：明澹生堂鈔本、四庫本作「二十二日」。

虎之室、如蛇之穴而見之，曷爲不祥也？」

某謂此篇本晏子戒景公田獵之失，然不欲正言，姑因上山見虎、下澤見蛇之問而以知賢、用賢、任賢爲諷。其意若曰：「山者，虎之室也。澤者，蛇之穴也。君不往獵，何由見之哉？」蓋春秋之際，人君鮮能以納諫爲事，故其臣未免婉詞以喻之。厥後一變遂爲戰國之縱横，上下無復以誠相與，而讒諂面諛之風熾矣。帝王盛世則不然，主聖臣直，語皆深切著明，未嘗遷就其説。如益之戒禹曰：「儆戒無虞，罔失法度，罔遊於逸，罔淫於樂，任賢勿貳，去邪勿疑。」禹之告舜曰：「無若丹朱傲，惟慢遊是好，傲虐是作。」載之典謨，何其盛也！後之人君欲知帝王、霸者之不同，其亦考其君臣相告之意乎。

十二月二十四日〔一〕

唐明皇嘗獵苑中，或大張樂，稍過差，必視左右曰：「韓休知否？」已而疏輒至。嘗引鑑默默不樂，左右曰：「自韓休入朝，陛下無一日歡，何自戚戚，不逐去之？」帝曰：「吾雖瘠，天下肥矣。且蕭嵩每啓事必順旨，我退而思天下，不安寢；韓休敷陳治道多訐直，我退而思天下，寢必安。吾用休，社稷計耳。」

某聞楚共王嘗召令尹告之曰：「常侍筦蘇與我處，常忠我以道，正我以義，吾與處不安也，不見不思也。雖然，我有得也。其功不細，必厚爵之。申侯伯與處，常縱恣吾，吾所樂者勸吾爲之，吾所好者先吾服之，吾與處歡樂之，不見戚戚也。雖然，吾終無得也。其過不細，必亟遣之。」某謂楚王諸侯耳，尚不欲以一己好惡而私其用捨，况明皇奄有四海，爲天下君？宜乎因逆心而求諸道，因遜志而求非道，此開元之治所以庶幾於貞觀也。惜夫志滿意得，爲善不終，惡張九齡咈己而棄之，喜李林甫順己而信之，馴致天寶之亂，爲楚王所笑。有始有卒，果其難哉！

淳熙七年正月二十五日

漢張釋之爲謁者僕射，文帝幸上林苑，釋之從登虎圈。上問上林尉禽獸簿，尉不能對，虎圈嗇夫代尉對，響應無窮。上曰：「爲吏不當如此耶？」詔釋之，欲拜嗇夫爲上林令。釋之進曰：「陛下以周勃、張相如何人也？」上曰：「長者也。」釋之曰：「此兩人稱爲長者，言事曾未出口，豈若嗇夫喋喋利口捷給哉？且秦任刀筆吏，爭以苛察相高，故政凌遲。今以嗇夫口辨而超遷之，臣恐天下隨風而爭，口辯無實。上之化下，疾於影響，舉措不可不察。」上曰：「善！」乃止，拜釋之爲公車令。

某聞剛毅木訥近仁，巧言令色鮮矣仁。是故《易》稱吉人之辭寡，躁人之辭多。《書》不貴截截善諞言，而以心休休無他技爲貴。歷觀古之君子，未有不訥於言而敏於行者也。文帝天資仁厚，專務以德化民，顧豈不知此哉？其賞虎圈嗇夫，特以上林尉職在禽獸不能舉職，嗇夫乃反能之，姑欲稍

〔一〕二十四日：明澹生堂鈔本作「二十二日」。

加試用，以勸留意職業之人耳，非喜其辯也。張釋之猶以爲不可者，蓋上以重厚取人則有德者進，上以捷給取人則利口者來，用捨之端當審故也。文帝一聞斯言，即捨嗇夫而進釋之。嗚呼，其賢矣哉！

二月七日

前漢魏相好觀漢故事及便宜章奏，數條漢興以來國家便宜行事及賢臣賈誼、晁錯、董仲舒等所言，奏請施行之。相飭掾史按事郡國及休告從家還至府，輒白四方異聞，或有逆賊風雨災變郡未上，相輒奏言之。與御史大夫丙吉同心輔政，上皆重之。

某聞漢宣帝信賞必罰，綜覈名實，好用文法吏，以刑繩下，蓋興事造業之時也。而魏相方且取祖宗已行之事，採名臣所陳之言，奏請施行之，近於迂矣。元康而後，嘉穀崇降，神爵仍集，金芝産銅池，九真獻奇獸，南郡獲威鳳，改元紀瑞，帝心侈焉。相則採郡國盗賊風雨災變之事，日陳於前，近於惷矣。然在當時則蒙倚信，及後世則稱名相者，蓋君臣之間正欲可否相濟，吁咈相警，然後政事不流於一偏，風俗不至於墜壞。此孝宣所以中興，丙、魏所以有聲也歟！

三月八日

漢武帝元鼎五年，以御史大夫石慶爲丞相。是時國家多事，桑宏羊等致利，王温舒之屬峻法，而倪寬等推文學，皆爲九卿，更進用事，事不關決於丞相，慶醇謹而已。

某觀漢武帝雄材大略，内欲修明百度，外欲攘却四夷，其任一相，宜擇聰明材智之士以共成治功，顧乃不然，所用者田蚡、薛澤、李蔡、嚴清翟、趙周之徒，大抵皆庸才也。多詐如公孫弘，當時號爲賢相，其他可知。今又以石慶醇謹擢而用之，天下之事則不使關決，國家何賴焉？且人主論一相〔一〕，一相擇百官，然後朝廷可治，萬事可理。《書》曰：「安汝止，惟幾惟康，其弼直。」又曰：「股肱喜哉，元首起哉，百工熙哉。」此二帝所由昌也。武帝使九卿更進用事，而丞相徒取充位，其亦異乎是矣。

五月七日

真宗咸平三年御便坐，命翰林侍講學士邢昺講《左氏春秋》〔二〕，侍讀預焉〔三〕。時初置講讀之職，至五年講畢，宴近臣於崇政殿，賜昺襲衣、金帶，加器幣，仍遷工部侍郎，兼國子監祭酒。

某謹按《國史》，咸平三年，真宗皇帝即位尚新，北則契丹入寇，西則李繼遷未平，西南則王均僭號於成都，羽檄交馳，日不暇給。當是時，議者必以選將練兵爲亟，而指崇儒

〔一〕論：原缺，據明澹生堂鈔本、四庫本補。
〔二〕侍講：原作「侍讀」，據《宋史》卷四三一《邢昺傳》改。
〔三〕「預」字原脱，四庫本注云「闕」，據《宋史》卷四三一《邢昺傳》補。

重道爲迂。帝獨不然，方且初置講讀之職，博延儒學之士，是豈急其所當緩，緩其所當急哉？蓋以攘戎狄在乎修政事，修政事在乎正心術，正心術在乎明道德。未有道德既明而安强之威不成者也。惟帝天縱將聖，有得於此，故日命邢昺等講《左氏春秋》，纔二三年遂至終篇。又兩年而北戎入寇，車駕再幸澶淵，射殺賊帥，虜衆狼狽宵遁，卑辭請和，太平之功自此而定。然則帝王講藝論道，豈專爲文治而已，其亦立武事之本歟！

繳選德殿記劄子 淳熙五年九月

某前日曾面□《選德殿記》，大槩言古者男子自其初生即已寓意弧矢，而《六經》所載祭祀、賓客、取士、燕飲之類皆主乎射。是以平居無事，人人閲習，月來日往，同乎自然。兵農所以不分，文武所以爲一。後世失其本指，乃以爲兵家之一藝，故士卒挾其所長得以驕人，而國之興衰始專在兵矣。今主上特取選射觀德之義以名便殿，儲精復古，至深至遠。所恨某言詞不工，莫能宣達聖意，姑塞明詔，不任震懼。緣碑在禁中，難以摹打，謹録本内申納，倘蒙令慈特賜過目，不勝幸甚。

乞召魏王侍祠劄子

某適蒙令旨草魏王問候書，初不知其詳。偶有四明人在此，呼而問之，方知魏王自此月十一二以後痰唾中有疾，且云常覺恍惚有所睹，見往龍虎山招張天師，想只是緣瓦凉棚曾壓損人，中心自疑，是以如此。某區區之意，竊謂殿下倘因月旦入侍，奏知主上，乞以宗祀侍祠爲名召王入朝，少解其惑，則殿下友愛之情光於古今，必契宸指。仰恃眷遇，有所見不敢隱，未審當理否。皇恐死罪。

納臨江軍法帖劄子

某頃曾面禀本朝太宗皇帝嘗謂輔臣曰：「朕開卷見聖賢行事可爲軌範者，未嘗不三復，可以資風教者悉記之。每延見臣下，援引以示勸戒。」至道元年，定爲法帖十二卷，今江西臨江軍偶存石刻，輒摹印一本，裝褫成册，謹用投獻，庶幾侍膳問安之暇，少資觀覽。冒瀆淵冲，伏深震越。

乞還尤袤禮記徹章賞劄子

某等昨緣《禮記》徹章，已照應元降指揮，將曾任庶子、諭德講《禮記》官姓名具申朝廷推恩了當。後來方省記得尤袤一員雖係侍讀，却曾於乾道九年十一月内緣庶子、諭德闕官，專差本人兼講《禮記》。已取會到吏部所受聖旨全文，今欲繳連關左右春坊，申取朝廷指揮，合具禀知，伏乞令照。

付下兩春坊當直人文字回劄

某伏蒙令慈付下兩春坊當直人文字。早來聖上宣諭，云此是揀不中禁軍，亦非創差，遂令降旨云：「應諸處占破人數並行拘收，今後不得違戾。」元不曾指名此項，伏乞令照〔一〕。

〔一〕按四庫本此劄後尚有《付下御筆戒諭張澈等回劄》：「某伏蒙令慈封示御筆，戒諭張澈、應孟明極爲允當，謹復封納，乞便賜繳進，伏乞令照。」並注云：「已上二劄並在政府時，今附入於此。」

廬陵周益國文忠公集卷一六二

承明集卷一〇

表牋　笏記　青詞　書簡　代東宮

辭免皇孫封國公皇孫女封郡主奏 淳熙五年

臣恭睹十月二十八日聖旨，皇孫右千牛衛大將軍某與除正任觀察使，封國公，皇孫女與封郡主者。慈憐俯被，感懼交深。臣仰惟皇帝陛下睦族以仁，率由近始，抱孫之愛，每厚宸衷。特侈恩章，併加爵秩。然臣男方踰幼學，敢輒當廉車公社之崇？臣女猶在弱齡，難遽冒列郡榮名之寵。願回鴻渥，免累公朝。臣無任祈天俟命之至，取進止。十月一日，御寶批：降詔不允。

謝主上表

共爲子職，僅輸定省之勞；貽厥孫謀，忽被便蕃之寵。假公朝之爵秩，爲私室之光華。中謝。伏念臣夙侍慈顔，密承慶系。男方踰於幼學，已叨環衛之聯；女猶在於弱齡，未習姆師之訓。敢圖宸渥，並錫恩章！位以廉車，特賜公圭之履；主之列郡，更疏沐邑之榮。豈伊蕞爾之軀，堪此涣然之命？茲蓋伏遇皇帝陛下自家刑國，執古御今。道與天同，雖處域中之大；愛由近始，每先門内之恩。爰推幼幼之仁，以篤親親之義。臣敢不勉圖忠孝，仰答眷憐！受祉而施於孫，竊頌文王之聖；明德而親其族，願觀堯帝之勳。

謝皇后牋

恢崇内治，夙承紫禁之顔；啓導中宸，併錫緑車之寵。祇膺眷渥，伏積兢榮。中謝。竊以帝系隆昌，時惟大慶。天孫富貴，固有彝章。乃如稚弱之資，方倚載持之德。孰云異數，集此幼年！茲蓋伏遇皇后殿下濬發徽音，密傳洪造。於其王母，每介福於康侯；至哉坤元，庸資生於萬物。坐令孱陋，獲被褒嘉。臣敢不勉以成人，戒夫期侈！子孫蕃衍，繼盈匊於唐風；壽禄綿延，邁含飴於漢世。

謝太上皇帝表

非黄屋之心，久怡神於太極；鍾緑車之愛，今錫寵於曾孫。仰愜慈懷，俯慚榮遇。中謝。伏念臣質微三善，居奉重親。夙憑積慶於仙源，早應占祥於吉夢。方勝趨拜，乃冒寵靈[一]。植圭光映於廉車，脂澤顯開於名郡。赫然印組，賁此閨門。茲蓋伏遇尊號太上皇帝陛下妙道無爲，神功不宰。巍巍蕩蕩，民難堯帝之名；

[一] 冒：四庫本作「荷」。

蟄蟄繩繩，孫喜周邦之衆。溢兩宮之和氣，見四世於我家。臣敢不力訓童蒙，俾知恩渥！子有孫而孫生子〔二〕，期無忝於本支；君使臣而臣事君，誓同堅於忠孝。

謝太上皇后牋

功齊太極，方同享於尊榮；恩逮曾孫，爰並疏於寵渥。涓辰拜賜，舉室交欣。中謝。伏念臣奉侍重親，叨塵貳極。幸襲邦家之慶，早開男女之祥。童稚何爲，顧每慚於觿韘；功容匪易，曾未習於組紃。驟膺晉錫之蕃，仰賴坤元之正。茲蓋伏遇尊號太上皇后殿下徽柔有裕，冲淡無爲。夫夫婦婦而明人倫，夙著「關雎」之化；子子孫孫而正家法，今觀「麟趾」之風。肆協德於兩宮，庸推恩於諸幼。臣敢不推原其本，圖報所蒙！壽考維祺，願對堯年之永；雲來致養，更觀周曆之長。

明堂禮畢稱賀笏記

萬寶成功，九筵肆祀。共惟皇帝陛下受天純嘏，錫福庶民。凡預臣鄰，胥同鼓舞。

肆赦訖稱賀笏記

禮成世室，澤霈端闈。共惟皇帝陛下受祉堪輿，均恩夷夏。周刑既措，禹服來同。

郊祀端誠殿賀禮畢笏記

新陽協應，元祀備成。恭惟皇帝陛下貺格兩儀，恩均萬國。幸仰瞻於慶禮，尤俯極於懽悰。

設醮青詞 淳熙三年八月二十八日

伏以月紀仲秋，日臨初度。念夙依於道蔭，獲安處於宮庭。預集羽流，恪陳醮席。宣瓊科於清夜，延飈馭於層霄。伏望垂鑑丹誠，博恢洪造。無疆之壽，上祝於君親；有羨之祥，下均於閨闥。

又 淳熙四年八月

仲秋紀月〔三〕，將臨生育之辰；大道流恩，預展熏修之報。揆良辰而設席，延高士以宣科。伏望鶴駕來臨，鴻私曲被。兩宮萬壽，勤定省於寢門；四序多祥，保安寧於閨闥。誓殫誠恪，仰答生成。

〔二〕生：明澹生堂鈔本、四庫本作「又」。
〔三〕仲：明澹生堂鈔本、四庫本作「季」。

賀魏王年書

某拜啓判府制置開府大王尊兄座下〔一〕：逖違誨色，倏已經年。企仰在中，非可言喻。臘寒甚勁，共惟鎮臨海服，神相人詠，尊候動止萬福。某坐阻侍教，臨風增情，願調寢饗，以對戩穀。拳拳不備。

某拜啓〔二〕：伏以四序更端，群生交泰。仰惟班春有裕，受祉滋多。引領旌麾，無由奉觴致千歲之祝，姑憑尺牘，少展寸誠，敢冀尊察。

某拜問尊嫂兩國夫人，欽想祺祥交集，姪輩侍奉均慶。臨安或有所委，願聞其目。

謝魏王賀生辰書

某拜覆判府制置開府大王尊兄座下：不奉怡怡之樂，浸易歲華，引領東望，殊切馳仰。深秋極凉，伏惟綏靖海邦，神人共護，尊候動止萬福。某侍膳攸拘，莫遑瞻拜，仰乞寶調冲粹，翕受丕祉，永膺君父之眷。不備。

某拜覆：某始生之辰，特蒙記念，遠勤專介，寵以教墨，而又香幣器物，既厚且嘉，自非友愛素隆，何以臻此？祇受以還，感藏無斁，區區謝悃，尺紙奚究！尚冀尊察。

某拜問尊嫂兩國夫人，欽想尊履日臻殊祉，姪女以次均安。並枉壽儀，尤深悚荷。

回魏王書〔三〕

某拜覆判府制置開府大王尊兄座下：初冬晴霽，恭惟藩府政清，百神交贊，尊候動止萬福。某恪奉君親，粗安子職。逖瞻棨戟，侍見無階，戀戀之心，與時俱積。天氣日寒，敢乞垂意珍嗇，永綏多祉，式符頌詠。不備。

某拜覆：屬者人還，拜書幸徹崇聽。方圖寓便，嗣承起居，乃蒙恩慈，洊枉誨問，仍以木棉海錯爲賜。深惟友愛之厚，豈勝感篆之情？憑書叙謝，聊見萬一，尚蘄尊察。

某拜問尊嫂兩國夫人，伏想尊履對時納慶，姪輩長茂。此或有委，辱賜下諭，幸甚。

〔一〕啓：明澹生堂鈔本、四庫本作「覆」。

〔二〕啓：明澹生堂鈔本、四庫本作「覆」。

〔三〕按明澹生堂鈔本、四庫本於《回魏王書》前有《魏王來書》：「某頓首上啟：比者遣人致難老之祝，特承惠答，殊荷勤渠，不聞動静，又復幾月，豈勝馳仰之情！即日薄寒，伏惟日侍宸闈，尊候神相萬福。某備數粗遣，皆叵庇所及，不足勤念。慮弟瞻承之便，邈未有涯，殊極拳拳也。寒燠未定，用敢祈惠令崇護，以對休寵。不宣。某頓首上啟皇太子殿下賢弟。

某頓首又啟：兹者中宫受冊深欲一到稱慶，偶與進香，例不得請，不免遣譚。幹辦前去，漫有微浼，具於别幅。甚有不腆之愧，領其意可也。

妃子即日伏惟淑候萬福，觀察郡主一一均休，老嫂再三附拜起居。此間豈無委囑，可得聞否？」

賀魏王冬書

某拜啓判府制置開府大王尊兄座下：遡違誨言，又見冬仲，惟是企仰，與時俱增。寒色方凝，共惟表海成功，京師蒙潤，尊候動止萬福。某日侍宸極，莫展弟恭，敢祈上體君父之眷，益調寢膳，永綏吉履。臨文戀戀之至，不備。

某拜啓：新陽協序，亞歲迎祥。仰惟惠政及民，千里欣頌，履茲長至，純嘏倍增。某阻奉壽觴，惟深善禱，專馳慶幅，尚乞省覽。

某拜問尊嫂兩國夫人，伏想翕受既多之祉，姪以次均慶。此豈無可委者，敢望誨示。

回魏王冬書

某拜覆判府制置開府大王尊兄座下：圭景踐長，臺雲告瑞。恭惟布宣上德，神悦人和，尊候動止萬福。某問安有守，趨侍無階，坐馳寸誠，朝夕不置。風霜方凛，保衛爲先，願調寢羞，鄉用丕祉，是爲拳拳之禱。不備。

某拜覆：比以至節俯臨，恪修賀問。竊計方塵尊覽，豈謂遠勤記念，遺介貽書，三復眷存，備諗友睦之意。謹此叙謝，莫究萬一，尚乞尊察。

某拜問尊嫂兩國夫人〔二〕：伏想順履昌辰，駢臻多祉，姪以次侍奉均慶。臨安或有所委，願承尊命。

與魏王賀年書

某拜啓判府制置開府大王尊兄座下〔一〕：不侍誨言，又將閲歲，中心懷仰，形於夢寐。即辰天氣凝冱，共惟從容藩翰，神明翊扶，尊候動止萬福。某東望棨戟，莫遑瞻拜，惟乞致和宣滯，益綏繁祉。臨筆猶切依鄉之至，不備。

某拜啓：伏以天令更新，物華資始。惟時厚德，當擁殊休，而况惠愛其民，靖恭介福，俾昌俾熾，理有必然。某思奉壽觥而不可得，謹專人少致祝頌之情，伏冀尊察。

某拜問尊嫂兩國夫人，共想茂對春元，坐膺福禄，姪以次同受新祉。行都倘有委令，願效區區。

賀魏王領尹書

某拜啓大尹判府大王尊兄座下：即日氣序清和，共惟宸渥方新，神人欣贊，尊候動止萬福。某茲審布宣涣號，尹止南荆，仍更雙鎮之節旄，增焕四明之符竹，用本朝之異禮，示當宁之殊恩，諒深歡慶。某未獲面伸賀悃，謹此少見區區，伏乞尊察。不備。

〔一〕問：明澹生堂鈔本、四庫本作「覆」。

〔二〕啓：明澹生堂鈔本、四庫本作「覆」。下篇同。

回魏王賀生日書

某拜覆大尹判府制置開府大王尊兄座下：逖遠旌麾，又復累月，中心企仰，未嘗少忘。秋序日涼，共惟坐鎮名藩，神人交相，尊候動止萬福。某恪修子職，遥依餘芘，末由再侍誨色，敢蘄厚輔茵鼎，益綏戬穀，式對宸眷。不備。

某拜覆：某始生之日，特蒙尊慈曲垂軫記，遠貽慶幅，貳以器幣香茗之貺，意愛勤厚，祗受感怍。忽忽叙謝，莫究萬一，尚乞尊察。

某拜問尊嫂兩國夫人，伏惟柔履倍膺多祉，姪以次侍奉均安。有委於此，願聞尊命。

回魏王冬書

某拜覆判府大尹開府制置大王尊兄座下：遠違誨言，坐踰累月，拳拳傾仰，未嘗少忘。寒色甚嚴，恭惟威惠浹民，神物森相，尊候動止萬福。某日侍君親，莫遑參省，敢乞俯遵時令，益衛鼎茵，永綏戬穀。不備。

某拜覆：雲書魯史，道長義爻。仰惟德化具孚，民謡轉達，乘兹穀旦，丕擁殊祥。某阻捧壽觴，姑馳慶幅，熾昌之頌，徒切於中，伏乞尊察。

某拜問尊嫂兩國夫人，伏想共膺純嘏，姪以次均慶。此或有委，切乞賜諭。

回魏王年書

某拜覆判府大尹開府制置大王尊兄座下：即日歲律肇新，共惟棨戟森嚴，顯幽咸相，尊候動止萬福。某問安侍膳，阻遂怡怡之樂，徒切馳頌。重茵列鼎，因時而節宣之，斯爲真禱。不備。

某拜覆：竊以一氣回春，三陽交泰。惟吉德介自天之佑，惟宅牧擁宜民之祥。相望數百里，無由面伸善頌，方且馳辭修慶，乃蒙誨翰俯及，其爲欣感，交集於中〔一〕。

某拜問尊嫂兩國夫人，共惟同膺新祉，姪以次侍奉協吉。此或有委，願奉約束。

回魏王賀生日書

某拜覆判府制置開府州牧大王尊兄座下：逖瞻棨戟，久闊誨言，不勝拳拳傾仰之心。顥氣澄秋，共惟鎮臨東藩，神物森相，尊候動止萬福。某日侍宸闈，末由恭拜，敢乞對時珍嗇，益綏龐鴻之祉，庸副頌願。不備。

某比者共審宣麻昕陛，建牧咸陽，舉承平之盛典，旌異等之治效，諒深懽愜。某既不獲面致賀誠，又復稽於馳慶，下情徒切愧悚之至。

某拜覆：某特蒙尊慈俯記始生之日，專介遠貽教墨，貳以

〔一〕「中」下，明澹生堂鈔本有「謹此布謝，伏冀尊察」八字。

壽儀香蔬等，仰被友愛之厚，忽忽叙謝，莫究萬一，伏冀尊察。

某拜問尊嫂兩國夫人，伏想茂對令辰，坐膺繁祉，姪以次侍奉均休。此或有委，敢乞賜諭。

賀魏王冬書 淳熙五年

某拜啓判府制置開府州牧大王尊兄座前：不親誨色，再見冬仲，卑悰瞻仰，言不能宣。寒威方勁，共惟美化及民，自天介祜，尊候動止萬福。某子職攸拘，未期侍見，更乞精調寢饔，益迓殊祉。不備。

某拜啓〔一〕：律應黄鐘，日行北陸。維時厚德，茂履剛辰，宜集繁禧，用對道長之慶。某逖瞻棨戟，阻奉壽觴，謹此少叙下悃，伏冀尊察。

某拜問尊嫂兩國夫人，伏想坐膺新祉，姪以次侍履協吉。有委於此，願承約束。

回魏王賀冬書

某拜覆判府制置開府州牧大王尊兄座前：寒色方嚴，共惟政平訟理，神相人詠，尊候動止萬福。某坐阻瞻見，不勝馳仰，敢冀精調寢膳，丕迓方來之祉。不備。

某拜覆：兹以踐長觀復，輒具書少伸慶禮，伏計方徹尊視。特蒙翰墨之賜，仰諗友愛之隆〔二〕，區區感悰，尺紙莫究，尚乞尊察。

某拜問尊嫂兩國夫人，恭想茂迎純嘏，姪以次均慶。或有委令，願聞尊命。

賀魏王年書

某拜啓判府制置開府州牧大王尊兄座前：逖違顔範，冬律洊更，傾仰於中，不忘昕夕。即日冰霜凝沍，共惟班春有裕，神物介相，尊候動止萬福。某恪恭定省，阻奉誨言，所蘄保毓粹冲，嚮用戬穀。某拳拳之禱，不備。

某拜啓〔三〕：伏以行夏之時，肇新令序；維周之翰，宜介繁禧。矧宣化政勤，及民利博，凡在千里，孰非善頌之言，兹又致祥之尤者。某莫遑面叙賀誠，謹此少伸下悃，伏乞尊察。

某拜問尊嫂兩國夫人，共想茂對昌辰，丕膺殊祉，姪以次侍奉協吉。有委於此，敢乞賜諭。

回魏王賀年書

某拜覆判府制置開府州牧大王尊兄座前：逖遠高牙，薦移圭籥。雖音問以時往覆，而懷仰誨色，實深下情。即辰春入東郊，恭惟鎮臨藩服，獲助幽顯，尊候動止萬福。某日侍清光，未

〔一〕啓：明澹生堂鈔本、四庫本作「覆」。
〔二〕諗：四庫本作「荷」。
〔三〕啓：明澹生堂鈔本、四庫本作「覆」。

由瞻覿。當寒威之尚勁，惟保愛之是祈。拳拳之心，敢乞照亮，不備。某拜。

某拜覆：比以四序維新，三陽交泰，專具書申慶。伏想方瀆清聽。茲蒙誨函俯逮，備彰友愛，三復欣浣。惟是熾昌之禱，感荷之悰，有非尺書所能盡者，尚乞尊察。

某拜問尊嫂兩國夫人，共想春祺備集，姪以次侍履均祉。或有委令，敢乞尊諭。

回魏王賀生日書

某拜覆判府制置開府州牧大王尊兄座前：即辰天高氣肅，萬寶告成，共惟政績彌彰，堪輿顯相，尊候動止萬福。某日虔問寢，正阻侍見，臨風徒極依戀，敢乞因時御宜，保衛冲粹，永對丕祉，垂副傾禱。不備。

某拜覆：久違顏範，雖幸音驛間通，而拳拳尊仰，何以自致！茲者初度載臨，遠勤尊念，特遣騎吏，墜貺書翰，申以壽儀，金幣香茗，粲然溢目，物僭意厚，深諗友愛之情，其爲感謝〔一〕，尺紙莫究萬一，伏乞尊察。

某拜問尊嫂兩國夫人，共想玉體安和，姪以次侍履均休。是問委令，望示條目。

回魏王通問書

某拜覆尊兄座前：深秋清涼，共惟森戟凝香，神明欽佑，尊候動止萬福。氣序向冷，寢餗之間，宜先調衛，謹致拳拳之禱。不備。

某拜覆：茲者合宫肇禋，稀世闊典。初謂蟬冕陪祠，可遂瞻侍。伏勤書誨，乃知尚緩入覲之期，下情悵仰。木棉海錯，沓來厚賜，祗受悚感，言莫能盡，尚乞尊察。

某拜問尊嫂兩國夫人，敬想淑履坐膺百順，姪以次均安。或有委令，顒俟尊諭。

問候魏王書

某拜啓某官尊兄座前〔二〕：即辰天氣清肅，共惟偃藩靜治，神相德履，尊候動止萬福。末由侍見，臨風馳仰，敢乞保輔粹冲，永綏戩穀。不備。

某拜啓：竊聞近日體中略曾愆和，得非府事繁劇，未免縈心而致然耶？更望節思慮〔三〕，調飲食，以速勿藥之喜。謹專人承詷，敢乞尊察。

某拜問尊嫂兩國夫人，共想翕臻多祉，姪以次均安。或有都下委令，須切誨諭。

〔一〕爲：明澹生堂鈔本、四庫本作「如」。

〔二〕啓：明澹生堂鈔本、四庫本作「覆」，下篇同。

〔三〕思：原缺，據四庫本補。

廬陵周益國文忠公集卷一六三

續刊周益國文忠公集叙略

《周益公全集》凡二百卷，棨逭歲校正一百六十二卷，先爲板行，已叙其崖略矣。尚餘《雜著述》二十三卷，《書稿》十五卷，《附録》五卷。年來昕夕展讀，竊嘆公之著作不獨鉅製鴻篇，光耀千古，即隨筆記録，其於制度典章、藝文名物，亦莫不賅洽精詳。《書稿》中籌及時政，往往大力小心貫注於字裏行間，並足以垂不朽。續刊之役，詎容緩耶！爰勉策駑鈍，仍據彭春農學士手校本，合王霞九觀察所分鈔翰院本。《雜著述》之十一種，張古餘觀察本所有，《思陵録》、《玉堂雜記》、《二老堂詩話》暨《書稿附録》，悉心參訂，概登棗梨。公之集於是大備，海内嗜古之士固樂睹其全，而棨亦幸殷殷謀梓之夙願畢遂也。彭學士原定《雜著述》與《書稿》凡例四條，今補録，並恭録《四庫全書總目提要》冠初刻卷端，《玉堂雜記》、《二老堂詩話》提要分列二種之首，以昭國朝右文之盛云。

咸豐元年歲次辛亥仲夏，邑後學歐陽棨謹識。

識於此。

廬陵周益國文忠公集卷一六三

續刊彭學士原定凡例

一、總目以《雜著述》二十三卷，而各種分繫其下，是《雜著述》者其總綱，而各種書者其子目也。乃集中仍以各種標作綱名，名自爲卷，全不與前目相應，而所謂二百卷者，乃不可彙查。今校以《雜著述》標名，取足《文集》二百卷之數，而其中之各自爲卷者，則子目也。

一、《思陵録》二卷，別本視知聖道齋所校，倒亂乖互之處不勝其多，若逐一注出，反加繁蕪，玆擇其切要者注之，餘從略。

一、《近體樂府》一卷，向止數頁，知聖道齋本有另紙數幅，載遺詩數十首，注云「照閣本補入」。又《玉堂雜記》後，亦誤附詩二首，次首又佚其半。今俱附於近體樂府之後，並爲一卷云。

一、書稿十五卷，即公子綸所稱「未容盡刻」者。今知聖道齋本此十五卷，多脱佚，院本較詳，據以增入，不知尚有缺遺否也。

棨案、彭學士因知聖道齋本有另紙數幅載遺詩數十首，附之近體樂府後。今考另紙所載遺詩，均係楊誠齋先生詩，故從刪，已詳注《雜著述》之末，仍全録其原定《凡例》附

廬陵周益國文忠公集卷一六三

雜著述卷一

親征録

起辛巳十月庚子，止壬午六月丁丑〔一〕。

紹興三十一年，歲在辛巳，十月朔庚子〔二〕，陰。手詔金虜叛盟，將親征。其文洪景盧所草，前一月，人已能誦之。

癸卯，雨，除三招討使。吴璘報：九月十八日，遣將彭清劫金人大寨於寶鷄橋。知均州武鉅奏：招到北界杜海、昝朝等二萬餘人，老小數萬口，獲首生擒二百餘人。池州都統李顯忠奏：與金人三戰於正陽西，敗之。此月三日也，時虜騎已縛橋踰淮。吴璘奏：九月二十七日克秦州。

戊午，晴。張真甫供職，葉義問督視江淮荆襄軍馬，虞允文參謀軍事。義問辟洪邁、馮方同行。時虜騎大入，諸將多敗奔也。

庚申，陰晴相半。聞王權與金人戰於和州境，人情大汹。

辛酉，午後出北關送葉樞，矜氣大言，識者憂之。行府犒軍金帛絡繹於道。邵宏淵黄旂走報，與金人戰於六合。先是諸將每遇敵輒以捷告，都人望旗呼舞。尚書省揭黄榜於通衢，不移刻摹印徧都下，驗其地則皆自北而南，實未嘗有所獲也。

壬戌，聞虜陷真州，邵宏淵雖力戰於六合，兵少不能禦故也。

甲子，陰。聞虜陷揚州，百官宅遷徙一空。

十一月己巳朔〔三〕，霜晴，人情稍舒〔四〕。劉錡報皂角林大捷。先是錡提軍駐淮東清河口，與虜兵相持，而完顔亮親率大軍別從淮西入寇，李顯忠遇之即遁，遂與王權戰於廬、於和，權退舍屢敗。亮自滁入真，邵宏淵又不能當。亮兵將繞出錡後，錡知不敵，即捨清河歸維揚，焚廬舍芻糧南歸，虜遂兩道入矣。亮至皂角林，錡與戰，敗之。捷書聞，上大喜，遣中使賜予甚厚。

丙子，聞此月五日李横敗績於瓜州。初，劉錡捷，即卧病舆歸京口，虜遂臨江。葉義問督錡進戰，錡不可，亦以病實不能行。義問乃命横將兵過江，方交鋒，虜分兵爲左右翼，潛出横後，夾攻我師。横大敗，諸軍赴江死者甚衆。凡犒軍金帛盡爲虜得，横亡失都統印，匿草間獲免。或云是日中軍將劉汜臨陳先遁，故敗。汜，錡之姪也。

庚辰，采石捷書聞。初，虜兵雖勝，視瓜州江闊難渡，而采石淺狹，且朝廷方以李顯忠代王權統金陵之師。亮意其號令未定也，以此月八日、九日親執旗鼓督細軍臨江，而聚所掠之舟密載甲士南渡。會漁人諜知其期，走白顯忠及虞允文，亟命舟師逆之。虜舟雜以木筏，又其人不習水。我以戰艦乘風衝擊，賊兵皆溺死，亦有數百人已登南岸者，允文激勵士卒殊死鬭，盡數殺之，不然幾殆。

〔一〕明澹生堂鈔本、四庫本作「起是年十月辛丑，止壬午六月丁丑」。
〔二〕十月朔庚子：按是月庚子朔，當作「十月庚子朔」。
〔三〕己巳朔：原作「朔己巳」，據明澹生堂鈔本乙。
〔四〕人情：四庫本作「入晚」。

辛巳，聞采石北師稍稍引去。

乙酉，聞北師聚於淮東真、揚間。

甲午，武鉅報克鄧州外城，王彥報師次長安外邑。大抵諸軍時時以小捷聞，而淮上益急。

十二月己亥朔，同舍皆至政府，自午至酉方出堂。先是邊報稍緩，宰執皆早歸，一遇警急，往往晚出。張真父戲云：「欲知敵情但視堂。」又軍興已來陰雨連綿，天氣愁沮，間值晴霽，必傳捷音，同舍又戲云：「欲占吉凶請視日。」

庚子，晴。鎮江諸帥報完顏亮爲其下所戕。亮之將敗盟也，得浙匠教之航海，於是大興工役，造巨舟於膠西，刷河北丁壯，雜以金人，謂之大漢軍，命蘇尚書者爲之帥。其謀謂：「我以大兵踰淮逼江，中國必悉師來拒。錢塘禁衛空虛，則樓船可擣腹心。腹心震駭，雖抽江上援兵亦已無及，然後可以得志。」其部分計畫皆有成説，乃命張忠彥堅壁鳳翔以敝吴璘，又命劉萼攻擾襄漢，而亮自率精鋭及簽軍號數十萬由淮東、西兩道入。既未能渡江，則駐師維揚，日望海道如約。無何，朝廷遣李寶或云劉錡預謀。率防海之舟先過山東，將次膠西，禱神祠遇順風，又得諜者，用其言衝虜舟。舟既大，而簽軍及女真不習戰櫂，束手敗降。寶縱火焚數十艘而歸。亮聞大怒，暴戾益甚，殺戮無常，人人惴恐。葛王者知其可圖也，遣親信結帳下兵殺亮。會亮親兵別攻泰州，左右無助，乃以冬至夜作亂。亮驚起，爲攢箭所殺。食罷，同舍相率慶二揆楊參、黃樞，首揆有還白溝之語。夜鎖學士院，何通遠痰眩在假，劉共甫時暫攝直。

辛丑，文德殿宣麻：李寶自右武大夫、宣州觀察使、提督海船拜靖海軍節度使、充浙東西路通泰海州沿海制置使、京東路招討使，賞膠西之功也。聖旨已降指揮，巡幸視師可用十二月十日進發。黃樞云：今早得報，十一月晦虜兵陷泰州，刳剔老幼，俘掠少壯，極其慘酷，即亮所遺親兵也。或謂左右與葛王通謀，故説亮遺之。

壬寅，金國大都督府牒：「國朝太宗皇帝創業開基有天下，迄今四十餘年，其間講信修睦，兵革寢息，百姓安業。不意正隆失德，師出無名，使兩國生靈皆被塗炭。今奉新天子命詔，已從廢殞，大臣將帥方議班師赴國，各宜戢兵，以敦舊好。須議移牒，牒具如前。牒宋國三省、樞密院照驗。大定元年十一月三十日。」

丁未，王彥報收復華州。

戊申，大雨，□時上披氈裘〔二〕，乘馬出北關門，宰執建王以下皆紫衫從駕至稅亭。御船進發，留司百官班辭於東倉，以泥濘免拜，隨駕官宰執皆行。後省金安節、劉珙，諫院梁仲敏，宰屬徐度，六部長貳凌景夏、張運，御史臺吴芾、陳良祐，卿監王普、史浩，郎官曾汪、余時言、薛良朋、馬騏、姚寬，一官率兼數職，餘不書〔三〕。

己酉，雨不止。留守相公視事於都堂，徙居於執政府，職事官皆上謁。

庚戌，午後雨稍止。王彥收復陝州。

〔二〕　缺字明澹生堂鈔本、四庫本作「巽」。

〔三〕　一官率兼數職餘不書：四庫本作「餘官無數不書」。

甲寅，聞車駕十四日次平江，十五日歇泊，今日進發。

丙辰，陰。聞樞密行府限五日結局。虜兵萬餘尚留和州，李顯忠禦之。

辛酉，雨。聞車駕二十日次鎮江，未有進發之日。初，虜之殘兵屯和州鷄籠山，李顯忠攻之不克，亡失兩將，虜兵緩轡徐歸。顯忠躡其後而不敢逼，久之方出境。

丙寅，聞赦新復州軍。

紹興三十二年，歲在壬午，正月戊辰朔，車駕在鎮江。太史局奏：未時太陽交蝕，甚於申，復於酉。雨不止，無所見。守局如式。

庚午，晴。聞歲旦鎮江日蝕五分，又聞德音赦淮南、京西殘破州軍。

壬申，陰。陳宗卿置酒省中。聞車駕此月三日發鎮江。

丁丑，吴珙等報十二月十二日收復汝州，武鉅報十四日復嵩州。

己卯，武鉅報十二月九日義兵復西京，又聞王師復壽春府，其實入空城而已，虜兵至則又棄之。

丙戌，聞有旨班進討之師，糧運不繼，且疫癘大作也。

戊子，聞有旨二月六日回蹕。

癸巳，聞北虜遣使告即位。二十三日，聖旨差洪邁、張掄充接伴使、副。邁借左朝議大夫、試尚書禮部侍郎〔二〕。

二月癸卯，駕離金陵。

丙午，發鎮江。

丁未，太尉劉錡薨。

乙卯，五更出餘杭門五里迎御舟。

丙辰、丁巳、戊午，歇泊假。

己未，文武百僚詣後殿問聖體。

乙丑，幹辦諸軍審計司嚴致明云：常歲除川陝外，諸軍支春衣二十四萬餘疋，今春止二十一萬餘疋，蓋自去冬用師開落三萬，而隱冒不與焉。著作佐郎張震權倉部郎官，云：行在百司及内人月支米十四萬餘石，内外諸軍歲支米四百餘萬石。

三月庚子，聖旨：扈從及隨逐一行官吏軍兵依紹興四年扈從至平江府例，并特與轉一官資，餘人犒設一次。樞密行府官吏軍兵諸色人依此推賞。

癸卯，吴璘報逐金人至寶鷄，盡得關險。樞密院編修官鄭樵卒。樵字漁仲〔三〕，興化軍人，力學著書，不爲文章，不事科舉，屢至闕下，游諸公間。二十八年，講筵官王綸等薦對，特補右迪功郎，主管架閣庫。御史葉義問論其過失，改監南嶽廟，給札歸抄所撰《通志》。三十一年携其書來，得樞密院編修官，請修北虜《正隆官制》，比附中國秩序，因求入秘書省繙閲書籍。未幾，又坐言者寢其事。至是欲進《通志》而病，病數日而卒，年五十九。樵好爲考證倫類之學，成書雖多，大抵博而寡要。平生甘枯淡，樂施予，獨切切於仕進，識者以是少之。

壬子，北使高忠建、張景山入見。前此三節人乘馬入麗正門，至是令就門外下馬，喧争甚久。既而使者捧國書上殿，知閤

〔二〕左：原作「佐」，據明澹生堂鈔本、四庫本改。

〔三〕漁仲：原作「愚仲」，據《宋史》卷四三六《鄭樵傳》改。

門事趙述以祖宗舊例跪受之，使者守近例不與。述老矣，相持移時，仆於地。上目二相，陳康伯進曰：「臣等位宰相，不當受其書，請用他日行禮。」又呼館伴責曰[一]：「前日已議定用在京禮例，今乃紊煩聖聽，何也？」徐嘉懼不能對。時北使方秉笏寘書兩臂間，嘉從旁掣以進。國書略曰：「十二月日，大金皇帝致書於宋帝。粵自皇統以來，修好不絶；不意正隆之末，師出無名。」且有「歸兩淮，敦舊好」之語。

癸丑，蜀中報，閏月二十五日，姚仲、吴挺敗虜師。

乙卯，洪邁借翰苑、經筵，同張掄充賀大金登寶位國信使、副。

丁巳，北使辭，答書略曰：「淮甸侵疆，幸先期而克復；祖宗故地，方遣使以請求。」

戊午，北使出門，太常少卿王普、帶御器械王謙、送伴成閔自淮東來朝。閔之留荆襄也，虜正窺采石、瓜州，朝廷屢以金字牌趣閔解圍。閔聲言擣陳、蔡，其實畏避。既而馳百餘里，士卒凍餒而死者十二三，至有自經於樹者。虜退，方進攻宿、亳，亦復無功。至是歸闕，懼人之議己，凡郎官而上皆有苞苴，冀以自解云。

己未，洪景盧出《接伴雜録》云：「淮泗間彌望無寸木，鵲巢平地。」又云：「道逢泰州民自虜中逃歸，言初被驅迫至京畿，百姓争舍匿之，調護甚至，仍爲治装，告以歸路，有捨其馬使代步者。惟過河則不可回。」

四月戊辰，皇孫女永嘉郡主薨，年十四。初本瘡疹，而醫者誤投藥，有旨送棘寺。

庚午，釋衆醫，朱邸奏請也。

辛未，上爲永嘉郡主輟視朝。聞泛使禮物例用金器二千兩，銀器二萬兩[二]，合十具，腦子、龍涎、心字香、丁香各二合之類。匹物二千。綿撚、金茸背，以上各二百；線羅、搏線、緊絲蒲綾、清絲綾，以上各四百。朝士言：三月十七日得旨，許高麗遣使來賀恢復疆土。蓋綱首徐德榮爲鄉導，而明守韓仲通爲請於朝，衆論不以爲然。會浙東提刑樊光遠畫七不可之説，其議遂閣。洪州言：三月二十七日，資正殿學士魏良臣卒。良臣字道弼，金陵人，登進士第，調丹徒尉，移遂昌令，召爲敕令所删定官，擢尚書郎。北虜遣二太子將兵薄淮，韓世忠戰不利，呂頤浩薦良臣往使。時方與同舍郎觀潮，得檄納笥中，卒飲乃起。人頗危其行，良臣亦作遺令付其家，脱不幸，持以白父母。行至楚州，見世忠道使指。世忠下令斷浮橋，命無得以一騎踰淮。良臣馳扣虜營，其副將聶耳孛堇有和意，敕吏授館待使者。無何，世忠諜知虜已弛備，輕兵渡水擊其後軍，殺傷甚衆。聶耳大怒，謂良臣賣己，麾衆捽斬之。良臣大呼曰：「某親老，妻子幼弱，誠知邊將不恤國計，僥倖一旦功，何苦蹈萬死來見將軍哉？」聶耳稍悟，命韜劍，驅良臣行數十里，抵主帥帳前，卒許和，遣良臣歸報。會頤浩罷相，趙鼎主戰。良臣請祠去。久之，召拜左司員外郎，進檢正，擢吏部侍郎。兀朮寇邊，邀結好，詔良臣與王公亮議之。虜欲斥地盡江，歲遣匹兩皆五十萬。良臣曰：「被命以淮爲界，非江也。」

[一] 又：原作「人」，據明澹生堂鈔本、四庫本改。
[二] 兩：原脱，據明澹生堂鈔本、四庫本補。

兀朮陽諾而簽書云：「使者許我江北矣。」良臣私發其封，大驚。明日携入詰兀朮背約，兀朮辭窮，爲取璽紙易書，和議自此始定。俄坐臺劾與近習暱，出知廬州，徙池州。復敷文閣待制，進直學士。秦檜用事久，士大夫異己者死徙相望。良臣遺檜書曰：「天有雷霆，尚隨之以雨露，欲勝天乎？願爲子孫計，毋貽後悔也。」檜死，御批召陳誠之及良臣等四人。良臣先至，遂拜參知政事，紹興二十五年十二月也。良臣既驟當大任，鋭意更庶事，稍裁諸將回易之弊，發三省堂厨官賈瑜罪流之，人頗畏懾。然學術空疏，舉措多輕脱，内外喧誚，不三月罷爲資政殿學士、知紹興府。内侍鄧友護攢官，干擾府縣，良臣摘其盜伐禁地林木，械送行在，詔貸死決配。人頗服其果。未幾提舉洞霄宫，起知宣州，徙潭州、洪州，所至治盜甚刻，洪州之政尤暴率。卒年六十九。

五月丁未，梁仲敏、蔡寺丞洗子平相訪。蔡乃君謨曾孫，陳亞嘗有「蔡襄無口便成衰」之戲，自是子孫立名多連口字，惟子平從水。

壬子，五更至漏舍，平明入麗正門，宰執、親王、使相、侍從、臺諫、兩省官、禮官并詣射殿立班。辰時八刻，皇帝自御幄出，再拜升殿，奠爵顯仁皇后神御前，沾灑久之，在廷泫然。神御出麗正門，皇帝奉辭，宰執至禮官皆騎導赴景靈宫，文武百官奉迎於宫門，騎導官步導赴後殿。未時八刻，再立班行奉安禮，左僕射陳康伯充禮儀使。是日天氣甚凉，初出麗正門，細仗布列，鼓吹振作，衆馬驚跳。户部汪侍郎方跨鞍而墜(一)，腰臂皆損。

癸丑，歇泊假。欽宗小祥，前輔臣至權侍郎以上赴几筵殿行奠爵禮，以明日樞密院罷散天申節道場，故前期入奠。

甲寅，有旨張浚專一措置兩淮事務，兼節制淮東西、建康、鎮江府、池州軍馬。

丙辰，張子蓋、李寶連報海州圍解，虜兵敗走。國信使、副以十六日到虹縣，金國接伴使、工部侍郎龐，副使秘書少監□已先在，遣人致問云：「不須傳銜，便請過界。」

丁巳，天申節，故事當拜表賀，有旨免。百官晨赴明慶寺，望闕立班再拜賜香口宣，再拜訖，又再拜，首相以謝表授中使回奏。頃之，再追班滿散祝聖壽道場，臺史引予立香案側，謂之監香。

甲子，未後御筆手詔：「朕以不德，躬履艱難，荷天地祖宗垂祐之休，獲安大位三十有六年。憂勞萬幾，宵旰靡懈，屬時多故，未能雍容釋負，退養壽康。今邊鄙粗寧，可遂如志。而皇子瑋毓德允成，神器有托，朕心庶幾焉。可立爲皇太子，仍改名。初用煒字，或謂近唐昭宗名，有旨別擬定。所司擇日備禮册命。其宫室官屬儀物制度等，疾速討論典故以聞。」詔自内出，外廷不知也。自去歲修秦檜舊府，貴近密語人云：「上欲行唐堯故事。」尋以邊事而止。今春工役甚急，外議藉藉。四月末，新除侍御史呂廣問以陳康伯姻嫌改除禮侍。康伯因求去，上始露倦勤之意，云：「朕年老多病，皇子將四十，可付社稷。」徑欲行内禪禮。他日近臣奏云：「事當有漸，無令四方或致驚駭。」上曰：「朕未思此

(一) 汪：原無，據明澹生堂鈔本、四庫本補。

也。」故先下立儲之詔，而意指已見。或謂此即初製傳位詔云。

六月戊辰，殿院張真甫上殿擊朱揆[一]，仍納副本。倬自拜相即地震，且立朝專務迎合，中外雜然譏訕，臺諫欲論列，而上眷至厚，非其有大惡，勢不能去。五月間，倬聞內禪有定議，語其子端厚，端厚遽令幹辦府以狀申太府寺云：「某本國學生，去秋誤作白身奏補承事郎，乞批料錢歷爲證。」會有密告臺諫者，以爲國學生與白身初不繫入官利害，蓋臆料將來覃恩，國學職事及得解人或可免省，而倬在相位可主此議。又懼人之知也，故不於吏、禮部而言之太府，但欲取官文書照使爾。彈文專指此事，并面奏：大臣懷姦，覬幸非常，不可恕。上聞之變色。

辛未，御營宿衛使楊存中保明扈衛統制、將佐、使臣、軍兵等四萬三百五十二人。四月六日，奉旨諸班直等三百三十四人并諸軍扈衛官兵二萬九千七百三十二人各特與轉一官資，出戍暴露并扈衛官兵二萬九千七百三十二人各特與轉兩官資。今日報臺見之。

癸酉，侍從、臺諫、禮官就御史臺集議故宗室子偁并妻加封事。初，朝士有以子偁恩數白宰相者，宰相難之。既而冒昧進呈，上遽曰：「他日誠難處置，今了却甚善。」尋有旨：皇太子所生父子偁贈秀王，追謚安僖。中書舍人唐文若既書黃，疑其未安，急白宰相別取旨，改稱皇太子本生之親。俄又收回制書而降旨云：「故宗室子偁并妻合行加封，令禮部官、侍從、臺諫檢照典故討論聞奏。」於是諸公倣濮王之議，請極其官爵，使後無以加，且服屬雖絕，當從權冠以皇兄二字，庶免著姓。惟徐敦立、汪聖錫、呂仁甫堅欲稱宗室，予與辨論久之，乃肯書奏。是日奉旨：子偁贈太師、中書令，追封秀王，謚安僖，元係左朝奉大夫充秘閣修撰。妻加封秀王夫人，而制中加「皇兄」二字。

甲戌，皇太子賜字元永，宰臣率百官詣文德殿拜表賀立儲。翰林學士洪遵等十六人以皇太子正位東宮告廟禮畢，同班上殿稱賀，實欲致戀軒之意。上曰：「朕在位失德甚多，更賴卿等掩覆。」真甫[二]、仲誠同對，促罷朱揆。上曰：「即有處分，卿等皆公論也。」

乙亥，旬假。宣麻：「朱倬罷右僕射。」時內禪日逼，宰執請止降告，上不欲廢故事，就假日。殿院張真甫之具稿也，察官周元特未知，一日云：「某昨夜夢朱相衰服還鄉，且以棺自隨，此何祥也？」真甫驚異，具言之。解之者曰：「衰服者，白身也。端厚正以白身事故爲此舉，其以棺自隨，殆能終保觀文乎。」既造廷，果除觀文殿學士，提舉在外宮觀。臺諫交章乞褫職，皆不報。昨日劉共父當直，以嘗爲倬薦，在假規免。

丙子，五更至待漏院，平明，正殿設仗。上坐，雨稍止，禁衛閤門三衙文武百官以次起居。宰執上殿奏事訖，駕興，班退。頃之，復追班序立殿門。上閤門官南鄉宣詔曰：「皇太子可即皇帝位。朕稱太上皇帝，退處德壽宮。皇后稱太上皇后。」云云。百官拜舞訖，入詣殿下立班。皇太子即位，流涕久之，側立拱手，羣臣拜舞稱賀。內侍固請坐御榻，不許。禮畢，宰執奏事，皇帝亦立聽。班退，雨復作。太上皇帝自祥曦殿乘逍遙車幸德壽

[一] 揆：四庫本作「倬」。
[二] 甫：原作「父」，據四庫本改。二者義同。

宮，儀衛及從駕臣僚并如常制，百官就幕次起居，太上皇后相繼出。陳德召司業云：「某在宗寺，見玉牒載紹興初今上皇帝初入宮，宰執贊太上聖德真堯舜用心。太上曰：『堯舜之事甚不難。』則脱屣之意蓋素定於當日矣。」

丁丑，大雨。駕詣德壽宮，繖扇皆止宮門外。百官班迎，泥淖没膝，不能成列。初定儀注，皇帝率百官謁太上，既而詔百官免入。俄有旨從駕臣僚亦不入，但就宮中行家人禮。昨日，上欲從太上過宮，大臣議不同而止。侍從官赴都堂議赦，初定太學止免職事人文解，御批在籍皆免〔一〕，非故事也。

〔一〕御批在籍皆免：四庫本作「御筆皆免」。明澹生堂鈔本作「御此筆皆免」，「此」字衍。

廬陵周益國文忠公集卷一六四

雜著述卷二

龍飛録

起紹興壬午六月戊寅，止隆興癸未四月壬戌。

紹興三十二年，歲在壬午，六月丙寅朔。

戊寅，宣赦文德殿，首尾詞，翰林學士洪遵草，其間有云：「凡今者發政施仁之目，皆得之問安視膳之餘〔一〕。」蓋用御批語，人傳誦之。聖旨：「朕欲日朝德壽，太上謂恐廢萬幾，勞煩羣下，委禮官重定其期。」禮官請用漢帝故事，五日一朝。

辛巳，監察御史以上詣德壽宮起居，輔臣略至榻前。太上幞頭，寬袖赭袍，玉排方帶。中官八人分立殿下，惟施繖扇，不鳴鞭。

乙酉，祠部員外郎劉藻卒。藻字昭信，福州人，進士入官，頗窮《易》，通《禮》學。陳誠之在西府薦爲學官，改樞密院編修官，除國子博士，兼建王府小學教授。教授本專用館職，王十朋既去，朱倬以命藻，而降旨云：「教授闕，差館職、學官兼領。」俄擢祠曹郎，而兼職不改也。東宮立，宰執請遷王府官僚。太上曰：「小學何勞之有？」止遷史浩、張闡。時藻已被病，未幾卒，年六十四，贈祕閣修撰，三皇子各賻銀絹百。藻初被召，尚在選調，吏誤召嶺南人京官劉藻，久之始悟，朝廷除廣州通判遣之。至是藻卒，而劉藻適自梅州守乞致仕，異哉！

己丑，太上以車駕五日一朝爲煩，詔用朔、望、初八、二十二日詣德壽宮。

辛卯，德壽宮月進錢十萬貫，太上令止進四萬貫。

甲午，文德殿宣詔書，上太上皇帝尊號曰光堯壽聖太上皇帝，太上皇后曰壽聖太上皇后。先是禮官與執政已定此號，然後令有司集議。二十二日，侍從、臺諫、禮官會於都堂，左相援筆書云云。或謂尊號始自開元，至元豐罷之，萬世不可易也。汪聖錫持此議尤力，給舍臺諫多從其說，故不簽議狀者大半，而洪翰林已草壽聖之議矣。二十三日進呈，奉旨恭依。汪聖錫、徐敦立二侍郎及給舍臺諫各以狀申都省云：「尊號既非矣，而光堯近神堯，壽聖乃英宗誕節，且嘗名寺，不可用也。」二十五日，遂降旨謂已奏知太上，不容但已，恐數字未善，更令金安節、張震等商量，疾速奏來上。金彦亨在禁從簽書中官最長，而真父臺諫之長故也。明日彦亨、真父等請再集百官議。二十七日聖旨，不須別議，願與簽書前議者聽。諸公知不可回，皆與簽書。

七月朔丙申，先天節假。連日蜚蝗自宣、湖入臨安界，綿亘數十里，所過赭其山而不甚害稼。江浙間三十餘年前嘗有之。

丁酉，監察御史以上赴德壽宮起居。既卷班，輔臣升殿問聖躬，次從官，次楊存中、趙密、田師中、鄭藻等。太上有所獎諭，存中等曲謝三四。客云：「豺能殺虎，鼠可害象，事固不可忽也。」

〔一〕視：明澹生堂鈔本、《建炎以來繫年要録》卷二〇〇作「侍」。

戊戌，糧料登極赦諸軍優賞〔一〕，共支銀三十八萬三千一百餘兩：殿前司捧日都虞候軍額等至諸軍長行一十九萬四千一百餘兩，馬軍司龍衛都虞候軍額等至諸軍長行五萬四千三百餘兩，諸軍司神衛都虞候軍額等至諸軍長行九萬九千七百餘兩，諸百官司等處三衛差到軍兵自都虞候軍額等至長行三萬五千餘兩。

己亥，百官受誓戒於尚書省，奉敕攝光禄丞，以此月十四日皇帝親饗太廟也。按《國朝會要》，無即位親饗故事，太常官比附郊祀定此禮。初請乘玉輅，上不許，稍令裁定。

癸卯，德壽聖旨：「前嘗止宰執等月内兩次到宮，今聞尚與前説不異。緣宮前無待漏處，緩急陰雨，使百官暴露，殊不安懷，可今後只初二日率從官同來一次〔二〕。」時宣麻，張浚自特進、大觀文除少傅、江淮宣撫使、進封魏國公。昨日鎖院，劉共父當直，不召，就式假中宣史直翁〔三〕。初，三省議除少保，封次國，制出乃少傅、大國。或云直翁與謀，陳揆不樂，曰：「真内相也。」

戊申，赴太廟致齋。大雨終日，夜暴風達旦，軒簸可畏，太史局奏地震。

己酉，五更，皇帝親饗太廟。初行禮大風，既而雨作。張魏公申請，内一項：除中朝廷用狀，餘皆劄子。或謂非見執政，不當如此。

癸丑，聖旨罷御前激賞庫歸左帑，謂之南庫，從袁仲誠諫疏也。自秦氏斂中外之財輸御前，雖時有進納，而三省、密院移用爲多，有司莫得稽考。上鋭意除去，士大夫以爲盛舉。又有三省、密院激賞庫，頃嘗裁定歲給十萬緡而已。汪聖錫云：「呂元直爲相，堂厨每廳日食四千。至秦會之當國〔四〕，每食折四十餘千，餘執政有差。」於是始不會食。胡明仲侍郎嘗謂「雖欲伴食，不可得矣」。

丙辰，臨安訪求岳飛墳在錢塘門外，當時私號「賈宜人墳」，今將以一品禮葬之。

癸亥，内侍李綽罷提舉軍器所。初，上以器械不犀利，工部軍器監未嘗問，故以付綽，而不令隸部監。臺諫謂建炎間太上嘗以此委中官，未幾廢罷，新政豈宜如此？上頗然之，有「只爲題目不好」之語。既而綽張大其事，日有啓請，且辟置官屬。上意於是向綽，諭真甫、仲誠云：「祖宗朝中官嘗掌兵，此亦何害？」二人論奏不已，遂降御筆云：「覽卿所奏，備見忠讜云云，已令復隸部監。」然綽猶未罷也。二人再論列，而任信孺、陳應求因内殿引對亦及之，乃令綽自請罷提舉，而改用統制官輔逵等。

甲子，洪景盧、張才甫入燕〔五〕，國書略曰：「使介來庭，緘題越式。固違群議，特往報書。」又曰：「宣靖既遷，楚齊繼及。」叙海道定君臣之事〔六〕。又曰：「海陵失德，江介興師，過

〔一〕糧：四庫本作「量」，均不可通，疑有脱誤。
〔二〕同來一次：原作「同一次來」，據明澹生堂鈔本、四庫本乙。明澹生堂鈔本「官」下有「等」字。
〔三〕式假：四庫本作「給假」。
〔四〕會：原作「檜」，據明澹生堂鈔本改，此稱秦檜字。當國：四庫本作「堂厨」。
〔五〕才：原刻校云：「院本作『方』。」燕：原作「門」，據四庫本改。
〔六〕「叙海道定君臣之事」八字，四庫本無。疑此當爲小字夾注而誤作正文。

乃止於一身，盟固難於屢變。」亮既死，追封岐國王，後改謚海陵煬王。又曰：「尺書侮慢，既匪藩臣；寸地侵陵，又違誓表。」又曰：「殊無致賀之詞，繼有難從之請。」又有若使干戈不息，賦歛繁興，墜民塗炭，咎將誰執之意，而末句云：「尚敦舊好，勿徇羣言。」初，景盧在境上與接伴約用敵國禮，接伴許諾，故沿路表章皆用在京舊式。纔入燕京，盡却回使，邀景盧依近例易之〔一〕，景盧不可，於是扃驛門，絶供饋。而館伴者云，嘗從景盧父尚書公學，陽吐情實，言勿固執，恐無好事，須通一綫路乃佳。景盧等懼留，易表章授之。既入見，使副例不跪，至是皆跪。虜主傳令云：「國書不如式，不當受，可付有司。」其詭詐虛喝類此。

八月己巳，成閔保奏瓜州及皂角林陣亡將校長行共三千一百一十三人。其實皂角林所喪甚少，而瓜州之敗恐不止此也。

戊寅，宮門早二刻開，行事官朝服入赴大慶殿，各庀其職。皇帝服通天冠、絳紗袍，發册寶訖，還内。臣僚常服出和寧門，導册寶詣德壽宮。有頃，駕來太上皇帝御殿。皇帝入拜殿上，奏册寶訖，行事官歸班，百官拜舞稱賀太上皇帝、太上皇后訖，退。昨晚詔迎天竺觀音祈晴，今日雨意垂垂，僅能成禮。有旨光堯壽聖太上皇帝上尊號，進銀五萬兩，壽聖太上皇后三萬兩。八月二十一日生辰進銀三萬兩。先是有司引唐順宗故事，雖在欽宗服制，不妨上册寶，但欲設樂而不作。禮部郎官劉儀鳳以唐實行易月之制，與本朝不同，著議甚典麗，然卒從有司所請。

丁亥，除起居郎。

己丑，後殿侍立，退詣文德殿拜表，請以會慶名聖節，殿門待班幕次，臺諫皆設倚，近臣則各以交床自隨。徐敦立相戲云：「罰却倚子矣。」

癸巳，拜第二表請聖節名。是月九日，奉旨：吴拱保奏，今年二月五日，西京差金人攻汝州〔二〕，我兵追趕過河〔三〕；又二月二十四日直來城下，掩擊敗走，及發兵深入，收復永安軍并永寧、福昌、長水等縣；并金人攻打蔡州，遂發統制王宣等前去確山縣解圍等事。保明實立功官兵二萬五千五十四人，奇功一千四十八人，各特轉兩官資。第一等三千二百六十八人，第二等八千九百八十七人，第三等一萬一千七百四十七人，各特轉一官資。

九月甲午朔〔四〕，駕詣德壽宮。上御内殿，即講殿。輔臣奏事畢，自祥曦殿登輦。祥曦舊殿名，今面西，常日但爲行廊。凡駕出，輔臣若無奏事，則徑於祥曦設御座，鳴鞭山呼如儀。左右史例隨應奉官兩拜起居，次宰執、從官、親王、使相等兩拜起居，班退而輦升。左藏庫册寶支賜銀八千兩、絹九千疋。

乙未，早赴德壽宮起居，退詣文德殿聽批答，「所請十月二十二日爲會慶節，宜允敦義」云。魏申謂漢宣帝、光武、唐肅宗皆亥生。更檢《光武紀》中元二年注，云是歲在丁巳，則光武乃生於丙辰。范曄論曰建平元年十二月甲子夜生。

丁未，敕兼編類聖政所詳定官、右正言袁孚知温州。孚論德壽宮中官梁康民欲就宮側開酤事，上批其章云：「覽卿所奏及德

〔一〕邀：原脱，據四庫本補。
〔二〕西京差：四庫本無此三字。
〔三〕我兵：原脱，據四庫本補。
〔四〕甲午朔：原作「朔甲午」，據明澹生堂鈔本乙。

壽宮，朕令詢問，即無此事，朕心悚然。今後論事，毋或如此。」尋批出除孚吏部郎官，大臣以爲不可。孚請去，故有是命。尋又除直秘閣，丁巳兼權中書舍人。

十月辛巳，聞吴璘捨德順歸秦州。

癸未，旬假。宣麻：張子蓋以海州解圍立功，加檢校少保。十餘年來，武臣節度使一轉即拜真太尉，臣僚論其太驟，乞復檢校官，遂自子蓋始。

十一月甲午，早赴德壽宮起居。韓知閤恕云：紹興七八年間，同莫將使金國，不許至其都，止燕山以待。久之報虜主來，將等亦不得見，但呼至都堂。其宰相等五人設榻坐堂上，將等立白事，屢被詬辱，幾不可堪。既留國書，即徙將等於涿州驛中，伺守頗嚴。遇太守來招議事，將、恕以下皆朝服步往，未嘗給車馬也。

乙未，以内教權罷講筵。是日當末講，舊例臨安具酒饌，比亦廢此禮，學士院設食三品而已。時洪翰林兼侍讀。

丙申，鎮江張子蓋遣契丹歸正人蕭鷓巴來。譯者謂契丹爲金人所敗，此曹遁以來，然未可信。

戊戌，講筵所例賜冬至節儀：講讀官錢五十千，酒六斗；修注官錢三十千，酒四斗。

己亥，就都亭驛賜蕭鷓巴等四十五人御筵，酒七盞。初議遣從官押宴，予與給舍白宰執止之。

庚子，日南至，稍晴。早入麗正門，赴文德殿拜表稱賀，過祥曦殿起居。從駕詣德壽宮，皇帝入大次，百官班殿下，皇帝步入小次。太上皇帝御殿，應奉官、禮官導皇帝自東階升，北面四拜訖，西向立，百官拜舞如儀。禮畢，皇帝從太上皇帝還内，班退歸幕次。未後從駕回。是日，太上宣蕭鷓巴等入宫擊毬，賜銀椀有差。

戊申，詔改來年正月一日爲隆興元年，曾子宣日記有此號。

壬子，旬假。雨中訪務觀，務觀約韶美、少稷、至能共飯。務觀云：「嘗記先人説紅鞓飾帶，始唐壯宗施之優人。」程俱致道云：「邇來龐元英《文昌雜録》云：滑臺賈昌朝畫像猶是黑鞓金玉帶，不知紅鞓果起於何時。」

丙辰，張震除中書舍人。或謂廟堂有所疑，故峻遷，使去風憲。上諭三省云：「震知無不言，言皆當理。」遂諭當制舍人載之訓詞。真甫辭免云：「自太上中興，殿中侍御史凡五十二人，未有徑除三字者。」

十二月戊辰，省劄坐同知樞密院事張燾所奏，并降御札召侍從兩省臺諫赴尚書省，拜受訖，就都堂給筆札，令條具時弊，仍各論其官屬次第以聞。衆議乞許三日内條對，逐具奏聞。

己巳，景靈宮行香。御筆督條對，史參乞少寬之，務令詳盡。上親批數十語，大略謂：「近臣非若疏遠之士不知時務，今宣之於口，書之於簡，何擇焉？若狥人情，朕所不取。」史參又奏：「陛下固欲知時弊，非掩士大夫不備而窮其所短也。」并繳洪翰林以下所援仁宗給札故事，退而條具。上乃從之。

乙酉，微雪。越人以欲雪而日光穿漏爲雪眼。

己丑，百官赴太廟門外班迎安穆皇后神主，退入幕次，俟丁時祔神主於别廟。禮官初欲依薦享例用樂，予奏云：「薦享爲祖宗，故不以欽宗餘服而廢樂，雖別廟亦可就用。今安穆乃欽宗姪婦，不可用樂。」周元特亦論之，詔可。

庚寅，秘書少監陳棠卒。棠字德邵，常州人，年六十二。近秘閣柱裂有大聲，人以爲長貳不祥之應。

隆興元年，歲在癸未，正月癸巳，晴。虜人陷水洛城，城在德順軍、秦州之間。虜先以兵與吴挺相持於德順，一旦焚寨引去。挺不疑其僞遁也，不爲備。虜自間道徑趨水洛，斷我師歸路，而城中兵甚少，故陷之。

丙申，盱眙報蒲察徒穆領兵據虹縣。徒穆故泗守也，自失其地，即寓宿州，睥睨故疆而不可得。既陷虹縣，遂稱泗州居之。

庚子，宣麻：史浩拜右僕射，兼樞密使；張浚拜樞密使，都督江淮軍馬。昨日擬定魏公除目，上以筆圈去樞密使三字，止升都督。今早執政奏事聞之，請如初議，而制已付閤門，遂用舊文首尾詞告廷，而令直學士院劉珙歸改其詞行下。是日鎖禮部貢院，敕差翰林承旨洪遵知舉，兵部侍郎周葵、中書舍人張震同知。以免解就試人衆，增參詳官二人，點檢官四人。國子司業王十朋爲別院考試官。

戊午，貢院言：「承指揮，比前舉取過人數共添取一百人。檢照前舉凡三千五百四十四人，終場取過二百五十四人，今合取三百五十四人。而去年覃恩免解，徐、鼎、劍州不曾申到數目外，國學一千三百四人，建寧府一千八十九人，洪州二百三十八人，宣州二百七人，已上共二千八百三十八人，内有八百六十五人未來就試。今乞於增添一百人額内措留三十人，充未到合取之數。」從之。貢院言：「常舉共得錢一萬二千貫，酒二百石，今官吏增多，乞增錢六千貫，酒一百八十石。」詔給半。

二月甲子，蜀中正月探報虜人據水洛城，吴挺棄德順間道歸。

丁卯，徐稚山侍郎論秋菊落英事。予謂有二説：一則爲花落色衰之落；一則落訓初，如所謂「訪予落止」者，義見《爾雅》，蓋取菊之初英食之。

戊寅，吴拱正月二十八日軍前申狀云：向起勝軍，皆自德順援歸，勝軍頗多亡失[一]，我師焚秦州，退保皀郊。

三月壬辰朔，張魏公繳進北界副元帥紇石烈志寧回書來上。其式云「志寧白宣撫執事」，書詞大略謂：「向者新主初立，即捨淮南地，先遣信使，而宋國襲我歸師，稍侵吾疆。今得來書，以天時人事逆順爲言，固争舊禮，不議他事。且陝西所失地近已克復，將士或執或死，其數甚多。此由宋國貪土地之故，不順天意，不惜人命，以致此也。志寧材雖不武，被命分閫，師之進止得以專之。倘能先歸侵地以示誠款，則復往之禮乃可徐議。今則按兵不動，以俟來音。宜深思熟慮，毋貽後悔。」初，魏公以其拒我使者，邀索舊禮，嘗移書開諭之，故復用此意來答。

甲寅，夜與共甫宿省中，來日覆試權要親族過省者。

乙卯，雨作，寒。引試七人《禮義積而民和親論》。初，秦氏以子姪竊高科，而諸將亦行賂效之。檜死，議者請按乾德、咸平故事，凡兩省臺諫侍從以上謂之權要，其有服親登第，皆令覆試。雖有旨依而未嘗舉行。今歲趙密之子右承事郎賡過省，衆疑其假手也，欲驗之，而賡果託疾不來。

四月壬戌，奉祠出都。

[一]「援歸勝軍」四字，四庫本作「拔近」。

廬陵周益國文忠公集卷一六五

雜著述卷三

歸廬陵日記

起隆興癸未三月甲辰，止是年六月壬午。

紹興壬午，壽皇初政，予自御史擢起居郎，兼權中書舍人、聖政所詳定官。明年癸未改元隆興，時隨龍人龍大淵、曾覿頗用事。予因進故事每以爲言，尋繳其知閤之命，坐是請祠而去。以三月庚申出關，六月壬午歸至廬陵之永和鎮，此當時行記也。越八年，迨乾道庚寅始還朝云。

三月甲辰，晴。同金給事彦亨繳駁龍大淵、曾覿除知閤指揮。近臺諫交章論列二人怙寵妄作，既而止罷大淵副都承旨，而覿自帶御器械并有此遷，又中書舍人張真父之出頗涉大淵，外議紛然，故論之。

乙巳，二相呼召都堂宣示御札，大略謂給舍論大淵等，蓋爲人鼓惑，議論群起，在太上時小事豈敢如此。同彦亨歸家待罪。

丁未，被旨無罪可待。

己酉，再同彦亨入奏乞罷。

庚戌，再被旨不允，仍令宰執諭旨早參假。

壬子，同彦亨參假，講筵留身謝。上曰：「朕察卿務舉職，但朕欲破朋黨、振紀綱耳。卿第安心。」

甲寅，二相道上意已再除兩知閤，且云給舍想已無他。予曰：「前降指揮大淵別與差遣，覿依舊帶御器械。今遽中命，豈敢但已？」遂留除命不下。

乙卯，左揆奏後省不書二知閤録黄，上令龍大淵與在京宫觀。既批旨，御筆令且止。

丙辰，三省再奏龍大淵既未與宫觀，欲且用朝命止差權閤門，凡百與正除無異，但不繇後省爾。上再三不可，云且待。

戊午，常朝退，欲就講筵納劄子乞祠，會有旨權住講，遂入奏。

己未，御批依所乞，三省擬職名以進，御批更不除職名。龍大淵改幹辦皇城司。

庚申，受敕主管台州崇道觀，以狀申尚書省乞免謝辭。

四月辛酉朔〔一〕，輜重登舟。

壬戌，出暗門，寓寶成寺。予以庚辰歲三月二十八日到闕，今以是日離後省。四月二日供職太學，今以是日出門，適三年矣。

癸亥，至廣慈，別姚媪墳。

甲子，雨，旋霽。骨肉登舟出城，予循城過北關就之。李平叔大監、陸務觀編修、鄒德章監丞、王致君判院、范至能省幹携詩相送。解舟至閘下，遇修梁而止。

乙丑，晴，復陰。甥尚貢之告别，遂行，夜距長安閘十餘里止。

丙寅，大風雨。過崇德縣不留，夜宿福嚴渡口。

〔一〕辛酉朔：原作「四月朔辛酉」，據明澹生堂鈔本乙。

丁卯，大風雨不止。早，樞密使張魏公入奏事，舟過謁之，并見其子欽夫及屬官馮圓仲。携兒上福嚴寺，屋宇皆新，惟佛殿天禧舊物也。昔有真覺大師志添歸老此寺。志添即泉州南安巖主之門人，能持胎藏咒爲人却鬼魅不祥，自宫禁妃嬪皆尊信之。仁宗賜御書「戒定慧」及梵書兩軸，皆金字也。元祐中，陳才人爲遂寧郡王施高麗磨衲袈裟一副，上有金環鍋，勒郡王所題二十三字。才人即欽慈皇后，王蓋徽宗也。又有南安巖主墨蹟數字，皆藏寺中。黄魯直嘗作《蓮花巖銘》，今刻於泉州，蓋志添自京師歸時送之。風稍定，解舟，晚距秀州三十五里止。

戊辰，晴。過秀州不留，晚宿施涇。

己巳，過平望，少留。未後抵吴江縣，登塔四層。携家遊臛庵，名園也。主人王氏，名份。申後移舟過垂虹，泊縣北。

庚午，乘順風而行，過平江府，不留，夜宿無錫縣。

辛未，早雨，旋止。過洛社，少留。携兒登開利寺。寺有十數小院。夜宿常州門外。

壬申，自城中過，晚泊沙子口。

癸酉，早過沙子，風大作，白瀼淺澀，舟人束手，强之使行，而風亦止。晚至計亭，船尾高，不能度橋，遂止。王仲賢來迓。

甲戌，早入荆溪，次宜興縣。舟過長橋，水極清駛，篙師幾不能制。午後乃至外舅宅，相别四年矣。

乙亥，邑宰姜敷言詔以下及莊氏諸親往復，不盡記。

丁丑，早出南門，度銀樹嶺，至臺莊拜外祖給事墳。守者盛四七，死已二年，惟一女在，破屋半間而已。相去里許有毛百一、毛百二，呼來共治祭奠。

己卯，赴寺觀開啓天申節。

庚辰，天氣清和，同莊德邁出南門，約行四十里，遊洞靈觀，閲長慶四年楊漢公題名碑、保大九年韓熙載記文、本朝蔡肇詩。主者應若谷出天禧金寶牌、其文曰「玉清昭應宫成天尊萬壽金寶」。慈聖光獻皇后玉衮校，上上大吉，中平不利。又指望聖母殿小池云：「京師醴泉觀水也。」飯罷登山，入張公洞。初至燒香臺頗平廣，自此下臨棧道，篝火以入，怪石錯立，如真武像，如人形，如狻猊，如耐重蹲踞，不可殫名。道士指一穴曰：「此天師煉丹竈也，穴中土黄而細，可治瘧壓驚，取之不竭。」又指石上獸跡曰：「此天師繫驢處也。」宜興人至今諱驢，其説頗不經。路窮，攀緣而上，有穴達山背，謂之風洞穴。口甚隘，匍匐乃可出。遊洞宜冬，冬則氣温，且不蒸潤，今日挾纊猶凜凜也。此去金沙寺、頤山陸希聲講易臺皆不遠，日已斜，不果往。與德邁對飲洞口之石巖，流水平布，頗類水洞。久之遂過湖㳇鎮，山色如畫，溪水紺緑，所謂罨畫也。陸希聲《君陽山居記》東谿注云：「谿兩岸多朱藤花映谿，遠望如畫，好事者因目之爲罨畫谿。」又云：「君山之陽，水貫太湖，山勢盤曲，湖水回洑，因名洑渚。」惠氏南園葺治極有法，溪流正貫園中，隔街即大第。吾方倦遊，不無慕焉，歸縣一更後矣。舊讀《陳子高詩集》載善權景物奇絶，當卜後期。

乙酉，報謁郭提舉知訓。字宅心，樞密三益之子。宅在觀巷，自謂東坡舊居。門外數步即通真觀，造於陳大建三年，初名宏道，唐改興道，本朝賜今名。殿宇摧敗，過者懼壓焉。觀中有雙栢院，紹興二十八年大風拔一栢去，其存者甚大。有丹井，道士相傳呂洞賓屢至此，以爲有丹也。唐人嘗作觀記，南唐徐鍇亦爲之，鉉篆其額。是日外舅置酒相餞。初夜起視，雲氣甚異。

丙戌，留妻孥外舅家，單舸發宜興，溪流清快，不移時至定誇，蓋太湖口也。

丁亥，舟人言風作，予乘轎陸去，崎嶇三十餘里方至荻浦，而舟自湖中來。今日風本不高，而波浪洶湧，聲如萬木，況風饕乎？晚泊獨木山下葉家團，去湖州十八里。

戊子，早過湖州，望城中樓觀縹緲，環以溪山，宜晉唐以爲名郡也。申時過德清縣，溪橋頗壯麗，有左顧亭，謂放龜也。二更宿鳳口。

己丑，早過安溪，午後至餘杭縣。艤舟稅亭下，溪流即苕水也，自天目山出，注於湖。過寶輪寺，祭程氏亡妹一娘。寺興於齊之永明，真廟時賜今額，經兵火，惟存鐘樓。晚宿沈監稅宅，尚貢之婦家也，貢之在城中。

庚寅，早同祝升卿秀才遊洞霄宮，去縣約二十里。青山九鎖，溪流不斷。道傍有仙人迹，相傳秦始皇移山，仙人拒之，其説荒唐難據。衆山之中一峰稍高者，天柱也。宮門立錢鏐大碑，頗叙興廢，餘皆無所考。招知宮監義陳希聲飯。觀撫掌泉，泉水常潰溢而不加多。偏游五洞，惟大滌可觀，頂如砥平，入至龍井而止。栖真洞去宮稍遠，山極高，可望府城。洞中有石乳，下覆如寶蓋。石室洞甚平凡，道士云：「以吴天師藏書劍得名。」龍洞、風洞不可入，强名耳。未時還縣，貢之自府中來，置酒待諸沈。

五月辛卯朔。早，同貢之甥游徑山，道過無相院、普净院，皇祐間陳述古嘗留題。約四十五里至山下。雨作，飯於廨院。院後有玉乳泉，白稱其名。肩輿上山，少休半山亭，彌望皆大杉，風雨過之，龍虎吟嘯，令人聳然。自山脚至寺僅十里地，本龍湫，唐國一禪師化而居之，形勢峻窄[一]，屋宇層出，不足以容衆。今大慧禪師宗杲爲長老時用意創千僧閣，遂爲巨刹。舊無常住，云龍自打供，不許置田，其奉事龍神甚嚴。井在祠前，相傳水通天目山。東坡所謂乞歸洗眼者，此水也。齋粥不敢擊木魚，往嘗悞擊，地裂魚湧，以魚龍爲同類也。山多兩足小蛇，不傷人，背有金縷，自腰以下純青，云龍神眷屬也。蔡君謨集中有遊山詩。長老藴衷來迓，同訪黄世永文昌從政，遂見杲禪師於明月堂。

壬辰，黎明同世永至含暉亭候日出，陰翳無所見，下視羣山皆培塿也。食罷，乘山轎游白雲庵、菖蒲田、喝石巖。又有凌霄亭，峻甚，不果遊，此寺之後山也。歸歷僧寮作坊，軒窗欄檻間雲氣可掬。昨日自邑中來，望叢林在山半，即寺場也。若其山之最尊者，必能極目萬里。

癸巳，同世永出寺門，步至南塔峰，眼界可亞含暉。連日冒嵐氣，又陪杲禪師蔬食，遂作脾寒，薄暮大嘔乃定。是夜施主作水陸道場，二更就含暉請聖，衷老請觀。聖燈閃爍，合離如曳，螢爝上下衆峰之間，云龍神所化也。頃有人掩得之，蓋木葉耳。請聖畢，迎入寺中，鐃鈸旗旛，鼓吹俳優，紛然前導，聾瞽俗士如此。昨日衷老以新到，具飯待杲，予亦在坐，每食必獻藝，支利物如州郡體，亦可笑也。

[一] 勢：四庫本作「勝」。

甲午，別杲老下山。杲令侍者了賢同世永送別無相院[一]。未時抵餘杭，小酌沈家遂行，貢之甥送至嶽廟前。晚宿彭塢口柴店，離縣十五里。

乙未，欲便道趨桐廬，故由桐嶺入長福院午飯。值盛暑，雇夫懦弱，數步一息，急改塗之富陽縣，少休於接待院，爲舟行計。既得舟，即解去。偶遇上水風，夜半至桐廬縣。是日路中見村夫戴艾葉，方記端五，市十數糉，均及僕隸。

丙申，早發桐廬，雨作，風猶順。泊七里灘，登嚴先生祠堂，今謂之九壠院。有三僧主香火，先生塑像居中，以方處士、范文正公配。方干舊居在對岸鸕鷀白雲原，至今方族甚盛。堂中有唐崔儒所作記，而李宗諤修《圖經》，誤書作碑人姓名，前郡守董弅辨證詳明，刻於碑陰。釣臺高峻，雨滑不可上，解舟回望而已。晚次嚴州，泊安流亭下。

丁酉，吴守槩、倅司馬伋、潘昌期及州官相訪。司馬即文正公曾孫。潘，大主之孫。建德令趙芰，清獻家也。晚赴州會於高風堂，借八兵。

戊戌，早行，諸公送別放生池上，《圖經》謂之西湖。山郡殊無陂澤，故貴之。連雨，小溪暴漲，徒涉頗艱。晚過白沙渡，宿葉家店。

己亥，早過壽昌縣，飯於廣安寺。晚至烏石山，衢州龍游縣界。山如削鐵，懸瀑十仞。其上有幽巖精舍，今爲宗室儀恭孝王功德寺。意欲一游，而從者終日冒大雨，皆告憊，遂呼山轎而上。路極峻狹，約三里乃至，樓閣層出，極目千里。舊巖在山之頂，以形勢迫窄徙焉。紹興甲寅，張魏公題字案間，僧就刻之。忽忽下山，籠篋皆遠去，日暮泥濘，崎嶇奔走，一更後及於大樓，亦好奇之過也。

庚子，雨行極勞。過順溪，市井頗盛。食時至蓮花寺，溪漲橋斷，遂宿。

辛丑，早行二三里，過趙清獻公神道，不果入。至溪邊僅得小舟，爭濟者紛然。既渡溪，地勢平衍，山遠而秀，非嚴陵比也。午後抵衢州，沈守度、任倅昌照、潘倅齡、李教授知己、新邵守李大夫元老、肇慶守王大夫衣、筠守曾朝散遜相見。入城，泊如歸館，易八兵。大雨終夕。

壬寅，雨。毛平仲幵提幹自欄柯石橋相訪，赴州會於思政堂。堂頗宏麗，張嵲巨山所造。未後發衢州，聞常山道中溪漲無舟，遂行江山路，宿新磡，去城三十里。

癸卯，過江山縣，避雨海會寺。梁天監中，某甲捨宅造。雨不止，復行。途中邸店頗多，望見江郎石三株拔起平地。晚抵禮賢鎮，投宿太平寺。寺極破敝，長老善參來謁。自衢州至此凡一百一十里。

甲辰，入信州界，邸店稀矣。晚投宿靈鷲寺之駐麾堂。寺宇幽潔，山勢環抱，貫休嘗留詩。同長老智源至光相洞口，將仕郎李叔度、龍舉並自臨安來，共宿。叔度，辰州溆浦人。舉，潭州人。雨晝夜不止。

乙巳，早冒雨行，已而少霽。自昨日路已磽确，今日尤崎嶇

[一] 院：四庫本作「寺」。

也。食時〔一〕，次永豐縣〔二〕，縣官相見。同年涂文伯爲丞，致羊麵酒，報謁即行。過唐校書郎有道先生墓。申後至中團，有報恩寺，粗雅潔，欲宿不果。行至信州之水南，日已落矣，遂入太霞宮。寓客充滿，無所容膝，排道士之闔宿焉。是日行八十里，里堠又遠，故費力如此。

丙午，早至江邊，濁流渾渾，上浸民居，呼小舟過渡甚危。繞城詣廣教展墓，館於藏殿。長老懷璧、閩士劉大方相訪，陳守扃、蘇倅楷、田提幹興宗、湯教授衡〔三〕、沈上饒作式、前興化呂守大舉繼來。蘇、沈、呂皆金陵僚舊；湯，同年也。是日纔晴，夜復大風雨。

丁未，晴。設僧供，招璧老、劉生飯。鄒延昌山人參，自云爲先妣卜地者。訪陳學正充舊名抃。及其姪惇。予頃在此從陳彦國先生學，抃其弟，惇其子也，請奉米遺之。過廿妗、廿八妗宅，又過四一監家廟，哭廿九舅。四一名湘，字南仲。報謁沈上饒，縣治極宏壯，前令周闓爲之。闓有吏才，侍郎綱之子。其子權，今爲此州司户。

戊申，焚黄畢，赴州會於面山堂後圃，宛然記舊游，二十八年矣。時章思召爲郡守，外家猶盛，今惟敗其室者與孟女存耳。予既久失慈訓，而妣之乳母孟，亡弟子柔、予之乳母姚婢永壽，無一在者，誦「無人論舊事」之句，墮淚久之。上饒五伯祝文來，其居與先大人墳相直，勞以緡錢。

己酉，早至陳先生宅，拜其夫人詹氏，年七十，聰敏過人，正言公之女也。其子惇言：其舅詹房州堯可幹人朱姓者有子年二十，貌甚肖通判。舅氏婢望兒有孕而逃，爲朱氏所得，此子疑吾舅子也。望兒今復嫁一朱秀才，而二朱皆在玉山。予驚喜，徐詰其名。惇懼紛紜，不復肯言，姑志之。申後登舟，溪漲艫鳴，岸如奔馬。夜泊唐羅步。後十二年，歲在乙未，三月七日，被召過玉山，陳君相送於此。因呼朱氏子來，其名曰遂，不能辨其是否。蓋望兒初入汪聖錫家，旋歸詹氏而生此子。詹以畀其幹人朱慶，遂冒其姓云。

庚戌，早過汭口鎮、弋陽縣，皆不泊。終朝望見龜峰，如行南康江中對五老峰，所謂「横看成嶺側成峰」者，甚欲一至其下，而溪湍不能艤岸。午後强舟人使泊，得步曰桃花，上有步口市，雇二夫前導，約十餘里抵瑞相院。今爲陳丞相功德院。長老慧光來謁。院前皆逼山，而其前列三十二峰，大抵皆石崖也。地勢峻迫，以無水爲患，門外有觀音泉可汲。予初謂山勢昂首俯背，故以龜名寺，僧乃指山頂石形如龜云。回至渡口，入桃花臺之妙音院，頗有前輩題詠，元絳厚之參政之父守文亦有詩，厚之爲刻碑。臺乃臨溪盤石耳，未嘗種桃，惟石上窠臼十數，覆以孤松。相傳道士於此鍊丹，或云葛洪，非也。申時解去，晚抵貴溪縣，泊三山堂下。三山對溪石山也，粗惡無足觀。是日，舟中望遠，山極秀傑，舟人云靈山也，跨饒、信二州界云。知縣、右通直郎談莊來，捨舟館於縣驛。此去上清宮龍虎山不遠，暑甚，僕疲，且聞泛舟詰曲方見形勢，不果游。

辛亥，天申節。訪十八外祖宅，見四二舅筌字得可。及其所

〔一〕時：四庫本作「頃」。
〔二〕永：原作「廣」，據明澹生堂鈔本、四庫本改。
〔三〕湯：明澹生堂鈔本、四庫本作「陽」。

生養娘。四十舅籥字同可。侍叔外祖母攝官静江，未歸。叔外祖二女：其長再嫁田昭，次嫁徐兢明叔之子。其老僕李安，相州人，識先父云。食罷發貴溪，陸行四十五里，宿香爐源，途迂沮洳八九十里[一]。

壬子，欽宗大祥。過仙巖，望衆峰聯屬，俗呼排衙山。曾宣教熹遣人致書。晚宿大嶺。距金谿十餘里。是日涉安仁，入金谿界，路稍平易。道中見撫守張安國榜示民户：凡奇零税絹別差官受納，隨給户鈔。其法可取。

癸丑，早至金谿。乙卯歲嘗過此，值大水留數日。知縣、右通直郎李煒，邢州人，宣和二年御史中丞森之子。煒言其父在臺時，待制鄧之綱進狀，訴太傅王甫强娶其愛妾阿馬於別館，經宿乃遣。事下臺治，如所訴。甫乞移獄，御批改送開封府。府尹王鼎攝之綱訊杖二百，遂承誣告，森坐此罷。與元符以來詔旨所載略同。尉曾大鼎，字國器，永和人，來致家釀。少留縣驲。易轎夫而行。至耿源市，有新興寺，天尚早，不宿。過清江，渡甚狹，而水可造紙。晚下路里許，投宿靈巖寺，雅潔可愛。篔簹軒，大竹成林。離金谿已四十里。

甲寅，早入南城界，過章山寺，少休。午後抵軍城，軍本撫之南城縣。水號旴江，張天覺爲江西漕，窮其源出血木嶺，留五言詩一首。新守趙子褕將至，郡官皆不在，惟通判龔朝奉鑄、教授劉修職溥德廣相見。德廣就驛置酒，復以郡釀鳳山泉遺之。熱甚。

乙卯，早出西門，行十餘里，游麻源第三谷。未至數里，石嶺盤互，水行其間，略類洞霄。訪卷石巖，入雲門寺。鄉人南安太守陳杭父子殯寺側，爲之悽然。寺前有靈豐廟，正臨溪流，顔魯公所謂源口有神，祈雨輒應者也。地出二石笋，就塑神及夫人像。遇科舉歲，士人競乞夢占得失，他祈禱亦驗，崇寧中封善應真人。廟中刻謝靈運《三谷詩》。三谷：麻姑第一，桃花坪第二，此爲第三。桃花坪今不可考，華子岡翻經臺、銅陵石磴，但存髣髴耳。郡人王三錫嘗讀書山中，鑿石治亭榭，種木爲園，規模可嘉，近不復來，山房亦廢。飯罷步入大霄觀，聞近處有九井，或云無足觀。別由小路過麻姑山。約行十里，至山脚尋真亭，遇筍輿來迎[二]，遂上山，其紆峻亦略類徑山。中路有界青亭，次雙練亭，懸瀑對瀉，雪濺雷吼，天下奇觀也。進至龍王祠，其下有潭，天寶中黄龍見於此。自此始得平地而爲仙都觀，相傳即蔡經宅，方士謂之丹霞小有天。觀宇雖古而道士星居，無復清高氣象。主者胥景常具飯五峰堂。五峰謂葛仙、朝真、望仙、拜仙、秦人，皆强名也。元豐間封麻姑爲清真夫人，元祐改封妙寂真人，宣和加上真寂沖應元君，徽宗御書「元君之殿」四字，仁宗亦嘗賜飛白，餘見魯公碑。魯公塑像在祠堂中，近有蔡稾參議繪十賢以配之。十賢皆本土人：參政陳彭年永年、直講王無咎補之、賢良李覯泰伯、少卿蔡冠卿元輔、左丞鄧温伯聖求、灌園先生呂南公次儒[三]、侍郎朱彦世英及三曾兄弟也。呂有

[一] 沮洳：原作「阻如」，據四庫本改。
[二] 筍：四庫本作「籃」。
[三] 公：原作「宫」，據明澹生堂鈔本及《宋史》卷四四四《呂南公傳》改。

孫，已廢其業。泰伯無後，學中諸生歲時祀其家。觀後有星杉亭、齊雲亭。齊雲望軍城如一聚落，景常云觀之極西乃丹霞福地，欣然往游。初循田塍，僅能容足。既而復登山，兩山之間泉流不絶，良田叠出幾萬畝，未嘗旱澇，皆觀中常住也。山行十餘里，極麻姑之巔，自山缺過丹霞界，入祥符觀。乾德二年，南唐臨川牧齊王李景達與開山道士黄道英相善，爲造此觀。初名真皇，章聖朝改今名。三清以下七像皆鐵鑄，并其棟宇扁榜多國初舊物。老道士鄧師善出畫像，意其即齊王者，後人妄加赭袍爾。齊王與道英三帖，每帖冠以「周旋」二字，如答賀正便云「周旋，以新正特辱示賀」之類。紙尾題銜云節度、兵馬元帥、太師〔二〕、尚書令、臨川牧、齊王押書，送某人。用天策上將軍印，亦其官也。日斜急歸，景常送顔碑二本。下山由大路，自尉司出，行十五里，宿遶池鋪。

丙辰，晚至南豐縣，知縣不在，丞張承事耀卿及同官相訪。極暑，疲憊，幾不能出語，亦坐昨日游山之勞也。自出南城門，望諸山迤邐，而軍山傑出數百丈，其左四小峰尤秀拔。人物炳靈，有自來矣。

丁巳，早，黄元授鉞通判相訪〔三〕，世永之父也。出西門謁之不遇，遂過石仙觀，去縣十餘里，敕額曰沖寂。漢張道陵天師十八代孫開山，因巖爲屋，冷氣逼人。真宗朝有冷道者，蟬蜕大樹中，王博文嘗祭以文，久之樹合，人遂以爲僞。元祐中，邑令闢視之，形狀宛然。張天覺賦詩實其事，曾子宣、子開皆有詩。又聞道士藏王介甫墨蹟，并觀側有棲真巖，張仙師葬焉。病倦，不暇詢訪而歸。道過福勝院，俗呼箍籃寺。是行望軍山尤近，相傳吴芮嘗駐軍於此，故曰軍山。按圖牒在縣西北四十里，高二十三里二步，第二峰有龍穴，旱澇祈求皆驗。《寰宇記》云山下有神，能興雲雨，山頂有王、郭二仙聖迹。黄元授自言歲九月率一至山背，登三仙壇。山峻不通車馬，往往攀援而上。三仙謂王與郭及其師浮丘伯云。山下有護國、清凉等寺，王介甫、三曾皆嘗留詩。曾子固與其父不疑、名易占。祖正臣名致堯。皆葬縣之世賢鄉昌後者，地名龍池洞；子開葬世賢鄉塘源者，地名獅子岡；惟子宣葬京口。張丞携其祖右丞澂明達文集來，集中論畫甚精詳，蓋李伯時自出也。

戊午，早發南豐，過溪橋，頗壯麗。寧都遣人來迎。未後至松石鋪，畏暑而止。

己未，昧爽，有星大如月，燭地有光，流向東南没。巳時至廣昌，縣令亦不在，主簿張從政瑀及同官相訪。縣置未久，褊陋殊甚。

六月庚申朔。早發廣昌，以驛路無人煙，出西門入小路，多行崖腹及野彴。約二十里至郎君潭，始遇村店，四十里達驛路，遂入寧都界。午後抵吴池鋪，獻之甥及邑丞林梓、巡尉等、慶雲文佘長老皆來迎。病暑氣羸卧，與佘老道舊，夜宿鋪中。

辛酉，巳時至寧都縣，與大姊別十年矣，追懷子柔，相向而慟。晚，長道置酒。初，歸途當出臨川清江，急欲至姊家，故由貴溪至金谿一百二十里，金谿至南城八十里，南城至南豐一百二

〔二〕太師：明澹生堂鈔本、四庫本作「守太師」。
〔三〕鉞：原刻校云：「院本作『鈛』。」按明澹生堂鈔本亦作「鈛」。

十里，其實止八九十里。南豐至廣昌一百二十里，廣昌至寧都一百二十里。

甲子，東尉王覺民迪功投書。

丁卯，早，約孫宣季札、慶雲尒老、東山慶傳及獻之甥出郭二十里游桃林。長老宗暐葺治寺宇頗備，堂下有泉，歲八月常竭，春末漸歸，故號結夏泉。孫宣季年八十三，所居名延春谷，可以爲對。宣季諸父志康、志舉皆名士，見東坡集中，今皆無後矣。去寺數里有七佛巖[一]，南唐嘗捨金銀字經，寺宇今廢[二]。飯罷，游金精山陽靈觀。山如削成，蔽虧險怪，其色赤黑，乏秀潤。相傳漢初吳芮過山下，聞張氏女有殊色，欲聘之。女誘芮鑿山爲洞乃可相從。洞成，女飛空降語曰：「吾金星之精，降治此山，豈若偶耶？」芮惶懼而退。今被髮、石鼓諸峰皆傅會之説也。自觀中穿石穴，過三清殿，望羣山周圍無缺，獨左崖微罅，水涓涓下滴，貯以方斛，注爲流盃池，前邑丞姜覺所造也。天大暑，而崖下凛然。日落乃歸，道傍有東陽巖，一黄冠居之，庭宇頗幽静。望見木鐘、杵臼棲巖間，唐人鍊丹遺迹也。

庚午，初伏，雨涼。洪州劄探都督府五月出師，收符離，獲蕭琦、蒲察徒穆等。史直翁以是月十五日罷相。

壬申，過惠政橋，游東山。

癸酉，晚別長道、大姊，登舟行數里止。

甲戌，早至唐步虚，令七四及寧都寨巡檢邢寶歸縣。午後至河東虚，尒、傳二長老相別。申時過石城江口，舟人上廟。夜宿白頭翁。

乙亥，早入石，水既澀，而舟人不熟河道，衝撞傾側，欲碎者數矣。午間惡熱，未後暴風異常，正觸亂石，危不可言，急令諸僕入水持舟。久之，風定方能去。夜宿白田。

丙子，風雨。巳時至雩都縣，不泊。過大灘一名梁面。亦險，而招灘者熟知河道，捩柁有方，賴以安然。夜略繫纜，乘月復行。

丁丑，早過七里鎮，一名東江務。抵贛州，泊唐步門。權州任提刑文薦希純來，假大舟以居。入壽量寺訪舊居，惟盧光稠鑄鐵佛及羅漢在耳。自癸酉歲到此，今復十一年矣。是日江水暴漲，昨夜浮橋斷裂。任希純云：傳聞南安軍發洪，浮沫蔽虧。

戊寅，早約李及之飯，不至，與陳老、高行二甥及李儀之綦共食。食罷，過水東奠李氏妹墳，問途於華嚴堂，披荆棘至墓下。歸同汪强中提幹澹游鬱孤臺，面對崆峒，俯視章貢城壁僅如繞帶，蓋登臨之勝地也。强中言頃侍其父彦章南遷，以事至廣西靈川界灘水上，見秦時壘大石以殺水勢，謂之鏵觜，水觸石分流，故其字從離，有碑記其事。又云鏵觜有二，其一在古北口。小酌臺上，循城過庾江樓，訪八境臺，不復見矣。後得桂管觀察使孟威《重修靈渠記》云：靈渠乃陽海山水一派也[三]，謂之灘水。舊説秦命史禄吞越嶠而首鑿之，漢伏波征徵側而繼疏之，所以導三江貫五嶺。其後隄防盡壞。唐寶曆初觀察使李渤重爲疏引，尋又堙圮。咸通中爲用五萬三千餘工，費五百三十餘萬，起九年九月，而以十年十月畢工。詔書嘉奬云：「省所奏新添嶺首

[一] 「佛」下，明澹生堂鈔本、四庫本有「父」字。
[二] 宇：原脱，據明澹生堂鈔本、四庫本補。
[三] 陽海：原作「海陽」，據明澹生堂鈔本、四庫本乙。

運糧路鏵觜堰、靈渠、斗門事，具悉」云云。

己卯，極暑。早，謁客慈雲寺，遇長老妙應，同過報恩，酌廉泉，入景德寺而歸。李均秀才攜長書相訪，養素處士珙之子。予幼從養素學。齊述之亂，父子死於兵，族人以均爲其後〔一〕。李儀之、馬君壽永之、胡從周鎬皆致來禽，其致羊酒者皆却之。巳時赴州會，退而解舟。聶贛縣詔寬之及丞簿尉送別數里外，丞即從周，簿姓曾，名三復，皆吉州人。至儲潭上廟，廟有唐刺史裴諝詩石。晚泊橫弦上。

庚辰，午後至萬安縣。知縣左承議郎程九萬相訪。申後得水手即行，江漲，十八灘皆平。

辛巳，早至泰和縣。知縣右奉議郎張之德、簿右迪功郎晏滋訪快閣，有過客不可登，頗以爲恨。巳時得水手即行。七兄自永和來，一別復五年。未後遇大風雨，趨岸以避之。晚泊白沙。

壬午，早移舟東岸，登鳳山拜墳，遂過方廣與呂氏姊及兄弟會，哭子柔攢堂。飯罷歸永和本覺寓居。

〔一〕「族人」下，四庫本有「共」字。

廬陵周益國文忠公集卷一六六

雜著述卷四

閒居録

起隆興癸未七月庚寅，止乾道丙戌九月己酉。

隆興元年，歲在癸未，七月庚寅朔。

甲午，早泛舟入城赴州會。會散，過隆慶寺。通判黄朝散壄相訪，給事中廉之孫，尚書叔敖之子，魯直猶子也。雙井茶乃其祖塋所産，歲終收數斤，嘗其味絶不類草茶，向來所得皆贋耳。雙井在大溪中，即修水也。上井可深四丈，下井深六丈，沙石過而不入。晚，長老了達具蔬食。初，閑禪師造此寺，往乞某家林木，其人不可，妄云：「待樹上生葫蘆當奉施。」未幾，閑扣門曰：「葫蘆生矣。」視之果然，削樹而跡愈明，遂捨之。今法堂皆徧柱而葫蘆形如刻云。

九月己丑朔，游清都觀。觀興於南唐保大中，舊號西臺，治平改今名。是歲創清都臺，下臨荷池，遠眺諸山，蘇翰林爲題其榜，仍留詩，見集中。舊有逍遥堂，黄大臨元明賦絶句云：「心遊魏闕魚千里，夢覺邯鄲黍一炊。蔬食菜羹吾亦飽，逍遥堂下葉辭枝。」或謂魯直所作。

庚寅，早謁輔順廟威遠侯，俗呼王仙廟。廟有南唐匡甫所撰碑銘，後題顯德五年十一月八日，蓋是年五月李璟始用正朔，故稱顯德。其叙立廟大略云：太和縣江東有王嶺，相傳王子喬憩鶴於此。唐貞觀間，匡和先生年六十，棄家入山學道，興臺院云云。至天寶中，封山爲王，謂子喬也；而封和爲匡山王，且立廟焉。後因敕使詣廟祈禱，至瓷窯小吾團若有影響，遂創此以爲別廟，瓷窯團即今之鎮也。又云：匡氏之祖以晉永嘉二年渡江來江西。其文詞甚凡下，不足考信。然士人轉匡爲王者，豈以避太祖諱故耶？大抵廬陵言王仙事跡甚多，如永興嘉福之觀、值夏之市、大皋之渡皆是也。嘉福觀在郡城南三里，俗直以王仙名之。崇寧中，郡人葛敏修聖功作觀記云：故老傳仙諱子繇，字大皋，東漢喬之弟。晉永嘉中得道，所過皆以其姓目之。山曰王山，村曰王田，廬陵爲觀亦曰王仙。《太和縣圖經》乃云王喬嘗控鶴此山，其舄墮焉，血食山中。按東漢葉令王喬至晉永嘉蓋三百年，不應與子繇爲兄弟，疑子繇當晉之亂隱居，得道山中，世俗因以喬事附著之爾。觀聖功此記與廟碑殊不合，未知孰是。按梁湘東王《古今同姓名録》凡六王喬：一周太子字開山，一晉廬陵太守，一漢葉令，一古仙人，一河東人，一魏人。而杜光庭《王氏神仙傳》亦載王喬有三：一子晉，一葉令，一蜀中食肉芝者。則聖功所謂訛繇爲喬尚可疑也。夫事至於千百年固多差謬，况雜以神仙渺茫之説乎？大皋渡去永和七八里，安福永新之水至此入於江，其名略見《南史·陳紀》，而土人妄呼大篙，以爲王仙嘗擲篙渡此水，尤爲荒唐。值夏在永和之上二十里小江中，云王仙至此值盛夏，因以得名。永興觀去永和五六里。

十月戊午朔。

丙寅，游青原山靖居寺，七祖大師行思道場也。自鎮渡江，行六七里，岡巒環擁，逼山門方見屋瓦〔一〕，其寺頗迫窄。塔在山之巔，躡階上下。塔左有三泉，號錫杖、虎跑、雷泉。唐顔魯公題名及元豐六年黄魯直二詩并刻泉側。魯直碑，先祖貳郡時嘗跋其後。飯罷，南過釣臺，面對太山，下臨清溪，氣象幽深，可以隱居。溪淺而源遠，其支流循寺而出。按唐大中五年四月，前刺史段成式等記云：景龍三年爲蘭若，天寶十載爲寺。所載亭臺頗多，今皆不可考。甚重顔碑，亦叙三泉，所可見者此爾。成式文務奇澀，或不能句。午後由小徑過龍集院，歸訪彭子從墳庵，逼暮到家。

己巳，早，同子澄、季懷游洞巖，去鎮七八里，過白沙渡，又五六里至朱陵觀，知觀朱守常及識王父云。按南唐徐鍇開寶四年所作觀記，載舊止名洞巖，隸吉水縣。傳者云：昔天師嘗再定天下名山三百六十五以應天度，此居其三百三十六。又云峰有雲嵐、元秀之名，洞有青帝、西靈之精〔二〕，又有對歇峰、徊嵐亭。又云故老傳先天中謝行仙於此學道，貞元中刺史閻寀請立觀。其大略具此。飯罷登自雨巖，即東洞也。徐鍇所謂青帝洞者。四顧川原衍沃，心目開明。泉自巖而下，點滴如簷溜水，積而不溢。道士云下爲伏流出廟前，理或然也。東南望赤嶺，横亘十餘里，而不甚高，或云其上多高塚，故名大墓嶺，或曰敗墓嶺。蓋舊傳此地有王氣，南唐時白氏居其傍，時以狂僭事覺，名捕發其祖塋以厭之。故此外大山蒼鬱〔三〕，諸峰皆聳秀。其坳一峰劍立者，香城山也。頃之，過西洞。鍇所謂西靈之精者。季懷祖墳在路傍山上，往觀焉。下山日已過午，杖履行谷中，荆棘翳路，命從者剃除以進。小溪曲折，凡十七渡，乃望見山尾相銜，一山居中如屏障〔四〕。水自兩山出，是爲雙澗之源，而山後之泉流爲青原水矣。此去水源極近，而樵蘇路絶不可往。回至觀中少休，命道士取琴彈《清溪操》，曲終上馬如值夏。值夏距洞巖七八里，中路過白竹院、前遂渡，入市。民居數百家，聞承平時甚盛，今稍衰矣。游胡氏舊宅，上月臺，登南樓，望香城山纔十五里，不若遠望之蒼翠也。步至大霄觀，治平間重修，已復破敝。自此登舟，水甚淺澀，而後行過鹿渡石〔五〕，徐鍇碑亦及此。或云盧渡。十里出白沙江口，乘月放溜而歸。

庚午，陰。早同子澄、季懷飯訖，泛舟送子澄於神岡。岡去州十里，突然而起，高數十丈，其形如黿，俯首伸頸而隆背。神祠在項背間，號惠佑廟，封嘉應侯。按重刊咸通中廟碑及熙寧乙卯修廟記，并云神姓劉，名竺，字世泊，陳鳴鳳中爲廬陵太守，卒官而廟食焉。其傍有西臺精舍，可以登覽。子澄既别去，予與季懷登山陬訪舊廟基，盡見近城諸山，其後巍然而大者龍西也。江流横陳，小江右出，勢如磬折，帆檣來往，煙樹晻靄。農事既畢，牛馬散布於平原曠野之間〔六〕。若即其地築臺以盡臨觀之美，當爲此邦之絶景。

十一月戊子朔。

〔一〕逼：明澹生堂鈔本、四庫本作「過」。
〔二〕靈：原作「臺」，據明澹生堂鈔本、四庫本及下文改。
〔三〕蒼鬱：明澹生堂鈔本、四庫本作「鬱然」。
〔四〕山：原無，據明澹生堂鈔本、四庫本補。
〔五〕石：四庫本作「口」。
〔六〕曠：原作「易」，據四庫本改。

乙未，游西峰寺。寺在栅門外，南安巖主得法於此。門外松徑蕭森。寺後有三秀亭在松林間，舊名秀野，以芝生改今名，黄魯直作記。

十二月丁巳朔。

戊寅，董參薨。德元字體仁，吉之永豐人。靖康元年鄉舉第一，後以恩科入官，待道州營道簿缺，石塘劉氏延教諸子。紹興十七年與之，應轉運司試，非其志也。既而復高中，宗族强之赴省比，殿試遂爲第一，以有官降第二，特補左承事郎、簽書鎮南軍節度判官廳公事，召爲校書郎。二十四年三月除監察御史，六月遷殿中，兼崇政殿説書，與右正言王岷并特升侍講。明年三月進侍御史，六月擢吏部侍郎，超拜左中大夫、參知政事。十月秦檜薨，而德元以十二月罷爲資政殿學士。臺官湯鵬舉論列不已，遂以本官提舉江州太平興國宫。家居八年卒，年六十八。德元循謹自守，不事矯飾，此其所長也。爲臺察時病傷寒甚困，夜夢碧衣童語之曰：「無憂，君上世有陰功，雖數百年其籍故在，且爲天官矣。」次夕，又夢至一亭，望耕農滿野，前童子亦在，語德元曰：「此皆君所食禄也。」覺而病良愈。歲中典吏銓，自以爲應天官之夢，未幾至參大政，值乙亥南郊，相位方虚，德元實爲大禮使行太宰事者兩月。既歸，第宅田園日盛，悉與夢合。

隆興二年，歲在甲申，二月丙辰朔。

辛酉，同七兄鷄鳴登舟[一]，至乾明寺前出，陸行二十五里，飯夯元注：奴梗反。岡鋪，又二十里過東界渡，入小路，數里至善生寺。寺本渡頭廢剎，今主僧宗式買地於此而興之，蓋四十二年矣。内外嚴好，竹樹掩映，爲留移時。宗式姓朱氏，東界大族。戊申、己酉間予家避虜於其室，頗遭剽掠，宗式猶記祖母先夫人，其他良賤皆能言之。寺有破藤牀，云予家物也。自此多行田間，乃借僧騾以代輿。過上邳市，居民稍多。北行望一山團巒，與衆峰不同，土人謂之聖嶺，嘗有頭陀居之，今禱雨輒應。自善生約十里至吉祥山寶巖院。按記，南唐保大十五年，將仕郎、知彭澤縣鎮薛良撰。創於蕭梁。至唐天寶中，僧利涉居之，日誦觀世音號，懇求聰明，果得辨才無礙，有言論，載《傳燈録》。嘗鑿泉於山脇，號聰明泉，泓澄澹足，至今不竭。院初名吉祥，德宗加咸通二字。五季分蕩，屋宇遷徙，僞吴順義中有歐陽郴者募衆力新之，今又經改造矣。郴仕南唐爲武昌宰，即文忠公曾祖也。郴墓東去院十里，地名桐木官山。晚宿上方，其下砌石五級，列植山茶。方盛開，捧檻如紅雲。登閣四望，翠嶂環密，獨缺其西南，七兄云極類南嶽之雙峰院。去城六十里。

壬戌，早，七兄題壁而行。約十五里，至龍須山法雲禪院。昔曹溪六祖大弟子曰法登，吉之安福人，青原思大師兄弟也，徧得六祖之道[二]，唐大曆中來隱此山。有地人龍須盡以山林田宅施之，故號龍須山。代宗賜額爲長興寺。德宗時登卒，創塔於院西三百餘步，高二丈四尺。武宗毀浮屠，至其石函，遇風雹雷電，有群虎來衛，不果毁。泰和三年，改爲長興禪院。明年，又改宣化。本朝開寶三年易號妙峰，取登所用錫杖、衲衣入内，未幾復歸之，賜謚博濟禪師，塔名法雨。大中祥符二年改今名。衲、錫

[一] 兄：明澹生堂鈔本、四庫本作「弟」，當誤。

[二] 徧：原作「偏」，據四庫本改。

皆在，取而觀之。院記云：唐大中十二年，賊竊衲衣，取其巾幞，棄衣草中，野火焚山，獨衣傍丈餘草木如故，微光發徹，遂求得之。又古碑云：長慶年間登禪師開山，中廢。天祐中，道殷禪師姜姓。重葺治之，天聖以前猶曰妙峰。與僧德宗所記異同。寺有僞吳順義七年所給户帖，用尚書工部之印，其末署右司郎中判押。故人將仕郎李孝基嗣卿自勞村來，遂同長老師古步至法雨塔及巢雲庵。飯訖，嗣卿先去，與師古坐覽翠閣甚久。寺宇幽邃，老宿所聚，門外絶無居民。舊藏辟支佛頂骨，近爲人竊去。申後出山約十餘里，至勞村訪嗣卿。其傍有小寺，亦往遊焉。

辛巳，陰。早，挈家遊青原，招長老以宣飯。去寺百步有山孤立如覆鐘，號石軍山。王贄侍郎及其子億職方葬其上，半山有二碑。贄碑張方平撰，億碑王安國撰。

四月乙卯朔。

甲申，雨。陳立夫云：四月、十月雨甲申，其兆爲旱。農夫之占如此，亦難據也。

五月乙酉朔。

戊申，夏至。土人是日五更占風，北風爲豐年，人皆開倉，南風則閉糴。大槩類甲申占也。在四月。

九月癸未朔。

丙申，監鎮秉義郎陳士章殂。士章雜流出身，或云東坡遺腹子也，其狀亦仿佛，而兩子皆登科。

戊申，早，七兄往靈泉寺訪尚五夫人墳。予與二兄、季懷泛舟繼往，泊梅林渡龍王祠前，登岸二三里至其寺。劉子澄先在，遂共飯。寺倚螺子山，按圖經，山在廬陵縣東北一十里，周回十八里，高五十丈。昔有漁人至此得五色螺，因以爲名，而寺僧又訛而爲騾，以爲仙人自此乘白騾飛昇，總其實皆非也。山無林木，其形盤互如螺蚌形爾。州城以是爲主山，故其名特著。下有螺湖，其流淺狹，入於江，故州之別名曰螺川焉。山頂舊有小亭，遺址猶在，往年太守勸農於此。衆客頗憚登涉，惟七兄褰裳而上。頃之歸，云四望平遠，有足觀者。問寺僧，靈泉在門外數十步，得小井，無他異也。由別徑步過珠林，入護國院。門術幽深，面對黄原、白玉諸山，本與靈泉皆爲邦人游賞之地，今轉而爲北邙矣。子澄自此入螺岡門先歸。予與兩兄、季懷復行二三里，入北庵招義寺。按慶曆間朱處約記文云：祥符中僧守至首創精舍，後三十餘年而成，景物幽寂，近城不易得也。門有水松二株，可愛[一]。自此度雲騰嶺，觀沸塘。塘可半畝，觱沸如魚沫。傍有小亭，上直雲騰廟。雲騰蓋玉笥山九峰之支嶺也。初有吴史君隱居得道，天寶中見夢明皇云：「吾今爲金天神」。有詔即宅立廟。土人呼爲南祠，水旱祈禱甚驗。此其別祠也，故其嶺亦號雲騰云。謁廟畢，日已晚，繞城問歸路至南柵門，暮色蒼然，復登舟小酌。是日，舟車所歷殆徧四郊，到家將二鼓矣。

十月癸丑朔。土人是日以青箬裹餈飼牛，而取其餘塗牛角，使鸜鵒食之，欲其爲牛嘬蚤蝨云。

甲子，食罷，同七兄至方廣，遂約文山人過鳳山。以筍輿登其巔，去平地約五里，眺望甚遠，州城塔寺歷歷可數。江流曲折，遠者接天，近者如半沼。山之陰即青原也，惟其左爲群山擁

[一] 愛：明澹生堂鈔本、四庫本作「觀」。

蔽，無所觀覽。是日天氣陰寒，既登山而晴和，移時乃去。久聞百步間有界岡廟，亦一訪之，神像皆唐裝，其來遠矣。

戊寅，同子中游廬岡，去鎮約四五里，相傳陳霸先嘗駐師，尚存壁壘，故往訪焉。以竹輿周其頂，茅岡中時有彊礫而已。

十一月壬午朔。

癸巳，早入城游太玄觀，有泉頗佳，故俗呼三泉。

乾道二年，歲在丙戌，五月癸卯朔。

壬子，聞南山地陷，圍數十丈，深倍之，下濁水，四傍之田皆僨裂，水泉涌出，他山亦然。其地在永和南五里。父老云：山側往有尼寺，號本覺，百餘年陷而爲塘，泥中猶存柱石，距今所陷纔百丈許，殆潛蛟所爲也。或謂鎮之本覺亦號南山，即尼寺舊額。按太平興國四年記文，此寺自號報恩禪院，未知孰是。

七月壬寅朔。

戊午，五鼓約胡季懷蓐食訖，乘月過聳福院，去鎮十二三里。下車方辨色，乘涼易山轎又行二里許，登娑羅嶺。嶺高而路峻，廟在山崦，殊草草。土人率以月日祭賽，遇大旱，州官或來迎請，而不載祀典。前後列四松，遠望而見者，此樹也。日色已高，而雲氣崩騰，不容極目，頗以爲恨。歸飯寺中。

庚申，早過方廣，回入落塘源，觀歐陽氏陰地。遂上鷄岡，永和之朝山也。窯泥皆仰給於此，遇地脉可鑿，躡階以入，深至數十丈。初取皆細泥，見風乃凝如白石。一穴盡，即他之山爲之突〔二〕，蓋不知幾百年，或云隨取隨生，恐無是理。偏觀山頂，其高稍亞金鳳而相聯屬。

九月辛丑朔。

己酉，骨肉過神岡登高，飯於西臺。日午復登舟，上東岸行二里許入洞元觀小酌。竹軒道士出大中祥符間州牒，本以永興爲名，疑南唐或國初所創，治平中改洞元。今大皋渡之南復有永興觀，當考。酒散，至江邊得小寺曰寶僊，明爽頗類浙寺。

〔二〕突：四庫本無此字。

廬陵周益國文忠公集卷一六七

雜著述卷五

泛舟遊山録 一 起乾道丁亥三月，止是年六月。

乾道丁亥三月丙申朔，招陳允中爲成媪診脉。

丁酉初報謁。

戊戌佚。

己亥佚。

庚子佚。

辛丑佚。

壬寅佚。

癸卯佚。

甲辰佚。

乙巳，晴，北風微作。申時過隆興府，遣人致問帥、漕，有餽皆却之。晚泊鱖魚潭夾中。

丙午，無風。以從者有潛入隆興城中者，候至巳時方行。晚泊吴城山廟下，登望湖亭，春水未生，涯渚歷歷。松門巡檢詹億之、保義巡捕某至此來謁。億之嚴州人，頃在贛識諸父。

丁未，舟人賽廟畢解去。自此入湖，掠珠溪、神岡、左里廟，皆不泊。癸酉歲避風左里廟數日。湖中多沙山，望之如雲，廬阜青蒼，真欲招隱耶。未後次南康軍，簽判趙無悔相訪，別適周歲矣。借虞兵陳宣前導出西門，諸峰横陳，瀑布中瀉，寒食節遊人布路。約十餘里至開先寺。長老不在，同西堂元湛上漱玉亭，觀石柱間東坡辛巳四月題名。開先舊屋惟有此亭，其上即石橋，又其上瀑水落焉，潴爲龍潭，旱歲祈禱頗應。回觀僧堂，即南唐玄宗少年書堂也。古碑一空，魯直院記偶存耳。寺之東山別有小瀑，號馬尾泉。其餘境物之勝，僧徒皆不能言，要當按陳令舉之記，以浹旬搜訪，或可得其四五耳。飯罷，日已落，急命車南訪歸宗寺。由簡寂觀路口，以迂僻不果入。行官道約十里，將至寺，先渡鸞溪橋，酌一滴泉，躡支徑，過水磑，循溪源，有大池縱廣十丈，甃護皆以石。又其上則石鏡溪，聞刻魯直三大字，曛黑不能視，獨題歲月於王龜齡待制詩碑後。谿上直紫霄峰，鐵塔在焉，村民以二三月一往採茶，約十里云。自此即架石渠導水，長至二百丈，最爲奇特。此外舊物稀矣。秉燭入寺，寺在金輪峰上，霄峰之下。上霄者，秦始皇、漢武帝所登也。長老名樅，閩人。同謁王右軍塑像，觀墨池。又有鵝池，恐僞。南山至此已十八九里，尚有康王觀、谷簾泉，在一二十里間，遂轉山北入江州界矣。隔路別峰號黄龍，是爲湯泉，有寺幾廢云。樅作果供，二鼓就寢。今日之遊雖怱怱，而籃輿中徧觀山面，所得爲多，恨不能詩以識之。

戊申，聞五更鐘即蓐食，以火炬夾車而行。初甚雨，無從假蓋，已而稍止。至萬杉院天始明，頃經焚蕩尤貧乏。同長老上散珠亭，即舊滴翠亭也。觀仁宗飛白「清净和尚」等字及敕劄數通，錢易、王隨、王欽若、王曙、章得象諸朝士送僧太超詩。太超乃天聖中開山者，内侍羅崇勳主之。太守史奉直俣致問。雨復作，亟過棲賢，路稍崎嶇，然不妨觀山也。約十餘里至三峽橋，蘇黄門所記殆非夸詞，恨不遇積雨怒漲時耳。下視橋柱，余靖、元絳皆刻姓名。自此行石衢至玉淵亭，澗水披石陡落，匯爲龍湫，雪濺雷吼，不減三峽。又數十步乃至寺，山林陰翳，棟宇零落，如蹈無人之境。升其堂，長老妙徽方出，嘉州人也。同至五老亭，古碑多燼於火〔二〕，而祖無擇《愛堂銘》獨存。堂在今菜圃後，僅存階梯。按記文，唐寶曆初李渤捨宅爲寺云。聞數里有楞伽、折桂諸小院，乃舊屋。楞伽即李常公擇山房，有其妹墨竹，迫歸不能往。出棲賢行十里得官道，入羅漢院。雖免火厄，而主者非其人，坐觀摧敗，略不支補。惟藏殿尚如舊，内外皆石柱，刻龍繞之。承平時民財既富，濟以國力，固應如此。又十里，入北門，謁太守而歸。星子令鄧從政思問相候，并致谷簾泉酒，無悔送《廬山前後集》、《江行圖》。欲登落星寺，而衆客在岸，應酬移時，日已過未，遂解去。癸酉冬嘗遊此寺，今以其咫尺反忽之，不無遺恨。晚泊女兒港。是日清明，以巵酒勞從者。

己酉，早昏霧，辰後方解，而北風作。過大孤，泊黄泥洑。登岸，沿港入飯籮山民居。風不止，退泊樟汊港口。林江州栗遣人致問。頃之風稍息，行數里浪勢未平，家人輩驚怖，復掛颿回樟汊。昨日若遇此天氣，則少留落星，再遊廬山矣。

庚戌，風浪不可行，坐巖石間觀劉賢與舟人弈。

辛亥，雨作，風稍緩。行至湖口縣，江湖合流，浪勢甚大。縣在上下鍾石之間，不暇爲蘇仙之遊也。過里許，攔頭以一葉舟趠白浪〔三〕，襲税方與從者鬨，而江州使者再至乃去。進至交石夾上口，有人烟。登岸望桑落洲，步上夾石。監廟邵迪功端、程部信綗相訪。故户部侍郎與可大受之子，戊戌年家也，以南康谷簾泉酒遺之。未後風止，舟人云西江浪未平，不果行。有欲烹河鲀者，買而縱之。夜，月極佳。

壬子，鷄鳴解纜，風復作。巳時過彭澤縣。縣在南岸，亂山連延不斷，而北岸惟小孤山突起。雖有水，非江中央也。馬當遠望如馬，亦在南岸。上元水府廟樓閣華焕，不能謁款。未後入望江夾。望江，舒州縣也。舟人云前無住口岸，遂止。

癸丑，未時次雁汊鎮。隸池州。風色既逆，檢税者又不至，遂宿焉。携兒遊東山禪院，長老惠日。

甲寅，風益高，入長風夾，遇淺回旋久之。未後過羅刹石，浪轉高，挂颿回泊李王河口。李王謂玄宗也。登洲上閑步，有民居及巡檢司。

乙卯，早昏霧，辰後方行。未時次池口，去州數里，舟師以幹乞留。風忽轉南，得未曾有，張颿行僅二十里，雨作，復轉北風。乙夜疊棹入梅根港，百家之聚也。大風。

丙辰，大風雨。登岸謁昭明太子行宫。步至市尾，有梁逵，字通卿，教村童，携酒與之飲，頗能道九華勝概。漁舟數百，出没大浪中，皆捕河鲀者。

丁巳，霧散而晴。掠銅陵縣，入丁家夾，以風逆，命挽而進。晚未出夾數里止。官軍數十輩駐泊岸上。金陵軍。有老黥謝

〔二〕燼：明澹生堂鈔本作「爐」，四庫本作「罹」。
〔三〕一：原作「以」，據四庫本改。

鎬，字子京，亦聚教村童，携酒飲之。

戊午，早掠繁昌縣，以風静不入夾，中流而下。未過蕪湖縣，望磧磯在江心，雇小舟登寧淵觀〔一〕，寂無一人，屋皆朽敗。圖經作磽磯，政和中觀額。癸酉冬，予欲遊不果。前對三山，左即邑屋，青墩夾出焉。觀張安國舍人題字而回。過西采石〔二〕，數舟簸旗鳴鼓而至，皆和州截税者，郡守胡昉聚財甚急。久之方去。晚過西梁山，泊大信口，二百餘户。夜扣萬壽廨院。

己未，早行夾中，欲入太平州，以水澀復出江。巳初過采石鎮，己卯秋嘗登牛渚磯，今不暇。晚泊鵝項。

庚申，早，以夾中水澀轉江而入，未後泊新河口。此行日日北風，今日泝流趨新河便值南風，所向背馳類此。折簡韓無咎運使。雇舟載行李入鎮江閘。

辛酉，南風益熟。方帥滋務德、葉總領衡夢錫、韓無咎及莊德全、権貨蘇常山玭訓直并相訪〔三〕，辭以徑過，不果報謁，有餽皆却之。常山，仁仲之子，務德甥也。行李易舟，挈家繞城過天禧寺，治陸行計。漕司急足持先牌與召客趙倅善仁紛争甚久，趙故人也，以醉之故。新太平州推官趙儒林不没、長老智勤并相訪。都統劉侯源致餽，亦却之。

壬戌，早發天禧，行十里，田間有南唐追封慶王李宏茂字子松神道碑，韓熙載奉敕撰。飯隨車鄉之上店。午飯後至秣陵鎮謁嶽廟，有道士主之。晚宿方墟，訪陳特立秀才。

癸亥，早飯畢至溧水縣。知縣王彦平及主簿張修職思新、主簿王迪功尚之、尉張迪功南仲相候於門。入泊中山驛，紹興戊午李朝政修，魯訔爲之記。趙倅分路赴闕，殊愧前失，而僕未嘗過之也。晚赴王彦平飲，後圃有池，周美成作邑時長短句云「新緑小池塘」謂此。園無花而多古木，有連理者。

甲子，女兄小祥，就驛設祭而行。飯官塘。晡時至黄連步，登秦氏小舫。是日天氣頗蒸鬱。晚雨作，中夜大雷。遇客舟横港，衝破籃輿，紛競不已，遂泊。

乙丑，大雨，午後止。昨日道中苦旱，得雨良幸。過溧陽縣，宰陳朋元通直蒼舒〔四〕、尉時迪功作乂相訪〔五〕。乘便風度湖渰達宜興，婦家來迎，方知外舅以二月十九日不禄。魯子師之子相訪。

丙寅，晴。遣賴昌如臨安問兩兄動静。

丁卯，新浙東安撫司機宜汪端中恪、新鎮江分差糧料院强中憺〔六〕、新監左藏西庫剛中懔、將仕郎張仲益并相訪。三汪皆彦章子。將仕君，寺丞元覽觀復子，侍郎濬之孫〔七〕。

四月戊辰朔，雨，聞日當蝕。至吴墟謁周敦義參政，已拜泉州。

庚午，宜興丞葉宣義節、新監通州鹽場俞秉義仁仲相訪。宣義，少蘊之孫，永州太守桯之子。秉義君，莊氏甥也。

〔一〕雇小舟：四庫本作「泊舟」。

〔二〕西采石：明澹生堂鈔本作「西夾石」，四庫本作「西夾閘」。

〔三〕直：原作「値」。按蘇玭字訓直，見陸游《渭南文集》卷三九《吏部郎中蘇君墓誌銘》，據改。

〔四〕舒：明澹生堂鈔本、四庫本無。

〔五〕乂：明澹生堂鈔本作「入」，四庫本作「人」，疑皆誤。

〔六〕憺：原缺，據本集卷一六五《歸盧陵日記》補。

〔七〕原刻注云：「『將仕君』以下十五字，院本缺。」

辛未，謁同年莊伯威知録及其父德成玘監廟〔一〕。新主管臨安城北右廂邵宣教軺華甫相訪〔二〕。

癸酉，賴昌持兩兄書歸，再遣行。程君曅及地理僧真鑑大師净如來。

甲戌，顯親長老全顯招飯，辭之。再至吴墟。

乙亥，邑中迎社頗盛，云周孝侯生日也。聞孫仲益尚書艤舟北郭，謁之。年八十七矣，精明如六七十人，詩文不減少作，談舊事纚纚不勌，可謂異禀。

丙子，外舅終七。

丁丑，客云：汪彦章與王甫太學同舍。甫貌美中空，彦章戲之爲花木瓜。及彦章罷符寶郎，甫正當國，以宣倅處之，宣州産花木瓜故也。

戊寅，復至吴墟别泉州。

己卯，新國子監主簿沈德文相訪。

庚辰，早詣臺莊祭奠外祖墳。守者已改用毛百一，稍禁樵蘇。通判舅氏墳在其西二三十步間，植兩石楠以爲識。禮畢，與仲賢、净如會於莊子平資福庵，遂拜其墓。相去半里有蘇子修秀才墳庵，又一里有孫觀復庵，極潔雅。回視莊德邁及蔣氏所出陰地，道過莊德固墳庵，德固癸未歲死。自此問歸路。去縣數里有余公度、邵知縣、胡省幹三庵相望，又落路觀慕容彦逢尚書家諸墳，稍已廢圮，有尼庵主之，敲其門不應。從者頗聞虎嘯，回趨孫端朝汝翼安撫墳庵少休，其規模如小寺。歸憩宋氏店。黄昏到家，雨作。

辛巳，莊支使璵相訪。飯罷，因謁郭宅心寺丞，遂遊通真觀，比癸未歲益不振，向餘一柏又復不存。庭下有虞察院詩刻，云：「此樹已三百年，而數歲間俱失之，庸道士之罪也。」聞是日乃吕洞賓生日。

癸未，早，仲寧、仲賢過，善權設水陸齋，約同登舟，風水俱逆，其行甚緩。晡時掠桐渚。晚望楊氏墳庵頗壯麗，由小港登焉。方墳闕角，僭侈非度。自此至寺纔數里，乃肩輿以行。過離墨，山最高，或謂與善權通號離墨云。稍前即董山囤〔三〕，碑在焉，欲上而日已落。徑入善權，敕額曰「廣教」。初，龍圖閣待制傅楫，興化人，嘗爲徽宗端邸宫僚。既死，援王陶例，未至執政，特賜功德院，而不改廣教之額。楫墓在寺側，其群從亦有依寺而居者。按舊碑，寺本齊武帝贖祝英臺莊所置。山東北有石壇，號九斗壇，世傳梁武帝禱雨於此。會昌廢寺，田産歸鍾離氏。咸通八年，鳳翔節度使李蠙奏云：「臣太和中嘗肄業此寺，巖洞有白龍之異，願以己俸贖田復舊。」詔可之。其碑并蠙詩尚存，仍畫像以祀。南唐時嘗爲道觀，後主復爲寺。宣政間傅氏子侚時又請爲崇道觀，建炎間復舊。單氏《圖經》云：殿屋乃廬州刺史張崇造，寺多唐人題名，今獨乾符以來塑匠役人姓名班班可見。殿柱上有雷部鬼書，曰「駱審火」者一，「謝鈞火」者二，字皆倒書。予往視之，不見所謂唐匠姓名及「駱審火」字，其「謝鈞火」入木寸餘，又有「詩米」等字皆遒勁可愛。客館巖石

〔一〕玘監廟：原刻校云：「院本缺此三字。」

〔二〕華甫：原刻校云：「院本缺此二字。」

〔三〕囤：明澹生堂鈔本、四庫本作「岡」，疑是。

奇秀，潴水爲池，頗立亭宇於其上。壁間有元豐甲子秋九月彭城劉彝執中《夜宿寺中追懷陳襄述古詩》云：「精識世所稀，友道古難有[二]。伊人雖云亡，遺德不可朽。嘗厭石渠遊，是邦爰出守。浚河納湖波，股派活畎畝。學宮起城隅，塗人或薪槱。既富而教之，薄俗適忠厚。矧予平生時，昏弱賴磨揉。共賾姬孔微，肯出臯稷後。醇源浩罔涯，實行靡容苟。猶期老巖阿，寂寞待同扣。天乎奪大成，旅葬宜興阜。我來薙荆榛，雨淚滴杯酒。慟哭起秋風，落葉紛林藪。永懷三益恩，語報乏瓊玖。願子生人間，世世爲親友。」古人於交遊情誼蓋如此。述古墓去寺十餘里，州博士歲遣生員祭奠。

甲申，晴。宜興人謂堯時夏雨甲申而致九年之水，故甚畏之。早同仲寧及地理僧淨如過丁墅卜地，去寺約二十里。飯於吴寺丞庵，回至懷相塢，入吴秀才庵少休。天氣驟熱。將至善權，由傅公神道繞寺後訪二洞，約行里餘，度小嶺乃至焉。乾洞在上，有大石當户，其四周彷佛類疊墻，寶蓋下垂，鵝管懸綴，有鹽堆米堆惟肖，視張公洞差小，然亦可容千人。水洞在乾洞之下[三]，水自山出，未至洞口，披石斗瀉匯而爲湫，細流入洞。洞中石田皆成疆畔，每坵纔盈尺，高高下下，水滿其中，石文蹙成，花草如雕鐫者。陳述古詩云：「陰陽融結此山川，便有鹽堆與石田。風俗每來占水旱，却疑乾洞有神仙。」注謂乾洞中有鹽米堆、石田數坵，鄉人歲時祈禱，以占水旱。若田中有水，即爲豐年之兆。又詩云：「水洞深無百尺泉，白龍騰蟄已多年。誰知此物能雲雨，常濟山南萬頃田。」注謂《圖經》云：水洞中有泉，大旱不竭，常有雲氣升騰。太和中白龍出於洞中。予觀石田在水洞，而述古乃言於乾洞，不知何故。白龍即李蟦所見者。水既入洞，即伏流達寺中，昨日所謂巖石亭宇正臨其上。時有四足鮎魚出遊，村夫或擊而食之，今日童僕輩亦有見之者。水由寺而出，灌溉之利遠矣。遊洞畢，回視傅公家乃歸。是日荼毗長老正祥，其死方數日，病後端坐書偈而逝云。寺在宜興西南，陸行四十里，舟行六七十里。張舜民《南遷録》：過黄州，聞東坡云，近獲一魚，似鮎而有四足，能履地而行，或曰鯢魚也。

乙酉，早，肩輿二三里至董山。按《三國志》、《金陵實録》，孫皓因國山有石自立，遣司空董朝、太常周處封禪刻石，埋銀龍銅馬於其下。其石如囤，故俗呼囤碑。山高數十丈，與徐宗策杖同登。碑字三面可辨，惟東向剥裂模糊，蓋無屋以庇之也。俗呼董山，謂董朝也。碑詞載所遣官姓名而無周處，史氏誤矣。長老法濟參齋罷，登舟歸邑。初行十里，四望塵沙漲天。既入湖㳇，西北風大作，浪涌舟駛，逼暮到家。賴昌等報七兄銓試中第二。

丙戌，開啓天申節。

丁亥，宜興尉趙修職希仁、新鎮江簽判胡通直詰審言相訪。再遣賴昌、傅勝如臨安。連日雨寒。

戊子，赴莊德邁飯。

己丑，報謁數客皆不值，獨遊會真庵而歸。

庚寅，大風而晴。早同仲寧、仲賢、如師再出南門卜地。一里許曰畫店，二三里曰山門，蓋自此入山地。南來諸山聚於陽

[二] 友：原作「及」，據宛委山堂《説郛》本《汎舟録》改。
[三] 「水洞」句：明澹生堂鈔本、四庫本無。

羡，界太湖而止。對縣治號銅棺山，一曰君山。尤雄拔，故此邑多富貴之家。是日飯莊氏資福庵，晚飯莊子權雨華庵。其間歷陽垛邵氏之凈觀庵、莊子和霜露庵、蔣子禮祖母沈夫人静照庵、言村王朝奉庵，惟霜露庵草草，餘皆雅潔閎敞。新丹陽丞沈從政宗契、王仁傑秀才相訪。

辛卯，王德華藻自崑山過溧水，經由相見。

壬辰，早約莊德邁飯訖，泛舟數里至言村，訪胡茂老松年樞密舊居。堂榜曰「萬幅平遠」，邑人第呼横山堂。堂去湖渰纔百餘步，湖外峰巒横陳，又其外遠山如屏。方茂老卜築時，陸藝花木，水植荷蓮，死纔二十一年，皆堙廢不治，而第宅浸壞。予甲戌歲嘗與外舅具舟欲來，大風而止，今日亦遇風雨。

癸巳，新烏程丞祝宣教溥相訪。飯罷入縣學，學逼南門，對湖山。按碑記，真廟朝縣宰李若谷立廟，仁宗朝鄭民彝修學，紹興十六年又修。今浸敝，無一青衿，其傍即社壇。韓无咎寄龐元英《文昌雜録》。

甲午，早同仲寧、仲賢、凈如出南門，過横瀾，入袁氏庵觀地，投宿洞靈觀。知觀邵惟道字集虚，極有幹才，支傾補敝，觀遂復興。登張公洞，中路回望太湖，宜築小亭焉。山非甚大，而洞極廣，蓋一山皆空耳。其間肖像不一，而數柱若擎之者。

乙未，早過湖洑鎮，跨溪有橋，號侍郎橋，或曰謂陸希聲，而圖志頗疑其稱呼不相應也。飯於金沙寺，登頤山，訪講易臺，酌潛虬泉，皆希聲遺跡也。寺有岳飛己酉歲留題刻石，詞甚壯。遊李福墳庵，即李顯忠斬之者。入鎮中觀潛虬泉。仲寧兄弟同凈如過山中觀地，予乃與道士王見志字全隱者遊惠氏南園，久之過北園。仲寧兄弟至，遂買舟泛湖洑而歸。兩岸多朱藤，故號罨畫溪。歷唐貢山，凈如云唐貢茶之舍也。又過冢山、蠡湖。甲夜抵邑中。

五月戊戌朔，姚媪忌日，過顯親設供。仲寧招胡審言素飯。寄孫暫從慕容邦瑞學。

己亥，赴汪强中會於莊氏萬頃樓。

庚子，新静江倅鮑夢符、新宜春丞王從政涣、新廣德司法趙修職公鑑、新會稽主簿趙修職公植并相訪。趙氏兄弟，充之之子。是日借汪氏舟如平江省從母，而東南風大作，不可過溪橋，宿於岸，步出小蓮。

辛丑，早行，風不止，微雨。過沙子，爲前舟阻滯踰兩時，横拖而進。晚宿塘楊坊。

壬寅，端午節，早雨。午後次常州，泊州橋，過章茂之知録廳，留連至夜。同坐乃其宗人興祖，字慶善。明脉州碑，徐鉉書，甚奇。

癸卯，早移舟過東門，登嶽廟，入薦福禪院，陳瑩中作記，偶免兵火。觀音堂極高爽，或云東坡賦紅梅閣即此也。邂逅白沙蕭岳英，在此權攝，同觀錢俶開寶九年五月金書《法華經》。當時共捨二十通，今僅存五卷，光明如新。鄉貢進士蕭鴻、武進丞李德明紹來謁。蕭生，奔牛人，與岳英同寓寺中。又同岳英過天慶觀，修廊頗嚴整，殿背有李某畫雙龍，歲月浸久，勢欲騰拏，蓋名筆也。道正房植虞美人，花狀類雙魚，色如金鳳，其葉與牡丹無異。又過太平寺之彌陀院，觀徐陟水壁，波濤隱起，毗陵所工之藝也。老僧守稠云：東坡元祐六年三月二十八日過寺，賦詩云：「醉中眼纈自斕斑，天雨曼陀照玉槃。一朵宮黃微拂掠，鞓紅魏紫不須看。右淨土院牡丹。六花薝蔔林間佛，九節菖蒲石上仙。何似東坡鐵柱杖，一時驚散野狐禪。右華藏院薝蔔。」其碑近爲何提幹者取去。晚赴茂之飯，遂宿其廳，復移舟泊州橋。

甲辰，早撑舟至大喜橋，肩輿入勝業寺。三門有唐碑，叙寺本陳果仁宅。西廊已壞，東廊僅存。又東入觀音講院，僧云陳祠甚邇，遂同往。門列三碑：其一唐天寶中記文，元和間立；其一刻大業十一年果仁告身并其妻捨宅疏；其一近世太常博士夏之文，爲太守周杞修新廟作記。廟廊數十間，周杞毀貢院而爲之。按果仁字世威，本州人。隋朝屢平劇盜，唐武德三年爲降將所毒，妻軫氏以宅爲寺。而廟食自唐已盛，屢加封爵，南唐保大間册爲武烈帝，俗傳五月十八日生。新廟之後有真武殿，又其後乃神之舊殿，像爲方面，不甚大，或曰真身也。殿前檜樹殆數百年之物。歸舟少休，復度橋訪胡武平功德院。乃武平創造，治平元年七月請額曰「感慈報恩」，遺令不許子孫祔享，止祀其三代，故群從不得擾之。堂有二板壁，東坡草書倅杭和陳述古二詩：其一自有美堂乘月夜歸，所謂「娟娟雲月稍侵軒」者；其一過周長官夜飲，所謂「二更鐃鼓動諸鄰」者。經崇、觀磨洗，今粗可辨。初在門廡，近徙置堂上，蔣燦題其後。對壁又刻元豐八年五月二十七日東平孟震遊寺留題，復刻頌云：「碧玉盌盛紅瑪腦〔二〕，井花水養石菖蒲。批風抹月晨齋罷，試問禪師得飽無？」其上別刻二頌：一與上同，而改後一聯云「也知法供無窮盡，只問禪師得飽無〔三〕？」一同集本，只改「請師」爲「憑師」。觀前輩於小詩猶潤色不一，愈改愈勝，故私記於此。長老名無礙，而集中不書。堂上及僧堂皆畫水，活勢不減彌陀院者。頃之，出廣化門里許，觀武平墓庵，中有歐陽公所撰神道碑，宣和間諸孫集褚書而成之，其額則集顏書。完夫右丞父塋相去不遠。初，武平聞其弟死，自京師貽書族長云：「某處地葬後出兩府，吾弟有子，可當之。」謂完夫也，其後果驗。此帖今藏胡氏。武平於天文地理無所不通，而其父子及完夫父子塚兆相望，皆葬平地。凡俗所謂來山去水皆不可攷，而武平復先視其子貴賤而後與地。諺有山頭堂上之説，信不誣也。今胡氏子孫禄仕數十人，中間世將、交修又亞政塗，與蔣穎叔家并爲此邦甲族，何其盛哉！午間赴葛家之會，其居鄒志完諸子之居，近買之。晡後出門，中夜抵無錫縣。

乙巳，午後至許市登法華庵，望陽山在數里間，其下有澄照寺，今爲朱諤右丞功德院。其旁龍母廟頗靈異，頃歲嘗至焉。晚抵平江，入閶門，泊北寺，尋徙承天能仁寺。觀銅佛，《圖經》云：梁陸僧瓚捨宅爲寺，中有聖姑廟，蓋陸氏女，今號惠感夫人，郡人祈子頗驗。頃之，章濟之運幹來，同過從母宅，戊寅之別今十年矣。章氏甥楊昉叔明同宿。

丙午，唐致遠判院來，友婿也。

丁未，赴范至能吏部會。李全自廬陵來，永和諸位、武義、臨安諸兄皆有書。

己酉，早同濟之、叔明、致遠遊虎丘。《圖經》云：山在長

〔二〕原刻校云：「今印本作『瑪瑙』。」
〔三〕原刻校云：「今印本又改『只問』作『試問』。」

洲縣西北九里，一名海湧山。上有雲巖寺、真娘墓、劍池。飯罷，謁陳省華、王禹偁、葉參、蔣堂畫像，歷東西庵。歸過半塘寺，朱長文《續圖經》云：虎丘寺即晉東亭，獻穆公王珣及其弟珉之宅。寺前有高僧竺道生講堂〔一〕，生公立片石以作聽徒，折松枝而爲談柄。其虎跑泉、陸羽井見存。

庚戌，王仲謨、仲告、仲顯自崑山來，至普門禪院謁之。景德中，日本僧寂照嘗居此，舊刻朝宰諸公送行詩，今亡。長老師琛約唐致遠及仲謨昆仲過萬壽禪院素飯，并招范至能。長老蘊衷，癸未歲住徑山識之，諸君欲與劉賡談命，私使來，蓋孟浪人也。萬壽本丁晉公祖守節造，今號報恩光孝寺，平江望刹也。

辛亥，林修之藥局拯相訪。

壬子，仲謨兄弟歸崑山。謁張漢卿推官、顏休文省幹，獨遊北禪院。主者惠深，住數十年，一力新之，十六觀甚嚴潔。《圖經》：本戴顒宅。

甲寅，赴張漢卿會，約爲天池之遊。

乙卯，早別從母，登舟同濟之至崇真宮，相別於閶門，范至能、顏休文相別於門外。致遠聯舟繞城，望姑蘇館而過，八里至橫塘，入般若寺。又數里至黃山，入法雲寺。陳國長公主及石駙馬葬堂上。寺之軒窗皆可眺望。登塔一級，以窄峻而止。諸峰高下相連如筆格，俗號筆格山。又數里過木瀆鎮，舊至蔣氏園極佳〔二〕，今稍廢。至靈巖廨院。村民磔蝦蟆可閔，以錢二千市千二百縱之。呼筍輿上山，山半有憩亭。由支徑訪西施洞，今爲石龕，塑佛像，回視已見太湖。按吴越僧智賢乾德三年所作《智積記》云：「圖志言闔閭城西硯石山高三百六十丈，在吴縣西三十里。闔閭宮院、琴臺、響屧廊、館娃宮，復有硯池、玩花池、明月池，山前十里採香徑。梁天監二年置寺，十五年有僧自畫梵相於佛殿壁間，後有西天僧見之云：此智積菩薩也。」餘文不録。舊號靈巖秀峰院，今韓世忠請爲功德院。長老善卿來迓，同自響屧廊過草堂，上琴臺，下視川原華麗，太湖數百里在眼中。致遠置酒勝集堂，旁有圓照禪師塔。小說所謂浙本嘗乘遞馬赴闕者。塔臨石池，即硯池也，故此山號硯石山。近地別有礦村，其石可作硯及器用。堂上望湖邊兩山相對，東曰胥山，西曰香山，其中曰胥口，故老言香山產香。堂下平田之中有徑直達山頭，西施自此採香，故一名採香徑，今《圖經》採香與此地里不同。亦云箭徑，言其直也。或曰由此投伍員尸，故有胥山、胥口之名。香山西北連穹窿山。湖中山之大者有東西二山，皆號洞庭山，餘多島嶼云。夜待月望湖光，然後就枕。頃年嘗同章茂之兄弟劇飲於草堂，濯足偃松間，中夜方寢。今日之樂又過昔遊，所惜偃松一枝已瘁。至能走介送熏香、松黃、新茶，其簡云：「來日登天平，須攀援至遠公亭及諸石屏處。白雲泉名在《水品》，其色凝白，蓋郛泉也。張又新以虎丘石井在第三，松江在第六，而此泉未知如何，試一別之。向壽老作亭泉上，及別築遠公亭，而范氏媼居寺中擾之，遂止〔三〕。寺右上山路旁有石龜，極形似，向亦有名，近無知者。

〔一〕「生」字原脱，據《吴郡圖經續記》卷中補。
〔二〕至：疑當作「志」。
〔三〕止：原作「退」，據四庫本改。

忠烈廟具有文正公以下畫像，宜挂壁謁之〔二〕。」

丙辰，早以香茶供智積殿，周行寺宇，惟倦於登塔。塔乃吳越平江節度使承祐爲光國妃所造〔三〕，成於太平興國二年丁丑歲，猶未納土，今一百九十一年矣。卿老具飯，人力輩能鼓笛，用徑山例呼而奏之。登諸天閣，烹至能雪液。步至後門觀大井，其徑丈餘。正東望崑山縣百里皆平田，惟一山突起，蓋縣郭之馬鞍山，山寺在焉。東北連山甚長，常熟縣之虞山也。自此升小車，過天平下嶺，甚峻。約數里至白雲寺，《圖經》云唐寶曆二年置，在縣西南二十五里。本遠公道場，今爲范文正公功德院，義倉在其中。文正父祖葬山下，故范氏多寓旁近，或居寺廊，不振。寺有白樂天、蘇子美、王君玉、蔣希魯詩刻。久闕主僧，庶事不治。欲同致遠登山，而脚力頓疲，頗難之。然思至能簡中語，恐遺恨他年，遂奮衣右轉而上酌白雲泉，甚白而甘。躡石磴至卓筆峰，峰高數丈，截然立雙石之上，附着甚隙阢，疑其將墜。餘如屏如囊，或插或倚，備極奇怪。行十之七，石愈衆而力愈憊，乃循左徑訪石屋。三面壁立，覆以二大石，少休其中。下至小石屋，一石覆之。又下至飛來峰，高二丈，上鋭下侈，微附磐石，前臨崖谷，茲其異也。又東下遠公庵，一名望湖臺，正值寺後，今廢。又下至五丈石，亦名閣石。上至次頭陀巖，有蓋斜蔽之。次至龜石，脊勢隱起，名不虛得。此山大抵皆石也，瓌形詭狀，可喜可愕。今日適疲倦，又當暑，不能窮其巔。然郡人能至，予之所至者寡矣，況遊客乎？歸寺欲拜文正公及四子像，坐待魚鑰，移時乃至。明日蓋文正忌辰云。寺右有明因塔院，詰曲隨山，殊迫窄。初，僧智華與蔡京善，政和間爲乞此額，且立碑焉。茶罷即行，過晨臺山，大石特立。准至羊腸嶺，道旁有曾旼彥和父墓碑，未百年已荒敗。又度賀家嶺，大石如横案，上立兩石，俗云嶺北有新婦石，此其箱篋也。午飯王份知縣墳庵。份，吳江臞庵主人也。未時至張漢卿天池庵，漢卿相待久矣。按《圖經》：吳縣西六十里曰華山，由絶頂而上有大池，晉太康中嘗産十葉蓮花。今池在山半，未知是否。漢卿於此營墓就隱，負崖爲屋，鑿徑穿洞，疏水四達，其間種梅藝菊，以待遊人，費蓋不貲。然山石粗礦，殊乏秀潤。晚置酒更好亭，亭在池上。酒闌，肩輿過燕窠山觀魏氏山地，入魏奉議志庵。右過北峰禪院，其實魏侍郎憲之庵，規模倣寺，而爲移廢額於此。入門久之，一僧方出。侍郎公死纔三十年，其後浸衰矣。歸宿天池。

丁巳，早飯罷，同漢卿、致遠行三里至張唐卿排岸庵。庵後大石間有輓雲亭，皆人力也。自此度廟嶺并華山，凡數里至朱右丞謂永慕庵。塋域頗侈，蓋蔡京當國與謂善，敕葬故也。又數里至陽山，下望田間二辟邪甚古，不知何人墳。耕夫云近之輒有蜂螫人。陽山，吳郡之主山也。有元居實者，紹興間掌市骨董於榷場，坐致高貲，今爲平江總管。陽山既横鶩，乃大興工築支壠爲生墳，其旁起塚舍，雖溷軒亦極甃砌之功，門外栽花木數千株，屈折以勢，不知靡金錢幾萬緡矣。又二三里度老鼠嶺，入張齊賢承節庵，與漢卿小飲而别。同致遠扣魏迪功庵，過黄峴嶺，遂至白馬澗。舟人已來，與致遠酌一盃，各解維去，以陸務觀所送車

〔二〕原刻校云：「『向亦有』以下二十五字，院本缺。」

〔三〕「承祐」上，明澹生堂鈔本、四庫本有「孫」字。

渠環遺漢卿。吳郡惟城西多山，起黃山盡陽山，兩日幾徧歷。夜宿望亭。

戊午，天申節。食時回次無錫縣，登崇安寺。古碑云東晉安帝時立，近歲經兵火，方造三門、佛殿、羅漢殿。有僧義深善醫多貲，造五輪藏甚華，太守髪之矣。又過南禪寺，泗州大聖嘗留錫杖，有碑記其事。比創五百羅漢閣，謂之泛海羅漢，蓋閩人爲之，航海而來也。張婺州元亮相訪。

己未，早訪劉醫，即義深也。元亮約飯，目疾大作，不能赴，遂同過慧山具蒲饌。慧山乃寺之主山，而錫山在寺前，不甚高。摹陸鴻漸碑，汲泉烹茶。佛殿下古松可愛，太上辛巳冬過此，敕匠寫真，尋即枯瘁。晚去縣四十餘里宿。

庚申，早遇常州蕭岳英，立談而別。目痛益甚，正坐從母宅劇飲過量，且冒暑遊山故也。晚宿沙子口。

辛酉，食後抵宜興，目痛不能出，客至亦不能見。

丙寅，平江守姚令則直閣憲遣使致洞庭春泠泉酒，書籍十餘種。是月六日，國史院進呈《哲宗寶訓》一百門，六十卷，并目録二卷，有旨經修而在外者減二年磨勘，而予預焉。

六月丁卯朔，外舅卒哭祭。

己卯，莊德邁送溪鱗，此日目赤稍退，而脾胃性弱，百物皆忌，偃卧榻上，無聊可知。興國梅山福盛長老大悦至自無錫，仲寧招之卜地也。舶趠風大作。

戊子，邵至卿運使相訪，自閩改湖南而歸也。目赤雖去而翳暈生。

己丑，新吳江宰邵宣教輗及其弟新秀州司理輶相訪，皆至卿之子。

庚寅，初伏便覺酷暑，聞吳璘以四月十七日上遺表，有旨汪應辰升寶文閣學士，權節制兵馬。興州制置司分興元、利州作兩路，以吳勝、任天錫總其軍，晁公武除待制、知興元府。應辰疾速前去，以漕臣權成都。已而除虞允文大資政充宣撫使，未幾允文依舊知樞密院再押治事，仍爲宣撫使。二十日出門。

廬陵周益國文忠公集卷一六八

雜著述卷六

泛舟遊山録　二

起乾道丁亥七月，止是年九月。

乾道丁亥七月己亥，早赴縣廳。爲大行皇后姓夏氏，袁州人。六月二十五日上仙，行在進奏院坐省劄牒諸路云：「禮部、太常寺參照顯恭皇后故事，皇帝成服七日而除，百官三日而除，諸道州軍計詔到日長吏率文武官舉哀成服，三日而除。又禮例，諸路監司、州軍縣長吏以下合服四脚、係幞頭，頭冠亦布。直領襴衫、上領不盤。腰絰。以麻。又士庶各於本家素服三日而除，婚嫁除服後不禁。行在自成服日爲始，諸州軍候指揮到日爲始。又邊州縣軍鎮並不舉哀。又諸路州軍并所屬縣鎮候指揮到日下管内寺觀修建道場三晝夜，并禁樂三日，及禁屠宰一日。」又《小貼子》：「士庶素服，依禮例係去顔色〔一〕，止服淺淡裹青皂頭巾。」又省劄：「檢準懿節皇后典禮參酌討論，外路駐劄諸軍去處，依禮例合就所屯軍處候服報到〔二〕，自副將而上成服。其餘部隊管隊使臣并散隊使臣升朝官以上，及將副指揮使以上，並常服哭於本營廳事，三日而止。今欲依上件禮例施行，内沿邊州軍駐劄去處，依例更不舉哀。」六月二十六日，奉聖旨依〔三〕。

辛丑，晚，臨訖釋服而歸，邂逅新太府寺丞蘇峴叔子，東坡曾孫，而過之孫，居潁昌陷虜，尚書符奉侍時挈以歸，今爲駕部迨之後。昔東坡買田陽羨凡九百斛，三子之裔共享之，故峴居此。嘗與武義兄弟同班改官，以錢端禮薦除太常簿，今代太府闕。連日大雨。

壬寅，五更大雨，黎明晴。欲追凉顯親，而新司農簿張朝奉觀頤、新廣德尉虞迪功松、新上元宰吴景先及數客踵至。觀頤，侍郎滎之子。松，尚書策之孫。吴宰，給事中拭之孫。報謁皆不值。至周孝侯廟，遂過顯親。顯老相飯，招莊德邁、汪端中共坐，彊中送瓜。術人朱曉偶至，二公欲問命，因試之。過晚歸，以酒飲從者，作七夕。

甲辰，婦家爲老妻開葷。

丙午，新豐城李令愿及其堂弟新武寧丞恕、新奉新丞愈、將仕郎悊並相訪。

丁未，大赦到邑，其詞略曰：「陰雨作難，允賴元良之本；陽淫熱疾，適罹無妄之災。」尾詞云：「康樂安平，受祉莫先於長子；淵泉溥博，推恩豈限於彝章。」初，皇太子因赴長秋臨而中暑，醫誤投補藥，疾遂亟，尋聞初九日夜薨。

〔一〕顔色：原倒，據四庫本乙。

〔二〕報到：此上原衍一「服」字，據明澹生堂鈔本、四庫本删。

〔三〕原刻校云：「案此條舊本誤入卷一丁酉條後，蓋緣丁酉條後佚去七日，原或空行以待補。後來鈔録者見己亥恰是丁酉之第二日，故即以此條補之，而未諳此條内明云『六月二十五日』者之必不可移向三月丁酉後也。今校定，應編於此，而於卷一丁酉條後仍標七日之目，明注曰佚，以俟考補。」

庚戌，早過棲真尼庵，設考妣以次神位，行中元薦享之禮。

新監錢清鹽場吳迪功守相訪，湖州人。

辛亥，雨中訪莊德邁，弈棋，烹鰒粥調，剪笋。

壬子，洞靈邵道士送山藥薦新。新善權長老道林相訪。夜，大風雨達旦。

癸丑，旬日來東南風大作，未嘗間斷，或以爲異。

甲寅，雨稍止。過顯親，邂逅鮑夢符通判，薦相僧正顯。

乙卯，武義專人來書，中云江西一月之間再有水患。

丁巳，復熱。

庚申，新大廬山禪林禪院長老慧畸相訪。

癸亥，早約莊德邁、德政點心罷，同登舟爲保安之遊。保安，寺名，在縣北二十五里，今爲周敦義參政功德院。午後到寺，殊不稱所聞。長老祖廓晚置酒待二客，遂宿。

甲子，點心罷，肩輿里餘，入胡發運白雲庵，大觀中造。有蓮池，花面盈尺。又半里入胡參議老壽庵。猫兒竹甚大且成林，有江湖氣象，浙中不易得也。此方大抵皆諸胡之產地，多紫薇花，聞如楊柳、芙蕖，可插而成。又數里至李山，遊禪寂禪院，未有主者，尤荒凉不振。按至和中《寺記》云創於梁朝，今佛殿造於祥符間。邑人以爲唐殿，非也。門外乃常州官道。自李山南行四里，得周氏衍度庵，甚閎麗。又里餘至虞山福聖寺。寺有彌勒殿，南唐保大中造，甃塼，皆隱起毬路，越二百年堅緻如新。唐人龍朔中作才法師碑尚存。地理僧净如居寺之瑞像院，飯於其房。東西二周氏富蓋此鄉。東周有園，今不治，惟環秀亭在池心，環以荷花。坐賞移時，登舟而歸。過溪順風[一]，晡後至邑場。致遠樞密之孫、主簿君邦彥遣使通問，其居號小墟，去金壇八里。

乙丑，吳迪功淵相訪。其父寺丞君，不主岳飛獄者。得平江書，洶洶傳時巡，蓋虜遣兵部尚書烏論三合駐泗州，取索歸正人甚衆，且聚兵積糧，故蘇、秀頗繕葺公宇耳[二]。

閏七月丙寅朔，宜興宰王奉議際、法藏寺首坐祖印大師道堅相訪。

丁卯，莊文太子以是日敕葬寶林寺。

戊辰，安術者孫晉臣論予命有透關之語，竊取之。

庚午，大雷雨。連日秋暑不可當[三]，今日稍涼。

癸酉，安恭后攢修吉寺。

乙亥，新青陽主簿陳朝立紀相訪。其兄朝舉，同年也，已死。

丙子，邵氏净觀庵僧契彬相訪。

丁丑，仲寧、仲賢定用香山地，是日斬草。

己卯，午携棋具過莊德邁[四]。晚月色清甚，同德政泛舟出溪口。

庚辰，新監雜賣場門范從事華相訪，淳夫曾孫、元長之孫、趙元鎮外孫。留汪强中午飲。强中謂酒有五品：苦、淡、酸、臭、甜。其貶甜乃在臭之下，今日特以醇厚極甘之酒沃之，甚有

[一]「溪」下，明澹生堂鈔本、四庫本有「値」字。
[二]原刻校云：「『得平江書』以下院本缺。」
[三]「暑」上原有「雨」字，據明澹生堂鈔本、四庫本删。
[四]午：原無，據明澹生堂鈔本、四庫本補。

難色，聊爲一笑。湯朝美邦彥及其堂弟士美國彥自金壇相訪。夜月愈佳常年之中秋也，已治具約德政過邵園，因爲泛舟之役。臨出而其主人辭以家集，獨與德政乘小舟入湖滸，風露浩然，亦樂也。

辛巳，早，就顯親具蒲饌待二湯。新句容宰田奉議偉相訪。是日再欲過邵園，會風雨不果，移具過莊德政宅，招德邁，而莊德器支使璵適至，遂同集飲。韓无咎所送金陵經武堂酒，客愛其醇美，乃以遺之。夜御夾衾。

壬午，留二湯飯。

癸未，再留二湯飯。邵軫方遠相訪，德政之妹夫。

甲申，二湯訪別，具飯待之，仍和其二詩。

乙酉，早同莊德邁泛舟至其曾祖通議公墳，有庵曰揚名，山勢如城而葬其中，蓋程惟象所卜。惟象見趙清獻公彈陳恭公文，其術甚精。通議公本維揚人，占籍宜興。既葬而子微登第，官至待制。今子孫甚衆，禄仕不絶，亦多富者。其側乃蔣隸叔墳庵[一]，曰慶裕，規模不爲近世之侈。王介甫《贈三靈山人程惟象詩》，見集中。

丙戌，食後泛舟度長橋至邵園，邀方遠小酌天遠堂，荷花盛開，其旁即吳師尹宮教之園。初，任昉釣臺在水涯，師尹夷之，別築臺於旁。師尹近死，園已荒而古跡湮爲茭葑矣。

丁亥，拂旦同仲寧、邵方遠過香山觀外舅塋地。歸，飯厚山莊氏永思庵，主僧覺了。回縣，雨作。長道賴寬恩，向來寧都事全釋，追念女兄悒悒以没，痛心而已。遣李全歸報。

庚寅，湯朝美兄弟遣使送金壇許知觀院道士周汝昭眼藥，云此觀累世傳此藥矣。

辛卯，新監文思院上界門余迪功汶相訪，狀元中之曾孫。狀元仕止朝奉郎、知兖州云。食後同莊德邁步至通真觀，知觀李守寧留飯。又步過周孝侯廟，觀父子敕告。廟後有大墩，古木森然，號周墓墩，相傳孝侯塋也。穿墩過田氏廢園，今屬莊氏。連日陰雨，御夾衣。今日晴，復揮扇。

壬辰，至棲真庵燒香，爲道者坐化也。道者乃張惟濟提舉之妻，與其女皆爲比丘尼。操行堅固，生而體出舍利，臨死書偈，有僧家所難者。其子解官持服。

癸巳，夜，吳景先知縣家遭劫，凡二十餘人持弓矢刀戟而入，其所居在婦家東百餘步。

甲午，拂旦，同邵方遠出南門，過王進修道人家，獻石棋一副，張公洞泥所造也。至香山，與仲賢、大悦飯芰舍，遂過湖㳂，西行三里至孫仲益墳庵。修竹流水，門徑幽深，自其胸次丘壑也。龜潭形如龜，闊不盈丈。有亭曰酌潦，而庵名千息。對祠堂創一龕，華甚，設四几案，爲其二室一妾，且留自待也。又西南行二里訪玉女潭，雖有茅亭，而路皆榛翳，賴扶欄夾之。潭在四山中，三面皆石崖，有竇上達，水浮墨色可畏，投以物則盤旋而下。單氏《風土志》云深踰百尺。經云在張公洞西南三里，面闊十丈。朱冠卿《續圖經》，女在□成道[二]，今潭上深闊皆逾百尺。相傳玉女竇穴若穿透然。唐權德輿、李幼卿、獨孤及皆有詩。自此東行里餘，呼

[一] 隸叔：疑當作「穎叔」，即蔣之奇，之奇正爲宜興人。
[二] 缺字明澹生堂鈔本作「例」。

蕘兒導至佛窟巖。巖高一丈五尺，闊數倍，水出其左，或云自玉女潭來，流而爲㵎，石佛數身，皆斷軀幹。或云像出巖中，土人神之，多求嗣焉，其毀之必以不驗也。又西南二三里，由王直中知軍家墓道出支徑訪龍潭，畢氏《風土志》：山頂有龍潭，縣東南五里，非此也。伐篠剃棘，望石崖而進。有蔣天成者得其地，樊以竹木，路不可行，易樵叟乃能至。石壁四插，其高十丈，潭在其中，長六丈，闊五之一，真龍湫也。窺觀毛髮森竦，回顧蔣庵不遠。會日仄，歸飯千息庵，投宿洞靈。知觀邵惟道置酒。秉燭過聖堂，觀元豐間劉宜夫誼及元祐辛未五月僧仲殊留題，然後寢。

八月乙未朔，早至前知觀應若谷房賞秋香，又訪道士李繼彭問眼藥。觀中有仁廟時賜《度人經》一藏，今漸散失。歸至香山少休，遂入莊僖簡公神道，長松夾路殆五六里。由徑過單時中主簿墳庵，訪白鶴洞，水自中出。令從者側入以望，云相去二三丈復有洞口，闊數尺。聞過此則平廣，道人輩採石脂於中云。復出舊路行里餘，乃至僖簡追遠庵，主僧淨照來迎[一]。飯罷，留題而出。亭午至橫㵎，折而東二里許抵川步，訪所謂洞山者，則高二十餘丈，周圍三里，形如張弓，其上皆叢篠，無他異。洞口流水清澈，覓輕舠匍匐其中，夾以炬火棹而入。巖石色正白，中爲裂罅，謂之石脊、石岸，如削玉，如砥平，如刓刻，詭異不一。鵝管鍾乳往往可取，石燕遇火驚飛撲人。行數十丈，頂稍高而洞寬。俄值深潭，邵生懼甚，趣歸。或云，自此而進可陸行半里，有石橋、石磬之屬，唐人刻姓名在焉。此洞惟冬涸可窮覽，若積雨，則水與洞平，不可入，今日僅能入也。晡時過長峴嶺，入莊刑曹報慈庵賞木犀，遂歸。是役也，巖洞在邑南鄙者十得五六，道士輩且不知所在，況遊客乎？尚有大成君陽洞，期異日訪之。

丙申，郡守錢立道監丞送磨勘文字來，并致書籍及凝露惠泉酒。

丁酉，早，訪客不遇，謁果利廟。土人謂之西廟。廟神乃後漢袁令玘，今封嘉應字人侯，廟碑殊可觀。正祠本在邑南銅棺山，初曰荆南山。謂荆谿之南。相傳袁令將死，天下銅棺，如王喬玉棺然，故曰銅棺，又名君山，亦謂袁也[二]。有林養素者，以失音自號不語先生。有問災福，但使咒筆書姓氏甲子，即一再嗅之，信筆書偈頌。今日相訪，其語頗文，而主於修養，至於災福則未必驗也。

戊戌，社日[三]。微雨連日，蒸渠故也。夜，西鄰莊氏遭暴客。

己亥，早，有懷子中，以《周易》筮之，遇《无妄》之《益》。林養素傳咒云：「靈寶藏經載汝之名，有五鬼名曰攝精。吾知汝的，速離吾身。太上律令，汝化爲塵。急急如太上帝君律令敕。臨睡時面北叩齒，念七遍就寢，乃無失。」王仲謨至自崑山。

庚子，早過香山，以酒饌犒匠人及役夫。飯罷，同仲謨自橫㵎西行四五里訪静樂寺。荆溪尊者湛然，此地人，後傳天台教，建中三年没。唐翰林學士梁肅撰碑。是日冒雨行小徑，意寺可宿，

[一] 僧：明澹生堂鈔本、四庫本作「住」。
[二] 「袁」下，明澹生堂鈔本、四庫本有「君」字。
[三] 日：原無，據四庫本補。

而破落不堪其憂，留題而去。常日在邑中望銅棺山甚遠，今寺後一峰正倚山脚，非好事不能至也。里餘至莊子上知府庵，欲循舊路復出横澗，會日向晚，問土人得捷徑號使嶺。既登，峻甚，仲謨窘於躋攀，從者又畏斑寅，予不恤也。一上約二三里乃得平頂，俯視縣郭僅成聚落，隔湖及衆渰一一可指，眼界廓然。雨後下嶺尤險，幾不能容足。過西石亭，梅樹滿林，邑人游賞處也。至山門始出大路，暮夜抵郭内。

辛丑，唐致遠、百二姨自平江來。

壬寅，命通真道士爲外舅作緣事。

癸卯，王仲告及其姪榮仲樞邦美季子。自崑山來。

甲辰，晴，便覺微暑。郁舜舉、王仲顯、李良佐皆至。新海陵簿尉蔣迪功方慶相訪，舜容提刑之子。未後約致遠過莊德政同度周橋，訪後漢許太尉硥墓。道中有翁仲龜趺[二]，披荆莽至其下，大墩相連，漸爲邑人斸掘。有碑側立，字多磨滅，惟其前十餘字粗可讀，大略云：夫人會稽山陰人，姓劉氏，蓋太尉之婦也。「談馬礪畢王田數七」之碑十年前猶在，今爲邵氏取去。邑人張駒考證頗詳。是日，仲寧兄弟會予，客三盃後出雙綠，謂之表坐，淅俗也。

乙巳，婦家會親姻，謂之宿集，表坐如初。

丙午，鼓外舅之柩登舟[三]，未時至川步登陸。雨驟作，申後至塋所。

丁未，大雨。大悦開穴，深丈有五尺，積雨泉涓涓。茇舍上漏下泥，不可居，同范至能、魯子師、李良佐投宿洞靈觀，簷溜通夕如灘聲。不止。

戊申，昧爽至香山，送葬者畢集，而地已不用矣。雨晝夜

己酉，仲謨從諸人議徙柩暫寓洞靈，既至而晴，遂爲佳中秋。至能過溧陽。

庚戌，婦女歸邑。觀側百餘步一峰壁立，狀若鐫刻，紹聖四年有人遁形而入，故號會仙巖。巖下流水可浮盃，今有小亭。午後同致遠西南行里餘訪白馬洞。將至，澗水淙淙有聲，其源出洞中。入洞，頂如砥平，鞠躬而進，觀沈遼刻字。歸訪道士朱有中，生於元祐辛未，年七十七矣。夜月蝕。

辛亥，早同致遠、道正應德愚若谷肩輿西南行，過黄家橋，此可登舟入邑。入湖洑，度侍郎橋，再遊惠園。其眷眷於此者，以古澗碧流也。又行十餘里，登王總管墳，纔二十年，已復荒蕪。進遊大城洞，俗號蒿猪。單氏《風土志》謂洞門狹隘，止容一人行，内頗寬曠，有鹽米堆，白石高峙如雪山狀，洞中有四際水流。今殊不然，入洞纔十步，爲村民以土窒之。前日遣人鬬治，僅高一二尺，以草爲茵，魚跳而進。又行十餘步，大石相倚，中有深谷，寸步滑磴，且視且恐。已而稍寬廣，石乳如寶蓋垂於其上。旁又有一谷，然不若前谷之險。稍前即大坑穽，乃近歲崩陷者，所謂鹽米堆、雪山不可至矣。炬火欲盡，遂出憩，村民吴氏以茶果交相遺。歸入饒州太守蔣天祐垂裕庵，半里至君陽洞，陸

[二]「翁」上，明澹生堂鈔本、四庫本有「古」。
[三] 鼓：原刻校云：「『鼓』字上疑有脱文，後有『護外舅之柩』之語，或此『鼓』字亦『護』字之訛。」

希聲云在君山之陽，故以爲名。洞去龍潭甚邇，水自洞出行兩崖間，甚清駛可愛。天日下照，不必秉燭，視他洞爲勝。惜乎天祐之兄營墳其上，不復爲遊觀之地矣。歸過金沙，致遠獨游，停車以待，同飯洞靈，抵暮還邑。凡宜興南鄙巖洞搜索殆遍，惟圖志中載武陵洞在龍山，去湖洑渚南十里，中若張公洞石乳凝結，有幢幡羽蓋之狀，又有瀑布逆流，但榛蔓蒙密，人跡罕至，不能一往。而南嶽山稠錫禪師道場古跡頗多，且鄒志完所樂，去縣二十里而近，反未至焉。既迫南歸，須俟他年矣。夜，雨復作。

壬子，范至能自溧陽來。

癸丑，以巵酒餞至能，送之北門。

甲寅，裝船。

乙卯，仲賢護外舅之柩歸崑山卜葬〔一〕，仲謨、仲告、榮仲偕去，同安人送至溪口。

丙辰，陳尉愉相訪，即永和故監鎮之子。

丁巳，數日晝夜雨，滰田已十分熟，今遂敗之。婦家置酒相餞。

戊午，早發宜興，纔數十步，大風雨不可開，轉溪復回。唐致遠小舟先去。

己未，風雨不已，泝湖滰甚遲滯，入夜僅行六十餘里，泊楊家舍。

庚申，雨止。早至溧陽縣，泊金淵亭。事見《吴越春秋》。宰陳朋元、丞趙宣義師旦、簿錢迪功聞詩、尉時迪功作乂〔二〕、新辰倅秦奉議焇羣用相訪。秦惠長書及文編，楚材大資政之子也。劉季高侍郎至此方數日，年八十一，近卧病，而精明如故。謁閻德夫、郎彥昭，留致遠飯。

辛酉，晴。彭慶携磨勘朝奉郎告身來至縣治。登緑浄亭，可望湖山，視田疇。劉季高三子右通直郎瀹、右修職郎治、司屬官泌相訪，求季高作罔極庵額。季高云：靖康間錢益以雜學士爲陝西五路制置使調兵勤王，而置司長安。既次陝府，太守不以節制待之。益詰責，則云五路自謂涇原、環慶、秦鳳、熙河、鄜延，初不與永興軍路也。益乃具奏，詔改鑄陝西五路及永興軍路制置使印，其迂如此。時范致虚左丞守長安，初亦尊王人，用申狀，而益用劄子如他路。致虚大怒，奏乞本路自勤王，不隸益，後卒無功。或謂舊有從官使河北，徐處仁亦以前執政尹大名用申狀，使者戒吏云：大名府回牒，餘則劄子。人以爲兩知體焉。顧綱獻筆，季高甚賞其藝，數爲作詩帖。綱求跋，與之。以思堂春飲羣用、致遠。

壬戌，早，諸公相别即行。致遠送數里，羣用追路送集字《周易碑》。去縣四十里有貞義女廟〔三〕，女姓史。李太白作記，題云「瀨水上古貞義女碑銘并序，前翰林院内供奉學士隴西李白述」。其末有跋：「瀨北四十里，太白斯文，《遺集》闕載，故世以石李爲異。昔寘縣，縣之明府夏侯戩以俸金刊石〔四〕，移置子胥投金之涘。卑庳翳薈，訪閲攸艱。進士董行叙。」旁刻劉誼、毛果、李璵、元宫之。右淳化甲

〔一〕仲賢：原作「仲夏」，據明澹生堂鈔本、四庫本改。
〔二〕乂：原脱，明澹生堂鈔本、四庫本作「人」。按當作「乂」，上卷八月己未條云「時迪功作乂」是也，據補。
〔三〕去：原無，據明澹生堂鈔本、四庫本補。
〔四〕縣：原脱，據文意補。

午十一月。當淳化時，白集未備，故有闕載之語，今已見集中。紹興八年立春後十日〔一〕，觀年，溧陽令周淙重立廟於此，而徙碑還舊，此蓋故縣也。故陸龜蒙《書李賀小傳》云：「東野以貞元中爲溧陽尉。溧陽昔爲平陵，在句容縣南五里。有投金瀨，瀨南八里許，道有故平陵城，周千餘步。」謂此。晚抵黃連步，遣江陰坐船歸。

癸亥，蓐食治裝，凡九轎五車十擔，巳初方能行，前日在溧陽以輜重寄魏聰之舟者猶不與焉。行十五里，飯分界潘氏。午飯官塘，薄暮次溧水。彥平與邑丞朱文林致知、尉郭迪功永華相候。尉廳有後漢校官碑尚完，李野夫、公擇兄弟嘗讀書於此。有亭，今廢。投宿中山驛，赴彥平會，夜分歸始飲酒。

甲子，雨。昨日若爾，狼狽甚矣。陳德新教授及常熟丞秦焞耀元相訪。焞，棣之子。晚赴彥平會，甚勸。

九月乙丑朔，陰。早招陳德新教授飯。晚赴秦耀元會，飲木犀酒。庭下有雁來紅，即藿也，丹紅可愛。夜雨。

丙寅，早雨止，挈家游茅山。出東門二十里，飯張野坊。又二十里，少休天王院，微見日色。又二十餘里至茅山鎮，又里許入崇禧觀。句容尉郭彥和、官告院吏出身。都道正知觀事兼管轄本山諸宮觀謝元真、山門道正同知觀事吳守卿、山門副道正簽書觀事卜誠全相候。嘉祐中知句容縣陳倩校修《句曲山記》云：觀對華姥山，《記》云吳大帝孫女升仙於此，故以名山。本陶宏景華陽之下館，唐貞觀九年立觀，本朝改今名。兵火焚蕩，秦會之家復修之。晚置酒三行，山中宮觀所入豐厚〔二〕，遊人至，例接待云。按《記》言大茅山在崇壽觀北獨高處，今崇禧甚近。中茅在積金峰北獨高處，小茅在中茅山北。大茅君諱盈，即《史記》所載。中茅君諱固，小茅君諱衷。是日行道中，望岡阜西南來，勢若連環，既赴三茅，而尾北擲〔三〕。馬上口占云：「千峰溧陽來，勢若西南奔。遙拱三茅峰，不敢迫至尊。近三茅無山。三茅如軒縣，次序儼弟昆。正西闢夷塗，群仙之所門。至今下泊宮，往往弭旗旛。」此山之大槩也，須徧游〔四〕。

丁卯，夜聞雨聲，平明遽止。挈家遊山北，五里，入新創白雲崇福觀。紹興壬午太上賜額，道士王景温主之。山勢環抱，右倚白雲峰，自此登中峰。左帶龍山及石培峰，山多石得名。前對赤山，望之如以巾冪覆冠冕，其內即湖也。又二三里至三茅祠宇宮。按《記》云：在中茅峰西側，天寶七載立精舍。今之觀宇甚平常，頗有宣、政士大夫如李彌大輩題字。知宮黃見止，濮州人。次上昇元觀，本在山頂，建炎間移此，望大茅峰在東南。次上昇元頂，謁白鶴廟。按《記》云：漢永平二年立殿，下有壇，即三茅君飛昇處。壇松已半枯。右廡有小軒，望川原甚廣。自廟下嶺，至大羅源。按《記》云，在中茅峰之西。若自正路來則稍迂二三里。此處有清真觀〔五〕，每歲觀會〔六〕，必設御齋，上登極罷之。

〔一〕「紹興」下原有「元豐」，按後文所云「周淙」乃高、孝朝人，據刪。

〔二〕宮觀所入豐厚：原刻校云：「院本缺此六字。」

〔三〕原刻校云：「院本無『尾』、『擲』二字。案：此又見文集卷四題中，今校補。」

〔四〕須偏游：原刻校云：「院本缺此三字。」明澹生堂鈔本作「酒須徧游，乃成章」。此「酒」字當衍文。

〔五〕此處有清真觀：原刻校云：「院本缺此六字。」又明澹生堂鈔本「觀」下小字云：「正在鶴廟之皆」，「皆」或爲「北」之誤字。

〔六〕觀：原作「鶴」，據四庫本改。

諸觀皆有茅君像，而此觀獨異，棟宇亦敝陋，惟新創元武殿甚偉。酌丹砂泉，《記》有玉祠宇宫、砂泉，在中茅後，疑即此。出門踏叢篠訪卧龍松，根盤如龍，枝如覆屋，嘗有道人庵其下〔一〕，時睹巨蛇出没，遂去之。又入山一二里，入張椿齡凝神庵。庵坐中峰殿，亦對赤山湖而稍偏，其左即白雲峰，隔峰即崇福觀，白雲峰與中峰相連。其右即小茅峰也。椿齡字達道，太上數召見，賜御書、衣服、白羽扇。天鵝翎爲羽，沉香柄，茶磨，色正紫而底青漆，其外如椰子，刻御製銘云：「截漢玉，琢蒼筠。鉛運頂，汞成塵。」後有「損齋」二字〔二〕。今上亦賜御詩扇面。樓閣華焕，酒味清佳〔三〕。時椿齡傷足不能行，戲作小詩云：「仙師足厭踏京洛，亦復懶控茅峰鶴。遺形聊示德充符，閉目定從陳鐵脚。」事見《山記》、《朱自英傳》。次入黑虎谷訪劉簑衣庵，坐小峰，對中峰。簑衣，恩州人。與語，正而不夸。太上嘗召對賜賚，皆不受。冠履質樸，異乎張君。自此復出官道，歸飯崇禧，日已過午，往復約二十里。飯罷，東行過西楚王澗，又有東楚王澗，《記》云楚王立寨得名。入五雲觀。《記》云在華陽洞西門，本王欽若置道館。欽若死，其妻請立觀，景祐元年賜額，晏殊撰記。便道至玉柱洞。洞深數丈，中有石柱，篝火一遊而出。數十步間即華陽洞，《道書》華陽第八洞天〔四〕。張方平諸名人刻石洞門。其穴縈紆，側身膝行乃可進。纔二十步，水自中來，伏流出外爲澗。遣從者踏水行百餘步，得受籙人所投竹簡而回，其源未易窮也。由小路上元符宫。宫依積金峰，《記》引《真誥》論立名之由。對大茅峰稍偏，而以五雲峰爲案。《記》云茅君乘五色雲現此峰。昔王略、劉混康相繼居此。落成於崇寧，凡數百間，地勢極高，未至四十里已望見其室宇。兵火無孑遺，楊存中妻趙氏復葺之〔五〕，視山後堦城殆未及其半，然壯麗已甲宫觀矣。都轄徐知宫賀從道置酒，不暇留，相導西過天聖觀。觀在積金峰之上，正對大茅峰。《記》云：梁天監初，陶宏景還龍子於此豢養，本朝祥符三年迎入内，尋歸之。池在殿下，深數尺，其水湛然，旱歲輒請禱。予己卯春任教官時，張子公迎至祈雨甚驗。今有一二在盆中，以示遊人云。復回元符宫，下華陽橋，觀陶隱居丹井，政和初得之。其下泉流觱沸，是爲楚王東澗。《記》云：東西澗二水合流直澗，並華陽至崇禧觀前。度橋陟華陽宫，亦對大茅峰。《記》云在積金峰南，華陽洞西，本陶弘景之上館，天寶七載立。知觀李友文，澗之西岡人，出自唐景皇帝，其族頗盛，譜牒不絶，收唐告尚多。往時搜訪江南李氏之後，而州縣屢以友文族人應詔，久久不報，豈以知誥妄引李氏譜耶？次入棲真觀，《記》名玉霄庵，弘景華陽之中館，本朝賜今名，弊陋之甚。日已晚，由小徑歷酆都山，山骨皆石。或云舊聞治獄皆因創太乙救苦天尊殿〔六〕，有博州人王若寧守之。又數十步至余都正庵，死十餘年，亭館摧毁，廢沼殘花而已。此崇禧之便門也。自五雲觀至棲真相去甚邇，日短道險，故忽忽耳。夜，大雨竟夕。山氏西北爲面。

〔一〕「庵」上，明澹生堂鈔本、四庫本有「結」字。
〔二〕原刻校云：「自『天鵝翎』至此四十五字，院本缺。」
〔三〕樓閣華焕酒味清佳：原刻校云：「院本缺此八字。」
〔四〕「華」上，明澹生堂鈔本有「云」字。
〔五〕楊存中：原作「楊在中」，據明澹生堂鈔本、四庫本改。
〔六〕聞治獄皆因創：原刻校云：「院本缺此六字。」

戊辰，拂旦乘筍輿登大茅峰，凡十八盤乃至其巔。北望中峰，西北望句容，西南望溧水，正東望金壇，惟正西皆平原，予詩所謂羣仙之所門也。上有太玄殿，以丫頭爲外案，方山爲内案。非金陵之方山。殿前有小池，殿後有石壇，嘉祐以來張環諸名士皆刻姓名。雲飛氣欲雨，怱怱下山。入太玄庵，登八仙殿。殿下池號喜客泉，觱沸殊甚，水流爲澗，入崇禧，給烹煮灌溉。歸崇禧方辰巳間，乃挈家再過山北。約十里許，路傍有塼堠，刻云「崇玄翊教真人陶隱居瘞劍之地。」宣和封號如此，乙巳重立。其後十餘步，田間有石獸二，即隱居墓，文隱起，銘云云。稍前即玉晨觀，本許長史沙館，梁爲□館，唐太宗改爲華陽宅中起辰觀，元宗再造紫陽觀，本朝改今名。東對雷平山，《真誥》云因雷氏得名。前有大池，《真誥》云郭四朝所造，今俗謂之郭真人養龍池。中有駝龍，長三四尺而四足，或見之云。及許長史丹井。徐鉉銘并書。入門有二壇。其左即長史壇，刻云「貞白先生立」，其右云是隱居埋劍壇也。東廊長史手植檜，其圍丈餘，西廊左紐檜圍八尺。三清殿後沐髮老君像甚古，觀後有鳳門泉。《華陽頌》云「井列鳳門泉」。舊記謂觀前丹井正與長安丹鳳門水同味。今別號此泉爲鳳門，恐誤。近歲士人曾恂重述山記，比陳倩所校舊記頗詳。觀有其板并古碑十餘，最佳者隱居所帖《長史舊壇館碑》，隱居撰并自書數十字。又玄静先生碑，柳識文，張從申書，李陽冰篆額，號爲三絶。又顔魯公書。又唐太和七年十月四日禁山敕，署敕使相七人：一曰太傅兼侍中，一曰太保平章事，一曰司徒兼侍中，並不著姓，餘四人劉、段、牛、李也。秉政者三人：右僕射、平章事，不著姓，赴太清宮中書侍郎、平章事李德裕，門下侍郎、平章事路隋，並書名而不押字。謾記舊制，其無姓名者，唐表可考也。呼匠摹一二碑及三茅君像，償以千錢。自觀西靈寶院陶隱居所居，或云即昭真臺。有瑞像老君殿，興於開元，殿前有周真人養龍池。道士王宣言，字子誼，號王自在，年七十，汴人。徽宗屢授道官，不就。壁間掛歐公小草《秋聲賦》、《歸雁亭詩》。知予居吉，欣然見畀，以茶荅之。其徒陳姓者饋眼藥。飯罷，東南行二三里，入燕洞宮。《記》云梁普通中，晉陵女子錢妙得道於此，至今女冠居之。洞在宮南半里，大石錯立，一石横壓洞口。窺其兩旁，蓋深穽也，或云道人有縋而入者。又稍南即錢真人誦經巖。巖在平地，三面如圍屏，西南其嚮，真人誦《黄庭經》於此，石文略類所倚之迹云。知宫吴至道言茅山多盜，親嘗被劫，道人輩有遭屠剥者。尚有抱元觀、隱居帖所謂抑沂水、陽谷川也。乾元觀、《真誥》：定録言大横山而升元洲，隱居創鬱岡齋室。下有泉水，李明合丹即此地。其西又有方隅山洞。丹砂泓，今有田先生庵，洗出山石甚佳。遠者四五里，近纔一二里，而雨大作，從者咨怨，遂回崇禧，獨登華姥山，謁孫仙姑廟。《記》謂仙姑名寒華，孫權孫女。按政和戊戌歲王汝民記，云權之從姪孫也。村民祈祀多驗。歸閲《真誥》，仙姑祖名賁，汝民蓋據此。是行也，山之東周覽無餘，山之北再至而遇雨。山之南自崇禧五里至分陰泉，大茅君洞二里至八卦臺，陳待制捅庵在焉。又二里至慶雲洞，又二里至潑墨池，復回四里至金牛洞，次一里至南華陽洞及崇壽觀，有撫掌泉、九錫碑，次出大路至南華陽觀。道士所言如此，既未暇往，不復考證。夜，道正吴守卿置酒雨中，爇黄連香，命卜處中鼓琴。黃連香、青精飯，山中絶品也(二)。

己巳，挈家冒雨發崇禧，飯天王院。晡時復至溧水，別邑官登舟，而天氣稍晴。溧水發原東廬峰，約去縣十餘里。迂曲淺狹，冬涸不可行。舟凡八十四盤，至烏拆橋乃深闊，入金陵城，是爲秦淮。

庚午，晴。早，周旋方山者幾百里，晚距府城二三里止。夜，雨。

辛未，陰。入上水門，泊天津橋。時方務德被召去，史志道未上。謁韓无咎運判、葉夢錫總領、周仲應福通判。拜三十姨，襁褓中相別於九江，四十餘年矣，留飯而歸。移舟折柳亭下，徙寓大舫中。

壬申，雨霽。御前諸軍副都統制武功張大夫榮、府倅嚴承義煥文子、袁奉義惟一、教授何承議作哲、簽判魯通直璆、察推丘文林崈、左司理孫迪功革、右司理林修職宗文、上元宰魏宣教楫、江寧宰陳宣教昆、主簿錢迪功永存、威武軍承宣使張淵、軍器監丞翁子功、新南城主簿陳大明、府學正夏融、學諭蔡瑀，士人張光祖朱符、鍾大聲經緯、古安世讜説相候。同家人赴周姨夫飯。飯罷，報謁衆客。過戒壇院，上盧舍那閣，其高九丈五尺，中山僧初政所造。次至保寧，上覽輝亭，觀諸軍呈馬。晚赴府會。

癸酉，方懋秀才來求捕鹽牒於倅廳，廬陵人也。早府會，登高於雨華臺，癸未歲，陳阜卿一新之，榜曰總秀。韓、葉、張侯與予凡四十客。酒闌月出，臨臺奏軍中樂，命妓李素胡舞，坐客皆引滿，歸而大吐。

甲戌，赴葉總領會。池有雙雁、一鶴、一鵝。莊德全約飯，不果赴。郭輔世推官，即明叔内翰孫也，來謁索，以五千乘壺遺之。

乙亥，諸軍大閲，辭張侯之會，與翁子功過蔣山，禮寶公，酌八功德水，訪定林。在鍾山、蔣山之間，有陸務觀乙酉七月四日題字，爲續其後云：「丁亥九月十一日，務觀之友周子充陪翁子功來遊。」子功蓋往時扶病招務觀者，怯雨留塔下，今復爲東道主，但恨欠此佳客耳。蔣山長老正恩法嗣杲，恩禪風孤硬(三)，號恩鐵脚，有功於葺寺。而向所謂楊善友者，今披剃，名法才，其妻已死，獨裒數十萬緡再造三門云。飯罷，由山路訪草堂，即北山移文者，蓋蔣山之尾也。舊有寶成寺、婁約法師講經臺、大井及他遺跡尚多，近爲楊存中毀去，別築其大父宗閔墳，寺額曰隆報，又立廟於寺側，亦賜敕額。殿宇極侈，營造猶未已，古跡爲之一空，太息而歸。循履舟山，過行宮養種園，望屋瓦鱗鱗。子功欲同遊閣上。遊止，遂復入東門。子功有會，不果赴，同周姨夫赴張晞顔太尉晚集。年七十三，尚蓄十姬。有秋香者，府中號雪婆婆，善酒戲。四皷後歸。

丙子，晴。漕司主管文字趙承議不怯，同年也，幹辦公事范宣義同密之子、主管帳司趙文林師炳、保寧長老行舒、天禧長老智勤及蔣山恩老並相候。兩司已供張賞心亭餞別，俄報敕使王官

(二) 絶品：原作「詩材」，原刻校云：「院本作『絶品』。」據此及四庫本改。

(三) 原刻校云：「案：『杲恩』下，彭本缺一字，院本作『禪』，故補入。」

來閲軍實，遂散，携家登覽而歸。人事擾擾，解舟已申時，便飃行夾中，宿板橋。

丁丑，風正，揚飃甚駛。晚泊采石夾中。

戊寅，午時入姑熟。溪水色紺碧，與河流不相雜。泊舟閲武亭下，太守吴明可給事、通判朝奉任大夫望之〔一〕、教授沈迪功瀛、判官施文林堅、録參趙從政伯弼、司理蕭從事利用、司法陳迪功邦度、司户呂從政濱、知當塗縣王宣義權、子由外孫丞任文林三傑、字仲兼，同年也。尉楊迪功鈇〔二〕、知繁昌縣陳宣義文、寧國軍簽判王承議杞並往復。沈教授、任丞出北門五里餘登凌歊臺。臺在黄山上，本不高，而望甚遠。西南即青山，却顧采石、天門及溧陽、和州諸山皆在目中。楊次公詩云：「大明七年暮冬月，宋武南巡立雙闕。鑾輿先幸凌歊臺，雲中簫鼓奏春雷。六龍一去晚無跡，山花野鳥空相憶。翠羽鳴鞭來不來，景陵芳草年年碧。」許渾集亦有詩。臺後本有精舍，近歲太守周敦義移於山下，尚有塔存焉。與二君小酌，會日暮下至寺中。其鄰即東嶽宫，頗嚴峻，門立元符間石刻。出，還舟，盛秀才旦携詩相訪。

己卯，赴州會於凉堂，酒名「宴堂」并「姑熟春」。羣妓凡陋，不稱歐梅風月也。城上有亭，西南望龍山，去城十餘里，相傳孟嘉落帽處。明可云嘗訪山，無誨客之基，况非江陵乎？又云辛巳采石之戰，水軍統領盛新最有功而人不知，今死矣。

庚辰，人事擾擾，巳時方能行，未後至大信港，東風作，遂步登東梁山，峻甚。

辛巳，未後過下驛磯，舟人放篙稍緩，幾觸石觜，賴永新客舟艤岸，以篙拒之而過，其勢甚危，聞泝流最畏此磯。夜來似夢許誦《金剛經》百卷，設陸水一會者。晨起於神佛像前許之，果獲祐云。晚泊蕪湖縣吴波亭，宰沈約之相候。戊寅秋嘗會於金陵。按《圖經》，縣即《春秋左氏傳》楚子伐吴克鳩茲，今謂之皐滋，亦曰皐夾，《輿地志》云縣東五十里曰皐茲是也。宋、齊《志》淮南郡有湖縣，故通號於湖，去太平州六十里。

壬午，尉趙修職不疚相訪，同年不病之弟也。過張大王廟，入西能仁院，破敗無足觀。又過東能仁院，亦破敗。《圖經》云本名古城院，即古宜春縣城。《晉書》王敦屯兵湖陰，夢日遶城，即此地也〔三〕。去縣十五里，有玩鞭亭。寺後有墩，褰裳踐荆棘而游焉。飯罷，出土門東北行九里，訪赤鑄山，高十丈，周回七里，舊經云楚干將鑄劍之地。干將被誅後葬古宜春縣，即此地，其墳見在。《吴郡圖經》將門，門外六里有干將墓，俗訛爲匠，與此異同。《寰宇記》云復父讐三人，以三人頭共葬。今村民指其旁一山號神山，山塚多石，有泓坎，相傳爲淬劍之所，又有足迹如進步登山者，他無所考。北行過赭山，有舍利塔四級，登其半而歸。道游吉祥院及寧淵下觀，十五年前皆嘗至焉，是時未爲觀。道士一二人植花木於小軒，榜曰壺春。近歲嚷僟之觀不可居，始以此爲下觀，棟宇日葺而壺春廢矣。晚赴沈約之會。聞荆山在縣東南十五里，高二十五丈，周圍九里。舊經云卞和得玉之所，今出寒水石，隔江而遠，不果遊。淮南亦有荆山。

〔一〕朝奉：原作「朝秦」，據文意改。

〔二〕鈇：原刻校云：「院本作『鉞』。」

〔三〕原刻校云：「案：自晉書以下『止文』十六字院本缺。」

癸未，早，沈約之携詩編來別，遂行。晡時過三山磯，亦險。晚泊月子港。連日無風，行甚緩。

甲申，早，北風作。午至繁昌縣，陳宰及太平州推官慕容從政邦孚、主簿劉迪功孝稱、尉丁迪功軥並相候。登岸報謁，草廬葦舍僅數百家。道游寶山寺，破屋殘僧無足觀。聞縣後有縹眇亭，景物似凌歊，江行望見之，會掛颿不果往。又去縣六十里有隱静寺，梁杯渡禪師道場，計三日方可往復，亦不果遊。《蕪湖圖經》：魯明江水在縣西南二十五里。舊經云晉人魯仲明立寺，感江神送木，惟聞鳴櫓，因以爲名。按繁昌縣有魯鳴水，以梁杯渡禪師居於隱静山之上，因此著名。未知孰是。乘風過返秦磯，入丁家夾宿，三月十九日嘗泊此，正七月矣。再呼謝鎬，飲以酒。

乙酉，子後乘月揚颿出夾，過銅陵縣不泊。未後抛北岸，避陽山磯，晚復過南岸，日落泊梅根港。前時順流自此至丁家夾，今者泝流而水程無差，賴風力也。《池陽記》云羅隱初居此，後徙九華。是日舟中有三樂：遇順風、望九華、讀《笠澤叢書》。

丙戌，風力稍緩。午入清溪，溪水碧色，泊弄水亭。亭逼城臨溪，與杜牧詩不同。入門即池州州治，謁太守同年趙朝散彦博富文、提舉常平李承議庚子長、通判陳朝散璘，同年湯平甫知縣適在此。

丁亥，都統制、寧國軍承宣使時四厢俊及其子閤門祇候政、貴池宰趙宣教芹、芹，清獻公之後。癸未夏予過上饒，芹爲録參〔二〕。司户袁迪功祖嚴、趙修武公頎並相候。約湯平甫共飯，同度陳公橋、今曰清溪橋，即唐李景業所謂通遠橋。洩水橋、秀鮮橋，遂至齊山。嘉祐中，太守王哲字微之嘗作《齊山記》云：山東西廣三里，袤半之。其西直郡之譙門，距城千餘步。上有十餘峰，其高等，故曰齊山。或謂高四十尋，周回殆十里。此山因唐刺史齊映有善政，故名焉。山脚插入清溪，石色青蒼可畫。洞穴半出水中，泛舟扣其户而返。步登延慶院，以舊僧慶先爲指南。環寺巖洞可見者：羅漢殿後曰妙空巖，在大石中。次曰丹砂巖，俯僂乃可入，片石斜出，叩之聲硿硿然，四旁屈曲，皆奇石也。法堂之下曰蕉筆巖，亦名唐公巖，張環字唐公，嘉祐三年任記注〔三〕，以蕉爲筆書巖旁，故云。有黄大臨諸人題字。山之上曰春流泉，進窺無底。同歷武功巖，近歲都統王進名。遂至觀音巖。巖本名上清，兩岸對起，三面環抱，有程正輔、蔣穎叔題字。右轉登寄隱亭，太守吴中復名。四面皆翠石，有小巖刻「寄隱巖」三字石上，其前有熙寧甲寅重陽日太守劉斁思甫題名。東北乃紫薇亭故基，謂杜牧之。面淮南諸山，下臨秋浦、清溪，直接大江，眼界豁然。又其旁拔起數峰，奇甚，謂之小九華，蓋與上清巖皆齊山最勝處也。崎嶇行硤中，僅可通人。稍前曰大石谷，又稍前曰定力窟，深不可測。又其上即翠微亭，是爲山巔。杜牧之云「江澄秋影雁初飛」，此地此時也。東望碧峰劍立於遠山之坳者，九華也。南望大山横陳者，太婆嶺緑峰也。北眺州城，邑屋可數。大槩主山自紫巖蜿蜒西來，其左即貴池口，《輿地志》所謂梁昭明太子食貴池湖魚而美者。其右即清溪、秋浦，望之全類臨安之西湖，而一堤隱然屬城，亦類蘇公堤，此又登覽最勝處也。予賦小詩云：「地占齊山最上頭，州城宛在水中洲。蜿蜒正作長虹墮，吸住江河萬里流。」又云：「天遣江山助牧之，

〔二〕原刻校云：「案：院本『芹』作『符』。」

〔三〕原刻校云：「案：院本『任記注』作『司法』。」

詩材猶及杜筠兒。向來稍喜《唐風集》，今悟樊川是父師。」《池陽記》載牧守郡時，妾有娠，出嫁州民杜筠，生杜荀鶴。久之由別徑下九頂洞，上有九頂圓如盆覆，中頗平廣，有磐石可坐。嘉祐中，因太守王晳易名集仙洞。晳與王介甫唱酬甚多，即撰《齊山記》者，集仙以其所帶職耶？洞後有穴，側身可過，一小洞也。竇穴上穿，頗類月巖，而其山上乃唐觀郡樓基，王晳易名青霄亭，今亦廢。其下曰獨秀巖，翠壁橫峙可愛。訪左史洞，爲馬軍寨所限，出寺行里許乃至焉，實寺之後山也。其深數丈，可達於外。左史謂李方元景業也。杜牧之代景業來守，故爲立名，而張祐書之。又有石燕洞，大抵皆石也。游已還寺，再登翠微亭置酒，時趙守致饋，平甫賦二詩，予次韻云：「上清別殿舊通明，仙聖飛騰户不扃。出郭尚疑窗列岫，絶堤始露嶽真形。堤盡循水，而觀石骨層出，山形在此。奇奇怪怪無非洞，下下高高總可亭。但把醺酣酬絶景，天風吹面徑須醒。相君早日翼天飛，晚落江湖罪以微。好事一時開翠壁，佳名千古記黃扉。舊記映罷相後嘗歷江西觀察使。池舊隸江西，則此山因以得名不爲無據，但不當言刺史耳。朝遊要及鴉翻樹，夕返何妨螢濕衣。更得湯休奇絶句，後來誰憶謝元暉。」訪沈遼雲巢，人無知者。甲夜歸。

戊子，早至郡齋中和堂，登蕭丞相樓，復遊景德禪寺，訪見山堂，爲添差路鈐王宗所占，排闥造焉，見山而已〔一〕。次過天慶觀，讀徐鉉碑，李煜紫極觀也。已後赴提舉司會，荷池中有秋浦堂，頗幽爽。會散，出北門二里登貴池亭，俗呼望江亭，以其見大江可望淮南也，亦見九華諸峰。亭久廢，今方重立。歸上南樓，南門城樓也，正對齊山。循城而東有拱翠樓亭，隸邑廳〔二〕，又稍前即九華樓，三者相望，皆下臨清溪，遥見九華，大抵爲大婆嶺所障，不能盡見諸峰。大婆山極高，而其名不典，圖志亦不及之。富文送菊酒，與骨肉小酌於南樓。夜歸弄水亭，易提舉司坐船至隆興。《江上録》自金陵至蕪湖二百三十里，蕪湖至池州三百九十里，池州至湖口六百五十里，湖口至南康軍一百里，南康軍至隆興三百二十里。

己丑，教授陳文林師正、總領趙承事自量子書之子。相訪。赴州會，坐中見梅花，賦小詞云：「白白江梅，大都玉斲酥凝就。雨肥霜逗，癡了閨房秀。　莫待冬深，雪壓風欺後。君知否？却嫌伊瘦，仍怕伊僝僽。」營妓曹眄頗潔白淳静，或病其訥而不頎，戲以況之。乙夜，富文出家姬小瓊，舞袖翩翩。往聞范至能云，頃朝士姝麗有三傑，謂韓无咎、晁伯如家姬及小瓊也，禁中亦聞之。又作小詞云：「秋夜乘槎，客星容到天孫處。眼波微注，將謂牽牛渡。　見了還非，重理霓裳舞。都無悮。幾年一遇，莫訝周郎顧。」富文近再醮，有所競而設榻於外，時方爲兩解，故戲之如此。

庚寅，早，欲如九華，而雲夢宋宰肱及歸州助教張蒙正相候，過午乃能上馬。時侯差忠訓郎趙良弼等同行，辭之不可〔三〕。五十里至鐵券山，投宿葉薈秀才家，華屋修椽藏四山中。薈有子楠，登進士第，新鄱陽尉。山深，夜甚寒。

〔一〕見山而已：原刻注云：「院本缺此四字。」
〔二〕邑：原缺，據宛委山堂《説郛》卷六四下《九華山録》補。
〔三〕辭之不可：原刻注云：「院本缺此四字。」

辛卯，早，再赴葉君飯，乃行〔一〕，尉亦並轡。二十餘里至青陽縣，令成文林霁、丞熊從政實褒、主簿陳朝立、巡檢程大夫名同先祖。來迓，館於驛中。尉廨即宋齊丘宅，其傍對九華，《池陽記》云：尉廨即唐費冠卿舊居，然則齊丘後復居此耳。而丘之墓在牛心山下，去縣東五里。赴陳朝立會，以能仁院爲廨，一名羅漢院。旁有妙音院。同至縣學，登經史閣，望九華紫翠千仞，造物融結奇巧，真尤物也。前青陽令、右奉議郎楊元稟者極有吏才，學舍乃其所葺。朝立云：舟泊大通鎮，陸至青陽纔五十里。又云：縣東二十里有潮，其大如卓面，而石穴極深。日三潮，每潮魚蝦輒先出。

壬辰，早同陳簿、葉尉、趙忠訓出郭十餘里，登雙練亭，兩瀑披崖，故以名亭。度西洪嶺，入龍安院。自此徐行，歷永安塔、虎跑泉，過石龍口、虎跑嶺。此兩處地勢稍高，望雙峰、九子甚奇。遂入廣修院，去縣已二十五里。院宇頗雅潔，寢堂望雙峰、遠望如雙劍者，此二峰也，聞最高云。幘峰、真人峰、蓮花峰，是爲五老峰。步至上雪潭，源高而遠，仰視蓮花峰，正如所倚之屏，其前即石門水所注也。峭壁削成，懸瀑十丈，怒濤駭浪不減三峽，或潴爲深淵，或散爲奔湍，雷轟電掣。約二百餘步爲下雪潭，其間多大石，水平布者數丈。潭中產石斑魚，不常流〔二〕。有瓔珞泉，水跳石上如貫珠，尤爲奇絶，而土人不貴也。食罷轉山而行，終日觀山而殊不厭。約十餘里入無相院，有觀音閣對峰巒數重，留題而去。又二三里至協濟廟，廟神兄弟二人。日方晡，或謂化城遠不可到，遂止。陳朝立置酒中坐，帥諸人下九華溪〔三〕，踏石涉水以爲戲。葉尉體肥甚，獨墮水中。溪自龍池來，欲訪其源，或云去路太遠，惟禱雨乃至，今蕪穢不治，不果行。終夜溪聲如大雨，可聽。

癸巳，早，循溪而入，至亂山環合處，登化城嶺。嶺峻窄，時時回望，諸峰層出，殊快心目。少休半霄亭，巳時至化城寺。寺宇甚佳，唐時新羅王子金地藏修行之地〔四〕。又賦詩云：「注坡緣壁化城中，客愠奴嗔我亦慵。及至龜山還一上，爲憐高閣對雙峰。」寺僧善修年八十六，贈以詩云：「老僧九十視眈眈，二十年來不下山。我得九華充法供，亦能禁足老山間。」日尚早，愛其景物，遂宿焉。

甲午，早，下龜山，行十餘里入聖泉院。泉在院側石巖下，號無底泉，試之僅二丈，蓋游者未嘗測其淺深耳。水自巖出，甚清駛，中有五色石。飯罷即行，過慕善鎮，回望九華，横側高低無一同者。又五里至曹溪寺，又五里至覺安寺，五溪合流於此，故名五溪寺〔五〕，有王子尚樞密紹興六年赴湖北帥所題詩。主僧自全善課，令占二兄綱運，約八日有信。又五里入大路，過鐵券，葉元質別去。又二十五里投宿馬牙酒坊，二三里有常安寺，夜不果往。陳朝立自青陽致饋。是行自西洪嶺入山，蓋西南也。終日

〔一〕乃：原作「仍」，據明澹生堂鈔本、四庫本改。

〔二〕流：原缺，據明澹生堂鈔本、四庫本補。

〔三〕「帥諸人下」下，原刻校云：「院本作『坐中人請下』。」

〔四〕原刻校云：「案：卷末『賦小詩』以下八十一字宜在此，下有辨，見後。」

〔五〕「故」下，明澹生堂鈔本有「地」字，四庫本有「又」字，義皆可通。

觀山面，既至聖泉，蓋自西北而出，所謂山之東乃山背。手植松兩株，根株亦不甚大，但共結子耳，數年前一株方枯。有王健知縣者，文正公旦之後，作普同塔，具誓他日歸骨於此〔二〕，亦篤信釋氏者也。飯罷謁金地藏塔，又在寺後突然一山上，常時可望大江，是日適爲晴嵐所蒙。僧祖瑛獨居塔院，獻土產茶，味敵北苑。陳朝立以翰先歸邑，乃同葉、趙行二里訪龍女泉，其旁乃李太白書堂基，今爲張氏墳地。或謂書堂在半霄亭旁者非。自此下嶺，過苦竹坑，俯視群山，左右對列，中有平田，氣象極好。稍前即寨頭，蓋建炎間張遇寇青陽，縣官移治於此，真關隘也。行近懸橋，雙瀑自石山對瀉，未經名人題品，故無聞焉。又行至屨盤嶺，而化城峰盡矣。化城，九華最高處，蔣穎叔嘗有悔游之語，俗傳十里，殆不止此。賦小詩云：「攀蘿度險捷猱猿，石角鈎衣屨盡穿。莫迓遠尋金地藏，也曾徐步玉階前。」又數里至龜山，一上復數里，尤爲險峻，有崇壽寺、慈民閣，對雙劍峰也。聞有廣福等僧院甚佳，而從者猥衆，頗不自由，不無遺恨〔三〕。

〔二〕具：原刻校云：「院本作『且』。」

〔三〕原刻校云：「案：『賦小詩』以下至末，當係癸巳條內之文，錯簡在此。蓋化城寺爲金地藏修行之地，公至寺即賦此詩，及至龜山遊崇壽寺，又賦詩，其『慈民閣對雙劍峰』，故有『爲憐高閣對雙峰』之語。聞廣福壽僧院甚佳，欲遊而爲從者所阻，故有『客慍奴嗔』之語，不有此一段，則賦龜山詩、贈寺僧詩及甲午條『早下龜山』之文，皆不貫矣。再考《省齋文稿》四卷《載登九華山化城峰》詩『攀蘿度險』云云，次載《登龜山》詩『注坡緣壁』云云，次載《贈崇壽寺僧》詩『老僧九十』云云，節次甚明，則此一段必在癸巳條內『又賦詩』之上無疑也。因無善本可核，未敢輕易，附辨於此。」

廬陵周益國文忠公集卷一六九

雜著述卷七

泛舟遊山録 三

起乾道丁亥十月，止是年十二月。

乾道丁亥十月乙未朔，早，自白沙入小路數里，遊雲光寺。寺亦華焕，登閣望六山如圍屏。欲少留，而提舉常平李察院領客將至，留二小詩戲之云：「來如負弩先，去爲乘驄避。江祖一片石，留伴幽人醉。」又云：「作者正七人，賓主正七人。飲中空八仙。長齋詎容醉，晉也合逃禪。」遂同趙生過江祖興道院，主僧行餘置酒。訪李白祠堂，但有廢碑在壁角。令行餘導至石邊，攀緣而下，得小舟同泛清溪，《圖志》云清溪自此方成溪。水正碧色。下淺灘數里至玉鏡潭，水自南來，觸岸西折，彎環可喜，深才二三丈云〔一〕。李白詩云：「江祖一片石，青天掃畫屏。」又云：「溪水正南奔，迴作玉鏡潭。」皆實録也。途中占小詩云：「清溪水色勝於藍，祖石移舟下鏡潭。妙絶畫屏并碧玉，謫仙不見與誰談？」晡時回至弄水亭，以五盃酌趙生，偏飲其從者。晚聞趙守在九華樓上梁〔二〕，就見之。秋浦發源自江祖來，二水在池州城外及石埭、清溪、齊山之間，漲潦則合而爲一。

丙申，赴州會。

丁酉，時侯、李倉再醵會。

戊戌，欲解維，會大風雨。湯侍郎之子新行在排岸文林君濤、江西運幹承奉君灝相候。侍郎，辛未同知舉也。

己亥，大風雨，夜行甚險。

庚子，早起四望皆銀山，初不知夜雪如此。諸公訪别，已撑舟數十步，而風大不能進，復泊亭下。葉江州經過，諸公强欲同會，遂衝浪解去，薄暮僅至清溪口巡檢寨前。連日本皆便風，但舟不可出溪，遂爾阻滯。

辛丑，雪晴。早出江轉至池口，即梁昭明太子所謂食貴池之魚者。有廟甚雅，而俗呼郭西九郎。終日牽挽，夜泊戚家港。

壬寅，東南風大作。辰後牽挽至李王河口，久之風定，拋過北岸，入長風夾而止，風色却轉北。此去皖公山百餘里，天色晴明，方見今爲石龍山所隔。

癸卯，早至宣城洑拋江，午後入雁汊下口，遇二兄、十三弟、資上人，維舟置酒〔三〕。

甲辰，爲兄弟留一日，再置酒。北風甚熟〔四〕，泝流之駟如箭，予固應留也。夜大風，極可畏。

乙巳，早與兄弟别。北風粗可掛颿，才至上口遽止，牽挽過趙屯，望見皖公山。夜泊汲陽洑，四無人煙，止可避東北風。

丙午，南風鼓浪，去留不可，迂二里入泊横峰港。風益高，

〔一〕「深」上，明澹生堂鈔本、四庫本有「潭」字。
〔二〕趙守：四庫本作「太守趙」。
〔三〕維：原作「綱」，據四庫本改。
〔四〕熟：四庫本作「大」。

不徙則今夕殆哉。

丁未，早風静，抛江中流，望皖公山如獅象，戲作小詩云：「大婆嶺獨高秋浦，皖公山正望龍舒。端如牛女隔天漢，不似彭郎近小姑。」夜泊望江夾。

戊申，早行數十里，日欲晡，至孫公灣止。登岸半里有數居民，地名九鋪岡，去望江縣十五里。米盡，潭州客舟張氏送數升，以果實答之。

己酉，昧明抛江，已而北風作，過馬當、烽火磯、小孤，揚颿甚駛。午後風益高，晡時至交石夾上口而止。是日凡三抛江，最後摇蕩駭人，終夜波濤拍枕。

庚戌，風益横，白浪如山，夜不安席，仆檣以殺其勢。既而徙寓民居，終夕不交睫。

辛亥，風正北，以艤泊未安，趋白浪至湖口縣。縣港僅能容舟，水稍落則不可泊。主簿劉迪功絳、監税藺成忠漢傑、權監鞠承節□、彭澤丞黄宣義炎、彭澤簿魯迪功唐佐並相候。黄丞，季文通判之子。魯簿，己卯年宣城所解進士也。問淵明遺跡，云舊縣有祠，去今縣二十餘里。唐末五代時徙今縣，惟祠狄梁公，公亦嘗令彭澤故也。登岸過上鍾石，至崇壽院，有澄軒下臨鍾石，而爲張巽縣尉所占，約寺僧訪之。山久榛蕪，張自云近稍芟治，巖洞間多熙、豐、崇、觀以來士大夫題字，其中一石高四尺，扣之硿硿然，東坡所笑者此也。江水北來而濁，湖水南出而清，合流僅五十里方混。無爲子楊次公一聯云：「濁浪自分清浪影，真山徒作假山看。」語殊中的。蓋山前數石絶奇，巧而宏壯，全類假山耳。張生餉刲剁酒一盃，不能飲。命車登嶽廟。巋然山之上，前列五峰，殿宇數層，殆百間，高處可望淮南五祖、二祖山。次至下鍾石、廣福院，山路梗塞，攀緣而上。亦有一石闊丈餘，可扣擊，他石則否。然則李渤所謂南聲北音，亦未爲無根。向者齊山衆石中獨一石聲，此磬石相應，東坡辨之詳矣。聞水涯尚有一響石，而線路臨深潭，蔓草蔽之，予步往，幾墮不測，當咋齒鎸銘以爲戒也。山陬地稍平處，前臨江湖，面對廬阜，左映井邑，右帶淘河洲，若創一亭，當爲湖口絶景。江行望上下鍾石皆截嶫數十丈，及游其間，則巖穴亦有幽邃處〔二〕。晚留張巽飯，酬盃酒之惠。

壬子，風平而雨，揚颿掠大孤。午後過長嶺十餘里，遇鹽船壞於岸，前日同至交石夾，商賈貪程，夜冒大風至此，遂觸石，可爲無厭之戒。晡後次南康軍，水殊未落，入泊寨中。太守史碩夫奉直、簽判趙無悔宣教及楊德起解元日新相候。楊君，伯母尚夫人之從甥孫也。終夜雨。

癸丑，欲遊廬山，值大雨。教授沈迪功元憲、録參呂從政竣、吉甫曾孫。司户□迪功汝舟、司理丁迪功惠卿、司法張迪功紹、星子令京文林鎧、新武寧主簿陳迪功準及其子新上元尉矩、添差都監劉修武政、趙從義伯益、監贍軍酒庫孟修武允武及其子孝純並相候。劉政，處州人，嘗爲御龍直供殿繖，云在殿陛間識予。晚赴軍會。

甲寅，早，楊德起同其婦來，留食。訪星子令京，觀三不欺

〔二〕「處」下，明澹生堂鈔本、四庫本有「上石尤巧」句。

堂。京，豫章鹽鋪子也。二十登科，初任臨川主簿。嘗至民家〔一〕，晝寢，夢若老媪祭己者。既覺，則媪方祭亡子，視其貌與食品良是〔二〕。問媪子死之年月，正令生時。此事盛傳，而鏜諱之，後詢郡人，云果無此。又過陳準主簿宅，登樓望廬山及星灣，有甲秀堂用白樂天語。對瀑布、香爐峰，其家藏黄太史絹寫《金剛經》十七分。

乙卯，拂旦出西門，過開先路口數里，由别徑入簡寂觀，宋陸修静先生故居也。中道有棲隱觀，乃梁昭明太子書堂，忘記詢問。其傍有嶽廟，守者云先生煉丹井也。已過，回步訪之，深三尺，在田間，酌訖乃至觀中。陳賢良《記》云：觀在白雲峰下，其間一峰獨秀，曰紫霄。其北又有屏風山，今日雲氣未收，不能細覽。其前一里有鷄籠山。今俗呼鷄籠峰。觀門有朝真閣，今廢。殿前有先生醮石，亦名禮斗石。今有爲石陛以登。道藏石刻、銅天尊像、石磬、白雲樓。經兵火，今皆亡。西澗懸瀑落於廡前。佳甚，廡亡。甜苦笋間歲一生，相傳先生手種者。邂逅章續，自稱官人子平狀元之曾孫，知予中外族親甚詳，豈詐妄乎？與之同過度仙橋。《記》云許堅曬衣石在澗中〔三〕，問道士則云沙石堙埋久矣。進觀連理樹〔四〕，乃黄連樹，甚大。又有一樹，亦大根抱巨石，鼎足而分，傍附於石，與黄連樹連理。次至先天觀，去官路里許，兵火後破屋數間而已。次至祥符觀。舊名靈溪，《記》云三武士嘗棲溪側，漢武賜名，齊朝修創，南唐重修。今石衢甚廣，而屋宇極不振。自此數百步即歸宗禪寺，樅老來迎，飯而後行。餘具三月《記》中。道中有三軍别祠，即所謂三武士，其名曰唐建威、李德殳、宋雲刁〔五〕。正廟自歸宗登山才里餘。又其上八里則紫霄峰，峰頂有鐵浮圖九級，藏舍利，遠望如枯木，而晉梵僧邪舍亦有墳在其側。又三里有謝景先草堂，乃杏林故地。天氣未佳，且無鄉導，不果徧游。杏林者，後漢董奉治人疾不取貲，使愈者人植杏五株。然奉自有太乙觀在山北，或曰杏林在此，而上昇太乙觀耳。《記》又言歸宗後峰半右石室中，有夏禹刻字，僅百餘，人無復至者。過歸宗，望紫霄峰亦有瀑布。行官道約三里，入小路，訪栗里，求醉石。土人但云此去有陶公崖，無栗里。屈曲行三里，遇數道人草庵，過庵背有崖占澗〔六〕，醉石在焉。仰視飛瀑披大石而下，甚爲奇觀。石有坳處，俗云陶公枕痕也。又指若虎跡者，其説尤荒唐。嘗記前人題詩云：「五字高吟酒一瓢，廬山千古想風標。至今門外青青柳，不爲東風肯折腰。」惜乎不記其姓名。餘具《記》中。久之，復出官道訪謝康樂經臺〔七〕，或云地屬皇甫道人，已樊之矣。次至黄龍靈湯院，敗落特甚，而湯泉固自若，或題東坡和可遵絶句於壁間。又十五里落路數百步至康王景德觀。觀對天柱峰，倚凌雲峰，兵火後殊草創。其西有四庵一院，相去不遠，而《記》中無所取，故不往。夜宿山月軒，下臨大溪，簾水所注也。終夜如大風雨聲。

〔一〕「嘗」字上疑當有「父」字。上句主語爲京鏜，此下則爲其父事。

〔二〕是：疑當作「似」。四庫本作「同」。

〔三〕曬：原刻校云：「院本作『暾』。」按四庫本亦作「暾」，《説郛》卷六四上《廬山後録》作「聯」。

〔四〕進：原作「追」，據四庫本改。

〔五〕宋雲刁：《説郛》本《廬山後録》作「宋刁雲」。

〔六〕占：原刻校云：「院本作『古』。」

〔七〕經臺：原刻校云：「院本缺此二字。」

丙辰，會慶節。燒香畢，早同道士喬太和渡溪入谷五里至舊觀基，《記》云隋開皇徙。今爲菜圃。又半里至龍泉院，破屋數間而已。又十里至董氏茅屋，疏食畢，望簾而進，此陸羽《茶經》第一水也，熙寧元年七月夏倚所記，信而有徵。倚言過石磴路甚危，蓋鳥道緣崖，其下即澗壑，又草木蒙密，須盡芟去乃能徐步爾。倚所謂平石可坐數人者，正與簾對，過此則大石散亂不可行。予跳躍其間，從者皆驚，逼簾濺沫噀人如霧雨，毛髮凜然。水初束於石峽，勢猶未廣，既而散布傾瀉，雖冬深水縮猶爲十餘派。聞山後乃開先路，豈非與山半之瀑同源耶？谷中若用兩壯夫挾山轎則可代步，然屢涉溪流，春夏漲溢，亦未易進也。今日予皆徒行，幸天氣晴和，歸路方有微雨。回至山月軒，道士喬太和猶未飯，且言嘗有雪霰谷中，不知也。去觀五里至荆林市，是爲山北江州境，大風，人不能立。晡時至侯溪市，入圓通崇勝禪院。古有侯氏，故以名溪。長老不在，首座祖勝潼川人，可與語。同過旻古佛塔，謁西堂修誼，故人惟訥之兄也。東塔廣福院相去二里，寒甚不果往。至磨院〔一〕，風益甚，或云寺前水中有風穴，故多風。飯罷，登至樂亭，在法堂後。觀李後主及昭惠后畫像。訪清音亭，兵火後偶餘此亭，乃摧壞弗葺，東坡詩云「梵音堂下月臨泉」，不知即此亭否。詢寺僧乃云無梵音堂。惟石渠二百五十丈尚無恙。夜宿寺中。

丁巳，早謁圓通殿，舊但樟木觀音，今亡，乃設釋迦、觀音、文殊三像於中，而環以二十五圓通。會食於東軒，殆因慎老與東坡兄弟唱和而建歟？出門望馬耳、石耳峰方出〔二〕。昨夜疑大雪，今天氣乃稍開晴。過甘泉市至七里岡，落路飯廣福庵。庵前水即石門澗也。同主僧惠辨行百餘步訪尊勝庵，下有大石高數丈，長如之，中若剸裁，可過二三人，謂之石門。相傳古有僧誦尊勝咒而石開，遂以名庵。庵對仙步峰。又數十步至保寧庵，三面皆山，其南石柱峰在焉。此三庵皆沿石門澗激水磑茶，資其利。記中石門恐非此澗源。次度橋上雙龍庵，雙龍謂錦繡澗及庵旁之小澗也。過此直上天池凡十五里。或云兩旁通謂之錦繡谷，蓋春時山花盛開，望之如錦繡云。山路峻甚，每三四里輒爲亭以憩，凡五亭。第一亭跨澗，頗雄偉。行至半山，有處州道人草庵在錦繡峰下，指其旁以爲竹林隱寺，游人或聞鐘鼓聲。按《山記》云香像岡北名阿那衛，內有寺基〔三〕，時聞鐘梵，而寺隱不見。其旁半里有羅漢巖，亦阿那寺之類，而近世誤謂之竹林耳。山南有竹林。由道人庵而上路愈峻，每數十步即回視，江湖無遁形者。過第四亭，有大石淩虛而出，可坐數十人，一目千里，略無蔽障，俗呼四望石，以《山記》攷之，亦非是。平視一峰，上有巧石，俗呼香爐峰，以《山記》攷之，乃東林化成路。亭午至天池禪院，雖鑿二沼，其涸可待，所謂天池，今不可到，號曰龍潭。又鐵船峰下亦有黑龍潭，祈雨則至焉。長老不在，同首座道徹登文殊亭，下視鐵船峰、望石澗〔四〕。澗自山委蛇而出，直達於江，然則尊勝庵之石門非水源矣。院有崇寧間西天僧金總持像及貝多葉梵書數片并佛牙。觀畢，同道徹

〔一〕「至」前，明澹生堂鈔本、四庫本有「步」字。
〔二〕「出門望馬耳石耳峰方出」下，原刻校云：「案：院木作『會食於東軒方出無殆因以下二十二字』。」
〔三〕基：《說郛》本《廬山後録》作「暮」，屬下讀，當是。
〔四〕「石」下，明澹生堂鈔本、四庫本有「門」字。

謁隆禪師塔，其旁即定心石也。《記》中一名望仙臺。道徹指其前一峰爲十八賢臺，未知是否。新羅巖草深路迷不能至。歸院日方斜，復度嶺行二里許至主簿塔，頃有主簿於此遇文殊勝境，立石塔，遂以爲名。今秋雷擊其尖〔一〕。洞視空闊，又非第四亭而上可比。東西二林歷歷在眼，而江州屋壁已可辨。有九十九峰櫛比磬折如城堵然，王韶觀文葬其下，此登眺最佳處也。稍前至佛手巖，雪花滿樹，庵門尚閉，乃知昨日大雪，今日驟霽。望南山雲氣猶未散，賦小詩云：「十日頑陰不見山，山中一夜雪封庵。伊予的有尋山分，日照北山雲在南。」聞每歲自九月便有雪，至三四月乃消云。巖石空洞不止容百人，下有泉水。道徹云巖上五峰如指，故號佛手，近爲野火焚裂矣。緣巖後細路數百步，東望一峰即舊峰，頂院今廢。或云其間方是錦繡谷，達於平田。又下視磐石，相傳遠公講經臺也。由佛手巖二三里度小溪，乃至大林寺，遭野火僅有基址。其額爲馮教鍊者徙寘墳庵，併令一僧據其田，人無知者，予按白樂天「詩心實慕之，物色乃能至」。其旁小徑即下山南棲賢路也，地在山頂而反平衍，謝靈運詩云「冬夏共霜雪」，其高可知。予作《弔大林詩》云：「上盡諸峰地轉平，天低雲近日多陰。古來南北通雙徑，此去東西啓二林。虞世南碑從泯沒，白居易序合推尋。匡廬第一金仙境，忍使如今遂陸沉？」黄昏歸至天池禮文殊，求燈閃爍合離，或在江南，或在近嶺，高者天半，低者掠地，又賦小詩云：「代馬腥羶暗五臺，南方世界且徘徊。一燈便是真知識，不用奔波學善財。」是日雲散日出，寒燠適中，甚愜素志。山中薯蕷花全類蝴蝶，又有萬年松、羅漢綫、菩薩石，即《記》中所謂白石英也。

戊午，早，同道徹望羅漢巖即下山，山上微雪，山半乃爲雨矣。由石門側出官路〔二〕，稍前即岳家市，岳飛葬母於此，故爲市。自此可上化城。不惟足力有限，又《山記》止言石盆之美，而樓閣已非昔，遥睇而去。回視文殊亭渺在峰頂，主簿塔僅如枯木，佛手巖屋仿佛可辨，始嘆昨日登涉之不易也。午時至林口市，謂二林之口。過香谷慧永禪師塔，義熙十年化。入西林寺，即慧永道場也。流水虢虢，循階除賞玩不能去。寺不經兵火，但不葺爾。牛僧孺書寺額，佛像獨被冠纓。訪水閣院，已廢，但存浮屠七級。次至東林晉慧遠法師道場。法師雁門人，於是寺前方興雁門市，虎溪在寺門之外。《山記》云清溪有亭，今廢。牛僧孺太和四年書神運之殿，今殿非其舊。南唐元宗題神運木。今亡。流泉匝寺，下入虎溪。如故。殿後白蓮池、如故。晉輦、或云政和間太守焚之。經藏院、經卷尚存，古經生所寫。白公草堂、《記》云非元和故基，今又焚毀，但存堦城。前對兩大流池，左對香爐峰，其側則，鷄冠峰，右望天池，四旁多水。雙玉澗、《記》云草堂半山二泉出石間，故曰雙玉。寺僧無知者，予按記而得之。此處望見蓮花峰、雙劍峰。明皇銅像、今作傅大士裝飾，觀其豐下，真明皇也。唐壁畫等。今亡。上方舍利塔，有南唐保大碑在門首。顔魯公題名。與古碑多在者。上方之北虎跑泉、深八九尺。五杉閣、閣後作釋迦入滅卧像，十大弟子環立。甘露戒壇。今亡。其西石磴三百級、岳飛拆砌母墳。滴翠亭、今亡。殷仲堪聽明泉、在寺中。佛影臺、今亡。晉朝三杉。亦爲岳飛取去。是寺最爲古刹，而

〔一〕尖：四庫本作「頂」。
〔二〕側：明澹生堂鈔本、四庫本作「澗」。

兵火中巋然獨存，入門樓閣華焕，宛如仙宮。長老本然，自號渾融師，宦族也。共飯畢，同訪遠公塔，郭功甫作重修碑。次至照覺、佛海二塔。歸登五百羅漢閣望諸峰，閣下即内三門也。由東林二里至廣福院，本大明公廟，保大五年陳元裕撰記。靖國元年封靖明真人。《記》云真人姓匡，名俗，字君孝，出自殷周之際，居此山。或云受道於仙人，共遊此山。人謂其所止爲神仙之廬，因以名山。或云匡俗漢人，漢初封越廬君，故曰廬山。次至太平興國宫，街衢門闕，氣象清華。劉越石高三四尺，根植地中，在宫門之外，仙鄉亭廢矣。宫倚聖治峰，正殿惟設採訪使者像。其後乃太上本命殿，兩層，繪使者變相儀衛，次以五百靈官。又其後有雲無心堂，臨流水，可愛。道士皆星居，有劉烈者號虚谷先生，嘗進《易解》云。知宫留宿不果，登新創鐘樓而行。樓名景陽，華麗殊甚。日落，至清虚道人皇甫坦庵，飯罷館焉。坦被遇太上，結庵撥雲峰下，自言兗州瑕丘人，久在川陜，嘗遇朱桃椎，善布氣[一]，時時書字，决人禍福。或云年七十二，山中道士言其顔貌已不逮二十年前矣，近損足，未能步。而茅山張椿齡亦被遇太上，今年亦得此疾，異哉！庵側有泉，太上題曰神泉，又爲閣以藏御書及像設。

己未，早，皇甫道人再具飯。飯訖，行數百步至雲溪庵。即蓮花洞也。側近亦有數庵，聞不甚佳。自此若出官道，則過妙智院及蛇岡。即鄡亭湖分，風神化身之地也[二]。予欲趨太乙宫，或謂小路差近，乃過擊牛墩，皆茅峽峻嶺[三]，亦六七里方至，真宗賜名大中祥符觀。即董奉上昇之地。大概二十一日已記之，其事出葛洪《神仙傳》。觀在蓮花峰下，不經兵火，有昇元六年韓王知證記，是時猶謂之廟，保大十二年記則爲觀矣。宣和二年封奉爲昇元真人。觀中猶種杏，前殿一株甚大，其後又有種杏軒，春時不妨宴遊也。老道士蕭惟億，年七十餘，未嘗出門，視其貌蓋有所養者。自觀五里至禪智院，對雙劍峰稍偏，正對山之外有小石榴峰。以其爲舊屋，故遊焉。《記》言院後有緑野亭，忘記詢問。進至雙溪寶嚴禪院再飯，同長老世顯步過雲慶庵。《記》言因流泉爲池，多畜魴鯉，今僅存坳窪耳。假世顯之驢，令庵僧致康前導，過寶積庵，殊不葺治，但有程公闢師孟詩刻。訪白雲亭，已爲土秀才治塚，其上披荆棘。尋所爲磐石鳴泉，久之方見。泉石誠佳，而又北望湓江，宜陳舜俞以爲山北最佳之庵。此去江州纔二十餘里，山北之境盡矣。跨驢五里上吴章嶺，亂石聱牙，頗亦險峻。嶺脊分江東西兩路界。過界便見五老峰，是爲山南。嶺下有小路至智林、浄慧院、昭德觀。會日斜僕疲，乃由官路過大富莊。至相辭橋俗云蔡、李二真人相别於此。已昏黑，秉燭行至尋真鋪，風大作。入小路二三里敲觀門，道士疑爲盗，久之方出。《真誥》言廬山乃元辰福地，而此觀爲第八詠真洞天，五老峰正在其後，而倚香爐峰。《記》言南北山各有香爐峰[四]。

庚申，登採訪使者閣，望五老峰。《記》言漢武築羽章館於

[一]「布氣」上，明澹生堂鈔本、四庫本有「推算」二字。明澹生堂鈔本脱「善」字。
[二] 地：四庫本作「處」。
[三] 茅：明澹生堂鈔本、四庫本作「第」。
[四] 記言南北山各有香爐峰：原刻校云：「院本缺此十字。」

屏風疊，下臨相思澗，今五老之峰壘石如屏障，蓋其故址〔一〕，自閣而望，相去若在百步間，廬阜之甲觀也，爲題其榜曰「雲錦閣」，取李太白「屏風九疊雲錦張」之句云。五老第二峰即獅子峰，與九疊屏相連，山無草木，曉日照之，殆如赤城，自廊廡望之，則奇姿巧勢尤不可狀〔二〕。龍潭在觀後一里，水作琉璃色，其中數尺正黑，知觀湯善翔云深數十丈，蓋洞天之門云。潭上有龍王祠，疑即《記》中所謂緑净亭也。神廟朝陽，廟額曰靈澤。巳初借善翔小驢，令四明徐道人前導過永福院，舊名雲龍，煨燼之餘，方稍葺治。次至壘石庵，蓋近世僧德止所創。德止乃徐稚山侍郎之弟。門外大石長數丈，復壘一石，前眺江湖宛如池，庵背即五老峰，乃几案間物，陳舜俞以未見，蓋後來庵宇之絶景也。《記》中於谷源庵載路左疊石，然相去數里，未知是此石否。次度華嚴石橋，華嚴院今廢。次至折桂院，今名證寂，折桂因唐李逢吉得名。《記》言山名幡竿源，而土人不知。登南唐惠濟禪師石塔。有巢雲軒，而《記》不載，不經兵火，氣像便可愛。前有僧房，可望湖而不見山。次至解空院，其旁聖果院已廢。次至谷源庵，地形甚高，面對重湖。《記》言疊石奇偉，豈謂德止之庵耶？後有幽泉，但屋敝無足觀者。自此而折〔三〕，小僮指路迂枉，忽下峻嶺，木葉被霜滑汰，幾不能移步，至雲臺庵乃得平地。庵後石巖如《記》中所載。次至净妙院，《記》云古名青牛谷，即楊衡所謂隨雲步入者，儼然如造仙境。門外數十步，回望五老及他山如圖畫。凡此寺觀庵宇，大抵環繞五老峰。每至一處，山色峰數輒不同，造物之無盡藏也。獅子峰尤肖，今日但少雲氣飾之。次至承天白鶴觀，唐混成先生劉元和故居，舊屋偶存，獨無廊廡。唐杉圍二丈，在門内。問東北木瓜巖，道士不知。觀前百餘步出官路，過三峽橋，遣從者先入棲賢，獨與徐道人携二僕復由小路爲卧龍之游。初過中興庵，即舊禪靜院。次寶慶庵，近各有一道人主之。西澗即劉凝之庵，無知者。既過澗，徐道人迷路，度嶺踰棧閣〔四〕，遇炭窑，方知路窮。得一夫引至上偃臺，即祖教院，亦無僧。行至此，又盤一嶺，至卧龍新菴，有江州蔡道人主之。復行半里，過舊庵基，沿澗乃至其處。蒼崖之下，怒瀑淙擊，高十餘丈，與九華上雪潭争爲長雄。凡陳舜俞所記一無夸詞，今日不憚崎嶇險阻，凡以爲此。未至而悔，既至則樂以忘勞焉。舊庵隔溪，崖石層出，粲如百疊之雲，中有流泉注於澗，亦一佳處也。望五老峰甚近，香積院在其下，業留從者於棲賢，遂問歸路。數里至幽邃庵，今爲尼居，主者覺殊，鄞人。壁間舊刻馮京詩，蓋嘗讀書於此。庵前度溪至上塔，《記》所謂拭眼禪師，石像如生者。屋甚整潔〔五〕，大竹成林。酌飛錫泉，登環翠閣，望五老峰背。自此下山數里即棲賢，徽老不在。藏主可昇，眉州人，予與同庚，辛卯戊申丙辰。出程子山詩、泉老頌，且求一語，爲占兩韻云：「我比同年百不能，只餘霜鬢愧師兄。殷勤覓句無言説，共撥寒灰聽水聲。」寺比今春稍葺，但殘僧四五輩，不稱大刹。飯

〔一〕「故」上，明澹生堂鈔本、四庫本有「地」字。

〔二〕原刻校云：「自『廊廡』以下十四字，院本缺。」

〔三〕自此而折：原作「自此爲折桂」，原刻校云：「院本作『自此而折』。」據改。

〔四〕「嶺」上，明澹生堂鈔本、四庫本有「峻」字。

〔五〕「屋」上，明澹生堂鈔本、四庫本有「舊」字。

罷，同可昇上人過五老、玉淵二亭，山水不辜老眼，而足繭矣，遣人至軍城招妻孥來早會此。

辛酉，拂曉，自寺後渡澗。行里許，過百藥灘，石崖坡陀，道人於此曬藥。陟小嶺，度茅岡，約四五里，並五老峰至明真尼院。亦是惠濟、拭眼二禪師道場，紹興初尼居之。冰霜滿履，扣門久之方開，蓋舊屋也。同尼師登凌霄巖。巖在平地，奇石如巖，古有僧坐禪其間。繞洞別過石門，謂之喝石。其前一石甚大，即《記》中所謂對五老如賓客者。傍有石屏，亦可愛。出門數十步，望宫亭湖横出，而揚瀾、左里左右相對，落星僅如葉舟，惟軍城爲紫荆山所蔽耳。回過百藥灘，分路行三四里入楞伽院，亦古屋也。正依朱砂峰，舊號白石佛殿，創於保大中，釋迦像與西林同。李公擇尚書藏書閣在東偏，元豐以後留題皆存。有趙天啓者歷叙公擇作中丞劾蔡確，故改户書云云。西廡有東坡所作山房碑，又刻南唐佛像。野夫、公擇及黄魯直皆有題字。崇德君墨竹高下三枝在鐘閣，蓋公擇妹、魯直母也。寺門外即上天池、大林路，至爲險峻。老僧惠賓生於元豐八年，云自此別有捷徑。約一二里，過澗，入棲賢磨院，院在石人峰側。又里許遂至棲賢，骨肉方來，同觀玉淵。先是澗水奔衝，遇大石上侈下斂，懸瀑濛射，極其雄壯。濤頭瀵湧，散爲玻璃色。《記》言沙石萬數，古今不塞，誠下通於海矣。相對有寒泉亭，泉自山出。又按《記》文訪羅漢巖、寶陀巖於僧堂之後，皆無知者。山上竹樹間多崖石，其下有觀音泉，疑自寶陀巖而出，稍加制治必得之〔一〕。其南有小徑，疑白雲庵路也。飯罷，徐道人乘驢歸詠真，同骨肉再過三峽橋〔二〕，徘徊久之，始知過橋之泉爲陸子泉，其旁有沈錫大書「廬山」二字。行小路，望五老峰了然，便道入高遥景德院，亦舊屋〔三〕，有元豐間無爲子題字。老僧年八十，云李徵君書堂去院僅一里，今廢，但刻其名銜於石，洗滌乃可見。進至萬杉院，上滴翠亭，餘具三月《記》中。又二里入開先，登漱玉亭。度橋俯澗，澗中石含雲母，如《記》所云。天寒甚，太守適致餽，徧飲從者而行。澗外招隱橋，近爲寺僧徙數十步，而招隱泉無人知者。物色久之，得於二百步外叢篠之後，石井依然，三酌而歸。路口有披雲亭，稍前即古楊梅亭基，又稍前當四達之衝，即古四會亭，而俗子改曰屏翠矣。回望山色奇甚，倒載而觀之，紫霄峰劍立衆峰之間，鐵塔僅如一綫。將至軍城一里，有承天院臨溪湖，僧嘗被盗殺三人，今遂不振。入西門，日已暮，聞新成都漕鄭少嘉察院相待移時，留書而去。昔白樂天記匡廬奇秀甲天下，誠非虚語。陳氏《山記》北起江州，盡圓通，乃轉山南，起康王觀迄於吴章嶺，其序如此。予今自南而北，與之相反，故問津多悮。然《記》中指名奇特處十得六七，其餘當路者遊，迂曲者略，異時再以旬日窮探極覽，可使無遺藴矣。初，南唐元宗賜田給諸巖庵，故所至有産業。中經李成焚蕩，十存一二，又税重租薄，僧道往往逃移，寺觀日以摧毁。近雖稍修復，而廢絶爲多。惟舊屋則氣象終可愛。舟中賦四韻云：「南北周廬阜，東西徧九華。宴

〔一〕制：明澹生堂鈔本、四庫本作「劆」。
〔二〕詠真同骨肉：原刻校云：「院本缺此五字。」
〔三〕屋：原無，據四庫本補。

安無酖毒，痼疾有烟霞。淡泊村村酒，甘芳院院茶〔一〕。馳驅君莫厭，此出勝居家。」

壬戌，五更雪打篷。平明出，别郡官。望廬山已横白練，欲解去，而南風作。章得象《遊落星詩》云「來遊未盡登臨興，且喜南風阻去船」，殆爲予設。飯罷，遂携家棹小船往焉。寺去軍城僅五里，水乾則路通，今歲尚深丈餘。按圖經石高五丈，周回百五十步。《九江記》云：尋陽湖内隕星化石上連彭蠡，下接尋陽，其石圓潔，不生草木，峭然孤峙，獨出波際。興於唐景福，天祐二年賜額福星龍安院，本朝祥符二年例改法安。南唐戊辰歲，（即本朝開寶間。）宣義郎湯净撰記云：保大中寺僧修葺，玄宗嘗臨幸。僧齊己、范文正公、章郇公、王介甫、平甫、程公闢、蔣穎叔、黄魯直父子、郭功甫、洪駒父皆嘗留詩。又龍圖閣學士吴仲庶中復酷愛西軒，更名曰「嵐漪」。魯直詩云「龍閣老人來賦詩」，謂仲庶也。山色滿眼，湖光千里，真世間之絶景。又嘗有玉京軒，今皆廢，但存清暉閣，（或云保大中命名。）西對廬阜，如青天翠屏。初至，白雲英英起山腰，少焉散漫，俄復退歛，已而山披絮帽，變態不常。舉酒賞之，不覺徑醉。午後移坐佛屋之前，東南觀巨浸，右爲揚瀾，左爲左里，其中兩山如門，是爲鄱陽湖。由寺門而望，則東北直宫亭湖，西南軒窗對流，清山其脅，亦有湖汊，西北則軍城也〔二〕。再舉酒而歸〔三〕。晚自舟中望山色，不勝眷眷，再以小艇入西草湖。過東古山下，觀釣魚臺，鴻雁鷗鷺徧野，見人驚飛。轉而之流清港，上流清庵，在鳳凰山，古殿殘毀，慨想承平之遺址。回棹已瞟黑，過落星，聞鐘聲，往復殆二十里。

癸亥，早發南康。北風微作，已而轉南。過左里、揚瀾，泊珠溪，而北風復作。去軍城八十里有巡檢司及小市，登岸北望廬山。

甲子，南風。晡時方行四十里至吴城山〔四〕，謁廟畢，登望湖亭，猶見廬山也。殿左有穴如井，異時湖中或損米舟，則見於穴中，謂之神倉云。

十一月乙丑朔，風，順行百三十里。夜宿連前渡，雨。

丙寅，日南至，享考妣。雨作而風順，未後抵豫章，泊南浦亭。亭在洪喬門，《職方乘》云對岸即殷洪喬投書渚也，亦見《水經》。帥沈持要、漕汪養原及府官相候報謁。邊倅維嶽同登拄頬亭望西山，以陰雨不快心目。又有可齋，陸務觀所立也。宋晉裕來，知其叔嘉正今夏不禄。

丁卯，三倅、（邊朝請、劉敷文堯佐、胡奉議儔〔五〕。）轉運司主管官汪朝散邁、帳幹許承直可久、幹辦公事周文林閎、黄吏部然及其叔季文、李常州安國、司馬總領倬、李靖州漢英、王提舉瀹、王南劍岡、向郎中汸並相候。游鐵柱觀。柱在小池中，高二三尺，狀類假山。道士云每歲池水溢則江漲，枯則江落，今歲反是。旁有銘，紹興五年帥胡世將爲之。張法師者年八十餘，健甚，弈極高。晚易漕舟，置酒留孟周叔、宋晉裕、益師。

〔一〕芳：明澹生堂鈔本、四庫本、《説郛》卷六四上引作「香」。
〔二〕則：明澹生堂鈔本、四庫本、《説郛》卷六四上引作「乃」。
〔三〕而：原無，據明澹生堂鈔本、四庫本、《説郛》卷六四上引補。
〔四〕方：原無，據明澹生堂鈔本、四庫本、《説郛》卷六四上引補。
〔五〕原刻注云：「案注中邊朝請不稱名者，即前條所書邊倅維嶽也。」

戊辰，安撫司機宜梁承事季琦、仲謨之子。司法王修職中復、新建丞諸葛從政、餘慶監税詹迪功華、蔡承事嶒及其弟嶸宋景融之壻。並相候。赴府會，登子城南樓，望江心小山。

己巳，赴漕司會於觀風堂。周將仕郎可，撫守櫝之子〔一〕，同其婦六娘來舟中。六娘，陳德夫妹。終日雨。

庚午，早留劉籛壽知縣、陳希魯教授飯。未後赴邊倅會，登拄頰亭望西山，子夜方散。家人招孟宅安婆來舟中。

辛未，上藍長老了賢携素饌來，留孟周叔共享。洪駒父《職方乘》載寺有蛟井事，以問賢老，具説無據。謁前京西運判韓宣教曉子東，其高祖蓋忠獻王之兄弟。久陰可厭，至是晴。

壬申，赴府會於滕王閣。天氣晴爽，得西山之勝。《職方乘》引《水經》及《十道西蕃志》，云西山一名厭原山。

癸酉，致政趙通直昌相候，同年也。赴劉、胡二倅會。胡倅送步障式，俗名畫師，蓋胡人飾以氈毬而畫獅子形，故云爾，或云名掛罳。

甲戌，陰。總管劉源相候，即金陵舊都統也。出北門過天寧寺，同長老登列岫亭，得西山之面。又過大梵寺，登秋屏閣。《職方乘》云不知誰所立，但引曾子固云見西山正面如畫者此閣耳。又過薦福寺，觀淺沙泉、馬跑泉。寺有鐘，光化三年節度使鍾傳造。訪黄超然，求觀山谷遺墨，但有《枯木道士賦》、《寄老庵賦》、《煮茶賦》、埋地中，已漫。《薄薄酒詩》；又永州化光仁老畫水石二軸，其一題云：「湖北山無地，湖南水接天。雲煙真富貴，翰墨小神仙。」復有跋語，韓子蒼各題一詩。晡後至上藍，寒甚，食於賢老之室，擔拔道士來談命。次至觀音院，即杜牧爲韋宙撰文，以石亭覆之，因號石亭者。有鐵羅漢五百。是日既報謁，復遊覽終日，甚勞。

乙亥，陰。修武郎、使持節南丹州諸軍州事、武騎尉莫延廩與兄弟争州來奔朝廷，寘之長沙，會親兵欲挾延廩叛，故徙豫章。盧陵進士徐允武〔二〕、前知柳州林奉直振並相候。赴汪漕會於列岫亭，酌淺沙馬跑泉。程公闢嘗作雙泉堂，潘興嗣爲記，其旁即清源真人祠，所謂灌口二郎也。舊皆在城内，李伯紀紹興初爲帥，損城使可守，遂在城外，然其闊亦未易守也。

丙子，赴沈帥會於孺子亭，亭在東湖，陳皐卿所創，四圍皆荷也。徐宅名見《水經》。又有徐賢亭，《職方乘》詳載。

丁丑，早别帥漕，人事擾擾，午時方能定，以小舟絶江爲西山之遊。初至沙井口，按圖志云在章江西岸石頭之上，許旌陽謂吾升天後一千二百四十年，豫章江心忽生沙洲，掩過沙井口，是八百人得仙時也。今相去者尚數十丈。陸行二十五里至貞觀院，舊名福林。登閣觀禪月羅漢摹本。真本在雲堂。又五里入上藍莊。又五里至吴靖州伯思慎之墳庵。又五里而遠至鸞岡，三徐蓋葬其旁。三徐〔三〕：衛尉卿延休、騎省鉉、内使鍇也。元祐八年，張商英作祠堂記，今有畫像。或謂其基爲耕者所壞，猶存齒髮。或云徐氏墓在博士墉，去此猶數里，而翠巖寺以鸞岡爲案山，恐村

〔一〕周：原無，據明澹生堂鈔本補。將仕郎可撫守櫝之子：原作「將仕郎爲可」，據四庫本改。

〔二〕徐：明澹生堂鈔本、四庫本作「余」。

〔三〕「徐」下，明澹生堂鈔本、四庫本有「者」字，疑是。

民鋤掘，托言徐墓，商英爲實之云〔一〕。稍前即翠巖也，棟宇深隱，氣象閎壯。南唐保大間有澄源禪師無殷住此山，李主甚敬之。既死，祭以文，時本朝建隆元年也，韓熙載爲之銘。其後死心居此，而雲峰晚亦悟道，故江西號爲勝地。飯罷，同長老子堅步觀洪崖，井深不可測，舊有橋跨其上，今廢。寺引崖水以給用，又匯其流激大輪爲磨院。去崖數十步有奉聖宮，今曰紫清，徐鉉爲記，有唐肅宗像，道士僅數人。歸宿翠巖方丈，觀李主賜無殷詔書，皆用澄心堂紙，每畫日後即押字，印文如絲髮。近世自王漢之而下留題甚多，予亦題云：「李氏世敬桑門，其賜書偏江左諸刹，至於不失舊物如翠巖者鮮矣。」又有郡人潘淳奉議以其祖侍讀所藏太宗、真宗兩朝御書墨本數十軸寄寺中，又有程公闢與南禪師唱和，皆取而觀之，惟所謂唐人寫經則非也。

戊寅，早，乘小車循溪依嶺行一二里，望所謂藥臼者，在石澗湍流中，如石盆然。次度牛欄嶺、茶園嶺。最後度湯家嶺，回望生米洲，乃至香城寺，榜曰「咸通香城蘭若八年鎮南節度使嚴景書〔二〕。」東晉隆安中安曇顯肇居此山，嘗與陸修静權論，見北齊《高僧傳》〔三〕。今長老如晦，妙喜弟子也。方丈側婆羅樹兩株，葉皆下垂。又有羅漢菜，嘗以正月生。飯罷，杖策登山。初過榧林，或云榧有雌雄樹。其間一株最大者圍丈五，號將軍樹，相傳近千年矣。程公闢詩云：「金錫雲中若有聲，寺記有羅漢四十九人持金錫見雲中。野僧同我上山行。千年大榧婆娑在，老似將軍擁萬兵。」次至舊院基。次至硯石，長一丈四尺，闊六七尺。程公闢詩云：「石頭如硯貯寒泉，今古無煙水自閑。待把萬松燒作墨，大書長句滿西山。」次至靈觀尊者坐禪石。次至屋壇，高六尺，闊七尺，是爲香城絶頂。靈觀者，隋開皇初新羅沙彌也，爲此壇行道求戒，尋償夙仇而終。自寺至此五里積雪猶未消，遠眺章江，略見府城，山後即江東建昌縣界。周覽移時，復至寺中讀順禪師碑、二蘇詩刻、潘興嗣記文、《慈順塔記》。遂還翠巖，日方晡矣。同堅老登愈好亭，在寺後，前長老了因取《寒山頌》中「微風吹幽松〔四〕，静聽聲愈好」之句而爲名，自作記，粗可觀。望寺埸左右山環抱，而鸞岡正當水口，即三徐祠堂也。方丈之右有半月軒，池如半月。蔣穎叔有詩。又有聽松堂，熙寧間潘興嗣嘗作《寢堂記》。澄源塔在寺右，大竹成林，圍丈五六。旁有齊王廟，即李主弟撫州牧景達也，亦署澄源，敕嘗捨田入寺，故廟祀之。法堂左階花磚猶是南唐舊物，隱起之紋皆踏平，向來僧徒大集故也。晚再同堅老及西堂三人過洪崖，俯視深潭，草木蒙蔽，碕崖峭絶，不容側窺。而水聲湍洪，疑其有異，乃並澗十餘步披草而入，始見硤中石數十丈，飛流激浪，數節傾射。而左崖懸瀑數道，相去三丈，妙絶不減棲賢之三峽。又其右多磐石可坐。前

〔一〕爲實之云：四庫本作「以之實云」。

〔二〕咸通香城蘭若八年：原刻校云：「案此疑當爲『香城蘭若咸通八年』，然院本亦與此同，俟考。」

〔三〕「東晉」三句：按《水經注》卷三九《贛水》云：「晉隆安末，沙門竺曇顯建精舍於（散原）山南。」此處所謂「東晉隆安中安曇顯肇居此山」即此。「安曇顯」應爲「竺曇顯」。又按唐釋道宣《續高僧傳》卷二四有北齊沙門釋曇顯傳，載天保年中曇顯與道士陸修静辯論事，此曇顯乃另一人（天保上距隆安已一百五十年），周必大誤混爲一。云「北齊高僧傳」亦不確。

〔四〕吹：原作「次」，據明澹生堂鈔本、四庫本改。

此僧道皆不知，但窺井而已，若非再至，幾成徒行。主僧善權巽中舊題詩云：「水發香城源，度澗隨曲折。奔流兩崖腹，洶湧雙石闕。怒翻銀漢浪，冷下太古雪。跳波落丹井，勢盡聲自歇。散漫歸平川，與世濯煩熱。飛梁瞰靈碧，洞視竦毛髮。連峰翳層陰，老木森羽節。洪崖古仙子，煉秀搗殘月。丹成已蟬蛻，井臼見遺烈。我亦辭道山，浮盃愛清絶。攀松一舒嘯，靈風被林樾。尚想騎雪精，重來飲芳潔。」亦佳作也。前登雲長老應通，廬陵人，過其寮飲湯。

己卯，拂旦游洪崖資禪院，去翠巖十里而近。道中石澗湍流，淙激可愛。度落馬嶺，乃至長老法遵單丁住持院，本白石道者智新所居〔一〕。殿宇甚小，法堂已摧，寢室窗外對梅嶺如屏障。真宗嘗御製歌詩四篇賜智新，有「明珠爲戒曾無玷，拳石充糧永不饑」之句，謂其煮白石而食也。其餘敕劄皆在。又有小金龜重十一錢，背刻「司命大帝聖祖寶」，腹刻「大中祥符神丹化鐵」。沉香刻三教像一龕，人物極小。又佛像一龕，金字《法華經》七卷，後有唐大中八年比丘紹安記并抄寫倪德言，未知便是元本或德言所抄。銀字《法華經》七卷，凡佛名卷名之類則金書。《夾頌金剛經》一卷，間以金字。菩提葉四片，文殊像，破碎不可舒卷。羅漢十六軸，佛一軸，道者真馮極贊一軸〔二〕，皆賜物也。智新又嘗住西京應天院。歸飯翠巖，同堅老及二三同遊再過洪崖〔三〕，芟草開道，坐巖石汲泉烹茶，縱觀飛瀑而行。堅老遂別〔四〕。三徐祠下至江頭僅三十里，昨日蓋誤而迂也。新昌尉周迪功承勛希稷留刺。夜來大風，歸舟猶未息。晡後掛颿，汪養原運使飛蓋崖邊，不能留也。行十六七里泊石州夾，李全持永和書來。

庚辰，五鼓雨雪交作。乘風而行，辰時至生米鎮。一號西嶺，旌陽之僕許大遺米得名，見《十二真君傳》。玉隆人轎未至，以小舟游至德觀。觀在洲上，四面皆水，相傳施肩吾釣臺，唐則天時胡慧超置觀。兵火後重造，尚未備，惟壇上柏一株甚大，云慧超所種也。有軒臨江，可觀。命二道士弈，謬甚，取酒飲之，并飲知觀胡天常。午未間玉隆人轎方至，不果行。劉信自府中來。

辛巳，黎明携家登岸。雨雖止，泥淖没骭，肩輿者甚勞。約四十里乃至玉隆，是爲道家逍遥山福地。前有胡詹廟，漢州二吏。次度龍岡橋。按玉隆在西山之南，初不見西山，惟此橋略見之。而言西山則起於玉隆，終於吴城山，其間寺觀約數日可周。又有天寶洞，在三十里間云。次有龍岡亭，八月一日開觀，則以七月二十八日於此設浄壇醮。知宫熊師古、副宫熊大正來迎，館於逍遥閣下。宫本金氏宅，許旌陽來得之，晉寧康二年八月一日受命，十五日上昇。初名游帷觀，徐鉉篆額。大中祥符間改爲玉隆觀。政和二年封神功妙濟真君，六年加玉隆萬壽宫之號，仍繕修之。東爲三清殿，次真君殿，次道館，皆横列爲屋數百楹。真君殿前古柏圍丈五尺，《十二真君傳》云施真人手植。其半已枯。每歲八月開觀時，四方之人紛至，採其葉以療病。左有丹井，已眢。

〔一〕原刻校云：「院本作『法遵禪院本丁住持白石道者知新所居』。」四庫本同。

〔二〕馮極贊一軸：原無，原刻校云：「院本『真』字下有『馮極贊一軸』五字。」據補。

〔三〕同遊：原作「西堂」，據四庫本改。

〔四〕遂：原作「送」，據明澹生堂鈔本、四庫本改。

右有藥臼、石函臼，亦裂矣。又有修行鐘，刻姓名甚多，止曰戊辰歲，疑本朝開寶初也[一]。宮門外有《大周洪崖山洞真先生胡尊師碑》，司馬貞撰。其文稱名處曰利真。碑言尊師名超，即胡慧超。長安三年葬盱母靖之西合里山。道言靖，猶釋氏精舍也。今盱母靖在逍遥閣墻外，亦有巨柏圍丈五而不枯。舊有亭，今廢。盱母蓋超之母。此去筠州及奉新皆六十里。

壬午，早，焚香畢，再周覽而行。宮西面百步有小觀，榜曰太虛，周真人上昇於此。舊名宣詔府，有保大五年丁未歲陳元裕記。治平四年賜今額，政和癸巳李山爲之記。龍岡相並有彩鸞岡，以吴彩鸞得名。彩鸞遺跡在奉新縣。未後復至生米鎮。監渡使臣下班祗應張宏者，河間人，辛巳歲隸大漢軍，李寶自海道俘以來。承議郎新指使張玠求附别舟，許之。解維牽挽纔十餘里，宿下石溪。

癸未，無風，行甚緩，晚泊市汊。筠河自此出，人煙甚盛，號新義鎮，聞歲有火災。

甲申，無風。晡後過撫州河口，夜宿栗絲灣。

乙酉，雨，粗可掛颿[二]。早至曲江鎮，去豐城十五里[三]。趙常熟无咎來迎，同至其所。寓正悟寺，有板碑記寺興於隋而葺於僞吴乾貞中。殿背兩壁分畫驪山、華山圖，云是郭熙筆。臨流有内觀閣，程子山嘗留詩。无咎云對岸漁者近獲古器，有雙魚洗，鏤「石尤巧」三字，又有器刻「陽燧富貴」等字。午時次豐城，李宰愿、馮察推師直、吴宰千乘並相候。祝南安深罷歸，繼至。略登寶氣亭。夜留馮推飲，雷電作而雨。

丙戌，風順，冒雨行四十里，廚船觸大舟，幾覆，與去歲遇風濤之地相邇也。晚未至樟鎮七八里宿。

丁亥，午後至臨江軍，太守李仲權、通判趙奉議伯濠、録參靳迪功師益、司户章迪功子獲、知清江縣張宣義陶、丞趙承事彦禮、主簿桂迪功隨、主管玉隆觀任朝奉詔子嚴、新知興國軍向朝奉澮伯海、新通判邵州向奉議浯伯元、軍學教授唐迪功友聞、新吉州教授楊從政愿謹仲並相候。唐、楊皆同年也。訪王元老寺丞之妻宋五娘家。元老鄭人，宋即先妣外家，其子坪權新州陽春令，已死。泊舟行衙，即貢院也。

戊子，早至軍學觀石刻，赴李守會。軍治據富壽岡，後圃有清江臺對閣皂山。山雖小，頗類匡廬，江心又有蕭渚。晚别任子嚴同遊盤園，飲於喜歸堂。二鼓歸，大吐。

己丑，軍中以久雨祈晴。赴向伯海兄弟會，薌林益葺。歸已日暮，移舟光孝寺下。是日欲留兩同年飲，客衆不暇，以酒果遺之。軍治側有中大夫曹戩家，因鋤地得古墓，槨朽而棺如故，其中皆清水，遺骨具存，木梳猶在。驗塼志，云開寶年葬筠州某鄉村，蓋此地初隸筠，後方置臨江，城郭遷徙如此。江漲。

庚寅，早，移舟慧力寺下，携家往遊，去歲至此亦是日也。巳初解去，風稍順，至石口亦暮夜，距清泥尚數里，離軍纔四十餘里耳。終日對閣皂山，聞自永泰陸去可三十里，來歲當來遊。

辛卯，風正。巳時至新淦縣，宰陳通直浹、臨江判官張文林

[一] 原刻校云：「院本作『開寶間物也』。」

[二] 粗：明澹生堂鈔本、四庫本作「阻」，則屬上讀。

[三] 去豐城十五里：原無，據明澹生堂鈔本、四庫本補。

權立之、新吉州永豐尉謝迪功承休、蔡秀才煥、字克明，郡人也，嘗爲宋景晉門客。謝生鑄、致政楊宣教扶圖南並相候，餘客皆去歲相見者。報謁過市中，謁陶母墓，有徐鍇碑。陳德夫侍其母及婦妹來舟中，具飯待之。楊圖南送所編《玉笥山寶籙》。

壬辰，廬陵丞胡從政思成經過相候。辰後解舟，晚泊峽江灘下，非風力不能至也。

癸巳，早上峽江灘望玉笥，晚將至桐江宿〔一〕。

十二月甲午朔，午後，十四弟、平上人來迓，得胡邦衡梅字韻詩〔二〕，答之。過元潭，登崇玄觀。觀有許旌陽劍，其長不盈尺，未必舊物也。殿對大樟，或云旌陽手植。其上數十步，江水盤渦〔三〕，潭在其中，或云封蛟之穴也。望山頂有石，相傳旌陽試劍石也。晚過元石灘，宿勞橋〔四〕。

乙未，長道及永和相識皆來迎，同至吉水縣少泊。知縣左奉議郎楊獬、太和主簿右迪功郎王正之、監酒稅陳承節邦傑、尉祝迪功邦基〔五〕、萬安主簿朱從政霖、新郢州長壽尉馬之任、趙監廟善繹、承信郎彭思元並相候。午後與長道、陳立夫小酌。乘風解舟，晚泊梅林渡。

丙申，早乘風至霽虹亭〔六〕，守倅及郡官來迓，弟、姪、甥自永和來。邸報：十一月四日行朝大雷電以雨，五日降詔責大臣。九日宣麻，左相葉顒、右相魏杞並以本官宮觀，陳俊卿遷參政，劉珙除同知〔七〕。

丁酉，雨，赴州會。

戊戌，臘，大雪。巳後至永和，歸家飯訖，胡邦衡相候。招季懷，以小舟置酒，同至值夏報謁。已二鼓，復飲三杯。欲順流歸，以月黑而止。

己亥，早還舟中，具飯留長道七兄及鄉人孫次山、司法甫、蔡伯高興伯〔八〕。

庚子，同老妻□至寺居，以經水柱朽，稍葺之。

辛丑，陰雨不已，七兄來舟中小酌。連日遣數處投書，人頗勞。

壬寅，奠長岡。趙從政彥侁自城中來，留飲。

癸卯，前寧都宰周通直繪、朱湝、朱岑兄弟並相候。

甲辰，馬伯達相候，清之子也。兩日方晴霽，晚復雨。

乙巳，午後遷入舊寓。

丙午，家集。遣漕舟還豫章。

戊申，早至長岡赴長道會。晚雨寒，天氣殊靳晴。

己酉，早留武次韋飯。晚待陳平叔。

庚戌，早令照老待隆慶達老，又待本覺僧本崇及青原行者祖稔。崇將守罔極庵，稔幹莊也。晚餞七兄。

〔一〕「桐江」下原有「横」字，據四庫本刪。
〔二〕胡：原無，據明澹生堂鈔本、四庫本補。
〔三〕江水：原作「江上」，據明澹生堂鈔本、四庫本改。
〔四〕「宿」上，四庫本有「即」字。
〔五〕祝：明澹生堂鈔本、四庫本作「倪」。
〔六〕至：原作「抛」，據明澹生堂鈔本、四庫本改。
〔七〕劉珙：原作「劉瑛」，明澹生堂鈔本作「劉洪」，據《宋史》卷三四《孝宗紀》二改。
〔八〕司法甫：似是姓司，字法甫。四庫本無「甫」字，則是以「司法」爲官名，未詳。

辛亥，早至江頭送七兄及嫂如衡陽。具飯待長道及孫大同司户。

壬子，立春，舉杯應節。

癸丑，晴，崇上人過罔極庵。

甲寅，早留葛德源飯。午後小兒醫范世事來，亦飯之。

乙卯，佚。

丙辰，早微雪，旋霽。招長道飯，趙從義適至，同之。午後頭痛甚，以昨夜久坐感寒也。

丁巳，佚。

戊午，樂順之自青原來，因招長道共飲。得武義兄十一月十六日書，聞未得代。

己未，佚。

庚申，季懷以小詩送六出梅一枝。自歸今日方到西庵，梅已爛縵。

辛酉，聞大兄爲婺守劾不督財賦，恐得祠。

壬戌，崑山遣徐興至，聞外舅以十月二十六日葬。

癸亥，黄昏雨霰，享外氏〔二〕。

〔二〕原刻校云：「案兹録彭本，視院本較詳。今於院本大文脱佚處逐一標識，其小注脱佚更多，不復標識，以免繁蕪。」

廬陵周益國文忠公集卷一七〇

雜著述卷八

奏事録

起乾道庚寅四月丁亥，止是年七月辛丑。

乾道庚寅，南劍守闕到，法當奏事，以四月六日丁亥挈家泛舟入浙。

丁亥，早發永和，鄧庚子長秀才偕行，伴綸讀書也。入城應接人事，泊舟候春亭。守倅來餞飲，乙夜散，與兄弟宿亭上。

戊子，早，三兄先歸〔一〕。江漲風静，俄頃至吉水，縣官相候。弟姪甥與送客皆還，惟永和十七客少留，因置酒焉。晚同長道赴莫宰會。

己丑，早，放舟至白沙，挈家過羅陂，赴羅子行夫婦及其兄思齊會。蕭伯和投詩及所業。南方風大作，繼而甚雨。夜歸宿舟中，小婢溺。

庚寅，辭羅氏會。白沙相對有石牛潭，其岸即隋以前州城，聞尚有故基及南郭之名。

辛卯，晡時，劉子澄、子和舟來，同長道、子行會飯於江閣，長道辭歸。

壬辰，早發白沙，羅思齊、子行、蕭秀才特起送別於三里外〔二〕。晚抵新淦縣，權令樂安城丞程從政説、新安人。丞許修職孝謨、湖州人。簿彭叔牙、監税黄迪功溥、提刑郭彦之孫。楊圖南、張司理棫、董縣丞世龍、字伯亮。新湖北提刑司幹官余迪功永錫及其姪鄉貢進士誼并相候。永錫蓋始興襄公之曾孫。今襄公諸孫或在曲江，或在西山，皆爲農，惟居新淦者爲士人。永錫以隆興詔書求勳賢之後得官。

癸巳，早，十二弟婦之母郭氏及韓保之侍郎之孫十五郎霈來舟中，留飯。晚赴董子羽會。

甲午，早發新淦，南風浩然。午後至臨江軍〔三〕，泊貢院。前太守施承議興祖、通判王朝奉同老、知清江縣李承議端卿、丞李從政昱、知録王從政子溥、監贍軍酒庫李迪功孝祥、監税劉從義宗孟及向伯海之婿來司理文淵藹之子〔四〕、韓尉鏞并相候。邂逅新常德倅郭仲質份，併招楊謹仲、劉子和、子澄飯。韓戴甫及十五郎送別於此。戴甫名翊冑，與竑冑、竦冑皆節之和之子。得豫章報，三月二十五日改除閩憲。

乙未，新邵倅魏大夫彦忱、張直閣永年、叔萬、臺卿之子。何秀才光顔韓保之婿。并相候。軍學教授張迪功濤〔五〕、新宜春尉彭迪功龜年、新衡陽簿陳迪功琦并惠詩，赴任子嚴運使會〔六〕。盤園

〔一〕三：傅校本作「二」。
〔二〕三里：四庫本作「十里」，傅校本作「三十里」，明澹生堂鈔本作「三千里」，「千」係「十」之誤。
〔三〕至：原作「之」，據明澹生堂鈔本、四庫本、傅校本改。
〔四〕來：傅校本作「宋」。
〔五〕濤：明澹生堂鈔本、四庫本作「受」。
〔六〕使：原作「司」，據傅校本改。

廣袤數里，高下因山川，甚有野興。

丙申，新淦巡檢潘成忠岑、李深之絳並相候。赴程德遠經略會於慧力寺之江月軒。

丁酉，訪向伯海，徧觀薌林園亭。海棠數百株在南埭，如酴醿洞，花時亦佳哉。晚赴軍會。

戊戌，早解舟，未時抵豐城縣，泊寶氣亭。李令愿、韓丞淳、監税高炳、簿何煒、馬君壽、朱秀才祺國寶、宫教陸朝奉筠并相候。

己亥，早赴清都觀正法寺開啓天申節。清都本甘真人戰舊宅云〔一〕。遞中收閩憲信劄。午後胡從周參議來自隆興。晚赴李令會於清樾堂，舊有物華亭，今存遺址。

庚子，家人赴馬君壽内人飯。

辛丑，晚赴朱秀才會。

壬寅，早，暴風可畏，徙舟税亭，未後解維。邑官置酒曲江僧寺，二鼓後散。

癸卯，早，遣帥司急足周權持辭免文字之臨安。行三十里遇漕司所假舟，徙焉。晡時宿小橋。

甲辰，早次隆興府，帥吴明可、漕任希純、魯季欽相迓於南浦亭。夜大雷風雨，甚可駭。張彦自永和來。

乙巳，赴二漕會。

丙午，赴府會於南園。

丁未，赴黄季文參議會〔二〕。

己酉，赴府會於東湖孺子亭。按洪芻《職方乘》云，湖在郡東南，周廣五里，酈道元云十里一百二十步。今士大夫家多創樓閣以環之，城中奇觀也。酒三行，泛舟過總持院，本唐僧子畋所造。畋精太乙術，能祈雨乞晴，今有井祈求不廢。雷堂之後有澹臺滅明墓。芻云《史記》雖言滅明居楚，又有渡江斬蛟之事，然豫章非真楚，尚可疑也。平江亦有澹臺墓。院中老僧年七十，及從徐師川游，能寫字鼓琴。自總持過講武亭，復登舟勸酬。歸飲南園，夜分散。

庚戌，諸公來別，遣周忠厚、張彦歸廬陵，即解維。過樵舍鎮，監官承節郎范淵來迎。宿昌邑山。

五月辛亥朔，風雨。姚媪忌〔三〕。午後抵吴城山謁廟，少休看經閣，方知東坡所留石砮尚在，取而觀之。近歲過客又捨一矢，形稍大而色青，不若舊物之古也。廟側有聖池，池中有小石浮水面。祝史云買撲三年爲界，每年四百千省，納隆興公庫。晉江朱丞彭年送别於此。

壬子，早陰霾，風逆。行二十餘里而晴，風色亦順，揚帆頗駛。未後抵南康軍，太守錢奉直端立、愐之子。僉判王朝散崧、濰州人。星子鍾令并相候。

癸丑，早，肩輿過簡寂觀。門外許堅石初爲沙石所堙，前歲大水復出。與觀主歐陽齊年對泉石小酌，食甜苦笋，名不虚得。齊年求詩，爲賦一篇云：「疏食山間茶亦甘，况逢苦笋十分甜。

〔一〕戰：四庫本作「之」。按「戰」字不誤。甘戰，晉人，從許遜學道，宋封精行真人，見《明一統志》卷四九。

〔二〕季：原作「李」，據明澹生堂鈔本、四庫本、傅校本改。

〔三〕「忌」下，四庫本有「辰」字。

君看齒頰留餘味，端爲森森正且嚴。」飯罷，道入棲真觀，即梁昭明書堂，前欲游而未至者，荒蕪殊甚。次至開先，主僧虚席，殊不成叢林，而飛橋已爲大水所衝。少憩方丈，首坐川僧文逸粗可語。同訪招隱泉，有亭覆之矣。日斜歸。

甲寅，赴軍會。坐五老亭甚久，而晴嵐晻曖，殊不滿人意。晚，土人及永和王忠各以兩舟競渡。

乙卯，凌晨冒大雨陸行四十餘里，至延真昭德觀。（知觀陳拱微。）與江州樂順之教授相會，飲菖蒲酒五行，同登閣而別。由間道渡溪入浄慧院。（主僧浄一。）此兩處皆前歲所未至者。未後出山，泥塗殊險，微以勞勩。晚投宿尋真觀，與道士湯善翔小酌雲錦閣。步行近一里至靈澤廟，望詠真湫。

丙辰，晴。早過白鶴觀棲賢寺〔二〕，寺愈蕭索，主僧數易故也。獨登五老亭，坐玉淵，及三峽橋而行約十里，飯羅漢院。院不經兵火，而住持不得人，日就摧毁。近者長老方葺僧堂，又引去。今藏殿、法堂、童行堂之屬氣象猶壯偉。未時還軍，别太守而下，欲解纜，南風太高，遂止。

丁巳，拂旦離南康。風順而高，舟過大孤，軒簸可畏。午後次湖口縣，略艤岸即行。日正午泊交石峽，舟人欲止，姑聽之。晚有暴風雨。

戊午，早以風逆，巳時方解舟過馬當，泊波斯夾，約行百餘里。

己未，風正，揚颿而下。午後以雁汊風猛而横泊對岸港中，移時復行三十餘里，泊懷家渡。是日約行二百餘里。

庚申，北風大作。晡後稍息，移舟十餘里，泊長風沙，距舒州一百三十里云。

辛酉，早，北風未止，行四十里至大雲倉。移時浪稍平，又行四十里，至蔣家汊遂止。夜月佳甚，風稍定。

壬戌，早復有北風，抛過南岸，而浪稍平，遂行四十里至池口市鹽酪。復行八十里，未後至大通鎮，雲氣稍變，舟人遂止〔三〕。池卒李臻參，肩輿游九華者，勞以尊酒。思丁亥之游，今復遥望山色，眷眷不已。五更後大風自西來，繼以大雷雨，舟摇蕩不可止，川船相去纔數丈沈焉。予舟本泊於彼，臨夜稍徙，僅免於難。

癸亥，早南風，掛颿行近四十里，片雲忽在頭上，轉爲北風。兩舟相望，篙師皆失色無措，急令轉舵就颿，逆行十餘里入銅陵夾方定。午時至銅陵縣，泊繡衣亭下。游天王禪寺，今名護法，殘僧敗屋，不類叢林。《山谷集》有《銅官僧舍得尚書郎趙宗閔墨竹一枝筆勢妙天下爲作小詩二首》：「省郎潦倒今何處，敗壁風生霜竹枝。滿世閻劉專翰墨，誰爲真賞拂蛛絲？」「獨來野寺無人識，故作寒崖雪壓枝。想得平生藏妙手，只今猶在鬢如絲。」詩與竹皆不復存。寺後山上有富覽亭，望江流凡三夾，對岸即濡須也。五里有寶雲寺，李白祠堂在焉。十里有銅坑。知縣右承務郎閻晟相候，德夫郎中之子也。邑在亂山中，殊陋。

甲子，北風復作。夜來月色如晝，波伏不興，今乃阻滯如此。閻宰送别於石龍磯。磯下有洞，雖爲三門，而淺局無足

〔二〕觀：原無，據明澹生堂鈔本、四庫本、傅校本補。

〔三〕遂：傅校本作「遽」。

觀。稍前，江邊有馬磁石。行三十里入丁家夾，過板子磯。晚抵繁昌縣，泊於對岸。是日約行百里，泝流之驅相屬，既泊而風輒定。

乙丑，早，風復作。行夾中約四十里，近月子港而止，過此復出大江故也。

丙寅，風定。鷄再鳴，乘月解維，過三山磯，入青燈夾〔一〕，望魯江口，遂入蕪湖，泊吴波亭下，日向巳矣〔二〕。知縣呂通直昭問、忠穆公孫。丞韓承務琳、主簿徐迪功士龍、宣州人。尉王迪功椿嚴州人。并相候。

丁卯，雨。略至吉祥寺，長老師勤庸人。王尉云蕪湖絶無士人，秋試不滿百，未有登科者，近世兩人發解，又寄産云。夜大風。

戊辰，風雨稍止。晨發蕪湖，過褐山磯，又遇和州裕溪河截税之舟〔三〕，紛紜愈甚，至投瓦石，久之方去。未時次太平州。太守周元特、倅葉朝請棼、添倅錢宗丞佃、教授吴文林博古、添差教授楊文林恂、判官趙文林子覘、推官趙從事不役〔四〕、知録趙修職彦燦、司理虞迪功份〔五〕、司户林迪功顯、司法王從政豫、當塗宰王通直、權主簿林迪功浩、尉趙修職彦麒、路分都監宋大夫實、添差路分孫大夫諒及其子閤門祗候顯祖、同年丁憂趙司法彦萃并相候。

己巳，赴州會。風雨不已，天氣如暮秋。借郡舟易豫章者。

庚午，新徽州通判劉大夫授之、盛秀才旦相候，再赴州飯。初約會於凌歊，風雨而止。飯罷獨往，比舊加葺，塔之後又創懷古堂，恨煙雨不見歷陽。略至廣福寺，長老惠明。

辛未，早詣天慶觀萬壽寺滿散天申節，次赴錫宴，日欲晡畢。晚，元特講通家之禮，二鼓後歸。是日雖時有微雨，而其晴可以訖事。

壬申，早，雨，俄晴。舟行小河甚駛，至采石鎮，以雲氣駁雜少留。已而復行，泊慈湖夾，方午未間也，東坡有《阻風》五絶句即此。

癸酉，早行，飯後入鵝港，午時泊新河口。

甲戌，風色不可行。黄圯老運使自城中來。史志道侍郎以發運使過九江，伺其出城，以小舟謁之。

乙亥，赴圯老會於清涼寺。寺有德慶堂，李主所書。聞左僕射陳俊卿以大觀文知福州。

丙子，早乘便風出新河。午時過長蘆寺，江水漲溢，去寺纔十餘步，不暇游也。日欲晡次真州，太守王朝請察相候。

丁丑，早欲行，會大雨不敢解維，赴王守飯於山堂之澄瀾閣。同報恩長老妙湍登塔兩級，望金山及揚州大明寺塔，遂同過漕司東園，即六一先生爲發運副使許元作記者。去歲，淮南運判呂正己即舊址新之，所謂拂雲之亭、澄虚之閣、畫舫之舟、清讌之堂，皆具焉。添差提刑司幹官張從政駒、教授鄭從事汝諧相候。張幹，毗陵宜興人，藏古石刻頗富，有泰山秦碑奇甚。表弟

〔一〕燈：傅校本、《説郛》卷六五下作「敦」。
〔二〕巳：四庫本作「西」。
〔三〕和州：原作「河州」，據明澹生堂鈔本、四庫本改。
〔四〕役：傅校本作「投」。
〔五〕份：明澹生堂鈔本、四庫本作「佾」。

章濟之運幹適過滁陽，見其病子元祚。

戊寅，早，解維，巳時至鎮江府。太守蔡子平直閣、通判章朝請汶、陶朝奉之真、總兵史承奉彌正相候。晚，乘潮方能入閘，未至第三閘，遇淺而止。

己卯，早，入第三閘，而連夕大雨，水漲，裏閘不開，遂止焉。都統制成太尉閔相候。是日夏至，雨尤甚。

閏五月庚辰朔，早，至丹陽館，使客之館也。赴蔡守素飯於普照寺，長老慧照，興化人。雨稍止，携鄧子長及綸上甘露寺，不到已十八年。鎮江因北固山以爲城，而寺在山上，東坡詩云「古郡山爲城，層梯轉朱欄」，盡之矣。觀狠石、鐵鑊字、李衛公像、舍利塔。所謂陸探微師子，惟有近歲畫本，餘皆亡矣。舊多景樓，乃行者堂。去年太守陳天麟侍郎別卜地起樓，甚雄壯，同長老化昭飯焉。金、焦二山在左右，而面對瓜州，似勝舊基也。

辛巳，早，同鄧子長冒大風雨登浮玉亭。亭在江邊獨山上。或謂此即浮玉山，故創亭焉。傍有小石山，是爲鯨山〔一〕。又其傍有土山，號堅土山，土紋皆堅故也。登舟，風益大，衝浪至金山龍游寺。長老寶印，川人，有衆二百，棟宇鼎新。寺繞山臨水爲屋，故諺云「金山屋裏山，焦山山裏屋」，蓋實録也。山門借石牌山爲案，乃江中三石峰耳。其外小山稍有樹木而鳥雀不棲者，世傳爲郭璞墓。或謂石牌山正爲浮玉，水漲不能没，唐人於此鑄鏡，南岸創亭者非也。別有鶻山，以鶻棲得名。寺有雄跨堂，頗雄偉，洪景伯書額〔二〕。觀音殿下臨龍淵。長老云頃年軍士習水戰，嘗墜石測之，深三十二丈，而揚子江心深有七十餘丈云。會飯於方丈，白絲糕、黑鹽豉、糖豆粥，三者山中之精饌也。登妙高臺烹茶，壁間有坡公畫像。初，公族姪成都中和院僧表祥畫公像求贊，公題云：「目若新生之犢，心如不繫之舟。要問平生功業，黄州、惠州、崖州。」集中不載，蜀人傳之，今見於此。茶罷，上絶頂觀坡及晁無咎題字，轉至頭陀巖。頭陀姓裴，唐貞元中獲金於山而得名者〔三〕，聞此巖舊乃蛟窟也。中泠泉在水陸堂中，陸羽品江心之水此與同味，酌之。聞京口城中井水皆鹹濁，甘泉僅一二云。日午，觀僧齋畢，過歙州門，僧榻皆逼江，夏潦方至，憑欄眩駭。大抵寺之軒窗無不臨水，而此尤可畏。戲投餅餌，黿鼉畢集。初欲自此下焦山，而風雨殊未止，復衝巨浪還西津，亦危道也。謁下元水府廟而歸。

壬午，招進士張大亨爲咸塭案脉。黄州守楊直閣由義及府學教授熊克并相候。午時開閘，晡後方抵丹陽館。

癸未，早，別諸公，道過總領所，登供軍堂、得江樓、苑信亭，皆洪景伯所葺也。聞府治連滄樓甚佳，恨不一至。京口多以山爲城，即城爲登覽之所。如多景、得江、連滄之類，雖曰樓，實臺耳。歸而解舟，河道隘塞，行甚緩，送客相見於門。巳未後，晚行三鋪，共二十七里宿焉。雨不止。

甲申，早，大雨。舟行，隔堤望練湖，記云方四十里。自離鎮

〔一〕是爲鯨山：原作「蒜山」，據四庫本、傅校本改補。鯨：明澹生堂鈔本作「京京」。

〔二〕額：原作「顔」，據傅校本改。

〔三〕「中」下原有「捨」字，據宛委山堂《説郛》本《乾道奏事録》删。四庫本作「拾」，無下「獲」字。

江皆泝流(二)，又南風打頭，牽挽者泥淖没骭。未後次丹陽縣，古曲阿也。令陳從政玠、丞沈從事宗契、尉汪迪功并相候於北使之館。陳德自崑山來。天色稍霽，順流行三鋪，宿柵口。自丹陽至呂城四鋪，每鋪十三里，共五十二里。呂城至犇牛鋪每鋪九里，犇牛至常州四鋪，共三十六里。

乙酉，晴。早過呂城閘，至犇牛鎮，水泛閘不開。監鎮沈修職元携數十夫自支港盪舟曲折而過。晚次常州，太守李元佐大夫、通判張仲固、一監丞并相候。

丙戌，赴州會，賓客往復不能記。換舟，遣嘗所假者。

丁亥，早赴李守素飯於感慈寺。未後解維，抵暮僅行十三里，宿小井。

戊子，南風益高，牽挽費力，黄昏方次無錫縣。宰吴奉議澧、丞趙宣義善仁相候。

己丑，早謁蔣丞相、方務德侍郎、張茂材松運使，適相值戴子善秘書、子微臺法憂居，并訪之。午間携家游惠山。住持法皡年七十八矣，同上南北閣，酌陸子泉、冰泉、龍淵泉，憑水陸池檻觀黿戲而歸。赴蔣丞相會。

庚寅，早，方務德、張茂材約喻子才避暑惠山，留連至夜，凡七飲茶，歸邑即行。仲賢自崑山來迓。

辛卯，未後至平江，知府汪聖錫、提舉常平芮國瑞相候於姑蘇館。

壬辰，至從母宅，赴府會於齊雲樓池光亭。晚招仲賢、子長置酒姑蘇臺，勸酬□百花洲。暴風雨。

癸巳，同家人赴從母會，留連竟日。仲賢先還崑山。

甲午，早赴芮國瑞會。夜携家賞月姑蘇臺。

乙未，王仲謨兄弟及數親舊皆自崑山來。

丙申，早就百花洲具飯待崑山諸親。王節使權相候。晚解維，抵門而止。

丁酉，早出盤門，如崑山縣，以塘路橋低轉湖濼，土人謂之皇天蕩。正值東南風打頭，撑篙甚勞，晡時方抵下苧瀆，距府城纔十二里。逼暮，仲寧自縣來小酌。

戊戌，終日逆風，牽挽進寸退尺，一更後方抵崑山柵外。知縣宣教郎劉瓀、監税武功孫大夫德相候。

己亥，舟轉而南，越兩時方抵妻家。王德温兄弟、李四九將仕、五十將仕、張察判棠、鄭提幹莘、陳教授九思、司户九德、錢唐孫宰聽、瑞昌錢簿永弼、鬱子文并相候。夜飲，四鼓散，浴而後寢。

庚子，鄭通判復、總幹晉表、主簿宗仁、鬱九一解元并王點縣仰、邊三一解元并相候。

辛丑，吴縣丁丞三畏以檄視潦回，云崑山管内計田二百四十餘萬畝。

壬寅，早，就東寺具飯待趙常熟及丁丞。寺今爲安穆皇后功德院，賜額曰薦嚴資福。長老普璇，淳實人也。新蕭山尉楊迪功松及其婿新長興尉陳迪功茂英相候。

癸卯，相士三衢徐璹來。

甲辰，早，赴仲謨會，前吉水莊丞相候。

(二)「自離」原脱，「泝」原作「所」，據《説郛》補改。

乙巳，早，祭外舅塋。午後留李良佐酌平江柯山泉。前吉安丞鄭宣義頤、新淮西運幹陳承事臨、國學進士陸日新并相候。

戊申，新湖州梅溪監鎮錢迪功郎永存相候。晚赴仲顯會。

六月庚戌朔，添監趙承節伯祉相候。赴觀音菴寂照大師若欽飯。乘雨涼過山寺報謁，訪老僧法回，步至塔院，山之絶頂也，涼甚。

辛亥，早，赴仲吉會。初泊舟外姑宅前，而東西照不可過，惟磬折可避，復爲橋礙，乃移舟南問津。晚宿西栅。

壬子，早，隨潮行舟，午時泊岸，距舊處纔十餘步，阻於一橋，爲此迂枉。

癸丑，國學吴仁傑字斗南，携所解《古周易》及啓事相候。

甲寅，新臨江通判趙宣教不比相候。

辛酉，貨齒藥人夏彦興參頗能弈，令與仲顯對，盛暑永日，無以度故也。

壬戌，招沈寬登仕案脉，累日苦脾疾，心氣極不能支。

癸亥，體中小快。暑甚，夜月却清明，留仲謨兄弟露坐小酌。

甲子，筮《易》，遇《屯》之《益》，留李良佐小酌。

乙丑，晚以小舟入城。

丙寅，辰後入婁門，至從母宅。

丁卯，飯罷謁汪守，館於瞻儀堂。

戊辰，聖錫云：「幼年初讀《陳無己集》，有《代人乞郡劄子》，一見便疑爲代傅堯俞作，後閲傳集果然，乃知宿世讀書之説可信。」聖錫疑無己後身也。

己巳，久不收永和書，甚懸情。今日連得閏月十二日以前三書，知十三弟得子，不勝其喜。小汪云有書號《類文》，隋時集兩漢以來古文，多今時所無，如曹植文尤衆，植集中未嘗載。

庚午，早赴芮國瑞提舉會。謁李直閣簡能，舊提刑也。是日范至能借大資政、醴泉使、侍讀使大金，求陵寢及正受書儀，過此，晚謁姑蘇館。副使康湑。

辛未，五更别汪聖錫、芮國瑞，再過從母宅。終日雨涼，翁子功監丞相候，赴江西帥幕過此也。

壬申，復熱。晡時輜重自崑山來，别從母、茂之，出婁門，登府中所借舟，爲奏事之行。晚次吴江縣。

癸酉，早，步過長橋，入耀菴。主人知縣君份及其子皆死，惟二孫在，榜蘇養直詩於宜芳亭。是日人暑，或行或止，惟舟人是聽。

甲戌，早次秀州，泊驛亭。方務德侍郎、權州趙直閣師夔、秀王之孫。通判朱通直自求、侍郎巽之後，康叔之曾孫。判官鄭從事伯英、司理邵修職輶至卿之子。并相候。入城報謁，憩精嚴寺。晚赴務德會，薦術士劉演談命，舊號江西牧童，今曰睡覺生。二更解舟。

乙亥，遞中收王致君正言書，轉致四明六十九姑書。姑蓋族叔祖忱之女，己丑生，嫁黄氏，丁亥秋喪夫，生四子：長小二郎，直躬伯隱，甲辰生。次小四郎，直履，癸丑生。次十一郎，直見，己未生。次十四郎。直巽，乙丑生。三女：大姐歸吴氏，年四十六，己巳生〔一〕。二姐歸王敦禮，年四十二，己酉生。三姐歸吳氏。丙戌年死。今居奉化縣黄郎中宅。晚過崇德縣，縣令吳從事道夫相候〔三〕，即行。

丙子，早抵長安閘，終日伺候啓閉，逼暮始能過。大暑不可堪，夜氣稍凉，連夕進棹。

丁丑，早，祗受告命，尋抵臨安閘。飯後入北關門，權寓普惠院。俗呼北寺。庚辰春到闕亦館此，主僧善倫，相别十餘年矣。

戊寅，芮國器司業、邵伯恭博士款話終日。晚，魯彦質來談命，鄭人也，自稱將仕郎魯誠修，飲之。

七月己卯朔，李仁甫燾秘監、范至先工部相過。仁甫新除湖北漕。

庚辰，同年劉文潛焞著作相過，劉軍資恪繼之。胡邦衡侍郎携具來。晚借李德章翬知縣修文巷小宅徙居，以北寺太僻遠也。設榻小樓，略無蚊蚋，殊覺安寢。客云，昨日進呈予到國門狀，上再三稱能文。

辛巳，芮國器及沈持要檢正携具來。

壬午，汪仲嘉大猷、王宣子二侍郎、張欽夫吏部、鄭少嘉禮部并相候。表弟三十七監廟澤、四一縣尉湖同自上饒來，留款。

甲申，黄通老尚書、尤袤延之宗丞、劉仲卿及其二子并相候。延之云，兩月來自鼇務官而上外補貶逐死亡者僅四十人〔三〕，亦氣數使然。留呂伯恭、王得卿飯。李德章送白酒甚奇〔四〕，飲魯彦質。

戊子，留表兄郭元嘉之子謨及王得卿飯。許季立調汀州判官，訪别。

己丑，朱老娘來，年八十三，甚健。

辛卯，連日腸疾爲祟。初聞車駕來日孟享景靈，既而值雨展日，閤門忽報來早引對，病中甚以爲憂。

壬辰，平明入和寧門，對於後殿。次堂參，次過六部偏謁長貳郎官，次至虞相、梁參府。晚赴張欽夫、呂伯恭會，同坐新秀州守曾原伯逢〔五〕。

癸巳，劬勞之日，胡邦衡惠詩。食素，終日講人事。

甲午，早臺參，次謁四臺官，次别二府。竟日奔走泥塗中，暮歸寓館應酬書尺，勞倦不可言，幸腸疾少損。

乙未，早，臺辭畢，即出湧金門。芮國器、沈持要、范至能先置餞於柳洲，李秀叔彦穎吏部繼至。俄報有奉常兼西掖之除，既而乃少蓬、翰苑也。聞執政進至乞留，上曰：「甚好，但恐立異耳。」初擬少蓬，他日兼掌制，上曰：「便令兼内制可也。」秋暑酷甚，有醴酒，夜置舟泛湖賞月，二鼓後歸。

丙申，早受省劄，即上辭免狀，又受磨勘朝散郎告。

戊戌，車駕詣景靈宫。館中同官相過：秘書丞李處全粹伯、郎陳騤叔進、張淵叔潛佐、劉焞文潛、林光朝謙之、校書郎楊興宗似之、蕭國梁挺之、趙汝愚子直一、正字丁時發子章、馮田

〔一〕原刻校云：「案：二姐年四十二，以大姐年庚推之，當爲癸酉。元本作己丑，彭校作己酉，亦未合。疑尚有誤，當考。」

〔二〕縣令：原無「縣」字，據四庫本補。

〔三〕僅：原脱，據明澹生堂鈔本、四庫本補。傅校本作「竟」。

〔四〕奇：四庫本、傅校本作「佳」，疑是。

〔五〕伯：原作「相」，據明澹生堂鈔本、四庫本改。

宗義。

己亥，宰執分詣。

庚子，受辭免不允劄子。

辛丑，早入秘書省供職。前月秘閣簷忽摧，少監李仁甫云：「昔御史門臺壞而司馬光去，今秘閣摧，某其去乎！」已而果除直顯謨閣、湖北運副。臨安修葺凡用八千緡，昨日方訖工而予今日上，初不知也。

廬陵周益國文忠公集卷一七一

雜著述卷九

南歸録 起乾道壬辰二月丙辰，止是年六月庚申。

乾道壬辰二月乙卯，予任權禮部侍郎兼侍講、直學士院、同修國史、實録院修撰，坐不草新除簽書樞密張説、王之奇不允詔，與在外宮觀。

丙辰，黎明受省劄即登車，道逢周元特詹事小語，徑出北關，杭一葦疾馳三十里，至赤岸高亭峰。登岸百餘步，假館徧福院。送客無由可至[一]，惟湯朝美主簿相訪於此。晚以小車行數里入崇先院，蓋顯仁皇后功德院也。觀韋王淵及其二子謙、讜墳。寺中梅零落，桃爛漫，鬱李芬芳，城中略不知春色。寺創於清了禪師，即所謂真歇和尚者，今無主僧。與知事净雲共菜飯而歸。大風，曹大亨自城來，云臺諫今早上殿，且以副本納張樞密。午間有旨王希呂還小監當[二]，且趣予與莫濟日下出門[三]。

丁巳，早，赴主僧飯，晚講師等顔招飯。夜，大兄挈孥累自城中來，遂登平江便舟。聞李衡改除左史，王希呂亦改宫觀。風雨大作，雷電。

戊午，社。早，冒雨行十餘里至桐扣，宋宇彦企知縣居此。同大兄、房仲寶、七四甥及家人輩行四里許，至佛日山净慧禪院，爲外舅作忌辰。乃知晉臨平岸崩得石鼓，張華以蜀中桐材刻爲魚形，扣之響聞數里，即此地也，近世訛爲同口，失之矣。寺不經兵火，面對黄鶴峰有清泠、一擊等軒，庫堂後有池。池中有渥窪泉出石罅中，東坡嘗題五絶句，所謂「東麓雲根露角牙，細泉咽咽走金沙，不堪土肉藏山骨，未放蒼龍浴渥窪」者是也。堂上有熙寧七年八月送陳述古赴南京時留題真跡，又輪藏刻「天宫寶藏」四字，相傳元祐四年出帥時所書。長老不在，有僧慧舉字舉直，姓朱氏，父祖皆仕宦，頗能詩，住庵在數里間，聞予入山，來相伴。齋罷，復登舟。房親、尚甥自此相别，晚宿臨平。

己未，雨，早行三十里，過長安閘十里宿。

庚申，雨止，早過崇德縣。又十八里至石門，登新創東嶽廟，頗雄壯，傍有接待院。道遇安豐守張士元直閣入覲來謁，辭以疾。晚宿永樂鋪。

辛酉，早行至本覺寺，登岸觀覽，即古檇李也，舊號小長蘆，今遺基可想。東坡元祐間帥杭，往復過此，爲文長老賦詩二首：「舊聞巴叟卧荒村，來打三更月下門」，前詩也；「三過門間老病死，一彈指頃去來今」，後詩也。予癸酉冬來遊，見池中大魚數千，咋咋有聲，今亡矣。寺有草堂，紹興間士大夫留題頗多。王仲行正言舟過，不復相聞。頃之至秀州，郡守丘直閣崇卿、通判朱奉議自求、解宣義歸正人。元振、教授陳文林資深、

[一] 至：原作「止」，據明澹生堂鈔本、四庫本改。
[二] 還：原闕，據明澹生堂鈔本、四庫本補。
[三] 與莫濟日下出門：四庫本作「歸」。

孫從政觀德、新平江倅趙无咎并相候。柳仲度郎中自白牛來相見，即行。晚宿界首。

壬戌，風順，行至八尺而東南風太猛，卷水入湖，河道淺澀。日午泊舟，乘除之理如此。夜雨船漏，殊不安枕。

癸亥，早風定，而所至河乾，其行甚艱。午時至吴江縣，知縣邵通直輗、丞鍾道直確、尉趙修職不隘相候。同大兄携家登塔院，相對又有寧境院，遂遊臞庵，比舊加葺，桃李海棠正開。度長橋，徘徊亭上久之。聞王仲賢自崑山來，過行衙候之。

甲子，平江向守均及二司遣人致問。從王季海提刑别借舟，就驛中治叠行李，蓋去國忽忽，殊無倫理也。浴院在驛傍，有建隆初吴江兩城鎮運使徐某《乞置無礙浴院狀》，錢鏐判「任者」二字，用天下兵馬大元帥府印，寺僧寶藏之。又有治平四年蘇州牒。皆用短少紙，古人不侈費類此。

乙丑，仲賢先入城治叠，竟日方畢。季海大舟至，徙焉。夜大雷雨。

丙寅，風雨。趙尉送囤村貢餘酒，蓋楊存中郡王坊所造，聞歲貢兩宫各萬瓶。食罷行半里而止，風逆水澀也。

丁卯，竟日牽挽，不能行半里，妻孥乘小舫先過崑山。

戊辰，遣書表司李公祥、廳子張澤民還臨安。風捲河水僅存尺餘，米船數百艘占據中道。趙尉率徒役竭力推盪，彼此舟舷相戛，損者甚多。自朝至未，方次七里橋。出吴江界河道稍廣，而風高不可進，又行數里止。教授崔從政敦禮仲由携啓櫬迎，謝舉削也，留飲。聞二十七日曾懷賜出身，除參知政事。

三月己巳朔，晴。風順，俄頃至尹山。以小舫入崇福寺，同主僧惟妙訪何仔園亭，其子夏卿及姪壻章啓心相候。園地雖狹，種植甚繁，海棠盛開，聞牡丹多佳品。少休還舟中，繞城抵盤門。提刑王季海敷文、提舉李次山奉議結太守向經甫徽猷、吴縣尉徐君似道台州人。相見於津亭。既退，易舟徑赴范至能石湖之招，過横塘，即賀方回所謂波凌不過者。入般若院。長老祖康，蜀中仕族也。風横而逆，薄暮方至。初，吴王築姑蘇前後兩臺，相距半里，俗呼拜郊壇。爲城三重，遺基儼然，夫差與西施宴遊之地也。前有溪，越王勾踐由此攻吴，今號越來溪。溪上築城，與吴人夾溪相持。至能之園因城基高下而爲亭榭，所植多名花。别築農圃堂，對楞伽山，臨石湖，蓋太湖之派，范蠡所從之五湖者，望吴江縣才二三十里。飲酒至夜分，留題壁間云：「吴臺越壘距盤門纔十里，而陸沉於荒煙野草者千七百年。紫微舍人始創别墅，登臨得要，甲於東南。豈鴟夷子成功於此，扁舟去之，天貽絶景，須苗裔之賢者然後享其樂耶？乾道壬辰三月上巳，東昌周某子充侍家兄子上來游。紫微方要桂林組，過家，實爲東道主云。」

庚午，風雨大作。飯罷登舟，至木瀆已夜，遂宿舟中。

辛未，晴。早至靈巖山下廨院。聞是日智積菩薩生日，齋會甚盛，而府倅領客在寺中少留以俟其去，長老善卿來迎。午後登山，與大兄徧遊覽焉。

壬申，以寒食節綿蕝祭先。王節使權自城中携家拜韓世忠郡王墳，置酒相招。權本世忠部曲，歲來拜掃，而韓氏諸子皆通貴，未嘗一來。

癸酉，陰。早，肩輿二里觀金沙塔，其地有金屑雜沙中，丁亥歲所未至也。新隆興察推周從事奝相候。張漢卿自天池遣其子見招。范至能來自天平，置酒。風雨終夜。

甲戌，清明節。早，濃霧既開，湖山競秀。方快心目，俄而大風。同大兄至延壽堂，再遊本禪師塔，過偃松堂，登琴臺，望崑山慧聚寺。風動地，幾不能立。至能談戴子善、子微之弟遇道人朝斗事，甚異。北峰長老師璨相候。

乙亥，早，至能歸城中。與大兄肩輿數里至天平長老處，欲謁五范畫像，而童行持鑰匙出。復行數里過天峰禪院，俗呼南峰，蓋支遁道林別庵也。鐵杖重十餘斤，云是當時物。佛殿前有碧琳泉，寺宇頗佳，多葉少蘊詩刻(二)。主僧崇堅甫至而爲人所訟(三)，因以衰颯。門外百餘步有道林放鶴亭基，進度石門有馬蹄雙跡，其傍即石室，嘗爲孕婦所觸，雷震其頂。相傳云道林夏居別峰，冬居石室。別峰即南峰，石室即此室也。又有中峰，不暇往。馬跡去石室甚近，爲觀音院僧限以籬落，紆曲半里乃能至焉。觀音院方修葺，無足觀。由南峰又數里乃至天池菴。張漢卿携家及蔡元珍皆在，置酒池上觀競渡。池心有橋，可以徙倚。晚策杖登月觀，下視空闊，蓋華山之顛也。夜與蔡元珍弈，連勝。

丙子，晴和，一春所無。早至北峰赴璨老飯，遂過元氏庵，距天池十餘里，土木之工，種植之盛，又勝丁亥歲。回至張齊賢浄明院庵、張人傑覺庵。二張，漢卿弟姪也。人傑字唐卿。近開墳穴得石磨鐵心及瓶罌之屬，隱起花紋甚古。

丁丑，早飯畢，別漢卿，復還靈巖。初過王知縣墳庵，次度賀家嶺，俗呼餓狗。遇嚴學諭，庵僧堅邀飲茶，迂數十步過之。進至呂益柔侍郎永思庵，戊戌年所創也。又數里登靈巖後嶺，下視砙村，乃鑿石爲器之所。地本土山，掘之即石云。遠望嶺上，積土如塚墓者甚多。相傳吴時伏兵其中，未知信否。過金沙塔乃至寺，自天池來約十里。與卿老登水陸堂，臨池散餅餌候金銀魚，久之不出。夜同卿老坐勝集堂，望湖賞月，遂訪明月池，乃在柴場中，殊不治。

戊寅，早，巾車遊穹窿，約八九里入山口，即行石衢夾。道多丘墓，盧法原宣撫亦葬此。富人余佐監簿覺華菴雅潔而閎深，軒窗間海棠盛開，極可人。又二三里乃至福臻禪院。古碑云朱買臣捨宅爲之，殆不可信。或曰吴越忠懿王時德韶國師道場也。因山叠基，甎甓十餘里。登陟雖勞，而氣象淳古，大兄謂甚類南嶽諸寺。元豐八年七月米元章和仲殊詩，親題壁間。方丈後有法雨泉，葉少蘊爲之銘。又其上有韶師石室，雷雨作，不果登。諸僧皆出，忽忽下山，避雨於林奉直振白雲庵。稍霽，遂歸。中道復雨，衣屨盡溼。至砙村，靈巖遣人來迓，弛擔而雨亦止。

己卯，早欲遊杭塢，雨大作而止。晚病頭痛，終夜意緒不佳。

庚辰，雨止而寒，終日不食。晚甦，聞初八日常朝五府受告，前此上以瘡疹不坐故也。

辛巳，粥罷，同卿老下山。行二里觀韓王墳畢，欲登舟過寶華，而天氣晴和，忽有遊杭塢之興，遂與大兄呼車往焉。約十里度小峴嶺，入唐子明侍郎墳庵，又二三里至白馬穹窿禪寺。寺中

(二) 刻：四庫本作「蹟」。
(三) 堅：明澹生堂鈔本、四庫本作「聖」。

碑云，南梁天監年取梅梁於此，因白馬之莫而得[一]，唐會昌六年置寺。飯訖，行數里至墅皇里。第宅聯屬者，豪民夏氏也。又數里過支塢嶺，遂至法華院。本皆荒山，中官利州觀察使致仕李中立造塋於此，捐家資數千萬創精舍，十年而成。四山環抱，宛若化城三門，爲閣七間，華麗擬宮闕。其間棟宇甃砌，種植皆稱是。主僧慶深領徒數十，富足無求，亦清福也。門外數百步即太湖，極目彌天之浸，徘徊不忍去。飲茶於塔院，登李侯之丘，讀孫仲益所爲銘。主僧具飯，投宿客館。

壬午，早，慶深具飯訖，發杭塢，約十里入寶相寺，無足觀。風雨交作，行近一里至梅舍，訪鄉人張氏。初謁禮部公之子三承務允蹈字德醇。不在，見其諸姪，蓋通判德和之子也。飲散欲行，雨益甚，無雨具，遂過運屬公之子德遜允懷家，置酒留宿。同坐章提刑汝翼，郇公曾孫。亦舊相識。德遜有兄德懋允功，方入城未歸。

癸未，晴，德遜留再飲而別。出門僅半里即太湖，近岸水纔三四尺，稍深者丈餘。聞湖心苦不深[三]，但水聚而渺瀰耳。登舟，值西風，揚颿極駛，望洞庭諸山，恨不一往。移刻入胥口，遂至木瀆，平生未有如是之快也。行李船尚在靈巖之下，即往就之。至圓通庵，而張德醇、德懋自城中來相候，已再約范至能會石湖，復掛帆而東。及園，至能未來。梨花、金林、檎緋、碧桃盛開，與伯氏偏賞，遂游楞伽治平寺。僧房有日觀，稍佳。門外八角大井，視石欄刻字，云隋開皇十年楊素開。素初平陳，徙吳郡於此，近地尚有新郭之名，其後吳人不安之，復還今城云。薄晚，至能來。夜，月色如晝，乘小舟入石湖之心，風露浩然。登岸策杖度行春橋，石橋，極壯大。次度越來溪橋，新修。歸飲煙波亭，飯農圃堂。此景此樂未易得也，夜分乃寢。

甲申，大風。至能具飯訖，同跨馬遊横山寶積寺。寺亦唐餘，本朝祥符中賜額。聞丁謂當國，念其貧，故畀此名。有五代時吳越國碑，稱寶大二年，亦足證錢氏嘗改元矣。寺傍乃唐致遠先壟，五代以來接續葬一山，平江世家惟此爲久云。次登上方教院，在山之嶺，即楞伽塔也。望太湖瀰漫，石湖僅如斷港。有隋大業四年碑，字畫類虞書。小酌，禦風而下。回望姑蘇前臺週遭城基故在，至能畏風不果登，登後臺而歸。二臺相距甚近，但隔楞伽治平寺。至能辭還城，復侍大兄絶湖入涇約十五里遊寶華寺。未至二里，舍舟而徒，及門已暮，伩遂宿焉，去靈巖止十餘里。長老慧現。

乙酉，早，周覽寺宇，修廊華屋，吳中之名刹。按碑志，本梁天監中西城僧鍤鍤和尚卓錫出泉，今在寺左百步，深纔數尺，大旱不竭。寺高泉低，爲石槽仰而注之，僧有衆寡，視以給用，齋前流多，齋後差少，玆其異也。舊號智顯寺，紹聖四年樞密林希請爲功德寺，遂加慈嚴之額。林氏墳在寺後數十步。希祖屯田員外郎高及其妻，希父集賢校理槩及其妻，孫倖國撰王安墓表。三塚鼎立，域才丈餘。又數十步即葉清臣內翰墓，夢得左丞之母亦

[一]「寺中碑云」，宛委山堂本《說郛》卷六四上《吳郡諸山録》作「景德中寺碑云」。「南」原作「因」，「此因白」三字原脫，據《說郛》改補。

[三]苦：四庫本作「亦」。

葬此。飯罷，命車登堯峰。中道有半峰亭，蔣堂賦詩，今廢。雍熙二年己酉，大理評事知縣事羅處約記云：昔在帝唐，以洪水肆暴，吴人族遁於此，俗呼免水頂，蘇帥錢傅瑑易名堯峰。唐天復以後有僧惠齊，姓朱氏，郡人也，結精舍於此山下，名魯塢山。蔣堂所居，既死葬焉。此寺乃奉其香火，蔣之奇壬子歲留題數百字尚可辨。寺有清輝軒、碧玉沼。寺左觀音巖、石像佳。白龍洞、俗云通洞庭。多景巖、寶雲井、寺左，皇祐四年長老顯暹所鑿。井在山頂，人以爲難，蔣堂有詩。偃蓋松、伐。二鐵塔、妙高峰、下視空曠。東齋、敞甚。西隱。倒。同長老了愈徧覽畢，由龍洞觀音巖而下，蓋寺後路也。望間有古塚數百，整整成列，云錢家墳也。復至寶華飯。寶林軒修竹參天，極可人。飯罷，登車行二里至環谷，乃王珏總領之居，園亭池沼、花竹奇石環繞其屋。珏字德全，介甫之後，乾道元年年五十三，失明罷歸，相者告以某亭某所而已，珏不見也。又里餘復登舟，觀吴王魚城。城在田間，當時養魚於此，基厚而方，其高二丈，博倍之〔一〕。中爲田百二十畝，今屬練墟趙氏，土極細，故久而不壞。欲訪顧野王墓，不果，遂自石湖入少府港，歸盤門舟中，已昏暮。自寶華寺至此三十餘里云。前常德太守劉大夫邦翰子宣相候。

丙戌，黎明别大兄過崑山，小舟繞城泊婁門。表兄章茂之司理來迎，同至從母宅，飲至夜分，月色如晝。從母年八十，精明如初。

丁亥，早飯畢，别從母登舟。夜抵崑山，外姑及仲寧、仲賢置酒。

戊子，右宣教郎知縣汪琜、右宣義郎丞李稷、誼之子。右從政郎主簿趙伯瑨、右文林郎尉顔光道、右朝散郎前江東安撫司機宜張傑、右奉議郎新提領酒庫所主管官孫聽、右承奉郎新淮南運幹鄭臨、右承奉郎鄭舉、億年之孫。右儒林郎新淮東提舉司幹官鄭莘、左迪功郎新金陵司户陳九德、右宣教郎新温州瑞安丞胡立方、右文林郎新監行在北外酒庫張端肅、左迪功郎新湖州長興尉陳茂英、國學進士陸日新、進士邊隆并相候。湯士美自臨安來，留飯。

己丑，觀音堂寂照大師若欽及其徒良規、良矩，東寺長老普璇及寺僧梵宗、了清，法安山寺僧藴賢、師鼎、德安，真聖堂道士丁從煒并相候。

庚寅，士人王修第四十八、老婦叔祖。李五十將仕喬年、馬少伊教授、王六一教授、沈煥、彦章老婦表叔。陳晞之、王仲吉婿。沈資深、煥之子。陳遵、李彦平婿。胡臣、王德温婿。顧澈王德華婿。并相候。

辛卯，李彦平自左史除舊職知台州來。歸，夜與諸親博達旦。

乙未，留崑山已八日，困於夜飲，不勝其疲。

丙申，早飯畢，挈家登舟，隨潮宿怡亭。

丁酉，早過閶門。太守及二司相迓於高麗亭，力欲移具，固辭之。崔仲由教授、王知録康彦、徐尉似道繼至，與大兄同遊虎丘。鄉人張德醇、德懋、德遜及其姪元禮綱德和之子。并相候，置酒待之。夜宿寺中，長老希範。

戊戌，登觀音殿，几案四壁皆石也。觀試劍石、憨泉、點頭

〔一〕博：四庫本作「廣」。

石。張漢卿携家置酒相餞，外姑仲賢夫婦、唐致遠夫婦畢集，范至能亦來，湯士美復自金壇來。晚移舟過楓橋，常平司送七兄被召之報。

四月己亥朔，早，就寺具飯待張德懋叔姪，閭丘叔永參議繼至。左奉議郎浙西檢法皇甫自聞、左奉議郎監分差鎮江糧料院陸楠、右奉議郎新寧國府簽判胡詰、右宣教郎新知山陰縣張澈及崔仲由教授并相候。皇甫暨陸皆同年也。外姑、仲賢置酒爲餞，夜相別。

庚子，雨作風順，揚帆纔二十里，風忽轉北，牽挽不能寸進，距望亭數里遂止。

辛丑，風逆如故，過望亭，游蔣丞相功德院。長老來迎，乃故人文拱也。晚距無錫數里止。

壬寅，早次無錫縣，丞趙宣義善仁、簿趙修職不僞、喻子才郎中、鎮江總司藥局監官陳承直長源、新通州教授陳從政紀并相候。招劉義深診脉，大兄獨游惠山。飯罷解維，風色微順，約行二十里宿。

癸卯，風順，午時次常州。太守右朝散大夫晁子健、通判左朝散郎葛郯、教授左迪功郎陳德明、知晉陵縣右通直郎范公武、推官左文林郎朱繹之、監比較務右迪功郎葉南杞、新兩浙運司主管文字右通直郎李耆俊、監行在和劑局催督綱運右從事郎黄直中并相候。公武，文正公之後，今歲有子登科。范氏自忠宣公皇祐中登科後，今方有人。州學學正胡陟明、學録周幹臣燕説、直學唐定之及賓賢、致道、懋德、登俊四齋生凡數十人，以予在禮部，還本州流寓解一名，皆來謝。訪周德友運幹，其子煇示近作一卷。晚宿西門外巡檢司前。

甲辰，終日風雨，進棹甚艱，僅行三十餘里。

乙巳，晴。午後過沙子，距港口僅半里遇淺，推盪甚久，竟不能動，别以小舟挈家徑趨宜興，至溪南人宅已二鼓。

丙午，知縣左朝奉郎詹儀之相候，同年也。邑人以是日爲周孝侯生日，迎會頗甚。

丁未，晚赴莊德邁會。

戊申，仲賢挾魯可復主簿來議如晦墓銘事，具飯待之。

己酉，早，同大兄至臺莊祭外氏墳，過莊氏資福庵，回飯莊德固墳庵。晚赴莊德全通判會。

庚戌，早，就顯親寺具素飯餞魯主簿。歸當湖乘舟至吴墟赴周敦義大資政飯。聞初九日蕭殿院上殿擊虞相。

辛亥，早遣李榛、鄒七部押輜重往鎮江府，附綱舟泝江。午時赴邵至卿會於天遠堂。晚風雨作，仲賢同鐵將仕歸崑山。

癸丑，赴顯親長老飯。别周敦義參政，年七十五矣，臨分黯然。

甲寅，早挈家登舟，巳時方能行。風色初逆旋順，揚颿湖渰中，其行甚速。晚過溧陽縣三里宿，新江陰李宰愿送别於此。

乙卯，風猶順，彌望皆湖田，行七十里至三塔院。院在水中，有元豐中劉誼所作記。三塔者，相傳僧伽過江造塔，至此爲第三耳[二]。主僧宗净等二人。寺宇敝甚，後有寒光亭，可望湖，二三年來亦廢，張安國舍人有詩詞。天氣驟熱，微雨作，方以爲

[二]「至」上，四庫本有「塔」字，疑是。

憂，已而復止。又行三十里至鄧步〔一〕，有數十家及稅場〔二〕。又十里至東壩，亦數十家，宿焉。

丙辰，早，雨意甚濃，時時灑塵。程泰之運使先諭溧水宰備車乘相待，治叠移時乃登陸。天氣稍霽，行十五里至銀樹。亦有一二百家，若水泛則自此便通舟。又六七里至雙港口。復登舟約十餘里至固城湖，日猶未晡，蓋數百家之聚也。是日西風動地而雨不作，幸甚。過湖登妙智庵，觀范同甫參政墳。晚與庵僧散步固城之上，父老謂之楚王城，其周數里，地勢甚高，但餘城基。庵中石碑、龜趺乃去歲掘地得之，乃唐天寶中彌勒寺碑也。

丁巳，五更同大兄肩輿五六里，至禪林山惠照院開啓天申節。寺僧云相去二十里有遊子山儒童院，蓋夫子遊學之地。然圖志所不載，未可盡信也。急登舟解維，度湖水纔數尺，然亦彌漫，其中多茭葑。凡三十里至石橋頭，入溪港，地名石橋而無橋。約五十里至太平州河口。兩岸多民居，溪流不甚闊，煙樹如畫，稍前即永豐圩。八十四圩共之。夜泊黃池鎮，距固城湖已百一十里。商賈輻湊，市井繁盛。俗諺有三不：如謂太平州不如蕪湖，蕪湖不如黃池也。

戊午，早，大兄與綸登岸游觀，午時方解去。西南風猛，牽挽三十餘里，至張宗元少卿易泰莊少休。晚又行十餘里，至行春圩丁秀才莊宿。

己未，早，行數十里至小淮，登岸入棲隱寺，敝陋無足觀。又十餘里至郭城登普化寺，遣人先往隱靜借人轎，遂至入別港。約行二十里泊新林〔三〕，小商數十，皆以船爲家。登岸三里至市，有民居酒坊及韋察院祠，守者云興於後唐同光中。

庚申，早，隱寺人至〔四〕，挈家行十里至寺。五峰不高而形勢環抱，本梁朝杯渡禪師道場。禪師謚慧嚴，寺名普惠。邃廊傑閣，江東之巨刹，隸太平州繁昌縣。寺後三百步碧霄峰下有泉出石中，流入寺，瀸瀸有聲〔五〕，且給烹煮灌溉。長老行機，台州人，頗爲僧徒所推，有衆三百。飯罷，瀹茗泉上，聞登山則見巖洞之勝，初暑不果往。歸寺登單傳閣，徧歷寮舍。再飯訖，出寺觀卓錫泉。夾道林中，王孫纍纍然。行近里許至夢堂前，上藍長老彥岑在焉。又半里登杯渡塔，乃升車由南陵路行十里，落路過趙家步已見星矣。早間先移舟於此。歐明自臨安歸，聞蕭果卿殿院彈虞左相不效而去。

辛酉，舟中行十餘里近南陵縣，詰曲數十折，幾不可轉舟。知縣右通直郎葉谷、丞右文林郎葉岳、主簿右迪功郎邊友聞、尉左從政郎余宰相候。午時挈家入行衙，爲遵陸計。

壬戌，黑雲暴風，遂作雨，雇夫亦未齊，爲留一日。縣西二十里有土山，遠望頗秀拔，神號冲真廣惠顯貺侯。縣南六十里有呂山，圖經云孔聖曾遊，置書堂於此，見有石室。去縣三十五里曰孔村，落路五里至石室。其山南石縫内泉水涌出，流於漳淮。

癸亥，晴。昨日雨晝夜不止，而今遽霽，天贊我也。縣官送別於五里外。新至者米丞恁，蓋元章之孫、友仁侍郎之子。早飯

〔一〕「步」下，明澹生堂鈔本小字注云：「隸溧水縣。」
〔二〕「有」下，四庫本有「居民」二字。
〔三〕約：原無，據明澹生堂鈔本、四庫本補。
〔四〕寺：原作「静」，據明澹生堂鈔本、四庫本改。
〔五〕瀸瀸：四庫本作「瀌瀌」。

敬亭山。去縣三十里。山在宣城而名在此，當考。過孔村，土人無孔姓，聞專以夫子得名。晚宿隔口何氏酒坊。去縣六十里。夜冷，頭岑岑。

甲子，早行十五里，路傍有泉，甚清，尋伏流而去。吴説刻「鮑公泉」三字而書「鮑延祖立」。次燕兒壠，上山數十步有石洞，刻云「劉公巖」。又二十里，飯木瓜塘徐家店。又十五里，見遊人來者憧憧，問之，云：半月來樵夫新得一洞，深數十丈，其大如數間屋，有石鐘等，而近時人皆不知。惜乎行李已過，不及一遊。晚至青陽，望九華如見故人。知縣右宣教郎曾楷、贛州諸曾。都巡檢高武節靖、縣尉錢敦之并相候。葉節推楠自鐵券來，飲之。館於妙音禪院，輪藏極佳，大兄獨遊。

乙丑，早發青陽，二十里至長橋，回望九華甚奇。路傍復有泉自山石中出，吴説又題曰「鮑公泉」，爲諂耳。飯葉氏新店，即鐵券路口，去縣已三十五里。至齊山，從者告疲，携家入寺登覽。提舉常平張寺丞郯知彦、知州胡承議兆宣叔、通判右朝請大夫程端義、添差通判右承義郎孫懋、教授右迪功郎申錫、添差教授左從仕郎萬鍾、判官右文林郎劉紹祖、推官右從事郎李宜翁、録參右從政郎胡震、司法右迪功郎張知微、司理右修職郎張曼倩、貴池知縣右宣教郎慕容紹、丞左從政郎盧大中、主簿右迪功郎淩光祖、總幹左儒林郎白仲堅、添差江東提舉司幹官左宣教郎葉宗詠、右文林郎朱希説、右文林郎孔璪、監大軍倉右迪功郎耿弇、路分趙善諝并相候。投宿寺中，主僧智瑞。

丙寅，早入城，館於司户廳中。報謁陳倅，同登拱翠亭望溪山。李庚子長改其名曰如鄉，蓋用李太白《秋浦歌》云「江山如郯縣，風日似長沙」也。又登九華樓，蓋城東門也。士人湯三聘、過客李淙并相候。是日時有雨，招徐解元倬案脉。

丁卯，張知彦、胡宣叔共置酒於常平司，勸酬終日。初食鯕魚[一]。二鼓後歸，雨作。是日大兄獨遊雲光，又江祖石。

戊辰，早發池陽，飯十八里店。又十二里過紫巖，民居稍衆，即産紙之地，有紫巖大王廟。又十五里至柯村，亦有數十家。日甚早，或云前邨爲取馬軍兵所占，遂宿焉。柯村，東流縣境也，凡三十里乃入建德縣界。

五月己巳朔，姚媼忌。早，行二十里過白面渡，又十餘里飯烏楓潭。道遇提刑司幹官汪宣教德翰，忠定公之孫也。又四十里宿藍橋張氏。

庚午，早，行二十里，飯石潭。稍前有仙女井，撫掌則觱沸，俗云仙女喜也。按圖經，去縣三十五里屆山頂有葛仙壇，相傳葛真人煉丹得道，今丹井尚存。有好事者因有藍橋，遂傳雲英事。自石潭四十里至建德縣。知縣右從事郎程渭老、丞右從政郎蘇泌、尉左迪功郎薛黼、都巡武德郎王智、監税承信郎朱坦并相候，館於行衙。其前石山蒼翠，謂之後山，以縣治正倚此山故也。山頂有朝峰亭，梅聖俞作宰時常賦詩，今廢。又有蜕龍巖。晚同大兄散步山下，有青山、文殊、東庵三僧院相連接，皆無足觀。石間有巖，匹夫匹婦棲其下。夫餓欲死，勞以數白錢，不旋踵死矣。去歲大旱，起湖湘，止建德，今蠶麥稍熟，人粗有生

[一] 鯕：《説郛》卷六十四上作「鮓」；魚：原作「食」，據《説郛》改。

意，而三月二十七日、四月七日池、饒數百里間連遭風雹〔一〕，拔木壞麥云。

辛未，早，行三里過堯城渡。《方輿記》云堯南巡至此。又縣北二十里櫟山下有舜城，古老云舜南巡至此。又縣北六里斷巖石壁之上有印文，圓如馬蹄，兩兩相對，圖經云許旌陽逐蛟至此所留也。邑官送別二十里外，飯三十里之楓門嶺。晚宿堯山，去縣已七十五里，未至建德四五十里，邸店稀少。既過縣，民居頗盛，但逃移未歸，其存者皆枯瘁無人色，蓋去歲煮蕨根而食故也。

壬申，早，泥雨艱阻，俄而晴霽。行二十五里飯，晡時抵石門市。市井甚盛，適連年水旱疾疫，逃移紛然。今歲蠶麥稍熟，而去者猶棘其門，居者率皆菜色，亦有老弱坐待餓死者。終日道途更無鵲鳥，氣象如此。市爲鄱陽西尉治所。右承務郎新知東莞縣董南老攝其事。士人林瑑相候。本欲權寓尉廨，而傍無居民，遂徙居林生之家〔二〕。

癸酉，端午節，雨。林生致酒果，具五盃邀之。

甲戌，雨霽，以夫脚未齊少留。

乙亥，早發石門，遊道傍南臺院，破敝無足觀。又二十里飯車陂。又三十里過童子渡，相望有小山，俗號童子塚，其説謂九女溺死，甚不經。又二十里宿觀岡。

丙子，早，行二十里飯山口。又二十里有居民百餘家，謂之四十里店。又二十五里落路過薦福禪寺，避入城人事之勞也。太守王嘉叟待制、提刑梁右武俊彦、通判馮朝散攄、曹朝奉岠、教授方從事玠、李修職翔、判官葉從事有秩、推官趙從事善賨、司户趙修職師尹、録參崔從政惟孝、司法丘迪功疇、知鄱陽王宣教子淵、丞趙從事師孟、主簿吳迪功薦、尉陳迪功祖永、江東路分温武經允文、提刑司幹官陳從事賈、檢法趙從政絳、東司主管文字高朝請檦之〔三〕、新知金華縣王宣教稌、前均倅程承事禧、新知吉州龍泉縣梁奉議大方、新江陵察推汪文林德懋、新知建昌縣石宣教士志、星子尉周迪功康年、右承務郎張曼儀、免解進士張安禮并相候〔四〕。寺蓋古刹，所謂轟碑者，其前即東湖。方丈後大竹中有青青亭，甚佳。

丁丑，王守移具來。晚登舟，諸公來别。自離南陵，凡小留輒雨，行乃霽。

戊寅，雨作風順。以僕人入城貿易，飯後方能行。泝流過永平監，即鑄錢處。行僅二十里，以水漲無牽路而止。

己卯，雨不止。雖風順，而溪曲帆破不可用，終日僅行二三十里。

庚辰，風雨如昨。溪益曲，水益漲，行益緩。感冷頭痛，竟日酣寢。

辛巳，如庚辰。

壬午，晴。辰時至餘干江口，距邑尚十五里。趙子直著作謁告在家，挐舟相訪。自此順流而下，溪水彌漫，田野皆爲陂池。夜泊樹紅，乘月登洪福院。聞去鄔子止數里，欲乘月行，而舟師

〔一〕遭：明澹生堂鈔本、四庫本作「逢」。
〔二〕居：原無，據明澹生堂鈔本、四庫本補。
〔三〕檦：明澹生堂鈔本、四庫本作「醮」。
〔四〕張安禮：明澹生堂鈔本、四庫本作「姜安禮」。

不知港道，遂止。

癸未，四鼓解纜，舟師果誤，行近湖始悟，急呼魚艇前道，復泝流而上，黎明乃至鄡子寨。謁廟畢，令寨兵前導入湖，巨浸稽天，非丙戌歲經從之比。未後將入港，湍流不可泝，復行石磜湖，約二十里穿小竇達於港。繫舟蘆間，四無人煙，彌望皆水。是日過湖，略無風濤，有小蛇昂首引舟抵岸乃回，戲作小詩云：「萬頃湖光似鏡平，蜿蜒得得導舟行。從來仕路風波惡，却是江神不世情。」

甲申，大風不能行。

乙酉，風雨不止，水益漲，無岸可泊，且舟夫乏糧，去趙家步尚十五里，遣小舟往市米。午後風稍緩，夤緣葦間，移時僅行二三里。已而趙氏子名良平者携十餘丁來，云正港深且湍急，人力不可施，請入池口十五里趨寂照院，從之。其地皆民田，趙氏數池在焉，漫爲大湖，秧苗盡在深淵。此邦去歲旱乾異常，今復大水。晚至寂照，破敝卑溼，水亦及門。僧言院興於天祐十五年戊寅，舊名資福(一)，治平中改今名。自過湖入港達於江，絶無民居，惟趙氏擅陂湖之利，爲鄉之豪，漁户數百悉其部曲。往來之舟無不從其家假人以濟。聞第宅甚壯，去水里餘。

丙戌，稍霽，北風未止。舟人云不可行，再遣人市米。水益漲。自鄱陽而上甚闕雨，既登舟乃值積潦，聞贛、吉大水。

丁亥，巳時風稍定，解舟行數里，望度門院在水中。棹小舟往游，至則破敝將傾，一僧出門，隔淺水遥語而回。稍前涉高磯湖，菰蘆之場皆爲水没。野鼠無數，被浸灌依聚沫而立。晚泊徐汊，水漲未已，民居皆没。龔帥差小舟來。

戊子，捨鄱陽之舟，以小艇乘順風而行。晚泊龍沙章江禪院，挈家投宿，新添差吉倅鹿宣義何同至。

己丑，天申節。早就章江院設供祝聖壽。周簿爲可同其婦六妹來。飯罷，挈家游秋屏，酌淺沙泉，遂過列岫亭，入報恩禪院。長老曉林，眉山人。藏後有鐵文殊像，甚大。歸入景德禪院觀銅佛，鍾傳所鑄也。登閣閒望。

庚寅，早，龔帥實之殿撰、漕芮國瑞郎中、時總管俊、安撫司參議劉朝奉如愚、機宜魏奉議欽承、權撫幹謝宣教謂、權提點司屬官何迪功份、轉運司主管文字鄭通直益、幹辦公事陳文林汝楫、王迪功思恭、準備差遣林迪功穎秀、監造船場王迪功掄、隆興倅符朝奉哲、李通直宗質、鈐轄蘇左武紳、簽判鄭承事僑、節推薛儒林裴、教授吴從政焕、右司理董文林康嗣、司法何迪功洵、司户洪迪功待聘、監税陳迪功修、南昌主簿歐陽迪功世美、新湖北參議黄大夫壄、主管崇道觀王大夫濩、新興國守陳朝請寅、耿通判虎若、蔡承事嶒、劉登仕忕、閤門祗候時忠翊政、新建安丞黄宣教炎及其弟畱、上藍長老了乘并相候。廬陵士人余允武、歐陽興宗投詩。移舟滕王閣下，挈家寓閣上，如遷喬木也。

辛卯，南風動地，招何應通診脉。

壬辰，黄州進士但昌圖以長書携蘇黄帖求跋(三)。

癸巳，南風益高，飛沙鼓浪，下視柴舟覆焉。

甲午，再招何醫。翁子功機宜相候，初參告也。新江州瑞安

(一)「資福」下原有「仁王」二字，據四庫本、《赤城志》卷二七删。

(三) 但：原缺，據明澹生堂鈔本、《説郛》補。

京宰鐙繼至。留吳教授飯。

乙未，新南康守劉奉直坦相候。

丙申，早，留宋晉裕監税飯。大兄先乘舟歸廬陵。

丁酉，赴府會，於民安堂中坐，游南園。

六月戊戌朔，赴芮漕會於觀風堂。後圃頗寬曠，荷花已開，欲泛小舟，會微雨止。

己亥，舟行三十里泊蔣家灣。

庚子，早，行三十里過生米鎮，又二十餘里泊曲尺湖。

辛丑，早，以舟人亡失脚船，移時方能行，二十里至市汊，又十里泊稈堆步。相對即龍霧洲，登岸與村民黄氏語，皆云政和戊戌後方有。今歲之水自三月至今屢退屢溢，沿江人家寺院多浸損，而樹木皆盪去，不然亦浸死。

壬寅，炎熱。終日行數十里，將至曲江而止。

癸卯，巳時至豐城縣。令右從政郎馬光譽、丞左從政郎趙不闔、主簿右修職郎楊迪、巡檢秉義郎王全、監税承信郎周仁、監贍軍酒庫馬永之、右朝散郎新知潯州王同老、左文林郎新吉州推官孫琳、進士朱祺并相候。楊簿，中書舍人邦弼之子，其五世祖伉，蓋文公親弟也。晚，馬君壽移具來寶氣亭。

甲辰，早行，縣官送別李家坪，距樟鎮十餘里宿。

乙巳，甲夜至臨江軍〔一〕，館於貢院，即行衙也，其側有翠微亭。太守左朝請郎江溥、通判右宣教郎趙不比並相候〔二〕。

丙午，早赴軍會。

丁未，晚赴任子嚴會。十四弟自新淦來。

戊申，早，移舟慧力寺下，具飯待教授隨同年。羅子行自白沙來。携家少休江月亭，午後方解去。晚宿永泰寺。

己酉，南風甚高。晚宿青泥，夢七兄至，既寤而持書者扣船扉，云已在數里間。

庚戌，早至神頭之龍安寺會七兄。知新淦縣右通直郎王延年、丞左宣教郎趙邠之、主簿右修職郎彭周老、新主簿右迪功郎侯迨、監贍軍酒庫成忠郎丁密、監本縣税右從事郎王需、水陸巡檢秉義郎金允、新知通州海門縣右宣教郎趙師炳、新廣德丞董世龍及其弟世儀、贛州排岸承節郎趙善教、右宣教郎致仕楊扶、右迪功郎前吉州司理張棫并相候。晚與七兄小酌。

辛亥，早，移舟入邑，借鄒氏江亭檥泊。新淦尉右從事郎董廷碩、將仕郎前權樂平尉鄒舜臣及其弟舜舉、親戚韓竦冑、丁憂人劉主簿昌儀及其弟人傑并相候。至陳宅哭德夫，晚赴董伯亮子羽會〔三〕。

壬子，早，過江送七兄還宜春。羅子行歸白沙。韓十五霈自株墓來，令綸具飯待之。晚赴楊圖南會，園亭亦可觀。夜月蝕。

癸丑，早發新淦，南風甚高，僅行三十餘里宿盧洲。

甲寅，右從政郎新武陵丞蕭許、將仕郎羅齊賢及其堂弟汝賢、士人蕭如塤并自白沙來迎。蕭惠十四詩，甚佳。晚宿硤江灘下。

乙卯，丁憂人前豐城贍軍酒官曾敏學、左從政郎新隆興府教

〔一〕甲：明澹生堂鈔本作「申」，誤；四庫本無。
〔二〕並：原無，據四庫本補。
〔三〕會：明澹生堂鈔本、四庫本作「飲」。

授曾三聘自汚泥坑來迎。李靖州及新衡陽簿易迪功嘉猷并自城中來迎。晚宿敖山。

丙辰，青原宇老率其徒祖機、法超、妙智來迎。晚至元潭登觀，觀古劍，其長尺餘。頃之，抛江復行數里。

丁巳，早，郭景聞奉議自東梅來。巳時抵白沙，羅子行邀至其家，留連終日。久無雨，禾有損者。晚雨方作，風散之。蕭必巨及岳英之孫必中、必得、羅氏館客鄭大明并相候。

戊午，早發白沙，未後至吉水縣。知縣左宣教郎趙不遏、丞右修職郎張作楫并相候。晡後解去，北風微作，又移時方能上滑石灘〔二〕，宿墨潭。小一姪呂甥來迎，浴於民家〔三〕。

己未，早，微有北風，舟人方擊鼓掛帆，得未曾有。僅行兩箭地，已轉南薰矣。未後將至梅林，胡邦衡及知識皆來迎。尋艤舟候春亭下。太守周仲應、姨夫通判左承議郎趙善待、右宣義郎鹿何、鼇務通判右宣義郎趙永年及郡官并相候。晚入城，略至所居，遂往謁太守，拜從母。歸船中宿。

庚申，早，挈家入宅。韓文公云：「辛勤二十年，始有此屋廬。」客至紛然，不暇記。

〔二〕上：四庫本作「及」。
〔三〕浴於民家：原無，據明澹生堂鈔本、四庫本補。

廬陵周益國文忠公集卷一七二

雜著述卷一〇

思陵録上

起丁未八月庚寅，止戊申二月丙申。

淳熙十四年丁未八月庚午朔。

庚寅，駕過德壽宫，太上皇后生辰也。

癸巳，後殿進呈畢，奏旬日陰晦，二十一日太上皇后生辰頓晴，次日復雨，聖孝昭格，光堯心甚喜。上曰：「太上極善將攝，昨坐至未時都不覺倦。近全不飲酒，坐間共飲了兩盞許，食物皆如舊。晡時即入寢閣，更無一事，五更便起，天下大幸。」予奏：「萬壽無疆，誠國家之大慶。又聞多服疏導藥，異禀如此。」上曰：「服牽牛丸四十粒，他人如何可及。」

九月己亥朔。

癸卯，太上皇進早膳間微中風。

乙巳，駕過德壽宫問疾。

己酉，後殿進呈畢，奏問太上皇帝聖體，聞已向安。上曰：「前數日甚可懼，兩日已向安。宫中醫官只下附子之類。此中遣王涇、馬希古去，知是風痰，却下涼藥，遂見效，今猶飲冰水。」

甲寅，常朝奏事畢，問太上聖體。上曰：「較可三二分，語音亦出。緣脉盛，專服牛黄等涼藥。」衆人皆云恐難專用涼劑。上曰：「只爲年高。」予問飲食如何，上曰：「自然減。」三省退，上語留樞密云：「本欲過宫問候，太上却再三止其來。」

己未，後殿起居奏事訖，從駕過德壽宫。

庚申，開啓會慶節，皇后過德壽宫。聞自初十日太上用王涇、馬希古之後，本宫醫官劉確、管範、張霖、李之美等四人皆不得入，至是復用確等〔二〕。涇猶欲用巴豆之類，已而復止用涇。

辛酉，聞王涇、馬希古猶以大黄、芒硝、牽牛等藥供進太上。劉確等争之，不從。

壬戌，止令劉確等就德壽宫聽指揮。

乙丑，後殿奏事畢，問太上聖體。上曰：「依舊脉盛，胸中煩躁。夜來臟腑略有結糞，見服大黄下祛風丹。」予問飲食如何，上曰：「大段減。」予曰：「如此則豈可專泥涼劑冰損脾胃？尊年豈應如此？」上曰：「便是。」

丙寅，後殿起居奏事畢，從駕過德壽宫。

十月戊辰朔。

己巳，後殿坐，奏事畢，問：「太上聞向安，果否？」上曰：「兩日稍安，脉已低平。」予奏：「不宜服涼劑，止可用温平藥調理。所謂煩躁，恐是氣虚耳。」上曰：「須留陽氣幾分在内。」因歎近世醫卜皆無其人。

辛未，常朝奏事畢，上顧予曰：「太上飲食全減，如合祈禱，可理會。」予奏：「初不知如此，自合以次施行，容來早進呈。但聞醫官多不以實奏，更須審定，如涼劑何可服？」上曰：

〔二〕「復」下，原刻校云：「院本有『兼』字。」

「已令罷凉藥。」既到堂，予語諸公：「適來上説德壽必是病勢變動[一]，亦竊聞夜來大段昏沉。臟腑既利，又全不入食。禱祠固當行，須合肆赦。萬一後時，誰任其責？」乃自草赦文而以稿進，并乞留中酌度遲速。晡時遂批出：「可并依此施行。」其親劄案牘予皆收留，牒下禮、刑部已三鼓矣。

壬申，後殿呈差官分禱天地、宗廟、社稷、宮廟等處。上曰：「此故事否？」予奏并按典故。又宣諭：「昨日一面理會德音甚當。」予奏：「此不敢緩，所以不俟奏禀徑擬進。」時太常闕卿少，二日因呈孟享前導官權差王渥，予奏不可闕官。上初議移察官冷世光爲之。既而世光除殿中，至是復問誰可爲太常。予奏：「論學問該洽無如尤袤，亦嘗議定。但其人物短小，衆人恐前導時不軒昂。」上曰：「此不須管，顧學問如何耳，堪其任則用之。」予因奏秘書省亦是要討論典禮，見闕長貳，欲一併除人。上曰：「好，欲用誰？」予與王相同言：「楊萬里其才也。」上曰：「可。」初，連日與左相議此兩人，左相猶欲言兼權，且云家伯師心爲左司曾兼權太常。窺其意蓋不欲范仲藝遞遷爾。既上意順，遂無所措詞。從駕過宮即回。

甲戌，常朝問太上聖體，上曰飲食不進。是日申時再呼劉確等看太上脉。確等奏云：「六脉短促，手足不温，神氣昏脱，大便不固，粥藥難進，當服生氣粉、三建丹。緣王涇、馬希古自九月九日至今凡二十七日供進動利藥過多，耗奪真氣，今藥力不與正氣相接。」内前擾擾，禁衛皆上，準備駕出。宰執已上皆集於漏舍，閉門後退。是夜一更三點、二更二點、三更一點，確等再診御脉，四五動一止，痰涎潮塞。進紫霞丹，粥藥不能下，四支逆冷。添差醫官熊蒙、湯公材、周昭、郭儀、盛鼎、王良佐、趙友諒、陳翊、朱永壽、謝瑀，皆無所施其力矣。後據趙實供：太上自九月五日卯時十鼓在進食殿進膳了不豫，即時李才人扶持歸寢閣。辰初，壽聖皇后、張淑妃、王才人來看侍。宣本宮醫官劉確、張琳、管範、李之美看脉，進蝎梢湯、鐵彈丸。提點具奏南内差闕御藥等至，晚七次到宮。六日早進鐵彈丸、續命湯、蝎梢湯。七日夜八日早稍定。八日申時，王涇、馬希古來看脉，稱太上熱盛，風痰大作，不宜進鐵彈丸之類，宜用人參湯，進牛黄清心丸。壽聖皇后謝遣劉確等，日令涇、希古進牛黄清心丸，晝夜大便三二十次。十八日進金籙萬安丹。二十二日，壽聖皇后復宣劉確等依舊進蝎梢湯。涇、希古云痰盛面赤，不當進蝎梢湯，復進牛黄清心丸等藥。二十六日午正進硼砂丸，并用大黄調祛風丹。十月一日午正又進麥門冬湯調祛風丹、牛黄清心丸。五日早，進進食散温湯調消痰餅[二]。子午正，醫官湯公材等五人看脉云進凉藥太多，瀉得五臟不固，進丁香半夏丸、生氣粉等藥。是夜涇、希古不在宮宿。七日早用粟米粥進生氣粉、陽起石。午時六鼓大便五次，又宣劉確等用藥注子進生氣粉等，藥不下，脉弱。八日未時七鼓脉絶。

乙亥，五鼓，帶御器械鄧從訓來兩廳傳宣云[三]：「駕即今過宮供侍湯藥，更不還内。令一面降指揮召草澤，所有大内行宮合差官及服制并三衙兵將巡警彈壓之類宜子細理會。」予因附奏：「萬一太上不諱，合差金國告哀使。」又令附奏三事：「一、昨日已議定廣西漕臣孫紹遠移湖北運判替周頡，恐葉大廉未能便到，則廣西全無監司，欲便降指揮除孫紹遠替周頡，而令候葉大廉到

[一] 説：明澹生堂鈔本、四庫本作「曰」。
[二] 進進：四庫本作「進服」，疑是。
[三] 宣：明澹生堂鈔本、四庫本作「旨」。

任。一、韓彥寶再乞賑糶米，本俟月半取旨，今欲更借與五萬石。一、賑糶米雖令平價，緣無錢數，莫知所從。今欲令依時直減四分之一，將來必不虧豐儲元糴之數。又禮部太常寺申，車駕頻數往來德壽宮，欲乞措置複道。」予令鄧携以進呈，若許如此，則令修內司同臨安府措置。既至待漏院，鄧御帶復來云：「三事甚好，俱已批依。丞相思慮無不允當。複道事不可行。」又云：「上令宣諭丞相，凡百更賴子細理會，恐官家憂惱中多有顛錯。」是日前二刻開門，免起居，徑從駕過宮，聞上已至，即與太上皇后商量將李才人、王才人并放逐便。太上巳時已涎，上服袍帶，但心頭微温，申後遂上仙。召洪邁草太上遺詔〔一〕。予令添入太上皇后，宜改稱皇太后。其他多與裁定，謂如「軍民不用縞素」一句，乃是誤隨顯仁遺誥，亦與削去。詔文又云「罹此眚災」，予謂眚災非病也，邁改作「抱疾弗瘳」。晡時舉哀於殿下，進名奉慰，宿待漏院。內批差修內司張聿脩治梓宮。又差知省劉慶祖都大主管喪事。又批出奉皇太后聖旨，添主管喪事一員，可差甘昪〔二〕。又詔令昪疾速入國門。內東門司申：「淳熙十四年十月八日，準德壽宮提點張宗尹等傳太上皇帝聖旨：『才人李氏、王氏并令放逐便。其告命四軸，并才人李氏從人紅霞帔宣九道，紫霞帔、聽宣各二十道，并降付內東門司。』內才人王氏即無從人宣命，遂具奏聞。奉聖旨，才人李氏、王氏二人告命并紅霞帔馬二娘等四十九人宣，并令內東門司毀抹訖，繳申赴樞密院，請受文歷毀抹訖住供。本司尋勘合干人，契勘到文狀在案毀抹訖，宣、告共五十三道，隨狀申納樞密院，伏乞照會收管申聞事。」

告四軸：

才人李氏告紅絲網、鍍金銀鐸鈴、紅羅銷、金袋全。

齊安郡夫人告紫絲網、銀鐸鈴、錦袋全。

才人王氏告紅絲網、鍍金銀鐸鈴、紅羅銷、金袋全。

順政郡夫人告紫絲網、銀鐸鈴、錦袋全。

宣四十九道：并可漏子全。

紅霞帔九道馬二娘、李惜奴、范巧巧、李漸好、陳來兒、李重喜、陳興奴、孫春喜、王安喜。

紫霞帔二十道劉安喜、馬五娘、王一娘、陳永安、王二娘、唐福奴、倪四娘、張喜奴、藍合兒、藍福福、張小檀、張小春、陸小美、李六娘、趙九娘、王念六、譚强兒、譚小都、李小福、鄺寶寶。

聽宣二十道劉寶奴、劉惜兒、王換奴、王念二、馬宜兒、李好奴、張伴奴、陸閏奴、張倩兒、李四奴〔三〕、符眄兒、胡迎兒、李惜兒、趙興奴、諶三兒、婁宜奴、張福兒、張美兒、李迎福、元冲净。

丙子，朝晡臨如儀。上遣知省劉慶祖、霍汝弼持文字一紙云：「紹興二十九年九月二十日顯仁皇后上仙，當月二十一日差周麟之、蘇曄充哀謝使，今便可擬姓名來。」予曰：「莫具名點差否？」二人云：「不須如此，上令具來。」予語之云：「已與左相商議，方欲十一日成服就素幄面奏。今與前日不同，只當遣告哀使。又有一事煩附奏：於典故降詔推尊皇太后，凡百務從優禮。又有一事：山陵必就紹興，合差按視，覆按，乞降指揮撰陵名、哀册、謚册之類。」既而二人復來，云：「尊皇太后，

〔一〕詔：明澹生堂鈔本、傅校本作「誥」。
〔二〕昪：原刻校云：「院本譌作『昇』，《宋史·高紀》亦誤作『昇』。」
〔三〕李四奴：明澹生堂鈔本、四庫本、傅校本作「李四娘」。

可便擬指揮來。山陵就紹興無可疑，只是顯仁例三遺使北方。」予曰：「顯仁久在虜中〔一〕，太上感其津送來歸，又是時往來禮數與今不同，恐難以三遣使。」初議持禮之人，而留參欲用范仲藝，而以林嘌副之〔二〕，衆以爲然，即進入。至是二人携來云：「上謂仲藝人物不甚佳，不識林嘌何如。令別擇正使，副使差姜特立。」遂具韋璞、王渥二姓名。上批差韋璞、姜特立。初予欲差韋璞，王相云：「昨擬兼權少卿，上難之。」其實未嘗如此。

丁丑，朝晡臨如儀。予謂：「紹興七年太上聞徽宗之訃未聽政，前宰臣張浚等請奏事，太上謂祖宗無此故事，恐今日行之便爲典禮。浚等復奏：故事雖未聽政，亦得進見。今日非敢奏事，只欲一望天表。迄不見。今恐十一日成服，未敢奏事，只就素幄奉慰而退。然有遺使一節合商量，莫若具奏乞差主管國信所官來，當令附奏。」衆以爲允。既而又密與王相入文字，乞依祖宗故事行遣醫官，恐稍緩則失禮。俄而批出王涇、馬希古各追兩官勒停，涇編管千里，希古五百里。德壽宮劉確等四人并降兩官勒停。給舍繳駁，謂涇行遣太輕，縱未誅戮，亦當決配。內批依奏。涇決脊杖二十，配筠州。劉慶祖等復來議奉使。予以事目授之云：「祖宗初時遣告哀，止是横行一員，必無禮物。數日後即差諫議大夫充先朝遺留使，武臣副之。今太上既不曾與虜主通問〔三〕，難作遺書。兼與紹興二十九年顯仁皇后上仙特遣哀謝使事體不同，若作告哀禮信使，就携太上遺留之物，庶幾兩得。又前擬皇太后指揮猶未降出〔四〕，今不可緩，蓋祖宗時遠不過五日內。」二人云并待奏知。

戊寅，早，太上皇大歛，次百官入臨。午未掛服立重，皇太子暨某官以上入哭盡哀，上親行奠酹禮。紹興七年太上亦拜於殿下，至是有司用尋常冬年生辰禮設白褥位於殿上。起居舍人胡晉臣讀祝文。又哭拜訖，上還素幄。皇太子以下進名奉慰皇太后，次移班向東慰上。宰執前詣幄坐再拜哭慰，上號哭甚哀。次移班慰皇后訖退。劉慶祖等再來，云前例遣使三番，予再三云顯仁例不同。王相力言事干敵國，不可損他禮數，予云：「名位既殊，禮則隨之，未聞無故畏人而曲徇也。彼亦有知，豈不曉今昔事體不同耶？況泛使例是禮物金器二千兩、銀二萬兩，賀正、生辰半之。若用許多禮物，國力何以堪？」二人云：「適御前謂告哀使可不用禮物否？」予曰：「祖宗朝遣小使臣一名，可以無禮物。今依例遣大侍從，又有副使，豈容虛拘？」二人既去，復來云：「上已許只用正旦、生辰禮物，餘續議可也。」予又問尊皇太后事，二人云：「只依故事一面令學士院降詔，但册寶既俟服除，今欲就詔書中作皇太后之意説過。」予曰：「此甚不可，只用治平體例，令有司詳具以聞。」遂召當日學士洪邁草詔進入。又理會五使事，予初檢太祖改卜安陵例差山陵等五使，并具紹興元年孟后攢宮差樞密李回、徽宗顯肅懿節差樞密孟忠厚、顯仁差戚里吳益充總護使，橋道、頓遞使各一員。今太上事體至重，恐合差五使，取聖裁。二人傳旨云：「累朝如何？」予曰：「皆是五

〔一〕虜中：原作「金國」，原刻注云：「院本作『虜中』。」按明澹生堂鈔本亦然，據改。
〔二〕林嘌：四庫本作「栗」。
〔三〕虜：原作「金」，據明澹生堂鈔本、傅校本改。
〔四〕擬：原作「據」，據明澹生堂鈔本、四庫本、傅校本改。

使。」二人云：「適得旨，若是如此，無可疑者。」王相素受太常尤袤之説，以爲攢宮不當置五使，似疑己當爲山陵使，恐故事禮畢或去，而不知非前朝宰相，本自無嫌，遂厲聲云：「祖宗全盛，營陵西洛，乃差五使，今權卜會稽，只當差總護使。且歲旱，民力何以堪之？」予見其詞色如此，未欲争競。二人歸報，尋批出差伯圭充總護使，洪邁橋道頓遞使。予又令二人奏：「故事合差按行山陵使，侍從及内侍各一員，不知合差覆按否？徽宗永祐攢宮曾差覆按二人。」回云：「得旨既是舊例，固當并差，莫若就降指揮。」予曰：「須俟按行有定論。」已而批出蕭燧、吴回充按行使副。故事：辰日忌哭，予令太常申省繳奏取旨，内批不得忌哭。

己卯，朝晡臨如儀。宰執就傳法寺開啓道場五日，就德壽殿下拜第一表，請皇帝還宮聽政。降詔尊皇太后。其初用「配媲乾元」，予語洪邁「配媲」二字未安，遂改作「順則乾元」。熒惑犯五諸侯。

庚辰，朝晡臨如儀。聽第一表不允批答，就拜第二表。内批會慶聖節道場百官免赴，止令一面滿散，前降常服指揮更不施行，聞洪邁曾入奏也。太白犯填星。

辛巳，朝晡臨如儀。聽第二表不允批答，就拜第三表。上令甘昪傳旨欲不用易日之制，如晉孝武、魏孝文實行三年服，自不妨聽政，可商量所降詔旨。但縗服久則壞，又難改造，可商量以聞。既而有旨，未時奏事行。百司云：「裏面計會莫只用白衫否？」予以紹興十二年徽宗之喪，太常寺檢會永昌陵故事，皇帝視事日去杖經，服斜巾垂帽。小祥日改服布四脚、直領布襴、腰經、布袴。今參酌，俟皇帝視事日[一]，宰執奏事去杖，至小祥日去冠，餘官依此。今既未視事，難遽改服，奏事遂不改服。未時入奏事，上服縗経，嗚咽流涕。奏早來喪服指揮，上曰：「司馬光《通鑑》所載甚詳。」予奏：「《通鑑》載晉武雖有此意，後來止是宫中深衣練冠。」上曰：「當時群臣不能將順其美，光所以譏之，後來武帝竟行。」蓋謂王太后之喪，上不欲及太后字。予奏：「記得亦是不能行。」上曰：「自我作古，何害？」予奏：「御殿之時，人主縗服，群臣吉服，可乎？」上曰：「自有等降。」予曰：「臣從君者也。若或可行，則祖宗行之矣。今乞令有司討論，庶使四方知陛下之聖孝，自不必降詔。」上曰：「指揮可也。」又奏户部申明山陵支費錢物，上曰：「已令内藏庫樁辦，本儲蓄，别無用處。」予曰：「不足則封樁庫當貼支。但紹興二十九年顯仁之喪，曾降詔并用慈寧宫錢物，仍約束諸道不得率斂進獻。今似不必降詔，只作指揮行下。」上曰：「不須降詔。」予曰：「當擬指揮進入，其間明言不侵户部經費及令諸道止進慰表。」又奏：「奉使莫只遣告哀并持遺留物否？」上欲遣兩使。予奏紹興例難用，蓋體面不同，且禮物太多。乃議告哀使止用正旦體例，而遺留却依泛使倍之。又奏：「祖宗山陵合差五使，今既用祐陵攢宮故事，止差總護及頓遞使，緣前日不曾行出有司文字，四方未知本末。今欲明降指揮，云攢宮已依紹興例差官，所有禮儀、鹵簿、儀仗使合與不合差置，令禮部太常寺討論。俟有

[一] 俟：明澹生堂鈔本、四庫本作「候」。

司言不合差置〔一〕，降旨依討論到事理施行。庶幾中外知非朝廷之闕典。」上然之。上再三云：「外間事卿等甚留意，每事甚當。」

壬午，下元節，朝臨如儀。聽第三表不允批答，以臺諫有文字乞少緩拜乞還宮聽政表，内批依奏，遂未拜第四表。是日，宰執五人就德壽殿命道士作黄籙，蓋行首司道宮中之意，爲内外諸司之倡也。初入詣，凡筵殿拈香哭盡哀，宮中亦哭，次詣黄籙所拈香退。劉慶祖、霍汝弼傳旨付下顯仁皇后送金國遺留物數，且云恐數目不盡，更取案牘參考。予令學士院取舊本來，乃是金器二千七百兩、（二千兩禮物，七百兩精巧之物。）銀器二萬兩，又有銀絲合二十面〔二〕，貯寶玉、樂器、玻瓈等物，其他象牙、匹帛、香藥等不在數。慶祖等云：「上意欲增告哀使，所齎禮物與泛使同。」

癸未，微雨，朝臨畢拜第四表。自己卯以後日詣傳法寺拈香，至是滿散，依顯仁皇后例進奉紙繒等物。午未殿攢，上親行禮，臺諫侍從已上入陪位於几筵殿下。上自素幄哭，升殿奠酹如儀，内外皆哭。何澹讀祝文。既而移班進名奉慰皇太后、主上及皇后。繼聞宮中大哭，必是上慰皇太后也。劉慶祖等又來傳旨云：「今次告哀使既增物如泛使，所有遺留物亦如舊數，更與金二千兩、銀二萬兩，其他皇太后已安排了。但以螺鈿合代銀絲，無樂器，以玉器、玻瓈等代，仍不用錦綾。無素馨沉速，易以他物可也。」

甲申，微雨，免臨。素幄奏事，上再三勞諸人凡事區處詳審，且云太上皇帝喪事，内庫已準備五十萬緡，封樁撥三十萬緡。又云平江和糴米且休〔三〕，蓋樁積米尚多，留錢支用。予奏：「外間別無緊急文字，惟江東賴提舉官謝深甫任賑濟之責。初七日有奏，乞就差池倅趙彦厲、樂平宰王斐，不妨本職，分頭管幹。今日不敢進呈，欲批作初七日依。」上可之。聽第四表不允批答。

乙酉，朝晡臨，拜第五表，乞還宮聽政。是晚，人使至仁和館。初乞引明道故事令侍從等議人使到闕之禮，衆議乞用二十三日就德壽宮喪次引見。上先已宣諭二十一日、二十八日皆是太上齋七，必須過宮，正合見辭日分。至是劉慶祖、霍汝弼持國信所通事王舜臣申狀，備載十七日晚舜臣語北引接虞用康云：「皇帝在喪次，如何敢奏人使見辭事？兼你來是賀禮，如何敢受？」用康云：「我使副曾説皇帝在哀次，如何講賀禮？若不受，天下人道是——」又云：「若便發回，俺何以全天下生靈〔四〕？料皇帝今既已成服，俺使副是持賀禮來，斷不敢行。不若以公牒説此意，俺便有執據，所得分物與不與在你。若此一段了，望密來謝。我大使曉了肯如此，只是副使女直有些拗，若在朝見前發回甚好。」上見此，令二人持一幅示宰執，欲遣知閤入驛諭虜使，其辭云：「得旨宣諭使人：主上尚留德壽宮喪次，難行賀禮，使人且歸。」此四字上親筆〔五〕。所有見辭并回程沿路等例物并合給賜，來日進發。」上又批云：「并附奏叔大金皇帝：將來正旦緣在服制，不敢講禮，望免遣使人。」即與諸公作回奏云：「上件事體甚重，

〔一〕俟：明澹生堂鈔本、四庫本作「候」。
〔二〕二十：明澹生堂鈔本、四庫本作「二十四」。
〔三〕和糴：原作「和糶」，據文意改。
〔四〕原刻校云：「院本作『兩國之好』。」
〔五〕原刻校云：「案：院本缺此字。」

此間掌儀與彼接引一時問答難便據憑〔一〕。若令知閤作得旨宣諭，彼或未順，難以回護。臣等輒別擬事目，且令館伴就議。其在館日分一切如舊，庶幾少休徒馭，但不敢作筵宴及出城觀看。所有回程給賜及免遣賀正，續次諭旨未晚。」初，接伴趙善悉、韓侂胄皆言金使恭順，初聞太上之訃，閉船號泣，戒三節人毋得飲酒歌呼，且道掌儀輩語，謂渠調停得七八分肯歸。又謂曾遣使賀高麗，值其國母之喪，亦便發回。大璫輩欲以爲功，遂達聖聽。善悉等又云：其下謂太上皇帝與我皇帝專主和好，語頗有味，往往不以告也。正使田彦皋，見任河中府尹，年六十八歲，嘗接伴范成大，極有文學，借吏部尚書以來，副使完顔琥〔二〕。

丙戌，朝晡臨。人使入驛。京鏜遣人諭以皇帝在喪次，難以講禮。彦皋等答云：「在常州聞太上皇帝升遐，既難講禮，即合發回，却蒙依程限取接。居喪係是宋國事，便不接書，恐於禮未當。緣別無執據，若得館伴所備細公文，即便回程。」既而二璫遣人傳旨館伴，令就宰執處商議來日傳旨并公牒事宜，議定具本進呈，令館伴且在宰執處等候處分。即與諸公回奏，未敢具草，容來早面奏。

丁亥，小祥祭奠，上親行禮，奉慰如儀。既退，五品以上去杖絰，服四脚帽，就素幄奏事。上未變服。予奏：「陛下聖孝過哀，猶未御初祥之服，臣等不勝憂惶，乞俯從禮制。」上流涕曰：「大恩難報，情所未安，俟過大祥商量。」奏：「引見人使，昨已議定，而御前降下掌儀王舜臣所申，可憑信否？」上曰：「北人直，必不妄。」衆人云：「小人傳言，往來多有增損及遺忘，欲令館伴自過位與北使商量。」上曰：「須是館伴相見。」予奏：「昨日傳旨，令館伴發公文與北使回，似乎太遽，須先得北使牒，然後回報。」上曰：「極是。」徐觀聖意，似無他，因奏云：「恐須一見。」上曰：「彼欲見，當從之。」予曰：「國書如何？」上曰：「既見，如何不受書？」

戊子，早赴朝臨訖，駕回，内服縗絰，坐逍遥輦，四旁裹以絹素〔三〕。

己丑，會慶節假。先有旨免明慶滿散行香，洪邁入奏而有中批。已而雨作霑濕，免德壽宮入臨。

庚寅，赴德壽宮朝臨畢，回赴奏事，服所服入和寧門，中官引就後殿東廊，設素幄，上縗絰如故。三省密院同呈畢，王相又及使人引見事。上曰：「不須理會，明日行入局。」是晚微雪，館伴奏北使來早行。上徑批依。既而來申省云：「除已恭依聖旨施行外，合行申審。」予語吏云：「既已施行，何審之有？」退其狀，改作「依條合行申審」，而削去「施行」數字，因與諸公再繳奏。上自批云：「自合依已降指揮施行。」是晚，密賜北引接虞用康等二人各銀一百兩，又聞密賜凡見辭等例物盡以與之，三節皆不及，以其往來主議也。

辛卯，德壽宮朝臨畢，歸作降聖節假前日批付密院，奉皇太后聖旨，差甘昪提舉德壽宮。又降旨差提舉欽奉太上皇帝几筵。

〔一〕一時問答難便據憑：原刻校云：「院本作『一時合答樂便據憑』。」

〔二〕完顔琥：原刻校云：「一本作『元顔老』，一本作『完顔琥』。《金史交聘表》乃近侍局宗室虢殺後虎新修，《金史表》定爲呼沙呼，實一人也。」

〔三〕「四旁」下，原刻校云：「院本缺此二字。」

李舍人巘先繳奏，中批云：「不敢違皇太后聖旨，難以依奏[一]，可日下書行。」給事中王信又繳密白黄。上批：「出令宣諭信，皇太后止爲本人頗曉事，人亦推許，要兼本宮職事，凡事齊整。將來脩蓋慈寧宮，亦要本人逐日取皇太后聖旨。務要凡百愜皇太后意，可便書讀行下。」洪邁撰《告哀使國書》云：「釁積菲躬，上干威譴；禍貽昭考，奄被凶菑。愴巨痛以難勝，捨大邦而莫訴。亟馳信馹，祇達哀函。惟素篤於脩和，必深蒙於軫悼。今差敷文閣學士韋璞、鄂州觀察姜特立充告哀使副，有少禮物具諸別幅。」黄參云「大邦」指諸侯，乃改作「至仁」[二]。是日人使出門至赤岸，託疾不待來日受賜[三]，徑解維去。

壬辰，德壽宮朝臨畢，赴後殿素幄奏事，呈顏師魯劄子，乞令大臣通金國大臣書及不及受賀禮之意。予奏：「此固難行，但彼遣使來，止是館伴發遣，更無一語致謝，恐於理未安。臣欲作三省樞密院傳奉聖旨，令送伴就盱眙相別時移牒云：得旨令國信到闕附奏此意。」上極以爲然。予遂口占云：「遠勤使介，寵貺壽儀。屬值大喪，難當盛禮。雖在哀疚，實深感藏。」上曰：「好，更作札致大金皇帝。」予又曰：「當以此意寫咨目與趙善忝等[四]，恐北使不受，則令盱眙移文泗州。」上曰：「亦只是牒國信所，令泗州投下可也。」既退，擬本繳進，王相遲疑云：「吾輩前不肯草牒本，今却如此，恐二大璫相疑。」予曰：「謀國豈問此曹耶？」施參遂從而立説，云：「幸自無事，今却作宰執傳諭，却恐引起他説話。」留參從而贊之[五]。黄參雖知其非，亦不復相助，但云：「譬如用藥補脾胃。」施云[六]：「補之太過，未必不添病。」予知不能勝，不免云：「姑俟來日再取旨。」内引蕭燧、洪邁，上服虔布背子，戴虔布巾，二人者同班，服紫衫皁帶，自内東門入。設素幄於廊，聞數日前引館伴使副亦如此。邁奏：「二十八日太上皇三七，當過宮。是日乙未乃太后本命，乞用別日。」上遂批問云：「展作二十七日過宮燒香，如何？」王相與予回奏：「齋七不見於經，乃釋氏之説，而本朝用之，前一日亦無害。」聞未引二人，有黄門持御封文字，二人云：「未知付誰，不敢啓封。」黄門云：「既得旨付卜，自可同觀。」啓封，乃是寫貞觀四年太宗遭高祖之喪，令太子聽政。邁遂留身，從臾其事。又乞令天下諱秀王名，并以伯圭爲嗣王。邁初自語侍從云。

癸巳，早德壽宮朝臨畢，赴後殿奏事，呈送伴牒本，上再三以爲然，且叮嚀便進入，用金字牌發。又云金使連夜去甚速[七]。諸人皆不敢措辭。上又云：「恐金所遺賀正使疑是受禮，必移文來問。卿等可預思回報。」

甲午，早後殿素幄奏事既退，駕過宮燒香，羣臣朝臨如儀。

〔一〕「難以依奏」下，原刻校云：「院本缺此四字。」

〔二〕原刻校云：「案：『亦推許』起至此，院本錯在乙未脩内；下文『是日人使』以下十九字，又錯在丙戌條下。」

〔三〕託疾：原脱，原刻校云：「張本有『託疾』二字。」按明澹生堂鈔本同，據補。

〔四〕原刻校云：「善忝，院本作『善悉』，按《宋史・宗室表》有善悉，又有善忎，而無善忝，忎，古仁字，忝字並不見字書，知聖道齋校改作忝，當別有據，俟考。」

〔五〕原刻校云：「留參：院本俱訛作『劉參』，後并同。」

〔六〕原刻校云：「院本作『譬如用藥補瀉兼施』。」

〔七〕金使：原刻校云：「院本作『虜使』。」

上遣御藥張安仁徧至五府宣諭云：將來禫除行禮合易服。繼而百官三上表請御殿，方以大行太上皇帝升遐纔踰月，易服御殿，情實未安，上欲縗服素幄引輔臣及班次，俟過百日勉從所請。

乙未，朝臨如儀。皇后過宮燒香，皇太子、皇孫俱至，自是皇太子、皇孫皆日赴。聞諫議大夫謝鍔前擬送伴牒本用「盛禮」，緣「盛」字犯阿姑打嫌名，具奏乞改作「厚禮」，發金字牌追趕付趙善悉等。

未時，內引告哀使韋璞、姜特立朝辭[一]。連日議過界衣服、鞍韉之數，予欲稍加裁制。上意止令依紹興二十九年顯仁皇后時體例過界隨宜而已。又引洪邁，邁退語侍從云：「上問太上宰臣呂、趙孰優？」邁云：「呂遭時艱難，功雖不細，而趙首陳立儲之義，其功尤大。」上曰：「此社稷大勳也。」又說到浙東田渭與鄭汝諧、浙西羅點與趙不流不協處，上曰：「若是職事不相合，事過即已，安得生仇怨？」兩事邁必有以開陳，故聖諭及之。既退，又以秀邸事語人，後復諱之。

丙申，朝臨訖，赴後殿素幄奏事。奏謝前日遣中使，且云臣等已具奏。昨禮官謂苴麻三年難行於外廷，今祥禫甚邇，乞付外施行。施樞再三云百日之制實不可行，正礙正月人使朝見。上曰：「朕自有所見。」少間批出。予奏：「陛下聖孝冠古，知漢文短喪之失，而陋晉群臣不能成武帝之美，所以鋭意復古。非聖孝高明，豈易及此？」上曰：「朕正欲稍救千餘年之弊。」予又奏：「攢宮山陵欲用甚時？今中外皆未知，往往期限迫促。且如開河道，則慮潮泥隨手淤塞，枉費功力。集舟船則支費浩瀚，空占日辰。若不預爲之所，又慮臨時闕事。」上曰：「祖宗皆七月而葬，今可比顯仁時。」予奏：「顯仁乃祔徽宗，今當辟不懷[二]。」施樞又云：「古者七月而葬，謂同軌畢至，今固不然。」予與王相云：「今亦有四方州郡慰表及北朝祭奠使，豈容欲速也？」

丁酉，旬休，朝臨如儀。

十一月戊戌朔，駕詣德壽宮燒香，羣臣臨如儀。就進名奉慰訖，退。內引洪邁，聞邁欲擬皇太后聖旨尊崇秀王事，退而自以語人，衆皆愕然，邁尋諱之。又擬皇太子參決詔，初議鎖院，又恐張皇。上只令擬指揮，而邁謂恐不能道居喪曲折，遂草四六以進。上疑其文稍長，邁云不如此意不達。其後又明言五日、三日及稍定其制度之類。

己亥，德壽宮大祥，車駕率羣臣行禮，進名奉慰如儀。皇后不至，太常揖移班，南向進名而退，大爲非禮。退即詰問，令改之。羣臣易素紗帽、縿布衫、褢帶。內降手詔付三省樞密院，令有司討論皇太子參決庶務。洪邁之文也。上刪去所擬日分等數語，止令有司討論古今典禮以聞。予令不用覆奏畫可，恐翻黃播告四方，駭動觀聽，止如聖旨文字行黃而已。已而侍從皆以爲當，惟范仲藝[三]、留樞以爲非。

庚子，德壽宮朝臨畢，入局。禮部及太常寺官堂白昨日降詔

[一] 原刻校云：「院本此下錯入『洪邁撰告哀使國書』云云九十九字。」

[二] 原刻校云：「案：彭本、院本『今可比』誤作『今不比』，『辟不懷』誤作『避否』，此從張本校正。『辟不懷』見宣公八年《左傳》。」

[三] 「藝」下原有「怵」字，原刻校云：「院本無『怵』字。」考四庫本無「怵」字，據刪。

用貞觀、天禧事皆非所宜，外議甚洶洶。又云皇太子請詹事葛邲垂涕語以斷不敢當之意，來早當就德壽宮懇辭。

辛丑，德壽宮禫祭，上率羣臣詣几筵前行禮奉慰如己亥，易常服黑帶，從駕還內。

壬寅，詣德壽宮行四七之禮〔一〕，羣臣入臨如儀。從駕還內訖，詣文德殿拜第一表，請御正殿〔二〕

癸卯，崇政殿東廡素幄奏事，呈禮官討論皇太子參決庶務狀。上曰：「此指揮出，外議以爲允否？」衆人唯唯，又奏禮官亦無可討論。上因及數事云：「卿等與東宮五日相見則太疏，間日如何？詣宮又遠，莫只就崇政殿後否？」予奏殿裏似未安〔三〕。上曰：「祥曦南廡有太子侍班處，只就此爲當，并宰執相見禮數皆可詳議。如除授則貞觀有五品上下之別，今當如何？」衆人奏待逐一付禮官條具。又呈德壽宮月俸四萬緡，皇太后一千五百緡，其他生日節序未曾詳具。上曰：「向來慈寧如何供送？可具來參酌。」衆人稱善。聽第一表不允批答，就拜第二表。

甲辰，五更微雨，久無雨矣。聽第二表不允批答，就拜第三表。上批付學士院云：「可自十八日內殿引輔臣及上殿班，俟過祔廟，勉從所請。」

乙巳，素幄奏事，呈皇太后月俸文字，因奏云：「月例初五以後便供進，此月户部已樁辦而未敢供納。」上曰：「且供進，此月以後却商量，兼欲奏取太后聖旨。」入堂集議太上皇帝謚號。

丙午，早赴文德殿聽批答訖，入局。

丁未，旬休，雨。

戊申，冬至節假。崇政殿素幄奏事，呈集議太上謚號。上涕泗不已，問孰從。衆人云禮部太常寺官所擬「聖神武文憲孝」，廟號高宗，蓋備堯之四德。予曰：「衆人所議字相去不遠〔四〕，惟洪邁欲稱世祖，衆以光武非上承哀平，且東西兩京事體不同。亦有欲稱世宗，但柴氏太近爾。」上曰：「別有世宗否？」予云：「漢武以來雖有之，但五代周與本朝相連爲近爾。」遂用禮官所定。又呈禮官定皇太子儀制，甚草草，上令留中。同奏：「皇太子參決機務，昨日已降出謝表，今日必入謝，臣等只今欲一詣東宮。」上可之。即詣宮相見，四拜茶湯如常儀。內批差胡晉臣、鄭康孫充賀金國生辰使副。

己酉，節假。早從駕過德壽宮，太上皇帝五七，百官臨於宮庭。

庚戌，節假。

辛亥，冬至節，微雪。從駕過德壽宮哭臨奉慰如儀。

壬子，節假。從駕過德壽宮哭臨奉慰如儀，月望故也。

癸丑，節假。上批問皇太子議事處，欲名資善堂，王相以爲允，予語之云：「此乃仁宗幼年就傅，又有天禧之嫌，不若只作議事堂。」

甲寅，節假。太史奏：「早日出晚日入皆有赤氣。」聞十月二十七日已如此。

〔一〕「詣」上，明澹生堂鈔本、四庫本有「駕」字。
〔二〕原刻校云：「以上八字院本缺。」
〔三〕裏：四庫本作「後」。
〔四〕字：明澹生堂鈔本、四庫本作「事」。

乙卯，上初御延和，白紗四脚、白衫、黑帶。進呈懿節皇后改謚憲節，上曰：「祖宗后謚皆連一字乎？」予奏：「自唐已如此，國初失於檢照，仁宗朝方改定。」又及攢宮費用，如修奉司乞逐料給降合同，於封樁庫支，檢照顯仁舊例一項，止破五萬餘貫，今乃不寫數目。昨徧下諸處取索紹興十二年、二十九年兩次攢宮實用錢米數，若知多寡，則可科降，乃都未報。今欲降旨委都司取索。上曰：「豈可不知數目？」上因及：「皇太子參決處，正欲與卿等相近，資善之名亦不妨否？」前日已批問〔一〕。予奏：「外議終以爲疑，莫若易之。」上曰：「天禧四年，又有五年，又改乾興。朕既不疑，何害？」王相云：「聖意既如此，況是仁宗就學之地。」予曰：「只爲是年初見輔臣，所以外議疑之，而太子辭免亦云天禧事出非意。予與王相云晉有宣猷堂，所以前日奏乞作議事堂，自我作古可也。」上曰：「議事堂亦好。」予曰：「內之朝堂〔二〕、外之都堂，皆堂也。」

丙辰，五更雷聲起西北。早，上御延和，崇政東廡素幄已撤去。宰執、侍從及閤門、環衛等再拜起居如常儀。上復過祥曦，登輦從駕如德壽宮，太上六七也。

丁巳，旬休。兩浙運判鄭汝諧獨銜奏：「紹興科擾，乞依紹興二十九年例降黃榜約束。」上批：「依奏，疾速行下。」予屢以告左相，勸李參移易兩倅，分頭措置，左相堅不從。汝諧此奏頗痛快云。

戊午，延和奏事，呈禮部、太常寺、國信所討論到將來賀正人使到闕筵宴并御前桌幃之類欲用黃〔三〕，其餘用緋者易以青紫。上曰：「專以青易紫，如何？」予奏：「元豐案卷並用青，只緣紹興二十九年用紫，當時太俯就之過，今用青極當。」上昨日欲添印會子三十萬道，準備攢宮支費，今界合至十六年限滿，而自淳熙十年逐續增印至七百餘萬，今第七界合至十九年限滿，並未曾添印，如此則可印百萬。上疑其多，止令印七十萬。內批：「皇太子與宰執繫鞵，參決庶務於議事堂，除授在內寺監丞以下，在外知州軍以下，並除授訖以聞，仍就議事堂引見合奏事者。所陳或可採，同宰執將上。」

己未，上御延和。知閤龍雩先呈：「昨日有旨：皇太子同宰執審察知州，免令上殿。不知新知潼川府朱時敏、新知處州袁樞如何？」上曰：「且引上殿。」又奏：「今後遇一五日詣梓宮前燒香，所有輪對班如何？」上令改作四九日引三省。呈皇太子參決欲用二十五日，上曰：「見令修內東門司作議事堂，以皇城司爲內東門司，却移皇城司別往一處，緣動三處，所以少待。」又呈：「賀正接伴馮振武等申明，傳示北使舊例止御名二紙而不及廟諱，今太上皇帝升遐，恐彼以爲疑。」上令且依舊。予奏：「臣等亦謂合如此，然不可降指揮，只作咨目與振武等。如彼以爲疑，只諭以太上未祔廟之意。」上又曰：「將來賀正人使莫只就後殿引見否？素服如何？」予奏：「彼既授賀書，須當臨時討論。」三省密院退，兵部尚書宇文价以下十四人同對。前月侍從乞同班奏慰，至是方引，上嗚咽流涕。价奏：「諸使辟屬太多。」

〔一〕原刻校云：「案：『院本缺此注』。」
〔二〕朝：原刻校云：「院本作『廟』。」
〔三〕桌幃：原作「卓幄」，據四庫本改。

不思洪邁立其後也。葛邲奏：「真宗朝白雲山人言卜地不利丙午、丁未，則此事不可不審。」

庚申，延和奏事，同密院呈太常寺申，攢宮按行使乞差覆按使，并具侍從及知省内侍姓名。上令留下。因道葛邲所奏呈淮西方有開乞廣屯田事，上甚向之，王相助其説。予奏：「古之屯田以民寓兵，今似以兵爲農〔二〕，只當募民爲之〔三〕。」上曰：「如此甚好，但恐利在十年後。」予奏：「若措置有方，何必十年。今有開約用二千兵，不知於何取撥？」上曰：「馬軍行司有隊外三千人待降出隊牌帳。」予曰：「須與雷世賢商量過。」上曰：「然。」

辛酉，延和奏事。翰林院學士洪邁入局。上遣快行家問院吏云：「雖素服，若宣召學士，賜茶無妨否？」又問甚時出局。於是疑有宣引，已而無耗。是早三省進呈邁乞省罷排頓官十二員，只付見任官，仍不推賞。上曰：「從之如何？」衆人謂盡罷太過。予奏：「留四員如何？」衆欲留四之一，上許之，仍給帖。不推賞一節既行之後，方悟所乞省者非屬官，乃排頓官。蓋聞外議洶洶，先爲是以自解爾。其後所留三員：一韓杕，彦質之姪、彦直之子；一張元弼，殿院之邑子；一丘壽儁，察院之外孫。甚可歎也。殿中侍御史冷世光入奏，乞山陵諸使官屬胥徒等諸色請給權減一半，候發引日全支。付出無筆。監察御史吴博古三奏：一論唐佞臣李義甫等削去《國卹》一篇，今皆用俗禮，如喪制有合七，歛攢有鷄枕狗杖，不經甚矣。今陛下欲三年縗絰，則虞祭之後欽奉几筵必有其所，當身親之，不可使近習專領。乞詔儒臣禮官酌其宜，不專用禮生故案之文。其一論山陵諸使諸司辟置官屬猥衆，支費浩瀚，乞委侍從臺諫集議撙節。其一奏將來梓宮發引，乞如紹興己卯詔書經過州縣更不排辦支破飲食，仍只就行在計日批支請給，免致騷擾。並批依奏，聞朝士鄭湜代爲之。

壬戌，延和奏事。三省呈冷世光昨日奏乞集議梓宮一行吏胥軍兵若未發引權半支食錢，候發引却全支等事而無筆。予奏：「莫若令同吴博古文字一就詳議〔三〕。」上曰：「然，不必集議。」予連日奏：「告哀使虜中取接甚速〔四〕，遺留物宜早辦。」上曰：「見理會，惟亞息香、佛手香兩件臨安可買否？」已而遣御藥張安仁傳旨問次第。

癸亥，太上七七，從駕過宫哭臨。

甲子，不坐，入局。張安仁傳旨令遺留使副就初一日成行。初用三日，昨晚盱眙奏北虜接伴約此月二十五日先至泗州故也〔五〕。内引宿直官李巘，二十四日既問院吏，至是初引官也。

乙丑，延和奏事。呈唐輅議，謂太上皇當稱祖，破禮官之説。上批問如何。衆人皆以爲疑。上曰〔六〕：「所説大宗、小宗及繼別爲祖并祖乙、祖甲之類，恐皆於經未合。」予奏：「聖學高

〔二〕爲：原刻校云：「院本作『寓』。」
〔三〕原刻校云：「院本作『只恐當募民屯』。」
〔三〕莫若：原刻校云：「院本缺此二字。」
〔四〕虜中：原作「金人」，原刻校云：「院本作『虜中』。」按明澹生堂鈔本亦同，據改。
〔五〕虜：原作「朝」，原刻校云：「院本作『虜』。」又明澹生堂鈔本同，據改。
〔六〕上：四庫本作「又」。

明，盡之矣。然此説既出，須明其不然以曉後世〔一〕。乞付禮部、太常寺看詳聞奏。」上極以爲然。又云：「輅後奏軍民巷哭事，於禮文當何如？」黄洽云：「《檀弓》巷市七日。所謂三日者，後世蓋從其便爾。」又呈洪邁奏，察章指臣不合首議稱祖，見居家待罪。上曰：「議禮之家同聚訟，古今如此，當如何？」予奏：「乞批議禮不妨異同，令日下供職。」上曰：「留下待批出。」已而付三省云：「議禮何嫌異同？可日下供職。」次引遺留禮信使副顔師魯、高震。師魯奏衣帶之類，上令如告哀使，略與説，不必固争。師魯奏：「昨紹興二十九年遺留使至汴京赴宴聽樂簪花，若復用此故事，臣當以死争。」上曰：「當如此，不比衣帶鞍韉，蓋事有輕重。」申時，按行攢宫使蕭燧、吴回對。

丙寅，延和奏事。上宣諭德壽宫雜費月可減七十萬緡。王相欲封樁，予奏須禁中取見名目付下方可理會，上甚以爲然。内批以内東門司爲議事堂，十二月二日掛牌，令有司擇日開堂。内探報德壽宫發下番狗五十隻，禁中留其三，餘給賜内侍。内引宿直官洪邁，謝稱祖待罪事。上謂稱祖不爲無説，姑當從衆。因言唐高宗雖非全德，然亦善終，自當以太戊爲比，邁曰：「高宗享國三十四年〔二〕，太上亦三十六載，廟號正宜。」上又言：「太上時有老中官云，太上臨生，徽宗嘗夢吴越錢王引徽宗御衣，云我好來朝便留住我，終須還我山河，待教第三子來。」邁亦記其父皓在虜買一妾，東平人，偕其母來。母曾在明節皇后閤中，能言顯仁皇后初生太上時，夢金甲神人自稱錢武肅王，寤而生太上。武肅，即鏐也，年八十一，太上亦八十一，卜都於此，亦非偶然。邁又言：「顯仁本會稽人，紹聖間蘇丞相頌致仕居丹陽，有老婢韋出家爲尼，嘗給事蘇相，其妹即顯仁也。初携登頌榻，通夕遺溺不已。頌曰：『此甚貴，非此能住，宜携以入京。』既至都城，尼住一道觀。會哲宗擇室女二十人分賜諸王，顯仁在選，入端王宫。暨即位，纔一御幸而生太上。」頌之孫文瓘語邁云。此段邁不敢奏〔三〕。上又語邁云：「史太傅有奏劄，贊美東宫參决事畢竟老成。」又云：「有至小官上書言，此事不應不謀之宰執。朕素有此意，兼皇太子富於春秋，欲其更練。自古人君患無學問，不知道，或生嫌隙，朕固不然〔四〕。若謀之宰執，必避嫌難爲言。朕已令太子用賓禮相見，及所議事皆朕自定〔五〕，亦令太子每晚來此。」

丁卯，旬休。

十二月戊辰朔，朝於延和，從駕過德壽宫哭臨奉慰如儀。

己巳，歇泊，不坐，入局。議事堂掛牌，令有司擇開堂日。内引宿直官刑書葛邲。

庚午，延和奏事，呈李彦穎再乞致仕。上曰：「也是病，宜聽其歸。」予奏：「彦穎兩預政機，洊分閫寄，莫稍有以寵之否？」上曰：「與加大學士。」予奏：「紹興不可無人，須就今日除。」上曰：「朕亦思量，無如王希吕、鄭汝諧。」衆人云甚善。予奏：「恐將迎費用，且差人權，如何？」上曰：「如此則

〔一〕曉：明澹生堂鈔本、四庫本作「詔」。
〔二〕三十四：原作「五十九」，據四庫本改。
〔三〕此段邁不敢奏：原刻校云：「案：此六字張本作小注，院本缺。」
〔四〕或生嫌隙朕固不然：原刻校云：「院本缺此八字。」
〔五〕「及」下，原刻校云：「院本有『其』字。」

且教鄭汝諧權，日下前去。」上又云：「便差汝諧，如何？」予奏：「臣意不專爲省將迎，亦以汝諧若帶漕司職事，凡百應辦必易爲力。」上欲以荒政爲名除職。予奏：「恐大蚤，兼凡事未了，姑以職事倚畀如何？」留參云：「既是兼權，未須除職。」上又曰：「奏事如何？」予曰：「兼權不必奏事。」又呈吏部郎官陳季習輪對，論太上當爲百世不遷之宗，無行〔一〕。

辛未，延和奏事。王相奏：「東宮參決欲具事目如覆奏例〔二〕。」上曰：「如此則太繁。」予曰：「其間條目亦多，更乞入聖慮，毋使致於壅滯。」上頗以爲然，宣諭云：「更待理會。」予奏：「攢宮覆按使葉翥今日上殿，陛下宜戒以審細，不可止爲文具。」蓋梓宮自高六尺，未問石槨之類。上曰：「江浙地薄，又春間水泉動。」葉翥對，上諭以「須子細，朕已令二月後方脩奉，四月發引」。

壬申，從駕如月旦之儀。

癸酉，歇泊，不坐，入局。

甲戌，國忌行香。

乙亥，延和奏事，呈封樁庫申審内合同支會子十五萬貫充大行喪事所支費。予奏：「據元申，候將來發引作料次支，今既未有日，未審先支，惟復少待？」上曰：「候二月支未晚。」又呈盱眙報金國賀正使副完顔崇安〔三〕、李晏約初十日過界。上曰：「禮物當受否？」予奏：「既是通信，不過馬幣，非華好之物，恐難不受。」奏事畢，予奏：「元擇今日東宮就新開議事堂議事，夜來却得關報，東宮爲赤目在朝假，恐合令太史別擇日。」上曰：「當別擇日。」施樞云：「歲且盡，莫若就正月始和。」上曰：「然，可以此意諭太史局。」初天禧四年，太子亦以十二月就資善延見輔臣，予嘗語諸公以爲疑，故施樞因事及之。又宣諭：「將來弔慰使來，合差接送伴。」予奏：「方欲奏稟，恐不測到來，須先差下，臨時便遣行。」上令具寺監丞以上名，又問：「李師遜，卿等識之否？」衆人云熟，事起於醫。予奏：「曾醫〔四〕曾懷病愈特轉一官。」上曰：「忘記矣。」浙漕鄭汝諧暫權紹興府，陛辭，上稱其浙東視旱之勞。汝諧奏：「昨首言紹興騷擾，致降敕榜。然後臺諫、諸司、侍從相繼有言，怨皆歸臣。今往應辦，乞賜保全。」上曰：「既知卿肯任怨，豈不主張卿？」上又言：「李參用錢無下落，兼已病〔五〕。」

丙子，微雨。延和奏事，呈接伴金國將來弔慰使副。上曰：「將來正旦人使到闕，設素幄引見外，欲不受其禮物，庶表不敢當慶賀之意。或量受些小，何如？」予奏：「莫令有司商議否？」上曰：「令議。」又呈昨日付下德壽宮歲可減省錢物等數，即前宣諭約七十萬緡者。予奏：「不須降指揮，只劄與户部及所屬庫分令知。」上曰：「然，可以備水旱。」又呈禮部、太常寺乞

〔一〕原刻校云：「按文勢未完，疑有脱佚。院本自『若帶漕司』下至此全缺。」

〔二〕原刻校云：「院本作『欲月如覆奏事例』。」

〔三〕原刻校云：「案：『完顔』各本多作『元顔』，當因宋刻中避欽宗諱故改『完』爲『元』，《游山録》改鄉志『完』爲『志』可證。今仍作『完顔』。」

〔四〕原刻校云：「院本缺此四字。」

〔五〕原刻校云：「『上又言』以下十二字院本缺。」

造太上皇帝槨。上曰：「梓宮已是九尺，向來徽宗及二后緣虜中棺小〔一〕，故就泗州置槨，今更不須用。」又呈江西馬大同奏將來太上祔廟應爲正太祖東向之位，留參贊其說。上曰：「是謂祫享乎？唐制如何？」予奏：「趙粹中昨論此甚詳，正爲祫享。若唐則自開元始增四昭四穆爲九廟。」左相疑主大同，又重於改作，力言宗廟事體重，須禮官獻議，不應外官主之。予覺其言辭不順，即奏云：「且類聚續議可也。」批出差宗正丞宋之瑞、李師邈準備充接送伴。又批出付兩廳云：「將來弔慰使到闕，倍有支賜〔二〕，令有司預辦。」

丁丑，旬休。

戊寅，朝於延和，從駕過宮。

己卯，不坐，入局。

庚辰，延和奏事，呈椿辦虜中弔祭使例物。上曰甚多。予奏只金七百餘兩、銀八千餘兩〔三〕、匹帛不與焉。蓋合弔祭爲一事也。上忽顧予，問集議攢宮下諸使諸司辟官支費等文字如何。予奏方欲進呈。既展讀，上曰：「紹興十二年是徽宗、顯肅、懿節三梓宮，所以二十分。紹興二十九年顯仁已減十分，安恭又減作七分，今官屬減半，恐太削弱，並依顯仁時體例可也。」予奏後面別有項目在此，至吏卒之費，自十月八日以後止支七十日權住，已有指揮。上欲令展作一百日，當別令申請。初辟置無非關節賄賂，外議喧甚。於是吴博古乞集議裁減，久之莫敢措辭。數日前方就臺諫定議減一半。洪邁諸人云：「皇太后謂吾百歲後只用四人扛板乎？」蓋貴近不悦者多，倡爲浮議，不謂遷延頗久〔四〕，致達上聽而有此議。又呈禮官看詳唐輅論太上稱祖事。予奏：「輅説雖失當，正緣士大夫不曾深考，多以爲是。今欲行此奏，庶幾四方萬里與夫後世皆知曾經詳議，免致異論。但禮官怒輅，指爲不學浮言，遂痛加詆斥，斯亦過矣。如此等語並欲貼去。」上曰：「何必罵乎？」遂降旨云：「依看詳到事理施行。」密院奏：「外議謂李師邈見在平江行醫，今若接伴，則徑從本府守臣監司相見，時皆坐其上。緣此物論頗籍籍，莫若改作館伴。」上曰：「既是醫人，別改差人，姑與一差遣。」二樞云：「已與軍中屬官矣。」上曰：「如此則誰可？」二樞云：「閤門趙嗣祖見其同列劉續曾被差，頗以爲言。」上曰：「常記其人，但以其舉止及宣導頗輕，故遲遲。今可差代師邈。」起居郎胡晉臣對，第一劄論駞坊常昌弼揚言上書乞太子參決，以爲己功。上怒曰：「此事朕不謀之宰輔，雖父子間亦不曾説，乃出朕意。」欲行遣其人。晉臣奏：「行之適足成孺子之名，不行又不可，但乞禁省加密可也。」

辛巳，延和奏事，上宣諭：「駞坊常昌弼與嶽廟如何？」衆以爲允。上又欲別作行遣，予奏：「却恐成其詭妄，只如此足矣。」又宣諭：「太子在議事堂引知州讀劄子時，卿等莫同坐否？」予奏：「此則不可，蓋禮所以別嫌明微正在於此。太子坐受其展讀猶恐未安，况臣等乎？臣方俟見太子商量，亦望陛下更

〔一〕虜中：原作「北來」，按原刻校云：「院本作『虜中』。」明澹生堂鈔本同，據改。
〔二〕倍：原刻校云：「院本作『備』。」
〔三〕八千：明澹生堂鈔本、四庫本作「萬八千」。
〔四〕原刻校云：「院本作『多倡爲争論牽延頗久』，無『不謂』二字。」

致睿思。」上曰：「也是要商量，卿等更與太子理會。」留參云：「如講堂講者立，餘人坐亦可。」予曰：「不然，講堂有賓友之義，此乃公事。」上曰：「更熟議。」是日引軍器監丞沈清臣輪對，劄子凡八千言，一一展讀。知閤張嶷奏辰正，引例隔下，清臣奏讀如初。久之，嶷又云：「簡徑奏事。」上目之，令勿却。已而甚久，次當引林栗，已來伺候。上知清臣對必久，先令展作十六日。嶷前奏妨進膳，清臣正色曰：「言天下事。」讀竟乃已。上勞之曰：「卿二十年閑廢，今不枉矣。」清臣劄子中一項，論賀正人使乞不見如前日，本無可疑，恐有奸臣獻起釁之説，切勿聽之。前日不見，何嘗起釁？上甚以爲然，且云：「初意本欲止見之而不受其禮，謂禮官必有公議，姑付之使定其論，不謂禮官乃爾定來，甚無義理。今念彼再來，不見非人情，止當見之，決不受其禮。」爲是沈極稱贊云：「陛下只恐見義理不的，若已見得義理明，自不用惑紛紛之説。」上深以爲是。

壬午，常參官延和起居訖，宰相升殿奏事。蓋上前日宣諭過宮頗頻，恐事有壅滯，令駕出日依舊奏事也。上再説常昌弼行遣，予奏如初。又曰：「卿等見韓彦質，可諭以辭禮物之意。十七日引對，朕亦當諭之。」衆人云：「假禮物以通好，似乎無嫌。」從駕過德壽宮，入臨奉慰如旦日之儀。

癸未，歇泊，不坐。

甲申，延和奏事，呈給事中王信駁禮官看詳唐輅文字，乞將輅罷黜。上曰：「繳駁不當言乞罷黜，可貼去。」又問當如何？予奏：「議禮無嫌，輅非其職，不合争執犯衆怒耳，比常昌弼爲輕，令去可也。」上曰：「然彼見請少遲還宮者朕取之，故如此。」左相主輅，奏云：「輅十年前已爲倅，今當與郡。」上曰：「権貨可除郡乎？」王相云：「輅是提轄，非監官也。」留參云：「只恐給舍不放過。」上曰：「臨時却宣諭書行可也。」既退，招王信諭以此意。信曰：「欲何以處之？」王相言得旨與郡，信不以爲然，曰：「衆論正紛紛，非爲其争稱祖，緣其奏云：『後有令，王何以處之？』語太狂易。」予曰：「且降與外任指揮以待衆論之定，輕重却在臨時。」衆皆曰然，遂擬入，而令信一面書元降指揮。予奏：「昨有旨後殿設素幄見人使，只恐太窄〔二〕，如賜茶之類皆有妨。」上曰：「令多展數間。」予奏：「值雨則費力。」上曰：「只就對廊。」予曰：「庭下縛露屋亦可。今日三人知閤同對，乞諭之。」上又曰：「前日曾語韓彦質等以初見人使諭以不受禮物之意否？」予奏：「元得旨陛下欲面諭，既今日對，乞先賜宣諭。」上曰：「然。卿等寫意度與之，使知適從。」是日未時，彦質同趙濟對。上令以此諭宰執，并於國書中添一幅，却其後來禮物，即便奏來。起居舍人鄭僑對，次引恩平嗣王榮陽及開府四宗室同班對。

乙酉，延和奏事，呈鄭僑奏，乞詔大臣詳處正旦人使等事。予奏：「彼之使名但云充正旦使副而不言賀。」上曰：「如此則更無可疑。」又奏：「後殿東廊面西坐似未安，適來商量，若就東朶殿則猶是南面〔三〕，值雨不妨拜於廊。」上甚以爲然，令劄與

〔二〕太：原作「大」，據明澹生堂鈔本、四庫本改。
〔三〕是：明澹生堂鈔本、四庫本無。

閤門及儀鑾司〔一〕。予又奏：「若彼來弔慰，必在德壽宮。」上曰：「固是於禮亦當在東楹，却就殿東設幄可也。」

丙戌，臈假。國忌。行香畢，清華奏事。上服粗布巾、布衫，腰絰。先是洪邁及京鏜等初對，依中官服紫衫皁勒帛。予深鄙之，與諸公議用凉衫作常服，弗聽。昨日不免令衛璞計會御藥院，欲以凉衫或皁衫入對便坐。二璫密奏其事，遂定用凉衫皁勒帛。蓋上服如此，爲近臣者可不少變乎？予奏：「昨日雖議定北使以正旦國信爲名，初無賀字，受禮無嫌。退取國書觀之，却有『奉書陳賀』之語。今欲就鄭僑奏劄明言歲旦通好，祖宗在喪所不廢。今設素幄，許令入見而却其禮物，又慮彼以故事爲請，未審於典禮如何，令禮官折衷以聞。」上曰：「若言祖宗，則是今爲過之，不須如此。」衆曰〔二〕：「聖慮尤高遠矣。」上又令寫三次意度與館伴：一言不受，二言待以此意申朝省取旨，第三方云特爲兩國通好之久，不欲重違，已令收受。予奏待逐一擬進。

丁亥，旬休。付出昨日所進議禮物指揮及人使意度三項，頗有塗改，然大概已定。房吏初欲備意度劄與館伴所，王相又欲簽名封去。予謂皆非禮，只當諭使副來早過府第面授之。衆以爲允。

戊子，朝於延和。昨日太史局再選議事開堂用正月二日、八日、十日、十三日、十九日、二十六日，内兩日國忌，餘多假日，臨欲將上，予頗疑之，謂衆人曰：「是日無朝殿可乎？」衆唯唯，乃退下〔三〕，别理會。既而上果問擇日如何。予奏：「雖有數日，非國忌則假。」上曰：「須是有朝殿日。」王相退方悟，曰：「如此則上依舊逐日視朝，姑使太子習慣耳。」予曰：「何知之晚也？」上宣諭：「昨日所擬指揮甚好，莫便劄與禮官否？」予奏已劄與。上曰：「恐彼疑後殿，止告以崇政殿，或垂拱亦無害。卿等諭韓彦質等有商議事徑過堂中理會。」予奏：「彦質疏通，臨事必不拘泥。」上曰：「茶酒太過。」予奏：「前日略舉祖宗時故事耳。既紹興三十年所無，自不應有。」上曰：「天竺觀潮之類却可從。聞使人有『除聽樂簪花外並如舊例』之語。」予曰：「舊例正爲紹興，當時既無，今自可略也。」上又曰：「俟禮官討論到，便與禮物列殿門外指揮並行下。」予曰：「亦須奏過方敢批旨也。」上又語予曰：「前日林栗諫官文字，俟人使到了次第理會。」從駕過德壽宮即回。館伴使副再相見，予告之曰：「恐彼疑上不御正殿，則告之云：『彼國弔慰使尚未來，本朝以兩國和好所繫，上特御素幄見使人。若便用吉禮御殿，却先慶後弔，可乎？』」彦質等大以爲然，且曰：「紹興間施宜生語録云：『本不遣賀正，又恐兩國以爲疑。』」予曰：「此亦足以折之，况當時顯仁掩攢猶在歲前，今尤不可御殿明矣。」

己丑，歇泊，不坐，入局。

庚寅，不坐入局。上批問：「引見使人就垂拱亦可，或權改淡黄袍、皁幞頭，受書了却易服見使人。」王相以爲當然。予密語之云：「祖宗雖是有受正旦人使故事，但累朝多是春間上仙，祔廟在歲前，雖紹興二十九年顯仁皇后亦就歲前了却。却有此

〔一〕儀鑾司：原作「鑾儀司」，據明澹生堂鈔本乙。
〔二〕「曰」上，明澹生堂鈔本、四庫本有「又」字。
〔三〕原刻校云：「院本作『衆難之，乃選下』。」

疑，似不若來早面奏。」

辛卯，延和奏事，呈禮官詳議到鄭僑奏劄，論正旦人使事，謂當受其禮物而不必辭。上宣諭：「可語韓彥質，不必用前日三次意度，直受之可也。」予奏：「昨日聖意欲御垂拱，不若設幄東偏。彼既得見，豈敢計御服？況陛下尚爾縞素，必有以服其心，切不宜改易。惟後殿則行馬經垂拱曲折而過，却或致疑。今第降旨云『依詳議到事理施行，可就殿之東楹設素幄引見〔一〕，使人百官並免裹見，其禮物毋令入殿，付之有司。』」上初欲云：「寘之殿門外，更不啓封。」亦未及免裹見。既詳奏〔二〕，乃可之，仍云：「衣服若未定，臨時更批與卿等。今日亦引館伴，俟對罷令去見卿等。」予又奏：「祖宗時彼有弔慰、祭奠兩使，紹興末比殺其禮，共爲弔祭使。今所以遲遲，必是商量未定。前日密院欲依例發金字牌往盱眙，令報已差接伴，臣已留住。」上曰：「此安可？將謂鈎致他使命。」予謂更當差下一番接送，前日安排錫賜，却分作兩項以待之。上曰極是，向日賀會慶節人亦有「將來我亦兩番遣使」之語。又呈赤岸押宴。上曰：「誰未曾去？」遂差劉國瑞。又引館伴韓彥質、趙濟，接伴馮振武、戴勳至東華門，免引。

壬辰，雨，皇太后聖旨免過宮燒香。不坐，入局。

癸巳，早設素幄於垂拱殿之東偏。上初坐後幄，應奉官起居。次御素幄，宰執兩拜起居訖，升殿入幄中侍立。次引虜使鎮國上將軍兵部尚書完顏崇安〔三〕、副使中議大夫秘書少監李晏升殿，授書如儀，次不贊名朝見兩拜，受賜亦然。引三節人不山呼，各受賜始出。駕興再坐，引宰執，北使副不拜，宣坐賜茶。先有旨進御茶不用託子，殿上杌子、坐墩及殿下拜褥皆以青。國書曰：「四序更端，三陽交泰。爰屬布和之始，緬惟介祉之多。乃遣使軺，往持慶幣，益彰舊好，深切馳懷。」大璫拆封訖，左相與予對展宣讀，復授内侍。依紹興三十年正旦例不賜茶酒，就馹賜御筵，施樞押伴。北使不受。館伴云：「向時有例。」北使云：「初謂皇帝已公除吉服，早來却猶御白袍，自然難執酒盃，只茶便了。向來施宣生奉使朝見，退受御筵，歸去喫言語。如將來花宴亦不合受。觀潮、游天竺、射弓却有例不敢辭。」或云：「紹興三十年却不曾講此三者。」

甲午，節假。有旨許人使游天竺寺。

乙未，節假。

丙申，節假。馹中與北使議正旦入慰。使者曰：「持賀禮來，若之何慰也？」館伴往來議論，然後云：「行人敢不曲從？」其實紹興三十年太上在顯仁服制中亦既祔廟，又是時名分未正，猶免入賀，今固無説，特國信使爲是，欲見功爾。果有内批付密院。浙西路鈐王舜臣升添差總管，此人乃通事掌儀之把頭者。

淳熙十五年戊申正月丁酉朔，雨。延和起居兩拜訖，從駕過德壽宮臨慰如儀即回。留參入驛押宴。

戊戌，雨，元日假内不坐。前月下旬，三省以太史局再揀到

〔一〕素：原無，據明澹生堂鈔本、四庫本補。
〔二〕原刻校云：「院本作『以未及免喪既見詳奏』。」
〔三〕虜：原作「北」，據明澹生堂鈔本改。

正月議事開堂，其間多值假，故上曰初二日成日可用，且略應日。前晚予密入奏，謂雖是節假，乞陛下特御延和，令宰執奏事畢，然後過議事堂，庶幾新元發政協先後之序。昨日果有旨。今日内殿奏事，上宣諭：「待北使，外間無議論否？」予奏：「陛下聖孝如此，其本既立，自然禮無違者。」上曰：「皆由卿等處事精審。朕前日亦語葉翥。」獎勞久之。又及東宮開堂議事，今日引秦焴、羅獻能，若禮數商量未定，則且令納劄子款曲未遲。初在漏舍，予語諸公，若對展劄子恐有嫌，王相頗懷疑云：「不成只教某向前？」予云：「固當互陳所見，但不敢對展爾。」至是遂於上前奏陳，予急截其語，云對展有嫌，上以爲不可，乃止。予因奏：「陛下方當厲精，又以參決付之東宮。今百司事多因循，臣等固當益加勉勵，少副聖意。但恐智慮所不及，有不逮耳。」上復稱獎云：「卿等思慮無不至，正賴共振綱紀〔一〕。」予曰：「前此臣等有過，全賴陛下掩覆。今若又不及，衆論必不恕。」上曰：「朕不至如前代帝王更有猜嫌。」王相云：「天下事自有正理，不必過慮。」次赴議事堂，便欲繫鞵相見。予曰：「譬之禮上，恐當叙拜。」衆以爲然，而行首司云堂甚窄狹，又設倚子〔二〕，相對不容拜席，欲南北相對，予以爲不可。王相云：「賓有禮，主則擇。」予不敢彊。既而復自云：「想是御前定此禮數。」蓋疑予持之，其心術類此。拜訖點茶畢，起立白事。予曰：「文字若欲少留，乞候晚間付下準備，次早進呈。」東宮以爲然，且云當用匣子封回。予又稟：「前蒙譙春坊傳令旨要擇一吏承受文字，緣省中分六房，若互遣小吏，恐不能偏知。諸房首尾兼卑微，不足備使令，已議定差三省提點密院諸房承旨詣宮聽約束，却令自諭諸房，庶幾事有統一，不至漏泄。」東宮云甚好。再坐點湯畢退。東宮坐堂上，引前知德安府秦焴再拜而上，搢笏展讀劄子訖，下堂再拜而退。次引前知合州羅獻能，亦如之。

己亥，雨，國忌，行香。人使觀潮。

庚子，雨，開基節假。人使射弓於玉津園。

辛丑，雨，免過宫，入局。是日本就驛賜宴，王相押伴。北使力辭，從之。

壬寅，晴。早上御垂拱後幄，先引送伴馮振武、戴勳朝辭，次御東偏素幄，人使朝辭，賜茶授書，大略如初見之儀。參知政事留正入驛押宴。初定黄洽，洽尚在病假，而施樞適喪女，式假未滿，乃用紹興末例一員押兩宴無嫌，遂再取旨差正。脩奉司郭棣、霍汝弼渡江往紹興。

癸卯，晴，人日假。内引賀金國生辰使副胡晉臣、鄭康孫辭於清華閣。國書曰：「候協龍祥，適際五剛之旦；節編鳳紀，載禔萬壽之期。惟至德之誕昭〔三〕，宜休符之滋介。顓馳信使，肅奉慶函。庸申飭於幣儀，益導迎於嘉祉。」初呈草本用「惟仁德之昭升」。予遣人語洪邁，謂虜主尊號有「仁德」二字，得毋嫌乎？邁亟改焉。

甲辰，微雨。人使行。景靈宫燒香，歸清華閣奏事。奏會慶聖節諸路合進銀絹，有司申請。上曰：「恐有慶賀之嫌，免進以

〔一〕綱紀：明澹生堂鈔本、四庫本作「紀綱」。
〔二〕原刻校云：「院本作『椅』。」
〔三〕至：四庫本作「盛」。

寬民力，如何？」予奏：「此乃典故，不可廢，况户部藉此充經費，豈容蠲放？初非宮禁私用，特臣子不敢不以此享上爾。」又奏：「今年大禮，莫只是明堂否？」上曰：「紹興間亦不詣景靈宮，不登樓肆赦。」予奏：「合排辦事多，所以欲先定。如將來脩輅亦可免，支賜亦當如乾道初支三分之一。」上曰：「然。」又奏：「將來梓宮發引，陛下及皇太后皆當出德壽宮門奉辭。或謂難設兩幄次，須令禮官討論。萬一窄隘，須拆動待漏院。」上曰：「莫不須否？」予奏：「恐大昇轝高長。」上曰：「不得已即拆動，且令禮官商量。」

乙巳，雨。王相在告，予率施、留二公徑詣太子待班閤叙揖，且略白今日當奏之事，遂以爲例。延和奏事，太子初侍立，駕坐，太子先起居兩拜升殿次，宰執兩拜升殿如常儀。予奏：「昨稟會慶節依格進銀絹，合作三省奏請。」上曰：「畢竟有慶賀之嫌。」上乃令放免二年，俟終制令進。衆人仰贊聖德不已。予曰：「略曾會計，諸路多寡不等，共約銀十五萬兩，絹三萬疋，皆入左帑。今欲擬指揮令封樁庫撥還。」上曰：「内庫亦可。」予奏：「本是户部經常支用，不必動内庫也。」上顧太子曰：「此事如何？」太子以爲甚當。又呈廣西漕司保明，知萬安軍杜孝恭非癃老疾病。予奏：「此乃依指揮保明，合免奏事。」因及守臣不可不擇，兹乃爲治之本。上顧太子曰：「苟非其人，不可輕放過。」上見敷陳要務頗愜意，謂太子曰：「今後不必間日參決，自可每日侍立，只此便是參决。」既退，遂指揮閤門，自今後内殿坐，并令太子侍立。次引新浙西提舉史彌正。彌正猶未受告而先上一劄，論太上未祔廟百日後，民庶未應開樂。上批其後：「此說似有理，卿等擬指揮來。」予擬云：「昨禮官條具典故，大行太上皇帝未祔廟前，臨安府城内外合行禁樂，可令諸路州準此。」尋付出施行。

丙午，旬休。紹興攢宮脩奉興工。

丁未，以雨駕不出，入局。

戊申，國忌，行香。

己酉，國忌，行香。

庚戌，上元節假。

辛亥，早朝於延和，皇太子侍立，呈禮官申依典故〔二〕。將來梓宮發引皇太后及皇帝奉辭去處。上初謂當送過江，遽曰：「太后年高，恐難遠出。」予奏：「前在清華已曾奏知，於德壽宮門外設幄次，與北方京師宣德門合同，陛下奉辭非是出江下。莫令禮官同几筵所相度否？」上曰：「莫只就德壽宮？」予奏：「外議政爲將來欽奉几筵只就德壽宮，則太后須三年服滿乃歸大内，諸事皆未便。此正機會，合預商量。」王相亦云：「前御批宣示王信，云將來令甘昪脩蓋慈寧宮，今莫奏稟太后否？」上曰：「此非半年不可成。」予奏：「乞留中更商量。」又呈鄭汝諧乞免權紹興府奏。上曰：「聞與趙不流不協，恐擔擱了事，可正差汝諧知紹興。」予奏：「莫除職否？」上初難之，衆人云：「除帥不可無職。」上曰：「敷文如何？」衆人云：「且秘閣可也。」予奏：「不知何以爲名？」王相云：「只作選用之意亦可。」予又奏：「莫却除漕否？前顯仁時三員。」上曰：「記得是錢端禮，

〔二〕 原刻校云：「院本作『申奏』，無『依典故』三字。」

別添誰？」予奏：「創差楊刻權〔一〕。」上曰：「專委一員，事未必不辦。」

壬子，節假。

癸丑，延和奏事，呈脩奉司申明太上皇帝神穴丈尺，禮官元具故例，既而却云屬陰陽家。予奏：「此皆知土地淺薄，恐尺寸依格則有水，故便文自營爾。今欲降指揮令議定，却乞宣諭用增卑培薄之法。雖極崇高，正是山陵。」上甚以爲然。又呈禮官乞置槨，衆人皆謂不可闕。予奏：「就身惟棺，棺外惟槨，此古今不易之理，其餘皆具文也。」乃令有司脩製。次詣議事堂，先引新知峽州陳崧卿，次引新知安豐軍王仲堅、新知施州朱起宗，王、朱皆武臣也。初二日引秦焴及羅獻能，其制如殿庭無異，側立讀劄子。既畢，置之倚後，予深以爲不然。昨日密諭尤袤，教以設案於前，如州郡之禮。袤深然之，密以劄子稟東宮。予又諭行首司衛璅，今日參決時宜設横案，藉以紫褥，就其上展呈文字。已而引守臣及議事并用之，雖東宮亦以爲當然也。

甲寅，太上皇帝百日，衆人云：「今日不當奏事。」緣先有駕出奏事指揮，遂入奏言之。予曰：「別無事，惟房錢不可過今日。」遂繳進。既入至祥曦殿，上已遣御藥鄭邦憲來宣問此事，奏云：「已繳入矣。」至後殿門外，邦憲又來云：「放多少？舊例如何？專作太上百日降指揮。」奏云：「已是如此降旨放半月。」初紹興二十九年顯仁服藥時，放房錢、門税各半月。去年十月失於照應，小民頗以爲言。昨日予奏欲因百日舉行，上以爲然。又問多少，予奏或云一兩月。上曰：「從其多者。」予奏：「莫須批出？」上曰：「不必批出，一面擬指揮。」既退，方知是半月〔二〕。從駕過宮哭臨奉慰如儀。

乙卯，不坐，入局。盱眙報韋璞、姜特立以十五日回入界，二十四日取接遺留使顔師魯。内引宿直官洪邁，邁見上服縗粗，因奏已過百日，當有所革。上曰：「正欲與卿商量。」初欲候祔廟。邁云：「事當以漸，今當服黲袍〔三〕，如臣庶墨衰之類，易布巾爲絹或羅。」上曰：「如此則服黲絹、凉衫、皁帶。」邁又具劄子奏饒州天申節進銀之外貢金三百兩，乞一例蠲免。邁既退，上復遣中使問：「舊例引宿直官用背子，今如何？」邁乞用黲絹爲之，且以近所用禫服樣進。

丙辰，旬休。上批問：「太上百日後，朕於内殿見卿等衣服如何？」予折柬王相：「此必因洪邁所言而有此問，當具以對。」王相不聽，止令太常寺供前時所議御殿服制而已。

丁巳，朝於延和，先奏事，呈鄭汝諧辭免紹興。上問：「何故？」予奏：「汝諧緣乞敕榜之故，上下皆怒。如修奉諸司絡繹往來，其官員不受饋固無妨，至於吏卒輩皆相約勿受，其意非美。」上曰：「如何？」予奏：「若留汝諧使之獲戾，一夫不足卹，恐誤大事，乞别與一差遣。」上不可。予曰：「彼自乞祠，從之可也。」上曰：「職名如何？」予曰：「自不應與。」上曰：「帥便要人。」衆人云：「延璽可權否？」上曰：「望輕。」予曰：「須就侍從中擇一員往。」上曰：「誰可？」予曰：「莫如

〔一〕創：四庫本作「别」，疑是。
〔二〕是：原刻校云：「院本作『爲』」。
〔三〕當：明澹生堂鈔本、四庫本作「乞」。

張杓，但令帶權侍郎去。」上曰：「與除集撰。」予曰：「祖宗時應付山陵亦曾令朝臣權轉運使。」上曰：「體面生。」衆人云：「莫與待制否？」上曰：「只集撰，將來事了，或召還或加職未晚。」并令速去，不須對。上果再問内殿冠服事。予曰：「昨日所奏未詳。尋常士大夫家過百日，巾衫皆用細布，見客則以黲布。」上曰：「洪邁乞用黲絹，如何？」予曰：「其説難行。」上曰：「當用細布。晚間内引宿直官之類如何？」予曰：「布巾背子以代常服。」上極以爲然。從駕過德壽宮即回。

戊午，歇泊，不坐。盱眙報虜中弔祭使蒲察克忠〔一〕、劉韋、讀祭文官耶律履欲以二十七日過界。予與衆人商量入奏。少間接伴内引乞面諭禮數，既而内引接伴使副宋之瑞、趙嗣祖。上遽宣諭云：「只依紹興二十九年例，不必徒爲紛紛。」

己未，延和奏事，呈林栗乞加太上謚廟號曰堯宗。上曰：「堯字入謚法否？」予奏：「正謂《謚法》有『翼善傳聖曰堯』。」上曰：「今當如何？」衆人云：「已定矣。」予曰：「若欲博盡羣議，更付禮官如何？」上曰：「令禮官議。」予又奏〔二〕：「已定二十六日告天，今須令別擇日。」上曰：「然。」又呈栗遷奉之奏。上問：「何謂也？」予奏：「便是欲正太祖東向，前者陛下宣諭祫享是也。古者七廟，太祖居中。六世，三昭三穆。唐開元增爲九廟，緣古今廟室自別。」上曰：「見《禮象圖》所畫廟制與今不同。」乃進呈訖，此本可已〔三〕。初以王相力拒馬大同之説，後來既展一室，則今有嫌不可議矣。又呈張杓辭職不允，又呈杓乞對。上曰：「爲應辦，令速去。」上於榻後付禮官理會虞祭文字云：「與太后商量。既几筵在德壽宮，即就宮行禮。」予奏：「禮官更有一劄子説長樂無在外故事，當及反虞迎歸大内。此事體重，少間繳入，乞陛下與太后子細商量。」上又及冠服之制云：「朕斷然易以布，心然後安。」指帽云：「已易之矣。」予奏：「莫用昨日御筆行出否？」上曰：「不須如此，待祔廟畢有司請改服時，就降旨云已如此行矣。」

庚申，延和奏事，東宮請假不侍立。初向前，上忽指膝示予。予初未曉〔四〕，既而提衣袪云：「此已用布矣，不太細否？」予奏：「陛下出於獨斷，行三年之喪，均是衣布，何細也？且光堯初上仙，陛下便有此意，而羣臣不能將順，致煩聖慮。所謂其臣莫及，足以垂訓萬世矣。」又呈北使至當差館伴。上曰：「就差鄭僑、張國珍。」又呈史彌正乞有司議受弔時羣臣衣服。上曰：「自有故事，似不須議。」予奏：「正爲陛下服縗粗，羣臣不應頓異。」上乃令討論。呈張杓再乞對。上曰：「已令速去。」予奏：「侍從出帥若不得對，無以增重事體。」上曰：「來日又過宮。」予奏：「莫可今日内引否？」乃留其劄子。内引新知紹興張杓。知樞密院施師點以大資政知泉州，自請也〔五〕。

辛酉，呈橋道頓遞司理會將來太上皇梓宮出城方向道路。上曰：「雖不動民居，却須拆城，合早理會。」予奏：「聞大昇轝

〔一〕虜中：原作「金國」，據明澹生堂鈔本改。又「察克忠」，原刻校云：「案《宋史》本紀作『蔡克忠』。」

〔二〕予又奏：原刻校云：「院本作『予久奏』。」

〔三〕原刻校云：「院本作『乃進呈訖以此本』。」

〔四〕原刻校云：「院本作『猶未悟』。」

〔五〕原刻校云：「『知樞』以下十七字院本缺。」

之類比舊稍高長，且降指揮令同太史局打量丈尺，具圖本申聽指揮，庶免騷擾。」又呈館伴既就差鄭僑、張國珍則仍用前日所借之官。上曰：「聞告哀使到，金主變服。」又呈新知紹興府張杓借内庫錢二十萬緡。上曰：「先已有二十萬緡矣。」衆人云：「恐須應付。」留參不以爲然。予奏：「昨朝廷止應付十萬緡，餘令截撥，未知多少。」上曰：「未知如何支破，須問之。」予奏：「今莫若且應付十萬緡，却令開具收支見在數目聞奏。」上從之。又呈劉確降兩官，吏部申明欲於遥郡階官分降。上曰：「此人罪不可恕，可并降遥郡兩官。」予奏：「將來依舊敍復？」上曰：「可於指揮中帶説更不敍復。」予奏：「更有管範輩却不帶遥郡，不知如何？」上曰：「官小不必問。」上又顧太子曰：「醫官不當帶行遥郡，自不合放行。」太子奏：「祖宗時無此。」予奏：「遥郡旌武功，與和安大夫之類全不相涉矣。」又奏：「此月四日，浙江私渡沉舟壞二三十人。今梓宫一行舟船欲令臨安府及漕司措置閲試。」上以爲然。趙不流聞之，亟奏劾西興監渡劉興行、浙江監渡王德文，并乞罷黜，批依。從駕過宫即回。

壬戌，歇泊，不坐，入局。

癸亥，雨。延和奏事，進呈禮官闕林栗所定太上廟號。衆以高宗爲允，雖東宫亦然。上曰：「太后以武后之故深不欲用。」衆愕然。留參欲稱光宗。上曰：「無謂。」東宫亦曰：「不可用。」上曰：「世祖光堯如何？」予曰：「廟號無四字。」上曰：「然則堯宗可用。」留參曰：「堯是名。」予曰：「《書正義》嘗辨之。上古名字謚號不一，堯自名放勳，且既入謚法，而唐高祖嘗謚神堯。」衆人云：「堯宗字生。」上曰：「久則熟矣。」王相云：「更令禮官議。」上曰：「禮官必守其説，莫若卿等自商量。」既退，招宰掾問之。京鏜云：「金主父名宗堯，奈何？」衆人曰：「此大可疑矣。」呈張杓乞辟差紹興通判一員。予奏：「黄由是狀元及第，却可令來。」上曰：「事畢又難遽罷。」遂已。

甲子，晴。黄洽除知樞密院事，蕭燧參知政事。延和奏事，呈禮官駁林栗堯宗之説。衆人云：「金主父名宗堯，恐不可用。」上曰：「堯宗與宗堯莫不相妨否？昨日謝諤奏乞爲聖宗，亦自好，蓋可以對神宗。」王相以臺諫所主，力以爲然。予曰：「不若烈字，本《烈祖》之詩，可以形容中興之功，又有祖意。」留參亦贊之。上謂：「次於聖字，似無易兩者。」予云：「莫更令議定否？」上曰：「直寫此兩字令議。」中使例賜蕭參笏并馬，并傳旨云：「綉鞍、笏、頭帶，俟祔廟畢合服用時續賜。」

乙丑，延和奏事，呈禮官定太后將來奉辭梓宫之儀，顯仁時本就慈寧殿奉辭。上曰：「果是如此，勿降指揮，止貼去，都莫説及。」予因奏：「昨議太上廟號聖宗，退而契勘得契丹隆緒已嘗用之。至如烈宗，竊疑僭僞之主曾用，連夜看《晉載記》、《五代》、《九國志》，則劉聰、慕容寶、楊渥皆用之矣。」已而抽回劄子，除去二字，只令别議。上曰：「堯宗莫不妨否？」衆人云：「且俟衆議，恐别有可用之字。」蕭參云：「本朝除太祖、太宗之外，列聖廟號皆不可犯前代，則高宗誠不可用。」内引告哀使副韋璞[二]、姜特立呈金國回書曰：「遠馳信傳，遽及訃音。審色養之永違，諒孝思之罔極。方敦親好，深用惻傷。尚勉節於哀情，

[二] 副：原無，據明澹生堂鈔本、四庫本補。

庸善綏於冲履。」又引直宿官宇文价，有奏劄，乞以光堯廟號爲光宗，謚憲孝爲誠孝。上初謂廟號爲成宗，价遂舉「巍巍有成功」，「法始乎伏羲而成乎堯」。

丙寅，旬休。

二月丁卯朔，朝於延和，呈館伴趙不黯借官。上曰：「弔祭使副及讀祭文官皆文臣，恐張國珍粗疏不能應對，是以改命。」予奏：「不黯蘊藉，聖慮甚至。」數年前不息誤借開國縣名，今日又擬常寧，予令改作天水縣。呈浙東田渭乞令紹興府用饑民脩海塘。予奏：「張杓已欲用饑民助山陵之役，今乞令措置施行。」上曰：「蘇軾亦用此法〔一〕。」内批：今年春冬，各供送德壽宮羅五百疋、綾五百疋、絹三千疋，各加綿一萬兩，充支散官吏宿直衛親從事官兵等衣賜使用〔二〕。是日，御史臺集議廟號，禮官專執高宗。侍從臺諫以高、光二字爲言。林栗依舊乞用堯宗。

戊辰，歇泊，不坐，入局。

己巳，不視事，入局。

庚午，延和奏事，呈集議太上廟號。上深欲用堯宗，衆人以北虜宗堯爲言〔三〕。上曰：「彼乃名耳，兼字亦顛倒。」皇太子奏斷不可用。予因奏：「連日朝士有欲用藝宗者。蓋《書》有『歸，格於藝祖』，即文祖也。本朝太祖既曰藝祖，則中興之主當爲藝宗。若用堯字，專取授禪而不見中興之功。用藝宗則與高大同義，所包者廣。」宰執侍從皆以爲然，上亦嚮之，因問藝訓何義。予奏：「孔安國注云：『藝者，文也。』文即太祖也。」上曰：「亦好。」既而又吟詠數四，若有思云。予奏：「謚號用憲、孝二字。憲乃取法，其義亦不輕，不若用誠孝。」上亦以爲然。予奏：「欲并付集議，以示至公。」上可之。又呈禮官、閤門、國信所定弔慰使到德壽宮，宰執以下皆用常服。予奏：「文字本入熟，緣此一項深合商量。昨顯仁時北使到已是祔廟，故用常服。今大行在殯，且別宮無嫌。陛下方縗絰受弔，臣等亦難冠裳侍立。況啓攢發引服如初喪，固未除也。」上曰：「宰執侍從當如大祥服，四脚幞頭、衰絰去杖，正得中矣。」予奏：「聖諭盡善，百官不入可也。此項別容擬指揮進呈，其餘項目皆常儀，自當一面施行。」予又奏：「虜使奉辭几筵時如何〔四〕？」上曰：「止令館伴同往。」予奏：「恐臨時彼以爲疑，未審可如初到只令就德壽宮朝辭否？」上曰：「此各一事，臨時當使館伴與商量。」予奏：「臣有一說，莫如約度過宮日分，令彼奉辭。」上因屈指計其日，且云：「使人在館約十日許。」予奏：「或先或後皆可，但令彼就過宮足矣。」聞禁中曾諭太常定儀注，止令虜使自辭几筵〔五〕，故詳及之。

辛未，駕免過宮，入局。御史臺集侍從兩省臺諫禮官議太上廟號，衆人以藝宗爲然。禮官唱其不可，引「藝成而下」爲説。衆復和之，遂引「大哉乾元，惟天爲大」，乞作大宗。

壬申，晴，延和奏事。上曰：「衆論以太上爲大宗，藝成而下不可用，已令付出。既有大宗、小宗之説，豈可用？不知堯宗

〔一〕亦用：原刻校云：「院本作『亦曾用』。」

〔二〕宿直衛親從事官兵等：原刻校云：「院本作『宿衛親從軍兵』。」

〔三〕虜：原作「朝」，據明澹生堂鈔本改。

〔四〕虜：原作「北」，據明澹生堂鈔本改。

〔五〕虜：原作「北」，據明澹生堂鈔本改。

如何？更商量一兩日未晚。」

癸酉，陰。延和奏事，呈太上廟號。留參力贊光宗，王相以成爲言。上曰：「成次於光，不出此兩字，更待今日思之，來早理會，不必更將狀議上。」玉音又及堯宗，蓋主之也。衆人復舉高宗，上竟不欲用。予知其無大相遠，不復措辭。都大主管喪事所繳到御製太上挽詩五首。先是洪邁入直，上令中使持草示之，且諭令須有所改定，内一篇云：「重華愧有虞，居然慚菲質，正爾紹皇圖。」邁以愧與慚相似，擬改作「居然將菲質」。上從之。

甲戌，晴。延和奏事，呈皇后生日進香合。上令權免二年。奏事畢，上於榻後取《唐書》一册，檢《高祖紀》指示云：「高祖既謚神堯，又載於謚法，太上何爲不可用堯宗？今只於堯字、光字擇而用之。」蕭參云：「光字輕，堯字重。」予奏：「聖意雖定，亦須令衆人知然後用。」上曰：「須明示以此意。」退而批旨云：「堯字載於《謚法》，唐高祖已謚神堯，用爲廟號似亦無嫌，可令議定聞奏。」堯字林栗發之，戲語人云：「何必高宗，無以易堯。」

乙亥，陰，國忌。臺中集議，不以堯字爲然。宇文价主成字，衆初不可，已而翕然。

丙子，旬休。

丁丑，延和朝訖奏事。衆議廟號或曰成，或曰正，予奏：「吴越錢氏嘗僭成宗，正字乃不成語。上必欲用堯字，特降指揮可也。」王信駁姜特立轉遥郡刺史。上曰：「是告哀使乎？是非常例，可諭令書牘。」予奏：「信前既立論，今不合自違其說。既宣諭，必便書牘。」呈總護司申屬官趙善悉、盧瑢乞免支添給及將來免推賞[一]。予奏：「二人是朝士，緣向日臺評紛紛，不自安，屢來控請，不欲將上，又懇伯圭備申。」上曰：「并依紹興二十九年體例無增損。」予曰：「如此則降旨依例施行。」從駕詣宫即回。中使梁彬持金國廟諱一紙來傳旨云：「宗堯是其諱，適來所說太上廟號未須行出，别擬一字。」向來固嘗及此，上不以爲疑，今復有此宣諭。内引賀金國正旦使萬鍾、趙不踸，其回書曰：「文杓叶運，肇開歲律之祥；信使來同，敦講世和之好。婉書辭而申祝，粲幣物以陳儀。併戢腆勤，惟深欣懌。」鍾等初出使，既得宣諭一切如舊，於是沿路及燕京賜宴、聽樂、簪花，用吉禮。□嘗致懇接伴[二]，令爲控免，路中得其禮部不許之符，遂持歸爲據，又獻《北征記》一册。

戊寅，社假。内降禮官宇文价等奏狀，乞用誠字爲廟號，臺諫謝諤等六人乞用寧考之寧，給舍王信等乞用藝字，户部侍郎葉翥乞用開宗。

己卯，延和奏事。上問廟號，衆人謂臺諫引《大誥》寧字可用。上以爲稍輕，且止見康寧之意[三]，不若用藝字。又云：「烈宗如何？」予曰：「前已奏知，只爲劉聰等三人相犯。」又及成宗，予曰：「錢王元佐嘗有此號，所以禮官乞用至誠之誠。」上以爲泛，更商量一兩日。宣諭：「當遣報謝使，可依例具朝臣姓

[一] 免：明澹生堂鈔本、四庫本作「先」。

[二] 所缺字明澹生堂鈔本作「僅」，四庫本作「謹」，然據前後文意，似當作「鍾」，即賀金國正旦使萬鍾。

[三] 意：四庫本作「義」。

名來。」予奏：「莫不須用紹興例否？」上不以爲然。內引館伴使副鄭僑、趙不黯。僑請使指，且及虜使入慰衣服。上曰：「夷狄不足較，羔裘元冠不以弔，彼自失禮，姑盡在我者而已。」又云：「或有商量事，不必過位，恐彼不從，却失體，止令掌儀往來可也。」既退，上復呼不黯回，宣諭云：「虜中使副及讀祭文官皆知書〔二〕，所以改用卿。」

庚辰，延和奏事，呈人使排日。前已有旨朝辭分作兩日，先詣德壽宮几筵殿，次就南內朝辭。予奏：「人使辭几筵，駕既不往，羣臣立班，莫衣服如初否？」上曰：「然。垂拱朝辭却須用常服。」予奏：「固當如此。」太上謚寶以「聖神文武憲孝皇帝之寶」十字爲文，詔令文思院刻玉。奏事畢，予云：「廟號已定否？」上曰：「寧字輕，不如藝字。」參樞皆贊之，左相無語。予曰：「聖志既定，當用給舍所奏及鄭伯英劄子行出。」上批：「謚寶文字令再將上。」

辛巳，延和奏事。呈太上謚號，上疑憲孝字。予奏：「憲有法之意。若連孝字而言，於體爲輕，且例用聖孝、大孝、元孝、顯孝之類，皆隨孝取義。前欲改作成孝本好，只爲礙懿節改成節，稱呼不順。當令禮官別議。」從駕過宮。內批：「差主管大內公事、知尚書內省事兼提舉十閤分事、信國順懿大夫吳從善已下一十人，并皇后閤典字楊憐已下一十人，將來送護大行太上皇帝梓宮至攢宮，可行下所屬去處施行。」夜，德壽宮修內司兵士陸青在宮中欲作竊，明早方得之於山上，執付臨安府，尋杖脊配雷州。聞數百人環宮捕賊，通夕擾擾，有內人久病，怖而死。

壬午，陰。國忌，行香。

癸未，延和奏事，議太上謚號，并及藝宗。左相道禮官之言，以爲未安。留參初主藝字，至是亦操兩可〔三〕。上顧予曰：「禮官欲用甚字？」予曰：「只主高字。」留參遂變其說，力以高字爲是。左相曰：「禮官謂將來恐人如濮議著成小說，且責朝廷不力與開陳。」黃樞曰：「藝字出於二《典》，亦何不可？」御藥院奏：審年例，端午節金鍍銀裝浙二絹透畫扇，皇太后八十柄，皇后六十柄，皇太子四十柄。今年欲乞權不彩畫，止用白成銀裝釘供奉宣賜。奉聖旨依。內引宇文价。禮官又入奏闢藝字，只乞從初議，以高宗爲廟號。

甲申，延和奏事，呈禮官再乞用高字，衆人皆謂太祖、高祖皆極尊之稱。上曰：「商高宗亦豈是祖？」再三味藝字，且云：「前已批依王相奏，未曾行出。」上顧予：「如何？」予曰：「若以高大爲義，則高宗亦可。」上乃令就初議，蓋聖意不欲違衆也。予奏：「憲孝如何？」禮官欲作成孝，則礙成節皇后，音近承節，欲作光孝。上以光孝爲未穩，乃并令依舊。呈學士院咨報：「紹興間金國弔祭使歸止用謝狀，今未審如何？」上令答書。內批差京鏜、劉端仁充報謝使副。

乙酉，國忌，行香。人使入門，內引接伴使副宋之瑞、趙嗣祖。

丙戌，旬休。國信所申金國祭奠金器二百兩、銀器二千兩、疋物四千疋、清平內製三百、羅綾紗各五百、錦一百、紵尼一

〔二〕虜中：原作「北來」，據明澹生堂鈔本改。
〔三〕操：四庫本作「持」。

百、絹二千〔一〕、弔慰疋物四千疋。

丁亥，雨。早免起居，從駕過德壽宮，易小祥之服，應奉官吏亦如之。殿上設太上靈坐，宰執侍從兩拜訖分東西立。上亦服布四脚，設素幄於東厢，舉哭，在庭皆哭。引北使蒲察克忠、劉韋，讀祭文官耶律履，再拜訖升殿。其祭文亦云：「叔大金皇帝致祭於姪宋太上皇帝，尚饗！」降階又再拜訖退。侍從已下先出，宰執升素幄侍立。人使朝見，授書如儀。上舉哭，在庭皆哭。其書曰：「頃達訃音，遽聞大故。念久敦於世好，殊深軫於中懷。載飭信軺，往伸慰問。尚順禮經之節，用綏孝履之和。」中節、下節各朝見受賜，并依常禮。次易常服從駕還內。蕭參入驛押宴。

戊子，歇泊假。五府共作一奏，繳進光堯挽詩二首。

己丑，晴。延和奏事，呈二十六日早虜使詣德壽宮辭〔二〕，宰執侍從在彼立班，與是日國忌行香相妨。予奏：「百官既不到宮，止分宰執一二人押班可也。」上以爲然。又二十七日請太上謚於南郊，與人使朝辭相妨，留參欲退而請謚。予謂於禮不專，乃展作三月三日。上曰：「册寶不遲否？」予奏：「刻寶只用一手，當令一面爲之。册文衆手分鐫，甚易集也。」張杓奏：「向來顯仁園陵用錢五十七萬，除今次兩政借得二十萬，截留十萬，并已用過。臣近蒙借十萬，尚少一十七萬貫，乞於封樁庫支撥。」上批依奏。又一劄子乞差借德壽宮、鸞儀、翰林司〔三〕，并借乘輿器用，必徑付甘昇施行矣。人使遊天竺。是日王相擬太上陵名凡五，而其末云「永思」。上點永思而批云：「依點定。」舊例上仙後一月內即進陵名，王相遲疑累月。初定用永元矣，近忽云上字元永，皇恐改永崇〔四〕，又以哲宗嘗議用此，禁中不以爲然，遂列永紹、永興、永阜、永壽、永思五名以進云。

庚寅，陰。延和奏事，呈脩奉司乞將來遷懿節皇后御容往太上下宮日拆去舊殿。初欲依，予奏：「下宮前殿奉徽宗御容，中殿設三后於龕。當時祔懿節於後殿，將來不若徹去鴟吻之類，留以奉安册寶之屬，免動工作，似亦無嫌。」上以爲然。予奏：「當令奉常條具取旨〔五〕。」又呈虞祭乃吉禮，合用靴袍。予奏：「紹興間改用淡黄袍并履，比舊制已別，今取聖裁。」上曰：「只布折上巾，黑帶布袍，明言用見今所服可也。」呈啓攢用三月十六日，發引用十八日，掩攢用三十日。上曰：「亦合七月之期，別難得日。」蓋自太后至皇孫避六處衝剋〔六〕。又謂予昨日已用永思陵名。王相入驛賜人使宴。

辛卯，駕免過宮，入局。樞密院奏，審入內內侍省申：陸詢傳宣，入內內侍省使臣張聿脩罷大行太上皇帝脩奉使司承受兼都壕寨官。提點造作一行事務差符思永承填，日下供職。或云聿脩各支費而差使不均，陵所兵匠任意使石灰火發以害之。

壬辰，國忌，早同留參率百官赴景靈宮行香。北使詣德壽宮

〔一〕原刻校云：「『清平』以下二十二字，張本作小注，院本缺。」
〔二〕虜：原作「北」，據明澹生堂鈔本。
〔三〕儀鸞：原作「鸞儀」，據明澹生堂鈔本乙。
〔四〕原刻校云：「院本作『改作永崇』，無『皇恐』二字。」
〔五〕原刻校云：「院本作『當令脩奉司取旨』。」
〔六〕太：原作「皇」，據明澹生堂鈔本、四庫本改。

辭太上几筵〔二〕，王相與黄樞、蕭參同侍從在焉。其衣服禮儀如丁亥朝見日，使副往浙江觀潮。

癸巳，垂拱殿後幄奏事，次御垂拱殿，引人使朝辭，如正旦使之儀。答書曰：「慈庭棄養，已馳訴於哀摧；使馹將誠，乃併貽於奠問〔三〕。具承書惠，愴閱物儀。沐軫念之惟勤，知締盟之彌永。兹深感慟，莫罄叙言。」李巘之詞也。

甲午，寒食節假。

乙未佚。

丙申佚。

〔二〕北：明澹生堂鈔本作「虞」，當爲「虜」字之形誤。

〔三〕併貽於：明澹生堂鈔本、四庫本作「伴貼於」。

廬陵周益國文忠公集卷一七三

雜著述卷一一

思陵録下

起戊申三月丁酉止己酉二月壬戌。

淳熙十五年戊申三月丁酉朔，雨。延和殿坐，呈學士院申明報謝國書，紹興三十年例以錦拓匣用紅封裹〔一〕。上曰：「合依去年告哀國書例，並以黄。」蕭燧申：「昨充按行使，將來合往攢宮審驗神標，緣除參政，合與不合前去？或止令吴回掌管，將來一就結局？」有旨令吴回掌管，一就結局。從駕過德壽宮臨慰如儀。

己亥，晴。早，百官請太上尊謚於南郊，積雨驟霽，人皆嘆異。

辛丑，晴。國忌，行香畢，先詣德壽宮進名奉慰太后，次詣西上閤門進名奉慰皇帝及皇后，以太上謚號敕下也。次入東華門，至倚桂奏事〔二〕。呈禮部太常寺申，將來發引差攝太傅導梓宮，合就委總護使，及攝侍中、少傅、少保等。予奏：「餘官皆已擬定，惟太傅續呈。」既退，上遣内侍持批旨云：「大行太上皇帝靈駕發引，依紹興二十九年顯仁皇后例，免引拽〔三〕。」

壬寅，雨。早，常服吉帶至祥曦殿，憲節皇后册寶自内中出，騎從至太廟門下馬，至南神門外幄次奉安訖，就廟中宿齋。

癸卯，陰。早，以地濕，祭服詣殿廊立班，文武百官皆集，從册寶入南神門，至殿西階下，俟奉神主出祏室再拜。王相攝太傅升殿，逐室上香、奠幣、酌酒、讀祝文訖，回至册匣。予搢笏奉册以授之〔四〕。留參讀册於殿上，意若告祖宗者。讀畢，復授寶如授册之儀。黄樞讀寶於殿上訖，各復位，贊再拜。奉神主入祏室瘞幣訖，復換常服吉帶，從册寶出廟門。騎從至德壽宮換黑帶入，以册寶告於太上皇帝虞主前，如太廟之儀。從册寶歸太廟權奉安訖，歸家。

甲辰，晴。延和奏事，蕭參謝充攢宮禮儀使，且云已具畫一進入。上小語云：「尚未定，且少待，或改差宰臣。」蓋恐人有議論。既而上問：「差宰相如何？」予奏：「去年十月，臣在德壽宮固嘗言當置五使，而禮官堅執紹興二十九年顯仁例，殊不知事體當有别。臣適避嫌，不敢力争。今陛下既用七月之制，又行三年之喪，豈可無執政官至陵下？前日所以綿蕝乞差蕭燧充禮儀使，蓋此使舊用從官，今以兩府，足見增重之意。又序位適在伯圭之下，於總護使自不相妨。兼元祐二年迎奉神宗塑像往裕陵，亦差中書侍郎吕大防爲禮儀使，即今參政也，蓋不敢無所據云。」上曰：「事體不輕，甚善。」上宣諭：「紹興府前月二十九日大雷，明日雨雹〔五〕，甚損麥苗，獨攢宮相近無之。」呈激賞庫申，

〔一〕「紹興」上，明澹生堂鈔本、四庫本有「晋」字，疑是。
〔二〕桂：明澹生堂鈔本、四庫本作「柱」。
〔三〕拽：原刻校云：「院本譌『洩』。」
〔四〕予：明澹生堂鈔本、四庫本作「手」。
〔五〕明日：四庫本作「且」。

昨紹興二十九年有支送總護使已下常禮，今未有錢銀〔一〕。上曰：「幾何？」予奏：「已具在此，約錢八千緡、銀二百兩。頃年激賞庫有餘，今非昔比。」上曰：「即今封樁庫，此自合支。」乃令左帑支萬緡及銀二百兩。次補闕薛叔似對兩疏：一論政事，一乞請太后還大内。次詣祥曦殿下立班，聖神文武憲孝皇帝册寶自内出，再拜訖，從詣德壽宮奉安於宮門外幄次，赴都堂宿齋。以近例論之，合於德壽宮前宿齋，亦惟吏言是從耳。

乙巳，絶早，常服黑帶詣德壽宮門外幄次，後從册寶寘殿階下少退，再追班，再拜。左相升殿上香奠祭訖下殿〔二〕。予以册寶授之。留參升殿讀册〔三〕，次授寶如册。黄樞升殿讀寶。禮畢，進名奉慰太后〔四〕。次赴太廟換吉帶，就別廟奉上懿節皇后改謚憲節，如太上册寶之儀。次換黑帶詣文德殿門外，爲奉上太上謚册寶畢，奉慰皇帝、皇后，并進名再拜。帝后兩册寶，左相當上太上者，予當上憲節者，樞、參亦各一讀册寶，而太常不敢明言，堂吏又復觀望。既左相并任其事，册在寶先，但字數多爾。初謂以此相優，令予讀寶。予以嫌不敢辨，但用紹興二十九年顯仁例，陳康伯爲右相以册寶授左相，而令樞參讀册寶。吏又以黄樞衰疲憚煩，遂令讀寶云。内侍都知劉慶祖傳旨賜奉上册寶銀絹，二相各三百疋兩，樞參各二百四十疋兩，同入奏辭免。聞禮官及行事官支賜有差。

丙午，旬休。内批辭銀絹奏云：「不許辭免，可特收受。」

丁未，延和殿坐。起居畢，三省樞院同辭銀絹〔五〕。上再三不許，曰：「典禮至重，其數不多，不必固辭。」進呈至道三年永熙陵典故：四月差越王元份等五使，是年九月十四日差宰臣呂端攝太傅，持節前導靈駕并奠謚册寶，監鎖元宮。是時一相，尚且親往。只如紹興元年昭慈聖獻皇后在會稽，倉卒間猶命同知樞密院事李回爲總護使，又差參知政事張守監掩攢宮，蓋是時范宗尹獨相，又母后事體不同。今者有司不知典故，凡事只用顯仁誤例。初八日因聖問，臣方敢具出。」上曰：「若無典故，猶當義起，况典故甚明乎？」初，予連日語左相：「今若鹵莽，後必噬臍。」左深以爲疑，五更漏舍再示以典故，怫然曰：「須是兩相都往。」又密語留參云云。留遂云：「左相疑逼其去則不可復歸，不如已之。」予曰：「然則某當自請去。」留曰：「如此方可。」既進呈，予亟奏：「臣請去。」上從之，且曰：「別立使名如何？」予奏：「使名却小，且礙總護，只依此的例爲是。」王相見議定，然後云：「陛下屬臣亦可。」上曰：「不須。」是日内引洪邁，上諭以山陵事重，已令宰臣一人去。初欲立使名，恐礙總護，乃有攝太傅故事。邁贊聖德，又進劄子乞條具修實録，又奏：「頃蒙宣諭太上皇帝宜以文武臣各二人配享，文臣無如呂頤浩、趙鼎，武臣當用張浚、韓世忠，乞令侍從議。」并批依奏。上又曰：「鼎有社稷之功。」邁以諸韓在此致力，書韓世忠於張俊之上〔六〕，皆云太師，其實世忠乃贈爾。從駕過德壽宮即回。有

〔一〕錢銀：原刻校云：「院本作『錢糧』。」
〔二〕祭：原作「茶」，原刻校云：「院本作『祭』。」據四庫本改。
〔三〕原刻校云：「院本作『予以册寶寘殿階』。」
〔四〕奉：原脱，據四庫本補。
〔五〕樞：明澹生堂鈔本、四庫本作「密」。
〔六〕俊：原作「浚」，據明澹生堂鈔本、四庫本改。

台州進士宗女夫余宋臣縞素，在望仙橋東欲攔駕投進二黄册文字，爲街司所驅，駕過，叫呼不已。臨安府爲繳進，乃《萬世如見集》，其前太上慶壽歌頌，其後乃追思上仙之辭，刻板模印數十本。有旨令臨安毁板，押出界。

戊申，國忌行香。

己酉，不坐，入局。内引總護使伯圭，又引報謝使副京鏜、劉端仁朝辭，其書曰：「比沐慈仁，遠馳華使。愍念凶哀之故，特行祭唁之儀。雖已飭於報函，顧未殫於感緒[一]。亟颺謝禮，洊達英聰。不腆幣將，併申牘布。」鏜奏：「齎禮物當與告哀使同，緣其間遺留使却用泛使例，恐今減半，彼以爲疑。」上沉吟良久，曰：「莫適中否？」又云：「以卿向來館伴倜儻，故加選用。」蓋諫議謝諤有疏乞量增，上不以爲然，故聖語如此。

辛亥，早，國忌行香。倚桂閣下奏事，呈謝諤乞量添報謝使禮物。上曰：「昨京鏜亦來説，用正旦例已得中。」諤自不知，遂進呈訖。又呈户部奏：「今年權免會慶聖節進奉總計左藏庫銀十三萬二千八十兩五錢二分五釐，絹三萬七千四百疋，金三百兩，折銀錢三萬六千六百二十八貫三百六十二文，内藏庫銀五千九百五十九兩，折銀絹錢四千九百八十四貫三百七十五文。」上曰：「明年又須此數。」予奏：「此盛德事，陛下必不惜。」上曰：「將來衣絹莫不防闕否？」予奏：「户部紐作四貫一疋，價已不低，有錢甚易買。」上許之，退批旨以金銀對支。予呈劄子：「被差前導太上靈駕，止關借奉使一印，并帶堂吏五人，諸色使令五十餘人，并不申請借請批支之類，免覬恩賞。但令激賞庫使臣量帶官會前去，恐合犒設人匠。」上曰：「須行犒設，仍務從優。」蓋宰臣親往，大小體面[二]。内侍省都知語行首司云：「近日册寶銀絹，既未見齎關子來請，已得旨少間一面降賜支食錢二十千，酒四瓶。」短表謝。内侍傳旨付下洪邁所擬指揮，其略云：「攢宫大事，如官吏指望赦恩，故不整肅，及受財擾良民，理宜戒敕，乞給黄榜。」御批：「須與不須降指揮？」予與王相回奏：「不須。」是日文思院發方相氏龍輴、影殿[三]、大舁轝等赴德壽宫，四遠來觀者填塞街衢。或云朝天門外曾踏殺人。

壬子，微雨，陰。早，延和起居訖，從駕過德壽宫。辰時八刻，太上皇帝啓攢還殿，群臣服初喪服哭臨奉慰如儀。車駕留宫中。三衙巡警如去冬而不置大内及行宫使。

癸丑，微雨而陰，穀雨節故也。晚而霽。禮官先請羣臣非侍從及執事者來日并免立班，先詣城外伺候奉辭太上靈駕，蓋略倣在京乾元門立班故事爾。侍從集議高廟配享四人，宜如明詔批依。初，洪邁當太上升遐即鈎致上語，退即宣言於外。十一日既得依奏之筆，省中行文書前兩日方徧至侍從處。邁又草其議，衆人簽名而已。衆論頗汹汹。又聞章森上書乞用張浚、岳飛，楊萬里乞用浚，不報。

甲寅，三鼓，皇太后行禮奉辭，故事當詣城外，上以太后年高不可出故也。上行啓奠禮，其禮奠幣、三祭酒、讀祝文，陪位

[一] 顧：四庫本作「猶」。
[二] 大小體面：原刻校云：「院本作『體面所關』。」四庫本同。
[三] 殿：原脱，原刻校云：「院本有『殿』字。」按明澹生堂鈔本、四庫本同，據補。

哭如儀。有頃，攝侍中宇文价奏請靈駕進發，輦官力士捧擎梓宮稍前。又奏請少駐，有司設牲牢禮饌於床，陪位哭如啓奠之儀。侍中奏請進發，輦官力士升捧擎梓宮。予攝太傅，持節前導梓宮進行，太常少卿帥執翣者分左右障梓宮，皇帝及太子、總護使伯圭、皇親、南班官并舉哭從〔一〕。至德壽殿，侍中奏請梓宮升龍輴。將作監韋璞率輦官力士捧擎梓宮登龍輴，其下有輪，故曰車。挽士奉引，予持節導至德壽宮門外，侍中奏請靈駕權駐，遂去天盤〔二〕，升大昇轝。其制下爲底而蓋以殿宇，四柱皆旋，安插，夾以青障〔三〕，左刻青龍，右刻白虎，前後各有朱扉，前掛黃綠簾，上垂朱雀，後爲龜蛇，以象玄武。既畢，皇帝行遣奠禮，牲牢禮饌如初奠，陪位哭如儀。攝中書令陳居仁讀哀册。皇帝舉哭訖權歸素幄。閤門吏引予與總護使及諸使、宗室等朝辭，再拜，吏喝好去，大昇轝進發。皇帝出幄執紼繩，內侍割繩訖，持節騎導大昇轝、凶仗儀衛等進行，挽郎沿路歌挽章，自皇后、太子及妃嬪、宰執、侍從、三衙在外諸軍次第排祭。月色晴明，觀者四遠而至。皇太子送於新開門內，文武百官奉辭於門外，遂登舟。潮水既應，波伏不興，黎明離岸，即達西興，真有相之道也。梓宮既入港頓，不留，乃乘馬，僅二三里登舟，又十二里至蕭山縣覺苑寺宿頓，哺臨如儀。帥張杓、漕趙不流、提刑延璽、提舉常平田渭皆來。凡梓宮前船一百八隻，後船一百四隻。

乙卯，晴。朝臨訖，行三十五里至白鶴橋食頓，又十五里至錢清北閘。尚早，先次哺臨訖，留俟潮應。錢清江者，東自三江口來，三江口，海之浦也。浦分三道，左由斗門入曹娥江，中爲錢清江，右爲錢塘江。西過諸暨，約三百餘里〔四〕，闊十餘丈，運河午貫其中，高於江水丈餘，故南北皆築堰止水，別設浮橋渡行旅，大舟例剗載，小舟則拖堰而過。往歲祐陵之役，南北爲閘，俟潮水與運河適平乃啓閘橫絕〔五〕。至是雖彊爲閘〔六〕，而沙泥易壞。運副趙不流初議盤剗，無何頓遞使洪邁前奏：「恐內人等登車暴露，但當減節閑慢之舟〔七〕。」上徑批依。紹興帥張杓深憂梓宮涉橋危，雖頗拆民居陰爲之備，終不敢任責。至是潮水平漫，日暮猶低四尺，漕遷延不敢開閘。杓窘甚，密餌御舟篙梢，乃以爲可過。漕令責狀。舟人笑曰：「疏脱立死，何以狀爲？」於是與主管官內侍都知劉慶祖等議，止放梓宮船。閘開，水勢奔注，久之方稍緩。兩岸以索牽制，令水手扶輿而過。將達南岸，而大昇轝不受約束，相繼而往，微觸御舟，賴篙梢善其事，遂得入閘。轝舟不能入，橫於南岸。册寶又往，江流湍急，舟人力不能加，直衝其腰簭，幸轝不損爾。既而虞主亦來，江水滋急，復衝册寶腰簭，勢尤可畏。不流頓足垂涕，幾欲赴水。予約蕭參及宇文步導梓宮舟至錢清鎮宿頓。册寶幸無他，惟腰舁脚并竿杖各損其一，乃招帥漕令語劉慶祖具奏。慶祖等初不知其詳，欲抹殺其事。予不可，竟以奏。夜宿薛氏店。

〔一〕從：原無，據明澹生堂鈔本、四庫本補。
〔二〕原刻校云：「院本作『權駐去輴天盤』。」
〔三〕青：原刻校云：「院本作『中』。」
〔四〕百：原刻校云：「院本作『十』。」
〔五〕橫絕：四庫本作「洩水」。
〔六〕至是：原刻校云：「院本作『至於』，誤。」
〔七〕閑慢之舟：原刻校云：「院本作『閑泛舟』。」

丙辰，晴。朝臨訖，行二十里食頓柯橋，又二十里入紹興府宿頓光相寺。晡臨訖，泊舟石寺丞門〔一〕。臨安今日五更浙江跨浦橋火，約焚折二百家，正梓宮登舟處。秘書少監楊萬里上書論洪邁議配享黜張浚爲私爲欺爲專，且條浚大功五。

丁巳，晴。朝臨訖，導梓宮出都泗門五里，食頓會稽縣尉司，二十五里至羅家新步晡臨焉。鑑湖瀰漫，今此爲田，凡收米八萬石，每畝三斗，可知廣狹矣。都泗之義，人皆不能言。或云《南史》何尚之二代孫胤居東山，送太守衡陽王元簡至都求賜埭，或訛賜爲泗耳。治平方相高五丈，用八百人曳之乃能動，今纔二丈餘，過城門稍低。張杓賂合千人遂俯而過。聞京師作三截旋安闕，未嘗拆門也〔二〕。

戊午，陰。早，梓宮舍舟升龍輴，又自輴登大昇轝，夾道羅禁衛，鼓吹、繖扇，挽歌。予騎導行六七里，將至永思陵，復降轝登輴。至上宮櫺星門外，力士捧擎以入，奉安訖而雨作。上宮者，爲獻殿三間六椽，中間闊一丈六尺，兩間各一丈二尺，其深三丈。後爲龜頭三間，中間亦闊一丈六尺，兩間各五尺，其深二丈四尺，皇堂在焉。初開穴南北長三丈七尺六寸，東西闊三丈二尺，深九尺，四壁用白石膠土五層，以石周砌爲石藏子，長一丈六尺二寸，闊一丈六寸。所用槨長一丈二尺三寸，高七尺一寸，闊五尺五寸。納梓宮於中，覆以天盤囊網，乃用青石爲壓欄，次鋪承重柏木枋二十餘條，次鋪白氈二重，次鋪竹篾，然後用青石條掩攢訖，上用香土二寸，客土六寸，然後以方磚砌地，其實土不及尺耳。下宮之制，殿門三間四椽，每間闊一丈四尺，深二丈。前後殿各三間六椽，其深三丈，每間闊一丈四尺。東西兩廊一十八間四椽，其深一丈六尺，每間闊一丈一尺。殿門東西皆有挾屋一間六椽，各闊一丈六尺，其深三丈。又有櫺星門、神遊亭、換衣廳。予與蕭參及宇文尚書、洪內翰皆館於泰寧寺，去攢宮約三里。按熙寧三年六月，郡人屯田郎中、通判湖州褚理記文云：「周顯德中廢隍城院而置化城院，本朝天禧二年僧用歡始廣其居，治平二年敕改證道。」今爲泰寧，乃左丞陸佃家功德院。既爲攢宮，陸氏亦徙其墳，別賜僧廬，而俾崇奉攢宮香火，歲度一僧。四山環合，近歲依山爲閣，頗高潔，議者多謂此有山陵氣象。或云僧徒賂太史局而免。寺有資政殿大學士、知越州趙抃贈山主絕句云：「不用湖山半日程，化城非是闍婆城。無情說法人聞否，風裏松篁管送迎。」亦熙寧丁巳三月十日也。住持僧法慈、監寺法昇相訪，晡臨如儀。晚得報，是日延和奏事，左拾遺許及之對，一乞車駕將來就候潮門迎虞主，上不以爲然。一論祔廟後當新政事，近日風俗委靡，人才不振。上諭令「有事但預言，在卿不失爲良臣，朕亦無過舉」。

己未，朝晡臨。隨行携激賞庫錢三千緡，先以三百緡犒梓宮船篙梢，又以一千五百緡送都大主管所，令犒一行禁衛，又以千緡犒脩奉司人匠等。權禮部郎官倪思奏：「太上掩攢以前，除宰執內殿奏事外，輪對引見班并乞權停。」有旨依。

聖神武文憲孝皇帝永思陵攢宮脩奉使司據都壕寨官符思永：申據脩奉監脩申，契勘依奉聖旨指揮脩奉永思陵攢宮，

〔一〕門：原作「聞」，據明澹生堂鈔本改。
〔二〕原刻校云：「院本作『巧能動』，無『餘過』二字。『聞京』以下十四字缺。」

今據諸作合干人都壕寨于慶等狀申：開具造到上下宮殿宇門廊間架安卓等下項，並於三月十二日一切畢工，伏乞移文所屬交割施行，申候指揮。右，所據申到在前，伏乞備申脩奉使司取候指揮，交割施行，申候指揮。本司尋牒都壕寨官吏更切子細契勘，如今來所具到數目別無差漏，即一面交割施行。去後續據監脩官入內內侍省內侍殿頭楊榮顯等申，并已交割，付永思陵攢官司及守到本宮交割訖，公文入案。申乞照會。

一、上宮。

殿一座，三門六椽，入深三丈，心間濶一丈六尺，兩次間各濶一丈二尺。并龜頭一座三間，入深二丈四尺，心間濶一丈六尺，兩次間各濶五尺，並四鋪下昂柱頭，骨朵子月梁栿絞單栱屏風柱五寸二分五鼇材，徹脊明圓椽順板，內龜頭連簷四椽。月梁栿五寸二分五鼇材，圓椽厦板，兩轉出角，四入角。扉子白板下簷，平柱高一丈二尺，柱置在內，頭頂並係丹粉赤白裝造，法紅油造柱木。周迴避風簷共一百二十扇，並勾欄子一十七間，並係礬紅刷油造。及腔內出線小絞子共三十八扇，係朱紅漆造，黃紗糊飾，安釘鍮石葉段事件。頭頂鋪釘竹笆，瓪板瓦結瓦，行壠并安鴟吻。周迴山斜額道壁子並紅灰泥飾，方磚鋪砌地面。中城磚壘砌，堦頭高三尺。並砌周迴散水，面南墁地、白石壓欄、石碇、踏道、角石角柱，并引手勾欄子、望柱覆蓮柱頭、獅子龜頭。

皇堂石藏子一座，裏明。南北長一丈六尺二寸，東西濶一丈六寸。白石箱壁二重，共厚四尺。擗土石一重，厚一尺，深九尺，上用青石。壓欄一重，厚八寸，鋪承重柏木枋子二十二條。上鋪白甎二重，安砌蓋條青石十條，高一尺。打築鋪砌磚土共厚一尺，通深一丈二尺。箱壁石用鐵，古字並鉛錫澆灌。

殿門一座，三間四椽，入深二丈，心間濶一丈六尺，兩次間各濶一丈二尺。四鋪下昂絞要頭柱，骨朵子分心柱四寸五分材。月梁栿徹脊明圓椽順板，扉子白板直發造下簷。平柱高一丈二尺，柱置在內，頭頂丹粉赤白裝造，礬紅油造柱木硬門三合，額頰地栿門關、鐵鵝臺桶子，黑油浮漚釘葉段門。鈑頭鋪釘竹笆，瓪板瓦結瓦，行壠安鴟吻。周迴山斜額道壁落紅灰泥飾，上坯壘砌，兩山牆紅灰泥飾。中城磚鋪砌地面，壘砌堦頭高二尺五寸。並砌散水白石壓欄、石碇并前後踏道，及安砌面南白石墁地。

火窑子一座，作二三壘澁腰花坐，頭頂顯柱頭㪷口，跳骨朵子。中城磚并條磚飛放簷槽，小瓪板瓦結瓦，行壠並三壁捲膋門子磚、窗裏用鐵索，并丹粉赤白裝造。

殿前中城，磚六瓣，壘砌水鋼四座，并設坐水大桶二隻，提水桶一十隻，并灑子。

櫺星門，南北共二座，柱頭上各安閥閱，並各安門二扇。肘葉門鈑桶子全並石門砧，及礬紅油造柱木門戶。

外籬門一座，安卓門二扇，並礬紅刷油造柱木。並門及兩壁札縛打立實竹籬二十餘丈，並立籬健石。

紅灰牆，周迴長六十三丈五尺，止用杫笆椽，鋪釘竹笆，瓪板瓦結瓦行壠，礬紅刷造杫笆椽，紅灰泥飾，圍牆下脚用銀鋌磚壘砌隔減，並中城磚壘砌鵲臺二堵。

裏籬磚牆，係中城塼繞簷壘砌，周迴長八十七丈，止用瓪板瓦結瓦行壠。

東壁隔截磚牆，係中城磚繞簷壘砌，長四十丈。

土地廟一座，並龜頭一間。頭頂並係丹粉赤白裝造礬紅油造柱木等，白灰泥飾壁落，並仰塈。中城磚砌地面並階頭，中板瓦結瓦行壠，並面南西壁壘砌火窑子一座，土地神像共七尊，黑漆供床一張。

巡鋪屋牆，裏外共四間，並白灰泥飾壁落，中板瓦結瓦行壠，礬紅刷油造柱木。立精地栿並周迴簷槽，並磚砌水缸四座，條磚砂堦，東西路道濶四丈，長四十丈。

一、下宫。

殿門一座，三間四椽，入深二丈，各間濶一丈四尺。重㪷口跳身，内單栱，方直袱，徹脊明圓椽順板，扉子白板，分心柱直廢造下簷。平柱高一丈四尺，柱置在内，頭頂丹粉赤白裝造，法紅油造。柱木並軟硬門二合，及頰額地栿門關等，並黄油浮瓪釘。及門鈸肘葉鵝臺桶子，頭頂鋪釘竹笆，瓪板瓦結瓦，行壠並鴟吻〔二〕。及周迴額道山斜壁子並紅灰造作，並土坯壘砌，兩山牆紅灰泥鋪，中城磚鋪砌地面，並堦頭高二尺，並砌散水，及安砌白石壓欄石碇並前後踏道。

火窑子一座，下作二三壘澁腰花坐，頭頂顯柱頭，㪷口跳骨朶子。中城磚並條磚飛放簷槽，小瓪板瓦結瓦，行壠三壁捲傘門子磚，窗裡用鐵索，及用丹粉赤白裝造。

前後殿二座，各二間六椽，入深三丈，各間濶一丈四尺。四鋪捲頭脛，内絞單栱，攀間心間前栿項柱兩山，鞦韆柱徹脊明五寸二分五釐，材圓椽順板，扉子白板，柱頭骨朶子直廢造下簷。平柱高一丈一尺，柱置在内，頭頂並係丹粉赤白裝造，法紅油造柱木，並板壁二十四扇朱紅漆造。出線小絞隔子四十扇，黄紗湖飾，安釘鍮石葉段事件。並礬紅油造避風簷八十扇，並勾欄子八間。頭頂鋪釘竹笆，瓪板瓦結瓦行壠，並安鴟吻。方磚砌地面，中城磚壘砌，堦頭高二尺五寸，並打花側砌天井，子甬路並兩壁路道，及包砌水鐲四座，白石壓欄石碇，並踏道二座，引手勾欄子、望柱覆蓮柱頭獅子。

殿門東西兩挾各一間四椽，入深二丈，各間闊一丈六尺，單㪷直替，方額混栿，方椽硬簷。柱高八尺五寸，柱置在内，頭頂丹粉赤白裝造，礬紅油造柱木黑油杈子二間。頭頂鋪釘竹笆，白灰仰塈，中板瓦結瓦。週迴壁落白灰泥飾，並土坯壘砌，坯牆用白灰泥飾。中城磚鋪砌地面，並堦高一尺五寸，白石壓欄石碇。

東西兩廊一十八間四椽，入深一丈六尺，各間濶一丈一尺。下簷單㪷直替，方額混栿，方椽硬簷造。頭頂丹粉赤白裝造礬紅油造柱木。中城磚鋪砌地面，並砌堦頭高一尺五寸。頭頂鋪釘竹笆，白灰仰塈，中板瓦結瓦，白石壓欄石碇。東西兩下簷並係土牆三十六間，白灰泥飾。

後殿東西兩挾各一間六椽，入深三丈，各間濶一丈六

〔二〕「並」下，據前文當脫「安」字。

尺，方額混枎，方椽硬簷造。頭頂並係丹粉赤白裝造，礬紅油造柱木。中城磚鋪砌地面，土坯壘砌，坯牆白灰泥飾。頭頂鋪釘竹笆，白灰仰塈，白石壓欄石碇。及中城磚砌堦頭高一尺五寸，並案卓朱紅隔子八扇，黄紗湖造鍮石段事件。

櫺星門一座，柱頭上安閥閱，並安卓門二扇，並係礬紅刷油造，及釘肘葉門、鈸鵝臺桶子並石門砧。

外籬門一座，安卓門二扇，並礬紅刷油造，及安白石門砧。

綽楔門一座，安卓門二扇，並礬紅油造。

櫺星門裏中城，磚包砌水鐧四座。

神廚五間四椽，入深二丈，各間濶一丈一尺，單枓直替，方額混枎，方椽硬簷。心間安釘平暗椽板一間，頭頂丹粉赤白裝造，礬紅油造柱木直櫺窗，白灰泥飾壁落，中板瓦結瓦，並壘砌鍋竈五事墟二隻，白石壓欄石碇。

神廚過廊三間，並奉使房二間及香火房二間。頭頂並丹粉赤白裝造，礬紅油造柱木黑油直櫺窗。頭頂鋪釘竹笆，仰塈，中板瓦結瓦行壠，白灰泥飾周迴壁落。中城磚砌地面，白石壓欄石碇。內香火房，壘砌火窑子一座。

潛火屋並庫屋四間，頭頂簷槽，丹粉赤白裝造，中板瓦結瓦行壠，白灰泥飾壁落，礬紅油造柱木門戶黑油直櫺窗。中城磚壘砌堦頭。

換衣廳三間，頭頂中板瓦結瓦，鋪釘竹笆，白灰仰塈，并周迴壁落礬紅油，柱木黑油，直櫺窗槅子丹粉赤白裝造頭頂。中城磚鋪砌地面，並壘砌階頭、白石壓欄石碇、前後夾道。

鋪屋圍牆里外五間，頭頂中板瓦結瓦，白灰壁落，礬紅刷造周迴簷槽，及礬紅油造柱木立精地枎。中城磚壘砌階頭，磚砌水鐧五座。

廟子一座並竈頭頂中板瓦結瓦行壠〔二〕，頭頂丹粉赤白裝造，礬紅油造柱木，白灰塈壁落。中城磚砌地面，並堦頭及踏道土地神像共七尊，黑漆供床一張。

神遊亭一座，頭頂瓪瓦結瓦，風帶行壠三面，坐嵌勾欄子。周迴擗簾杆擡簷並礬紅油造，頭頂丹粉赤白裝飾，方磚砌地面。中城磚壘砌階頭並踏道一座，及安白石基臺一副。並面南壘砌花臺一座，長一丈八尺，濶一丈五尺，上安白石壓欄，係白石望柱，上控黑油方木檽子十五丈。

過道門四門，頭頂中板瓦結瓦，白灰仰塈，並壁落丹粉赤白裝造，礬紅油柱木。

周迴白灰圍牆長一百三丈六尺，上用杚笆椽〔三〕，中板瓦結瓦行壠，礬紅刷造，杚笆椽白灰泥飾。

一、上下宫東壁札縛打立實竹籬七十餘丈，西壁展套茨籬一百餘丈。

一、上下宫諸處白石板安砌路道長一百八十餘丈。

一、上下宫東西兩壁各打實竹籬長二十九丈六尺，並竹籬門二座。

〔二〕「竈」下，原刻校云：「張本有『頭一間』三字。」疑是。

〔三〕「椽」下，原刻校云：「張木有『鋪釘行笆』四字。」

右件如前。謹具申尚書省，伏乞照會。謹狀。

淳熙十五年三月日，履正大夫〔一〕、昭慶軍承宣使、入內內侍省副都知、攢宮脩奉鈐轄霍汝弼，降授右武大夫、榮州刺史、殿前副指揮使、攢宮脩奉都護郭棣。

聖神武文憲孝皇帝永思陵攢宮脩奉司承按行使司牒：勘會本司於今月十九日將帶太史局判局尅擇官詣攢宮按視，得聖神武文憲孝皇帝攢宮塋域神穴並神圍四正，並依得元按標劄地段，除已奏聞外，請照會施行。本司尋牒都壕寨官應故例施行去後，今據都壕寨官符思永申：本司尋牒監脩照官施行去後，據回申，據都壕寨于庆等狀，已將神穴心樁土木起折訖，又用底板石鋪砌了當。今來所脩永思陵皇堂四壁箱壁石各係二重，共濶四尺，膠土各濶四尺四寸，擗土石一重係各厚一尺，通共元開南北長三丈七尺六寸，東西濶三丈二尺。用石板安砌，打築圓備。其皇堂裏明深九尺，長一丈六尺二寸，濶一丈六寸；椁長一丈二尺二寸，高七尺一寸，濶五尺五寸。將來四壁若下神煞並椁底，及進梓宮，次進椁身，並安設天盤囊網，委得並無妨礙。本司保明是實，申乞照會。續又據都壕寨官符思永申，據監脩官申，尋勘合於人楊椿等開具皇堂丈尺並石段柏木枋等數目下項，申乞照會。

一、皇堂開通長三丈七尺六寸，通濶三丈二尺，深九尺，係裏明用擗土石五層，周迴用一百六十段，雙頭石各長四尺、濶二尺、厚一尺壘砌。

一、底板石三十段，內六段各長一丈二尺，濶三尺二寸；二十四段各長四尺，濶二尺五寸，厚八寸。

一、石藏裏明長一丈六尺二寸，濶一丈六寸，深九尺，係九層。雙石頭，各長四尺，濶二尺，厚一尺，用三百二十四段壘砌，並神穴心口已鋪砌了當，用過石一段。

一、青石子口一十四段，石藏上壓欄使用，各濶一尺九寸五分、厚八寸，長短不等。

一、青石蓋條用一十條，各長一丈五尺，濶二尺，厚一尺。

一、承重柏本枋二十二條，闊狹不等，折合濶一丈六尺二寸，長一丈二尺二寸，各厚八寸。青石蓋條、承重柏木枋，並已安範閃試了當。

一、氈條鋪兩重，長一丈六尺，濶一丈二尺，用八六白氈四領、四六白氈八領，兩重共約厚二寸。

一、掩攢訖皇堂上用香土二寸，於香土上用客土六寸鋪襯，訖用方磚鋪砌地面。

右，謹具申尚書省，伏乞照會。謹狀。

淳熙十五年三月日具位如前〔二〕。

庚申，朝晡臨。連日雨作，益知在途晴霽爲有神助也。

辛酉，晴，朝晡臨。右拾遺許及之密報：洪邁以臺諫欲祔廟後論列配享事，邁亟入奏，引楊萬里之言乞去。新知泰州蘇玭、新知興化軍張淵、新知武岡軍石斗文、新知台州司馬禧、前知潯州劉敏文、主管明道宮呂大麟并自城中相訪，皆寄居也。

〔一〕「履正」下，原刻校云：「一作『中正』。」
〔二〕原刻校云：「自『己未』條下『聖神武文』起至此，阮本全缺。」

壬戌，雨，朝晡臨。

癸亥，晴，朝晡臨。會稽知縣葉峝〔一〕、尉秦勳相訪，云内人每頓破羊肉四百斤，泛索尤難應付，如田鷄動要數十斤。其實德壽宫惟張淑妃及内人一二十人，大内内人皇后殿十八人耳。是日聞車駕詣皇太后殿起居即回，沿路起居如常。

甲子，晴，朝晡臨。聞士人是日皆發廩，初恐其雨則夏旱也。賜洪邁不允詔到，聞再入文字。《治平齋記》：昌王、東平郡王、虢國公皆以茶、藥、酒、菓遺五使。今惟總護使送酒三百小尊，此同蕭參以六十千并思堂春十掇遺之〔二〕，又十千十掇遺宇文尚書〔三〕、洪内翰，餘職事官及脩奉、都護、鈐轄、都大主管、中貴人各遺以思堂春十尊或八尊，其餘諸使屬官幾百輩〔四〕，皆不及。如恩平郡王、平陽郡王、嗣濮王士歆、開府士岘亦不曾通問〔五〕。曾仲躬侍郎、陳叔達舍人皆自城中來相訪。

乙丑，晴，朝晡臨。是日埋重於野，焚凶器於田。得報，遣留禮信使顔師魯、高震以此月二十四日回至盱眙。初，師魯等正月二十五日過界，二月七日過黄河，衛州已爲水所衝，腰頓改就慕化村王三郎家〔六〕。二十一日至燕京燕賓館，宴畢，入來寧館，蓋泛使之館也。二十三日朝見，二十七日朝辭。當日館伴以公牒却遺留内玉器、玻瓈、刀劍。二十八日離燕京。路中設宴，免聽樂、簪花，如告哀使副云。

丙寅，早，微雨。有司於梓宫前陳設牙床、祭器、禮饌，行事及陪位官皆序哭，總護使上香奠幣，三祭酒，止哭。太祝讀祝文，復舉哭訖退。卯時八刻，侍中奏請靈駕赴攢宫，内人先辭而出。有司捧遷梓宫赴皇堂，排柏木枋，留其中兩條。太史贊中官奏請聖神武文憲孝皇帝神靈上神帛，又請神靈上虞主神帛，載逍遥車先登舟，然後盡鋪兩枋，加白氈、竹簟、石條，攝太傅及監察御史并監視。次以篋盛香上〔七〕，攝太保執鍤就颺者九。所謂復土九鍤如此，其詳已載二十二日。其實覆土不及尺，蓋一依昭慈聖獻及永祐陵制度也。太常卿行掩攢宫享禮，并如遷奠之儀，但不用陪位官。次同衆官易常服吉帶〔八〕，赴昭慈聖獻、永祐顯肅、顯仁、憲節攢殿各兩拜而退。陵域相望，地勢殊迫。次易黑帶就泰寧寺望闕拜表慰皇帝，并發皇太后及皇后慰牋二通。次復與總護、禮儀、橋道、頓遞使詣永思陵攢宫陪位，行第一虞祭。初止用太常卿行禮。予閲司馬温公《治平齋記》，載厚陵時用庫部員外郎、宗正丞趙誨主祭，以爲當時至親則有昌王，宗室尊行則有東平郡王允弼，異姓貴臣則有韓琦，而皆陪位於庭。顧使一員外郎登降奠獻，乃有司循故事之誤。因諭太常吏：「予與伯圭、蕭燧、宇文价、洪邁皆陪位。」以禮言之，伯圭當行禮也。温公又記五使皆於未掩皇堂前朝諸陵，又謁會聖宫觀御容塑像。凡登臨之處皆往，以日晚不及東過景雲寺爲言。今乃迫遽如此，雖下宫

〔一〕峝：原刻校云：「院本作『尚』。」

〔二〕「十掇」下，原刻校云：「『茶藥酒菓』至此二十八字，院本缺。」

〔三〕「十千」下，原刻校云：「張本缺此二字。」

〔四〕原刻校云：「院本缺此三字。」

〔五〕原刻校云：「『如恩平』起至此二十三字，院本缺。」

〔六〕「村」字下，原刻校云：「院本作『頓慕化村』。」

〔七〕上：原作「土」，據明澹生堂鈔本、四庫本改。

〔八〕帶：原刻校云：「院本謌『服』。」

亦不許至。予非山陵使，不欲有所更，惟太常吏齊聞韶是聽也。執事官同來者太府少卿韋璞、國子司業何澹、檢詳范嗣蠡、察官吴博古并總護屬官度支郎趙善悉、司農簿盧瑢，皆先還行在。惟尤袤以太常留主虞祭。

四月丁卯朔，天祺節，早雨。赴思陵獻殿陪位行第二虞祭畢，再拜辭陵，舉哭訖，又再拜而退。虞主升腰轝册寶，禁衛等皆行。予與諸使騎導至新步登舟。午晴，至紹興府，止於光相寺。

戊辰，陰。早，赴虞主舟中行第三虞祭，五人陪位如昨。《治平齋記》云：永厚陵第一虞哭，仁宗之虞不哭。今亦不哭。退，少留，俟內人船先去，久之方行。午時至錢清鎮，泊於南閘。諸暨宰翁子中來謁，云每縣官支萬三千緡排一頓，渠節費，頗有羨餘。

己巳，晴。夜來趙漕與總護司議虞主等并剥載，今晨潮水大至，可以渡江，業已議定，於是僧道等先隨神帛逍遥子過浮橋，張淑妃已下從焉。次禁衛迎虞主來，總護前導，予與蕭、宇文、洪四人立馬以待，同導登舟中，陪位行第四虞祭，遂行。午時泊蕭山縣。

庚午，晴。早，就舟中陪位行第五虞祭，以禁渡留邑中。圖經云：邑本吴王闔閭弟夫槩王之邑，漢號餘暨，吴大帝改曰永興，唐天寶元年改蕭山縣，蓋西一里有蕭山，滲水所出，東入海。見《漢書·地理志》。賀知章、吴融皆邑人也。薄暮雷雨，已而星出，舍舟，肩輿十二里，宿西興鎮驛舍中。終夜大風異常，五更微雨。明堂大禮以四月十日降御札處分。楊萬里除直龍圖閣、江東運副，填見闕，坐上書及洪邁議配享事也。

辛未，早登渡船，西北風猶未甚止，張帥、趙漕皆不敢任責，令監渡供狀，而劉慶祖謂內人船已過，力欲出閘。往反數四，乃令梢工供狀而行。中流震蕩，辰未達江下〔一〕，風止而晴〔二〕，寓施氏民居。閤長內侍梁彬傳宣撫問，賜銀合茶藥二合，各百兩，書送銀五十兩，從人錢三十千，又差內侍于忠信賜伯圭及蕭燧。聞伯圭書送二十五兩，其人大怒，形於詞色。《治平齋記》温公爲五使，賜銀合七十兩，其人止十千，近例乃如此。蕭參二合，各八十兩。內引遺留禮信使副顔師魯、高震。回書云：「頃達哀訃，諒方切於孝思；繼獲函書，審夙承於遺命。飭行人而展好，齎信幣以將誠。感愴良深，敷宣罔既。」物録先列不受之物萬壽玉尊等，并刀劍及玻瓈二十事，其後云：「依數發還，元螺鈿合亦隨其物。」次列所受并合，而云：「右如數收受，已具前書叙謝。」不云惠貺，亦知體也。薛叔似入文字論楊萬里不當去，遂收回江東之命，降不允指揮。聞叔似疏引漢武不冠不見汲黯，而待司馬遷不過取文史，以卜祝倡優畜之。蓋以黯比萬里，而以遷比邁也。

壬申，晴。早，神帛及張淑妃先歸德壽宮。過浙江亭行第六虞祭畢，百官來迎。予同諸使前導虞主入城，用儀仗鼓吹等。車駕先過德壽宮，就宮門外奉迎至几筵殿。皇太后及主上次第行安神禮〔三〕，文武百僚進名奉慰。予與蕭參并就閤門放朝見。

〔一〕辰未：原作「辰末」，據明澹生堂鈔本改。四庫本作「竟日未」。

〔二〕「風」上，四庫本有「晚」字，疑是。

〔三〕「主上」下，原刻校云：「院本作『皇帝』。」

癸酉，歇泊假。

甲戌，延和坐升殿。予同蕭參先叙奉使言還，兩拜；又謝到江下蒙差中使傳宣撫問賜銀合茶藥，兩拜；次與王相、黄樞、留參謝前日册寶銀絹，兩拜。前以逼行，無朝殿，未及謝，謂諸公已了，乃知忘記，遂同謝。呈題虞主官，紹興間徽宗神主差翰林學士朱震、顯仁皇后差端明殿學士張燾〔一〕。上曰：「洪邁已乞去〔二〕，差宇文价。」呈洪邁不敢赴學士院、國史院供職。上曰：「楊萬里謂侍從數人附其議，其言太過。況言浚之功而不言其敗，亦豈得謂之公？」予奏：「故事祔廟後方議配享，今神主尚未祔而遽及侑食者，亦已太遽矣。韓琦及忠彦皆曾降詔，徐徐未晚。」上曰：「可收回否？此兩人皆除職與郡，如何？」予曰：「如此亦平。」同王相辭銀絹。初，三月十七日在德壽宮，前主管支費送目子一道。上曰：「朕亮卿等之誠。」已而入奏遂批特依。駕過德壽宮几筵殿行第七虞祭。

乙亥，不坐，入局。批出洪邁、楊萬里并求補外，可與郡而無職名。

丁丑，延和起居畢奏事，同王相、蕭參謝許辭免支賜。上曰：「勉從卿等所請。」呈吴博古察趙不流章。上曰：「無乏事足矣〔三〕。聞張杓曾舉博古，豈有謂耶？降一官如何？」予曰：「若行此疏，則不流幾誤梓宮大事又當如何〔四〕？」又謂不識字，書判皆藉吏，則不當爲幾漕，奚止降官，乃進呈訖〔五〕。太常寺申孟夏朝獻。上曰：「既有下旬，可依所申，宰執分詣。」駕過德壽宮几筵行第八虞祭。内批付三省樞密院：「朕祈請皇太后還内者數四，未蒙俞允。今早復申懇切之請，恭奉皇太后聖旨：『先帝享天下之養，優游二十餘年，升遐此宮，何忍遽然遷去？今几筵又復奉安於此，倘欲還内，當俟終制。』百官宜敬悉皇太后聖意。」

己卯，延和奏事，呈遺留禮信使副推恩，具兩例呈，上令依告哀使三節減四年磨勘。予奏：「指使副薦掌儀兩人宣力爲多，乞特有以寵之。」上曰：「是國信所人乎？」予奏：「亦是禮部人。」上曰：「不須。」呈禮官札子，祔廟畢恭請皇帝御殿所服衣冠。上欲只用見今所服。予奏：「乞留此奏批出。」内引賀金國生辰使副胡晉臣、鄭康孫。國書曰：「誕彌紀月，適當春序之和；緘信將誠，備展邦儀之焕。載形善頌，益篤懽盟。惟嘉詠以良深，匪喻言之可究。」

庚辰，國忌行香。轉運司令承受奏，每年糴糯米五千石，内二千石御前酒庫，三千石德壽宮酒庫。内批德壽宮三千石更不供納，遂申中書省照會。

辛巳，延和起居，從駕過德壽宮行第九虞祭。

癸未，祔廟前三日不坐入局。

甲申，陰。延和起居畢，呈擬到思陵祔廟禮畢德音條目，内獻地人潛昺等乞推恩。上望見便記予前日之奏，云：「令紹興府保明一名，與助教。」又呈將來明堂臨安府申明差軍兵脩治道路

〔一〕殿：原無，據明澹生堂鈔本、四庫本補。
〔二〕已：明澹生堂鈔本、四庫本作「見」。
〔三〕「乏」下，原刻校云：「院本作『敗』」。
〔四〕又當如何：原無，原刻校云：「院本有『又當如何』四字。」據補。
〔五〕原刻校云：「『又謂』以下二十四字，院本缺。」

等，若車駕不出，則明降指揮，免更差人。上曰：「舊例都不出。」從駕過德壽宮行卒哭祭。不哭，奉慰而已。

乙酉，大雨。都堂致齋，來日高宗祔廟也。諸司給諸官早晚食。

丙戌，驟晴。駕過德壽宮奉辭虞主。王相爲禮儀使，內侍押班楊皓主管，用儀仗迎入太廟幄次。皇太子、文武百官相向立於太廟，俟高宗神主及憲節皇后神主入門就行祔謁。恩平郡王璩初獻，嗣濮王士歆亞獻，滎陽郡王伯圭終獻。禮畢，詣德壽宮進名奉慰皇太后，次詣文德殿門外進名奉慰皇帝、皇后。內批：「付三省樞密院：朕昨降指揮欲衰經三年，緣群臣屢請御殿易服，故以布素視事內殿。雖有俟過祔廟勉從所請之詔，然稽諸禮典，心實未安，行之終制，乃爲近古。宜體至意，勿復有請。」

丁亥，國忌行香，歇泊假。賜左相銀絹三百疋兩，以昨日充禮儀使也。顯仁祔廟例乃賜金器。又賜題神主字文价銀絹三十疋兩，行事官劉國瑞亦然，蓋只作侍從官一節次而已。卿監以下行事者，聞各得二十疋兩。

戊子，延和奏事，呈臨安開樂依顯仁例，合候百官純吉服。上初疑未有期，予奏：「且依舊例，惟外路恐已開，難再行下。」上曰：「然。」又奏：「昨奉內批勿請御殿易服，仰見聖孝。但三衙環衛久不侍殿陛，於理未安。」上曰：「過宮自頻，不然令就內殿侍立亦可。外庭已見詔旨否？」奏：「即皆見之，謂宜令有司因此內批條具合行事件商量。」上曰：「甚好。」夜宣李巘鎖學士院，草祔廟畢臨安、紹興府德音。

己丑，文德殿聽宣德音。紹興二十九年顯仁故事：偶闕參政，右相代押制，左相及樞密皆不至〔二〕。昨晚予問行首司，乃誤謂宰執皆往。雖詰之無辭，正謂當時偶是右相往，遂聽之。

庚寅，延和奏事。東宮先升殿致詞再拜，聞以祔廟後辭免參決也。予奏：「禮部闕官，莫差人權否？」上曰：「祔廟後尤袤當還。」因問有何闕。予奏適正說禮部。上曰：「既有學問，便當除用。張體仁亦當還。」王相云：「黃黼是太常丞，亦當還。」上曰：「卿等可擬來。」殿中侍御使冷世光對，一論配享功臣不必再議。批依奏。

辛卯，內門開，批出尤袤權禮侍。既至延和，呈昨日蒙御批付下德壽宮推賞文字。予奏：「前此雖蒙聖諭欲分等第，如高宗殿爲第一等，太后殿第二等之類。臣再思之，太后萬壽無疆，推恩未艾。若與高宗殿并言之，則似有礙。莫若只推本殿應奉人恩數，內免泛濫避忌。」上大以爲然。予問高宗殿名。上曰：「只是德壽殿，太后是康壽殿。」上初欲指揮中說「高宗升祔」。予謂：「止是應奉人，難當此名。」上曰：「只云德壽殿，自分明矣。」呈太常寺申許士庶婚嫁。上曰：「不作樂否？」予奏：「元降指揮已許祔廟後嫁娶。近緣未開樂，恐都城以百官未純吉服爲疑，故諭太常申明之。其間云『不用花綵』，禁樂可知。」上因言：「昨日諭冷世光，洪邁雖是輕率，楊萬里未免浮躁。」二樞因極口稱昨日令罷再議配享甚當，此四人中外皆稱之，其詞殊云云。上因此不然萬里「指鹿爲馬」及「侍從數人附其議」之語。予曰：「兩去之足矣。」予又奏：「憲節皇后祔高宗室，有

〔二〕「樞密」下，原有「院」字，據明澹生堂鈔本、四庫本刪。

親姑慶國夫人年八十，欲得加兩字如賢壽之類。」上曰：「與封兩國，如皇太后姊妹皆曾封。」又歷舉數人。予曰：「秦檜妻亦嘗封，況憲節之姑乎？又親姪三人尚是白丁，皆曾進狀，未敢進呈。姑令勘當，今欲與補官。」上曰：「當如此。」因稱戚里如孟忠厚、邢孝揚皆可重。王相猶欲經由部中，上曰：「不須。」

癸巳，伯圭朝辭。前日已賜伯圭史浩舊第〔一〕，又聞皇太后亦賜金玉錦綺。

甲午，翰林司申，今日面奉聖旨，本司官吏供御人昨輪差赴德壽宮宿直，日下并免宿直。又密白睿思殿祇候吳思忠、蘇大椿、張誼并轉歸吏部，依例免參部在京宮觀，免奉朝請，其請給等并依李世良例支破，免借減，就用舊例批勘。皆高宗御前人也。

五月丙申朔。

丁酉，歇泊，不坐，入局。晚批出：令臨安府及轉運司辦木植材料，準備蓋太后宮，其錢令户部支上供者，仍令會計脩內司指引。

戊戌，國忌行香。午後，御前封薛叔似文字付王左相，遂入奏乞罷政，遷出江下。

己亥，延和坐。是日御批王相奏札，云「可除觀文殿大學士、判衢州」，止於一押而已。諫議大夫謝諤上殿三劄，一乞用剛方之士。上曰：「只一袁樞已着不得〔二〕。」二乞詔諸路賑濟。三乞放兩浙贓罰等錢。

庚子，端午節。感風卧家。久無梅雨，兩日方得稍霑濡。夜鎖院。

辛丑，後殿謝時服，延和奏事。文德殿宣麻：王淮除大觀文、判衢州。

壬寅，早不坐，午時倚桂奏事。初，都大主管所申審甘昇、劉慶祖内侍合干人轉官第二等，列堂吏於其間。予詰之，吐其實云：「恐繳駁耳。」予語之云：「汝堂吏，而自附於内諸司之後，不亦辱乎？」至是將上，奏云：「堂吏當依諸司諸使推恩一就取旨〔三〕，今乞貼去。」上曰：「止是禮工房乎？」予曰：「提點亦在焉，況與總護司所差人吏又不相涉。」上乃令貼去。予因奏：「伯圭用總護使吳益、孟忠厚例合轉一官。」上曰：「少待。」予又奏：「蕭燧充按行使，用万俟卨例亦合轉兩官。」緣舊例祔廟後一月方將上，所以少待。予奏：「今年會慶節不止金國慶禮否？」上曰：「不須，只依正旦可也。」

丁未，延和奏事，呈永思陵攢宮共費八十二萬餘緡。上曰：「内庫支銀絹尚在外，去冬印會子七十萬，僅可充此費。」又曰：「德壽宮諸色人俸給今已省十萬緡。」

己酉，延和奏事。趙汝愚奏牒報秦州人爲太上皇帝裹白帟巾，乞付史館。上曰：「寧不感動！」德壽殿應奉人各轉一官資，内王實、張宗尹并與轉左武大夫，裴良琮特轉遥郡防禦使，符滁、王公昌、霍汝翼、吳思忠并轉遥郡團練使，盧安仁特與帶遥郡刺史，吳因特轉武顯大夫，鄺安仁特轉武略大夫，合寄資人依舊寄資。張延年、孟居實、張師孟、曹穎、嚴浩、梁祐、張

〔一〕伯圭：原刻校云：「院本缺此二字。」
〔二〕着：原刻校云：「一作『看』」，誤。
〔三〕諸司諸使：四庫本作「諸司使」。

錡、潘鄖、楊處厚、劉彦并依條回授，内有名目人吏與添差占射一次，白身人吏候有名目許作一官資收使。指揮使李顯等七百四人令吏部折支銀絹，其支破本官請給等六十四人，内吴安民、李符各減二年磨勘，餘人并犒設一次。

庚戌，駕不出。皇后過德壽宫治具。

壬子，延和奏事，呈太史擇御後殿日分。上令用二十七日。

御批：張杓召赴行在。

丙辰，延和奏事，從駕過德壽宫，以天申節也。

庚申，延和奏事，呈禮官申請明堂畫一。上曰：「配位如何？」予奏：「太祖、太宗并配，世儒因《孝經》嚴父之説，便謂宗祀當以考配，殊不知周公雖攝政，而主祭則成王。自周公言之故曰嚴父耳。晉阮瞻《答秀才策》曰：『周制明堂所以宗其祖以配上帝，故漢武汶上明堂捨文、景而遠以高祖爲配。』此其證也。本朝名儒范鎮、司馬光、李覯、吕誨等往往辨學者講説之誤。是以淳熙三年臣在翰苑草《明堂赦》云：『惟周成宗祀洛中，陟配於文王；惟漢武合祠汶上，推嚴於高帝。皆用親郊之禮，具殫尊祖之誠。』蓋爲是也。若高宗服除之後，以中興之功，異時明堂却議配坐未晚。」上曰：「既有典故，自可無疑。」

壬戌，早雨。初御後殿，上服如舊，御倚子不用朱紅而以黄，其後照壁舊畫龍，今以黄羅蒙之。駕坐引班，禁衛自贊，不鳴鞭，不聲長喏喝拜，皆如駕出之儀，而不全用常時御後殿之制也。

六月丙寅朔。

己巳，後殿坐，呈高宗攢宫應辦推恩，於是知臨安府韓彦質轉一官，浙東提刑延璽亦然。予奏：「已是武功大夫。」上令於遥郡上轉。予又奏：「葉翥等皆復原官。張杓雖除正侍郎，亦有前年未復兩官。」上笑曰：「是失火時耶？」又呈浙漕趙不流合進職，上令進二等。又奏紹興二十九年浙東提舉不預徽宗攢宫却有例。上曰：「田渭曾振濟。」乃與直秘閣。總護司官吏推恩一百七十八人，按行使司二十八人。吴回若用紹興二十九年例，却緣衛茂實别項轉官，所以按行使副不曾推恩，乃用徽宗攢宫例轉兩官。頓遞使二十八人，洪邁亦轉一官。脩奉司一百三十三人，工部官吏四十一人，臨安府官吏二十一人，紹興府一百四十四人，御史臺九人，兩浙運副下四十二人。三省諸房各減三年磨勘。

癸酉，後殿坐，從駕過德壽宫，初賜從駕臣僚食如故。

癸未，後殿坐，呈國史院修九朝史，今且欲正名改作實録院，專脩《高宗實録》，却候書成别議國史。於是脩國史官并改實録院稱呼。又奏昨準御批，因高宗服制，欲降指揮，管軍、知閤、環衛、御帶、都統制許服繫金帶，餘文武官隨其官品。上曰：「朕以繫帶者滿庭，故欲稍釐正之。副都統如何？」予奏：「今諸軍有不除都統處，副帥便是主者，恐須與統制官有分别。」上曰：「此指揮行，統制自不應繫。」衆人云：「副帥不多，當不較此。」上曰：「更須與卿等往復商量然後降旨。」予曰：「今廷臣莫未許吉佩否？若許繫，須令禮官起請。」上曰：「不必禮官，朕既未變服，則羣臣自難便吉帶也。」

甲申，後殿坐，呈尤袤乞裒高宗御集及立閣名。予奏：「依典故只合令實録院裒集。昨日方定置實録院，今當作直旨行。又閣名須候旬日，令兩制或禮官定。」上曰：「此非禮官事。」予曰：「合是學士舍人。」

丁亥，上遣御藥黃邁來問：「欲用折上巾布袍，乘平輦過宮，無害否？」予奏：「此即冠帶，既以御殿，則乘輦自無妨。」蓋累日大暑，逍遥子熱故也。從駕過宮即回。

辛卯，後殿坐，呈張杓乞留攢宮剩錢五萬緡、米數千石應付本府。予奏：「王希呂乍到，須令可以措畫。」上曰：「亦有脩造營屋等費。」乃許之。又呈薦汪義和、黃由、沈焕、翁子中、戴闓之，上令籍記。予奏：「由是狀元，莫俟滿時先召？」上令俟滿。内引金國報謝使副京鏜、劉端仁，其回書云：「頃聞凶訃，想極悲傷。馳遣使車，往爲弔祭。在叔姪情當如是，於國家禮亦宜之。復致函書，備陳謝悃。念方罹於夏暑，冀少節於哀悰。」鏜等初過界，接伴使康元弼、瑶里仲通將至汴，鏜等云：「告哀遣留使已不聽樂簪花，今報謝乃是一事。來時皇帝尚布素，豈敢便從吉禮？」兩日間七次以副紙往議，并傳示二三十次。元弼不許，鏜等以死拒之。知不可奪，乃多留汴京七日，接伴遣人走馬取旨，得報許免，遂赴宴而行。既至燕京，臨行，館伴使副徐鐸、徒單彪遣人略問横使禮何爲同常使。鏜等答以「但銜命而來，不預兹事」，遂已。上以是深嘉鏜，連日議所以旌寵云(二)。

壬辰，後殿坐，呈京鏜、劉端仁奉使回轉官。上令依例，却待批超擢語，説將命執禮及不屈之意。予奏：「執禮則義在其中，似難更説不屈？」曰：「只作京鏜將命執禮可嘉。今是何官？可除侍從否？」衆人云：「係檢正，舊例過從官者甚多。」尋批出京鏜云云，可除權工部侍郎。予云：「劉端仁如何？」上曰：「全是京鏜，如劉端仁乃毛遂所謂因人成事者也(三)。」留參云：「除閤門祇候之類亦可。」予奏：「不若環衛官，其人物亦可取。」上曰：「是將家否？」予曰：「聞其父爲兵官。」上乃令密院擬除。留參又薦國信所掌儀能叱開甲軍，攔截赴宴之人。予曰：「是田愿。」留參乞與轉官，上許之。

七月乙未朔。

己亥，後殿坐，雨。呈禮部太常寺申，將來高宗小祥禁屠宰。予奏：「列聖故事并禁音樂，緣今來臨安并未開樂，想外路民間亦未用。若依典故行下，却恐放行，已諭禮部换文字云『除樂禁未開外，合禁屠宰。』」蓋去年十月禮官只依典故申禁樂日限，畫旨并依，今却暗衝前指揮耳。上曰：「三年遏密，乃合古制。」

壬寅，倚桂奏事。中官頻言曾得旨内引依舊用紫衫，既而又云續已得旨且凉衫。呈皇太后生辰，令西上庫排辦銀三萬兩、金五百兩。宣諭：京鏜執禮北方，恐將來會慶節使人却欲茶酒之類，宜令禮官預商量。

癸卯，後殿坐，呈禮部申，主事皇甫琮乞依紹興三十年推恩轉一官。予奏：「契勘得當時依太常寺推恩，今次偶不該載。」上曰：「有例即與。」又奏：「尤袤等議聖節人使禮數，三兩日可申。」上曰：「禮官只討論禮文。若謀謨予决，則在卿等運籌帷幄之中。」

乙巳，後殿坐，文臣侍從、武臣觀察使以上起居，蓋用新

(二) 原刻校云：「『既至燕京』起至此五十六字，院本缺。」

(三) 「所謂」下，原刻校云：「院本有『公等』二字。」

制也。

戊申，不御後殿，就延和奏事。上宣諭：「早來覺腹痛，畏冷，至附火〔一〕，舊不如此，緣經憂患。」予奏：「更乞加意調攝。」上曰：「非不調攝。」又宣諭：「來日過宮，天涼，早間依舊奏事。」

己酉，後殿坐。先降指揮：「高宗室樂舞皆以大爲名。」至是呈學士院後省所定饗太廟酌獻欲以大德爲名，祫饗太廟以大勳爲名。并從之，從駕過宮即回。

辛亥，後殿坐，問賀生辰人使到闕事。予奏：「前已得旨，只是討論禮文，其他在朝廷。」

壬子，後殿坐，呈禮部供會慶節人使禮數事，見與太常寺商議。予奏：「只是三兩日。」聞昨早上語密院：「去年不見賀生辰人使獨出朕意，卿等無一人以爲然。」

乙卯，後殿坐，呈禮部指定温州興慶寺乞永崇奉高宗道場。予奏：「此寺在温之江心，高宗嘗駐蹕，有御榻焉。聞頃年地震，屋宇傾摧，獨御榻處無恙。今别無希望，止乞崇奉香火。」上嗟異久之〔二〕。

丁巳，後殿坐，呈鄭僑奏，乞除明堂大禮涉事神處用樂外，其他如盥洗、升降繫聖躬者皆設而不作。上初謂不須。予奏：「本朝皆權宜，僑見陛下行三年之喪，遂欲稍復古制。乞令禮官詳議以聞。」上許之。呈禮官具將來人使賀生辰到闕儀。予奏：「祖宗時例上壽，惟元祐止引見使人，不曾上壽。至紹興三十年，則高宗用淡黄袍黑帶行禮。」上曰：「既有典故，自可免。」又曰：「上壽之禮爲重，自不當行。」又再三宣諭，此全在君相及大臣任責。予奏：「所以削上壽典故而專指元祐，臣之意可見矣。」上曰：「虜使若堅請〔三〕，卿等能任此責否？」予曰：「既許入見，且受其書，彼之禮畢矣。上壽是自家事，不過隨百官班拜舞於庭。奉觴致詞，一無所預，彼何爭執？」上曰：「朕試卿等耳。」

己未，雷雨，後殿坐。三省樞密院同奏：「昨日連準御批，議定將來會慶節虜使堅欲上壽時如何〔四〕。臣等灼知彼必不固執，蓋是自家事爾。」上曰：「不然。彼若言大金皇帝令來上壽，則何以應之？朕思量累日而未得其説，卿等勿以爲易，更審思之。」予遂奏：「當遵聖訓。」既而又對密院申言之。

八月甲子朔。

乙丑，後殿坐，從駕過德壽宮。

戊辰，後殿坐，御延和。三省同樞密院奏：淮南漕司申明將來會慶節人使經從依舊用青紫幃幙。從之。上宣諭：「皇太后宮名如何？慈寧甚好。」予奏：「本朝典故，咸平號萬安宮、萬安殿，治平號慈壽宮、慈壽殿，熙寧號寶慈宮、寶慈殿，紹興則曰慈寧。」上曰：「原來却别要立名，易得重疊，莫只用宮名否？」予奏：「殿名與宮名同，乞令學士院、後省同禮官擬定取旨。」上曰：「然。」

〔一〕至附火：原刻校云：「院本缺此三字。」
〔二〕自「己酉」條「張師孟曹穎嚴浩」至此，明澹生堂鈔本、四庫本無。
〔三〕虜：原作「北」，據明澹生堂鈔本改。
〔四〕虜：原作「北」，據明澹生堂鈔本改。

己巳，以腰痛不御後殿，延和奏事。禮部議到鄭僑奏明堂用樂事，乞降神、奠玉幣、捧俎、酌獻、換舞、徹豆、送神，依典禮作樂外，所有皇帝三獻、盥洗、登降等樂備而不作。上曰：「已適中矣。」上又宣諭議人使上壽事。予奏：「彼必不計，決無可疑。設使有言，自當折之以禮。」上復云：「卿等須把定，不可臨時有所避。」予奏：「臣等共以爲然，豈容推避？彼苟非求釁，決無所爭。只望宣諭館伴、接伴及國信所人，令勿漏言。」上曰：「彼安肯爾？將來如何收拾？」既退，又以御筆來問〔一〕。

庚午〔二〕，延和奏事，同呈：差接伴訖，昨日再奉手筆及人使爭執事，臣等保其不然。上曰：「卿等肯任責，甚善。」予奏：「此外或計較他事，則在臨時。」上曰：「此難預料。」

乙亥，後殿坐。上又及上壽事，云：「卿等雖肯任責，或臺諫侍從有文字，卿等又須搖動，先令集議，如何？」予奏：「此事臣等已灼然無疑。若更令集議，却恐引惹紛紛。凡國家大事謀之帷幄之中，有不必詢衆者。苟衆議未當，寧以身爲去就，豈可曲徇？非如尋常臺諫侍從所論無大利害之事，遂黽勉從之也。」上再三稱獎：「卿等能任責如此，國之幸也〔三〕。」

庚寅，大雨。後殿坐，奏：「取到禮官狀，大禮畢，雖依紹興例免稱賀，有拜表一節亦合申明降指揮并免，庶幾可以示後。」上極以爲然。

辛卯，微雨，尚書省受明堂大禮誓戒。

壬辰，五使就貢院按雅樂。

九月甲午朔，早赴明堂殿習儀畢，就行檢視祭器，文具而已。

乙未，後殿坐。上御吉服、朱紅倚及儀衛等并用吉禮。

甲寅，晴，後殿坐，同密院呈李巘擬定皇太后殿以慈福、坤壽爲名。予奏慈福爲佳，上極稱善。又呈元祐初興龍節羣臣及遼使詣東上閤門拜表、稱賀、上壽、賜宴不作樂。今年會慶節已降指揮免上壽，拜表既難，稱賀又不應㥶然，欲就東上閤門拜表起居。若北使來，則令同赴〔四〕，庶幾陛下之聖孝、臣子之誠心兩合於禮。上又稱善，以爲名正言順〔五〕。

辛酉，後殿坐，呈禮官申高宗小祥依典故前後五日不視事。上曰：「典故如此耶？」初，予密奏：「國初三日不視事，自仁宗以後皆五日，紹興初以軍興，徽宗小祥只三日不視。」有司誤用近例，乞批出依典故五日。上止令作有司申請。是日正謝明堂加恩，合賜衣帶、鞍馬。予率衆人先入奏辭免，以衣未純吉，帶佩鞍韉皆非所宜。上批依。止四拜於庭而退。

十月癸亥朔，朝於後殿。年例特賜錦一疋、左帑幫支一疋，今歲皆權停。同三執政榻前謝加恩許免衣帶鞍馬，兩拜。從駕過宮即歸。

〔一〕原刻校云：「案：院本自『神奠玉幣』至『適中矣』四十二字缺，自『上又宣諭』至末錯簡在十二月癸酉條下。」

〔二〕庚午：原刻校云：「院本改作『甲戌』，誤。」

〔三〕原刻校云：「院本既誤改前條『庚午』作『甲戌』，而又誤以此條置其後，蓋八月事隸歸十二月矣。」

〔四〕「則令」下，原刻校云：「此下院本錯入『五月己酉』條下，『嚴浩』云云十六字又佚其後半。」

〔五〕原刻校云：「『同赴』下至此二十八字，院本錯簡『八月己巳』條。」

乙丑，不視朝。赴高宗几筵殿，設黄籙道場，拈香而退。

丁卯，晴，不視朝。文臣權侍郎、武臣觀察使、宗室防禦使以上并赴高宗几筵前行奠酹禮。

戊辰，晴，不視朝。羣臣赴高宗几筵殿如昨日之儀。

己巳，不視朝。羣臣赴几筵殿如昨日。

庚午，高宗小祥，自後殿從駕過德壽宮，禮畢奉慰而退。百官就仙林寺設位行香。

己卯，後殿坐。閤門奏來日密院滿散賜香合舞蹈，有旨權免。

癸未，早，自北門入赴垂拱殿東幄，兩拜起居訖，升殿侍立，引見生辰使、中奉大夫、禮部尚書王克温，廣威將軍、客省使完顔琥。國書曰：「寒風初届，律正上冬。良月就盈，祥開誕日。爰遣皇華之使，往敷慶幣之儀。尚介壽祺，用堅盟信。」禮物北珠五顆，餘同常儀。初授書，琥不動，克温直造榻前。琥連聲云：「大使！大使！」蓋不欲其太前也。退至閤門，聞琥頗責克温。克温甚窘，云：「有天地。」或謂琥曰：「自是副使不曾舉足，稍前非大使之罪。」乃已。賜茶如正旦之儀。黄樞押宴，北使辭以無例，不敢受。許之。

甲申，會慶節，免過。黎明，文武百寮并詣東上閤門拜表起居。自紹興十三年拜表皆在殿下，至是始正其儀。次詣明慶寺滿散祝聖道場，中使宋某賜香，用密院已得指揮免舞蹈。留參入驛押宴。

乙酉，不坐，不入局。玉津射弓，正使王克温第一箭中的〔一〕，不肯再射第二次。伴射荆萬〔二〕，館伴副使劉忠方中。

丙戌，降聖節假。虜使辭就驛花宴，從之。

庚寅，早，垂拱東偏，引人使朝辭，賜茶如始至。國書云：「誕期甫届，惟深罔極之思；信馹遠臨，特厚永堅之好。函書載啓，儀幣是將。沐勤意以交孚，飭報章而祗達。冀因述叙〔三〕，彌見感藏。」李巘撰。蕭參押宴御前，令承受關德常諭羅點過位，特賜副使完顔琥銀一千兩、金一百兩，以其去年至此不受支賜也。

辛卯，旬休。人使出門。

十一月壬辰朔。

丙申，未時，内引金國賀正使鄭僑、張世脩朝辭。

戊戌，後殿坐，呈高宗御書閣名。後省、學士院、禮部太常寺共擬焕章、賁文、興文。衆以焕章是堯事，上以爲然。予奏典故當降詔。

壬寅，慈福殿立木。聞御前及太后賜知省劉慶祖、知臨安趙不流、浙漕耿秉銀絹有差。

丙辰，冬至節。朝於後殿，從駕過德壽宮。宮中行禮畢，輔臣至權侍郎、管軍、宗室正任并赴几筵殿行澆奠之禮，新降指揮也。尋從駕回。修内司提轄符思永傳旨：小堰門裏儀鸞司北營寨屋并交割付脩内司，其寨内見住人兵却并歸東南兩營居住。已而儀鸞司申空閑間架數少，人匠無可居止〔四〕。上又令轉運司火急

〔一〕第一：原作「指揮」，據明澹生堂鈔本、四庫本改。
〔二〕荆萬：明澹生堂鈔本、四庫本作「制方」。
〔三〕冀：原作「曾」，據明澹生堂鈔本、四庫本改。
〔四〕止：原作「上」，據明澹生堂鈔本改。四庫本作「住」。

計會，儀鸞司於東營添蓋二十間，餘屋重行脩蓋。

十二月壬戌朔。

壬申〔一〕，後殿坐。昨差鄭嗣宗、趙不慢館伴賀正人使。予密奏：「虜使田彦皋極知書〔二〕，乾道間范成大充泛使，彦皋接伴，説話通情。今宜擇知古今者爲館伴。」至是上宣諭令於卿監内別選人。予因奏：「彦皋去年在路聞高宗升遐，泣於馹中。」上曰：「畢竟是中原人。」既而具郎中以上姓名繳入，御筆點諸葛廷瑞。

癸酉〔三〕，不坐，入局。諜報金國制曰：「朕惟熙宗孝成皇帝以武元嫡孫，受文烈顧命，作其即位〔四〕，十有五年，偃兵息民，中外乂安。而海陵庶人亮包藏禍心，覬覦神器，陰煽奸黨，遂成簒逆，而又厚加誣詆，降從王封。亮既得志，肆其凶殘，不道之極，至於殺母。人怨神怒，自底誅滅。惟皇天眷佑於我家，肆予一人，纘承先緒。暴其罪惡，貶爲庶人，仍黜其殯於兆域之外。仰惟熙宗位號宜正，是以間者稽合禮文，升祔太室，復加美謚，尊而崇之。惟是葬非其所，蓋嘗慊然。爰命有司，卜地涓日，奉遷梓宮，已於十月初八日備禮葬於思陵，庶幾有以慰在天之靈也。布告中外，咸使聞知。故兹詔示，想宜知悉。大定二十八年十一月日下。」熙宗即亶也。予嘗奏高宗陵名相犯，上以爲難改〔五〕。

己卯〔六〕，後殿坐。提舉脩内司劉慶祖申：「契勘本司恭奉聖旨指揮，脩蓋慈福宮殿堂門廊等屋宇，大小計二百七十四間〔七〕。内殿門三間、朱紅門二扇、板壁八扇。鍮石浮漚釘裝釘，朱紅柱木，頭頂真色裝造，瓪瓦結瓦，安立鴟吻，方磚地面，門外打花鋪砌墁地。正殿五間、朵殿二間，各深五丈，内心間闊二丈，次間各闊一丈八尺，柱高丈五尺。平棊枋，朱紅頂板，裹外顯五鋪，上下昂，真色暈嵌裝飾，頭頂瓪瓦結瓦，安立鴟吻，方磚地面，朱紅柱木、窗隔、板壁、周回明窗等，青石壓欄，石碇踏道，打花鋪砌龍墀，殿上安設龍屏風。殿後通過三間，隨殿制作裝飾，真緑刷柱。并寢殿五間、挾屋二間、瓦凉棚五間，并是真色暈嵌裝造，黑漆退光柱木、窗隔、板壁、周回明窗等，頭頂瓪瓦結瓦，方磚地面。後殿五間、挾屋二間，真色裝造，緑漆窗隔、板壁，黑漆退光柱木、周回明窗等，頭頂板瓦結瓦，方磚地面。次後樓子五間，上下層并係青緑裝造，黑漆退光柱木、周回明窗等，頭頂板瓦結瓦，方磚地面，漆窗隔、板壁、鵲梯、周回避風簥等，緑油柱木，頭頂瓪瓦結瓦，方磚地面，打花鋪砌湧路花臺。正殿前後廊屋共九十四間，各深二丈七尺，闊一丈二尺，柱高一丈五尺，真色金線，鮮緑裝造，頭頂板瓦結瓦，方磚地面。内殿前廊屋係朱紅柱木、窗隔；殿後緑油柱木，黑漆金漆窗隔、板壁。前後明窗、裝折、閣子、庫務等，并素白楞木。側

〔一〕壬申：原刻校云：「院本校官改作『庚午』。」
〔二〕虜：原作「北」，據明澹生堂鈔本改。
〔三〕癸酉：原刻校云：「院本校官改作『壬申』。」
〔四〕作：疑誤。四庫本無。
〔五〕原刻校云：「按：改葬熙陵制書，《金史》亦失載，新修《金史》卷八考證載思陵語録又多刪節不全，惟此本爲存其實。又作十二月，依《金史》改十一月。」
〔六〕己卯：原刻校云：「院本校官改作『癸酉』。」
〔七〕原刻校云：「此下院本錯入『八月己巳』條下『上又宣諭云云』。」

堂二座，各三間，龜頭一間，黑漆窗隔并明窗等。殿厨及内人屋六十六間，官廳、直舍、外庫等屋六十五間。大門一座，三間。中間隔門二座，各一間，深闊不等。并係草色裝飾礬紅，并黑油柱木、安卓、窗隔、板壁等，板瓦結瓦，磚砌地面。及諸處磚砌路道墻壁，黄羅青羅額道。并疏暖簾共一百五間，鍮石鉤條、結子全。及諸處案卓，并係碖石裝釘葉子。并承降下御書「慈福之宫」、「慈福之殿」八字，及「臣御名恭書」八字，製造青地金字朱紅漆牌二面。前項生活并於今月十八日一切畢工，并於當日挂牌了當〔二〕。」

庚辰，國忌行香。内引館伴使副諸葛廷瑞、趙不慢朝辭。宣諭云：「王正己接伴殊無禮，聞人使甚不平。卿宜還其禮數。」後聞正己在盱眙，北引接等來參，待之不甚恭。又金山、惠山分位幙次，舊例客居中位，正己不以爲然，必爲邏者所奏也。

戊子，大風而晴。垂拱殿東楹坐，引北使、中奉大夫、吏部尚書田彦皋，副使、廣威將軍、户部郎中耶律仲方朝見〔三〕，國書云：「獻歲發春，式屬亨嘉之會；順時講好，益敦信睦之風。爰遣使車，往敷慶幣。方履新陽之序，茂膺多福之宜。」

庚寅，節假。人使游天竺。

淳熙十六年己酉。

正月壬辰朔，陰。朝於後殿，從駕過德壽宫，次詣高宗几筵前，禮如冬至之儀。内批皇太后遷慈福宫，令太史擇日。是日微雨。

甲午，晴。人使觀潮。

乙未，陰雨，開基節假。人使射弓。

丙申，陰。清華閣奏事，呈太史局選定太后遷慈福宫宜用十五日。上令報提舉所，又令學士院撰御前表文，并文武百僚亦進表。密院呈北朝十二月十九日大赦云：「朕自臨御以來，夙寤晨興，未嘗不以憂勞萬民爲心，故税賦嘗慮其不均，刑罰常慮其不省，民財常慮其不阜，錢幣常慮其不通。而比年以來，民間租税多逋，豈猶有被寃滯者乎？一遇水旱，或有貧不自給而仰食於賑貸者。管庫宿負，或有貧無以入而傭身於官役者。朕甚憫焉，宜推曠澤，以示深仁。可大赦天下，自大定二十八年十二月十九日昧爽以前，自雜犯死罪以下已結正、未結正，已發覺、未發覺，咸赦除之。於戲！理寃結而賙困窮，惟帝王之茂憲；沛利澤而崇寛大，實天地之深恩。用恢仁壽之風，以導和平之氣。咨爾有衆，體予至懷。赦書日行五百里，敢以赦前事相告言者，以其罪罪之。主者施行。」金制非有大事不肆赦，今次特寛，疑葛王病也。

丁酉，晴。上先御後幄，引送伴使副王正己等。次御垂拱東楹，人使朝辭，賜茶如儀，回書曰：「人正肇啓，感歲序之載更；使傳來臨，識信盟之益固。祇承書惠，兼致幣將。

〔二〕原刻校云：「自『大小計二百七十四間』起至此，院本全缺。」

〔三〕「耶律仲方」下，原刻校云：「《交聘表》：田官，河中尹；伊剌仲方，官吏部侍郎。院本又作『中方』。案：伊喇與耶律各一族，不知何者爲是。『仲』『中』通用。」

佩禮意以惟深，飾謝緘而敢後？惘悰是達，銘篆奚勝？」李巘文也。

戊戌，晴，人日假。内引賀金國生辰使副何澹、戴勳朝辭，國書曰：「季春應律，方茂暢於陽和；彌月標祥，式誕膺於福祉。肅馳信駟，祗飭慶緘。備陳不腆之儀，申締無窮之好。永綏壽履，垂副頌言。」

丙午，後殿起居，從駕過德壽宫。是日皇太后過慈福宫，上進表一通，文武百僚亦奉表起居。駕先回，皇后留至申時方歸。三省、樞密院吏各得數百千。

庚戌，後殿坐，呈何澹劄子，如金界有故禮物分付與否，澹朝辭時欲持回。予以爲不可。既進呈，因奏當問鄭僑體例，兼本朝嘉祐有故事。上乃許隨宜斟酌施行。

辛亥，旬休。辰時，清華閣奏事。宣諭二府：「朕衰老，不得日奉高宗几筵，且於太后定省有闕，旬日間當内禪。」衆人唯唯。上令留身。予呈二月二日詔草并紹興三十二年六月本。上曰：「比見來。」因讀所擬者，至「奉几筵」及「聖母定省」等語，上再三言切當。予奏：「乞就二月一日未後付出。」上曰：「朕當親寫付三省、樞密院。」又指詔末云：「此便書皇太子可即皇帝位乎？」予奏：「只緣紹興例，臣不敢寫此數字。其下却當云『故茲札示，想宜知悉』。」上曰：「不必云『軍國事並聽嗣君處分』否。」予奏：「此當時誤本，不合如此。」上曰：「其他禮數，付之後人。」盱眙申對境幞帋皆用青。傳金主正月二日卒。

壬子，後殿坐。進呈畢，奏金主之報，上曰：「待此機會十五年矣。」

癸丑，駕不出，入局。盱眙報：葛王正月二日薨，遺詔太孫璟柩前即位，權殯壽安宫。

丙辰，後殿坐。午時，清華閣内殿奏事，呈萬壽宫，不惟魏太武有之，宣和末廢神霄玉清萬壽宫亦當避。夜來思之，重華宫名甚好。衆皆稱善，上曰：「極切當，但恐不敢當耳。」又呈尊號須加至尊，然後以「壽皇仁帝」。上曰：「已過當，皆非所宜，朕都無擇。」衆人疑，拆開皇帝二字，欲作壽仁皇帝。上謂壽皇便可稱呼〔一〕。

二月辛酉朔，陰雨，清華閣奏事，予初請上與太子同過重華宫，今日上疑無二輦，予奏記得有兩副，上曰：「其一曾送高宗過越州。」予奏：「如此，則陛下乘逍遥，而太子以輦從行，都人瞻望尤美矣。」上乃定。又商量宫中稱謂，予欲冠以「重華」或「至尊」，上皆未以爲然。已而上之尊號方許用聖字，且曰慈福太后依舊稱壽聖皇太后，惟中宫亦可連一壽字。退，擬「壽隆」、「壽昌」、「壽成」三字，御筆點「壽成」。

壬戌，稍晴。親批出立太子妃李氏爲皇后，已而列仗，設宫架樂而不作。上吉服御紫宸殿，鳴鞭不山呼。先閤門，次三衙，次羣臣，皆四拜。宰執升殿。予奏：「欲於禪位詔後添入『朕當移御重華宫』七字。」又奏：「陛下萬壽康寧，遜位與子，古今盛典，再見本朝，中外同慶。臣等輔政無狀，自此不得日侍天顔，無任依戀。」退至閤門，再追班，傳詔拜舞訖，復追班入殿。

〔一〕原刻校云：「『又呈』以下至此五十二字，院本缺。」

新皇帝側立，羣臣拜舞如儀。二府升殿，上猶未坐，内侍請，弗聽。予與諸公側立固請，上猶固辭。予奏：「陛下若未正坐，臣等未敢奏事。」上遂坐，呈至尊壽皇聖帝及壽成皇后尊號指揮而退。已而壽皇易白帽素袍再御後殿，新主袍帶側立，群臣禁衛等起居如所定之儀，遂相繼登輦同過宫。雨後驟晴，觀者塞途，晚，駕回，復雨。

廬陵周益國文忠公集卷一七四

欽定四庫全書總目提要

玉堂雜記三卷　浙江鮑士恭家藏本

宋周必大撰。必大字子充，一字洪道，廬陵人。紹興二十一年進士，中宏詞科，權中書舍人。孝宗朝，歷右丞相，拜少傅，進益國公。寧宗朝，以少傅致仕，卒，謚文忠。事蹟具《宋史》本傳。此書皆記翰林故事，後編入必大文集中，此乃其别行之本也。宋代掌制，最號重職，往往由此致位二府。必大受知孝宗，兩入翰苑，自權直院至學士承旨皆徧爲之，凡鑾坡制度沿革及一時宣召奏對之事，隨筆紀録，集爲此編。所紀如奉表德壽署名、賜安南國王嗣子詔書之類，皆能援引古義，合於典禮。其他瑣聞遺事，亦多可資談柄。洪遵《翰院羣書》所録，皆唐代及汴都故帙，程俱《麟臺故事》亦成於紹興間，其隆興以後翰林故實，惟稍見於《館閣續録》及洪邁《容齋隨筆》中，得必大此書，互相稽考，南渡後玉堂舊典，亦庶幾乎釐然具矣。

廬陵周益國文忠公集卷一七四

玉堂雜記序

必大試館職時，太上稱其文，諭宰執陳公康伯、朱公倬云：「他日令掌制。」今上受禪兩月，自六察擢左史。初對，玉音云：「向在王邸，見卿詞科擬制，雅宜代言。」不旋踵遂兼三字。其後兩入翰苑，首尾十年，自權直院至學士承旨皆徧爲之，其荷兩朝知遇至矣。歲月既久，凡涉典故及見聞可紀者輒筆之。淳熙庚子，進位二府，蘇易簡玉堂之思每切於中。因命小子綸裒爲一編，略加釐訂。其間多涉幾微，非止温木，或删或留，僅得五十餘條，前後脞録，詞無詮次，釐爲三卷，或可附洪氏《翰苑群書》後云。壬寅八月十二日，周必大題。

廬陵周益國文忠公集卷一七四

玉堂雜記 上

錢文僖公惟演《金坡遺事》云：「舊規，學士六人遇聖節，共率百二十緡寺中設齋。今送五十千，與樞密使同開道場，前一日赴宴。」當時所記如此。近歲，樞密滿散聖節及貢院賜宴〔一〕，則學士待制皆與，而無送錢故事。又六參隨樞密班先入，止是再拜，不舞蹈，并遇宣麻不往，皆内朝故事也。

《金坡遺事》又云：「聖節，唐時惟六學士及二使（謂中官樞密使）赴，待詔雖發書屈，亦不與坐」。又云：「本朝淳化五年十月，上賦詩一首，令待詔吴郢、張用和，齎以示學士張洎、錢若水。」又李昌武宗諤《翰苑雜記》：「學士初授，中謝。前一日，待詔一名至私第宣召，入院聽口宣。舞蹈訖，揖，待詔上階相見，具酒果迎待，即以事例物并書致於待詔前。」熙寧間，司馬文正公日記云：「初除學士，待詔李堯卿宣召，設香案褥位於庭。望闕，堯卿稱有勑，光再拜，堯卿口宣云云。光每句應喏，畢，再拜舞蹈。又再拜，升階，與待詔坐啜茶。」蓋中朝舊典也。今學士院有待詔四人，或右選或白身。予爲學士，忠詡郎錢滋來宣召，大畧如李、馬二公所記，而無對揖茶酒之禮。例支十千，辭云：「自來虛喝不敢受。」予强予之。常日學士入院，坐堂上，朱衣吏初賛喝，東院録事某人以下躬喏，訖，又喝云「各祇候」，次賛喝。西院某人以下亦如之。最後平賛云。待詔既不名，亦不喝「各祇候」，則待詔與院吏固亦有間，若平居則視之全與吏等，無由待以茶酒，豈將命時不欲吏之耶？抑祖宗時所遣，或翰林他局之待詔耶？然唐制發書屈赴聖節禮已厚矣。

李仁甫燾《續通鑑長編》：「開寶二年，太祖命李昉、盧多遜直學士院。昉前在翰林，堂吏因事至者，每拜堂下，事已即遣，未嘗與坐。至是拜堂上，更展叙中外，無復曩日之禮。昉愕然詢同列，則云數年矣。」

司馬文正公日記云：「熙寧二年五月癸巳，鎖院。以奉安仁宗御容禮成〔二〕，德音降西京，囚杖以下放。是日丞相出中書提點魏孝先以下入院，授以參政趙抃所封御前札子。茶湯館於虛閤，御藥劉有方來茶湯館，於門塾復謁御厨。翰林設食致酒果，黄昏進首尾詞，内批依此修寫。四鼓起讀點句攢點進入。明日，丞相退朝，宣訖開院。」淳熙三年十一月八日，某被宣草十二日冬祀赦〔三〕，黄昏方至院。御藥持御封中書門下省熟狀來，繫鞵迎於中門，内侍一員俱升廳。御藥先以熟狀授監門，共茶湯訖，先送御藥出院。復與監門升廳受熟狀，付吏又點湯，送監門下階館之門塾而不報謁。既熟狀自内出，非參政所封，故提點官不來，惟中書門下省刑房録事、尚書省刑房主事各一人穿束同至，仍舊繫鞵見之。不迎不送，不設茶湯而退，守當官四人、貼房十數人旅揖堦下。與文正公所記多不同。至六年九月十二日，復被宣草明堂

〔一〕「密」下，四庫本有「院」字。
〔二〕仁：原作「二」，據明澹生堂鈔本、四庫本改。
〔三〕某：四庫本作「必大」。下同，不復出校。

赦，御藥張安中、監門梁襄相見如儀，惟録事沈槱、主事李師文茶而不湯。院吏云：「前不設茶，誤也。」守當官等不復廷揖，所謂酒饌之賜，今皆無之。詰朝奏知先出，而吏卒輩皆俟三日後宣赦訖，乃得歸。

太上初遜位，上尊號。時陳丞相康伯當國，集議定，命學士洪景嚴遵撰議文，然後降詔。某時任察官，心知其非而無由改。乾道六年，郊祀禮成，加上尊號。某在翰苑，始引唐故事，乞上帥羣臣過宫。表請，既允，然後降詔。國朝止有人主上母后尊號，故册文稱「嗣皇帝靖康上教主道君」之號。徐丞相處仁已命汪彦章藻代作册文，會有疆事不及行禮。紹興三十二年初，上「德壽」尊號，乃承例用「嗣皇帝」。乾道六年，既上表訖加尊號，而院吏寫表亦稱「嗣皇帝」，私謂未安。謹按唐明皇傳位後，顔真卿議肅宗不當於宗廟稱嗣皇帝，况親奉表「德壽」乎？以白虞丞相允文，丞相難之，必令尋例。某思建炎以後，遇節朔遥拜徽宗表，是時翰苑多名士，必不誤用，乃督吏搜舊牘。明日果得表本一册，止稱皇帝。又按韓文《順宗實録》載：「憲宗上順宗尊號，册文亦稱皇帝，臣某。」此最可據，其議遂定。

是歲初議於太上皇帝尊號中加「憲天體道」四字，皇后加「慈明」二字。某草詔云：「太上皇帝與天同大，體道之宗；太上皇后如月之明，以慈爲寳。」蓋取文意之順耳。將宣布，而議者謂天聖二年，賜太宗女申國大長公主謚曰「慈明」，當避，於是改用「明慈」二字。宰執云：「詔書先明而後慈。」殆默定也。

某與同直院鄭仲益聞既分草皇帝請加上太上皇帝、皇后尊號牋表，諸公謂太上皇帝自當答誥，頗疑皇后難於措辭。某請以意共爲答誥，文意所及，總言父母以該之，而不稱予吾之類。遂草以進，上甚以爲然。凡兩答誥，皆某所草也。

上於文字尤欲得體，一覽便見是非。某草太上辭尊號第一誥，其末云：「怡神閒燕，何力之有？」上曰：「此雖道太上語，畢竟自此起草送去，『何力之有』句不能無嫌。」某遂改作「無累於物」。蓋上用意至到如此。

淳熙二年六月，禮部太常寺申來年太上皇帝當慶七十，欲將國朝加上尊號并上壽典禮參酌比附。先次討論，壬申有旨恭依。七月乙酉，侍從禮官等就都堂議，加「性仁立德至神無爲」八字，而皇后再加二字爲「齊明廣慈」。後兩日，禮部趙侍郎雄謂「無爲」二字與「太上」字相連，頗涉語忌，請改爲「明武焕文」。其後又嘗作「無爲至神〔二〕」，又作「成武焕文」，逮癸卯乃定，用「性仁立德無爲全美」。參政龔實之茂良而下尚不以爲然，葉丞相衡既主之，衆莫能奪。八月，直院胡長文元質罷，丁卯上自用某再直，已擬詔草。會九月乙未，葉丞相罷，龔參首招予及學士王季海淮共議，然後定爲「性仁誠德經武緯文」，遂草宣布詔，其頌太上皇帝云：「以德行仁，本性誠之固有；修文偃武，合經緯之自然。」太上皇后云：「月齊日以得天，而能久照；坤順乾而配地，是以廣生。」上再三稱奬，謂數句用經語，該括明備，非卿不能爲，真大手筆也。

大禮降御札，既云札示，則當親筆付外。近歲同常詔從院吏

〔二〕神：原作「仁」，據明澹生堂鈔本、四庫本改。此四字，傅校本作「至神無爲」。

寫本行出，未知中朝舊事如何。乾道九年六月七日，宣當直學士草南郊御札，三更進草，其間云：「乾清坤夷，振四方之綱紀；星輝海潤，兆百世之本支。玉卮每奉於親闈，瑞節歲交於鄰境。」上改作「農扈屢豐，戎軒載戢。崇禮樂而四達，嘉風俗而再淳。玉卮每奉於親闈，美化遂刑於海宇」。仍批云：「可改簽抹者五句，意不近於郊祀。」其欲得體大率如此。

淳熙六年己亥三月丁卯〔一〕，詔今歲郊祀，以例約束省費。旋有旨未令行出，下禮部太常寺議明堂大禮。初李仁甫主此說於前郊，嘗經集議，會近習楊言燾博極群書，却不曾讀《孝經》，乃不果行。至是，某以禮部尚書兼翰林學士與諸儒議曰：「周公雖攝政，而主祭則成王。王方幼沖，故周公參稽古制，蕆事於明堂。其曰嚴父者，指周公能推本武王之志〔二〕，追尊文王之功，非謂自主其祭祀也。」衆以爲然，遂奏：「臣等竊觀傳載黃帝拜祀上帝於明堂，唐虞祀五帝於五府。歷時既久，其詳莫得而聞。至《禮記》始載《明堂位》一篇，言天子負斧依南鄉而立，內之公侯伯子男，外之蠻夷戎狄，以序而立。故曰明堂也者，明諸侯之尊卑也。孟子亦曰：『明堂者，王者之堂也。』《周禮·大司樂》有冬至圜丘之樂，夏至方丘之樂，宗廟九變之樂。三者皆大祭祀，惟不及明堂，豈非明堂者布政會朝之地，成王時嘗於此歌《我將》之頌，宗祀其祖文王乎？後暨漢唐雖有沿革，至於祀帝而配以祖宗，多由義起，未始執一。本朝仁宗皇祐中，破諸儒異同之論，即大慶殿行親享之禮，並侑祖宗，從以百神。前期朝獻景靈宮，享太廟，一如郊祀之制。太上皇帝中興，斟酌家法，舉行於紹興之初，亦在殿庭，蓋得聖經之遺意。且國家大祀有四，春祈穀，夏雩祀，秋明堂，冬郊祀是也。陛下即位以來，固嘗一講祈穀，四躬冬祀，惟合宮雩壇之禮，猶未親行。今若特舉秋享，於義爲允。臣等謹據已行典禮，將前代賀循〔三〕、本朝名儒李覯、范鎮明堂嚴祖說，并治平中呂誨、司馬光等集議，近歲李燾奏劄，具録以聞。」乙亥有旨，從之。九月上辛，以顯肅后忌前，改用仲辛行禮，辛酉當受誓戒。前一日，上語宰執：「足指瘡腫，恐妨拜跪，欲展季辛，又值顯恭后忌。如何？」宰執奏：「天地尊，后忌卑。」遂降旨，用二十六日。某按：漢武太初太始征和中，屢祀明堂，不專用辛。方請別卜日，詰朝，上忽遣中使諭旨都堂：「夜來敷藥，足瘡良愈，不必改日。但已展誓戒之期，若再降旨，不張皇否？」趙相奏此却無妨，遂以是日午時集官受誓戒。丙寅大雨，丁卯鎖院，草赦。戊辰百執事冒雨入麗正門，過後殿，請皇帝致齋。己巳上乘逍遥車，朝獻景靈宮，入太廟齋宿。四日之間，雨晝夜傾注，通衢殆如溪澗，有旨來早不乘玉輅，止用逍遥車，徑入北門，趨文德殿。致齋朝服，導駕官皆改常服，一應儀仗排立，人並放。趙相爲大禮使，密諭有司未得放散。黃昏後，雨驟止。夜分，內侍李思恭傳旨御史臺閤門太常寺，仍舊乘玉輅，應合行事件疾速施行。庚午昧爽，駕來登輅，某執綏。上喜曰：「且得晴霽。」辛未行禮，月色如晝，上拜起不倦，以迄於成。黎明登樓，肆赦，簪花，過德壽宮，人情熙

〔一〕己亥：原無，據四庫本、傅校本補。
〔二〕指：原作「措」，據四庫本改。
〔三〕將：原作「及」，據四庫本、傅校本改。

然。赦書乃某視草，其間云：「惟周成宗祀洛中，陟配於文王。惟漢武合祠汶上，推嚴於高帝。皆用親郊之禮，其殫尊祖之誠。於鑠本朝，若稽前代。俶經路寢，有皇祐之彝儀；偏秩羣神，有紹興之近制。不愆於素，可舉而行。蓋欲明著古禮，以示來世也。」後數日，加恩羣臣，某復草。趙相制云：「祼將太宮，霖潦驟霽。陟恪大寢，月華正中。」又云：「鎮定大事，如彥博之恢宏；貫通羣經，如宋庠之博洽。」皆紀一時之事，且以仁宗初行明堂，二公實爲相也。

大禮赦條，乃六部諸司條具上省，省中類聚。取旨訖，即進熟狀，降付學士院草赦文，本院并首尾詞，大書進入。其間多云當議將上取旨，蓋有司擬申如此。既經畫旨，行赦便是處分，不應仍舊用「當議」二字。某爲學士，諭令削去，院吏持不敢，遂親以筆塗之。

大禮，上乘玉輅，率命翰林學士執綏，備顧問。近歲多闕正員，臨時選差他官，與五使同降旨。淳熙丙申南郊，己亥明堂，某再爲之。按京師用唐顯慶輅，嘗以登封，其安固可知。元豐改造，已不能及，今乃紹興癸亥歲所製。上自太廟服通天冠絳紗袍，乘輦至輅，後由木陛以登，惟留御藥二宦者侍立。執綏官先從傍用小梯攀緣而上，衞士以綵繩圍腰繫於箱柱。輅行頗搖兀，宸几亦覺危坐云。

大禮後，上御樓，揭鷄竿，肆赦。皇太子及文武百僚拜舞於下，惟樞密使、翰林學士相對侍立樓上。丙申己亥，某扈從，再登麗正門[二]，望濤江形勢環抱，極壯觀也。

乾道七年四月甲子，詔皇太子判臨安府，用至道故事也。或謂當以大中大夫爲判官，通領府事，恐名稱未正，遂議改尹，而以侍從爲少尹，餘判推官用卿監郎官。丁卯，將鎖院降麻，或又疑宣麻給告，非待儲貳之禮。己巳，後省官、禮官會議於史院，檢照唐太宗征遼命太子監國及文帝命太子受諸司啟事，或詔或制，視麻爲重，可以作則。上然之。庚午，偶當日被宣。范紫薇成大先以侍講遞宿，聞報遽出，薄暮至玉堂。御藥李忘其名。持御封御筆[三]：「皇太子某宜領臨安尹，可依此降制。」三鼓進草，因奏：「此制書既不給告，則當付有司施行。竊恐皇太子別無被受，欲依自來詔書體式，略換首尾書寫一通，降付皇太子。今擬定格式進呈，如賜俞允，乞速批降付下。」御筆批依。辛未，遂告大廷。惟此稀濶盛典，適以史官備討論，詞臣參潤色，復得宸翰寶藏於家，豈非儒生之榮遇乎？

答皇子詔用卿字，非是前輩知體則不然。其他或汝或王或公，皆當有別。

翰苑歲進《春端帖子》，如大內多及時事，太上則詠遊幸之類。某嘗自德壽宮後偶趨傳法寺，望見一樓巍然。朝士云：太上名之曰「聚遠」，而自題其額，仍大書東坡「賴有高樓能聚遠，一時收拾與閑人」之詩於屏間。有靈隱寺冷泉亭臨安絕景，去城既遠，難於頻幸，乃即宮中鑿大池，續竹筒數里，引西湖水注之。其上叠石爲山，象飛來峰，宛然天成。某作《端午帖子》云：「聚遠樓頭面面風，冷泉亭下水溶溶。人間炎熱何由到，真

[二] 扈從再：四庫本作「因扈從」。
[三] 持：四庫本作「出」。

是瑶臺第一重。」蓋謂此也。前後頗聞禁籞大略，併記於下。宮中分四地分隨時遊覽：東地分香遠梅堂、清深竹堂、月臺、梅坡、松菊三徑菊、芙蓉、竹、清妍酴醾、清新木犀、芙蓉岡，南地分載忻大堂御宴處、欣欣古柏太湖石、射廳臨賦荷花山子、燦錦金林檎、至樂池上、半丈紅郁李子、清曠木犀、瀉碧養金魚處，西則冷泉古梅、文杏館、静樂牡丹、浣溪大樓子海棠，北則絳華羅木亭、旱船俯翠茅亭、春桃盤松，其詳不可得而知也。嘗見御製《盤松贊》墨本，云：「天錫瑞木，得自嶔岑。枝蟠數萬，幹不倍尋。怒騰龍勢，静奏琴音。凌寒鬱茂，當暑陰森。封以腴壤，溉以碧潯。越千萬年，以慰我心。」碑在宮中。又汪季路逵得御製《祭土地文稿》真蹟，寶藏之，其文云：「維淳熙五年，歲次戊戌，十一月日，太上皇帝遣具階張宗尹特設牲牢旨酒，珍果香花，致祭於本宮土地之神。神有百職，職各不同。典司草木，土礻是供。我游湖園，乃獲奇松。植之禁苑，百態千容。婆娑偃蓋，夭矯騰龍。翠色凝露，清音舞風。醉吟閒適，予情所鍾。壅培封植，久或力窮。鳶烏外擾，蟻蠹内攻。神其勦絶，勿使能終。精邪竊據，盜斧適逢。神其呵逐，勿使遺蹤。常令勁質，坐閱隆冬。堅踰五柞，弱異雙桐。歷千萬年，鬱鬱葱葱。牲牢旨酒，嗣録汝功。尚饗。」

歐陽文忠公《學士院草録》，世已不傳。近歲有《玉堂集》，云是李漢老邴編類，亦差訛非全書。其中却載皇太子府《春端帖子》，蓋政和宣和間所供。今東宮乃闕此，欲引例爲請，緣無善本可據，且當時不曰宮而曰府，遂止王安中内制一例曰閤。

廬陵周益國文忠公集卷一七五

玉堂雜記 中

乾道七年十二月辛酉，有旨：「僕射之名不正，欲採周漢舊制，改左右丞相。令有司討論。」某時爲禮部侍郎兼權直學士院，又兼同脩國史，兼實録院脩撰，皆當與聞。會衆議不齊，而虞丞相亦謂同北虜官制〔一〕。遷延至明年正月戊寅，僅條具歷代宰相官稱，申尚書省禁中即聞之。明日遣中使王忘其名。來問緩故，某以實奏。二月癸卯，得御筆云：「尚書左右僕射可依漢制，改作左右丞相。」學士院降詔，登時具草封入。乙巳，付外施行。庚戌，從駕過德壽宮，既歸得旨，赴東華門，祇候宣引。日已晡，聞有内宴，小黄門出云：「恐改日引。」然不敢退。酉後，忽宣入選德殿。起居畢，上微被酒，袖出親札，云：「比來一二大臣同心輔政，夙夜匪懈。漸革苟且之風，以副綜核之意，深可嘉尚。今因除授，宜示褒典。虞允文可特進左丞相，梁克家可正奉大夫右丞相。」御前設小案，用牙尺壓蠲紙一幅，傍有漆匣小歙硯，寘筆墨於玉格。某鞠躬書除目進呈訖，奏曰：「拜相轉官，前例固不一。今並命而或三或四，更取聖裁。」上曰：「以其協心故褒進之，然特進一官即少保，所以允文三官。」又問：「兼樞密使否？」上曰：「今樞密亦非古，先改丞相稱呼，將來别理會且帶可也。」又奏所領書局，上曰：「卿自理會。」賜坐，奏問：「既改左右相，其序位如何？」上曰：「欲升在三少之上，三公之下。」逮閤請起，宣坐，賜茶。飲訖，再拜而退。御藥李彦真同自複道秉燭鎖院，蓋上意欲其密，故不用尋常宣官之禮。金蓮故事，今庶幾焉。凡鎖院、御藥、監門、中官各一員，御藥留宿其廳鎖赦或先去，恐是大禮，别有職事。昧爽再相見，以小字制書本授之，送至中門，先啟鑰入内，即復扃院。俟朝退，宣麻訖，學士乃得歸。時虞公獨相，梁爲參政，聞班列中，但謂改易相名，及雙制出，愕然。咸疑學士多轉右相，一官有所抑揚，不敢辨也。按祖宗時命相多以舊官，其後往往遷秩，近歲勅局修三省法，乃著令轉三官。兹豈當立法乎？

乾道七年七月二十六日午後，快行家傳旨下學士院，取從官爲四川宣撫使體例。蓋是時參知政事王公明炎在蜀三年，屢求歸，宰相薦吏部侍郎，王能甫之奇爲代。故來索例。某令回奏云：「降麻官方屬本院，侍從當問三省。」既暮，忽宣鎖，至院已秉燭。中使出御封御筆，乃王炎除樞密使，依舊四川宣撫使。其密如此。吏寫熟狀依例，不轉官但加食邑。某方草制，未暇細思，既得筆依奏，方省其誤。自寫奏，云：「本朝改官制，後以大中大夫爲宰執官〔二〕，當時改樞密使爲知院事。中興以來，既復置使，首用舊弼，故恩數多視宰臣〔三〕，未有以中大夫充者。昨汪徹元是通議大夫，虞允文太中大夫，故不轉官。今王炎止是中大夫，竊慮合轉左大中大夫，仍加封邑，庶協近制。」御筆批依。

〔一〕虜：原作「朝」，原刻校云：「院本作『虜』。」據改。
〔二〕執：原作「相」，據傅校本改。
〔三〕臣：四庫本作「相」。

時近三鼓，批墨尚濕。

某初直院，見批答臣僚章表皆大書其後，不過三兩行。表紙盡則接以詔紙數幅，文盡乃止。然表紙高，詔紙矮，參差不等。問之掌故，並無依據。心每疑之。其後徧於執政故家求承平時舊本，偶得仁宗皇祐間《答孫威敏公沔辭免副樞表》，則所接之紙高低相若。淳熙乙未，再叨寓直。閏九月十二日，因李參彦頴、王樞淮斷章批答，即具奏照皇祐體式於表後，用一等紙書寫進呈，仍乞今後準此施行。御筆批依，遂爲定制。

宰執及親王、使相、太尉生日，天章閣排辦牲餼，預申學士院撰詔書及寫賜目一紙，各請御寶詔用書詔之寶，賜用錫賜之寶。前一日，差内侍持賜。其詔例畫撰進之日，謂如正月旦生，文意必叙歲首，而所畫日則是去臘，殊不相應。某爲直院，奏乞不拘進詔早晚，但實畫生日。於後得旨從之，遂爲定制。祖宗時，牲餼外又錫器幣，往往就差子弟姻戚持賜，欲其省費也。過江惟牲餼耳。米麪本色羊準價皆取之，有司酒則臨安醞造，臨時加以黄封。拜賜訖，與使者同升廳，搢笏展讀。就坐，茶湯，書送錢十五千，從人三千。天章閣使臣、庫子、快行錢酒各有差。

淳熙三年八月庚辰，德壽宫遣大璫張去爲至都堂傳旨，立翟貴妃爲今上皇后。明日午後，執政奏事，皇后歸姓謝氏。乙酉晚，快行家來宣鎖院。是日侍講刑部侍郎程泰之已宿直，呼馬而出。予至内前，適與之遇。泰之揚鞭云：留詩案上矣。酉時自東華門入對選德殿。上曰：「太上有旨，立謝后，命卿草制。」某奏：「合署及歸姓否？」上曰：「不如此，四方何由知？明言幼隨乳母可也。」宣坐賜茶，訖，御藥王濛同入院，二鼓後進草畢。吏呈泰之詩，云：「抖擻身章却冒塵，裹蹄顧影也逡巡。鑾坡寓宿非其地，蓮燭操文自有真。字直由來同古語，位高兼復見今人。迎潮有諾無輕爽，季老當年不諉貧。」謂賜金也。予次韻戲之云：「天街並踏軟紅塵，飛鞚交馳駭徼巡。椒殿敢期當制草[一]，槐庭元擬用儒真初謂年兄入相鎮院[二]。鸞方偶免冬龜手，適市深慙旦攫人。禮絶同僚應有日，重霑潤筆乃無貧。」謂相制亦賜金也。先是七月十九日，六曹長貳六人往浙江亭觀潮，泰之在焉，惟予以内直不赴。晡時大雷雨，走筆戲蔡子平洸云：「雷轟萬鼓勒潮回，無復亭前雪作堆。應爲尚書慳且澁，盲風怪雨一時來。」「迎潮輕爽」之語指此。

淳熙三年八月乙未，都堂召議賜交趾來年曆日詔書。予謂李天祚去冬已薨，龍翰未經封拜，欲作安南國王嗣子龍翰執政，然之。先是予以兵部職事條具天祚贈典，按故事，其王初立即封交趾郡王，久之進南平王，死則贈侍中南越王。上以天祚白紹興丁巳嗣位，今四十年，淳熙元年二月又自南平王特封安南國王，故欲厚其禮。予請仍贈侍中，追封南越國王，詔可之。安南爲國，蓋曾丞相之失。聞奏章行移，舊止稱安南道，加封之後，浸自尊大，文書稱國，不復可改。丁酉三月二十四日，制授龍翰静海軍節度觀察處置等使，特進檢校太尉兼御史大夫上柱國。安南國王食邑三千户，實食封一千户，仍賜推誠順化功臣。予適當制，其云：「即樂國以肇封，既從世襲；極真王而錫命，何待次升？」

[一] 制草：四庫本作「相制」。
[二] 「相」下原有「故」字，據明澹生堂鈔本、四庫本删。

蓋言不封郡王也。交州在唐爲安南都護府，本朝太宗時，黎氏奪丁璿節度。大中祥符三年，李公蘊復篡之，傳子德政。至孫日尊嘗稱帝改元。日尊卒，乾德嗣；卒，陽煥嗣；卒，天祚嗣；卒，龍翰嗣，生數歲矣。制云：「乃眷一邦，兹傳七世。」自公蘊言之也。其名曰日曰乾曰陽曰龍，皆有僭上之意。然表章字如蠅頭，幾不可辨，玉音每嘉其恭順云。

淳熙三年九月二十五日，鎖院付下中書門下省熟狀，趙伯圭除使相提舉洞霄宮。某奏按故事，宗室戚里或前宰執帶節度使多充宮觀使，若至使相自領使無疑。昨史浩以使相提舉宮觀者，誤也，恐自此遂以爲例。今具士樽、錢忱等例皆是以使相充宮觀使，在外任便居住者，合取旨改正。一更四點進入，五點上批可依士樽等體例除宮觀使。

是年十一月二十二日，御封付下，參知政事錢良臣辭免監修國史日曆所，劄子降詔不允。某因奏：「自來宰執兼領書局多是内尚書省批出。局名既至，朝廷降勑合行寫正，而省吏止奉行内批，宰執亦隨勑黄繫銜，差誤日久。今因答詔輙具言之。國史日曆者，書名也；曰所者，官司也。今大臣合監修日曆，却添一所字，似監修造作之官。又如勑令所從官詳定，宰執提舉，今却云提舉勑令所，此何理也？以至國史院，會要、玉牒皆爲一律，合行改正。」上以爲允。其後或是或否，復混淆矣。

丁酉九月丙辰，宣召侍讀史少保浩錫宴澄碧殿。抵暮送以金蓮燭，宿玉堂直廬，上命作詩叙此。會史進古詩三十韻，云：「季秋中澣日，淳熙隆四禩。朝回攬轡間，中使俄傳旨。少頃日轉申，宣召陪燕喜。預令掃玉堂，深夜備棲止。悚懼跽承命，嗚騶亟穿市。絳闕聳皇居，非煙常靡靡。入自東華門，熊羆森爪士。詔許乘肩輿，安徐無跛倚。復古距選德，相望幾數里。修廊接雲漢，岧嶤燦珠蘂。中途敞金扉，恍若蓬壺裏。羣山擁蒼壁，四顧環弱水。山既日夕佳，水亦湛無滓。冰簾映綺疏，瓊殿中央峙。澄碧耀宸奎，龍神争守視。蹈舞上丹墀，天威不違咫。奉觴祈萬壽，時蒙一啟齒。餘波丐鼠腹，酒行不知幾。徘徊下瑶席，緩步煩玉趾。從遊至清激，錫坐談名理。泉聲韻瑟琴，一洗筝笛耳。皇云萬幾暇，觀書每來此。論道及帝王，直欲齊其軌。堯舜禹湯文，前身無乃是。臣言匪獻諛，道實由心起。既然明是心，要在力行爾。登橋釂餘罍，飲興未容已。金蓮引雙燭，再拜離陛戺。玉音寵諭臣，此會宜有紀。歸途感恩榮，占寫忘骪骳。」上御製俯同其韻云：「揖遜荷帝堯，寅恭五元禩。治道貴清静，聖言有深旨。誰歌元首明，自得股肱喜。躋民期仁壽，詎肯中道止。力農樂彼田，坐賈安於市。歲行閱豐登，國論銷委靡。予力初何能，濟濟賴多士。矧予有元老，中立而不倚。居東逾三年，不遠來千里。未遂赤松遊，輟誦青琅蘂。皓首持六經，日侍明光裏。翼乎鴻遇風，縱矣魚在水。儒行絶瑕疵，道心無塵滓。挺挺松栢姿，巉巉山岳峙。予惟日萬幾，至仁同一視。西成錫小宴，促坐才尺咫。湛露愧歌周，置酒非封齒。歸美見新詩，如卿能有幾。眷言澄碧行，勝賞得迂趾。亦屢引公卿，對此談政理。虚心欲受人，忠言資逆耳。朕瘠天下肥，至樂無易此。頗念文武疆，六合尚殊軌。東都會諸侯，宣王昔於是。期爾罄嘉謀，使我勳業起。勿以方燕頤，所書聊復爾。巵酒正須釂，話言未能已。都護萬年觴，何當至庭戺。文章藉老手，直筆中興紀。載嘉矍鑠翁，焉得辭骫骳。」逮十一月壬寅，輪當内直，申時二刻宣召至清華閣。上曰：「學士宴見無時，最爲親近。朕和史浩詩特録示卿，可和以進，此學士職也。」又云：「卿想不甚飲，比賜宴時見卿面赤，却至誠不辭。」既退，中使李肅傳旨賜詩本并戊戌小春茶二十銙、葉世英墨五團，以代賜酒。世英，御前墨工也。恭進和篇云：「粤從三代還，歲月過千禩。時豈無賢君，道未契宸旨陛下屢語臣，三代而下，人君皆不知道。煌煌唐太宗，勲業在所喜。寇攘既掃除，蠻貊畢至止。循良布郡邑，惠政寛獄市。忠賢儼班聯，切諫柅浮靡。輔關羅府兵，巖穴聘奇士。民生覆盂安，國勢秦山倚。皇心期過之，風下九萬里。忠厚培本根，文物燦華蘂。淳熙視貞觀，何啻相表裏。屬車尚濤江，列障隔淮水。蠢兹獯鬻氏，作我太清滓。坐令營屯衆，久費糗糧峙。中原厭狼貪，諸將空虎視。安得貫砮楛，來貢尺有咫。六合混一家，耕桑盛生齒。願言講治道，先務當有幾。欲仁斯仁至，患在未舉趾。而况前史中，遺事可尋理。衛英爪與牙，王魏目兼耳。處中賴房杜，虚受忘彼此。不聞國異政，但見車同軌。孰云古道難，僉曰今王是。寸陰聖所競，盛德日方起。舞干格三苗，其效七旬爾。軻稱仁無敵，傳謂禮可已。東鞮及北女，看即朝玉阺。南山竹易殫，陛下功難紀。儒館漫獻歌，將奈詞之骫。」是日奏事畢，問：「陛下命臨安府開『文海』，有諸？」上曰：「然。」奏云：「《文選》之後有《文粹》，已遠不及。所謂《文海》，乃近時江鈿編類，殊無倫理。書坊刋行可也，今降旨校正刻板，事體則重，恐難傳後。莫若委館閣官，選擇本朝文章，成一代之書。」上大以爲然，曰：「卿可理會。」奏乞委館職，上曰：「待差一兩員。」其後遂付呂伯恭祖謙。既成，上問何以爲名，某乞賜名《皇朝文鑑》。上曰：「善。」又降旨令某作序。亦既進呈，將刻板。會有近臣密啟，云所載臣僚章疏毁及祖宗政事，遂不果刻。今幸其書士大夫或傳之。

淳熙五年閏六月十二日，鎖院，付到熟狀，皇子魏王自荆南集慶軍節度使開府儀同三司行江陵尹判明州，改成德彰信軍節度使行荆州牧。某奏：「彰信是曹州，徽宗曾爲節度使，即位後升興仁府。又親王帶牧合隨本鎮，今成德軍即真定府，却帶荆州牧，非是。」上批別擬大鎮進入選點，更具本鎮帶牧故事來。某又奏：「去夏魏王除荆南節度使江陵尹，誤犯端拱中真宗除授。昔政和中已失檢照，今因改鎮，不敢不審。兼兩鎮合帶兩牧，仍隨本鎮。」併於《實録》中檢故事以進。夏夜甚短，奏入已三鼓，至四鼓未批出，只於兩鎮上就本鎮止帶一牧。某遂擬永興成德軍節度使、雍州牧進入，頃之，點定，然後進草。禁中未就寢以待禁中四鼓乃在外三鼓(一)。

故事：食邑千户以上封侯；若拜相，雖舊爵卑，食邑少，亦徑封侯。蓋五等伯子男用縣名，至侯則升郡。當降旨時，未知所封何郡，第云進封開國侯而已。秦丞相薨後，初拜沈守約該左相，万俟元忠卨右相。沈爵歸安縣，万俟陽武縣，各從其鄉也。既相，合升郡侯，而學士院遂進沈爲歸安郡，万俟陽武郡。初非郡名，其誤甚矣。當時偶不知改，久之，因進書轉官方能釐正。至今遇恩升郡，臣僚院吏及吏部尚復差舛，謂如原係吳興縣開國

(一) 三鼓：明澹生堂鈔本作「三更」。

伯，則合云進封吴興郡開國侯，却云吴興郡進封開國侯。殊無義理，予每爲正之。

北門掌内制，西掖掌外制，是謂兩制〔二〕。又著令自觀文殿大學士至敷文閣待制爲侍從官。朝廷或詔近臣舉賢議事，多云兩省諫議大夫以上、尚書省侍郎以上、而别言御史中丞、學士、待制乃爲詳備。近世相承，通稱侍從，固已疑混，若泛言兩制則非矣。

紹興二十四年春，直學士院湯公思退以禮部侍郎同知貢舉。時百官多闕，大抵一人兼數職。凡進士出身皆入試闈，獨留監察御史王公綸，蓋備拆號也。内制既闕官，遂降旨暫權，適草劉婉儀進位貴妃制。太上稱其有典誥體，潤筆殆萬緡。賜硯尤奇。秦丞相不樂，遭論列而去。秦薨，召還掌内外制，知樞密院事。垂相而病，除大資政留守金陵，即其鄉也。未第時，兄弟就食府庠，至是人以爲榮，尋卒官。予在西掖嘗草其致仕制，云：「少則歌《鹿鳴》而薦於鄉，老則釋麟符而居其里。考昔人而或有，在近歲以幾希。」贈官制云：「古所謂鄉先生者，没則祭於社，而後世良二千石，民亦奉嘗之爾，於二者蓋兼之矣。」皆紀實也。

故事：正除六曹侍郎及雜學士以上遇辭免，皆降詔不允，給舍并權侍郎則否。紹興二十七年六月，户部王侍郎師心辭給事中〔三〕，亦降不允詔書，蓋舊官合答詔也。是歲九月，權禮部。賀侍郎允中除給事中，辭免，亦降詔，乃誤襲王例，非故事也。三十年正月，權工部。王侍郎晞亮遷，夕拜，不復降詔，得之矣。明年九月，權禮部。金侍郎安節亦遷，夕拜，又誤降詔。自後往往無定論，院官隨事申明改正爲善。

〔二〕謂：原作「爲」，據明澹生堂鈔本改。
〔三〕中：明澹生堂鈔本、四庫本無。

廬陵周益國文忠公集卷一七六

玉堂雜記　下

諳報見於《金坡遺事》。元豐三年八月丙申，亦詔於尚書省樞密院用諳報，至今守之。其制：首題學士院諳報尚書省或中書門下樞密院，次入詞云云，末云右謹具諳報某省伏候裁旨，後題年月，學士押字。雖中間權臣用事，官失其職，獨此不廢。又三省密院於百司例用劄付，惟學士院云劄送他官司，得省劄必前連片紙，書所受日月，乃敢押字，惟學士院徑判押其首。又吏魁有録事曹、按日房，皆稍擬中書，尊内庭也

祖宗時，内制多避兩府親嫌，亦有不許避者，蘇文忠公之於弟文定公是也。然終不自安，乞郡而去。紹興初，范元長冲除學士，以趙丞相鼎姻家，特復置侍讀學士以處之。及秦丞相檜當國，兄梓實爲學士，子熺繼爲學士承旨，亦嘗爲禮部侍郎。雖並緣元祐故事，其實非也。

國初，凡爲學士，官至八座，已罷職或再來直院。神宗改官制後，中丞并權六曹，尚書若兼内制，亦止云直學士院[二]，舒亶等是也。中興初，詹乂已爲龍圖閣學士，猶曰權直院，其他如正侍郎已下多帶兼權，汪藻等是也。厥後程克俊[三]、林待聘、楊愿等初以給舍兼權，稍久乃落權字，以爲恩數。至正尚書則帶兼權學士，胡交修等是也。乾道三年，洪景盧邁奏請自庶官遷侍從，便落權字正兼直院。故先以起居郎權直院，既遷中書舍人即落權字。庚寅秋，予以少蓬兼權直院，明年正除權禮部侍郎。吏引近制申明，合正爲直院。予固抑之，兼權如故。翰長王日嚴曮亦不復問。其後王季海淮以太常少卿兼權直院，既除三字，即徑落權字，遂爲定例。淳熙五年十二月，某自翰林遷禮書乃正兼學士，蓋上以所兼之官在正官下者皆不帶權，非舊例也。六年十一月，遷吏書，又升兼學士承旨，且有内批付院，云天官事繁，今後非特旨撰述，其餘並免。

上自登極至今，將二十年，正除翰苑才七八人，皆登二府。惟王日嚴以年踰七十，除端明殿學士而去。

乾道癸巳，曾丞相懷、鄭參政聞、張樞密説在二府，或薦新改官正字崔大雅敦詩入内庭。以其資淺，乃創翰林權直之名，月俸減學士直院三之一（自學士承旨至庶官兼權直院者，俸給一等），院中餐錢不減。明年冬，以父憂去，尋丁母憂。戊戌秋服闋，復召爲密院編修官。史丞相浩當國，下史院討論兼職名稱，遂改爲學士院權直。蓋以翰林乃内諸司總名，難專指學士院也。

淳熙六年，明堂大禮，崔大雅已遷著作，權直如故。糧料院止隨其官幇支賜二十疋兩。大雅以狀申秘書省，省申朝廷，趙丞相雄將上取旨，遂用月俸，例支學士三之二。

祖宗試文多在學士院，近歲惟試館職耳。既得省劄子召某人試，即下太史局，擇日報内侍省，差官一員充監門。前一日學士宿院，進策題，俟内批依，次早乃引試。支左藏庫錢三十緡充餐

[二] 院：原無，據明澹生堂鈔本改。
[三] 克：原作「充」，據明澹生堂鈔本、四庫本改。

錢。試畢，録策題并試卷，依紹興元年指揮，用諮報封送尚書省然後取旨，除授中間館職，多不試。紹興三十年司諫何通遠溥以爲言。太上欲復故事，而人頗憚試，首召朱熙載等，次召劉儀鳳等，皆辭不就。太上諭湯丞相思退等擇二人必令試，且云：「蘇軾中制科猶試，况餘人乎？」於是以予及同年程泰之大昌應詔。具宣上旨，乃不敢辭。已而，太上欲除校書郎，或謂過江選人無此例，止除正字。乾道六年九月，予以秘書少監寓直翰苑，發策試王仲衡希呂，嘗賦詩寄程同年云：「當年給札踏金鑾，重到依然九月寒。學士策詢學士策館職亦合呼學士，秘書官試秘書官。自憐緑鬢非前度，尚喜青衫總一般時予服緑。寄語浙東程閣老程時爲浙東提刑兼權帥事，亦嘗暫直翰苑，莫矜紅旆笑儒酸。」程答詩末句云：「有底滑稽堪羨處，金蓮燭底話窮酸。」始，予庚辰九月與程同試，兩人名皆有「大」字。明年試蔣芾、芮燁，姓名俱連「草」頭。又明年試王東里、程千里，名連「里」字。頻歲偶爾，亦可書也。按祖宗朝館職者，指昭文、集賢、史館之職也。在内多升修注，出外則爲帶職，凡轉官奏補恩數皆厚，故艱其選。必試而後除，亦以限止無能之人。自神宗罷館職，止是秘書省官與其他職事官，無異不當，尚循館職之名。况狀元不試，餘人多徑除著作丞郎，所試者，校書正字而已。舊制云：試前一日，學士宿院。故元祐中，蘇文忠公與鄧文惠公温伯各進策題，禁中點用文忠所作。及予與程同試時，學士洪景嚴、兵部尚書兼權學士楊元老椿亦並入。至是予與鄭仲益同直，鄭爲長官。典故：浸移乃始輪入〔二〕，不敢强之。其後，予再直，丙申二月召試。許蒼舒遂修故事，約程元成叔達並入，策題則輪撰。

隆興初，上用真宗故事，輪講筵學士院官直宿禁林，每夕兩員，以備宣引咨訪，往往賜酒留款。其後以兩人難獨召〔三〕，若同召則議論難盡，止命一員遞宿。自後益遴其選，或國忌妨行香，若有故員少及大暑，皆權免。間遇除授宣鎖，講筵官已入直，率聞命蒼黄而出。至有不及伺候從吏借馬於内諸司者，或偶值本院官直宿遂留鎖院。若大除拜當有錫賜，則不係當日與否，往往特宣云每直兩日謂之頭直末直。

紹興辛巳，明堂禮成。以完顔亮背盟，十月四日詔：今次明堂大禮合加恩臣僚，權宜不鎖院，不宣麻，止降制給告，並免辭免候。事定日依舊。隆興二年邊事改卜郊，乾道三年冬雷罷二相，皆未暇舉行。乾道六年，某始奏復舊制。

内制名色不一，儤直時或未詳其體式，故凡詞頭之小者，院吏必以片紙録舊作於前，謂之屏風兒。予嘗跋王岐公、蘇文定公詔草及謝表，備言之，至今不廢，蓋其來久矣。國初，陶穀謂一生依本畫葫蘆，殆謂是耶？

凡鎖院或親被旨，或受熟狀，本院即關閤門。今月某日有鎖院事，閤門得之，即關報。御史臺集文臣職事官承務郎、釐務官通直郎以上，明日赴文德殿聽麻。宰相、樞密皆不往，惟輪參知政事一員押麻。麻卷自内出，閤門啟御封，兩吏對展宣贊。舍人南面，搢笏叉手，大聲摘首尾詞及階位姓名下數句，并所除之官而讀之，不盡宣也。聽訖，知閤門官以授參政，參政付中書吏，

〔二〕入：原作「人」，據明澹生堂鈔本、四庫本改。
〔三〕獨：原作「留」，據四庫本《玉堂雜記》改。

百官不拜而退。若大詔令及册后之類，則宰執文武百僚俱入，文亦盡讀，拜舞，然後退。

禁中以鎖院爲重。淳熙三年慶壽赦，凡降麻官合加恩者，用辛巳明堂例，免鎖院，宣制仍勿辭免。九月三日，中書進熟狀，魏王愷、恩平郡王璩、永陽郡王居廣並加食邑，食實封，只乞降付院草制，内夫人失於詳閱宣鎖。程直院是夜進草，明日告廷如式。又明日，内批：付密院典字直筆吴慶，慶降充紫霞帔，不令供職；主管大内公事慶國淑懿夫人劉從信降兩字夫人，蓋懲其誤也。

凡非時宣召，院官侍從以下及外官而内引者同紫窄衫絲絇，行入殿廊，有小黄門來導至便坐。上服紅半臂忌前用黄，黄門贊拜揖，升殿奏對。訖，上曰：「且坐。」先已設小杌子，得旨則側身虚揖而坐。將退，黄門贊云：「宣坐賜茶。」於是中官進御前者，忠佐授臣僚者。賜酒亦然。所用盃不同，侑以果實一飣，其器分大小。若二府則黄門雙導，上亦服窄衫，宰相、樞使坐高杌子，執政紫團坐而低，賜茶酒亦如之。或曲宴則酒五行，亦或加多，每盃賜食初無定制。

中興後，凡除拜節鉞以上，多由中書進熟狀。院吏云：「鎖中左者，文臣也；右選者，武臣也。」逐房臨時呼院吏取索，是以知之。惟草后、妃、太子、宰相麻則不容知。俟行數十輩來宣召云：「鎖小殿子。」既至便殿，上服帽帶，諭以除授之意，御前列金器，如硯匣、壓尺、筆格、糊板、水滴之屬，幾二百兩。既書除目，隨以賜之。隆興初，猶用此例。乾道以後，止設常筆硯而已。退則有旨，打造不及，例賜牌子金百兩，立后、升儲倍之。

凡除拜加恩官在都下者，既宣麻而院吏私録本走報，希覬贈遺，初無公移也。而被受之官辭免者多云準學士院報麻除授云云，此非典故，不應相承以爲例。

獎諭臣僚，或降詔，或勑書，院中自有定式。近歲如大理獄空及監司守臣有勞績，若是庶僚皆合降勑書，三省樞密院往往誤批降詔，院吏隨所得旨而行，不敢正也。

翰苑印以「翰林院學士印」六字爲文，背鐫「景德二年少府監鑄」，上兩字微刓。自南渡後，百司印無此久者。尚書六曹惟禮部印是舊物，然亦元豐改官制後所鑄，蓋文書稍簡，故不刓耳。

紹興辛巳五月，詔學士院權寓皇城司，而以院爲欽宗几筵殿。終制復舊。

學士院舊號北門，今在行宫和寧門内，蓋沿北門之制。地迫皇城，極爲窄隘，汪尚書應辰兼權學士時，上屢令增葺，竟以無地步而輟。廳後即堂縁，近歲院官止二員，故分東西兩閣。中有小龜頭，榜曰「摛文堂」，蓋在京，徽宗因廣直廬御書以賜强承旨淵明。今乃汪彦章内翰藻所篆。太上又嘗書「玉堂」二字，賜學士周茂振麟之刻石廳上。

東閣窗下甃小池，久無雨則涸，傍植金沙月桂之屬，又有海棠、郁李、玉繡毬各一株。西邊植金橘，逼城根，株不能大，花開時香滿院，結實雖小而甘，浙中未易得也。淳熙己亥夏，侍講兵部尚書兼給事中王仲衡入直，示兩絶句云：「玉堂晝永暑風微，蔌蔌飛花點小池〔二〕。徙倚幽欄憑問訊，夏鶯飛出萬年枝。小池倒影弄餘輝，照耀虛簷極出奇。木杪不鳴風力軟，闖萍翻藻有魚嬉。」予次韻云：「東省南宮切太微，夔龍行集鳳凰池。更哦殿閣薰風句，坐覺微涼生桂枝。紫禁同依日月輝，蒼顏獨愧羽毛奇。水如明鏡雖堪俯，笑汝星星誰肯嬉。」予嘗發策試仲衡，至是同爲八座，俱在講筵，唱酬頗多。是詩及院中景物，故記於此。

朝殿日，皇太子、宰相、親王、使相、參政，各有朱衣吏二人，自下馬處前導至殿門樞密使恩數依宰臣者，同；若知院及副樞、簽書則紫衣。此外惟翰林學士有之。又禁門內許以茶鐐擔子自隨，與執政等。

車駕將出孟享或過宮，則應奉官及侍從以上朝於後殿。宰執有奏事，侍從先退，例過玉堂少憩。若值冬至、元正則團拜堂上，俟駕過，就院門外上馬以從。

南渡以來，朝臣遇節序賜，予多權停。今經筵，寒食、重五、冬至尚賜節料錢酒，其他侍從則三大節客省簽賜羊酒米麪，而學士院官若侍從以上兼領。自從本官或庶僚權直院，獨三伏賜冰一擔，時果五品，品纔一樸，亦因與經筵官輪宿而得之書局有中官承受，凡遇時節例賜茶酒，學士院無承受故也。淳熙乙未初伏，某以待制侍講經筵賜流香酒四斗後二年減半，時果七樸，冰一擔，視庶官直院爲稍增。以短表謝。支快行家食錢三千，又折酒錢三百，別賜冰一擔翰林司關子云：限日下支，不許次日。支食錢一千，蓋侍從所得者。

十月旦，賜錦襖子，學士、觀察使簇四金鵰，賜尚書、執政八搭暈錦，宰臣、使相天下樂。例從左帑幫支，得不以時，臨期隨品色假爲領袖施之，朝服三日而止，識者非之。予自翰苑遷八座，己亥十月，值從駕恭謝景靈宮，兵部尚書王仲衡未達朝議，第用市錦。予告之故，計無所出，予輟所服予之，而馳取舊金鵰者自用。暨追班，閤門吏魁趙軫與其徒顧予誶語，予悟其意，呼而告以雖班尚書猶兼翰林學士，故可舍高從卑，軫等愧謝而退。

渡江後，每遇開講罷講，臨安治具宴侍講讀修注官。紹興三十二年冬，予爲左史，趙清卿子潚知臨安，初獻議盡罷百司饋送及所供飲饌。時洪景嚴以內翰兼侍讀，開講日學士院自置酒五行，自後遂爲例。乾道六年，予與鄭仲益兼直院，鄭兼侍講。是秋開講，鄭主席，謂予亦院官當與其事。予但簽書招客之目，而以不兼講讀不赴坐。時胡邦衡銓以工侍兼侍講，坐中賦覃字韻詩見及，予次其韻有云：「寓直敢同東道主。」蓋謂是也。

翰林學士初上，舊制勑設甚盛。中興後，不復舉行。予直院時，除王日嚴爲學士，院中支餐錢具五杯而已。

故事：大宴未再坐間，學士院爲館閣官具食，蓋祖宗時，內外制官無不自三館出，館中之人往往前日僚友之舊，道義之交，不專以勢利高下爲心，故每於是日小集，從容談笑也。近時，具食雖如故，乃設於學士院門幕次內，蓋未嘗見玉堂主人也。竊意前輩不爾。淳化中，太宗以飛白「玉堂」等四字賜翰林，而學士承旨蘓易簡會兩制於玉堂，直秘閣潘謹修與焉，畧可見也。已上乃近世程致道俱《麟臺故事》所記。乾道七年天申節，貢院賜齋筵，予時以少蓬兼內直，乃督院吏治具。吏白厨庫

〔二〕「點」下，原刻校云：「張本作『落』。」按明澹生堂鈔本亦作「落」。

乏錢，兼近已不講。予曰：「故事既難廢，況予身貳秘書而罷此禮乎？」命如故例，然不過盤飧之類爾。

某久在翰苑，獨員之日常多；率數月輒丐去，上必批降詔不允。院吏申省乞時暫差官撰述〔二〕，乃委中書舍人，如此再三，遂爲定例。徑封奏劄付中書後省。

數年來，上數令薦詞臣爲代，明示大用意，某每退避。戊戌九月丁丑，御藥院傳旨，問近例院官有無三員者。吏具上初政承旨洪遵、學士史浩、直院劉珙。又問紹興間故事，吏復具。八年曾開、勾龍如淵皆爲直院，而召孫近承旨。三十一年，何溥爲學士，而虞允文、劉珙並直院。後旬餘，崔大雅還朝〔三〕，上曰：「卿來適其時。」遂再兼權直，十月復增莫子齊濟，尋卒。其後繼增趙大本彥中、熊子復克，予遂預參。

朝佐頃者官桂陽，獲觀今丞相周公《鑾坡録》，愛而傳之。茲如武林，又得其《玉堂雜記》，益聞所未聞，蓋中興以來九重之德美，前輩之典刑，恩數之異同，典故之沿革，皆因事而見之，此尤不可不傳也。乃手鈔一通，藏於家。竊聞公在翰苑，知無不言，朝廷有大命令，人所不敢議者，公從容敷奏，皆當上意，凡所以障隄狂瀾、護養元氣者，豈止一事，而公不書，何其謙也！然盛德偉表表在人耳目，公雖不書，其能使之弗傳哉！紹熙元年重午日，樵溪丁朝佐謹書。

丞相益公《玉堂雜記》一編，森得之久矣，字畫間有舛誤，每若其難讀。近訪丁懷忠，觀甘泉書藏，懷忠不知森有此書，出以相示。森曰：「明月夜光，天下之所同寶也，子獨能私有之乎？亟假其本而參訂之，因系歲月於後。紹熙辛亥仲夏日，眉山蘇森謹題。

公集中有《奉詔》《親征》《龍飛》《閒居》《思陵》諸録，託言未刊，爲多及時事，不欲令人見耳。茲記亦在隱顯之閒，然多載朝制及君臣禮遇、同官一心之事，堪補全史之遺，非若小説家瑣褻眩目也。至其始末，已詳具本序及丁、蘇兩公跋語云。湖南毛晉識。

〔二〕時：原作「特」，據四庫本改。

〔三〕「大雅」下，原刻校云：「院本有『服闋』二字。」按明澹生堂鈔本、四庫本亦有此二字。

廬陵周益國文忠公集卷一七七

欽定四庫全書總目提要

二老堂詩話二卷 江蘇巡撫採進本

宋周必大撰。必大有《玉堂雜記》，已著録。是書其論詩之語，凡四十六條，原載《平園集》中，此後人鈔出别行者也。必大學問博洽，又熟於掌故，故所論多主於考證，如《王禹偁不知貢舉》一條，《劉禹錫淮陰行》一條，《歐陽修詩報班齊》一條，又《陸游説蘇軾詩》一條，《周紫芝論金鎖甲》一條，《司空山李白詩》一條，《杜甫詩閑殷闌韻》一條，皆極精審。至於《奚斯作頌》一條，偏主揚雄之説，《梅葩墜素》一條，牽合韓愈之語，則未免偏執。又《辨縹眇字》一條，知引蘇軾詩，而不知出王延壽《靈光殿賦》。《辨一麾江海》一條，知不本顔延之詩，而不知出於崔豹《古今注》。是皆援據偶疎者。然較其大致，究非學有本原者不能作也。

廬陵周益國文忠公集卷一七七

二老堂詩話 上

陶淵明山海經詩

江州《陶靖節集》末載，宣和六年，臨漢曾紘謂靖節《讀山海經》詩，其一篇云：「形夭無千歲，猛志固常在。」疑上下文義不貫。按《山海經》有云：「刑天，獸名，口銜干戚而舞。」以此句爲刑天舞干戚，因筆畫相近，五字皆訛。岑穰晁詠之撫掌稱善，予謂紘説固美，然靖節此題十三篇，大槩篇指一事。如前篇終始記夸父，則此篇恐專説精衛銜石填海，無千歲之壽，而猛志常在，化去不悔。若併指形天，似不相續。又況末句云：「徒設在昔心，良晨詎可待〔一〕。」何預干戚之猛耶！後見周紫芝《竹坡詩話》第一卷，復襲紘意以爲己説，皆誤矣。

東坡立名

白樂天爲忠州刺史，有《東坡種花》二詩，又有《步東坡詩》云：「朝上東坡步，夕上東坡步。東坡何所愛，愛此新成樹。」本朝蘇文忠公不輕許可，獨敬愛樂天，屢形詩篇。蓋其文章皆主詞達，而忠厚好施，剛直盡言，與人有情，於物無著，大畧相似。謫居黄州，始號東坡，其原必起於樂天忠州之作也。

王禹偁不知貢舉

小説多妄，其來久矣，《玉壺清話》云：王禹偁自知制誥出知黄州，蘇易簡牓下放孫何等進士三百餘人。奏曰：「禹偁禁林宿儒，累爲遷客，臣欲令牓下諸生郊送。」奏可。禹偁作詩謝之云：「綴行相送我何榮，老鶴乘軒愧谷鶯。三入承明不知舉，看人門下放諸生〔二〕。」予年十六七時，嘗以歲月推之，孫何牓乃淳化三年歲在壬辰，明年癸巳，易簡遷參政，是時禹偁謫行外未歸〔三〕。又明年甲午，方再爲知制誥，至道乙未遷内翰，五月出知滁州，非放進士時。三年丁酉，復召知制誥。咸平元年戊戌十二月，罷知黄州。二年己亥，放進士孫暨等七十一人，非三百人也，且易簡已爲執政而死。其妄甚明。然予頗自疑此詩或爲他日之讖。其後隆興癸未，予爲起居郎兼中書舍人，值省試，本擬同知貢舉，屬壽皇鋭意幸金陵，便欲進發，留予從駕，不果差。乾道壬辰，爲禮部侍郎兼直學士院，適當貢舉，在朝闕出身從官，而虞彬甫爲相，雅不欲用予，時方遣泛使，奏留予撰國書，命翰林王曮知舉，中書舍人趙雄同知，此外唯沈夏有出身，以工侍兼臨安，既不可差，乃趣召李衡爲侍御史，云試院無言事官則不

〔一〕詎：原刻校云：「一本作『駐』。」

〔二〕諸：原作「門」，據明澹生堂鈔本、四庫本、傅校本改。

〔三〕行外：《歷代詩話》本作「外任」，疑是。

肅。鎖院纔旬日，趙雄丁母憂，亦不復補差。淳熙戊戌春，予爲翰林學士，上已點定，而趙温叔爲相，密奏云：「殿試臨軒，當用天子私人主文，今省試是禮部事。」乃就下差權禮部尚書范成大。雖一時各有意，其實三人不知舉之讖先定矣。

劉禹錫淮陰行

「簇簇淮陰市，竹樓緣岸上。好日起檣竿，鳥飛鷩五兩。今日轉船頭，金烏指西北。烟波與春草，千里同一色。船頭大銅鐶，摩挲光陣陣。早晚便風來(一)，沙頭一眼認。何物令儂羡，羡郎船尾燕。啣泥趂檣竿，宿食長相見。隔浦望郎船(二)，頭昂尾幰幰。無奈脱萊時，清淮春浪軟。」黄魯直云：「《淮陰行》情調殊麗，語氣尤穩切。白樂天、元微之爲之，皆不入此律也。唯『無奈脱萊時』不可解。當待博物洽聞者説也。予嘗見古本作『挑菜時』，東坡惠州新年詩云『水生挑菜渚』恐用此字。」

唐酒價

昔人應急，謂唐之酒價每斗三百，引杜詩「速宜相就飲一斗，恰有三百青銅錢」爲證。然白樂天爲河南尹，自勸絶句云：「憶昔羈貧應舉年，脱衣典酒曲江邊。一千一斗猶賒飲，何况官供不著錢。」又古詩亦有「金樽美酒斗十千」之句，大抵詩人一時用事，未必實價也。

白樂天詩

《白樂天集》第二十五卷《宴散詩》云：「小宴追凉散，平橋步月迴。笙歌歸院落，燈火下樓臺。殘暑蟬催盡，新秋雁載來(三)。將何迎睡興，臨卧舉殘盃。」此詩殊未覩富貴氣象，第二聯偶經晏元獻公拈出，乃迥然不同。

杜荀鶴事

《池陽集》載：杜牧之守郡時，有妾懷娠而出之，以嫁州人杜筠。後生子，即荀鶴也。此事人罕知，予過池，嘗有詩云：「千古風流杜牧之，詩材猶及杜筠兒。向來稍喜唐風集，荀鶴詩集名《唐風》。今悟樊川是父師。」

光武廟左衽

錢塘陳益字仲理，進士入官。淳熙間，嘗爲奉使金國屬官，過滹沱光武廟，見塑像左衽，有詩云：「早知爲左衽，悔不聽臧

(一) 使：原刻校云：「院本作『使』。」按《萬首唐人絶句》卷二、《御定全唐詩》卷三六四亦作「使」。

(二) 郎：原刻校云：「院本作『行』。」按《萬首唐人絶句》卷二、《御定全唐詩》卷三六四亦作「行」。

(三) 載：原作「帶」，據明澹生堂鈔本、傅校本改。

宫。」意亦可取。

康與之重九詞

慶元丙辰重九，風雨中，七兄約登高於神岡西臺，因記康與之作高宗時謔詞云：「重陽日，四面雨垂垂。戲馬臺前泥拍肚，龍山路上水平臍，淬浸倒東籬。茱萸胖，黄菊濕齏齏。落帽孟嘉尋蒻笠，漉巾陶令買簑衣，都道不如歸。」爲之一笑，與之自語人云：「末句『或傳兩箇一身泥』，非也。」

杜詩元日至人日

杜詩云：「元日至人日，未有不陰時。」蓋此七日之間，須有兩三日陰，不必皆晴，疑子美紀實耳。洪興祖引東方朔《占書》謂：歲後八日，一鷄、二犬、三豕、四羊、五牛、六馬、七人、八穀，其日晴則所主物育，陰則災。天寳之亂，人物俱災。故子美云爾。信如此説，穀乃一歲之本，何畧之也。

木芙蓉詩

唐人哀劉禹錫《嘉話》云：「進士陳標詠黄蜀葵詩云：『能共牡丹争幾許，得人憎處只緣多。』予常語客，花多固取輕於人，何憎嫌之有！因論木芙蓉全似芍藥，但患無兩平字易牡丹字，欲改此句作『得人輕處只緣多』，衆以爲善，且謂移芍藥二字在句首則可矣。予以失全句爲疑，或云：本草芍藥一名餘容，因綴一絶云：『花如人面映秋波，拒傲清霜色更和。能共餘容争幾許，得人輕處只緣多。』」白樂天《和錢學士白牡丹詩》云：「唐昌玉蘂花，攀玩衆所争。折來比顔色，一種如瑶瓊。彼因稀見貴，此以多爲輕。」固知輕字爲勝。

辨人生如寄出處

蘇文忠公詩文少重複者，惟「人生如寄耳」十數處用，雖和陶詩亦及之，蓋有感於斯言。此句本起魏文帝樂府，厥後《高僧傳》載王羲之與支道林書，祖其語爾。朱翌新仲《猗覺寮雜志》乃引《高僧傳》及南齊劉善明，似未記魏樂府。予爲太和蕭人傑秀才作《如寄齋説》，引文忠公詩甚詳。

報班齊

歐公詩云：「玉勒争門隨仗入，牙牌當殿報班齊。」或疑其不然。今朝殿争門者往往隨仗而入，及在廷排立既定，駕將御殿，閤門持牙牌，刻班齊二字，候班齊，小黄門接入。上先坐後幄，黄門復出揚聲云：「人齊未？」行門當頭者應云：「人齊。」上即出。方轉照壁，衛士即鳴鞭，然此乃是駕出時，常日則不同。

朱希真出處

朱敦儒字希真，洛陽人，紹聖諫官勃之孫。靖康亂離，避地自江西走二廣。紹興二年，詔廣西宣諭明槖訪求山林不仕賢者，槖薦希真深達治體，有經世之才，静退無競，安於貧賤，嘗三召不起。特補迪功郎，後賜出身。歴館職郎官，出爲浙東提刑，致仕居嘉禾。詩詞獨步一世，秦丞相晚用其子某爲刪定官，欲令希真教秦伯陽作詩，遂落致仕，除鴻臚寺少卿，蓋久廢之官也。或作詩云：「少室山人久掛冠，不知何事到長安。如今縱插梅花醉，未必王侯著眼看。」蓋希真舊嘗有《鷓鴣天》云：「我是清都山水郎，天教懶慢帶疎狂。曾批給露支風勅，累奏留雲借月章。詩萬首，醉千場〔二〕，幾曾著眼看侯王。玉樓金闕慵歸去，且插梅花醉洛陽〔三〕。」最膾炙人口，故以此譏之。淳熙間，沅州教授湯巖起刊《詩海遺珠》，所書甚畧，而云蜀人武横詩也。未幾，秦丞相薨，希真亦遭臺評。高宗曰：「此人朕用明槖薦，以隱逸命官，置在館閣，豈有始恬退而晚奔競耶？」其實希真老，愛其子，而畏避竄逐，不敢不起，識者憐之。

唐藩鎮官屬入局

杜子美爲劍南參謀，《遣悶》呈嚴鄭公詩云：「束縛酬知己，蹉跎效小忠。」又云：「曉入朱扉啟，昏歸畫角終。不成尋別業，未敢息微躬。」韓退之爲武陵節度使推官，上張僕射書云：「使

院故事：晨入夜歸，非有疾病事故，輒不許出。抑而行之，必發狂疾。」乃知唐制藩鎮之屬皆晨入昏歸，亦自少暇，如牛僧孺待杜牧，固不以常禮也。後見洪邁《容齋續筆》第一卷所引，與此同。

論詩雅頌

揚子《法言》曰：「正考甫常睎尹吉甫矣，公子奚斯常睎正考甫矣。」蓋尹吉甫能作《崧高》、《烝民》等詩以美宣王，故正考甫睎之而作《商頌》。是則揚子以《閟宮》之頌爲奚斯所作矣。班孟堅王文考爲賦序，皆有奚斯頌魯僖之言，蓋本諸揚子也。學者謂《閟宮》但曰『新廟奕奕，奚斯所作』，而無作頌之文，遂疑揚子爲誤。以予觀之，奚斯既以公命作廟，又自陳詩歸美其君，故八章之中，上自姜嫄后稷，下逮魯公魯侯，備極稱頌。至末章始言作廟之功，亦不爲過。只如《崧高》詩亦云：「其詩孔碩，其風肆好。」是吉甫固嘗自稱美矣，何獨於奚斯而疑之。揚子之言，必有所據。後見洪邁《容齋續筆》第一卷，亦以爲相承之誤非也。

顯仁皇后挽詩

湯岐公思退在相位，作《顯仁皇后挽詩》云：「虞妃從梧

〔二〕醉千場：原作「酒千觴」，據明澹生堂鈔本、四庫本《二老堂詩話》改。

〔三〕醉：明澹生堂鈔本、四庫本、傅校本作「住」。

野，啟母祔稽山。」無一字閑。蓋顯仁初以賢妃從徽宗北狩，其後祔徽宗，葬會稽之永祐陵。虞妃謂徽宗也，啟母謂高宗也，用事可謂的切。高宗山陵，予進挽詩取法焉。其云「生平同藝祖」，謂創業中興之主皆丁亥生也。「慶壽似慈寧」，謂母子皆嘗慶八十也。然不若岐公之工。

陸務觀說東坡三詩

陸務觀云：「王性之謂蘇子瞻作王莽詩譏介甫云：『入手功名事事新』。」又詠董卓云：「公業平時勸用儒，諸公何事起相圖。只言世上無健者，豈信車中有布乎。」蓋譏介甫常争市易事自相叛也。車中有布，借呂布以指惠卿姓、曾布名，其親切如此。又云曾吉甫侍郎藏子瞻和錢穆父詩真本，所謂「大筆推君西漢手，一言寘我二劉間」者，其自注云：「穆父嘗草某答詔，以歆、向見喻，故有此句。」而廣川董彥遠待制乃譏子瞻不當用高光事，過矣。

山谷哭宗室公壽詩

與務觀同作《劉信叔太尉挽詞》，予誦魯直《哭宗室公壽詩》云：「昔在熙寧日，葭莩接貴游。題詩奉先寺，横笛寶津樓。天網恢中夏，賓筵禁列侯。但聞劉子政，頭白更清修。」語深意到，可見宗室前肆後拘氣象。務觀云：韓子蒼常見魯直真跡，第三聯改云「屬舉左官律，不通宗室侯」。以此爲勝，而曾吉甫獨取前作。

南北聲音

四方聲音不同，形於詩歌，往往多礙，其來久矣。如北方以行爲形，故《列子》直以太行山爲太形。又如「居姬」「與以」「高俄」等音，古今文士皆作協韻，雖《釋文》亦然。《禮記》「何居」注云：「居音姬。」《列子》「何姬」却注云：音居，其詩文與以呂累之類尤多，近世士大夫頗笑閩人作賦協韻云：「天道如何，仰之彌高。」殊不知蘇子由蜀人也，《文集》第一卷「嚴碑」長韻「磨訛」「高豪」「何曹」「何戈」亦相間而用云。

記夢

予少年嘗夢至人家，其書室爲叢竹所蔽，殊不開爽。堂下皆古柳，鴉噪不止。夢中作詩云：「竹多翻障月，木老只啼烏。」意謂竹本清虛，延貯風月，今反窒塞如此。種木不棲鸞鳳，徒能集烏以聒耳，似譏其主人也。後數年爲金陵教官，初入廨舍，則廳下及門外古柳參天，鴉鳴竟日。廳傍小書室，叢竹蔽虧，恍如所夢。

皇甫湜詩

劉貢父《詩話録》云：「皇甫湜詩無聞，韓退之有讀公《安園池詩》〔一〕，譏其掎摭糞壤間。又《韓集》雖有《次韻湜陸渾山火》之篇，而湜詩俱不傳。予嘗得湜《永州祁陽元次山唐亭詩碑》，題云「侍御史内供奉皇甫湜」，其詩云：「次山有文章，可惋只在碎。然長於指敘，約潔多餘態。心語適相應，出句多分外。於諸作者間，拔戟成一隊。中行蘇預雖富劇，粹美君可蓋。子昂感遇佳，未若君雅裁。退之全而神，上與千年對。李杜才海翻，高下非可槩。文於一氣間，爲物莫與大。先王路不荒，豈不仰吾輩。石屏立衙衙，溪口啼素瀨〔二〕。我思何人知，徙倚如有賴〔三〕。」後見洪邁《容齋隨筆》亦載此詩，謂風格無可采，非也。

老人十拗

朱新仲《鄞川志》載郭功父《老人十拗》詩，謂「不記近事記遠事，不能近視能遠視，哭無淚笑有淚，夜不睡日睡，不肯坐多好行，不肯食軟要食硬，兒子不惜惜孫子，大事不問碎事絮，少飲酒多飲茶，暖不出寒即出」。丁巳歲，予年七十二，目視昏花，耳中無時作風雨聲，而實雨却不甚聞。因補一聯云：「夜雨稀聞聞耳雨，春花微見見空花。」是亦兩拗也。嘗録寄朱元晦，朱深以爲然〔四〕，請予足成之，遂貼兩句云：「他日自矜盲宰相，今復癡聾作富家。」

記趙夢得事

廣西有趙夢得，處於海上，東坡謫儋耳時，每爲致中州家問。坡嘗題其澄、邁所居二亭，曰清斯，曰舞琴。仍録陶淵明、杜子美詩及舊作數十紙與之。夢得以綾絹求書，東坡答云：「幣帛不爲服章，而以書字，上帝所禁。」又有帖云：「舊藏龍焙，請來共嘗。蓋飲非其人茶有語，閉門獨啜心有愧。」真佳句也。後趙君子婦將產，夢有題開國男來謁者，生子名之曰荆，而字夢授。紹興末登科，豐厚夷雅，所至榜書室曰見坡。乾道中，以左奉議郎知吉州龍泉縣，予因得盡觀坡之翰墨。荆去調欽倅，未上而卒。夢開國男者，殆謂縣宰耶。

〔一〕園池：原無，據《歷代詩話》本補。
〔二〕啼：原刻校云：「一本作『乃』。」
〔三〕賴：原作「待」，據明澹生堂鈔本、四庫本改。
〔四〕深：四庫本、傅校本作「大」。

廬陵周益國文忠公集卷一七八

二老堂詩話 下

記東坡烏臺詩案

元豐己未，東坡坐作詩謗訕，追赴御史獄。當時所供詩案，今已印行，所謂《烏臺詩話》是也。靖康丁未歲，臺吏隨駕，挈其案至維揚，張全真參政時爲中丞，南渡取而藏之。後張丞相德遠爲全真作墓誌，諸子以其半遺德遠充潤筆，其半猶存全真家。予嘗借觀，皆坡親筆，凡有塗改，即押字於下，而用臺印。蘇子容丞相元豐戊午歲尹開封，治陳世儒獄，言者誣以寬縱請求。是秋，亦自濠州攝赴臺獄。嘗賦詩十四篇，今在集中。序云：「子瞻先已被繫，予晝居三院東閣。而子瞻在知雜南廡，才隔一垣。」其詩云：「遥憐北户吴興守，詬辱通宵不忍聞。」注謂所劾歌詩有非所宜言，頗聞鐫詰之語。

辨歐陽公用金帶事

杜工部詩屢及銀章，歐陽文忠公詩數言金帶，此亦常事。後來士大夫多以不仕爲曠達，又因前輩偶謂「老覺腰金重，慵便枕玉涼」爲未是富貴，小説遂云「永叔這條金帶幾次道着」。予謂近世邁往凌雲，視官職如韁鎖，誰如東坡。然《送陳睦詩》云「君亦老嫌金帶重」，《望湖樓詞》云「不堪金帶垂腰」，豈害其爲達耶。

李石霜月詩

唐李義山《霜月》絶句：「青女素娥俱耐冷，月中霜裏鬬嬋娟。」本朝石曼卿云：「素娥青女元無匹，霜月亭亭各自愁。」意相反而句皆工。

陶杜酒詩

陶淵明詩「酒能消百慮」，杜子美云「一酌散千憂」，皆得趣之句也。

韓杜自比稷契

子美詩：「自比稷與契」，退之詩云：「事業窺稷契。」子美未免儒者大言，退之實欲踐之也。

蘇頲九日侍宴應制詩

予編校《文苑英華》，如詩中數字異同固不足怪，至蘇頲《九日侍宴應制得時字韻詩》，頲《集》與《英華》略同，首句

「嘉會宜長日」，而《歲時雜詠》作「并數登高日〔一〕」，第二句「高游順動時」，《雜詠》作「延齡命賞時」。第三句「曉光雲半洗」，《雜詠》作「宸遊天上轉」。第四句「晴色雨餘滋」，《雜詠》作「秋物雨來滋」。第五句「降鶴因韶德」，《雜詠》作「承仙馭」。第六句「吹花入御詞」，《雜詠》作「睿詞」。後一聯云「願陪陽數節，億萬九秋期」，《雜詠》作「微臣復何幸，長得奉恩私」。竊意《雜詠》乃傳書録當時之本，其後編集八句皆有改定，《文苑》因從之耳。杜甫云「新詩改罷自長吟」，信乎不厭雕琢也。

東坡寒碧軒詩

蘇文忠公詩，初若豪邁天成，其實關鍵甚密。再來杭州，作《壽星院寒碧軒詩》，句句切題而未嘗拘。其云「清風肅肅搖窗扉，窗前脩竹一尺圍。紛紛蒼雪落夏簟，冉冉緑霧沾人衣〔二〕」。寒碧各在其中。第五句「日高山蟬抱葉響」，頗似無意，而杜詩云「抱葉寒蟬静」，併葉言之，寒碧亦在中矣。「人静翠羽穿林飛」，固不待言，末句却説破：「道人絶粒對寒碧，爲問鶴骨何緣肥。」其妙如此。

金鎖甲

周紫芝《竹坡詩話》第一段云：「杜少陵《遊何將軍山林詩》，有『雨拋金鎖甲，苔卧緑沉鎗』之句，言甲拋於雨，爲金所鎖，鎗臥於苔，爲緑所沉，有將軍不好武之意。余讀薛氏《補遺》，乃以緑沉爲精鐵，謂隋文帝賜張奫以緑沉之甲是也。不知金鎖當是何物。後又讀趙德麟《侯鯖録》，謂緑沉爲竹，乃引陸氏龜蒙詩『一架三百竿，緑沉森杳寘』，此尤可笑。」已上皆紫芝之語。予按苻堅使熊邈造金銀細鎧，金爲綫以纍之〔三〕。蔡琰詩云：「金甲耀日光。」至今謂甲之精細者爲鎖子甲，言其相銜之密也。紫芝工詩，而詩話百篇踈失如此，何耶？緑沉爲精鐵，則不待辨矣。

筍虀詩用斤賣事

紫芝又云：「兩京作斤賣，五谿無人採。」此高力士詩也。魯直作「食筍詩」，云「尚想高將軍，五谿無人採」是也，張文潛作《虀羹詩》，乃云「論斤上國何曾飽，旅食江城日至前。嘗慕藜羹最清好，固應加糝愧吾緣」。則是高將軍所作乃虀詩耳，非筍詩也。二公同時，而用事不同如此，不知其故。予按二詩各因筍虀而借用作斤賣之句，初非用事不同，紫芝何其拘也。

〔一〕「而」下，原刻校云：「張本有『世傳』二字。」
〔二〕霧：原作「露」，據明澹生堂鈔本、四庫本改。
〔三〕金：原無，據明澹生堂鈔本、四庫本補。

改作渺，未知孰是。予校正《文苑英華》，姑仍其舊，而注此説於下。

米元章書無量老人詩句〔四〕

予家有米元章書長壽庵三字，後題兩句：「人是西方無量佛，壽如南極老人星。」不知古人詩句，或元章自作也。

程祁陳從古梅花詩

政和中，廬陵太守程祁學有淵源，尤工詩，在郡六年。郡人段子沖，字謙叔學問過人，自號潛叟，郡以遺逸八行薦，力辭。與程唱酬梅花絶句，展轉千首，識者已歎其博。邇歲有同年陳從古，字希顏，裒古今梅花詩八百篇，一一次韻。其自序云：「在漢晉未之或聞，自宋鮑照以下，僅得十七人，共二十一首。唐詩人最盛，杜少陵纔二首，白樂天四首，元微之、韓退之、柳子厚、劉夢得、杜牧之各一首，自餘不過一二。如李翰林、韋蘇州、孟東野、皮日休諸人，則又寂無一篇。至本朝方盛行，而予日積月累，酬和及千篇云。

綻葩二字

紫芝末篇又云：「今日校《譙國集》，適此兩卷皆公在宣城時詩，某爲兒時，先人以公真藁指示，某是時已能成誦。今日讀之，如見數十年前故人，終是面熟。但句中時有與昔時所見不同者，必是痛遭俗人改易爾。」如《病起》一詩云：「病來久不上層臺，謂宣城叠嶂雙溪也。窗有蜘蛛徑有苔。多少山茶梅子樹，未開齊待主人來。」此篇最爲奇絶，今乃改云：「爲報園花莫惆悵，故教太守及春來。」非特意脉不倫，然亦是何等語。又如「櫻桃欲破紅」改作「綻紅」，「梅粉初墜素」改作「梅葩」，殊不知綻、葩二字是世間第一等惡字，豈可令入詩來。又《喜雨晴詩》云：「豐穰未可期，疲瘵何日起。」乃易「疲瘵」爲「瘦飢」，若當時果用「瘦飢」二字，則此老大段窘也。予謂紫芝論俗子改易張文潛詩是也，至引「櫻桃欲破紅」，謂不應改「破」作「綻」，梅粉不應改作葩，云是惡字，豈可入詩。然則「紅綻雨肥梅」，不應見杜子美詩，「詩正而葩」，不應見韓退之《進學解》。「天葩無根長在目」，不應見歐陽永叔長篇。況古今詩人亦多用之，豈可如此論詩耶。

論縹緲二字

自唐文士詩詞多用「縹眇」二字〔一〕，本朝蘇文忠公亦數用之，其後蜀中大字本改作「縹緲〔二〕」，蓋韻書未見眇字爾〔三〕。或

〔一〕眇：原作「緲」，據四庫本改。
〔二〕緲：原作「眇」，據明澹生堂鈔本、四庫本改。
〔三〕眇：原作「緲」，據明澹生堂鈔本改。
〔四〕書：原無，據明澹生堂鈔本補。

記舒州司空山李太白詩

司空山在舒州太湖縣界，初經重報寺，過馬玉河，至金輪院，有僧本净肉身塔，及般若葉蓮花池，連理山茶。自塔院乃上山至本净坐禪巖，精巧天成，中途斷崖絶壑，傍臨萬仞，號牛背石。宗室善修者言：石如劍脊中起，側足覆身而過，危險之甚。度此步步皆佳，上有一寺及李太白書堂。一峯玉立，有太白《瀑布詩》云：「斷巖如削瓜，嵐光破崖緑。天河從中來，白雲漲川谷。玉案赤文字，落落不可讀。攝衣凌青霄，松風吹我足。」予兄子中守舒日，得此於宗室公霞，今胡仔《漁隱叢話》載蔡絛《西清詩話》，不言此山，但云太白仙去後，人有見其詩，畧云「斷崖如削瓜，嵐光破崖緑。天河從中來，白雲漲川谷。玉案勑文字，世眼不可讀。攝身凌青霄，松風吹我足」。又云：「舉袖露條脱，招我飯胡麻。」既誤以斷巖爲斷崖，與第二句相重。「赤文」作「勑文」，「落落」作「世眼」，「攝衣」作「攝身」，皆淺近，與前句大相遠。當塗《太白集》本元無此詩，因子中録寄郡守，遂刻於後，然皆從蔡絛誤本，子中争之不從，僅能改勑爲赤而已。

辨杜詩閑殷閑韻

世言杜子美詩兩押閑字，不避家諱，故《留夜晏詩》「臨懽卜夜閑」，七言詩「曾閃朱旗北斗閑」，雖俗傳孫覿謂杜詩押韻亦用二字，其實非也。卞圜杜詩本云「留懽上夜關」，蓋有投轄之意。卜字似上字，閑字似關字，而不知者或改作夜闌，又不在韻。卞氏本妙不可言。北斗閑者，蓋《漢書》有「朱旗絳天」，今杜詩既云「曾閃朱旗」，則是因「朱旗絳天」，斗色亦赤，本是殷字，於斤切，盛也。又於顔切，紅色也。故音雖不同，而字則一體。是時宣祖正諱殷字，故改作閑，全無義理。今既祧廟不諱，所謂「曾閃朱旗北斗殷」，又何疑焉。

戲舉詩對

乾道七年秋，予爲禮部侍郎，一時長貳每會食，多戲舉詩對。或云「薔薇刺刺花奴手」，刺刺，皆仄聲，人每難對，予云：「鴻雁行行鳥跡書。」又云「半夏禹餘糧」，借雨爲禹、凉爲糧也，宜以何對？予云：「長春佛見笑」，蓋藥名及花名也。吏部張津子問侍郎，因云：「此雅對耳。」更有通俗之句，如往年胡銓邦衡多髯，初除吏部郎官，或以「胡銓髯吏部」爲戲，莫能對者。是時姚憲令則以司農少卿兼權户侍，在坐，予謂「令則君嘗爲，浙憲豈復遠」？使欲借以趁，對云：「姚憲遠提刑」，蓋借姚爲遥也，坐皆大笑。淳熙六年，吏部尚書兼侍講程大昌泰之講筵退，入部，同官問：「今日講何經。」泰之云：「尚書或又曰，尚書講《尚書》。」亦詩句也。屬予對之，予曰：「行者留行者。」坐中復大笑。

紅綾白紵詩

唐薛能詩云：「莫欺闕落殘牙齒，曾喫紅綾餅餤來。」記新進士時事也。王禹偁《賀人及第詩》云：「利市襴衫抛白紵，風流名字寫紅牋。」予嘗以二事爲一聯，云「襴衫抛白紵，餅餤喫紅綾」。似是的對。葉夢得《石林避暑録》載：紅綾餅餤爲盧延讓詩。

一麾出守

顔延年詩：「屢薦不入官，一麾乃出守。」後人誤用「一麾出守」事，以爲起於杜牧之自云「獨把一麾江海去」。實用「旌麾」之麾，未必本之顔詩，後人因此二字，誤用顔詩耳。

記法慧寺門詩

紹興十年六月一日甲辰，左光禄大夫、守尚書右僕射、同中書門下平章事、兼樞密使、監修國史秦檜劄子奏：「臣聞德無常師，主善爲師；善無常主，協於克一。此伊尹相湯『咸有一德』之言也。臣昨見金國撻懶有講和割地之議，故贊陛下取河南故疆。既而兀朮殘其叔撻懶，監公佐之歸，和議已變，故贊陛下定弔民伐罪之計。今兀朮變和議果矣，臣請爲陛下先至江上，諭諸路帥同力招討，陛下相次勞軍，如漢高祖以馬上定天下，不寧厥居，爲社稷宗廟決策於今日。臣言如不可行，即乞罷免，以明孔聖『陳力就列，不能者止』之義。臣無任懇切之至。」有旨依奏。右。張嵲代作。嵲元任司勳員外郎，五月除起居舍人，八月除中書舍人。當時朝士大書法慧寺門云：「商湯爲太甲，孔聖作周任。」蓋誤以伊尹告太甲爲相湯，而《論語》載孔子引周任之言〔二〕，今直以爲孔聖也。

辨歐陽公釋奠詩

歐陽文忠公《外集》有《早赴府學釋奠》詩，蓋任留守推官陪錢惟演行禮時也。諸處本皆如此寫，汪逵云：省題詩集只云釋奠，却注作國子監試題。蓋惟演止是使相，詩中不應云「行祠漢丞相」，且「俎豆兼三代」及「首善自西京」，語皆有嫌疑〔三〕，專指漢事，非惟演也。當從省題。予答云：省題所印如秋彌之類，乃官中試題，至於釋奠，似太平易。況諸本元有早赴府學二字，書坊傅會勸之耳。其云「昔齒公卿胄，嘗聞絃誦聲」，豈舉業當用乎？所謂漢丞相，乃詩句偶然，如唐卿周士之類，何必拘泥？且漢時釋奠，豈預丞相耶？今公《外集》第二卷《書懷感事寄梅聖俞》云：「丞相忽南遷，送之伊水頭。」此惟演落平章事、移鄧州時，亦呼丞相。《外集》十四卷《送河南户曹楊子聰序》云：「居一歲，相國彭城公薦之。」彭城，惟演所封郡，是又呼

〔二〕引：四庫本《二老堂詩話》作「道」。
〔三〕疑：四庫本《二老堂詩話》無。

爲相國。按唐《白樂天集》第五十八卷論節度使王鍔除平章事云：「伏以宰相者，人臣極位，天下具瞻非有清望大功，不合輕授。鍔非清望，又無大功，深爲不可。」此是唐使相，亦謂之宰相，故有繫銜大勑之後者。兹乃丞相、相國、宰相三者，在使相皆可稱呼之明證。逵號博洽，故著此以示後學。

王十李三

紹興二十七年，御試進士四百二十六人，温州王十朋爲之首。其鄉人吴己正末綴，特奏狀元則福州李三英，例賜出身，附名正奏之後。己正有詩：「舉頭不忍看王十，回首猶欣見李三。」

鳩芹詩

蜀人縷鳩爲膾，配以芹菜。或爲詩云：「本欲將芹補，那知弄巧成。」

廬陵周益國文忠公集卷一七九

二老堂雜誌 一

黜陟

唐虞以「三考黜陟幽明」，而其所命，或終身於一職。蓋所謂陟者，若今磨勘轉官、年勞换服色也與！

夔制樂

夔始制樂以賞諸侯，非謂制樂始於夔也。制以賞諸侯或自夔耳。

明夷

文王重爻之時，紂雖虐，而商未危，箕子尚爲商臣，其《明夷》卦之六五已曰：「箕子之明夷，利貞。」此趙賓所以鑿爲荄茲之説也。

教子教國子

孔子教子，止於詩、禮，而不及樂，蓋爲學之道成於樂故也。《周官》教國子，則樂德、樂語、樂舞在所先焉，聖人所望於公族其至矣乎！

後艱終吉

《詩》稱「無後艱」，《易》稱「有終吉」，一也。

記聞人滋五説

聞人滋以詩言祖妣爲姜嫄，其説可用，蓋《周官·大司樂》以享先妣在享先祖之前，亦謂姜嫄也。

《豳》詩首言觱發栗烈，而後言於耜舉趾，滋曰：豳地多寒故也。

《禮·内則》載養老一段，並與《王制》同，滋曰：貴老謂其近於親也。

滋曰：《論語》凡稱或者，其所言皆無可取，故畧其姓名。如：「或謂孔子曰：子奚不爲政」「或問禘之説」，「或曰：孰謂鄹人之子知禮乎」，「或曰管仲儉乎」，「或曰雍也仁而不佞」，「或對曰申棖」之類。

滋曰：經史中言五穀，以稻爲貴，古人各以類配之。如以殺雞配爲黍，謂野人之食也。以啜菽配飲水，謂貧者之孝也。以稷食對菜羹，謂貶降之食也。以麥飯對葱葉，謂草具之食也。惟食稻則對衣錦言之，又祭祀則以稻爲嘉蔬，公享大夫則以稻爲嘉膳。是五穀以稻爲貴也。

天王

謂王爲天王，疑自《春秋》始，蓋孔子之深意也。或曰：《曲禮》不云乎：「臨諸侯，畛於鬼神，曰有天王某甫。」何謂也。曰：《曲禮》，漢儒所記耳。且其下文云：「措之廟，立之主曰帝。」崔靈恩以謂爲記時有主入廟稱帝之義，記者録以爲法。然則天王某甫者，亦皆漢儒傳聞之辭耳。或又曰：《莊子》載堯、舜問答，而云天王用心如何，則天王之號，豈必始於《春秋》？予曰：莊周所載，未必堯舜本語也。

論富貴

孔子曰：「富而可求也，雖執鞭之士，吾亦爲之。如不可求，從吾所好。」孟子取陽虎之言曰：「爲富不仁矣，爲仁不富矣。」蓋死生有命，富貴在天，不可以力求，不可以智爲。此孔、孟之學也。小人求富爲富，無所不至，甚者敗國亡家，皆求富爲富者也。

論德誠

或問：以德行仁者王，何謂也。曰：德者誠也，以誠行仁，然後可以王。《書》曰：恭儉惟德，無載爾僞。作德心逸日休，作僞心勞日拙。是皆以德對僞，故曰德者誠也。

酒誥

揚子曰：「昔之説《書》者，序以百，《酒誥》之篇俄空焉，今亡矣夫。」以揚子所見爲古文耶，則《酒誥》實未嘗亡，而汨作九共、稿飫之類逸者甚衆，何爲皆不言也。以揚子所見爲今文耶，則安得渾渾、灝灝、噩噩之語，必有能辨之者。

鄭子産

鄭子産火不禳，水不禜，昭十九年龍鬭。不覿民以怪也。

以智籠愚

上駟中駟下駟之説，即狙公詐狙、朝三暮四之説也。《列子》曰：聖人以智籠羣愚，何必聖人哉。

古人作文以事繫月

司馬相如：孟冬十月，君徂郊祀；《文選》：暮春三月，江南草長。

井蛙驊騮

井蛙不可以語海，其見小也。驊騮不可以捕鼠，其用大也。小大雖殊，其不適用一也。

楚熊渠子李廣射石

《新序》：楚熊渠子夜行，見寢石，以爲伏虎，關弓射之，滅矢飲羽，下視知石也，復射之，矢摧無跡。熊渠子見其誠心，而金石爲開，况人心乎！李廣在右北平[一]，出獵，見草中石，以爲虎而射之，中石没矢，視之石也。他日射之，終不能入。二事正相類。

高祖先主功業

高祖自漢中而興帝業，先主乃區區梁、益，而無成功，皆天也，非人力也。予嘗作《諸葛孔明贊》云：昔我高祖，肇迹於兹。欲肯其堂，敢廢厥基。

高祖武帝待士重輕

世言高祖最知人，故論三傑之功，則字謂張良曰子房，至蕭何、韓信乃名呼之。彼待下固有輕重，溺冠踞見者，特庸人耳。其後武帝雄才大畧，頗有高祖之風，據厠而視大將軍，不冠而見公孫丞相，至汲黯不冠不見。主父偃智不足以知此，西入關，欲因衛青以求用，而不知武帝所以待青者至薄，豈以薦士責之哉！其不省也宜矣，偃後朝奏書而暮召，士固當自致耶！

張良不祀

張良之於高祖，蓋天授也，運籌帷幄，姑置未問，鴻門之會，微項伯以良故，背其主而翼蔽沛公，則沛公之肉不足以齒項莊之劍矣，尚敢望數百年血食哉！此社稷功也。孫子縱有大過，猶將十世宥之，奈何不疑嗣爵，纔十年，遽奪其國。按《功臣表》，則曰坐與門大夫殺故楚内史，《良傳》則曰坐不敬。其罪皆不至於不祀，而孝文視之蔑如也。至元康四年，僅復其家，卒不紹封，漢家真少恩哉！或曰：良多陰謀奇計，造物所忌，故雖能以智終，而留國不祀，忽諸。信乎非耶。

[一] 右：原無，據明澹生堂鈔本補。

袁安吴雄葬地

漢袁安父没，母使求葬地，道逢三書生，指一處云：「葬此當世爲上公。」須臾不見。安異之，於是葬其所占之地，故累世隆盛。按：安理楚獄之連繫，還匈奴之生口，臨事如此，平時用心仁恕可知矣。神物兆祥，使之昌熾，此豈人力所能至哉！范史載之，亦足垂勸。而世之泥於陰陽家者，往往藉以爲口實，謂貴賤貧富、死生福禍，一繫邱墓，殊不問行己之如何。於是庸師妖巫，始得售其術矣。若河南吴雄，少時家貧，喪母，營人所不封土者擇葬其中，喪事趣辦不問時日，醫巫皆言當族滅，而雄不顧。雄既以明法律斷獄，平起自孤宦致位司徒，而子訢、孫恭三世廷尉，爲法名家(一)，此亦范曄所記也。予故表而出之，以告不修人事而以袁安爲口實者。

皐陶

《後漢楊賜傳》：三后成功，皐陶不與。《左傳》云：「皐陶庭堅不祀，忽諸。」禹固不待言，契之後爲湯，稷之後爲周，至唐乃爲系出皐陶。天寶中，追尊爲德明皇帝。

以曾子爲聖人

《論語·泰伯篇》：「以能問於不能，以多問於寡，有若無，實若虚。」曾子之言也。唐太宗乃謂孔子所稱以問孔頴達，對曰：此聖人教人謙耳。一時君臣之問對，史氏之筆削，皆不正之，而直以曾子爲聖人，何也？

唐開元錢

《舊唐書》：武德四年七月丁卯，廢五銖錢，行開元通寶錢。《談賓録》以爲歐陽詢所書，而《青瑣》集楊妃别傳，乃謂此錢開元所鑄，背有搯痕，出於楊妃。吴曾《漫録》已載《辨誤》中。予謂唐鑄錢多矣，今惟此錢偏天下，特爲光明燒之，有水銀出，可治小兒急驚，而餘錢皆不復見(二)，何也？

韓退之鰐文臺參

《韓退之傳》識潮州逐鰐事，而《李翺行狀》、《皇甫湜神道碑》、《墓誌銘》皆不書。又傳言：愈爲京兆尹兼御史大夫，特詔不臺參。李紳爲中丞，劾奏愈，愈以詔文自解。其後文刺紛然，宰相以臺府不協，兩罷之，而《行狀》、《墓碑》自緣李紳爲御史中丞因械送府使，以尹杖杖之，公縱囚去。翺、湜同時人，不應謬忘，豈以鰐近語怪，故删去？乎若有詔免臺參，李紳何敢

(一) 法名：原作「名法」，據明澹生堂鈔本、四庫本、《後漢書·郭躬傳》乙。

(二) 復：明澹生堂鈔本作「可」。

争？湜謂紳有寵，旦夕且相，先生不諂，固爲恥矣，因捨囚事，宰相兩改其官，此當可信，本傳止據《昌黎集》所載而書之耶！

薛元超不以字行

《唐書》以字行者，必明言之，微如閻讓字立德是也。薛收子名振，字元超，見楊炯所作《行狀》，而史直作元超，不云以字行，何也？

廬陵周益國文忠公集卷一八〇

二老堂雜誌 二

史官改定制詔

本朝列聖《實録》，凡當時所下制詔，往往爲史官改易，殆以文體或未古也。宋景文公《筆記》亦嘗言之。唐魏帥田布以死事贈右僕射，白居易草制甚美，而《舊唐書》別載一制，全不相類，文雖可觀，然不若居易之宏暢，未知當時果用何制，其爲脩史者所改無疑。本朝太祖受周恭帝禪詔，元本載《五代開皇紀》，與今《實録》無一字同，此事由來久矣。

記李煜與劉鋹書全文

太祖皇帝嘗令江南李煜作書諭廣南劉鋹，令歸中國。煜命其臣潘佑視草，文甚辨麗，累數千言，今載之《太祖實録》，饒州董氏刻佑《集》亦有之，然皆不載最後十句，蓋私札不敢以聞也。予年十餘歲，因隨侍至廣州，嘗得其全文，今尚能記其辭曰：「皇帝宗廟垂慶，清明在躬，冀日廣徽猷，時膺多福。徒切依仁之戀，難窮報德之情。望南風而永懷，庶幾撫我；指白日以自誓，夫復何言！」

告詞用上語

紹興十二年，太母還宮，百僚班賀，上曰：「朕自東朝之歸，方知南面之樂。」故權中書舍人程敦厚行太母姪女韋氏十娘封郡夫人制云：「朕自東朝之歸，方知南面之樂。宜時懿戚，同此休榮。」蓋全用上語也。

察官兼翰苑

紹興二十四年春，直學士院湯思退以禮部侍郎同知貢舉。時百官多闕，大抵一人兼數職，故凡以進士入官者，皆預考校，獨監察御史王綸不入，蓋備拆號也。內制既闕官，有旨命王綸時暫兼權，適劉婉儀進位貴妃，綸草其制，潤筆殆萬緡。上稱有典誥體，竟至大用。前此察官寓直禁林，亦盛事也。

經筵官給告

近制：兼職雖宰相領國史、實録院、勅令所、玉牒所，降勅而已，惟講讀官下至説書，皆命詞給告，可見崇儒重道之意也。

侍講説書

近事侍從以上兼經筵則曰侍講，庶官則曰崇政殿説書，故左右史兼講筵者亦曰侍講，如程敦厚、趙衛是也。紹興二十六年，王綸爲起居舍人，止帶崇政殿説書，誤矣。先是殿中侍御史董德元、右正言王珉皆兼説書，而珉以家諱辭，遂並升侍講，蓋從權也。胡銓以左史兼侍講院，既而改宗政少卿，而侍講如故。其後張栻爲左司，亦侍講。

李益能召試

紹興二十六年二月二十五日詔：將作監主簿李益能，令中書後省召試時務策一道取旨。益能，李擢德升子也，爲右丞相萬俟禼所薦，將特賜出身而用之。方試而禼薨，王綸、周麟之、趙逵在後省，以六經疑難發問，益能所對稍畧。又參知政事張綱亦論賜第之恩不可啟，止自監簿遷宗正寺丞。初詞科惟有出身人許應，上即位，以用武權停。紹興初，擢任工部侍郎，請復其科，而有司看詳，兼許任子就試，亦爲益能計也。科第固未足道，然益能垂成輒壞，可爲有心者之戒。

給事中降詔

故事：除授六曹侍郎，雜學士以上遇辭免則降詔不允，給、舍權侍郎則否。紹興二十七年六月，户部侍郎王師心除給事中，亦降不允詔書，蓋師心舊官，合答詔。是歲九月，賀允中自權禮部侍郎除給事中，遂襲王師心例降詔，非故事也。三十年正月，王晞亮自權工部侍郎遷，夕拜，不復降詔。金安節又降詔(二)。

皇子食邑

紹興三十二年六月孝宗受禪，九月一日三皇子並拜節鉞真王，各食邑一千户、食實封四百户。按舊制，皇子封王，便合食邑三千户、食實封一千户，此有司之失也。

張德遠始終爲右相

高宗紹興乙卯春，張德遠拜右相，丁巳秋方罷，蓋獨相也。後幾三十年，當壬午歲，壽皇受禪，陳長卿實爲首台。七月，復召前左相湯進之爲右相。十二月，長卿罷。明年改元隆興，正月，張任樞密使。壽皇過德壽宫，議除二公相。高宗曰：「各還其舊。」蓋以頃年湯左而張右也。按德遠初相時，湯尚未仕。其後陳以權侍郎同知貢舉，時史直翁方過省，湯方中宏詞。後湯爲左相，久之陳拜右相。湯去，陳始升左，而史爲右相。予在後省，嘗語陳云：「相公，湯相座主，乃迭爲左右相。」陳笑指史云：「今右相亦當時進士也。」仕宦遲速固不齊，但張以三十年舊相當並拜之日，適以湯嘗居左，竟不少進，斯亦異矣。國朝偶值二相俱闕，往往自執政徑升首台，近歲如沈守約、葉子昂皆是也。

(二) 金安節又降詔：明澹生堂鈔本、四庫本作小字。

高宗朝進士第二人官過大魁

高宗中興以來十放進士，其榜眼官職往往過於狀頭。戊申維揚李易止於中書舍人待制，而王大寶乃爲尚書雜學士。紹興二年張九成止權侍郎，而凌景夏乃爲尚書。五年汪應辰仕至尚書端明，而黄中元以有官降在第二，後來官職亦相似，其實應辰第二人也。八年黄公度止於考功郎官，而陳俊卿作相十二年，陳誠之知樞密院，似難及矣，而秦熺亦嘗歷元樞，生任少師〔一〕。十五年劉章爲尚書，而王剛中入樞府十八年。王佐終八座，而董德元參政。二十一年趙逵中書舍人〔二〕，而蔣芾爲相。二十四年張孝祥止於中書舍人、雜學士，而秦塤爲正侍郎。二十七年王十朋僅除權侍郎，晚授詹事，不能供職，而閻安中正爲中書舍人，特職名不及十朋耳。三十年許克昌爲狀元，以有官降第二人，而升梁克家爲魁，至孝宗朝，梁方拜相，本第二人也。

本朝宰相書勑著姓

祖宗朝，宰相官至僕射，即今特進。勑後乃不著姓，他相階官自吏部尚書即今金紫光禄〔三〕。而下皆著姓，後來因改平章事爲左右僕射，遂不問何官，一例去姓，其他執政列銜皆書階官。紹興以前尚如此，只自近歲乃不書階官。又舊制，執政必轉諫議大夫，即今大中。神宗愛惜名器，詔下一等，以中大夫爲執政官，而加一守字，近歲亦不復用此字。蓋舊法：官過於職爲行，相當則不用，其下爲守，又其下爲試，其職錢亦微降殺云。

館職召試

紹興己卯，諫官何溥請館職學官皆試而後除，學官固不容試，館職人亦以爲憚，遂礙進擬。久之，王十朋始以大魁直除校書郎，不試。未幾，闕員浸多，遂召劉儀鳳、朱熙載，既而二人皆辭，改他官，復召予與程大昌試〔四〕。初欲除校書郎，或謂選人特除，止有徽宗朝李邴一二人，乃止除正字，其後無不試者。至乾道元年，諸王宮教授黄石輪對，論東宮不宜以詩文爲學，上大喜，擢授校書郎，仍特免試，俄除著作佐郎。自廷魁之外不試者，惟石而已。

汪丞相墜笏

汪伯彦初拜相於維揚，正謝上殿，而笏墜中斷，上以他笏賜之，非吉徵也，未幾，果有南渡之擾。已卯十二月九日，謁梁大方德全撫幹聞之，梁，蓋汪之外孫也。

〔一〕元樞生任：四庫本作「大學士特進」，疑是。
〔二〕二十一：原作「二十二」，據明澹生堂鈔本、四庫本改。
〔三〕即今金紫光禄：原在「而下」後，據明澹生堂鈔本移乙。
〔四〕復：原作「後」，據明澹生堂鈔本、四庫本改。

記觀秘閣御書

辛巳九月乙酉，敬觀太宗皇帝御書，凡經傳要語、古今雜詩，皆用隸草。其一軸大書「示敦樸爲天下先」，御押賜盧多遜，尤奇偉。又雜書數軸賜才人朱惠貞。又誡諭京朝官印紙數通，其一賜凌策。策所歷郡，皆批課績於後。乙未午後登秘閣，縱觀四朝御書，英宗在濮邸，所與侍禁家問辭翰精詳，爭雄寒士。神宗多論邊防利害，外有獎諭張方平制詔，及申諭臺官言歐陽修帷箔事數幅。王言宸翰，出人意表。哲宗元祐初，以扇面學書多賜李瓌。內杜甫「遲日江山麗」絕句一篇，乃經筵賜顧臨者。徽宗亦多端邸學書[一]，以賜鄭詳餘家，科醮文字，多成篇帙。十二月己未觀唐李紳自淮南入相告身，即僞蜀李旻得而藏之者。上親録本末於卷尾。又觀唐人細書《法華經》，卷軸甚小，織成佛像以爲引首，其精巧非近世所能爲也。畫品尤多奇絶，有小本李白寫真，崔令欽題。壬午正月丙子雪始消，登秘閣，敬觀昭陵御書，嘉祐中賜李瑋。飛白甚多，其傍皆書公照道號和光子，龍翔鳳翥，妙絶今古。楷字賜浄因長老懷璉十七頌，即明州宸奎閣所藏也。其一曰：「六祖明達了見機，二真戒喝決時威。青山般若如如體，御頌收將甚處歸。」蓋用璉韻也。璉頌云：「六載皇都喝祖機，兩層金殿奉天威。青山隱去欣何得，滿篋惟將御頌歸。」昔蘇軾作《閣記》云：「至和中，璉上書乞歸老山中，上曰：山即如如體也，將安歸乎？」其説取諸此。四月壬辰，敬觀真宗御書，凡青詞多自草，其式云「皇帝某伏觀再降瑞雪者」入詞，「某無任感恩歡忭激切之至，謹具狀申謝上聞，謹狀。大中祥符三年十二月皇帝某狀」。又有咨目，大畧類此。《春日賜宿國長公主園林詩》一首，仁宗跋云：「皇祐五年九月十六日，恭題真宗聖製御書，今賜李端懿、李端願等，依舊家藏。」押。英宗跋云：「治平三年九月十四日，恭題真宗聖製仁宗御書，今却賜端願等，依舊家藏。」

[一] 亦多端邸：四庫本作「以素縑」。

廬陵周益國文忠公集卷一八一

二老堂雜誌 三

諫省闕官

隆興二年閏十一月，諫議大夫尹穡罷，右正言王述又徙吏部郎中，諫院闕官累月。明年四月，方除程叔達爲正言，七月遷司諫，九月丁憂，十二月方除汪涓爲司諫。諫省全闕官者累月。

慶國不當封

隆興甲申二月，左僕射湯思退言：「蒙恩除左僕射，自榮國徙封慶國公，正謝已逾月。近者稽訪典故，乃知天聖以來，廷臣無以慶國爲封。」仁宗嘗封者。詔改岐國公。予按：宣和四年十二月，太宰王黼自崇國進封慶國公，五年五月方進封晉國。又宣和七年十二月，太宰崇國公白時中亦進封慶國公。其誤久矣，所謂晉國，尤非所宜，今已著令不封。

相位久虛

乾道元年二月，陳丞相長卿既薨，不除相，至十二月三日始除洪景伯右僕射。淳熙二年九月，葉夢錫免相，復虛位者三年半，中間嘗宣諭龔、李二參政云：「近三台星不明。」至五年三月，始拜史直翁云。

大宴金獅子

殿上大宴有蠻人控金獅子，對，設柱間。乾道八年正月五日宴北使，雪後日照殿門，予作樂語云：「香裊狻猊，雜瑞煙於綵仗；雪殘鳷鵲，耀初日於金鋪。」蓋紀實也。初欲用「香直麒麟」以對「雪殘鳷鵲」，皆杜工部詩，然殿上無金麒麟，不若狻猊爲得實。

三省密院覆奏朝殿所得旨

淳熙丁酉四月五日，垂拱殿六曹曾覿以使相赴起居訖，肩輿歸第，直省官賈光祖、散祇候李處和、并承信郎本府使臣唐章，皆騎從。已而參政龔茂良奏事畢，馳馬入堂，遂踵相躡。街司促光祖等避道，光祖等曰：「參政能得幾時。」其實朝路吏卒輩喜生事，在前故緩行以軋後乘，在後則迫促前者，蓋常態也。光祖隸籍三省行首司，處和隸籍密院，一時輪差而往，茂良聞之大不平。明日奏其事，上諭覿往致謝。又明日，覿令幹辦官楊師顏申省云：「光祖、處和并承信郎，本府使臣唐章今月五日隨開府朝參，回於轎後行馬，不期參政頭踏相繼，有失迴避，除唐章別作施行外，其光祖、處和中所屬施行。」上謂茂良先權衝替二人〔二〕，然後施行〔三〕。茂良亟下臨安府杖一百勒罷。八日，上批問茂良：「昨已面諭，何遽也。」九日，茂良當致齋，待罪不入。午後，差御藥林椿年宣押赴堂致齋，收回御批。五月二十五日，户部郎官謝廓然賜出身，除殿中侍御史。中書舍人林光朝不肯書黄，上用廓然，意固有在，而光朝適與茂良同鄉相善，不能無疑。二十七日，光朝改權工部侍郎。光朝力請祠，六月三日，除集撰與郡。七日，茂良求去，降詔不允。八日，再上表，又不允。九日，第二押晚批出，除資政殿學士知鎮江府。是日，謝廓然對。十一日，茂良再辭鎮江，又不允。十四日早，廓然再對，未時，茂良内殿朝辭，許免鎮江。十五日，茂良落職放罷，行廓然章疏也。於是覿之姻家韓彦古獻議，三省密院舊奏事退，徑批聖旨非是，乞朝退，逐一覆奏禁中詳觀，乃付出，專爲徑斷直省官而設也。上大以爲然，自此每事上於奏目後用黄紙貼云得旨云云，朝退封入，改則改，留則留，遂以爲常。是月末，有蜀人張唐卿者，珖之姪孫，趙雄在密院，力主之，欲用淮南舊賞改官，而都承旨王抃執不可。雄乃請改次物合入官。既覆奏，止令循兩資，明日宣諭三省云：若非覆奏，幾誤推賞。此可爲萬世法。雖有强臣跋扈，不能易也。國初自范質進擬，已更舊制，至是復剏覆奏，乃本朝大典故，史官必不詳知本末，故備言之。七月十六日，廓然又論茂良，散官，英州安置。

記恭請聖語

淳熙七年，少保寧武軍節度使、充醴泉觀使曾覿奏：「三月十八日，車駕詣德壽宮，恭請太上皇帝、壽聖皇后。」於是乘輿至大内，開宴於凌虚閣。下三面設牡丹、酴醾，花皆層級，高數尺，一面垂簾，設樂庭下。樂作，太上皇帝、壽聖皇后就坐。今上初欲著帽，御赭袍玉帶，太上皇帝宣諭止之，中裹赭袍，赴太上皇帝、壽聖皇后榻前，各再拜。太上云：「母拜。」令左右扶掖。今上仍拜，起，捧觴上千萬歲壽，進奉儀物。酒三行，太上皇帝、壽聖皇后聯步輦以行，今上亦步輦從。至翠寒堂棟宇軒敞不加丹雘。太上皇帝指以示臣覿云：「營造何如？」臣覿奏曰：「宏壯精巧，二者兼之。臣不嫺營造，今開府儀同三司鄭藻留心於此，嘗向臣言：『京師亦未嘗見如此之工也。』」太上曰：「是。」今上皇帝即曰：「凡此鉅材，一椽已上，皆太上皇帝所賜，且瑩潔無節目，所以更不採飾。」酒復數行，至水堂中路石橋上，肩輿少憩。面對酴醾花架，高柳參天，酴醾引蔓垂梢而下，其長袤丈，芳菲照座，馥郁襲人。今上捧觴勸太上，次勸壽聖，皆釂飲。今上亦滿引，更相勸酬者再三。今上云：「苑圃池沼，久已成趣，皆太上皇帝積累之勤，臣蒙成坐享，何德以堪之！」太上云：「吾兒聖孝，感通神明，海内無事垂二十年，安

〔二〕衝：原作「充」，據明澹生堂鈔本改。
〔三〕施：原無，據傅校本補。

得無功！」臣覿奏云：「父慈子孝，家給人足，可謂太平之盛。臣覿目覩斯宴，超冠古今，可無紀述，以示外庭？輒不揆紀實，以備執史筆者之闕云。」三月二十五日，三省同奉聖旨：宣付史館。

記黎州事

淳熙七年夏，興州都統制吳挺、興元都統制田世卿密申：「黎蠻自四月二十三日犯漢界，本州駐劄路分統領高晃平日失於措置，迎敵錯亂失利，退入州城，致蠻人深入，抄掠一空。制置使胡元質既調發綿州屯駐軍一百五十八人，係興州軍馬。又調潼川屯駐軍五百人，係興元軍馬。急於星火，夜行百三四十里。制置司仍起復前成都鈐轄成光延節制軍馬，與本路提刑折知常、制司參議官呂某、運司主管官唐某並往黎州。是時蠻人已退，而官軍冒暑遠涉，疲勞病瘴光延、晃僥倖功賞，驅率將士於盤陀嶺修築堡壘，晝夜不休。虛發捷旗，公肆誕謾。至六月九日，蠻人於三角坪出沒，誘致官兵，光延、晃遽率兵赴之。既爲蠻人所乘，即上馬先遁。蠻據羊納隘橋，截斷官軍歸路，墜崖死亡甚衆。遂棄新堡軍需糧食，蠻人進至富庄城，距州城三十里，城中擾亂，幾至失守。統領武順將官張琦皆死，官兵死者四百餘人，瘴疫死者不在其數。今制置司又亟調兩都統司劍、閬、利州屯駐軍三千人，比之綿州潼川軍馬，道里又遠，豈可使不諳戰陣？敗軍之將，復蹈前悔，望正其罪，以慰忠魂。雖黎州非挺等所隸邊面，而所調兵皆挺等部曲，謹具以聞。」至七月，四川制置胡元質奏：「黎蠻已返巢穴，乞暫抽回大軍，量留戍卒。」九月，蠻進馬三百匹，獻珊瑚等乞盟。詔却其獻，而許互市。初，知常以提刑督捕而敗，蠻既納款，就權黎州。十一月十四日夜，戍兵利州左軍怨知常不推功賞，又令徙居僧寺，相率攻州宅，縱火作亂。知常走避，三日而後歸。賊刧府庫，縱獄囚，執通判李照并知常之子三簽判[二]，欲俱入番，賴主兵官王去惡率衙兵出城，駐相公嶺，邀止之，得其首領仵進、石景并叛兵七十八人，械送黎州獄。李照復入城，撫定軍民。雅州巡尉伏路把截，亦獲叛兵陳忠等五十七名，解雅州，隨身各有軍器金帛。其後胡元質宮觀，知常追三官勒停，汀州居住。光延、晃並除名勒停，光延逵州編管，晃軍前自効。於是蜀人諺曰：「胡制置，果然胡，制置折提刑，畢竟折提刑。」「高路分却成低路分，成將軍乃是敗將軍。」或云此語亦達禁中。

皇太子幕次

淳熙己巳九月七日，有旨：皇太子垂拱殿幕次移在東廊。初，親王序位宰相下，故殿幕宰執在東，親王在西。既升儲，仍不改。予爲詹事，時東宮嘗及此，予以告諸公，不能正也。至十二日常朝，皇太子侍班幕次移在宰執之上。初宣諭時，梁相奏乞移皇太子於東廊，而宰執過西廊，閤門疑宰執過西則使相却在東。予時爲樞密使，謂不若只在東廊，但移皇太子在宰執上可

[二] 并：明澹生堂鈔本、傅校本作「及」。

也。閤門云：「適商量亦如此，兼集英及後殿皆然。」於是遂定。

納南郊鹵簿字圖

己巳十一月五日，兵部尚書宇文价、郎官梁汝永同以劄子納南郊鹵簿字圖，此亦有由。淳熙丙申郊祀，曾覿以使相充五使，舊例：兵部長貳携字圖面納。予時爲兵部侍郎，不欲登其門，又不容不納，然以申狀則禮重。乃令吏具公劄繳送，自後遂循例。他人莫知其所以然，大抵朝廷典故出於一時者多矣。

郊壇行禮

己巳十一月二十日，上自景靈宮入太廟齋宿，夜行禮。天氣晴和，上喜，令內侍諭太師局：尋常行禮太早，不應丑後。自今依時，勿得遷就。二十一日，宿青城，午未間，天氣忽陰，復有旨：令今夜若陰，則依常時行禮。或晴，乃用昨日指揮。既行事，微雨，或作或止，行禮甚速。上既遵太宗故事，止就壇上褥位一就行禮，不再升降。又趣亞獻、終獻先登壇伺候，既畢，止詣望燎位，而令大禮使王淮詣望瘞位，皆從權也。

盤雕金眼睛紫窄衫

己巳十一月二十一日，上在景靈宮，行宮使甘昪、殿帥郭棣所服，盤雕金眼睛，紫窄衫，與其他行宮使帶御器械不同。嘗問鄭興裔，乃云：此非舊制，本徽宗時以殿帥高俅官使相，特加寵異，餘人紫衫黑花而已。近歲興裔之伯鄭藻，爲大禮行宮使，亦緣官至使相，故有此賜。昪與棣官未至，上特以此寵之，所謂金眼睛者，以金飾所繡盤雕兩眼，望之燦然。

緋紫階品

元豐官制：朝奉大夫爲從六品，即可服緋；大中大夫爲從四品，服紫。與古不同。如唐文散官至朝散大夫方服緋，蓋從五品也。三品方服紫，故文散官、金紫光祿大夫亦在正三品。近世士大夫爲人作銘誌，凡賜紫則曰三品服，賜緋則曰五品服，失之矣。惟歐陽文忠公所作誌文，緋則曰緋魚，紫則曰金紫。

敕用準字

敕牒「準」字，去十爲准，或謂本朝因寇準爲相而改。又云曾公亮、蔡京父爲名準而避〔一〕，其實不然。予見唐告已作準，又收五代堂判亦然。頃在密院，令吏輩用準字，既而作相又令三省如此寫，至今遂定，後世豈能推其源流耶？大抵朝廷典故，若涉同僚共議不論重輕〔二〕，必惑例憚改。惟吏輩密移，則更不復問。如西清閣名皆主於宸文，所謂天章閣，祖宗朝從官人人歷學士待

〔一〕爲：明澹生堂鈔本作「皆」。
〔二〕不論重輕：明澹生堂鈔本作「不問輕重」。

制之類。紹興以前，何嘗不除授，如章誼禮是也。孝宗一日宣諭奉使借官令稍新，即擬天章閣學士。同僚堅執，謂「非臣下稱呼」。予謂龍圖、寶文「亦豈臣子事」？堅執不從而止。

追班

垂拱常朝，駕坐吏揖宰臣以下，先序立殿門内，皆南向背殿立，以俟追班。數年前，上自御榻望見衣履於門閾之間，御殿則去閾，蓋避雨則開門。遂傳旨，令二府在門内東西相向立，侍從以下門外相向立。

四朝國史誤字

《四朝國史》，淳熙間所進也。吉州人蕭服爲御史，坐直章綎私鑄獄，爲蔡京所治，羈管虔州，蓋隣郡也。其家批書印紙尚存，史乃書爲處州，蓋虔、處二字相近。紹興間，因齊述亂，改虔爲贛，史官偶不思耳。又仁宗駙馬《李瑋傳》，兄弟三人，瑋字公明，珣字公粹，惟瑋獨無字，予作《梁汝嘉神道碑》，其子季珌以玉石硯爲潤筆，背刻篆字，乃瑋講道齋所用，字曰公炤。此書洪邁用功爲多，邁號博聞，緣出衆手，無由盡正其誤也。

高宗實録誤字

史官宜用才、學、識三長，又須專任，乃無牴牾。近世止作

兼職，人人爲之。《高宗實録》成，嘗求外祖王給事中靚列傳觀之，殊可嘆。蓋行狀乃予隆興元年託尹穡少稷撰，留館中，其載宣和間知東平府，却回請東封父老一事，最爲奇特，當時幾獲罪，賴虞奕在從班救止之。比見汪藻所進《事實》可據，乃復削去其官，止通奉大夫。初贈止光禄，後來因子遇恩，累贈少保，自不應書，今直云「贈少保」，何其誤也。又《日曆·李邴傳》，邴自端殿朝散郎、簽書樞密除尚書左丞，例合轉中大夫，猶宣教郎以下除從官，須轉通直郎也，《傳》却云「特轉七官」。

侍從不帶職正郎奏薦

章茂獻侍郎詢奏薦曲折，予告之云：外祖政和間任給事中，奏補長子籍京官，次年與郊，該遇後郊大禮，係不帶職正郎陳乞奏薦。吏部告示謂：庶官合隔郊。遂引崇寧間慕容尚書彦逢亦是前郊係從官，次郊正郎不帶職，作初遇放行。後來范至能任中書舍人，奏補子京官，次郊以「朝奉郎集撰知静江」陳乞奏薦。緣渠爲不曉事吏人獻説，引「曾任諫議大夫以上以理去官，遇郊依見任」之條乞奏京官。吏部阻難不行，不免告之云。此法固然，但有注脚云：「中奉大夫方用此令。」蓋中奉自不隔郊，止是與京官恩數耳。今官未至，只合如外祖例陳乞，後自無辭。後遂得之。

廬陵周益國文忠公集卷一八二

二老堂雜誌 四

賢關邊瑣

大學賢士之瑣闥，而近世以闥爲實字，邊瑣非邊徼，乃文書之録耳，士大夫亦多誤用。夏英公《永興謝二府啟》云：「議西鄙之羽書，按東臺之邊瑣」，乃爲合理。

辨宋景文公任器字

宋景文公博極羣書，其《筆記》云：「余見今人爲學不及古人之有根基，每亦自愧。嘗讀式[一]，其中有『任器』字，注曰未詳。且任器乃荷擔之具，雜見子史中，何云未詳？」予謂《周禮》「牛人以載公任器」，乃六經語，而景文但引子史，何耶？

陳無已字稱歐陽公

陳無已作《平甫文集後序》，以字稱歐陽文忠公，至曾子固則曰南豐先生。又曰：「先生之後陳師道。」嗚呼！無已學於南豐，尊之宜矣，然尊其父而輕其祖，何也？唐立夫曰：四海歐永叔也，無已何尊焉，至於得道之師，則不可以無别。

記陸務觀二説

陸務觀云：蘇子容聞人引故事，必就令檢出處。司馬温公聞新事，即録於册，且記所言之人。故當時諺云[二]：「古事莫語子容，今事勿告君實。」又云：元豐中，何洵直請改歸陝之陝從山，以别陝西之陝。朝廷從之，下少府監改鑄陝州印。監丞歐陽棐言：「陝從兩人，陝從兩入，不當改。」然卒用洵直言改之。

辨楮幣二字

古有三幣，珠玉爲上，金次之，錢爲下。自秦漢專以錢爲幣，近歲用會子，蓋四川交子法，特官券耳。不知何人目爲楮幣，自以爲雅，通上下皆傚之，遂入殿試御題。乾道中試賢良李垕，時相葉夢錫委密院編修官樓鍔代撰策題，其中亦用此二字。幣者可用之物，俗人刱楮幣二字，已而通上下皆用之。若正言之，猶紙錢也，乃以爲文，何耶？其後丙戌策士、辛卯試賢良，亦復通用，壽皇《聖政録》亦循例用之矣。

[一] 式：原闕，據明澹生堂鈔本補。

[二] 云：明澹生堂鈔本作「曰」。

楷木

槐簡以楷木爲上，予家世傳一笏，登第者乃許執〔一〕，兵火後，舊物無孑遺，獨此笏在予處，每歎子弟未有能當之者。木紋縱者如點，橫者特異於他木，出於兗州之孔林。頃在長沙，見教授項安世云：其婦翁任濬嘗倅階州，境内産楷槐。疑即此木。蓋孔子時，武都屬氐羌，未通中國，弟子自遠方携植墓林中，後世轉階從木，而音則同。

臨安四門所出

車駕行在臨安，土人諺云：「東門菜，西門水，南門柴，北門米。」蓋東門絶無民居，彌望皆菜圃。西門則引湖水注城中，以小舟散給坊市。嚴州富陽之柴聚於江下，由南門入蘇湖，米則來自北關云。

辨知後典誤

唐藩鎮於邸院有知後官，《五代會要》載：曾任節度至刺史等，則責本道進奏知後院狀。唐明宗問趙鳳：進奏官比外何官？鳳曰：「府院發遞、知後之流。」上曰：「乃吏卒耳。」本朝諸縣至今各有之，掌付受往來文書，其來已久。楊大年《別集》第六卷《答董大傳書》，云「本縣知後官送到書一封」此其証也。

予年十五六時，見一親戚初權縣，知後典展參，怒曰：汝鹵莽，乃以祇候爲知後乎？予竊哂之。後十餘年，則所在往往改稱祇候矣。比官湖南，讀新修《長沙志》，亦用祇候字，因命搜舊牘，惟五十年前潮陽劉昉方明爲守，曾令改正，隨即如故。

亭堂單用二字

凡亭堂臺榭牌額，單用所立之名而不書亭堂之類，始於湖上僧舍中官，流入禁中，往往傚之，今無問賢愚例從之矣。設若一字名如怡亭快閣之類，又當如何也。

蟄燕

予嘗記歲暮舟行吉水江路，值天氣暄甚，偶岸圮蟄燕滿江而飛。又寓崑山時，婦家折舊土橋，易以磚石，其中皆蟄燕，以此闢海上烏衣國之説。後見朱翌新仲《猗覺寮雜記》亦載此事，且引晉郤鑒爲兗州刺史，掘野鼠、蟄燕食之，又引元稹詩「春風吹送廊廡間，秋社吹將嵌孔裏」，其理甚明。

小昭慶鐘

臨安西湖南山昭慶寺，有鐘在樓上，東坡寫竹尚可辨。竹下

〔一〕「執」下，明澹生堂鈔本有「者」字。

題云：明夫子方明弼、康道嘉甫子瞻同遊南昭慶寺，庚午八月日題。予紹興庚辰往觀，明年再往，則已茫昧。其後移往鎮江府，謝后功德院不復可見。

牛魚

紹興辛巳，予爲秘書省正字，正月癸未迎駕，同館王十朋望見周麟之樞密，目爲魚頭。公問其故，云：「前歲爲大金哀謝使，虜主喜之，享以所釣牛魚，非舊例也。樞公糟其首，歸獻於朝，故有此號。虜中甚貴此魚〔一〕，一尾之直與牛同。」贊寧《物類相感志》引《博物志》云：「東海有牛魚，其形如牛，剥其皮懸之。潮水至則毛起，退則毛伏。今東牟有海牛島，其牛無角，足似龜，長丈餘，尾若鮎」云云。

齒後官卑主事

省中合夏藥，予以齒，後人衆〔二〕，當主其事。洪景盧云：京師掌執八人，右丞以官卑掌堂厨〔三〕。亦此義也。

省吏補牒

紹興三十一年五月二十八日，省吏自孔目官沈濬而下遞遷一級，皆給綾牒。贊辭如補太學生者，其首云「牒件某人」云云，其末云「補充史館某職」，蓋熙寧以前定本也。

州名爲戲

或云京師省榜將出，人謂秀才得則閬州梓州，落則卬州漢州，蓋取州名侮之也。

劃龜

客云：欲放龜，當劃其甲，如是乃不神而可全生〔四〕。

薺花

客云：清明日，收薺菜花懸燈上，可以避飛蛾。

蟠桃核酒盃

九月己卯，讀張唐英《後蜀紀事》，孟昶二十年十一月，中書舍人劉光祚進蟠桃核酒盃，云「得於華山陳摶」，賜帛五十疋。因記先世嘗藏桃核，可受酒二升，與此正同。

〔一〕虜中：原作「金俗」，據明澹生堂鈔本改。
〔二〕人衆：原作「衆人」，據明澹生堂鈔本乙。
〔三〕堂：原無，據明澹生堂鈔本補。
〔四〕「可」下，明澹生堂鈔本有「以」字。

治頭風方

張大猷大監云：治頭風而吐瀉，用枳殻、白朮末煎湯，下青州白元子，神效。

以名相戲

辛巳正月癸未，校書郎馮方云：劉攽嘗因事戲王覿云：「公何故見賣？」王答云：「賣公直，甚分文。」各指其名也。

謝石拆字

謝石善拆字。徽宗嘗書朝字，密遣人試之。石即呼萬歲，其人曰：「不得亂道。」石曰：「十月十日生，非今上而誰？」高宗幸浙，書杭字，石曰：「兀朮且至矣。」梁汝嘉再召，朝廷復欲處以户部，寫閑字，石曰：「門字爲兩户，必再爲地官。」十八日，又有人書門字，石曰：「公天官，日有餘而月不足，亦閑字也。」其人果因以閏月計數少十八日降官。又有人以閑字問之，則曰：「士也，門中有人就木。」已而皆驗。既歸蜀，有士人文覺戲以乃字爲問，謂其無可拆也。石曰：「及字不成，君終身不及第。」有人遇於塗，告以婦不能産，書日字於地。石曰：「日出地上，得男矣。」其驗如此。每於肆中以牌寫千字，不識字者任其所指〔二〕，禍福皆應。邵溥尚書第三子不肖，遇其拆字即加窘辱，石甚畏之。石在徽宗時特補承信郎，後因范覺民作相，討論追奪。一日謂石：「吾亦能拆字。」石詰之，則曰：「爾姓謝，所謂身在討論之中；名石，則終身右選，不能出頭。」聞者大笑。

州郡請印牌

予少年隨侍，見州郡請印銀裹牌，其下併列舊官押字。新官既上，執事者唱云：「取指揮劈牌印。」以刀碎之。意不以爲然。其後守潭，則請印銀牌，下無押字，遇請印旋押印，出即拭去，遂免交承，劈牌似爲得體，不知他處今何如。又三省樞密院於牌之下用紙腰封而請押字，若遇改易，不過換封，亦有體也。

漳州少侍從

淳熙十二年八月，祭酒顔師魯除權禮部侍郎。師魯，漳州人。自言本朝二百餘年，雖士人不少，然未有官至近侍者。攷之雜説，唐元和中，曾有潘存實爲户部侍郎，然亦不審也。

憲臺

憲部，刑部也；憲臺，御史臺也。今直以諸路刑獄爲憲，

〔二〕者：原無，據明澹生堂鈔本補。

雖聖旨處分，勑令所立法，凡及安撫、提刑司處，皆以帥憲爲稱，而提刑告詞並曰憲臺。其失多矣。

辨幞字

帊幞之幞音服，當如此寫，故《玉篇》與帊字相連。今通上下皆作複字，乃福音。如學士院自祖宗時賜外蕃及羣臣進物，皆云夾複全，既云重複，不應又用夾字。

種植之法

史直翁云種竹法：正月用一日，二月二日，自是隨月定日，無不活者。慶元丙辰春，故人前梧州守祝華繼張相過云：頃在嚴州，見康與之糟雜細糠，和土種竹，隨即茂盛，明年生笋成林。種荷花，以羊角投水池中立成。又永豐宰汪文振子泉云：臨安貴人家種竹木，以麥拌土，寘根下，雖盛夏亦生。

張循王賜第

張循王俊賜第以紹興壬戌六月六日蓋造，至嘉泰壬戌六月六日焚蕩，惟餘一樓。甲子正周，亦異事也。

天井巷井

臨安府有天井巷，莫知其由，壬戌歲，張循王府房廊遺漏，掘得古井濶數丈，其水甚清。井口刻「後唐清泰二年開」，蓋錢王時也。今以嘉泰二年復出，方悟巷名以此。

紀夢

丁丑十一月二日甲子夜，夢從人問出世法甚切而不許，大畧告以世緣薄福基淺，毋貪禄以招禍，縱慾以損年。此殆《周官》所謂正夢耶？壬午三月戊戌雨夜，夢題門關曰「宵距」。

曾少監夢

徐漢英宫教云：今軍器曾少監乙卯省試，夢汪狀元，遂改名汪以應之。是年，汪洋作魁，而特奏名第一人乃汪喬年也。二汪皆信州人。

記李秀叔

乾道中，李彦頴秀叔爲吏部郎官，嘗語予：夢李泰發參政相訪，争坐主位。泰發云：「我李参政也。」秀叔亦云：「我李参政也。」紛争久之，又出一紙，記責降兩府姓名。予戲之云：

「公必爲參政。」秀叔亦自喜。至淳熙中，龔茂良實之既去，秀叔以參政行相事，會史浩直翁將再相，出知紹興府。後數年再召，與予同爲參政。樞廷闕長，予嘗遜彦穎，以其先進當選也。壽皇不可。秀叔嘗曰：只爲同知，亦何不可？蓋疑前夢也。不數月，坐諫大夫張大經論列而去。信乎官職皆前定也。不特如此，二人皆有子登甲科，年享八十餘，但泰發早達晚困，秀叔晚達而享福以終耳。

記先太師先夫人壽數偶同

先人年三歲，能指姓字。政和中，上舍釋褐第一，除京秩。當爲學官，而時宰不樂，除邠州教授。到官未幾，朝廷知其非，遂拜太學博士。平生讀書一見輒不忘，下筆輒數千言。少以功名自期，嘗北遊幽燕，西至涇原，覽觀形勝。建炎初，奉使河南，卒年三十八歲。先妣高、曾以來皆守邊，外祖始登元祐甲科。政和中，仕至中書舍人、給事中，歷帥守。靖康元年，以顯謨閣待制知平江府，卒。外祖母，蓋宋元憲之孫也。先妣早寡，事姑嫜盡孝，博通經史。親教二子於孩提，且擇良師友與之處。既歸寧，而外祖母卒，號慕切至，日惟一蔬食，晝夜誦佛書，踰年而卒，年亦三十八。

記先夫人損壽

先夫人生於崇寧壬午，而以紹興戊午棄世。始某聞之陰陽家云：夫人壽當至四十有七，凡精於藝者，其説舉同。丁巳春，外祖母淑國夫人宋氏病甚，先夫人燃臂刲股，無所不用其至。又請命於天，願損己十年以益淑國，淑國竟薨。明年，先夫人亦卒，蓋年三十七矣。陰陽家説固未可深信，然何爲數之相符也！世俗皆云祈損壽以益人者，所損如其言。然則十年之夭，其偶然耶！抑有爲而然耶！某嘗痛心疑之，後讀眉山唐子西母史夫人《行狀》，見其因夫疾殆，請死，爐香未絶，史疾暴作，卒以不起。乃知世俗之説不爲荒唐矣。雖然，史氏爲其夫耳，夫安而已亡，猶可解也。若吾母則爲親也，可謂孝矣，既不能已親之疾而徒損壽焉，彼蒼者天，獨無以相之與？噫嘻痛哉！

廬陵周益國文忠公集卷一八三

二老堂雜誌 五

記崑山登覽

紹興戊寅正月十日，予在平江府崑山縣，挈家同邑宰程沂詠之游山寺，寺名慧聚[一]，負山爲屋，小院星列，而氣象粗閎麗，唐朝塑像間有存者。舊傳陸探微壁畫，今漫滅不可辨。寺有山王堂，土人奉事甚至，故歲時游者輻輳，而僧輩亦有所賴云。上月華閣陟中峯訪古，上方下視，陂田漫漫，蓋其佳處也。張祐嘗題詩云：「寶殿依山險，凌虛勢欲吞。畫簷齊木末，香砌壓雲根。遠景窗中岫，孤煙竹裏村。憑高聊一望，鄉思隔吴門[二]。」王荆公安石通判舒州日，被檄來視水澇，遊覽竟日，夜讀此詩，至「凌虛勢欲吞」，大喜曰：「好與一吞。」遂次祐韻[三]：「峰嶺互出没，江湖相吐吞。園林浮海角，臺殿擁山根。百里見漁艇，萬家藏水村。地偏來客少，幽興祇桑門。」孟郊亦有詩云：「昨日到上方，片霞封石床。錫杖莓苔青，袈裟松柏香。晴磬無短韻，晝燈含永光。有時乞鶴歸，還放逍遥場。」安石次韻：「僧蹊蟠青蒼，莓苔上秋床。露翰飢更清[四]，風蒿遠亦香。掃石出古色，洗松納空光。久游不忍歸，迫迮冠蓋場。」崑山在蘇爲大邑，求一畝之園乃不可得，所謂行樂之地惟此爾。後遭火，焚爇一空。

記金陵登覽

紹興戊寅春，予赴金陵教官。古跡雖載圖誌，然不能盡考，姑記二年間足迹所至者。

賞心白鷺亭，在城上。元豐中，東坡留題云：「江山之樂，傾想平生。」天慶觀，吴治城故基，卞壼墓在焉。李氏有江南立忠正亭，於其北穿地得斷碑，名氏尚存，徐鍇爲記。本朝慶曆中，知府葉清臣又封墓，刻石表之，改亭爲忠孝。前帥葉夢得記壼之祠堂甚詳，猶未刻石。

府學門外下，臨秦淮，有舞雩亭，傍有真儒堂，甚雄壯，太守王循友爲秦丞相設也，今廢。

保寧寺，在城中。初開寶中，王師下金陵，昇元、瓦棺皆隨飛煙，保寧獨存，建炎間，遂不能免。土人云：高宗移蹕之初，以爲行宮。寺後舊有覽輝亭、鳳凰臺，臺亡，亭已重立，登臨豁然，李太白所謂「山落水分」，劉夢得「周遭故國」之句，皆在目中，下瞰城邑，歷歷可想。老兵指寺在營塞中堆阜云：「此凌虛臺也。」其右營塞云：「瓦棺閣故基也。」雖皆道聽塗説，然參考昇元寺，要在城内西南隅云。

[一] 寺：原無，據明澹生堂鈔本、四庫本補。
[二] 鄉：明澹生堂鈔本、四庫本作「歸」。
[三] 祐：原作「祜」，據明澹生堂鈔本、四庫本改。
[四] 清：原作「静」，據明澹生堂鈔本、四庫本及王安石《臨川文集》卷一三改。

長干寺，故老相傳廢於梁、陳間，南唐以其地爲散從官營，本朝天禧中，地發神光，詔復興葺，但曰天禧寺〔一〕，非承平時屋矣。右有阿育王女所制銅像，唐武德中京師取去，僧輩尚記劍以眩流俗。又出佛牙，傳大士履中梵書貝多葉水精玻璃等寶，云昭陵賜物也。寺之南軒甚明爽，前臨大池，面對雨花臺，又有北窗與城相值，土人以城下路爲「王謝烏衣巷」云。

鹿苑寺，在城内寨中。相傳佛座後石穴即蕭梁郄后蟒窟，未可信也。舊有子隱臺并堂，今惟一碑存，寺甚破敝。

府治玉麟堂，頗雄麗，晁謙之侍郎造。其傍即後園，園中有山光閣，端明殿張公新創，於眺望甚宜，而褊隘樸拙，蓋惜費耳。金陵舊因李氏官城爲牙署，車駕南渡，復取爲行宮，而以漕司爲府治云。

東門即白門也，五里至報寧寺。本王介甫舊宅，元豐中，捨爲寺，賜今額。兵火後，敗屋數間，土人但呼半山寺，言自城去蔣山十里，此適半塗也。迥野之中，雞犬不聞，介甫居時已如此。介甫入城，必以小舟循溝而西。若東過蔣山，則跨驢云。頃之至蔣山精舍，蓋王氏功德院，近年募緣重造，殿基華煥。有修武郎某人脱尺籍，與其媪燃指苦行，前後化錢帛，助土木費以萬計。

寶公塔在鍾山頂，此山孤立於蔣山之内坐木末，先照新月，三軒形勢皆可見。聞寶公刀尺箒，太宗時取入内矣，今無古物，惟秦熺施錦衣、七寶念珠而已。飯罷，肩輿訪八功德池水，皆山行中路，有支徑過定林，子柔步往，予負杖以俟。回望方山，甚平潤，亦見大江。既而子柔歸，去定林無足觀〔二〕，遂至池上。移時乃下山，復與子柔馳馬穿松林，約四五里，到介甫墳庵，一僧守之，平甫、和甫、元澤諸墳相望也。日斜歸，憩半山，主僧出介甫畫像屋壁之後陷小碑，刻介甫《謝公墩》絶句，及他詩數篇。自蔣山望幕府覆舟諸山，氣象甚佳。

清涼寺在西門外，即石頭城也，前臨江，後依山，以其當暑而涼，故以名寺。或謂齊、梁之别宫，異時最爲名刹。今方葺治，但存形勢耳。李氏祭文及唐榜俱存刻石。

静隱院，南唐時報慈寺。

御前諸軍教場，在北門外，古玄武湖〔三〕，陳平瀦水蔭田，今爲平陸。

城中鐵塔寺，聞有二鐵塔甚奇，元懿太子殯堂在焉，不可入。

漕司北廳，乃王介甫宅，既捨作半山寺，遂居城中。府中有三段石，吴孫皓時碑。

城中青溪，入秦淮，頗堙廢。道邊有廟，塑二女郎，云張麗華、孔貴妃也。

南門外有鐵索寺，或曰東晉時尼，自西竺來，爲置此以居之。

忠襄楊公廟。楊名邦乂，字敏道，吉水人。建炎間，倅金陵。虜人破城〔四〕，守臣納欵，邦乂罵賊而死，朝廷贈卹加等。前帥葉少藴右丞嘗作廟碑，近得其本，贊有位者，刻石有所避，故

〔一〕「但」上，明澹生堂鈔本有「今」字。
〔二〕去：疑當作「云」。
〔三〕玄：原作「元」，據明澹生堂鈔本改。
〔四〕虜：原作「金」，據明澹生堂鈔本改。

不果。

賞心亭望城外新開河。或云王介甫作守時開，以避欒家磯數十里之險。土人又云：頃兀朮陷金陵，韓世忠圍之甚急，一夕穿別港達於江而遁，亦名新河。

華藏寺，未兵火時，竹木茂盛，棟宇輪奐，府寮暇日輒來投壺飲酒，今無復此景矣。

南門外有高坐寺，經兵火，無足觀。土人云：異時松竹幽邃，名藍也。予按，梁慧皎《高僧傳》載：西域帛尸黎密多羅，晉永嘉中到中國，時人呼爲高坐。疑若今時謂僧爲上坐。值亂，渡江，止建初寺〔二〕。王導、庾亮、周顗等皆重之。咸康中卒，年八十餘，葬石子岡，成帝爲樹刹塚所。後有沙門於塚處起寺，仍曰高坐寺云。

石子岡者，孫峻投諸葛恪尸之地。《三國志恪傳》云：建業南有長陵，名石子岡，葬者依焉。至今岡下民皆亂葬，其來舊矣。上雨花臺，凡此邦山川城郭皆見之，其高又出覽輝之上，而數椽新創，岡巒猶赭，方稍爲栽插，計又春時，酒官輒取爲旂亭，甚不稱也。按：唐道宣《續高僧傳》載，梁僧法雲嘗於一寺講《妙法華經》，忽感天花狀如飛雪，滿空而下，講訖方去，即此臺得名之由。

法寶寺相近，予問諸父老，但能指似三閣遺基爾。按《吳志》，孫權十六年徙治秣陵，明年城石頭，改秣陵爲建業，今城東北覆舟山是也。六朝臺城雖稍南徙，然其大半猶在今北城之外，故出北門數里，地皆平衍。其又北，今教場地方，爲當時玄武湖也〔三〕。南唐立國，宮室城市蓋鄉西南，本朝因之。故晉之治城乃在今城內，爲天慶觀。而晉之石頭城以禦外虞，今僅在西門外。晉之朱雀航，跨淮水，亦爲防遏之衝，今則包之城中矣。蓋自吳以來凡三徙，每徙則捨東北而就西南，至於面對牛首西山以爲天闕，左映鍾山龍盤之勢，右帶石頭虎踞之形，今爲得之。主僧奉深，年五十餘，頗能道舊事。云：兵火前，寺傍皆園亭，四時遊者不絕，今盡爲營寨。惟此寺不經焚毀，講堂甚庳，相傳南唐舊屋也。殿側奉寶公像，云梁朝所刻。就使不然，亦已久矣。寺前三品石，各高丈餘，甚醜怪。一名闕石，政和間輦致京師。而辱井石欄又在今行宮中，遺跡無復可見，嘆息而已。辱井者，三人俱投之井也。在寺之南，甚小，而水可汲。意其地良是，而井則可疑。世傳二妃將墜，淚漬石欄，故云。脉類臙脂，俗又呼臙脂井。或云以帛拭之，尚爲此色，豈有是哉。秦深言舊有井亭揭詩牌數百，今已亡矣。又云：某猶見居民因鋤地得柱礎，刻蛟龍甚精巧。殆宮殿遺物，民皆屑之。

記鎮江府金山

山在京口江心，號龍游寺。登妙高峰，望焦山海門皆歷歷。此山大江環繞，每風濤四起，勢欲飛動，故南朝謂之浮玉山。別有小島，相傳爲郭璞墓，大水不能沒。下元水府亦在此。承平

〔二〕「初寺」下，原刻校云：「院本有『《高僧傳》云：孫權初立塔寺，故號建初』十四字小注。」

〔三〕玄：原作「元」，據明澹生堂鈔本改。

時，寺極盛，樓觀幾萬楹，兵亂後，十無一二。紹興末，復遭回祿以虜使年例登賞〔二〕官亟營葺之，復不逮於前。惟自歙州門過藏經樓，經兵火，巋然獨存。當時歙人造此，因以爲名諺云：「金山山裏寺，焦山寺裏山〔三〕。」

記太平州牛渚磯

己卯九月甲申，自宣城考試回，過太平州，回至采石鎮，渡夾登牛渚磯。凡有石臨水曰磯。俯見大江，閔然犀之取禍；傍顧荒臺，痛捉月之隕身。遥瞻西岸，思樊若水之獻策。登臨雖樂，隨以悵然。中元水府祠在磯上，又有峨眉亭望天門山，最爲絶景。天門山即東梁山、西梁山，在太平州之南，太白詩云：「兩岸青山相對起」，謂此也。望夫山在鎮之下十里，太白《姑熟十詠》之一也。世傳太白因醉溺江，故有捉月臺。而梅聖俞詩云：「醉中愛月江底懸，以手弄月身翻然。不應暴落飢蛟涎，便當騎鯨上青天。」蓋信此而爲之説也。《舊唐書》本傳乃云：「白飲酒過度，死於宣城。」《新唐書》云：李陽冰爲當塗令，白依之而卒。是時當塗未爲州，隸宣城。而陽冰序《太白集》亦謂白疾亟枕上，授簡俾予爲集序。初無捉月之説，豈古不弔溺，故史氏爲白諱耶？抑小説多妄，而詩老好奇，姑假以發新意耶？不者白誠不幸，興極而忘生，亦哀之而已，何以諱爲哉！

記西湖登覽

壬午三月己亥，晴。與芮國器、程泰之、蔣子禮出暗門，上風篁嶺，酌龍井，入壽聖寺，拜趙清獻公、蘇翰林、僧辨才畫像觀。乙亥二月，與張德莊、周孟覺同遊，時題字。寺有海棠一枝，蓋蘇公手植，僧頗有乾道、元祐間諸公談論〔三〕，自言得於其師云。午飯後，過長耳相院，泰之讀書處也，與國器奕於山亭，小酌而去。道傍有六通院，無足觀，遂由支徑叩鄧氏時思庵。庵僧導至石屋，嵌空可愛。進尋水樂洞，聲如琴築，音節天成，以路僻，人罕知者。捨馬上煙霞嶺，國器子禮至，中道憚其險，予乃與泰之自往。至寺亦憊矣，少休。秉燭入洞，深十二丈，上下平濶，近城郭不易得也。歸飲淨慈食，鷄甚美，徵事戲爲聯句數十韻，如「日膳雙，月攘一」之類，語甚工。

易安齋

易安齋，溪石劃開，髣髴虎丘之劍池，但小耳。山徑甚邪狹斬曲，木隨其形勢而爲欄楯。其上有數小亭，傍結草庵，僅容

〔二〕虜：原作「金」，據明澹生堂鈔本改。
〔三〕原刻校云：「案：《奏事録》引諺云：『金山屋裏山，焦山山裏屋。』與此互異，附議以存疑。」
〔三〕此句疑有誤。

膝。自窗中望，濤江際天，如發雞甕也。僧宗表年八十八，遇郊禋宿齋，往往過之，至今設御榻，而皇城司遣親事官爲閽者。

記閣皁登覽

乾道癸巳春，予蒙恩守富沙郡。自廬陵舟行，望東岸，山勢連延如豫章之西山。舟人曰：「此閣皁山也。」行次清江，引疾丐祠。冬十月，始得報可，遂以丁卯黎明肩輿閣皁之游(一)。初謂嶠嶺路差近，至則峻甚，約三十里，乃抵山間，閣言山形，皁言山色，按樂氏《寰宇記》，此山爲神仙之修館，舊隸吉州，今屬臨江之清江縣。蓋七十二福地之一。惟凌雲峰最爲峻極，漢張道陵、丁令威、吴孫權時葛孝先，皆有鍊丹壇井，間在後山頂，不果遊。流水號葛憩源，葛君燕息處也。水自宮後出，流半里餘，聲潺潺行石間。橋跨其上，號鳴水臺。傍有古衫，根圍數丈十餘，年前爲過客所焚。宮中尚有古衫一株，横枝四出，堅如鹿角，不知其幾年矣。入門即御書閣，横連十一間，由閣而望，四山環合，僅有一徑斜出其外，復鎖以葉山兩重，江行望之連延如西山。真神仙窟宅也。閣後即壇，翼以修廊。又其後即殿宇，道士數十房分居左右，各治廳館，頗華潔。仍爲樓以奉像設，有足觀者。按古碑，此本靈山館，焚於隋唐。有道士程信然，望氣至此，掘地得鐵鐘一口，下有玉石尊像一座，高尺餘，遂立草堂。先天元年，孫道沖始立臺殿，賜名閣皁觀。大唐三洞道士許元真撰《山記》云：吉州屬邑曰新塗，去縣治地八十里有閣皁山，山北有金仙觀，相傳丁令威修道之所。寶應元年，亦移於此，令威壇井及石上履跡存焉。咸通中遭火，惟古鐘玉像存。尋有處士楊薦父子次第葺之。以上並見唐廣明元年道士許玄真記中。所謂玉石天尊像，甚小而重，又有兩軀侍立，亦玉石也。鐘在殿傍，視其文，乃咸通十三年鑄，而云隋開皇十四年鑄，何也？豈别有鐘而不存耶！本朝熙寧間，吉州通判雙漸、郡人中大夫楊申及元祐中江西運副張商英等並有記，事多異同，蓋失於互考耳。大概言此觀在江南李氏號玄都，至真宗祥符元年避諱改景德觀。天禧庚申嘗經火，熙寧丙辰又火，政和八年五月，用守臣之請，改賜崇真宮爲額，給元始萬神銅印一，授法籙則用之。蓋天下授籙，惟許金陵之茅山、信州之龍虎山與此山爲三云。晚，管轄道士李漢卿、知客王次鼎來置酒。道士陳彦舉者，年七十五，稍能詩，以二篇爲贈。又出政和中禮部給經綸科出身黄牒，且云嘗爲丹林郎，猶文臣修職郎也。夜宿客館，讀天復四年孫偓、李洞、宋齊丘、沈彬、孟賓于、徐鉉、陶淵詩牌，本朝陶弼有詩，得道之士伊夢昌有詩，又有通判陳孟陽長韻，備道山中景物。常平周彦質二詩亦好。《圖經河圖記》云：諸山之形宛轉，朝揖大則如城，小則如閣，草木茂異，土良水清。戊辰早，瞻禮玉像及四朝御書、太宗、真宗、仁宗、德壽宮。芝草、封禪泰山，凡得十六萬有餘，分賜名山宮觀，而二本在此。葛仙封冲應真人告。崇寧三年慕容彦逢行。授籙印道士徐次堅識予於廬陵，邀至其院，求快軒詩，未暇作也。李漢卿再具飯，遂行，由白坑入沙路岡。岡之下有龍興院，飯僕而行，地頗平，非嶠嶺比，晡時復至舟中。

(一)「閣」上，明澹生堂鈔本有「爲」字。

廬陵周益國文忠公集卷一八四

玉蕊辨證

劇談録《太平廣記》及《雞跖集》所載，皆本於此。 康駢〔一〕

長安安業坊唐昌觀，唐昌公主，明皇女也。舊有玉蘂花〔二〕，每發，若瓊林瑶樹。元和中，春物芳妍，車馬尋翫者相繼。忽一日，有女子年可十七八，衣緑繡衣，乘馬峨髻雙鬟，無簪珥之飾，容色婉娩，迥出於衆。從以二女，冠三小僕。僕悉皆緋頭〔三〕，黄衫，端麗無比。既下馬，以白角扇障面，直造花所。異香芬馥，聞於數十步之外，觀者以爲出自宫掖，莫敢逼視。竚立良久，令小僕取花數枝而出。將乘馬顧謂黄衫者曰：「曩有玉峯之約，自此可以行矣。」時觀者如堵，咸覺煙霏鶴唳，景物煇煥。舉。轡百餘步〔四〕，有輕風擁塵，隨之而去，須臾塵滅，望之已在半天矣。方悟神仙之遊，餘香不散者經月。時嚴給事休復、元相國、劉賓客、白醉吟等俱有《玉蘂院真人降詩》。

聞唐昌觀玉蕊近有仙遇〔五〕 唐　嚴休復

味道齋心禱玉宸，魂消眼冷未逢真。不如滿樹瓊瑤蕊，笑對藏花洞裏人。

羽車潛下玉龜山，塵界何由覩舜顏。惟有無情枝上雪，好風吹綴緑雲鬟。

聞唐昌觀玉蕊近有仙遇同嚴給事作〔六〕 張籍

千枝花裏玉塵飛，阿母宫中見亦稀。應共諸仙鬪百草，獨來偷折一枝歸。

五色雲中紫鳳車，尋仙來到洞仙家。飛輪迴處無蹤跡，惟見斑斑滿地花。

和嚴給事聞唐昌觀玉蕊花下遊仙 劉禹錫

玉女來看玉樹花，異香先引七香車。攀枝弄雪頻迴首，驚怪人間日易斜。

〔一〕康駢：原置《劇談録》前，據明澹生堂鈔本、四庫本乙移。

〔二〕舊：原無，據明澹生堂鈔本、《太平廣記》卷六九、《全芳備祖》前集卷六補。

〔三〕緋頭：原刻校云：「别本作『丱髻』。」

〔四〕餘：原無，據明澹生堂鈔本、四庫本、《太平廣記》卷六九、《全芳備祖》前集卷六補。

〔五〕聞唐昌觀玉蕊近有仙遇：明澹生堂鈔本、四庫本作「首唱」。

〔六〕明澹生堂鈔本、四庫本「同嚴給事」在「聞」字上。

雪蘂瓊絲滿院春，羽衣輕步不生塵。君平簾下徒相問，長伴吹簫別有人。

酬嚴給事聞玉蕊花有遊仙絶句〔一〕　白居易

嬴女偷乘鳳下時，洞中潛歇弄瓊枝。不緣啼鳥春饒舌，青瑣仙郎可得知。

同前〔二〕　元稹

玉女潛過玉樹時，不教青鳥出花枝。的應未有諸人覺，只是嚴郎卜得知。

唐昌觀玉蕊花〔三〕　武元衡

琪樹年年玉蘂新，洞中長閉彩霞春。日暮落英鋪地雪，獻花無復九天人。

王建

一樹瓏鬆玉刻成，飄廊點地色輕輕。女冠夜覓香來處，惟見堦前碎月明。

詠集賢院玉蕊花　鄭谷

唐昌樹已荒，天意眷文昌。晚入微風起，春時雪滿墻。院前有唐昌觀玉蕊最盛。

惜玉蘂花有懷集賢王校書起　白居易

芳意將闌風又吹，白雲離葉雪辭枝。集賢讎校無閑日，落盡瑤華君不知。

題集賢閣　劉禹錫

鳳池西畔圖書府，玉樹玲瓏景氣閒。長聽餘風送天樂，時登高閣望人寰。青山雲繞欄干外，紫殿香來步武間。曾是先賢翔集地，每看壁記一慙顏。

〔一〕此標題原無，據明澹生堂鈔本補。
〔二〕同前：原無，據明澹生堂鈔本補。
〔三〕標題原無，據明澹生堂鈔本、四庫本補。

憶翰林院玉蕊花招隱山觀玉蕊樹戲書即事奉寄江西沈大夫傅師[一]

李德裕

玉蘂天中樹，金閨昔共窺。落英閒舞雪，密葉乍低帷。內署沈大夫所居閣前有此樹，每花落，空中回旋，久之方集庭砌。大夫草詔之暇，每邀予同玩。舊賞烟霄遠，前歡歲月移。今來想顏色，還憶瓊枝。

奉酬浙西尚書九丈招隱山觀玉蕊樹戲書即事見懷之作

沈傅師

曾對金鑾直，同依玉樹陰。雪英飛舞近，煙葉動摇深。素蕚年年密，衰容日日侵。勞君想華髮，僅欲不勝簪。

題招隱山寺

本朝王琪

蒼崖何蟠回，嘗爲隱君宅。宋戴顒善琴，隱居於此山。孰謂人琴亡，松風正蕭瑟。花閒雪英舞，衛公玉蘂詩在焉。鹿去岩泉洌。山有鹿跑泉，唐蔣防嘗爲之銘。經聲草堂迥，天香中夜發。月落山氣深，清猿嘯亦絶。如何人外跡，輕爲世網別。

玉蘂花

玉蘂生禁林，地崇資亦貴。散漫谿谷中，蓬茨復何異。清芬信幽遠，素綵非妖麗。蒼烟蔽山日，瓊瑶爲之晦。歲久自扶疎，巖深愈幽邃。請觀唐相吟，俗眼無輕視。

詠瓊花

宋祁

唐昌觀中樹，曾降九天人。鸞駕今何許，雪英如舊春。豈無遺佩者，來效捧心顰。

后土廟瓊花

王禹偁

揚州后土廟有花一株，潔白可愛。且其樹大而花繁，不知實何木也。俗謂之瓊花云，因賦詩以狀其態。

誰移琪樹下仙鄉，二月輕冰八月霜。若使壽陽公主在，自當羞見雪梅粧。

春冰薄薄壓枝柯，分與清香是月娥。忽似暑天深澗底，老松擎雪白婆娑。

[一] 沈大夫傅師：原刻校云：「院本作『沈大夫閣老』。」又明澹生堂鈔本題後注云：「此樹吴人不識，因予賞翫，固得此名。」

移瓊花

自淮南遷東平，移后土廟，瓊花植於濯纓亭。此花天下獨一株爾，永叔爲揚州，作無雙亭以賞之。彼土人別號八仙花。或云：李衛公所賦玉蕊即此。是聊以小詩記其所從來。

淮海無雙玉蕊花，異時來自八仙家。魯人未覩天中樹，乞與春風賞物華。

詠山礬

題高節亭邊山礬花二首 并引

黄庭堅

江南野中有一種小白花，木高數尺，春開極香，野人謂之鄭花。王荆公欲作詩而陋其名，予請名曰山礬。野人採鄭花葉以染黄，不借礬而成色，故名山礬。生海岸孤絶處補陀山，譯者以爲小白花，予疑即此花爾，不然，何以觀音老人端坐不去耶！

高節亭邊竹已空，山礬獨自倚春風。二三名士開顔笑，把斷花光水不通。

北嶺山礬取次開，清風正用此時來。平生習氣難料理，愛着幽香未擬回。

諸家小説

宋祁《筆記》

維揚后土廟有花，色正白，曰玉蕊，王禹偁愛賞之，更稱曰瓊花。按許慎《説文》云：「瓊，赤玉也。」王不領其義，非白花名也。

宋敏求《春明退朝録》

揚州后土廟有瓊花一株，或云是唐所植，即李衛公所爲玉蕊花也。舊不可移徙，今京師亦有之。

胡仔《漁隱叢話》

蔡寬夫《詩話》云：李衛公《玉蕊花詩》云：「玉蘂天中樹，金鑾昔共窺[一]。」注以爲禁林有此木。吴人不識，自文饒賞玩，始得名。此爲潤州招隱山作也。碑今裂爲四段，在通判廳中，而招隱無復此花矣。詢之土人，皆莫知爲何物。或云：即今揚州后土祠瓊花，乃自王元之始易其名。晏元獻嘗以李善《文

[一] 鑾：原作「闌」，據明澹生堂鈔本、四庫本、《漁隱叢話》前集卷四七改。

選注》質之云：「瓊乃赤玉，與花不類也。」

又

曾慥端伯《高齋詩話》：唐人題《唐昌觀玉蕊花詩》云：「一樹瓏鬆玉刻，成飄廊點地色輕輕。女冠夜覓香來處，惟見堦前碎月明。」今瑒花即玉蕊花也。介甫以比瑒，謂當用此瑒字。蓋瑒，玉名，取其白耳。魯直又更其名爲山礬，謂可以染也。廬陵段謙叔，多聞士也，家藏異書石刻至多，有楊汝士與白二十二帖，云：「唐昌玉蕊，以少故見貴耳。」自來江南山山有之，土人取以供染事，不甚惜也。則知瑒花之爲玉蕊，斷無疑矣。傅子容見此帖，乃作絶句云：「比瑒更礬總未嘉，要須博物似張華。因觀異代前賢帖，知是唐昌玉蕊花。」余放浪林泉之日久矣，屢從樵夫野叟，問所謂鄭花者，指其木謂余曰：「此鄭木也。」其葉如冬青，高二三丈，或有小者亦丈餘。暮春開花如冬青花，雖香而甚烈，全不旖旎。但山谷云：江南野中有一種小白花〔二〕，木高數尺，春開極香，與余所見全不類。今江浙山野間別有一種，其木高二三尺，或五六尺，初春開小白花，極香而有遠韻，土人謂之白丁香花，但其葉不能染黄耳。未知孰是。

《韻語陽秋》

江南野中有小白花，木高數尺，春開極香，土人呼爲瑒花。瑒，玉名，取其白也。魯直云：荆公欲作詩而陋其名，予請名曰山礬。野人取其葉以染黄，不借礬而成色，故以名耳。嘗有絶句，云「高節亭邊竹已空，山礬獨自倚春風」是也。近見曾端伯《高齋詩話》云「此花即唐昌玉蕊花」，所謂「一樹瓏鬆玉刻成，飄廊點地色輕輕」者。以余觀之，恐未必然。玉蕊，佳名也，此花自唐流傳至今，不應舍玉蕊而呼瑒，魯直亦不應舍玉蕊而名山礬，豈端伯別有所據耶？

又

瓊花惟揚州后土祠中有之，其他皆八仙，近似而非。鮮于子駿詩云：「百蘤天下多，瓊花天上希。結根托靈祠，地著不可移。八蓓冠羣芳，一株攢萬枝。」而宋次道《春明退朝録》乃云：瓊花，一名玉蕊。按唐朝唐昌觀有玉蕊花，王建詩所謂「女冠夜覓香來處，惟見堦前碎月明」是也。長安觀亦有玉蕊花，劉禹錫所謂「玉女來看玉樹花，異香先引七香車」是也。即《唐昌觀詩》，此誤引。唐内苑亦有玉蕊花，李德裕與沈傳師草詔同賞，故德裕詩云：「玉蕊天中木，金閨昔共窺。」傳師和云「曾對金鑾直，同依玉樹陰」是也。招隱山亦有玉蕊花，李德裕所謂「吴人初不識，因予賞玩，乃得此名」是也。由是論之，豈一處有哉？其非瓊花明矣。東坡瑞香詞有「后土祠中玉蕊花」之句者，非謂玉蕊花，止謂瓊花如玉蕊之白耳。

〔二〕白：原無，據明澹生堂鈔本、四庫本補。

《容齋隨筆》

物以希見爲珍，不必異種也。長安唐昌觀玉蕊，乃今瑒花，又名米囊，黄魯直易爲山礬者，在江東彌山亘野，殆與榛莽相似。而唐昌所産，至於神女下遊，折花而去，以踐玉峰之期。是不特土俗罕見，雖神仙亦不識也。

楮花出處

《南史劉杳傳》

杳在任昉坐，有人餽昉楮酒，而作榐字。昉問杳：「此字是否。」答曰：「葛洪《字苑》作木旁。」若《廣韻》、《玉篇》不收「楮」字「榐」字，《集韻》榐、楮，木名，汁爲酒。《禮部韻》與《集韻》同。

跋語

唐人甚重玉蕊，故唐昌觀有之，集賢院有之，翰林院亦有之[一]，皆非凡境也。予往因親舊自鎮江招隱寺遠致一本，條蔓如荼蘼，種之軒檻，冬凋春茂，柘葉紫莖再歲始著花，久當成樹。《玉篇》、《廣韻》樹字注云：木樹總名，《禹貢》「厥木惟條。」今荼蘼久則根株合抱，玉蕊亦然。花苞初甚微，經月漸大，暮春方八出鬚如冰絲，上綴金粟花。心復有碧筒，狀類膽瓶，其中別抽一英出衆鬚上，散爲十餘蕊，猶刻玉然。花名玉蘂，乃在於此，羣芳所未有也。宋子京、劉原父、宋次道博洽無比，不知何故疑爲瓊花。王元之知揚州，但言未詳何木，俗呼爲瓊花，子京何故以誣元之，蔡君又引晏同叔之言以爲證，甚無謂也。劉夢得「雪蕊瓊絲」之句，取爲中的，何必拘李善「赤玉爲瓊」之注耶？楮音陣，《南史·劉杳傳》所爲楮酒者，予嘗得醞法，芳烈異常。山谷似不以杳傳爲據，循俗訛楮作鄭，而江南鄉音又呼鄭爲瑒。枝梗切，在上聲三十八梗韻中。復疑未安，於是創山礬之名。然二詩并序初未嘗及玉蕊，止因好事者爲作唐人帖，故曾端伯、洪景盧皆信之，其實諸公偶未見此花，所爲信耳而不信目也。慶元二年三月二十六日，平園老叟周某題。

續添唐昌觀玉蕊花詩

楊巨源

晴空素艷照霞新，香灑天風不到塵。持贈昔聞將白雪，蕊珠宮裏玉花春。

瓊花玉蕊渾而爲一説

出《風俗雜誌》，見江少虞所編《皇朝類苑》第十五卷。

揚州后土廟有瓊花一株，潔白可愛，歲久木大而花繁，俗目

[一] 亦：原無，據明澹生堂鈔本補。

爲瓊花，不知實何木也。世以爲天下無之，惟此一株。孫冕鎮維揚，使訪之山中甚多，但歲苦樵斧野燒，故木不得大，而花不能盛，遂不爲人貴。孫傷之以詩曰：「可憐遐僻地，常化燎原灰。」近京師亦有之，或云乃李文饒所賦玉蕊花也。

和李季良長短句名下水船，見《鷄肋集》。晁補之

百紫千紅翠，惟有瓊花特異。便是當年，唐昌觀中玉蕊。尚記得，月裏仙人來賞，明日喧傳都市。甚時又，分與揚州本。一朶冰姿難比，曾向無雙亭邊〔一〕，半酣獨倚，似夢覺曉，出瑶臺十里，猶憶飛瓊標致。

又跋

以玉蕊爲瑒，起於曾端伯。予與段謙叔之子元愷同里巷，往還至熟。其父初無楊汝士帖，小説難信類此。尚有楊巨源絶句，合作冠篇。至於孫句晁詞，差訛如前説，不必再論，姑附卷末。慶元戊午正月丙午子充題。

〔一〕邊：原作「畔」，據明澹生堂鈔本、《晁無咎詞》卷二改。

廬陵周益國文忠公集卷一八五

近體樂府 附遺詩

二老堂會七兄樂語 戊午

伏以履道七人之宴，播唐代之詩章；耆英諸老之游，形聖朝之圖畫。眷此二難之集，居然四美之并。希洛汭之高風，作廬陵之佳話。恭惟致政提舉監丞致政少傅國公世傳素業，仕偶清時。戎監銓曹，内同趨於闈闥；州麾使節，外俱綰於絲綸。念異時襲韋布以起家，喜今日掛衣冠而居里。問一得三遠其子，懷哉學禮於童蒙；踰七望八孰非翁，幸矣得年於耄耋。乃迎長至，爰秩初筵。茇堂之酒親篘，梅塢之花對插。莫問三山五竺此會何如，庶幾四皓二疏其風未墜。某等雖居下里，切仰高明，不度蕪才，敢呈口號！

早似機雲入帝鄉，晚如廣受出咸陽。舊游應憶魚同隊，倦翼還欣雁着行。甲子八百九十朔，醉鄉三萬六千場。新陽漸漏春消息，二老風流日月長。

朝中措 勸酒

乘成臺上曉書雲，黃色映天庭。已謝浮名浮利，也知來日應長生[二]。邊亭臥鼓，餘糧棲畝，朝野懽聲。從此四時八節，兄弟常醉金觥。

滿庭芳 子中兄自安仁遺書，云「將以重九登高祝融峰」，且有「借瓊珮霞裾」之語，戲作一闋以解嘲。

天壤茫茫，人心殊觀，未免因欠思餘。泰山邱垤，同載一方輿。那更長沙下濕，祝融峰纔比吾廬。秋風冷，攀緣汗浹，應歎苦區區。　登高聊爾耳，何須蠟屐，誰暇膏車。默存處，清都宛在須臾。笑約乘鸞羽客，窺倒景，拊掌崎嶇。歸來□[三]，萸囊菊盞，一爲洗泥塗。

謁金門 和從周宣教詞，祝千歲壽，請呼段、馬二生歌之。

梅乍吐，趂壽席，香風度，人與此花俱獨步，風流天付與。好在青雲岐路，願共作，和羹侶，歸訪赤松辭萬户，鶯花猶是主。

點絳唇 葛守坐上出。此詞道思歸之意，走筆次其韻。

報答風光，滿傾瓊液休思睡。亂鶯聲碎，來往甘棠底。

[二] 此句當衍一字。
[三] 闕字，四庫本作「好」。

聞道中和，深簡君王意。歸舟起，到時應是，玉殿槐交翠。

前調

醉上蘭舟，羨他沙暖鴛鴦睡。月波金碎，愁海深無底。太守新詞，解釋無窮意。高歌起，閑非閑是，渾付煙中翠。

前調 赴池陽郡會[二]，坐中見梅花賦。丁亥九月己丑

白白江梅，大都玉斲酥凝就。雨肥霜逗，癡了閨房秀。莫待冬深，雪壓風欺後。君知否，却嫌伊瘦，仍怕伊僝僽。

前調 乙夜，趙富文出家姬小瓊再賦。

秋夜乘槎，客星容到天孫處。眼波微注，將謂牽牛渡。見了還非，重理霓裳舞。都無誤，幾年一遇，莫訝周郎顧。

朝中措 賤生之日，蒙季懷示新詞。今借原韻，以侑壽斝，敬述雅志，非泛泛祝詞也。戊子

月眉新畫露珠圓，今夕正相鮮。見杜詩。欲導唐家誕節，先生漢相韋賢。　懸知此去，鶯遷春谷。鶚在秋天，班首算來旬歲，狀頭看取明年。

前詞 胡季懷以詞爲壽。八月四日，復次其韻。季懷常以宰輔自期，故每戲之。己丑

九重深念朔庭空，良弼夢時中。季懷有時中堂。擢第難遵常制，築巖直繼高風。　明年東府，金釵珠履。列鼎鳴鐘，良醞倘分焦革，早禾休浸曹公。季懷近送酒如醯，詰之，則云秋名爲早禾酸。

醉落魄 次江西帥吴明可韻。庚寅四月

山川迥別，赤城自古雄東越，鍾英儲秀簪紳列。何事黃扉，殊未相黃髮。　如今衮職那容闕，人心恰與天時合，看看孚號彤庭發。初破天荒，留與後來説。明可，臺州人。自云「近世未有二府」。

才高句傑，飛黃却應鸞和節，新詞聊捲波瀾濶。泉玉淙琤，猶不比清切。　相逢未穩愁相別，南園煙草南樓月，陽關西出重吹徹。垂柳新栽，寧忍便攀折。明可新創南園。

西江月 暮春，魯氏坐上次胡邦衡韻。

三月群賢畢集，二天五馬生光。傳觴擊鼓底忽忙，畫鷁將飛

[二] 赴：原無，據明澹生堂鈔本、四庫本補。

江上。魯國方虛兩社，齊人要復侵疆。延英引對上東廊，應念幽人相望。

前調 再賦《送別》。

籍甚新除刺史，巋然魯殿靈光。詔書催發棹謳忙，沙路從今穩上。有喜刊除戎索，無勞遠撫閩疆。日高龍影轉槐廊，想見清光注望。

附遺詩〔一〕

贈秋官掾吏何顯宗歸閩省親

七閩春接南濱水，白玉才華浄如洗。劍氣晴披案牘雲，筆花涼灑芙蓉雨。讀書讀律才且賢，高門事業過十年。金閨恩許問歸棹，採袖風回舞壽筵。今古道存忠孝重，志節乘時見飛動。波浪終看渤海鯨，簫韶早聽虞廷鳳。

清泉歌爲戶部主事廖希亮賦

芙蓉秀出青雲上，瀑布飛泉幾千丈。却疑海竅倒天河，萬壑涵秋氣蕭爽。碧浸龍湫冰雪深，光徹乾坤無古今。筠陽秀士抱寒玉，誓與清泉同素心。慣吸澄潭分石髓，曉煮瓊花嚼霞蕊。涼比金莖沆瀣波，聲傳玉柱焦桐尾。文瀾自轉來滄溟，駕山銀浪排長

鯨。終然不受□塵滓，千年猶是當〔二〕。此下原佚。

〔一〕按以下明澹生堂鈔本、四庫本無。

〔二〕原刻卷末校云：「案：彭本《近體樂府》後有《補遺詩》一則，跋云：『別本全佚。』知聖道齋本原亦未録，以另紙鈔附全帙之內，題目補遺照閣本。其最後《贈秋官掾吏》一首，《清泉歌》半首，亦別本所無。知聖道齋本誤入《玉堂雜記》之末，俱校併於此。今考補遺詩五十目，前四十八目凡五十七首，均係楊誠齋先生詩，故不録。而《贈秋官掾吏》、《清泉歌》二目尚未刊，果係益公詩否也，存之以俟攷。」

廬陵周益國文忠公集卷一八六

書稿卷一

張真甫舍人震 隆興二年

某頓首再拜，真甫知府安撫待制舍人年兄台座：往在臺省，無日不會面，而無議論之不同，蓋如是者踰年，固疑此樂不常得於造物。今相望萬里，累月略不相聞，理固乘除也，且置是事。即日不審台候何如？雲安全蜀門户，事任非輕，真甫由兩制出鎮，與晝錦何異？然愛君憂國之志深，而牧人馭衆之利狹，未應遽忘雅意也。自國初懲創五代，盡削方鎮之權，慶曆以後猶置帥臣，實不及漢之郡將、都尉，一有武事，則又不可諉曰我無與也，識者蓋深憂焉。真甫於一官一職未嘗碌碌，況爲國近臣，蒙上委寄，而肯碌碌耶！長慮却顧，必有以處此。幸德和總四路，并甫使襄漢，同心合意，不至掣肘，憂顧其遂寬乎。某初夏出北關，舟過蘇、常，皆後真甫一兩日，遂失一見。歸次信州，以書託唐立夫送當塗，尋見報趣真甫赴新鎮，此書必不達矣。某去墳墓幾一紀，今而得歸，幸甚不可言。所居距城二十里，號永和鎮，東阡西陌，不廢往還。有田數畝，奉入財萬五千，踰度伏臘，未必能給，力加撙節，則亦未至凍餒。此外惟書生事業可以自娱，但方平老矣，不喜爲此狡獪。每念學道一節最爲要切，其如根器凡下，譬荆棘瓦礫雜土地而生，非若腴田偶廢耕耨，一遇良農便可芟夷也。前時固以是愧真甫，今復何言？至於芒鞵藤杖自放山林之間，樵唱漁歌都忘歲月之邁，雖不可與山西紅旆堂上玉笙同日而語，大鵬尺鷃，亦各逍遥而已。紙盡無他，祝爲時自重。不宣。

某再拜上問：尊嫂碩人暨台眷，計已到府治，長少咸安。屈指計發當塗時，蓮子已結實矣，亦與俱否？孥累昨緣盛夏且寄紹興，近差人般挈，未至也。某有長兄右從政郎、監衡州安仁贍軍酒庫某，極廉勤解事，且風義甚高，更數月滿六考。某向在朝路，不欲以舉狀干人，今又無可干者。湖南張漕允之老兄與之甚厚，且此除又出薦延，欲乞數字力懇來春一章，如某受賜也。又有祖母姪孫李紹直、紹宜兄弟，乃國初勳臣謙溥之後，家涪州樂温，貧甚，切望周旋之。其子弟有爲夔路帳幹者，亦連紹字，不知替未？或欠少文字，願爲成就。渠亦不知某與老兄相知，緣祖母之故不能已耳。地遠難通問，故并及二事，死罪，死罪！行朝諸公絶不敢通一字。近荷元持寄聲甚勤〔二〕，且云有書附送告人，行想已得之。國器改廣東漕，過此必可少款也。

〔二〕元持：原作「元特」。按「元持」乃周操字，見《嘉泰吴興志》卷一七、《宋史翼》卷一二，據改。下篇亦誤。

周元持侍御操〔一〕 隆興二年

某皇恐死罪。孟冬薄寒，恭惟侍講侍御台候動止萬福。某自收朝蹟，且與農夫爲伍，由丞相而下皆不敢輒通姓名。屬者明公自諫省副臺端，崇言宏議，日進於上前，雖陰與中外同受大賜，亦不敢輕致賀問，勢當然也。豈謂憂國執法之餘，猶記寒遠，手書問勞，如待當世之賢者。內自忖度，不知何以得此也。方感激不置，俄有客自城中來者，具言主上以間日訪道爲未足，詔闢殿廬，命經筵官更直其中，而明公首以百篇之書入侍矣。退而歎曰：「此仁祖用臺丞預講讀故事也。慶曆、嘉祐之治，其復見於今乎！」未數日，則又聞有進專風憲之命，喜極殆欲起舞矣。某所以喜者，非謂出入門墻之舊，竊竊然慶明公進擢也。聞古有師氏者，以媺詔王，且居虎門之左司王朝。夫媺之爲善，積微以至著，而用虎名門，取義甚武。二者疑若不相似，然乃命一官兼之，取義深矣。後世指談經講道爲儒者，故其弊也或迂闊而委靡；謂排姦觸邪爲法吏，故其弊也或刻轢而徼訐。主上方鑑古御今，以師氏之職處明公，明公必將以正心誠意之術，朝夕納誨。《大學》之言曰：身修而家齊，家齊而國治，國治而天下平，堯、舜、三代不難致也。如某者雖無用於世，自放寂寞之濱，亦且安其耕鑿而無藜藿見采之慮，欲無喜得乎？先以自賀，然後賀執事。

劉韶美秘監儀鳳 隆興二年

某自識長者，始知當今之世可爲人師者固自不乏。三年鄰墻，再預僚佐，造物所以見假者至矣。而頑然之質，終不能霑丐膏馥以稍自振發，豈其心異學者而甘於白晝哉？力不足耳。一投閑散，書札不敢輒至都下，思老成之益，誦高古之文，每爲遠方賢士大夫言之，從而歸心者衆矣，某之尊鄉固不待言也。霜寒，不審台候何如？起草南宮，何止滿歲，而領袖儒館，亦復許時，進擢一何緩耶！恭惟靖康以來，業鉅事叢，而又三朝信史迄未奏篇，明公方以大手筆兼典斯事，此固司馬氏父子所願欲而不可得者，其忘留滯固宜，第儒效久不白於世，捨明公尚誰望邪？某屏居粗適，默計向之叨竊，慚悔無地。既免大僇，歸守墓墳，荼亦甘也，況飽食一囊之粟乎！往蒙矜憐，許作先夫人誌文，緣去國時甚怱怱，所類事實同書籍皆寄陽羨，須務覿到京口借舟津發，度歲前可拜浼矣。先有一事，是亦追成親志，皇恐敢言之執事。某之外祖給事公學成於元祐，而仕顯於政和，其節槩文學政事，假令某公言之，猶懼庸妄不足取信，況重以外家之私乎？去年春，值今御史尹公初到朝廷，以其鄆人也，意必知外祖大略，叩之果然。既相與歎息遺事之不傳，他日手疏行狀一通，相授於北關，業已登舟，未暇告之太史氏也。還家無事，憶在館中時見著作局申請云：四十年來日曆漸備，惟臣僚數百人皆未見家傳。

〔一〕持：原作「特」，據傳校本改。

因念外祖之卒適在丁未歲七月三日，蓋建炎改元之初，四方正擾擾，必未暇有所記録。今幸明公以木天之華職〔二〕，故敬往。御史公所論次者，凡其大要皆疏依據於後。又明公與御史同朝，有疑焉可以致詰，非如夏、殷無徵〔三〕，且與畫容貌者之或繆悠也。願明公少垂憐焉，使外祖之遺休潛德自今不泯，九原固無憾矣，先夫人實寵綏之。且又如某之不肖，前日久親模範，雖不能粗有所益，今乃夤緣登門之故，能爲外氏了此一事，亦不虛辱在門客之列〔三〕，而少贖既往之咎。是一舉而三利也，明公爲賜不既大矣哉！詞情懇切，俯伏俟命。不宣。

黃世永編修 隆興二年

世永編修學士老兄台座：自聞進掾樞庭，未果再奉狀，非但無便，亦以世永邁往之資，絶人之才，憂國愛君之忠，正使大用猶未爲過，況一職事官乎！雖然，諸公有助，善類有望，則亦不勝其喜也。前寧都轉致翰墨，茲又勤專人問訊，感慰何可具言？初暑，且喜台候萬福。賓之改官即罷，自來例如此，初不待其有除目也。外虞未弭，勉旃以赴功名之會。不宣。

某皇恐再拜：記事已領，去年忽忽出都，不及終篇。後見汪氏本，遂決意傳録，今納七册去；餘換易未到，然乙巳、丙午間致寇之由，應敵之失，皆具此矣。讀之使人拊膺隕涕，士大夫誤朝一至此乎〔四〕！方彼有善意也，大臣則安余堵之詐，失信而挑敵，雖何㮚輩不肯一出。及勢至不可遏，然後低首下心，逼兩宮扣其營，以惻隱之仁望豺狼之類，三尺童子知無及矣。且不計我之强弱，而惟敵是視，自古有此理否？淮陰初見高祖，孔明初見先主，天下事特未定也，而二人規模終始不易，豈隨項羽、曹操愚智勇怯，臨渴掘井乎？憶生長田間，見良農耕種耘穫皆有時日。苗立則望穟，穟結則望穀，終歲盡力，乃不徒勞。有閑民者，飽則嬉游城市，飢則亟走畎畝〔五〕，終歲皇皇。家既耗而田無入，乃復歸罪於歲，歲何罪哉！靖康用事之臣，不幸類此。因悼往失，輒復及之。某性懶異常，得放浪山林，蓋天賜也。怨仇當路，僕不過不仕宦爾，何病焉？雖妻孥不堪寂寞，時時怨罵，所不恤也。公方進爲時用，自此無緣以書至都下，不覺忉怛。過目即裂去，毋使增罪戾也，千萬千萬！

某再拜上問通判丈：蒙賜書，已自具謝。眷集上下均慶。蜜不敢闕其直〔六〕，當與山僧共享也。端紗遠勤佳惠，不敢却，愧感於中。以湖南兄爲納采於向氏，遂留連贛上未肯歸，書信續爲附去。謝君所謂雄詞殆天得，不可及也，可歎可歎！安國開府金陵，必有可觀。以三字易待制，無說否？晉彥又折肱，得無不堪乎？劉氏白蟫，必有尺水乃傳丈波也。來示念及民困，願公以身任之，無使識者憂蕭墻也。廷秀書令來人自往投，庶便得報。村

〔二〕木天之華：原缺，據傳校本補。
〔三〕夏殷無徵：原作「徵夏無」，據四庫本改。
〔三〕門：明澹生堂鈔本、四庫本作「下」。
〔四〕「讀之」至「此乎」：原無，原刻校云：「張本有『讀之使人拊膺隕涕，士大夫誤朝，一至此乎』十七字。」明澹生堂鈔本、四庫本、傳校本同，據補。
〔五〕畎：原作「畝」，據明澹生堂鈔本、四庫本改。
〔六〕蜜：原作「密」，據四庫本改。

鎮無可，有魯國碑二本，甆器四樣作一端，并廬山鞋一雙同往。兄方曳履槃路，顧何用此，蓋欲功名富貴中不忘西來意耳。某兀坐僧坊，正好刮磨諸垢，而宿緣淺薄，了無入頭處，自憐而已。昔與兄兩遇於名藍，後會知復何地？言之悵然。

永豐蕭谷秀才 隆興二年

某頓首啓：辱示《教善録序》，謹已三復。自唐已來，士大夫論此者多矣，足下歸而閲之，是非可見。雖然，己猶以爲疑，而欲驅一鄉之人，使聞吾之説而信焉，是猶立於長府之外，隔關而指曰某物良可貴，某物粗可賤，其能免人之惑乎？足下破鑰而觀，適市而評，斯有定價矣，何以競爲！若某者讀儒書且未徧，何暇議佛老？足下連日見迫，輒爲一言。不宣。某再拜解元足下。

太和陳善秀才 字才達 隆興二年

某頓首再拜，解元足下：頃自場屋相遇之後，薄宦奔馳，加以衰病慵惰，所學日益荒廢。聞足下優游里閭，行成而業精，又推其緒餘以誘掖來者，未嘗不歎仰且自愧也。遠辱惠書，喜承起居佳勝。二妙携文見過，陳義甚高，遣詞亦過人，皆萬金産也。足下猶以爲貧，何哉？每見近世學者常患無師友可以講學，然聖如孔子，賢如孟、揚，或師弟子問答，或著書立言，傳道解惑，無餘藴矣。使吾徒生於其時，親炙有數，根器有限，未必得如今日讀其全書之爲深切著明也，亦在乎潛心而已矣。昔黄魯直嘗問文章之法於蘇翰林，翰林告以熟讀《禮記·檀弓》。魯直取二篇讀數百遍，然後得之。翰林遠矣，就使及見，親聞此言，其能廢餘事，伏几案，終日如童子琅琅誦習以驗其言乎？誦書小事也，猶未易行，况其大者哉！凡某之學所以日益荒廢者，正坐不能尊所聞、行所知耳。喜二妙之好學，輒自陳其短以復左右，亦以求教。不宣。

孫次山甫 乾道元年

某頓首再拜啓：即日凝寒，伏惟泆曹鄉丈尊候動止萬福。某生長江南，未嘗望燕國之社而識圃澤之賢也。頃與劉君子澄游，徒聞執事廉介絶俗，以胸中浩然之氣昌其詩文，由此歸心願見，如懷往哲；亦未知當修鄉黨之敬也，逮賢郎相過，始知之。久逃空谷，縱未能勇往以聽跫然之音，猶應略致尺牘道所以然。無何，病目經年，二事都廢，惟有愧恐常在方寸間。今者忽得快讀《守愚》巨編，句法高古，興寄清遠，譬如夜光鼉采，一旦離於蔀屋，其喜幸尚可一二言耶！古詩一首，聊致詠歎，不足之意，非敢持鼓雷門也。春煖，即圖奉杖屨於快閣。未間，更乞爲道自重。不宣。

謝堯仁 乾道三年

某頓首：比辱翩然相過，適新遭姊喪，又營度遷奉，方寸憂撓，殊不盡所懷，至今以爲恨。去臘得十月書誨，柯君後至，又得前書，甚以爲慰。邇日履況何如？某半年奔走道塗，幸畢大事，艱險勞苦備嘗之。衹今葺茅三間，爲廬墓躬耕計，他不足道也。足下天資卓越，用力精勤，以此學道，直差易耳。貧者士之常，能勞吾之形，不足動吾之心，折吾之氣，觀古人莫不然。然有一說，學必有宗。一卷之書，道德性命之理皆具，通於一以貫衆妙，則力省而功倍。退之謂孟軻之傳得其宗，有所見也。太史公乃云儒者博而寡要。彼其父子病在多愛，多愛必寡要，自尤則可，豈可以此厚誣儒者哉？足下觀此，則學《中庸》、《大學》，學《易》、學佛，無不可者。至於爲文，則人各有長處，亦有短處。取前人句法，即吾深慕而近似者自勉焉，不成不止，庶乎一變可以名家。若違所長，用所短，如吳人捨其舟楫而馳驟車馬，失故步決矣。揚子文章有何不可，而苦欲摹倣聖作，以取誚後世，此又愛奇之過也。某少時亦有意修學爲文，多病至懶，遂自怠自棄，直無所成。聞足下之風，惟恐不得而友，顧猶以心迹不相應見疑，何哉？子中兄甚欲相屈致，而足下累重，吾家力薄，未敢輕易。今方赴調，須歸日謀之。轉運芮公能好賢喜士，足下欲見之否？亦可爲之先容也。柯君急回，書不盡言，餘惟自重。不宣。

黃格非　乾道三年

某頓首啓：適語離，殊悵然。雨寒，尊候多福。左右清才拔俗，不特江西名勝，殆國士也。貧病交攻，不能款留歸騎，愧恨深矣。柳文端布，聊以致賫，并得小詩云：「詩社飄零二十年，春官老子復登仙。謂曾吉甫。豫章幸有橫枝在，好覓鸞膠續斷絃。」羈懷無奈時，或可發一笑耳。從者一薄給之。餘冀保愛。不宣。

周中顯　乾道四年

元章足下：曩辱携書相過，其論堯、舜、孔、孟、揚子之道，有諸儒未嘗及者，固已歎足下問學之深。繼枉二詩，興寄高遠，力追作者，又以見足下詞章之華。今復傾囷倒廩〔二〕，見投鉅編，而又先之以自叙之文〔三〕，寵我以近體之作，用意愈勤，執禮愈恭。諷誦累日，然後知足下識甚遠，志甚大，非徒事科舉、望名第而已。雖然，足下文如是之富，德如是之謙，苟布露於聞人，必有當惠施、鍾期之位，膺東阿、昭明之任者矣。此之不求，而詭僕以一言，無乃身勤而事左，博施而狹望耶！抑僕賤商也，倚市門，登龍斷，所閱者燕石魚目而已。一旦遇連城之寶，照乘之珍，夜光鼂采陸離乎其前，方且拱揖不暇，眩駭失措，遽欲妄評高下之品，輒酬多寡之直，其不爲旁觀嗤笑嫚罵者幾希。請爲足下匱藏之，求良賈而問焉，徐以告足下，惟少需之，毋亟。不宣。

〔二〕倒：原作「到」，據明澹生堂鈔本、四庫本改。
〔三〕又：原無，據明澹生堂鈔本、四庫本補。

鄭大明 乾道八年

某頓首，東升解元足下：往蒙携書相過，極論古聖賢之出處，以及近世之名卿，辭義卓然。凡足下平昔之所存，雖未易窺，固已得其大略矣。旋辱嗣音，陳義益高，顧猶有内外之疑，何也？孟子曰：「求則得之，舍則失之。」或相倍蓰而無算者，不能盡其才者也。」苟盡其才，雖愚必明，況如足下之智乎，特在加之意而已。新陽，惟多納福慶，正寒，更幾善愛。不宣。

劉子澄 乾道八年

某頓首再拜，子澄知丞奉議友兄執事：辱十月二十五日書，喜承奉太夫人暨令兄教授動止安寧，貴眷均慶，爲慰千萬。聞歲前沿檄迎侍暫歸，日冀良晤，不勝拳拳也。伯共義當遣書，度須自日邊宛轉，遂且中輟。彼想亦難方便，或有之，切望及此意。敬夫却時復通問，每以力學爲言，近作《主一箴》、《敦復齋銘》之類，字字有意，真可謂後生準式，曾睹之否？元晦捨束脩而隱於藥，其説安在？得非寓濟人之意乎？范簿獄市繁劇，相會絶疏。弱翁行滿秩，近以揚清振淹之説告鄭、劉二使者，未知云何？有士如此，使之陸沉，誠爲可惜。子中兄登名審官，且復試邑，約臘半到家，書中甚以推恩過當爲懼也。茅栗殊有益於夜坐，感刻之餘，惟爲道自重。不宣。

又 淳熙十一年

某頓首拜啓：比方遺狀，又枉手書，喜承尊候萬福，眷愛吉慶。老兄抱才未施，屈佐一州，尚謂泯默慚負，慣習恬然。若某所居者何官？所職者何事？而徒知愧歎，莫能自克，其罪將不勝誅矣。李仁父病益殆，猶力求納禄，良可愛重。上不得已，進學士以寵之。始終無疵，在渠何憾，第世間寧復有此端正博洽君子乎！架閣欲得倅，爲他日鎡基，亦降指揮矣。郫縣曾回櫂否[一]？戎帥爲其姪求差遣已了，單煒不是闕，却换替秦奎如何？望與商量示及。餘冀以時厚愛。不宣。

朱熙祖 乾道九年三月

某頓首：比獲款晤，良慰鄙悰。喜承别後履況多福。長書陳議愈高，遣詞愈工，而用意何其愈謙也。顧不肖無以當之，徒愧悚耳。《左氏》、《詩》論，尤歎才識之茂。如謂伯比不盡言、秦晉久謀雒、問鼎非楚之罪，深得推見至隱之遺意。至於鄙范卿之祈死以勸盡忠，閔國氏之先亡以戒言利；四封多盜，源流甚遠，和戎五利，古今不同；推伍氏以警讒夫，卑罕樂以强君德：昔賢奥窔之旨一旦焕然，其有益於後學多矣，甚善甚善！惟中肩一節不可以訓，雖削之可也，況冠篇乎？既辱下問，輒獻

[一] 櫂：原作「擢」，據四庫本、傅校本改。

所疑，亦勝毋不入之義也，未知是否？左右春秋鼎盛，已能切切於求道，汲汲於立言，積而不已，其成也孰禦焉？忝契深厚，不勝欣服。尊公知縣比有書送蓮栽來，方且遺報，想頻得安問。末由再會，萬萬加愛。不宣。

鄭景望吏部[一]　乾道元年

某向來常恨無路款教，今使節言旋，雖獲一再瞻望，又義不敢曲留從者，凡所欲言，十未布一二。正爾耿耿，伏辱貶教，喜承經旨台候動止萬福。程氏書嘗收數本，而未有如是之備者，最後《經説》尤所願見，拜賜感幸深矣。大凡深於學，必能合乎内外之道。近世士人稍通其説，則謂施於事者便與聖賢合，自信太早，而不知他日未免害道。所賴吏部及欽夫二三公推所蘊以覺來者，於抑揚去取間，使是非深淺皆有所别，自然儒效日白於世。某所望門下莫先於此。此外惟爲國保重。會君舉教授告再三致意，昨所箴儆，不敢不勉也。

張欽夫左司　乾道九年

某頓首再拜上啓欽夫知府直閣左司尊兄麾下：近奉書，當已達。稍不聞問，伏惟台候萬福，尊眷上下吉慶。某杜門幸無他，惟是思仰道義，一日三秋。又向與伯共游，纔覺過差，輒聞箴儆，今乃相望數千里，誰與晤語？此懷殊耿耿也。鄭景望學問醇正，見於履踐。前日奉祠過此，僅得一面，其在閩中，嘗類《程氏遺書》、《文集》、《經説》，刊成小本，獨《易傳》在外耳。留本相遺，其意甚厚。但慵惰愚闇，無受道之質，深自愧也。文潛歲前至此，勇於革弊，民甚德之。劉樞到闕未？若得留中，大幸。某甚欲因游嶽求見，負罪多畏，勢未能動，臨風益以悁悵。餘寒，惟爲時自重。不宣。

又　乾道九年

某頓首再拜上啓欽夫某官尊兄台座：胡氏僕至，辱教答，感慰。不知澧州便介所附書到否？初夏，恭惟台候萬福。問及出處，此雖三尺童子知其當辭。適會近制例格免章，欲力懇相府敷奏，則剖符之初不肯略爲一言，方且以擇地那闕爲功，今豈肯逆同列美意，伸匹夫大義乎？知識間人人念僕，而無救之之策。以正理見教者，謂須直述所以不可受而待上命。此固當然，其如銀臺不通何？近日龔實之作禮數辭待制，尚以見銜是殿撰却而不奏，散郎從可知矣。又有相識勸啓行數程，却入文字，庶朝廷無疑。殊不知此身既動，得請便回可也，若或未諧，豈不進退失據？二月、三月間得趣上指揮，即往請祠禄，少致可以無取之義；却用狀申都省，力言疾病，仍乞奉祠，而不敢及其他，庶幾肯爲將上。別以書與二公，明言決難祇受。縱緣此獲貶降，亦臣子之常分。只恐又降不允之命，或徑却回[二]，其將奈何？亦可

[一]「鄭」下，明澹生堂鈔本、四庫本有「公」字。
[二] 徑：原作「經」，據明澹生堂鈔本、四庫本改。

如朱元晦之被召，遷延不行否？莫子齊事體一同，渠家湖州，易見與決，繼此自可援例。萬一逼於强予，黽勉之赴，不得不過爲之慮。地遠難往復，且望兄子細垂教。辭受有義，本無可疑，只緣籲天無路，而當軸不以廉恥待士人，致此擾擾耳。

又

乾道九年

兩辱書誨，恭審寢膳復常，喜慰無喻。每夕静坐移時，大應得力。某數有此意〔一〕，但不雜念則困睡，有以敗之，其過非一日積也。切近工夫，可略聞其目否？頃見士友云：人患不知道，知則無不能行。及以五經、《語》、《孟》攷之，竊恐不然。蓋顔子鑽仰堅高，所見既已了然在目，非特知之者，然於進步尚且如此之難，况餘人乎！只此一事，欲請教者甚多。竹林新亭想已成，恨無路共追凉耳。學子相從今幾人？不知如胡安定因其材而篤之，惟復一槩語上也？邇來晚輩喜竊伊洛之言濟其私，欲詰之，則恫疑虚喝，反謂人爲蹇淺，非如庸夫尚有忌憚。此事不可不杜其漸，高明以謂如何？因顔路分人行，附此爲問。正暑，切幾保重。

又

淳熙元年

某頓首再拜上啓某官尊兄台席：比辱九月十一日誨答，不勝感慰。訊後薄寒，恭惟台候萬福。某屏居如昔，廬陵晚稻既損，又值陰雨，其成熟者須再折分數。賴上異恩，與湖南例蠲下户半租，極爲利益也。知與行之説，具曉尊意，鄙意蓋有激而云。觀嘉祐以前名卿賢士雖未嘗極談道德性命〔二〕，而其踐履皆不草草。熙寧以後論聖賢學者高矣美矣，迹其行事〔三〕，往往未能過昔人。至於近世，抑又甚焉。雖其間真學實能固自有人，然而上智常少，中人常多，深恐貪名棄實，相率爲僞，其害有不可言者。且孔子善誘不倦，而二三子猶疑其有隱，則其誨人固有先後，未嘗一概語以極致也。「子路有聞，未之能行，惟恐有聞」，則學者進德亦有次第，未敢遽以聖賢自期也〔四〕。此事要非會面莫能盡，若兄明年來宜春，尚圖避席。偶相識曹主簿，寄書叙別，云欲至門下，因得附此。未拜見間，伏冀保重。不宜。

又

淳熙六年

某比屢拜書，想一一關覽。兹奉九月五日誨示，喜承台候萬福。劉守移郡上，於老兄不爲不厚。聞其人昨陛辭時，具言中間預論符離事不合，以爲嫌隙，專用此自解。蓋閑廢年深，思失彌甚，不得不爾。劉思義既送廬州，只得聽之。又所發按范倅奏劄後劉奏兩日方到，所以令范還任，蓋輸先手耳。然此留彼易，事

〔一〕數：明澹生堂鈔本、四庫本作「素」，疑是。
〔二〕雖未嘗：原作「未」，據明澹生堂鈔本、四庫本補。
〔三〕事：原無，據明澹生堂鈔本、四庫本、傅校本補。
〔四〕也：原無，據明澹生堂鈔本、四庫本、傅校本補。

體亦無大虧損。若不顧先入嫌隙之言〔一〕，疾之已甚，則本是小事〔二〕，却成紛紜矣。且如前輩爲臺諫，攻擊小臣，亦有不行者。况彼已移動，未至難於兩立。恐所委廉問之官間有鹵莽處，不可不知，姑任之如何？廣東寇已平否〔三〕？文潛其殆哉！李仁甫父子幾日過彼，深憂其不能堪此境界，更宜開廣之。某以虛空無用之質，久玷從班，獨以上知〔四〕，徘徊於此。纔過宗祀，不俟恭謝，連章請祠，乃復未遂。若論孤危，則老兄在外猶爲太山四維之也。雖然，無愧於天，强爲善以報主足矣，禍福懸諸天，難深計也。方從駕歸，疲甚。不宣。

呂伯恭正字 乾道九年

某頓首拜啓伯恭大孝正字學士尊兄服次。比因永豐湯尉麟遣僕歸，附書，達否？辱正月所賜教，感服眷意。訊後不審孝履復何如？端憂無事，道學當有新功。某邇來慵懶益甚，相愛相勉，誰如兄者？每一懷想，恨無羽翼。欽夫時通問，屢欲訪之，蓄縮未敢輕動也。子澄近過此，留數日，相劇談，不異陪杖屨時，獨恨不能從兄之折衷耳。宛轉附遞，不暇他及，惟冀節哀自重。不宣。

又 乾道九年

近託奏邸寓書，達否？楊廷秀送歲前所惠教，不勝感慰。訊後孝履何如？先使君遽經祥祭，孝慕何以爲懷？來示每以學道未至爲言〔五〕，此所謂有若無、實若虛者，某輩又將如何？近得敬夫并元晦與子澄書，亦是如此，竊深歎仰。某辭郡之章既不獲通，不免力懇相參敷奏，想須見憐。地遠，又無由請教，想亦見念也〔六〕。汪丈在三衢，必數通問。劉汝一何日上？去冬有王日休秀才携其書來，席未暖而卒，已呼其子至此津遣歸閩，因會望語及也。興化兄令再三致意。子中闕尚遠，偶過隆興謝龔帥，未歸。陳君舉一書告爲遞去。餘冀節哀自重。不宣。

又 淳熙元年

某頓首再拜，伯恭正字學士尊兄坐下：子澄回，辱誨答。今既累月，欲時寄數字，苦於無便，遞中又慮浮沉，徒有愧企。暑甚，恭惟尊候萬福。祥琴久御，未睹除目，何也？開諭諄諄，歎服無已。兄以高世之資，濟不息之學，皇皇焉有言必詢，有疑必改，蓋將追賢哲而與之齊，非特欲寡其過而已，甚休甚休！罷會極善，人衆則賢不肖雜進，恐非徒無益。其間有不事科舉，專以學問爲事者，留三五人相與講論，亦閒居至樂也。某慵懦自晝，兄所素知。每思向來琢磨之言，他人誰肯如此？今不加勉，

〔一〕入：原作「人」，據四庫本、傅校本改。
〔二〕是：原無，據明澹生堂鈔本、傅校本補。
〔三〕東：明澹生堂鈔本、四庫本、傅校本作「西」。
〔四〕以：明澹生堂鈔本、四庫本作「恃」。
〔五〕學：明澹生堂鈔本作「孝」。
〔六〕亦：原作「不」，據明澹生堂鈔本、四庫本、傅校本改。

日退一日，遂將爲庸人以老，徒自慚懼。廬陵過從極少，幸南豐兄未赴官，可請益耳。其他非會面握手莫能盡，一味馳仰。欽夫春間一病危甚，極爲之慮，比幸復常矣。元晦一意古學，固無可議。只是晚輩喜假其説，輕試而妄用，其於許可之際更勸其致審爲佳。士龍之訃久已聞之，骨相太屯，知難任重，可傷可惜。君舉因書致意，前附一紙，未知到否？子澄兄弟在贛，音問甚數。謙之自西徂東，頗不樂，數遺記，都未得報。此公矜持尺牘，可亮其非相疏；至於賢德，則使人極不能忘也。韓丈已自遣書。餘冀保愛。令女曾議親否？

王才臣子俊　乾道九年

某頓首。向從蕭伯和得足下詩文一編，意謂他鄉異世老於翰墨者之所作，不知近出州里而年方踰冠也。道中蒙携贄見過，議論殊高，筆勢益翩翩。內顧不肖，何以得此，徒愧感且自幸耳。還家日應俗事，未果奉書。羅永年來，復勤問訊，喜承文履清佳。來歲且留蘭溪否？科舉不遠，當俯爲禄養計，其於著述初不相妨。山谷云：孝友忠信是此物之根本。本既立，則末皆應，豈以古文時文爲間哉？某雖蒙恩得閑，而心氣舊疾非一朝夕可愈[一]，極怕作書，幸恕草草。正寒，自愛。不宣。某再拜。

又　淳熙六年

某再拜。久別，不勝思企。辱書勤懇，具審起居佳福，良以爲慰。中間嘗附一緘，似未達，何也？科舉事病之久矣，再爲儀曹，即入文字云：「殿試有初考、復考、詳定、編排，省試有點檢，有參詳，有知舉，皆經三四手，猶患不能盡得實才。解試爲取士之原，乃決得失於一夫，又期限促迫，去取不公，是汩其源欲流之清也。」既下國子監詳議，迄今乃無定説。本意欲五十人解額處元差試官五人，各令五倍取之；却再謄録此二百五十副，別差覆考官兩員，使不相通，再加審擇，取所謂五十人者。庶幾二人得以精選，而分房容私之弊可革。或者乃疑常歲試官猶不足數，安所求此兩員者？又五員知中否不在我，將鹵莽應之，能者愈無路可進矣。坐此半年文書猶未上，而蜀士忽獻云[二]：士人得第之後，舊業並爲棄物，不若令盡習詞科，但明示出題所在可也。朝廷主之甚力，便欲施行。僕謂科舉大事，熙寧、元祐間，兩制、三館議論紛然，今安敢造次更張？且經義詩賦，考官童而習之，白首猶紛如。若變爲宏詞，則自唐以來退之已有古今之辨[三]，况今日乎？恐愈荒唐難攷也。《淮西碑》、《谿堂詩》正符皇雅關鍵，豈易知邪？本朝至嘉祐，太平已百年，而歐陽公在朝亦久矣，加之名公巨卿欲變文格者多，然須俟知貢舉明示好惡，使士人自爲從違，猶召鬨於一時，後乃自定，初不在改法也。東坡議狀蓋盡之矣。不知於差解試官處別有何策可救目前之弊？其亦付之偶然，使士人各試其命耶？向爲吾才臣、蕭伯和兄弟及陳

[一] 一：原無，據明澹生堂鈔本、四庫本、傳校本補。
[二] 「獻」下，明澹生堂鈔本有「策」字。
[三] 古今：明澹生堂鈔本、四庫本作「今古」。

杲卿輩不平久矣，前年秋偶見温州葉適者，文筆高妙，即以門客牒曹司，適會有石司户識見頗高，遂寘前列。省試幸在行間，廷試遂居榜眼。旦夕録其三次程試拜呈，若時文皆爾，亦何不可之有？然葉行年三十，在鄉曲未嘗發薦，以此知遺才甚多。此才臣諸公所以未遇也。曾南康告歸。暑甚，煩渴，連飲白酒兩盃，爛醉，書不成字，又多差誤，惶恐。不宣[一]。

徐伯百藥[二] 乾道元年[三]

某往來清江，不翅七八，知賢而不早見，罪固多矣。去春荷垂顧，僅一再見，而別半年，又得一會面，今復踰半年矣。清資遠韻未嘗去心，大篇短章未嘗去手，獨恨無由朝夕見耳。忽辱書翰，陳義益高，語益奇，有以知足下志氣彌勵，問學日進，滔滔如百川之東，蓋方增而未止也。欽歎之餘，且喜邇來德履佳勝。某素有懶癖，加之多病早衰，終日兀坐，遂爲小人之歸，此外無足言者。近著必多，時望録寄。天氣未霽[四]，萬萬爲器業自重。

又 淳熙十三年

某頓首啓：辱近書，喜承履況多福。慶典升秩，諒深懽愜。常平賢使者朝夕相從，釋氏所謂自他俱利者。郴窮陋甚，闕期又遠，易地固佳，但恐難得恰好去處。他日使所居之官大，則存乎人矣。謹仲銘詩，義當作簡[五]，思邈亦豈可無一言？其如老病廢學，加之憂愧叢心，安得好語？少需或能踐言耳。令子銓闈中選，可喜。幸京兆相延留，苟有所闕，自當致區區。餘冀保愛。不宣。

歐陽邦基 淳熙元年

某頓首，茂才歐陽君足下：往蒙惠書至千八百言，固已歎服才學之贍矣。繼辱嗣音，陳義益高，而復不鄙其愚，示以試程，經學淹該，議論純正，一第猶不足道，况鄉學乎！然且垂翅回谿，此有司不明之過也。昔曾南豐爲彌封官，讀曹、方、孟三子之辭，以謂宜在高選，既而皆失之。今足下之黜猶三子之黜也。三子者不以失得置心，顧以進業爲樂。足下家有哲匠，日奉詩禮之訓，其爲樂又非三子可比，而何病焉？某方祇命造朝，百冗叢并，叙謝草略，千萬自愛。蕭子荆《春秋辯》一部附納，窮經如此，乃無愧耳。

蕭仲和 淳熙二年

某頓首啓仲和解元賢友：辱書况，具審文履清福，至慰至

[一]「不宣」下，明澹生堂鈔本有「某再拜」三字。
[二]百：原作「伯」，據明澹生堂鈔本、四庫本、傅校本及《書稿》卷五《與程泰之侍郎大昌劄子二》改。
[三]元年：明澹生堂鈔本、四庫本作「九年」。
[四]霽：原作「齊」，據傅校本改。
[五]義當作：原作「當作義」，據明澹生堂鈔本、四庫本、傅校本乙。

感。某冒居邇列，其於職業常事尚以衰病不能給，况論思獻納如古人所云，則何敢覬？以此日夜慚負於中。比復得十四弟遠訃，憂傷憔悴，愈不自聊，夢寐未嘗不在青原白鷺間也。科舉事重於侵官，姑存於心，極荷垂教。末由會晤，千萬厚愛。不宣。

韶州梁守安世 淳熙五年〔二〕

某再拜，知府監丞麾下：某仰慕才望之日久矣，每有未見君子之歎。間蒙墜貺緘啓，義高辭古，深得歐、蘇二文忠之遺意。私謂執事他文必皆稱是，安得入群玉之府，盡窺琮璜圭璧耶！會執事鄉人在朝者多，每相過輒道此心，不謂遠達清聽，長書見及，且示近著表、啓、古律詩、長短句一編。伏讀累日，一字三歎。如推擇度支，本原學問，昔賢之論，晚節爲難，傷臨川之術誤，憫銀鹽之害民，皆用意至到，忠告無隱，而秀傑忠厚之氣行乎其中。乃知子美詩外大有事在，豈止與雕琢篡組之徒争工鬭靡而已哉！因念近世文人一或抱負所長，則驕矜傲忽，憎嫉勝己，輕賤不如己，所謂以能問不能、以多問於寡者，未之聞也。故其才華雖甚可愛，而常使人逡巡畏避，不敢與之親。今執事本之以德業，持之以謙厚，將一洗陋習，尚友古人。雖如某輩不學無文，猶屈己而幸教之，其爲賜也大矣。抑某何以稱此？惟當傳示搢紳諸儒，上及於公卿，使知執事筆力如此，反牧遠郡，某不才如此，乃容久汙玉堂之直，棄黃鍾，鳴瓦釜，却騏驥，御駑駘，用舍倒置，聖時所宜察。庶幾有誦周南之滯、薦《子虛》之賦者，持以爲執事報，不亦可乎？屬苦腹疾，無聊叙謝。不宣。

江陰李教授沐 淳熙五年

七月日，具位某謹復書教授修職足下：古者公卿大夫之家，其父兄既植德累功於前，其子孫復增修績美於後，傳祀數百，不隕其名，是之謂世臣巨室。及其季也，蓽門圭竇之人暴登貴仕，而公侯子孫往往降在皂隸〔三〕。國之興替，常於是乎卜之。本朝盛時，如文元晁氏、忠憲忠獻二韓氏、文正范氏、宣獻宋氏、申國呂氏，或文獻相承，或德業交著，因事立功，與國同休，至於今賴之。惟會稽公以厚德通儒範模斯世，蓋嘗運樞機、釐政事矣。其進退出處，無一不合於義，凜乎有異時人臣之遺風。足下又能力濟其美，年方英妙，已馳雋聲於大學，取巍科不翅拾芥。自常情言之，亦可無求於人矣，方且孜孜乎前輩之事業，切切乎當世之師友，此豈獨天資茂美、刻意問學所能致哉？過庭之間，議論聞見，其必有大過人者矣。進修不已，國家之興將有助焉。如某不肖，欲通姓名未敢也。豈期過聽，示以漢史論著及詩文三編，先之以長書，禮下而詞温，若欲僕助成其名者。伏讀累日，初如觀富商大賈之藏，四方珍異莫不咸在，少焉如游十二閑，騏驥騄耳、飛兔驎騮，驤首騖駿，可喜可愕。何足下富於學，豪於文，一至此也！昔子貢問子石：「子不學《詩》乎？」子石曰：「吾暇乎哉？父母求吾孝，兄弟求吾悌，朋友求吾信，吾暇乎哉？」

〔二〕五年：明澹生堂鈔本作「三年」。
〔三〕在：原作「爲」，據明澹生堂鈔本、四庫本、傅校本改。

子貢曰：「請投吾詩，以學於子。」今足下事親養志，既孝矣；推其所得，日與諸弟講論道義，作爲文章，繼被薦送，既悌矣；金閨之諸彦，山林之奇士，皆折節與之友，既信矣。僕方當投所學以學於足下，足下於僕何取焉？銘佩謙施，言不能盡。屬病起氣乏，具謝，不宣。

李知幾運使石 淳熙五年

某頓首再拜，運使郎中年兄執事：季秋霜冷，恭惟台候萬福。某不佞，筮仕以來四入中都，敬愛蜀士大夫，每自忘其固陋而強附焉。如執事邁往之才，博古之學，高妙之文，重以同年之契，其願交承益尤爲切切。執事亦三入承明，不爲不久，不知造物者竟有何意，使之相避如參辰，背去如鶻脱也。每一念此，悵然西望，不能自已。今夏伏領去冬所惠書，陳義峥嶸，垂意繾綣。仍録近詩十篇爲寄，大抵因事有作，無一語虚發，名效樂天，實啓少陵之關鍵，感激歎服，執卷不能釋手。因念自古學愈進，文愈奇，身益困，仕益不遇者何可勝計，無乃山川英靈之氣取之傷廉，造物開闔之機發之太盡，故特以阨窮抑鬱相乘除耶！明乎此，則世間區區之毁譽何係輕重，置之不足道也。賢郎早世，固亦有由。揚童烏之與《玄》文，邢居實之賦《南征》，執事考古驗今，幾人早成如是耶？使壽而康，萬象其無如矣。讀二文編，莫知所報，姑用是少寬慈抱耳。某涔朝滋久，身非不遇，而迂陋寡儔，言不足取信於公卿。一有所善惡，或者輒反其説，不能成人，祇以累人。雖塵華貫，如蹈淵谷。加之年來衰態種種，無日不病，屢嘗自劾，尚此佁儗，纔過會慶，即復籲天祈歸，老於山林。年兄重來，又將悵悢如前日，是以臨紙不覺忉怛，皇恐皇恐！陸務觀得團扇墨妙輙方舟者見遺，使常得把玩，吾人相與相念之情略可想矣。餘乞以時保重。不宣。

成都蘇教授 淳熙六年

某頓首再拜，教授朝奉執事：某觀本朝世臣巨室，與國同休者固多，至於文獻相承，久而不替，則前有晁氏，後推君家。執事又力學取科第，厚重而通世務，此某所以一見願結交焉。所恨職事拘牽，無由數面，又不能如狗監略誦《子虚》於上前。别後雖切馳企，而愧於通問，殆以是耳。賢季出初春所墜教，感悚可知。訊後恭惟尊履佳福。益州多士所聚，分教之任不輕，由此進用，如適越已南其轅，刻期可至，夫復何患？沈福州文字又成刻舟，然左右豈藉此哉？某久冒榮禄，重以衰病，宜去非一，旦夕即丐祠歸矣。相望愈遠，臨風悵然，願言爲才業加重。因賢季歸，奉狀。不宣。

王道夫主簿自中 淳熙六年

某再拜，主簿修職足下：中都蓋士之鄧林也，奇材異植，四面而至。某幸甚，前後數爲王官，每聞士之有器業者、文章者、一善一藝者，必挾刺踵其門，惟恐或後。雖位卑言輕，不能有所軒輊，亦欲致區區好善慕義之誠耳。累年以來，超取顯美，號爲天子近侍，且無魏其、武安、衛將軍尊重之嫌，推薦人才似非進越，而容容固位，未嘗犯嚴一伸其喙。若徒以先見爲勤，此孟子所謂恭敬而無實者也。自是雖賢者相過，或愧謝不敢見，況敢即之乎！故始聞足下氣節之高邁，學問之淵博，中讀庭對，至論治平以前，大觀、宣和以後風俗之所以不同，及進君子退小人、擇守令選將帥之説，大率詳明剴切，言人之所難言，輒擊節歎曰：有士如此，千里猶當友之，近在跬步，可不識乎！然卒遲遲者，前之説有以愧其心、絆其足也。乃者竟煩先辱，雖忽忽無暇欵語，此心則固降矣。困於緒使，未果奉書，又蒙函教甚寵，且不鄙，示以《孫武新略》三卷。伏讀累日，益知足下蓄蘊閎富，兼資文武，著書立言，期於見用，非如近世文人才士誇張翰墨，馳騁辨博而已。昔杜牧之憤四郊多壘，嘗注此書，自爲序，序所以爲作者之意。今足下之心，牧之之心也。序有權衡之喻，思過半矣，尚欲僕掛名經端，何哉？張欽夫未死前數月，以牧之所注刻板荆州，其後題數百言，頗有發明處。他日足下此書行於世，僕當采欽夫之意作爲數語繫之卷末，自託不腐，蓋未晚也。本書十篇，末書二十八篇，倘可舉以見教否？葉正則間通問，稱道盛德甚至。何時參坐，傾倒所欲言？臨筆悵悵。病起倦怠，且復草率。當暑，厚愛。不宣。

廬陵周益國文忠公集卷一八七

書稿卷二

陸務觀 淳熙九年[一]

某頓首拜啓：正月間辱誨答，知從者遊鄞，未果再遣記。尚甥轉致近音，喜承台候萬福。太史滯留，人人皆謂合鳴國家之盛。奉祠浸久，起家爲郡者甚多，某身在四近，乃不及一狗監，愧當何如？旦夕試爲左揆言之。《劍南詩稿》連日快讀，其高處不減曹思王、李太白，其下猶伯仲岑參、劉禹錫，何真積頓悟一至此也！前又從張鎡直閣借得《續稿》及富沙新編，所謂精明之至反造疏淡，詩家事業殆無餘藴矣。造化困兄之仕，殆不堪雕鎪嘲弄耶！某往時樂聞蜀中山川文物之勝，今讀兄前後佳作，極道其風景華麗，至眷眷夢寐間不少忘，甚悔少年不努力也，一笑。餘乞保重。不宣。

又 淳熙十一年

某頓首拜啓：近疏奉記，非獨緒使，亦以目疾爲祟，經月未愈，有妨執筆，其於悵仰，殆不勝言。歲事告新，恭惟台候萬福。某力小任重，已非所安，年衰氣索，又覺難於支吾。思奉談笑於雲門鑑湖之間，恨無飛羽也。逼節尤冗，亟此爲問。願乘泰亨，早陟班列，此亦衆論所同祝者。官會一角封納。餘乞保重。不宣。某頓首再拜，務觀知府編修尊兄執事。

陳君舉舍人 淳熙九年

某頓首拜啓：間不聞問，詹仰無窮。即日恭惟尊候萬福，眷愛吉慶。某孤立於朝，全無師友教誨之助，持此倥侗而欲任重有補，斯亦難矣。春間得伯兄訃，便當告歸，止以主恩未報，難狗私計，遂因循至今。比填星犯上將，於占當任其咎，因是可以自弛矣。胡君拔解，可喜。徐君厚謂其程文頗平易，去省試尚數月，更與琢磨之，遂繼正則爲佳。鄭全真行，欲子細附一書，竟爲事奪。燈下草草，惟冀保愛。不宣。某頓首再拜，崇道通判國録兄執事。

又 淳熙十年

某頓首再拜：近不聞問，恭惟尊候萬福，眷聚吉慶。胡君何故未來？李侍郎六月間恐可到此，牒試尚難指擬也。景元竟就祠禄天台，若少助之亦無妨否？囑宗正宛轉如何？更俟來諭。龍圖墳地不謂小人又爾侵犯，是誠叵堪。太守書謾封去，人各有所見，難强之也。聞親舊已貽書別乘料理，第恐疏决近耳。子宜想

[一] 九年：明澹生堂鈔本作「元年」。

時相會，切爲致意。某自得宜春兄父子之訃，憂惱成疾，在此極不皇安。奉行文書既以救過不暇，至於經國遠慮，略不能措意，其間豈有心知其非而常可强顔者耶？因鄭君遣介，草草爲問。餘冀保愛。不宣。

又 紹熙三年

某竊以清和協序，恭惟某官主盟斯文，高厚顯相，台候萬福。灝噩之詞，時見邸報中，西垣省上計已涓吉，由此領袖鼇禁無疑，每用是以釋企仰。更蘄愛玉體，以承帝渥。某比遣狀幸達，祠請曲蒙借助，感荷無斁。昔人乞身强健固，時欲優哉游哉〔一〕，以全晚節。若僕者年齡如此，百病交攻，勢窮力殆，初非得已，苟免鄙笑已幸，他復何云。目前藥不離口，傍及妻稚，日日問醫，比復失三歲次孫。年來星運不寧，常惴惴於懷也。黄瑞安文字已收。潘葑以舍人下諭，雖微換易，自當那輟。但今歲三章，始緣行之薦帥日先已半諾，既而陳同甫又來力薦，古不背死，今當奈何？元樞、子宜諸公多薦羅場，勢未容諾。而頃所禀數人外，去臘適争數日，不曾舉張善化及邵教授、趙帳幹，比皆以照牒來責償，莫知所指。幸潘葑成資在來夏，莫可待至臘月否？今且納照牒，不敢食言。一語少欺，他日何以自解？故人必諒此心，坐是亦未敢作潘葑書，幸爲説及。瑞安回字先發去，得免浮湛，幸甚。

徐子宜 淳熙九年

某頓首拜啓：久不聞動靜，冬寒，孝履何似？北堂大人寢膳如宜，眷愛均安。端憂餘暇，過從不乏否？某力小任重，憂愧異常。朝士雖衆，略無相親相益之友。愚而自用，玩歲愒日，安得不誤主知？旬日來塡星犯上將，訊之占書，咎匪他人，用此愈不自安，聖節後勢當控請。懷安之罪固大，若妨賢竊位，又將不勝誅也。蔡、邵州闕整二年，在今亦未易得，因會致意。正阻晤言，萬萬節哀自重。不宣。某頓首再拜，子宜大孝奉常友兄。

又 淳熙十一年

某頓首再拜。比辱九月二十五日書況，不勝慰感。訊後不審孝履何如？想侍北堂夫人〔二〕，所履支勝。某以一身而周百慮，其懼其勞其危，皆可意度。得失有命，此非所計，惟中外之事未易區處，顧於斯時而載高位，略無相助之人，其將何以塞責而副聖主委任之意耶？物情隔越，使來者不能盡情，此不肖之大病，平居每以爲患。而學力不至，所養不固，臨時輒忘之〔三〕，此正當克己自反而不敢尤人者。非老兄相愛厚，孰肯箴其膏肓？感激感

〔一〕固時：原作「時固」，據明澹生堂鈔本、四庫本乙。
〔二〕侍：原作「倚」，據明澹生堂鈔本、四庫本、傅校本改。
〔三〕時：明澹生堂鈔本、四庫本作「事」。

激！象先每以不容款曲爲恨。李簡州近得書，嘗同施叅爲丞相言宜與一郡，又不欲逼，更俟旦夕言之，第恐其鄉人自爲矛盾耳。乳香、鍾乳、茸、附各致少許，此誠不可闕。緣例却四方饋遺，而素不服煖藥，餘無贏也。先奉議既告祭，日徯來歸。未承晤間，更幾保愛。因仲潛專人回附此，適目疾未愈，不能詳謹，皇恐。不宣〔一〕。

又 紹熙四年

某茲承榮還宰士，持橐有期，不勝贊喜。欲作書爲慶，而連日痰眩牽聯，頭目昏痛不可言，寫字極艱，遂爾占吏，當辱情察少意。某去冬到官一考，懇還郡寄，蒙恩降詔不允，深欲勉强少留，以圖報塞，今復半載矣。乃自春以來衰疾日侵，心力疲乏，觸事廢忘，最是兩眼如割，視物艱辛。從舊術者多云今歲運氣不佳，自推亦是如此。初亦未甚深信，今覺得疾病嬰纏，甚可畏也，若不亟投閑散，必貽深咎。已具奏乞奉祠，恐聖主批降詔不允，則再請又須數十日。欲望稟白宰執，先爲奏過，庶幾相應。已諭舊吏，令得台旨方投奏劄。仍告一言於右史中書舍人，緣不能親書，所以附此叙懇，得同致力，莫大之賜也。他未暇及，蘄爲國保重。不宣。

葉正則 淳熙九年

某頓首再拜：辱近書，喜承榮侍官居，尊候萬福。科舉曲折，日夜念之。前佐東府，不能有所獻明，今衹增愧耳。考校所得能幾何，初不爲此，只望得數奇士，他日副國家之用。三復閎慮，又以歎服，不復及之也。餘惟爲時厚愛。不宣。

貴州曾司户元夫 淳熙九年

某頓首啓：間者幸數面，知賢而不能用，其愧可知。執事既不以是見望，乃因其冒居西府，猶有以教之，其相期厚矣。自揣何以當此，惟極慚感。邇日想惟履况多福，湖廣利病，謹以三復。守令誠得人，雖遇水旱，人亦不忍爲盜，此固爲治之本也。若乃兵卒未練，日夜以爲慮，憲車甚留意職事。沙侯威聲素著，去冬上特加路鈐以寵之，必能振職以爲報。其他有可垂諭者，繼此尚幸不鄙。此外萬萬厚愛。

陳伯震 淳熙九年

某啓：慰禮已具右幅，邇日孝履何似？安撫直閣奮由儒學，抱能未施。雖中年仕宦不偶，而主眷至厚，謂當召用，不料一疾不起，士大夫無不嗟惜，矧辱契愛者乎？每惟卷懷事業，放情山水，寓意詩文，其取於造物廉矣，然猶奪其年如此之遽，天理何可曉也！襄奉在幾時？更幾節哀自重。不宣。

〔一〕「不宣」下，明澹生堂鈔本有「某頓首再拜」五字。

溧陽鄧宰埏 淳熙九年

某頓首啓：辱書翰，喜承別後履況集福。下車將期月，學道愛人之志可以少施。財賦匱乏，所在固有，然虛數如此其多，亦太甚矣。既留鑰相知，別無掣肘，頗可隨事料理否？《左氏類對》，三復歎仰，恨崔大雅不及見此版本也。緑淨亭想如故，公餘登覽，形於篇詠，追繼孟生，爲金淵之美談，不亦樂乎！末由再晤，萬萬保愛。不宣。

王教授巽伯申 淳熙十年

某頓首啓：戊戌歲在殿廬讀左右所對策，自齊家、治國、修身、正心而至於遠便嬖，用正人，刑四凶、少正卯，辨即墨、阿大夫，首尾殆七千言，意忠而氣直，辭達而理暢。雖未識面，此心固已降矣。自爾叨塵益過分，乃不能略誦周南之滯，徒有愧怍往來於心，以是不敢相聞。敢圖不棄鄙陋，既以書先，又有以教之。幸甚過望，不可言也。冬凛，孝履何如？主上深念養兵衆且久，民力殆不能支，慨然欲議屯田。始御札示將帥監司，尋慮其擾，博謀卿士，擇人而後付，可見謹之重之，不敢輕舉矣。左右端居餘暇，非特條陳利病，又畫爲可行之策[二]，自非以范文正之心爲心而循其故事，孰肯如此？顧某實何以當之，豈所謂寧有不可告而告之者耶？佩服至意，莫知紀極，謹寘几案間，朝夕披閲。緣衆人未有定論，須俟極其所至，乃當發明仁言之利，決不敢虛辱厚況。來介索報，冗迫，亟此道謝。餘冀節哀自重[三]。不宣。

新長沙宰劉仲洪德秀 淳熙十年

某頓首啓：間違，不勝思企。至後方辱八月所惠書，雖云甚久，亦足爲慰。邇日想惟尊候萬福。通才束於著令，屈臨一邑，矧復需次，殊鬱輿論。某叨塵過分，夙夜憂愧，欲從容州縣以安方寸而不可得。古人仕至六百石輒免去，有以也夫！仲遠見闕可喜，莫申明免對否？末由會晤，萬萬爲才業厚愛。不宣。

陳機宜琦 淳熙十年

某頓首再拜。別久，不勝傾企。辱書，喜承尊候萬福。客從固可樂，況龍圖公名德甚重，錦官城古今號爲樂土，於此遊宦，其樂又豈他處比耶！北方恫疑虛喝，所在皆然。度葛王無恙，必懲覆轍，纔易世便自不可保。兩司數論蜀中邊防等事，皆經遠之慮，朝廷一一報去。然神而明之，存乎其人，正賴幕中之辨。更幾以時珍厚，共赴功名之會。不宣。

[二] 「又」下，明澹生堂鈔本、四庫本有「且」字。
[三] 冀：原作「幾」，據傅校本改。

卞賓 淳熙十年

某啓：兩承惠字，具承孝履如宜。先丈通判清名奥學，當享遐齡，奄兹淪謝，良極嗟惜。行實幸得三復，惡語恐不足以發揮潛德，未敢造次。以田易僧寺葬地可行。今先納參議史郎中書，託宛轉叩制帥，不欲徑言之。如謁參議，亦須婉其辭。蓋賓主皆奉親，此等事非所樂聞耳。餘冀節哀自重。不宣。

岳林智顯 淳熙十年

某拜手：兩辱書況，具審起居清安。坐夏人多，此非力致，必有以服其心矣。正宜大闡宗風，未可便打退鼓也。某自得宜春兄父子之訃，憂惱成疾，極難堪處。今又聞族姑不幸，老懷益深惻楚，已兑百千助其葬事，切勸伯隱兄弟乘時了却世俗，無益之費，皆可削也。度牒止給川廣，此未有之。餘冀保愛。不宣。

福州西禪德璨 淳熙十一年

某啓：久不聞問，馳企良深。辱近書，喜承啓處清勝。林下道人猶有多病蚤衰之歎，况如不才冒處要劇，愧懼交懷，豈止髮白面皺而已？常河依依之性則不繫於老少〔二〕，安得晤言，共究斯事？臨風惘惘。荔子歲煩遺致，感怍而已。樗蒲綾一疋，謾寄意。餘惟保愛。不宣。

沈叔晦 淳熙十一年

某悚息拜啓：自聞先德棄背，屢欲附狀，而營職疲勞，因循未果，惟是企仰未嘗一日去心。逮承祥琴已御，膺入幕之命，雖欲遣記，則已後時。忽迂誨翰，慚怍無以自解，亦惟故人恕察而已。歲事將新，恭惟尊候萬福，北堂夫人壽祺增永。左右氣節學殖宜在中朝，復從外補，未愜輿論，會有誦周南之滯者。某叨塵益踰分量，未知所以塞責。相識非不衆，其肯以直諒相益者絶少，已爲小人之歸，固所未問。至於尸禄素餐，負上委寄，罪將若何？以此日夜不勝其愧且恐也。值便急謝來辱，未暇他及。寒凛，所幾保重。不宣。

徐居厚〔三〕 淳熙十一年

某頓首再拜。近别，不勝傾企。辱書，喜承侍履佳福。邵武闕聞十五日當謝，果得之，亦勝他處。貧者士之常，若親老則須有以娱其志。左右今當以負米爲急，未可專慕曲肱陋巷也。某冒居高位，千慮百憂，未嘗頃刻少安。不相知者滔滔，亦有以自取，豈敢尤人？是非得失，在所不計，只是力小任重，無補國

〔二〕依依：明澹生堂鈔本、四庫本作「依然」。
〔三〕居：原作「君」，據明澹生堂鈔本、四庫本、傅校本改。

家，此爲愧耳。梨榴輟甘旨之餘，拜嘉感幸。紫綺一疋[一]，衣絹倍之，湖綿二十兩，敬助尊夫人禦冬雜用，皇恐皇恐！秋冷，切冀保愛。不宣。

張唐卿 淳熙十一年

某頓首啓：辱書，喜承別後起居佳勝。某叨塵過分，正此悚懼，褒語非所敢當。水寨船甚勞相視，圖本精詳，尤見留神。上江打船，在此不覺張皇，而彼之科擾當十倍於此。又順流撑駕，大費人力，勢須別作措置。三數日間即降指揮，或有未安，却幸垂諭。匆匆具此爲報，餘冀珍愛，倚俟榮改。不宣。

江寧曾宰炎 淳熙十二年

某頓首啓：辱書，喜承涓吉洗印，履況集福。紹興末，見金陵倚郭事極簡，而盛邑尤號易治，每謁洪令，終日蕭然飲食圍棋而已[二]，今何爲頓異也？學道愛人，惟字民乃可設施，名家隽胄，更宜勉旃。留鑰因書，當道才美。餘惟若時珍愛，以俟明陟。不宣。

奚元美商衡 淳熙十二年

某悚息再拜。日困應酬，浸疏嗣問，方此愧企，辱手教，喜承尊候萬福。賤生之日，每蒙軫記，不勝慚荷。集句甚工，自荆公及臨江孔氏、江陰葛氏以來，久無此作矣。《山房筆語》凡六經、諸史及本朝事實無不貫穿，他日當版行以示後學。不鄙見示，何感如之！左右名重當世，用此見嫉於人，一動一静，更宜審處。凡諸同年[三]，方岌岌不自安，姑置是事，永嘉當徐圖之。匆匆遣謝，莫寫心曲，續別拜狀。酥蜜食二斤、果食八斤，值節謾往。子厚《乞巧文》今可作否？彼最喜模效前人，如《新堂記》、《答韋中立書》之類，吾人獨不可游戲於斯乎？秋熱，萬萬保愛，庭闈均介多祥。不宣。

雜説載典故最難，《石林燕語》箋注極多，蓋謂是也。端明學士中興以來侍從如董耘、胡交修輩極衆，近歲如王曮亦是，直云特敏公而已則未可。秦檜記得賜謚忠獻而未審。樞密使副、知院、同知，近歲敕局修書不合並入雜壓，并殿下不合並刻石位[四]。或者多云失改正，非也。

王景文質 淳熙十二年

某悚息再拜。讀名章俊語，願結交之日久矣。間者僅一面，今遂十五年矣。會晤既未諧，音問亦復不通，惟有傾企，常往來於心也。忽奉緘書，詞源如翻三峽之浪，快讀殆不能去手，何感

[一] 綺：原作「隔」，據四庫本改。
[二] 食：明澹生堂鈔本作「酒」。
[三] 凡：原作「無」，據四庫本改。
[四] 殿下：原作「殿不」，據明澹生堂鈔本、四庫本改。

如之！何慰如之！訊後不審履况奚似？留意《詩》、《易》，當益見聖人之用心妙，固執事緒餘，而所謂幻者，無乃太謙乎？夫惟病病，是以不病。他日尚容請教，姑此復來况。餘惟以時保重。不宣。

李守垕 淳熙十二年

某頓首啓：别後不勝傾向。夏熱，緬惟孝履支裕。萬里護先公之柩善達故鄉，此天相，非人力也。送終大事，更冀勉旃。長書詞意惻惻，感悵無已。某荷先公知愛特厚，自從永訣，悲愴異常。昨既與諸公共致奠文，不敢别叙其私，乃如哀挽，豈容但已。屬兩月來目疾大作，繼以感風暴下，更無一日好况，勉强十章，殊不成文。蓋荒唐有素，今復憂邊思職，翰墨都捐，况值病衰，思致尤窘。雖然，就使不忙不病，亦安得好語耶！相望遼邈，後會難必，萬萬節哀自重。不宣。

某拜問尊夫人體候輕安，老婦輩謹致千萬意。令弟通判、令弟承務並勤惠問，悚刻之至。抱痾不能一一修報，大略如右也。兩賢良位均勝。曹使君想常通書。帥普州之諭當爲丞相言之。有需勿外。某再拜。

又 慶元二年

某再拜啓，知郡朝議麾下：分手歲月浩然，企詠未嘗少忘。去年下元節，臨安轉知七月旦書翰，勤勤累幅，把玩不能釋。萬

里相望，踰十旬方領來教。僻居無入京便，不能即致報幅，今又踰十旬矣。懶慢之罪何以自贖，亦恃久要以不恐耳。即日恭惟台候倍擁殊祉。分符淯井，行當秩滿，聞已除代，且别有晉擢，杜門莫知其詳。有如政術通明，家學淵博，自應入登要路，朝夕以冀。某老而多病，去年歲旦即上章納禄，秋間方拜俞旨。只今藉藥石以扶持，其他一切弗暇問。文簡公文字，不曾得賢季書。宗正鉅儒，應有大手筆發揮事業，某既非其人，况衰疾乎？宛轉叙謝，濡滯浮湛皆所不免。胸次陳陳，未容披寫，惟幾爲時珍重，亟對召節。不宣。

某拜問德門眷集，緬想上下均祉。大著郎中方上要津，多賀多賀！制幹亦聞改除，未果專狀。小兒待撫倅已數年，今尚有年餘闕也。附子、天雄、粱墨、竹箑、邛杖，遠物陳前，佩刻無已。紫蓮花紗一匹，聊締僑札之好，不在物也。劉衡州家事，大著郎中必於家訊中詳言之。某再拜。

時教授瀾 淳熙十二年

某頓首。前年六月，辱寄示《平勃王成論》，理致高遠，諷味不能去手。屬應酬少暇，而持書人又不待報，遂成因循。昨因徐、譚二君，近吕子約歸，皆託道愧謝。既荷心照，必未貽誚也。兹勤嗣問，喜審履况佳適。二序并書，益嘆辭遠。來諭謂太史公好學深思，心知其意，是固得進道之門，積而不已，則取之左右逢其原，如孟子所云，非可知之實耶！昔東萊切切然以先知覺後知，今不復有斯人矣。師道之傳正在君等，更幾勉旃。餘惟

保愛。不宣。

王宰淮 淳熙十二年

某頓首。辱書，喜承別後履况集福。需次實淹才猷，然迨此暇時，涵養器業於親側，亦足樂矣。劉承務書已收。去年其兄名孝立者相訪，出元城數帖，後有詹静江諸人跋，且云累喪在廣東，無力還葬於衡。因爲題數百字，寄聲鞏帥、馬漕、韓倉，諷其資助。後來不曾得報，未知真僞竟何如。今劉殊不及之，莫是別有浮湛否？怱怱，姑此布復，餘冀以時保愛。不宣。

又 慶元六年

某頓首。辱書，喜承夏暑字民底績，翕受多祉。先德潛懿，意雖不敢失實，然懼骩骳不足行遠。寄示副墨，不勝悚感。樣式有古意，單君佳士，篆自工也。葛紆、《中興頌》、《浯溪碑》、鰻線，過荷寵惠。李西臺書偶收得墨蹟數軸，適卧病，再旬未愈，尚稽一言。《考工記》，三復歎仰。近者[一]俞新淦亦嘗考證，謂其屬皆散在五官中，亦是一説，然豈若因其文類而析之爲工也！振濟自來極難，如來諭則均無貧人，甚善甚善！暑中無可寄遠，土織克絲二疋，畫扇十柄，謾往。餘冀保愛，以需榮改。不宣。

陳德卿 淳熙十二年

某頓首啓：洊勤惠翰，喜承履况集福。長書偉麗，申以文編，凡可寓謙勤而致誠意者無所不用其至。雖塗之人亦當曲從，况託鄉枌之好乎？左右所求又非甚高，不過欲一二書覓薦剡耳。此而固拒，豈近人情？所以遲遲未能輕發者，正以監司帥臣歲有文字三數紙，而求者常不下數十人。舉者之難甚於求者，蓋既有故舊，又有辦職事人，又有親戚對易者。其以中都之勢逼而取之，乃一端耳。若監司帥臣偶是相知，則或從或違尚無利害；萬一孟浪[二]，强而不從，彼此寧免懷疑乎？幸左右到官未久，願少需之。且如鄱陽彭丞亦鄉人也，近嘗親至此，告以曲折而歸。自某面上言之，只二賢者自要文字十紙，而相參臺諫侍從故舊又不知其幾何，果可一一取必否？此甚易知，所以縷縷布聞者，緣道遠勞煩專人，承聽亦未易辦，非如珠玉可得於咳唾間，是以不覺占吏喋喋耳。屬感風已旬日，勢猶未已，欲取佳篇賡和一二不能也。向熱，萬萬保重。不宣。

胡長彦 淳熙十二年

某頓首拜啓：比方遺狀，并納石刻，兹復拜墨妙，殊深佩

[一] 近者：原缺，據明澹生堂鈔本、傅校本補。
[二] 浪：原作「進」，據四庫本、傅校本改。

刻。秋暑，恭惟尊候萬福。某衰病，久當劇任，常懼顛沛，以忝所生，每臨初度，感悵增切。豈謂長者敦篤契好，歲貽傑作。今茲中和之説，上自六經，下至漢唐，包括殆無遺者。正使盛年苦學，未易臻此，孰謂年開九秩，乃爾精博！用是占壽考之祥，則千二百歲何疑焉？念無以酬厚況，輒致忱禱如此〔二〕。廬陵比困旱歉，上自擇趙守，往蘇疲甿，果不負知人之明，甚休甚休！

周輝〔三〕 淳熙十二年

某悚息再拜。辱書，喜承履況清福，眷聚吉慶。某頭童齒豁，久合歸休，益冒恩榮，將何以稱，一味憂愧而已。故人宜規而頌，雖佩愛予，然非所望也。毒熱可畏，水鄉少過從，不妨賦詠於茂林修竹間。東坡云：「無事此静坐，一日是兩日。」竊計所得皆倍於我，豈止歲月閑忙耶？何時入都，尚圖晤語，未間保重。不宣。

彭澤周宰朋來 淳熙十三年

某頓首啓：去臘嘗辱書況，既冗且病，而走介又不待報，遂成因循，愧企常往來於心也。暑雨，不審履況何如？有民有社，足行所學。今幸非淵明之時，正當勵梁公事業耳。長牋文采甚奇，欽歎無已。末由再晤，萬萬保愛，以俟識擢。不宣。

贛縣葉丞才老 淳熙十三年

某頓首。家兄史君眼高一世，素謹許可，每書來道足下學問賢德累數十言。雖未識面，而求益之心已切。忽辱書況，貳以長牋，欣感不可名也。秋暑，履況復何如？《次韻蒙求》，精切博洽，非獨遠過李瀚，如王令亦當敬避下風，轉示朝士，無不咨美。今既版行，自應與學者共之，甚休甚休！何時晤語，警發淺陋？臨風悵望，餘幾善愛。不宣。

邵武張簿蒙 淳熙十四年

某悚息。辱三月所惠書，喜承别後起居佳勝。内之議論，外之方維。見教諄諄，累數千言，連日披讀，不能去手。非以先東萊師友之誼，今石湖舅甥之好，其孰肯不鄙而教之如此之周也？每惟叨塵過分，心雖勞而力弗勝，恐卒負士友所期望，而益重風俗之敝，是以朝夕羞愧，未知所以自解，徒有感刻不忘於中。姑此道謝，餘冀加愛。

〔二〕致：原作「敢」，據明澹生堂鈔本、四庫本、傅校本改。
〔三〕周：明澹生堂鈔本、四庫本作「同」。

成都路王鈐幹聞禮 淳熙十四年

某悚息啓：辱六月書況，喜承幕府雍容，坐膺多祉。某叨塵過分，日切兢懼。薦賢乃第一義，其如孤跡不爲衆論所與，王弱翁輩適以累之耳。折估爲六十州之害，亦嘗深思救之之策，粗得其説，正緣獨力無助，有唱莫應，未容改爲，奈何？左右雖職清事簡，然協贊制閫，其功非簿書期會可比。但古今是非難信，又接乎耳者止出乎士大夫之愛憎，所謂民之真毁譽，何由可聞？更蘄熟講。此外萬萬保愛。

南陵郭宰堯 淳熙十四年

某悚息啓：辱九月書，具審履况多裕，至慰。補欠足彰敏手，亦有頑民妄狀陳訴，刑部初擬送提刑司委官體究，常諭以恐長小人之勢，别令勘當。然不可不大爲之防，蓋作邑誠未易耳。豫章帖極佳。匆匆姑此布復，餘冀以時保愛。

俞宰庭椿 紹熙元年

某悚息啓：去秋經從，疊荷迂顧，行色忽忽，殊恨不款。歸而杜門，無從奉記，方切傾鄉，好音來曁，喜承履况集福。《周禮》六官譌誤，每以爲疑，今讀《復古編》，謂每官皆六十，釐正甚詳，其論司徒尤善。昔韓退之在西掖頗久，而外集僅存《崔群除户侍》一制，首云「地官之職，邦教是先」，其末僅有「擇才經賦」一句。唐户部專掌財賦，而退之自有先後之序，殆與左右議論合，非深於經者不足以與此。又世婦當爲一官，環人義不主圍，皆前人未嘗及者，開發多矣。稍凉，當以數語附其後。目前非獨炎熱叵堪，兼腹疾半月餘尚未全愈，極爲疲憊，未暇致思也。歐帖甚妙，但治平四年三月兩詔乃神廟親札。是歲正月英宗已上仙，未踰年，故未改元，宜亟正之，恐摹印漸廣耳。稍安，别奉記條。餘惟加愛[一]，不宣。

十有四，省去「年」字。「霸」，古「魄」字，更無可疑。唐君碑蓋何從得之？便可添入跋語中。

周行可 紹熙元年

某啓：數勤迂顧，得奉談笑，極以慰幸，即刻起居何如？《詩傳》博取諸儒之説以合經旨，用力至矣。連日細讀，開發爲多。佳篇長短句又皆規模前輩，未嘗苟作。既從于湖，又識南軒，定自不凡也。不腆酒饌，聊代面晤。餘冀保愛，不宣。

黄日新 紹熙元年

某啓：遠蒙相過，寵惠長書，極論師友之誼，自非志勤學富，孰能及此？愧某無以稱也。《附圖通鑑韻語》積二十餘年之

[一] 餘：原無，據明澹生堂鈔本補。

力，使千三百餘年治亂興衰聚於一編，自博而約，以便觀覽。是書若成，學者將願見而不可得，乃反皇皇然，預求當世名儒爲序爲跋以發揚之，抑何謙也！某老誖廢學，安敢輒附名諸公之後？而誨諭諄勤，當有以報。詳觀足下所次韻語，自云以《通鑑節要》爲主，然後即史以著其始末大概。爲温公纂是書以廣帝學，故其事備，其帙繁；退而思與天下後世韋布同之，故舉其綱，撮其要。其説美矣。然今所謂自序者，既有神考寵以冠序之語，又有退居獨樂園取舊編削繁蕪之文。按公當裕陵上賓之兩月，即入爲門下侍郎，於時尚未用廟號也。其後拜相，薨於位，豈嘗再歸讀書堂耶？若謂在元豐中居洛時，則初未奉諱，安得謂之神考？設使《節要》先成，序文後作，亦當略言其故，奈何全不及之？抵牾如此，非文正親筆甚明[一]。朱公元晦知而不言，蓋期足下進於道而不在乎書也。元晦又謂諸圖用力不可及[二]，自可孤行，其待足下至矣。他日成編，敢不敬題其後？匆匆奉此，或未行，尚圖面叙。不宣。

趙蕃 紹熙元年

某悚息啓：辱書翰，欣審别後履況集福。某老病不才，豈能當藩翰之寄？已力控免矣。家兄封示近作，歎服彌甚。徐子筆力超邁，一第何足取？莫勸其且留意舉業[三]，以紹世科，然後竟此事否？前輩雖歐陽公猶未免如此也。陳明叔之子嘗薄周旋之。屬兩月來瘡瘍爲祟，兩手猶甚，執筆良艱，占吏草草。惟冀保愛。不宣。某悚息啓昌甫監廟從事鄉友。

又

某悚息啓：比睹因任之報，方切贊善，便中得首春華翰，喜承履候多福。古詩愈奇，緬懷劉、張、潘，殊以悵然。某强顔忽忽累月，行當自弛歸理荒徑，他無足言。長沙比極窘匱，非到此不知。向來從容之源流，大抵各是趣了目前，不恤後日，其於甲令則有所不問。某方反是，遂費支吾，深言又似拒四方之賓客。因來諭略及之，他日會面方可白也。冬春大暖，遂苦赤目，全不能作字，值芮宰耑使，略此占謝。餘惟順令頤養，不宣。

太和趙宰師奭 紹興二年

某悚息啓：承近問，欣審邑政已成，履況集福。紅藥名醞併辱佳惠，遂無「頭慵舉、眼懶開」之歎，何感如之？徐明叔篆深有騎省家法，揭之縣宇，可謂壯觀。徐又嘗題臨江之清江臺，近歲張安國書而易之，每爲太息。去年，屬潘守詢訪，偶得之入石，遂爲江西二絶矣。匆匆姑此叙謝，餘冀保愛，以需識擢。不宣。

[一] 筆：明澹生堂鈔本、四庫本、傅校本作「節」。
[二] 用力：原無，據明澹生堂鈔本、傅校本補。
[三] 「莫」下，明澹生堂鈔本、四庫本有「可」字。

清湘楊宰炤

某悚息啓：自頃復狀，老病杜門，無由嗣音，方此馳企。辱惠問，喜審官況安適。彭守深恤其去。士大夫有意爲民者多矣，往往才力有限，施設之際鮮如本指；幸得此君，又不能滿任，造物殊難曉也。承下車一考有半，漕已薦聞，行慶獎擢。所諭備悉，偶倉臺昔有見攻之嫌，他處難及之，恐會語涉商量耳，高明能加亮否？末由會晤，臨風依向。秋暑，萬萬保嗇。人還布復，不宣。

劉棠仲贇 紹熙二年

某悚息。稍間起居何如？朋酒聊助昆仲燕集，才華敏妙，固不必乞巧也。故事扇知是青氈舊物，婁欲印去，適九夏雨涼未果遣[一]。今雖清秋，而酷暑異常，輒往十柄，或可用至八月耳。他俟面承。

彭清卿叔夏 紹熙五年

某頓首。昨日荷垂顧，經昔起居佳勝。前婁得新詩，固深歎服。茲緣徙居，蒙以百韵爲況，學廣詞健，步驟前哲，非流輩所能髣髴。愧不肖無以稱，惟當逢人説項斯耳。耑此爲謝，不宣。

開先師序 紹熙二年

某啓：曩幸款言，間違傾企。辱書，欣審戒體輕安。二頌句中有眼，殊深歎服，所愧老謬不足以當之耳。前秋到山中，頗惜瀑小。今春雨雪有餘，飛流濺沫，極天下之壯觀，徒形夢想而已。石刻佳茗，並荷垂寄。川附子二十枚，聊致藥籠，笑留爲幸。餘希保愛，不宣。

又

某拜手。辱書，喜承戒體清安。坐夏今幾士？想甚有學道之人。見性之説，何不領略？此豈俗儒所能辦乎？殿記已收，張無盡大悟大徹，縱橫妙用，何可當？如某不過排比紙上語，有何見解？幸賴濡須華翰以傳耳。安樂茶百缶分餉，至感。南安焦溪及此間傳擔各二十餅，既是熟茶，多啜無害也。匆匆，姑此布復，餘希爲衆加愛。不宣。

又

某拜手。遠辱書翰，欣審戒體清安。示諭去住任緣，期於無

[一] 遣：原作「遺」，據明澹生堂鈔本、四庫本改。

愧，未嘗介懷，此正平日用工夫處，今乃得力，甚善。寶巖雖愧乏傾〔一〕，不妨結緣，如在員通時也。某自閑退，不敢先發時官書，有來即答之耳。安樂茶荷分況。閩乳十片謾往。餘希厚愛，不宣。

無錫吴宰獵

某悚息啓：睽異，歲月浩然，每懷劇談，輒以悵望。雙緘遠暨，喜承游刃恢然，官況安適。某老病不才，自合退休，聖恩洊至，誼難固避。揭來士鄉，想欽夫之餘風，思文潛之遺事，既不容復見矣，庶幾賢者可以晤語，則又游宦他邦，無由款承，此情怏怏，可想而知也。長牋詞意高妙，當珍藏以爲永好。屬禱雨未應，憂愧中略此叙謝。餘惟爲遠業珍愛，即俟晉用。不宣。

又 紹熙五年春

某悚息拜啓：别日滋久，傾企良深，音驛不能頻致，更以爲愧。春元甫屆，緬惟道與時亨，倍擁如川之祉。某以衰殘理繁劇，可謂不自量而强所短。豈料幸逃殿罰，俯仰三臘，微諸賢有以掩覆之，何以及此？今蒙上恩徙鎮，藉此且爲歸計，安敢希晝繡之榮耶？辭廟二文，頗述鄙意，别紙録去，煩呈似南强平父也。馮教授舉狀垂成，而職司未入手，乃公廷勢以爲言，不敢效近世姑用虚言塞責，詳具南强書中，更望相與實圖利之。旅瑣，遺記草草，餘惟爲遠業珍厚，以俟晉遷。道夫袖詩送别，深以爲感。不宣。

湘陰林宰采 紹熙三年

某悚息啓：辱惠問，喜審官況安適。湛氏自貽伊戚，初緩而後急者，亦隨其理勢，何容心焉！過煩道謝，祗以爲愧。民訟固願從簡，但彼或無辜拘縶之類，至令親戚有詞，安得不下縣取索？蓋當官能平氣盡心者寡矣。若州郡便追人相擾，則是據信偏詞，不過具因依，催結絶，所謂移送，十無一二。況諸司日日打罵，州府豈敢必其無詞耶？内有果是無理，邑中明與辨析，差人解州，當如湛輩窮治〔二〕，以警妄訴，庶幾兩得，未審雅意如何？治盜方欲奉聞，見此商議，不知移寨還舊處已了畢否？忽忽，姑此布復，餘希厚愛。不宣。

又 紹熙三年閏二月

某悚息啓：比幸晤言，既别傾向。承惠問，喜審官況寧嘉。冬春少雨，今歲十二龍治水，人皆以爲憂，所禱未應，勢有可慮〔三〕。有合措置事件，千萬先爲之備。陂渠雖修，若無儲蓄，猶

〔一〕雖：原作「惟」，據明澹生堂鈔本、四庫本改。

〔二〕如湛輩：原作「加懲治」，原刻校云：「張本作『如湛輩』。」明澹生堂鈔本、傅校本亦同，據改。

〔三〕有：明澹生堂鈔本作「甚」。

不修也。其他非書所能盡者，更願介念，節次垂報。魏巡檢無狀，本欲對移，爲要令就任内移寨仍舊，故且少緩。若有支費，當爲理折，幸同所委官亟圖之。暴家岐修釘木植亦然〔二〕。結絶民訟已悉。餘冀保愛，不宣。

安化徐宰華國

某悚息啓：比幸晤言，既別傾企。辱雙緘盛禮，喜承涓吉視篆，坐膺丕祉。邑僻人頑，想倍費料理，然豈弟之政自足化民成俗，殆未可以他吏期也。某衰老備員，待諸邑曲盡其至。近頗以寬縱相玩，或符移不報，或飲宴廢事。此雖深當自咎，然至於誤事，則未免差人稍加督責。況新漕風采聳聞，尤不可忽。惟賢者能亮誠意，乃敢言。餘冀保愛。有可垂諭，毋惜片紙以告。不宣。

孟陽黄宰淡 紹熙三年春

某悚息啓：洊勤惠問，喜審履況安裕。清修寺詩荷介念，石不必移，只留寺中爲佳。財賦方委官下諸縣剗刷，若貴治以時催趁，則可免其一行，彼此之幸也。如强竊盗，煩督巡尉嚴行捕治，聞管下多有隱而不言者耳。匆匆，姑此布復，餘冀珍愛。不宣。

醴陵謝宰鼎

某悚息啓：辱示翰，喜審奉親治民，履況集福。某蒙復職，方此控辭，首枉長牋，第深悚感。百里甚勞區處，緣諸色財賦欠多，州家乏用，而期會又不以時報，已差主簿督責，蓋非得已。若治境能無違欠，使所差官免勤館人，亦彼此之利也〔三〕。餘冀保頤，以需來渥。不宣。

攸縣歐陽尉巖起

某悚息啓：比勤寵顧，幸得款承。別後方切傾鄉，辱書，喜承官況清適。爵里狀備悉。邑境盗有未獲者，切煩加意捕治，至祝。匆匆，姑此布復，餘冀厚愛。不宣。

知縣相會，煩致意。攸溪文已收。科義來擾人，略不來商量，何也？主簿所示坊場事，其利害曉然，須俟新宰至議之。

臨武林宰寶儉 紹熙三年

某悚息啓：洊勤惠問，喜審官況寧嘉。財賦匱乏，所在皆

〔二〕岐：原缺，據明澹生堂鈔本、傅校本補。
〔三〕此：原無，據明澹生堂鈔本、四庫本補。

然，擠節外別無説也。兼兵須從太守保明，乃可施行彈壓緝捕。不知共幾人？煩先問具數及補授年月，所居鄉分，一一垂諭，當斟酌行下。土軍何不禀白州郡？既衣糧在邑中支請，豈容强狠難制也〔一〕？忽忽，姑此布復，餘冀厚愛。不宣。

東安柳宰林 紹熙三年

某悚息。比復書幸達，兹沐嗣問，喜審已遂洗印，起居集福。邑中屢經回禄，其何以堪？比憲車云嘗撥漕司錢米相助，太守亦賢仁，凡百必不掣善書之肘也。張憲二書已收。餘冀珍愛，以需考績。不宣。

趙葳 紹熙三年

某悚息啓：辱去臘書翰，喜承履况集福。令兄再得祠，可喜。一書幸呈似邑宰，書中已及昆仲依芘之意矣。十月以後，月給三十千，并蘇合香丸一兩並封去。雖藥物之類，皆以俸爲之。帥司本州月支供給添給凡萬緡，更無毫髪贏餘，窘迫殊可笑也。偶赤目爲祟，不及親染，惟幾厚愛。不宣。

〔一〕狠：原作「狼」，據明澹生堂鈔本、四庫本、傅校本改。

廬陵周益國文忠公集卷一八八

書稿卷三

曾無疑三異 紹熙四年七月[二]

某頓首。近往記，幸達。洊勤墜教，喜審履況集福。曲記賤生，寵以樂章二疊，藻思駿發，玩味不能去手，所愧無以稱之耳。《六一集》方以俸金送劉氏兄弟私下刻板，免得官中擾人。編年自當附入。蒙索元稿，謹封納，是正畢却幸垂教。夏旱，湖湘亦然。老病丐去未遂，極費支吾也。修城事，無逸亦問及，嘗縷縷寫去。通天下郡邑，何處無郛郭？此間斷缺二百餘處，存者草木叢生，根株盤互四出，日就摧毀。再三籌度，約費十數萬緡可以補治。初與豐漕議，藉彼嚴重辦集，且免本州侵移之嫌。豐漕欣然謂允當，乃敢有請[三]。及命下，而士人及好閑議論者怵以日給當厚，廣衮當削，又欲大為濠塹，拆毀附近民居，而不知軍中役兵自有常例。縮而小之，為備禦計，則雖數十萬兵豈能周徧？內地非邊防，亦安用如此擾擾？皆與本謀相違，非口舌能勝，遂緩其役，以避九良星者。今一面聚集磚灰，以待後人。不必遠求，只如廬陵、宜春亦有城否？禁軍可防守否？近世士大夫不問事之本末，動輒云云。所以自為謀者一切無所規畫，聽其自然，蓋避此也，如何如何！餘冀保愛，臨風思企。

又 嘉泰二年

某前奉記甚滅裂，辱教勤懇，喜承履況集福。飢民逐食，雖無能為，亦是鄉居之擾，今當定矣。傳啓已收，毛拔萃文俠全編至，寬限題數語。蓋素無七步之才，今老邁，豈復事筆硯耶！均是出身，進士為重，尚與制科遷轉不同，况諸科乎？官制舊典未嘗詳考沿革，止采一說，安可全憑？來諭得其大概矣。唐制文散官甚多，如每品必分上下階，八品上階既有給事郎，下階又有徵事郎，皆文散官也。本朝已從簡略，「徵」况犯諱，故存給事郎，後遂改承事之類矣。匆匆，姑此布謝，餘幾加愛。

又 嘉泰三年

某昨答簡，燈下目昏，不暇詳悉。來諭禮惟繫牲乃可言碑，此特一端。《禮記》又云：「公室視豐碑。」注疏極詳，謂斵大木為之，形如石碑。若不穿竅其上，安能縋以下壙？偶與繫牲之狀同耳。按許氏《說文》：「碑，豎石也。」然則凡豎石刻文皆謂之碑，自漢已然，如韓愈《平淮西碑》之類皆是也。特不當泥古鑿竅於平地之碑耳。至如浯溪刻頌，亦在石崖，恐難便謂黄張之訛也。所謂誌墓，比干用銅，其來遠矣。後世人力既不能辨，亦無

〔二〕紹熙：原作「紹興」，據明澹生堂鈔本改。
〔三〕乃：明澹生堂鈔本、四庫本無。

良治，或以木代，或以甎爲之。蓋漢甎甚堅，不減於石，如銅雀之瓦，尚可作硯，况甎乎？後世人謀益深，甎又不堅，始代以石，愈久愈簡便也。深虞前説浸傳，輒述愚慮，未敢以爲當也。圖志且望介念。手凍草草。

寧遠徐宰由己　紹熙四年〔一〕

某悚息啓：一陽來復，緬惟宜民受祉。長牋多幅，深荷勤至，第切愧頌。諭及佐官曲折已悉，前日唐宰，人頗稱屈也。鍾乳、花木，遠方所闕，宜留散施，隨行自有之，不敢虚占。金橘聞地頭亦難得，此等亦足啓窺伺之口，欲封回恐損壞，已令公庫支十千付來人分遺同僚矣。作縣大難，謹之又謹乃無後患。忝一日雅，敢不盡情？外臺想自通書。餘冀珍愛，不宣。

常德傅推官庸　紹熙四年

某悚息啓：比幸再晤，既別傾企。辱書，欣審善達官所，侍履多福。湖北仕宦比湖南差冷落，却事簡可喜。若論人煙，則過桃源，入辰陽路，更不堪開眼也。某念歸久矣，蒙恩徙鎮，姑藉是歸舊隱以養衰疾，即遂引道，隆寒喜於挾纊也。別紙所諭，有少曲折，勢未容及，且納一書道才美耳。錐處囊中，鶴在雞群，何患不已知也？餘惟厚愛，不宣。

曹檢法彦約　紹熙四年

某頓首：辱示翰，喜承履況集福。暫遊蓮幕，足攄素藴。諸臺皆推重，而未有以相成，共深太息。某向者一見，灼知遠器，初未詳冰翁乃杲卿也。今讀《盡心堂賦》，非特知詞采高妙，其及漢、唐本末，用意尤遠，倍深降歎。某已辦歸計，略此奉酬，餘續馳布。近書坊刻《玉堂雜記》，漫往一觀，別有兩本，煩納二使者。緣目痛，寫書不得耳。忽忽，不宣。

項平甫正字　紹熙四年

某悚息啓：疊辱書翰，亦頻奉記，顧豈若向來款承之爲樂也！邇日履況何如？登瀛浸久，講貫必有新功，但深企羨。某病目益甚，全不能作字，日俟祠報，想在道矣。奏篇謹讀數過〔二〕，意婉義深，學廣文贍，歎服不已。眷聚在此甚安。先爲修方總坐船，支錢百三十九千、米十石，爲荆南往復之費。偶得尊君書，却令徑過武昌，仍差人護送過湖，而自以小舟往相就，順流同下；仍俟彼起發，走介再來，方且離岸。自當一一奉承，惟是舟人歸日泝流費夥，非特州郡目前窘乏，那融未得，兼緣總管、路鈐輩向開此例，今不可止，將來芹泮定是攀援，遂成此例册。

〔一〕紹熙：原亦作「紹興」，徑改。
〔二〕謹：明澹生堂鈔本作「敬」。

莫若就浙中尋士大夫來此赴任者，就令乘坐以來，庶幾支給有詞。已給引明言之，想喻此意。不然，漕司亦須相助，他時貼支亦不多矣。欲去猶爲後慮，迂拙皆此類也。占吏草草，惟爲時珍愛。不宣。

饒掾事依部符申省照會而已，却聞批下刑部勘會。鄭丈侍郎既是鄉人，必可一言，或恐不相照應耳。某與鄭丈厚，正以目痛未能作書也。

又 慶元二年春

某頓首啓：賀州劉教授方附到去秋書翰，亦足爲慰。即日不審履候何如？校讎高選，又兼史事，足展閎蘊。丁懷忠文字想已投下，只恐某休官遂請，未及放散，亦足表區區之意也。右相近有劄子，頗訝久無一字。向來作郡，每遇二府除拜，不敢不通書，蓋藩侯體當如此。今閑居，豈應以姓名至東閣？今諸府皆然，不獨相府。又鄉曲相識知諸公皆舊交，争來覓書，一切告以未嘗通問，請從門司詢訪，然後稍定，豈敢有短垣而自踰之耶！若掛冠後却當遣書叙謝，此則前輩例也。天官侍郎亦告及此意，其他未暇及，只是欲從汪季路借《六一集跋》十卷甚切。季路性緩，又有不肯借書之癖，望吾友雇人就抄一本，速附示，厥直當奉還。得此則歐集可成編。至祝至祝！餘冀爲遠業珍厚。庭闈壽祉駢臻，眷集均祉。不宣。

陳同甫亮 紹熙四年夏

某悚息啓：兩辱書誨，深佩至意。邇來履況復何如？天生名世之才，決不徒然，特成就有遲速耳。廷對必在鼎甲，日俟吉語。紫薇想不翅如己得，因會煩致意。某兩月來眼力頓乏，全不能作字。比控祠請，計有成命。雖欲附一書，力未能也。比緣此中好事者收拾語言，妄相鬭諜，尋聞釋然矣。馬察推極可喜，同僚之幸。占吏[一]，莫究所懷，惟爲時自重。

龔編修頤正 紹熙四年

某悚息啓：比方遣記，玆辱誨筆，喜承起居萬福[二]。石湖身後，賴左右調護，得歲前夫婦合葬於祖塋之側，爲惠大矣。其他則在後之人也。沉刻以平生交分誼不當辭，况大手筆編次有法，不過爲之節文，申以銘詩耳。但某自去年腹疾爲祟，迄今猶未全愈，適此改移，冒大雪，挈老幼，陸歸以俟祠報，勞頓殊不能支，須還家休養身心，稍俟春暖即下筆。既不及葬期，不必較此。所遣介告歸，略此爲報，幸語至忠及一孤也。所代《遺表》尤粲然盡惻怛之誠[三]，《海鹽龍祠碑》尤高古可法，《播梓杜舉

[一] 同僚之幸占吏：四庫本作「同僚之誼至厚」。
[二] 萬：明澹生堂鈔本作「佳」。
[三] 惻：原作「胣」，據明澹生堂鈔本、四庫本改。

箴》及三贊皆措意深遠，辭與事稱，置之前輩文集，亦復何愧。天日清明，殆有神助云〔一〕。旅舍扶憊，作此莫究所懷，到廬陵稍定專附狀。餘惟順令珍愛。

羅次召克宣書〔二〕 紹熙五年

某頓首。前荷携文相過，連日快讀，如身在康廬而目擊鬱孤也。遷居冗擾，未暇求款，又沐二詩，爲蝸舍之光。自當壓倒劉、白，何止能賦短章而已！匆匆叙謝，不謹。

又 慶元元年

某頓首。辱示翰，欣審體力清安。魏花乃相識送來，適值上巳、清明同日，遂與坐客同賦，豈復成語？四詩妙絶，信抛磚可引玉也。荒園數種正開，老病不能伴客，或與相識凌晨來寓目，却無相妨。昨留下兩軸，復納去，與吾友初無不周，何爲偏呈知己！聊發一笑。

又 慶元五年

袢暑不可當，老病尤非所宜。向承示雜著二十四篇，置之案上，朝夕披誦，賴以蠲痾。今又得長篇，真濯清風也。啓行定在幾日？臨期訪别，勉强以出，先此爲謝。

桃源李宰汝江〔三〕 紹熙五年

某悚息啓：辱惠問，喜審辦嚴餘暇，起居佳勝。迓吏何日到？桃源風物甚美，然地大事繁，州郡督迫必峻。遠接或有雇夫錢糧之類，切不可支用分文，此第一義也。諸司雖或相識，最緊是憲守，其他稍遠，自不必通姓名。聞太守入文字回避憲車，兩公性皆高强，理固應爾。吾友到官，看彼事體如何，一兩月後專人垂報，臨時商量。若預發書，必致疑相怪，非徒無益。爲左右謀甚忠，又策之頗審，非惜片紙也。蠻猺既定，陳倉必赴夔路，未知新倉除誰也〔四〕。《度關銘》想非僞，當寶藏之。蓬萊香十兩，聊表意。餘惟遠業加愛，眷集均慶。不宣。

程倅準 紹熙五年十二月

某拜啓：慰禮如右。邇日凝寒，緬惟孝履支持。先尚書奥學碩才，獨步當世，雖登八座，未究素藴。引年而歸，公論翕然，謂當享百年之期，主盟斯文，奄爾淪謝，士大夫無不嗟惜，

〔一〕神：原作「前」，據四庫本改。
〔二〕羅次召克宣：原作「羅次君堯宣」，據明澹生堂鈔本、四庫本改。按本集《平園續稿》卷一一《跋劉共甫與胡邦衡帖》亦云「鄉人羅克宣次召」。
〔三〕汝江：明澹生堂鈔本、四庫本作「汝工」。
〔四〕除：原作「附」，據明澹生堂鈔本、四庫本改。

況契愛至厚者乎！今年來夢相見甚頻，雖出慕仰，亦由尚書將遂仙去，故爲是神交耶！臨風倍切悲悵。屬杜門，人事盡廢，尚稽致唁，忽得令姪宣教書，悲駭無已。浙兵不慣遠涉，在道頗久，立便要歸，未能辦微禮，私居又重於借急足，尚圖後信。餘惟節哀自重，不宣。

孫彦撝謙益 紹熙五年六月

某頓首：前奉記納《六一集》，必遂關徹。毒暑，不審尊履比何如？曾無疑送別集目録來，共三册，并移改手書五卷，丁朝佐劄子一幅，並納呈，幸仔細點勘，疾速送示。恐未能併了，逐旋發來如何？事戒因循，且望加念，仍令小史牢固簽貼，恐有遺失也。病軀殊不能支，占叙草草，惟冀珍愛。不宣。

又 紹熙五年

某拜啓：秋冷，不審履况何如？《六一集》并總目何爲許久未蒙封示？乃如《年譜》，皆説六一先生是景德四年六月二十六日丙辰生。前日搜訪得《于役志》一卷，乃是自館閣貶夷陵時舟行日記，止到公安，其間於六月二十一日説「予生日爲壽」。尋取《真宗實録》及《長篇》〔一〕再三契勘，果是丙辰乃六月二十一日，已得戊申月節氣。然則諸家考證容或未詳。校書如拂塵，一重過了又一重，非虚語也。河東、河北兩路奉使奏稿約四萬字，徧問相識，尋求未得，因繙故書，却自有繕本，當併刊刻。今汲汲欲得《總目》及諸集排比，庶免因循，何乃遲遲如此？不免專懇邑令借人齎來，勿留滯，幸甚。他未暇及，惟幾保愛。不宣。

又 慶元元年十月

某拜啓：洊勤惠翰，欣審履況集福。前方遣記，而來示隨至。向日所校歐文皆檢尋在此，他日拜納《年譜》之類，因便且望付還。至祝至祝！十七歲雜犯落解之後，凡三舉到省。是時間歲科場，契勘登第之年，正合。此乃公《答荆南樂秀才書》自説者。謂如胥學士一啓是代曾爲司理參軍之人，前後只作公自用，偶因病起細加考證，方知曲折。其表奏四六排比極整齊，他日吾兄見之必以爲然。《河東奏事録》已刻成，見開河北者，其餘接續理會。蓋逐一字皆經眼，每一篇必經手，又匠人不多，所以費日，聊爲消閑之具。所恨吾兄在遠，不得一一求教耳。趙宰已自答書。餘惟善愛，以綏壽嘏。不宣。

龍泉王琳 紹熙五年四月

某啓：蚤荷訪別，移刻起居佳勝。《白兔》古賦，所謂體物而瀏亮者，有如抱負奇偉，固嘗賓於王矣，遭時明昌，尚何羨於斯類？勉旃可也。示及答先德別紙，前五幅亡弟户曹代作，後四

〔一〕長篇：似當作「長編」。

幅筆吏劉賢書。回首垂三十年，真若隔世，感嘆無已。專奉手啓爲謝，不宣。

福巖道聲 紹熙五年秋

某啓：比勤遠牋，至感惠問，審承戒體輕安。生朝荷垂記，適重華上仙，痛心疾首，豈講禮之時？經疏香燭，復付來介，想能加亮。四衆雲集，自他俱利，架石導水，宛有廬山氣象。何由一奉談麈？馳情而已。宣老且在寺中否？餘惟厚愛，不宣。

又 慶元四年七月

某啓：久不聞問，每勤依鄉。特沐好音，欣審四大輕安。上刹冠於嶽山，自非福慧兩足，安能久居而無魔擾〔一〕？王樞相所謂青出於藍者，信矣。惠及疏燭香茶，並領遠意，極深感悚。松花三十朵、蔗杖糖霜八斤，聊以持贈〔二〕。其活血丹甚濟用，蓋小民要者多耳。餘惟以時自厚，不宣。

又 慶元六年三月

某拜手。得閏月書，喜承戒體輕安。九年演法，自他俱利，所諭已悉。時節因緣，要須啐啄相應，非偶然也。餘希爲衆自愛，不宣。

仰山紹南 紹熙五年十二月

某啓：別後方切思企，辱書，喜承四大輕安。入院無魔，福緣響合，向來妄傳，如湯沃雪矣。比來人户窮乏，少得檀施，用度更宜撙節。若放手則須取債，未免費力，此僧俗所同也。茶笋荷寄，復有餘積柏燭二十條表意，笑留爲幸。餘希善愛，不宣。

又 慶元六年夏

某拜手。辱書，喜承戒體清安。某一病兩月〔三〕，尚未清快，頂相姑俟他日題數語也。南華棟宇，大非昔比。向來至肩輿祖師來贛求化，窮陋可知。力辭其行，甚善，青原亦未必肯往也。惠茗，至感。蔗杖糖霜十條，聊以伴書。餘惟爲衆加愛，不宣。

又 嘉泰二年冬

某拜手。承惠問，喜審戒體清安。衲子雲集，闡揚宗風，甚善甚善！佛照得十一月手書，寄扇面字畫，清勁可喜。彼若歲前

〔一〕魔擾：明澹生堂鈔本作「愧」。
〔二〕贈：明澹生堂鈔本、四庫本作「浼」。
〔三〕某：原缺，據傳校本補。

遣人往，千萬令來取書，不然自尋便也。竹萌、茶栗，遠勤寵貺〔一〕，至感。贛柿百枚〔二〕、白糖四角，聊以持浼。餘冀以時珍壽，副四衆之望。不宣。

永豐汪宰文振 慶元元年十一月〔三〕

某頓首。比幸晤言，既別，傾企如初。奉手教，喜承官况安適。作邑匪易，上下共知。惟學道愛人之君子，於不得已之中存心忠厚，隨事致思，其功必倍於衆。此固左右所長而士譽所歸者，更幾不倦，以需其成，幸甚！示及三記六十餘詩，大概文從字順，理暢辭達，玩味殆不容釋，何文星常聚黟、歙之分也！某老且病，已上章納禄，他無足言。春元密邇，願言保愛，以對泰内。不宣。

陳梅州自修 慶元二年春

某悚息拜啓：自頃復狀，老病支離，且無從訪便，浸缺嗣音，如此傾鄉何？新春，恭惟台候萬福。二千石足以行志，想閩境受賜不淺矣。君舉交游三十年，心實敬愛不少忘，中間爲長沙舊僚及一二唇吻之士妄相鬬諜，左右所深知，固嘗爲解釋矣。近中司論渠尚有今識其人之語，無乃復致疑乎？向止謂減上三等户折米錢二萬緡，致官員月俸欠闕兩月，激賞庫捐橋口酒錢八千緡，帥司官供給無所從出，以是指同僚獻利害者，君舉何與焉？此外固無毫釐差失，而某亦無半言相誣，不料好事者釀成口實，慚懼無地。因書幸爲及此，蓋目擊與耳剽，虚實自不同耳。末由款晤，臨風增情，願加保愛，别俟召用。不宣。

寧都傅宰夢泉 慶元二年

某頓首。别後音驛雖疏，每極懷想。往見執事恢宏寬簡，固知爲世偉人，未審屈臨一邑，爲政何如。凡士夫自贛來，輒詢動静，皆云平易近民，事亦辦治，屏棄拘攣，易縣門而正之。然後知儒術果非迂，而斯民果可服，足以塞俗吏之口，增吾黨之氣。方欲奉記道懽欣之意，便中先勤惠問。所謂鄧君尚留外邑未來也。邇日春暄，想惟官况益佳，眷聚均吉。某平生忝冒，年至病侵，始掛衣冠，何足以爲高？三復來諭，汗顏不已。金精勝境，舊嘗一遊，安得陪笑語於其間？臨風重以悁悵，萬萬爲時自重。不宣。

呂子約寺丞 慶元二年十月

某拜啓：臨江轉致九月三日書，不勝感謝。不聞問復月餘，想惟德履超勝。令似痁疾，必已無事。賢閤安人少睡，必是多慮。會稽曲折，豈應知也。某老病杜門，交游殊稀，蓋季章痔未

〔一〕貺：原作「况」，據四庫本改。
〔二〕枚：明澹生堂鈔本、四庫本作「枝」。
〔三〕元年：原作「二年」，據明澹生堂鈔本、四庫本改。

全愈耳。今秋渴雨，芙蓉大段稀疏，小車按行之樂亦豈易得耶？汪時法計時通問。錢文季寓金華縣，俟來春趁班注邑，可謂良圖。近附倉司便遣報，因書試詢，達否？劉公度得耿漕文字申明，詣曹改官，張帥語客云爾，未知果何如。考亭間得書，孜孜范碑，殊可敬嘆，然亦有疑。慶曆諸賢黑白太明，致此紛紜。六一壯年氣盛，切於愛士，不知文靖渾涵精深，期於成務，未免責備。正獻兄弟方含章不耀，人所未知，故語言多失中，後來大段自悔。所謂君子之過，不必曲爲説道理。如《仁宗實録》皆經名公筆削，仍親聞當時議論，其於西事本末略不及二公，意亦可想。今觀《自記》首云「學道三十餘年」，却似後學説話，至以忠宣比堯朱，亦太過。本朝諸公心平如忠宣者幾希，設有真蹟，尚未敢必，况居仁所傳耶！張續帖在誰家？如「修性多病」之句良可疑，「殊不喜居京」亦非六一語。蘇明允帖若果有之，則黄門《龍川志》説碑處自當具言，何必引張安道爲證也！陳無已《談叢》尤乖疏，如説幸澶淵，謂寇公不容章聖起還内，徑自御坐登車，是何識見？故説文正過文靖一段絶鄙野。今於集本並列衆論，以俟識者。蓋小説極難信，其來相告有好惡，有差悮，秉筆則當決擇耳。鄙意如此，未知當否？更望批誨，以代劇談。餘惟厚愛，不宣。

汪季路司業 慶元二年十二月

某悚息拜啓：比奉狀後，數遇的便，每欲嗣記。竊意左右日奉親懽，沉酣典籍，不欲敝精神於無益之書，輒不敢復作〔一〕。令親贍軍至，既辱誨答，又得就詢動静〔二〕，喜可知也。冬序温和，恭惟台候曼福。申命祠庭，可占朝廷待遇之意，又聞卜居已定，殊爲贊喜。某踰七望八，頓覺衰疲，最是目瞶足弱，尤妨事，他無足云。所諭《六一集》中有疑，及校以碑刻他書，苟可見教，悉望付示。惟呂、范一節，朱元晦、呂子約屢以爲言〔三〕，終不敢曲從者，亦豈無説。歷觀近代用心平直如忠宣公可一二數〔四〕，决不違父志强削誌文。又本朝正史，惟兩朝多出名公之手，最爲可信。是時呂氏子弟顯用於朝者多，而於呂、范列傳並無一言及此，却於《孫威敏傳》中備載詆呂之疏，他傳多有之。只如歐公上書，攻呂不應遣富文忠公使虜，詳見東坡所作《神道碑》，書今不傳。某初以爲過。何者？了國之事，富誠堪其任，何爲不薦？不然，須用不了事之人。此未足病呂。至於不使富公知國書意，至煩發緘歸换，是何用心？推是以觀，於范公何有哉？呂居仁傳歐公自誌、再三誌，子約實無親筆，縱有亦是歐公自悔前疏太過，欲自解於正獻兄弟，不須憑也。在政府詆言者，豈止營屋一端？要是責人責己自分兩塗，若能合此，則爲聖爲大賢，豈細事哉！從諫名書，既泛言章疏，何必因一二公遂匿其書也！往侍端明尚書，嘗見晏元獻與呂帖，痛詆歐公以解呂之怒。晏非真罵，乃呂深怒，欲爲調護。不知此帖尚在否？當時大率類此，

〔一〕輒：傅校本作「輙」。
〔二〕就：明澹生堂鈔本、四庫本作「熟」。
〔三〕屢：傅校本作「俱」。
〔四〕二：原作「一」，據明澹生堂鈔本、傅校本改。

可以意度。子約已傳歐公與蘇明允一帖尤僞。蓋明允初得歐公寄范碑已論此事，嘗贊其用心廣大，豈待後來！黄門《龍川志》記此甚詳，殊不及也。陳無己《談叢》多失輕信，頗類齊東野人語。今范集載祭呂文，自是先得遺書，乃用州郡禮致祭，初無感激自悔之詞。但考兩朝史諸臣傳則未嘗交歡，各爲國事，忠宣必得於過庭，豈忍誣其先人自墮不孝之域乎？縱筆及此，以代面晤。餘惟以時自愛，不宣。

某悚息拜問國太夫人壽祉增崇。今次慶禮，曾加封否？奉安輿還新第，何樂如之！眷集上下均慶。令子昆仲，未果别啓。小兒待贛闕，已過望矣。《内禪碑》并淳熙御書各納二本。内制偶爲太和士人傳，得院吏所録，要刊刻，俟成當納呈。其他自知不成語，未嘗收拾也。有所需，勿外。

張嗣留留父 慶元二年春

某頓首啓：一别六年，懷企不置。忽辱書翰，喜承履況集福。頃得新詩，許與過當，每切愧感。所示舊著〔二〕，自投贈楊誠齋至送郭敬夫凡六十九篇，宫商相宣，詞意俱高，珍藏篋笥，時一展玩，且逢人説項斯而已。汩汩度日，失於馳問，今知從同叔於吴門，賓主之勝，山川之美，恨無由奉陪笑語，臨風倍極黯然。許青陽止此，可惜。其子頗衆，能亢宗否？向暄，萬萬保愛。目疾，奉記草草，不宣。

劉伯深江 慶元二年

某頓首。辱示翰，欣審文履清康。報德堂小詩殊不成語，表而出之，祇切赧顔，軸子别寫去，但安福刻字全失真，如近日橋記、李登仕詩之類皆然。昨日陳太和誠之摹袁容來〔三〕，其刻字却可觀，謾往一本，可見也。《鑾坡紀録》又勤送示，至感。匠人却勝城中者。今有《玉蕊辨證》，就煩一手雕刻，蓋相識多來求本耳。桂山心地如佛菩薩，惜乎書尺禮數不爲垂後計，未敢題姓名，恐識者以爲非，他文則可，想喻此意。人還，匆匆占報，并有佛手、香佩之屬共三事，謾致後房。餘惟善愛，不宣。

永新張宰大正 慶元三年

某頓首。辱書，喜承起居萬福。邑無大小，其難等耳。易地未必諧，就如雅意，徒有往復之勞。謂宜暫束三《傳》於高閣，姑悉力以治民事。凡百虚心應之，使寬嚴適中，縱有扞格處，更且隱忍，美成在久，會當鑄頑成仁也。《楚詞考》已快讀上卷，辭意深遠，睎蹤古人。朱、趙二子文筆自可喜，何必他求？「落英」，舊嘗因《爾雅》謂俶、載、權輿、落皆訓初，遂比「訪予落止」、「楚子落章華臺」之類，疑爲初英。今左右連墜露而喻憔

〔二〕所示：原無，據四庫本補。
〔三〕陳太和：明澹生堂鈔本、傅校本作「太和陳」。

悴，則與華落色衰、桑之未落、不學將落之義相應，其理自長。近有臨汝薛慈儉云：屈子拳拳宗國，至以身殉，豈肯反取伍子胥之讎人？今觀所引伍子失家巷事，謂班固改易前疑，則薛言殆有證矣。其謂《傷往日》、《悲回風》二篇復如何？併録本去，願聞折衷。至如名平字原之訓釋，子椒、子蘭之比興，分析其章，辨明九數，不襲不鑿，自成一家，往往究王逸之遺餘，發靈均之秘奥〔一〕，諒非神交千古，豈易及此？然且概以中道，歎多言之數窮。又云《漢志》直曰賦二十五篇，後人乃僭名爲經，曰章句，曰傳，皆非是，未嘗執一偏之見而曲爲之説，用心可謂公矣。所著《音義》雖亡，尚可省記而補之否？某老病，不能出一語少贊盛美，姑以手書道謝。餘惟爲民自厚，不宣。

新湖北徐帳幹浩 慶元三年

某頓首。居幸鄰州，聞盛名之日舊矣。知與元晦、君舉、從之、茂獻諸公游，固宜尚友前哲，笑視老詩。雖欲强附，有所不敢。豈圖高誼，先枉手書，重以雜著數十篇，論事之高遠，發策之精詳，表啓之得體，詩詞之中律，譬如奇材異寶，森列横布，反覆誦味，拱揖不暇。至於《唐論》五篇，探端知緒，深切著明，尤得作者關鍵，而非尋常文人才士所能及也。則雖未識風度，而所謂看書道眼、驚坐英談，已在不肖耳目中矣。方當執熱，頓濯清風，其快孰禦哉！屬病倦，强捉筆爲謝，不審履况何如？尚阻晤語，萬萬保愛，不宣。

晁子與 慶元三年

某拜啓：間違歲月崢嶸，仰德爲勞。書翰遠臨，歷歷記舊事，殊不類踰八望九之人，知壽禄綿延未艾也。感荷以還，欣審履况集福，精於調攝。又傳文元之心要，此固某所敬畏，願請教而未遂者，反蒙垂記賤生，惠以三詩。筆力乃學道之餘事，施諸不肖則過矣。某後一星終而生，正坐叨竊過當，日敝精神於無用〔二〕，心悸足弱，目昏耳聵。往者不可追，來日復不知自勉，視吾兄賢愚相萬也。東昌里夢寐所不到，三復來示，又以太息。餘惟順令頤養，追配喬松。不宣。

某上問眷集均慶。元歸省元，未果專狀。小兒幸依仁，有以教督之，良幸。群從文采交映，南渡以來，鮮有故家文獻相承如盛族者，欽羡！元默想常通書，求薦難於登天，深恨不能致力也。有委勿外。

臨川葉季興 慶元三年

某頓首。辱十月二十八日書，論天人之難□〔三〕，明學問之大端，申以二詩，意深辭古，自非識度高明，蘊蓄閎富，安能及

〔一〕發：原作「登」，據明澹生堂鈔本、四庫本、傅校本改。
〔二〕日：明澹生堂鈔本、傅校本作「且」。
〔三〕難□：四庫本作「至理」。

此？竊窺雅度必欲與前哲並驅爭騖，豈但與近世文人才士相爲雄長而已！惟是自處太謙，施之不肖者太過，愧無以稱也。邇日凝寒，履況何似？向於小兒處得《瞽譚》一編，熟讀累日，敬服敬服！如謂武王樂舞，孔子明之；晏嬰近諛，孟子卑之；莊、列異端，差自毫釐；周、漢遷都，規模整暇；呂后稱制之由；東晉機會之失；景帝深刻，尚知文帝之寬厚；德宗昏庸，猶習太宗之納諫；申屠嘉未爲不學；李勣譎不可掩：譬之形過水鏡，妍醜畢見，物遇權衡，輕重無差。此貫穿古今，審思力究之功也。至於明言形勢不如德□之所出，足以彰博洽；收人才於科舉之外，足以觀議論。所恨相望數百里，老病無由面承緒言，大啓疑蔽。臨筆惟切馳企，謹謝。餘希保愛，不宣。

撫州張琚 慶元四年正月[一]

某頓首。前歲冬，嚴仲和過此，適曾祖母忌辰，初不知從者偕來。兹承華翰，感愧無已。初夏清和，喜承履況集福。長書詞義高古，甚非所稱，借喻乘槎，抑何謙也！詩文二百一篇，又雜著五首附別卷，連日快讀，如游清都，夜光黿采，照耀銀海。徐而審觀，則意之所至，言必隨之。種學績文，夫豈一日之功？凡前輩鉅公及近時名士，班班見於卷中，則足下平昔博約固有自來。《通鑑遺説》、《戰國策雜論》，發明昔人所未及，尤有益於後生。何時得奉談笑，聞所未聞？臨筆馳企，謹奉此爲謝。向暑，保重。不宣。

盧陵黃同 慶元四年

某頓首。昨荷垂顧，即惟文履清勝。示及《詩書詳説》，緣卷帙稍多，老眼昏花，緐閲費日，兹方能竟。大抵漢儒訓傳皆有傳授，語雖簡而意則長。至近世，諸公講論益詳，往往發明聖人之道，其有補於學者甚大。然譬之海焉，愈測愈深，亦曰仁者見之謂之仁，智者見之謂之智而已。今足下二經既不背先儒之言，又能參以衆説，其用力勤，其存心善。持此誨人，足以祛未達；施諸決科，直反掌之易耳。元本奉還，略此爲謝。不宣。

劉三退 慶元五年

某頓首。蚤勤寵顧，惠以長牋及《和陵陽》二詩，歎服無斁。丁未歲惡札，讀之汗顔，當時不能爲地，今復何云？相國帖幸得三復。昔者周旋如此，今兹豈止老商之眄而已。昭州歐陽簽判昨日携冬官書來，輒以回字浼從人。有如令子，涵養紀，決登高第。鄉里自有李寶之、郭叔敬，近事足繼，何必他求？不宣。

管球 慶元五年二月

某頓首。適勤訪別，至感。移刻起居何如？長書、四詩，三

[一] 正月：明澹生堂鈔本、四庫本作「四月」。

復欽歎。令祖朝奉躬有賢德，克備五福，子孫衆多，親朋徧於鄉閭，無故八年未葬，其説安在？足下切切以貧爲言，當折衷於禮經。夫子不云乎：「稱家之有亡。苟亡矣，斂首足形，還葬，縣棺而封〔二〕，人豈有非之者哉？」既以是告子游矣，子路又問：「傷哉貧也，死無以爲禮。」復告以稱其財之謂禮。今捨此不圖於親且舊之間，而望郭元振、范忠宣於他鄉，不亦過乎？老病無緣留款，十千聊助旅費。餘希善愛，不宣。

萬邁子德　慶元五年

某頓首。疊勤相過，至感。春和，起居佳勝。《平園賦》願席之正，憎几之曲，履道之直，取屨之方，其於治也，挈矩已得其要，然後馳騁歷代，周遊四方，反乎一鄉之中。凡措意遣詞，悉有條理，而又協韻在助語之上，合於律度。傳言「登高能賦，可爲大夫」，進而不已，一第直相恩爾。雖然，既爲僕設，未免溢美，將出以示人，恐貽《子虛》亡是公言過其實之誚。抑而弗揚，則擲地爲金聲，無自而發。二者未知所處，足下其重教之。不宣。

王千遇希尹　慶元五年三月

某頓首。疊勤寵訪，病倦不能延款。春暄，想惟旅食佳勝。寵示長牋及北遊古律詩賦一編，文從字順，有意前修，體物叙事，略無滯澀之態。自非學殖富，筆力高，安能至是？宜乎艮齋、誠齋稱道於前，四方士大夫交譽於後。若僕者老退明農，舊學荒廢，既無萬間可以庇子之貧，又無一字可以揚子之善，惟愧且感，不知所云。謹奉此爲謝〔三〕，不宣。

曾無愧　慶元六年

某拜啓：比荷垂顧，以能教不能，迄今有味盛作也。別後未果奉記，辱書，喜承履況清安。某今年五月四日火星入限，與當生月孛相值，對照命宮，往來留逆，歲莫乃退，每以爲懼。是日遂覺感冒，畏風伏枕，何其神也！諭及忉利之説，出洪覺範《高僧傳》，臨川有本。近太和刻《墨池閣記》，謾納二本，其一煩送無疑。屬病中，占吏草草。餘惟珍愛。不宣。

江州趙倅彥檔　慶元六年夏

某拜啓：比以書附譚司理人，何爲未達？兹辱翰示，欣審台候集福。禱雨喜遂感應，不後時否？《忠節録》幸得拭目，但愧序文不稱耳。告詞何故於具位姓名之下添「制曰」二字？莫是當時告院吏人差誤？或日曆所書如此耶？即印當時真本，又不應爾，要當除去爲佳。某自端五後抱病，迄今未全愈，占復草率。所幾爲時珍愛，佇膺環召。不宣。

〔二〕縣：明澹生堂鈔本、四庫本作「下」。
〔三〕奉此爲：原無，據明澹生堂鈔本、傅校本補。

太和卓宰洵 慶元六年

某拜啓：霜寒，恭惟政成俟代，尊候萬福。冰翁神道碑久已相諾，只候從者入城面納。今新宰既到，不免扶病類次。但《行狀》中前後除授多無年月，如任禮侍同知貢舉乃淳熙八年，某在榻前進呈，尚記曲折，今《行狀》却與權吏書並作十一年，皆差三年。又恐老諄所記不審，未知有鄭丈脚色否？然此事鄭丈出守在十年二月，契勘得却子細。謂如自權檢正移大理，今直書曲折。湖南憲避諫官，豈非林居仁乎？漕是司馬否？今皆潛其姓名矣，歲月則不可無。尋常憚於執筆，正爲不敢鹵莽耳。餘冀保愛，即對召擢。不宣。

汪提幹端中 嘉泰元年

某拜啓：天氣漸熱，恭惟執喪盡禮，體力支裕。某往從南豐令親處傳尚書劄翰〔一〕，嘗丁寧遇便相報，欲致酬答。繼傳遺表已上，不勝悲駭。去夏卧病涉秋〔二〕，平地一跌，幾至委頓，歲莫乃甦。方圖訪便致唁，而專介寵況翰墨，三復感懷，重以怍赧。尚書厚德真才，雖享遐壽〔三〕，士論猶恨不大用且百年也，發揚潛德，義不容辭。恨衰病非兩年前比，文思益落，又方貶秩，正此省愆，全不成語，姑用翰林所書行實及參以別册綴緝納上。龍曾事某固身受其害，然不欲書者，投鼠忌器，蓋有深意；不然明主用人，豈渠輩所能與乎？惡札不敢辭，正恐尚有合商量處，且未知石大小，須俟來命。若篆額，則如陳紫薇茲可就委，只欲知借誰階，然後併寫。道遠不煩專介，只送臨安舊吏秘書省雜務張成忠思恭，常有便介，頗速也。餘冀自重〔四〕，不宣。

余知縣 嘉泰元年

某頓首啓：慰禮如右。霜冷，緬惟孝履支持。先丞相盛德偉望，中外皆期再相，起鎮乃其漸也，不謂遂棄斯世。殄瘁之悲，士大夫所同。某比收道中所答鈞翰，方俟開藩，嗣布區區，則已無及。追惟淳熙同朝之好，悵恨可知〔五〕。適衰病閑退，無人可以探伺，不獲一走宜春、臨江之間迎候池翣，慚恨無已。今遣私僕遠致奠儀，文固不工，其叙大理一節，他人未必知也。襄奉在何時？願言節哀自厚〔六〕。不宣。

某拜問國夫人，欽想玉體安裕。昆仲學士，未果一一奉狀。劉公實侍郎必相見，望再三致意，實緣病倦，久不通問，非作疎也。

〔一〕往：原無，據傅校本補。
〔二〕「去」上，明澹生堂鈔本有「屬」字。
〔三〕享：明澹生堂鈔本、四庫本作「高」。
〔四〕「自重」上，明澹生堂鈔本有「節哀」二字。
〔五〕悵恨：原作「悵悵」，據明澹生堂鈔本、四庫本改。
〔六〕厚：明澹生堂鈔本作「重」。

廬陵趙宰汝厦 嘉泰二年

某拜啓：辱手帖，喜承德履清勝。誠齋二帖極荷寵教，更欲老誇一言，執謙過矣。古人學力唯臨民然後見，故以夫子之聖，猶宰中都；而其高弟以治邑稱於《論語》者，不一而足。及子路使子羔爲費宰，則曰：「賊夫人之子。」是豈學政之謂乎〔一〕。明府洗印未久，而吏畏民愛，治效已著，三年有成，又當如何？此無他，昔者學優而仕，今復仕優則學，真得聖人之遺意矣。即墨萬家之封，行有誦留滯周南者，謹拭目以俟，尚惟勉旃。不宣。

吉水王宰中純 嘉泰二年夏

某拜啓：比幸晤言，既别傾向。辱惠翰，欣審鳴琴化俗，坐膺多祉。繼美政〔二〕，省力爲多。况高明豈弟自足鑄頑成仁，曾未五月，治聲已藹然，可爲百里慶也。前郡委蘭溪曾三異修治境圖志，補昔日之疏略，必須得寺觀碑刻之類子細考證。私家既不能辦，若從官司，則雖小事亦未免行移擾人，不然以非急務忽之。若於政事餘閒能遣一介招曾君相見，與之面議，庶幾有成。其人自是佳客，非鹿鹿者比也。蓴菜分惠，至感。匆匆姑此叙謝，餘冀爲民珍厚。不宣。

〔一〕學政：原作「政學」，據明澹生堂鈔本、四庫本乙。
〔二〕美政：明澹生堂鈔本、傅校本作「弊政」，四庫本作「奭政」。

廬陵周益國文忠公集卷一八九

書稿卷四

劄子 一

賀王德言兼玉牒修書官 紹興二十六年

伏審某官榮拜芝函，兼修皇統，恭惟慶慰。竊以三格之書，列聖攸重，非特推洪源之濬發，紀銀潢之派别而已。凡聖謨睿德，殊勳偉績，悉繫大手，登載本末。蓋不如此不足以鏤白玉之牒〔一〕，秘金匱之藏，傳無窮、施罔極也。今主上隆儒復古，益崇盛典，而先生瓌詞奥學，獨被選除。用既值才，辭必稱事。策勳翰墨，行秉政機，慶牘之馳，當繼今而往矣。言非佞妄，惟台慈孚察，幸甚。

爲舅氏求湯丞相舉狀 紹興三十一年

某幸得以庸瑣之才，蒙特達之知，拔從奥渫，服在朝路。重施不報，日夜慚負於心，誠不宜自列私情，抵冒執事者之誅。然念古之君子所以事知己者，猶子弟之事其父兄也。有懷不盡，是爲隱欺。深惟此誼，輒抒情素。某聞子犯請亡，重耳投璧；韓伯還都，商浩興歎。蓋外家者己所自出，因親之愛繫焉。恩意一薄，非所以厚風俗也。伏見舅氏右從政郎王符年十六受官，二十而入仕。今六十矣，猶皇皇於選調。身賤地遠，無當路者爲之知；守常抱義，無游談者助之説。分於聖代，没齒無聞。今值先生以宗工大臣薦士於公車，某誠哀外王父某少以儒術起家，簪筆持橐事徽宗皇帝十有餘年，出藩入從，見謂名臣，顧其後寖微，僅存一子，而闉阨不振如此。又竊自悲生而不天，早失三遷之教，每讀經傳至康公之念渭陽，魏舒之顯甯氏，輒流涕横臆，不能自止。故今敢以舅符姓名冒言之，庶幾昔人萬分之一。伏惟念受知之深，察甥舅之情，軫湮墜之緒，憫孤露之故，俯而從之，爲賜大矣。若乃德之未酬而反有求焉，罪一；冗賤羈單而公府是干，罪二；言詞猥并而視聽是勤，罪三。誅之宜也，貫之幸也，惟先生命焉。

謝湯丞相

悃愊冒陳，罪應萬坐；緘縢俯逮，言訂千金。屈公相之先容，伸甥舅之私志。深仁易感，厚幸難名。蕞爾肺膺，豈足貯丘山之賜；悉其精力，或能圖犬馬之酬。

〔一〕此：明澹生堂鈔本、傳校本作「是」。

汪聖錫尚書應辰 紹興三十一年

某自侍郎復留，雖嘗到門下而不獲瞻望，悚懼無已。即辰恭惟台候動止萬福。諸將失淮保江，固非得已。然江陰、常熟一葦可杭，今昇、潤之兵既不可分，而召募又難遽集，此搢紳日夜以爲慮者。某竊謂惟有令張和公守平江兼沿江制置使一策耳。府募一開〔一〕，應募之兵旬日間可得數萬，此外殊無策也〔二〕。某久欲告之丞相，恐疏賤不能取信，故以告侍郎及夏官陳公，倘以爲然，願力白丞相言於上而行之。況自連帥易方州不爲進越，以符竹當一隅無預他事，想丞相不以爲難，主上不以爲疑。然今已晚矣，惟侍郎速圖之。或以洪書在彼，重於移易，則召還班有何不可？不知台意以爲如何？泥雨乏人，不得躬詣台屏，無任惶恐之至。

又 隆興元年

某比奉七月誨答，感激無已。旋聞榮被上恩，進班廣内，非特循用故事，實欲褒表治功也。是宜占詞，少致賀慶，而自浪迹山林，書牘例從闊略，以自墮於簡慢之域，亦惟知遇度越常情，恃以不恐耳。即日恭惟政化以成，坐嘯餘暇，台候動止萬福。僧院湖田等遂如舊制，仁言之利溥矣。以此知朝廷舉事初亦何心，一以爲可而行之，及知其有害則又寢之，持議者當審思於其始〔三〕，而有位者不惜極論於其後耳。北方眷眷講解，雖曰詭秘難測，然揆之以事，亦可略見。若我不爲自弊之計，圖實利，遠浮辭，雖恢復可也。侍郎以爲如何？徑山遂超然宗門，豈復見斯人乎？聞有川顏者住東林〔四〕，其高弟也，然亦老病矣，識之否？某平生無寸長，獨以嬾，故極能居閑。所居去城二十里，太守一兩月一見之，其餘過從亦不乏。然退之每患學者不知從師，而其求友乃至哀歌於市，顧常以此自愧。雖然，奮乎百世之下，猶得聖人之傳，今豈無人哉？而某無以自致也。何時得見〔五〕，慰此孤陋？霜寒，伏乞爲廟朝自重。

某惶恐再拜上問大門寶眷，恭想福祥駢介。近於郡人處見《六一奏議》，云侍郎宅本也，不知十四卷皆備否？明白忠款而無迂闊之論，謂宜刻板，使士大夫皆見之，不審台意以爲然否？或令筆吏録草，當爲懇宣子舍人亦可。郡人所録止數卷耳。

又 隆興二年

某去冬嘗具狀爲次對之慶，委廬陵高仁知縣付鄉僕林七，亦頗詳悉，不謂其浮沉也。專使伏枉誨帖，勤懇千萬。恭審以經濟大才歛惠一道，民兵按堵，台候動止萬福，下情感慰，不可具言。竊聞揆路力請錫還，璽書想在旦夕，清源正本，捨門下尚誰望哉！大要今日之虜初不足畏，患吾規模不定耳。晉之服楚，吴

〔一〕府募：傅校本作「幕府」。
〔二〕殊：明澹生堂鈔本、傅校本作「殆」。
〔三〕審：原無，據明澹生堂鈔本、四庫本補。
〔四〕住：原作「往」，據明澹生堂鈔本、四庫本改。
〔五〕得：明澹生堂鈔本、四庫本作「侍」。

之謀越，施設先後皆可歲月計。譬如農工日耘日見[一]，治病日藥日輕，非嘗試而幸中也。楚漢、魏蜀所以相周旋者百方，而韓信將壇之計，諸葛亮草廬所陳，始終不渝，豈視敵之堅脆愚智而徐圖之哉？至於同舟而情意不通，殆以惑毀譽、擇利害太過，故謾言謾應者多耳。夫解疑辨惑，拾遺補闕，誠藉衆論。若乃決大策於帷幄之中，出獨見於疑似之表，當有任其責者。使他人言而我行之，其不首尾衡決者幾希。蓋弈者當局，固患乎迷；雖然，百人指之，則一是一非，一東一西，機洩而勢亂，秋亦敗矣。況朝夕自弊，所憂非特顓臾也。侍郎以爲如何？辱知遇異甚，信筆及此，狂率可罪。國器過此，共飯於西峰，觀塔院留題，相與懷仰久之。亦云敦立頗憔悴，殆不堪三折肱耳。

張允蹈直閣 乾道四年

某伏見伊川先生爲其父作《家傳》云：遇士人與父同年者，無賢愚高下必拜之。夫齒與父同，愚下猶拜，況賢而高者乎？拜且不憚，況敢居其上坐乎？恭惟某官與先人同生於壬申，德賢而位高。今者偶獲侍食，若使忘古人必拜之誼，廢孟子達尊之禮，雖欲成執事者之謙，在某將何説以自處？不敢費詞以瀆清聽，謹具劄子陳稟，伏惟矜從，幸甚。不然，當再拜避席矣。

魏南夫丞相杞 乾道七年

某伏以秋有餘暑，恭惟判府大觀文相公鎮臨雅俗，神人交贊，鈞候動止萬福。某未由跪履，敢乞崇護粹和，上承注意，即歸廊廟，永福寰海。

某違去熒煌之坐倏焉許久，爲中都官日困緒使，欲斯須閑不可得，以是依鄉道德雖切，而竿牘之敬缺然不修。相公河海之量固無所不容，在某内省，寧不汗顔？今茲以後時之過自歸，奚敢文飾？尚乞鈞念。

某仰惟相公秉哲迪義，爲時儒宗。釋政以來，天下日望復相。典藩近甸，上意固自可見。况惟慈惠之政冠於諸道，人爲三公，在他人猶用漢制，則夫鈞衡之舊又可知矣。班迎在即，不勝欣企之至。

某迂愚不肖，踰年三館，日負素餐之愧。方且襆被俟汰，忽蒙上恩晉擢，大懼過分。念非相公疇昔力賜埏埴推輓，亦何以及此？朝謝纔累日，恰欲裁啓，少叙感悰，而鈞慈俯念一日之雅，不以大臣自居，先賜緘翰。三復以還，慚汗浹體。尚望察其非簡，恕其不逮，庶幾他日猶可進謝於門下。臨筆皇恐之至。

某皇恐僭易申問閫府鈞眷，伏想具膺榮禄。冷泉荷崇珍餉，下拜知感。往年味失之大醇，今遂爲浙西第一。昔人以此占郡政，信不誣也。臨安凡有委使，悉願效力。

王公明樞使炎 乾道七年

某竊以仲冬之月，寒色凝嚴，恭惟某官任重鈞衡，威加夷

[一] 工：明澹生堂鈔本、四庫本作「功」。

夏，神明所相，鈞候動止萬福。某末由瞻侍，敢乞上體注意，調適茵鼎，即正左揆，永爲宗社無窮之休。某卑情不勝頌望。

某乃者僭具尺牘，方虞草率獲戾，豈謂鈞慈復賜寵答，禮意過謙，甚非么麽之所宜得，一味慚懼感激而已。茲望行府邈在梁益，未容陪賓客之後，窺衮繡之光。伏紙遡風，勞思增劇〔一〕。

某恭審讀命於廷，延登公輔。雖宣威西土，尚勤元老，而台路星階，已正久虛之位，仰惟懽慶。相公以名世真儒，應五百年之亨會，贊元經體，固其素蘊。至於措天下於泰山之安，舉明主於三代之隆，中外士夫，維日望之。某素辱知愛〔二〕，方依陶冶，其爲欣躍，實倍蓰於他人。伏乞鈞亮。

某備數於朝，了無毫髪之補。昨叨晉陟之後，愈踧踖不自安，日襆被爲去計，以是姓名久不暇通於鈞座，而此心拳拳則未嘗斯須忘也。茲因郵傳，略寓賀牘。比他人既後時，又不能修雙緘見誠意，疊犯不韙，惟相公以河海之量矜而容之，他日尚容曳裾東閣。不然，雖擢髪莫數其罪矣。併乞鈞念。

又 淳熙元年

某伏以秋陽益熾，恭惟宮使大觀文相公德望愈隆，神天密護，鈞候動止萬福。當二府更易之際，人人皆望相公霈霖雨於寰海，諒已應高宗之夢，協渭濱之卜。敢乞珍衛沖理，導迎龐禧，竦聽制麻，首獻得賢之頌。某乃者嘗修牋敬，審關鈞覽。茲準告命，寓直館殿。匿瑕含垢，固出上恩，向非元老大臣甄陶士類，初不以内外爲間，則如么麽豈容得此？引領潭府，纔數百里，既未能一干賓贊，躬述謝悃，又不敢別修緘啓以慁鈞重，姑此叙感激之萬一，伏乞鈞照。

又 淳熙二年

某伏以孟冬之月，寒色尚峭，恭惟判府安撫大觀文相公開藩有俶，威惠交孚，神相人詠，鈞候動止萬福。某末由趨侍，向風不勝馳戀。敢乞上爲宗祏，俯爲軍民，倍保鈞重，即登宰席，以迄勳業，慰華夷之望。

某自違熒坐，歲籥屢更。北望門墻，一葦可通，而屏迹畎壥，邈無叩閤之路。茲聞衮繡起鎮長沙，道出清江，而某適祗命造朝，意謂可以望塵雅拜，而跛鼈踸踔〔三〕，自致後時。正如神山在眼，風引其舟，徒瞻雲氣，爲之悵恨。雖然，四海方仰膏澤，豈不以一見爲幸甚。

某恭審相公簡在宸衷，起膺閫寄，不待稱娖，即日引道。惟聖主圖舊之意蓋非偶然，而大臣體國之心可謂至矣。今已開幕府〔四〕，布宣上德〔五〕，諒席未及暖，麻制已宣，正位元台，力圖恢復。此固天下所共屬望，非匹夫所敢諛也。

某伏蒙鈞慈專介賜書，寵示先太師遺事與夫沉刻之副，使得

〔一〕思：原作「吝」，據四庫本改。
〔二〕某：原無，據明澹生堂鈔本補。
〔三〕踸：原作「跉」，據明澹生堂鈔本、四庫本改。
〔四〕「今」上，明澹生堂鈔本、四庫本有「計」字。
〔五〕布：原無，據明澹生堂鈔本、四庫本、傅校本補。

竭其駑鈍，論次大略。惟先太師忠節行誼表表在人耳目，相公豐功偉績顯揚未艾，自當有請於朝，詔儒臣學士大書特書，於以傳信。如某淺於學而腐於文〔一〕，豈能鋪張潛德之萬一，以副相公念親追遠之孝？然念辱知愛異乎稠人，鈞命所臨，安敢辭避？不知容俟蹤跡稍定，然後卒課否？匆匆，先此復大況，餘續具稟。伏乞鈞照。

又

某昨蒙鈞慈賜之翰墨，初冀面伸謝悃，即與急足同舟而下。逮阻望履，亟修稟劄，欲遣行間，張守處又領手教一通，重以脯腊果實爲賜。雖大臣不忘微賤，眷遇每加，而某自省稽緩失禮之罪，擢髮奚數？尚望融明燭物，察其非故，庶幾他日猶可自比於賓客之後。不然，在棄絶之域審矣，惶恐惶恐！相公此行恐不止方面重寄，以相印而督師，固有次第。蓋天以大任屬我，則亦宜以天下之重自任。東山之興，當墮渺茫，向來佚老堂惡語殆成詩讖矣。

張侍郎運　乾道七年

某竊以霜冬微凜，共惟某官均佚珍臺，神相耆哲，台候動止萬福。更乞與時順序，加意調攝。大政所咨，捨門下將焉往？瞻祝瞻祝！某違去德誼之日久矣。頃者村居，猶得承問興寢。朅來行都，才智短淺，趣了目前，略無暇時。故雖依鄉愈切，而尺紙竟未能至。隱之於心，固所甚怍；揆之以理，亦宜得棄絶於長者矣。今茲謙厚過人，先賜書翰，抑不知惇念疇昔，眷眷晚輩，不計常禮耶，將有以愧之也？臨文自訟，悚惕無已，惟高明終亮之，幸甚。

某竊惟儒林宿望、甘泉先進有如老先生者，今代無幾。袖手奉祠，閱天下事益熟矣。起之林泉之間，延寘廟堂之上，必將鎮浮厚俗，折衝綏遠，如古人之爲，豈直計區區功利而已！衆論所期，輒私布之。指廩盛舉〔二〕，中外尤所嘆服。使士大夫悉如斯，豈不轉凶年爲樂歲乎！璽書既下，足垂光簡册矣，多賀多賀！

劉共父樞密　乾道九年〔四〕

某向來奉職無狀，投閑八年，百念灰冷，甘爲農圃。上恩扠拭〔三〕，洊冒華貫，省循踰分，夙夜不自安。顧非大雅老成陰爲道地，則亦未易及此。然既賴吹噓之賜矣，盍有以教督之，使免大戾乎？終惠之請，不勝懇切。

某竊以餞臈迎春，恭惟判府安撫大資樞密甫膺宸渥，將對延英，神人懽贊，鈞候動止萬福。更乞厚輔茵鼎，致和宣滯，副聖上虛左之懷，慰百官班迎之望。某不勝懇懇。

〔一〕腐：傅校本作「庯」。
〔二〕指廩：傅校本作「捐廉」。按，據文意似當作「捐廩」，謂捐獻廩穀。
〔三〕扠：四庫本作「拔」。
〔四〕九年：明澹生堂鈔本、四庫本作「八年」。

某夏間率爾修箋敬，退惟不韙，日虞棄絶。敢謂鈞明洞照肺肝，手書酬答，意愛周備。江海之量固無所不容，顧小子豈足以當厚賜，凛乎不知所措也。

某恭審制書誕布，帥鉞重頒。秘殿隆名，益昭異數。樞密三年銜恤，屢詔而請益堅，忠孝兩全，近古未有。祥琴既御，當正元台。意者上慮衮舄來遲，故先開鉅屏，式遄入覲，以示不可辭之指。不然，長沙舊游，非所以煩經綸手也。

某屏迹江鄉，粗適野性，日佇樞密均膏澤於天下，庶安田里，遂擊壤之樂，餘無所冀也。久欲馳候鈞重而患無便，偶前靖守李朝散專介至府第，因得附致尺牘，惟鈞慈恕其簡率，幸甚。

又 淳熙元年

某竊以秋陽熾甚，恭惟樞院覲圭載路，宰柄將持，神人欣贊，鈞候動止萬福。某密瞻行府，無由進干賓贊，拳拳之心何翅繫馬而止？敢乞體上注意，副民具瞻，觀頤自養，益介緐祉。濟川作霖，斯翹首以俟之耳。

某屬者人還，嘗具稟札控叙謝臆，計關鈞覽。兹聞帝眷舊德，趣頒召音。當元台虚位之時，思良弼沃心之效，計已涓吉告於大廷，盛事盛事！今歲秋熱異常，雖大臣許國，不以暑行爲憚，然徒御跋涉，亦云勞矣。因顔路分拜道左，附此少伸依鄉，伏乞鈞察。

又 淳熙元年

某竊以秋律過中，天氣清肅，恭惟判府安撫大資政樞密威惠交孚，百職畏慕，顯膺天助，鈞候動止萬福。某引脰賓階，邈未有侍見之便，惟是依鄉形於寤寐。敢乞惠迪時序，保調寢饔，佇開延英，以相舊弼。某不勝拳拳之禱。

某七月初聞有庚牌過湘中，士大夫賢不肖皆謂衮舄旋歸〔二〕，平治有日。適顔路分過宜春迎候，附尺牘，少叙欣戀之意。久之乃未聞稱娖，甚鬱輿論，得非上念湖湘寄委隆重，弄印莫畀，故藉碩望少蘇疲甿乎？丁漕徙京西，眷倚亦可見矣。雖然，先一道後天下，似終未安。上方察萬民之情，而置相揚廷，當在旦夕，非某敢爲佞語也。

又 淳熙二年

某竊以青陽開動，萬物棣通，恭惟判府安撫留守大資政樞密年德加新，神人頌詠，鈞候動止萬福。相位虚席已久，都人屢傳衮歸，蓋人望所在，有不期然而然者。人心即是天意，爰立之命隨新眷而下無疑也。更乞上體倚注，益調寢膳，以荅中外之心，幸甚。

某伏領誨筆，仰諗鈞慈眷與之厚，下情感激。去冬之旱，所

〔二〕大：明澹生堂鈔本、四庫本無。

在皆然。金陵會府，百物之價反平，此非經綸之效與？日後此間再得一雪，然殊未濟事，嗣歲將如之何？胡丈遇嬴博之戚，其何以堪？樞密數過存之〔一〕，且爲辦舟楫行李之屬，無所不用其至，此惠如丘山矣。前日爲其次子求一差出，省部及本路皆難之，最後干陳能之，乃爲出檄，因知慷慨成人者未易多得也。近有旨檢舉所積磨勘，而太上龍飛，據恩報亦當遷秩〔二〕，似欲少慰其意耳。特蒙鈞翰，不覺覼縷，皇恐皇恐！

胡邦衡侍郎銓 乾道八年

某密瞻香城，幸不爲官守所繫，而經時不到長者之門，其罪大矣，未論渴仰也。冬候晏温，恭惟台體起居萬福。一陽又將來復，端誠小語，恍如夢事，洞巖相從，尚踐此言，因以面致道長崗歸之慶也。爲甚酥一槃〔三〕，敬侑壽觴。燕俎豈乏此，亦以尋舊盟耳，皇恐皇恐！

又 乾道八年

某竊以餞臈迎春，雪餘寒勁，恭惟宮使侍讀閣學侍郎契丈將奉詔除，神人欣相，台候動止萬福。青陽動陸，君子泰征之時。當軸秉鈞，燮調元化，理有必至，奚待頌禱？嘗以五行家説參之，壬午辛卯得癸巳而貴全，其大拜機會也，多賀多賀！地黄條稍脆，輒修故事。來歲玆辰，隱顯相望，願致此饋，其何可得？雖然，口脂面藥拜賜九霄，猶望分銀罌之餘瀝也。

又 乾道八年

某竊聞下帷著書，不敢時爲安昌客。心馳誨色，晨夕以之。方遣介具記，忽紆真帖，敬審台候動止萬福，下情慰甚。閩荔頻拜珍賜，亟同如丹之酒，薦諸屏攝。白糖薄少，姑實來奩，雖不足奉墮玉船之懽，亦可助調金鼎之味，當未以輕觸過督之也。新元善頌，已列前緘，伏乞台察。

又 乾道八年〔四〕

某竊以霜風清厲，恭惟宮使侍讀閣學侍郎契丈盛德所居，自天垂祐，台候動止萬福。某違離左右，忽焉累旬。雖在旅瑣，不忘慕向。玆審稍還議郎之秩，雖再期而叙，具存成憲，然非九重眷注，固有寢而弗下者。郊禋密邇，又當申命。側聞治舟檥爲秣陵之行，伏計道拜嚴召，遂登黄闥，豈止復青氈而已，多賀！某過樟鎮而心氣大作，不免再上祠請，稽留詔命。經涉八月，似聞朝廷有語，勢應譴謫，度月末可以得報。季真夕拜，必已聞之。方務德緣武憲窘其多差攝局求致仕，遂進閣學士奉祠歸嘉禾，前

〔一〕「樞」上，明澹生堂鈔本、四庫本有「聞」字。
〔二〕據恩報：明澹生堂鈔本作「榜恩數」。
〔三〕此句明澹生堂鈔本、四庫本作「爲湛酥一槩槃」。按「爲甚酥」，酥名，其典出蘇東坡，見周紫芝《竹坡詩話》。
〔四〕八年：明澹生堂鈔本、四庫本作「九年」。

所傳非是。王日嚴却仙去，又有客云嘉叟六月間夢與王龜齡論詩，次日賦一篇，皆嘆世之語，焚之祠堂，龜齡守泉，故有生祠。俄暴下而卒。異事因便具禀，不盡所懷。向寒，乞順令珍攝，以輅宸渥。寶氣迎謁，今且驗矣。

尤延之侍郎袤 乾道八年

某竊以臘寒方勁，恭惟國史大著郎中台候動止萬福。昨於沈教授便人處領台翰，感慰無已。屏居念咎，不敢數通於公書，必蒙深炤。大著名譽日起，新春當右遷，此縉紳所共期，非私禱也。委諭補發沈章，謹如所戒，旦夕送贛州矣。李兄更旬餘須到家，每書必言眷遇教誨之勤，而尚氏子得免狼狽，此惠何可忘也！似之闕在何時？向得書欲遺報，而不知留永嘉或歸閩，遂因循至今。因風賜諭至懇。有童子李如圭者，入都應舉，力求司業林丈、禮部蕭丈書。細思司業是主司，不可先謁，第令略詣門下，非敢有所求，只是遠方寒士恐催趲文字，假借使令，或以干聽。鄉人奉常楊丞亦須面禀也。正阻参近，切幾爲國保重。

又 淳熙八年

某遞中辱公劄，諭及十三縣第四、第五等殘零苗米，緣當時各已指定災傷去處，如興國軍嘗劄下矣。此外十邑，版曹恐並緣災傷，官物皆減放，故不肯蠲免。若使司取見米數那融代輸，計不過三二千石耳。前年錢漕倚閣小户米亦止數千户，而干涉人家極衆，昨展至今秋輸納。二丈仁心素著，倘於此二項垂意焉，其利溥矣。僭言知罪。

又 淳熙十年

某竊以秋氣漸清，恭惟提刑敷文吏部台候動止萬福。特辱書況，不勝感慰。微恙不必深治，但胸次稍寧，勿藥而瘳矣。欲閑久已相諒，屢言之集賢，昨既屈令相見，曲折必自馳禀。夏秋之交，旱勢可畏。上念仍歲祈禱後時，凡百先事爲備。一念通天，遂得中熟，豈偶然哉？豪右圍田滋不可制，其害殊未艾，度非賢明有立之監司守令，而朝廷悉力助之，不能回也。宜春兄百日内已葬，過蒙遣介致奠，豈勝悲感！指期晤言，更均馳系，願言加意保攝，來承天寵。

某悚息拜問台閫眷集，想惟上下均慶。惠叔行計如何？且攢其婦寺中，與兒女偕來，免使汪夫人遠涉，有何不可也？委令幸預垂示。

又 紹熙三年

某時獲通問，足慰啓仰。鄒浩事曲折頗多，曲不在彼，難用中國法治之。若止編管來長沙爲便，又恐已施行，輒謾言之。某丐祠度須遂請，病悴望歸甚切。平生故人，今日所望惟全其晚節耳，至懇至懇！他未暇及，敢冀台察。

廬陵周益國文忠公集卷一九〇

書稿卷五

劄子 二

梁叔子丞相 乾道九年

某伏以春序暄和，恭惟大丞相格天業茂，及物功深，神明翊贊，鈞候動止萬福。某一去材館，坐踰歲律。身在鈞播而姓名不獲自通，則以負罪至深，屏迹田野，勢難以書僭干記府。仰惟鈞明無所不燭，必賜矜亮。逖瞻台路，趨侍無階，伏紙遡風，拳拳滋劇。敢乞上爲宗社〔一〕，俯爲華戎，倍調鼎食，永佐聖主以隆太平之業。某不勝懇禱。

某么麼無取〔二〕，重以早衰多病，冥心宦路久矣。向蒙相公力賜陶冶，拔置周行，黽勉一年有半，求去之言無日不關鈞聽，此固相公所深知者。去春名以罪逐，實遂素志。杜門省譽外，更無他念，雖槁死山林，亦所甘心焉。忽聞與郡，震駭無地，便欲控免，而秩卑正礙近制。猶謂闕期稍遠，可以徐自爲計，今復被旨趣上，進退失據，莫知所裁。蓋某事體與王廬州迥然不同，豈待煩瀆，相公固已洞見。且某向來狂率出於不思，優與外祠，朝廷不爲無恩。今樞府既不過責，又從而薦之，此大臣之公心也。恕其罪戾〔三〕，畀以潛藩，此聖上之寬仁、相公之造化也，在某分義則有難處者矣。使其不病猶不敢當，況比來心氣之疾日甚，方寸昏亂，觸事謬戾，而又風濕乘之，四體弗彊。倘冒膺郡寄，將來不止如任守癃老廢事，其顛頓狼狽殆有甚焉。已具狀再乞宮祠，望相公念出入門墻之舊，少加憐憫，俾如所欲。不然，遷延不能即路，懇請至於再三，勢須獲罪。某固不敢自愛，深恐非君相起廢之本意也。況薦章已自報行，中外士大夫下至閭閻畎畝皆知其爲盛舉。今某自以病不能堪，而非相公之不用，斯亦可無嫌矣。不勝慺慺之情，拙訥莫能殫叙，惟相公擴大惠而軫納溝之念，不勝幸甚。

又 乾道九年

某伏以炎蒸在序，恭惟大丞相感會三辰，昭明百度，神天顯相，鈞候動止萬福。某屬者不量進越，輒修尺牘，仰慁黄閣，日俟不韙之誅。乃蒙鈞慈手書賜答，禮均匹敵，意重嵩岱。雖大臣不忘微賤，自足以厚風俗，特某不肖，無以當之，不知懦衷之激昂也。無由趨謝，徒切依歸，敢乞副萬方望治之心，謹四序節宣之道，益綏純嘏，坐致太平。某下情無任頌詠之至。

某比殫情悃，仰瀆大鈞，乞還左符，仍食祠禄。伏蒙相公察

〔一〕社：四庫本作「祏」，明澹生堂鈔本作「祐」，蓋亦「祏」之形誤。
〔二〕「取」上，四庫本有「足」字。
〔三〕恕：明澹生堂鈔本作「貫」。

其至誠，特與敷奏。初謂必獲如欲，今乃被不允之命。蓋聖上俯憐藎品，既已予郡，不欲使一請遽遂。伏惟此恩，何以報塞？使某稍可勉强，敢不扶疾祗拜？况莫温州已去，尤不當立異取譏，實緣病悴有加，自度不勝繁劇。與其獲罪於他日，孰若知止於兹時？窘迫之狀已具申都省，並無一語欺罔。伏望某官念門闌舊物，擴甄冶大惠，早與將上，力賜奏陳，亟降俞旨[一]，以安愚分。况昨來本府差到吏卒三十人，在此累月，未免費用，而漕臣兼領，終非久計。此不獨於某私心未安，深慮有誤州府財賦，却致他時之害。意拙辭訥，莫盡悃愊，惟東向百拜，以祈矜念，下情不勝戰汗。

又 乾道九年

某伏以霜晴微凛，恭惟大丞相鼎席雍容，巖瞻峻極，有來神助，鈞候動止萬福。某跧伏田野，正阻跪履，敢乞順乘月律，加御大烹，永輔聖朝，均福夷夏。某卑情無任頌詠之至。

某逖違台符，再見冬序。滲漉膏澤，雖與衆同；瞻依盛德，則惟已獨。間陳愚悃，洊布尺書。仰勤典籤，每賜酬答。三復之後，什襲以藏。區區感悰，言豈能盡？敢乞鈞照。

某仰惟某官躬不世出之資，逢大有爲之主。非特垂紳正笏，措區宇泰山之安；又將長慮却顧，增廟社九鼎之重。輿人之誦，搢紳之言，凡前日以誕妄爲進身計者，悉退聽矣。厚根本，陳綱紀，方次第施行之。少須歲月，始見元氣充盛，外邪罔干，則内修外攘，惟意所欲，蕭、曹、房、杜何足進焉？如某謇訥，安能稱述萬一？徒與斯世，均爲幸民。尚觀復古之勛，勉繼得賢之頌。

某比蒙拉拭罪戾，畀之符竹。人非木石，豈不知幸？而薄命多屯，病疾略不少貰，冒昧乞祠，蓋非得已。曲蒙鈞播，賜以如欲。自此訪求醫藥，休息身心，或有痊損之望，感戴厚賜[二]，謂宜如何？謹專人控叙謝悃，不敢别具牋啓，仰瀆鈞重，乞賜矜念。

又 乾道九年

某伏以歲時將新，天氣晴燠，恭惟判府大觀文相公開藩有俶，威惠交孚，聿來多助，鈞候動止萬福。某屏伏田野，邈未有跪履之期，敢乞珍固沖理，儲祉導和，遄歸鼎席，書郭令之考。某卑情不勝頌望。

某十月間專人具尺牘，計其到闕下日相公已赴新鎮，不知曾宛轉達鈞聽否？每惟孤蹇，最辱知遇，而無由陪賓客之後，觀道德，聽教誨，徒矯首馳心，晝夜不置。伏惟矜亮，幸甚。

某比者恭審需章三上，懇避鈞樞。秘殿隆名，既極宰司之異數；錦里鄰封，復遂慈闈之榮養。進退可謂美矣。然而復古殊勳，既開厥緒；經邦美績，方遠乃猷。輯而成之，舍相公其誰望？諒不待五月報政，堤沙已聞再築。嘉與黔首同被膏澤[三]，固不敢佞辭以干戾也。

[一] 旨：明澹生堂鈔本、傅校本作「音」。
[二] 賜：明澹生堂鈔本、四庫本作「施」。
[三] 同：明澹生堂鈔本、四庫本作「重」。

某昨以窮薄衰病，不敢輒當符竹，留連中道，日俟譴訶。伏蒙相公拔之隕穫之中，置諸安閑之地。藥醫既便〔一〕，可望痊平；祠廪再霑，足代耕釣。恩施之重，丘山爲輕。正使趨伏材館，猶懼不能占叙感臆，况假方寸之紙，陳拙訥之詞，安能敷述萬一？「中心藏之，何日忘之」，願借古語爲謝，敢乞鈞察。

又 淳熙九年〔二〕

某皇恐再拜上覆：慰禮敬具右番。載惟國太媪德娠賢，流芳垂裕，坐閲相公入冠宰席，出典方面，以萬鍾之禄爲三牲之養。子孫榮寵，壽考康寧，古今所謂全福者，舉無憾矣。惟是相公至行天稟，逾閔度曾，乍失慈顔，難忘孺慕。更乞以邦倚民瞻爲念，節抑孝思，用全中制。某不勝拳拳頌望之切。

某皇恐再拜又覆：不審扶護靈輿以幾日達清源？先太師舊阡可合葬否？某屏居遐遠，無由再拜素帷之下，敬具尺書，宛轉借人申稟，勢未能别致奠儀，尚望鈞慈俯察微誠而略其不至，實爲萬幸。

又 淳熙十三年

某兹承以周師臣遷漢甲第，尚稽賀慶，恒切摇旌。不腆酒果，聊犒騶從。倘蒙恕留，有萬其幸。

又〔三〕 淳熙十三年

某伏以象測璿璣，斗柄肇回於蒼陸；氣和玉燭，春風初入於東郊。若時宗工，宜介丕祉。恭惟侍讀觀使大觀文相公調元道著，宰物功成。暫釋政機，日罄謀猷之告；茂臨歲旦，時臻備順之全。方當感會於風雲，迄賴平章於軍國。某遲聞受謁，即冀造門。頌詠攸深，叙陳莫諭。謹此布懽悰之萬一，伏乞鈞察〔四〕。

王季海丞相 乾道九年

某竊以季春暄淑，恭惟庶子中書舍人四組垂腰，論思多暇，台候動止萬福。某自聞舍人趣召還朝，上眷隆渥，奉常詞掖，儲禁右銓，徧歷華要，貴名愈白，不勝欣躍之情。屬在閑廢，修慶不敢先衆。亦惟德望揚歴，凡今卿大夫，誰出舍人右者？大用且有日，將與田夫野老均被膏澤，固不待尺書乃見懽悰也。更乞爲國保重，以究經綸之業。

某去門墻且彌歲，瞻仰不忘。春閏，崑山方轉送去秋所賜台翰及沈持要書信，佩服眷私，銘鏤膺鬲。某駑才薄命，安於畎

〔一〕藥：四庫本作「就」。
〔二〕九年：明澹生堂鈔本作「元年」。
〔三〕原本此篇與上篇連作一篇，但提行。明澹生堂鈔本、四庫本别作一篇，今從之。
〔四〕乞：明澹生堂鈔本、四庫本作「幸」。

畝，慶所共諒，而舍人尤知之。近忽叨富沙之命，訓詞又出大手，極力褒借，何以稱塞？惟是早衰多病，外雖未至龍鍾，而心志不翅八九十人。閑居尚憒憒如癡，豈堪作郡？欲具辭劄，恐廟堂拘近制不爲將上，惟有控叙悃愊，再乞奉祠，乃爲上策。況起廢之由既已報行，士大夫皆知朝廷之意，可以無嫌。已力懇相參，更望舍人贊成之，毋使至於再三，却貽罪戾也。乞祠文字亦止說疾病，不敢他及，恃知愛夐出等倫，乃爾干瀆，乞賜矜念。

又　乾道九年

某竊以晨夕霜寒，恭惟侍讀直院中書舍人典司二制，日近清光，天相忠良，台候動止萬福。某比審擢登掖垣，正位翰苑，入勸華光之講，聖知彌厚，大用在即，雖搢紳交口相慶，然在舍人德望，揚歷則已晚矣。紫樞黃閣，計遂延登。方與農夫徯望膏澤，固未敢輕爲賀問也。凝嚴在序，惟乞寶用道沖，慰中外歸重之意。

又

某才駑命薄，閑退之日視在官常居十九。屬者蒙恩起廢，豈不願勉效綿力，爲息黥補劓計？而疾恙日侵，若有物引其足者。是以冒昧懇辭，仰荷台慈始終調護，卒免大戾，俾如所欲。丘山之惠，何日敢忘？謹此叙謝，伏冀台察。

又　淳熙八年〔一〕

某茲承某官，誕日載臨。與國同休，則天子有「賚予」之詔；維嶽降神，則士民有《崧高》之雅。如某素蒙知愛，辱在下風，而拙訥不敢致拳拳之祝。惟是熾昌耆艾，壽母令妻，既多受祉，永爲周室之輔，《詩·頌》之言備矣，願借是以爲禱。不腆薄物，具在別幅。此豈當浼瀆威重，不敢廢禮耳，皇恐皇恐！

又　淳熙九年

某茲蒙鈞慈以香、幣、羊、酒、梟、兔、畫燭、時果爲賤婦生朝之賜，顧其晚出，視鈞座猶父，豈敢上勤厚禮？得非以其適同大昴垂精之日，特以是爲雌甲辰之寵耶？

又　淳熙十年

某恭承上相特進國公誕日載臨，家國同慶。永惟事親之孝表儀百僚，調元之功甄陶萬類。積此盛烈，宜與壽母，千齡錫羡，永作元輔，理有必至，何待頌禱！顧念辱知託契，特異常均，輒繪福星，少寓誠意。忽忽不暇裝飾，謹同香幣併浼籤吏。冒瀆鈞重，伏深愧汗，惟鈞慈矜恕，幸甚。

又　淳熙十五年

某祇導太上靈輿，沿途並值晴霽，方安奉於獻殿而雨隨作。

〔一〕八年：明澹生堂鈔本作「六年」。

先後不違如此，既可卜在天之威靈，又以見聖主之孝感。伏恐鈞慈欲知，輒此稟布。旅次不及親染，併乞鈞照。

又 淳熙十五年

某竊以夏令過半。暑風清微，恭惟判府特進大觀文相公袞繡光華，幡蓋赫奕，神人懽贊，鈞候動止萬福。更乞上體注意，加衛生經，虛左有待，即奉端歸之詔。

某久侍同朝，蒙知愛異於倫等，私意感著，未易名言。語離江亭，依黯殆無以爲懷也。共想榮侍潘輿，乍還鄭里，親族争來致問，而父老黎庶又皆涵泳膏澤之久，羅拜馬前，不無酬應之勞。惟是柯山，士民已歌來暮；河潤九里，京師亦冀蒙福。雖欲留行，得乎？俟聞開藩，別具稟劄，伏乞鈞照。

某自鈞旆之東，日欲具尺書承訶，而衰病爲雨濕所乘，腹疾大作，倦卧一榻，極不能支，乃今始獲布區區。不敏有過，安敢文也？沈牧初議江東漕(二)，而廣德寺正以避礙爲言，當用他路處之，須丞相入境方敢進擬。上饒使君已赴議事堂。醉翁舊遊，無可疑矣。

又 淳熙十五年

某惶恐僭易拜問兩國太夫人，恭想心愉神悦，壽祉增隆。兩國夫人懿候多裕，子舍學士侍履均福。有委令，悉望垂戒。

某竊以庚伏火見，暑威赫然，恭惟宫使特進大觀文相公袞繡親傍，委遠塵務，神相榮樂，鈞候動止萬福。某咫尺潭府，尚阻趨謁，臨風不勝悵望。謹此少叙拳拳，敢蘄省察。

某載惟浮屠不三宿桑下，蓋畏牽聯，況復得侍同朝踰一星終，驟茲別德(三)，其戀戀蓋可想矣。方血指汗顔之際，巧匠傍觀，得無憫而笑之乎？更冀善保粹和，倚需公師之召。

某比承力辭左馮，均佚大滁，嘗因郵附一紙，以酬先辱，正欲嗣致尺牘，而謙眷有加，榮問踵至。當此炎熱，清風入懷，欣沃可不言而喻矣。病餘具謝不恪，然猶愈於逋慢之罪，惟鈞慈幸恕之。

又 淳熙十六年

某皇恐僭越拜問兩國太夫人，欽想壽祺。紛委梱政，夫人均介繁祉，賓眷協吉。伯昌想朝夕過從，近兩得書，尚未暇遺報也。有委乞垂戒。

某惶恐再拜上啓：慰禮如右。即日恭惟栢棬永慕，神物欽相，孝履支持。兩國太夫人陰功隱德被於天下，婦順母慈著於閨門，榮就公府之養有年數矣。享齡耋耄而聰明不衰，無大疾病，安然逝去，豈獨今世所稀，求之方册，蓋鮮其比。自他人視之，夫復何憾？然孝子念親，豈有終窮？更乞節抑至情，期協禮制，拳拳不宣。

(二) 牧：明澹生堂鈔本、四庫本作「守」。
(三) 德：原缺，據明澹生堂鈔本，四庫本補，傅校本作「得」。

某不審襄奉在何時。既祔葬先太師之兆，則規模必已素定，莫止俟時月之利否？某自聞變故，即合致唁，而春夏之交數感冒在告，嘗屢語潘漕矣。今緣尸素無補，上章丐退，恐還江西則道遠，艱於走介，故輙忙作此，少叙不敏，惟鈞慈矜察，幸甚。

又 淳熙十六年

某竊以秋氣浸清，恭惟至孝大丞相魯公孺慕彌深，天人交相，鈞體動止支裕。更乞勉御飦粥，協《禮經》之中。國是迄賴大賢而定，勿過於哀戚，幸甚。

某比具記，深愧草草。蒙賢似學士傳道鈞意，豈勝感激。兹又千里走介，墜况尺牘。雖曲念曩契，弗遺罪戾之人，足厚風俗，顧某何足以當之？惟知感戴而已。

某賦性狷阻，行己頗僻，初不自克，用過其量，蹤跡敗露，載之白簡。既伸善類不平之氣，垂之信史，又爲小人無忌憚之戒，慚負何言？自此惟知杜門省讐，以畢餘生。仰恃眷憐，輒布底蘊，尚乞鈞察。

某昨去國時正觸初暑，舟中局趣，幼稚得驚癇之疾，又兒婦當免身，不容不小憩陽羨。雖姻館在焉，其寔旅寓，種種非便。今已啓行，由溧陽過蕪湖，遂泝大江，度九月方可定居。伏恐軫念，故敢及之。

某惶恐僭易拜問闔府鈞聚，欽想長少咸安。紗帛、松實、鰒魚、名醖，沓來珍賜，祗受銘刻。贛布十端，聊效獻紵。然非丞相端憂中，亦不敢輕浼也。糖冰、魚鰾各十斤，併以持浼，臨行愧無佳物也。廬陵委令，願聞其目。

洪景盧舍人邁 乾道九年

某疊被近誨，喜審政成清暇〔二〕，台候動止萬福。《山堂學記》益奇古，而二詩用韻高妙，爲某之賜甚寵，豈止壓倒元、白而已！三復欽歎，不能去手。朱提以人數未足少留，須其行，别牽課爲謝次。十尊風味佳甚，真可占美政化，此間厨醖絶不可飲也。某辭郡，或格或寢，不免再懇相參。以病乞祠，語甚切至，度須見聽。每荷問念，感激不忘，餘乞爲國珍練。聞諧闕誦德政者百十曹，徽黄當在旦夕，謹傾耳以俟。

又 乾道九年

某竊以餘寒尚勁，恭惟知府都鈐殿撰舍人契丈奉宣寬詔，神相豈弟，台候動止萬福。履端乃英賢泰征之會，近聞九宸注想，已議召還，得信頗的，非泛泛頌詠語，以此日佇迎謁。浸缺具記，先拜台翰，且不鄙庸陋，示以《新橋記》，考古精詳，遣詞高雅，非得筆墨三昧，豈易及此？謹寘壁間，朝夕披咏。《尉廨碑》日夕以俟，欲爲對耳。厨醖拜賜，渾舍盎然生春，感荷不可言。文潛怒故侯未已，到此訟諜紛然，殊不容款曲。嘗問上贛否，笑云：「有守如此，何事不舉，豈須某耶？」泰之想已來，

〔二〕成：傅校本作「情」。

然未得報。尚便介過豫章未回，偶專人至田親處，先此承詷，且謝緩故。餘乞爲國珍練，早登三事，慰滿人望。

林謙之運使光朝 乾道九年

某自聞持使者節，日日望近音，欲迓勞於清江。忽襲丈報行李次南浦，喜可知也。秋深猶暑，恭惟台候萬福，尊眷遠涉，一路吉慶。某屏居本自適，春來忽叨分竹，進退不可，緣是心氣大作，終日如醉，百事皆弛。當時若稍自信，如永嘉徑去，未害爲通。既不能然，今遂寘身户限上。所以扶病略到豐城，却引疾而歸者，上以承朝廷美意，下以全不能則止之義，未知中節否？禍福素定，本自不計，所患不知我者謂立異過當，或激作生事耳[一]。長者度幾日離豫章？若重陽前後可到樟樹鎮，在豐城、臨江之間。則欲徘徊俟一見，蓋不州不縣可以少待，正恐帥漕曲留。來期尚遠，願示端的，別當奉約也。過信州時，子直已交割否？千萬批報。專人問訊，餘容面稟。未間更冀保重，別需召拜。

程泰之侍郎大昌 乾道九年

某竊以初冬晴冷，恭惟都運龍圖侍郎年兄台候動止萬福。某蒙賜教勤懇，爲慰千萬。二十九日得倉司小報，知所請已俞，遂移舟臨江，稍便醫藥，日望彼間的信，掛颿而上。今却未及之，何也？計所争不過一二日事，顒俟顒俟！館客方欲還家細詢，忽免解進士劉人傑相過，無以易堯矣。近文三篇録呈，其首篇向日見譙者，渠本丞相莘老疏族，經義詞賦皆嘗用心，今居新淦，比吉尤近。其人有父兄，介特不妄交，文行似相副，更在裁處。若無疑却速批報，過淦時面語之，不然，他日別物色拜稟，惟此等事不可狥人情耳。興國兄廉謹有餘，於何夫事使者之禮？初不知之，曲蒙寬恕，慚感無限。來年四月當滿，妄意改官最難得職司文字，久不敢啓口。念欲躬致此懇，正爾有礙，因來諭不免張本。倘收置藥籠，雖無劫病之功，真參苓也。未審許僭越否？臨筆先已愧汗，餘乞爲時珍厚，行俟召拜。

又 淳熙元年

某竊以春寒未解，恭惟某官年兄刺舉餘閒，坐膺多助，台候動止萬福。某昨日再以書託高安向丞轉致，想先此通呈。是間可作門客之人，往往自有書會，兼畏牒試鄰路，牽帥不前。所諭臨江徐得之，即向所説者，記得誤稱百藥，乃其字耳。詩筆極高，雖未曾見其舉業，但臨江士人多從之學。又廬陵教官楊同年乃其先生，適叩之，云工於作賦，亦有操履。已經作書道台意，并令急足致曲折，未知肯往否。大抵士人無稜角者，即文字或平凡且猥釀難保；若格品稍高，未免粗費調護。此亦書生常態，顧處之何如耳。餘具前緘，不復切怛。惟乞爲國保重，即對嚴召。

[一] 或：原作「感」，據明澹生堂鈔本、四庫本、傅校本改。

又 淳熙元年

某竊以微凉應序，恭惟某官年兄惠加一道，陰隲日隆，台候動止萬福。某比屢拜狀，久之不聞近音，交游素厚，安敢以爲疑，但無如瞻仰耳。兹蒙手牘勤懇，仍示二碑，慰感殆不可言。如謂孺子之隱實懷伊尹之心，澹臺之名遠過王侯之貴，用意至别，皆前人所未及。至於詞章高古，自可追屈、宋而逼韓、柳，非近時文人才士所能彷彿也，欽歎欽歎！仲益來歸，當力誦周南之滯。敢乞爲時珍練，以需召用。

又 淳熙十年

某竊以踐長觀復，恭惟宫使閣學尚書年兄茂對陽剛，百順來備。入登四近，久矣其時，頌詠精虔，非他人比也。咫尺無由面慶，走介少致拳拳。蓋孤蹤只俟新春徑求閑散，以應晦氣，恐他日艱於通問，故因令節以此爲勤耳。餘乞保輔冲襟，丕席天寵。

某僭易拜問台閎眷集，想惟長少均祉，拏累敬伸忱悃。羊羔、朋酒、栗實兩節，聊助壽斝，淺斟低唱，恨不得爲安昌客也。日曆本乃是李仁甫未改時，今納一册去，比後來所修精粗不同，望爲指揮對過。若向來例得是新本，則欲差人就彼逐漸鈔一本，未審可否？劉監廟前月幾殆，投以丹劑乃再生，亦天相廉吏耳，年兄孜孜士類，因筆及之。有委願奉承[一]。某僭易再拜。

又 淳熙十一年

某竊以肅霜在序，恭惟某官年兄道腴日勝，台候動止萬福。向者謝牘既遣，即被誨墨，有以見情意相與，致書郵交馳於道，感幸無已。今復祗領榮問，知愛益深，展誦把玩，殆不容去手，但恨無飛羽可飛墜雪溪之上耳。氣候日冷，願言加毖鼎茵，以對嚴召。

某伏蒙别紙諭及，非相愛如骨肉豈肯及此？此固不敢望於他人也。葉謨所言，向拜書似曾布禀矣。北方簽兵，治器械，打舟船，修城壁，諸路探報極多。竊意虜主此時方去[二]，疑我襲其後，固爲恫疑虛喝耳。然其子監國，與今汴之統軍烏林答天錫者素有踴躍用兵之志，因而生事，亦未可知。大要彼國傳授之後定須妄作，在我不過内治自修而已[三]。如所謂點檢防城器具，會計海舟，教閲民兵，前此率二三年一爲之，故中外不以爲疑。五七年來一切不講，忽聞舉行，便自驚駭，至於明年，即爲常程。所謂民難於慮始者，既在其位，不容避也。若僕身上事則又多端，以不才而冒居政地，且禀性疏直，好别白是非，言無隱情，宜其被謗不一。猶幸時無張方平、王拱辰，未至巧發奇中耳，每自憐

[一] 有：明澹生堂鈔本、四庫本無。
[二] 此時方去：明澹生堂鈔本、傅校本作「北去」。
[三] 内治自：明澹生堂鈔本、四庫本作「自治内」。

復自笑也。乃知外攘則人豈不自知〔二〕，渠敢負荷此事耶？彼云云者措意別有所在，老兄當能意曉。只如鄒詡乞減任子，而滿朝皆以相咎，久乃稍定。此無他，嫁其怨於衆則立敵者多耳。然豈無天乎？雖然，此等事古今一揆，亦非創見，故常安之。昔人戲引《觀世音經》云「如日虛空住」，以謂此撲終在，聊資大噱。因便毋惜寄聲，有聞悉垂誨，庶可自警，亦當有以報也〔三〕。

又 淳熙十二年

某比辱誨翰，示以《老子解》。既佩勤眷，且知深窮性理，真欲揖袂浮丘，不但結緣香火，良切嘆服，未審全書可得見乎？蘇黄門所著，學者共傳之，兄當無靳也。方圖具謝，洊枉著筆，意愛深厚，舉世少雙，感幸謂宜如何？餘暑，恭承台候萬福，又以爲喜。下諭恐有由來，自古稍肯爲時出力，必爲衆忌。吾曹豈不知此，但不忍欺君欺心耳。今雖未睹端緒，然有此理，自推五行，此去亦非安坐廊肆者。人生定分，毫髮奚逃？夷考平生得失，蓋亦可知。若欲逆閑其門，必至弄巧成拙，失邯鄲之步，兄以爲然否？只今滿朝更無一士見與，非必有所鄙惡，勢則使然，用是未嘗尤人。獨兄參辰相望而膠漆益固，感激深矣。虜儲既没，未聞所立何人。今冬似無他，然江浙閩廣同日地震，太白見今經天，安得不懼？所懷千萬，非書能盡，姑報來況。餘乞珍御冲理，蚤遷嚴近。劉弼又得祠，蓋右轄在越偶同僚耳。繼此有聞切告，毋大小虛實，乞賜警飭。

又 淳熙十二年

某竊以上冬晴寒，恭惟某官年兄閒館燕趙〔三〕，台候動止萬福。某久別，既未得日夕承教咫尺，自當時奉尺書，而邊虞戎政〔四〕，憂懼萬端，心剿形勞〔五〕，有不暇給，其如瞻仰，豈容暫置？忽捧誨函，展誦數過，感悚交集。至於道腴日勝，英譽日高，拳拳欣慕，非獨小人而已。淹留於外，殆由五行，初不繫樂與不樂也。如某叨塵歲久，疑忌益衆。一紀頑然不去者，未當動也。來年既本命，又大小運併，又大運刑尅生時，真當去矣。兄勿以向說偶未驗遂爲戲言，蓋前有救解，美惡相參〔六〕，今直惡故也。餘乞以時珍護，及此受釐，遂前夜席。

某皇恐拜問淑人懿候清安，孥累伸問起居。知丞文字方議定而漕去，好笑好笑！判院已赴官否？徐聖可之諭雖非力所及，然敢不宛轉，亦當語以台誨之諄諄也。趙再可他日須能舍蓋，亦是一事。劉守何日行？前數誦言其賢，不知曲折乃爾。甚矣，人之難知也！有委切望垂戒。

〔二〕則：原缺，據明澹生堂鈔本、四庫本、傅校本補。
〔三〕「報」下，傅校本有「之」字。
〔三〕趙：明澹生堂鈔本、四庫本、傅校本作「超」。
〔四〕虞：原作「虜」，據明澹生堂鈔本、四庫本改。
〔五〕勞：四庫本作「疲」，傅校本作「瘵」。
〔六〕參：傅校本作「生」。

又　淳熙十三年

某竊以春王三朝，恭惟某官年兄道與時行，象符履泰，台候倍膺戩穀。年德加新，士論欽跂。昨日史魯公入宴，力誦周南之滯，來歸不在茲乎？更乞保輔寢羞，以承馹召。

某歲前本遣介爲履端慶，二十六七間忽爲寒氣所薄，腰膂牽痛，不能起卧屈信，平生未嘗如此，殆欲令祝宗祈死也。閱旬方稍輕，然猶在病告。今年元命，又大小運併尅，已決意乞去，適與病會，或者未必不以見疑，勢須罪行，乃有出場，姑置是事。目今俯仰尚未復初，衰態種種，奈何？令似知丞送台翰時正作痛楚，即嘗遣人達曲折，家訊當能具稟。漕回劄謾呈，此事乃公實見阻，非不肖敢恝然，頗辱情恕否？左轄東床老弟甚少輟那，何害？年兄可密致意乎？某欲言，恐疑其觸也。

又　淳熙十四年

某辱誨翰，喜承政清民和，神所聽相，台候倍膺休祉。請祠足見遠慮，聖意既未俞，只得少需也。《易老通言》方歎服不暇，而處、通二郡相繼以《易原》見示，探先聖之秘，發後覺之蒙，何待後世揚子雲耶？某用過其量，殊不自安。薦士被劾，自當引去，方欲繼請，又值闕雨，策免何疑？遠則杜祁公，近則洪景伯，月日適相似，聊發一笑。吳門侍從之謗猶無利害，殆有甚於此者。若果得歸〔二〕，便無事矣。病暑疲甚，勉强作此。餘乞保重，以俟召節。

劉文潛司業焞　乾道九年

某竊以秋深暑未退，恭惟都運司業年兄台候萬福。某比將離廬陵，嘗附一緘在趙君處，必無不達。道中日日詢太夫人安耗，知以十三日出聽，其喜可知。向來易占端不誤，然未可輕動耳。某去就久已眂黽而決，間謀於諸丈者，欲徑爲掛冠計，庶幾泯然無迹。未免藉州家與之保明，不然此等事固難使他人盡言也。二十二日到豐城發文字，不敢拜書，正以密邇臺治，恐勞煩地主。次日即返棹，今與孥累泊清江鎮俟命。或有竄謫，近則湖南，遠則二廣。皆是路口，打包便行。萬一寬恩，止從罪免，又望外也。臨江而上，晚禾極損，贛、吉尤甚。下户固可慮，富家亦少積蓄，人且狼顧，其將奈何？新報望遞中示一二，切勿遣介，想喻此意。謙之計甚欵，已約其道中一見，未知遂否。餘非書可盡，惟乞保重。忠憲繩治向來談兵者甚急，雍公當避席耶？子正今何之矣？

又

某屏迹田間，乃值軺車臨按，釋鋤犁而望英簜，欣幸多矣。

〔二〕果得：日本藏宋刻本、明澹生堂鈔本、傅校本作「其汰」，四庫本作「果汰」。

連辱道中三書，又讀青燈之句，不勝感悵。亦嘗補足一聯，恐勞煩箴揚，未敢録寄。或已成章，願筆示，以爲他時佳話也。便人二十八日自豫章來，云台旆猶未到臺，豈非沿路詢民瘼，察吏姦，乃爾濡滯耶？已履新春，恭惟台候動止萬福，太夫人暨台眷均膺殊祉。臘中一雪數寸，聞至臨江而止。衆謂廬陵積弊得賢者和氣一洗之，乃有此瑞，老農飽飯可期矣，知幸知幸！景望請祠，深惜其去。泰之留否？近聞帥司來取戍軍鎧甲，別有何説？此如坐井，了無聞。繼此或有郡兵回，望諭筆吏時録一二見報，至懇至懇！周同年檄再勸台念，感刻無已。前此使司差秦指揮使者月給錢二十千、米兩斛，今若只是遥領，則雖十五千不妨聚徒。或必欲如秦實莅其事，又恐爲餬口所逼，難於共二。渠頗以爲疑，輒復咨稟。蓋食焉不可怠，非敢無厭也。數日尋便拜書不可得，偶黄察推人回，遂託附此。黄君頗謹飭，向嘗薦之帥，不知於職事間如何，試委之以驗其所長也。

又

某竊以上冬薄寒，恭惟某官年兄台候動止萬福。某自頃具記，一向抱病，無由數問訊，心焉忉忉，略不少置。謙之相從累日〔一〕，縱譚無異在三館時，亦未嘗一語忘盛德。但蓄縮畏人，失參坐之約，徒自愧耳。養志求歸，朝廷定應相諒，謙之云亦嘗奉贊，顧蜀民何幸而江西將疇依乎？果拜命，雖不能親到南浦，倘當走介。某一出兩月矣，家間百事既失料理，而老幼局促蓬牕，狼狽不可言。薄命使然，將以誰怨？晦日，倉臺忽封小報來，請祠依所乞，感戴上恩，寧有紀極！次日即移舟臨江，稍就醫藥，再俟彼中一信便掛帆而上。今却不及此，何也？又報劉子澄審察，王從與郡，想只争一兩日事，今已具聞之，願以告。年兄在本道，官吏有所畏，小民有所恃，使部刺史悉如斯，天下何憂不治？只是間有姦甿狡詐百出，倍費遮迾。向來妄獻佩韋之言，正恐墮此蠱計中。因下問，敢申言之。秋旱，井泉皆竭。近江汲江，深村沽水於十數里外，麥種不入土，來春憂未艾也。以歉爲豐，不過迎合覓官職。官職有命，豈盡如欲？張松新州非迎合乎？所欲言何限？知當遠別，情懷預作惡，而無以爲計。向見慈闈在中都〔二〕，却似喜樂安平。惟致指期召歸之祝，尚慰此心，此外萬萬珍厚。

某僭易拜問太夫人眠食日佳，台眷上下均祉，山婦輩附承起居。謙之飲甜酒而不言所自，却舉以蜀中乾魚也。守令曹職官通差武臣，已降指揮否？總管、鈐轄、知閤、御帶之類，却當互差文臣，欲獻此策，以身先之，少贖往咎，如何？佳醖果肴，登時充庖，不復寄庫。前此非是辭仁粟，正恐强予郡組，勢須一叩閫境，夤緣假道，必不虚拘，誠恐重疊傷廉，今方説破也，惶恐惶恐！

〔一〕謙：原作「謹」，據日本藏宋刻本、明澹生堂鈔本、四庫本、傅校本改。

〔二〕闈：原闕，原刻校云：「張本作『闈』。」據補。

又 淳熙元年

某伏以一氣回春，恭惟某官年兄泰征有日，神人欣贊，台候動止萬福。某特枉誨答，甚慰瞻勤。身在宇下，而一別兩對椒盤。老坡云：「咫尺不相見，實與千里同。」誦斯言，不覺永歎。至於年運而往，百憂千慮，此則居閑從仕所同惄焉，所謂團拜之樂，固不復夢見也。諸公出入袞袞，蓋新年節氣有以使之。給舍復用何人？諒難其選。老兄求歸有何消息？去留默定，可以任之矣。糟薑蒙決西江蘇合香，遂成繼富，慚荷慚荷！昨日洪景盧云：景嚴病鼻衄半年，或勸服此藥，但噓去龍腦而已，用之立效。遞中移書贛州言之。書到次日，適有邑尉病此，危甚，其家中夜扣府門，以身後爲託。景盧送藥二丸，後三日，其人來謝。古方所不載，亦不可不知也。南豐趙令聞甚强明，縣之不可爲自此當更甚。朝廷明知調度費區處，又慮守令肆意科歛，勢須檢押以防太甚。其實令撰無麵不託，故選懦者拱手俟汰，健决者終亦被繩。其間縱有善去，亦幸耳，不然則有以庇之也。家兄鋭意乞嶽祠，更看臨時如何。荷垂問，輒及此。

又 淳熙元年

某竊以春寒峭甚，恭惟知府侍讀司業年兄辦嚴有相，台候動止萬福。某歲除嘗以書付袁政者，想徹清聽。兹承移鎮左綿，伏想太夫人暨台眷皆欣然上道，而江右士民獨恨無路可以割截鞭鐙，不肖眷眷之私又可知也。或傳初五日交印，不審定以幾日登舟？春水未生，泝峽良便。職名如何？莫是替吴擴再任闕否？每思芘身封部，欲款教不可得。自此萬里相望，其敢必會面之期耶？偶見舞鰌鱔號狐狸，始知已拜新命。既不欲從官司借急足，輒令耕夫星夜持此叙别。雖戒以毋徒回，又未知能如人意否？蓋此去决自六百里耳，所欲言何限，情切反不能形於筆端，惟乞爲斯世倍保清重[二]，節飲强飯，以俟錫還之寵。

某僭易拜問太夫人，恭想心志舒愉，壽體日益勝健，尊嫂恭人懿候萬福，郎娘侍履均慶。此去昏嫁之類種種皆便也。山婦輩多致戀戀之意。欲寄書籍、研石爲贐，計台旆已行，遣村夫甚遽，恐追路不及，謾有湖南高機一端、海南蓬萊香十兩、薔薇水一瓶，輕則速達，意不在物也。愧悚愧悚！撫幹須爲易地計，莫少留歸峽間以俟同塗否？某欲作李仁甫、張真甫子弟書，皆寫不及，他時相見望道下悃。黄仲秉或傳易瀘，而不曾見報，豈遂爲張守所衝耶？

南昌孫簿政之[三] 乾道九年

某辱示教，喜審雪後清寒，尊履集福。向承擢第榮歸，得奉名理，極爲慰愜。長箋陳義峥嶸，遣詞雅麗，手之不能釋。屢涉筆綴語道謝，而衰病澀訥，竟未能就，愧怍不可言也。昆仲資稟

[二] 爲：明澹生堂鈔本、四庫本無。
[三] 孫：原作「縣」，據明澹生堂鈔本、四庫本改。

醇正，輔之篤學，今復棄時好，樂古道，其志豈爲富貴利達而已？由修身齊家推而至於治天下國家，皆將深思允蹈而無愧焉。此固不肖之所敬仰，而恨不得朝夕親炙者。謹因人還，略道一二，餘惟良食自愛。

楊謹仲 乾道九年

某前日得奉誨益，又蒙出示祖告法書，心目爲之開明。屬迫赴會，不暇求一觴以賞春晴，既退甚悔之。旋辱真翰，病酒復稽治報，愧恐千萬。即辰不審尊候何如？異味竟煩分餉，益佩至意。三物既經易牙之嘗〔一〕，自此當改評矣。匆匆叙報，冀恕草率。

宜春尉彭子壽 乾道九年

某去歲失一見，至今耿耿。到家隨坌塵冗，加以病懶，缺然通問，徒深愧仰。子和兄弟來辱書，喜承尊履集福。新闕尚幾時？詩文想益超邁。既嘗一臠，甚思大嚼，有以教之良幸。餘惟善愛，别需識拔。

曾無逸寺丞三聘 乾道九年

某比荷迂顧，已具雞黍，不蒙少留，别時又以私忌失於迎肅，併深愧悚。墜教，喜承尊候萬福。某自聞典郡，於義難處，免章既爲近制所格，而督赴之旨踵至。方瀝懇求祠，仰惟聖主寬仁，必賜矜許。緣此擾擾，欲致書省幹丈，少酬文房之惠，竟未暇。茲又辱遠餉新茗，一洗昏濁，厚意稠疊，何以克當？容遣臨安書後，專介併叙謝次。餘冀善愛，别需晉擢。

又

某辱示翰，喜承尊候萬福。古調意切辭婉，方駕先民，拜賜欣感。名山在眼，止愧猿鶴。九月間當賴東道主以無忘卒章，茲未敢多謝。才臣解元何日歸館？抱負如此，君家能收拾之，甚善。彼鷄鳴狗盜輩，果可稱客乎？餘冀珍愛。

又

某竊以餞臈迎春，恭惟教授朝奉茂對昌辰，尊候倍膺殊祉。某向至玉笥，深望杖屨一來，繼聞微恙未平，匆匆而歸。仇仙云：「江山豈不好，獨游情易闌。」殆真實語也。到家事隨日生，且爲心氣所苦，未暇往記。好音遽及，何感如之？歲事忽復更新，室邇人遥，徒切馳頌。所冀早膺擢序，以協泰亨。酒醞珍餉，佩服眷興。獐臘鹿脩，敬侑壽觴，非以爲報也。大氣盛寒，萬萬保重。

〔一〕嘗：原作「咸」，據四庫本改。

又 紹熙四年

某悚息拜啓：久疏奉記，正此馳情。辱墜教，喜承台候萬福。晉貳寺廷，遂將爲郎華省，涵養久矣，今乃寖爲時用，不勝相悦。所恨賤軀自四月卧病，又不入食，羸劣異常，今雖小愈，而咳嗽晝夜爲祟。念念投閑，尚未得報，進退交病，以是未能叙賀，當沐情恕。别紙每得，開發聾瞽，幸甚幸甚！扶憊遣記，無由詳悉，惟幾尊生厚衛，以對九遷。不宣。某悚息再拜無逸寺丞賢友。

又

某特蒙不鄙，寵示三劄，意切詞達，忠愛有餘。凛乎得諫臣之體，是當篮七人之列，惟日望之。察院會次告致未及專狀之意。某皇恐。

又

板築極荷賜教。今内郡無有無城者，獨此間斷缺百十處。前欲補治，故約費纔十萬緡，姑示藩籬耳，非如沿邊金湯之扞禦也。士人多不曉諳，漕司大爲規模，度不能回，適陰陽家謂九良星在焉，故遷延至來春。舉此一端，則來諭四者可迎刃而解矣。病中草草，續更言其曲折。某再拜。

廬陵周益國文忠公集卷一九一

書稿卷六

劄子 三

范至能參政 乾道九年

某伏以霜風淒厲，恭惟判府經略殿撰舍人棨戟尊崇，坐歗清暇，台候動止萬福。某近因宜州向幕求書，草草寓一紙。中秋至清江，任漕備道往時踏雪遊盤園，恨不獲奉杖屨。繼有客南來，頗言卧閣月餘。正念無處問近音，忽被誨筆，知已藥喜，欣懌無涯。吾曹稟受素弱，少時尚作衰態，況年已半百，飲食起居間倍宜自持也。州郡窘匱，所至皆然。交廣獨當外禦内撫之責，曲突徙薪，視他道尤須加意，在通明復何患焉？某未還左符，甚擾方寸。朝廷美意，寧不深悉，萬一矯激生事，使公私兩失，亦豈美事？實緣心志凋落，不堪應務，又骨相屯薄，非輻蓋中人，深恐取辱召災，用是遲遲其行。既未蒙察允，不免携家至豐城，然後繼請，更旬日須得報可。只恐尚口乃窮，别有行遣，或勒令休致，以遂宿心，又望外也。謙之聯事可喜，桂林乃德星聚耶？逆旅從容累日，聞當遣介，輒附此承詷，曲折當能面布也。仰山爽約，不特病後，正緣與郡之初，薄避嫌疑。舍人冬春之交入趨明光，迎謁可必。未間，更蘄爲國保愛，瞻祝瞻祝！

某僭易拜問碩人，恭想懿候多祉，山婦謹伸下悃。令嗣機宜何日拜辟書？今郊復奏誰也？至先奉祠，甚爲閩部惜之。名香、厚幣，遠拜珍賜。旅瑣未有藉手物，愧怍。數日前梅寺丞過此，云曾到農圃，因思江西一道惟臨江二圃可觀，然安敢望石湖耶？

又 淳熙元年

某竊以杓回寅次，曆紀新元，恭惟知府殿撰舍人玉帳行春，神人欣賴，台候動止萬福。某近屢拜狀，想無浮沉。羅主管人至，領十一月半手書，累番三復，殆不能去手。具聞威愛交孚，一道廓廓無事，詩書謀帥，其效可謂速矣。謙之想已去少嘉，同事正自不惡，石湖風月未應入夢也。近事想皆得報。沈得之内批守荆南，姚令則兼樞，楊子靖復奉内祠，韓无咎除郡，二守史爲吏、工少常伯，又聞李秀叔落權字，王季海夕拜有命而未下，過客云爾，亦未知虚實也。景盧因經從一再見，次對復悠悠，然用實歷減年，旦夕當轉通議大夫，亦何必待制耶？贛守陳季陵恐自池、饒而來，叔晉可以請祠矣。半月前，贛得廣東關報，謂有牛客合茶寇殆二千，破賀州一縣，犯連山清遠界，督傍郡戒嚴。然計來教日子，恐不應爾，既而果無。遠方多妄傳事，然官司不移檄。今消息想展轉自此而北，恐通江浙親舊書，謾有以釋其疑爲佳。劉、盧、宋皆荷記念。花練真野服所宜，拜賜珍感。蕓婢死已半年，想是不能承當東壁之句耳，因問輒布之。逼歲百冗，適此端便，撥置作此，更數日羅氏僕行，别附記。餘乞珍護粹沖，倚須宣押。

某頓首再拜上問尊嫂淑人懿候萬福，令嗣機宜侍履清安，台眷同慶，孥累起居。後院何日徵蘭？犀錢玉果，引領以望。恐有好蜜煎，因來求數種，不罪干凂？巖洞已成圖否？

又

某伏以杪秋霜冷，恭惟判府經略殿撰舍人制閫成功，凝香清暇，台候動止萬福。某近方因鍾生赴官寓尺書，忽蒙遣騎訪蓽門，故人意重，不減衛、霍，慰感何可言也！乞祠恐無是理，舊德英猷，自應歸冠從班，不爾猶當用久任新制，如長文以龍閣再守當塗，石湖未應入夢也。某杜門如昨，雖無疾病，而禀賦虚羸，志氣蕭索，困眠飢飯外，略無所爲，每自愧歎。舍人綏靖五筦，應酬庶事，猶悉力於翰墨間，愈久愈工。如《亭記》、《館銘》，本原經旨，遣詞峻拔，亹亹柳儀曹、劉賓客之上。天之賦予，一何偏也！樂府措之《花間集》中，誰曰不然？陳無己云「妓圍窈窕，争唱舍人之詞」，今在桂林矣。最後《七夕》篇尤道盡人間情意，蓋必履之而後知耳，奇絶奇絶！此邦時官不好事，相忘於江湖。新報殊不曾見，傳聞曾揆引疾甚力，恐難宿留。李泉自英、韶歸，尚未到贛。他日當以書求《三登樂》副本也。陳季陵數通問，新刻西漢三書想已遣送。近忽云緣多病已開閤放楊枝，而道塗之言則不然。某向在浙中得東壁生，既歸又益一妓，頗能歌舞。初弟欲娱賓，而兩年間併失之，自此不復萌此念矣。侍愛妾輒及之。羅主管殊可憐，張令、劉幹上荷顧恤，崑山何緣數通問，子師平江之政必可觀，亦有明州郎君在彼，正恐復舉半刺故事耳。仲寧聞旦夕赴官，仲賢已侍外姑來餘干，沈持要除宗正，或能誦至先周南之滯耶[二]？

某皇恐再拜上問尊嫂碩人，敬惟玉體沖裕，機宜侍學增勝，諸姬佳履。二藥扶衰朽，三果飫老饕，皆珍異之賜，祇領感激。惟桂粉似虚辱，已令老婦分遺娣姒矣。閒居無可寄遠，因來諭腹疾後多用燥劑，輒往鹿角霜十兩，并新刻《詛楚文》納上。却欲求使府《千金方》，若未訛缺，因劉幹或張掾有人歸爲致一本，不勞專介也。皇恐皇恐！

某伏蒙寵示三大字，雄遒結密，蓋自莆陽外家一變而入顔、楊鴻雁行矣，幸甚幸甚！俟刻成當納副墨，仍寄潤筆也，呵呵！

又

淳熙十年

某竊以天氣猶未甚熱，恭惟判府安撫留守大資參政惠浹威信，麟堂安燕，鈞候動止萬福。特枉墨妙，欣感無量。昨見李聖俞云嘗閉閤累日，旋已無他。天方相英望以究勛業，固應百順來備，何微恙之足云？祠請堅決，尋付三省。既將上，則乾剛確然莫可回，聖俞必詳布曲折。渠所携鈞翰龍蛇飛動，相與歎美不已。諸公欲得范文正帖，已開就否？秦侍郎奏薦，向來指揮甚明，今又得旨，可無疑矣，因會望語及。餘乞嗇神保粹，以需

[二]「陳季陵」以下至本段末「周南之滯耶」原脱，據明澹生堂鈔本、四庫本補。

廷告。

又

某竊以毒暑異常，夜來一雨，方有生意，不審江東如何？即日恭惟德政致祥，静治多暇，鈞候動止萬福。某比蒙誨諭令姪差遣，即叩諸公，皆云自得鈞翰，亦會所求不侈，遂免留滯。大例難得，近闕亦無。奈何惟孫長孺所求未遂，文親有口無分説處爾。陳申公垂車志不可奪，須進官一等，全名高節，始終無疵，古今蓋鮮儷也。劉正夫可念。錢叔憲睥睨楊闕，既不諧，遂鋭意求錢綱，方宛轉已不起疾，猶賴得到家耳。人生如此，竟何爲哉？郵筒未暇他及，惟乞珍御沖理，蚤歸枋任，副中外之望。

又

某竊以秋杪氣肅，恭惟宫使大資參政晝繡來歸，神明介相，鈞候動止萬福。某强顔班列，方寸未嘗少安。外姑年益高，羸疾岌岌，緣此荆布驚憂萬狀，亦復抱病。公私膠擾，無有是處。緬懷明公釋管籥之重，結香火勝緣，杖屨石湖，日對奎畫，領略奇觀，想覺是身方爲我有，其樂何窮？然德望眷簡，僉謂席未暖而召節復行，恐未容久兹徜徉耳。更乞珍輔沖和，副此馳頌。

某比審晉班規殿，式寵舊弼，免章洊至，温詔弗俞，君臣之間，恩意兩備。搢紳欣頌，萬口一詞，况辱深知，喜可知也。方俟受告，專具慶禮，而書函先暨，感激難名。薄遽具復，莫寫情素，尚容續致書次。

又 淳熙十一年

某竊以律應黄鍾，寒威用事，恭惟宫使大資參政賢德光亨，神明棐佑，鈞候動止萬福。謹啓承詞箋史，敢乞省察。

某比聞微恙悉已痊平，蓋造物愛公至深，故納之維摩之室，而使之垂意乎桐君之籙，庶幾功踰房、杜，壽永喬、松，辱知愛者可以賀矣。

某載惟統得乎天，三正稱首；陽生於地，一氣潛升。惟時宗工，帝所簡在。對時受祉，何止倍蓰於他人？所冀乘兹道長，亟持政枋，均朋來之福於天下。臨筆不勝馳頌之至。

某比遣記報丁君差遣事，想已呈徹。謝使君請老甚堅，少須必奉祠而去。承天顯輕捨岳林，今當不自安，謾爲致此意於綉斧，或有幽静處能與易地，是爲大幸，更宜垂情也。

又 淳熙十四年

某泣血言：邦禍非常，光堯厭世，聖君號慕，臣庶摧傷。參政策名先朝，以遺嗣聖，位隆二府，同國休戚。諒初奉諱，痛苦難任，無從面訴，第均悲愴。不次。

某一自變故以來，聖上執喪過禮，度越前代。日侍軒陛，哽塞無措，坐此致唁稽晏。先蒙鈞誨，慚惕無已，惟鈞慈有以矜亮，幸甚。

某比蒙緘啓盛禮，正緣國哀，未敢視儀以報，謹因尺牘，先謝不敏，續別脩染，伏乞鈞照。

又

某披訴之後，匆匆遂見長至。異時兩宮龍衮交映，聲氣和樂，極古今之盛事，今乃爲縞素哭臨，寧不心折！宫使大資參政義鈞休戚，固應愁隨一線而長也。只今聖上哀傷過禮，言逐涕下，每入侍輒哽塞。伏恐欲知，遞筒附記草率，尚乞垂照。

又 紹熙三年

某竊以冬臨首序，風雨作寒，恭惟某官乍歸故鄉，意趣愜適，神明攸介，鈞候動止萬福。某昨於邸報中睹當塗謝章，方遣人致賀，旋審再伸祠請，莫曉其故。已而方聞愛女道中得病，久留東壖，開藩之後，竟去閨房。天性鍾愛，决知難於解釋。世間幻化，高明所達。既哭之慟，又津送以時，自應一筆勾斷，不復留寘胸臆矣。無從面叙，謹此少致拳拳，餘乞倍保清崇，仰符倚注。

某扶憊乘障亦既滿歲，前月瀝懇丐歸，計今已有成命。飲食日減，瘦悴異常，不去何待？兼夏間仲兄逝去，老懷極不能堪，便欲引去，適會繆舉紬爵，少待三兩月蓋以是耳。浙中大稔，甚幸。湖湘本亦然，偶地寒收晚，連值陰雨，遂妨收刈，在田登場者皆將生芽。欲去未行，祈禱紛擾，日夕惴恐。窮人命分惡，大率類此。既不能專介，輒附遞往候記曹，伏冀鈞察。

黄仲秉侍郎 乾道九年

某竊以摇落在辰，恭惟知府殿撰侍郎鎮撫要藩，神人交相，台候動止萬福。某去冬不及一見而別[一]，甚快快。旋承以忠言結知，正位夏官，已乃親被選除，爲寰内方伯，皆不獲具書致賀，非敢忘盛德、廢常禮也。屏迹山林，日侶耕樵，於當世名卿有隱顯之殊，勢使然耳，未知門下察不察也。北固古形勝地，今又密拱行朝，自非碩德偉望未易輕畀。君侯才名出衛公上，江山想復增重。然上素以輔弼相期，恐亦不容久外耳。某駑才薄命，幸且養痾外祠，乃忝分竹之命。自視骨相，豈堪著轓蓋間？果爲病嬰，進退莫可，再三控免，見席稿俟罪也。偶故人張迪功郎剛行，輒自通其姓名。心氣怔營，書不盡意。張過府下，望賜與進。真父乃止此，念之心折。李瀘州想常得書，姻事已畢否？欲轉附數字，病倦未能作也。餘乞爲國保重。

汪仲嘉尚書 乾道九年

某竊以霜寒在序，恭惟判府閣學尚書鎮臨巨屏，神人交相，台候動止萬福。某比遣狀後，尋聞上眷加隆，升班學士，且循千里借留之請，諒深懽慶。尚書德名冠於當世，治行追乎古人，入

[一] 冬：明澹生堂鈔本、四庫本作「春」。

而爲公，宜用漢制。繼今馳賀問，玆未敢多云也。某才駑分薄，只合投閒。昨被分符之命，深欲往依大芘，而疾病嬰纏，止或尼之，徒切悵望而已。《辛卯送行詩》今方牽課録呈，稽緩鄙惡，皆足獲罪，望一笑擲之。嘉叟遽如此，使人太息不已。身後想賴調護之賜爲多，旦夕方欲弔其子也。匆匆具稟，不果多幅，惟乞爲國珍調，早正三事，慰中外之望。

趙子直丞相 乾道九年

某竊以霜晴氣燠，恭惟知府大著同舍兄台候萬福。某近見謙之，方知已遂開藩，奉親鄰郡，擴及民之惠於千里，計有可樂。頗聞閔雨，後來莫應祈禱否？某懇辭富沙，自謂必獲大戾。今日聞聖恩賜允，未審果否？若所傳不妄，則感戴寬宥，何以報塞？今長與農夫歌詠德化，真幸民也。因契家趙蕃主簿求書，輒附尺牘。趙工詩能文，但以貧爲病，亦知州郡豈有餘力及人，渠既專介遠來，又不容拒，尚望垂念。某復有私懇：舅家在上饒縣前居，表弟王澤監廟旦夕服闋入浙，凡百望賜周旋。頃在行朝，嘗分俸賙之，自歸廬陵，此事遂廢。蓋其家不善量入爲出，隨得隨盡，旦夕欲擘畫百十千寄宅庫，逐月支與，因此便預以布浼，僭越知罪。餘乞爲國保重，別俟召擢。

又 淳熙三年

某近因李仁甫遣介行寓書，必徹台覽。即日台候何如？申審文字想已在道。若得賢者來朝，遂留華近，雖雅志未愜，而士論則欣然也。誠甫歸，草此爲問。胸次所欲言，殊未能究。少卿遺文裒集如何？携至幸甚。方歎失此奇士，又復哭玉山公，殊令人短氣也。某尸素益多愧，又心志飄零，惟切躬耕之念耳。未即晤語，切幾保重。蔣校尉所寄台翰方到也。

又 淳熙十年

某辱公劄，至慰。林生行遣指揮想已到矣。海寇既獲兩船，必遂定疊。高石勇其選委副延祥，更望觀其施設一報，人極難知也。牛安十二月以母老進狀求歸，既進一等，又却欲歸故官，何耶？幸諭及曲折，然後取旨，姑少緩月日，自無害也。商榮聞是千人敵，果否？因郵不果親染，切幸台照。

又

某竊以天氣炎熱，恭惟知府殿撰侍郎台候動止萬福。某辱五月二十八日書誨，不勝感慰。海船錢三省即降旨支撥，憂深思遠，近世君子忽而不講者也。殿司備左翼軍申，泉州又捕得賊船一隻，尚有餘黨未殄，不知果如何？小吴郎，林文執之於崑山界，已凌遲處斬〔一〕，彼中探伺異同，何也？商榮姑留帥司足矣。

〔一〕凌遲處斬：傅校本作「傑於市」。

汀守不戒，乃向在武昌與善括互論者〔一〕，已審察赴任，未敢保也。仁甫康强如故，三子皆拔解，耆舊凋零，幸有此老耳。昨日已對，勢須進職奉祠，寘之經筵史院也。《筠齋記》三復欽歎，自比淵明固無愧，若以長樂比彭澤，則出處不侔矣。今夏毒暑，不可過細思，閭閻何以堪之？二浙亦已闕雨，奈何？來介未來索書，有新常州録參葉昌言却來求數字，藉手伏謁，此乃胡邦衡姻家，因以畀之，望賜一顧，餘乞保重。

又 淳熙十一年

某辱前月二十七日書誨，不勝慰感。汀、劍之寇如何？昨庚牌所降指揮甚詳。前日提刑司所申，却又有兩項頑民入夥，恐久則黨附者衆。要是民貧思爲盗，此日夜以爲憂而時賢所忽，爲可慮也。四巡檢事只得任之，上謂以謬懦被執，非唐儉及僑氏子之比，難於急取。若賊勢就衰，未必不全也。心氣想無他，更宜寬裕以處之。如某素有此疾，今任四方之重，非特一道，所謂心地未嘗舒展，又非老兄比。事宜切須日申諸司，節次有文字來耳。

春伯所報雖回互，聞要路怒別駕甚，不免誦言於衆，謂方委討賊，只當少寬，未知竟如何？人實難知。如云向愛珍禽之類，亦宜物色。蓋今時風俗，方見主人相向，亦鮮肯忠告也。又密聞一説，云帥奪盡諸司權，大抵人不肯任事。乍見吾曹向前，便有此謗，亦可觀過知仁矣。如不肖被謗，又不可聽，大抵作事是難。

又 淳熙十一年

某辱八月初六及十五、十六日所惠教，不勝感慰。訊後恭惟台候萬福。得延憲二十一日將樂報，賊首約二十四日出降，第懲艾父祖，恐未果決。此曹要無能爲，只憂窮民實繁。老兄去冬以來切切欲擇守恤下，乃曲突徙薪計，或者未必不笑其迂，直是焦頭爛額方策勛耳。汀、贛招軍，誠如來諭。但壬申贛擾，正坐殿司。況守令動輒搔擾，雖給以錢亦侵移妄用。若止招土軍乃可，又恐衣糧不繼，仍多占破差使耳。南劍後來得雨否？自吉至廣一帶皆旱，廣中固不申來，而林子方亦無一字，疑有相訝處，不可曉也。三司牧放，安有是事？步司反自六合移入湖州，傳聞無稽類此。如點檢海船城壁，蓋十五年不曾覷着，緩急將如之何？今年略且提起，明後年便是熟成，然亦緊中却放慢。雖暫有紛紛之議，隨即自定。若要無一言半句，則須百事皆不爲乃可，此更是費調護也。老兄悉心公家，屈志從人。然好事者多以爲專，且云不容諸司措手，玆與不肖被謗殆爲一律。蓋人欲因循，此欲振勵；人喜任事之自是自非，此則與之辨白曲直；人好虚辭牢籠，此則盡誠忠告。識真者少〔二〕，公心又加少，安得不以獨醒爲醉耶？其他左轄必能具道，向亦附狀略及一二事，想呈徹久矣。

〔一〕向：明澹生堂鈔本、四庫本作「尚」。
〔二〕識：原作「職」，據明澹生堂鈔本改。傅校本作「誠」。

帥司抽摘新刺之軍〔一〕，初未知此法，旦夕便理會。餘乞保重。

又 淳熙十二年

某奉九月二十四日書，喜承台候動止萬福。某病目兩旬，猶未全愈，作字艱甚，所以疏奉尺牘，瞻仰可知。北方遣接伴賀正使，至真定却追回，而令泗州牒報盱眙，謂地遠寒色，權止賀生辰使一年，莫測其由。或恐謀傳授，或恐别有事故，皆未可知。抵掌伊吾，必有其人，衰頽愚戇者，何以任重？又相覰伺者極多，想薄聞之。一身不足恤，正慮謀國無術耳。孤踪又非老兄典郡比也。閩、廣皆旱，贛、吉亦然，奈何？姜太老既盪平，紛紛不足問也。虜中信符讖，未必不疑。乙巳、丙午，其太子乃留燕京。向諜報製造儀衛兩副，是以疑其將禪付中原於此子，而自處巢穴，縱有紛擾，不失舊物，或留意在兹乎？令弟差劄納去，此最近闕也。令似姻事已畢，可喜。劉充方到，權攝之論謹悉。他乞保重〔二〕。

又 淳熙十一年十二月

某近見黨惠，云欲航海而歸，自詭止用數日，故以書畀之，未審果能如約否？今年寒色異常，雪已屢作，閩中如何？恭惟台候萬福。北方事叵測，要當自治。某才力既短，又無助我者，未知何以塞責也。點檢海船未報〔三〕，何耶？功賞文字想已到，陶、葉亦已復守闕進勇副尉，令自效。惟先請移軍兵等，事干軍旅，恐成紛紛，又方有從官奏云：「州郡將兵任責，必見指揮。」此正相戾，所以未敢取旨，當蒙識察。師懋聞頗循良，果否？崇安爲地者衆，今止得近闕倅，此天意也。搴御札謹拜賜，餘乞保重。

又 淳熙十二年春〔四〕

某竊以天氣暄和，恭惟知府安撫待制侍郎尊兄盛德鎮南，台候動止萬福。增秩已拜綸言，諒深懽慶。特辱書翰，不勝感戢。左翼招軍緣隸殿司，須略令勘當，即便取旨。惟揀汰一項見用三衙及御前諸軍法，恐難獨異耳。移寨與施丈再三商量，更欲得兩司審訂，免他日復轉改。此於吾兄獻明未嘗敢少緩，或有所疑，若亦唯阿，則非執事體國之誼，是敢盡區區之情。儻或未安，却望垂教。前此荻蘆掣肘，致指揮爲虚文，今故尤欲審詳，不審蒙恕亮否？鹽筴上自照知，不然衆論豈易遏耶？閩中歲事如何？浙間近清明乃有數寸雪，臨安城内却止微霰，氣候極寒，兩日方和，必損蠶麥矣。去年贛疫，吉旱殊甚，林子方亦不盡知，王倉却曾詳奏也。北方止是相疑〔五〕，諜報虜主秋間欲復還燕，更看中夏間探人回或知端倪爾。餘冀若時珍愛，以俟召節。

〔一〕刺：原作「刻」，據明澹生堂鈔本、傅校本改。
〔二〕原刻文末校云：「案：知聖道齋本前首全缺，此首缺前六行零七字，從張本補。」
〔三〕點：原作「默」，據明澹生堂鈔本、四庫本改。
〔四〕春：原無，據明澹生堂鈔本、四庫本補。
〔五〕止：原作「正」，據明澹生堂鈔本、四庫本、傅校本改。

又

淳熙十二年夏

某辱此月十一日書翰，喜承台候萬福。五月八日地震，江浙閩廣皆然，而閩爲甚。今長庚復晝見，其將奈何？虜中方放殿試榜[一]，秋末葛王當還燕。在彼者皆不須問，顧在我者何如耳。某冒尸重任，日益孤危，累月商量，欲二相兼領西府，旦夕須禀旨也。富沙薦二將文字方到。自古若不妒賢嫉能，何事不成？孔子百篇之書，以《秦誓》附典謨訓誥之後，玆豈細事也？海舟安得不爲緩急之備？庚牌循例耳。比方白遣王厚之料理遞角，正恐將來誤事。其病在衣糧不給，論其本則州縣窘乏，當有任其責者矣。張進方到，所求太高，容斟酌與之。一書答晦庵，望附的便。餘乞保重。

又

某奉六月二十一日書誨，喜承台候萬福。累拜狀，何未達也？勞人送荔枝與侍從、館職，既非急務，兼是創例，傍觀以此爲罪，亦何不可耶？揀汰文字未到，蓋附遞必遲，俟見子細，當商量行下。盛雄飛好與人往還，遂掇此禍。然持身治軍苟如此，豈爲盡善？大抵今時士大夫責己甚恕，議人太過，況武夫乎？亦未須爲同僚道此，恐人心難保也。北方不爲嚴密，顧我自治何如。海舟向來數歲輒一發，今久廢弛，不得不起，出入愆爽者當小懲之。馹召諸將，上必有恩數。如某冒處非據，憎嫉滿前，朝士掃迹不相過，人情可知。自去年禀二相，欲其兼領樞務，偶施聖與堅欲少待，遲遲至今。六月間覺得不可緩，即對衆納劄子於榻前，既而聞臺諫皆有此請。時哉時哉！若得同舟依跛男子，非大幸歟！數路同日地震，前已寫去。聞福與漳爲甚，此正老兄所部，更宜加意爲備，以消弭未形也。長庚又晝見，勢或經天，奈何？餘乞保重。

又

某辱五月所惠書，知前所遣狀一一呈達。訊後恭惟台候萬福。地震閩、浙、江西皆同日，甚以爲懼，在榻前不過奏陰盛防兵動耳。朝士方以爲諱，或云常事。忠簡所存行[二]，僕何敢任也！大石林牙始因盱眙采道塗之言，既而漸息，日來蜀中復云爾。大抵皆虛誕不根，好事者遂有縱臾之興，獨當鎮之以静耳。今葛王曲赦上京，刊石以紀先烈，四月間回香草殿納涼[三]，秋間歸燕未可知，萬一傳授，乃可憂也。海舟未必用，緣數年不講，恐緩急費力，迨此暇時神而明之。如浙東者止令檥岸，不曾起發，亦省費之一端也。黨商奏已進呈，功賞文字皆了。李雲任數既足，不容破例，曾行下問正闕[四]，想已見之。集議鹽法，乃浙

[一] 榜：原無，據明澹生堂鈔本、四庫本補。
[二] 行：原作「存」，據明澹生堂鈔本、四庫本、傅校本改。
[三] 殿：明澹生堂鈔本、四庫本作「澱」。
[四] 問：原作「聞」，據明澹生堂鈔本、四庫本改。

東勾提舉乞用小鈔事〔一〕。如廣西，朝廷初止應副十萬緡一次，後來再應副一年，而歲輸武昌十萬緡亦復不遺，一歲間驟得二十萬，分在諸州，則雖官船何所不可？今聞客旅不多，往往分鈔令諸州自變轉，州以客人請領爲名，其實近乎官般官賣〔二〕，以此事亦稍定。但林漕與韓鹽方大鬧壑鄰耳。党君所謂教軍須令樂戰敢死，其説是也，老兄謂今諸將能之乎？餘非書詞能盡。時展《筠齋記》，以慰傾渴。餘惟保重是望。

又

某辱十一月十日所惠教，喜承台候萬福。陽復道亨，吉人受祉，况惠政浹於編民，固宜入奉清光，臨風不勝頌詠。鄭丈聞借蕭氏之居，極爲宏壯〔三〕，相從當有可樂。越上紛紛，乃因施設語言太快，啓行時惡少貼匿名書，朝陵宫人取以歸〔四〕，遂成投杼，初無一綱之説。左右佩劍，醉醒異觀，古今皆然。孔子所以有疾之已甚之戒，惟虚心無我乃可耳。盛雄飛案節録拜呈，借使軍用有所乾没，亦武夫常事，似難深責。惟二年纔五按教，以禁旅送教官，爲將如此，不可謂之每事整理不肯放過。今當趣刑寺約法，一面取旨，無使憲司甘心焉。善宲必欲近見闕，是以留滯，已爲奏陳，如其所欲。贛兄二月當上，到此不欲相就安泊，殊不從容，東坡所謂此身應坐不歸田也。奏議甚奇，他日成書，不能無望於拜賜也。邵武教授徐元德高科婞直〔五〕，流落困悴，往爲張詔所按，近方到官，有書求自通於門下，蓋慕名德，非爲擧削計，因答書，望慰藉之。所懷千萬，言莫能盡，餘惟爲國保重。鄭丈尚書因會告千萬拜意，比已附狀，茲未果再。知丞留此尚未有所向，每與蹇叔相念也。

又

淳熙十三年冬

某比一再遣狀，想無浮沉。得八月二十六日到成都書，不勝慰感。田、姚指揮想已到，奏辟姚史即批依，可卜信任之意。嘉、叙蠻獠，計已無事。向僭易納忠，欲得愛而知其惡，憎而知其善，以矯汪玉山之偏，願無忽也。右相所苦漸安，大貴調理，内祠經筵恩禮甚優，其他舊吏必詳稟。林生方送去年誨劄來，士人做事無頭腦大率如此。遽中不暇他及，惟乞保重。

又

淳熙十四年

某竊以暑威日熾，恭惟某官鎮臨有裕，台候倍膺殊祉。連得宇宙二近信，欣感無已。作事之難，古今所同。碌碌循常，必致誤國，稍出意見，定遭指目。老兄在彼與僕在此内外雖異，其理一也。凡所奏請，聖上皆主張施行，無齟齬者。茶司錢物莫且略知其出入大概否？蜀士多謂徑下州府括賣，恐歧而爲一，有妨馬

〔一〕小：原作「少」，據明澹生堂鈔本、四庫本改。
〔二〕般：原作「船」，據傅校本改。
〔三〕爲：傅校本作「其」。
〔四〕朝：傅校本作「守」。
〔五〕婞：原作「弼」，據明澹生堂鈔本、四庫本改。

政，不可不知也。交子中界已有咨目報去，更望致審。若舉十二萬緡支與軍人作貼頭錢，却似正當，未知可否？今歲則無及矣。椿積米麥只得徐徐施行。張季長錢引已悉。邛、綿諸人譽之者多，決無可疑。王履當與一郡，聞其子在此廷試也。茶司吏人誠僥幸，烏可不少抑之？餘冀保重。

又

某悚息再拜。某才力駑下，叨塵過分，累月以來憂愧萬端，罔知所措。初薦王弱翁，只藉其肯相箴警，可備三益，豈知弗協衆論，望風見沮。舉此一端，他可知也。劉子叙亦宛轉諭使勿來，當以一倅處之，其他悉付公議，不敢自解。素與昭文無怨，只是南北異俗，緩急異性。今既聯事，敢不屈體降心？雖是不學無術，豈不力思自克？縱未能益國，豈忍誤公家耶？同寅詔語，却無意也。只是命分已過，精力大段疲乏，難久尸重任(一)。適踰月不雨，旱勢已成，更慚懼終日，昏昏如在醉夢中，其將奈何？去秋得一孫，謂可長立，少娛晚景，數日前復失之，老懷極不能堪，此亦福過災生也。

某悚息拜問隨軒眷集，緬想上下均祉。赴試船事初豈免云云，今已定矣。都宰爲朱漕劾罷，龐宰祠歸，想皆聞之，程葳少一考，可以周旋否？某悚息再拜。

又

淳熙十四年秋

某近兩以書付專人，想未能遽達。太上初感風痰，緣聖性好飲冷，而醫者用大黃、巴豆之類太多，瀉動真氣，今已一月，尚未向安，憂慮不可名言也。回禄事想已報來。聖上明照萬里，保護甚至，何以報塞？今陳諫議以憂去，自可安職，以寬西顧。某前書嘗及決去之意，今則乃未敢啓口。之死靡他，亦臣子之常分，非敢有所避就，只恐衆論不容，自當見幾而作耳。

又

紹熙三年

某辱此月十四日誨答，趙永州書亦已拜領，併深感慰。秋涼，恭惟台候動止萬福。某藉朝芘粗遣，惟心力疲乏，大非昔比，年垂七十，理固應爾。更一月後即控祠請，望於廟堂張本，免至再乞。若非自覺病軀費支吾，且運氣方惡，亦豈敢備禮也。二事輒具別紙。本欲徧作諸府書，正以心悸目痛未能下筆，數日間專遣謝緘矣。湖北水溢，波及此間外邑之益陽縣，他無可言。瀘南七月十二日紛紛，甚可駭聞。張帥繼王宗正妄費之後，府庫稍充。其人性清而執，必是於近例支散錢物之類有所撙節，所以致此，其人只可爲監司耳。餘蘄順令保頤，即俟柄用。

一、賣田事。此間僚屬屢勸援湖北例乞免括賣，私謂頃年長沙

(一) 久：原作「以」，據明澹生堂鈔本、四庫本、傅校本改。

已曾施行，義當助國經費，不敢有請。又見常平使者，云已申乞免郴、桂、武岡三郡被邊去處，深贊其知體而不復有云。前日渠到此，却云得廟堂書，此事寢而不下。會收宜章滕瑱申狀，謹以封呈。若廟堂知其所得之微，必欣然從之，試問君舉，亦須能言，何止太山一毫芒也？敢望速爲稟諸公，只檢會張倉所申畫旨行下，非惟快便，兼無形迹。偶張倉已往邵州巡按，商量不及，亟以致懇。如姻家户部方提領此事，必可致力，得附此介一報，庶免迂回，幸甚幸甚！

一、修城事計度又累月。初緣六七十年無人問著，其上皆生巨木，根株牽引，更幾時必盡摧墊。凡費數月工夫，用錢數百千，雇人芟斫，始見缺陷去處，乃敢具稟。若朝廷未許十萬，則亦不敢輕議。今既荷諸公有意成就，即令屬官更加審覈，數日後方敢具奏。大意欲得令漕臣提督，沿邊漕臣皆帶提督修城。飛虎及本州諸軍出力，而令兩倅往來監視，其錢物亦付漕司。某並不干預，非特旦夕丐去，亦自無心力及此，姑發端爲永久之利耳。初亦擬費數十萬緡〔一〕，既見基址可以增陪幫貼，乃定十萬之數。若得度牒自行變轉，或降一半會子，却從行在發往淮西總所截兑所解之錢，似亦兩便。今先陳大略，續有申明文字拜呈矣。過堂能於相參二樞密處稟及，尤幸。

又 紹熙三年十一月

某數奉尺牘，深愧煩悤，時勤擲答，感愧兼之。霜寒，恭惟表儀禁近，台候動止萬福。某丐祠未允，本欲再請，緣城壁事初意就飛虎舊將數人趁時修築，又慮去計已定，籍漕軍風力成之。既經商量，幸廟堂應副度牒，而或者乃勸漕大興工役，濬隍增陴，規模甚廣。其説未必不當，然與當時所料不同，其費浩瀚，又毁拆民居頗多，定致紛紛，兼迫隆冬，遂未敢下手，勢須別更相度，緣此須候來春方申前請。此非所計，但廬陵子中值歲中連喪兄姊弟三人〔三〕，獨存任數房百口之責，急難莫助，心甚不安，憂撓殊甚，如坐針氈之上也。長沙財賦全藉違法放倍歲税，累任漕臣視而不問，往往却於其他名色，時爲寬恤。自某到官，首罷此項，而已放者不可復比〔三〕，今尤欲民譽時復，降榜住催，遂成窘迫，獨幸年豐爾。苦節未睹其效，先受其害，理固當然，蓋平生分定者。漕相處極無他，前嘗謂賢者過之，皆此類也。項平父暫往省親，館職豈易得耶？桑景詢事，了中寫來，別紙録呈，末後一節亦足不朽。因《實録》載贈官事，附小傳於後可也。王氏子恩澤奏已令投下，望催趁，聊以勸忠。效用子弟乞暫廩給，聞議者已恐費無從出，况全給乎？此在朝廷指揮如何耳。中興初，密院典故頗在西府，嘗委編修官編類，徐議筆削，記得纂得數年〔四〕，丞轄所云豈謂此耶？當時雖曾寫得數項，後來歸家，或舟或陸，或携或寄，今遂無尋處。最是初元御營使與三府並置官

〔一〕擬：原作「疑」，據傅校本改。
〔三〕值：傅校本作「往」。
〔三〕比：傅校本作「取」。
〔四〕得：傅校本作「修」。

吏，降旨則云「三省、樞密院、御營使同奉聖旨」，體面極異，至數年方併歸一，此不可不記也。餘乞保重。

築城奏稿并破料數昨已録呈。當時經商量而後奏，謹以回劄拜呈，庶知非敢造次。本意只藉其威重，且倚爲代，免臨去旋取旨。不謂聽迂闊者大言，聞欲畫圖奏申，其勢難遏。意非不善，事則多礙。蓋内地非極邊比，擾人固是一節，其費恐數倍於今。兼云日須支工錢三百，此間自來無此例，既開則難合。望密與丞相商量，不欲形於公文，彼此俱善類，自爲異同，到則不好看〔一〕。或恐文字到朝廷只合從元申，或且需後，唯命是聽，況度牒未能便去手耶？顒俟台諭，方敢徐禀。更望語丞相，兩司相與初無他，不必他疑。州郡待監司惟恐不至，豈爭閒氣也？此語切勿廣，蓋漕有手段，籠絡士人甚厚，纖悉皆知耳。

又　紹熙四年夏〔二〕

某比聞大用，尋報紛紛，所以略具尺書爲賀。今審果爲上眷曲留，不勝宗社之慶。偶緣病目未愈，加之欬痰大作，晝夜牽頓，略無少寧。欲遣介已累日，未能作書，今口授小兒，拜禀如後。

樞密同知素負海内重望，今復聖上注意延登，力排邪論，中外無不懽忭。欲報恩知，可以遥度，更望臨事審重，以濟事功。一或爲衆議所迫，如韓退之《諫臣論》之類，亟思解釋，少副僉期，却恐於事稍差，莫能盡善，蓋廊廟之體與侍從不同耳。某偶緣百病交作，心欲有所獻而志不隨也〔三〕。

一、某所請宫祠，本望四月末到此，五月初可歸，今猶未聞俞音，不知奏劄竟付下否？今以病中未能再入文字，俟數日間稍可支吾，別當布禀。

一、三郡賣田事，張倉再有申狀，昨送在版曹，未知尚可提起否？

一、潭州申尚書省，乞截撥四年施利錢修岳廟，想密院不欲干預。然以廟中施利而修廟，名正言順，朝廷必不計此一二千緡，特本州無從出耳。因徐子宜白事，密語之爲幸。某實以病中未能一一作書。

〔一〕則：原無，據明澹生堂鈔本、四庫本補。
〔二〕紹熙：原作「淳熙」，據明澹生堂鈔本、四庫本改。
〔三〕隨：傅校本作「逮」。

廬陵周益國文忠公集卷一九二

書稿卷七

劄子 四

陳應求丞相 淳熙元年

某伏以深秋天氣浸清，恭惟宮使大觀文相公民望所依，袞歸有日，神天顯相，鈞候動止萬福。某伏自向辱鈞翰寵答之後，懼瀆嚴重，不敢時布尺牘。惟是尊仰道德，感激知遇，一寢食間豈嘗弭忘？竊聞新府落成，未獲爲燕賀之客，此心益以馳騖。仰乞上符聖眷，加護相茵，還秉國成，永隆邦治，某下情不勝懇懇。

某罪垢孤蹤，得奉祠田野間已爲厚幸。忽蒙上恩，寄名館殿，大懼無以稱塞。自非相公昔者甄陶於當軸之日，今茲薦進於均逸之時，則如禿翁，寧望甄叙？荷戴鴻施，筆舌有不能盡者矣。閒居難辦牋啓，輒以手書少叙寸心，伏乞鈞照。

又 淳熙十年

某竊以凝寒在序，恭惟致政少傅大觀文相公功成名遂，德業久大，神人交相，鈞候動止萬福。某强心爲智，日虞戾及。伏睹相公榮錫安車，揮金故里，縱未能恥躬不逮，勉繼高躅，猶當揣分量才，力求閒散，少贖既往尸素之咎。不然，聞伯夷之風而弗思廉頑立懦，其何以齒士大夫之列乎？慕仰至深，不覺忉怛。餘乞珍調寢味，永延眉壽，公師之拜可馴致也。

某自聆告廷得謝，雖嘗一再馳辭以慶，而緘啓未修。非敢怠也，誠恐謙德素隆，必將視儀寵報，故寧自墮簡忽之域而不欲仰勞鈞重。今蒙寵賜公禮，實出倒置，慚汗踧踖，殊不自安。尚望原其初心，特與寬貫，某下情無任懇禱之至。

史直翁丞相 淳熙元年

某伏以季秋之月，氣序和暢，恭惟判府大安撫開府相公收斂經綸，惠綏一道，顯幽相佑，鈞候動止萬福。某灌園粗適，遥芘鴻鈞，引企翹材，無階祗謁。敢乞加御鼎珍，導迎時祉，即還上衮，迄濟多盤，下情不勝頌詠之至。

某近因永福曾豐主簿人行，再附尺牘，似聞道中滯留，未審今徹鈞聽否？茲者遠馳帳屏，酬以翰墨，屈三事之重禮一禿翁，相公謙德如此其厚，某之感激宜如何哉？尚惟鈞明孚亮，幸甚。

某載惟相公以格天之業，膺分陝之權。開藩以來，道洽政舉。苟可愛人利物，至捐俸稍而爲之。惟古賢哲恥一夫不被其澤，相公之心蓋本諸此。春來雨暘順序，麥已向成，計閭部亦爾。棨戟清崇，輕裘緩帶而人自得，於八郡數十縣之內可謂樂國。顧左相虛位二年，上意終有所屬，恐不容周公久居東耳。

某伏蒙鈞慈寵錫文集方書、子魚蕉荔，物偕意重，荷戴莫勝。寒鄉環堵，了無可獻癸坐者，惟有愧怍，寄之尺書。何當曳履，面攄謝悃！向風戀戀，日以有加，伏乞鈞照。

又

某伏以孟秋之月，暑威滋熾，恭惟判府大安撫開府相公民庸既著，相業滋隆，顯默護持，鈞候動止萬福。某望門墻雖遠，而鴻鈞所及，實與蒙賴。所恨未能接武多士，曳裾材館，鶩心馳神，何翅繫馬而止？敢乞順迎氣序，保固粹和，早還上台，永弼聖治，不勝拳拳之禱。

某伏蒙鈞慈遠馳單介，墜况榮牘，且有荔子珍賜，絳囊玉質，儼然未改，敬薦屏攝，屬饜親黨。仰惟意重嵩岱，惠均珪璧，蕞爾肺膺銘佩，有不能勝者矣。來人如期到此，令少休數日而後遣，伏乞鈞照。

某竊聞閩部雨暘順適，麥禾皆登，此蓋相公斂收燮調，惠此一道。想見民有喜色，里無歎聲，潁川渤海何足進於今日〔二〕？左相虛位，三年於此，當虞廷考績之際，適公旦東歸之期。傾耳制麻，均受膏澤，非諛言也。某嬰譴奉祠，榮望都絶，上恩天大，驟畀貼職。自非元老舊德甄陶士類初不間於內外，曾是愚陋，何以得此？方俟受告後敬修尺書，少叙謝悃，而相公記存厚甚，流問先及。永福曾簿雖未至，固已益感激於襟抱，形慚赧於顏面。略此敷述萬一，草率是懼。

又同宰執答史少傅 淳熙七年

雄等竊惟觀書盛禮，少傅相公兩嘗提領，自當寵顧，以爲儒術之光。既已得旨，方敢具稟。曲荷開允，正切欣幸，忽蒙峻拒，莫喻鈞意。或以坐次爲疑，則當從權以成謙德。切望便賜迂趾，非特諸儒皆閣匕箸，且恐來日無詞可以奏謝。餘令去介詳覆，伏乞鈞照。

又 淳熙八年

某竊以歲事將更，物華資始，恭惟觀使少師公相天祉道妙，交相爲和，鈞候動止萬福。功成名遂，年與德新。今固罕偕，古亦難儷。鄉閭父老，子弟族姻，椒盤頌花，簪合雲集，非時盛德，孰享榮樂？至於上心虛佇，士論攸歸，期以衛武之年，更邁汾陽之考，此在明公爲餘事，而聖朝則有賴焉。敢乞保輔沖和，丕延壽嘏，以對延英之召。

某自遠星躔，日勤斗仰。兩修尺牘，皆酬大况，未能先也，其爲愧怍，豈易名言？茲審少卿餞客禮成，主知彌厚，輟從司府，改貳宗卿。昔明公由此顯融，今賢似復濟世美。衣冠盛事，朝論榮之。敢因書郵，敬以伸賀，惟鈞慈矜亮，幸甚。

某仰賴鈞陶，充員於此，又復改歲。孤立無助，加以直情徑

〔二〕「渤海」下，明澹生堂鈔本、四庫本有「之治」二字。

行，動與物忤，踪跡久已不安。昨過流虹，即謀自弛，而歲饑民流，上心切切荒政，勢未敢率然啓口。開春當伸懇悃，未保不以罪行。仰恃知憐，輒布一二，伏乞鈞察。

又

某竊以仲冬之月，寒色方凝，恭惟觀使少師公相緑野雍容，穹ネ協佑，鈞候動止萬福。某仰繄河潤，尚此充員。內省素餐，方謀自弛。末由跪履，更切馳情。敢乞珍侑至和，益綏天祉，代工論道，行續尚父之考。臨筆不勝懇懇。

又

某自違袞繡，慕仰道德，如飢如渴，實攪寸心。兩伸籤史之敬，皆酬先辱；今玆踐長觀復，又不能虔致賀儀。夫豈甘蹈《相鼠》之刺而不悔，實由困於職務，日虞戾及，屢欲執筆伸紙輒憒憒而止，竟煩緘翰勤渠，逆施蒀品。謙而益光，大賢固爲盛德；過而不改，在某將何以自文也！尚惟通明，俯賜矜亮，幸甚幸甚！

某載惟周重天正，漢嚴亞歲，蓋黄鍾萌動，君子道長之時也。觀使少師公相盛德備躬，陰功及物，調元補袞，久著顯庸，俾壽而臧，方膺百順，對玆令序，榮樂可推。外則鄉閭父老相與一笑爲樂，內則子孫族黨爭致千齡之祝。邦榮家慶〔二〕，自昔罕偕，況近世乎？欲形頌言，殆無所伸其喙，徒致贊喜之情如此，尚乞鈞照。

又 淳熙十年

某竊以梅霖未解，恭惟觀使少師公相蟬冕山林，安榮兩得，神天贊相，鈞候動止萬福。夏成之後，竊聞談經著書〔三〕，再爲丁年之事業以惠學者。歷觀前輩名遂身退，不過吐故納新，爲壽而已，孰能精力益强，學問益光，如是之絶人乎？又況子孫滿前，福禄純備，考之方册，殆未有也，甚盛甚盛！某末緣趨侍，徒極慕仰，敢乞崇輔鼎餗，來班槐位，以副中外之望。

某碌碌充員，日惟愧恐，不能時修牋敬，意獲棄絶罪於大君子必矣。敢圖屈損威重，親染尺牘，俯賁晚生！此爲銘佩，固不待言，而禮出倒置，慚懼又如何也？前日宣諭，云少師奏海寇既平，宜趣定功，可催制司保明。玉色欣然，深嘉體國之誼。諒非忠誠素著，樂於成人之美，何以爲英主敬信如此？下情歎仰，迄今未已。因酬來賜，輒具稟知，伏乞鈞照。

又

某竊以秋暑轉炎，恭惟觀使少師公相德爵俱尊，士夫所望，默膺神助，鈞候動止萬福。某身遠門墻，心懷誨勉，敢乞珍調鼎餗，永綏壽嘏，爲國元龜，不勝祈頌之至。

〔二〕邦：原作「拜」，據四庫本改。
〔三〕談經著書：明澹生堂鈔本作「著書談經」。

某茲審抗章北闕，願還官政。如少師澤潤生民，勳在帝室，謙虛不有，中外之所共悉，况數年前固已疊陳封奏，素懷亦可諒矣。然而以道事君，與國同休〔二〕，竊揆聖心决無曲從之理，徒與搢紳共深歎仰而已。

某特蒙鈞慈墜况緘翰，禮意勤懇，甚非么麼之所當得，下情第劇慚感。馘賊第賞，仰恃知遇，有聞必罄，重蒙諄諭，反增震懼。如某於門下，豈復有毫髮疑外之意耶？仰惟通明，必賜矜亮，餘續馳稟。不次。

又

某竊以天氣正寒，恭惟致政太保公相盛德備躬，天心所相，鈞候動止萬福。某屈指望履之期不翅望歲，更乞加衛鼎茵，來對宸睠，下情懇懇。

某近者敬修緘啓，仰致懽悰，且謝不敏，恭想上塵聽覽。洊紆誨帖，禮遇益勤，內循么麼，何以稱塞，一味慚懼而已。提舉郎中既未離郡，且宜少安，不必遽爲祠請，未審鈞意以爲然否？有所見不敢不控稟也。

某昨日蒙令似宗正訪及，下詢明公赴闕入謝合與不合辭免。竊謂拜恩與赴召不同，難徇常禮。宗正云昭文謂當略遜。審爾，則措辭之間恐須說有命當承，無嫌可避，然後略題破曾魯公自外乞掛冠，歲月未必盡同之意否？某尋常慮事太迂，更乞與識者商訂可也。

曾公亮先以集禧使在京，五日一朝。熙寧四年，緣西事起知長安，至五年三月二十八日詔復令赴闕，五月十三日再除集禧使，六月四日致仕。其制詞云：「頃求解於鈞衡，旋出臨於藩屏。璽書趣召，方載渴於儀刑；奏牘引年，遽深祈於静退。」觀此則似召而未對，已遂休致之請。

又

某竊以搖落在辰，霜明氣肅，恭惟致政太保公相盛德備躬，陰功及物，高穹薦祉，鈞候動止萬福。謹勒啓伸訶籤史，仰祈省察，幸甚幸甚！

某一違鈞表，晦朔屢更，慕仰道德，昕夕敢忘？茲者宗祀有日，趣召元老顯相於郊，非獨與搢紳諸儒共欣快睹，抑使晚生復見祖宗之盛典，何其幸也！百懷敬遲面稟，茲不宣備。

某比審宮使待制侍郎升班次對，歸奉親歡，固嘗略伸賀悃。旋蒙誨墨之賜，下拜不勝感愧。今者又聞馳遣王人，特頒寶帶，煌煌金紫，輝映鯉庭，儒林壯觀，里閭歆豔，伏惟懽愜。因酬大况，併以爲慶，敢乞矜亮。

又 淳熙十三年

某伏枉誨函，仰佩謙施。明良慶會，榜題燦然，再拜敬觀，凡目眩駭。向者四明惟有宸奎閣焜燿精廬，東坡實爲之記。今聖

〔二〕休：明澹生堂鈔本、四庫本作「體」。

主翰墨同符仁宗，以寵元臣，足光儒術，而太傅跋語典雅，無愧前哲。二者皆仙里榮遇，書之簡策，垂勸千古。《六老圖》尤爲衣冠盛事，非但壯觀野史而已。拜嘉以還，欣荷無斁，併遲面謝，伏乞鈞照。

又

某皇恐敢言之太傅公相鈞座：乃者光堯殂落，率土哀摧。兹者七月届期，啓攢遷坐，主上至行，過於閔、曾，臣庶無不傷感。重煩唁問，仰佩記存，謹此布復，切幸鈞照。

又 淳熙十五年

某竊以夏序云初，或暘或雨，恭惟某官燕閒成趣，高厚扶持，鈞候動止萬福。某稍邇崇屏，無由一望衮綉，愈極慕仰。敢乞珍調寢味，茂迎天休，胳合千齡之祝。

某昨蒙鈞翰，即已附遞稟報，何爲未達？兹被旨恭導太上靈輿，已遂復土。慈極日遠，寸心斷裂，以是未暇展布尺牘，又勤損惠翰墨，禮遇有加，慚感無斁。迫歸，占謝不能如儀，宇量素宏，愛忘惟舊，因恃以不恐耳。

又 淳熙十六年

某竊以春序未深，寒威尚峭，恭惟某官道尊德備，名立身閑，有來神助，鈞候動止萬福。更乞加意鼎食，永綏壽祉。師垣之拜，維日俟之。

某雖不得朝夕望顔色，而從往來士大夫詳聞啓處，固已少釋瞻仰，近又見御前以所進《書解》付之秘閣。年近伏生，學則過之，千歲墜典，至是復續。所恨無由執經絳帳，面質疑義，徒切欽歎而已。

某仰惟儒宗文師，三朝所敬，重明繼照，莫須入覲以副兩宫之虚伫否？都人士願因此一瞻衮繡，在某尤切切爾。

某迂愚自信，本非廊廟之具，推排至此，冒寵愈多。一昨詔除甫下，惶駭控免，凡擾擾再旬乃定。伏計備聞曲折，職是修謝稽晏。伏蒙鈞慈先墜緘牘，倒置如此，何説可以文過？怙恃知遇有素，或賜矜察，臨文更深愧恐。

陳季陵侍郎 淳熙元年

某比方走介奉狀，忽領近誨。恭審鈐閣晏清，歗詠多暇，台候動止萬福，下情感慰。歲豐氣和，千里蒙賴不淺。廬陵晚稻損十四，冬苗恐稍費力耳。前漢三書謹拜嘉，此殆作文之關鍵，而來教乃喻之小乘，一何謙也！某嘗患近世學者貪爲高之名而不踐爲高之實，往往未得魚而忘筌，未得兔而忘蹄，其不自餒者幾希。三復是編，可以警發愚陋矣[二]。德輔筆力不減程致道，長者爲發明之，何待後世乃有揚子雲也，幸甚幸甚！賢郎過此，千萬

[二] 陋：明澹生堂鈔本、四庫本作「惰」。

寄聲，當款留一兩日。某雖廢學，尚當效農馬之智以求證也。開閤放楊枝，比樂天似太蚤計，真世間大丈夫事，抑造物方欲尚父黃髮亮武王，固宜愛公深耶！更乞爲國保重。

楊廷秀寶學 乾道九年

某辱十月旦書誨，喜承台候萬福。郊禋禮成，少監虛位，兄當少進耶？太夫人進封，助喜無量。某命薄而病多，不容不辭郡，知識或以爲高，極愧反不自安也。興化兄已赴官，獨與子中談話過日耳。旦夕封贈文字諉舊吏吉、馬二生，望兄呼來問其次第而督之。欽之成改秩否？餘冀爲國保愛，壼内大小吉慶。

又 淳熙元年

某比奉十六日誨字，兹勤嗣音，益佩眷腆。臘寒，敬審台候動止萬福，太夫人壽祉增茂，眷愛均吉，欣慰無涯。毗陵新命，當問去天近遠，不當計俸薄厚也。或者諸公欲緣此牽挽入奏，遂踐清禁，觀揚抽馬韻語不言漳、常，殆亦以是耶？堂帖會當發來，不必走介也。某緣洪、撫間得小報，謂此月五日有召，命賓客踵門，不容分疏。本州姚進奏者每每有申狀，已得初六日所發，殊不及此，是可疑也。不然中格未可知，更看數日間如何耳。近報十一月晦蔡子平已過界去，此月十日賀正北使却入吾境，韓子師奪服守平江，謾恐欲知。餘惟倍保台重，新春密邇，即對泰亨之寵。

又 淳熙十一年

某近再遣狀，未審達否？辱誨帖，喜承已次近境，台候萬福。令子侍履清勝，造朝適遲速之中，甚善。宜徑從定叟求一安泊處，即便入門放朝見，在法應上殿乃供職。比申省取旨，候班便是數日，不妨款寫奏劄也。告命見留閤門，勢須涓日先受，此等知雜司當能具稟矣。舊職不許辭免，劄子恐遞中相失。若發謝表，却就甚處借印？不然不可通也。叙述似稍繁謾，擬數語於前，有吉州叩印紙方可用，無即拜受之後俟登對控謝，如何？更惟裁之。連日大雪，江行當有佳篇。《詩派序》已傳，都下爲之紙貴也。探俟至止，别當遣問。

又 淳熙十五年

某辱貽問，欣審仲冬涓辰洗印，地偏事簡，足以坐嘯。惟財賦艱窘，此則郡縣通患也。春元密邇，敬惟台候寧嘉，眷愛均吉。鍾將之所附書方到，前固知其佳士。李賀州所乞郡皆除，人方從渠别問所向。郭杞已受告，喜可知也。鄙文煩大書，當用棗塞鼻以避臭氣。南唐名勝云爾，偶忘之耶？聊發一笑。餘冀保重，續别奉記。

又 慶元元年

某方謝不敏，已勤先施。喜二人之同心，異一矢之相遺。寫麞之書不誤，設醴之意彌加。郡官上玉除，卿月升金掌。併借舊詩之句，敬爲新歲之祈。拳拳於中，嘘嘘奚究？

又

某昨蒙遣騎致歲端之禮，才蕪思澀，正如劉師服遇彌明時，營度不能出口吻。今方强成數語，何止不能奇而已？藍尾酒得無底清，渾舍知幸。不腆羊麵，聊納厨人，望恕輕觸之罪。

又

某前阻郊勞，乃蒙都騎過之，復勤折簡爲報，謙德固有光矣。奴飯馬芻，未由少致其敬，則某之失禮，罪如之何？縱累百言，衹文過耳。某茲者已拜綸告，一昨傳聞得謝，瓌詞首及，賀刺隨至，大貺重複，么麽奚勝？雖嘗面禀，未能躬造崇屏之因〔二〕，尚當專人控陳，慚感！伏惟高明裁幸。

又 慶元二年

某已復數語，爲迎長之慶，盍致微物，少伸頌詠？非特旨酒肥羜已爲長者所先，而茅柴毳氈亦難出手。輒援趙漕故事，營糟丘而致九江之系焉，雖愧右牽，聊備左持。一笑領之，幸甚。

又

某清晨灌園，忽拜墨妙，釋桔槔而欣感。雙鹿爲賜，使適麋性而與豕遊，眷念之意尤厚。然兄素有折角之剛，乃如君子之舍，一何謙也！教以芻秣，敬服仁心，佩刻之情，言不能盡。

又

某前蒙大書天香長韻，今已刻成，摹本爲獻。茲堂託傑句以不朽，何幸如之！海棠二絶，一洗工部不下語之恨。代花賡續，想付笑粲。遣介重虚拘，一羊十壺，聊備晚酌。薌林天醇雖不甚洌，然自有一種風味，可略見故家遺俗耳。

又 慶元三年

某經年不望顔色，如隔霄漢。車騎倏臨，人争快睹，而不肖者先焉，非厚幸耶！侍玉趾，登層樓，閱天香，顧於閭巷爲有光，而奴飯馬芻，略不容展，心實忸怩，人亦謂其無以留重客，爲可羞也。雖然，私禮儻許，公會叵辭？實聞諄諄之誨，縱欲援

〔二〕因：原缺，據明澹生堂鈔本、四庫本補。

投轄故事，其敢哉？謹此叙慚謝之萬一，尚乞矜亮，來年春社尚躬布之。

又

某衰病不能往叩函丈，既從才臣知近作，何翅望梅止渴？今蒙録示《陶舟賦》。紆徐敷腴，如挹北窗之風；烈激宏壯，如臨采石之狀〔一〕。文筆高妙，一至此乎！立遣報，不盡謝悃之萬一。

孫從之提刑 淳熙二年

某竊以春序頓暄，恭惟教授朝奉尊候起居萬福。某臘月叨被召書，格於免章不容上，即以書懇政路，乞爲反汗。既而省劄趣行，不免單騎至洪、饒間，乃以病告，庶幾進不違上意，退亦安其分。方治行擾擾，未暇遣狀，特勤誨翰，情意誠確，如待至親。惟今朋游面縱臾而退揶揄者滔滔也，獨兄爲不肖謀甚忠，爲搢紳慮甚遠，自非愛人以德，長慮却顧，安能如此？感荷不可言也。薄遽具謝，且以叙别，殊愧草草。尚阻會晤，切幾保愛。

某拜問親闈，想惟福慶駢臻，眷聚均吉。道中有委，勿外。

《政要》已領，何不且留看也？臘中臨川地大震，家有薄田在太和、廬陵兩處，村夫皆云如此。方且驚訝，乃聞江寧、當塗、宣城亦然。又傳虜使賀正者有所求，二十七日集臺諫侍從議甚久，豈非夷狄陰類有不臧之謀耶？

又 淳熙六年

某竊以歲華伊始，恭惟教授朝奉尊候萬福。泮林之譽藹然，而《子虛》未達上聽者，狗監之罪也。雖然，心實拳拳〔二〕，顧力不足耳。遠辱嗣問，且以所聞相告，感幸感幸！繡衣素不爲朝論所與，故謡言一興，無爲辨明者，亦可閔也。併寨事尤見遠慮。某三十年前親行辰州，道中見所在絶無民居，數十里間僅有一舖，舖一二兵而已〔三〕。以此推之，所謂城寨之傍寂寥可知，或者藉此數輩以爲保聚乎？若論禦敵，誠可寒心。更望子細詢三州之解事者，詳以相告，容將白於當路。不然，恐利害未盡而遽有更改，却貽後患耳，如何如何？餘冀善愛。

某上問：龍泉安問絡繹，知丞審察之命可慶。有委勿外。

又 紹熙三年〔四〕

某竊以踐長觀復，恭惟某官陰功益著，賢德方亨，台候茂輯繁祉。某密瞻臺治，無從曳履，敬遵約束，不敢具公牘爲慶。所冀乘兹令序，亟踐禁嚴，副善類之望。

〔一〕狀：明澹生堂鈔本、四庫本作「戰」。
〔二〕拳拳：明澹生堂鈔本、四庫本作「卷卷」。
〔三〕有一舖舖：原無，據明澹生堂鈔本、四庫本、傅校本補。
〔四〕紹熙：明澹生堂鈔本、四庫本作「淳熙」。

某前月丐祠，旦夕須得報，別容奉記。鄒浩聞擬徒三年，就此拘管，尚未取旨，俟到併商量劉都巡一節也。修城文字先下，得度牒百道，元乞專委漕提督，亦奉俞音，庶不妨衰病告歸耳。永明黄尉儒雅醇實，似非河西尉材，更數日還任，恐進趨不中度，望與芘存之。得范至先之子書，云諸葛武侯祠在石鼓，張欽夫爲之記，曾過目否？其書封與傅教授，必往面稟。餘祈爲國保調，仰符眷簡。郴州奏已報行，少沮貪人，其補宏矣。薄禮具別紙，庶留幸甚。

又

某近附來便再奉狀，必獲過目。鄒浩斷敕已下，詳具公文，似已適中，却當作全文戒約季峒以不殺之意而禁其再犯[二]。劉巡檢者欲申乞與嶽祠，如何？對移則須先擇可任之人。前日使司所差止是待闕官，又難兩易，更望垂誨，當奉承也。張副將毛舉正官之過亦是不靖，未審體究得如何，併願批報。初欲一時解紛，來諭深以爲然，不料武夫聒噪人如此。趙子直書謂廟堂許用項平父，而不知諸司兩疏皆籍於中書，今想未暇及此耳。

又

紹熙四年

某比因按臨，獲奉名理，適緣尚甥之戚，不得延款，迄今愧赧。比遣介嘗致尺紙，計泝流方達而雲翰已至，玩味不能去手。喜承觀風餘暇，台候倍膺殊祉。某丐祠文字四月上澣已到臨安，緣先懇諸公力爲開陳，方投奏劄，適值昭文丐去副樞禮數未斷，遂遲了數日，計旦夕可被命而去，尚容專奉記也。芒種前偶值甲子大雨異常，此去恐有乘船入市之慮。漕司今祈晴，衆論又謂非其時，更看數日間如何。深恐秋間必閔雨，只賴諸臺福星耳。蠶麥所在皆損，夏税何從取辦耶？薦士奏已備數，向在朝見諸路薦人多用監司印也。項平父對策極强人意，要是學問文采氣節參備乃能如此。傅子淵曾見之否[三]？黄夕拜駁章極痛快，其推尊子直甚至，諒必思所以副善類之望云。餘冀順序珍調，倚需召節。

某悚息拜問台閎仙聚，緬想長少均祉。蒙催督夏汝羲公事，今右院勘作不是使令，而寧鄉專以楊師祐等在此爲解，不免依條押下，勘證解州，姑令從實結正。所謂滅口一節，須俟使司移推乃可見。次第當如此，他時責自有歸也。

又

某近以書附河漕急足，其至必速。聞台眷先還龍泉，何遽也？兹再有白事。夏汝羲獄固嘗面稟，欲別遣官就寧鄉鞫治，台意不以爲然，不敢固請。今縣中果不能了，既付右院，追逮頗多，竟未得要領。雖日加督促，然不敢諭意，恐涉鍛鍊。劉掾凡才，本無鉤距。徐則以何令親嫌，自前政令不受寧鄉之獄。耿尤平平，特以累世忠義暴著，姑容其在官耳。淹延滋久，干連無

〔二〕作：明澹生堂鈔本、四庫本作「坐」。
〔三〕淵：原作「顔」，據明澹生堂鈔本、四庫本、傅校本改。

辜，或致死損，誰任其咎？勢須除緊要人三數輩外，餘且知責，却恐有敗露之理。但高明孜孜此事，安敢自信？其詳輒具公牘，望早賜施行。不然，使司有可委任之人望示姓名，當令與見。今獄官權暫對易尤佳。古今被殺而不獲行兇者何限？况周六十一本非善良，而李小二、李三十二兩人已爲尉司所殺，豈特足以相當而已？急遞馳布，顒俟台命。琛卿將死，倪君折簡約其同行，鄉人皆以爲怪，不知果如何？揆聞苦臂痛，亦覺瘦悴，進退觸藩，縱有定力，亦安能無撓於方寸也？傳聞日邊有好語意者，賴大手一振紀綱耶！

廬陵周益國文忠公集卷一九三

書稿卷八

劄子　五

葉夢錫丞相　淳熙二年

某伏以孟春謹時，恭惟右丞相任專軍國，望重華夷，天相精忠，鈞候動止萬福。某尚阻趨侍，敢乞仰體注意，益調鼎茵，茂凝不世之勳，永書尚父之考。民望則然，敬以爲祝。某爰念久違黄閣，未嘗一日忘歸嚮之心。向緣復職，冒修竿牘。伏蒙鈞慈特賜誨答，自爾不敢溷以姓名干瀆造化，蓋屏跡遠外，事體當爾，實非懈怠，自取疏外。仰惟鈞明無所不燭，必能深察其情，某亦恃此以不恐也。

某去冬伏睹麻制，相公正位宰司，兼領兵柄，台符增焕，國勢日尊。夫以碩大光明之才而遇聖神英睿之主，同心合德，圖回治功，豈待期年，必臻儒效，蕭、曹、房、杜何足進焉？某庇身大治，實深欣忭，修慶不先之意已具前幅，非敢自文其過，尚乞鈞察。

某至愚極陋，一無可取。向者力辭郡寄，實緣疾病，非以爲高。不謂宰路急於用人，弗遺葑菲，力加論薦，致悮上恩，特加收召[一]。今朝廷號召賢俊，更易守帥，莫非人望，實格天心。於斯時也，如某輩豈容亦點高門之地！正使不病，猶難冒進，況心氣舊疾，元未平愈，觸事昏忘，不堪驅使，已別具劄子陳稟，乞收還前詔。伏望鈞慈憐其抱病已久，察其無用於世，特爲奏陳，俾安閒散，實爲莫大之賜。緣再準朝旨催發，不敢家居，見乘舟至洪、饒間，聽候指揮。萬一聖君賢相必欲加惠陳人，即乞且畀江湖間一待闕小郡，在公朝未爲棄物。仰恃知遇，傾倒底蘊，伏乞矜念。

又乞與王弱翁嶽祠劄子

某有少愚見[二]，適過堂欲得面稟，偶不獲望履，又緣直宿未能詣府第，恐緩不及事，輒冒言之。宣教郎王謙者，今李夔州婿也。在上庠日嘗取其程文，後爲廬陵教官，與之頗熟，識趣議論皆可重，只是矜氣高談，取憎於人。向調萍鄉，决知獲罪上官，昨日果袁州劾書到部。揆之事理，莅職方一月，不應催科，遽如按章，特欲借乏興重坐之耳[三]。且符帖付茶食人[四]，可見不差公人下鄉賣狀及鈔紙等，江西例皆如此。茶引不散之寺觀，將付之何人？此等皆縣道常事，兼甫交印而寇薄境，勢或未暇更革，亦

[一] 召：傅校本作「録」。
[二] 少：傅校本無。
[三] 興：原作「典」，據明澹生堂鈔本、四庫本改。
[四] 食：傅校本作「袁」。

可觀過矣。丞相頃在江西，伏想略知其人。所可罪者，不自度不能爲邑而强爲之，既爲之不當如書生妄自尊大，不施敬於守倅，坐貽窘辱。乃若所犯誠不可恕，倘與嶽祠，理作自陳，似乎兩全。如謙人物，稍加涵養，他日庶幾可用，此亦國家所宜愛惜者也。冒瀆鈞聽，不勝愧汗之至。

韓无咎尚書元吉 淳熙二年

某竊以霜寒在序，恭想知府待制尚書政化已成，坐歗多暇，台候動止萬福。謹此復來況，伏幸台察。

某近者送茗人還奉尺書，計關台覽，薦勤誨翰，仰佩謙德。悤悤叙謝，有懷莫盡，一味馳情而已。

某比聞丐祠未允，且有增秩之寵。以尚書文章譽望獨步斯世，紫樞黄閣宜遂延登，久淹藩服，彼民幸矣，如士論何？許昌唱和聞已板行，前人文獻略可追想，所恨《石林全集》未傳於世，諸郎當任其責。通家之舊，莫可勸之否？其費私家可辦，何必當官耶？不然，長者取其本付麻沙，用小字刻印亦善。自老坡後少見其比，孫、汪何敢望也？

某慵懦多病，豈應塵點班列？上恩洊及，悚惶不可言。有以教督之，使免於戾乃幸。伯共久不通問，其弟小試輒魁胄子，亦可喜也。趙德莊身後極可念，昨沈持要懇福、昇諸帥，求賻其家，以畀趙子直，爲置少生事，不知尚書有意否？某亦割俸百餘千，所恨持要遽去耳。

又 淳熙十年

某竊以中夏炎熱，恭惟宫使龍學尚書燕居有相，台候動止萬福。某日困緒使，雖心懷德誼，而尺書不能頻致，計高明有以恕亮〔二〕。兹奉榮問，感悚交并。趙成忠筆力不凡，議論尤高，品題精審，自應爾也。但近地宗室員闕，皆兩三政使以嵩祠處之，俸固薄，却免待次。嘗勸以才學如此，一第真相慁，姑藉是爲結課計可乎，渠幸俯從，尤切歎服。惟是尚書不鄙而告以佳士，爲賜甚厚，而某無以成之，愧何可言也〔三〕？餘冀若時保嗇，以俟延登之寵。

喻宫教良能 淳熙三年八月

某頃游廬山，處處見執事題詠，雖不肖何足言詩，然録示知音者，皆云上規晉、唐，近法坡、谷，非近世泛然之作也。當是時，竊喜流涎麴車，顧猶以未得大嚼屠門爲恨耳。今兹幸甚，乃獲同朝，又蒙不鄙，舉編帙而示之。伏讀旬日，字字起敬，如《古甕》之賦，《紆竹》之記，《詩》《禮》《左氏》之説，皆意深詞古，追跡前輩，而今而後乃知執事不獨長於詩，蓋尤豪於文也。雖然，鈎繩規矩，固容窺一斑矣。若乃得於心應於手而盡曲

〔二〕高明：四庫本作「當」。
〔三〕「愧」上，明澹生堂鈔本、四庫本有「其」字。

直圓方之妙者，不識繼此許其面請乎？匆匆先此爲謝，伏惟幸察。

王宣子侍郎 淳熙三年三月

某竊以春季暄和，恭惟判府安撫寶文侍郎契丈鎮臨會藩〔一〕，神物森衛，台候動止萬福。某自去冬因湯才行附狀之後，日爲緒使，未能嗣承記室，瞻仰道義，斯須靡忘。自聞開藩，譽問休洽，如侍郎久儀禁近，歷帥名藩，曾是尺一詔歸，士夫日夜頌望也。財匱所在皆然，古人謂藏之於民，雖似迂闊，其實可信。而近世省部專務籠絡諸路，諸路却籠絡郡縣，取之不遺餘力，略無至誠相與之意。彼爲郡縣者終無捐家貲裨用度之理〔二〕，直取諸民耳，吏又蠹蝕其間，欲不匱得乎？今湖南得侍郎，其少蘇矣。兵既難增，惟得一二良將，則緩急可倚，不知部下亦有其人否？聞侍郎嘗以靖州曲折告於諸公，今想無事矣。提點司檢踏官宋子諒忠翊乃古親也〔三〕，正得趨事，幸甚幸甚！因其介歸，輒附此。未拜見間，更乞珍調寢餗，以俟大用。

朱元晦侍制 淳熙七年

某竊以歲事將新，恭惟某官褰帷有俶，台候動止萬福。學道愛人，中外信服。前已試活人之手於千里，今又擴而充之，及於列城，斯民幸甚。咫尺末由再晤，伏幾順令保嗇，政成來歸，益攄素蘊，茲固士大夫之公願也。

某茲承涓辰洗印，諒深懽愜。遞中嘗寓尺書，必無浮湛。茲蒙雙緘，重以手劄，禮意交厚，下情感激。十連相與講明荒政，何事不濟？遏糴前後降指揮甚明，而州縣不能奉行，因來諭更當申明行下。減半賞既及他州之人，莫有應募者否？范金陵又畫旨賑濟之，賞米到即行，不候畢事，尤可示勸。更望印榜曉諭，恐村落不能偏知耳。自餘續當稟布。

又 紹熙五年

某竊以歲事將新，恭惟某官甫膺宸渥，茂擁眷祺，台候起居萬福。謀帥而得詩書禮樂之君子，豈特可寬顧憂，湘中士民企望久矣，計公亦眷眷未忘於此也。乃如繆政，有賴掩覆，又何幸歟！某經歲抱痾，今既得歸，即還廬陵，尚俟近音。首馳尺牘，不欲遺舊治急足，謹附醴陵毛宰專人。病倦旅瑣，未果詳悉。惟冀若時珍護，式符泰内。

又

某竊以夏暑浸溽，恭惟某官台候起居萬福。某比以書附廬陵葉尉專便，謂甚速而不達，何也？初聞擇月望戒塗，方且遣介迎候，茲蒙損教，乃知千騎已過宜春。私居不敏，無所逃罪。侍講

〔一〕鎮：四庫本作「填」。
〔二〕捐：原作「損」，據明澹生堂鈔本、傅校本改。
〔三〕古：四庫本作「舊」。

以儒宗人望起鎮藩方，中外倚重，獨愧糠粃有煩簸揚耳。邵陽決知無他，大抵群蠻星居，不相統攝，兼無資糧，所以未易扇動，惟在察官吏無令擾而已。寨官俸薄，又多不支，且無使令，何以責其宣力？此最急務也。李壽翁之子遠來相訪，適某月初失三歲之孫，今長孫女又病痢，頗殆。初謂止三二千字，略計乃六千，富哉言乎！已約渠留人等候，須精神稍定，日寫二三百字，二十日可了〔一〕。蓋老眼昏澀，不能多書耳。荆公稿跋甚慚率爾。季路性緩，猝未寄來，得別本甚幸。新補《祭禮》，遂爲全書，拜嘉感刻。劉澂志氣可取，子澄之門賴有此士。鋭欲迋勞，偶失探伺，秋凉簉三席，一書遺納。

又　慶元二年冬

某前以便人立俟書，具謝極草草，所欲言殊未盡。如《仁録》乃名公筆削〔三〕，非如近世傳聞鹵莽且有好惡之私。其於呂、范經營西事，若果爲國交歡，豈非甚美？是時呂氏子弟親戚布滿中外，何故無一字譽及？必有難言，遂兩忘耳。舉此一節，意略可見。

沈編修瀛　淳熙七年

某竊以炎煒正熾，恭惟崇道編修台候萬福。某衰病不才，分無他望，忽叨進擢，不特大駭物論，自亦不知所措也。委誨勤懇，以感以愧。執事家食滋久，士論稱屈。近者王景文起倅廬陵，嘗爲丞相言朝廷無棄才之理，使誠有過，猶當計歲月乘除之，况本無過乎？某自度實無寸長，至於以一己之私揜天下之英才，是謂逆天理，誤國事，斷不敢爾。矧於執事有舊而無怨，第干丞相，自當贊成也。匆匆占報，莫究悃愊，願加保嗇，以需召節。

趙秀州善仁　淳熙七年

某竊以歲晏凝寒，恭惟某官台候萬福。每勤惠翰，良佩眷與。令弟通判必且留府中，近日添差釐務，蓋絶無而僅有也。和糴既貼降會子，必不難辦。蠲後來之數，見商議將上。支散軍衣，深歎敏手。徽、婺旱暵如此，漕司與省劄日夜行移催督，畢竟無之，須俟來年也。怱怱占報，有懷莫盡，願加保嗇，即契殊寵。

李舒州巽　淳熙七年

某竊以歲事將新，恭惟某官年兄台候動止萬福。特枉書翰，深佩眷與。勸種二麥，已成故事，勢不容廢。但守令得人，則奉行自可無擾。不然，雖有良法美意，必轉而爲害。萬事皆然，奚止此哉？春麥明知後時，方聖主孜孜農事，未免聞斯行之。范金

〔一〕二：四庫本作「用」。

〔三〕仁録：原刻校云：「一本作《仁宗實録》。」

陵道郭都統之語云：北地一名劫麥，庶得三二分可食，如禾孫之類耳。嚴州丁錢已例免一年，徽絹日下倚閣已不少。澄原正本，朝廷所當留意，然非某獨能爲之，此日夜所以愧懼不自安也。垂諭外臺猶未相諒，殊不可曉。欲祠堅確，固咈輿論，考績陟明，乃所當然。止緣家兄相代，恐不知者妄謂縮鬭，亦復不敢力贊。相坐善學柳下惠，未免蔽賢，所謂克有罪者。春元道泰，宜有天奬，更乞保重。

江東運使曾原伯 淳熙八年三月

某遞中蒙諭指定番異獄案事。向固因大卿獻言申嚴此制矣，今觀奏牘，益歎仁人之用心，已付刑寺看詳。只是次數愈多，後來必愈重改易，蓋慮前勘官愈多故也。其如無辜干連之人瘐死何？近見諸路漕臣得此等獄案者，往往付僚屬看定，經年不決。比其終也，便文自營而已。其間實肯留意，復懼前人獲罪，不欲改易，則是滯獄無時可決，冤獄無時可伸，其將奈何？雖然，使前推誠爲誤勘，則坐以失入乃其自取，亦豈必曲爲之地？不審台意以爲然否？刑寺所定固未可知，偶敘所見以代面談耳。

王仲行尚書 淳熙八年

某遞中辱誨帖，至感。放税一分，仁言之利溥矣，上已欣然開納。辟差蓋右〔一〕，丞相得君侯親書甚掛意，只是未肯將上，且下部指定，更當贊成，某與其父子自相熟也。朱提舉到彼，凡百必可商量。似聞遣人止流民西渡，此意固善，但恐無以贍給之耳。黄倬知軍曾瞻識否？昨趙丞相以其丁母憂，專爲奏知，祿乃父以宮祠，聞張帥幫俸下縣，遂成畫餅。頃雖來哀鳴，然念使府匱乏如此，只可減員，豈可增添？不復與書，或因入府，望慰藉之，使略知此意，幸甚！與之本不相熟，念其有平茶賊之功耳，皇恐皇恐！

又 淳熙九年

某竊以歲事更新，恭惟知府安撫端明尚書鎮臨有裕，台候動止萬福。室邇人遥，每切馳仰，音郵往復，賴以自慰。倉司賑恤，須先有一定之論，然後酌度事力爲之。今顧不然，自應費力也。來諭發廩之説，若止是所見偏猶且無害，往往有爲而發，實難調停。尋常只知直情徑行，遇事須辨是否。近頗覺衆論不相容，若復含糊爲患失計，心又有愧，此未易以筆舌既也。小民苗米既已盡納，寄居與上户自當奉三尺以從事。前所謂殘欠指去年無疑，蓋今年省限猶未滿，何名欠耶？末由會晤，切幾爲國保重，以需嚴召。

〔一〕蓋右：疑誤。明澹生堂鈔本、四庫本作「善石」。按下文，此當是人名。

又 淳熙十一年

某辱七月中澣誨答，不勝感慰。訊後恭惟台候萬福。上寘尚書於邊藩，豈獨如他人森戟凝香而已，固欲緩急獨當一面，爲國長城也。今固未可先發，正望廣間探，測事機，若彼傳授之後或有動作，自應别爲措置。惟是廬舍、器具、芻糧、兵甲，理應先備，州府雖從撙節，恐亦難辦，此當在所慮也。幕中有精識遠慮可共事者乎？劉幹如何？黄澧云已發職司文字，改官當無疑。潘弼亦可供使令否？有葉成功者，是陳敏客，屢來獻利害，緣待新任闕，無可安排，丐支積俸亦不敢遣去。偶見使府月補舊欠千緡，意或從容，謾往一狀，不可則置之，可則方取其券歷送去，今時當識好惡也。餘乞保重。

又 淳熙十一年九月

某辱書翰，具審鎮撫成功，台候動止萬福。合淝何可不守？議者欺誑，誠如來諭，方且圖之〔一〕。但前奏直欲氣吞胡虜，今乃静待，可見精審。所謂失措置於十年之前，已無可言。今既徐圖，恐須具合行次第以漸爲之，如農之有畔，乃不費歲月。更望見教，旦夕亦當奏稟也。葉承節券歷并官會同往，望與次第施行，然後支給，庶得穩當。想諭防微之意。餘乞保重，以需大用。

又

某辱九月既望所惠教，喜承鎮撫餘閒，台候動止萬福。某碌碌腐儒，凡百皆不逮人，平生所得惟在「守道不如守官」一句。蓋道者人人可行，我不能守，他人固能之矣，今不能守，後世固有人矣；惟居是官而失其職，則其害有不可言者，心實懼焉。故方其從容翰墨間，未嘗敢一語及軍旅之事。自蒙上恩躐寘樞筦，愧恐無以自容。蓋負國不過誅殛，利害止於一身，若誤國則將奈何？所以夙夜皇皇，諮詢求益，未嘗須臾置，然竟亦何裨也？逃卒事已悉。石湖關等比有旨令張都統過江就行相視，更移書與畫長久之策，甚善。武真等劄子録呈，其説可從否？民兵文字緣合兩路申請子細參酌，致行下頗遲。今當呈徹，凡有未當，毋惜疏示。濠、梁前知其無狀，公文已見之。倪震能如此，大幸。推而廣之，杜預、羊祜何難之有？張幹乃禮掾也〔二〕，修城前後文具，竭民膏血不可勝計。頃固有旨三處分認修葺，不知可與二君先議定共爲申詳否〔三〕？不然，恐彼有詞。正緣自來人憚守廬，專主歷陽爲自營計，所以衆聽未孚。自郭振後，惟尚書能繼之耳。前奏副本未見，豈筆吏不曾封來乎？葉承節拜賜，甚感。餘乞保重，以俟召節。

〔一〕且：原作「共」，據明澹生堂鈔本、傅校本改。
〔二〕禮：傅校本作「澧」，疑是。
〔三〕詳：原作「請」，據明澹生堂鈔本、四庫本改。

又

某特辱惠教，喜承新陽將復，台候動止萬福。論合淝重地，兩淮喉襟，而議者平居每以爲難守，况緩急乎？録示舊稿，不勝欽歎。今諸將既未有當此地分者，而聚糧之計亦復悠悠。比雖有旨許增兵三百，亦何足恃？展城恐亦非目前可辦者。所謂兵民亦有可付之人否？王宣已差黄州將領，若作西水寨總轄之類，與倪震輩臨時粗可倚否？劉倬既是光祖之子，想只名目而已。偶目疾，作字草率。餘幾爲時自厚，以俟大用也。

又

某蒙十月誨及此月三日書翰，不勝感慰。止歲幣無之，只辭賀正及生辰使耳。來春彼傳位似無可疑，毋恃其不來，古今之常理。但合淝控扼淮西，衆議謂決難守而專守江淮，朝夕以爲言，而寡不敵衆，未能定也。尚書自當一面，利害非輕，合本路兵民之數亦可支吾否？有合陳請亟圖之，當奏禀，竭力應副。惟多得好將官乃爲上策。封事不曾降下，王宣者一面取旨差充兩水軍統轄〔一〕。今歲諸郡皆教民兵，太守中頗有可仗者否？所在險隘處，分大兵則決無力，使諸郡自守以撓敵，度亦無難，然須預行約束。池州張都統以巢縣是其地分，乞築南邊城及通月城而別開濠，似是自爲謀，蓋巢非衝要也。其他有可垂教，毋惜諄諄。目疾正作，寫字極難，不盡鄙懷，續當上狀。

又

淳熙十二年

某竊以東風解凍，恭惟知府安撫端明尚書班春有裕，神物森相，台候動止萬福。更冀順時致養，益綏戩穀，以對嚴召。

某久違犀匿，日切馳仰。雖相望稍遠，然治譽傳聞，固無異聆謦欬於左右。若乃趣還班綴，延登政塗，朝夕得以親炙，則又欣幸矣。某載維三陽交泰，内君子之時也。矧君侯德望揚歷，實右漢廷，履此端月，入覲無可疑者。士民縱欲借留河内，上豈先一州而後天下邪？敢以爲賀。

又

某特枉緘啓，禮厚而詞親，自非謙德絶人，豈能若是？區區感悚，殆不容言。修報率略，恃契愛以不恐耳。

又

某竊以華年有俶，恭惟某官千騎班春，神明欣相，台候萬福。合淝委重君侯，已具公牘。自此合區處事不一，敢望精思熟慮之，仍須得三兩人好兵官準備緩急。吉肇可用否？前蒙諭及，故敢咨問。倪震間探必精，虜主傳位恐有論定，不然安肯深入舊巢也？諸州箭鑿宜與立一規模，蓋守倅未必皆能辦事，或擾而無益。鐵甲必遣舟楫般取，數亦不少矣。山水寨等人全在糾合用之，高明固已洞照，何待諄諄也。土安節姑以舊物處之。餘乞保

〔一〕兩水軍：原作「西水寨」，據明澹生堂鈔本、傅校本改。

重，以需枋任。

又

某比附記，度無浮沉。聯獲教況，喜承台候動止萬福。虜主四月十五日曲赦上京即過香草淀，秋末回燕未可知。去年已得邊報說西夏事，是可怪也。民兵教閱未見公文，俟諸處齊足，擇其善者而行之，豈容擾也？招信事不曾申來，近亦聞濠民緣闕食往北界收糴，爲彼迫逐，有被殺及溺淮者，未審果否？大抵州郡有美聽之事則絡繹申來，稍礙手必避罪掩蔽，此大害也。舒倅曲折，極感台念。五月八日五更，江浙閩廣同時地震，不勝憂懼，淮上如何？恐在寢不曾覺，試爲詢問一報。餘乞保重。

某有少事請教。沿邊歸正人自得馬立、倪震爲之統率，聞大段整肅，可備他日之用。震既再任，立復升路鈐，上之委用至矣。然亦兼人而舉其偏，防患未然，最爲政之要務。近數有士大夫陳此利害，惟今者一紙，心平而理通，不欲自朝廷行文字，恐成疑沮意。望尚書斟酌具申，然後取旨施行，不審可否？耑此布稟，更俟來命。厚載不搖，幸甚。招信逃移人已知主名，方作措置也。

又

某辱誨翰，知前緘無遺墜，不勝欣感。秋涼，恭惟台候動止萬福。劉倅所苦如何？謝映同黃漕所申已到，一一從之。所諭却恐諸人疑其有意，正不必爾，謹爲留下。帥司自應節制，記得曾降指揮，旦夕更申嚴行下。安豐、光州既無他，只是濠州鍾離須作區處，不知新守可丁寧之否？或從使司覓一文字，專論科擾項目，當取旨禁戢，若泛言則恐視爲文具耳。馬立做事或稍過，即如前日來教，徑擇人易置如何？併在裁處。教閱民兵事件，緣兩路申明不一，又事繫久遠，容子細籌度行下，併冀台照。

又

某比於赦遞拜書，想得速達。茲蒙誨帖，至感。北峽事起於林倅要奉漕司，漕司要媚朝廷，謂可省費。初不知國家爲長久計，豈惜此數千緡鐵錢也！無事不爲備，有事即惶擾，古今通患，而彼爲甚。與錢乃不受，無錢則雲擾，操切其上，使不得施設，天下寧有是理哉？更望丁寧劉倅，節次具修築次第垂報，旦夕亦當行下，毋使或者滋以云云也。民兵賞罰專指事藝之人，非謂官吏。若緩急要令此曹作正兵前驅，是送之死地，前後龜鑑甚明。區區之意只欲人自爲計，保其城邑，恐臨時無由分兵相助。孔子所謂「不教民戰，是謂棄之」，或誤指準耳。若夫可用與否，全繫守令奉行如何，朝廷區處不過如此也。濠倅續有指揮，倪震已承盜馬，甚非所望，更告嚴戒之。嗣有所聞，切幸諄諄，不敢以此期他人也。

又 淳熙十三年

某辱近誨，喜承鎮撫功成，台候萬福。北虜慮固當切切，以爲圖我，似未可知。恐緣去歲兩淮教民兵集海舟，彼必諜知，疑有掩襲，遂爾爲備。若欲南侵，則修汴宫，築城壘，先張皇以蹈覆轍，老葛更事，豈應如此？設遇緩急，自應遣正兵爲助，使府姑備芻糧扉屨可也。水寨課子望趣兩處具數來，即取旨行下。廖守對揚稱愜，旦夕復與州郡。新將想因三省令措置禁戢花靨漏泄銅錢，遂以勸農爲名，躬親相度。殊不知太守一動，繫人觀聽，可謂不思矣。有聞毋惜垂教，他人悠悠愛憎之言安敢憑耶？某自去臘一病至今，三好兩惡，殊未清快。元命多災屯[一]，深欲引去也。

又

某前日附遞謝來況，兹以病倦未暇再作書。蘄州兩縣科擾，若循其本，罪固有歸，近時方以愛憎爲賢否，豈復計國事與民情？是可歎也。北方曲折，惟邊頭可以探詗，然備豫不虞，常若寇至，則彼雖强，亦何能爲？正病未能盡其在我者耳。諸將中才氣勇略，毋拘官序，因風望示及。近有旨許帥守不限人數薦歸正忠勇者，莫已見否？願尚書爲之唱也。

詹侍郎體仁[二] 淳熙八年十二月

某蒙台諭御仙帶，適已遣人拜稟。再思得一策，鄭丈尚書初一日以後即是散齋，大宴及虜使辭□，並不合赴，此兩日皆可暫假。若初六日朝退，則徑從木丈或趙丈取而用之。惟明日入賀，且計會閤門立本品，固亦無妨。伏幸台照。

又 淳熙十年

某竊以天氣寒凛，恭惟知府經略殿撰侍郎年兄偃藩暇裕，台候動止萬福。某昨者一再遣記，尋專修賀緘，而來介亟去，遂留連至今，愧悚無已。有唐侍保義行，亦附狀，度道中濡滯未能呈浼也。奏劄諸公交口譽歎，咸謂文采議論伯仲陸宣公，甚休甚休！城壁因循至此，安得不長慮却顧？都提舉一節，尤繫兩路利害，丞相必縷悉具報，其他輒具胡漕書中。自惟相契至深[三]，辱愛至厚，恨愚闇無以少裨閎慮，然拳拳門下則異乎他人，高明必賜加亮。餘乞爲國保重[四]，以需趣召。

[一] 「命」下，明澹生堂鈔本、四庫本有「年」字。
[二] 明澹生堂鈔本、四庫本題作「詹體仁侍郎儀之」。
[三] 相：明澹生堂鈔本、四庫本作「託」。
[四] 餘：傅校本作「惟」。

又

淳熙十一年九月

某竊以秋氣浸肅，恭惟某官年兄綏靖南邦，神明介相〔一〕，台候動止萬福。某叨塵過分，既辱公禮，又枉手書，眷意如此，愧無以稱。平蠻指縱之功，首宜推賞，上謂鹽筴流通，方圖久任，且進華職。今者先形衮褒，蓋近時所稀〔二〕，勝於甘茂之十官矣，祠請何謙也？其他公賞一一取旨行下，恐遞中遲滯，今以省劄付專介。馬守自應爲法受惡，却明言其任內支錢鹽數多，他日不妨進用也。繼今更望物色〔三〕。邕州勿令拖欠乃善。胡漕以死勤事，極可嗟惜，丞相深以擇代爲難，蓋曉事者未必體國愛民耳。末由晤語，臨筆增情，願言加意調攝，以對殊獎。

又

某竊以天氣凝寒，恭惟某官年兄鎮撫南交，天人協相，台候動止萬福。時勤墜教，感慰無已。再求十萬緡，固嘗力贊諸公。數郡小歉，聞依兩司所奏行下。今侍郎又軫念諸郡，濟胡漕之不及，良法美意遂將孚於上下，信於久遠矣。宜蠻功賞文字恐爲幹水功德者所匿，輒爲拘收，責付急足。沙侯將任滿，似欲歸來。若治部欲留此人，宜早諭之。偶經月病目未愈，作字甚艱，具記草率，恕察爲幸。餘蘄順節加愛，以俟嚴召。

又

淳熙十二年

某竊以氣序暄和，恭惟某官年兄班春南國，神祇協相，台候動止萬福。歲事更新，流年冉冉之歎，諒彼此同之。遠勤誨翰，祗益悚感。思立寨等已降指揮，要是神而明之，存乎其人。既依來諭兩易郡將，必能治辦，然不可失之太過，更望密達此意。如錢鹽尤當及時支給，使夷獠無以藉口乃善。王守瓊州撫定之功已減磨勘三年。所奏邊賞，當時居官者不知水土惡弱，信手删減，衆論大不以爲然，今已下部看詳。防盜給據繁碎難行，已寢之矣，併冀台照。餘蘄珍愛，以需嚴召。

又

某竊以庚暑正炎，恭惟某官年兄德化已成，鈴齋清暇，台候動止萬福。比遺狀〔四〕，幸無浮沉。茲蒙誨答，不勝感慰。修城增秩，上因此示眷知爾，繼此當有殊拜也。辭免即下不允之命，想遂祗拜。沙、韓自應安心營職，以副使令。科歷事試奏來，容爲稟旨。凡使司辟差之類並不曾下部勘當，仍爲催督付身，責委邸

〔一〕介相：明澹生堂鈔本、四庫本作「相已」。
〔二〕時：四庫本作「代」，明澹生堂鈔本無。
〔三〕更望物色：傅校本作「物望更新」。
〔四〕比：四庫本作「前此」。

吏傳達。遠方既不許權攝，而正差例爲省部多方阻抑，寧不廢事？尋常不憚草草遣記者，正恐凡百欲知其曲折，勿過其簡率乃幸。餘冀以時珍攝，蚤膺嚴召。

馬晦叔提刑 淳熙八年

某竊以初夏暑清，恭惟某官台候動止萬福。自聞入覲，詘指計會面之期，故未果再遣記。茲承委誨勤懇，感荷無已。諭及道中二麥秀實，足寬宵旰。但雨意垂垂，每聞簷溜，心輒震悸，蓋洊饑之後如傷弓畏虛弦耳。即諧晤語，更不忉忉。未間更冀保嗇，來承晝接。

沈衢州 淳熙八年

某竊以天氣炎熱，恭惟某官台候萬福。特枉書翰，良佩謙抑。借支軍糧奏狀已降下，緣一兩處皆然，見此類聚二萬石未可得也。蠲減錢數已悉[一]，緣户部匱乏甚，往往謾應。而或者又謂管内催欠頗急，亦須有以覺察之。稅額酒課尚可措置否？捨此別無利源，想游刃恢然，必有以處此。更幾順令保嗇，以需召節。

嚴州 淳熙八年

某昨日已拜狀，今日又得旨應副軍糧萬五千石，幸便遣人般取。價錢必有指準，既不用時直，度易辦也。賑糶米萬六千石，上並令改作賑濟。新守與吴漕是親，未必便來，迓吏切勿多遣。尋常交承，恐或相訐，今以繡斧臨之，可以無疑。若移所費救千百飢民，事勢輕重不相侔也。近沿江官員入對，備言流徙者盡是饒、徽、嚴三州之人。已下饒、徽二州具析，惟嚴陵被災既廣，又使節新到，所以聖主多方應副，正欲自此人安其生耳。伏恐欲知，故爾詳及，敢幸台察[二]。

賑濟弊多，須委鄉官士豪及僧道之類。咫尺嚴宸，無幽不燭也。

岳池州 淳熙八年

某竊以中春氣暄，恭惟某官台候動止萬福。比勤惠問，深佩至意。豁除積欠而催見欠，此爲政之要務。若新舊登帶，徒費文移，資鴈鶩之擾擾，果何益也？屢見申明財賦事，版曹以吝爲主，朝廷又無以償之，每涉筆未嘗不愧。下車浸久，措置必稍就緒矣。匆匆布復率略，惟冀爲時珍嗇，以需褒表。

胡湖州南逢 淳熙八年

某竊以歲晏凝凜，恭惟知府郎中台候動止萬福。上考既書，

[一] 數：傅校本作「糧」。
[二] 察：四庫本作「鑒」。

宣勞多矣。歲中所發上供幾至百二十萬緡，何其盛也！使治既中熟，又不曾和糴，所謂糴濟莫不至如常、潤費力否？德清楊宰固可罪，但用此罷去，則他邑村夫習知長官可脅，將復效尤，有旨鐫楊一官，以行君侯之言，他日或有過，重劾未晚，想諭此意。匆匆布復，莫盡所懷。願言保嗇，即慶環召。

廬陵周益國文忠公集卷一九四

書稿卷九

劄子 六

趙温叔丞相 淳熙九年

某竊以臘寒嚴勁，恭惟判府安撫大觀文相公衮衣晝錦，交映鄉部，神人贊相，鈞候動止萬福。開藩浸久，夷夏歸心，事權寄委，自此方隆，午橋緑野未容遂也〔一〕。新軍政恐財用不繼，所以未曾降旨揮，鈞諭盡之矣。歲律將新，伏乞上體簡注，加厚茵鼎，以需公師之拜。

某比因郵附尺紙，幸徹鈞覽。兹蒙謙眷，以某叨塵西府，既枉雙緘，又勤手牘。仁人君子篤念疇昔，託契辱知之不薄，爲是繾綣。顧某么麽，其何能稱？惟有感激銘於方寸。聞急足走限，亟此叙謝，續具緘啓附專介，敢乞鈞察。

又 淳熙十一年

某竊以秋晚氣肅，恭惟某官分陝成功，天人夾輔，鈞候動止萬福。某疊蒙誨答，禮意兩厚。自非敦念門闌之舊有加無已，豈易及此？不勝感激。教閱錢米，胡松年者力引舊事，務爲支離。上令特支漕司口食錢，恐止認二萬緡，輒檢照舊牘，明言貼支萬餘緡，庶免將來再有申請。張幹緣是左遷差遣，不敢創取，今幸董生憂去，可以填闕。三復來示，愧懟無已。一宗文字並具數封納，繼此可備使令，願效綿力。惟招效用一事，恐他處援例，未敢放手。而飛虎移屯曲折頗長，少待來春，必有區處〔二〕。新路鈐李雲勇果異常，緣游高是其婦翁〔三〕，遷延未赴。丞相教義勇，竊謂宜得此人，略加部分，緩急可當一面。蓋所在大軍多役民兵爲鄉導、爲傔人，遇重難則驅之使往，及其策勳了無所預。今若令與正軍相表裡，彼必樂於趨事赴功，未審鈞意以爲然否？催雲赴任劄子併乞鈞旨趣之。餘祈崇護茵鼎，維師尚父，日夜以爲祝云。

又 淳熙十一年十二月

某竊以窮冬寒沍，恭惟某官德業久大，神人具依，鈞候動止萬福。間奉尺書，喜無遺墜。兹枉真翰，感慰交并。某强心爲智，已非所據，又北方事緒叵測，先事而備，人不謂然，緩急則懼失措。累月以來，鬢髮皓然，齒牙脱落，病目昏暗，衰相具現，特未敢言去耳。仰恃知己，輒及大概。大城江陵已降指揮，

〔一〕容：四庫本作「克」。
〔二〕區處：日本藏宋刻本、明澹生堂鈔本、傅校本作「處分」。
〔三〕高：日本藏宋刻本、傅校本作「皐」。

前議已格〔二〕，更不出奏狀，止行奏劄，似記前代多城公安之類，因而委秦幹及土人討究如何？義勇文字且留，俟義勝寨屋，並如來請。彭杲初謂不可移，後來却改其説。人數既不多，業已安於蜀道，今驅之使還，未必是其本心，尚欲商議也。巽巖骨肉想已達眉，夷陵小擾，必是隨行人少委曲，先過繁昌亦曾紛紛也。紀虎豈敢令望衮繡，止囑秦幹芘存之，乃蒙俯賜批誨，慚感無量。閬中時通書，怒者未已，適所部旱歉，深爲之慮。比方進職因任，勢未應去，玉音云爾，正與鈞諭合也。末由瞻視，敢蘄調適寢羞，以俟公師之拜。

又 淳熙十二年

某比已具記，玆領誨翰，仰佩謙德。曹徐風逸去，乃在鈞坐未開藩之前，而體究官則丘疇也，丞相何預焉？止緣北界故意牒回此人，所以有旨行遣孔異，而密院吏行移之間失於回護，在某不爲無罪，臨筆豈勝愧慄？奏牘登時付出，次日進呈之際，上灼知了無干涉，不欲降「無罪可待」指揮，却成爲蛇畫足，但令收起。恐丞相欲知其詳，乃敢覼縷，尚乞矜察，餘續具稟次。

某竊以涼飈漸至〔三〕，恭惟某官德望益隆，藩方綏靖，神天顯相，鈞候動止萬福。某頻遣記，幸無浮沉。時枉榮問，謙予有加，感激倍萬。歲事告豐，一洗累年之荒儉，宗工所臨自應爾也。修城浮言，自無足恤。比遵嚴戒，奏令郭帥始事凡百必爲經遠之計，民兵器甲一一稟旨行下。若計料錢數不多，諸司協力，上必有以相助。水軍及儲粟、官券三事却且少緩，其餘盡載公文，更不忉怛。餘乞珍輔沖理，釜冠百工，汔扶興運。

某皇恐僭易拜問府中鈞眷，欽想長少均祉。東閣學士差遣如何？岳漕極强人意，敢不在念？秦奎熟知之，近所論數事皆言於上，次第施行。比王自中者因對亦及其姓名，召節將頒，有故而止，聞少薦章一二，昨問李叔永却云不應舉。趙倉文字已得之否？張鎮不相識，丞相冰鑑公明，定無虛士也。紀虎薄命如此，可駭可歎。有委乞賜約束。

又 淳熙十二年

某昨日方具狀拜稟，鉗燧得祠，鄧諫從已到，但恐遞筒遲滯爾。隨被誨帖，不勝慰感。裴光遠必已安職，其才亦可驅使否？義勇築城等上並令依奏，且宣諭陰雨及寒凍即暫止役，倍加存恤。蓋小民怨咨，自古固然，恐江北早寒，時月既迫，則工程未免迫促，亦令道此意於郭帥矣。臧否狀宜亟進，前此適緣林潭州文字先後到，玉音遂不謂然，別無他説，伏恐欲知。

又 淳熙十三年

某比於遞中附記謝秦幹所遺鈞翰，因襄陽走卒具稟。董佐才

〔二〕已：明澹生堂鈔本、四庫本作「既」。

〔三〕日本藏宋刻本、明澹生堂鈔本、四庫本「某竊以」上，有題「又淳熙十二年」。

審察推恩，未審幾日得徹鈞覽？兹蒙嗣問，意愛益隆，下情感激，且愧酬而不倡爲失禮也。秋深涼冷，恭惟鎮撫成功，軍民帖泰，神天贊相，鈞候動止萬福。兹審抗章請閒，温詔不允，傾耳玉音，期奬有加於前。衮衣來歸，指日可俟，豈容挹袂浮丘也？崇階寵進，始借版築以爲名，其實上意自有屬耳〔二〕。不欲與總領二帥並命，眷禮可見。鄙意竊謂丞相專以此三人爲一劄奏聞，以待詔旨，餘人却别狀保明，似爲兩得，未審鈞意如何？有所見不敢不密告也。糴米緣三省先已得旨令總所糴六十萬，今以丞相有請，就撥二十萬，亦出獨斷。神勁軍衣甲已特支八百副，併恐欲知。子直馳驅王事，真叱馭之忠。某今歲元命又大小運併尅，況衰病交侵，自應引去，旦夕即控祠請，當於田野間觀丞相燮調元化爲國立大功云。餘乞精調鼎食，臨筆頌望之至。

又

淳熙十三年

某竊以上冬寒色鼎來，恭惟某官德望益崇，衮歸有日，憩棠清暇，鈞候動止萬福。崇階晉陟，蓋聖主特示褒優，不專以城郢也。抗章辭避，温詔弗俞，諒即祗拜。密窺聖意，傍采輿言，再游揆路，行矣宣制。願戒舍人趣裝，此非泛泛語，切望垂聽，真切真切！

某久合引退，前日本便遂請，適别有少事相牽掣，不免少留，殘臘定可去，或冀迎相車於塗耳。子直頻得書否？辟王龜齡之子爲鈐幹，令就荆南倈迓吏，亦作數字與之。和糴計以就緒，倉廩宏壯，想前此所未有。軍器文字已進呈，詳載公文。足食足兵爲後人無窮之利，丞相歸坐廟堂，他日亦易於指縱也。餘乞倍保鈞重，永對宸眷。

又

淳熙十四年

某自去冬因郵附記，稍疏嗣問，方極傾仰，緘翰沓至，敬服謙施，且佩愛予之有加也。董佐才識見高遠，他日必可用，修城亦在增秩之數矣。子直政事自應一新，但恐難得助之之人。馮總領甚可惜也。沅州羅鬼國雖無足慮，但邊備不可弛，邊民尤不應擾。今以官錢科之土丁，寧不産亂？昨三省行下頗悠悠，密院再降旨，併委諸司。方丁寧趙德老，適其改命，更望丞相主盟此事，爲悠久曲突之計也。他具公劄，伏乞鈞照。

趙德老總領彦逾

某遞中時奉公劄，亦嘗遣記，必無浮湛。邊瑣以安静爲本〔三〕，豈可爲鼠竊以啓釁？凡有所聞想須具奏，此正報發御前軍馬文字之職也。或傳彼積糧簽軍，却恐未必然耳。歲計回奏已一一進呈。茶引既不科降，舊者必可逐旋發洩。自來堂胥制部吏之命，視總所爲外府，務相捃拾以爲招權自尊計，凡所科撥，往往有名無實。今即位乃舊治而非遥領，頗可頤指否？江、黄會子且

〔二〕有：原作「可」，據日本藏宋刻本、明澹生堂鈔本、四庫本改。
〔三〕瑣：傅校本作「陲」。

遵前詔多方那融，蓋去歲救荒增印稍多，而南庫絶無見在耳。

又 淳熙十二年

某八月十九日辱七月所惠教，喜承台候動止萬福。軍額事上極稱歎，即以啓目行下〔一〕，更俟回報。蓋諸州招人固擾且無益，本軍則有將隊率斂之害，只就總所招選如何？但恐費用頗多，幸條具奏聞，當稟宸指。營屯田亦聞郭帥措置有方，興利除害，和糴誠不可緩。二事密院皆不得而預，更容造膝及之。趙守見在此待對，又除張守，是子公之子。照劄發遞恐相失，輒欲借一介迎與之。想渠已替，未有所鄉，待此甚切，故敢拜浼，切望留念。虜主還燕無疑，其他聲東擊西，神出鬼没，乃其常態，何可信也？有所聞，無大小乞垂諭，餘冀保重。

又 淳熙十二年

某辱九月所惠教，喜承台候萬福。錢物事吏輩既不肯分明打算，官員又無緣細考，便文自營，積成大害，終至漏底，數爲諸公言之矣。招軍一節見此商議，更數日須行下。荆南築城所費必過元料，與人不足，勸人修屋，其來久矣。北方今冬想無他，向後則未敢保。大要軍中有間探，惟不惜重賞乃能使人。郭帥歸日更望與之理會，此事誠不可緩也。餘冀以時保嗇，别俟召拜。

又 淳熙十三年

某辱九月二十七日誨答，不勝感慰。比聞按行良勞，適值武昌火災異常，又煩回轅措畫。奏劄已取旨行下。新守既得樁積米，莫可以少助賑恤否？招軍事郭帥欲收正額效用，庶幾應募者多，然其費極夥，與民力相妨，亦嘗再下商議，未報也。來諭諄勤，足見職思其憂〔二〕。兵雖統於帥，而招則不專在焉。前後議論洶洶，皆謂在軍不免陪帖，在百姓則又被害。所以向來分下諸州，諸州又皆苦之。惟不惜費，就使所措置，猶是下策，蓋充軍則要情願，若有利則彼必來，苟須鼓合誘引，縱時下樂從，終歸於逃竄而已，更望與郭帥細評垂報。飛虎請給，湖南諸州煎熬已極，豈容添此一項？其出於户部無疑。二版曹已自無説，但省吏未必體國。近見科撥來年歲計，頗多畫餅，將來須費申請也。人皆云飛虎當併入江陵，殊不思湖南歲有猺人强盗，自得此項軍兵，先聲足以彈壓，是爲曲突徙薪計〔三〕，兹固可以默喻矣。張鄂州書極荷介念，他需續布。

〔一〕啓：日本藏宋刻本、傅校本作「咨」，疑是。
〔二〕職思其憂：四庫本作「先憂而憂」。
〔三〕爲：日本藏宋刻本、四庫本、傅校本作「謂」。

又　淳熙十四年

某前日方復狀，既而詳味來諭蜀中久困之説，且及成都亦有拖欠錢物，固已關念。連日蜀士可信者來云，使所督責州郡經總制錢頗峻，不令分文虧租額，仍追成都吏以警其餘，往往那兑他司名色以應期會。近又據制置司按長寧軍無錢糧支戍兵，至上廳毆擊吏人。雖太守庸謬使然，亦是無可措畫乃至於此，不勝憂懼。更望深賜體察，於文移間稍加從容，幸甚。蓋執事廉清勁正，天下少比，宵人恨無瑕可指。若因財賦爲因誣陷，則要路豈能無惑？又如長寧紛紛之類，亦將借以自解。此某愛執事至深，念執事孤立，不得不萬里竭誠相告也。水至清則無魚，某方以是自警，故復以獻之。執事相照有素，不訝其忉忉否？

又

某比聞蜀士皆謂使所督財賦太急，州郡移用他司錢物以應期會，深恐盈篋之言浸成市虎，曉夕繫念，已兩遣書道曲折，但路遠附遞未易遽達。今聞長寧軍守臣因乏支，致戍兵上廳毆公吏，爲制司劾罷。深恐他處亦有類此者，不勝萬里之憂，亟此附金州便介，千萬亮其拳拳之心，先事過慮而未督過之，實爲幸甚。

陳制置峴　淳熙九年

某遞中時頒公劄，不勝感慰。譚汝翼事止緣前來蜀中當官者姑息，養成爭端，近復因張遇貪謬無識，委信其家，致令妄作。今既遇重貶，又且勘劾，俟案上方能決。龔總不通變乃爾，可怪可怪！辟官想已遴擇，墨崖去年承台諭即催促給告，不謂無厭如此，今處置如何？若使守倅得人，自能折衝消萌也。李景厚慘虐刻剥，殊駭聽聞。若非先差盧倅攝貳，則臨行害民愈不可計。潼川提刑司雖究見曲折，正恐橫斂之錢撥作回易，今不盡存。萬一給還指揮既下，其他人户紛然來請，何以應之？兼夔州軍歸喧鬨未久，故欲詳審，已備録奏章行下林帥，併乞取見數目〔二〕，候到即降旨矣。大寧監事將來全在本路漕臣任責，既與使司所申小異，須斟酌爲悠久之計。見此商議，續當奉稟次。令似機宜蒙書況，知徐下班所附尺紙已達，冗迫未果再奉狀，附此爲謝。

趙總領汝誼　淳熙九年

某辱誨翰，至感。一冬無雨雪，嗣歲可慮。昨日得江叔源未離荆南時劄子，備言和糴費力，如使所及漕司莫可稍裁其數否？想自有所處矣。況教授申狀却不説劉璧所撫一節〔三〕，三省未肯施

〔二〕乞：日本藏宋刻本、明澹生堂鈔本、傅校本作「令」。
〔三〕撫：明澹生堂鈔本、四庫本、傅校本作「換」。

行。今須徑從劉取一印狀，自靖州繳申，庶可施行。事既涉兩路，而京仲遠已到任，則湖北漕司亦難起文字矣。切望速以此意諭之。若蔡定夫到此頗速，尚可商量也。劉子澄因冠梳之禁遂具奏及禮俗，深可敬仰。羅守已到任否？邊頭及軍旅有所聞無惜垂誨，幸甚。

又 淳熙十二年

向來諸軍揀汰，逐歲津遣，在軍既無留滯，分在州郡亦旋來旋替，未至擁併。自淳熙七年因旱權留，不覺積壓數多，公私兩皆不便。殿步司緣在此日夕煎炒，故兩年稍稍遣去。然併在浙東、閩中兩路，諸郡數來避免，至閣其俸不支，安得不爲區處？今且將七年、八年、九年分權留之人盡數令就三總領所，依合入差遣撥遣一次。所降指揮甚爲詳備，雖使所稍有支費，却使久在行伍之人免奔馳道路及等候幫俸種種狼狽，亦足少勸從軍之士矣。合給朝廷付身者，幸便令攢具封以見示，即便發下。尋常省部糜費極多，合當少革。如合就使所出給則固無慮，不知衣絹米麥請受供給兩歲共約幾何？若會計每月減半，積至五六年，其所增亦無大相遠。心計裕如，當不較此也。

又 淳熙十三年

某特勤詶問，不勝慰感。所諭亦知，其病痛將何以藥之？此差遣本出宸斷，初但見人稱其有志事功，長於恤丁，故欲調和使無他，而不知者遂疑某有所偏，每切悚然。近者力祈退休，正爲力難任重，疵吝日積，此其一也。今雖少留，愈劇臨淵之懼。恃久要略布心曲。繼有所聞，毋惜詳諭，同於爲國，利害實相關耳。

楊明州獬 淳熙元年

某蒙台諭吴邦興創病，恐斃於縲紲，不免驚衆〔一〕，已得旨令先次酌情處斷，餘依前降指揮。恐省劄到遲，亟此奉報，可施行也。餘案幸速上，仍望示諭，庶可催促刑寺耳。

成都徐運使詡 淳熙九年

某竊以天氣漸熱，恭惟運使察院按廉餘暇，台候動止萬福。繡斧之權方隆，漕輓之節已至。由邊城而還益部，事任風物固有間矣〔二〕。敢冀上體倚信，加厚保調，以迓九遷之寵。

某特枉雙緘，禮意勤厚，不勝感悚。軺車幾日達少城？繼此續當拜狀。屬自聞宜春兄之訃，老懷惻楚，疾病隨之，占報極爲率略，切幸恕亮。

〔一〕免驚：原刻校云：「張本作『足警』。」按日本藏宋刻本亦作「足警」。明澹生堂鈔本、四庫本作「免警」。

〔二〕任：明澹生堂鈔本、四庫本作「在」。

廣西胡運使廷直 淳熙九年

某竊以秋暑加熾，恭惟運使寺丞馳傳勤勞，台候動止萬福。易地非獨彰上眷，亦身任通融之責，免至掣肘。兩路必被實惠，以寬顧憂。更幾順令保頤，別需九遷之寵。

某遠蒙書況，貳以長牋，極佩謙予。既更使事，不果視儀修報，皇恐皇恐！詹丈已到否？兩賢協力，民其蘇矣。第遠方最困將迎，如廉守遠在福州，必俟接人方赴海邦，借請不直錢。此利害之大者，共與詹丈同議，稍節得此一項，甚善。蓋朝廷雖日下號令，彼畏當官者，終不肯改，惟帥與監司相迫近，却可禁戢耳，如何？

某僭易上問慶門眷聚，想惟上下均吉，有委勿外。北客落南者多，宜有以賙之，不可以尋常省費爲拘。如周敦義參政最長厚〔一〕，獨於寓跡寺觀者痛阻之，雖出於佞佛，亦是鄉里從容不恤北人耳。非執事不敢及此，彼妄用而不肖者固無足恤也。某僭易再拜。

又 淳熙十年

某竊以冬閏寒凝，恭惟運使寺丞馳傳勤勞，台候萬福。某數奉記，必獲呈徹。鹽法當遂流通，昨惓惓不能自已者，止謂體國之人少，窮理之慮難，深恐愛莫助之，倍勞區處耳。韓廷玉頃求潮、惠小郡，諸公尚遲遲，一旦以詹同年薦引，遂超授使節。豈欲爲異，直是所見未同，故權其輕重，務求至當耳。計今必須議定。更有一事，吾曹當權之時，僚吏多觀望迎合，凡所詢訪，少得其實，臨事更望以此察之，自無隱情也。某敬服砥節勵行，公爾忘私，是以思效小忠，未審以爲然否？前通韓廷玉書，亦勸其毋固毋我也。餘冀若時珍愛，別俟寵渥。

夔漕張季良縯 淳熙九年

某竊以炎暑可畏，恭惟運使秘書台候動止萬福。遠勤誨翰，感戢無已。秘書一代名士，已嘗登瀛，昨緣祥琴初御，姑即家而畀符節，行且召矣。十連性太剛，甚煩調護。金字牌既到，必能深體上意，相與釋然。既寬顧憂，亦惠一道，高明自當得之。其餘章考功必能具布，忍乃有濟。贅言知罪，末由會晤，切幾順令保頤，以承天寵。

某特枉緘書，申以別幅，展誦數四，欣慰亡斁。巫峽奇峰，又蒙傳寫爲寄，平生未省有此偉觀，亟排壁間，恍如接談塵於白雲樓之下，感幸不可言也。向睹公文論羨鹽補三費事，日夜念之，所以未敢遽行，正緣有不足復科之語。既無定數，他時弊將若何？恐非徒無益而已。又李帥所欠民户錢既支用無幾，若便降支還指揮，不知何以酬之？望詳加紬繹，蚤賜垂報，幸甚。

〔一〕敦：原作「敵」，據日本藏宋刻本、明澹生堂鈔本、四庫本改。

又 慶元元年

某悚息拜啓沖佑直閣少卿台座：中冬凝凛，恭惟卷懷賢業，台候萬福。瀛州再直，閩祠均勞，雖適雅志，然通明練達，中外揚歷，固已簡眷知，孚人望，而淵源之學、黼黻之文未施演潤，搢紳共嘆淹抑。更幾致和宣滯，導迎時祉，以對趣召。不宣。

某悚息再拜。自頃通問，尋嬰拙恙，經涉累月，自度不能再堪吏役，懇還舊隱。自春涉夏，屢瀕於殆，今尚疲乏不能食，此亦衰老常理，無足怪者。開歲年及納禄，無嫌矣。六一公集此間宜有善本，乃大不然。少卿頃刻版左綿，裒類特詳於他本，非博物洽聞，豈能致是？然書類不一，雖公諸子編定時亦淆亂無倫理，方力加整比，重爲刊刻。第閑居難得可委督責匠者，未免遲緩。他時逐旋摹印，從令壻轉致，惟恨無由求正於左右。如河東河北奏議及自館閣謫夷陵時百餘日舟行所記，所在皆無本，今偶得之云。

某皇恐再拜。向蒙委次先大夫行事，固知盛德君子豈妄庸所敢措詞。迨詳王漕行狀，乃知先父既附戊戌榜，又頃同事朔垂，可謂綢繆之契。雖欲以骫骳爲辭，誼有不可，輒勉强撰述，敬授使者，未知入台意否？三世廣漢，豈獨近世所稀，古亦鮮儷，是以表而出之，他時當爲衣冠盛事矣〔一〕。才元侍郎筆札妙天下，莫可求書丹否？向欲跋《禮院遺事》，今併見之誌文，併幸台察。

〔一〕矣：原無，據明澹生堂鈔本、四庫本補。

廬陵周益國文忠公集卷一九五

書稿卷一〇

劄子 七

錢師魏參政 淳熙十年

某竊以梅雨未霽，恭惟判府大資參政政化益新，神天贊相，鈞候動止萬福。更冀上體宸眷，加厚保調，以需廷揚之命。

某坐遠台躔，每形夢想。雖幸通音驛，顧豈若日接茵憑之爲慰也？通班規殿，蓋兆登庸。間寓賀誠於寸牘，每愧緒使，不能敬修公禮。豈期謙德過厚，特枉盛儀，佩服以還，慚怍斯甚。尚惟鈞慈矜而恕之，不勝幸願。某日聞治聲藹著，京師蒙九里之潤，私竊歎仰，而每得來教，常有知足之言。此固高懷度越一世，顧潁川入相，具存漢事，雲間洞天，徒揭扁榜，必欲徜徉其中，猶當在三十年後耳。田生蒙不鄙棄之，如某受賜。渠只俟的報，即走專介。敢乞鈞照。

又 淳熙十二年六月〔一〕

某比屢遺狀，幸無遺墜。玆枉誨答，感慰無已。庚暑正炎，恭惟德業日隆，居守餘暇，鈞候動止萬福。汾陽謗者紛然，恃參政主張公道，可以彈壓風波耳。爲將而廉勤，撫士又有志，事功斯亦足矣〔二〕。而世俗方且責以軟熟結託，豈理也哉？萬鈞藥石之言，彼當服膺，豈止聽信而已？海舟奏劄詳明，上一一施行。沿海巡檢恐擾而不能辦，已專委温、台、明三州矣。器械之說，毋惜繼陳，幸甚。梁承節至末事，俟其乞闕即與之，尚未得來示也。他委願效綿力。餘乞保輔粹和，蚤還沙路〔三〕。

施聖與樞密 淳熙十年夏

某玆審夢記熊羆，慶均家國。六月多雨，已符崔革之占；方人也奇〔四〕，行應太師之卜。幣儀不腆，敬祝千齡。尚惟鈞慈，俯賜容納。某下情不勝愧悚之至。

又 淳熙十六年春

某竊惟堯以是傳舜，舜亦以命禹，古有是說，今乃備於聖朝。恭惟某官以碩德重望，歷壽皇之二府，爲嗣聖之端尹。豈特與中外縉紳同此大慶，固將趣頒召節，平章國政，多賀多賀！某

〔一〕六月：原無，據日本藏宋刻本、明澹生堂鈔本補。
〔二〕足：四庫本作「鮮」。
〔三〕沙：原作「陟」，據日本藏宋刻本、明澹生堂鈔本、四庫本改。
〔四〕方人也：原缺，據日本藏宋刻本、明澹生堂鈔本補。

尚冀修問，先勤誨劄，不勝感悚之至。

又 紹熙元年

某竊以王春有俶，寒色尚峭，恭惟宮使大資樞密，怡神大滁，德望逾尊，天人交衛，鈞候動止萬福。某屏迹故廬，得遂麋鹿之性，餘波所及，蒙潤多矣。邈焉候謁，徒劇馳情。所冀仰承眷注，保輔饗寢。調元之拜，斯拱以俟。

某去夏罷免，本自三衢陸歸，僉緣一望履舄，踐升堂之約。無何，幼穉觸熱番病〔一〕，急孥舟過陽羨。已而災撓頻併，不覺留連三月，中元後方爲泝江計，蓋不敢復道餘杭耳。差池晤語，迄今惘然。陸走川浮，艱勤殊甚，近冬方獲定居。向聞術者謂丙午人最畏己酉，如王季海之厚德，錢師魏之强壯，皆不能免。有如庸懦不才，叨踰特甚，若非顛頓狼狽，則其死必矣，詎敢不知幸也〔二〕！仰恃契愛，因筆及之。

某自違鈞範，日夕思仰。每士大夫來自上饒，必敬詢近況，具審神觀益清，飲食快美。雖不復引滿如平時，而午橋燕適不減唐賢，暇時則繙閱經傳，目力無異少年，每切欽歎。自惟名在罪籍，方不爲公論所與，不敢輒以姓名污几格，理所當然。高明賜之澄察已幸矣，乃蒙墜況緘翰，未替曩眷。盛德如此，足厚風俗，豈直私情感激而已〔三〕！欲叙謝悃，言莫能盡。

留仲至丞相 淳熙十年

某竊以中夏暑雨，恭惟知府安撫制置龍學尚書鎮臨暇裕，台候動止萬福。比具賀緘復來況，計猶未達，茲領三月書翰，益深感慰。北方誠叵測，招闕額軍兵，去年十月即有指揮，自付出來奏，即併修堡寨、核糧草事，降旨劄下。緣貼黄云云，所以並作勘會。然相去極遠，非使司督責，則未免悠悠耳。請受不等，方此商議。蓋事體稍重，故不容造次，亦不敢作兩司文字也。貼支度牒，更當與三省言之。郵筒未果多幅，惟乞爲國保重，以需登拜。宋太丞與崇慶郭守一書急欲得達，望便遣行，至懇至懇。

又 淳熙十年

某竊以仲夏炎熱，恭惟某官鎮撫全蜀，神相名德，台候動止萬福。某近方以書入粉牌遞，又枉誨筆，益深感佩。奏劄深歎遠慮，已一一報去。內有不可行出者，稍從節略，其實皆元文也。蠻獠誠無能爲，顧應之何如耳？貼黄及文州事，殆蜀士傳聞之過。彼初未嘗申哀鳴等語，亦不曾降指揮依奏，只是令隨宜斟酌施行。秦黎州乞祠已不允。作過人逃入夷界，自然百端鼓惑，須

〔一〕番：原缺，據日本藏宋刻本、明澹生堂鈔本、傅校本補。
〔二〕也：日本藏宋刻本、明澹生堂鈔本作「耶」。
〔三〕直：日本藏宋刻本、明澹生堂鈔本作「獨」。

用重賞募人擒捕，雖加誅戮何傷？所謂移文瀘南，語言不倫，趙丞相莫有以摧折之否？大要多是吏人陰與交關，若物色得其主名，懲一勸百，乃伐謀之上策也。度牒、邊備，已再三爲二相言之。餘乞爲國珍練，以需大拜。

又　淳熙十一年九月

某竊以秋氣澄爽，恭惟某官鎮臨餘暇，台候動止萬福。比拜狀，想無浮沉。要衝城申請一一施行。虚恨雖就嘉州受賜，或疑包藏難測。今黎州爲備甚至，若犍爲有備無患，乃策之上也。梁憲想已至，望與熟籌之。大要在押寨官以時支俸給，乃可責其勿私役部曲，使得一意扞邊耳。宗室、歸正添差人，與去年使司辟差不許先權指揮了無干涉。今進狀陳訴者紛然，上意本欲用金字牌發下，却恐張皇，只入粉牌遞，切望便施行。四路漕司劄子亦煩亟發下。上再三丁寧，徑自回奏尤佳。公文中不能達此意，輒復具之。夔路措置土丁，欲省播州城官，若柳傑可用，别示合入闕，便當應付。尋常使司所辟差遣，逐一督責，所屬或有留滯，切幸垂諭。黔州蔣介所傳不佳，果否？誰可代卑牧耶？黎州秦嵩今不復求去，自詭底績，不知竟如何？或别欲用人，但同諸司具奏，即稟旨行下。蓋往復動是一時，豈容含糊也？折估文字雖到，而户部議論迂泛，三省旦夕取聖裁矣。餘乞保重，以俟大用。

又　淳熙十一年

某竊以歲宴凝寒，恭惟某官望重雲山，百神所勞，台候動止萬福。間數奉記，不敢必其無浮湛，亦辱誨牘，感慰無斁。胡子遠已握蘭，前書竟曾到彼否？勾躍可謂公薦，上方倚用，遽聞游岱，極可嗟惜。秦嵩舉職甚善，采木不爲無因。上不欲降指揮以示沮，但令尚書密加諷戒，使知思懲後，望達此意。諸司條具邊事奏，尋即付出，可行者便合徑行。惟作過則誅，恐須斟量輕重，似難一切，想高明自有所處。水洛蠻若能存立，亦中國之利。來諭疑其終亡，不知今復如何？土茶馬偶因舊屬妄有訾毀，通國皆不信之矣。宗室并歸正赴上曲折已爲詳奏，比亦有遠來朝廷注授者，此皆部胥並緣乞覓之過。前此使司乞給付身之人例是沮駮，近一一施行，稍礙格則爲取旨。蓋萬里往復，淹引時月，安得不加意也？春元密邇，泰内何疑？願趣曹裝，以需大用。

又　淳熙十二年

某竊以上眷名德，併疇茂勳，正學士之班，爲大用之兆，諒深懽慶。屬者急遞拜書，想無不達。去夏所遣文書，初慮遺軼，反成稽滯，愧悚愧悚。凡使司所請，無不即行，非獨張敏也。嗣有可委，悉願聞之。蠻夷曲折不一，又漢人有導之者，諒胸中成算素定，足寬顧憂。袁弄止可附帶中馬并奴兒結等數事並得旨依，任燀亦如來教。惟黎、雅再添土丁，上恐異時錢米不繼，却或欠闕，姑欲練習見在之數，使之精鋭，則一可當二，不然人數雖多，適用却少。兼尚書延登之後，他人不能撙節雜用，應副不足，反成大患。聖慮甚遠，備載公劄。尚有可議，毋惜再陳。若已一面施行，則望紐計收支細數〔二〕，更當奏稟也。秦嵩欲去甚急，向舉劉師顔，或謂施設不逮議論，而王去惡雖有戰勝之功，後來幾至擾擾，亦恐取輕軍民，更須審詳下諭。上既以全蜀付尚書，凡百固難遥度也。蒙丹足、都提二人，上以非首惡，初欲遣歸，既而復令如所奏，分送利、閬軍中。却望諭兩處令與安存，庶幾餘衆歸心焉。所薦四士，大孚人望〔三〕。前此例召一二，今偏有處分，可卜倚信。倪教授蒙剡奏，價重千金，寸進有期矣。

又 淳熙十二年

某竊以庚暑方炎，恭惟某官鎮臨底績，台候動止萬福。五月七日拜狀入遞，尋亦領幅紙之況，感荷亡已。虜主曲赦上京，即回涼淀。傳聞秋末還燕内禪，恐有此理。大石契丹傳聞難信，金字牌既到，必與吴帥子細商量也。田世雄易地未必樂，又爲范漕所按，貶秩一等，更望丁寧，毋蹈前轍。大抵守邊以廉爲本，豈容放縱？或是金州匱乏，朝廷未曾應付，致令多方經畫。黎非金比，財賦却須稍足，更望時警策之。袁弄分地可疑，恐其合以謀亂，倍宜關防。劉師顔、王去惡皆施行矣。郵筒不暇詳悉，惟冀爲國保重，蚤登政路。

又 淳熙十二年

某遞中辱五月二十三日書翰，甚慰企仰。數日前曾用粉字牌發一書，未審無濡滯否。群蠻畏威懷德，坤維幸甚。田守亦有母年八十四，别無兼侍，方苦辭此行，會漕司劾章至，上令貶秩，而夕即封還，已從罷黜。黎州又須擇人，有旨委兩司差擇，勢不可緩。王齡頃覺心氣微不寧，後來必無事。向有兵亂一節，姑留以張軍聲，如何？此在裁處，不敢遥度。若已奏辟，自可先令赴上也。葛王四月半赦上京之後，復還涼淀，别無動作，止是江、浙、閩、廣同以五月八日地震，而太白頻年晝見。自治之策曉夕不皇安，方用慶曆故事，乞兩相同領西府，庶幾名德福量鎮壓中外，坐以無事，使疲駑者未底大戾。因筆敢私布之。

又 紹熙元年

某竊以王春有俶，恭惟大丞相調元餘暇，天人咸相，鈞候動止萬福。輔佐之功，冠絶古今，去一小人，多士誦歎，至形賦詠，雖田野亦聞而知之，垂諸簡册，厥功大矣。更祈善衛鼎餗，永弼昌運。

某竭違誨席，已歷三時，渴仰在中，雖造次顛沛未嘗忘也。

〔二〕紐：原作「細」，據明澹生堂鈔本、四庫本改。
〔三〕孚：明澹生堂鈔本作「契」，四庫本作「合」。

姓名缺然於公府，理所當然。敢謂眷念有加，墜况榮問，貳以上方之奇芬，蔀室頓覺光輝，感激非言可盡。亟此叙謝，且不敢略致芹獻，仰惟高明，必賜矜察。

又

紹熙三年

某竊以秋序已深，天氣澄肅，恭惟某官顒面正朝，亮工熙載，天人擁佑，鈞候動止萬福。某仰資鴻芘，粗安職守。比緣繆舉，宜底大訶，敢謂開陳，袛從薄罰，其爲慚感，寧有紀極？不敢修啓，恐勞損答，更切愧惕。賤息未能赴調，止望坑冶司一幹官，乃蒙陶冶，倅貳名邦，去家近便，過於自擇。闕雖稍遠，大例則然，比之他處，猶爲近者。私心佩戴，尺書莫盡萬一。餘乞加衛鼎茵，即正公師之位。

某衰老且病，久欲掛冠，荷鈞播俾守湘中，不敢固辭。今已期年，自合引去，緣紬爵方具表謝，是以少緩。念此邦當湖廣走集之地，而城闉鞠爲榛莽，人莫孰何。自到逐旋補治，已有所費，念非干懇朝廷支撥錢米，決不能濟。輒録奏劄拜呈，并具狀申尚書省，敢望鈞慈特賜矜允。若得度牒百道，餘貼會子，雖此間不可用，然有合解淮西總領所官錢可以兌換，似爲兩便。所以乞委豐漕者，蓋某便爲歸計。而豐已知首尾，且風力易於辦集，免使後人旋來經營。鄙意如此，伏惟融明洞照悃愊，某無任懇禱之至。

又

紹熙四年十二月

某竊以嘉平紀月，寒威凜然，恭惟某官股肱帝室，師表百僚，神人翊贊，鈞候動止萬福。某自夏間一病危甚，迄今腹疾猶未痊愈。中間嘗因請乞一再具稟劄，聞主書例却外路尺牘，未知得徹鈞聽否？茲望泰階，邈焉瞻近，乃情依鄉，豈易名言？敢乞上體注意，精調鼎食，即正師垣之拜。

某茲審播告昕廷，疇庸上宰，榮升亞傅，改胙大邦。恩禮駢蕃，華夷鼓舞。大丞相學臻聖域，德冠民夷，上符天心，下愜人望，永毗聖主，迄底丕平。方且無官可酬，是宜有識同慶。某以匆遽未能修啓以伸頌詠，姑此布懽悰之萬一，尚蘄鈞照。

某老邁不才，理合休致。或恐事當有漸，所以先伸祠請。竊聞五月間大丞相灼知誠心，欲賜啓擬。既而某痰嗽大作，不入食者半月，入秋又得腹疾，服藥雖多，效驗轉遲，形容憔悴，心志衰落，見者莫不憐憫，有識則又誚其不知止也。忽蒙恩詔，移鎮豫章。蓋君相未欲使之徒歸，姑以鄉部假寵。此爲榮感，固不待言。其如力不能任〔一〕，禮當得謝，若猶冒昧，人謂斯何？已一面具奏辭免，徑還廬陵，恭候允俞之命。敢望始終洪造，安全暮景，即賜開陳，畀以祠禄，少安孤跡，免致人言。尚有納禄一節，猶煩再造，臨筆慚懼之至。

〔一〕其如：四庫本作「如其」。

又 慶元二年

某竊以歲晚，天氣凝寒，恭惟某官游心靜密，道腴日勝，天人交相，鈞候動止萬福。某年益老，病益加，最是心氣久虛，兩耳常如風雨大至。舊好與士人游，今對語不辨，亦中輟矣。丞相浩養素充，留神內典，日有所得。某愧仰固非一日，何由瞻侍？臨筆拳拳，所冀保輔饔寢，以俟歸袞。

某自聞鈞旆如湖湘，道由臨江、宜春間，自合走介承詗。私居難辦專介，又例與州郡相忘，不欲借人。亦謂今黃守家此，必便有急足往復，不料久猶寂然，遂成不敏。鈞慈知照有素，諒亦未以是督過之耳。邵陽素號樂土，二千石又出甄陶。仰惟高明簡重，何適非安，豈以外物動其心哉？夜永觀書之餘，不如袖手觀碁，此消閒第一義也。偶善化宰是表弟，借人附此徽劄二百番，聊助著述，皇恐皇恐。

某皇恐拜問隨府鈞眷，緬想均介多祥。諸位學士幾人在侍傍？聞令孫隨行，尤更俊爽，公侯袞袞，固應爾也。有委願聞一二。

京仲遠尚書 淳熙十年

某竊以暑雨未解，恭惟運使察院按部雍容，台候動止萬福。英猷奧學，宜在中朝羽儀多士，持節雖寵，未厭輿議。更冀遵令衛生，別膺召寵。

某茲承涓辰視印，諒深懽愜。長牋多幅，禮意勤厚，三復不勝悚感。屯田議已施行，郭帥亦自畫旨措置。若兩司交舉競勸，則他日稍省糧運，其利豈淺哉！北方畢竟如何？衆謂葛王無恙，則和好必不輕壞，易世之後，便須動作。雖有此理，然比來沿邊皆報增戍修城治道路〔一〕，豈恫疑虛喝，抑事或不可料也？大軍所駐，宜有諜報，望常以虛實囑總領飛報，此最急務也。應城駐馬軍固便，但胡虜爲寇，率在秋冬之交〔二〕，是時已水涸，必無數渡之艱。而目下移屯，恐州郡大有所費，民力似難支吾，更望與諸公深籌之。利果十，則安敢憚小勞耶！

某悚息拜問親幃，想惟壽祉增茂，眷聚均吉。劉子澄通判已歸否？與羅守皆儒者，或不及事，千萬芘存之。漢陽莊璋簽判吏事如何？所居窘匱異常，望略與假借爲幸。有委，敬俟來命。

又 紹熙四年

某以秋暑正炎〔三〕，恭惟判部尚書曳履中臺，論思多助，台候動止萬福。某二月間人回，連辱教賜，且拜十書新惠，皆欲之而未獲者，其感荷何可言也！尋聞暫過豫章，即非趨謁，便合具書，且慶且謝，而涉夏大病，伏枕兩月，遂成因循。平時素荷知

〔一〕增戍修城治道路：原作「增城修治道路」，按原刻校云：「張本作『增戍修城治道路』。」按日本藏宋刻本、明澹生堂鈔本、傅校本同，據改。

〔二〕在：原無，據日本藏宋刻本、明澹生堂鈔本、傅校本補。

〔三〕「某」下，明澹生堂鈔本、四庫本有「竊」字，疑是。

愛，必能諒其無他。至於欲去未能，大宗伯相會可問而知也。再晤悠邈，瞻仰增勤，所冀厚輔寢羞，即登政地。

某比審對揚稱愜，擢長秋官。夫以德望巋然，使蜀又底成績，稽參前此，便當大用；尚迂塗轍，蓋示詳試之意，計今已升二府。屬病倦不能具公禮，致懽悰，惟台慈矜亮，幸甚。吴、石二公抱負奇偉，仕而不達，邵公濟、李知幾學問詞采絶人，皆賴尚書表而出之，斯文有光焉。自此操進退人才之權，多士忱有賴矣，聊預言之。

某悚息拜問隨軒寶眷，敬想長少均安。路倅得眉闕，想過所望。蕭宰闕不遠否？因通問僭有少懇。長沙大辟無日無之，三獄常繫數人。今具事目，敢望丹筆早賜斷下，造次知罪。有委，敬以爲請。

某蒙寵教詩詞，清新嫵媚，追配前修。非特歎服才藻，亦以知大才異禀，折衝餘暇，乃爲騷人之事業。其視寒瘦推敲者，何翅九萬里也。敬藏什襲，永以爲好。

何道夫秘監耕 淳熙十年

某竊以首夏清和，恭惟提舉侍讀秘監静治雍容，台候動止萬福，間闊不勝瞻仰，昨復狀爲開藩慶，計已呈徹。繼弊政雖少勞，然率下以正，行其無事，則亦無難。便民數事亦略施行，甚休甚休。會晤悠邈，萬萬保嗇，以需環召。

某衰懦不才，益進不已，内自修省，無非可愧之時。豈謂高情念舊，遠貽函教，三復惟增慚赧，莫知所以謝也。惟台慈加亮，幸甚。

林黄中少卿 淳熙十年

某竊以炎暑在辰，恭惟知府安撫寶文少卿辦嚴餘暇，台候動止萬福。别久不勝思仰。向者譚事紛紛，某適預奉行，而畏首畏尾，略不能爲賢者吐一言。微聖主明見萬里，灼知忠忱，則是非曲直未易辨也。以是雖切仰德，而愧於通問。兹承誨翰，感怍交至。末由會晤，切幾順令保愛，嗣膺召節。

某兹審三易詔除，遂分閫寄，事權加重，委寄可知。既璽書趣行，想不憚暑溽，即遂引道。舊聞湖南民力甚困，後來養兵日衆，頗費調護。又兩漕置司所在，督責財賦頗急，李壽翁不能支吾，遂力告歸。諸公若俱以國事爲念，不至望風相疑，則一道蒙福非淺，計高明必有以處此。仰恃愛忘，恐欲知其大略，輒私布之，過目即爇此紙爲幸。

又 淳熙十年[一]

某竊以天氣凝寒，恭惟某官鎮臨有裕，台候動止萬福。間闊不勝瞻仰。中朝宿望，久勞於外，士論太息，諸公亦有誦周南之滯者。上以方藉分閫，故少遲召節，錫環會有日[二]。切冀爲國保

[一] 淳熙十年：原無，據明澹生堂鈔本補。
[二] 環：原作「還」，據日本藏宋刻本、四庫本改。

嗇，副此馳頌。

某自頃復狀之後，久徯開藩，玆聆洗印之期，喜可知也。惟是長牋多幅，貳以手書，禮意勤渠，豈所當得？欲眡儀爲報，力所不給。故人諒其非簡，必未督過，然愧怍亦深矣。繼此尚續拜狀。

某蒙諭飛虎軍曲折，仰歎閎慮。密劄數道〔二〕，皆降付三省矣。長沙將兵元不少，因董苹及劉樞各創一軍，往往舍彼就此。若精加訓練，自可不勝用，而辛卿又竭一路民力爲此舉，欲自爲功，且有利心焉。議者謂四項衣糧不等，恐非久長之策，撥隸步司，與御前江陵軍無大相遠也，正是主帥不應回易科擾。若非啓聞，亦無由知。已一面行下戒約，自此亦少戢否？親兵等必委翟瓊教閱，比預令再任，正欲留備驅策，未審其才略何如，因風幸批報。以飛虎易鄂戍，去冬嘗與侍從商量。而王宣子謂此皆烏合無賴，在帥府成隊伍，方帖帖無事；若使出戍，無異虎兕出柙。遂姑置之，更望審度見報也。

又 淳熙十一年

某竊以秋氣澄爽，恭惟某官鎮臨有裕，台候動止萬福。開藩浸久，譽問孚洽，不勝歎服。飛虎一軍，牛僎屢乞移屯，一切止之，今又易帥矣。韓生臨事如何，不哀斂否？物色垂諭，恐其驕矜自大耳。進書給劄，可謂有郤縠之風，甚盛甚盛。顧諒已轉官，渠自乞遠闕，計議亦已與之。呂澄既差見闕，指使又爲別白前事，玉音宣諭云：「小過可恕，特與除落，仍遷一秩。」所謂大哉王言也！餘冀以時珍愛，即俟嚴召。

某衰老不才，素無榮望，故人所知。今乃冒處非據，夙夜悚懼。長牋多幅，遠紆盛禮，尤切皇恐。既不能視儀爲報，惟有手書可贖簡率之罪耳〔三〕，皇恐皇恐！虜主已到上京，奉使馹程皆報，來自授禮無疑。其儲在燕，而守汴者愛壻也。靜待固上策，但聞素欲傳授，易世之後，擾擾萬緒自此始。庸懦豈足以參帷幄，念之凜然，恃契照敢布一二。

某悚息上問慶門眷聚，緬想翕受多祉。有委勿外。汀、劍間頑民七月間因蚤禾旱損〔三〕，起而爲盜，尚未殄滅，恐欲知者〔四〕。吳宰未替否？實與親且舊，因白事，望再三諭以丁寧公芘之意，使之無怨，甚幸。

又 淳熙十二年

某比辱誨翰，不勝慰感。《春秋集解》洊拜珍況，欣幸無已。移山口寨已如諸司所議寢其事。有疑必詢，不可則止，此乃朝廷常體，初無固必，況議者乎？但黃沙代戍，監司中亦有未以爲然者，必欲鄂軍如故，竟何如也？荆襄乞飛虎不已，若歲令一半往來江陵間，使習知大軍紀律，又有以繫懷土之心，亦可行否？望

〔二〕道：日本藏宋刻本、明澹生堂鈔本作「通」。
〔三〕手書可贖簡：原刻校云：「案彭本缺此五字，從張本補。」
〔三〕旱：原無，據日本藏宋刻本、明澹生堂鈔本、四庫本補。
〔四〕恐欲知者：四庫本作「是用究心」。

速垂教。韓生之子，上令特補兩資，文字想已到，他遲後訊。

又 淳熙十二年

某竊以秋煒澄爽，恭惟某官寵渥方新，神人欣相，台候動止勝常。才猷德望宜還本朝久矣，上以湖湘重寄，徒得君重，晉職因任，蓋非獲已〔一〕。勉徇借留，行膺嚴召。飛虎增給，見今商量，家累重大，共約幾何？民力困極，不得不惜財賦，非敢如往時密院增兵而弗計大農之盈虛也。重役人其間亦頓有不堪充數者，莫稍加分別申來否？衣糧復取之本州，惟復併就總所，前未暇區處，恐當會計，不然版曹定紛爭，或貽患諸郡爾。斛斗既取米，便可較量臧否，方知曲折。衆謂古人用字極簡，非如後世動輒避忌，故治亂謂之亂，治荒謂之荒，「亂臣十人」、「遂荒大東」是也。《易》云「否臧」，《詩》云「何用不臧」，未易概舉，以爲臧私却自漢以來方用之耳。安撫使不巡按而不知郡守，則臺諫在朝廷遂不彈監司守臣乎？蓋亦詢謀於可信之人，思過半矣。不然，雖覿面覽訴訟，何能知其底蘊？素荷知灼〔二〕，且蒙諭及，輒爾觸突，皇恐之至。餘乞保重。

又 淳熙十二年

某辱十月所惠書，慰感。劉君謹在念，但渠投匭詆蜀士，而於張績尤甚，却似少思。所謂以母言以妻言，固有不同耳〔三〕。巡邊甚善，然帥臣一動，繫人耳目，不若及時徑具臧否狀之爲安。縱不深知，略舉其凡何害？蓋升黜須參考衆論耳。當時立法，正謂帥兼州若不委以同察〔四〕，則部使者必相輕重，或失事體，非專責玆事也。上於少卿可謂委曲矣，倘堅執不已，何以仰副禮遇？望深思鄙言，毋使立法美意反成惡意。不然，此非密院職事，何用嘵嘵也，高明辱垂亮否？他續馳布。

胡子遠郎中 淳熙十年〔五〕

某竊以中冬凝寒，恭惟大孝提刑郎中端憂有相，啓處交裕。某久違友誼，瞻仰不忘。才元、君玉次第起鎮，交遊不落莫否？名望之懿，諸公日日相念，詘指祥琴，當膺擢序。某衰病侵凌，歸田念切，後會殊未敢必，臨風悵然。因府介回，附此見意。甲辰小春茶十銙謾往，不多致者，以到彼則已陳矣。餘乞節哀自重。

劉秘書光祖 淳熙十年

某比承先府君奄棄榮養，秘書天性純孝，哀慕骨立，念欲遺

〔一〕獲已：原作「復也」，原刻校云：「張本作『獲已』。」按日本藏宋刻本、傅校本亦同，據改。
〔二〕灼：日本藏宋刻本、傅校本作「炤」，疑是。
〔三〕有：明澹生堂鈔本、四庫本作「自」。
〔四〕不：原無，據明澹生堂鈔本、四庫本補。
〔五〕原刻校云：「案：『十年』疑當爲『十一年』，緣幅中有『甲辰小春茶』之語。甲辰、淳熙十一年也。」

簡相慰勉，而某自得伯氏之訃，痛割無以爲懷。抱病兩旬，至今猶未全安。雖間託朝士轉致區區，而寸誠莫能自達，愧企！千萬竊惟門户重寄，扶護方艱，不宜過自摧傷，以違中制。無由往弔，但極惻愴，謹布叙萬一，續別遣記。

又 紹熙四年十一月

某竊以霜日清美，恭惟某官鎮臨有裕，台候萬福。某自己酉夏舟中蒙訪別之後，相望悠邈，無從通問。玆審易鎮夔子，念欲走介致區區，而經歲卧痾，日事藥裹，且每爲去計，遂成因循。亦料彼此心照，不在尺書，其如愧企，則勞甚矣。繼趙子固之後，凡事必省力。馮漕賢德有餘，氣味相同，尤可喜者。某年將七十，身又抱病，一歸之外，他無足言。祠請雖未允，已懇諸公再爲開陳，度須諧矣。歸伏山林，愈難寄聲，偶虞雲安介來，因託附此。其人有意振起家聲，今時作縣不易，當有以大芘之。倦怠，亦未能專作漕書也。温叔、子遠相繼薨謝，殊可嗟惜。治部聞今歲豐稔，他路如何？餘祈爲時珍嗇，即膺嚴召。

楊秘書輔 淳熙十年

某竊以天氣清和，恭惟知府秘書台候萬福。開藩期歲，以學道愛人之心而臨儒雅之俗，豈勞施爲，自應廓廓無事。惟財賦殫竭，所在皆然。自非執事儉以足用，又明能窒滲漏之原，則民力何由少蘇？此所以竊爲眉山賀也。萬里相望，會晤悠邈，臨風增情。願言善護寢羞，以需召節。

某衰懦不才，誤蒙上恩，躐寘西府。瘝官之懼，夙夜懍懍。雙書爲慶，雖佩故人相予之厚，愧非所稱也。別紙諭及黎州去夏曲折，甚荷不鄙。後來得諸司書，云因增戍遂帖帖，未審竟如何。因風更望垂警，餘非尺牘能盡，一味馳仰而已。

某僭易上問慶門眷集，緬想上下均祉。文潛時相會否？一書告差人送達。有委，切幸垂諭。

湖北吴提刑煥 淳熙十年

某竊以天氣鬱蒸，恭惟提刑判院繡斧尊崇，台候萬福。某尸素久宜汰免，比復聞伯氏之訃，痛割殆不能堪，益動歸興矣。他無足言。會晤悠邈，萬萬保嗇，以需召拜。

某特辱書翰，知以季春褰帷四六，叙述前事，所謂筆端有口，歎服無已。溪蠻本無能爲，非生事者導之使來，則政謬者人不得其平，乃至擾擾塞路，極可笑，而差官煩擾爲甚，比亟罷之。惟土丁一節，本欲因其保護鄉井，可省支費，却乃許以禁軍衣糧，而不涅額，無階級。如此則萬人可以立辦，况二百乎？今遂不能出手，而王守又欲撥錢助他日犒賞邊氓，其如民力何？此正未知所以處也。祝爾玉移武岡必甚愜意，漢陽簽判莊璋與之有葭莩，其人無過舉否？因風一諭。

又　淳熙十年

某近已復狀，茲得王沅州書，具便民事頗及備邊。謂如保伍一項，深恐驚動邊民，非徒無益，兼置保正副之類，將來守令必有科擾，貽害無窮。既是曾結甲置總轄，莫若因而措置申飭，使成紀律，免致作俑爲善。麻陽移戍之類，併望同共蚤與從長相度回報。不欲委帥漕，恐往復費月日耳。某曉夜念歸，但思古人一日必葺之誼，不敢苟目前忘遠慮也。辦治吏固可喜，然不失之刻則妄作生事，班策平平。守邊誠不可忽，台意以爲如何？陳帥已易地，果病否？

汪郎中義端〔一〕　淳熙十年

某竊以天氣炎熱，恭惟知府郎中静治多暇，台候萬福。疊勤誨翰，不勝感慰。吴郎爲林文軍所獲，其功甚偉。十一日，明州已鬻於市，其餘俟案到次第施行。荻蘆遁歸之舟，緣數日假，故未見使州公文，當一一如所戒。張提刑既改差，必不暇修怨。易地之諭〔二〕，當爲諸公言之。黥卒充斥，諸郡皆以爲言，勢須稍有更張。而朝廷例下刑寺，刑寺第以見行條法爲解，大抵便文自營，深以爲慮也。末由會晤，切幾以時珍愛，佇俟褒璽。

又　淳熙十年

某竊以天氣炎熱，恭惟某官台候動止萬福。易地事，上台甚留意，七八月間須將上矣。水寨已降指揮，姑以二百人爲額，衣糧並如舊，不必明言增減也。後有闕則隨元寨收補，庶可悠久。惟都監不應出城，自可別擇人。雖添差不釐務，有可用亦無妨，併冀台照。病倦，具記草率。餘惟珍愛，以俟新渥。

又

某竊以天氣暄和，恭惟某官台候萬福。特辱書誨，不勝至感。水寨曲折，此難遥度。望反復與邦人之賢者再三商榷，然後參以辨吏智士而博謀之，以公牘見諭，當折衷行下。然詳觀來示，思過半矣。陳廣小人，全在駕御如何。前政任用過當，自應妄作。當如所諭呼來，以己意鐫曉之。所投兩牒，一自辨説，一乞賣大舟。至於藏甲，恐礙刑名，必難自陳。今備其詞劄下。渠若得要領，却保明申來，決不令歸故官也。旦夕自携去，餘冀保愛，以需召節。君舉數字告差人送去。子宜曾相見否？

〔一〕郎：傅校本作「守」。
〔二〕諭：傅校本作「論」。

又 淳熙十年〔二〕

某竊以天氣清和，恭惟某官鎮臨暇裕，台候勤止萬福。連辱書誨，偶卧病不能即具報，但深愧企。自劾之章已嘗進呈，有旨只用乞祠文字降不允指揮。二相亦常以易地爲言。聖慮高明，終恐小人謂因其紛紛移二千石，於體非便，切望深體此意。治事如常，鎮之以静，勿爲浮論所窺乃善。三數月後徐圖之，似未晚也。催錢恐緣版曹及拘催所等處謂使州錢流地上，又經總制驟及八分，故爾督促。提刑司既被上司符移，行得必峻，諒亦無他。其餘郡事不妨酌中而行，何畏之有？水寨事見熟議，孟享後當取旨。鄭龍圖宅曲荷軫念，尊夫人壽履康寧。唐曹成王事深可爲法，况初不至是耶？陳國録一書告送似。餘冀保愛，以需召節。

又 淳熙十三年

某蒙諭施先等已令帥司押下，此事本非執事任内拖欠。既來進狀，不敢不行。蓋小人窮則無所不爲，異時或作過，議者必謂密院無軍政。如向來婺、吉小擾，至今云云未已，殊不知激之使陷於罪，雖太公、穰苴，亦無所措手矣。高明當悉此意，治之似不必峻也。政譽已彰，上知之，要路亦知之。自此當無掣肘，以需報政，且佇明陟，不勝跂望。

〔二〕又淳熙十年：原無，據日本藏宋刻本、明澹生堂鈔本、四庫本補。

廬陵周益國文忠公集卷一九六

書稿卷一一

劄子 八

蔡定夫少卿 淳熙十年

某竊以秋氣澄爽，恭惟總領少卿宣勞王事，台候萬福。舉將大契公論，閤侯驟用，良由薦詞獨異之力也。放脚米以給貧乏之軍〔一〕，可謂惠而不費。運粟實寨〔二〕，雖許支萬五千緡而不云樁管錢内支廣西十萬緡，竟仍一時之例。在少卿固有撙節斡旋之妙，只恐他日曾不贖人耳。因來諭乃及之，餘冀以時保愛，亟膺召節。

某衰懦不才，誤蒙恩擢，方此兢懼，長牋多幅，過勤盛禮。雖佩故人敦舊之意，如弗稱何？亟此具謝，不果詳謹，尚惟矜亮，幸甚。

某僭易拜問太夫人壽祉增隆，寶眷均吉。春榜補試，華宗鼎盛，多賀多賀。有委，願聞之。

又 淳熙十一年

某比已具記叙謝，兹勤近誨，感戢無已。廣西十萬緡，豈容歲補？中書有二猾胥，專以刻削四方爲理財之術。凡户部勘當，皆其意指也。前嘗語丞相，自此相怨入骨，可怪可怪。陳漕何遲遲如此？趙倉喜讀書，有志澄清，當稍振風采。京西病勢如何？別乘之諭謹悉。閻副帥已到否？鉗燧放罷，宜與郭帥商量羈縻之武昌。其狀貌有反相，未必不北走胡也。

又 淳熙十二年

某竊以暑令正炎，恭惟某官珍臺容與，台候動止萬福。特枉誨存，不勝感慰。上眷素厚，晉職已有成命，烏容遏也！別紙所諭，曉夕在念。江陵城頗聞寄居獻疑於沂公，天下事誠未易爲。直便會子，屢於榻前極陳其故，然非主計者協力，豈能盡革？大要是堂吏貪賞，多給茶引，爲總所之害。比雖委趙户部埋會，恐不能濟，奈何！廣西鹽法，某蓋以此得罪諸公，今無緣十預。然目前朝廷竭力應副，尚可主張，一二年後，百孔千瘡矣。蜀中曲折敬悉。五月八日，江、浙、閩、廣同日地震，毗陵如何？憂懼殆欲頭破也。忽忽不盡所懷，所幾保愛，以俟召節。

林子方秘書 淳熙十一年

某竊以天氣凝寒，恭惟運使秘書年兄使事餘閒，台候動止萬

〔一〕放：日本藏宋刻本、明澹生堂鈔本、四庫本作「赦」。
〔二〕寨：日本藏宋刻本、明澹生堂鈔本、傅校本作「塞」，疑是。

福。某叨塵過分，日益兢慚。自葛王遷都，知擾擾萬緒當自此始。蓋彼之興衰，在我非所深慮，而將帥乏人，歲事多歉，兵民匱乏，自治未盡，猥以庸駑尸此重任，以是寢食俱不皇安。缺焉馳問，良以是耳。徐君所附狀，亦不記道何語也。玆辱墜教，感悚何已！贛、吉之旱可憂，昨具以告諸公。雖撥萬石，未必濟用。蠲放三斗已下租，數不多而利溥，三省例下户部勘當，更當贊其將上。勸諭納粟，前以虚僞，衆論難之。今若申請不用賑糶，止令賑濟，先差官交收，自行支俵，庶革僞冒。此一項亦曾奏乞否？贛非吉比，尤當經意也。偶病眼，具狀草率。惟乞以時珍愛，佇膺召節。

湖南潘帥時 淳熙十年

某竊以天氣澄肅，恭惟提刑大中褰帷有俶，台候動止萬福。比遺狀，必無浮湛。六月閒嘗辱諭及湖北水旱，方賴拊存，復移澄清之惠於湘中，兩道民皆貧悴，力行所學，以寬顧憂，初無間於南北也。澧守不謂狼籍如此，核實來上，必不止鐫秩而已。末由會晤，切幾順時珍愛，以需召節。

某悚息上問隨軒寶眷，緬想均介休祥。使臣陳彦忠頗愿謹，因其行附狀謝前況，草率爲愧。近嘗行下黄州遣戍事，如以都巡代鄂兵似可行，但恐人數太少耳。若移批請所費添百十人猶爲減省，望蚤與回報。大要郴、桂、永道財用多白撰，官吏全無俸錢，此甚可慮。向時李壽翁申明出豁一路收支，已得旨先理會窮陋數郡，朝廷亦易應副。而丙國瑞攝夕郎，駮壞指揮，至今使人太息也。

又 淳熙十二年

某竊以庚暑正炎，恭惟知府經略直閣印組方新，台候萬福[二]。辱五月書翰，不勝慰感。嶺表得吴隱之、孔君嚴，遠民有所恃，而憂顧可以坐寬，非獨爲執事賀也。五月八日，江、浙、閩、廣同日地震，未審湖南北如何？玆非小異，夙夜憂懼。消弭一道之患於未形，是煩一行[三]。然湘中失助多矣，邵陽之旱雖倚漕司通融，更望丁寧蘇漕。爲佳一案推結，乃後來法寺謬舉，每爲諸公言之，今吴卿亦謂非是也。舊法爲新進以意增減殆盡，初未嘗推原本末，惟視獻議之人力何如耳。某頃備丞轄二年有半，遇有更改輒持之不下，殆爲是也。正遠良晤，切幾順令珍嗇，嗣膺召拜。

又 淳熙十二年

某比審簡在淵衷，升延閣而帥一道，士大夫至相慶於朝，遠方吏民喜可知也。兩承誨劄，備紉眷與。番禺去朝廷數千里，文法素闊略，今歲又有星隕地震之祥，正藉威望，消患未形。幸歲稍稔，所益多矣。摧鋒大奚，利害尤多，有可垂警者，傾耳以

[二]「萬福」上，明澹生堂鈔本有「動止」二字。
[三]是：原作「定」，據日本藏宋刻本、明澹生堂鈔本、四庫本改。

俟。比既禁軍中回易科歛，則修葺軍器之類須賴使司及漕臺應副，不然又將闕事。上令降指揮諄諄，必已見之。他續馳布，敢幸垂察。

又 淳熙十二年

某比已具記。茲辱十二月誨翰，喜承台候動止萬福。號令一新，甚副眷倚，遷秩何必辭避耶！令似新除，諒惟懽慶。陳章忠義如此，上既官其子，又補訓練官，仍厚賜其家，足以爲來者之勸矣。摧鋒曲折，其來已遠，望與漕司商量經久之計。或有所請，自當取旨施行。奏狀若乞降付三省密院，庶可預聞，不然省中徑行，此無緣知也。蒲羅吽已有旨釋放，誅戮巨猾亦降無罪，可待指揮矣。某偶連日大病，值赦遞勉强作此，庶幾速達，幸恕草率之罪。

又

某辱誨翰，知以九月四日交帥事，續別馳慶。飛虎軍內外議論交興，皆欲移寘江陵。正慮湖湘闕人彈壓，奏乞仍舊，亦有以書問相侵者，不敢校也。孤蹤若不在此，衆說必紛然矣。因來諭輒及之，二廣事宜毋惜諄誨。大抵消患未萌，近世所忽，況遠方尤當早正素治，非執事固不敢及此也。

又 淳熙十四年

某辱十一月誨翰，不勝感慰。堯喪悲纏率土，況在臣鄰，日瞻舜孝，殆無以爲生也。常平米已令提舉司審度施行，惟借三萬，放五萬，例經有司。然長沙非他處比，亦易那融。若俟報，却恐後時耳。滕宰既請祠而去，宜章須速行選辟。吳宰久欲歸，兼人情已闌，百事必費力，切望留念。劉衡州必須少安，授代亦非遠矣。偶感風頭痛，值便介占叙草草，切幸台照。

廣東韓提舉璧 淳熙十年

某竊以天氣凝寒，恭惟提舉判院褰帷有俶，台候動止萬福。名望之美，簡上知、孚人望舊矣，就畀使節，足行所學。長牋多幅，過紆盛禮，三復愧感。奏論西鹽，辭達理盡。今事已成，無中輟之理，但當就其中相與熟復之，計已與胡漕會議。毋固毋我，聖人事業，諸賢自優爲之，夫何慮焉？葉子飛不幸乃爾[一]，其家將奈何？已宛轉懇西路二司，但恐改法之初，州郡事力未易辦。執事以交承之故，亦須助其歸，想舟行亦過東路耳。餘冀以時保嗇，別需召拜。

某僭易上問台閎眷集，緬惟上下均祉。餘干得近書否？子直頗以閩中地熱爲言，其政則甚美也。有委勿外。

[一] 飛：日本藏宋刻本、明澹生堂鈔本、四庫本、傅校本作「非」。

湯臨江思謙 淳熙十年

某竊以天氣清和，恭惟知郡朝議尊兄台候動止萬福。特辱誨翰，不勝感慰。賢德治郡，所謂民之父母。但賦狹用廣，又劉守失於不思，頗遺患於後，遂勞區處。下諭謹悉，第恐增撥必下版曹，漕司未能遽如人意爾。適得廬陵伯兄父子淪謝之報，老懷哀苦，在告累日，旦夕當爲諸公言之。匆匆不及親染，所幾以時保衛，顒俟召節。

勾崇慶躍 淳熙九年

某竊以天氣清和，恭惟知府朝議鎮臨暇裕，台候萬福。典藩連上課最，制帥於臧否中薦進頗力，諸公亦深知治行，奬擢只在旦夕。更幾保嗇，以對殊渥。

某特枉誨存，深佩眷誼。先給事外制，幼年竊窺一二於邸報中，至今成誦不敢忘。幸得拜觀全集，何翅拱寶之獲也。伯父既預黔南交承，後與林正除漕廣東，訓詞實出大手，今第一卷第二十二版中備載。但伯父下一字諱「見」，而非「民」也，望諭匠者改正。幸甚。

某拜問台閎寶眷，欽想上下均祉。藥物墨畫，遠荷垂況。第叨塵禁省，例辭親舊之餽，雖託契不敢獨受，切幸情察。有委勿外。某再拜〔一〕。

姚倅穎 淳熙十年

某竊以臘寒甚勁，恭惟通判秘書狀元台候萬福。輔藩事任繁劇，異時佐理者鮮肯留意吏事，哦松養資考而已。狀元以邁往之資，超世之文，薄蓬萊而遊茂苑，正使拄頰看山，號方外司馬，人亦孰以爲過，顧乃勤勞王事，孜孜民隱，雖米鹽細碎、簿書期會，皆不憚煩爲之。復以餘日屈首受書，益廣多聞，其賢於人遠矣。蓄之愈厚，其發也愈大，摩九霄，撫四海，孰能禦之？更冀爲時自厚，以需嚴召。

某悚息再拜。某衰懦不才，叨塵政路，久慚非據，忽蒙上恩奬擢，使預聞兵柄。量才揣分，尤非所安。曲荷敦篤，墜況緘啓，由先漢以推本三代，其爲議論，有前輩名公未嘗及者。至於思古念今，意遠而辭不迫，何執事富於學而工於文也？寸心不足容感刻，篋衍不足藏珍授〔二〕，惟當誇詡於百僚間，以毋負施況。區區空言，豈能道謝，惟恕察，幸甚。

史江陰淵

某竊以天氣暄和，恭惟知郡監簿撫字餘閒，台候萬福。特勤誨翰，深佩眷予。兩蒙諭及蓋寨屋三千緡，屢劄漕司通融應副，

〔一〕某再拜：原無，據日本藏宋刻本、明澹生堂鈔本、四庫本補。

〔二〕授：日本藏宋刻本、四庫本、傅校本作「投」。

乃云竹木甎灰數已浩瀚，此項合是使軍出備。雖已再行下，然州郡難與監司力争，更作書與兩漕商議，早以畢工聞爲佳。和糴水脚錢，三省已施行，大例皆是分認，併幾垂照。餘冀保愛，倚需褒陟。

合州何簽判預

某竊以天氣暄和，緬惟簽判朝請尊候多福。昨辱書翰，常上報章。兹枉嗣音，益佩眷誼。且以某備數西府，遠形長牋，辭美而意勤，三復不勝感懌。淹回有年，出峽又甚勞費，近吏部頗發倅闕下轉運司，左右資歷自應平入，亦可俯就否？某前此未能誦周南之滯，今又職所不及，徒增愧耳。餘冀保調，以需識擢。

劉廬倅煒 淳熙十年

某辱書，喜承佐理餘閒，百順來備。北峽關，漕司既欲損其費，州郡又復觀望，安得不滅裂？今已再降指揮，宜懇張帥速差十數人同諳練將佐往料理，左右更一臨之，不必約守倅，徒成張皇。若關隘粗備，戍兵續議未晚。江州在池、鄂之間，邊面甚闊，兵行詭道，初無閑劇也。冷水嶺，州郡豈肯承當，兼亦識慮未必及此，須與張帥謀之。萬一賊兵繞出巢縣之後，豈無腹背憂耶？河堰二事，郭帥亦曾説及，但工役浩大〔一〕，利害難必，所以未敢造次，更當熟思之。孤蹤獨肩重任，略無助我者，顛沛不敢辭，只恐誤國爾。餘冀保愛。

或謂六安山地形險固，延袤數百里，若無事密葺，非但緩急駐兵聚民，亦可内爲廬州援助，如此猶當向前。今只議保北峽、冷水之類，規模太狹，更望稟帥相度申來。蓋上亦嘗諭及，切幸留意。某再拜。

葉舒州大廉 淳熙十年

某竊以秋氣澄爽，恭惟知府大社治民底績，台候萬福。冷水關事，帥司方報到，深不以爲然，又恐無爲軍憚於興作，故不肯承當。既帥司屬官同行，不應扶同，日夕備坐行下，更望條陳回報。北峽一面修葺甚善，此在境内，他時欲任責，須早爲之所。用過錢米，望别具的確數目垂示。官司作事苟簡，近來尤甚，正恃通明力革此弊。餘冀若時保愛，以需召節。

李萬州唐年 淳熙九年

某竊以杪秋氣肅，恭惟撫綏雅俗，台候萬福。孝友之行，著於西川，選除爲州，實召用之漸。過勤緘啓，良佩謙施。未由晤語，切幾順時保愛。

某承以季春視印，敷上德於千里，想見吏民初被美化，謡頌藹然。前守何苦急於功利，括田害人？所得米麥纔二百餘石，而

〔一〕浩：原作「洪」，據日本藏宋刻本、明澹生堂鈔本、四庫本、傅校本改。

使千里皇皇，是誠何心哉？已力爲三省諸公言之矣。兩邑無正官，事何由理？近王侍郎奏請不拘常制，許外臺舉辟，莫有人肯就否？要之須有俸錢，乃可養廉，此先務也。

劉衡倅符 淳熙十年

某特辱書翰，喜承辦嚴餘暇，履況集福。榮赴非特少展才業，惠此千里，而廩禄及親[二]，其榮多矣。商略晉史，體正辭順，欽歎無已。兩漢、三國既已成編，今復發明典午之始終，則南北史、隋唐五代必將次第撰述，他日願預拭目焉。匆匆，姑此爲謝。餘冀若時珍愛，以對褒擢。

劉濠州揚廷 淳熙十年

某竊以秋暑熾炎，恭惟知府朝議印組方新，台候萬福。户口既耗，則耕殖必資游手；生聚未至，則軍士去來不常。平居可耳，緩急扞蔽將如之何？今聖上遴選良守，必爲經遠之謀，以寬憂顧。願言善護寢餗，別需褒璽。

某特辱書翰，喜聞涓吉洗印。長牋詞采清新，三復欽歎。向所示佳篇，至今藏之篋笥也。邊頭恐有所聞，毋惜時以幅紙垂報。近漕司劾含山、巢縣透漏銅錢指揮必已徧行，又無賴之人過淮行劫盜馬之類，前此多失措畫[三]，繼今一切無慮矣，幸甚。

某悚息上問庭闈，緬想榮養方隆，壽祺增永，眷聚均吉。有委，切幸垂戒。葉丞相止於此，殊可惜也。某悚息再拜。

王守鎮

某竊以秋氣漸涼，恭惟知郡朝議台候萬福。辱季夏所惠書，不勝慰感。保伍固當團結，第客主户雜處，驟然編排，恐蠻獠未動而平民先被其擾。況既立大小保副，則將來州郡必有差役科需，今時守令豈人人如執事簡静愛人者乎？所以逐一降旨行下，同吴提刑相度。蓋結甲，總轄苟不爲文具，則自足外禦内守，切望審圖經久之策。麻陽移戍，須待提刑司報。大觀專法便得之，幸甚。餘冀善愛，以對褒陟。

郭崇慶明復 淳熙十年

某竊以天氣凝寒，恭惟知府宗丞鎮臨暇裕，台候萬福。邁往之姿，博古之學，翺翔班綴，垂上要津。擁麾而去，上思固釋矣，士論則深惜。捨王國而重侯藩，其望來歸者總總也。更幾保嗇，迄攄素藴。

某自別不勝思企，知用七月末視篆，名邦樂土，密邇鄉社，可以忘萬里遡流之艱險矣。長牋多幅，疊紓盛禮，欣感無喻。邊事帖妥，諸郡皆可少寬。年豐事簡，不妨著述否？安得請教如前日？但時披漢事，讀詩編，以當會面，而不知相望之爲遠也。

[二] 廩：原作「稟」，據日本藏宋刻本、明澹生堂鈔本、四庫本改。

[三] 失：原無，據日本藏宋刻本、明澹生堂鈔本、四庫本補。

陳江陵燾 淳熙十年

某竊以天氣漸熱，恭惟知府安撫顯謨郎中鎮臨暇裕，台候動止萬福。某特辱誨存，不勝感慰。資序未正，已爲丞相言之矣。襄陽雖近邊，而荆州尤爲要地。郭帥乞更戍，特移萬人并家屬過襄，止餘八千人，又恐老弱在其中，切須語統制官留意閲習。如使府城池之類，迨此從容，皆宜經慮。張欽夫作帥時，教民兵甚成紀律，後來不廢弛否？無事爲有事之備，高明必有所處，祇遏其饜飫者耳。餘冀尊生厚愛，以需召節。

傅道州伯壽 淳熙十年

某竊以天氣炎熱，恭惟知府郎中台候萬福。曾主簿來，辱書翰，且出送行詩及離泉山以後古律一編，方歎服不暇，繼又蒙嗣音，仍録示近作二百七十韻。富哉學乎，杜、白亦當放子出一頭矣！三復以還，即舉似二三公，皆謂詞筆如此，乃使淹回遠邦，不寘之中朝，使鳴國家之盛，吾徒真可愧矣。提舉司止説潭、道二州未報豐歉，何至相舉劾？不必他慮。惟財賦一節直是束手難措，然非獨治境也。其餘二相必具報。末由會晤，切幾順令珍愛，以需召拜。

孫饒州紹述 淳熙十年

某竊以踐長觀復，恭惟知府郎中茂對昌辰，台候倍膺殊祉。緘書遠暨，感荷無已。祠請弗允，眷意甚厚，自可安然以布惠政。新憲想便赴上，舊在平江，必相熟也。屯田募兵，極歎閎慮。今止令郭剛於六軍中每軍抽二百五十人，就和州廢圩修築耕墾，不至擾民而疑敵。既勤委教，輒具布之，其實來諭乃久長之策也。餘冀保頤，蚤膺召節，協剛長之慶。

潼川岳漕霖 淳熙十年

某竊以天氣炎熱，恭惟大監澄按餘閒，台候萬福。比復狀，想已達。諭及靖州曲折，不勝感悚。屯田事想便施行，今襄陽力主此議，兩司若競勸，庶幾有成乎。李謙蒙特達之知，近世所稀，告示并奏檢照牒並封去，望就使司徑遞與前輩，例皆如此也。怱怱具記謝前況，餘幾順序珍愛，以俟召節。

又 淳熙十一年

某竊以天氣澄爽，恭惟某官持節雍容，台候萬福。蜀去朝廷遠，上所深念，遴選膚使，夫豈徒然？折估弊極，諸司取會未齊，官吏從官而不支俸，何以養廉耶？鹽井利害，必已熟究。末由再晤，切幾順序珍愛，佇膺殊獎。

某辱季春書翰，貳以長牋，禮意甚厚，且聞褰帷，又以爲喜。北方遷都意向叵測，止宜自治。如四川近裏皆蠻夷，因循弗治，其弊非一。義勝軍變帥雖極力措置，但恐協力者寡，未易就緒，瀘、叙尤不可不留意。近言者理會城寨官有兼巡尉者，已行下選差，此乃使司職事，且望早與差注。大抵萬事以得人爲本，不然雖有良法美意，皆成文具矣〔一〕。

蘇倅玭 淳熙十年

某辱書翰，喜承台候萬福。按行良勞，所示利害詳悉，不勝感荷。今民力困甚〔二〕，須中外每事優恤乃副上意，此未嘗一日心安也。船費向來計數與之，不謂先易後難，致不足用。今朝廷何緣更有支降？已劄下制司及水軍相與那融。亦聞彼有利源，第未審多寡。夏既忠朴，望與商量，禀制帥共圖之，餘續馳報也。浚河利害初未嘗與聞，便中幸示副本，庶可贊成。杜詩稿蒙傳録，幸甚。《魏公集》既未能刻板，筆吏或有餘，能傳以爲惠否？干叨，皇恐。《景迂祠堂記》已領。餘冀若時珍練，別需晉用。

張靖倅孝曾 淳熙十年

某竊以春序猶寒，恭惟通判朝請台候萬福。書翰遠貽，且復詳陳蠻洞利害本末，非特欽佩愛予，亦以知賢別駕留意邊防如此之至，不勝欣感。爲官擇人，最爲要說。所謂市馬，若非前日吴汝翼百計招誘之，則羅鬼國經隔部族甚多，决難遠涉而來。此聖上所以注意安靜，以杜後患，未審衆議今復如何？嗣有所聞，毋惜垂示，不敢洩也。餘冀保嗇，別承寵渥。

某向蒙諭及外邑闕官，緣事在三省，勢須下部勘當，遂未能盡如人意。歲計今既改就總領所，莫稍便否？《治境風俗圖》舊聞一二，今得詳觀，他日可附《王會》篇矣。劉友諒不職如此，奏劾固宜。二漕倂通書當及財賦事，併幸照亮。

婁提幹機〔三〕 淳熙十年

某辱書，喜承尊候萬福。《班馬字類》深歎該洽，史遷古學一旦發明於千載之下，何其幸也！敬藏篋衍，不勝感刻。別紙所諭謹悉。汪幹初爲一二相識所惑，欲退闕，銓曹又贊之，致此紛紛。既得來示，即取案牘詳觀，且令作執事一狀，明言朝廷若許汪退闕，未審某合與不合還江東？若許還江東，則乞通理已歷淮東月日。又説破將來舉將足則願成資，如此則往來兩路皆裕如矣。淮章萬一不足，江東又可擘畫，所謂渠成秦利也。餘冀保愛。

〔一〕文具：原作「具文」，據日本藏宋刻本、明澹生堂鈔本、四庫本、傅校本乙。

〔二〕今：原作「人」，據日本藏宋刻本、明澹生堂鈔本、傅校本改。

〔三〕原無「機」字，按正文，知此婁提幹即《班馬字類》作者婁機，茲據前後各篇文例補一「機」字。此書今存。

胡殿撰與可 淳熙十年

某竊以天氣炎熱，恭惟知府殿撰台候動止萬福。祠滿宜被晉用，便通諸公書爲佳。李子大竟不起，賴高誼率寓公助其後事，欽歎無已。四一姐當何以處之？能同子壽赴柳州否？豫章諸位縱待制有遺言，今必不能周全，蓋自救之不暇耳。元弼亦不説曲折，或有定論，幸垂諭。如錢物之類，此非所惜，只要安頓得是耳。餘冀以時保重，即承天寵。

延廬帥璽 淳熙十年

某少事布聞，濠州效用王賨訐部將張琦事，其初必是賨作過逃遁，故琦拘其妻口。賨既怨恨，遂訐琦擅召人冒代承請共一百一名。朝廷若盡情根究，却恐衆人或不自安。今只委使司疾速依公結絶，望密下濠州根問張琦，因何以賨妻給與張整，其曲直便見，不必理會承代一節也。却别降旨將濠州使效盡數開具年甲、鄉貫及所習武藝，除正名外，雖代名者皆與從實注籍，仍舊支破錢米。目前既安人心，向去庶免冒濫，并要見部轄將官職位姓名，亦望密以書諭濠守子細理會，勿令騷擾乃善。去年淮東强勇軍之類已如此施行矣，恐欲知曲折，故此布叙，切幸台照。

荆鄂郭都統杲 淳熙十年

某竊以秋氣日清，恭惟都統制史轅門整暇，台候萬福。比幸數面，殊以慰懌，兹辱書翰，又深感刻。暑行勞勩，喜聞已遂善達。屯田運穀，計有餘裕。中元後所在得雨，襄漢如何？向諭及就部曲中擇統制稍異其名，且示以暇日往來之意。適因聖諭，遂降指揮，望蚤以名聞。趙丞相帥荆，他日民兵可壯軍聲，亦一助也。有委望以幅紙垂示。餘冀保愛，以需功名之會。

又 淳熙十一年

某疊辱書翰，喜承台候萬福。邊防至計，莫大於協心以濟國事。蓋廉、藺猶且交歡，李、郭亦相勉忠義，况都統、副帥本一家乎！非都統家傳忠孝，濟以智略，安能及此？欽歎不已。嘗縷悉奏知，天顔大悦，繼此别當詳布。不知閻帥幾日到彼？後進宜有以教督之。吉與忠有旨特差一次。單君朝夕陪侍，亦可喜也。羅守止此，殊可惜。聞其家甚賴調護，幸甚。餘冀若時珍愛，以需異寵。

又 淳熙十一年

某近拜狀，想即呈徹。秋冷，恭惟台候萬福。遞筒報巡邊事，不謂盗柝已嚴行根治，期於必獲也。北界動息如何？或傳葛王諸子勸請乃父還燕，又傳西夏頗擾邊，未知果否？自治之策，屢常奏禀。每念荆、鄂邊面西至金、均，東至光、黄，横亘千餘里，昨緣兩帥分認地分，議論不協，由此合爲一司[一]。或疑兵馬數少，難於分布，則紹興初岳忠烈獨當一面，所統兵不滿六萬，尚未及今日荆、鄂兩軍之數，徒以將士賈勇，措置有方，遂使襄、漢奠枕，宛、洛震動。及庚辰、辛巳間，聚八萬之衆於襄、漢，僅能自保。其利害得失蓋可見矣。今都統自襄臨鄂，恩威素著。比得來諭，深以前人分彼此爲戒，緩急欲竭力赴事功，此古名將用心也。閻副帥欲先禀議，然後赴鎮，想曾子細商確。雖云敵之衆寡，機之先後，難盡預度，至如規模布置，在我者必有定説。謂如某軍可使轉戰，某將可使犄角，孰爲要害，所當力攻，孰爲藩籬，所當固守。能定能應，兵家先務，尚幸詳報，即爲敷奏也。如江陵必已與沂公同計料。守陽羅以固家計，戍隨州以護三關，閻副帥切切以爲言，到彼曾熟講否？游九思若都統援鎮江例似亦可行[二]，又未知此君肯遠適否？更望斟酌，當奉承也。餘冀以時珍愛，佇俟功名之會。

又 淳熙十二年

某近嘗遣狀，想無不達。都騎幾日度江？峴首金城屹然，今復施之江陵，足爲永久之利。上恐湖北水退稍遲，興役迫冬，專令諭旨：若陰雨寒凍，即須暫免工役。以執事治軍嚴整，加之仁恤，何事不濟？區區版築，豈勞總督也？匆匆未暇他及，續當馳布。

又 淳熙十二年

某比遣記，幸無浮湛。辱正月手書，至感。赤目雖愈，而瞻視遂昏，衰年固應爾也。虜中傳聞不一，邊頭得端的否？有備無患，餘非所問。襄陽一帶後來得雨否？迎送頻併，豈易支吾。王帥守邊，未必非所長，言者既弗察，亦無如之何也。陳克明、辛立已如來諭，他續馳布。

又 淳熙十二年

某蒙書翰，至感。李汝弼差遣已得旨依，黄夷雅旦夕將上，他有所需勿外。北方竟未知端的，彼此懷疑。金兵括馬造舟[三]，殆無虛日，中間又妄傳契丹之擾。惟荆、襄全無報，豈非烏林答在汴京獨妄作邪？修城錢已差人管押赴總所。所在城壁年年修葺，隨即損壞，惟襄陽屹然如金城，乃知經畫於初者既爲悠久計，則後來必然不費心力。今荆州賴提督，當無慮矣。有所聞，毋巨細切望諭及。

[一] 司：原作「軍」，據日本藏宋刻本、明澹生堂鈔本、四庫本、傅校本改。

[二] 援：原作「授」，據明澹生堂鈔本改。

[三] 金：日本藏宋刻本、明澹生堂鈔本、傅校本作「簽」。

又 淳熙十二年

某比遺記，幸無浮湛。兹蒙諭及江陵修城曲折，亦聞之業以增給〔二〕，將來所費必過元料，奈何？昨沂公再三密見諭，謂工役云初，事體甚重，須煩台旆一來，所以專降指揮。蓋規模一定，來春甚易爲力，兹必然之理也。大石林牙果是虚傳，虜儲允恭死却恐端的。天時人事，勢應豫備。上流重寄，正賴卲穀，更幾勉旃。與同官得旨如別幅，不敢入吏手，以防洩漏。望密垂報，當爲進呈，或徑奏尤善。

〔二〕 增：原作「曾」，據日本藏宋刻本、明澹生堂鈔本、四庫本改。

廬陵周益國文忠公集卷一九七

書稿卷一二

劄子 九

張子儀總領抑 淳熙十一年

某竊以歲晏凝寒，恭惟提舉寺丞澄案餘閒，台候萬福。手書爲況，甚慰馳企。一道歲事，絶長補短，當得中熟。録示榜文及水利册，深歎盡心。屬吏奉行，固宜惟謹。趙、陳、譚，三省旦夕將上，必減磨勘循資也。潞公帖傳之樂石，真可不朽。當時納真本，決不至遺墜，細觀文意，正爾相屬。「登高能賦，可爲大夫」，自不須更用扇對，況下兩字亦與「登高」不類，似無足疑。蜀中有公文集，偶隨行無本，試閲之如何？末由會晤，切幾順節保育，以需嚴召。

又 淳熙十三年

某竊以歲事更新，恭惟某官澄按餘閒，台候萬福。褰帷劇部，非特寬上顧憂，而一道利害以次興除，足行所學。長箋別紙，遠紆盛禮，感刻無已。郴、桂易動難安，最宜爲曲突徙薪計。大要財賦白撰，必擾民産亂。中間嘗因李壽翁獻言，欲與打算補其闕，偶芮國瑞權夕郎，妄有沮駁，至今以爲恨。然錢米數極不多，使司亦通融，前政所見不同，不肯爲耳，垂惠無窮不在節下乎？某連日腰痛，轉動不能，勉强作此，殊愧草率。餘惟順令珍厚，眷倚方深，行慶環召。

又 紹熙四年

某竊以首夏清和，恭惟總領少卿寵渥維新，台候神相萬福。某比復狀，納令弟綱帖，方行數日而邸報至。竊審復正卿班，仍董軍餉，盡還舊物，可卜隆眷，自兹持橐，無可疑者。某雖以天假依芘之幸，緣目疾心疾交作，已力控祠請，旦夕必遂，亦未知入境之日，所以未果專致賀緘。適李壽翁之子正夫部米運行，必獲迎拜，略叙拳拳。餘冀相時珍毓，對揚天寵。

某少事：向蒙諭及此間財賦素號從容，某既來，知其人頗不正，上下相籠，幸免人言。自惟衰懦，素以奉法循理爲心，不敢稍越常規。又連年云云。去年嘗欲懇元善少卿輟留一綱，少補不足，未蒙周旋，不敢固請。今就託李丞面稟曲折，謂如郴州戍兵舊調鄂軍五百，總數歲費數萬緡，而軍士寒暑往來損折甚多。某向在密院，適林黄中守長沙，嘗諭令改用此間諸軍，自此使所省此一項支費。而本州借請折洗却費萬餘緡，何所從出？漕司減折粳錢二萬緡，罷橋口酒税數千緡，遂以坐困。凡某百方苦節而略不睹從容之效者，以所裁多而所支夥也。今方四月，已闕軍糧，未免借兑，豈爲久計？未審可因元善告新之際，許從前請否？某業爲歸計，渠成未知爲何人之利，然一方所繫，不應專爲身謀也。幸值故人，敢以情告，餘續具記。

又 紹熙四年

某竊以氣應黄鐘，日舒化國，恭惟某官道隨剛長，禄與人宜，台候動止萬福。真才懿行，詳試滋久，入持禁橐，不在此時乎？某幸依大芘，無從面賀，衰病廢學，又不能敬占公啓，謹以手劄致拳拳，尚幸台察。寒威方勁，倍祈寶御至和，對揚天寵。

某比具記，想達台聽。年至、病侵、技窮、秩滿，負四宜去，備嘗瀝懇於兩社間，然後入奏丐歸，謂可必遂。今詔函復下，進退維谷。最是短於理財，前到此只作一年計。不忍承例歲貪二十萬緡所入，招徠僞契興訟以困良善，一切罷去，俟後人自爲之。豈料因循許時，猶未得代，遂成商君之法。來年常賦外，當辦大禮十萬緡，束手無措。倘用是罪去，亦幸矣。米運科撥告早行下，若比常年近郡多遠郡少，則所省水脚錢一毫以上，皆是拜賜之數，敢不知歸。前年初到時，略辦飛虎軍供給錢一項，月四百緡。荷詹元善權免二年，來正當滿，繼此尚須致懇，少展其期。聊預言之，猥屑慚汗。

某悚息拜問台閫寶眷，欽想均受新祉。節中例不敢講禮，況酒如郡政，視昔尤酸薄，難容自納敗闕。輒有閩中鐵絲果架一事，連山金柑三百顆，廬陵金橘千枚，臨江披綿鮓五百臠，恐可助子孫上壽之一二。恃久要遂忘觸突，臨筆顔赧。或有委需，願聞之。令弟主簿何時可至也？招軍一節，本州當三百人，元限二年，而小民貧困，應募踵至，旦夕且發一百餘人，過此權住收以待來年。雖云破經總制錢，然在此日給及發遣川陸盤纏亦壞千緡，兹又横費之一端也。日近復添差揀汰及歸正任滿無替頭者，增數十人，何以支吾？窮人命分惡，衹自笑耳。

又 紹熙四年

某竊以歲晏凝寒，恭惟某官有政足財，神所相勞，台候動止萬福。閥閲在諸卿之右，論思乃學術所長，持此久外，得乎？更冀順時致養，倚對馹召。

某長至禮合致賀，第老病不文，又不敢倩人爲之，故輒以手書伸頌詠。乃蒙雙緘盛禮，無乃以是愧其簡乎？不然，何執謙之過也？後時不果眂儀以報，惟深佩刻而已。

某人回，洊勤台翰損答，益深感悚。米運令弟既不欲屑就，專俟改差之人，襄陽綱自當先發也。此間財賦月有收支定數，中間緣違法放倍税，不問年歲久近，有無争競，來則與印，其訟訴至今未已也。歲收一二十萬緡，用資支費者在此。或不知本末，遂謂富實。而漕或兼權，則好事者又縱臾之，將常賦削除以萬計。某既一遵律令，且尼争端，遂成漏底。所幸歲事稍稔，節用省費，乃能支吾。二年前常具布於李正夫縣丞所携之書，尚蒙記憶否？諸邑緣向來監司因他郡祈禱例令住催一月之類纔過時，則民户不能併輸，遂頗拖欠，却非滲漏。曲荷垂軫，乃敢及此，皇恐皇恐。飛虎四百千文字納呈，僭易，皇恐。

丘宗卿侍郎崈 淳熙十一年

某竊以雪後晴寒，恭惟知府檢詳雙旌載路，台候神相萬福。比復狀爲慶，何未關覽？茲蒙嗣問，從審已拜麾符，奉親西渡。觀闕既存朝請，嘉禾又爲舊治，次舍所歷，榮樂已多。況吴門棠陰未遠，開藩之後，想見士民鼓舞，不勞而治矣。海寇已趣斷，必無輕恕。渠魁就捕，非威令素孚，賞罰公明，豈能臻此？不勝歎服。怱怱布復，莫盡悃愊。願言加護鼎茵，即遂來歸，固不敢以隔闊暫阻一見爲恨也。

又 淳熙十二年

某竊以暑雨煩濁，恭惟知府徽猷檢詳政成暇豫，台候動止萬福。某汩汩度日，音問稍疏，每聆治聲，亦足爲慰。久雨，下田無傷否？聞霅川已被害也。趙丞才具如此，在今豈易得？節推員闕，上台已用彦衡矣。浙東賊贓，屢促提刑司而未報，近不免督責邸吏，方云事屬浙西，亦已嚴切行下。更囑劉憲速具數來，當取旨支撥，二千緡甚不多，夫何足靳？或浙東自有之，望徑語趙彦膚申來也。見施丈又説寨兵事，尚未見公文，恐是在三省耳。許浦利害極多，緩急莫須用四明故事否？幸密垂報，餘冀若時珍練，以對嚴召。

又 淳熙三年

某竊以上冬晴寒，恭惟某官宣威有俶，德業多助，台候動止萬福。某前月已丐祠，旦夕得報即還廬陵，屏迹山野，以俟其老。惟傾耳君侯爲聖時立大功，副此願望。至於後會邈然，則拳拳依向，又非翰墨所能寄也。天氣日益凝凛，倍蘄遵令衛生，荷國殊寵。

某比使者歸，常洊布尺紙，想追路呈徹。不審幾日開府少城？聞就夔門與趙衛公相會，四川利害講之固熟，臨之以名儒碩望，百城自應心悦而誠服，民其有瘳矣。某欲去，不能辦專介，偶同僚蘇倅遣人還鄉，莫的於此，輒布一二，伏幸台察。

趙從善泉使師羣 淳熙十一年

某竊以天氣凝寒，恭惟知府郎中開藩有俶，台候萬福。廬陵大邦，豈不足以爲政？六守狼狽，多其自取。今得良二千石一洗宿弊，廓施惠術，吏民自應信服。數月之後，可以凝香宴寢矣。惟歲歉，諒勞區處，諸司必相假借，因書亦當及之。酒税乃州郡利源，人但知取之爲取，而不知予之爲取。官醞若味佳，私酤雖不禁亦絶。二者高明當得其要領。翁超聞正是行兇人，託劉成以自解，今既不貸，亦足懲後矣。餘冀若時珍練，倚俟褒璽。

某竊承奉詔牧民，涓辰洗印，諒深懽愜。繫官於朝，既未獲修維梓之敬，欲附尺紙爲賀，又因循未果，竟煩翰墨先之，感懼何可言也。長牋藻麗，三復欽歎，冗迫無由視儀以報，又深愧悚。謝章已令報行矣。州宅置鑪大可駭，何至是耶！幕官事只依指揮結絶甚善。追逮之擾不止一家，旱後豈堪如此！被實惠者多矣，計若人之罪，則何足恤也。路鈐虛位，正欲使諸卒知有郡將。近求者紛然，亦有大關節，一切拒止。黄林須得一文字乃可施行，向者固嘗面言下政。何順聞在廣西，併望物色垂報。吴政却似愿愨，若軍中人則又峥嶸矣。家兄既村居，恐因遣介來，望諭令取家問，幸甚。

又 淳熙十三年

某前日方以書付胡堅，兹緣病倦，未暇再遣記，但切愧企。冬春之交雨雪過多，未知夏秋復如何。減豁旱傷，多抛經總制錢，帶納常平，其理灼然，固嘗爲貳卿言之。但此間事體執事熟知之，若非視人如我，躬親爲郡國計算，則不過便文自營而已，此文移所以山積也。他續馳布。

又 淳熙十四年

某叠勤誨翰，知使車按部六月末方回〔一〕，是稽具報，必辱情察。天堂山鐵様及相度措置鉛山場等並已進呈，正恐招兵費大，江東諸郡歲供難繼，遂爾遲遲。如增盆槽添作屋，使司自可施行，莫不須待報否？毒暑異常，還臺當少休，旦夕別拜狀。

王清叔舍人卿月〔二〕 淳熙十一年

某竊以天氣清肅，恭惟知府安撫秘閣舍人鎮臨有裕，台候萬福。乃者嘗以幅紙附漕司，人回必遂關覽。請祠文字不曾上，蓋宸眷加隆，宜圖羊祜、杜預之勳，豈必揖袂浮丘也。夏國部落之説，果可信否？盱眙牒報葛王諸子勸請還燕，容或有之。所奏三事，屢於榻前商議。萬兵自鄂移荆，孰若徑趨襄之爲便？昨郭帥有書，欲與副帥協力，比過武昌，必得要領。兩軍緩急相應，乃是朝廷命令，非副帥召正帥也。往者王宣、趙樽勢均力敵，首鼠觀望，所以合而爲一，復離之可乎？今再以書與郭帥，别紙録呈。荆南城已降指揮，將三之一損壞者先修矣，餘在閣副帥書中〔三〕。末由會晤，切幾上體關寄，加厚保調，以需召節。

馮總領憲 淳熙十一年

某辱六月晦及七月中三書，不勝感慰。秋冷，恭惟台候萬福。虛恨曲折並已劄下，或欲因邛部市馬執而殺之，豈有是理？惟中策當議，必已見之。少卿蜀人，其念鄉國之計甚熟且遠，每

〔一〕末方：四庫本作「不及」。
〔二〕清叔：原作「叔清」，傳校本作「清叙」，皆誤，據《攻媿集》卷一〇二《太府卿王公墓誌銘》改。王清叔，《宋史翼》卷二八有傳。
〔三〕副：原無，據明澹生堂鈔本、四庫本、傳校本補。

事必欲協議，蓋有深意。興元旱災，勾憲來求度牒，恐其後時，有旨兑米糶濟。地遥，往復經時。民爲邦本，其利害又非軍旅比也。洵陽求者甚衆，上特畀田侯，更望勉以報國。京西鹽事殆失於輕信，今當有以助之。酒課緣户部獻疑，尚未降指揮，然亦何疑也。雅州委制司兩易，庶於郭守無傷耳。餘冀若時珍練，以需召節。

某拜問慶門眷聚，緬惟均受多祉。劉韶美之子澄爲利掾，望與延譽，想以鄉曲之故不待禱。因來通書，悵然念老髯之風度[一]，輒及之，皇恐皇恐。某再拜。

又　淳熙十三年

某竊以歲晏凝寒，恭惟天助將明，百順來備。名儒瓌望，宜在王前，升正九卿，蓋以重任難其代耳。綸綍既頒，知眷注之彌厚。遠勤緘啓，感刻難名。未晤語間，敢蘄觀頤致養，倚俟召節。

某比於雍君處領珍翰，不勝佩荷。雍之學識，士大夫中絶不易得，可敬可愛。三衙取馬生券，乃是久例，豈復增損？惟江上諸軍曾支破，致令乞丐於市，極傷士心，所以兩次取會錢數，然後下使所科撥。若徑不足[二]，自可申省就椿管銷豁，付漕司及兩邦定成文具，高明必悉此意。金州關隘，本州舊與都統司分差兵民，而前後争執紛然，殆類秦越之肥瘠。今秦嵩申上津仍歲水旱，戍夫乏糧失所，欲併差官軍。官軍有限，豈能分布？已禀旨不改其舊，而月給戍夫錢米。一年既纔三百餘人，所費無多，切望留念，即爲施行。大卿蜀人，而又憂慮深遠，固無待諄諄之言也。

彭州張倅英仲　淳熙十一年

某竊以天氣凝寒，恭惟通判朝請佐理餘閒，尊候萬福。三宰百里，今貳名邦，典郡宜矣。嘗爲三省諸公言之，計來夏米解當有所處。匆匆姑此布復，餘幾順令珍厚，以對宸渥。

某昨辱長書翰及西南夷曲折，不勝感荷。尋辱嗣問，益佩至意[三]。蠻人本不能生事，往往繇綏御失平[四]，姦氓又從而道之，遂至作過。消患未萌，全在守令得人耳。有可見教，繼此願聞，至叩至叩。

嘉州樊倅炎　淳熙十一年

某竊以天氣凝寒，緬惟通判朝請佐郡政成，尊候萬福。名儒之子，累爲諸司所薦，今勾龍提刑又誦淹滯，可見才諝。下諭三郡，即詳禀丞相，已計授代之期，續議進擬矣。先德種學績文，爲西南儒宗，頃見玉山汪尚書稱道不容口，今讀《譜注韓文》四十五卷，博洽精詳，有前輩未嘗到者，此書定傳後世，非獨爲篋

〔一〕老髯：明澹生堂鈔本、四庫本作「髯老」。
〔二〕徑：四庫本作「經」，傳校本作「經常」。又明澹生堂鈔本「若」上有「不」字。
〔三〕原刻校云：「案彭本缺此二十四字，從張本補。」
〔四〕往往繇綏御：原刻校云：「張本作『繇剛縣撫御』。」

筍之珍而已，欣感欣感！薄遽占謝，有懷莫盡。願言順時加愛，即俟寵命。

陳邕州士英　淳熙十一年

某竊以天氣暄和，恭惟知府安撫朝議年兄鎮臨有裕，台候萬福[一]。辱去冬所惠教，不勝慰感。便民五事，皆深切著明。洞丁緣宜州小擾[二]，未欲輕舉。若州府徐徐自行之，他處自可次第料理。惟鹽貨一節，利害甚重，昨降旨下帥司，必已熟議。地遠，又鄰諸蠻，與內地不同，凡百更望加意。上司或未諒，不妨力言。彼此皆賢者，初無固必也。餘冀若時加愛，以需召節。

趙明州師夔　淳熙十一年

某竊以歲事更新，恭惟知府制置殿撰鎮臨有裕，台候動止萬福。控制海道事權甚重，比得來文，欲降錢修船，見此奏稾，亦聞革弊甚多。如軍中人每要立功，前此例借作白直，甚無謂也。其他俟續布聞，餘冀以時珍愛，即膺召用。

某載惟春王三朝，於卦爲《泰》，若時良牧惠利及民者溥，則於介祉亦倍衆人。乘兹令序，入踐禁塗，無可疑者。過勤緘啓，良佩至意。兹酬來況，併致忱禱，切幸加亮。

又

某比復狀爲開藩慶，想已呈徹。洊勤惠問，喜審治效日彰，台候萬福。許浦船屢與殿司説，若果欲移，則當撥歸制置司。今得來示，若合符契也。治境控扼海道，平時須過爲之備。近者有旨拘收借事兵卒，必已施行，主將能否亦望詳諭。大抵早正素治，臨事乃不倉皇，高明當有以處之矣。餘冀順時珍愛，即膺次對之寵。

王茶馬渥　淳熙十二年

某竊以歲事更新，恭惟都大茶馬顯謨使事成功[三]，台候動止萬福。辱十月所惠教，不勝慰感。馬政修明，邊方寧謐，宣勞多矣。中間傳聞夷人爲結連之計，今必無他。秦、黎州既熟，一方利害似難移易，却聞其懼無以善後，切切欲歸，果否？嘉州奏爲備甚至，袁弄當不敢萌桀驁之心。凡百更望與制司銷患未形，想毋待諄諄也。後來所示數事悉已行下，恐有當知者，併幸忠告。地遠，惟恐不中事機耳。餘冀保嗇，以俟嚴召。

[一]「萬福」上，明澹生堂鈔本有「動止」二字。
[二] 洞：原作「狪」，據明澹生堂鈔本、四庫本、傅校本改。
[三] 都：原無，據明澹生堂鈔本補。

王憲正己 淳熙十二年

某竊以歲事更新，恭惟提刑右司平反底績，台候動止萬福。特辱誨翰，不勝慰感。牛口灘薄驚舟御〔一〕，乃贛石常事，不必介懷。廬陵路鈐曲折，極荷垂教。見令戚侯就帥司兼領，正合來諭，自此且未除人也。向宰甚荷周旋。近漕司奏乞撥油麻錢五萬補助贛州，三省方商議。此乃志道刮刷州縣以自肥，而不思白撰財賦，科罰百姓，貽患無窮，其所得能幾何耶？寧有盗臣，誠可歎也。匆匆具復，未究所懷，願加保頤，以俟嚴召。

豐叔賈誼 淳熙十二年

某竊以春曉氣暄，恭惟知府判院政成民悦，台候萬福。特枉榮問，深佩眷予。勸課農桑，千里皆務本之人，甚休甚休！二月末霜雪不至深害否？綱欠宿逋，當爲丞相言之。版曹、農寺自來鮮肯出豁分明，只欲符移紛然，積壓登帶，其實所入則有限耳。匆匆布復，未究所懷。願言若時珍愛，以俟召節。

又 紹熙三年

某契勘湘潭最爲大邑，鄉分闊遠，財賦居本州十之三，自來只注選人，資望已輕。又緣范承直丁憂之後，本府權差嚴縣丞攝事，其人雖廉謹有餘，然畏事太過，詞訟不敢予決，常賦亦多積壓。今來郭承直到官，才力既短，適苦足疾，聞訟牒日至，使司自此想益蓄縮，日就廢弛。本州便欲按治，則初來未有顯過，欲別委官對易，又恐邑民知是州郡之意，望風輕侮。況目前別無可委之人，欲望使司選委清强官一員與之兩易，庶幾百里得受大賜，郡中亦可省力。須至具禀者。

劉公實提刑穎 淳熙十二年

某特辱書翰，喜承近別台候萬福。按行不無少勞，顧進文字極爲詳備〔二〕，旦夕納公文去。殿司元約蓋寨屋五百間，今既移青龍三百餘間，所增亦不多。惟民田須依時價酬之，此非軍中所能區處。上令漕司同平江應副，望道此意於使軍也。軍人被殺可駭，聞殿司已重賞緝捕，未知可得否？暑甚，占吏草草，續別馳布，敢幸台察。

鄭少嘉尚書 淳熙十二年

某竊以炎暑可畏，恭惟某官治化已成，台候動止萬福。海舟既未敢遽集，勢須先以告戒，恐誤其出入。蓋敵情難測，諜報舟造東海，在我安得不爲之備耶？臨安五月八日五更地震，近得江西、閩中報，同日如此，浙東如何？不勝憂懼之至。鄰坦者家間

〔一〕牛：原作「午」，據明澹生堂鈔本、傅校本改。
〔二〕顧：原作「願」，據明澹生堂鈔本、四庫本改。

素服其藥，近赴使司駐泊，若無所用，不審可差出令一來否？僭易知罪。餘乞保輔沖襟，以需登拜。

閻才元侍郎 淳熙十二年

某頃嘗奉記，惟緘啓盛禮，坐待來价需報，遂成稽晏，非敢急也。茲辱五月誨翰，喜慰亡喻。教閲義士，誠不可緩。王去惡久移益部〔一〕，得旨煩侍郎別擇人來上。貸緡五萬，亦已曲從。惟茶馬總領打算事，非密院所能辦，而夏官主興元置監、休息宕昌綱馬甚力，正賴區處。修關費纔千餘緡〔二〕，姑置之，蓋取其大則小可略也。邊報難信，虜儲則果夭，未知誰立，擾擾萬緒，其自茲始乎？增秩辭免，中批不允，諒即祗拜。偶都統司急足回，撥冗具此，未暇他及，續別修奉〔三〕。

又 淳熙十二年

某洊勤書誨，亦嘗遺問，然豈若款奉笑言之爲樂也！邊備飭修，圖籍精詳，粲然形諸奏劄，謹爲涓吉進呈，大契上意。西清次對從天而下，某與副樞竦聽欣然。豈南門既闢，氣象益新，遂底文明之效歟？多賀多賀！田世雄自漕司案其暴刻之後，朝論紛然。適李正之封送金州，權郡所具斷過人數止是兩名贓重者配本城，餘皆販私茶人，刺爲厢禁士兵。平利令王仲圭直以涅軍爲流徒，安得不駭聞聽？徧示朝士，衆讙稍息。改守沉黎，上以爲然。蓋三省共議，非某能致力也。然望執事亟作書勸其凡事謹畏，以避謗嫉。大抵守邊以廉靜爲本，而以措置備禦爲急，來則應之，夫復何慮？使政績勝前，不負薦口，豈惟渠之幸，亦國家之利也。連日暴下，草此爲慶，續別拜狀。

劉帥立義 淳熙十二年

某特勤惠翰，喜審台候萬福。畿西重任，兼總諸司，非時通才，豈副遴選？瑞麥少蘇累年之旱，隨州亦有繪圖，多賀多賀！邵生反覆如此，幸前後所降指揮斟酌照應，不至背戾。止緣朝士每得偏詞輒議論不一。如楊嗣勳極通練，其施設必繼高躅。糴糧固嘗博詢衆議，鹽法在三省不得而與也。邊報皆妄。去秋王清叔已報西夏大石擾擾，且云唐、鄧戍兵皆西北去，其詭譎類此，可怪可怪！郢倅胡大中廉勤解事，恐遠方難得屬吏委使，故一再言之。餘冀若時保愛，以需召節。

楚州錢大受之望 淳熙十二年

某特蒙諭羊浚再任已得旨依。劉超云楚州防城器具百無一有，莫須早到擘畫否？朱振又殂，誰可當其任也？上於財賦甚留意，聞前政所積已支盡，當思善後之策。楊帥每以招納北人爲

〔一〕久：傅校本作「繆」。
〔二〕關：原脱，據明澹生堂鈔本、四庫本、傅校本補。
〔三〕奉：明澹生堂鈔本、傅校本作「染」。

言，所選使效更宜詳細。他續馳布。

又 淳熙十二年

某疊辱誨翰，喜承牧御宣勞，台候萬福。招填忠義人年齒皆壯，若訓齊有方，他日必得其力。民兵萬弩手，諸郡申請不一，全在區處如何耳。修換敝船(一)，想極如法。海湖鷁船不妨密切措置，緩急旋集。欲立賞格，須別作文字專一論此。前以打造費力，遂併寢耳。防城器具，俟奏下即爲取旨。帥漕比稍通情否？有我護局，賢愚通患，惟以國家爲念則不然。間探一事最爲要切，前後多不得實，切望留意(二)。兵法尚詐，北虜尤甚(三)，雖死亡未嘗諱，專欲濟其所圖，輕信定墮其計。劉神保之子已回否？其人恐能言大概也。陳汝礪説雖是，更須物色其實，仔細垂諭。海道風色難必，倉猝能遽至否？張佐戀舊居，未肯赴辟。俞口等處皆要地，而部吏出職者以力而求，似非所宜，願加審擇。

又 淳熙十三年

某竊以清和紀序，恭惟鎮撫邊城，台候萬福。百廢具舉，甚副隆委。虜中調兵造舟，又修汴宮，姑以防戰，抑別有説耶？樓櫓等支費大夥，如何應副？新帥如到，更須熟議，務令可行乃善。羊友諒想已歸，凡有所聞，毋惜垂誨。餘冀若時加愛，以對來渥。

張彥文尚書 淳熙十三年

某竊以秋暑可畏，恭惟某官政成民悦，台候動止萬福。某尸禄無補，憂懼萬端。坤載不寧，連亘數路，閩中尤甚。上因趙子直奏疏，遂以親札戒帥憲謹察盗賊，消患未萌。富沙風俗素獷，豈弟中和當有以化之矣。未由晤語，切幾遵令衛生，以需大用。

某特枉誨翰，諭及添差官，謹悉。如歸正一項，堂除素無藝極，兩年來並已限員，只是諸軍將佐隨其立功次數例帶外路差遣，止得一任，向來逐年發遣，故無擁併。四五年間，偶緣水潦留在軍中，不覺數多，然未嘗不分在諸郡。自夏中得來文，即令住撥。其後兩員乃先差而續到，非敢爽約。詳悉已令劄下，敢幸台照。

高汝一夔 淳熙十二年

某比拜狀，想無浮湛。兹辱誨劄，不勝感慰。三事奏已下，並得處分。積糧若止望坐倉，恐未易辦。其他如度牒、召人入中

(一) 敝：傅校本作「槳」，明澹生堂鈔本作「獎」，當爲「槳」之形誤。
(二) 切：原作「均」，據傅校本改。
(三) 虜：原作「敵」，據明澹生堂鈔本、傅校本改。

之類，亦可行否？更度彼間要切者具奏爲佳。神勁軍千人，幸加訓練〔一〕，保捷亦宜措置，但無器甲，則亦徒然。效用恐總所難應副，兼諸軍請受薄而彼獨厚，恐併神勁牽動爾。比盛傳大石林牙擾擾，而黄河南北繕甲積糧，泰然無虞，深謀熟計，略可遥度。襄陽爲國門户，尤宜過爲隄備，望與都副帥熟籌之。

又 淳熙十二年

某比方拜狀，兹未暇嗣問。神勁將官奏已爲進呈，只從使司便可也。所陳保捷及忠義人誠爲可用。上以皇甫斌是倜之子，彼間一帶人情極熟，緩急亦可作一頭項，故以使府鈐轄令提舉，蓋行少卿之言也。乃公得祠，未必不同行。宿將頗有人望，但任性少委曲，語言多犯人，其實無他。吾曹方以國事爲念，自可容忍。因會閻帥，千萬及此意。幸甚。

又 淳熙十二年

某竊以秋暑已闌，恭惟某官爲國長城，台候萬福。辱書翰，不勝慰感。樊城南關萬山誠爲要切，今冬郭帥巡邊，必可熟議。兵力難分，顧臨時應變如何耳〔二〕。儲粟尤不可緩，效用錢米恐總領所力有不及耳。民兵器甲，既閻帥肯抵换支撥，善不可加，已得旨依，以備緩急。若爲悠久計，則須諸司通融乃可。所謂紙甲殊省費，又不知能當箭鏃否？宕昌馬續馳報，餘冀若時保嗇，以俟嚴召。

又 淳熙十三年

某跨歲大病，今雖勉强朝參，猶未全安，所以不及親具記。皇甫鈐轄因會煩再三致區區。邊頭諸事草創，分職云初，凡百且徐圖之。忠義人更委曲與郭、閻二帥商量。既彼此爲國，何患議論之不同也。大抵無事爲有事之備者最難，蓋因循則誤指準，亟更易又張皇，以此全在深思熟講耳。器甲俟再報即取旨。閻帥欲成彦節爲正將，主上已從所乞矣。

利路李憲大正 淳熙十二年

某竊以霜冬晴凛，恭惟提刑判院按部雍容，台候萬福。數勤書翰，不勝慰感。遠方法禁素弛，得賢使者一洗舊弊，列城受賜爲多，非特席逸也。忠勇軍比平民須稍寬假，他日乃可責其用命。今委田世雄佐帥府，稍加料理，未審當否？田在金州，或謂猛於治盗而賑濟有功，如此則與漕司所按不同。姑酌其中，付以戎事，更望因會勉以凡百謙退，志其大者遠者，甚善〔三〕。龐守所論西和草料錢極有理。若監司總領視州縣爲一家，民力自然稍寬，不然上下督迫，其害不在今日也。王樸所陳甚詳，然未敢徑

〔一〕加：原作「可」，據明澹生堂鈔本、四庫本、傅校本改。
〔二〕如何：明澹生堂鈔本、四庫本作「何如」。
〔三〕善：原作「幸」，據傅校本改。

行，當委所屬相度，正恐悠悠耳。凡使司所當爲如酒場之類，自宜力與改革，以副臨遣之意。如博易抽差等，不妨具奏。上於遠方利病惟恐不聞，縱有不悦，豈能勝公論耶？奴兒結事備知本末，大石林牙無能爲也。禁銅錢，三省屢畫旨，其施行頗峻，自此必須少戢。軍器物料旦夕當行下，修關立砲，所宜詳審。蓋彼常疑我掩其不備。若一切不問，緩急又將失備，計常與才元侍郎及軍帥議之。軍糧折估，見作措置。其他凡可垂教，毋惜諄諄，並不敢泄也。餘冀保愛，以需召節。

又 淳熙十二年

某相望悠緬，每患音驛之難繼，但極馳企。辟一二屬官并南平倅皆已施行。換錢引限衆論不一，更與制司熟議爲佳。西府曲折前已遮護，毋虞毋慮。叙州乃沂公媚家，制師所以芘存之。馮卿人多稱譽，若私其鄉黨至誤公家事，此今日大害，雖賢者不能免，可嘆可嘆！

邵鈐轄之綱 淳熙十二年

某承惠書，喜承起居佳福。勝兵事既易帥，固知未易料理，然忽而不問，又非悠久之計。已劄下帥司，同本軍從長理會。新守幾時到，更且協力措置爲佳。易地似太早，計勉圖事功以俟獎擢，此外萬萬保愛。

鎮江翟都統安道 淳熙十二年

某連辱書翰，不勝感慰。山陽重地，劉超名將，都統又再三丁寧，必能盡力軍務。最是間探欲明，苟有所聞，切幸垂諭。令似升差，緣奏狀未曾降下，不敢先言。又近日臺章方論將佐事，勢須少待。崔統領深知其熟於淮上形勢，偶詔三衙薦夔路鈐轄，而步帥謂堪此任，故煩一行。張世英是武舉出身，上欲激勸來者，姑再令從軍。前已用都統奏而罷之，今豈有用之之理？不必過慮也。

雷馬帥世賢 淳熙十二年

某辱書翰，至感激。統制事緣北方正爾疑似，不欲遽有更改。今議論先定，俟彼動作，爲之未晚也。六合牧放亦未須行，蓋因理會券食錢，議者遂謂增添財賦，煩先會計所遣新馬實幾匹，隨行實用幾人，有無家累，數月間共合添錢米若干，速爲垂報〔二〕，即當奏稟行下。既止一兩程，自不難辦。亟此奉報，切幸知察。

〔二〕報：原作「教」，據明澹生堂鈔本、四庫本改。

金陵閻副都統仲 淳熙十二年

某近違教，已深企向，兩辱書翰，喜承轅門整暇，台候萬福。宸翰寵頒，益彰眷倚，諒深懽慶。若便刻石，則須多進十數本，恐上欲分賜諸帥耳。王統制用十年之勞轉官，雖常有例，久不曾行，今兹乃聖主特恩，知獎厚矣，因來諭輒及之。餘冀以時珍愛，佇俟功名之會。

金陵郭都統鈞 淳熙十二年

某近疏奉記，不勝傾企。虜儲夭折，不知誰代其位？聞葛王尚留涼淀，九月還燕，未審果否？昨總所被旨刷具軍中營運等事，馬司者到已多日，獨使司文字未至，專待此同進呈，不可緩也。執事忠誠許國，公正提身，雖古名將何以加諸？上所以眷倚，士大夫所以歸重，寔在於此。然人心之不同如其面焉，豈能一一皆能如意？副貳所陳縱未盡善，有可行者毋惜俯從，偏裨中亦宜細大并包，去其太甚。蓋是是非非，本爲正理，然習俗已久，聞聽易駭，革之以漸，容之以量，固所優爲。苟有所聞，既荷心照，不敢不告耳，過目即焚之可也。

又

某疊辱書翰，喜承台候萬福。向者巡邊所陳要切，非如他人爲悠悠之談。此固上所深知而公論因以歸重，不勝歎服。大石林牙恐是虜中別有深意[一]，故揚此聲使我不疑，兹可備而不可喜也。結約事前監甚多，豈容輕易？更須多遣間探，時時諭及，幸甚。李浩等想已遣來，副帥和易，凡百必與之商量。自古名將惟以果毅忠信爲先，後世乃多脂韋梠虛。今左右卓然自立，心乎報國，雖未能諧俗，夫豈不可恃乎？

江州劉都統光祖 淳熙十二年

某竊以天氣清和，恭惟都統刺使台候萬福。寵升階秩，遥領郡符，異渥沓來，可卜宸眷。疊勤書翰，不勝感悚。汪賓緣近例不差額外，上以都統薦之甚力，已刷得中軍副將一闕處之。張德明亦如來申。惟張堯臣者比因步軍司奏辟吏職，玉音宣諭屬官須用士人，兼言者方論創闕事，遂不果行。其他有可垂諭者勿外。餘冀保愛。

金州田都統世雄 淳熙十三年

某比復狀，想無浮湛，再勤惠問，喜承台候萬福。秦守既交印，必相與協心，爲邊防永久之利，幸甚幸甚！折估事俟總領所報到方可施行。修關增戍，已得旨行下，并幸孚照。末由再晤，切幾遵令養生，以俟功名之會。

[一] 虜：原作「敵」，據明澹生堂鈔本、傅校本改。

鎮江張都統詔

某特勤誨翰，喜審涓辰視印，號令一新，百順來備。沉識精忠，自結上知，今茲選擢，正賴洗滌宿弊。有可垂諭者，勿外爲幸。巢縣城壁恐復因循，雖令李侯疾速相度，庶畢其說，尚未報也。捐行囊以助用，久無此風矣。顧君辟闕，緣從者已離彼，遂格而不下。若欲其來京口，却示及公文也。餘冀若時保嗇，以需功名之會。

又 淳熙十一年〔二〕

某辱示翰，喜承台候萬福。示諭備知曲折，聖主明如日月，自能洞照，不必過慮。巢城緣有民居民田，恐議者指爲搔擾，所以再降指揮，幸速選官同黃漕審究利害，只俟回奏便有處分，切冀垂亮。秋暑，萬萬保愛，別需異數。

金州秦守嵩 淳熙十二年〔三〕

某辱惠翰，喜承守邊暇裕，坐膺多祉。守關隘人，前後州郡與都統司爭執不一，要之任責則同，難頓改易，更望多方措置爲經久之策。深恐水旱頻併，事力不及，已得旨令總領應副三百餘人錢米一年。既有以恤之，人必欣然。或總所未暇科撥，使州且逐急那兑爲佳，不然或致流移，悔無及也。匆匆姑此布復，餘冀加愛。

揚州鄭帥興裔 淳熙十三年

某辱誨翰，至感。示諭修船，緣虜主遷都，淮民已多疑懼，今若從使司行下，則文移紛然，必更傳播，不免徑付諸郡，使府其一也。三萬緡上決不惜，但船數與張撫幹文字頗異同，今既各郡爲之，若密委信實人料理，亦自不難。所費且與那兑，候見多少申請支還未晚。江湖打造不特所在科擾，兼差人撐駕遠涉，其費又當數倍矣。教民兵事曾條具否？望蚤理會，仍須與解事人商量，庶令適當。聞每次多成紛紛，皆由區處無術耳。遽具占報草草，切幸恕亮。

又

某竊以秋氣漸清，恭惟知府安撫都承鎮臨有裕，台候萬福。比具緘啓爲賀，想已呈達。茲勤劄翰，不勝感慰。巢縣城壁旦夕取旨。惟濠與安豐不能禁戢踰淮盜馬之人，甚至殺其主簿。果爾，將來必移文會問。彼未嘗聞盜賊涉吾之境，此却數數有之，安得不問？比已劄下，望與措置施行。高明處此，固應綽有餘裕。更幾順令保嗇，以對殊渥。

〔二〕十一年：明澹生堂鈔本作「十三年」。
〔三〕十二年：明澹生堂鈔本作「十三年」。

鄂州閻都統世雄　淳熙十一年

某近別，不勝傾企。即日想已抵治所，履况集福。荆襄沔鄂邊面闊遠，西自金、均，東盡光、黄。昨以王宣、趙樽各占地分，不相爲用，遂合爲一軍。議者率謂兵馬數少，緩急難於分布。殊不思岳忠烈兵不滿六萬，而能往來襄、鄂，内撫外禦，威望隱然。况今三處屯兵視昔固已加多，若更招募，不特財力有限，亦恐未必精鋭。如向來庚辰、辛巳聚八萬之衆於襄漢當劉蕚之師，略無成功，其利害可睹也。比得郭帥書，深以向來自分彼此爲戒，遇敵則竭力相應，甚有古人之風。左右過武昌，必已熟講。雖敵有衆寡，機有先後，臨時應變，難以遥度，然我之規模自應先定。大要得士心則寡可敵衆，古今不易之理也。守陽羅事及隨州增戍曾熟議否？既開幕府，凡百宜一一條具奏聞，却示副本。此外萬萬爲國保重。

又

某辱示翰，喜承墨繚臨戎，體中安適。高帥、劉漕皆有志事功，凡百必能協心慮遠，幸甚幸甚！江陵城已依來申，且令都帥先往。飛虎事見此商量，買木亦施行。指揮内令安撫司津發者，蓋緣帥司向來曾有文字，謂本軍利於興販，今更委曲通書爲佳。激犒士卒，使之精鋭，最爲急務。冗兵雖多，其實何所用也。所薦三人，上皆令津遣赴審察矣。餘冀保愛。

又

某屢勤書翰，至感。趙晟、傅汝楫輩到軍當已久，成彦節便往供職否？招軍事得趙總領報應募漸多，更煩留意。王瓌其來極遲，馬司辟闕爲人所先，殿帥與之厚，必别與周旋也。諸軍射鐵簾，上欲激勸勇士，若候式樣，却恐後時，一面令閲習爲佳。城役正勞神用。他續奉狀。

廬陵周益國文忠公集卷一九八

書稿卷一三

劄子 十

王謙仲樞使 淳熙十三年

某竊以春晚，寒暄猶未齊，恭惟某官永慕梧檟，百神扶相，孝履支持。自承杖桐護柩，每切馳鄉。日困應酬，未能以尺書道拳拳，乃蒙遠墜書翰，愧感無已。襄奉在即，恨莫送之無由。三復誌文，詞義懇惻，追踪前哲，尤用欽歎。挽語固願勉强，適半月感風，今猶憒憒，未能下筆，姑酬先辱，續别拜狀。餘冀節哀自重，臨筆頌望。

某悚息拜問梱内眷集，緬想長少均安。王道夫去後，上每諭三省欲與倅，偶無近闕，惟石城二年，遂就部中取以與之，恐欲知也。此有所需，切幸勿鄙。

又 淳熙十六年

某伏辱劄翰，具審旌麾引道。計今棨戟已開，又聞減省迓吏，裁節從物，一洗近日之弊。想饋送雜費例皆以律令從事，民力其有瘳乎！匆匆姑此布復，切幸台照。

又 紹熙元年

某竊以季春之月，天氣暄和，恭惟樞密知院大參斡旋鈞樞，惠澤夷夏，神人交相，鈞候動止萬福。某杜門掃軌，遥資河潤，瞻承悠邈，悵望徒深。敢祈妙嗇天和，佇登冢席〔一〕。崇階進陟，未敢爲門下賀也。

某自違英矩，旦晏懷仰。既收朝蹟，不應通名政府，勢所當然，高明必賜矜亮，因恃以無恐。豈謂情誼拔俗，未忘雅素，專介貽問，禮意優渥，三復感泫，殆非聲畫所能形容也。明公聲名震古今，事業掀天地，皋、夔、周、召不足進焉。日與斯人涵泳美化於田野間，爲幸大矣，他無足云。

某衰老得閑，復值明公億寧内外，得遂麋鹿之性，每切感愧。問及敝廬，尤荷眷恤。初乃民居，絶無人煙，其左依城，右逼官路，不容展拓。秋冬尚可度，暑則費力。平生在畎畝，常懼踰分，今處之甚覺裕如。又向忝要近，凡孥累用度每令窘束，既歸，一切聽其支費，往往恨降之晚，緣此亦復相安。此乃狙芧之術，前輩嘗用之矣，聊發廟堂一笑。

〔一〕冢：原缺，據明澹生堂鈔本、四庫本補。

又 慶元二年

某竊以春半，氣序暄和，恭惟某官德施威暢，夷夏帖泰，默膺多助，鈞候動止萬福。某老病，杜門坐俟掛冠之報，毋足齒記。帥牙在望，晤語無階，敢幾調適寢羞，即登冢宰，大攄相業。

某自承易鎮近藩，浸還異數，知延登之有日，自合亟馳賀問。屬嬰疴伏枕，旋值國卹，憂傷憔悴，微軀且不自保，則於人事宜其一切廢絶，然常愧負方寸。敢圖謙德過厚，專使賜以好音，豈惟大激衰懦，其厚士風多矣，感怍固不待言也。明公學術精深，規模閎達，歛惠荆州，固已福及京師。上以先太師澄清之效夙著湘楚，思廣繡衣之好，以彰世濟之美，復煩此行，非先一州後天下也。曹參趣裝，兹其時矣，不勝頌望之至。

其竊聞譙門已遂起工，誠急先務。記得題梁是紹興乙卯席大光名銜，適一甲子而復興，非偶然也。惟城壘一事，往嘗與豐叔賈議定，然後有請。指揮既下，而叔賈爲彼問二三多口士人游説百端，中變其説，欲大起民居，廣開壕塹，如邊城之爲。殊不知内郡與邊防異，一則不可無垣墻，二則舊基尚存，第爲古木蟠根日摧月壞，故命軍士芟除，已見遺址。若非叔賈異論，則癸丑年自可訖事。當時展期非畏九良星，不得已耳。次年某去，而元晦安肯續前人之事，於是有裁截之説。若謂兵布於上以冀防托，則雖子城亦難周徧，緩急守禦，顧方略如何耳，此甚易曉也。今甎灰日就毀棄，良亦可惜，未審明公亦有意否？因筆及此，正恃雅契，惟一笑而恕之。

程元成給事 淳熙十三年

某比辱二月二日台翰，喜承静治成功，台候萬福。昨復狀，幸無浮沉。繼以賤體三好兩惡，倦於執筆，遂稽嗣問，第切企仰。近日宇文尚書上殿論諸郡不依淳九約束，擅招厢軍，已有旨令監司具析，望檢照元指揮全文蚤爲區處，幸甚。繼此切望行下諸郡，勿令違戾，幸甚。餘冀若時珍嗇，誦周南之滯者甚多，行慶嚴召。

某皇恐拜問慶門眷集，緬想上下攸寧。樂平之論謹悉，亦知曲折也。泰之祠滿，諸公欲以一郡處之，竟未有，深以爲念，想常通書。有委勿外。

又 紹熙四年

某竊以歲華有俶，恭惟致政待制給事年德加新，燕居日適，台候動止萬福。昔人有云：「無事若静坐，一日是兩日。」台座急流勇退，從容葵心，秀野攬看之問〔二〕，白日自長，修齡方永。區區羡慕，豈惟鄙夫。願加保調，副此頌詠。

某比於奏邸附記解釋前詩，其至必稍速。黟縣人逼歲方到，祗領教墨，感慰已深。二記、詩序、《緑筠岡賦》等又蒙誨誘，彌勤三復，允切歎仰。給事早以奥學瓌詞獨步一世，得謝而歸，

〔一〕 看：四庫本作「物」。

齒宿意新，詞旨敷暢，視泰之加醇明焉。非特知筆力之日勝，又喜壽祺之未艾也。某素號淺拙，老益謬悠，兼之心氣時作，久置斯事。近用沈存中法，以膠泥銅版移換摹印，今日偶成《玉堂雜記》二十八事，首慁台覽；尚有十數事，俟追記補綴續納。竊計過目念舊，未免太息歲月之沄沄也。《桂海虞衡志》、《會飲》、《滑稽》二帖并考坡公在宜興歲月，併致棐几。道遠不能致他物，皇恐。

又 慶元二年

某竊以歲事更新，恭惟致政閣學給事道隆德重，神人致喜，台候起居萬福。相望悠緬，再晤無階，念舊思賢，寸心日鶩。敢祈保輔寢饗，永綏吉禄。

某比審上思正元之名臣、紹熙之舊學，特頒異數，進聯學士之班，仍錫身章，以昭殊眷。初聞出命，亟於充之書中略寓歡悰。敢謂謙德過人，先貽函教，諄勤累幅，感荷深矣。仰惟天爵自尊，形於訓詞，而上皇夙敬師模，又將安車趣召於兩宮交懽之日，由今以始，當不一而賀云。

某自蒙恩得謝，本可閑適，而禀賦素弱，老益多病，近復耳聵目昏，步履亦蹇。來諭神明不衰，豈夫子自道耶？匡廬奇秀甲天下山〔二〕，樂天殆非虛語。春暖杖履，若再至彭澤，則趁四月游覽，五月避暑，秋凉言旋，似爲得策，未審有此意否？廷秀相去數十里，非經昔不可往還，歲才一會面，却常常通問。因台諭輒及之。

李秀叔參政〔三〕 淳熙十四年

某伏承公劄諭及鄭康孫事，謹悉。上既覽奏，即令改充閩中路鈐。此闕弄印頗久，今兹親擢，蓋重宗工之薦也。下政劉堯卿雖將家，未知能稱職否？向蒙諭及蠲免舊欠，三省尋裁減萬餘緡，自有堂帖，所以不敢別具復，併乞鈞照。

又 淳熙十五年

某竊以孟春之月，風作峭寒，恭惟某官緑野雍容，神人交相，鈞候動止萬福。某尸素無補，日切汗顔。侍拜悠邈，更深傾仰。仰祈妙嗇真粹，以對趣召。

某久違英矩，懷思不忘。曲荷謙光，時賜書教，每一展讀，輒慰快彌日，不能自已。蓋道德之隆，詞翰之勝，有以饜小人之心者如此，非勉强而然也。

某恭審以大學士之稱榮使珍館，輔臣異數，近世罕偕。涓日而拜絲綸，搢紳莫不欣服。尚稽馳慶，首辱華緘，悚息交深，尺紙莫究萬一，尚乞鈞照。

某密瞻行馬，無由往奉杖履，遥想功成名遂，燕處超然，起

〔二〕山：原作「白」，據明澹生堂鈔本、四庫本、傅校本改。
〔三〕秀：原作「彦」，據明澹生堂鈔本、四庫本及《宋史》卷三八六《李彦穎傳》改。下同。

居惟適之安，丕享無窮之樂。回視某輩强心爲智，憂讒畏譏，惴惴度日者，其勞逸蓋相萬也。因書自致，不覺忉怛。

湖北趙提舉善譽 淳熙十三年

某竊以歲事更新，恭惟某官台候萬福。去歲日至，遠勤書翰，來介不俟報，遂稽具賀，必辱深察。治部大稔，殆澄清之效耶！高陂等課利歲僅百緡，而四十五處被擾，若非賢使者表而出之，遂將爲無窮之害，諸公殊歎服也。末由再晤，切幾順令珍攝，以俟召用。

又

某辱六月所惠書，喜承台候萬福。湖北今歲雨暘以時，豐登可必，舊欠正宜少寬。每見他處人力未蘇，一遇收成，官司便加督迫，往往反思凶歲。況湖北民貧又非他處比，今得賢使者，遠方有所恃矣。王宰極荷芘存。匆匆姑此布復，餘幾順序加愛，以俟褒詔。

王宜州侃 淳熙十三年

某竊以清和在序，恭惟鎮臨邊藩，台候萬福。才猷敏茂，著聲交廣，固應頻被褒璽。過勤緘啓，欣感無斁。禁軍、土丁既已措置詳備〔一〕，蕞爾蠻獠自無能爲。至如錢鹽却當按月支與〔二〕，鹽固易得，但聞般運費多，漕司未必如期應付。州郡畏外臺，不敢力爭，此利害之大者，惟高明嘗爲曲突徙薪之計，甚善。餘冀以時珍攝，別俟召用。

韋翌 淳熙十二年

某比幸數面，知名門雋胄自不凡也。別後方切企詠，亟辱書翰，喜承啓處之間百順來備。特進蚤以文受荊公之知、平生浮沉中外，浩養益充，觀《逐佞》之篇槩可想矣。臨汀副墨拜嘉，甚感。永惟厚積嗇取，鍾英夕拜，致位近班，直聲凜然。雖不大用，其遺後人則多。是以先使君名在循吏，執事復治縣有聲。今雖俯從幕府〔三〕，其進蓋未央也。臧孫有後，理有必然。更冀保頤，以副所望。

某上問眷集均祉。柴御暫閑，可念。馬綱事切中時病，極感。有所需，勿外。

朱安豐旦 淳熙十三年

某此月初嘗復狀，計猶未達，洊勤惠翰，殊以慰荷。二人安可不密，前所申多後時，且似道聽塗説耳。金陵戍兵必有紀律，

〔一〕土：原作「士」，據四庫本、傅校本改。
〔二〕鹽：原作「監」，據傅校本改。下同。
〔三〕俯：原作「附」，據傅校本改。

向諭及節制，雖不欲創行，其實在境内無不受命之理也。忠勇軍民兵誠可用，平時亦當有以得其心也。倪統制復官，恐部中稽緩，徑取旨施行，其告已遞往淮西帥司，幸語之。他續馳布。

林沅州埏 淳熙十三年

某竊以秋氣浸清，恭惟守邊暇裕，台候萬福。家學淵源，推以治民，必著惠政。過承緘啓告洗印之期，不勝欣感。羅鬼中馬若非向日州郡妄覬功賞，縱吴汝翼引惹其來，彼安能越軼生界涉吾之境？是固無足慮者。惟沿邊蠻猺不一，省民時有交争，而土丁、萬弩手名存實亡〔一〕，緩急無以備禦。此則當爲曲突徙薪、防微杜漸之計，高明必有以處此。餘冀若時珍愛，以對褒璽。

趙充夫 淳熙十三年

某承諭，極荷不鄙。羅鬼距沅州甚遠，隔以諸蠻，非止一族。向因吴汝翼謂市馬可謀厚利〔二〕，多方誘引以來，一時守臣從而信之。彼乃捐利，逐旋假道，方能叩邊〔三〕，既杜絶之，豈復再至？近者恐是小人偶揚虚聲，而邊吏不密，匆遽來告。即諭以内無招引之人，決難遠涉，已而果然。大抵傳聞多失實，如陳虎之類是也。既荷忠告，輒此詳及。

又 紹熙二年五月

某竭違風度，日以馳情。暑令正中，恭惟宣化名邦，台候倍擁繁祉。下車浸久，威愛交孚。亦聞姦吒時欲結集，輒先事梗其喉牙，消患冥冥間，千里受惠多矣。今十連屢奏，乞大有以存撫之，乘此時相與經畫永久之利，不亦善乎！故人子往赴上杭，正備驅策，其人廉謹可教也。餘非尺牘能盡，惟冀以時保嗇，對增秩賜金之寵。

趙揚州子濛 淳熙十三年

某每勤教翰，豈勝慰感。王俊、閻振有來耗否？道聽塗説鮮得要領，不可不察也。萬弩手與民兵異，既免税役而事藝全無，議者多以爲言，遂令州郡條具。近方申到，止可在家閲習，來春遣官按撫，其詳並已劄下。又慮守令張皇追擾，不則文具悠悠，因通諸郡書，望徧諭此意。大抵法無不善，行之有過與弗及耳。偶病目，不及親染，他續馳狀。

〔一〕萬：四庫本作「弓」，傳校本作「刀」，明澹生堂鈔本作「力」，蓋「刀」字之形誤。
〔二〕「謂」上，明澹生堂鈔本有「妄」字。謀：傳校本作「媒」。
〔三〕叩：原作「守」，據明澹生堂鈔本、四庫本改。

又 淳熙十三年

某竊以秋氣浸清，恭惟知府安撫龍圖少卿鎮臨有裕，台候動止萬福。比嘗具狀爲開藩慶，兹蒙誨翰，感懌無已。先德啓真王之封，非特少慰孝心，遂將傳芳史册，兹聖朝盛典也。末由面叙，第切馳情，願加保頤，倚俟嚴召。

某疊勤公劄，謹悉。巡邊恐動觀聽，未見降下文字，或在三省耳。楚州招淮北人亦嘗丁寧之，令姪孫自可徑權，此與其他攝局不同，尚何疑焉。嚴先領武鋒，比朱鎮如何？强勇等軍兼付彈壓，衆論允否〔一〕？並望批諭。修城更不覆實，裁減一依初料，又於漕司支椿管磚并蘆蓆，其餘錢米不過數千緡，三司辦此有餘。只是聖意欲其堅久，指揮甚詳，望戒官屬勿視以爲常程乃善。民兵、萬弩手方類兩路守貳所陳，審而後行，庶免文具，併幸垂照。

新永康倅李季章壁 淳熙十三年

某遠辱長書，貳以牋啓，學博辭贍，玩味不能去手。自非天分人力兩得，其至孰能臻此？真可世其家而名後世矣。邇日不審履况何如？舊物來歸，諒深懽愜，兹雖未能大攄素藴，然以別駕奉親懽，亦足養志，多賀多賀！相望悠緬，後會未期。臨筆耿耿，願言爲遠業珍愛。

李季允亶 淳熙十三年

某辱六月所惠書及啓一通，詞源浩浩，發岷山而注於海，一日千里，殆莫測其涯涘，何其盛也！即日所履何似？奉親著書，當有以自樂。曾俯就銓試否？知縣、通判俱已得闕，自可彈冠以昌遠業。某數日乍衣綿，目痛不能親染，惟冀厚愛。

田提舉渭 淳熙十四年

某特蒙寵惠新詩，既歎才華，且愧厚意。浙東歲歉正額賑恤，昨日有近臣奏諸暨縣强民三五十輩，以投托質借爲名，强割大户姚縣丞、趙二十一、趙七三官人家禾稻。白門塢姓孫人、義安鄉姓黄人數口，皆以窮餓自縊。此月九日，縣尉王尚遠，十二日，府稅官吴松年，各因被差下鄉，爲村民三百餘人舁轎請驗田，至擊轎兵，毁從物，邑中閉糴，人情洶洶。不知果否？上已令豐儲倉撥米二萬石往相助，望稟帥參及繡斧同爲區處，幸甚。因謝來况併及此，其餘夕即必能具布矣〔二〕。

〔一〕論：傅校本作「議」。
〔二〕即：原作「郎」，據明澹生堂鈔本、四庫本改。

張瀘州忞 淳熙十四年

某昨辱三月所惠書，知修城畢工，馬湖蠻帖帖無事，方切欣慰，慈蒙嗣問，益佩愛予。炎暑可畏，恭惟鎮臨有裕，台候倍膺繁祉。蜀土狹人貧，豈應更用刻深之士？來諭諄諄，不勝感服。便民五事，併切欽歎。尚阻晤語，臨風馳情。願言保固沖襟，以需召節。

某衰病不才，久忝朝列，毫髪亡補，積愧素餐，豈謂推排，遂聯宰席。歐後之譏，自猶知之，况於輿情？過蒙敦篤，遠貽緘啓，詞義高古，非所宜稱，一味慚荷。薄遽修謝，殊草草，惟寬明容恕，幸甚。

某悚息拜問侯門仙聚，緬想上下均福。《煮茶賦》，初緣淺陋，不能識前輩用筆意，乃蒙寄示釋疑大篇，發揮妙思，使某掛名名家詩集中〔二〕，一何幸與！清虛四帖重煩宛轉，臺山舊事亦勤贊揚，兹又幸之大者，敢不重拜賜！茶數種并雙角龍團，味初嚴而後甘，却是真茶，併以馳獻，蓋捨此無以當大手筆，非爲禮也。

江西陸提舉洸 淳熙十四年

某比已具記，兹再勤諭及度牒折米事，蓋嘗劄下矣。美惡難辨，升斗多弊，貴賤不等，所以未容徑行。今既先刷五萬緡趁時收糴，將來徐徐補還，誠爲得策。不然分度牒與旱傷州郡，仍約漕司多方那兑，是亦一說。惟賞格未頒，不可誤人。其他區處必皆有緒。大抵委土官僧道勝於胥吏。若守令務爲文具，則非徒無益，而又害之，此最當在所察也。

又

某前日已遣狀，昨日乃聞江西度牒難賣，州郡甚困科擾。今早已用臣僚奏劄收回，却兑上供錢糴米，急此布叙。候到請一面拘收回司，差兵役星夜解來封樁庫送納。其他當別作措置行下，幸垂照。

鎮江張幾仲 淳熙十四年

某辱真翰，不勝感慰。光堯厭世，臣庶哀摧。公家世受異恩，固應切攀髯之念。乞配享奏狀已付出，舊例集議，然後降詔。有如循王，忠烈嶢然，首從霸府，必爲公論所推矣。境内士人葛庚詩有陶、謝風，向求書詣當塗，心許之而未果發。會渠即世，前守欲以官田潤其家，未竟而召。田丹徒備知曲折，望試詢之，或償掛劍之心耳。

〔二〕名家：明澹生堂鈔本、四庫本、傅校本作「公家」。

湖南趙提舉像之 淳熙十四年

某蒙誨諭，衡州曲折亦備聞之。直情徑行，語言輕易，非執事度量汪汪，豈能容恕？如某輩平時屢被醜詆，只得自省其過耳。渠屢有請祠文字，緣國哀未暇將上。諸公欲與易地，又念替期非遠，迎送紛紛，所費不貲，更俟少定商量。先此復來况，切幸台照。

王瓊州光祖 淳熙十四年十月

某辱八月所惠書，具審鎮臨遠服，台候勝常，殊以慰感。《家傳》、《小録》得窺承平制度，何幸如之！地圖並領，東坡所謂「四川環一島，百洞蟠其中」，信矣。便民五事皆確乎可行，第邇來重於改法，例送後省及六部看詳，鮮有施行，徒費月日。擬欲直取旨，又恐將來太守非其人，雖斂錢物而流弊自若，如江鄉和買之類，反貽患於無窮，尚爾猶豫。若及執事在官，使疲甿少寬二年，後人知所矜式，其庶幾乎。屬以國哀，具復草草。惟冀順令珍愛，以俟褒璽。

王順伯 淳熙十五年

某辱誨翰，喜承別後涉履修塗，台候寧嘉。武昌回禄，初見總領所申狀，謂案牘被爇，深以爲慮，今得如此幸矣。水災異常，聞公安一縣皆已推蠲[二]，而諸司略不及之，未審果否？振恤民隱，計與諸司熟議矣。遣使本圖裕民，近王卿申比前政增收七十餘萬緡。向若稍寬州縣，豈非美事耶？薄遽占復草率，霜冷，倍蘄保愛。

浙江羅春伯 淳熙十六年正月

某自聞召命，念欲馳問，而短才疲於應務，竟爾未暇。兹勤誨牘，感悚無已。邇日台候復何如？大著力行所學，悉意賑恤，使一道黎庶當歉歲而無流殍，陰功陽報，自應入儀禁近，况主知素厚，人望攸歸者乎！即遂晤言，更不忉怛，惟幾善愛，以對天寵。

祝江州懷 淳熙十六年

某辱七月所惠書，喜審台候寧嘉。楊斌已補進義校尉，其次者亦有名目。帥司事干涉頗少，但謹視盜賊，毋令復作可也。補銀既免，而天申歲貢又停，所省必多。尋常便民事件皆付後省，其肯省覽稀矣。節制屯兵，某向在密院曾爲江陰、雷州畫旨，遇捕盜則從權，事已如故，最爲良法。若用此申請必從，此不欲干預耳。餘冀以時保嗇。冗甚，草草爲愧。

[二] 推：傅校本作「摧」。

李獻之侍郎 淳熙十六年

某竊以歲晏凝寒，恭惟某官領袖從班，神明攸介，台候倍擁休祉。更冀仰體方隆之眷，加厚保調。大用在邇，臨風傾頌。

某自頃手牘叙别之後，每於令小坡問動静。竭從去國，聲迹遂無由相聞矣。間審淵衷思賈，亟頒召節，儀曹竈禁，金匱石室，極儒先之榮遇，不勝斯文之慶。兩社尚有虚席，意者已遂宣押，遠方特未知耶？日與士大夫共深傾佇而已。

某貪禄忘歸，罪戾山積。曲蒙聖主天覆地載，俾得奉祠鄉縣，其僥倖甚矣〔一〕，未知所以報也。杜門省𠑽，不敢以姓名入京都，况侍從要路乎？豈謂侍郎照肺腑之無他，念金蘭之惟舊，手書先逮，意愛有加。厚民風而篤交情，實關政體，豈獨某拜嘉而懷感也。末由面謝，臨筆姑叙萬一，切幸台照。

〔一〕甚矣：原脱，據傅校本補。明澹生堂鈔本、四庫本無「矣」字。

廬陵周益國文忠公集卷一九九

書稿卷一四

劄子 十一

葛楚輔樞密 紹熙元年春〔二〕

某竊以芳春妍淑，化日舒長，恭惟樞密同知綏靖華夷，神天顯相，鈞候動止萬福。某家居，得遂野性，庇覆厚矣。遥睇門墻，正阻承教，臨風悵然。敢乞加衛寢餗，永弼興運。

某怱怱違去鈞表，遂將周歲，道德可尊〔三〕，固與衆人同一瞻仰。眷與素厚，私心倍劇綢繆。書牘缺然，則以用捨正異，勢當爾耳。高明無所不燭，而又常善恕物，得免於戾已爲厚幸，走介而予之書，此禮何敢當，此意何敢忘也？匆匆叙謝，莫究萬一，敢幾垂察。

某仰惟明公問學文章，世濟其美。至於德業之茂，謙和之至，則又本於天資而加勉焉。是宜上結主知，下孚物望。自登政路，忠言嘉謨表表在人耳目。麻案計已宣布，值國盛典，榮晉崇秩，蓋未敢多賀也。

某仕不知止，顛沛固宜。上賴聖主隆寬，二府曲爲道地，使得奉祠歸里。一出十五年，交游零落殆盡，老病復疲應接，省諐之外，困眠飢飯而已。最是目力昏乏，書册盡束高閣。舊好游山，今復足力不强。前輩云「少年真可喜，老大百無益」，今方知爲實録。每荷眷念，輒具布之。

張漕叔椿 紹熙元年

某日依河潤而未容曳裾賓閤，此心日以馳騖。春序浸暄，恭惟使節光華，台候駢臻多祜。江西劇部，漕輓之權重於他路，非獨財賦灌輸京師者多，亦以士民繁夥。凡百倍費區處。自匪真才，豈能膺此遴選？正恐朝望素隆，前已垂上禁塗矣，久淹於外，理必不然。更蘄保衛粹沖，即奉嚴召。

某久欲褰帷致賀，每見前輩閑廢中，於時貴書問，往往和而不敢唱，此亦泥古不通之過。旬日前，迫不得已僭具一紙，方懼觸冒，未知其達否？而故人愛念有加，先墜華翰，其爲愧感，豈易名言！匆匆叙謝，莫究悃愊，尚幸澄察。

方吉州崧卿 紹熙元年夏

某竊以暑氣尚清，恭惟知府朝議千騎載塗，神物隨護，台候倍擁殊祉。更幾保衛真粹，道膺非常之寵。

某拜違雖閲歲時，而箋校韓文，朝夕在目，固無異親薰而炙

〔二〕紹熙：原作「紹興」，據四庫本改。
〔三〕德：明澹生堂鈔本闕，四庫本作「範」。

之也。茲承出鎮大邦，豈獨推上德而加之民，固將鄒魯其俗，馴至於道。既爲斯文喜，又特以自賀。

某比審内出竹符，畀付良二千石。屬方掃軌荒郊，謝絶人事，未獲輕爲賀問，徒與田父共歌來何暮而已。敢謂雅眷不遺，墜況緘啓，詞意高妙，如泉源不擇地而出，顧某何足以當之？久怯大巫，雖欲視儀酬答，含毫運意，迄莫措辭。方擇子弟如汜鄉侯者誦習《中和》《宣布》之詩〔一〕，庶幾風化轉而上聞，或助選表，用以爲報云。

某仕不知止，自貽顛沛，歸伏里閈，愧幸則多。向緣前政偶相牽聯，每不自安。今茲賢牧涖止，方修吉甫之相業，無陸九之嫌而有其歡，抑又幸矣。俟聞近音，别布悃愊。

丁提刑逢 紹熙二年

某自頃復狀，日欲嗣音，而杜門不與便遇，因循至此。惟是傾企，實勞寸心。茲奉誨牘，愛予溢於翰墨，感愧交集。炎暑，喜承清風一道，神物相勞，台體駢臻多祜。某衰老，幸安畎畝，第百病交攻，略無寧日。福過理所當然，不足矜念。晤言悠緬，滋劇馳遡，所願垂意衛生，倚需異寵。

某載惟文章政術獨步斯世，自結主知踰二十年，正以精明敏達，所至興利除害，奏課第一。適當重外之時，致緩環賜。今距成資僅三時，亦既除代，則螭陛鵷閣此去恐煩踐歷矣。振官府之委靡而不塞姦宄衣食之原，最爲上策〔二〕，如漢世繡斧逐捕抑末矣。賢使者在彼，夫復何憂！劉卿已到常德否？老於帥節，必能協心布宣德意，尤可喜也。陳君舉所序佳篇，朝夕玩味，歎仰無已。沅湘古迹滿前，按行餘暇，計吟詠益富，猶且不以己長絶物，一眄梁山惡語，何其謙也。三復來諭，但深慚懟。

黄提舉唐 紹熙二年

某竊以秋風生凉，恭惟提舉郎中奉使察州，神明攸相，台候倍膺純嘏。德望揚歷，諸儒推重〔三〕。近者侍從薦聞，不一而足，召拜何疑？更幾加意保嗇，丕承天寵。

某自南康人還上狀之後，尋以瘡瘍大作，起坐俱妨。雖審使車已抵臺治，日與士民依賴澄清，而未能一修尺牘，少伸贊喜，負負何言？今想螭階入侍，近在旦夕，謹因崇仁趙丞自此赴官，扶憊占叙不敏，惟台慈矜察，幸甚。

樓大防尚書 紹熙三年

某竊以秋煒致爽，恭惟某官玉立從班，神明輔翼，台候起居萬福。内外制遠追兩漢，燕、許、常、楊曾何足道？君舉到闕，必真學士之除，斯文幸甚。晤言悠緬，臨風悵望，敢祈爲國珍練，行展經綸之藴。

〔一〕鄉：原作「卿」，據《漢書·王褒傳》改。按汜鄉侯指西漢何武。
〔二〕上：明澹生堂鈔本脱，四庫本作「得」。
〔三〕推：明澹生堂鈔本、四庫本作「雅」。

某連年抱病，形體骨立。中夏忽染沉疴，絶而後蘇，迄今猶未復舊，乃值重華遺弓，號慕痛切，生意盡矣。特蒙誨問，三復感塞。兹者天下事已定，公卿協贊之力爲多。魯公勳德方隆，中外攸賴，江海殘生知免矣。四明書尚未暇遺，贈謚想有成説。

某悚息拜問國太夫人，欽想壽祉彌隆。令弟奉議已遺報，潘君文字切望成就之，毋使某失信於紫薇，幸甚。餘具別幅。

薛象先少卿 紹熙三年

某自聞以奉常造朝，恩禮優異，指期持橐。雖竊爲斯文慶，而未敢亟奉尺書，内外之勢則然，高明必亮其非簡也。臘近寒凝，恭惟雍容曲臺，台候倍擁殊祉。某乘障正藉餘芘，第老病日侵，倍費支吾，開春即申祠請。邈然晤語，更極馳情，願保粹和，丕承寵渥。

某悚息拜問，慶門仙聚，必已偕來，宅在甚坊，頗安便否？少監想日相會於班列，知其兼職，勞於撰著，不敢以書慁之，然極瞻仰。尺書輒至門下，蓋有少事，永州乞加封神祠，具如別紙，不無主張之望，幸恕率易也。

鄭舜舉侍郎 紹熙三年

某竊以上冬雨寒，恭惟宗正判部侍郎論思禁路，台候動止萬福。某比具尺劄禀世忠洞鄒浩事，未審已蒙施行否？今又有湘潭縣郭五十一等情節，具之公牘。此間地廣人貧，村落竊盗，習以爲常。數人共得二十餘千，若皆坐强劫傷主家而殺之，實爲可憫，又不敢輒有縱舍，輒具奏，乞降付秋官。或殺或貸，蓋本無害人之心。頃在朝路，見强盗罪至死者，案末必具次數及贓錢多少斟酌取旨。今次數既少，贓錢又不滿五千，故敢告之下執事。某已丐祠，此書到日，俞音必下。但目前不容稽留，是以冒昧言之，愧汗無已。餘祈遵令衛生，即登八座。

又

某比淬以幅紙白事，想達台聽。兹審親膺簡擢，修聘北鄰，玉節光華，李揆不足道也。歸正八座，竊幸。賜言之中云鄒浩獄止是申省，莫已施行？所繫頗有利害，蓋以中國常法治之[一]，若止令編管來長沙乃善。想陛對受國書正忙，不敢多幅。

張君量提舉 紹熙三年

某近附憲車便人拜狀，必關清聽。兹有少事冒言之：清湘楊照者，廣西人。頃在朝，以其奮身遠方，稍出其類，頗嘗延譽，拘於初改官，不能有所成也。其後陳君舉在本路論薦，有任滿升擢之命。今聞以民訟送營道，不知其事如何，敢望一諭，或可闊略否？修城本意以飛虎軍將佐數人曾經版築，頗知次第，今皆老邁，過數年則新進者難責以此，故欲及某在此，爲請於朝，

[一]「以」上，明澹生堂鈔本有「難」字。

丐十數萬緡張本〔二〕。今雖蒙恩曲從，然工役浩大，時月正寒，方逐旋措置甎灰，度亦未易遽辦。兼老病龍鍾，開歲即再求歸胙，乞付之漕臺，蓋爲是也。特勤台諭，敢詳布之。湖、袁、信皆大火，此亦時時微有遺漏，幸警備，隨即撲滅。衡陽多竹屋，尤宜照管也。

章德茂侍郎 紹熙四年

某竊以東風解凍，恭惟知府安撫待制侍郎化行江漢，神物贊襄，台候動止萬福。某已具尺書致泰亨之慶，重勤雙啓，甚非所安。不敢重復講禮，數語姑酬大況。餘冀滋厚保調，嚮用繁祉。

某密鄰大府，藉賴爲多，音驛時通，又足自慰。厨醞多且旨，每拜嘉未嘗不感愧於中。魯酒愈不敢出，蓋自知甚明耳。元夕以大功服未除，既有監司，略舉盃杓，哦「百千燈，同一光」之句以自解耳。豫章增創山棚，郡人呼舞，歎服鉅公之手段。又聞連日登滕閣劇飲，殊不畏風，蓋福人然後可以與民同樂耳。頃平父二十一日啓行，嘗云侍郎欲見芰堂始末，謹以封呈，全無文理，匆匆又不及裝褫。若《近思記》，則豈容輕易？所以蓄縮未敢録去，然決不敢食言也。

徐永州柟 紹熙四年

某近扶憊復狀，想已達聽。日俟祠報，他無足言。惟一事前略布之而未詳，左右與武岡争承甚急，正謂力不足也。今修路種木，砌祁陽石橋，蓋候館，置溷軒，百役並興。當田疇闕雨之時，不留錢穀以備振恤，而委之土木，冀後來虛名，人不謂然。萬一流聞於朝，武岡之辭直矣，速已之爲善。如種木最爲徒然，勞民費財，隨即壞矣。素荷愛予，有聞不告非忠也，未知能相亮否？病倦草草。

諸府 紹熙四年

某仰惟公府尊嚴，不當頻以寒温之語上瀆鈞聽。兹有悃愊，敢言之。某向蒙恩守郡，但期滿歲即復丐免。是時亦止謂年齡遲暮，才力弗强，難久當繁劇耳，身則未甚病也。自今夏以來，嗽疾大作，幾至委頓，調理未愈，尋苦腹疾，百藥俱試，效驗茫然，形骸瘦悴，心志零落，衆所共睹，非敢飾説。昨伸祠請，尚閟俞音。尋得朝士書，令少緩再請，是以累月未敢有言。今賴鈞芘，已及成資。去七十僅一年，縱使掛冠，已是稽晏。況乃强扶衰憊，日對民吏，内愧心顔，外積曠戾，雖欲自已，力豈能勝？已具奏并申尚書，備陳此意，不敢便求休致，且乞授以宫祠。伏望某官念其出入門墻之久，矜其老病事勢之迫，即賜啓擬，俾遂所請。丘山大惠，何日忘之！冒昧控祈，戰懼俟罪，仰乞鈞照。

〔二〕丐：傅校本作「發」。

常德府袁機仲　紹熙四年

某竊以歲事將新，冰霜凝冱，恭惟某官道洽政治，神天交相，台候動止萬福。某束裝欲歸，爲日已久，得省劄即啓行，適天寒，非病軀所宜，拙恙愈甚。方次醴陵，尚需半月乃可到家。臨行冗甚，不辦專介。嘗以書附莊簽判叙別，未審無濡滯否？愈遠麾幢，臨風依悵。願言厚加保愛，即符泰內[二]。

某已去郡，不暇修元正之問。特蒙委況翰墨，感刻難名。《易傳說解義序》、《河圖洛書說》皆本之經旨，以破諸儒好異之弊，嘗一臠可知其味，所恨淺學寡聞，莫窺要妙，尚俟他日請教。元晦恐須一來，魯衛之政，夾湖而治，甚休甚休[三]。益之相聚可喜，前亦附數字，今未暇再也。

楊子直秘書　慶元二年

某竊以中秋澄爽，恭惟知府秘書千騎辦嚴，神物隨護，台候起居萬福。天氣日益涼冷，調攝爲先，尚祈加意膳服，以需褒表。

某自別德容，老病侵陵，尺書間闊。昨承優游麟省，姓名不欲輒入帝城，暨聆出牧，又未敢亟爲賀問。迹涉簡怠，心固不爾。高明燭物，必能察而恕之。不然，安所逃罪耶！

某比聞對揚稱愜，謂膺進擢，而力求治民以考功。竊計郡國望召父之臨者非一，而未忘舊治，欲續前功，上不能奪，竟爲十萬户之福。士類無不欣詠，父老至於鼓舞。某老病杜門，已踰一年，雖不能自同於負弩之令，然不覺曲踴之三勵也。

某連年災疾，略無十日清安，納祿蓋非獲已。恩踰已幸，又叨進秩。屬告命未至，尚稽叙謝。雙緘道舊，意遠辭達，久無此作，如獲拱寶，榮感無已。

某心氣不寧，荒廢筆研，假手非禮，輒用手牘見恭敬之實，惟台慈加亮，幸甚。

又　慶元六年

某悚息拜啓某官：相望非遠，音驛幸未至甚疏，要不若時奉言笑之爲慰也。歲事將新，恭惟賢業浸亨，對時受祉，百順來備。王春度玉墀，不勝鄙人拳拳之祝。著書樂道，爲況當日佳。前輩閒居作無限工夫，正爲不以應酬空過歲月耳。某屢欲走介敬承起居，因循至今，愧不可言。卜居竟如何？古云求田問舍，蓋先後之序。若且以俸餘市良田，而損數千暫爲賃居計，則所費不多。他時食米有羨，徐求一區，似未晚也。迂闊之見，未審然否？正寒，萬萬保重，不宣。

[二] 即符泰內：四庫本作「不宣」。
[三] 甚休甚休：原作「甚休」，據傅校本補。

王南强提舉 慶元二年

某竊以氣序嚴凝，恭惟提舉吏部奉使察州，神人交相，台候萬福。學該流略，名冠倫魁。已游承明著作之庭，修注演綸，歷階可至。更冀珍調寢膳，即對嚴召。

某比審臨遣大庭，廉按江右，委寄隆重，過於閨臺。往者莆陽鄭公常以龍首持龍節，今茲調燮辰階，吏民甚以爲寵。繼之者若非執事而誰？大用可卜矣。某幸預部民，日望行郡，争先睹之快云。

又

某久違風度，企仰爲勞。自審光臨臺治，盍以姓名自通？又念已掛衣冠，杜門養疾，人事俱廢，蓄縮而止。敢圖大雅好謙，惠顧一日之雅，屈大手筆形於牋翰，與共俱尊。百年三老之對妙絕動宮墻，而非某所敢當也。欲裁數語爲報，非特怯大巫而閣筆，亦懼非野老事部使者之體。不然，來而不往，豈應自抵失禮之罪？手牘叙謝，莫究萬一，尚幸台察。

沈持要詹事 慶元六年

某竊以季春暄和，恭惟致政待制詹事年德俱尊，天人顯相，台候起居萬福。江浙相望邈然，無晤語之期。遡風伏紙，倍切馳想。所冀保固沖和，益永喬松之壽。

某別德久矣，晝勤思詠，夜形夢寐，良非虚語。側聞視聽聰明，步履輕快，如五十許人。蓋以藴蓄經綸，急流勇退，康寧以燕其晚，亦施報之理也。屢欲拜狀，而目昏力乏，艱於揮染，竟煩誨墨先之，高誼不遺，感歎無已。憑書叙謝，莫究拳拳。

陳安行給事 慶元六年

某平昔叨踰過分，加之衰病嬰纏，久合退休，然猶遷延以俟年至，復忝恩遷，有愧高風多矣。只今僅能眠食，每思向來石田之諭，輒復效顰。此外百事俱廢，竊計讀此爲發大笑也。

某比審年兄以輔藩高第擢帥七閩，蓋今重鎮無如長樂，易守數矣，必俟德望福力如年兄者乃可稱此。況莆田故鄉近在巡管，晝繡甚寵，他時大用亦當踵陳、梁二公矣。某素知彼間風物甚美，直爲荔枝一行亦自不惡。凡三得符節，皆垂赴而易，至今尚形夢想也。偶林教授自此代歸，年兄必詢賤迹，不可無書。其人自佳士，當蒙一盼。張倅在彼，往來之便必多，別當嗣記。

馬容州持國 嘉泰元年

某自違台範，雖拳拳企詠〔一〕，而道遠無便，尺書莫致。方茲

〔一〕拳拳：明澹生堂鈔本、四庫本作「卷卷」。

愧悚，忽枉華翰，欣審台候起居萬福。使治乃五筦之一，寄委甚重。下車已周歲，振舉紀綱，撫摩凋瘵，千里當被實惠，多賀多賀！長牋遠暨，倍荷眷與。録示利便劄子既行，不應復輟。林僉判能達民隱，亦自可敬。白皮場竟如何？某年垂八十，掛冠七載，豈料狂生輒及其姓名，致煩公論，聖恩秖從降秩，真天地之施也。王季海同僚時初無他，左右所目擊，徒知自訟而已。方此省僭，占復草率，惟幾順令頤養，亟須召節。

廬陵周益國文忠公集卷二〇〇

書稿卷一五

小簡

賀湯左相　紹興二十九年

即日踐長觀復，陰剥陽生，恭惟佐王以道，格天以德，庇民以仁，九重眷之，百神衛之，夷夏詠歌之，鈞候動止萬福。冰霜方凛，益乞崇護茵鼎，以永無窮之聞。寸心拳拳，專以是禱。

某竊謂受知者必圖報稱之方，效勤者必假竿牘之禮。在歲辛未，相公以北門學士詳定殿幕，而某實出衡鑑之下。越丁丑春，棲遲銓部，驟蒙畀職泮水，既又面語赴上之期。受門下恩，亦不後於衆人矣。顧身賤地遠，未嘗有絲髮之報，猶當朝夕奏記，少效其勤。而自違去黄閣閲十六甲子，姓名至典籤者財三數焉，豈惟無以效勤，且將用怠慢獲罪。雖然，安敢無説以處此。昔人有貽書等輩者，慮有謬誤，開閉數四，卒達空函。何者？内重故也。況以州縣之小吏，仰望天子之元宰，分守嚴於外，兢懼交於内，日事竿牘，果能保其不謬誤乎？運意含辭，將作復輟，理亦宜也。不然，雖甚無知，寧愛方寸紙而自投怠慢之誅乎？相公曲盡物情，必有以得之。

某恭聞九月甲午，制以相公正位元宰。蓋功大者位愈尊，眷厚者任益專。昔伊尹、仲虺同相成湯矣，而咸有一德，獨美於阿衡。周公、召公嘗分左右矣，而師保萬民，不歸之君奭。下逮周勃，有功漢世，爲丞相位第一，陳平功次於勃，爲丞相位第二。遠攷伊、周，近觀平、勃，即其位叙而勳德眷任之輕重見矣。然則相公今日之拜，其勳德殊絶，眷任隆厚，何待匹夫之言？爲國家慶，爲天下賀可也。

某觀傅説復高宗曰：「惟説式克欽承，旁招俊乂，列於庶位。」美哉言乎！真輔相之事業也。自唐以來，大臣不能公聽博采，而以好惡汩其心。知賢矣，或以疏我棄之；知不肖矣，或以與我收之。牛、李紛紛，迭相排抵[一]。夫豈知秉鈞當軸，期爲國得人而已，何至容心爾耶？自相公爲政，首以人才爲念。或取之耆舊，或拔之徒中，蓋有昧平生而不相聞者矣，特以公議所在，信用之不疑耳。異時二府纔擬一官，世必曰某之昵也，某所援致也。今則異於是，曰彼以德進耳，彼以言揚事選耳。自非融好惡之私而盡旁招之義，何以臻此？夫相公事業多矣，某釋彼不言，而獨贊用人之美者，蓋以深得傅説之心而可爲萬世法故也，是敢表而出之。

某聞士未達而求知亦難矣。商丘開年老力弱，衣冠不檢，自取欺紿於子華之門，向非泳河得珠，蹈火取錦，則何以豫肉食衣帛之次乎？毛遂事平原君三年，左右未有所稱誦，平原亦未有所

[一] 抵：原作「恨」，據文意改。柳宗元《與裴塤書》：「不得者譸張排抵。」

聞也，向非按劍歷階，則「錐末立見」徒虛語耳。嗟夫！泳河蹈火，行怪而不可訓；按劍歷階，履險而不足法。施於戰國則可，治世奚取焉？今相公以權衡冰鑑運量天下而照知其情僞，使賢者殫其知，能者竭其力。文字法理，各以才進，固不徒履險行怪而後用也。獨某一介之技爲甚短，九品之位爲甚卑，望墻仞千里爲甚遠。日月逝矣，求知之説安在？「采葑采菲」，《衛詩》有之，願借是以爲請；「無德不報」，《周詩》有之，願託此以自誓，惟相公念焉。

某聞之：時未當進而進失之躁，時可進而不進失之緩。某顓愚晚學，叨蒙恩紀。司桐子於秦淮之上，有奉入餬其口，無牒訴裝其懷。杜門掃軌，感戴造化之餘，顧常取《易》讀之，竊有見焉。《晉》之初六，處卦之始，功業未著，雖直離照，人所未信，則必摧如而居順，寬裕以無咎，然後不失之躁焉。《豫》之六三，居下體之極，去由豫特一間耳，倘或睢盱不進，遲遲致悔，無乃失之緩乎？某屬者俟罪於茲，雖不得晨掃齊門，晝登孫閣，然未嘗飾説以干進者，懼夫躁也。今既成資矣，去德之日久，跪履之心切，苟不竭誠自歸，則亦可謂緩矣。於是佩弦以自警，削牘以乞憐，願相公垂情而收拾之，毋使其誤注《周易》也。

繳書劄子

某一違鈞表，三易歲華。雖戴恩之心甚勤，而奏記之禮不數。蓋深虞於犯分，非自怠於歸誠。今者竦聽制麻，寵褒勳德，峻升上相，獨冠百僚。宰柄不移，師瞻愈赫。某名慚小醜，實點大鈞。仰睇龍門，未有躋攀之路；崇成燕厦，豈無欣躍之私？用竭寸心，虔修尺牘。意凡詞俚，紙弊墨渝。繾綣之情未伸，僭煩之罪已積。伏望僕射相公擴涵容之鉅德，諒依向之小勤，間於政機，賜以鈞覽。雖大呂黃鐘之府，戛釜竈以非宜；然潢汙薀藻之誠，羞王公而或可。瀆尊之譴，伏地以須。

賀孟宗丞除江東運判 紹興二十九年

謹時之問，右幅具陳。即日恭惟新節載頒，恩章甚寵，神物顯相，台候動止萬福。敢洊以手啓申詞，固知煩瀆，亦拳拳之意也[一]。

某雖名晚學，嘗竊聽人物之評矣。才學如執事，操履政術如執事，在漢廷中無出其右者，蓋願執鞭而未得也。今承馳傳鼎來，望見有日。懽悰所激，形於言者萬分一耳。

某伏審以天子之命，移按鄰封。雖足國富人，均爲劇寄，然江表爲當今甸服，視兩淮畀付加重矣，其將繇此祗嚴召、簉從班乎！近比然照，衆所共悉，謂某爲屬於斯而求媚者，非知言者也。

某竊謂足食理財，在禹疇、《周官》皆爲急務，其本末源流可攷也。而後世乃以商功利、析秋毫爲能，民始告病矣。國家分道置臺，每擇仁賢而信之，蓋得先王裕民之本意。彼宏羊、晏、巽之徒所得幾何？宜執事之所唾罵也。自儀真抵臺城，一昔可

[一] 拳拳：明澹生堂鈔本、四庫本作「卷卷」。

至。然「公行勿遲」者，江東父老之謡也；「公無遽歸」者，淮人攀轅之志也。泮宫小吏，不知其他。方時隆寒，三祝輔茵鼎、禦冰霜而已。

某修身學文，皆出人下。二年於此，一善無聞。今遇大君子按臨在邇，豈特役役隨人，甘心於自棄之域哉！砥行立名，附青雲而施後世，舍執事其誰望之？某皇恐敢言之。

謝李提點薦舉 紹興二十九年

承詞疊具右幅。即日恭惟使軺所臨，人神參衛，台候動止萬福。寒色未解，更乞爲國保調，以對光華之寵。

伏自繡斧换臺，匆匆累月，雖千里相望，不得日瞻星表，然孤根蕞爾，猶在春風中，豈以地遥而忘依向？惟節下念之。

竊惟九府圜法，國家之利源也。復司之初，遴擇儒術心計之兼精者，而節下首當之，委寄可謂重矣。顧德望久著於仕塗，姓名寓直於延閣，重以潛藩之眷，寧容徘徊於外耶！逍遥供奉班直，旦暮事耳。

某顓蒙羈賤，無所取材。日蒙比數而收之，此意厚矣。古者一飯之惠未之敢忘，况辱薦揚，寧不感刻？占詞道謝，特世俗常禮。若乃臨事以正，潤身以德，願持此爲知己之報，節下亦將有取焉。

乃者急足言旋，正以病餘，僅獲附致尺牘，是後絶無便順可叙區區。至於專介以行，又非寒廳所能辦。今因洪幹還新安，輒以緘啓託至能轉達，然亦晚矣。大雅豈弟，盡人之情，倘賜通亮，幸甚。

賀王知院 紹興三十年正月七日

即日恭惟機幄靖深，日籌大計，人神交衛，鈞候動止萬福。春淺尚有寒色，所冀益護鼎食，輔成安彊。頌禱之誠，於是爲切。

某觀韓愈之於李絳辭去纔旬朔，已有兒女子之感，致和宣滯之祝，丁寧至於再三。夫愈何取於絳，而拳拳如是耶？蓋古人一蒙知待輒力圖報效，勢或未能則念念不忘，情見乎辭，是乃近厚之一端也。先生盛德偉譽，方雍容西府，爲四海所注想，豈絳敢望？而某受恩深厚不止如愈所蒙，顧念一去師門，屢更旬朔，具瞻之悰雖與衆均，戀慕之私則有不能自已者。羈單疵賤，既未獲少酬恩紀，敢假愛玉體、享黄髮之詩，三致志焉〔一〕。雖知煩瀆，亦拳拳之意也〔二〕。

伏睹辛未制書，寵褒舊德，越進元樞，得位得時，眷任彌重。邸音初播，士論翕然，咸謂朝廷有柱石之隆，海宇有泰山之勢，豈特淮南謀寢，晉國盜奔而已！欽想正衙入謝之後，冠蓋雲集，某馳心賀厦，而三萬里弱水未可以涉，恍同夢蝶栩東閣，不知身滯周南也。

某竊謂自昔大臣誰無致君澤民之心，然勳業名譽多泯没無聞者，蓋由不以人材爲意故也。朝進一言，欲興天下之利；暮進

〔一〕志：四庫本作「意」。
〔二〕意：四庫本作「心」。

一言，欲除天下之害。利未必興，害未必除，膠膠擾擾，徒多事耳。於此有要道焉，爲一郡一邑得人，則郡邑受賜；爲一路得人，則一路受賜。推而上之，百司庶府亦莫不然。比夫紛更法令、務爲文具者，蓋相萬也。先生自居從列，已汲汲以引類爲意，既登二府，孜孜益甚。今内而臺閣，外而牧伯，下逮御軍之將，乘障之吏，皆以稱職聞。彼搢紳諸儒第見先生勳業之盛，名譽之美，而不知所以致此者蓋有道也。古者進賢受上賞，先生亦既履三旌之位矣。揚善宜有後，行慶芝蘭茂盛於庭階也。

某聞伯樂過冀北，遇馬輒取之無留良焉，非貪多而務得也。蓋伯樂天下之善相馬者，使其爲駑駘，則不必一眄，既一眄而又捨之，人其以爲棄物而不復顧矣。先生之門，士大夫之冀北也。某雖凡才，亦嘗辱在品題，人皆知之，然且置而不問，三年於此。「天寒遠放鴈爲伴，日暮肉生烏啄瘡[一]。」若非先生賜以終惠，則何人之厩可效其長鳴乎？伏惟不替前日一眄之寵，少加憐焉。

賀邢倅 紹興三十年

即日恭惟歷吉辦嚴，百神隨護，台候動止萬福。初暑當以調護爲先，願慎茵鼎，副拳拳之禱。

某稔詞華於搢紳，采風謡於江浙。雖未識荆州，而慕暴公子則久矣。效官泮水，聞有以瀛州學士來貳藩條者[二]，問諸府僚，蓋執事也。退而喜甚，亟占詞爲賀，且致願見之誠如此，惟高明財幸。

承被詔黄，來乘泥軾。選掄既重，委寄可知。異時別京如洛邑、睢陽、大名，皆置副尹以爲儲才之地[三]。惟今秣陵，蓋其比也。君侯新安之政去思猶在，復勤此來，非惟詳試術略，亦使江東父老知朝廷既以賢牧臨之，又以英才貳之，用示眷顧不忘之意。尚幾遄征，式從民望。

自闕下抵此數百里，而近聞欲泛鷁北來，想遂理柁矣。夏潦漲渠，乘風揚帆，決無濡滯。吏民詘指計日，以爭快睹，第恐禁闥需賢，中道奉趣歸之詔耳。

某空疏庸懦，未辨根銀。荷造物憐其困窮，使竢罪於兹，行三月矣。今將仰依蔭樾，苟逃瘝曠，幸甚過望不可言也[四]。區區情悃，尚容面稟。

賀都總領 紹興三十年

謹時申問，右幅具之。即日恭惟濡轡載塗，百神隨護，台候動止萬福。瞻侍非遠，敢重以保調爲請。不宣。

某一介么麽，願在下風之日久矣。兹聞馳傳鼎來，大將小校皆帕首鞾袴，韔弓插矢，以俟迓勞。某亦將躬率諸生，帶攝具劍，儼然造焉。既欲拜北平於馬前，且幸寓目盛禮也。

〔一〕按此二句出杜甫《瘦馬行》，「肉生」原詩作「不收」。
〔二〕條：原缺，據明澹生堂鈔本、四庫本補。
〔三〕尹：原缺，據明澹生堂鈔本、四庫本補。
〔四〕不可：原作「可不」，據明澹生堂鈔本、四庫本乙。

某伏承以尚書郎授使者節，置臺於江淮衝要之地。賛書一出，輿論翕然。今雖大詔掛壁，不足以展木牛流馬儷駕車之妙，然萬竈仰哺，尚資心計。伫聞屯田金城，積粟振武，漸省度支之費，非特士飽馬騰而已。

國家於江浙、蜀漢之區，分命名臣，令典糧餉，其任重矣。比者復詔洊職二年，即優加進擢。繇是結軌歸報者，登禁路如歷階然。況明公踐揚既久，聲望隱隱，豹尾之中，鳳池之上，自可徑躋而躐至，似又不必以歲月計也。

春陽駘蕩，周道倭遲，不審前驅今次何地？經從北固，三組垂腰，鄉閭父老願觀車騎過家上冢之盛，或小作淹留耳。更冀征，副軍民之引領也。

某櫟疏駑緩，充員泮水。操行不足悅衆，學術不足帥人，賴諸大夫憐其無能而芘存之，再書下下考矣。明公戾止，尊賢而容衆，雖不敢望解榻，庶幾宇蔭有所依也〔二〕，幸甚幸甚！

前柳州徐郎中璉 淳熙四年

某頓首再拜，上啓知府郎中台座：秋氣清肅，恭惟燕處雍容，召用有日，台候動止萬福。更冀調適寢味，益介新祉，來服寵命。不宣。

某頓首再拜又啓：乃者數造仙里，差池瞻覿，區區仰德，實勞寸心。日伫來朝，冀款教益，臨筆不勝拳拳。

某頓首再拜又啓：載惟某官以才猷望實濟先世之美，分符名郡，政譽藹然。自此入儀華貫，蓋必然之理。區區賀悃，容面以致。

某皇恐再拜。某衰病不才，寓直鼇禁，已爲踰分，恩加真拜，豈所宜然？方圖叙謝，先辱雙緘之貺。禮意謙勤，何以克當？忽忽治報，大愧率略，加亮幸甚。

洋州王通判

某頓首拜啓通判朝儀年兄執事：杪秋霜冷，恭惟協贊名邦，神明所相，台候萬福。更幾順序珍嗇，別俟召擢。不宣。

某頓首拜。比幸承教，既別不勝瞻仰。今春辱去冬所惠書，貳以長牋，詞采高妙，三復歎服。來使留此甚久，拜答稽緩，且職事冗冗，不能視儀以報，愧怍無已。尚惟高明有以加亮，幸甚。

某悚息再拜。年兄文學政事加人數等，萬言投匭，仰當聖心，尚淹別乘，未究閎蘊。意者坡公園亭奇作，正須大手繼之，併爲洋州盛事耶？不然，入儀要路乃必至之理，何遲遲也〔三〕！

某悚息再拜。某衰病非才，塵點班序，爲日滋久，罪戾增積，不緣罪去，則當引分歸耕矣。別紙之諭謹悉。西樞主盟，蜀士應誦周南之滯。如某吹送無力，空負愧耳。

〔二〕宇：原缺，據四庫本補。明澹生堂鈔本作「宇」，蓋「宇」之形誤。

〔三〕遲遲：原脱一「遲」字，據明澹生堂鈔本、四庫本補。

留仲至尚書 淳熙八年

某頓首再拜，上啓知府安撫顯學尚書台座：季春暄淑，恭惟棨戟肇臨，神人交相，台候動止萬福。更冀順乘月律，珍御鼎衣，以俟嚴召。不宣。

某頓首再拜又啓：坐遠台光，歲華八易，慕仰風味，未嘗少忘，日徯來歸，庶遂晤語。未間更劇馳遡。

某皇恐再拜又啓：恭承光膺簡擢，就畀帥權，增重潛藩，大孚輿論。尚書德望揚歷，爲時名臣，忠信慈惠，如古循吏。潁川入相，行見於今，非爲諂也。

某皇恐再拜又啓：某昨僅能一紙奉酬來況，方伺開藩，別修牋敬，因循不敏，又蒙以緘牘先之。既慚且感，言莫能喻，尚乞矜恕。

史直翁丞相 淳熙十年

某頓首再拜，上覆致政太保公相鈞座：伸悃愊，具公式。霜寒甚力，共惟心逸日休〔一〕，神天佑助，鈞候動止萬福。謹以副啓仰瀆記府，伏乞省察。不宣。

某頓首再拜又覆：久違道德之誨，心旌搖搖，曾不少休。每見四明士大夫，備聞居閑成趣，視履益康，著書論文，把盞行樂，雖精練少年有所不逮，未嘗不以繫官於朝，阻侍杖履爲恨也。茲承赴闕在即，將復爲賜第客，此爲欣幸，豈有窮已！百懷敬需面稟。

某頓首再拜又覆：恭審抗章待謝，備極優賢之禮。蓋三公就第，久無其人，年至未衰，古亦鮮儷。天生聖主，必就丕平之業，則太公亮武王，潞公佐元祐，當有所屬。此某所以既賀明公今日名遂身退，而猶冀功崇業廣於異時也。

某頓首再拜又覆：某近者雖酬鈞翰，當隨具公啓爲門下慶。伏蒙謙德異甚，首枉公函，內循不敏，實愧無所。然周公不之魯，實區區所期望者，與其諄諄簡札間，孰若面致其喜之爲勤也？以是又復缺然，未即具報。今果聞奎畫誕頒，趣公入謝矣。此非臆度，蓋合輿言。不然，豈不知逋慢傲忽自敵以下非敢施，其敢用於事貴事長乎！

靜江詹帥體仁 淳熙十年

某頓首再拜，上啓某官年兄台座：寒色方凝，恭惟坐鎮南交，神明欽相，台候動止萬福。更冀加意保攝，益綏純嘏，以俟來歸之命。不宣。

某頓首再拜又啓：間闊不勝瞻仰，尺書雖足伸悃，顧豈若承顏接詞之爲快也？雪片梅花，今其時矣。鈴齋燕暇，賓朋參集，其樂豈有涯哉！臨風不勝馳詠。

某頓首再拜又啓：恭審涓剛洗印，大開幕府。前日澄清休譽，猶在士民之耳目，今又以持橐貴臣總十連之重，其風聲威望，

〔一〕共：原無，據明澹生堂鈔本、四庫本補。

益有加矣[一]。江氛嶺祲轉而爲和氣，遠部何其幸耶！鹽法流通，遄歸可得，上意必不先一道後天下，聊預言之。

某頓首再拜又啓：特蒙雙緘盛禮，雖佩謙拳，如愧悚何？占賀率略，惟台慈有以亮之爲幸。

洪景盧舍人 淳熙十一年[二]

某頓首再拜，上啓知府待制舍人台座：天氣晴和，恭惟政令已孚，坐歗多暇，台候動止萬福。更冀若時珍衛，延企新祉，以對寵召。不宣。

某頓首再拜又啓：乖隔多年，慕仰德誼非如他人之泛泛也。自承開藩，股肱上郡，音郵頻至，其慰幸已不勝言。若遂聞入覲，朝夕晤語，其喜又當如何耶！

某頓首再拜又啓[三]：恭審次對西清，榮拜綸命，諒深懽愜。觀聖上所以倚注，與夫搢紳所以期待，不相不止，曾是晉選，固未敢多賀也。

某皇恐再拜。伏蒙墜貺雙緘，禮意腆縟，三復豈勝欣感。惟是占復率常簡略，迹涉於傲，亦惟高明燭物，諒其應酬鮮暇，因恃以不恐耳。

某皇恐僭易上問台閎眷集，欽想長幼均康。有委，切幸垂戒。

程泰之尚書 淳熙十三年

某頓首再拜，上啓某官年兄台座：深秋氣肅，恭惟惠露霑濡，政平訟理，台候動止集福。更幾珍衛寢餗，丕延天祉，垂副忱禱。不宣。

某悚息再拜又啓：邇者雖以一再見爲幸，而所欲言者殊未究也。別後更切企仰，傾耳賜環，冀得款集，正恐公入我出，如相避耳。

某悚息再拜又啓：恭審涓辰洗印，敷上德於千里，諒惟碩德宿望，屢考民功，大用猶稽，搢紳日切延跂。安有天心乃眷，輿論攸屬而容久外者乎？趣舍人裝可也。

某悚息再拜又啓：前匆匆謹一再往手書，公函厚禮，遂緩修致，安敢文過，恃宏度以不恐耳。孫正之，鄭人也，爲邑值水災，課不至殿否？葉簽似敏健，與之有契，曾與贛兄同僚。二人者皆求書於千騎未至之前，冀幸公芘，今輒及之，皇恐皇恐！

某皇恐拜問隨軒眷集，緬想上下均祉。判院想已到任，知丞嘗一見也。有委願聞之。

蔣婺州繼周 淳熙十四年

某頓首再拜，上啓某官：秋暑未艾，恭惟開藩有俶，神人欣相，台候動止萬福。某謹此以謝先辱，敢幸省察。不宣。

某頓首再拜又啓：屬者一再復狀，幸徹崇覽。翹首鈴閣，

[一] 益：明澹生堂鈔本、四庫本作「蓋」，義亦通。
[二] 十一年：明澹生堂鈔本作「十二年」。
[三] 再：原無，據明澹生堂鈔本、四庫本補。

會晤無階，伏紙遡風，馳系良極。所冀珍調寢餗，大用可拱而俟也。

某頓首再拜又啓：茲承涓剛洗印，條教一新，諒深懽慶。載惟忠嘉鯁挺，簡在宸扆，固當間於兩社，試望之於馮翊，意則可知，來歸何待期月！不勝延企。

某頓首再拜又啓：伏蒙謙撝，墜貺公牘，眷愛勤厚，三復感悚。治境後來得雨否？此間亢旱異常，憂愧熏心，且報不能如儀，高明垂亮爲幸。

某僭易拜問太夫人，敬想壽祉增崇。稍涼，當遂迎侍眷集，翕受寵禧。有委願聞之。

王謙仲江陵帥 紹熙四年

某皇恐頓首拜啓某官鈞座：上冬晴寒，恭惟鎮臨有俶，憂顧損寬，神明掖扶，鈞候動止萬福。更冀珍調鼎食，即登宰路，丕究經綸之業。不宣。

某皇恐頓首拜啓：久違鈞範，仰德增勤。雖間奉往來之問，而旌麾在望，晤語邈然。此心拳拳，何翅繫馬而止耶！

某皇恐頓首拜啓：恭審弄印謀帥，綏靖南紀，無有當上意者。獨惟宗工鉅儒，文武知略，前無古人，後絕倫輩，是膺推轂，大慰僉言。撰良開府，諒深懽慶。然先一路，後天下〔二〕，輕重之間，猶軫宸慮。趣召在邇，茲未敢多賀云。

某皇恐頓首拜啓：某密依鈞芘，自合伺候視篆，亟與四鄰，共致慶問，而病悴經時，疲乏殊甚，且迫替欲去，遂成簡怠。特蒙遺騎，委況盛禮，在謙德固爲有光，內循不敏，何以逃相鼠之刺？尚惟鈞慈有以矜亮，幸甚。

朱元晦潭帥 紹熙五年

某頓首再拜啓某官台座：候問已具公式，秋暑正絆，共惟綏靖軍民，神天所相，台候動止康裕。更蘄順令珍嗇，倚需嚴召。不宣。

某頓首再拜啓：久違台範，詠德爲勞。雖音驛時通，顧豈若款奉名理之爲快！高山仰止，倍極拳拳。

某頓首再拜啓：茲審撰良洗印，寬上顧憂，非獨一道吏士敬服威惠，而蠻猺種落莫不安巢穴而奉教令。得人之效如此，宜公宜卿，豈應久勞於外，毋爲暖席計可也。

某皇恐再拜。某猥以妄庸，頻年典郡〔三〕，積爲謬戾，念之赧顏。今得大賢撿覆瑕疵，振起弊壞，公私兩利，豈獨一夫！屬卧病未能敬修緘啓，乃勤盛禮先之，滋以愧感。欲叙悃愊，更慚拙訥，惟台慈恕亮爲幸。

〔二〕後天下：原刻校云：「此下全佚。」今自「輕重之間」以下及下篇，據明澹生堂鈔本、四庫本補。

〔三〕頻：明澹生堂鈔本作「鎖」，茲從四庫本。

廬陵周益國文忠公集附録卷一

佚文

奉化郡開國公史浩加食邑食實封制

門下：朕惟列聖宅中，懋敬親祠之禮；輔臣在外，對揚陪祀之書。雖時巡未舉於彝章，而盺告常先於列位。睠言壽俊，誕錫靈禧。具官史浩哲又閎深，志和參肅。自閔勞於宰路，久均逸於家庭。純嘏令儀，兼備武公之美；清時勝事，共推裴度之高。得承平將相之遺風，抑近世簪纓之壯觀。兹上儀之竣事，想舊學以注懷。匪演明綸，曷昭殊渥？載增書社之數，併實甫田之租。於戲！思覆載之功，所以靈承於天地；念艱難之業，所以陟配於祖宗。爾嘗光輔於朕躬，兹用首均於胙祉。尚欽時命，益告辰猶。傅校本《周益公集佚文》。

武功郡開國公吴拱加食邑食實封制

門下：禮重欽柴，虔致二儀之祀；師屯細柳，嘗勤萬騎之歸。因即拜於將臣，俾坐增於士氣。逮均惠術，更錫褒章。具官吴拱天賦忠純，世傳方略。父子功名之美，如武惠之在本朝；弟兄爵位之高，如凉公之唐室。昨趨嚴召，抵覲行都。圻父亶聰，足慰爪牙之底止；采薇遣戍，未容弭服之定居。惟壇陔陪扈之良勞，惟道路馳驅之靡怠。其於慶賜，必也優隆。錫之金幣之多，申以土田之富。於戲！使者封三錢於府，當郊賚之溥施；元戎啓十乘之行，宜神鼇之首及。尚勤綏御，庸答寵嘉。傅校本《周益公集逸文》。

賀林吏侍啓

伏審顯膺帝制，擢貳天官。當循名責實之朝，任激濁揚清之柄。士林歸望，從橐增華。恭惟某官盛德在人，高名映世。引君當道，盡居仁由義之心；言古驗今，富博物洽聞之學。早躡清雲之路，寖深丹扆之知。十道恩威，肅擁皇華之重；中臺綱轄，允資成務之賢。考嘉績於丕昭，見遠猷於已試。果進甘泉之列，遂專小宰之權。惟九流人物之凡，必區以有別；矧六典邦家之要，時舉而自行。非明一代之憲章，曷足寄四銓之刀尺？山濤在晉，灼知啓事之公；行儉居唐，詎致長名之濫。某晚窺崇仞，遠托餘光。徒懷株守之安，莫展厦成之慶。欣聞善類，得清鑑於陽秋；俯與蒼生，待至和於霖雨。《五百家播芳大全文粹》卷一三。又見《事文類聚翰墨大全》庚集卷一九，傅校本《周益公集佚文》。

眉州太守贈金紫光禄大夫張公墓誌銘

公諱璘，字廷玉，姓張氏，崇慶府江原人。嘉祐中以逸民召不至，即其家命以官，後贈太常博士諱中理者，曾祖也；登治平四年進士第，贈左正議大夫諱公權者，祖也。太常生七子，長諱公裕，常以秘閣校理同知禮院。初，英宗命二府薦館職一十人，親擇劉忠肅公以下十人用之，後皆至公卿，而校理在焉。一時名德如呂汲公、范忠宣公、忠文公、門下侍郎韓持國、龍圖閣直學士宋次道，皆與之善。坐議太祖東向忤時相王文公，出知嘉州。而季弟正議先卒無子，校理以其季子爲之後，歷都水丞、知漢州、贈右光禄大夫諱澈者，公之父也。公少穎異，讀書五行俱下。弱冠貢京師，試辟雍太學，每居前列。同舍生匿其束帛，齋録以告，公曰：「吾未嘗失也。」人推爲長者。政和八年，賜上舍及第，調成都府路轉運司主管帳司。宣和五年，尚書左丞初寮王公撫河東、河北、燕山三路之師，辟幹當公事。明年，召赴堂審察，除太常博士。歸俟官期，值軍興，求監彭州堋口鎮茶事便親養。張忠獻公宣撫川陝，版倅簡州。忠獻還朝，又薦審察，而資政殿學士王公似繼爲宣撫，留主管機宜文字。紹興三年，虜自洵陽寇漢中，破饒風關，略洋州，抵興元，諸將議阻嘉陵江自固，徐出輕兵掩其後。公謂棄並山郡縣以餌賊，根本摇矣，進而守險，我逸彼勞，督戰必捷。卒如公言，蜀境以安。八年，虜歸侵疆，樞密樓公炤銜命使關中，且商度蜀門利害，與公有舊，移書訪公，公勸徙兩軍寬民力。自是分利州爲東西路，西運内水之粟，東仰梁、洋和糴，迄今以爲利。歲中召試館職。丁光禄艱，服除再召，公辭以母老。選知漢州，奉安輿之鎮，坐卧皆易父所居。其謝表云：「父老縱觀，猶記郎君之面。」士大夫榮之。俗尚巫覡，或托神姦，擁車騎，囂甚，公捕治爲首者，閤境肅然。郡迫大行臺，距故鄉纔二百里，冠蓋如織。前守例飭厨傳悦過客，公約己節用，每循光禄舊規。或怒其簡，誣公軍裝遲緩，劾罷之。近臣從中直其事，又論薦，召對。造朝，復請郡便親，得知眉州。眉，母杜夫人鄉也。方赴，丁内艱，服闋申前命，人滋以爲榮。杜氏故貧，至質墓地，公捐俸錢贖歸之，仍爲經理其家。闢蘇氏舊宅，創文安先生及文忠、文定公祠堂，郡人大悦。政尚寬簡，惟痛繩猾吏。適推行經界法，無敢高下其手，傍郡咸來取則。秩滿，求主管台州崇道觀以歸。三十年九月十七日卒，享年六十有二，以十二月十八日葬本縣犍爲鄉伏筒里世墓之次。階自迪功郎十一遷至左朝請大夫。先娶郭氏，朝奉大夫行中女，前三十年卒。再娶朱氏，尚書郎承女，封恭人。二子：長繪，登紹興二十七年進士第，左文林郎、武信軍節度推官；季緽，登隆興二年進士第，今以朝議大夫知漢州。孫男二人：紹曾，迪功郎、廬州樂共縣主簿；紹禮，迪功郎、鳳州梁泉縣主簿。孫女三人，長適奉議郎、秘書省校書郎兼實録院檢討官李壁，仲適宣教郎、新知眉州丹稜縣杜蓋，季適將仕郎宇文紹武。曾孫男一人，景朋，將仕郎。公神觀爽邁，詞鋒峻拔，於書無不觀，尤長於《易》、《春秋》。文章恥蹈襲，專以楚詞、杜詩、韓文爲法。故相張文忠公喜其著述，謂當名世。有《雲蓋集》二十卷。性篤恩義，猶子紱、紘，從姪紆，姪孫紹祖，皆任以官。季子推公之志，屢遜門蔭，力學登世科，以直秘閣持使者節，入爲大理少卿，今復知漢州。地大人衆，號小成都，連三世分土，緇衣晝錦殆且兼之，衣冠指爲盛事，非如司馬長卿一時以馳傳爲寵也。積善餘慶，豈無自乎！昔初寮先生知貢舉事，我先太師秦國公奏名第三，用兩優釋褐魁多士，實與公同升。初寮開府幽燕，高選幕寮，先公與公俱以門人高弟被聘召。席未温，知不可久，相繼還朝。先公得太學博士，公官奉常，未上而中原陷，情分厚矣。某出入周行，與廷尉適不同時，今萬里來叙契好，且以其先友左朝散大夫王純仁往歲所狀遺事請碣公墓，其何敢辭？銘曰：

門十朱輪，家萬石君，孰知張氏，世守鄉鄰？惟父惟己，而又有子，民言孔嘉，曰濟其美。蜀江之原，流爲大川，銘以昭之，與川俱綿。傳校本《周益國集佚文》。

賀梁右丞啓

祇膺恩制，進貳宰司，伏惟慶慰。竊以國家正尚書之名，以總録萬務；高丞轄之任，以糾正六官。既參台鉉之尊，乃付股肱之寄。眷倚斯重，體貌加隆。猗歟偉人，卓當上意。恭惟某官素韜賢業，雅負英才。以謨謀忠蓋世其家，以器度恢傑名於世。始終著績，出入宣勤。果膺當宁之求，進筦中臺之峻。恢張王體，何止國富而兵强；翊贊帝猷，將見禮興而樂舉。繄我哲輔，實慰民瞻。某叨把州麾，介居江國。史標循吏，自愧於前人；頌播賢臣，親逢於今日。忻踰踴躍，實倍常情。《五百家播芳大全文粹》卷一三。

賀吴户侍啓

伏審榮奉贇書，擢陞計省。雖《孟子》七篇首闢言利，乃賢哲之本心；然《周官》一部半繫理財，亦國家之先務。民要資其蘇息，帝聊試其緒餘。郵報初傳，輿情胥悦。竊以戎索未靖，無財士固不來；邦維不張，有粟吾焉得食。是故寧死而詎可去信，將富而必先爲仁。慕古之人，縱稷、契不妨自比；居今之世，雖管、晏又何足爲？恭惟判部侍郎問學精微，行能高妙。早由簡拔，多所踐敭。輟使傳於王畿，陞從班於民部。方當考祖宗經久之模而制國用，安肯效漢唐權宜之策而佐軍興？佇契淵衷，遂膺柄任。某猥將漕指，逖聽除音。徒欣廣厦之成，莫展崇墉之慶。《五百家播芳大全文粹》卷一三。

賀曾總管啓

伏以貳元帥之事，實綰要權；殿天子之邦，逖惟巨芘。方欲通於柔翰，乃先枉於華緘。恭惟總管知閤太尉寬裕有容，疏明無滯。緣飾素高於儒雅，波瀾坐進於老成。龍已飛天，獨眷潛藩之舊；鵬方擊海，共期要路之登。束帶立朝，則典二閤之容儀；擁麾爲將，則亞十連之節制。佇膺驛召，還侍禁遊。某涉道最迂，趨時甚拙。諫垣有玷，嘗慕於責難；册府無裨，遂甘於置散。豈圖記録，復冒召除？薦更南紀之封，仍寓西清之直。雖由坱圠，亦自吹嘘。念報惠乏於瓊瑶，而負愧生於芒刺。矧加辭訥，曷盡意誠？《五百家播芳大全文粹》卷一九。

賀王提泉啓

伏審八條贊畫，上契清衷。帝寵方新，光寓紬書之直；使名加大，全提寶貨之封。有識相趨，不謀同慶。恭惟都大提點顯謨英姿挺出，逸韻雄成。摛華有寒芒正色之垂，游刃見錯節盤根之解。早登陪於九列，旋出領於三官。圜府歲輸，金布充於都内；鼇室夜對，智略湊於上前。果陞六閣之聯，獨總九路之貨。蓋元豐始隸於兩使，而景祐寔總於一臺。職進而高，既下褒賢之渥；任專以重，更彰復古之模。卓爲從槖之階，旋即追鋒之趣。某猥當共理，遡借餘休。惟頌嘆之方勤，顧揆裁之曷既？《五百家播芳大全文粹》卷一九。

賀監司正啓

經書五始，歷謹三朝。物與歲以更新，人自天而錫祉。伏惟某官望隆鎮俗，德厚褆躬。著微譽於熙朝，倚劇權於要路。迪乃心之勤勩，底所部之澄清。仡懋勞庸，入躋膴仕。屬兹元吉，宜亨休嘉。某莫階布頌之誠，第切嚮風之想。《五百家播芳大全文粹》卷二六。

賀陳給事啓〔一〕

疏恩西掖，進位東臺。由天子諫諍之臣，居門下封駁之任。昔補闕拾遺之義，世所講聞；今揚敕還詔之風，士方聳聽。言責無替，師虞允諧。竊以肇自聖朝，作新官制。黄門首冠後省，事專出納之司；青瑣故號夕郎，職典樞密之地。焕身章之賁飾，昭從槖之輝光。詔令施行，許稽參其利病；人才進退，可抗論其正邪。議論或異，則宰輔不敢專；旨意所否，則制命得以格。此裕陵董正之深意，爲神孫經遠之貽謀。非待真儒，不在盛選。雖任重而職大，亦爵高而憂深。恭惟某官秉德温恭，執心夷粹。學精純而閎肆，吮六藝之芳腴；文雅健而雄深，接兩都之步武。蚤膺眷簡，備歷清華。嫵媚若魏元成，得七人之大意；博贍如韋處厚，振五學之流風。惟志合而道同，故諫行而言聽。民生蒙膏澤之潤，國本賴元氣之强。徊翔侍從之班，涵養公台之器。況張公之論事，易以回天；而山甫之永懷，妙於補衮。行頒制綍，趣秉政機。亟爰立而處中，副具瞻於端右。某少而多病，衰不待年。意氣已頹，學問幾落。念五年之去國，方萬里以入夷。感太行之雲飛，長途將母；悸西山之日薄，回首驚心。伏惟一面特達之知，豈無今日夤緣之望？倘借吹噓之力，俾逃瘴癘之鄉；庶因錫類之恩，少解知年之懼。願稍從於内徙，曾何覬於褰言？顧平生爲君子之儒，豈以窮通而易此；使流俗知國士之報，更觀夷險之何如。《翰苑新書》續集卷四。又見《啓雋類函》卷七九。

與人劄子 一

必大充員乘障，不敢數以尺書至中都。故雖門下，亦成疏闊，其於傾鄉則異乎他人，未審蒙垂察否？兹沐誨翰，禮意謙勤，愧刻無已。春深氣暄，欣審協振臺綱，起居有相，台候曼福。峨豸滋久，計今已陟副端，續馳慶幅。必大衰病有加，行控祠請，邈然晤語，滋劇馳情。所幾保嗇粹和，對揚休寵。右謹具

〔一〕此啓内云「五年去國，萬里入夷」，非周必大所經歷，或是代人作。

呈。三月十日，少保、觀文殿大學士、判潭州周必大劄子。《鳳墅殘帖釋文》上。

與人劄子　二

必大竊以春雨及時，共惟察院維持國是，神物陰相，台候曼福。輪對必有正大之論，仰契上心，即慶中執法之拜。必大蒙恩易鎮，况在鄉部，其榮多矣。諒非主張有素，何以得此？第年已至而病日侵，自合退休，方再控免。未敢道謝，先勤誨劄，備認謙冲，不勝感刻。正阻晤言，切冀厚加頤養，丕承帝渥。右謹具呈。正月日，少保、觀文殿大學士、益國公周必大劄子。《鳳墅殘帖釋文》卷上。

與人劄子　三

必大竊以寒事云初，共惟太常少卿靖共九列，神所相勞，台候萬福。抗旜北道，禮成而歸，榮晉崇階，搢紳歆艷。三宮慶典，相次舉行，正藉洽聞，總諸儒之議。擢升宗伯，行矣有詔。更幾保護粹質，丕席天寵。右謹具呈。十月日，前進士周必大劄子。《鳳墅殘帖釋文》卷上。

五行精紀序

天錫九疇，一曰五行。凡天、地、人有形則有數，有數則囿於五行，是以善卜筮者預能測知，人居其間，又顯顯可推者。傳不云乎：「死生有命，富貴在天」，豈術者之臆説哉！春秋、戰國前，善相者多，若推禄命，則盛於漢。賈誼譏司馬季主曰：「高人禄命，以悦人心，矯言禍福，以規人財。」後世又可知已。今士大夫至田夫野老，人人喜談命，故其書滿天下。清江鄉貢進士廖中伯禮連舉未第，乃刻意於此，會粹數十家之説，章分句析，考驗得失，校量深淺，成《精紀》三卷，携以示予。予謂五行所寓有常焉，有變焉。常易推也，迹也；變難推也，理也。自非心通意悟，不足以盡此。古稱善其事者莫如李虚中，萬端千緒，參錯重出。學者就傳其法，初若可取，卒然失之，兹豈易哉！廖君歸矣，苟因書悟理，則將如由基之射，百發而百中；不然，讀齊侯之糟粕，其中否其可知也。慶元丙辰十月庚戌，平園老叟周必大書。《五行精紀》卷首，朝鮮刻本。

玉蕊辨證跋語

唐人甚重玉蕊，故唐昌觀有之，集賢院有之，翰林院有之，皆非凡境也。予往因親舊自鎮江招隱寺遠致一本，條蔓如荼蘼，種之軒檻。冬凋春茂，柘葉紫莖，再歲始著花，久當成樹。《玉篇》、《廣韻》樹字注云：木樹總名。《禹貢》：厥木惟條。今荼蘼久則根株合抱，玉蕊亦然。花苞初甚微，經月漸大，暮春方八出，鬚如冰絲，上綴金粟。花心復有碧筩，狀類膽瓶。其中别抽一英，出衆鬚上，散爲十餘蕊，猶刻玉然。花名玉蕊，乃在於此，羣芳所未有也。宋子京、劉原父、宋次道博洽無比，不知何故疑爲瓊花。

王元之知揚州，但言未詳何木，俗呼爲瓊花，子京何故以誣元之？蔡君又引晏同叔之言以爲證，甚無謂也。劉夢得「雪蕊瓊絲」之句最爲中的，何必拘李善「赤玉爲瓊」之注耶？楉音陣。《南史·劉杳傳》所謂楉酒者，予嘗得醖法，芳烈異常。山谷似不以杳傳爲據，循俗訛楉作鄭。而江南鄉音又呼鄭爲瑒，枝梗切，在上聲三十八梗韻中。復疑未安，於是創山礬之名。然二詩并序初未嘗及玉蕊，止因好事者僞作唐人帖，故曾端伯、洪景盧皆信之。其實諸公偶未見此花，所爲信耳而不信目也。慶元二年三月二十六日，平園老叟周某題。《玉蕊辨證》卷末，津逮秘書本。又見《全芳備祖》卷六，嘉定《鎮江志》卷六，《古今合璧事類備要》別集卷二三，《永樂大典》卷一一〇七七，《招隱山志》卷一二。

玉蕊辨證又跋

以玉蕊爲瑒，起於曾端伯。予與段謙叔之子元愷同里巷，往還至熟。其父初無楊汝士帖，小説難信類此。尚有楊巨源絶句，合作冠篇，至於孫句、晁詞差訛如前説，不必再論，姑附卷末。慶元戊午正月丙午子充題。《玉蕊辨證》卷末。又見《全芳備祖》卷六。

振古堂記

予友才臣王子俊學博信古，聞伊洛遺論，慨然有志於先代之禮，間以質余，亦嘗取的於誠齋、晦庵而得其要矣。惜位非其志，無所於用，乃退修以教其家，因以化其鄉之人。於是築堂南山下，以祀其先。過予平園，請題且記。予喜其如司馬氏之復見於世也，因題其堂曰「振古」，蓋取《詩》「振古如兹」之義。《詩》言周人祀先以邠以郃，以豐以鎬。其恭敬之道，振古如兹，不直洛邑爲然。王氏由太原徙臨川，望分於吉，世有聞人。其地其分固不必一一與周同，而祀先恭敬之心宜無或異。孔子曰：「斯禮也，達乎諸侯大夫及士庶人。」此名堂之意也。堂祀三世主，而各以其妣配。首富川令懋甫，諱端禮，其曾祖也。登元祐進士，著《論語解》、《周易解》，以羽翼聖經，國志賢之。次南賓，諱鴻舉，其顯祖也。鴻舉與兄弟鵬舉、鶚舉繼登解榜。南賓尤以文學名其行，有誠齋狀。次大臨，諱舜輔，其顯考也。幼有智慧，識脱父於强寇之手，孝誠夙著而晦德弗施，其墓有誠齋銘之。三公者在雩祀猶祀之，况有賢子孫如才臣，世其德，襲其慶，祀典不修，不其闕與？故堂落之日，將事惟謹。事已即具器品祭器以興嗣歲，且記其行禮之節，胥刊諸石，將以詔夫後之人，俾世守之。而尤懼夫賢不肖之不可必，將久而忽弛也，爰循堂左右建齋居六所，招致四方俊乂，使宗族子弟日與居游，而親爲之指授。事聞，縉紳間争歌咏以侈其盛。才臣之孝誠於是乎其有終矣。《詩》曰：「孝子不匱，永錫爾類。」才臣有焉。予嘗謂故家譬之喬木，根本枝葉相爲榮辱。根本固而枝葉茂，固榮矣。使枝葉而摧落戕伐焉，則根本將亦萎焉，蓊翳不幾於辱乎？祖父子孫相爲休戚，實亦類此。故永祀莫要於昌後，昌後莫要於親賢。賢人日親，則子孫有所觀望而日趨於正，祀典因益以固，此至孝之要道也。才臣築堂祀先，復闢齋延賢以昌後，其至孝信有終矣，因併記之。光緒《吉水縣志》卷八，光緒元年刻本。

硯　銘

二儀分，八卦定。造化機，翰墨柄。用則昭，我文明。合則守，爾以静。平原老叟。《六藝之一録》卷一三〇。

提舉子爵趙君墓銘

大宋贈中大夫、提舉子爵府君不侉卒於吉陽私第之正寢，庚申葬於吉之正覺寺善果山之陽，坐壬亥，向丙巳。夫人隴西李氏，先十二年歲在辛未卒，至是起葬南一里。孝子容州北流令善絿、惠州軍事推官善緷〔一〕、隆興府善績、南安府大庾縣丞善繼號泣請銘。鄉皆言大夫善人長者。余與君外舅故相文定公綱有同朝之雅，義不可辭。君汴人，字謙沖，故贈光禄大夫、南康侯宗仁之曾孫，安化軍節度使、高密郡公仲稜之孫，武翼大夫、常州兵馬鈐轄士忭之子。四歲喪母徐恭人，九歲而常州府君卒。建炎二年，以非祖宗祖免授忠翊郎，扈從而南，知饒州永平監、吉泰和令，兩監潭州南嶽廟。入覲，爲宗正寺判官。秩滿，除知永，辭，改提舉江州太平興國宮，賜紫金魚袋，階陞武經大夫，勳爲武騎尉，爵爲吉水開國子，食邑五百户，實封三百户，因家焉。君宦轍所向皆有廉名，居家尤盡孝約。從父士儐卒高州守，君解官造瘴鄉，奉五喪以歸，又擇師若友教其子如己子，今皆由科第至達官。閭里疫癘，人莫敢近，每傾身濟之，終始無倦。其疾也，善絿、善緷自廣遞驛而歸省。病革，勉以孝友忠勤，神色不變，享年六十二。天子爲之罷朝，哭於廟，贈中大夫，而其詞賻錫有加。五子，其一蚤世。四女：適衡州判官黄嗣籛、撫州崇仁簿李絳，次許牛嘉，一尚幼。孫男長曰汝櫕，舉進士，餘未名。孫女二：長適太學上舍黄愷，次幼。銘曰：

珊瑚玉樹，公侯諸孫。不矜不挾，淑爾後昆。文江之南，善果之阡。龍虎盤踞，億萬斯年。光緒《吉水縣志》卷五八，光緒元年刻本。

繳故事劄子 淳熙六年

某昨日蒙殿下垂問隋王通不載列傳，有以見好古篤學，識慮高遠。今因故事粗陳其説，乞賜清覽。崔著作《通鑑説》共六十卷，見寫兩本，一欲奏御，一以獻殿下，候了畢方敢陳納。昨日胡寅所著，其學識、議論、文詞三者尤更高遠，極有補於治道，所以先次稟聞，伏乞令照。《承明集》卷九。

重華宮功德疏右語 紹熙五年

右，伏以别宫移御，久遺赤水之珠；仙馭遐升，俄墜橋山之劍。假勝緣之溥博，資覺路之逍遥。大行至尊壽皇聖帝，伏願威神在天，德澤垂後。西方世界，已自樂於真遊；南贍部洲，

〔一〕事：原作「士」，徑改。

尚密依於陰隲。臣無任。

重明節功德疏右語 慶元三年

右，伏以天錫慈皇之壽，以莫不增；民懷聖父之仁，其何能已！虔敷秘典，仰贊昌辰。聖安壽仁太上皇帝陛下，伏望以無爲之化丕冒群生，以不宰之功常居太極。列真千佛，共儲有羨之齡；諸夏百蠻，永效無疆之頌。臣無任。《歷官表奏》卷一二，明抄本。

重明節賀表 慶元元年

臣某言：恭遇九月四日重明節者。伏以褰裳高蹈，仰黄屋之非心；繞電載臨，效華封而祝聖。雖曰雲天之遠，居然葵藿之傾。臣某中賀。恭惟聖安壽仁太上皇帝陛下道大難名，功成弗處。永矣溥天之養，巍然太極之尊。有道之長，方綿延於周曆；無疆之壽，自跨越於莊椿。臣久備宫僚，今歸農畝。徒因彌月之亘，申詠後天之詞。臣無任。《歷官表奏》卷一二，明抄本。

乞依舊法除監司知州軍差遣奏 淳熙四年七月

《乾道中書門下令》：諸在京職事官未至監察御史已上，履歷尚淺，供職未久，陳乞外任者，不得除監司、知州軍差遣。注：特旨除授或資序已及者非。今乃許其身内改秩，或京官不曾作縣，纔歷職事官三二年便得爲郡；間有辛勤州縣，綿歷數任，必參格法，方始得之，若何而不内重外輕乎？乞自今職事官未至監察御史以上者，履歷尚淺，供職未久，陳乞外任，欲乞依《乾道中書門下令》，不得除監司、知州軍差遣。其有材能、勞效卓然顯著，特旨陞擢者不拘此限。其元係部闕州軍并川廣州軍，令三省選定緊望去處合堂差外，並發下吏部，依格法注擬。元係堂除通判闕，依舊歸堂，所立定格即非舊法，合行除去，並依舊法。《宋會要輯稿》職官四七之四一（第四册第三四三八頁）。

降誕皇子賀皇帝表

燕媒享德，方儲錫羨之祥；熊夢生賢，克叶會昌之運。預在照臨之廣，敷同慶賴之深。中賀。伏以《思齊》「神罔時恫」，《假樂》「民之攸塈」。天所保祐，厥惟大姒之多男；國之榮懷，亦曰成王之衆子。恭惟陛下令德光乎洛浦，康功茂於岐昌。鴻休無疆，景命有僕。蓋《芣苢》之薄言采采，衆樂先成；則《螽斯》之宜爾振振，宗强孰禦？臣久叨眷遇，適阻進趨。親值本支百世之盛時，敢忘壽考萬年之善祝？《古今事文類聚》前集卷一九。

賀册皇后表

祲盛之禮，發於宫闈；驩康之聲，播於寰海。中賀。共惟陛下放古之憲，刑家以身。乃資婦德之良，俾貳坤儀之政。蓋《關雎》之求淑女，以無險陂私謁之心；《雞鳴》之得賢妃，則有儆戒相成之道。於以求助，不專爲恩。臣生逢明時，切觀盛事。祝聖人之多子，輒慕堯封；思令德以式歌，豈慚周雅。《古今事文類聚》前集卷二〇。

賀皇太后還慈福宮表

伏以丕崇禮典，尊奉母儀。肇新宏宇之嚴，昭揭隆名之美。一人盡敬，百辟傾心。臣等中賀。恭惟皇帝陛下德配乾坤，行高今古。紹堯行道，甫深繼志之思；如舜事親，益謹承顏之養。乃酌累朝之制，載營長樂之規。本老氏之一慈，衍箕疇之五福。茂揚懿範，增聳群瞻。擇吉日以考成，順陽春而移御。玆極人倫之至，尤爲孝道之光。臣等幸與周行，願伸善頌。風移四海，知聖治之愈充；慶集兩宮，祝壽祺之彌永(一)。《五百家播芳大全文粹》卷一中。

請重明節表

文武百僚、特進左丞相許國公臣周某等上表。臣等言：伏以飛龍在天，方仰君臨之德；流虹繞渚，實開聖祚之祥。宜紀昌辰，用昌盛際。臣等中謝。恭惟皇帝陛下承謨丕顯，受命溥將。致養三宮，備本朝之家法；參決萬務，得率土之民心。正宁俯臨，積陰頓解。於赫明離之象，益耀出震之符。臣等不勝大願，請以九月四日爲重明節。伏望皇帝陛下俯察群情。亟頒俞旨。施高明，建顯號，侈穹昊發祥之期；披皇圖，稽帝文，伸臣民歸美之報。著之令甲，付在有司。邦家增光，天下幸甚。臣等無任。《五百家播芳大全文粹》卷一上。

請重明節第二表

臣等言：近上表乞以九月四日爲重明節，伏奉批答不允者。受命若帝之初，宜邦彝之具舉；盛德如天之覆，豈人欲之或違？比罄蕪詞，願標令節。未回聰聽，曷副群情？臣等中謝。伏以紀千秋之名，雖曰唐舊；允長春之請，則在宋興。況今非止循累代之成規，蓋以侈重華之大慶。顯號闕而未講，盛旦鬱而弗彰。謙雖益光，理或未稱。伏望皇帝陛下茂昭鉅典，亟發德音。漢殿尊榮，親奉玉巵之壽；周行忭蹈，各陳金鑑之書。豈惟光簡册之傳，實以副天人之望。臣等無任。《五百家播芳大全文粹》卷一上。

請重明節第三表

臣等言：近再上表乞以九月四日爲重明節，伏奉批答不允者。淵聽未回，確爾執謙之意；忱辭允協，歉然歸美之誠。彝典不可以久稽，衆心不可以累咈。敢控喁喁之請，再干穆穆之

〔一〕文末「知聖」以下原缺，據清抄一百五十卷本《聖宋名賢五百家播芳大全文粹》卷二補。

光。臣等中謝。竊以民之戴君，自古有訓；禮之飾治，後世猶詳。惟大德得其名，故因誕彌而紀節；雖先王未之有，亦容增益之隨時。當渚虹樞電之辰，受岳貢川珍之集。乃同常日，夫豈人情？今者博士議郎周執於廷，秩宗奉常各揚其職。必期得請，疇敢自安？伏望皇帝陛下聖度兼容，大明委照。帝辭三祝，足昭挹損之懷；臣同一心，終冀允俞之命。臣等無任。《五百家播芳大全文粹》卷一上。

廬陵周益國文忠公集附録卷二

祭文

特進右丞相衛國公陳自强
通奉大夫參知政事兼知樞密院事費士寅
正奉大夫參知政事張巖
中大夫同知樞密院錢象祖

天祐社稷，篤生鉅賢。中原文獻，獨得其傳。發揮帝制，鋪陳治原。其在紹興，已登邇聯。逮事孝廟，眷注尤專。密侍籌幄，迄踐臺躔。留畀崇陵，輔相初元。禮樂具舉，百度粲然。開明皇極，興滯補偏。貽我後來，奉以周旋。終始名節，進退兩全。聖皇嗣服，寤寐十年。公游洛社，晚志愈堅。宜享期頤，胡疾弗痊。哲人其萎，疇不涕漣。西望崇墉，恨莫能前。緘詞往奠，聊以致虔。

大中大夫權户部尚書兼知臨安軍府趙師睪

惟公學爲儒宗，道覺民先。文足經世，德可格天。重擢異科，徑躡英躔。聲華籍甚，清修凛然。親見堯舜，一道相傳。於穆孝皇，圖任惟賢。乃立螭陛，歷記動言。乃司鳳綍，譽重掖垣。升之從橐，延之細旃。上心既沃，帝膝屢前。逮直玉堂，内命是專。制誥温淳，德意具宣。龍光夜歘，密分炬蓮。履切星辰，平持三銓。疇庸碩輔，遂陟邇聯。台衡左轉，樞極右旋。夢卜已叶，登槐贊元。明良一堂，運偶半千。萬宇以寧，三光以全。弼成揖遜，皐夔比肩。功立身退，鴻鵠孤騫。齊芳緑野，寄興青原。賜履三湘，出殿十連。居無幾何，歸思翩翩。明哲在躬，安車竟懸。浮雲富貴，閲時變遷。樓峙華隱，日涉平園。賓友相從，杖屨蹁躚。天實耆之，壺中老仙。仰高六一，手訂鉅編。主盟斯文，肆筆如椽。豈非前身，相望百年。五福兼備，好德弗諼。四朝達尊，善類拳拳。生同潞國，壽祈永延〔一〕。代謝有時，日月斯遄。梁木其壞，大厦忽顛。嗚呼！忠存社稷，名塞天淵。勳著鼎彝，像揭凌烟。始終全節，進退罔愆。百世一人，公何憾焉！念昔先君，嘗辱知憐。至於不肖，倍費化甄。隧碑未立，驤首告虔。雄文大書，藹墨猶鮮。恩深兩世，肺腑銘鐫。駰訃遽聞，有淚迸泉。煌煌隕星，悠悠逝川。公今亡矣，欲報無緣。千里奠絮，神馳涕漣。

〔一〕延：明澹生堂鈔本作「年」。

中大夫權禮部尚書蕭逵

洙泗學缺，古文不宣。秦漢治駁，相業無傳。猗歟鉅宋，藹藹多賢。歐、蘇、南豐，倡和後先。鑾坡鳳掖，垂光簡編。富、韓、司馬，皐夔比肩。紫樞黄閣，勳烈無前。偉哉諸老，典刑具存。亶惟我公，循流遡源。上接統緒，正傳不偏。發爲文章，思若湧泉。形爲事業，力可回天。於斯二者，自古難全。聚粹哀美，公其有焉。乾道以來，慶典交駢。公訂縟禮，垂鴻勒琨。玉堂之廬，草制代言。繳奏詞頭，直聲凛然。淳熙以後，人材茹連。扶持元氣，添置諫員。公由宥府，登拜台躔。開明皇極，淑別班聯。急流勇退，去國翩翩。長沙謀帥，姑建戎旃。凉臺燠舘，竟反故園〔一〕。插架籤軸，磨朱點鉛。角巾筍輿，笑傲雲煙。繼踵洛社，優游歲年。名節愈重，門庭愈尊。士聞公名，欣焉執鞭〔二〕。譬之喬木，巋然谷巔。斯道所繫，賴以討論。忽驚曳杖，迄嗟逝川。通國善類，皆爲涕漣。况某晚學〔三〕，夙沐知憐。憑藉先人，申以婣婭〔四〕。嗣其訃書，忽焉闖門。有淚傾河，恨莫趨奔。緘辭往奠，鑒此潔蠲。

資政殿大學士中大夫知慶元軍府趙彦逾

邦有老成，則有典刑。人心世變，所恃以寧。堂堂我公，今代耆德。民之蓍龜，國之柱石。微言既絶，斯文幾墜。唐虞二典，非公疇嗣。王佐不生，相業無傳。淳熙至治，實公仔肩。鑾坡有録，聲動九區。遠而夷狄，知有大蘇。平園花木，既秀而野。微而走卒，猶誦司馬。位列三孤，年幾八秩。優游考終，公亦何戚。輟瓜之奠，憇棠之思。天乎何心，忍不憖遺。彦逾屬者交訊，喜公尚康。爲日幾何，於今則亡。浙東江西，相望千里。遺奠寓哀，有淚如水。

中大夫知建寧軍府事倪思

公生廬陵，繼六一公。士論推尊，異世而同。惟公之德，粹然謙恭。玉山珠淵，清明内融。惟公之才，用而不窮。出入屏毘，應變從容。惟公之學，源深流洪。九流七略，靡不究通。惟公之文，旨奥詞雄。衆體兼備，三代同風。奮身紹興，厥聲摩空。烏臺螭坳，寖膺顯庸。隆興乾道，風虎雲龍。明良遇合，千載一逢。曁於淳熙，治盛功豊。公於是時，蔚爲儒宗。乃掌帝制，勒崇垂鴻。乃陟文昌，獻納輸忠。乃侍講讀，乃翼儲宮。遂登廊肆，開府西東。聚精會神，志合謀從。遂正台鼎，輔相彌縫。密贊親傳，勛業愈隆。紹熙初政，矩疊規重。退而分陜，初不言功。慶元告老，歸從赤松。優游緑野，名壓岱嵩。皇恩渙渥，進階累封。巋然四朝，善始以終。天不憖遺，夢奠告凶。遺

〔一〕反：明澹生堂鈔本、四庫本作「歸」。
〔二〕焉：明澹生堂鈔本、四庫本作「然」。
〔三〕某：明澹生堂鈔本、四庫本作「逵」。
〔四〕婭：原闕，據明澹生堂鈔本、四庫本補。

奏上聞，震悼宸衷。飾終節惠，名榮兩崇。思以晚學，夙登崇墉。温顔下問，借聽於龍。帝命册畢，代言非工。宿緣妙契，衮褒是蒙。公每有除授，制詞多思視草。公語思云：「殆是宿緣妙契。」修門一別，歲月轉蓬。移書相先，訪逮孤蹤。今聞公喪，涕淚沾胷。緘詞寫懷，敬侑一鍾。仰祈英靈，鑒我悃悰。

寶謨閣直學士通奉大夫致仕楊萬里

六七月間，聞公屬疾，欲往問安，我疾方棘。曾未幾何，聞公有瘳，尚摛鴻文，以應人求。云胡一夕，而遽不起，萎此哲人，騎彼箕尾。乾折天柱，坤隤岱嵩，國虧股肱，道喪師宗。天乎痛哉，一老不憖，自家徂邦，聞者涕隕。公自紹興，奮由諸生，獨提一筆，萬人莫攖。遂收雙科，遂入三館，遂掌經綸，遂首輔贊。中興以還，孰冕詞臣〔二〕。維汪龍溪，學士曰真，公出其後，而出其上。發帝之令，有一無兩，高皇倦勤，遜於孝宗。託子者誰，維陳魯公，孝遜於光，疇纘陳者，公扶日轂，以照天下。昔漢董、賈，玉映文事，彼豈不文，文而不位。昔唐房、杜，星垂相勳，彼豈不位，位而不文。維文維位，公具其尤，其詞典謨，其勳伊周。齡甫七十，健若霜鶻，而挂其冠，而還其笏。歸於午橋，爭席漁樵，岫遨川嬉，風哦月謡。酒船淋灕，詩陣跌宕，九老非高，七賢未放。赤松之從，公其前而，皤溪之耋，公其肩而。汾陽之祉，公其全而。神清之蜕，公其仙而。公一無憾，我心孔悲，殄瘁之傷，豈我之私？

朝奉大夫提舉江州太平興國宫彭龜年

我游公門，踰三十載。質疑諏事，奚止一再？無叩不鳴，有蔽斯闓。暨公登庸，崇庳絶輩。愛之弗忘，不翅遊倅。讜言或發，受盡如海。匪附而親，匪違而悖。孚尹既交，自爾神會。公鎮長沙，我入自外。洪鈞所播，嘉種猶在。戮力首公，欲勉弗逮。風聲既殊，忽判蘭艾。太空冥冥，亦玷微翳。利害相磨，雲雨萬態。惟公淡然，不見纖芥。或東或西，交訊靡怠。起居日聞，不藉一介。遽傳寢疾，色然以駭。無幾何時，喜聞其瘥。三忠之碑，筆力萬犗。以卜耆年，不待布卦。訃音忽騰，遠邇歎慨。聲氣既同，情自百倍。相望十駟，欲往而裁〔三〕。薄醪不濡，侑以芷薤。以寫我哀，淚殞如頮。

朝請大夫寶謨閣待制知潭州何異

凡寓形於大化，委一粒於萬鍾，嗟分量之不齊，紛贏踦之靡同。或昌於文而功不足以及物，或侈於爵而名不足以垂鴻，或身之清而福未必厚，或施之豐而報未必隆。故蕭、曹功足以造漢，而無丹青之黼藻；班、揚文足以華國，而無鐘鼎之勳庸。香山之白傅清名輝映於千古，而未能捐乎聲色之累；緑野之裴公冀

〔二〕冕：《誠齋集》卷五作「冠」。
〔三〕而：明澹生堂鈔本、四庫本作「如」。

從容於晚歲〔一〕，而猶凛凛乎風波之衝。偉我公之全德，眇千萬而一逢。登庸亮採，爲四朝之元老，而猶克勤於小物；潤色皇度，定一王之成法，而了不見於矜容。豈天賦之自爾，抑學力之由充。進而登鼇扉、躋鳳掖，則專儒宗之妙選；握魁柄、隆樞極，又屹然有古大臣之風。退而覽詞林、歷文囿，則畢多能之事；賾道真、探理奥，則又上續乎鄒魯心傳之宗。悟世濤之洶湧，脱羽翮於樊籠；束衣冠以自遨，尋妙諦於巢松。記平園之草木，凡幾閲於春冬。雖開國於全益，冠位於孤膻，而退然如山澤之癯，曾不芥蒂於襟胸。凡在山川之名勝，藉公以不朽，而豐碑隆碣，殆遍乎宇宙，而姓名熟識於兒童。高文大篇，浩萬軸以難狀〔二〕；而家藏户誦，刊琬琰於無窮。風臺月榭，一酬一唱，而無賞物太深之累；三昧遊戲，文筆自娱，將啓予之手足，而仍不倦於垂終〔三〕。嗟大雅之典刑，悵疇昔之遊從；頃六院之叨榮，知一陶之自公。屬將漕於湖湘，依閫制之提封。荷愛予之綢繆，極恩意以彌縫。思别後之音書，率時遣而月供。嗟蜀道之未歸，苦行役之匆匆。曾寄言於鯉庭，丐珍護於眠饔。方移藩之小定，思襞素以自通。忽星隕之示變，愴梁摧之告凶。九牧人士，咸失聲以灑淚，矧託睠契之稠重，寫終始之哀榮，慰方寸之悲恫。公其未亡，斯鑒微衷。

朝請大夫知衢州章頴

惟公爲相，當招徠衆儁之餘；以道致君，際揖遜三朝之盛。學術兼乎宏博，文章蔚乎光華。經德不回，是以位高而心則抑；盡言無隱，固嘗身退而名愈高。榮悴不足以爲公之戚休，毁譽不足以爲公之輕重。脱屣赤墀之步，角巾緑野之游。典謨藏雲漢之章，樓閣占山川之勝。雍容退處，博約後來。細字楷書，曾不遺於疎遠；論文酌酒，每相對於親賓。求能如公，必俟來世。善人天地之紀，胡不憖遺？朝廷德齒之尊，及兹震悼。送終者百兩臨於其隧，赴義者千里哭於其門。顙吊不及喪愧何以解捧五雲之翰墨恍如新崇四尺之封草篤已宿。莫痛百身之贖，輒陳一奠之誠。有矢斯言，惟靈不昧。

朝奉大夫新權發遣撫州楊方

惟公早負瑰奇，出爲嘉瑞。當紹興之末際，暨熙道之初辰，北來羣賢未遠之時，南渡中興彌隆之旦，羽儀庭彦，黼黻皇猷，此公之下千仞而覽德輝，揚五音而彰五彩也。及乎正一王之軌度，總百揆之權衡，發揮昇平之道光，對揚揖遜之帝命，成二代郁郁之文，聲三紀温温之和，此公之合鹽梅而調美味，作舟楫而濟洪流也。至於替否持正，雍容不犯，節安而義厚，則竹箭之有筠，松栢之有心也已。而士望交歸，賢路幾闢，上信而下順，則北斗之斟元化，鉅壑之吞百川也。然後節候爲致仕之始，平津高減度之風，優游家林，歸重天下，則良玉韞而輝天，九鼎安而壯

〔一〕此句疑有脱字。
〔二〕狀：明澹生堂鈔本、四庫本作「收」。
〔三〕仍：明澹生堂鈔本、四庫本作「猶」。

國也。於是玉枝不老，神刃長新，文章美於九□，碑版照於四裔，則吉甫之穆清風，武公之猗綠竹也。嗟惟小生，親炙已晚，再臨郡國，常操几杖，芘德有如垂露，聆教乃若洪鐘。蓋李門之登龍，鄭國之聽虎也。留落漳濱，倭遲澤畔，隻影自翳，孤風若遺。賜書見存，戢戢盈皮，蓋寸蒿之長松、寒谷之春律也。夫何台象中折，文星夕隕，殄瘁歎於渺然，遺老幾於盡矣。痛乎太山其頹，梁木其壞也。而方抱病十舍，流悲一水，慙漬酒於豫章，孤負糧於江夏。緘辭寓奠，其鑒我乎？又想公歸神於河漢，超遥於八表也。

奉議郎權發遣吉州軍州事胡元衡

國朝元老，當代一人，儒者宗師，四海一身。公德之純，温其如玉，四時之和，莫不具足。公學之博，浩乎無涯，貫穿六經，錯綜百家。世莫榮於兩制，儒者視之蓬瀛泛海，而公平步逡巡十載。世莫尊於兩地，昔人譬之垣極麗天，而公迭居首尾十年。又其大者，相我阜陵，一德相輝，濟登丕平。紹興淳熙，三聖内禪，獨以畀公，皇極丕建，揚休山立，端委廟堂，宗主斯文，萬域乂康。上眷彌隆，公退則勇，鐘鼎山林，備極光寵。畀藩湘水，猶欲起公，公請益堅，聯翩禄封。歸卧於家，高風矯矯。幅巾藜杖，忘機魚鳥。從容平園，十稔驩娛。百尺之樓，萬卷之書，茶觴壺矢，商略今古。如唐晉公，如周衛武。乃兹仲春，夜隕一星，光若流電，耆稚孔驚。意公之祥，而不忍道，十月良日，果以訃告。嗚呼！如公之生，好德康寧，爵則三孤，壽則八齡。名篆鼎彝，勛塞天地，若是而終，顧亦何喟然而哲人其萎。國失蓍龜，大政大謀，無所稽疑。蠢蠢蒼生，巖石疇依，蕲蕲秀民，宫墻奚歸。孰不巷哭，以悼其私。元衡濫乘一障效官通德，眷遇最隆，步趨是則。矧昔趨承，有賢廷直。我之視公，義均父執。今公云亡，此心傷盡。音容匪遥，觴豆陳席，哭奠兩楹，隕涕填臆。

朝議大夫權成都府路提點刑獄劉崇之

斯文命脉，關運興亡，於赫我宋，天祐無疆。哲人宗工，先後相望。自唐仰韓，墜緒茫茫，越二百載，篤生歐陽。五行正氣，鍾此鄭鄉，魁台炳耀，宇宙儲祥，而又百年。際時明昌，復生我公，蓍龜棟梁，經邦術業，命代文章。覽輝德仞，獨步詞場，九霄平躋，紫微玉堂。王言誕播，傳誦四方。製作孔盛，居室富藏。渾渾灝灝，巍巍煌煌。正笏垂紳，雍容廟廊。洪化寅亮，明謨贊襄。忠肩稷契，化邁虞唐。無瑕白璧，聞望顒卬。太山巖石，景星鳳皇。翩然勇退，敝屣軒裳。鳴珂燕閑，几舄徜徉。綠野晉公，赤松子房。爲書滿家，金薤琳瑯。沉浸醲郁，温潤鏗鏘。士登龍門，無藝不揚。克勤小物，兼收寸長。尊謙下濟，夫子温良。真賢並世，此樂未央。意侔造化，道出羲皇。耆艾永錫，自天降康。帝悲元老，下遺巫陽。孰爲喬木，空想甘棠。自憐暌孤，材謭學荒。縉紳晚出，辱寘周行。仰高景行，向若望洋。游身播鈞，摳衣仞墻。德公深知，終始弗忘。一違階符，屢易星霜。展敬投函，每懼斐狂。飛雲寵報，華衮莫當。三熏寶墨，十襲錦囊。倚廬待盡，陟岵永傷。銜哀瀝辭，愧不自量。特筆垂銘，幽壤有光。生哀歿榮，感鏤肺腸。推拜東閣，祈謝未遑。稍遠寒燠，裀鼎弗詳。倏隔古今，有願曷償。平生尊依，此一瓣香。遡風西望，徒劇涕滂！

朝請郎權發遣郴州軍州事曾三聘

備福達尊，古有格言。歷觀近世，得之或偏。皇皇我公，間禀自天。合五靡缺，兼三而全。德業夙成，高廟簡記。麟省小儲，烏臺明試。謂斯哲人，後嗣是畀。阜陵履位，亟俾掌制。中書基命，嬖倖孔壬。其肯枉尺，以希直尋？引退八年，召歸禁林。草詔精思，敢負初心？樞筦正邪，事關社稷。典故無聞，論思有職。守道與官，匪競翰墨。天意弗回，浩然去國。赫赫人望，惟公之歸。堂堂相業，舍公而誰？中外於時，萬口一詞。明聖在上，察焉而知。三歲復還，指期大用。疊組累紱，徘徊橐從。眷靡不隆，進豈其勇？迄畀之政，致遠任重。禮文典册，王制以明，憲度品式，舊貫是仍。薦擢汲引，士不知名。填附懷柔，遠無遁情。經緯彌縫，備宣忠力。事業文章，兩臻其極。歐、范、韓、呂，差肩比迹。治效略同，嘉祐、慶曆。舜復授禹，密贊聖謨。十旬歸政，忠愛豈渝。惟帝念舊，起鎮荆湖。繼易鄉部，錦繡晝紆。廣厦名園，於以佚老。樓高觀明，花竹妍好。鐘鼓管絃，侑以摛藻。書成滿家，日有脱稿。謂國蓍龜，就問以疑。謂士模楷，四方是師。謂壽八帙，尚登期頤。云胡微疾，天不憖遺？三聘早登公門，受知辱愛。睽違東閣，乃十七載，省謁里第，致唁遽退。豈意永訣，公今薨背。追惟我公，合五兼三。視富視文，無憾無慚。竹帛可紀，金石可鑱。百世之下，垂爲美談。獨念平生，避席侍坐。師資所承，曾不是過。權輿朝蹟，自公鈞播。訃問之傳，涕泪交墮。哭弔來前，以會葬期。列羞於籩，斟酒於巵。作爲斯文，以寫我悲。公雖在天，尚其聽之！

朝奉郎權發遣台州軍州事錢文子

洪惟我朝，立國以人。寤寐思服，切於聖主，而培養封植，則在乎輔弼之大臣。惟公心平以和，學正而醇。人無智愚，所共推尊。在位則惟薦進之汲汲，平居則樂善誘之循循。士經品題，如登龍門。是以數十年間，分布職位，猶聞見其一二，而遺風餘澤，至於今而未泯。曾歲月之幾何，紛議論之一新。乃以盛美，爲公之愆。幸公道之既開，而高爵之復還。一黜一陟，夫何足計，而盛德隆名，則亘今古而屹然。嗟我疏庸，辱公愛憐。且及其先，賜以銘文。方刊石之未就，忽頹山之遽聞。况領緘翰，恍如生存。歎有言之莫報，徒寓哀於一樽。

朝議大夫直顯謨閣湖北路轉運副使雷潨

惟公德根於所性，而無强勉之勞；行本乎至誠，不矯激以爲高。貴爲天子之宰，而不忘夫貧賤之交。弱不勝衣，其氣常足以蓋天下之豪。故能安行於萬物之上，而不移於利害得喪之所遭。此在人若挾山之難，公獨舉之如豪毛。發而爲文，與德相似。索群動於事物之變，宣衆妙於鬼神之秘。固有白首窮年，而不能一言之幾乎道。公乃以簡以易，而已足以盡其意。如日麗天，如風行水，有口者皆可得而語，有目者皆可得而視；乃若造化之巧，則舉世不能以究其指也。文章事業，同體異用，出於天理，聲色不動。故君子小人之進退，恩怨俱泯；朝廷郡縣之更迭，内外均重。上下相安於寧壹，夷夏不驚其智勇。此淳熙之政所以有成，而孝宗所以得繼勛華之遐躔也。康寧壽考，誰則不慕？然人之所能爲者，可勉而至；力之所不能致者，視天所賦。以黄髪耆艾之老，游緑野清閑之所。公於五福，所少者富，而衆美所兼，則不止於五。是公之所爲者與天爲一，故天之所司者公亦能以自予也。公之初生，維岳降神；公之云亡，騎箕而升。冥冥其容，凛凛其靈。簡策垂芳，鼎鐘勒銘，傳之永久，炳若丹青。此所謂死而不亡、百年猶生者耶！滚聞公之薨，曷爲其情？儼門墻之在望，忽泉途之已扃。痛知己之不作，悵有淚其如傾。

朝請大夫直龍圖閣知鄂州軍州事詹體仁

昔我阜陵，鋭意太平。賢哲登用，治功克成。淳熙之盛，百世莫京。二三輔弼，有光汗青。惟公終始，獨邁等倫。妙齡秀發，詞壇早登。清切之地，歷階以升。紬書約史，雅健雄深。垂光編簡，燦若日星。輔成聖學，緝熙光明。寵陞内相，位冠禁林。潤色訓誥，發揮絲綸。詞章德業，當代一人。乃陪政府，參預幾廷。逮登樞極，即秉鈞衡。四海鼎安，一塵不驚。九功惟叙，庶績其凝。帝嘉相業，班峻孤卿。鼎彝刊伐，胙土疏榮，風雲慶會，薦歷熙辰。均勞釋政，養素全真。彷徉緑野，寒暑屢更。三朝眷厚，寵數頻仍。上思元老，渴見典刑。生靈屬望，聳聽詔音。司馬再相，天下歸心。庶資廟算，以成中興。遽騎箕尾，難問蒼旻。嗚呼哀哉！邦國殄瘁，喪此宗臣。哀聞之日，上心震驚。輟朝寵贈，卹典具申。儒生善類，莫不失聲。體仁蓦然孤迹，久叨化鈞。服勤中外，嘗辱選掄。感此知遇，銘之寸襟。豈期間闊，而隔死生。嗚呼哀哉！義當奔走，一拜幰輪。王事有守，欲去不能。遣致薄奠，寓哀斯文。精靈如在，其鑒兹誠！

朝奉大夫户部員外郎總領湖廣江西京西財賦吴獵

昔我孝宗在位二十有八載，盛德日新，終始惟一，則亦有保衡之臣，咸有一德，以勵相我國家，以昭事於上帝，是謂益公，其勳若此。恭惟益公，其知先知，其覺先覺。章濩《韶》《武》，金石絲簧，藻火黼黻，圭璋琮璜，鄭之刀，荆之幹，妢胡之奇，吴越之劍，不足以媲其文章之巨艷。金鼈神龜，赤文緑書，壞壁之藏，汲冢之儲，韋編之絶，竹簡之折，安世之誦三篋，束皙之補亡缺，不足以究其問學之豐而燁。江漢以濯之，秋陽以暴之，金聲以始之，玉振以終之和之，璞藺之璧，淵騫之行，元凱之勳，不足以擬其道德之純且密。雖若是，曷能形容我公之萬一！於鑠淳熙，玉燭和明，凡四爰立，輔贊裁成。惟我益公，由内相，陟樞庭，登揆路，握鈞衡，扶持皇極，興起人心，以頌清廟，以致隆平，而舉九牧之士莫窺其勇功與智名，此其所以不可企及而爲阜陵社稷之臣。獵嘗謂公之清心寡欲若杜正獻，博記精識若蘇子容，至於幅巾杖履，保社鷗盟，則合寘之洛陽之耆英。嗚呼，已矣乎！九泉不可作，而禮樂將畀之後人耶！凉臺燠館，坐閱寒暑，而竟從箕星之游耶！獵昔者聞訃，怛焉悼驚，繫縻官守，始克寓誠一爲天下慟，不敢以世俗而爲芻奠之陳。恍兮惚兮，冀精爽之來臨。

奉議郎新差通判黎州軍州事鄧從諫

嗚呼公乎！道德四朝之老，文章百世之師。殊科異等以振奮，淵識奧學以發揮。得鄭圃潤色之妙，續廬陵神清之碑。玉堂掌制之坦白，金甌覆名之倚毗。八衮衍《洪範》之壽，一品著《平泉》之辭。緑野晋公之遠韻，赤松張傅之前規。下白屋以謙益，進丹扆於君違。庶幾百歲於召保，忽歎逝川於宣尼。返傅説於甲坎，歎生申於丙离。宸極爲之震悼，夷夏爲之齎咨。嗟木稼而星隕，哽山頹而哲萎。指《太玄》於侯芭，受麟經於董帷。駷茌道以馳訃，瀉江河之涕悲。跪陳辭而瀝酹，尚精爽之鑒知。

承議郎權通判道州軍州事楊長孺

高皇中興，孰貢隆平。黼黻太清，五三六經。緊太師氏，曠世特起。爰杏其壇，爰洙其水。疇不摛文，公筆有神。日月華耀，雲烟郁紛。疇不學古，公心獨苦。何紬非金，靡玉弗茹。旦、奭其倫，伊、傅其鄰。惟我有臣，千載一人。厥庸未竟，以遺嗣聖。嗣聖曰俞，器實萬乘。皇矣阜陵，天斯聰明。闔闢宇宙，卷舒風霆。萬幾孰理，魁柄孰寄。挈以畀公，斯於予治。公秉國成，穆穆迓衡。星緯咸若，海波不驚。彼室大競，惟邦嘉靖。未必夏商，如淳熙之盛。重華垂衣，唐虞惟齊。奉册太極，洗光咸池。典謨在口，霖雨在手。俾宋寶龜，萬祀九有。光宗丕承，祖武繩繩。帝謂無聲，股肱是膺。媧石鍊矣，舜裳線矣。置器攸寧，誕先登於岸矣。紫蓋保釐，青原悠思。翩其還歸，弗嫪以疑。掛冠神武，築室百堵。山川圖史，輻周公之宇。爲相不難，五福誰完。子之燕居，十年安安。如彼野鶴，風露飲啄。如彼長松，傲晚霜雹。不吝不驕，臞仙縹縹。分客瓊琚，樂已簞瓢。韋布預附，簪紳懷赴。一代宗師，四朝元輔。胡不憖遺，梁壞山頹。國失倚毗，士罔焉依。自古有死，公薨獨異。靡人弗恫，天亦霣涕。翦焉寒蹤，受恩郅隆。年未弱冠，厚知於公。短簿踽踽，與枳爲伍。公實握之，寘諸幕府。著作之庭，不可階升。需章上騰，虛名旁行。金閨之籍，弱水孔隔。吹噓青冥，坦履咫尺。何以報之，念茲在茲。當公薨時，之官載馳。斂不帶經，塴不執紼。緘時訟愆，一哀永訣。

從政郎差充西外睦宗院宗學教授時瀾

隔千里如會面，曠數十年如一日，余不知人心之流通何如也，雲泥遼絶之勢，有不能間焉。以對千古之聖人，以接百世之興者，是必有不隨地而遠，不與時而疏，不以生而合，不謂死而離者矣。癸卯之秋，余以門墻稚子拜公於西府，公顧諸稠中異之，因得見於燕閒。公升樞相，位元宰，歸休於里第，江浙相望而日遠，余亦遇蹇不能出門，困於永嘉，廪食於中都，星霜屢易，且日疏矣。音問不接，或四三年。幅紙西貢，則粲然於筆，益親益渥，如朝夕乎左右何也。嗚呼，堂堂崧嶽，凝立爲宗，唯余識公。堅冰歲寒，萌松孤植，惟公知余。天之尊爵，公所自有。分茅胙土，班崇五等，奚爵之云！人之良貴，公所獨占。秉鈞宅揆，位極人臣，匪以爲貴。人事與天，運而流矣。宦而公卿，樂權用勢，善類彙征，公獨吐握。潭府巍巍，融爲春風，杞梓楩楠，纖巨自售，中心好也。子孫之念，誰不封殖？寒士歡顔，公獨己責。食禄萬鍾，十九在外。絲寒粟饑，在在而然，久而繼也。身退之餘，調耳娛目。公曰古書，閑居之樂。苟陋襲訛，於焉是正。攄其浩博，編秩千計，不爲罷也。道純金玉，既熟既茂，文出宫商，克倫克諧。蓋其相天子，伊周，而學者師之孔、顔也。德備而體愈謙，業富而心愈慊，休休汲汲，將終身焉。皇天降割，曾未百年，壽獨不可長耶？嗚呼，不絶如縷耳，相與竄於窮悴之中，其氣自倍。有宗盟之營壘，儼然爲人心之倚繫也。卒焉不見大將旗鼓，歃血於堂下者，不亦單乎？陶唐而來，中間晦蝕，卒莫加損，見善明而後用心剛，豈曰能之？公實謂余可貧可賤，而此盟不可渝，期終有以答公之知也。昭然精爽，尚陰有以佑余之志也。位哭緘辭，以寫余之悲哀，公其髣髴而來鑒也。

免解進士曾三異鄉貢進士曾三英〔一〕

間世生賢，昔難其期。代不數人，繫天所爲。中古以還，俗靡風瀨。文章事業，途是兩岐。常楊元白，文鳴一時。制誥詔册，編簡具垂。或正或邪，有醇有疵。或用或舍，有美有譏。天乃生公，負特韞奇。决科發策，令聞四馳。高宗右文，乙覽灼知。謂當掌制，形之訓詞。蕭、曹、房、杜，漢唐所推。光輔兩君，股肱是資。刀筆餘習，規模陋卑。禮樂未達，制作何居？天乃生公，堂堂巍巍。運籌折衝，計策無遺。孝宗用公，左右疇咨。明敏有決，褒以宸奎。乾道、淳熙，朝舉盛儀。乃發顯册，以崇慈闈。乃播德音，以式九圍。長秋正位，春宫燕詒。王言帝制，皆公發揮。百世之下，古風遹追。繁重簡潔，如周如伊。公之文章，日月爭輝。孝宗神武，志在平夷。穹廬遷徙，公測其機。夷禮頡頏，公折其微。帝欲授禹，沉幾莫窺。公於典禮，密勿贊毗。天同神比，不市己私。羣疑雜襲，甘受若飴。謨明弼諧，如皐如夔。公之事業，今在鼎彝。危機弗蹈，赤舄常歸。作牧南邦，歲越再朞。移鎮鄉部，閒退力祈。韋公垂車，加賜是宜。裴公辭榮，窮勝以嬉。公豈少是，樂匪在兹！二老徜徉，如塤如篪。諸生誦弦，非竹非絲。實事求是，多聞闕疑。有契於中，喜動須眉。謂是淡薄，吾心所怡〔二〕。以衮繡華，而儕布衣。

〔一〕英：四庫本作「疑」。
〔二〕怡：四庫本作「悦」。

以相國尊，而爲父師。由古暨今，若公者誰！孰不望公，眉壽期頤。孰不願公，筋力弗虧！山頹梁壞，莫扶莫持。人之無禄，天實爲之。三異兄弟，習陋術卑。少不識公，夜夢以思。見公東閣，公謂何遲！迨公歸榮，執筆以隨。二十年間，恩斯勤斯。忽聞公疾，魄喪魂離。亟往省公，幸公未衰。衣冠危坐，弗傾弗欹。侍公十日，始拜以辭。寢門問安，馳書遠貽。謂詠充賦，謂記忠祠。謂殆天佑，匪藥匪醫。起居復初，旬月小稽。倏焉夢奠，莫返騎箕。公去弗留，我將疇依。撫膺悲呼，掩袂涕洟。川流可渟，邱陵可隳。我思我公，夫豈有涯？公歸於天，豈知我悲！

免解進士劉贇劉瀫江璆

惟厥五嶽，際天崔嵬，有僕於地，泰山其頹。萬象森羅，環於圓極。有隕自天，中臺星折。堂堂相公，岳神星宗，於何彼蒼，降此閔凶。公之通德〔二〕，顯顯赫赫，萬民所望，四方維則。公之文章，斧藻斯皇，六經規摹，一代典常。公之相國，忠誠正直，稷、契、皐、夔，尹、説、旦、奭。公之接物，簡肅謙恭，川納海藏，靡來不容。半生近侍，十載兩地，望重四朝，名垂百世。歸爲地仙，十有六年，從容閒燕，緑野平泉。商摧今昔，討論文籍，鋟木詔後，千卷百帙。短章大篇，近遠流傳，日星炳煥，琬琰深鐫。精神皎皎，富貴壽考，云何不淑，喪此一老。哭公夫人，祥練未經，曾謂一朝，以没元身。贇等么麽，辱爲賓客，畧去勢位，愛同肝膈。約禮博文，美饌清尊，今日何日，登公之門。公之云亡，邦國殄瘁，豈特我輩，傷公之逝！惟是感德，誌諸肺腸，百身莫贖，一念敢忘。酒載在觴，肴載在俎，一慟之餘，痛徹心膂。

鄉貢進士許凌彭叔夏葛玢楊洽劉元之

斯文天符，盛於皇朝。六一主盟，追琢孔昭。惟公傑出，實繼前軌。古學之深，天才之美。用意獨至，筆下委蛇。泉流不竭，晝夜以之。長篇短章，讀者心服。當代所宗，誰爲之續？昔在高宗，擢之烏臺。以其静直，俾燕後來。孝宗龍飛，螭坳分職。浸歷清華，每兼翰墨。事有不可，洊進忠言。時或齟齬，歸舟翩然。十載投閑，帝思蹇諤。再入班聯，從容禁橐。公在翰苑，多閲歲年。典謨垂世，星辰麗天。朝夕論思，無非裨益。帝熟其才，延登良弼。公在廟堂，輔贊彌縫。衆美歸上，不顯其功。或值旱魃，或逢霖雨。引咎在身，敢遑寧處？淳熙内禪，密贊聖謀。光宗御極，仰成伊周。進位三孤，疏封上國。貴絶百僚，位稱其德。功成身退，視天盈虚。三徑松菊，可以自娱。暫鎮長沙，金湯以固。談笑歸來，長伴鷗鷺。今上纂紹，貴老尊賢。許其納政，亞傅是遷。華髮方瞳，年幾八十。神明不衰，百齡可及。偶嬰疾疢，梁壞人萎。殄悴之患，朝野同悲。嗚呼哀哉！惟公平生，通明縝密。持之以正，踐之以實。晚居鄉邦，益篤撝謙。日親士類，疏賤何嫌。編摩簡册，是正訛舛。樂以忘

〔二〕 通：四庫本作「道」。

疲，花光照晚。比因疾愈，特記三忠。詞簡意遠，麟史與同。琳琅千萬，散落人間。惟此絶筆，令人淚潸。嗚呼哀哉！凌等昔尊文獻，今瞻箕尾。想其謦欬，記其行止。思公無斁，重增怛傷。酹此卮酒，侑以奠章。

進士王子俊

天之生賢，自古實難。匪賢之難，蓋難其全〔一〕。誕集厥成，惟我公則然。公學伊何？通天地人。相其胸中，萬古畢陳。何以況之？瀚海無津。公文伊何？紹韓、歐陽。轇轕星辰，卷舒河江。何以況之？麗日輝煌。有巋斯望，司馬及呂；有赫者勳，韓暨文、富。前哲所長，公靡一不具。公在廟堂，國有柱石。其在四方，世有矜式。自初徂終，備道全德。嗚呼嗟哉！十月朔旦，天降鞠凶。國喪其楨，士夫其宗。梁壞山頹，日星晦蒙。殄瘁之悲，達於天下。安倣之嗟，尤酷於鄉社。駭訃音之忽傳，紛行路其泣下。昔我方冠，狂簡有斐。公見其文，曰此非餘子。職是循誘，假以溢美。拜公道周，如平生歡。飲食教載，出入其門三十三年，彌久益勤。我困場屋，公輒爲喟，移書撫我，且勸且勵。藏在十襲，今豈忍復發視？比往造公，公病不能出，獨拜牀下，猶諄諄焉，哀其窮而悼其屈。天乎痛哉！孰知其遂爲永訣之日也。我持圓鑿，舉世方枘，知我惟公，猶足自慰。繼自今其安所望於世也？薄奠載陳，公呼不聞。我涕如傾，我心如焚，如可贖兮，寧九殞我身。

〔一〕難其全：原作「全之難」，原刻校云：「張本作『難其全』。」按日本藏宋刻本亦作「難其全」，據改。

廬陵周益國文忠公集附録卷三

行狀

公諱必大，字子充，初字洪道，世爲鄭州管城人。宣和中朝散公通判吉州，因家焉。曾祖衎，故任朝奉郎，累贈太師秦國公，妣郭氏累贈秦國夫人，祖詵，故任左朝散大夫，累贈太師秦國公，妣潘氏、李氏、張氏俱累贈秦國夫人。考利建，早游成均，冠釋褐選，終左宣教郎、太學博士，累贈太師秦國公；妣王氏，贈秦國夫人，給事中覯之女；母衛國夫人宋氏，元憲公之孫、龐莊敏公之甥也。靖康丙午，外祖給事守平江，公以是年七月十五日生於郡治。公幼孤，母夫人課公讀書，每至夜分，聞汴人陳持之賢，使公從之。公敏慧夙成，刻苦自礪，出語綴文，見者驚異。登紹興二十一年進士第，授徽州司户參軍，改差監行在和劑局門。與運屬王其姓者共席屋數椽，王不戒於火，延燒及公家。官知火自王氏，以其連姻臺察不敢問，執公蒼頭，抑使伏辜，公坐是免去。朝士勸公直之，公不校也。二十七年，中博學宏詞科，授建康府府學教授。三十年，除太學録，召試館職，奏篇上，高宗稱其文，諭丞相云：「他日可令掌制。」除秘書省正字。明年，兼國史院編修官。三十二年五月，除監察御史。六月，孝宗即位。八月除起居郎，直前奏事。上曰：「朕數年前見卿文，有近作可多進來。」屬初御經筵，公奏：「祖宗置經筵非爲分章析句，正欲人主從容訪問，以裨聖德，究治體，惟陛下留意。」兼編類聖政，以正得失。時暫權給事中，兼權中書舍人，講筵留身，論邊事，上曰：「淮南不足憂，所憂者蜀耳。」公奏：「蜀民久困征求，願降詔撫諭，許以事定寬其力。」先是，左右史不常置，而記注多闕書，公奏：「乞斷自今年六月十一日以後，先次修纂，每月投進，其積壓未修者依舊疾速帶修，庶幾陛下始初清明，言動必書，足以示後。」婉容翟氏位官吏轉行有礙正法者，公言：「上皇扈從之賞，陛下登極之恩，事體至重，然法當回授者未嘗轉行，豈容掖廷奉事之人獨越此例？」上曰：「朕初以卿止能文，不謂剛正如此。」公奏：「近日前報政侍從，並依赦復職名，其間亦有不合人望當繳者。」上曰：「固然，卿論事但令適中，朕無不從也。」崇國正夫人位手分罷去，差錢塘縣貼書填其闕，公奏四方聞知，謂勅差貼書，無乃傷國體乎？蔡仍復官，公具奏蔡卞陰賊險狠，遠出京右，使其子得以赦原，亟簉郎選，則宿姦巨蠹之後，皆可並緣以進，失政刑矣。有詔求言，公奏：「名器輕假，無甚此時。陛下試命有司，取畢仲衍中書備對，以熙寧官吏之數板今日之籍，遂項比類，修寫圖則，多寡盖可見矣。」又云：「祖宗朝甚重諸路總管、鈐轄、將、副將差遣，或待有功之士，或儲將帥之才。乞下樞密院，自今進擬，先取本人脚色聯粘於勅黄之前，照祖宗舊法，毋使背戾。雖有内降，亦須依此。」又云：「朝廷知外虞之當先，而忘諸道之無備，願於湖南、二廣、福建量屯軍馬數百，控扼要害。遴諸州都監之選，而稍重其權，使禁軍漸知階級。」時金人來索舊禮，上命從臣條對，公奏：「太上皇向以祐陵未卜、慈寧未返，一旦以講好之故，寧親寧神，兩遂所欲，禮雖屈而志則伸矣。今彼以數寸之檄邀我厚禮，而遽聽之，安知不謂我怯而繼以難從之請乎？今使之行，臣願再以敵國之禮嘗之。彼納吾使，吾又何求？如必俟舊而後受，則告之曰：『太上皇帝前日之屈爲親也，今通好於用兵之後，主上欲以何名而屈，北朝欲以何名而受？願以爲請。』彼雖貪利無厭，亦將思所處矣。」論者韙之。隆興元年，有旨押行門張宏特與支破遥郡請給，公奏：「臣檢照事因，既非御筆，又非寶批，止用一白劄子，臣不知此命何自而出？幸付三省，尚可進呈。設若指授百司亦用方寸之紙，奉行則難辨真僞，不行則輕損命令。况宏一班直之長耳，去秋已嘗特支全分請給，户部執奏而止。今才數月，乃復紊煩天聽，不可以無懲。」經筵取三月十一日開講，公奏：「國朝之制，春以二月上旬，今乃遠用三月。陛下收召英髦，並直經幄，彼皆日夜望賜清閒之燕，致緝熙之助，若緩其所當急，而使講藝論道之風稍闕於初政，甚未可。」又奏：「邵宏淵能還軍中冒濫之恩，併録戰功，而除正任觀察使，此信賞也。郭振僅一對内殿，既無舊勞，又無新功，亦以觀察使與之則重矣。陸廉以貪黷配流，此必罰也；張耘賊殺士卒，盗没軍資，有司當以殊死，而亦與廉同辠，則輕矣。臣願陛下大明賞罰，賞罰明則名實辨，名實辨則政事修，而夷狄可攘矣。」樞密副都承旨龍大淵、帶御器械曾覿除知閤門事，公與給事中金安節繳奏曰：「臣等於大淵、覿功過能否，初不詳知。近聞皆以臺諫論列，故有此除。陛下自即位以來，凡臺諫有所彈奏，雖兩府大將、侍從要官，欲罷則罷，欲貶則貶，一付公論。獨於二人，乃爲遷就，殆非帝堯舍己從人之義也。臣等若奉明詔，則臣等負中外之謗；大臣若不開陳，則大臣來中外之責；陛下若不俯從，則深恐中外紛紛未止也。」依奏，龍大淵别與差遣，曾覿仍舊帶御器械。翌日，公又奏入云：「適蒙宰相宣示御札，謂臣等爲人扇動，議論羣起，且以在太上時小事不敢如此，則是臣等不以事太上皇帝者事陛下，專徇流俗，輕瀆聖明，死有餘責。臣等見歸家待辠。」有旨無罪可待。上從容語公曰：「朕察卿務舉職，但朕欲破朋黨振紀綱耳。」未幾二相道上意，再除兩知閤，公曰：「命令反復尤不可。」遂留除命不下，上章乞祠，差主管台州崇道觀。乾道四年，除權發遣南劍州，未赴。六年，改福建提點刑獄。入對，論：「人才平居選擇則易，緩急求之實難，願深詔執事雜舉中外文武之才，區别所能，總爲一籍，藏之禁中，副在二府，無事之日預加審核，或有任使，按圖而取」。上然之。除秘書少監、直學士院、兼國史院編修官，公奏：「陛下取漢宣帝之言，親制贊書，明示好惡，使臣下知所趨向。臣觀西漢所謂社稷臣者，乃在乎周勃之鄙樸、汲黯之少文、霍光之不學，至於服儒衣冠，持禄保位，則公孫弘、蔡義、韋賢輩實爲之，故宣帝謂俗儒不達時宜，好是古非今，使人眩於名實，不知所守。然使宣帝知求真儒而用之，何至雜霸哉？臣願陛下平心而察之，不可有輕儒生之名。」兼實録院檢討官。加上德壽徽號，公以高宗萬壽而册文稱嗣皇帝爲嫌，因閲建炎以後遇節朔遥拜徽宗表本止稱皇帝，按唐憲宗上順宗尊號册文亦止稱皇帝，議遂定。七年，兼權兵部侍郎，奏四事：曰重侍從以儲將相，曰增臺諫以廣耳目，曰擇監司郡守以補員郎之闕，曰久任監司郡守。上曰：「皆今日要務也。」上問：「越謀吴甚難，何也？」奏曰：「越已爲吴所殘，勾踐男爲吴臣，女爲吴妾，以小復大，以弱報强，此其所以甚難。然觀其與范蠡謀吴，固有先後之序，非如後世規模不定，僥倖戰勝。」上曰：「卿議論甚當朕心，朝夕除卿侍從。」退即有旨，除權禮部侍郎，仍兼直學士院，陞同修國史、實録院同修撰。公奏：「陛下練兵以圖恢復，而用將之道或未盡，擇人以守郡國，而責實之方或未至。且如江州一軍，自陛下即位始付苗定，其後戚方繼之，甫一年而定復至，又數年王明繼之，甫半年而皇甫倜又繼之。池州一軍，始付時俊，其後王琪繼之，甫半年而秦琪繼之，纔十月而吴總繼之。數易如此，平居猶慮其乏事，何暇議進取哉？諸州長吏倏來忽去，且以二浙言之，婺州四年之間易守者五，平江四年之間易守者四，又其甚則秀州一年而四易守。用度何爲而不窘，吏姦何爲而不滋，民瘼何由而可蘇？」上旋召公謂曰：「卿近所論甚善。朕方力革二者之弊。」公奏：「人主無職事，惟在察臣下邪正，凡輕於任事速於求售，他日必誤國。願陛下察之。」公又言：「江湖大旱，嗣歲尚遠，而諸州賑濟之策已盡，須朝廷於南庫支撥一二十萬緡代民租。臣非不知大農匱闕，然艱食則盜起，盜起則調兵，當是時能惜費乎？」上曰：「聞所未聞。」公再拜謝曰：「臣惟以不欺事陛下。」上曰：「正賴卿裨補不逮耳。」兼侍講，公奏臺端繩糾中外，一日不可闕官，今乃五十日不除，上曰：「未有人故也。」公曰：「御史臺令殿中闕具察官姓名，取旨差權。」上驚曰：「朕不知此，宰執亦不言，蓋避嫌耳。」公曰：「臣嘗爲察官，是以知之，宰執未必知也。」上謂都承旨葉衡：「周某奏御史臺舊法，卿可諭宰相具來。」八年，兼中書舍人，公奏：「中興以來，駐蹕兩浙踰四十年，蓋今日根本之地，而賦税供億反重於他路。如近日越、婺諸郡以隱落爲名，增無實之税是也。」上曰：「此胡堅常之謬〔一〕。」奏曰：「陛下既知，何不改正？」上曰：「當令理會。」公屢請免兼西掖，有旨從之。張説再除簽書樞密院事，與土之奇賜出身並命，公時在翰苑，適當答詔，入奏云：「昨除張説簽樞，舉朝皆曰不可，陛下旋即改命。曾未周歲，復有此除。若謂西府當間以武臣，則願於大將中擇有威望者畀之。去年羣臣争論之際，傳聞聖諭茲事誠誤。以此觀之，用説非陛下意明矣。所有二人辭免不允詔書，未敢具草。」草上，批王曮疾速撰入，公與在外宫觀，日下出門。九年，除知建寧府，三請祠，提舉江州太平興國宫。淳熙元年，除右文殿修撰，未幾召赴行在。二年，除敷文閣待制，兼侍講，兼直學士院，上曰：「朕知卿文學固久，今卿不迎合，無附麗，朕所倚重。」除兵部侍郎，仍兼侍講。公言：「儲材當於閒暇，太祖、太宗搜覽豪傑，恢張四維，凡作成之方，無所不用其至。及真宗、仁宗之世，名卿大夫磊落相望，是其效也。仁宗尤以涵養士類爲急，故自治平至元祐，悉獲其用。厥後章、蔡相繼，沮士氣以壞風俗，獎諛慝以植黨與，卒致裔夷之禍。紹興初將相卿士得人爲多，既而秦檜以患失之心濟忌刻之性，同己者用，異己者逐，人才衰落，貽患至今。」上皆嘉納。上諭公：「卿所進太上尊號詔草，温純典雅，更無一字可議。」公奏：「向者庚寅之詔，亦臣所草，流落累年，再塵翰苑。」上愕然曰：「前詔亦卿草耶？」公曰：「臣幸甚，方紹興末太上初上尊號，臣已爲察官，預此議。當時不以表請，私切非

〔一〕堅：原刻校云：「別本作『聖』。」

之，其後適在翰苑，遂援古誼改正此禮。」兼太子詹事。三年，公奏：「前年冬江西地震，贛州天狗星墜，既而茶寇入境。今聞十二月及正月福州地再震，亦有天狗之變，其事不可不慮。」上曰：「防微杜漸固然。」公曰：「天人相去甚邇，願陛下毋忽。」又奏：「昨聞殿前司進羨餘二十萬貫，此何從得哉？」上曰：「朕已不受，聞軍中有百餘萬矣。」公曰：「雖不受，當思其所自來。」上曰：「軍中財賦自有源流，蓋統制官不治財賦，統領却治財賦，可以相關防，更無滲漏。歲月既久，蓄積浸多。」公奏：「主將須令得統制懽心，統制須令得統領懽心，今因小利却使互爲猜嫌，戚戚然相伺察，情何由通，緩急何由得其死力？」他日公奏：「臣聞陛下日御毬場，固知不忘閱武。然太祖二百年之天下，屬在聖躬，願爲社稷自愛。」上作色曰：「卿言甚忠，得非憂銜橛之變乎？朕每次須再三審視前後，兼南方無好馬，非西北比。正緣讎恥未雪，不欲自逸耳。」陞兼侍讀，除吏部侍郎。四年，除翰林學士，依舊兼職。公奏：「臣觀自唐至本朝，優待詞臣，異乎他官，謂其居近侍之職，無簿書之冗，可以朝夕論思，日月獻納，或有補於治道也。臣所慕者陸贄、歐陽修而已。」十月久雨，公上言：「陰雨已踰兩旬，甚妨收刈。伏聞太祖朝以久雨謂左右曰：『後宮止三百餘人，當更放數十人。』今禁中給使雖少，不知可用太祖故事否。浙中諸郡積欠頗多，不知可降旨少寬期限否。其餘更有寬恤事件，望令三省及户部日下條具取旨。」内直宣引，公奏：「臣在翰苑，無有司之職，所以久不敢請對。」上曰：「學士宴見無時，最爲親近。」公因論時事，遂及「陛下當委任大臣，而使臺諫給舍各舉其職，自無過舉。今風俗委靡，士大夫以簿書期會爲能，不思其職，久而不已，其害將不可勝言。願陛下早正其偏。」又奏：「九月間天文不順，且聞金星近前星。」上曰：「止是略近，已戒太子勿近外人。」奏曰：「天道高遠，當論人事。武士擊毬，太子亦與，臣甚危之。」上曰：「卿可語太子。」奏曰：「太子人子也，陛下命使馳驅，臣安敢勸以違命？陛下勿命之可也。」上曰：「近日察官甚舉職。」奏曰：「人臣肯不避怨謗論事，陛下當聽而主張之。且六察止有二員，若更除一員，則每員可分兩察，亦所以示開廣言路之意。」他日，公問上：「太上何所苦？前日陛下不及整輿衛而出，人情疑懼。」上曰：「太上於飲食小失節，當日朕甚倉皇。」因奏德壽宮相去太遠非便，上曰：「前日已曾及此，太上堅不肯遷，如殿前司却多地步，待更力請。」又奏：「人主外寄耳目於監司，臣願明詔部刺史，或月或季，各以部内所當罷行之事，做成周小行人，所謂萬民之利害，政事教治刑政之逆順，與夫作慝犯令、豐凶和樂之書，條具以聞，毋得用薄物細故塞責。如此，則不惟陛下坐而周知天下之故，亦可於是稽其人之才否，而詔黜陟矣。」公屢乞去，上勿許，且奏：「陛下用臣太過，位序浸高，未免招致人言。且蘇軾在此官，猶請郡至八九，臣實何人，敢不知懼？」上曰：「待召人令與卿分力。」因問呂祖謙能文，公奏祖謙不但能文，極知典故，翰苑須常用有學問之人，乃爲有補。五年十二月，除禮部尚書，兼翰林學士，公奏：「臣竊見本朝昭憲皇后誕生太祖、太宗，聖子神孫，垂裕萬世。宜擇其子孫愿恪有才能者一二人，加之以一命之寵，畀以祠廟之禄，世世勿絕。仍就行在賜屋，使聚族以居，與國無窮，庶幾慰在天之靈，報垂裕之德。」六年，詔禮官詳議明堂典禮，公奏：「祀帝祀天以祖宗配，此本朝已行之制。但世俗誦《孝經》之語，未嘗深考其義，致以合宮爲疑[一]。故前郊李燾申請，雖經羣臣集議，尋爲異説所奪。今既明降旨揮，即與臣下啓請不同。若或中輟，理爲未安。」由是圜丘、合宮始互舉云。講筵留身，論本朝立國專以仁，兵非不用也，而以禁暴安人爲本，上曰：「本朝兵勢大抵似弱。」公奏：「仁故似弱，其實非弱，社稷靈長，職此之由。」上曰：「所以並無禍亂。」公曰：「本朝似周，彼秦雖强，祇以自蹙。」上論前代人物，公奏：「陛下萬幾之暇，潛心聖賢，不爲嗜好所惑。」上曰：「自昔人君，不知道只爲不學。」公奏：「堯、舜、禹之稽古，高宗之監成憲，故措諸事業，後世莫及。今陛下留意於學，真積力久，此心清明如止水明鑑，物之過者，妍醜真僞，灼然可見。以此應天下之務，安有一事失其當哉！」十一月，除吏部尚書，兼翰林承旨。公奏近日裁減宗室恩數事，上曰：「太濫。」公曰：「若擇服屬疏者許其一依士人應舉取放，既可密減入流，又待之厚，彼自無怨。」上稱善。又奏：「自昔治少亂多，未有數十年常晏然者，今中外幸小康，豈可不防患於未亂？」上曰：「無怠無荒，四夷來王。」公奏云：「明王謹德，四夷咸賓，皆是道也。」又云：「虞舜無爲，非皆無爲也，但不爲簿書期會之屑屑耳。」七年五月，除參知政事，上曰：「朕近見卿理會一二事，殊不依違，執政之於宰相，事任非遠，貴在和而不同，有所見言之，勿以爲嫌。」公對願盡力。上嘗密遣人往昌化覘視箭穀，回云六十年前有此，上以示丞相趙公雄，雄言：「上再三及此，恐合宣示外廷。」公曰：「宣和間有此，豈是休證？」乃不果言。上謂公曰：「只爲養兵，不免皆取之民。」公因極陳民困之由，上問：「各有名色，何故困民？」公曰：「且以平江府論之，紹興以前歸正添差等官歲用五萬緡，後來乃用二十餘萬緡，則是歲添三倍以上。既無所從出，遂於支移折變中暗增錢數，如苗米一石其耗三斗，州府受納，則令折科，增三斗爲五斗，增五斗爲七斗。如此則有田之家無不被害，安得不困？此特一端耳，他皆類此。」上爲之悵然。八年八月，以久旱降親筆付三省求直言，丞相回奏謂熟多旱少，今此詔一下，所在皆有賑濟之請，何以應之，約公通簽進入，公言：「上明目達聰，欲通下情，而吾儕阻隔不行，萬一上自行之，且以此奏示人，豈不獲罪？」公論相亟從之。上嘗以樞密非古官，欲罷之，公奏：「樞密本唐傅導之官，五代始置崇政院，分宰相之權。慶曆間張方平固嘗以爲非，而神宗亦有廢併之意。今聖諭可謂盡善，但二百年官制，一旦驟改，良亦未易。不若且令二府互領。」又及求直言事，公奏：「陛下聖德日躋，而星變旱灾如此，殆由臣等所致。」上曰：「若封事言及大臣，朕須留中。」公曰：「付出何害？欲人不知，莫若勿爲。未聞有過而人不知也。」有介宮闈之援而求爲郎者，上令公諭給舍繳駁，公奏：「臺諫給舍與三省相維持，豈可諭意？不從失體，從則壞法。命下之日，臣等自當執奏。」上喜曰：「卿等肯如此任怨，甚善。」公奏：「不與其所當與，謂之任怨；不與其所不當與，何怨之有？」上曰：「此所謂任責，非任怨也。」公嘗言用人之道，因及著作郎、佐各二人，紹興以

[一] 合宮：原刻校云：「張本作『今日』。」日本藏宋刻本亦作「今日」。

來未嘗官備，蓋以職任清高，實爲左右史之儲。近歲習俗奔競，遷進太速，今在館多非久次，望姑養其器業，以厚士風。九年九月，除知樞密院事，上謂公曰：「每見宰相所不能處之事，卿以數語決之，三省本未可輟卿也。」他日，上謂公：「如統制官之類，當時與之接以觀其才。」公奏：「昨雷世賢相見，說淮南地形緩急，欲守滁。臣謂不然，滁有山林之阻，可守而不可禦敵。若廬、和嬰敵衝，此則當備禦。」山陽舊屯軍八千，雷世賢方請止差鎮江一軍五千人，上欲許之，公奏：「山陽控扼清河口，紹興初韓世忠嘗屯重兵於彼，若無故減戍，他時旋增，必致敵疑。今揚州武鋒軍有衆八千，本屯山陽，若歲撥三千人同鎮江一全軍往戍，似爲兩便。」十年御帶林憶年丁憂，中官除此闕者數人，公奏：「閹官徒借是以希升轉，近用王實，今又用王毅，雖是德壽宮人，給舍不知，多來問臣。臣雖具以陛下奉親之意曉之，終非美事。」上曰：「也是，都要轉遥郡。」公奏：「不得已，且令給據亦可。」公又言：「近者白氣自西南亘天，宜爲兵備。」上曰：「日脚之氣，冬常有之。」公言：「此太史局相寬之詞，抑天道固不可知，有備乃無患。」吴挺申交州蕃部劫漢人二名及牛畜而去，挺以事細，止乞照會，公奏：「今欲降旨揮，督其根治，庶幾知朝廷每事留意，不敢忽略。國家日有萬幾，若不察之於微，其弊將有不可勝救者。」上曰：「幾者動之微，自古多緣不能防微杜漸，馴致禍亂。」温州軍士因教閱喧悖，郡守汪義端將爲首者決配，憲臣張詔欲先定義端減尅衣糧之罪，然後將軍士明正紀律，公奏：「此風不可長，若稍行遣義端，則今後驕兵苟有所求，必爲劫持計矣。」郭果請移江陵兵萬二千人并家屬永屯襄陽，公言：「江陵兵一萬八千人，自來半戍襄陽，今果謂襄陽極邊，爲門户之要，殊不知江陵亦在江北，爲吴楚喉衿。或金以數萬人綴襄陽之師，自隨、郢直走荆南，則奈何？」上曰：「正爲軍士家屬在荆南，恐或擣虚，牽連士卒心。」公奏：「如此，則江陵遂棄之乎？」爭甚力，上乃許果萬人而留八千於江陵。盱眙報金酋今歲避暑壽安宫，所徙器用倍常時，且分諸子出鎮，上謂公此必有避位意，公奏：「當預爲之備，如淮上萬弩手近密令州郡置籍，而諸路民兵闕於教閱，内外諸軍亦久無陞進，欲併擬一指揮，令擇精習武藝者解發赴行在。宰執三衙親行閲試，高者補一兩資，餘第支賞給，亦所以示不忘武備之意。」上曰：「便是，恐人謂放下。」公嘗奏：「祖宗時大臣奏事榻前，互相可否。今陛下虚心無我，有所未至，惟恐臣下不言，豈容人臣却護短自是？夫惟小事不敢於榻前有隱，則大事無由欺蔽矣。」上深以爲然。公言：「近探報敵酋却欲至東京，秋冬議過上京，乞密下諸將究實，且降親劄付蜀中三大帥，令條具攻守之策以聞。」公奏事次，上獨命留身，宣諭云：「金酋既過上京，秋間或傳位興兵，卿留心軍政，甚副朕擢用之意。」公奏：「臣本以文墨荷聖知，戎務本非所習，誤蒙任使，不敢辭耳。今彼恫疑虚喝，正恐我或先動，所當鎮之以静。惟邊將不可不精擇，山陽最爲重地，正當金糧道。今正與尋常州郡一等用人，緩急竊恐誤事。」淮西延璽申，泗州歸正朱現已補承信郎，不曾與告，上曰：「何不與之？」公曰：「元來誓書不得招納叛亡，恐却過北界，引惹邊事。今欲令王希呂更加優恤。」上獎諭再三，曰：「卿處事甚當。」十一年六月，除樞密使，上曰：「卿在西府，備殫忠勞，若有邊事，宣撫使惟卿可，他人不能也。」公奏：「諸軍陞差置籍，今已一季，合行點召，雖不專以此取人，亦因以察其能否，使之不測，則主帥自不敢行私。」詔令赴密院審察。王希吕乞增兵守廬，上欲令郭鈞、雷世賢共分數千人與之，又云：「萬弩手、民兵自可爲用，若添得一藩籬，甚好。」公曰：「希吕欲二萬人，少猶半之，蓋須以正軍爲主，則帥司可立。帥司既立，則沿淮歸正山水寨、民兵、萬弩手等皆爲我用矣。」十二年，留正申西兵已免起二年，今次取聽朝廷指揮，上令發來，公奏：「襄陽兵少，閻世雄欲得此項人。」上曰：「三衙不可闕。」公言：「頃金不得志於四川，又嘗送死於兩淮，深恐睥睨荆襄，向來猶調他處官軍，不比三衙在近，臨時可以措置。」上悟曰：「與應付一年。」金州闕帥，公奏欲令侍從管軍薦舉，上云：「大帥自合朝廷除授，卿等且更求人。」公曰：「舜用九官，並咨四岳。用否在上，何嫌之有？與其暗薦，不若明揚。仁宗用臺臣，至於列所薦人姓名，已乃考實，誰敢妄舉？」上言：「王藺論事頗偏。」公奏：「藺議論雖時有過當，然人主左右豈可無數人盡言不顧身者？若上下相蒙，合而爲一，殆非國家之福。」盱眙奏報達實林牙領兵犯金國，金下宿、泗等州堤備，御筆賜公等曰：「達實契丹欲興兵，不如所傳則已，有之則在我豈得漠然？他日我徑舉兵則違誓約，若因釁則將何以爲辭？」公奏：「敵中多詐，彼一方小警，何至移文近邊？若果有釁，臨時不患無辭，所急在於間探精審耳。」明年，上又諭公以吴挺約結夏國事，公奏：「陛下念世讎之未報，思境土之未復，規摹宏遠，夙夜不忘。臣備位於兹，無以少副使令，每切慚負。但夏人自來翻覆，乾道中王炎嘗因任令公用帛書通好，隨即密送金人，范成大奉使日雍遂出以示之。其難保如此，結約似未可輕。若雍易世，親離衆叛，天相聖明，決有機會。」廣東帥潘畤以擅斬犯法軍士自劾待辠，上批「無罪可待」，公奏：「帥無便宜之文，不經録問詳覆而斬四人，雖意在除惡，然人命至重，若如此施行，恐開妄殺。只如洪邁誅婺州唱亂六兵，亦止是放罪，後不妨旌賞。」池州李思學自陳本軍正將二人不能開弓，竊恐被點唤，乞與罷任，上曰：「此法甚好，皆樞密使措置之效。」楚州報金中呼魯大王占據上京，上批問公曰：「金若中分其國，宜預畫計策。」公奏：「兹事體大，譬如奕棋，須隨着應之，若遂先舉，恐貽後憂。」他日上諭公：「近北使到闕，詢問其三節人，皆云呼魯年已六十餘，因於僧舍，前所報達實林牙亦是妄傳，樞使可謂先見之明。」十四年二月，拜右丞相，公奏：「臣不才備位，初無設施，惟奉行成算。今陛下勤政，内外寧謐，二十餘年，此正可懼之時，當思經遠之計。臣欲具要務，取自聖裁，若其可行，當與王淮等協濟，亦不敢紛更欲速。」上曰：「鋭則易怠，國家無事時，正宜修明政理。」公奏：「大臣朝夕納誨，非如臺諫給舍救之已然。」上曰：「朕有過失，卿宜盡言。」上欲下吏部將知縣有薦舉人先與通判闕，公奏：「莫若籍記與堂除通判，免滋攙奪之風，且壞銓法。」公以旱求退，不允，因奏及民實患惟寬減夏税，而施德自近始。如會稽和買詭避極多，今乞權免一年，後當差官釐正。秀州申，乞權減大軍總制錢二萬餘緡，吏擬勘當，公曰：「此豈勘當時耶？」奏蠲之。高宗上仙，朝廷欲用顯仁例，遣三使如敵中，公固執不可，謂今昔事體不同，不當畏人而曲狥。金國賀生辰使人到闕，上在喪次，議欲宣諭俾歸。公奏賀禮固不可行，但彼遠來，止是館伴發遣，朝廷更無一辭，於理未安。遂口占數語，令使者歸，附奏，中外咸謂得體。十一月，手詔討論皇太子參決庶務典禮以聞，上欲從天禧舊制，止就資善堂，公奏：「其時太子尚幼，初見輔臣，恐難尊用。昔晉有宣猷堂，今作議事堂，亦可。」十五年，太上山陵，公奏當如祖宗舊法，置使五人。首相意不欲，禮官又引紹興顯仁例。公言：「今陛下既用七月之制，又行三年之喪，山陵豈可不用大臣？永熙陵差呂端攝太傅，是時一相尚且親往。昭慈在會稽，倉卒間猶命樞臣爲總護使，又差執政張守監掩攢宮。舊章著明，昭然可考。臣備位宰司，當行。」乃以公攝太傅，如端故事。明堂加恩，進封濟國公，公奏：「久塵政路，自思陵歸即欲求去，緣京鏜使北，爭執禮文，屢蒙宣諭，恐彼中因賀生辰却求報復，令臣任責，是以遷延少待。今人使已行，求去無嫌，願乞骸骨歸山林。」上獎勞再三，曰：「朕比年殊覺病倦，欲傳位太子，卿須且留數年。」公奏：「陛下聖體方康宁，只緣哀毁太過，何遽及此？」上曰：「禮莫大於事宗廟，而病不能自力，每直孟享，往往分詣；孝莫大於寧親，而德壽宮隔遠，不得日至，欲不退休，得乎？朕方以此委卿。」公泣而退。十二月壬申，上密付紹興三十二年太上傳位親札，公奏：「陛下躬行舜禹之事，臣願釋政，以内祠事陛下於别宮。」上曰：「丞相得無欲用錢端禮例邪？」上命公草詔，宜以侍几筵奉東朝爲意。十六年正月，拜特進、左丞相，進封許國公。二月壬戌内禪，公奏：「陛下聖壽康寧，巽位與子，古今盛典，再見本朝，中外同慶。臣等輔政無狀，自此不得日侍天顔，無任依戀之至。」哽噎幾不能言，上亦泫然曰：「正賴卿等協贊新君。」光宗即位，公奏：「陛下初政，用人求言爲急，如前宰執侍從首合咨訪。」後三日御筆批出降詔，從公請也。三月，陞少保、益國公。累奏乞回授，上不許，降詔面諭至三四。公在位稍久，士之有求而不獲者多望公，公爲是懼，求去甚力，上不許。既而諫官有言，公請益堅，詔以觀文殿大學士判潭州。言者不已，遂以少保奉祠而歸。孝宗遣中使賜公金器，勞問有加。紹熙改元，判隆興府，辭不赴。除觀文殿學士，判潭州。郡有倍税牙契錢，歲約二十萬緡，公亟罷之。明年六月，復大觀文。七月坐舉官不實，降授滎陽郡公。又明年八月，復益國公，改判隆興。復再入奏祈免，除醴泉觀使。今上即位，詔求直言，公奏陳四事：曰聖孝，曰敬天，曰崇儉，曰久任。且欲倣靖康時譚世勣主管龍德宮，壽皇時命錢端禮爲德壽宮使故事，遴選太上舊臣一二人，使侍燕閒、從遊幸，以廣陛下之孝。本朝提舉司天監，皆委近臣，如神宗初年用司馬光，元豐間用王安禮，今莫若擇侍從之忠直者提舉太史局。此誠格天之一端。上特遣使賜公少傅告，公一再辭，尋許回授。慶元元年三上表告老，詔以少傅致仕。嘉泰元年，有以布衣上書及公姓名者，言者論公，降一官，次年復少傅。四年十月一日薨，年七十有九。訃聞，上輟朝兩日，贈太師，賻銀千兩、絹千疋。公娶王氏，益國夫人，監察御史葆之女，先公一年薨，葬於廬陵縣斗岡之原。十二月八日，奉公柩合焉。子綸，朝請大夫、行大理司直；孫顥，宣議郎、新監饒州浮梁縣景德鎮，兼煙火公事。孫女五人：長適承事郎、監嘉興府糴納倉蕭象，餘未行。公英亮宏達，得於天資，研精覃思，博極書傳，少有大志，常以古人自期。登進士第，繼擢詞科，當官涖事，慮周而識敏，內秉剛方而外和易，人不見其圭角。高宗一見其文，奇之，由臺閣登侍從，標望屹然，凡所獻替，前代之典章、國朝之故實，援引考證，辭婉意切，悉中事宜。在兩制，除拜有非其人者，據正爭執，前後兩以祠去，士大夫莫不高其風，而孝宗於是益敬公矣。暨再還朝，旋踐二府，政事之外，尤究心武備，選將練兵，常如敵至，慨然以規恢大義爲不可已，而務存審重。孝宗亦自謂往時以文章知公爲不盡，而始有大用之意矣。既正宰席，以身任天下之重，進盡忠益，退省闕遺，輔贊彌縫，靡不用其極。每與同列奏事上前，有甚公者，公一不顧，反覆辯論，歸於是而已。公於人才務合異同，不主一偏，惟賢是用，尤不樂矯激近名者。其規模建置，大抵本於仁厚，每以愛養民力、久任牧守爲急，於祖宗故事遵守不敢輕易。孝宗將內禪，討論典禮，草定詔册，一出公手，他人莫與。光宗以公甘盤舊學，眷禮尤篤，於是側目者衆。公竟以論去，閒居十五年，自號平園老叟，築堂名曰「玉和」，公自序云：「四氣和謂之玉燭，方今賢和於朝，物和於野，遂使皤然一叟，得佚老於和氣之内。」則知公雖從容緑野，坐遠世氛，而其心未嘗一日不在朝廷也。顧常謂《易》六十四卦，惟《謙》六爻皆吉，又誦「一言可以終身行之者，其恕矣乎」，故平生處己以謙，待物以恕，出於自然，無所矯飾。公之爲文温純雅正，不厲聲色，自足如意，近代建言得體，無出公右。晚筆力益遒，四方碑板多以屬公。公自奉甚約，義所當予，略無所靳。親舊貧不能自給者，廩之終身。事從兄甚嚴，視其顔色以爲戚欣，撫族婣曲有恩意，官同姓者六、異姓者五。公雖貴，遇朋友如貧賤時，澹於聲色，獨嗜書如饑渴。已老，手校《文苑英華》一千卷，又與同志取歐陽公集反復是正之，遂爲善本。公有《省齋文藁》四十卷，《平園續藁》四十卷，《省齋別藁》十卷，《詞科舊稿》三卷，《掖垣叢稿》七卷，《玉堂類藁》二十卷，《政府應制稿》一卷，《歷官表奏》十二卷，《奏議》十二卷，《奉詔録》七卷，《承明集》十卷，《辛巳親征録》一卷，《壬午龍飛録》一卷，《癸未日記》一卷，《閒居録》一卷，《丁亥游山録》三卷，《庚寅奏事録》卷，《壬辰南歸録》一卷，《思陵録》二卷，《玉堂雜記》三卷，《二老堂詩話》二卷，《二老堂雜誌》五卷，《玉蘂辨證》一卷，《樂府》一卷，書稿十五卷。璧之先君文簡辱交於公，同德比誼，獨相知心。仲兄著作、季兄賢良皆從公游，蒙待以國士，而璧白幼亦荷公期予甚過。追惟三十年間死生離合，感慨增係，自顧駑下，學不加進，有負獎知。今公既葬矣，綸以行述來請，用不敢辭，序始終大略如右，以俟誌公之墓者，且以備奉常太史氏之採擇云。開禧元年十二月辛未，朝議大夫、試尚書禮部侍郎、兼同修國史、兼實録院同修撰、兼直學士院、兼樞密都承旨李璧謹狀。

廬陵周益國文忠公集附録卷四

謚誥

勅中書門下省：尚書省送到吏部狀，準都省批下本部申，據吉州奏：據持服周綸狀乞故父少傅、觀文殿大學士致仕、益國公、贈太師必大定謚事。今據太常寺申連到朝散郎、行太常寺主簿兼權太常博士劉彌正申：撰到謚議。議曰：宋興二百四十餘年，文明之盛，超漢軼唐，元臣故老，先後相望，未有不由儒學以發身者也。然而規模有博狹，事業有崇卑，要其所成就，又不在是。大抵經生固陋，文士浮夸，泥古者未必通於今，溢於空言者類嗇於實用。蓋有文采動人主、言語妙天下，及夫臨大節，當大事，其所建明植立，卒無以大過人者，豈非學力之未至，氣節之弗充歟！觀公出處踐履，言論風采，正大純固，不抗不撓，是宜道德文章爲世師表，功名終始視古名臣爲無媿也。公始擢進士第，繼中博學宏詞科，尋召試，高廟稱公之文，謂宜爲制。孝宗初元，擢兼詞掖。嘗因論奏，知公剛正，又謂不但有文而已。自是更出迭入，歷臺省，登禁從，而掌内外制者蓋十餘年，凡乾道、淳熙之間號令訓詞温純典麗，焕然可述者，皆公之文也。高廟再上徽號，以至光宗内禪，三朝揖遜，極千載一時之盛，當時詔册，皆公所草定。鋪揚閎偉，文飾太平，盛德鴻業，實與高文大册相爲輝映，豈直儒者逢辰之榮而已哉！先是隆興初，嘗繳奏兩知閤門事除命，孝廟爲之中寢。翌日出御札，命宰臣宣示。未幾，二相更道上意，已寢之命復出。公持之不下，奉祠以歸。投閑置散，如是八年，而後收用。今夫習俗移人，士大夫砥礪節行，從臾養成，則作之愈高。及其憔悴寂寞之濱，磨以歲月，未有不懲創銷沮，易骯髒而伊優，化百煉而繞指矣。公獨不少貶，再直禁林。一日以武臣除簽書樞密院事，毅然不草答詔，即日報罷。於是清風勁節，聳動中外，孝廟亦自是深知公，見謂不迎合，不附麗，而大用之意決矣。始孝廟之御極也，金人來索初講和時舊禮，公因條奏，請正敵國之名，時論韙之，虜亦竟以是屈。久之，上問：越之謀吳甚難，何也。公遂歷陳勾踐、范蠡爲謀先後之序，非如後世規模不定、僥倖戰勝之謂。又因上論本朝兵勢似弱，公奏：本朝立國以仁，仁故似弱，然社稷靈長，職此之由。上深以爲然。蓋大義不可以不明，大計不可以不審，君臣朝夕，是究是圖，精神契合，廟謨堅定，不爲異論所摇。在樞筦五年，如增山陽江陵之戍，遴選邊方之帥守，創行内外諸軍點試之法，申嚴民兵萬弩手之教閲，抑未嘗一日少弛武備也。或傳虜酋遠徙種類，相攻同姓，分據上京，邊臣結約夏國，一切屏去不省。勸上持重，勿爲之動。既而所傳，果皆妄也。上由是益嘉公先見之明。未參大政，嘗奏：自昔治少亂多，未有數十年常晏然者。今幸小康，當防患於未亂。既登相位，又言：今内外寧謐二十餘年，此正可懼之時，當思經遠之計，杜漸防微，憂深思遠，都俞賡載之間，不忘警戒。蓋古之大臣所以責難於其君者，汲汲若此。孝廟英明神聖，臣下莫敢望其清光，曲學謏聞，游詞飾説，造膝之間，無不盡得其底藴。然而虚已求言，聞善若不及。公又能援据古誼，開廣上心，參稽故實，切當事情。是以每奏稱善。在位最久，得君最專，凡見於議論設施之大者，未可以悉數。惟公之職論思也，典禮有訛失，公爲是正之。朝政有闕遺，公爲規益之。國論有紛紜，公爲折衷之。及其秉政也，獎用一善類，未必出於公之薦引，而天下莫不隃度曰：此必公之意也。舉行一善政，未必出於公之闓陳，而天下莫不贊美曰：此必公之爲也。人心不齊，天籟自鳴，其所以使之厭服至此者，豈無道乎？歲晚歸休自放於林泉者，又十有六年。平生淡泊，無他玩好，惟躭嗜圖史，至老不衰。門無雜賓，海内人士有能以片文隻字自致於公者，輒忘年忘分，與之交際，雖酬酢終日不倦也。研精覃思，爲書滿家，篇詠書題，流播四方，人争寶而藏之。斯亦古之所謂有德而有言者矣。《傳》不云乎：「中立而不倚，和而不流。」惟公有焉。是以溥博淵泉而時出之，溢而爲詞章，炳而爲德業，皆公之餘事也。謹按謚法：道德博聞曰文，廉公方正曰忠。攷行易名，哀時二美，豈無他人，莫如公宜。請謚曰文忠。謹議。宣教郎、守祕書省著作郎兼沂王府小學教授、兼權考功郎官許奕撰到覆謚議曰：謚行之則也，曰文曰忠謚之至美者也。漢以前複謚不數數見，至唐幾半簡策，然合是二美以配厥德，四人而已。其間褚遂良、李元紘，當時已有遺議，獨顔真卿、韓休，名與行尊，凛凛百世。五代衰落無全人，如盧質，濫不足道。我國朝渡江以前，得是者六，而富公弼、歐陽公修、蘇公軾爲之稱首。蓋其選嚴，則人之望之加重。故少傅、贈太師、益國周公，其歐、蘇之流亞也歟。公器局渾然，多識而守正，博達而人不犯。前代典章故實，網羅援證，各有據依。處大事，斷大疑，從容一語而决。事君以直道自任，事所不可，不局縮苟從。上往往以宰執宣諭，守益固。坐再斥弗悔，久之，上反以是得公，迄大用。出處履踐，一適於正，其志不古人不止，而今人卒亦莫能及也。方公在後省，孝宗皇帝實始嗣位，虜以使至，索舊禮，朝議洶然。公建言：時異事殊，宜勿聽。與上意合，由是一正敵國之體。及掌樞柄，上鋭意大有爲，邊臣鼓舞其説，謂虜外内外釁迭作，不可失機。當是時，上亦爲動，公獨言：兹事體大，不可輕發，貽後憂如是者再。已而所傳皆虚也，上以是睠公益厚。公規模建置，宏大審固，不爲目前苟且計。諸軍陞差置籍，不時點召，主帥悚激，無敢容其私。創行諸軍點試之法，其在外則復解發之制而親閲之，天下於是知朝廷不一日忘武意。有議減山陽戍，及併江陵屯兵於襄陽，公執不可，大抵皆自治、治人策也。既正宰席，益務守祖宗法度，謹名器，抑恩倖，遴帥守，惜民力，其於人才分合同異，毫細無所畧。上前辯論，反復曲折，率主於當。嘗爲上言：「人主無職事，惟在察臣下邪正，凡輕於任事、速於求售，它日必誤國。」又言：「今風俗委弊，士大夫以期會爲能，而不思其職，久而不已，其害不勝言。」其持重識大體類此。發爲辭章，神造天出，温淳雅正，駿發明厲，各適體宜。掌内外制十餘年，一時大典册皆出公手，天下學士傳風矜式焉。然皆發持，滿流既溢，激射澒洞，非如他人遇事作機杼軋軋如也。嗚呼！才之難於全久矣，自昔蜚英文苑之士往往與世異轍，事業風采，傾動天下，而文無傳焉。善此而略彼，得一而遺二，蓋其積也。不厚則其發也有所窮，如公逢辰得君，負衡據鼎，膏澤被天下，而斯文之光焕乎如日星麗天，物物呈露，斯可謂炳炳烈烈，爲宋之章者矣。末節益高邁，杜門十五年，著書滿家，吮六籍之腴，咀百家之華，四方碑版得公筆，然後滿意始終。聲名無毫黍玷缺，識與不識，浩然歸重。考行訓德，曰文曰忠，與韓、顏、富、歐、蘇諸公並傳於無窮，不其偉哉！或曰：今之謚，均美而已矣，夫何擇。雖然，抑有公議焉。有司按法上其事、天子可之，天下從而然之，是之謂公。惟公，故秉筆者無愧詞。太常議謂：豈無他人，莫如公宜，斯言允信。謹議。今來本官合行定謚，候敕命指揮下日、出給謚告付本家，仍牒照會。伏候指揮。二月十五日，三省同奉聖旨依。尚書吏部故任少傅、觀文殿大學士致仕、益國公、食邑一萬五千六百户、食實封五千八百户、贈太師周必大牒奉敕，宣賜謚曰文忠。

廬陵周益國文忠公集附録卷五

神道碑

宋故少傅觀文殿大學士致仕益國公食邑一萬五千六百户食實封五千八百户贈太師謚文忠周公神道碑

通議大夫提舉江州太平興國宫奉化縣開國伯食邑八百户樓鑰撰并書

資政殿大學士中大夫提舉臨安府洞霄宫天水郡開國侯食邑一千八百户食實封三百户賜紫金魚袋趙彦逾題蓋

孝宗皇帝在位二十八年，厲精求治，久而不倦，聖德日新，光紹祖宗。宰相凡十有五人，明良會遇，可謂盛矣。求其相爲終始，全德備福，亦未有如益國周文忠公者。始，公親見龍飛，御名之立，已嘗預議。中間再以力排權倖，沮其枋用，忤旨去國，略不少貶。士大夫之過計者，謂公不復用矣。聖明洞照，愈加褒擢，遂至元宰，任天下之重，周旋密勿，終贊與子之决。以孝宗之實睿實聰，公之明敏肅給，真千載之遇。而又事光宗於春宫，夾輔初政，功成身退。既掛衣冠，猶被主上寵光者十年。嗚呼，其可謂聖朝之宗臣矣。公薨之二年，嗣子綸以書抵四明樓鑰曰：「先公既葬而隧碑未立。」謂鑰荷公之知，晚而益深，又嘗待罪太史氏，俾爲之辭，且示以今參知政事李公壁所作行狀〔二〕。鑰不佞，謹摭其大槩，洎平日見聞之實而書之。公諱必大，字子充，一字洪道，世爲鄭州管城縣人。曾祖衎，朝奉郎。祖詵，左朝散大夫。父利建，以上舍魁登第，終左宣教郎、太學博士。以公貴，三世俱贈太師、秦國公。曾祖妣郭氏，祖妣潘氏、李氏、張氏，妣王氏，俱贈秦國夫人。宣和中，祖爲吉州通判，因家焉。外祖給事中靚知平江府。靖康元年，公生於郡治。幼孤，歸信州外家，從汲人陳持學。太夫人躬督誦書，率至夜分。十三而太夫人卒。公記誦絶人，徒手入舉場，有問者應如響。文又工緻，遂名薦書。紹興二十一年擢進士第，授左迪功郎、徽州司户參軍，改監行在和劑局門，以鄰火罷。二十七年，中博學宏詞科，循左修職郎、建康府府學教授。三十年，除太學録，召試館職。高宗稱奏篇，謂他日可掌制。除秘書省正字，循左文林郎。三十一年，改左宣教郎、兼權國史院編修官。三十二年五月，除監察御史。六月，孝宗即位。八月，除起居郎，直前奏事。上曰：「朕舊見卿文，有近作進來。」此眷注之始也。侍立講筵，奏：「勸講非爲分章析句，正欲從容訪問，以裨聖聰，究治體。」兼編類聖政所詳定官，暫權給事中，兼權中書舍人。嘗論邊事，上以蜀爲憂，對曰：「蜀民久困征求，願降詔撫諭。」許以事定寬其力。又奏比歲史官不備，故記注多闕。欲先自六月十一日修纂，前未備者併修之。論翟婉容位官吏轉行礙止法事，上曰：「初謂卿止能文，不謂剛正如此。」公奏：「前宰執、侍從依赦復職，亦有

〔二〕壁：原作「璧」，據日本藏宋刻本、《宋史·李壁傳》改。

不合人望，當繳奏者。」上曰：「固然。卿論事但令適中，朕無不從也。」應詔條上十事，皆切中時病。其一嚴銓試之法。又奏羣臣六參，除朔望過宮外，勿改舊制，至今行之。安穆皇后追册祔饗，公奏神主謁諸室前殿，則不以欽宗服而廢祖宗之樂；别廟奉安，則乞備而不作。金人來邀舊禮，詔從臣指陳定論。公率同列奏：「向者祐陵未卜，慈寧未返，以講好之故，寧親寧神，兩遂所欲，禮雖屈而志則伸。今而遽許之，必謂我怯，將有難塞之請。使者之行，當再用鄰國之禮。彼或有辭，則告以通好於用兵之後，以何名而屈，以何名而受耶？」事有當駁者，皆極論其不可。上亟加奬歎，公亦言：「陛下有納諫之資，故臣輩各思自竭。」龍大淵、曾覿除知閤門事，公同給事中金安節奏：「大淵罷副都承旨，覿罷帶御器械，俱以閤門處之，實遷也。若以攀附舊恩，尚有可諉，正以搢紳指目，臺諫有言，外議方喧而除命遽加，陛下於將相要官或罷或貶，一付公論，略無適莫，獨此二人乃爲之遷就諱避，殆非舍己從人之義也。」有旨：「罷劇就閒，已允公論，尚兹回繳，可特依奏。」已而二相宣示御札，謂：「給舍爲人鼓惑，議論羣起，小事豈應如此？」公等奏言：「昧於事體，專徇流俗，輕瀆天威，居家俟罪，再乞重賜竄責。」俱不允。入謝，上曰：「朕察卿務舉職，但朕欲破朋黨，振紀綱耳。」旬日，二相又道上意，已再除兩知閤，且云：「後省想亦無他。」公曰：「前已反汗，今復申命，豈敢但已！」格除目不下。右揆以聞，越三日不獲命，以信州還奉請祠，兩任主管台州崇道觀。乾道四年，權發遣南劍州，未赴。六年，改福建路提點刑獄公事。陛對，論帥臣有名而無其實，將副具官而非其人。又論雜舉中外文武之才，以備選用。益縣令之俸，而責其廉。及捕盜官候六考行賞。執政奏擬秘書少監，上可之，仍令兼直學士院。會草晁公武知揚州不允詔，御筆改定，公引故事乞罷，不許。兼國史院編修官。初，鄭聞草公制，上改首尾詞，公奏：「陛下取漢宣帝之言，親制贊書，明示好惡，敢因訓詞推廣聖意。臣觀漢社稷臣乃在乎周勃之鄙樸，汲黯之少文，霍光之不學。至於儒者持禄保位，則公孫弘輩實爲之，故宣帝嫉之，以爲俗儒不達時宜，蓋有激而云爾。使宣帝求真儒用之，何至雜霸哉！陛下以漢爲監，則士風趨向歸於正矣。」上曰：「卿學術精深，記問該博。」又嘗曰：「平昔所藴，可以自見矣。自此當日夕與卿論文。」兼實録院檢討官。加上德壽尊號，公謂：「太上萬壽，而紹興末議文及近上表例用『嗣皇帝』爲未安。按建炎以後遥拜徽宗表及唐憲宗上順宗尊號册文，皆稱『皇帝』。」議遂定。趙丞相雄以中書舍人奉使，賀金主生日，宗室伯驌爲介。御札生辰使兼齎國書一封，理會受書。公立具草，有云：「尊卑分定，或校等威；叔姪情親，豈嫌坐起？」後四日對秘殿，上曰：「朕未嘗諭國書之意，而卿能道朕心中事，可謂大才。」賜坐久之，欲退而不記來路。上指示之，命内侍導而出。七年，奏四事：重侍從以儲將相；增臺諫以廣耳目；郎官專以旌外庸；監司、郡守皆當久任。上稱其爲要務。皇太子領臨安尹，公既草制，因奏恐别無被受，欲依詔書體式降付東宮。兼權兵部侍郎。上云：「學士院湫隘。」公奏：「宫城不容增廣，陛下欲卑宫室，臣等居此亦過矣。若遴選名儒而信任之，不在棟宇之麗也。」除權禮部侍郎，仍兼直學士院，陞同修國史實録院修撰。有旨，公與吏部侍郎王之奇、太子詹事陳良翰對選德殿。袖出御札，引唐太宗、魏徵問對，以在位之久，功未有成，治效優劣，苦不自知，各極陳其當否。公退而條陳：「練兵以圖恢復，而用將之道未盡；擇人以守郡國，而責實之方未至。」又指陳大將郡守數易之弊，且言：「《貞觀政要》四十篇，既先之以魏徵論爲君之道，又著不克終之戒於編末，蓋是時惟徵爲善諫。願思太宗廣諫諍之德，使嘉言日聞，治道日興。」上嘉納，且曰：「方圖力革二弊。」又奏：「諫官虚位，願早擇正人。先朝參用古制，卑其品而厚其禮，責其盡言，使姦邪望風畏戢，消患未形。如近歲張松、韓玉等，使臺諫無所顧忌，早爲力言，豈至勞民費財，始勤英斷？雖天縱濬哲，安能盡見？」上曰：「如人奕碁，當局多誤，惟旁觀乃見之。朕自此知戒矣。」又奏：「人主無職事，惟在察臣下邪正。凡輕於任事而速於求售者，他日必至敗事，不可不察。若疑儒者不足用，而專謂才臣能趣辨，今既累年，其效可睹。唐太宗之臣即隋之臣，藝祖之臣即五代之臣，非前愚而後智，顧人主用之如何耳。」又論：「臣寮務爲新説，欲徼奇功。王安石以堯、舜之道告人主，實行管、商之術。指司馬光、蘇軾輩爲流俗，尤當深察之。」上曰：「蘇軾却是流俗，可謂顛倒。」嘗奏江湖大旱，上稱龔茂良措置有理，公請：「出南庫緡錢二十萬代民租，乃不乏事。非不知大農急闕，然艱食則盗起，盗起則調兵，費可省乎？」上曰：「卿議論殊善，使朕聞所未聞。」謝曰：「臣惟以不欺事陛下。」兼侍講，上以雨雪愆亢，欲加精禱。公奏：「《洪範》『肅時雨若』，此殆言路曠官之證。臺端一日不可闕，今乃五旬不除。」上言未有人，公奏：「百執事何至乏才？兼御史臺令，殿中闕，具察官姓名取旨差權。苟未欲輕用人，亦可舉行此制。」上驚曰：「朕不知此。」遂宣諭宰相員上。又奏：「近奉詔，以僕射名官非古，欲更其名。周之太宰，卿也；小宰，中大夫也。中間所改，亦未可用。」上曰：「太宰今吏部尚書爾。止欲爲左、右丞相，如『同中書門下平章事』皆可削。」公遂歷奏前古沿革而退。八年，權中書舍人。公奏：「西浙爲今日根本之地，而賦税供億反重於他路。且户部既理財，朝廷又理財，争肆漁取，致以隱漏爲名，增無實之税。」上曰：「此漕臣之繆。」公曰：「陛下既知，何不改正？」因辭西掖，且言：「外制之設，正欲謹於出令，凡有未當，欲其繳奏，非專責以詞翰也。」上曰：「正有望於卿。」因奏：「閩漕陳峴議變鹽法，恐擾民難行。」又奏曹耜除府推事，上曰：「知其人才，欲與寺丞。」公曰：「臣即有文字。」上意不悦，退而繳詞頭：「願別擇俊寮，協贊元良。」耜知嚴州，公亦免兼矣。張説再除簽書樞密院，王之奇賜出身，並命公當草，不允詔，奏謂：「昨者舉朝以爲不可，陛下欣然聽納。嘗云『玆事誠誤』，旋即改命。曾未周歲，復有此除，貴戚預政，公私兩失。若謂西府間以武臣，願擇大將有威望者畀之。臣非欲專任文吏也。且當是時，之奇亦曾論奏，今乃與説同陞，恐亦未當遽受也。臣未敢具草。」時權給事中莫濟再封還御筆，遂俱與外祠。又趣公出門，匹馬便面〔二〕，翩然徑行。九年，除知建寧府，再辭，不允。中道引疾，提舉江州太平興國宮，天下愈高之。淳熙元年，除右文殿修撰。説罷，召還，

〔二〕便：原刻校云：「張本作『露』。」

除敷文閣待制兼侍講。六月，兼權兵部侍郎。嘗論改官舉削到部放散之制，後雖潤色，然自公發之。八月，兼直學士院。上稱公持重，不迎合，無附麗。除兵部侍郎，仍兼侍講。進太上尊號詔草，上曰：「此文難於言，而温純典雅，無一字可議。」公奏：「向者初上光堯之號，臣已預議。庚寅之詔，亦出臣手。」上愕然曰：「前詔亦卿所草耶？」兼太子詹事，上論史事，公奏：「李燾於史學如嗜飲食，《長編》考證異同，罕見其比。」嘗論：「用人惟上智與下愚不移，中人惟上所御。爲官擇人，則引中人爲君子；若爲人擇官，則引中才爲小人。今不及數月，已望遷擢，後將無官可遷。願力革此風，愛惜名器。」又奏兵將官刻削等事，上曰：「今不如此。」且言：「王友直極廉，安有刻下？」公曰：「昨聞殿司進羨餘二十萬緡，此何從而得？」上曰：「朕已不受。」公曰：「雖則不受，當思其所自來。」上曰：「統制官不治財賦，統領却治之，可相關防，不致妄費。」公則曰：「此尤非也。主將而下須令各得懽心，今因小利更相猜察，情既不通，緩急何由得其死力？」又奏：「聞陛下日御毬場，固知不忘閱武。然太祖二百餘年之天下屬在聖躬，可不自愛？」上作色曰：「卿言甚忠，得非憂銜橜之虞乎？正以讎耻未雪，不欲自逸耳。」又奏：「聞金星近前星。」上曰：「止是略近。」公曰：「天道高遠，當論人事。武士擊毬，太子亦預，臣甚危之。」上曰：「卿可語太子。」公曰：「太子，人子也。陛下命以驅馳，臣安敢勸以違命？陛下勿命之可也。」陞兼侍讀。大禮執綏，備顧問，除吏部侍郎。奏：「朝廷守至公之道，有司持一定之法，行以無私，孰不心服？近乃有任怨之説。法行以公，人自無怨。」上曰：「朕每諭大臣彌縫人情，無有是處。」四年，除翰林學士。奏：「自唐至本朝，優待詞臣，以其無簿書之冗，可以朝夕論思，或有補於治道。得人固多，最可慕者，陸贄、歐陽修而已。若乃進則有隱，退則不密，擠人而利己，揚己以取名，安能逃日月之照哉！」上曰：「學士宴見無時，至爲親近。」五年，爲御試詳定官，屢乞去。上問文士可代者。聞吕祖謙能文，公謂翰苑須用有學問者。祖謙涵養既久，習知典故，史院甚得其力，不但文字之工也。得旨撰《選德殿記》，又命書之。後内直宣對，别令中使引至碑下。傳旨：「記文詞採贍蔚，召卿觀覽。」既見，上又有博美之稱。歸至玉堂，御書白居易《七德舞》賜之，墨猶濕也。後進呈《皇朝文鑑序》，上曰：「卿之文在廷莫及，真匠手也。」除禮部尚書兼翰林學士。嘗論本朝專以仁立國，兵非不用，而以禁暴安人爲本。上曰：「兵勢似弱。」公曰：「仁故似弱，實非弱也。社稷靈長，職此之由。」上曰：「所以並無禍亂。」公曰：「本朝似周，彼秦兵雖宁，興衰竟如何？」六年，詔禮官詳議明堂典禮。公奏：「祀帝祀天，以祖宗配，此前朝已行之制。世俗止誦《孝經》之語，未嘗深考其義，致以今日爲疑。」由是定圜丘合宫互舉之議。公再執綏草赦，引周漢故事，有曰：「假經路寢，有皇祐之彝儀；徧秩羣神，有紹興之近制。」蓋明著古禮，以示來世也。」禮成獻詩，又進動天之誡。上曰：「動天誠當以德，惟知道，乃可語此。」公曰：「皇天親有德，饗有道，此豈聰明作爲所能爲哉！」除吏部尚書兼翰林學士承旨。論六部長貳判「依」字，遂改爲「從」。嘗奏：「祖宗涵養善類，名卿才大夫相望。自章、蔡沮士氣以壞風俗，獎讒諂以植黨與，卒致播遷之禍。中興一洗前弊，得人爲多。秦檜以患失之心，濟忌刻之資，引庸人以充侍從，對畢輒納副封。既出其門，無所不有。人才衰落，貽患至今。論思之職，上規人主，次及大臣，下及四方，安可納副封耶？願博求文武之英，布列中外。」上曰：「如曾開輩，今豈易得？」又及：「舜之無爲，非皆無所爲也，特不爲期會之屑屑耳。」又言：「自古上自人君，下至士庶，鮮有不爲左右前後之人所牽制者。」上謂公視草勞甚，公奏：「臣素無汗馬之勞，致此爵位，正使宣力文字之間，未爲勞也。」上曰：「翰墨之功，豈小補哉！若大述作，固當煩卿。」七年五月，除參知政事。上曰：「近見卿遇事殊不依違，執政之於宰相事任非遠，自當和而不同。」公曰：「韓琦、歐陽修殿上日有所争，退則懽然無間，最爲可法。」後又嘗曰：「前此宰相議事，執政更無語，今乃肯各述所見。」公奏：「大臣自應互相可否，秦檜用事，執政至不敢措一辭，後遂以爲當然。臣嘗以紹興初聖語示同列，勉其協濟。況陛下虚心無我，惟恐臣下不言，人臣乃欲自是乎？惟小事不敢有隱，則大事何緣蔽欺？」八月，以久旱，御筆付三省求直言。初，回奏慮所在因是皆有賑濟之請，公言：「上明目達聰，而吾儕不能將順，獨不愧於心乎？萬一上自行之，或以此奏示外，豈不獲罪公議？」相亟從之。又奏：「聖明在上，星變旱灾殆繇臣等所致。」上曰：「若封事及大臣，朕須留中。」公曰：「付出何害？未聞有過而人不知也。」昌化有箭穀時丞相以上再三[一]。及此議宣示外廷，公曰：「天若爲瑞，必無水旱。乾道間有以九華山竹米爲瑞而得罪者。且宣和有此，豈是休徵？」遂已。有乞改常平不以赦原之法，公奏：「紹興中因孔括申請，遂與謀叛等同科。乞令削去，祇從海行法，遇兩赦或非次赦聽原。」公嘗極陳民困之由，上問其故，公曰：「且以平江府論之，二十年前歸正添差等官歲用五萬緡，今乃數倍，支移折變之數日有所增，齊民安得不困？此特其一爾。」上爲之悵然。進呈湖北月樁錢數，公曰：「固出於不得已，亦須平時有以存卹。去歲旱荒，若非陛下先事賑救，禁戢苛暴，何以免流殍之苦？舒州汪革始謀不善，若如前代失軍民之心，則乘灾唱亂，必致蠭起，彼亦安肯束身自歸於司敗？所貴得民，正爲是耳。此非倉猝所能成，其來有漸矣。」上大以爲然。上嘗謂樞密非古官，公奏：「在唐止司傳導，五代始置崇政院，分宰相之權。神宗亦有意廢併，聖諭可謂盡善。但二百年官制難以驟改，不若且令二府互領，更加熟慮。」有恃長樂之援求爲郎者，上俾諭給舍。公奏：「臺諫給舍與三省相維持，豈可諭意？不從則失體，從之則壞法。命下之日，臣等自當執奏。」上曰：「卿等肯如此任怨。」公曰：「當與而不與，則有怨，不當與而不與，何怨之云？」上歎曰：「此所謂任責非任怨也。」上嘗言《唐鑑》一書興衰治亂之理甚明，公奏：「祖禹著書，皆可備乙夜之覽，篇篇即是諫疏。」九月，除知樞密院事。上曰：「卿才堪其任，三省本未可輟。卿每見難處之事，卿以數語決之，可謂敏矣。」上謂公如統制官之類，可時與之接，以觀其才。公因奏：「雷世賢説淮南地形緩急，欲守滁。臣謂不然。廬、和則當其衝，滁沮山林，可自

[一] 時丞相以：原刻校云：「別本作『與米相似』。」按日本藏宋刻本作「得米相似」。

守而不可以禦敵。」楚州舊屯軍八千，雷世方乞止差鎮江軍五千人。公奏：「山陽控扼清河口，韓世忠實屯重兵。今無故減戍，他時或增，必致敵疑。揚州武鋒軍有衆八千，本屯山陽，若歲撥三千同戍，誠爲兩便。」十年，奏：「白氣自西南亘天，宜爲兵備。」上曰：「日脚之氣，冬常有之。」公言：「此日官相寬之詞，然有備乃能無患。」上嘗歎養兵費邦賦之八，公奏：「自古未有五十年屯兵不解。古者講和則罷兵，今既有歲幣而兵不敢徹，所以倍費。」文州蕃部劫殺二漢人，吴挺止申照會。公請：「督其根治，使知朝廷事必留意，不敢忽略。日有萬幾，不察於微，弊不勝救。」上曰：「自昔多因不防其微，馴致禍敗。」温州軍士喧悖憲司，欲先定汪義端刻削之罪，仍正紀律。公奏：「此風不可長，恐兵愈驕。」郭杲請移江陵萬二千人，與其弩永屯襄陽，公言：「止當以兵之半分戍。」杲謂襄陽爲要地，而江陵亦在江北，爲吴楚喉衿，争辯甚力，乃許萬人，且令騎兵盡行。上眷公益深，嘗奏事退，特命中使賜御筆：「卿臨事明敏而有決，朕每嘉之。」宣諭：「金主避暑壽安，所徙器用倍多，且分諸子出鎮。或謂欲至東都，秋間議過上京。」公奏當豫爲之備甚詳。上稱公：「通練軍政，深副朕擢用之意。」公謝曰：「臣本以文墨受知，豈能曉暢武事？誤蒙任使，不敢不勉。彼方恫疑虚喝，正恐我或先動。所當精擇邊將，鎮之以静。」上曰：「朕嘗戒臣下以公心，人自無説。」公曰：「所以私者，欲收人情，其來無窮。得者寡，不得者衆。若不裁以公道，恐譽者不若毁者之多。以陛下聖明，臣等智慮所不及則有之，何敢有所欺也。」十一年，奏：「廣中鹽法既更，州縣空乏，事勢可憂。詹儀之、胡庭直皆

賢而才短，故鋭於革弊而不能計其後。」已而果然。公言：「趙汝愚在福州百廢具舉，孜孜國事，殆不多得。王希吕緩急可當一面，彼小廉曲謹，雖無瑕可指，卻恐誤事。」上曰：「如趙雄、汝愚、希吕，皆帥才也。」義勝軍皆契丹、渤海漢兒慕義來歸，屯於興元，御筆以金、商山險，欲移襄陽用騎之地。聞其營砦遭火，因以遷之。公奏：「路經金、洋，當先計人馬之數，使郭杲於襄陽豫辦，方可議遷。更令彭杲具以此意深察衆情。」御批：「卿謀慮深遠，良用嘉賞。」六月，拜樞密使。上曰：「卿在西府光前絶後，若有邊事，宣撫使惟卿可，他人不能也。」呈諸軍陞差籍，公奏：「已及一季，欲間召一二。雖不專用此取人，亦因以察其能否，使主將不敢容私。」上令赴樞密院審察。後池州李思孝自言正將二人不能開弓，乞與罷軍。上曰：「此皆樞使措置之效。」北牒以上京道遠，權止賀正生辰使一年。宣諭：「卿等料未必遣使，今果不來，可謂廟謨矣。」王希吕乞增兵戍廬州，上以萬弩手民兵已多，止可分數千人。公奏：「須與萬人。蓋當以正軍爲主，則帥司可立。帥司既立，則沿淮歸正山水寨民兵皆爲我用矣。」十二年，留正申西兵已免起二年，今年取旨。上以三衙不可闕，欲令發來。公奏：「襄陽兵少，閻世雄欲得此人，敵不得志於四川，又嘗送死淮南，深恐睥睨荆襄。」遂與一年。金州謀帥，公欲令侍從、管軍薦舉。上曰：「大帥當自上除授。」公曰：「舜用九官，皆咨四岳，與其私薦，不若明揚。若能考實，孰敢妄舉？」因論邊報異同，上奬諭云：「事無大小，卿皆究心。」公又曰：「天下安有不可措置之事？」上曰：「昨密問一事，卿便條上數端，深謀遠慮，朕所不及也。」上謂王藺論事

頗偏，公奏：「藺雖稍過，然汲黯在朝，淮南寢謀。盡言而不顧身者，陛下左右豈可無此等人？况以獻納爲職，若上下相蒙，非國家之福也。」先是，御筆：「大石契丹欲加兵於金，果有之，在我豈得漠然？固不可違誓，或有釁端，何以爲詞？」公奏：「彼一方小警，何至移文宿、泗？若果有釁，何患無詞？急在間探精審耳。」至是又諭結約夏國事，公奏：「頃嘗因任令公帛書通信，金以示范成大，夏國難保如此，似未可也。」後又報忽魯大王據上京，上問公，公奏：「茲事體大，當隨機應之。」未幾上諭公：「所傳皆妄，樞使真有先見之明矣。」廣東帥潘時以擅斬逃兵自劾，上批無罪，公奏：「帥無便宜之文，不經録問詳覆而斬四人，雖鋭於除惡，然人命至重，不可輕許。洪邁守婺，誅首亂六人，止是放罪，後不妨旌賞。」十四年二月乙亥，宣諭：「卿在樞筦，凡事無不經心，更旬日拜相，後人難繼。」丁亥，拜右丞相，尋兼提舉國史院會要所、敕令所。上諭以擢用人才及委任之意，公奏：「東府事繁[二]，非西樞比，自古鮮有無事時。今賴陛下勤政，内外晏然，殆將二紀。此正可懼之時，當思經遠之計。」又奏：「舜、禹君臣相戒，唐太宗不存形迹，臣等過失，望陛下隨事戒勑，免積罪戾。臣有所見，不敢廢弼直之義。日有論奏，動係天下休戚。比至給舍繳駁，臺諫論列，已爲後時，不若致審於初。」又奏：「人才不失之虚夸，則失之緘默凡冗。宜求篤實爲國者。」大旱，求退甚力。上曰：「方賴卿等協贊，若舍朕而去，誰與共此？」又請依慶曆中例，降秩一等，亦不許。徧禱羣望，下詔求言，遂奏：「實惠及民，莫若寬減夏税。施德當自近始。會稽和買詭避至多，請權免一年，徐議釐正。」秀州乞權減大軍總制錢二萬餘緡，吏擬勘當。公曰：「此豈勘當時耶？」奏蠲之。上方篤意救荒，其所以贊寬仁之政，不可勝紀。封事多言大臣同異，公奏：「豈可尚同？要當各盡所見。臣每謂同心體國，苟有未然，雖面相詰責，何害？止欲歸於是耳。若人才邪正，政事得失，安危治忽所繫，自當反覆論難。陛下復祖宗密白之制，使三省官覆奏而後行，正欲斟量可否，上下相維，非止奉行文書也。」高宗上仙，始末稽考制度，奏置山陵五使，贊成聖孝，哀禮兩備。初欲用顯仁例遣三使，公固謂事體不同，不當曲徇。會賀生辰使至，上在喪次，議令館伴使發遣。公奏：「賀禮固不可行，但彼遠來，朝無一辭，於理未安。」遂口占數語，使歸報。後正旦使將至，或請權易淡黄袍御殿受書，然後素幄見使者。公力陳不可，止以縞素引見，使者果心服。手詔討論皇太子參決庶務典禮，初欲開資善堂，公奏：「天禧時仁廟尚幼，始見輔臣，恐不可用。西晉有宣猷堂，今作議事堂可也。」十五年正月戊戌，公請上特御延和殿，令宰執奏事畢，然後過議事堂。思陵發引，公奏：「陛下既行三年之喪，又用七月之制，永熙故典，呂端一相，猶攝太傅親往，而有司欲用顯仁舊例，非是[三]。」遂再拜請行，乃以公攝太傅。上慮使人堅欲上壽，公奏：「引見受書，即是成禮。上壽時，不過隨班拜舞。若奉觴致

[二] 府：原作「省」，原刻校云：「張本作『府』。」按日本藏宋刻本、明澹生堂鈔本、四庫本亦作「府」，據改。

[三] 非是：原無，原刻校云：「《攻媿集》有『非是』二字。」按日本藏宋刻本、明澹生堂鈔本、四庫本亦同，據補。

詞，皆無所預，臣等保無争執。」上欲先令侍從〔二〕、臺諫集議，公曰：「國家大事，謀之帷幄中，有不必詢衆者。況事理曉然，不必徒爲紛紛。」上尤稱奬：「卿能任責如此，國之幸也。」仲冬之初，留身，奏：「臣歸自陵下，即欲求外。緣京鐣使回，聖慮來賀者求報，復令臣少待。人使已行，願乞骸骨。」上奬勞再三，忽宣諭：「比年病倦，欲傳位太子，卿須且留。」公奏：「聖體康寧，止因孝思稍過，豈應遽爾倦勤？」上曰：「禮莫大於事宗廟，而孟饗多以病而分詣；孝莫大於執喪，而不得日至德壽。欲不退休，得乎？朕方以此委卿。」公泣而退。十二月壬申，密賜紹興傳位親札。辛卯，留身，議定二月壬戌之吉，又命公草詔，專以奉几筵侍東朝爲意。十六年正月己亥，拜左丞相。壬子，始因奏事宣諭二府：「旬日當内禪。」又令公留身呈詔草，兼提舉玉牒及監修日曆。二月辛酉朔，降傳位詔。翌日，上吉服御紫宸殿，公奏：「陛下巽位與子，古今盛典，再見聖朝，中外同慶。臣等輔政無狀，自此無由日侍天顔，無任依戀之至。」哽噎幾不能言，上亦泫然曰：「正賴卿等協贊新君。」光宗問當世急務，公奏用人求言二事，尋即降詔，公積階至特進，爵自管城縣開國男至滎陽郡公，歷封濟、許二國。三月，拜少保、益國公。公以三孤之官不應以霈恩而得，力辭不可。又乞回授至於四五，不得已而後受焉。奏以朔望之次日朝重華宫。五月，求去甚力。既而諫省有言，請益切。除觀文殿大學士，判潭州。言者不已，副端助之，遂以少保充醴泉觀使而歸，孝宗賜金器勞問。紹熙改元，判隆興府，辭不赴。二年，除觀文殿學士判潭州，親理郡政，不以簡貴自居。罷倍税牙契錢二十萬緡。三年四月，復元職。七月，坐所舉官以賄敗，降滎陽郡公。四年八月，復舊封。冬，易鎮隆興。五年，力求奉祠。主上踐阼，詔求言於舊弼。公奏四事，曰聖孝，曰敬天，曰崇儉，曰久任，皆訏謨也。遺閤門官賜少傅告，一再辭免，始許貽恩。慶元元年，公於是年七十矣，三上表引年，遂以少傅致仕。嘉泰元年，布衣上書及公姓名，臺評降一官。明年，乃復。四年十月庚寅朔薨，年七十有九。累食邑一萬五千六百户，食實封五千八百户。遺奏聞，上爲震悼，輟朝兩日。贈太師，賻銀絹各千。仍命弟之子縝添差江南西路轉運司主管帳司，以護襄奉〔三〕。尋賜謚文忠。娶王氏，監察御史葆之女，封益國夫人，先一年薨。一子，即綸也，朝請大夫，行大理司直。孫顥，宣義郎、新監饒州浮梁縣景德鎮兼烟火公事。孫女五人：長適承事郎、監嘉興府糴納倉蕭彖，餘尚幼。初，益國夫人葬廬陵縣斗岡之原。十二月丙申，奉公之喪合焉。公在高宗朝已擢臺察，事孝宗最久。始皆以詞章受知，可以平挹美官，而秉心不欺，遇事輒發，不復顧身，屢踣復奮，上久而深察其精忠。北門之官有四，公徧爲之，前後十年，兩宫極孝治之盛。講慶壽，加尊號，親祠，赦宥，立后，陞儲，過宫，出郊，無非盛事大典，公皆在屬車間，鋪張揚厲，實有以佐宋之光明。若水旱灾異、夷狄寇盗之辭，咸無焉。自參預樞筦，以歷二揆，

〔二〕先：原無，原刻校云：「《攻媿集》有『先』字。」按日本藏宋刻本、明澹生堂鈔本、四庫本亦有「先」字，據補。

〔三〕襄奉：原作「喪事」，原刻校云：「《攻媿集》作『襄奉』。」按日本藏宋刻本亦作「襄奉」，據改。

又涉十年，榻前論事，出入經史，練習典章，動有援據，不爲空言，故天子聳聽嘉獎，而同列自以爲不及。以國事爲己任，進退人才，一本公道，養民擇守，憂邊訓兵，仰贊睿謨，慮周而敏，被遇日隆，數當大事典禮，論議裁處曲當。内禪尤爲至重，吉日徽稱，宫名母后，孝宗獨與公素定於數旬之前。近將浹旬，始諭宰執，注意委任，可謂不膠漆而固矣。天資超穎，非凡材可及。而體夫子忠恕之道，大《易》勞謙之義，孝友淳篤，事從兄如諸父。自奉甚約，絶聲色之娱。周卹族姻，具有恩意。官同姓者六，異姓者五。少自號「省齋居士」，中年曰「青原野夫」，既貴而閒，曰「平園老叟」。孝宗生於丁未，一時輔相多在丙午丁未間。公及丞相王公淮、參政錢公良臣同爲參樞，人謂三府，爲丙午坊。公嘗作詩，用文潞公同生丙午之韻。告老之後，猶引故等夷之齊年者，遇生朝同會，用韻賦詩者數年。方其端委廟堂，一介之善，收拾如恐不及。退而均逸，汲引無虚日，士類莫不歸心焉。以《文苑英華》及《六一居士集》訛舛太甚，率同志者朱黄手校，如老書生，鋟板家塾，以惠學者。卜築貢院故基，公實預薦此地，故以「充賦」名堂。作唐虞二典閣，藏兩朝内禪詔書洎崇陵宸翰。又爲「玉和」、「蜀錦」二堂，皆自爲之記。晚歲康强，神明不衰，天下猶望公之再起，不謂天之不慭遺也。嗚呼！殄瘁之痛，四海所同。有如鑰之不肖，素辱知遇。假守東嘉，屢有收用之意，未滿秩而公已歸，比忝代言，公之除少傅暨加恩，兩預草制，又四作不允詔書，嘗蒙摘句稱賞。投閒以來，書函詩筒倍加奬予。當世銘記多求於公，間使鑰書之。公已書丹，或徑以賤姓名題蓋，此意甚厚，皆非所敢當也。嘗竊謂公初入禁林，自謂所慕者惟陸宣公、歐陽文忠公。公之始卒，絶似二公者。無事不言，無言不盡，而卒至大用。上不負天子，下不負所學，既不愧於宣公，而得時遇主，無追仇盡言之患。文忠晚居於潁，望瀧岡而不得歸。公乃優游平園，使里人矜式，是兼二公之美，而又無遺恨者也。若克勤小物，誘掖後進，皆公之細，不勝書。有《省齋文稿》、《别稿》、《平園續稿》、《掖垣叢稿》、《玉堂類稿》、《詞科舊稿》、《政府應制稿》、《歷官表奏》、《奏議》、《奉詔録》、《承明集》、《玉堂雜記》、《龍飛録》、《親征録》及《閒居紀録》等書，總二百卷，藏於家。其行於世者已多，屬文之士傳誦以爲模楷。公之文不待贊揚，微至題跋之語，考古證今，歲月先後，通徹明白，讀者歎服。末爲《三忠堂記》，謂歐陽文忠、楊忠襄、胡忠簡，皆郡人也，精確簡嚴，幾於絶筆。嗚呼！一代風流，於焉盡矣，鑰何足以銘公！銘曰：

世非乏才，何謂才難？有君無臣，自古所歎。吝驕平凡，動則爲己。不合是憂，安得奇偉。直道而行，無患失心。一有遇合，奚翅斷金。於皇孝宗，才選於衆。誕謾畏縮，慨不足用。堂堂益公，負王佐才。始以文名，芸省蘭臺。高文大册，追配古作。獨步禁林，不負所學。二十八年，相爲始終。屢踣而奮，致身上公。堯既授舜，舜亦命禹。首贊大議，龍飛再覩。功成身退，樂哉平園。晚陳四事，不已於言。既挂衣冠，無與世道。胡不百年，遺此一老！星隕於堂，人之云亡。不亡者存，文章光芒。惟子是似，觀行取則。後其有興，視此銘刻。

廬陵周益國文忠公集附録卷六

忠文耆德神道碑

宋故少傅觀文殿大學士致仕益國公贈太師謚文忠周公神道碑

正議大夫守吏部尚書兼翰林學士知制誥兼侍讀兼修國史兼實録院修撰奉化郡開國侯食邑一千户臣樓鑰奉敕撰

朝散大夫試尚書吏部侍郎兼直學士院兼侍講兼修玉牒官賜紫金魚袋臣章良能奉敕書

嘉泰四年十月庚寅朔，故左丞相、少傅、觀文殿大學士益國周公年七十有九，薨於吉州之里第。十二月丙申，葬於廬陵縣斗岡之原。至嘉定元年，公之子綸告於朝曰：「先臣備位首相，既葬而隧，碑未立，敢泣以請。」天子曰：「嘻，此四朝之宗臣也。」謚以「文忠」，御書「忠文耆德之碑」以賜，且詔臣鑰爲之文。臣鑰不佞，荷文忠公知奬之深，屏居四明，先已撰公隧道之碑矣。聖恩起於告老之餘，待罪翰苑，欲引前碑以辭。綸又曰：「昔歐陽公修已銘程文簡公琳之墓，復以敕命爲之碑。故事甚切，願毋辭。」臣既共二史館，敢不敬承明旨，以答孝子之請，以揚公之休光，用詔後世？公諱必大，字子充，一字洪道，世家鄭州之管城。曾祖衍，朝奉郎，妣郭氏。祖詵，左朝散大夫，妣潘氏、李氏、張氏。父利建，左宣教郎、太學博士，妣王氏。公既貴，三世俱累贈太師、秦國公，妣俱贈秦國夫人。宣和中，祖通判吉州，因家焉。公幼而孤，十三又遭内艱。天資高亮，記問絶人。紹興二十一年擢進士第，授左迪功郎、徽州司户參軍，改監行在和劑局門。二十七年，中博學宏詞科，建康府府學教授。三十年，除太學録，召試館職。高宗見奏篇，曰：「他日可掌制。」除秘書省正字，次年改左宣教郎、兼權國史院編修官。明年五月，除監察御史。六月，孝宗即位。八月，除起居郎，直前奏事，上曰：「朕舊見卿文，可進近作。」兼編類聖政所詳定官，暫權給事中，兼權中書舍人。嘗論翟婉容位官吏轉行礙止法事，上曰：「初止謂卿能文，不謂剛正如此。」此其被眷注之始也。應詔條上十事，皆切時病。其一嚴銓試之法，又奏羣臣六參，除朔望過宮外，勿改舊制，至今行之。事有未便者不憚極論，上亟奬歎。公亦曰[一]：「陛下有納諫之資，故臣輩各思自竭。」龍大淵、曾覿除知閤門事，公與給事中金公安節同奏：「大淵罷副都承旨，覿罷帶御器械，俱爲知閤。若以攀附舊恩，尚有可諉。正以縉紳指目，臺諫有言，外議方喧，而除命遽加，非舍己從人之義。」有旨：「罷劇就閒，已允公論，尚茲回繳，可特依奏。」既而再除，公曰：「前已反汗，今復申命，豈復但已！」格除目不下。越三日，不獲命，以還奉請祠，兩任主管台州崇道觀。乾道四年，權發遣南劍州，未赴。六年，改福建路提點刑獄公事。陛對，留爲秘書少監，兼直學士院，兼國史院編修官。上改告詞首尾，公奏：「陛下取漢宣帝之意，親制贊書。臣觀漢社稷臣乃在

[一] 曰：日本藏宋刻本作「言」。

周勃、汲黯、霍光之徒，儒者公孫弘輩皆持禄保位，故宣帝以爲俗儒不達時宜。使宣帝求真儒用之，何至雜霸哉！」上曰：「卿學術精深，記問該博，所藴可以自見。當日夕與卿論文。」兼實録院檢討官。加上德壽尊號，公謂太上萬壽，而紹興末議文及近上表用「嗣皇帝」爲未安。按建炎以後遥拜徽宗表及唐憲宗上順宗尊號册文，皆稱「皇帝」，議遂定。七年奏四事：重侍從以儲將相，增臺諫以廣耳目，郎官專以旌外庸，監司郡守皆當久任，上稱以爲要務。兼權兵部侍郎，上云：「學士院湫隘。」公奏：「宫城不容增廣。陛下欲卑宫室，臣等居此亦過矣。若遴選名儒而信任之，不在棟宇之麗也。」除權禮部侍郎，仍兼直學士院。陞同修國史實録院修撰，有旨公與吏部侍郎王之奇、太子詹事陳良翰對選德殿，出御札引唐太宗魏徵問對，以在位之久，功未有成，治效優劣，苦不自知，使各極陳其當否。公退而條陳練兵以圖恢復，而用將之道未盡；擇人以守郡國，而責實之方未至，又指陳大將郡守數易之弊。且言《貞觀政要》四十篇，既先之以魏徵論爲君之道，又著不克終之戒於篇末，蓋是時惟徵爲善諫。願思太宗廣諫諍之德，使嘉言日聞，治道日興。上嘉納。又奏：「諫官虚位，願亟擇正人。先朝參用古制，卑其品而厚其禮，責其盡言，使姦邪望風畏戢，銷患未形。如近歲張松、韓玉等，使臺諫無所顧忌，亟爲力言，豈至勞民費財，始勤英斷？」上曰：「朕自此知戒矣。」又奏曰：「人主無職事，惟在察臣下邪正。凡輕於任事，速於求售者，必至敗事。若疑儒者不足用，而專用才臣，今既累年，其效可睹。唐太宗之臣即隋之臣，藝祖之臣即五代之臣，非前愚而後智，顧人主用之如何耳。」又論：「臣寮務爲新説，欲徼奇功。王安石以堯舜之道告君，實行管商之術，指司馬光、蘇軾輩爲流俗，尤當察之。」江湖亢旱，上稱龔茂良措置有理。公請出緡錢二十萬代民租，乃不乏事。非不知縣官急闕，然艱食則盗起，盗起則調兵，費可省乎？上曰：「卿議論殊善，使朕聞所未聞。」兼侍講，又奏：「近奉詔，以僕射名官非古，欲更其名。周之太宰，卿也。小宰，中大夫也。中間所改非是。」上曰：「止欲爲左、右丞相，如『同中書門下平章事』皆可削。」公遂奏前古沿革而退。八年，兼中書舍人，固辭，且言：「外制之設，正欲謹於出令。凡有未當，欲其繳奏，非專責以詞翰也。」卒因繳奏而遂免兼。張説再除簽書樞密院，公當草，不允詔，奏謂：「昨者舉朝以爲不可，陛下欣然聽納，曾未周歲，復有此除。貴戚預政，公私兩失。臣未敢具草。」時權給事中莫濟亦封還御筆，遂俱與外祠。九年，除知建寧府，再辭，不許。中道引疾，提舉江州太平興國宫，天下愈高之。淳熙元年，除右文殿修撰。説罷，召爲敷文閣待制兼侍講。六月，兼權兵部侍郎。八月，兼直學士院。上嘗稱公持重，不迎合，無附麗。除兵部侍郎兼侍講。進太上尊號詔草，上曰：「此文難於言，而温純典雅，無一字可議。」公奏：「初上光堯之號，臣已預議。庚寅之詔，亦出臣手。」上愕然曰：「前詔亦卿所草耶？」兼太子詹事。嘗論：「用人惟上智與下愚不移，中人惟上所御。爲官擇人，則引中人爲君子，爲人擇官，則引中才爲小人。」又奏：「聞陛下日御毬場，固知不忘閲武。然太祖二百餘年之天下，屬在聖躬，可不自愛？」上作色曰：「卿言甚忠，正以讎恥未雪，不欲自逸耳。」嘗奏：「聞金星近前星，武士擊毬，太子亦預，臣甚危之。」上曰：「卿可語太子。」公曰：「太子，人子也。陛下命以馳驅，臣安敢勸以違命？陛下勿命之可也。」陞兼侍讀，郊祀禋禮，執綏備顧問，除吏部侍郎。奏：「朝廷守至公之道，有司持一定之法，行以無私，孰不心服？」四年，除翰林學士，奏：「自唐至本朝，優待詞臣，以其無簿書之冗，可以朝夕論思，或有補於治道。得人固多，最可慕者，陸贄、歐陽修也。」五年，爲御試詳定官，得旨撰《選德殿記》及《皇朝文鑑序》，上尤稱之，賜御書白居易《七德舞》，墨猶濕也。除禮部尚書兼翰林學士，嘗論：「本朝專以仁立國，而又以禁暴安人爲本。」上曰：「兵勢似弱。」公曰：「仁故似弱，實非弱也。社稷靈長，職此之由。」上曰：「所以並無禍亂耳。」公曰：「本朝似周，秦兵雖强，興衰竟如何。」六年，詔禮官詳議明堂典禮，公定圜丘合宮互舉之議，再執綏草赦，明著古禮，以示來世。禮成，獻詩，又進動天之戒。上曰：「動天誠當以德，惟知道乃可語此。」公曰：「皇天親有德，饗有道，此豈聰明作爲所能爲哉！」除吏部尚書兼翰林學士承旨，論六部長貳判「依」字改爲「從」。上謂公視草勞甚，公奏：「臣素無汗馬之勞，致此爵位，宣力文字之間，未爲勞也。」上曰：「翰墨之功，豈小補哉！若大述作，固當煩卿。」七年五月，除參知政事。上曰：「卿遇事殊不依違，宰執自當和而不同。」公曰：「韓琦、歐陽修殿上日有所爭，退則歡然，最爲可法。大臣自應互相可否。秦檜用事，執政至不敢措一辭，後遂以爲當然。陛下惟恐臣下不言，人臣乃欲自是乎？」嘗極陳民困之由，上問其故，公曰：「且以平江府論之，二十年前歸正、添差等官，歲用五萬緡。今已數倍，民安得不困？此特其一耳。」上爲之悵然。進呈湖北月樁錢數，公曰：「固出於不得已，亦須平時有以存卹。去歲荒旱，若非先事賑救，禁戢苛暴，何以免流殍之苦？舒州汪革始謀不善，若如前代失軍民之心，則乘灾唱亂，必致蠭起，亦安肯束身自歸於司敗？所貴得民，正爲是耳。此非倉猝所能成也。」上深以爲然。有侍長樂之援，求爲郎者。上俾諭給舍繳奏，公謂：「不可，諭意不從則失禮，從之則壞法，命下，臣等自當執奏。」上曰：「卿等肯任怨如此。」公曰：「當與而不與則有怨，不當與而不與，何怨之云？」上歎曰：「所謂任責，非任怨也。」九月，知樞密院事，上曰：「三省本未可輟，卿每見難處之事，卿以數語決之，可謂敏矣。」上嘗歎養兵費邦賦之八，公奏：「自古未有五十年屯兵不解。古者講和則罷兵，今既有歲幣，而兵不敢撤，所以倍費。」上眷公益深，嘗奏事退，御筆：「卿臨事明敏而有決，朕每嘉之。」又稱公「通練軍政，深副擢用之意。」公謝曰：「臣本以文墨受知，豈曉武事？誤蒙任使，不敢不勉。」十一年，御筆欲移興元義勝軍於襄陽，此軍皆契丹、渤海漢兒慕義來歸者。上以金、商山險，非用騎之地，聞其營砦遺火，因遷之。公奏：「路經金、洋，當先計人馬之數，使郭杲於襄陽豫辦。更令彭杲具以此意深察衆情。」六月，拜樞密使。上曰：「卿在西府光前絕後，若有邊事，宣撫使惟卿可爲也。」先是，金主避暑壽安，過上京，北牒以道遠，權止賀正生辰使一年。宣諭：「卿嘗料未必遣使，今果不來，可謂廟謨矣。」十二年，金州謀帥，公欲合侍從管軍薦舉。上曰：「軍帥當自上除授。」公曰：「舜用九官，皆咨四岳。與其私薦，不若明揚。若能考實，孰敢妄舉？」因論邊報異同，上奬諭云：「事無巨細，卿皆究心。昨密問一事，條上數端，深謀遠慮，朕所不及也。」上謂王藺論事頗偏，公奏：「藺雖稍過，然汲黯在朝，淮南寢謀，盡言而不顧身，帝之左右豈可無此等人？况以獻納爲職，若上下相蒙，非國之福也。」御筆嘗謂大石契丹欲加兵於虜〔二〕，又諭結約夏國，又有忽魯竊據上京之報。公奏：「但當嚴備，隨機應之。」未幾，上諭公所傳皆妄，真有先見之明矣。十四年二月乙亥，面諭：「卿在樞筦，事皆經心，更旬日拜相，後人難繼也。」丁亥，拜右丞相，尋兼提舉國史院會要所、敕令所。上諭以委任之意，公奏：「自古鮮有無事時，今賴陛下勤政，内外晏然，殆將二紀。此正可懼之時，當思經遠之計。」又奏：「舜、禹君臣相戒，唐太宗不存形迹，臣等過失，望隨事戒勑，免積罪戾。臣有所見，不敢廢弼直之義。日有論奏，動繫天下休戚。比至給舍繳駁，臺諫論列，已爲後時。不若致審於初。」又奏：「人才不失之虚夸，則失之緘默凡冗。宜求篤實爲國者。」因旱，求退甚力。請依慶曆中例降秩，皆不許。遂奏實惠及民，莫若寬減夏税，施德當自近始。上方篤意救荒，其所以贊寬仁之政，不可勝紀。封事多言宰執同異，公奏：「要當各盡所見，豈可尚同？既是協心體國，苟有未然，雖面詰何害？若人才邪正，政事得失，安危所繫，自應反覆論難，止欲歸於是耳。陛下復祖宗密白之制，使三省覆奏而後行，正欲上下相維，非止奉行文書也。」高宗升遐，始末稽攷制度，奏置山陵五使，贊成聖孝，哀禮兩備。會賀生辰使至，上在喪次，議令館伴使諭遣。公奏：「賀禮固不可行，但彼行人遠來，而朝無一辭，於理未安。」遂口占數語，使歸報焉。正旦使將至，或請易淡黄袍御殿受書，然後素幄見使者。公力陳不可，止以縞素引見，虜果心服〔三〕。手詔討論皇太子參決典禮，初欲開資善堂，公奏：「天禧故實，恐不宜於今。不若取西晋宣猷堂爲議事堂。」十五年正月戊戌，公請上特御延和殿，令宰執奏事畢，始過議事堂。思陵發引，公奏：「永熙故典，呂端一相猶攝太傅親往，而欲用顯仁舊例，非是。」遂再拜請行，乃以公攝太傅。上慮使人堅欲上壽，公奏：「必無爭執。」上欲先令侍從、臺諫集議，公曰：「國之重事謀之帷幄，有不必詢衆者。」上尤稱奬：「卿能如此，國之幸也。」仲冬之初，奏乞骸骨，忽宣諭：「以病倦欲傳位太子，卿須少留。」公奏：「聖體康寧，止是孝思稍過，豈應倦勤？」上曰：「禮莫嚴於事宗廟，而孟饗多以病而分詣；孝莫重於執喪，而不得日至德壽，欲不退休，得乎？朕以此委卿。」公泣而退。十二月壬申，密賜紹興傳位親札。辛卯，留身，議定二月壬戌之吉。又命公草詔，專以奉几筵，侍東朝爲意。十六年正月己亥，拜左丞相。壬子，因奏事，始諭二府旬日當内禪，又令公獨呈詔，兼提舉玉牒及監修日曆。二月辛酉朔，降傳位詔。翼日，上吉服御紫宸殿，公奏：「陛下巽位與子，古今盛典，再見聖朝，中外同慶。臣等輔政無狀，自此無由日侍天顔，無任依戀之至。」哽噎幾不能言。上亦泫然曰：「正賴卿等協贊新君。」光宗首問當世急務，公奏用人求言二事。尋即降詔，公積階至特進，爵自管城縣開國男至榮陽郡公。歷封濟、許二國

〔二〕虜：原作「金」，據日本藏宋刻本改。

〔三〕虜：原作「使者」，據日本藏宋刻本改。

公。三月，拜少保，益國公。公以三孤之官不應以覃霈而得，力辭不可。又乞回授至於四五，不得已而始受之。奏以朔望之次日朝重華宫。五月，求去方力，而諫省有言，請益切。除觀文殿大學士、判潭州。言者不已，殿中助之，遂以少保充醴泉觀使而歸。孝宗賜金器勞問。紹熙改元，判隆興府，辭不赴。二年，除觀文殿學士、判潭州。罷倍税牙契錢二十萬緡，郡事皆親理之。三年四月，復元職。七月，坐所舉官以賄敗，降滎陽郡公。四年八月，復舊封。冬，易鎮隆興，力求奉祠。主上登極，求言於舊弼。公奏聖孝、敬天、崇儉、久任四事，皆切於世用。遣閤門官賜少傅告，控免至再，始許貽恩。慶元元年，於是公年七十矣，三表引年，遂以少傅致仕。嘉泰元年，布衣上書及公姓名，臺評降一官。明年乃復。遺奏既聞，上爲震悼，輟朝二日，贈太師，賻銀絹各千，累食邑一萬五千六百户，食實封五千八百户。娶王氏，監察御史葆之女，封益國夫人。先一年薨。一子，即綸也，朝請大夫、新知筠州軍州事。孫顥，宣義郎、新監饒州浮梁縣景德鎮兼煙火公事。孫女五人：長適承事郎、監嘉興府糴納倉蕭象，餘尚幼。嗚呼！天之生公，固授之以間氣。公之出仕，亦可謂千載之遇矣。自決科以至考終，五十有三年，始以文字受知高宗、孝宗，以至位極人臣。晚輔光宗之初政，退被主上之休寵。孝宗在位二十有八年，公實相爲終始。其中以十年出入翰苑，時方承平，極鋪張揚厲之美。以十年輔政，秉鈞盡輔，贊彌縫之妙。兩以逆折姦鋒，深忤上意。事定言驗，得眷愈隆。致身元宰，出處爲時重輕，幾無纖瑕微纇之可指。文章則追配作者，論議則究極古今。風度如張九齡，謀謨如崔祐甫。宋廣平之守文，杜如晦之善斷，公幾兼之。乃所願則尤切切於陸宣公、歐陽文忠，此非臣之私言也。平日著述，爲書十餘種，總爲二百卷，行於世。校之前碑，撮取其名節國事而略其餘，謹再拜特書，以對揚休命。銘曰：

巍巍孝宗，天錫勇智。二十八年，是爲盛際。猗歟益公，善始以終。始進以文，終察其忠。再折姦萌，逆鱗以批。事定言驗，表表忠節〔二〕。獻納論思，知無不爲。彌縫輔贊，百工惟熙。三聖相授，同守一道。公實佐之，家有宸藻。憂邊思職，具存宏模。臨機輒斷，華夷謚如〔三〕。告老既休，著書自若。拳拳斯文，以惠後學。天不憖遺，殄瘁興悲。既銘公墓，又勒豐碑。生榮死哀，身美君顯。是爲宗臣，後慶其衍。

〔二〕節：原作「規」，據日本藏宋刻本改。
〔三〕謚：日本藏宋刻本作「密」。